ZUIGAORENMINJIANCHAYUAN
SIFA JIESHI ZHIDAOXING ANLI LIJIE YU SHIYONG

——— 2020—2021 ———

最高人民检察院
司法解释 指导性案例
理解与适用

（上）

最高人民检察院法律政策研究室　编著

【权威解读・要旨提示・析案答疑・应用指南】

中国检察出版社

图书在版编目（CIP）数据

最高人民检察院司法解释指导性案例理解与适用. 2020－2021：上下／最高人民检察院法律政策研究室编著. —北京：中国检察出版社，2022.2
ISBN 978－7－5102－2691－5

Ⅰ.①最… Ⅱ.①最… Ⅲ.①法律解释－中国②案例－中国③法律适用－中国 Ⅳ.①D920.5

中国版本图书馆 CIP 数据核字（2022）第 001543 号

最高人民检察院司法解释指导性案例理解与适用（2020—2021：上下）
最高人民检察院法律政策研究室　编著

责任编辑： 李冬青
技术编辑： 王英英
美术编辑： 曹　晓

出版发行：	中国检察出版社
社　　址：	北京市石景山区香山南路 109 号（100144）
网　　址：	中国检察出版社（www.zgjccbs.com）
编辑电话：	（010）86423753
发行电话：	（010）86423726　86423727　86423728
	（010）86423730　86423732
经　　销：	新华书店
印　　刷：	北京宝昌彩色印刷有限公司
开　　本：	710 mm×960 mm　16 开
印　　张：	64.25
字　　数：	1176 千字
版　　次：	2022 年 2 月第一版　2022 年 2 月第一次印刷
书　　号：	ISBN 978－7－5102－2691－5
定　　价：	168.00 元

检察版图书，版权所有，侵权必究
如遇图书印装质量问题本社负责调换

出版说明

最高人民检察院司法解释和指导性案例对促进检察机关严格公正司法，保障法律统一正确实施，具有重要意义。依据《最高人民检察院司法解释工作规定》规定，最高人民检察院就检察工作中具体应用法律的问题制定的司法解释，具有法律效力，是司法人员办理案件的重要法律依据。《最高人民检察院关于案例指导工作的规定》提出，各级人民检察院应当参照指导性案例办理类似案件，可以引述相关指导性案例进行释法说理，但不得代替法律或者司法解释作为案件处理决定的直接依据。各级人民检察院检察委员会审议案件时，承办检察官应当报告有无类似指导性案例，并说明参照适用情况。各级人民检察院应当将指导性案例纳入业务培训，加强对指导性案例的学习应用。

同时，最高人民检察院还发布了为数不少的事实上对法律适用活动产生重大乃至决定性影响的规范性文件，这些规范性文件包括但不限于"意见""办法"等。为帮助读者准确理解和适用最高人民检察院发布的司法解释、指导性案例及司法文件，以指导司法实践，我们特别编辑出版了《最高人民检察院司法解释 指导性案例理解与适用（2020—2021）》，本书全面收录了2020年1月至2021年12月最高人民检察院及最高人民检察院与最高人民法院等部门联合制定发布的司法解释及相关规范性文件64个、最高人民检察院指导性案例17批71件，并附有上述多数文件起草者或指导性案例选编者撰写的相关解读文章。

由于时间仓促，疏漏之处在所难免，敬请读者批评指正。

2022年1月

目 录

一、党内法规制度

中共中央关于加强新时代检察机关法律监督工作的意见
（2021年6月15日） ………………………………………（3）

二、司法解释

最高人民法院、最高人民检察院
关于适用《中华人民共和国刑法》第三百四十四条有关问题的批复
（2020年3月21日） ………………………………………（11）
最高人民检察院
关于废止《最高人民检察院关于办理非法经营食盐刑事案件
具体应用法律若干问题的解释》的决定
（2020年4月1日） ………………………………………（12）
最高人民检察院
人民检察院检察委员会工作规则
（2020年7月31日） ………………………………………（13）
《人民检察院检察委员会工作规则》的理解与适用 …………李先伟（20）
最高人民法院、最高人民检察院
关于办理侵犯知识产权刑事案件具体应用法律若干问题的解释（三）
（2020年9月14日） ………………………………………（30）

"两高"《关于办理侵犯知识产权刑事案件具体应用法律若干问题的解释（三）》解读 ………………………………… 郑新俭　李薇薇（34）

最高人民检察院
关于废止部分司法解释和司法解释性质文件的决定
（2020年12月26日）………………………………………（46）

最高人民法院、最高人民检察院
关于检察公益诉讼案件适用法律若干问题的解释
（2021年1月1日）…………………………………………（48）

"两高"《关于检察公益诉讼案件适用法律若干问题的解释》修订解读
……………………………………………………… 解文轶（52）

最高人民法院、最高人民检察院
关于执行《中华人民共和国刑法》确定罪名的补充规定（七）
（2021年3月1日）…………………………………………（55）

最高人民检察院
人民检察院公益诉讼办案规则
（2021年7月1日）…………………………………………（58）

《人民检察院公益诉讼办案规则》的理解与适用
……………………………………………… 胡卫列　解文轶（76）

最高人民检察院
人民检察院民事诉讼监督规则
（2021年8月1日）…………………………………………（86）

《人民检察院民事诉讼监督规则》的理解与适用
……………………………………………… 冯小光　颜良伟（108）

最高人民检察院
人民检察院行政诉讼监督规则
（2021年9月1日）…………………………………………（119）

《人民检察院行政诉讼监督规则》的理解与适用
………………………………………… 张相军　张步洪　马　睿（144）

三、司法解释性质文件

最高人民法院、最高人民检察院、公安部、司法部
 关于依法惩治妨害新型冠状病毒感染肺炎疫情防控违法
  犯罪的意见
   （2020 年 2 月 6 日）………………………………………（157）
最高人民法院、最高人民检察院、中国海警局
 关于海上刑事案件管辖等有关问题的通知
   （2020 年 2 月 20 日）………………………………………（163）
最高人民法院、最高人民检察院、公安部、司法部、海关总署
 关于进一步加强国境卫生检疫工作　依法惩治妨害国境卫生
  检疫违法犯罪的意见
   （2020 年 3 月 13 日）………………………………………（165）
最高人民法院、最高人民检察院、公安部
 关于办理涉窨井盖相关刑事案件的指导意见
   （2020 年 3 月 16 日）………………………………………（168）
《关于办理涉窨井盖相关刑事案件的指导意见》的司法适用
   …………………………………… 元　明　肖先华（171）
最高人民法院、最高人民检察院、公安部、司法部
 关于依法严惩利用未成年人实施黑恶势力犯罪的意见
   （2020 年 3 月 23 日）………………………………………（178）
最高人民检察院、公安部
 关于加强和规范补充侦查工作的指导意见
   （2020 年 3 月 27 日）………………………………………（182）
《关于加强和规范补充侦查工作的指导意见》理解与适用
   ………………………………… 张晓津　尚洪涛　刘　涛（187）

最高人民检察院、国家监察委员会、教育部、公安部、民政部、
司法部、国家卫生健康委员会、中国共产主义青年团中央委员会、
中华全国妇女联合会
关于建立侵害未成年人案件强制报告制度的意见（试行）
（2020年5月7日）……………………………………………（200）
为未成年人提供全面综合司法保护
——《关于建立侵害未成年人案件强制报告制度的意见（试行）》
主要内容解读 ………………………………………… 史卫忠（204）

最高人民检察院
人民检察院办理认罪认罚案件监督管理办法
（2020年5月11日）…………………………………………（209）
关于《人民检察院办理认罪认罚案件监督管理办法》的理解与适用
…………………………………………………… 苗生明　曹红虹（215）

最高人民法院、最高人民检察院
关于建立全国执行与法律监督工作平台进一步完善协作配合
工作机制的意见
（2020年7月10日）…………………………………………（222）

最高人民检察院
关于充分发挥检察职能服务保障"六稳""六保"的意见
（2020年7月22日）…………………………………………（225）

最高人民法院、最高人民检察院、公安部
关于刑事案件涉扶贫领域财物依法快速返还的若干规定
（2020年7月24日）…………………………………………（231）

最高人民检察院、中央网信办、国务院食品安全办、司法部、农业农村部、
国家卫生健康委员会、海关总署、国家市场监督管理总局、国家广播电视
总局、国家粮食和物资储备局、国家药品监督管理局
关于在检察公益诉讼中加强协作配合依法保障食品药品
安全的意见
（2020年7月28日）…………………………………………（233）

最高人民检察院、教育部、公安部
关于建立教职员工准入查询性侵违法犯罪信息制度的意见
（2020年8月20日）……………………………………………（238）

最高人民法院、最高人民检察院、公安部
关于依法适用正当防卫制度的指导意见
（2020年8月28日）……………………………………………（241）

"两高一部"《关于依法适用正当防卫制度的指导意见》理解与适用
………………………………………… 高景峰 吴峤滨（246）

最高人民检察院
人民检察院审查案件听证工作规定
（2020年9月14日）……………………………………………（259）

《人民检察院审查案件听证工作规定》的理解与适用
………………………………… 李文峰 李昊昕 靳 婷（263）

最高人民检察院、公安部
关于修改侵犯商业秘密刑事案件立案追诉标准的决定
（2020年9月17日）……………………………………………（272）

最高人民检察院
人民检察院办理刑事申诉案件规定
（2020年9月22日）……………………………………………（274）

《人民检察院办理刑事申诉案件规定》理解与适用
………………………………… 徐向春 杜亚起 刘小青（285）

最高人民检察院
人民检察院司法责任追究条例
（2020年10月19日）…………………………………………（292）

最高人民法院、最高人民检察院、公安部、国家安全部、司法部
关于规范量刑程序若干问题的意见
（2020年11月6日）……………………………………………（298）

最高人民检察院

就十三届全国人大常委会对人民检察院适用认罪认罚从宽制度情况报告的审议意见提出 28 条贯彻落实意见

（2020 年 12 月 1 日） ……………………………………………（303）

最高人民检察院

人民检察院办理网络犯罪案件规定

（2021 年 1 月 22 日） …………………………………………（310）

《人民检察院办理网络犯罪案件规定》的理解与适用

………………………………………… 郑新俭　赵　玮　纪敬玲（322）

最高人民检察院

检务公开工作细则

（2021 年 2 月 6 日） ……………………………………………（334）

最高人民法院、最高人民检察院、公安部、司法部

关于进一步加强虚假诉讼犯罪惩治工作的意见

（2021 年 3 月 10 日） …………………………………………（337）

"两高两部"《关于进一步加强虚假诉讼犯罪惩治工作的意见》涉民事检察条文的解读

………………………………………………… 李　萍　张勇利（344）

最高人民法院、最高人民检察院、公安部

关于办理电信网络诈骗等刑事案件适用法律若干问题的意见（二）

（2021 年 6 月 17 日） …………………………………………（351）

"两高一部"《关于办理电信网络诈骗等刑事案件适用法律若干问题的意见（二）》解读

………………………………………… 刘太宗　赵　玮　刘　涛（355）

最高人民法院、最高人民检察院、公安部、中国证券监督管理委员会

关于进一步规范人民法院冻结上市公司质押股票工作的意见

（2021 年 7 月 1 日） ……………………………………………（369）

最高人民检察院
人民检察院羁押听证办法
　　（2021年8月17日） ································· (372)

最高人民检察院、公安部
关于健全完善侦查监督与协作配合机制的意见
　　（2021年10月31日） ······························· (376)

最高人民检察院
关于充分履行检察职能服务保障海南自由贸易港建设的意见
　　（2021年11月19日） ······························· (381)

最高人民法院、最高人民检察院、公安部、司法部
关于加强减刑、假释案件实质化审理的意见
　　（2021年12月1日） ································· (387)

最高人民检察院
人民检察院办理认罪认罚案件开展量刑建议工作的指导意见
　　（2021年12月3日） ································· (392)

四、部门规范性文件

财政部、自然资源部、生态环境部、住房城乡建设部、水利部、农业农村部、林业和草原局、最高人民法院、最高人民检察院
生态环境损害赔偿资金管理办法（试行）
　　（2020年3月11日） ································· (403)

最高人民法院、最高人民检察院、公安部、司法部
中华人民共和国社区矫正法实施办法
　　（2020年7月1日） ································· (406)

民政部、中央政法委、最高人民法院、最高人民检察院、公安部、司法部
关于规范养老机构服务行为　做好服务纠纷处理工作的意见
　　（2020年7月27日） ································· (422)

最高人民法院、最高人民检察院、公安部、国家安全部、司法部

  法律援助值班律师工作办法

    （2020年8月20日） ………………………………………… （426）

生态环境部、司法部、财政部、自然资源部、住房城乡建设部、水利部、农业农村部、卫生健康委、林业和草原局、最高人民法院、最高人民检察院

  关于推进生态环境损害赔偿制度改革若干具体问题的意见

    （2020年8月31日） ………………………………………… （432）

最高人民法院、最高人民检察院、公安部

  关于依法办理"碰瓷"违法犯罪案件的指导意见

    （2020年9月22日） ………………………………………… （437）

最高人民法院、最高人民检察院、公安部

  办理跨境赌博犯罪案件若干问题的意见

    （2020年10月16日） ……………………………………… （440）

最高人民法院、最高人民检察院、公安部、农业农村部

  依法惩治长江流域非法捕捞等违法犯罪的意见

    （2020年12月17日） ……………………………………… （446）

最高人民法院、最高人民检察院、公安部、司法部

  关于依法惩治非法野生动物交易犯罪的指导意见

    （2020年12月18日） ……………………………………… （451）

最高人民检察院、司法部、财政部、生态环境部、国务院国有资产监督管理委员会、国家税务总局、国家市场监督管理总局、中华全国工商业联合会、中国国际贸易促进委员会

  关于建立涉案企业合规第三方监督评估机制的指导意见（试行）

    （2021年6月3日） ………………………………………… （454）

中国人民银行、中央网信办、最高人民法院、最高人民检察院、工业和信息化部、公安部、市场监管总局、银保监会、证监会、外汇局

  关于进一步防范和处置虚拟货币交易炒作风险的通知

    （2021年9月15日） ……………………………………… （460）

最高人民法院、最高人民检察院、司法部
　　关于建立健全禁止法官、检察官与律师不正当接触交往制度机制的意见
　　　　（2021年9月30日）………………………………………………（464）
最高人民法院、最高人民检察院、司法部
　　关于进一步规范法院、检察院离任人员从事律师职业的意见
　　　　（2021年9月30日）………………………………………………（468）
最高人民法院、最高人民检察院、海关总署、公安部、中国海警局
　　关于打击粤港澳海上跨境走私犯罪适用法律若干问题的指导意见
　　　　（2021年12月14日）……………………………………………（471）

五、工作文件

中共中央政法委员会、最高人民法院、最高人民检察院、公安部、司法部
　　关于政法机关依法保障疫情防控期间复工复产的意见
　　　　（2020年2月25日）………………………………………………（475）
最高人民检察院、国家保密局
　　人民检察院、保密行政管理部门办理案件若干问题的规定
　　　　（2020年3月12日）………………………………………………（480）
最高人民检察院
　　关于开展检察官业绩考评工作的若干规定
　　　　（2020年4月9日）…………………………………………………（482）
最高人民检察院
　　关于加强新时代未成年人检察工作的意见
　　　　（2020年4月21日）………………………………………………（488）
遵循司法规律提升未检工作品质
　　——《关于加强新时代未成年人检察工作的意见》理解与适用
　　　　　　　　　　　　　　　　　　　　　　　　　　　史卫忠（498）
最高人民检察院、中央军委政法委员会
　　关于加强军地检察机关公益诉讼协作工作的意见
　　　　（2020年4月22日）………………………………………………（506）

最高人民检察院
关于全面履行检察职能依法服务和保障自由贸易试验区建设的意见
（2020年10月24日） ·· （510）

最高人民检察院
全国检察业务应用系统使用管理办法
（2021年2月9日） ··· （515）

《全国检察业务应用系统使用管理办法》的理解与适用
·· 申国军（528）

最高人民检察院
人民检察院案件信息公开工作规定
（2021年9月28日） ·· （535）

最高人民检察院
检察人员配偶、子女及其配偶禁业清单
（2021年9月29日） ·· （541）

最高人民检察院
检察人员考核工作指引
（2021年10月14日） ··· （542）

六、指导性案例

最高人民检察院
关于印发最高人民检察院第十六批指导性案例的通知
（2019年12月20日） ··· （553）

检例第60号 刘强非法占用农用地案 ···························· （554）
　　【关键词】 非法占用农用地罪　永久基本农田　"大棚房"
　　　　　　　非农建设改造

检例第61号 王敏生产、销售伪劣种子案 ······················· （560）
　　【关键词】 生产、销售伪劣种子罪　假种子
　　　　　　　农业生产损失认定

| 检例第 62 号 | 南京百分百公司等生产、销售伪劣农药案 ……………………………………………… (565) |

  【关键词】 生产、销售伪劣农药罪　借证生产农药　田间试验

| 检例第 63 号 | 湖北省天门市人民检察院诉拖市镇政府不依法履行职责行政公益诉讼案 ……………… (570) |

  【关键词】 行政公益诉讼　行政监管职责　违法建设　农村垃圾治理

最高人民检察院第十六批指导性案例解读 ………… 高景峰　张　杰(575)

最高人民检察院

关于印发最高人民检察院第十七批指导性案例的通知

  （2020 年 2 月 5 日）……………………………………… (583)

| 检例第 64 号 | 杨卫国等人非法吸收公众存款案 ……………… (584) |

  【关键词】 非法吸收公众存款　网络借贷　资金池

| 检例第 65 号 | 王鹏等人利用未公开信息交易案 ……………… (590) |

  【关键词】 利用未公开信息交易　间接证据　证明方法

| 检例第 66 号 | 博元投资股份有限公司、余蒂妮等人违规披露、不披露重要信息案 ……………… (596) |

  【关键词】 违规披露、不披露重要信息　犯罪与刑罚

最高人民检察院第十七批指导性案例解读 ………… 聂建华　贝金欣(599)

最高人民检察院

关于印发最高人民检察院第十八批指导性案例的通知

  （2020 年 3 月 28 日）…………………………………… (615)

| 检例第 67 号 | 张凯闵等 52 人电信网络诈骗案 ……………… (616) |

  【关键词】 跨境电信网络诈骗　境外证据审查　电子数据　引导取证

| 检例第 68 号 | 叶源星、张剑秋提供侵入计算机信息系统程序、谭房妹非法获取计算机信息系统数据案 …………… (622) |

【关键词】　专门用于侵入计算机信息系统的程序
　　　　　　　非法获取计算机信息系统数据　撞库　打码

检例第 69 号　姚晓杰等 11 人破坏计算机信息系统案 ………………（627）
　　【关键词】　破坏计算机信息系统网络攻击　引导取证
　　　　　　　损失认定

最高人民检察院第十八批指导性案例解读 ………… 张晓津　余　岚（632）

最高人民检察院

关于印发最高人民检察院第十九批指导性案例的通知

　　（2020 年 2 月 28 日）…………………………………………………（637）

检例第 70 号　宣告缓刑罪犯蔡某等 12 人减刑监督案 ………………（638）
　　【关键词】　缓刑罪犯减刑　持续跟进监督　地方规范性
　　　　　　　文件法律效力　最终裁定纠正违法意见

检例第 71 号　罪犯康某假释监督案 ………………………………（642）
　　【关键词】　未成年罪犯　假释适用　帮教

检例第 72 号　罪犯王某某暂予监外执行监督案 ……………………（645）
　　【关键词】　暂予监外执行监督　徇私舞弊　不计入
　　　　　　　执行刑期　贿赂　技术性证据的审查

进一步指导和加强刑罚变更执行法律监督
　　——最高人民检察院第十九批指导性案例解读
　　　　　　　　　　　　　　　　……………… 侯亚辉　刘福谦　向德超（649）

最高人民检察院

关于印发最高人民检察院第二十批指导性案例的通知

　　（2020 年 7 月 16 日）…………………………………………………（657）

检例第 73 号　浙江省某县图书馆及赵某、徐某某单位
　　　　　　　受贿、私分国有资产、贪污案 ………………………（658）
　　【关键词】　单位犯罪　追加起诉　移送线索

检例第 74 号　李华波贪污案 ………………………………………（661）
　　【关键词】　违法所得没收程序　犯罪嫌疑人到案　程序衔接

检例第 75 号　金某某受贿案 ……………………………………………（664）
　　【关键词】　职务犯罪　认罪认罚　确定刑量刑建议
检例第 76 号　张某受贿，郭某行贿、职务侵占、诈骗案
　　　　　　　…………………………………………………………（667）
　　【关键词】　受贿罪　改变提前介入意见　案件管辖
　　　　　　　追诉漏罪

发挥职能作用　提升职务犯罪案件办理质效
　　——最高人民检察院第二十批指导性案例解读
　　……………………………………韩晓峰　高锋志　尚垚弘（670）

最高人民检察院
关于印发最高人民检察院第二十一批指导性案例的通知
（2020 年 7 月 30 日）……………………………………………（679）
检例第 77 号　深圳市丙投资企业（有限合伙）被诉
　　　　　　　股东损害赔偿责任纠纷抗诉案 ……………………（680）
　　【关键词】　企业资产重整　保护股东个人合法财产
　　　　　　　优化营商环境　抗诉监督
检例第 78 号　某牧业公司被错列失信被执行人名单执行
　　　　　　　监督案 ………………………………………………（683）
　　【关键词】　企业借贷纠纷　失信被执行人　妨碍企业
　　　　　　　正常经营　执行违法监督
检例第 79 号　南漳县丙房地产开发有限责任公司被明显
　　　　　　　超标的额查封执行监督案 ……………………………（686）
　　【关键词】　诉讼保全　超标的额查封　依法保护企业
　　　　　　　资产安全　审判程序违法监督
检例第 80 号　福建甲光电公司、福建乙科技公司与福建
　　　　　　　丁物业公司物业服务合同纠纷和解案 ………………（689）
　　【关键词】　企业债务纠纷　不影响审判违法监督
　　　　　　　多元化解机制　检察调处

履行民事检察职能　平等保护民营企业
　　——最高人民检察院第二十一批指导性案例解读
　　………………………………最高人民检察院第六检察厅办案四组（692）

最高人民检察院

关于印发最高人民检察院第二十二批指导性案例的通知

（2020 年 11 月 24 日） ··· (700)

检例第 81 号 无锡 F 警用器材公司虚开增值税专用发票案
·· (701)

　　【关键词】 单位认罪认罚　不起诉　移送行政处罚
　　　　　　　 合规经营

检例第 82 号 钱某故意伤害案 ·· (704)

　　【关键词】 认罪认罚　律师参与协商　量刑建议说理
　　　　　　　 司法救助

检例第 83 号 琚某忠盗窃案 ·· (707)

　　【关键词】 认罪认罚　无正当理由上诉　抗诉
　　　　　　　 取消从宽量刑

检例第 84 号 林某彬等人组织、领导、参加黑社会性质
　　　　　　　 组织案 ·· (709)

　　【关键词】 认罪认罚　黑社会性质组织犯罪　宽严相济
　　　　　　　 追赃挽损

最高人民检察院第二十二批指导性案例解读 ············ 苗生明　曹红虹(712)

最高人民检察院

关于印发最高人民检察院第二十三批指导性案例的通知

（2020 年 12 月 3 日） ··· (722)

检例第 85 号 刘远鹏涉嫌生产、销售"伪劣产品"
　　　　　　　 （不起诉）案 ··· (723)

　　【关键词】 民营企业　创新产品　强制标准　听证
　　　　　　　 不起诉

检例第 86 号 盛开水务公司污染环境刑事附带民事公益
　　　　　　　 诉讼案 ·· (726)

　　【关键词】 刑事附带民事公益诉讼　参与调解
　　　　　　　 连带责任　替代性修复

目　　录 15

检例第87号　李卫俊等"套路贷"虚假诉讼案……………………………（730）
　【关键词】　虚假诉讼　套路贷　刑民检察协同
　　　　　　　类案监督　金融监管

检例第88号　北京市海淀区人民检察院督促落实
　　　　　　未成年人禁烟保护案………………………………………（734）
　【关键词】　行政公益诉讼　未成年人司法保护
　　　　　　　检察建议　禁烟保护

检例第89号　黑龙江省检察机关督促治理二次供水
　　　　　　安全公益诉讼案………………………………………………（738）
　【关键词】　重大民生　区域治理　协同整改
　　　　　　　检察建议　社会治理

最高人民检察院第二十三批指导性案例解读　………刘　晖　张　杰（742）

最高人民检察院
关于印发最高人民检察院第二十四批指导性案例的通知
　（2020年12月21日）　………………………………………………（749）

检例第90号　许某某、包某某串通投标立案监督案……………………（750）
　【关键词】　串通拍卖　串通投标　竞拍国有资产
　　　　　　　罪刑法定　监督撤案

检例第91号　温某某合同诈骗立案监督案………………………………（753）
　【关键词】　合同诈骗　合同欺诈　不应当立案而立案
　　　　　　　侦查环节"挂案"　监督撤案

检例第92号　上海甲建筑装饰有限公司、吕某拒不执行
　　　　　　判决立案监督案………………………………………………（756）
　【关键词】　拒不执行判决　调查核实　应当立案而不立案
　　　　　　　监督立案

检例第93号　丁某某、林某某等人假冒注册商标立案
　　　　　　监督案………………………………………………………（760）
　【关键词】　制假售假　假冒注册商标　监督立案
　　　　　　　关联案件管辖

最高人民检察院第二十四批指导性案例解读
.... 徐向春　杜亚起　赵景川（763）

最高人民检察院

关于印发最高人民检察院第二十五批指导性案例的通知

（2021年1月20日） ....（777）

检例第 94 号　余某某等人重大劳动安全事故重大责任事故案 ....（778）
【关键词】　重大劳动安全事故罪　重大责任事故罪
　　　　　　关联案件办理　追诉漏罪漏犯　检察建议

检例第 95 号　宋某某等人重大责任事故案 ....（784）
【关键词】　事故调查报告　证据审查　责任划分　不起诉
　　　　　　追诉漏犯

检例第 96 号　黄某某等人重大责任事故、谎报安全事故案 ....（789）
【关键词】　谎报安全事故罪　引导侦查取证　污染处置
　　　　　　化解社会矛盾

检例第 97 号　夏某某等人重大责任事故案 ....（795）
【关键词】　重大责任事故罪　交通肇事罪　捕后引导侦查
　　　　　　审判监督

最高人民检察院第二十五批指导性案例解读
.... 元　明　黄卫平　郭竹梅　薛　慧（800）

最高人民检察院

关于印发最高人民检察院第二十六批指导性案例的通知

（2021年2月4日） ....（812）

检例第 98 号　邓秋城、双善食品（厦门）有限公司等销售假冒
　　　　　　　　注册商标的商品案 ....（813）
【关键词】　销售假冒注册商标的商品　食品安全　上下游犯罪
　　　　　　公益诉讼

检例第 99 号　广州卡门实业有限公司涉嫌销售假冒注册商标的
　　　　　　　　商品立案监督案 ....（818）
【关键词】　在先使用　听证　监督撤案　民营企业保护

检例第 100 号　陈力等八人侵犯著作权案 ·················（822）
　　【关键词】　网络侵犯视听作品著作权　未经著作权人许可
　　　　　　　引导侦查　电子数据

检例第 101 号　姚常龙等五人假冒注册商标案 ···············（826）
　　【关键词】　假冒注册商标　境内制造境外销售　共同犯罪

检例第 102 号　金义盈侵犯商业秘密案 ·····················（830）
　　【关键词】　侵犯商业秘密　司法鉴定　专家辅助办案　证据链

最高人民检察院第二十六批指导性案例解读 ········ 郑新俭　李薇薇（835）

最高人民检察院
关于印发最高人民检察院第二十七批指导性案例的通知
（2021 年 3 月 2 日）　·····················（846）

检例第 103 号　胡某某抢劫案 ·····························（847）
　　【关键词】　抢劫　在校学生　附条件不起诉　调整考验期

检例第 104 号　庄某等人敲诈勒索案 ·······················（851）
　　【关键词】　敲诈勒索　未成年人共同犯罪　附条件不起诉
　　　　　　　个性化附带条件　精准帮教

检例第 105 号　李某诈骗、传授犯罪方法、牛某等人诈骗案 ·······（855）
　　【关键词】　涉嫌数罪　听证　认罪认罚从宽　附条件不起诉
　　　　　　　家庭教育指导　社会支持

检例第 106 号　牛某非法拘禁案 ···························（859）
　　【关键词】　非法拘禁　共同犯罪　补充社会调查
　　　　　　　附条件不起诉　异地考察帮教

检例第 107 号　唐某等人聚众斗殴案 ·······················（863）
　　【关键词】　聚众斗殴　违反监督管理规定　撤销附条件不起诉
　　　　　　　提起公诉

最高人民检察院第二十七批指导性案例解读
　　·························李　峰　张寒玉　盛常红　白　洁（866）

最高人民检察院

关于印发最高人民检察院第二十八批指导性案例的通知

（2021年4月27日） ·················· (874)

检例第108号　江苏某银行申请执行监督案 ········· (875)

【关键词】　执行案件案外人　保证责任　执行行为异议
程序指引错误　执行监督

检例第109号　湖北某房地产公司申请执行监督案 ····· (880)

【关键词】　鉴定材料　评估结果明显失实　评估异议
执行人员违法　执行监督

检例第110号　黑龙江何某申请执行监督案 ········· (884)

【关键词】　夫妻共同债务认定　执行依据　违法追加
被执行人　程序违法　跟进监督

最高人民检察院第二十八批指导性案例解读

·················· 阚　林　兰　楠　刘小艳(887)

最高人民检察院

关于印发最高人民检察院第二十九批指导性案例的通知

（2021年8月19日） ·················· (898)

检例第111号　海南省海口市人民检察院诉海南A公司等三被告
非法向海洋倾倒建筑垃圾民事公益诉讼案 ······ (899)

【关键词】　民事公益诉讼　海洋倾废　联合调查
检察建议　二审出庭

检例第112号　江苏省睢宁县人民检察院督促处置危险废物
行政公益诉讼案 ················ (904)

【关键词】　行政公益诉讼　刑事附带民事公益诉讼
危险废物污染　代处置

检例第113号　河南省人民检察院郑州铁路运输分院督促整治违建
塘坝危害高铁运营安全行政公益诉讼案 ······· (908)

【关键词】　行政公益诉讼　高铁运营安全　侵害危险
跨区划管辖

| 检例第114号 | 江西省上饶市人民检察院诉张某某等三人故意损毁三清山巨蟒峰民事公益诉讼案 ………………… (911) |

　　【关键词】　民事公益诉讼　自然遗迹　风景名胜　生态服务价值损失　专家意见

| 检例第115号 | 贵州省榕江县人民检察院督促保护传统村落行政公益诉讼案 ……………………………………………… (915) |

　　【关键词】　行政公益诉讼　传统村落保护　推动完善地方立法促进乡村振兴

最高人民检察院第二十九批指导性案例解读
　　……………………………………………胡卫列　方剑明　丁　舒(919)

最高人民检察院

关于印发最高人民检察院第三十批指导性案例的通知

（2021年8月17日）……………………………………………(929)

| 检例第116号 | 某材料公司诉重庆市某区安监局、市安监局行政处罚及行政复议检察监督案 ……………………………… (930) |

　　【关键词】　行政争议实质性化解　行政处罚　释法说理

| 检例第117号 | 陈某诉江苏省某市某区人民政府强制拆迁及行政赔偿检察监督案 ………………………………………… (934) |

　　【关键词】　行政争议实质性化解　行政赔偿　赔偿义务机关促成和解

| 检例第118号 | 魏某等19人诉山西省某市发展和改革局不履行法定职责检察监督案 …………………………………… (937) |

　　【关键词】　行政争议实质性化解　履行法定职责　抗诉公开听证　解决同类问题

| 检例第119号 | 山东省某包装公司及魏某安全生产违法行政非诉执行检察监督案 ……………………………………… (941) |

　　【关键词】　行政争议实质性化解　非诉执行监督　公开听证检察建议

| 检例第120号 | 王某凤等45人诉北京市某区某镇政府强制拆除和行政赔偿检察监督系列案 ……………………………… (944) |

【关键词】 行政争议实质性化解　民事纠纷与行政争议交织　一并化解

检例第121号　姚某诉福建省某县民政局撤销婚姻登记检察
　　　　　　　监督案 ·· (948)

【关键词】 行政争议实质性化解　超过起诉期限　调查核实　公开听证　撤销冒名婚姻登记　刑事立案监督

检察机关推动行政争议实质性化解的一组样本
　　——最高人民检察院第三十批指导性案例解读
　　　································· 张相军　张步洪　刘　浩(952)

最高人民检察院

关于印发最高人民检察院第三十一批指导性案例的通知

(2021年11月29日) ·· (961)

检例第122号　李某滨与李某峰财产损害赔偿纠纷支持起诉案 ······ (962)

【关键词】 残疾人权益保障　支持起诉　监护人侵权　协助收集证据

检例第123号　胡某祥、万某妹与胡某平赡养纠纷支持起诉案 ······ (965)

【关键词】 老年人权益保障　支持起诉　不履行赡养义务　多元化解机制

检例第124号　孙某宽等78人与某农业公司追索劳动报酬纠纷
　　　　　　　支持起诉案 ·· (968)

【关键词】 进城务工人员权益保障　支持起诉　追索劳动报酬　服务保障企业发展

检例第125号　安某民等80人与某环境公司确认劳动关系纠纷
　　　　　　　支持起诉案 ·· (971)

【关键词】 劳动者权益保障　支持起诉　确认劳动关系　社会保险

检例第126号　张某云与张某森离婚纠纷支持起诉案 ················ (974)

【关键词】 妇女权益保障　支持起诉　反家庭暴力　尊重家暴受害人真实意愿

最高人民检察院

关于印发最高人民检察院第三十二批指导性案例的通知
（2021 年 12 月 9 日） ………………………………………（977）

检例第 127 号 白静贪污违法所得没收案 ………………（978）
【关键词】 违法所得没收　证明标准　鉴定人出庭　举证重点

检例第 128 号 彭旭峰受贿，贾斯语受贿、洗钱违法所得没收案 …（982）
【关键词】 违法所得没收　主犯　洗钱罪　境外财产
　　　　　国际刑事司法协助

检例第 129 号 黄艳兰贪污违法所得没收案 ………………（986）
【关键词】 违法所得没收　利害关系人异议　善意第三方

检例第 130 号 任润厚受贿、巨额财产来源不明违法所得没收案 …（990）
【关键词】 违法所得没收　巨额财产来源不明　财产混同
　　　　　孳息

一、党内法规制度

中共中央关于加强新时代检察机关法律监督工作的意见

（2021年6月15日）

人民检察院是国家的法律监督机关，是保障国家法律统一正确实施的司法机关，是保护国家利益和社会公共利益的重要力量，是国家监督体系的重要组成部分，在推进全面依法治国、建设社会主义法治国家中发挥着重要作用。党的十八大以来，在以习近平同志为核心的党中央坚强领导下，各级检察机关认真贯彻党中央决策部署，依法忠实履行法律监督职责，为促进经济社会发展作出了积极贡献。进入新发展阶段，与人民群众在民主、法治、公平、正义、安全、环境等方面的新需求相比，法律执行和实施仍是亟须补齐的短板，检察机关法律监督职能作用发挥还不够充分。为进一步加强党对检察工作的绝对领导，确保检察机关依法履行宪法法律赋予的法律监督职责，现就加强新时代检察机关法律监督工作提出如下意见。

一、总体要求

坚持以习近平新时代中国特色社会主义思想为指导，全面贯彻党的十九大和十九届二中、三中、四中、五中全会精神，深入贯彻习近平法治思想，增强"四个意识"、坚定"四个自信"、做到"两个维护"，紧紧围绕统筹推进"五位一体"总体布局、协调推进"四个全面"战略布局，讲政治、顾大局、谋发展、重自强，以高度的政治自觉依法履行刑事、民事、行政和公益诉讼等检察职能，实现各项检察工作全面协调充分发展，推动检察机关法律监督与其他各类监督有机贯通、相互协调，全面深化司法体制改革，大力推进检察队伍革命化、正规化、专业化、职业化建设，着力提高法律监督能力水平，为坚持和完善中国特色社会主义制度、推进国家治理体系和治理能力现代化不断作出新贡献。

二、充分发挥法律监督职能作用，为大局服务、为人民司法

1. 坚决维护国家安全和社会大局稳定。坚持总体国家安全观，积极投入更高水平的平安中国建设。坚决防范和依法惩治分裂国家、颠覆国家政权、组织实施恐怖活动等犯罪，提高维护国家安全能力。常态化开展扫黑除

恶斗争，实现常治长效。依法惩治和有效预防网络犯罪，推动健全网络综合治理体系，营造清朗的网络空间。根据犯罪情况和治安形势变化，准确把握宽严相济刑事政策，落实认罪认罚从宽制度，严格依法适用逮捕羁押措施，促进社会和谐稳定。积极参与社会治安防控体系建设，促进提高社会治理法治化水平。

2. 服务保障经济社会高质量发展。准确把握新发展阶段，深入贯彻新发展理念，服务构建新发展格局，充分发挥检察职能作用，为经济社会高质量发展提供有力司法保障。依法参与金融风险防范化解工作，服务巩固拓展脱贫攻坚成果和全面推进乡村振兴，加强生态文明司法保护。依法维护企业合法权益。加强知识产权司法保护，服务保障创新驱动发展。加强区域执法司法协作，服务保障国家重大战略实施。深化国际司法合作，坚决维护司法主权、捍卫国家利益。

3. 切实加强民生司法保障。坚持以人民为中心的发展思想，顺应新时代人民对美好生活的新需求，依法从严惩治危害食品药品安全、污染环境、危害安全生产等犯罪，切实保障民生福祉。抓住人民群众反映强烈的执法不严、司法不公等问题，加大法律监督力度，维护社会公平正义。坚持和发展新时代"枫桥经验"，健全控告申诉检察工作机制，完善办理群众信访制度，引入听证等方式审查办理疑难案件，有效化解矛盾纠纷。强化未成年人司法保护，完善专业化与社会化相结合的保护体系。

4. 积极引领社会法治意识。将社会主义核心价值观融入法律监督，通过促进严格执法、公正司法，规范社会行为、引领社会风尚。定期分析公布法律监督工作有关情况，深化检务公开，提升司法公信力，以司法公正引领社会公正。落实"谁执法谁普法"普法责任制，及时发布指导性案例和典型案例，加强法律文书说理和以案释法，深化法治进校园、进社区等活动，促进全民法治观念养成。

三、全面提升法律监督质量和效果，维护司法公正

5. 健全行政执法和刑事司法衔接机制。完善检察机关与行政执法机关、公安机关、审判机关、司法行政机关执法司法信息共享、案情通报、案件移送制度，实现行政处罚与刑事处罚依法对接。对于行政执法机关不依法向公安机关移送涉嫌犯罪案件的，检察机关要依法监督。发现行政执法人员涉嫌职务违法或者职务犯罪线索的，移交监察机关处理。健全检察机关对决定不起诉的犯罪嫌疑人依法移送有关主管机关给予行政处罚、政务处分或者其他处分的制度。

6. 强化刑事立案、侦查活动和审判活动监督。及时发现和纠正应当立案

而不立案、不应当立案而立案、长期"挂案"等违法情形，坚决防止和纠正以刑事手段插手民事纠纷、经济纠纷。增强及时发现和纠正刑讯逼供、非法取证等侦查违法行为的能力，从源头上防范冤假错案发生。规范强制措施和侦查手段适用，切实保障人权。落实以审判为中心的诉讼制度改革要求，秉持客观公正立场，强化证据审查，严格落实非法证据排除规则，坚持疑罪从无，依法及时有效履行审查逮捕、审查起诉和指控证明犯罪等职责。加强保障律师执业权利法律监督，纠正阻碍律师依法行使诉讼权利的行为。综合运用抗诉、纠正意见、检察建议等监督手段，及时纠正定罪量刑明显不当、审判程序严重违法等问题。进一步加强死刑复核法律监督工作。

7. 加强检察机关与监察机关办案衔接和配合制约。健全衔接顺畅、权威高效的工作机制，推动刑事司法与监察调查的办案程序、证据标准衔接。落实检察机关与监察机关办理职务犯罪案件互相配合、互相制约原则，完善监察机关商请检察机关派员提前介入办理职务犯罪案件工作机制，以及检察机关退回补充调查和自行补充侦查机制。加强检察机关立案侦查司法工作人员相关职务犯罪与监察机关管辖案件的衔接协调、线索移送和办案协作，不断增强依法反腐合力。

8. 完善刑事执行和监管执法监督。健全对监狱、看守所等监管场所派驻检察与巡回检察相结合的工作机制，加强对社区矫正和财产刑执行的监督，促进严格依法监管，增强罪犯改造成效。加强对刑罚交付执行、强制医疗执行的监督，维护司法权威。完善对刑罚变更执行的同步监督机制，有效防止和纠正违法减刑、假释、暂予监外执行。加强与监管场所信息联网建设，强化对超期羁押、在押人员非正常死亡案件的监督。

9. 精准开展民事诉讼监督。以全面实施民法典为契机，进一步加强民事检察工作，畅通司法救济渠道，加强对损害社会公共利益、程序违法、裁判显失公平等突出问题的监督，依法保护公民、法人和其他组织的合法权益。健全检察机关依法启动民事诉讼监督机制，完善对生效民事裁判申诉的受理审查机制，完善案卷调阅制度。健全抗诉、检察建议等法律监督方式，增强监督的主动性、精准度和实效性。深入推进全国执行与监督信息法检共享，推动依法解决执行难问题，加强对损害国家利益或者社会公共利益、严重损害当事人合法权益、造成重大社会影响等违法执行行为的监督。加强检察机关与审判机关、公安机关协作配合，健全对虚假诉讼的防范、发现和追究机制。

10. 全面深化行政检察监督。检察机关依法履行对行政诉讼活动的法律监督职能，促进审判机关依法审判，推进行政机关依法履职，维护行政相对人合法权益；在履行法律监督职责中发现行政机关违法行使职权或者不行使职权的，可以依照法律规定制发检察建议等督促其纠正；在履行法律监督职责中开展行政争议实质性化解工作，促进案结事了。

11. 积极稳妥推进公益诉讼检察。建立公益诉讼检察与行政执法信息共享机制，加大生态环境和资源保护、食品药品安全、国有财产保护、国有土地使用权出让和英烈权益保护、未成年人权益保护等重点领域公益诉讼案件办理力度。积极稳妥拓展公益诉讼案件范围，探索办理安全生产、公共卫生、妇女及残疾人权益保护、个人信息保护、文物和文化遗产保护等领域公益损害案件，总结实践经验，完善相关立法。

12. 完善审判监督工作机制。加强对审判工作中自由裁量权行使的监督。完善对人民法院巡回法庭和跨行政区划审判机构等审判活动的监督机制，确保法律监督不留死角。

13. 进一步提升法律监督效能。检察机关要加强对监督事项的调查核实工作，精准开展法律监督。检察机关依法调阅被监督单位的卷宗材料或者其他文件，询问当事人、案外人或者其他有关人员，收集证据材料的，有关单位和个人应当协助配合。依法向有关单位提出纠正意见或者检察建议的，有关单位应当及时整改落实并回复，有不同意见的，可以在规定时间内书面说明情况或者提出复议。对于无正当理由拒绝协助调查和接受监督的单位和个人，检察机关可以建议监察机关或者该单位的上级主管机关依法依规处理。检察机关在法律监督中发现党员涉嫌违犯党纪或者公职人员涉嫌职务违法、职务犯罪的线索，应当按照规定移送纪检监察机关或者有关党组织、任免机关和单位依规依纪依法处理。

四、加强过硬检察队伍建设，全面落实司法责任制

14. 旗帜鲜明把加强党的政治建设放在首位。强化政治机关意识，不断提高检察人员政治判断力、政治领悟力、政治执行力。深入开展社会主义法治理念教育，确保检察人员绝对忠诚、绝对纯洁、绝对可靠。扎实开展检察队伍教育整顿，推动解决顽瘴痼疾。加强检察机关党风廉政建设，严格落实中央八项规定精神。完善检察权运行制约监督机制，建立健全廉政风险防控体系。强化内部监督，严格执行领导干部干预司法活动、插手具体案件处理的记录、通报和责任追究等规定。

15. 着力提升检察人员专业素养。围绕检察机关专业化建设目标，全面提升检察人员专业知识、专业能力、专业作风、专业精神。按照政法队伍人才发展规划要求，加快实施检察领军人才培养计划，健全检察业务专家制度，深化检察人才库建设。健全检察人员职业培训制度，建立检察官与法官、人民警察、律师等同堂培训制度，统一执法司法理念和办案标准尺度。

16. 深化司法责任制综合配套改革。健全检察官、检察辅助人员和司法行政人员分类招录、管理、保障制度，畅通三类检察人员职业发展通道，严格控制编制外聘用人员。完善检察官遴选入额和员额退出机制及其配套政策。建立健全检察官惩戒和权益保障制度，落实检察人员履行法定职责保护机制和不实举报澄清机制。

五、加强对检察机关法律监督工作的组织保障

17. 坚持和完善党对检察机关法律监督工作的领导。严格执行《中国共产党政法工作条例》，最高人民检察院党组要认真履行领导责任，贯彻落实党中央决策部署，对于检察机关法律监督工作中的重大问题和重大事项，按照规定向党中央和总书记以及中央政法委请示报告。地方各级检察机关党组要严格执行向同级党委及其政法委请示报告工作的制度。各级党委要定期听取检察机关工作情况汇报，研究解决检察机关法律监督工作中的重大问题。各级党委政法委要指导、支持、督促检察机关在宪法法律规定的职责范围内开展工作。坚持党管干部原则，把政治标准作为选配领导干部的第一标准，选优配强各级检察机关领导班子。按照有关规定，做好上级检察机关党组对下级检察机关领导班子协管工作。落实检察机关领导班子成员任职回避及交流轮岗制度，根据实际情况对任职时间较长的副职进行异地交流、部门交流。

18. 加强对检察机关法律监督工作的监督制约。各级人民代表大会及其常委会要通过听取和审议检察机关工作报告、专项工作报告以及开展法律实施情况检查、询问和质询、特定问题调查等方式，监督和支持检察机关依法履行职责。各级政协要加强对检察机关的民主监督。各级纪检监察机关要加强对检察人员履职行为的监督，健全调查处置违纪违法检察人员与检察官惩戒制度的衔接机制，确保检察权依法规范行使。完善人民监督员制度，拓宽群众有序参与和监督司法的渠道。审判机关、检察机关、公安机关按照有关规定分工负责、互相配合、互相制约，保证准确有效执行法律。

19. 加强对检察机关法律监督工作的支持保障。各级政府及其工作部门要支持检察机关依法开展法律监督工作。加强对检察机关履行职责的经费保障和办案业务装备建设。加强检察机关信息化、智能化建设，运用大数据、区块链等技术推进公安机关、检察机关、审判机关、司法行政机关等跨部门大数据协同办案，实现案件数据和办案信息网上流转，推进涉案财物规范管理和证据、案卷电子化共享。因地制宜，有序推进省以下检察院财物省级统管改革，完善市、县级检察院公用经费保障标准。根据经济社会发展和案件数量变化，适应检察机关法律监督工作需要，优化编制布局，强化编制动态管理，加强省级行政区划内编制动态调整。完善符合基层实际的人才招录政策,加强检察机关基层基础建设。加大对边远、欠发达、条件艰苦地区基层检察院帮扶援建力度。按照重心下移、检力下沉要求,加强基层检察院办案规范化建设,全面提高做好新时代法律监督工作的能力和水平。

二、司法解释

最高人民法院、最高人民检察院关于适用《中华人民共和国刑法》第三百四十四条有关问题的批复

(2019年11月19日最高人民法院审判委员会第1783次会议、2020年1月13日最高人民检察院第十三届检察委员会第三十二次会议通过 2020年3月19日公布 2020年3月21日施行 法释〔2020〕2号)

各省、自治区、直辖市高级人民法院、人民检察院,解放军军事法院、军事检察院,新疆维吾尔自治区高级人民法院生产建设兵团分院、新疆生产建设兵团人民检察院:

近来,部分省、自治区、直辖市高级人民法院、人民检察院请示适用刑法第三百四十四条的有关问题。经研究,批复如下:

一、古树名木以及列入《国家重点保护野生植物名录》的野生植物,属于刑法第三百四十四条规定的"珍贵树木或者国家重点保护的其他植物"。

二、根据《中华人民共和国野生植物保护条例》的规定,野生植物限于原生地天然生长的植物。人工培育的植物,除古树名木外,不属于刑法第三百四十四条规定的"珍贵树木或者国家重点保护的其他植物"。非法采伐、毁坏或者非法收购、运输人工培育的植物(古树名木除外),构成盗伐林木罪、滥伐林木罪、非法收购、运输盗伐、滥伐的林木罪等犯罪的,依照相关规定追究刑事责任。

三、对于非法移栽珍贵树木或者国家重点保护的其他植物,依法应当追究刑事责任的,依照刑法第三百四十四条的规定,以非法采伐国家重点保护植物罪定罪处罚。

鉴于移栽在社会危害程度上与砍伐存在一定差异,对非法移栽珍贵树木或者国家重点保护的其他植物的行为,在认定是否构成犯罪以及裁量刑罚时,应当考虑植物的珍贵程度、移栽目的、移栽手段、移栽数量、对生态环境的损害程度等情节,综合评估社会危害性,确保罪责刑相适应。

四、本批复自2020年3月21日起施行,之前发布的司法解释与本批复不一致的,以本批复为准。

最高人民检察院
关于废止《最高人民检察院关于办理非法经营食盐刑事案件具体应用法律若干问题的解释》的决定

（2020年2月19日最高人民检察院第十三届检察委员会第三十三次会议通过 2020年3月27日公布 2020年4月1日施行 高检发释字〔2020〕2号）

为适应盐业体制改革，保证国家法律统一正确适用，根据《食盐专营办法》（国务院令696号）的规定，结合检察工作实际，最高人民检察院决定废止《最高人民检察院关于办理非法经营食盐刑事案件具体应用法律若干问题的解释》（高检发释字〔2002〕6号）。

该解释废止后，对以非碘盐充当碘盐或者以工业用盐等非食盐充当食盐等危害食盐安全的行为，人民检察院可以依据《最高人民法院、最高人民检察院关于办理生产、销售伪劣商品刑事案件具体应用法律若干问题的解释》（法释〔2001〕10号）、《最高人民法院、最高人民检察院关于办理危害食品安全刑事案件适用法律若干问题的解释》（法释〔2013〕12号）的规定，分别不同情况，以生产、销售伪劣产品罪，或者生产、销售不符合安全标准的食品罪，或者生产、销售有毒、有害食品罪追究刑事责任。

最高人民检察院
人民检察院检察委员会工作规则

（2020年6月15日最高人民检察院第十三届检察委员会第三十九次会议通过　2020年7月31日公布　2020年7月31日施行　高检发释字〔2020〕3号）

目　录

第一章　总　则
第二章　组成人员
第三章　讨论决定的案件和事项范围
第四章　会议制度
第五章　会议程序
第六章　决定的执行和督办
第七章　办事机构
第八章　附　则

第一章　总　则

第一条　为了规范人民检察院检察委员会工作，保障检察委员会依法履行职责，根据《中华人民共和国人民检察院组织法》《中华人民共和国检察官法》等有关法律规定，结合检察工作实际，制定本规则。

第二条　检察委员会是人民检察院的办案组织和重大业务工作议事决策机构。

第三条　检察委员会讨论决定案件和事项实行民主集中制。

第四条　检察委员会履行下列职能：

（一）讨论决定重大、疑难、复杂案件；

（二）总结检察工作经验；

（三）讨论决定有关检察工作的其他重大问题。

第二章　组成人员

第五条　检察委员会由检察长、副检察长和若干资深检察官组成，成员应当为单数，并设专职委员。

检察委员会委员依照法律规定任免。

第六条　担任检察委员会委员的资深检察官应当具备以下条件：

（一）最高人民检察院应当为一级高级检察官以上等级的检察官；

（二）省级人民检察院应当为三级高级检察官以上等级的检察官；

（三）设区的市级人民检察院应当为一级检察官以上等级的检察官；

（四）基层人民检察院应当为三级检察官以上等级的检察官。

第七条　检察委员会委员履行下列职责：

（一）审阅检察委员会讨论的案件材料和事项材料，发表意见，参加表决；

（二）受检察长或者检察委员会指派，对检察委员会决定的落实进行督促检查；

（三）参加检察委员会集体学习；

（四）应当履行的其他职责。

检察委员会委员应当遵守检察委员会各项规章制度。

第三章　讨论决定的案件和事项范围

第八条　人民检察院办理下列案件，应当提交检察委员会讨论决定：

（一）涉及国家重大利益和严重影响社会稳定的案件；

（二）拟层报最高人民检察院核准追诉或者核准按照缺席审判程序提起公诉的案件；

（三）拟提请或者提出抗诉的重大、疑难、复杂案件；

（四）拟向上级人民检察院请示的案件；

（五）对检察委员会原决定进行复议的案件；

（六）其他重大、疑难、复杂案件。

检察委员会讨论案件，办案检察官对其汇报的事实负责，检察委员会委员对本人发表的意见和表决负责。

第九条 人民检察院办理下列事项，应当提交检察委员会讨论决定：

（一）在检察工作中贯彻执行党中央关于全面依法治国重大战略部署和国家法律、政策的重大问题；

（二）贯彻执行本级人民代表大会及其常务委员会决议的重要措施，拟提交本级人民代表大会及其常务委员会的工作报告；

（三）最高人民检察院对属于检察工作中具体应用法律的问题进行解释，发布指导性案例；

（四）围绕刑事、民事、行政、公益诉讼检察业务工作遇到的重大情况、重要问题，总结办案经验教训，研究对策措施；

（五）对检察委员会原决定进行复议的事项；

（六）本级人民检察院检察长、公安机关负责人的回避；

（七）拟向上一级人民检察院请示或者报告的重大事项；

（八）其他重大事项。

第四章　会议制度

第十条 检察委员会实行例会制，定期开会。必要时，可以提前或者推迟召开会议。

第十一条 检察委员会召开会议，应当有全体委员半数以上出席。

检察委员会委员因特殊原因不能出席会议的，应当向检察长或者主持会议的副检察长请假，并告知检察委员会办事机构。

第十二条 对于拟提交检察委员会讨论决定的案件和事项，办案检察官和事项承办人应当制作报告，经其所在内设机构负责人审核后报检察长决定。

第十三条 检察长决定将案件和事项提交检察委员会讨论的，检察委员会办事机构应当对办案检察官或者事项承办人移送的案件材料和事项材料进行审核，认为案件、事项及其报告的内容和形式不符合相关规定或者欠缺有关材料的，应当提出意见，由办案检察官或者事项承办人修改、补充。办事机构可以对案件和事项涉及的法律问题提出意见，供办案检察官或者事项承办人参考，并作为附件编入会议材料。

第十四条 检察委员会办事机构应当根据会议排期或者案件、事项紧迫程度，提出会议议程建议，报检察长决定。除特殊情况外，一般应当在会议召开三日前将会议通知、议程和案件材料或者事项材料等分送检察委员会委员、列席会议的人员和办案检察官或者事项承办人。

第十五条　检察委员会委员接到会议通知和议程后，应当认真审阅案件材料或者事项材料，准备意见，按时出席会议。

第五章　会议程序

第十六条　检察委员会会议由检察长主持。检察长因故不能出席的，应当委托一名副检察长主持；出现检察长职位空缺等不能委托情形的，由分管人民检察院日常工作的副检察长主持。

第十七条　检察委员会讨论决定案件和事项，按照以下程序进行：

（一）办案检察官或者事项承办人汇报，其所在内设机构负责人可以补充说明情况；

（二）检察委员会委员提问；

（三）检察委员会委员发表意见。顺序一般为：委员、专职委员、担任副检察长的委员、主持会议的委员。必要时，主持人可以请有关列席人员发表意见；

（四）主持人总结讨论情况；

（五）表决。

第十八条　检察委员会委员应当围绕讨论决定的案件和事项发表意见，提出明确的观点，并说明理由和依据。

第十九条　检察长、副检察长、检察委员会专职委员作为主办检察官或者独任检察官承办的案件或者事项提交检察委员会讨论的，应当履行办案检察官或者事项承办人和检察委员会委员的双重职责。

第二十条　对于提交讨论决定的案件和事项，检察委员会应当在讨论后进行表决。认为需要补充相关情况和材料的，可以责成办案检察官或者事项承办人补充相关情况和材料后，重新提交检察委员会讨论决定。

第二十一条　检察委员会表决案件和事项，除分别依照本规则第二十二条或者第二十三条的规定办理外，应当按照全体委员过半数的意见作出决定。少数委员的意见应当记录在卷。

表决结果由会议主持人当场宣布。

第二十二条　地方各级人民检察院检察长不同意本院检察委员会全体委员过半数的意见，属于办理案件的，可以报请上一级人民检察院决定；属于重大事项的，可以报请上一级人民检察院或者本级人民代表大会常务委员会决定。报请本级人民代表大会常务委员会决定的，应当同时抄报上一级人民检察院。

第二十三条 地方各级人民检察院检察委员会表决案件和事项，没有一种意见超过全体委员半数，如果全体委员出席会议的，应当报请上一级人民检察院决定。如果部分委员出席会议的，应当书面征求未出席会议委员的意见。征求意见后，应当按照全体委员过半数的意见作出决定，或者依照本规则第二十二条的规定办理；仍没有一种意见超过全体委员半数的，应当报请上一级人民检察院决定。

第二十四条 受委托主持会议的副检察长应当在会后将会议讨论情况和表决结果及时报告检察长。报告检察长后，依照本规则第二十一条的规定办理。

第二十五条 检察委员会讨论决定案件和事项，副检察长、检察委员会委员具有应当回避的情形的，应当申请回避并由检察长决定；本人没有申请回避的，检察长应当决定其回避。

检察长的回避依照本规则第九条的规定办理。

第二十六条 检察委员会召开会议，经检察长决定，不担任检察委员会委员的院领导和有关内设机构负责人可以列席会议；必要时，可以决定其他有关人员列席会议。

第二十七条 检察委员会讨论和决定的情况，由检察委员会办事机构进行录音录像并如实记录，经检察长审批后存档。检察委员会委员不得要求或者自行在会议记录上修改已发表的意见和观点。

任何人未经检察长批准，不得查阅、抄录、复制检察委员会会议记录；办案检察官或者事项承办人查阅、抄录、复制检察委员会委员关于所办案件和事项的具体意见除外。

第二十八条 检察委员会讨论案件和事项，检察委员会办事机构应当制作会议纪要和检察委员会决定事项通知书。纪要经检察长或者主持会议的副检察长审批后分送委员，并报上一级人民检察院检察委员会办事机构备案。检察委员会决定事项通知书发办案检察官或者事项承办人和有关内设机构执行。

检察委员会的决定需要有关下级人民检察院执行的，应当以人民检察院名义作出书面决定。

检察委员会会议纪要应当按照相关规定存档。

第六章 决定的执行和督办

第二十九条 检察委员会的决定，办案检察官或者事项承办人和有关内设机构、下级人民检察院应当及时执行。

检察委员会原则通过但提出完善意见的司法解释、规范性文件、工作经验总结等事项,承办内设机构应当根据意见进行修改。修改情况应当书面报告检察长。

第三十条 办案检察官或者事项承办人和有关内设机构因特殊原因无法及时执行检察委员会决定或者在执行完毕前出现新情况的,应当立即书面报告检察长。

下级人民检察院因特殊原因无法及时执行上级人民检察院检察委员会决定或者执行完毕前出现新情况的,应当立即书面报告上级人民检察院。

第三十一条 下级人民检察院不同意上级人民检察院检察委员会决定的,可以向上级人民检察院书面报告,但是不能停止对该决定的执行。

上级人民检察院有关内设机构应当对下级人民检察院书面报告进行审查并提出意见,报检察长决定。检察长决定提交检察委员会复议的,可以通知下级人民检察院暂停执行原决定,并在接到报告后的一个月以内召开检察委员会会议进行复议。经复议认为原决定确有错误或者出现新情况的,应当作出新的决定;认为原决定正确的,应当作出维持的决定。经复议作出的决定,下级人民检察院应当执行。

第三十二条 办案检察官或者事项承办人应当在执行检察委员会决定完毕后五日以内填写《检察委员会决定事项执行情况反馈表》,连同反映执行情况、案件办理情况的相关材料,经所在内设机构负责人审核后送检察委员会办事机构。

对于上级人民检察院检察委员会作出的决定,有关下级人民检察院应当在执行完毕后五日以内将反映执行情况、案件办理情况的相关材料,报送上级人民检察院。

第三十三条 检察委员会办事机构应当及时了解办案检察官或者事项承办人和有关内设机构、下级人民检察院执行检察委员会决定的情况,必要时进行督办,重要情况及时报告检察长。

第三十四条 对故意拖延、拒不执行检察委员会决定的,应当按照有关规定追究责任人员的法律、纪律责任。

第七章 办事机构

第三十五条 人民检察院设立检察委员会办事机构,负责检察委员会日常工作。

第三十六条 检察委员会办事机构履行下列职责：

（一）对拟提交检察委员会讨论的案件材料和事项材料是否规范进行审核；

（二）对拟提交检察委员会讨论的案件和事项涉及的法律问题提出意见；

（三）承担检察委员会会务工作和检察长列席同级人民法院审判委员会会议相关工作；

（四）对检察委员会决定进行督办并向检察长和检察委员会报告；

（五）对下一级人民检察院报送备案的检察委员会会议纪要进行审查并向检察委员会报告；

（六）对以人民检察院名义制发的司法解释、规范性文件、司法政策文件和指导性案例等，在印发前进行法律审核；

（七）检察长或者检察委员会交办的其他工作。

第八章　附　则

第三十七条　检察委员会讨论决定的案件和事项，其提交、讨论、表决、作出决定、执行和督办等均在统一业务应用系统中进行，全程留痕。

第三十八条　出席、列席检察委员会会议的人员，对检察委员会讨论的内容和情况应当保密。

第三十九条　检察委员会及其委员的司法责任的认定和追究，适用《中华人民共和国人民检察院组织法》《中华人民共和国检察官法》和检察官惩戒相关规定。

第四十条　本规则自公布之日起施行，《人民检察院检察委员会组织条例》（高检发〔2008〕5号）《人民检察院检察委员会议事和工作规则》（高检发〔2009〕23号）同时废止。

《人民检察院检察委员会工作规则》的理解与适用[*]

李先伟[**]

2020年7月31日，最高人民检察院公布了修订后的《人民检察院检察委员会工作规则》（以下简称《工作规则》）。为便于理解和适用有关规定，现将有关情况说明如下。

一、修订背景及过程

长期以来，检察机关办案的主导模式是"承办人承办—部门负责人审核—检察长（检委会）审批决定"。这种办案模式的优点是能够较好地体现检察一体，保证法律的统一适用；能够较好地强化对检察办案工作的领导和监督，防止检察权的滥用；等等。随着法治建设的深入推进和检察官专业素质的提升，这种办案模式也暴露出办案效率低、不适应检察官队伍专业化职业化建设的发展方向、各层级司法权限不明导致责任不清等突出问题，已不能完全适应工作需要。针对这些问题，党的十八届三中、四中全会对检察机关完善司法责任制提出了明确要求。2015年9月，最高人民检察院印发《关于完善人民检察院司法责任制的若干意见》，对检察权运行机制包括检委会的组成及运行机制作出重大改革，实行"谁办案谁负责、谁决定谁负责"。司法责任制改革后，对于提交检委会讨论决定的案件，不再是检委会对检察官处理意见进行审批，而是检察官对汇报的事实和证据负责，检委会委员对自己发表的意见和表决负责。

经过几年的实践，2018年修订后的人民检察院组织法把检察机关司法责任制改革的成果上升为法律制度，并进一步完善了检委会的组成和工作机制。另外，2019年修订后的检察官法也体现了检察机关司法责任制改革的成果。为在检委会工作中更好贯彻落实人民检察院组织法、检察官法，最高人民检察院法律政策研究室根据院领导指示，于2019年启动了对原《人民检察院检察委员会组织条例》和原《人民检察院检察委员会议事和工作规则》的修订整合工作。经多轮调研座谈、论证修改，形成征求意见稿后于2019年10月征求省级检察院、最高人民检察院内设机构意见，2019年11月，召集6省（直辖

---

[*] 原文载《人民检察》2020年第20期。
[**] 作者单位：最高人民检察院法律政策研究室。

市）的部分市级检察院和基层检察院检察长、检委会委员、检委会秘书对文件进行研究。随后，根据各方面意见进一步修改完善，并先后两次提交最高人民检察院法律政策研究室检察官联席会议讨论。2020年3月，经最高人民检察院领导批准，征求全国人大常委会法工委意见，并再次征求最高人民检察院相关内设机构意见。经进一步修改，于2020年6月15日提交最高人民检察院第十三届检委会第三十九次会议讨论通过。

二、总体思路和修订原则

《工作规则》着眼于检察机关司法责任制改革后检委会面临的新形势新任务，以规范检察机关检委会工作、保障检委会依法履行职责为目标，以贯彻落实人民检察院组织法、检察官法为主线，基本涵盖检委会工作的主要方面，进一步解决检委会工作中存在的突出问题，积极推进检察机关检委会工作规范化。

修订过程中，注意把握以下原则：一是贯彻法律。着重体现修订后人民检察院组织法、检察官法的基本精神，如落实检察官的主体地位，明确只有资深检察官才可以成为检委会委员；明确只有重大、疑难、复杂案件才由检察长决定提交检委会讨论决定，一般案件由检察官在职权范围内作出决定。同时，回应基层关切，进一步细化法律规定，如明确人民检察院组织法规定的资深检察官的具体条件等。二是简练实用。原《人民检察院检察委员会组织条例》有18条，原《人民检察院检察委员会议事和工作规则》有36条，共54条。修订过程中进行了精简整合，并根据实践需要适当补充，减少21条，同时新增7条，目前共有40条。三是增强针对性。从实践情况来看，检委会工作中还存在一些问题。比如，检委会多数意见是超过检委会全体委员半数的意见还是参会委员人数最多的意见等。对于相关问题，这次修订均予以明确。

三、修订的主要内容

《工作规则》共分八章：第一章是总则，明确制定《工作规则》的目的和依据、检委会的职能定位和讨论决定案件、事项的原则等；第二章至第七章分别明确检委会的组成人员、讨论决定的案件和事项范围、会议制度、会议程序、决定的执行和督办、办事机构等；第八章是附则，对检委会工作的智能化、保密、司法责任的认定与追究等问题进行了明确。

（一）关于职能定位

《关于完善人民检察院司法责任制的若干意见》作为检察机关司法责任制改革的基础性文件，第二部分是"健全司法办案组织及运行机制"，第三部分是"健全检察委员会运行机制"。对此，容易让人理解为检委会不是检察机关的办案组织。修订后的人民检察院组织法第三章"人民检察院的办案组织"包括了检委会，明确检委会是检察机关的办案组织。《工作规则》第二条进一步将检委会明确为检察机关的办案组织和重大业务工作议事决策机构，突出其职能定位。

（二）关于组成人员

关于检委会组成人员部分，主要修订了两个方面的内容。一是完善组成人员的范围。人民检察院组织法第三十条规定，检委会由检察长、副检察长和若干资深检察官组成。《工作规则》根据该规定，将检委会修改为由检察长、副检察长、若干资深检察官组成，突出检察官主体地位。另外，明确"检委会设专职委员"，为地方根据实际情况配备专职委员提供依据。二是明确资深检察官的条件。《工作规则》第六条明确最高人民检察院至基层检察院检委会委员的最低职务等级，分别为一级高级检察官、三级高级检察官、一级检察官、三级检察官；最高职务等级则没有限制。只要具备上述条件，就属于资深检察官。

（三）关于讨论决定的案件和事项范围

一是明确应当上会的案件范围。人民检察院组织法第三十一条规定检委会讨论决定重大、疑难、复杂案件，但没有明确什么是重大、疑难、复杂案件。原《人民检察院检察委员会议事和工作规则》第三条规定的案件范围也属于高度概括性规定。修订过程中，地方检察机关普遍希望最高人民检察院能够对重大、疑难、复杂案件范围作出相应的界定。一般来说，重大、疑难、复杂案件属于高度概括性概念，需要各级检察院结合本地实际予以确定。基于以上考虑，《工作规则》第八条根据相关法律、司法解释等规定，明确了应当提交检委会讨论的案件类型，分别是涉及国家重大利益和严重影响社会稳定的案件；拟层报最高人民检察院核准追诉或者核准按照缺席审判程序提起公诉的案件；拟提请或者提出抗诉的重大、疑难、复杂案件；拟向上级检察院请示的案件；对检委会原决定进行复议的案件；其他重大、疑难、复杂案件。其中，涉及国家重大利益和严重影响社会稳定的案件，拟提请或者提出抗诉的重大、疑难、复杂案件，其他重大、疑难、复杂案件，仍然属于高度概括性案件，仍需要由检察长自行把握。对于办案检察官为逃避职责，把普通案件报请检察长提交检委会讨论决定的，检察长应当切实负起责任，把好关口，真正发挥好检委会的作用。

二是明确应当上会的事项。以原《人民检察院检察委员会议事和工作规则》第三条和原《人民检察院检察委员会组织条例》第四条为基础，《工作规则》第九条明确了应当上会的事项。在保留"贯彻执行本级人民代表大会及其常务委员会决议的重要措施，拟提交本级人民代表大会及其常务委员会的工作报告；最高人民检察院对属于检察工作中具体应用法律的问题进行解释，发布指导性案例；本级人民检察院检察长、公安机关负责人的回避"等事项的基础上，主要作出如下修订：第一，将"在检察工作中贯彻执行党中央关于全面依法治国重大战略部署和国家法律、政策的重大问题"明确为第一项内容，增加了"党中央关于全面依法治国重大战略部署"，把坚持党的领导贯彻到检委会工作中。第二，增加"围绕刑事、民事、行政、公益诉讼检察业务工作遇到的重大情况、重要问题，总结办案经验教训，研究对策措施"，以符合"四大检察"发展实际。第三，增加"对检察委员会原决定进行复议的事项"。对于检委会通过的事项，如果实践中出现了新情况、新问题需要改变的，《工作规则》对此予以规范，即原则上应再次提交检委会讨论决定。第四，增加"拟向上一级人民检察院请示或者报告的重大事项"，以符合实际需要。

（四）关于会议制度

总体上，会议制度基本适应检委会工作实际，主要修订了两项内容。一是明确检委会会议的频率要求。原《人民检察院检察委员会组织条例》第九条规定实行例会制，但没有明确定期开会的频率。原《人民检察院检察委员会议事和工作规则》第四条在规定检委会实行例会制的同时，明确一般每半个月召开一次会议。征求意见过程中，不少地方提出难以做到每半个月召开一次检委会会议，故《工作规则》第十条明确检委会实行例会制，定期开会，没有规定多长时间开一次会议。由此，各地检察院可以根据本院实际确定开会的频率。二是明确关于提交检委会讨论决定的程序。原《人民检察院检察委员会议事和工作规则》第十条第一款规定，"承办部门提请检察委员会审议事项或者案件，由承办检察官提出办理意见，承办部门讨论，部门主要负责人签署明确意见，经分管检察长审核后报检察长决定"。《工作规则》第十二条作出如下修订：第一，明确拟提交检委会讨论决定的案件和事项，分别由办案检察官和事项承办人制作报告，实行办案检察官、事项承办人负责制。第二，取消了部门讨论程序。主要考虑是，目前已经由检察官联席会议取代了部门会议，且案件和事项是否需要经过检察官联席会议讨论，由办案检察官、事项承办人根据实际情况报请部门负责人确定。第三，将"分管检察长审核"修改为

"所在内设机构负责人审核"。主要考虑是，根据人民检察院组织法第三十六条的规定，检察长领导本院工作，副检察长协助检察长工作。因此，副检察长属于受检察长委托行使检察长职权。实践中，内设机构负责人审核后，一般情况下仍应报分管副检察长，分管副检察长受检察长委托可以自己决定将案件和事项提交检委会讨论，也可以报请检察长决定。

此外，原《人民检察院检察委员会议事和工作规则》第十二条规定，检察长决定将议题提请检委会审议的，检委会办事机构应当对议题进行审查等。实践中，有的地方对这一程序进行了改进，即办案检察官、事项承办人在报请检察长决定提交检委会讨论前，所在内设机构负责人审核后，就移送检委会办事机构审核。检委会办事机构审核后就案件、事项提出实体性意见，供检察长决策参考。关于检委会办事机构对案件、事项材料进行审核是在检察长决定提交检委会讨论之前还是之后，《工作规则》没有对此作出修订。主要考虑是，如果明确规定检委会办事机构在检察长决定之前对移送的案件、事项材料进行审查并提出实体审核意见，短期内全国检察机关难以普遍做到。但是，对于检委会办事机构已经在检察长决定之前对案件、事项材料进行实体审查并提出意见供检察长参考的地方检察机关，我们持鼓励态度。

（五）关于会议程序

一是增加副检察长非受委托主持会议的情形。原《人民检察院检察委员会议事和工作规则》第五条规定："检察委员会会议由检察长主持。检察长因特殊事由可以委托副检察长主持会议。"一般情况下，这一规定在实践中不会发生什么大的问题，但少数地方检察院确实出现过检察长职位空缺、被调查等无法委托的情形，而有些案件又确实需要在短时间内召开检委会会议讨论决定。对此，《工作规则》第十六条明确，出现检察长职位空缺等不能委托情形的，由分管检察院日常工作的副检察长主持。

二是完善讨论决定案件和事项的顺序。原《人民检察院检察委员会议事和工作规则》第十六条、第十七条、第十八条明确了检委会讨论案件和事项的顺序，即承办部门、承办人汇报，检委会委员提问、讨论，会议主持人发表个人意见、总结讨论情况，表决并作出决定。《工作规则》第十七条作了进一步完善。第一，明确办案检察官、事项承办人与所在内设机构负责人之间的职责分工。原《人民检察院检察委员会议事和工作规则》明确承办部门、承办人汇报，现调整为办案检察官、事项承办人汇报，其所在内设机构负责人可以补充说明情况，从而明确二者之间的职责分工。第二，调整检委会委员发表意见的顺序。原《人民检察院检察委员会议事和工作规则》第十八条明确委员发表意见的顺序是专职委员、未担任院领导职务的委员、担任院领导职务的委员。《工作规则》修订为委员、专职委员、担任副检察长的委员和主持会议的委员。这一修订，让检察官职务等级较低的委员先发表意见，从而保障他们更敢于发言。第三，明确检委会表决后不同结果的处理方法。原《人民检察院检察委员会议事和工作规则》第十六条第四项规定"表决并作出决定"，《工作规则》第十七条第五项将其修订为"表决"。之所以这样修订，主要是检委会表决案件和事项后，有些情况下不一定能够作出决定，比如地方各级检察院检察长不同意检委会全体委员过半数意见并报请上一级检察院或者本级人大常委会决定的，或者表决后没有一种意见超过全体委员半数的等。因此，按不同表决结果明确检委会表决后的处理方法，更符合人民检察院组织法的规定和实际。

三是完善检委会委员发表意见的要求。提交检委会讨论的案件都是重大、疑难、复杂案件，办案检察官梳理的关于案件的各种处理意见往往都有一定道理。征求意见过程中，个别检察机关反映，极少数检委会委员在发表意见时，提出各种处理意见均有一定道理，不明确表态自己到底支持哪种处理意见。极少数检委会委员的这种做法，显然回避了自己作为委员应当履行的主要职责。为解决这一问题，《工作规则》第十八条明确，检委会委员围绕讨论的案件和事项发表意见的，应当提出明确的观点，并说明理由和依据。

四是增加检察长等作为承办检察官办理案件的规定。检察官办案责任制对检察长直接办理重大、疑难、复杂案件提出明确要求。为落实中央关于领导干部办理案件的要求，最高人民检察院2019年印发了《关于检察长、副检察长、检察委员会专职委员办理案件有关问题的意见》，其中第三条明确提出检察长、副检察长、检委会专职委员要作为主办检察官或者独任检察官办理案件；第四条明确检察长、副检察长、检委会专职委员作为主办检察官办理案件，应当主要办理重大复杂敏感案件、新类型案件和在法律适用方面具有普遍指导意义的案件。正常情况下，这些案件提交检委会讨论的可能性很大。征求意见过程中，有地方检察院提出，检察长、副检察长将自己承办的案件提交检委会讨论，汇报案件后，是否应退出检委会会议？对此，《工作规则》第十九条明确，检察长、副检察长、检委会专职委员作为主办检察官或者独任检察官承办案件并提交检委会讨论的，应当既履行办案检察官职责，又履行检委会委员职责，即在汇报案件后继续参加检委会的讨论和表决。

五是明确禁止程序倒流。对于提交检委会讨论决定的案件和事项，原《人民检察院检察委员会议事和工作规则》第二十条规定，"如果认为不需要检察委员会作出决定的,可以责成承办部门处理"。实践中,少数检察长将案件或者事项提交检委会讨论后,发现自己可能属于少数意见时,根据这一条款撤回案件或者事项,然后自己作出决定或者责成办案检察官、事项承办人作出决定。对此,《工作规则》第二十条予以明确禁止,强调对于提交检委会讨论决定的案件和事项,检委会应当在讨论后进行表决,禁止程序倒流。同时明确了例外情形,即检委会认为需要补充相关情况和材料的,可以责成办案检察官或者事项承办人补充相关情况和材料,但补充后还应提交检委会讨论决定。需要说明的是,这只适用于提交检委会决定的案件和事项,对于总结检察工作经验等不需要检委会作出决定的事项,只是提交检委会讨论的,则不需要检委会作出决定。

六是完善检委会表决后的处理方法。检委会表决后,只有两种表决结果:即存在全体委员过半数意见和没有一种意见超过全体委员半数同意。对于这两种表决结果,《工作规则》第二十一条、第二十二条和第二十三条相结合,完善了检委会表决后的处理机制。第一,对于存在全体委员过半数意见的,《工作规则》第二十一条和第二十二条相结合,明确了处理办法:地方各级检察院检察长除报请上一级检察院决定(案件或者事项)或者本级人大常委会决定(事项)外,只能让检委会按照全体委员过半数的意见作出决定。还要说明的是,地方各级检察院检察长不同意本院检委会全体委员过半数意见的,也可以不报请上一级检察院或者同级人大常委会决定,仍然由检委会按照全体委员过半数的意见作出决定。地方各级检察院检察长出席会议且不同意全体委员过半数意见的,原则上应当场决定是否报请上一级检察院或者同级人大常委会决定;如果地方各级检察院检察长当场没有决定报请上一级检察院或者同级人大常委会决定的,原则上由检委会按照全体委员过半数意见作出决定,避免使检委会的表决结果长期处于待定状态。第二,没有一种意见超过全体委员半数同意的,《工作规则》第二十一条、第二十二条和第二十三条相结合,明确了两种处理办法。首先,如果全体委员出席会议的,应当报请上一级检察院决定,不允许再次提交检委会讨论,因为检委会委员已经在检委会会议上发表了意见并进行了表决。其次,如果部分委员出席会议的,应当书面征求未出席会议委员的意见。征求意见后,再按照是否存在全体委员过半数意见作出处理。也就是说,存在全体委员过半数意见的,原则上应当按照全体委员过半数的意见作出决定;如果地方各级检察院检察长不同意全体委员过半数意见的,可以报请上一级检察院决定(案件或者事项)或者本级人大常委会决定(事项);仍没有一种意见超过全体委员半数同意的,应当报请上一级检察院决定。

七是修改副检察长受委托主持会议表决后的处理办法。原《人民检察院检察委员会议事和工作规则》第二十三条规定："受委托主持会议的副检察长应当在会后将会议审议的情况和决定意见及时报告检察长。检察长同意的，决定方可执行。"根据这一条款，副检察长受委托主持会议的，在报告检察长前检委会已经作出了决定。经研究，这一条款不符合修订后人民检察院组织法第三十二条第三款的规定，也不能完全适应检委会表决后的实际。第一，根据人民检察院组织法第三十二条第三款的规定，地方各级检察院检察长不同意本院检委会过半数委员意见的，可以报请上一级检察院或者本级人大常委会决定。根据这一规定，在地方各级检察院检察长同意之前，检委会不得按照全体委员过半数意见作出决定。这一规定既适用于检察长亲自主持会议的情形，也应当适用于检察长委托副检察长主持会议的情形。因此，对于地方各级检察院检察长委托副检察长主持会议的，即使存在全体委员过半数意见，在检察长同意前，检委会也不得按照全体委员过半数意见作出决定。第二，"检察长同意的，决定方可执行"也会造成一定的困境。在检委会已经作出决定的前提下，检察长再报请上一级检察院或者同级人大常委会决定，检委会决定将处于不确定状态，且上一级检察院或者同级人大常委会可能推翻检委会决定。第三，这一条款没有考虑检委会表决后没有一种意见超过全体委员半数同意的情形。基于上述考虑，《工作规则》第二十四条规定："受委托主持会议的副检察长应当在会后将会议讨论情况和表决结果及时报告检察长。报告检察长后，依照本规则第二十一条的规定办理。"也就是针对不同情形分别按照上述不同方法办理。

八是完善会议记录存档及使用的例外。原《人民检察院检察委员会议事和工作规则》第二十五条规定，检委会审议、决定的情况和检委会委员在检委会会议上的发言，由检委会办事机构工作人员记录存档；第三十五条规定，检委会会议记录，未经检察长批准不得查阅、抄录、复制。对于上述内容，《工作规则》第二十七条作出两处修订。第一，明确会议记录不分送检委会委员签字确认，检委会委员也不得要求或者自行在会议记录上修改已发表的意见和观点。会议记录作为检委会会议情况的记载，属于对检委会会议的实际记录，应当与检委会会议实际情形保持一致。实践中，有地方检察院检委会办事机构将会议记录分送出席会议的委员签字确认时，有的委员修改自己的发言，甚至修改为完全相反的意见。针对上述情形，《工作规则》明确会议记录经检察长审批后存档，不需要分送出席会议的委员签字确认，委员也不得要求或者自行在会议记录上修改已发表的意见和观点。当然，对于检委会委员的发言，检委会办事机构可以对文字表述进行适当润色，但不得对意见和观点作重要修改。第二，增加办案检察官、事项承办人可以不经过检察长批准查阅、抄录、复制检委会委员关于所办案件和事项的具体意见的规定。主要考虑是，办案检察官、事项承办人实际参加了检委会会议，已经知道检委会委员关于所办案件和事项的具体意见，且需要在会后根据检委会委员的具体意见落实工作，但在会议过程中办案检察官、事项承办人可能无法完全准确地记录委员的具体意见。基于上述考虑，《工作规则》明确办案检察官、事项承办人可以不经过检察长批准查阅、抄录、复制检委会委员关于所办案件和事项的具体意见。

九是取消检委会决定事项通知书的审批权。原《人民检察院检察委员会议事和工作规则》第二十六条规定，检委会会议纪要和检委会决定事项通知书由检委会办事机构起草，报检察长或者受委托主持会议的副检察长审批。经研究，检委会决定事项通知书是根据纪要内容制作，而纪要已经由检察长或者受委托主持会议的副检察长审批。检委会决定事项通知书作为程序性文书，由检委会办事机构直接制作，不再报检察长或者受委托主持会议的副检察长审批，从而减少不必要的审批手续。

十是完善检委会决定送下级检察院执行的方式。原《人民检察院检察委员会议事和工作规则》规定，检委会决定事项通知书由检委会办事机构发有关下级检察院。实践中，对于下级检察院的请示或者报告，上级检察院应当向下级检察院作出答复、批复、决定等，这些书面决定宜由承办检察官或者承办部门以检察院名义作出，而不是由检委会办事机构把检委会决定事项通知书发下级检察院。另外，人民检察院组织法第二十四条规定，上级检察院的决定，应当以书面形式作出。基于上述考虑，《工作规则》第二十八条第二款规定，检委会的决定需要有关下级检察院执行的，应当以检察院名义作出书面决定。

（六）关于决定的执行和督办

该部分主要完善了下级检察院的异议程序及其处理。一是将下级检察院的"请求复议"修改为"书面报告"。原《人民检察院检察委员会议事和工作规则》第二十九条第一款规定，有关下级检察院对上一级检察院检委会的决定如有不同意见，可以请求复议。人民检察院组织法第二十五条规定，下级检察院应当执行上级检察院的决定；有不同意见的，可以在执行的同时向上级检察院报告。为落实这一规定，《工作规则》第三十一条明确，下级检察院不同意上级检察院检委会决定的，可以向上级检察院书面报告。二是明确下级检察院原则上不得停止执行上级检察院检委会的决定及其例外。根据人民检察院组织法第二十五条，《工作规则》第三十一条明确下级检察院向上级检察院报告的，也不能停止对上级检察院检委会决定的执行；只有上级检察院检察长决定提交检委会复议且暂停执行原决定的，下级检察院才能停止执行。

（七）关于办事机构和附则

一是完善检委会办事机构的规定。原《人民检察院检察委员会组织条例》第十六条规定，各级检察院应当设立检委会办事机构或者配备专职人员负责检委会日常工作。为强化检委会办事机构的职责，《工作规则》第三十五条明确，各级检察院设立检委会办事机构，删除了检委会专职人员的规定。《工作规则》要求各级检察院设立检委会办事机构，并不是要求必须单独设立这一机构，也可以由其他机构承担办事机构的职责。二是增加智能化内容。为深入贯彻落实习近平总书记关于科技创新和信息化建设的重要指示精神，落实中央政法委推进政法智能化建设的部署，最高检一直大力推进"统一业务应用系统2.0"建设。检委会讨论决定案件和事项属于检察机关的重大业务决策，也应当推进智能化建设。为此，《工作规则》第三十七条明确，检委会讨论决定的案件和事项，其提交、讨论、表决、作出决定、执行和督办等均在统一业务应用系统中进行，全程留痕。三是明确检委会委员的司法责任认定与追究。关于检委会及其委员的司法责任认定和追究，人民检察院组织法、检察官法已经作出详细规定；同时，最高检正在细化关于检察官惩戒方面的相关制度。《工作规则》作为司法解释，与其他法律、司法解释一起构成了完善的法律体系。为避免重复，《工作规则》第三十九条明确，检委会及其委员的司法责任认定和追究，适用人民检察院组织法、检察官法和检察官惩戒相关规定。

为确保《工作规则》得到全面贯彻落实，最高人民检察院对《工作规则》的实施提出明确要求。各级检察院特别是检察长、副检察长、检委会专职委员要带头实施《工作规则》。《工作规则》作为规范检委会工作的司法解释，虽然也适用于办案检察官，但主要规范检察长、副检察长、检委会专职委员履行检委会委员职责。《工作规则》实施的效果如何，主要取决于各级检察院检察长是否真正起到带头作用。目前，最高人民检察院法律政策研究室正在通过各种方式解答地方检察院提出的各种问题，并对这些问题进行梳理，拟将相关解答内容以适当形式予以发布，供全国检察人员理解掌握。下一步，最高人民检察院将加强对各级检察院检委会工作的督导，适时对《工作规则》的适用情况进行调研，督促各级检察院把《工作规则》落实到位，不断提高检委会工作规范化水平。

最高人民法院、最高人民检察院关于办理侵犯知识产权刑事案件具体应用法律若干问题的解释（三）

（2020年8月31日最高人民法院审判委员会第1811次会议、2020年8月21日最高人民检察院第十三届检察委员会第四十八次会议通过　2020年9月12日公布　2020年9月14日施行　法释〔2020〕10号）

为依法惩治侵犯知识产权犯罪，维护社会主义市场经济秩序，根据《中华人民共和国刑法》《中华人民共和国刑事诉讼法》等有关规定，现就办理侵犯知识产权刑事案件具体应用法律的若干问题解释如下：

第一条　具有下列情形之一的，可以认定为刑法第二百一十三条规定的"与其注册商标相同的商标"：

（一）改变注册商标的字体、字母大小写或者文字横竖排列，与注册商标之间基本无差别的；

（二）改变注册商标的文字、字母、数字等之间的间距，与注册商标之间基本无差别的；

（三）改变注册商标颜色，不影响体现注册商标显著特征的；

（四）在注册商标上仅增加商品通用名称、型号等缺乏显著特征要素，不影响体现注册商标显著特征的；

（五）与立体注册商标的三维标志及平面要素基本无差别的；

（六）其他与注册商标基本无差别、足以对公众产生误导的商标。

第二条　在刑法第二百一十七条规定的作品、录音制品上以通常方式署名的自然人、法人或者非法人组织，应当推定为著作权人或者录音制作者，且该作品、录音制品上存在着相应权利，但有相反证明的除外。

在涉案作品、录音制品种类众多且权利人分散的案件中，有证据证明涉案复制品系非法出版、复制发行，且出版者、复制发行者不能提供获得著作权人、录音制作者许可的相关证据材料的，可以认定为刑法第二百一十七条规定的"未经著作权人许可""未经录音制作者许可"。但是，有证据证明权利人放弃权利、涉案作品的著作权或者录音制品的有关权利不受我国著作权法保护、权利保护期限已经届满的除外。

第三条 采取非法复制、未经授权或者超越授权使用计算机信息系统等方式窃取商业秘密的，应当认定为刑法第二百一十九条第一款第一项规定的"盗窃"。

以贿赂、欺诈、电子侵入等方式获取权利人的商业秘密的，应当认定为刑法第二百一十九条第一款第一项规定的"其他不正当手段"。

第四条 实施刑法第二百一十九条规定的行为，具有下列情形之一的，应当认定为"给商业秘密的权利人造成重大损失"：

（一）给商业秘密的权利人造成损失数额或者因侵犯商业秘密违法所得数额在三十万元以上的；

（二）直接导致商业秘密的权利人因重大经营困难而破产、倒闭的；

（三）造成商业秘密的权利人其他重大损失的。

给商业秘密的权利人造成损失数额或者因侵犯商业秘密违法所得数额在二百五十万元以上的，应当认定为刑法第二百一十九条规定的"造成特别严重后果"。

第五条 实施刑法第二百一十九条规定的行为造成的损失数额或者违法所得数额，可以按照下列方式认定：

（一）以不正当手段获取权利人的商业秘密，尚未披露、使用或者允许他人使用的，损失数额可以根据该项商业秘密的合理许可使用费确定；

（二）以不正当手段获取权利人的商业秘密后，披露、使用或者允许他人使用的，损失数额可以根据权利人因被侵权造成销售利润的损失确定，但该损失数额低于商业秘密合理许可使用费的，根据合理许可使用费确定；

（三）违反约定、权利人有关保守商业秘密的要求，披露、使用或者允许他人使用其所掌握的商业秘密的，损失数额可以根据权利人因被侵权造成销售利润的损失确定；

（四）明知商业秘密是不正当手段获取或者是违反约定、权利人有关保守商业秘密的要求披露、使用、允许使用，仍获取、使用或者披露的，损失数额可以根据权利人因被侵权造成销售利润的损失确定；

（五）因侵犯商业秘密行为导致商业秘密已为公众所知悉或者灭失的，损失数额可以根据该项商业秘密的商业价值确定。商业秘密的商业价值，可以根据该项商业秘密的研究开发成本、实施该项商业秘密的收益综合确定；

（六）因披露或者允许他人使用商业秘密而获得的财物或者其他财产性利益，应当认定为违法所得。

前款第二项、第三项、第四项规定的权利人因被侵权造成销售利润的损失,可以根据权利人因被侵权造成销售量减少的总数乘以权利人每件产品的合理利润确定;销售量减少的总数无法确定的,可以根据侵权产品销售量乘以权利人每件产品的合理利润确定;权利人因被侵权造成销售量减少的总数和每件产品的合理利润均无法确定的,可以根据侵权产品销售量乘以每件侵权产品的合理利润确定。商业秘密系用于服务等其他经营活动的,损失数额可以根据权利人因被侵权而减少的合理利润确定。

商业秘密的权利人为减轻对商业运营、商业计划的损失或者重新恢复计算机信息系统安全、其他系统安全而支出的补救费用,应当计入给商业秘密的权利人造成的损失。

第六条 在刑事诉讼程序中,当事人、辩护人、诉讼代理人或者案外人书面申请对有关商业秘密或者其他需要保密的商业信息的证据、材料采取保密措施的,应当根据案件情况采取组织诉讼参与人签署保密承诺书等必要的保密措施。

违反前款有关保密措施的要求或者法律法规规定的保密义务的,依法承担相应责任。擅自披露、使用或者允许他人使用在刑事诉讼程序中接触、获取的商业秘密,符合刑法第二百一十九条规定的,依法追究刑事责任。

第七条 除特殊情况外,假冒注册商标的商品、非法制造的注册商标标识、侵犯著作权的复制品、主要用于制造假冒注册商标的商品、注册商标标识或者侵权复制品的材料和工具,应当依法予以没收和销毁。

上述物品需要作为民事、行政案件的证据使用的,经权利人申请,可以在民事、行政案件终结后或者采取取样、拍照等方式对证据固定后予以销毁。

第八条 具有下列情形之一的,可以酌情从重处罚,一般不适用缓刑:

(一)主要以侵犯知识产权为业的;

(二)因侵犯知识产权被行政处罚后再次侵犯知识产权构成犯罪的;

(三)在重大自然灾害、事故灾难、公共卫生事件期间,假冒抢险救灾、防疫物资等商品的注册商标的;

(四)拒不交出违法所得的。

第九条 具有下列情形之一的,可以酌情从轻处罚:

(一)认罪认罚的;

(二)取得权利人谅解的;

(三)具有悔罪表现的;

(四)以不正当手段获取权利人的商业秘密后尚未披露、使用或者允许他人使用的。

第十条 对于侵犯知识产权犯罪的,应当综合考虑犯罪违法所得数额、非法经营数额、给权利人造成的损失数额、侵权假冒物品数量及社会危害性等情节，依法判处罚金。

罚金数额一般在违法所得数额的一倍以上五倍以下确定。违法所得数额无法查清的，罚金数额一般按照非法经营数额的百分之五十以上一倍以下确定。违法所得数额和非法经营数额均无法查清，判处三年以下有期徒刑、拘役、管制或者单处罚金的，一般在三万元以上一百万元以下确定罚金数额；判处三年以上有期徒刑的，一般在十五万元以上五百万元以下确定罚金数额。

第十一条 本解释发布施行后，之前发布的司法解释和规范性文件与本解释不一致的，以本解释为准。

第十二条 本解释自 2020 年 9 月 14 日起施行。

"两高"《关于办理侵犯知识产权刑事案件具体应用法律若干问题的解释（三）》解读[*]

郑新俭　李薇薇[**]

2020年9月13日，最高人民法院、最高人民检察院发布《关于办理侵犯知识产权刑事案件具体应用法律若干问题的解释（三）》（以下简称《解释》），自2020年9月14日起施行。为便于司法实践中正确理解与适用，现就《解释》的制定背景、起草中的主要考虑和主要内容介绍如下。

一、制定背景与经过

知识产权刑事司法保护是知识产权保护中最具有强制力和威慑力的方式。我国历来高度重视知识产权刑事司法保护。2019年11月，中共中央办公厅、国务院办公厅《关于强化知识产权保护的意见》进一步明确要求："加强刑事司法保护，推进刑事法律和司法解释的修订完善。加大刑事打击力度，研究降低侵犯知识产权犯罪入罪标准，提高量刑处罚力度，修改罪状表述，推动解决涉案侵权物品处置等问题。"司法实践中，随着社会经济发展，知识产权犯罪新类型案件不断涌现，争议问题较多，需要出台相关司法解释对知识产权刑事案件的办理予以明确和规范，特别是侵犯商业秘密案件，亟须明确入罪标准以统一法律适用标准。

制定相关解释分别列入"两高"计划后，最高人民检察院第四检察厅对全国检察机关办理侵犯知识产权刑事案件法律适用问题以及部分省份检察机关2017年至2019年办理的侵犯商业秘密刑事案件起诉、不起诉情况开展了调研；最高人民法院也先后开展了全国法院知识产权刑事审判工作调研、部分法院知识产权刑事案件阅卷调研、刑事审判工作座谈调研等多项工作。在充分调研的基础上拟订草稿，先后多次征求中央有关部门、全国法检系统的意见，组织召开专家论证会，并向社会公开征求意见。2020年8月21日最高人民检察院第十三届检察委员会第四十八次会议、8月31日最高人民法院审判委员会第1811次会议审议通过了《解释》。

---

[*]　原文载《人民检察》2020年第21期。
[**]　作者单位：最高人民检察院第四检察厅。

二、起草中的主要考虑

为确保《解释》的内容科学合理，能够适应形势发展，满足实践需要，在起草过程中，我们着重注意把握了以下几点：一是坚持罪刑法定原则，严格依法解释。《解释》严格遵循刑法的明文规定和立法本意，依法明确刑法相关侵犯知识产权犯罪条文中的罪状涵义，厘清罪与非罪的边界。二是坚持问题导向，有效解决司法实务问题。《解释》针对办案实践中法律适用难点、疑点问题，完善假冒注册商标罪的入罪情节，进一步明确了侵犯著作权罪相关推定规则，调整侵犯商业秘密罪的入罪标准、明确重大损失认定方式，同时明确了侵犯知识产权犯罪罚金刑的适用标准，进一步统一了司法标准。三是坚持宽严相济，突出惩治重点。《解释》明确规定了从重处罚和不适用缓刑的具体情形，重点打击以侵犯知识产权为业、反复侵权构成犯罪、特殊时期实施侵犯知识产权犯罪的行为，充分发挥刑罚惩治和预防犯罪的功能；同时规定了取得权利人谅解等从轻处罚的情形，有利于化解社会矛盾。四是坚持凝聚法治共识，充分汲取各方建议。《解释》制定过程中，认真梳理研判了来自多方面的意见和建议，并予以了充分考虑和吸收。

三、主要内容

《解释》共12条，针对近年来办理侵犯知识产权刑事案件中遇到的新情况、新问题，主要明确了以下几个方面的法律适用问题。

（一）关于假冒注册商标罪"相同商标"的认定问题

2011年最高人民法院、最高人民检察院、公安部《关于办理侵犯知识产权刑事案件适用法律若干问题的意见》（以下简称《2011年意见》）第六条关于刑法第二百一十三条规定的"与其注册商标相同的商标"的认定问题规定："具有下列情形之一，可以认定为'与其注册商标相同的商标'：（一）改变注册商标的字体、字母大小写或者文字横竖排列，与注册商标之间仅有细微差别的；（二）改变注册商标的文字、字母、数字等之间的间距，不影响体现注册商标显著特征的；（三）改变注册商标颜色的；（四）其他与注册商标在视觉上基本无差别、足以对公众产生误导的商标。"实践中对于如何把握上述情形、在注册商标上仅增加商品通用名称或型号能否认定为相同商标以及对立体注册商标如何认定相同等问题认识不一，争议较大。因此，《解释》第一条完善了"与注册商标相同的商标"的认定标准，规定："具有下列情形之一的，可以认定为刑法第二百一十三条规定的'与其注册商标相同的商标'：（一）改变注册商标的字体、字母大小写或者文字横竖排列，与注册商标之间基本无差别的；（二）改变注册商标的文字、字母、数字等之间的间距，与注册商标之间基本无差别的；（三）改变注册商标颜色，不影响体现注册商标显著特征的；（四）在注册商标上仅增加商品通用名称、型号等缺乏显著特征要素，不影响体现注册商标显著特征的；（五）与立体注册商标的三维标志及平面要素基本无差别的；（六）其他与注册商标基本无差别、足以对公众产生误导的商标。"

一是第一项、第二项对《2011年意见》第六条第一项、第二项的表述进行了统一、完善。将"仅有细微差别的""不影响体现注册商标显著特征的"均修改为"与注册商标之间基本无差别的"，与2004年最高人民法院、最高人民检察院《关于办理侵犯知识产权刑事案件具体应用法律若干问题的解释》第八条和《2011年意见》其他条款的表述保持一致。

二是第三项和兜底条款对《2011年意见》第六条第三项和兜底条款进行了修改。鉴于司法实践中对颜色组合商标，如改变注册商标颜色，可能会改变注册商标的显著特征，不宜一律认定为"相同商标"，故在第三项中增加"不影响体现注册商标显著特征"的限定条件；考虑到现行商标法规定了声音商标，也需纳入刑法规制范围，故在兜底条款中删除了"在视觉上"的限定条件。

三是在第四项、第五项增加了新标准，对司法实践中争议较大的在注册商标上增加内容的情形及立体商标如何认定"相同商标"进行了明确。鉴于在注册商标上增加内容易突破"相同商标"的界限，第四项从两个方面进行了限制：首先，增加的内容仅限于描述商品通用名称、型号等缺乏显著特征要素的内容；其次，增加的内容不影响体现注册商标的显著特征。刑法对"相同商标"的认定应当更加严格，因此，在第四项上没有将国家知识产权局《商标侵权判断标准》规定的"图形"单独列明，而是通过兜底条款解决。第五项规定，判断立体商标是否构成"相同商标"应当考虑三维标志和平面要素两个方面，且非仅仅考虑"显著"要素，而应当考虑"全部"要素。该项与《商标侵权判断标准》对立体商标相同的认定也有所区别，不仅要求立体注册商标的显著三维标志和显著平面要素特征均基本无差别，其他非显著特征亦应当基本无差别。需要注意的是，相较于行政执法机关对立体商标相同的行政违法判断标准，《解释》对立体商标相同的刑事犯罪判断设定了更高的标准。

（二）关于侵犯著作权犯罪相关案件事实的推定问题

《解释》第二条规定了著作权人、相关权人和著作权、相关权，以及未经著作权人许可的推定规则。

为保持与其他法律规定的一致性，《解释》第二条第一款参照著作权法第十一条第四款、最高人民法院《关于审理著作权民事纠纷案件适用法律若干问题的解释》第七条第二款的内容,规定为:"在刑法第二百一十七条规定的作品、录音制品上以通常方式署名的自然人、法人或者非法人组织,应当推定为著作权人或者录音制作者,且该作品、录音制品上存在着相应权利,但有相反证明的除外。"侵犯著作权犯罪中,权利人和权属状态是认定构成犯罪的重要前提,通过推定的证明方法,适当降低控方的证明责任,有利于降低司法成本、提高办案效率。需要说明的是,在办案中,司法机关仍然要对涉案作品、录音制品是否构成我国著作权法规定的作品、录音制品进行审查判断。署名权是著作权人、相关权利人重要的人身权利之一,一般情况下,只有著作权人、相关权利人才享有署名权,以通常方式署名的应当推定为著作权人、相关权利人。在判断是否属于"通常的署名方式"时,应当重点审查是否属于著作权法意义上的署名方式。根据不同作品形式和载体判断,"通常的署名方式"一般表现为以"著、主编、作词、作曲、制片人、演唱、表演、出版"等方式署名。需要注意的是,落款"监制"以及给作品打水印的方式不是著作权法意义上的署名方式。另外,"权利人和权利推定"是法律推定,是一种证明方法,适用于一般情况,并非不可反驳,只要有相反证据证明自己是作品的真正著作权人或者署名人并非著作权人的,都可以推翻之前的推定。实践中对于被告人提出的辩解,司法机关应当就辩解理由是否成立,收集证据并进行审查判断。

《解释》第二条第二款沿用了《2011年意见》第十一条的内容,规定了"未经著作权人许可"这一犯罪构成要件事实的推定规则。仅限在涉案作品、录音制品种类众多且权利人分散的案件中,且在符合"有证据证明涉案复制品系非法出版、复制发行"的条件下,出版者、复制发行者不能提供获得著作权人、录音制作者许可的相关证据材料的,才可以推定为"未经著作权人许可""未经录音制作者许可"。但是,权利人放弃权利、涉案作品的著作权或者录音制品的有关权利不受我国著作权法保护、权利保护期限已经届满的事实仍需司法机关根据犯罪嫌疑人、被告人的辩解和案件实际情况收集证据予以查明,而不能进行推定。

(三)关于侵犯商业秘密罪不正当手段的认定问题

《解释》第三条规定了侵犯商业秘密罪盗窃手段及其他不正当手段的认定问题。

一是通过列举具体行为方式,进一步明确盗窃商业秘密行为的认定。《解释》第三条第一款从刑法谦抑角度考虑,认为其他不正当手段的性质应当与盗窃、利诱、胁迫相当,即行为本身即为不法行为,且行为人此前并不掌握、知悉或者持有该项商业秘密。例如,商业秘密权利人的员工参与了商业秘密研发或者日常工作使用并知悉该项商业秘密,获取行为是合法正当的,其违反保密协议复制商业秘密的行为,应当不属于该条规定的"其他不正当手段"。再如,商业秘密权利人的合同相对方依据合同或在签订合同过程中知悉了权利人的商业秘密并违反合同约定使用商业秘密生产了产品,因占有商业秘密是合法正当的,故其违反保密约定复制商业秘密的行为,也不宜评价为"不正当手段"获取商业秘密。

《解释》公开征求意见稿曾将采取"擅自复制"方式获取权利人商业秘密规定为"其他不正当手段"。对此,有观点认为,此处的"擅自复制"易与员工、合同相对方等违反保密要求或保密约定复制其掌握的商业秘密的行为混淆。因此,为了准确区分非法获取商业秘密的"复制行为"和违约"擅自复制行为",结合刑法对"盗窃"行为已有明确规定,修改为采取非法复制、未经授权或者超越授权使用计算机信息系统等方式窃取商业秘密的,应当认定为刑法第二百一十九条第一款第一项规定的"盗窃"。

二是其他不正当手段的认定。有学者建议对不正当手段规定兜底条款,我们考虑到司法实践中的复杂性,采纳了这一建议,并参考反不正当竞争法,在第二款将以贿赂、欺诈、电子侵入等方式获取权利人的商业秘密的,规定为"其他不正当手段"。

(四)关于给商业秘密权利人造成重大损失的认定问题

《解释》第四条是对刑法第二百一十九条"给商业秘密的权利人造成重大损失""造成特别严重后果"的规定。第一款规定了"重大损失"的认定标准,是指给商业秘密的权利人造成损失数额或者因侵犯商业秘密违法所得数额在三十万元以上的;或者直接导致商业秘密的权利人因重大经营困难而破产、倒闭的;以及造成商业秘密的权利人其他重大损失的。第二款规定了"造成特别严重后果"的认定标准,是指给商业秘密的权利人造成损失数额或者因侵犯商业秘密违法所得数额在二百五十万元以上的。

商业秘密是由权利人自己采取保密措施保护的权利,不具有排他独占权,其本身界限相对模糊。在公开征求意见期间,多个地方司法机关、国内外企业、社会团体均建议降低入罪标准,加大对商业秘密权利人的司法保护力度。《解释》采纳了上述意见:一是根据司法实践需要降低了入罪标准,将入罪数额从2010年最高人民检察院、公安部《关于公安机关管辖的刑事案件立案追诉标准的规定(二)》第七十三条规定的"五十万元以上"调整至"三十万元以上";二是扩充入罪情形,将因侵犯商业秘密违法所得数额、因侵犯商业秘密导致权利人破产、倒闭等情形纳入重大损失认定范围。从因果关系考虑,要求侵犯商业秘密行为与权利人因重大经营困难而破产、倒闭之间必须具有直接的因果关系,故明确规定"直接导致"。

征求意见过程中,有意见建议将第一款第二项修改为"直接导致权利人因重大经营困难而停产停业超过六个月、倒闭或者进入破产程序的"。司法实践中有的企业倒闭往往不通过破产程序,且侵犯商业秘密导致权利人企业倒闭能够反映出侵权行为的危害后果,《解释》部分采纳该意见,将"倒闭"增加为入罪情形;鉴于停产停业超过六个月、进入破产程序的损失后果轻于破产、倒闭,故未将这两种情况规定为入罪情形。

还有观点认为,被告人的违法所得难以被合理、直接解释为权利人的损失,不宜将违法所得数额纳入追诉门槛。经研究认为,2010 年最高人民检察院、公安部《关于公安机关管辖的刑事案件立案追诉标准的规定(二)》将违法所得数额作为立案追诉标准适用十年来,效果良好,解决了实践中面临的问题,且《刑法修正案(十一)》拟将"造成权利人重大损失"修改为"情节严重",为更好地与刑法修正案衔接,使《解释》在刑法修正后仍有一定的生命力,《解释》沿用了追诉标准的规定,将因侵犯商业秘密违法所得数额也纳入追诉范围。

需要强调的是,司法实践中,对于刚刚达到追诉标准,没有从重处罚情节的,可以认定为刑法第十三条规定的犯罪情节显著轻微危害不大,依法不作为犯罪处理。要正确理解立案追诉标准和定罪量刑标准之间的区别,在司法实践中准确运用立案追诉标准的弹性,综合考虑法、理、情等因素,实行宽严相济,不唯数额论,避免够数即立即捕即诉,检察官要着力提升政治和法治素养,提高综合运用法理、情理办案的能力,努力消除就案办案、机械司法现象。

(五)关于"商业秘密权利人重大损失"的计算方式

《解释》第五条是对商业秘密权利人重大损失具体计算方式的规定,本着罪责刑相一致原则,区分不同行为的社会危害程度,规定不同的"重大损失"认定标准。

《解释》第五条第一款第一项规定的是通过不正当手段获取商业秘密但尚未披露、使用或者允许他人使用时如何计算权利人损失的问题。这种情形以合理许可使用费计算损失,不要求实际使用商业秘密造成权利人销售利润的损失。实践中以非法手段获取商业秘密如何计算权利人损失一直争议较大。经研究认为,对侵犯商业秘密犯罪造成重大损失数额的认定,应当以商业秘密实际使用造成权利人销售利润的损失作为一般标准,以合理许可使用费为特殊标准。鉴于以盗窃等不正当手段获取商业秘密行为往往更加隐蔽、卑劣,权利人难以通过正常途径予以防范,社会危害性大,且非法获取后对权利人而言商业秘密不可控,其社会危害性明显高于违反保密义务或者保密要求滥用商业秘密的行为，对此行为按照合理许可使用费确定权利人的损失较为合理，不要求使用商业秘密造成实际损失。这样规定的逻辑在于，侵权人节省的获取商业秘密本应支付的许可使用费对价，正是权利人未能收取许可使用费所遭受的损失，以实质上处罚对商业秘密的非法获取行为本身，来体现对非法获取行为的重点打击。

第一款第二项规定的是以不正当手段获取权利人的商业秘密后，披露、使用或者允许他人使用的，如何计算权利人损失的问题。原则上损失数额按照商业秘密实际用于生产经营造成权利人销售利润的减少这一实际损失计算，同时规定应将该损失数额与前项规定的商业秘密合理许可使用费相比较，就高计算，而不应当叠加认定，也不应当任选其一认定。不能叠加认定是因为，若按照合理许可使用费计算损失后，其使用行为便不具有期待可能性，属于事后不可罚行为。不能任选其一是因为，在"违法所得额"或"非法经营额"均为可选择的追诉标准的罪名中，应当按照所查明的金额高的追诉标准定罪量刑，就高计算对权利人保护力度更大。

第一款第三项规定的是违约型侵犯商业秘密的损失计算方式。由于行为人对商业秘密的占有是合法的，危害性相对小于非法获取，在入罪门槛上应有所区别，损失数额应当按照实际使用商业秘密造成权利人销售利润的损失计算。

第一款第四项规定的是"以侵犯商业秘密论"的行为造成损失的计算方式。此种明知商业秘密来源不合法仍获取、使用、披露的"第二手"侵权行为，相较于直接非法获取商业秘密及违反约定披露、使用、允许他人使用商业秘密的行为，社会危害性相对小，因此，规定此行为只有使用商业秘密给权利人造成销售利润损失的，才定罪处罚。

第一款第五项是对商业秘密丧失非公知性或者灭失情形下权利人损失的计算方式。鉴于该两种情形给权利人造成的损失最大，社会危害性也极大，我们参照最高人民法院《关于审理侵犯商业秘密民事案件适用法律若干问题的规定》，将商业价值确定为权利人损失数额。《关于审理侵犯商业秘密民事案件适用法律若干问题的规定》第十九条规定，认定商业秘密的商业价值应当考虑研究开发成本、实施该项商业秘密的收益、可得利益、可保持竞争优势的时间等因素。但是，认定刑事犯罪造成的损失必须是实际发生的、确定的损失，且应是侵犯商业秘密行为直接导致的。因此，该条规定确定商业价值的依据由研究开发成本、实施该项商业秘密的收益综合确定，可得利益和可保持竞争优势的时间由于裁量性过大，不作为损失数额的考量因素。需要强调的是，只有在商业秘密已为公众所知悉或者灭失情形下，才能依据商业秘密的商业价值确定损失数额，而不应将其扩大适用于各类侵犯商业秘密的行为。

第一款第六项规定的是违法所得数额的计算方式。对于直接交易商业秘密获利的,作为违法所得而不作为权利人损失计算。除财物外,将"财产性利益"也纳入违法所得的计算范畴,旨在囊括实践中将商业秘密作价入股、技术出资等获利的情形。需要说明的是,违法所得数额和给权利人造成重大损失的数额不能累计计算,而应当分别计算,分别适用追诉标准。

第二款规定的是权利人因被侵权造成销售利润损失的具体计算方式。主要参照反不正当竞争法、专利法及其司法解释、最高人民法院《关于审理侵犯商业秘密民事案件适用法律若干问题的规定》等采用递进方式计算:"权利人因被侵权造成销售利润的损失,可以根据权利人因被侵权造成销售量减少的总数乘以权利人每件产品的合理利润确定;销售量减少的总数无法确定的,可以根据侵权产品销售量乘以权利人每件产品的合理利润确定;权利人因被侵权造成销售量减少的总数和每件产品的合理利润均无法确定的,可以根据侵权产品销售量乘以每件侵权产品的合理利润确定。"征求意见过程中,有建议提出,三种方式可以不分先后,根据案件情况具体适用。经研究认为,当前递进方式更加符合"给权利人造成重大损失"的立法本意。司法实践中,侵权人为获利往往低价销售侵权产品,如果直接以侵权产品销售量乘以每件侵权产品的合理利润计算权利人损失,会导致不当少算;先以权利人减少的销售量乘以权利人每件产品的合理利润之积计算损失,可更直接地体现侵权行为的社会危害性。需要注意的是,侵权产品销售量乘以每件侵权产品的合理利润之积是作为权利人损失的计算方法,而非侵权人违法所得的计算方法。还有意见提出,商业秘密不一定体现在产品上,也可能体现在服务等其他经营活动中,用产品利润计算损失不全面。《解释》采纳了该意见,规定:"商业秘密系用于服务等其他经营活动的,损失数额可以根据权利人因被侵权而减少的合理利润确定。"

第三款是对部分间接损失纳入损失计算范围的规定。规定:"商业秘密权利人为减轻对商业运营、商业计划的损失或者重新恢复计算机信息系统安全、其他系统安全而支出的补救费用,应当计入给商业秘密的权利人造成的损失。"需要注意的是,司法机关应当着重审查该补救费用与侵犯商业秘密的行为之间是否存在直接因果关系、费用支出有无合理性和必要性,要注意防止权利人怠于采取补救措施或者恣意扩大补救费用,使损失数额达到入罪标准的情况,确保罪刑相适应原则和刑法明确性原则在司法实践中得到贯彻。

需要注意的是,在判断每件产品的合理利润时,司法机关应当考虑被侵犯的商业秘密在技术方案、产品、经营活动中的价值、作用等因素,合理确定犯罪数额,即应当审查商业秘密对产品价值的贡献率,进而做到罪刑相适应。例如，侵犯商业秘密的产品系另一产品的零部件的，应当根据该侵犯商业秘密的产品本身的价值及其在实现整个成品利润中的作用等因素，合理确定给权利人造成的损失数额。

（六）关于刑事诉讼中保护商业秘密的措施问题

《解释》第六条规定了刑事诉讼程序中采取保密措施的程序和违反保密措施或保密义务的法律责任，是对2019年中共中央办公厅、国务院办公厅《关于强化知识产权保护的意见》关于"探索加强对商业秘密、保密商务信息及其源代码等的有效保护"要求的落实。

《解释》第六条第一款规定："在刑事诉讼程序中，当事人、辩护人、诉讼代理人或者案外人书面申请对有关商业秘密或者其他需要保密的商业信息的证据、材料采取保密措施的，应当根据案件情况采取组织诉讼参与人签署保密承诺书等必要的保密措施。"在征求意见过程中，有观点提出规定当事人等可以申请对"保密商务信息"采取保密措施是否妥当。鉴于反不正当竞争法和刑法均未明确规定"保密商务信息"概念，《解释》参考了反不正当竞争法关于"商业信息"的表述，规定为"其他需要保密的商业信息"，且认为对其采取保密措施，有利于保护当事人利益，且不影响被告人诉讼权利的行使，故予以明确规定。

第二款规定的是违反保密措施要求或者法定保密义务应承担的责任。需要注意的是，只有擅自披露、使用或者允许他人使用在刑事诉讼程序中接触、获取的商业秘密构成犯罪的，才追究刑事责任；对于擅自披露、使用或者允许他人使用其他需要保密的商业信息的，不一定承担刑事责任。

（七）关于没收和销毁的问题

《解释》第七条第一款规定："除特殊情况外，假冒注册商标的商品、非法制造的注册商标标识、侵犯著作权的复制品、主要用于制造假冒注册商标的商品、注册商标标识或者侵权复制品的材料和工具，应当依法予以没收和销毁。"该款规定了上述物品原则上应当被没收并销毁，除非有特殊情况。鉴于实践中销毁情况的复杂性，《解释》未对不销毁的特殊情况进行细化列举。一般而言，对于权利人授权追认或者要求回购、销毁将造成严重环境污染、为维护重大公共利益需要继续使用侵权产品或生产侵权产品的相关设备（如新冠肺炎疫情期间，生产的侵权口罩产品质量没有问题，相关产品及生产设备可以继续使用）等情形，可以作为"特殊情况"的酌定考量因素。司法实践中，对相关材料和工具是否系主要用于制造假冒注册商标的商品、注册商标标识或者侵权复制品的，需要结合案件情况审查判断。对于以侵犯知识产权犯罪为业的,其生产材料和工具一般应当全部没收和销毁;对于有的工厂生产线,主要生产的产品是合法产品,偶尔生产了假冒注册商标的商品,就不宜认定为主要用于制造侵权商品工具。

第二款是对延迟销毁情形的规定。"上述物品需要作为民事、行政案件的证据使用的,经权利人申请,可以在民事、行政案件终结后或者采取取样、拍照等方式对证据固定后予以销毁。"该条援引了全国打击侵犯知识产权和制售假冒伪劣商品工作领导小组办公室、最高人民法院、最高人民检察院、公安部等九部门于2020年8月下发的《关于加强侵权假冒商品销毁工作的意见》第二条第二项的规定。根据该条规定,在刑事案件中,司法办案单位承担销毁的职责。包括检察机关在内的司法办案单位应当依职权及时提出侵权假冒商品销毁处置意见。对易腐烂、变质等不易保管的涉案侵权假冒物品,采取拍照或者录像等方式固定证据后,经本单位负责人批准,可在刑事案件审结前销毁。侵犯知识产权刑事案件中,审判机关判决有罪的,除特殊情况外,应当对销毁事项作出判决。自判决生效之日起6个月内,司法办案单位应当予以销毁;判决无罪、作出不起诉决定或者撤销案件,但构成行政违法的,应当将涉案侵权假冒物品移送行政执法办案单位,由行政执法办案单位按规定处置。对于检察机关而言,主要是作出酌定不起诉决定后的涉案物品处置问题,一般都构成行政违法,应当移交相关行政执法单位处置。

(八)关于酌情从重处罚、一般不适用缓刑的情形

《解释》第八条根据司法实践需要对社会危害性较大的情形规定了从重处罚、限制缓刑,充分发挥刑罚威慑和预防犯罪的功能。

征求意见过程中,有意见建议增加"重复侵权""假冒药品、玩具、半导体、汽车零部件等影响公共卫生或者人身安全的商品注册商标的"两种情形。《解释》吸收了2007年最高人民法院、最高人民检察院《关于办理侵犯知识产权刑事案件具体应用法律若干问题的解释(二)》类似"重复侵权"情形的内容,以统一适用标准,规定,"(一)主要以侵犯知识产权为业的;(二)因侵犯知识产权被行政处罚后再次侵犯知识产权构成犯罪的"。关于"假冒影响公共卫生或者人身安全的商品注册商标的"情形,因司法实践中与生产、销售伪劣商品犯罪往往有所竞合,对此类行为不符合产品质量标准的,往往可以适用处罚更重的生产、销售伪劣商品犯罪定罪量刑,更具有威慑作用,故未采纳该意见。

(九)关于酌情从轻处罚情形的问题

《解释》第九条规定:"具有下列情形之一的,可以酌情从轻处罚:(一)认

罪认罚的；（二）取得权利人谅解的；（三）具有悔罪表现的；（四）以不正当手段获取权利人的商业秘密后尚未披露、使用或者允许他人使用的。"关于第一项，是对最高人民法院、最高人民检察院、公安部、国家安全部、司法部《关于适用认罪认罚从宽制度的指导意见》中认罪认罚可以从宽处罚的规定在侵犯知识产权犯罪案件中的明确。关于第二项、第三项，考虑到侵犯知识产权犯罪主要侵害的是权利人个人利益，司法实践中侵权人积极赔偿权利人经济损失、赔礼道歉等取得权利人谅解、真诚认罪悔罪，酌情从轻处罚有利于化解社会矛盾。关于第四项，考虑侵犯商业秘密罪侵犯的法益之一是社会主义市场经济秩序，以不正当手段获取权利人的商业秘密后尚未披露、使用或者允许他人使用的，该商业秘密的知悉范围仍然较小且可控，没有用于生产经营则对权利人的竞争优势和市场竞争秩序的损害相对较小，且没有造成实际损失，故可从轻处罚。

（十）关于罚金刑的适用

《解释》第十条规定了侵犯知识产权犯罪的罚金刑的判处标准。第一款规定了普遍的裁量考虑因素，规定"对于侵犯知识产权犯罪的，应当综合考虑犯罪违法所得数额、非法经营数额、给权利人造成的损失数额、侵权假冒物品数量及社会危害性等情节，依法判处罚金"。增加了侵权假冒物品数量作为依法判处罚金的考量因素。

第二款规定："罚金数额一般在违法所得数额的一倍以上五倍以下确定。违法所得数额无法查清的，罚金数额一般按照非法经营数额的百分之五十以上一倍以下确定。违法所得数额和非法经营数额均无法查清，判处三年以下有期徒刑、拘役、管制或者单处罚金的，一般在三万元以上一百万元以下确定罚金数额；判处三年以上有期徒刑的，一般在十五万元以上五百万元以下确定罚金数额。"对有"违法所得数额""非法经营数额"的，规定了"倍比罚金制"作为一般适用规则，并明确在认定罚金数额时应当依次以"违法所得数额""非法经营数额"进行确定，以解决部分案件中因非法经营数额高而导致计算出的罚金数额畸高、罚金刑空判的问题。还增加规定了对于违法所得数额和非法经营数额均无法查清而以其他情节定罪的，可以适用"限额罚金制"，以解决这类案件中罚金刑适用问题；关于限额罚金制的上限、下限数额，是综合考虑该条"倍比罚金制"数额、司法实践中罚金的具体适用及反不正当竞争法等法律规定的罚款数额等因素确定的。

（十一）关于《解释》的效力

第十一条、第十二条规定了《解释》的效力。需要从以下两个方面把握：

一是《解释》对于"相同商标"的认定、"未经著作权人许可"的认定、侵犯商业秘密罪追诉标准、酌定从重从轻情节、罚金刑的适用等规定是对之前相关司法解释的修改完善。根据最高人民法院、最高人民检察院《关于适用刑事司法解释时间效力问题的规定》第一条，《解释》自 2020 年 9 月 14 日施行后，办理案件应当适用《解释》。二是 2004 年最高人民法院、最高人民检察院《关于办理侵犯知识产权刑事案件具体应用法律若干问题的解释》，2007 年最高人民法院、最高人民检察院《关于办理侵犯知识产权刑事案件具体应用法律若干问题的解释（二）》，2010 年最高人民检察院、公安部《关于公安机关管辖的刑事案件立案追诉标准的规定（二）》，《2011 年意见》中，《解释》没有修改的部分仍然继续有效。

最高人民检察院
关于废止部分司法解释和司法解释性质文件的决定

（2020年10月23日最高人民检察院第十三届检察委员会第五十三次会议通过　2020年12月26日公布并施行　高检发释字〔2020〕4号）

为了贯彻落实《中华人民共和国民法典》，规范民事、行政及公益诉讼检察工作程序，保证国家法律统一正确实施，最高人民检察院对单独或者联合其他单位制发的司法解释和司法解释性质文件进行了清理。现决定：

1. 对最高人民检察院单独制发的5件司法解释和司法解释性质文件予以废止（见附件1）。

2. 经征得最高人民法院同意，对最高人民检察院与最高人民法院联合制发的1件司法解释性质文件予以废止（见附件2）。

附件1

决定废止的单独制发的司法解释及司法解释性质文件目录（5件）

序号	文件名称	发文日期及文号	废止理由
1	最高人民检察院关于人民检察院受理民事、行政申诉分工问题的通知	1991年8月30日高检发民字〔1991〕2号	《通知》所确立的民事、行政申诉案件"受审分离"原则已被《人民检察院民事诉讼监督规则（试行）》《人民检察院行政诉讼监督规则（试行）》吸收。
2	关于严格执行《中华人民共和国收养法》的通知	1992年4月17日高检发研字〔1992〕5号	1992年的《中华人民共和国收养法》已经1998年第九届全国人大常委会第五次会议修正，且《民法典》第1260条明确规定于2021年1月1日起施行，《中华人民共和国收养法》同时废止。

二、司法解释　　47

续表

序号	文件名称	发文日期及文号	废止理由
3	最高人民检察院关于对不服民事行政判决裁定的申诉仍由控告申诉检察部门受理的通知	1998年12月16日 高检民发〔1998〕第14号	《通知》所确立的民事、行政申诉案件"受审分离"原则已被《人民检察院民事诉讼监督规则（试行）》《人民捡察院行政诉讼监督规则（试行）》吸收。
4	人民检察院民事行政抗诉案件办案规则	2001年10月11日 高检发〔2001〕17号	《办案规则》已被《人民检察院民事诉讼监督规则（试行）》《人民检察院行政诉讼监督规则（试行）》代替。
5	人民检察院提起公益诉讼试点工作实施办法	2015年12月16日 高检发释字〔2015〕6号	《实施办法》明确根据全国人大常委会授权试点决定在13个公益诉讼试点省份地方检察机关适用，现已无适用效力。

附件2

决定废止的与最高人民法院联合制发的司法解释性质文件目录（1件）

序号	文件名称	发文日期及文号	废止理由
1	最高人民法院、最高人民检察院关于在部分地方开展民事执行活动法律监督试点工作的通知	2011年3月10日 高检会〔2011〕2号	《民事诉讼法》《人民检察院民事诉讼监督规则（试行）》《最高人民法院、最高人民检察院关于民事执行活动法律监督若干问题的规定》已对民事执行检察监督作出规定。

最高人民法院、最高人民检察院
关于检察公益诉讼案件适用法律若干问题的解释

（2018年2月23日最高人民法院审判委员会第1734次会议、2018年2月11日最高人民检察院第十二届检察委员会第七十三次会议通过　根据2020年12月23日最高人民法院审判委员会第1823次会议、2020年12月28日最高人民检察院第十三届检察委员会第五十八次会议修正　2020年12月29日公布　2021年1月1日施行　法释〔2020〕20号）

一、一般规定

第一条　为正确适用《中华人民共和国民法典》《中华人民共和国民事诉讼法》《中华人民共和国行政诉讼法》关于人民检察院提起公益诉讼制度的规定，结合审判、检察工作实际，制定本解释。

第二条　人民法院、人民检察院办理公益诉讼案件主要任务是充分发挥司法审判、法律监督职能作用，维护宪法法律权威，维护社会公平正义，维护国家利益和社会公共利益，督促适格主体依法行使公益诉权，促进依法行政、严格执法。

第三条　人民法院、人民检察院办理公益诉讼案件，应当遵守宪法法律规定，遵循诉讼制度的原则，遵循审判权、检察权运行规律。

第四条　人民检察院以公益诉讼起诉人身份提起公益诉讼，依照民事诉讼法、行政诉讼法享有相应的诉讼权利，履行相应的诉讼义务，但法律、司法解释另有规定的除外。

第五条　市（分、州）人民检察院提起的第一审民事公益诉讼案件，由侵权行为地或者被告住所地中级人民法院管辖。

基层人民检察院提起的第一审行政公益诉讼案件，由被诉行政机关所在地基层人民法院管辖。

第六条　人民检察院办理公益诉讼案件，可以向有关行政机关以及其他组织、公民调查收集证据材料；有关行政机关以及其他组织、公民应当配合；需要采取证据保全措施的，依照民事诉讼法、行政诉讼法相关规定办理。

第七条　人民法院审理人民检察院提起的第一审公益诉讼案件，适用人民陪审制。

第八条　人民法院开庭审理人民检察院提起的公益诉讼案件，应当在开庭三日前向人民检察院送达出庭通知书。

人民检察院应当派员出庭，并应当自收到人民法院出庭通知书之日起三日内向人民法院提交派员出庭通知书。派员出庭通知书应当写明出庭人员的姓名、法律职务以及出庭履行的具体职责。

第九条　出庭检察人员履行以下职责：

（一）宣读公益诉讼起诉书；

（二）对人民检察院调查收集的证据予以出示和说明，对相关证据进行质证；

（三）参加法庭调查，进行辩论并发表意见；

（四）依法从事其他诉讼活动。

第十条　人民检察院不服人民法院第一审判决、裁定的，可以向上一级人民法院提起上诉。

第十一条　人民法院审理第二审案件，由提起公益诉讼的人民检察院派员出庭，上一级人民检察院也可以派员参加。

第十二条　人民检察院提起公益诉讼案件判决、裁定发生法律效力，被告不履行的，人民法院应当移送执行。

二、民事公益诉讼

第十三条　人民检察院在履行职责中发现破坏生态环境和资源保护，食品药品安全领域侵害众多消费者合法权益，侵害英雄烈士等的姓名、肖像、名誉、荣誉等损害社会公共利益的行为，拟提起公益诉讼的，应当依法公告，公告期间为三十日。

公告期满，法律规定的机关和有关组织、英雄烈士等的近亲属不提起诉讼的，人民检察院可以向人民法院提起诉讼。

人民检察院办理侵害英雄烈士等的姓名、肖像、名誉、荣誉的民事公益诉讼案件，也可以直接征询英雄烈士等的近亲属的意见。

第十四条　人民检察院提起民事公益诉讼应当提交下列材料：

（一）民事公益诉讼起诉书，并按照被告人数提出副本；

（二）被告的行为已经损害社会公共利益的初步证明材料；

（三）已经履行公告程序、征询英雄烈士等的近亲属意见的证明材料。

第十五条　人民检察院依据民事诉讼法第五十五条第二款的规定提起民事公益诉讼，符合民事诉讼法第一百一十九条第二项、第三项、第四项及本解释规定的起诉条件的，人民法院应当登记立案。

第十六条　人民检察院提起的民事公益诉讼案件中，被告以反诉方式提出诉讼请求的，人民法院不予受理。

第十七条　人民法院受理人民检察院提起的民事公益诉讼案件后，应当在立案之日起五日内将起诉书副本送达被告。

人民检察院已履行诉前公告程序的，人民法院立案后不再进行公告。

第十八条　人民法院认为人民检察院提出的诉讼请求不足以保护社会公共利益的，可以向其释明变更或者增加停止侵害、恢复原状等诉讼请求。

第十九条　民事公益诉讼案件审理过程中，人民检察院诉讼请求全部实现而撤回起诉的，人民法院应予准许。

第二十条　人民检察院对破坏生态环境和资源保护，食品药品安全领域侵害众多消费者合法权益，侵害英雄烈士等的姓名、肖像、名誉、荣誉等损害社会公共利益的犯罪行为提起刑事公诉时，可以向人民法院一并提起附带民事公益诉讼，由人民法院同一审判组织审理。

人民检察院提起的刑事附带民事公益诉讼案件由审理刑事案件的人民法院管辖。

三、行政公益诉讼

第二十一条　人民检察院在履行职责中发现生态环境和资源保护、食品药品安全、国有财产保护、国有土地使用权出让等领域负有监督管理职责的行政机关违法行使职权或者不作为，致使国家利益或者社会公共利益受到侵害的，应当向行政机关提出检察建议，督促其依法履行职责。

行政机关应当在收到检察建议书之日起两个月内依法履行职责，并书面回复人民检察院。出现国家利益或者社会公共利益损害继续扩大等紧急情形的，行政机关应当在十五日内书面回复。

行政机关不依法履行职责的，人民检察院依法向人民法院提起诉讼。

第二十二条　人民检察院提起行政公益诉讼应当提交下列材料：

（一）行政公益诉讼起诉书，并按照被告人数提出副本；

（二）被告违法行使职权或者不作为，致使国家利益或者社会公共利益受到侵害的证明材料；

（三）已经履行诉前程序，行政机关仍不依法履行职责或者纠正违法行为的证明材料。

第二十三条　人民检察院依据行政诉讼法第二十五条第四款的规定提起行政公益诉讼，符合行政诉讼法第四十九条第二项、第三项、第四项及本解释规定的起诉条件的，人民法院应当登记立案。

第二十四条　在行政公益诉讼案件审理过程中，被告纠正违法行为或者依法履行职责而使人民检察院的诉讼请求全部实现，人民检察院撤回起诉的，人民法院应当裁定准许；人民检察院变更诉讼请求，请求确认原行政行为违法的，人民法院应当判决确认违法。

第二十五条 人民法院区分下列情形作出行政公益诉讼判决：

（一）被诉行政行为具有行政诉讼法第七十四条、第七十五条规定情形之一的，判决确认违法或者确认无效，并可以同时判决责令行政机关采取补救措施；

（二）被诉行政行为具有行政诉讼法第七十条规定情形之一的，判决撤销或者部分撤销，并可以判决被诉行政机关重新作出行政行为；

（三）被诉行政机关不履行法定职责的，判决在一定期限内履行；

（四）被诉行政机关作出的行政处罚明显不当，或者其他行政行为涉及对款额的确定、认定确有错误的，可以判决予以变更；

（五）被诉行政行为证据确凿，适用法律、法规正确，符合法定程序，未超越职权，未滥用职权，无明显不当，或者人民检察院诉请被诉行政机关履行法定职责理由不成立的，判决驳回诉讼请求。

人民法院可以将判决结果告知被诉行政机关所属的人民政府或者其他相关的职能部门。

四、附则

第二十六条 本解释未规定的其他事项，适用民事诉讼法、行政诉讼法以及相关司法解释的规定。

第二十七条 本解释自2018年3月2日起施行。

最高人民法院、最高人民检察院之前发布的司法解释和规范性文件与本解释不一致的，以本解释为准。

"两高"《关于检察公益诉讼案件适用法律若干问题的解释》修订解读[*]

解文轶[**]

民法典颁布实施对巩固社会主义基本经济制度、保障人民各项民事权利、推进国家治理体系和治理能力现代化具有十分重要的作用。民法典多个条文涉及"公共利益",一些规定直接补强了公益诉讼检察法律依据,还有一些规定为公益诉讼检察指明了探索和发展方向。为贯彻实施民法典,最高人民法院、最高人民检察院组织对相关司法解释、规范性文件等进行了清理修订,其中就包括《关于检察公益诉讼案件适用法律若干问题的解释》(以下简称《解释》)。修订后的《解释》全文已于2020年12月29日正式公布。

一、《解释》修订的主要内容

为加强对检察机关提起公益诉讼、法院审理公益诉讼案件工作的指导和规范,最高人民法院、最高人民检察院经多次沟通、反复协商,联合起草制定了《解释》,自2018年3月2日起施行。此次《解释》根据民法典和相关法律规定,主要对以下内容进行了修订:一是在《解释》第一条增加民法典,与民事诉讼法、行政诉讼法一并作为制定《解释》的依据;二是根据人民陪审员法第十六条的规定,将公益诉讼案件作为人民陪审制的适用对象;三是根据民法典的规定增加"侵害英雄烈士等的姓名、肖像、名誉、荣誉"领域作为检察机关可以提起民事公益诉讼的案件范围,并增加该领域征询英雄烈士等的近亲属意见作为检察机关诉前程序的履行方式;四是根据行政诉讼法第七十七条的规定,对法院作出行政公益诉讼变更判决的文字表述进行调整等。

二、扩大英烈保护民事公益诉讼案件范围的理解与适用

2018年出台的英雄烈士保护法第二十五条明确规定,对侵害英雄烈士的姓名、肖像、名誉、荣誉的行为,英雄烈士的近亲属可以依法向法院提起诉讼。英雄烈士没有近亲属或者近亲属不提起诉讼的,检察机关依法对侵害英雄烈士的姓名、肖像、名誉、荣誉,损害社会公共利益的行为向法院提起诉讼。自英雄烈士保护法实施以来,各级检察机关充分发挥检察公益诉讼职能作用,

---

[*] 原文载《人民检察》2021年第3期。
[**] 作者单位:最高人民检察院第八检察厅。

提起各类侵害英雄烈士姓名、肖像、名誉、荣誉民事公益诉讼，发出督促行政机关履行保护英烈纪念设施检察建议，为维护社会主义核心价值观，抵制抹黑英雄和党的历史言行，弘扬正气，维护国家政治安全发挥了积极的作用。

英雄烈士保护法规定的保护对象为近代以来，为了争取民族独立和人民解放，实现国家富强和人民幸福，促进世界和平和人类进步而毕生奋斗、英勇献身的英雄烈士。而对于"英雄烈士"的界定，法律规定得还比较原则，虽然国务院《烈士褒扬条例》规定了烈士评定标准，但仅靠已有的烈士名录和事后申报审查评定不能涵盖所有的英雄烈士。检察机关办案实践中也仍存在一些具体适用方面的疑虑，如是否必须经法定机关认定后方能认定为英雄烈士，如侵害名誉行为发生在烈士称号追授前能否适用英雄烈士保护法等。

针对英雄烈士保护领域提起民事公益诉讼的最早规定可见于2017年施行的民法总则，《民法总则》第一百八十五条规定，侵害英雄烈士等的姓名、肖像、名誉、荣誉，损害社会公共利益的，应当承担民事责任。民法典第一百八十五条沿用了民法总则的规定。民法总则和民法典规定的保护对象"英雄烈士等"的范围大于英雄烈士保护法中规定的"英雄烈士"，包括为了人民利益英勇斗争而牺牲，堪为楷模的人，还包括在保卫国家和国家建设中作出巨大贡献、建立卓越功勋，已经故去的人。① 民法典的这一表述，扩大了英雄烈士的保护范围，是立法机关对于人民呼声的积极回应。《解释》在修订过程中根据民法典的规定在检察机关提起民事公益诉讼案件范围中增加了英烈保护领域，还依据民法典的规定将保护对象范围从英雄烈士保护法规定的"英雄烈士"扩大至"英雄烈士等"，既体现了检察机关参与法治建设和社会治理过程中捍卫人民群众的精神寄托，对社会主义核心价值观和社会公共利益进行更完整、更充分的保护，也是贯彻落实党的十九届四中全会"拓展公益诉讼案件范围"要求的具体、直接举措。

《解释》修订前对检察机关提起民事公益诉讼诉前程序的规定主要为向社会公告。根据英烈保护领域民事公益诉讼案件的特点，修订后的《解释》在公告的基础上增加了征询英雄烈士等的近亲属意见作为诉前程序履行方式，由检察机关在实践中根据案件实际情况进行适用。英烈保护民事公益诉讼诉前程序的适用对象是英雄烈士等的近亲属，根据民法典第九百九十四条的规定，死者的姓名、肖像、名誉、荣誉、隐私、遗体等受到侵害的，有资格提起私益诉讼的近亲属范围主要为其配偶、子女、父母，这也是检察机关办理英烈保护领域案件诉前征询意见的范围。办案实践中，检察机关一般可以通过英雄烈士等

---

① 参见黄薇主编：《中华人民共和国民法典释义（上）》，法律出版社2020年版，第367页。

的户籍所在地公安机关查询确定其近亲属的基本情况，查明有权提起诉讼的近亲属名单、住址、联系方式等。对于英雄烈士等有近亲属的，可以当面征询近亲属是否提起诉讼的意见或者向其发出征求意见函，这样既可以充分尊重英雄烈士等近亲属的意愿，保证其诉权，也可以省去30日的公告期以提高办案效率。对于英雄烈士等近亲属下落不明，或者一案保护多名英雄烈士等涉及近亲属人数众多的，检察机关也可以通过公告的方式履行诉前程序。对于英雄烈士等的近亲属提起保护英雄烈士等的姓名、肖像、名誉、荣誉民事诉讼的，检察机关可以支持起诉。

三、深入贯彻落实民法典推进检察公益诉讼工作

作为"两高"对于检察公益诉讼工作进行指导、规范的司法解释，此次《解释》根据民法典和其他相关法律规定进行了个别修改。检察机关要深入贯彻落实民法典，履行好公共利益代表的职责使命。

一是积极稳妥拓展公益诉讼案件范围。民法典多个条文涉及"公共利益"，相关规定强化了对妇女权益保护、未成年人保护、公民隐私权和个人信息保护等方面的内容。目前，部分省级人大常委会在已经出台的加强检察公益诉讼工作的决议、决定中规定了"等"外领域，可以作为地方检察机关办理相关案件的遵循。值得注意的是，新修订的未成年人保护法第一百零六条明确规定，未成年人合法权益受到侵犯涉及社会公共利益的，检察机关有权提起公益诉讼。最高人民法院新修改的《民事案件案由规定》也增加了"未成年人保护民事公益诉讼"案由，检察机关可以依法办理未成年人保护领域公益诉讼案件。

二是践行绿色保护理念。民法典总则部分即确立了绿色保护理念，将节约资源、保护生态环境列为原则性条款。侵权责任编中单设"环境污染和生态环境破坏责任"一章，规定了生态环境损害赔偿诉讼和民事公益诉讼。检察机关应在公益诉讼工作中践行绿色保护理念，重点办理生态环境和资源保护领域案件，不断完善生态环境公益诉讼制度。

三是探索构建惩罚性赔偿制度。民法典对于故意侵害知识产权、明知产品缺陷造成严重损害和故意污染环境破坏生态造成严重后果等三种情形，规定了被侵权人有权提起惩罚性赔偿请求。涉及在食品药品安全领域侵害众多消费者合法权益的情形，检察机关对在民事公益诉讼案件中提出惩罚性赔偿诉讼请求进行了广泛的实践探索，并与食品药品有关部门共同研究达成一致意见。检察机关应继续贯彻落实民法典精神，通过在民事公益诉讼中提出惩罚性赔偿诉讼请求，加大侵权人的违法成本，对侵权人及潜在违法者产生震慑与警示，为惩罚性赔偿制度建构和立法完善提供有益实践经验。

最高人民法院、最高人民检察院
关于执行《中华人民共和国刑法》
确定罪名的补充规定（七）

（2021年2月22日最高人民法院审判委员会第1832次会议、2021年2月26日最高人民检察院第十三届检察委员会第六十三次会议通过　2021年2月26日公布　2021年3月1日施行　法释〔2021〕2号）

根据《中华人民共和国刑法修正案（十）》（以下简称《刑法修正案（十）》）、《中华人民共和国刑法修正案（十一）》（以下简称《刑法修正案（十一）》），结合司法实践反映的情况，现对《最高人民法院关于执行〈中华人民共和国刑法〉确定罪名的规定》《最高人民检察院关于适用刑法分则规定的犯罪的罪名的意见》作如下补充、修改：

刑法条文	罪名
第一百三十三条之二（《刑法修正案（十一）》第二条）	妨害安全驾驶罪
第一百三十四条第二款（《刑法修正案（十一）》第三条）	强令、组织他人违章冒险作业罪（取消强令违章冒险作业罪罪名）
第一百三十四条之一（《刑法修正案（十一）》第四条）	危险作业罪
第一百四十一条（《刑法修正案（十一）》第五条）	生产、销售、提供假药罪（取消生产、销售假药罪罪名）
第一百四十二条（《刑法修正案（十一）》第六条）	生产、销售、提供劣药罪（取消生产、销售劣药罪罪名）
第一百四十二条之一（《刑法修正案（十一）》第七条）	妨害药品管理罪
第一百六十条（《刑法修正案（十一）》第八条）	欺诈发行证券罪（取消欺诈发行股票、债券罪罪名）

续表

刑法条文	罪名
第二百一十九条之一（《刑法修正案（十一）》第二十三条）	为境外窃取、刺探、收买、非法提供商业秘密罪
第二百三十六条之一（《刑法修正案（十一）》第二十七条）	负有照护职责人员性侵罪
第二百七十七条第五款（《刑法修正案（十一）》第三十一条）	袭警罪
第二百八十条之二（《刑法修正案（十一）》第三十二条）	冒名顶替罪
第二百九十一条之二（《刑法修正案（十一）》第三十三条）	高空抛物罪
第二百九十三条之一（《刑法修正案（十一）》第三十四条）	催收非法债务罪
第二百九十九条（《刑法修正案（十）》）	侮辱国旗、国徽、国歌罪（取消侮辱国旗、国徽罪罪名）
第二百九十九条之一（《刑法修正案（十一）》第三十五条）	侵害英雄烈士名誉、荣誉罪
第三百零三条第三款（《刑法修正案（十一）》第三十六条）	组织参与国（境）外赌博罪
第三百三十四条之一（《刑法修正案（十一）》第三十八条）	非法采集人类遗传资源、走私人类遗传资源材料罪
第三百三十六条之一（《刑法修正案（十一）》第三十九条）	非法植入基因编辑、克隆胚胎罪
第三百四十一条第一款	危害珍贵、濒危野生动物罪（取消非法猎捕、杀害珍贵、濒危野生动物罪和非法收购、运输、出售珍贵、濒危野生动物、珍贵、濒危野生动物制品罪罪名）
第三百四十一条第三款（《刑法修正案（十一）》第四十一条）	非法猎捕、收购、运输、出售陆生野生动物罪

续表

刑法条文	罪名
第三百四十二条之一（《刑法修正案（十一）》第四十二条）	破坏自然保护地罪
第三百四十四条	危害国家重点保护植物罪（取消非法采伐、毁坏国家重点保护植物罪和非法收购、运输、加工、出售国家重点保护植物、国家重点保护植物制品罪罪名）
第三百四十四条之一（《刑法修正案（十一）》第四十三条）	非法引进、释放、丢弃外来入侵物种罪
第三百五十五条之一（《刑法修正案（十一）》第四十四条）	妨害兴奋剂管理罪
第四百零八条之一（《刑法修正案（十一）》第四十五条）	食品、药品监管渎职罪（取消食品监管渎职罪罪名）

本规定自 2021 年 3 月 1 日起施行。

最高人民检察院
人民检察院公益诉讼办案规则

(2020年9月28日最高人民检察院第十三届检察委员会第五十二次会议通过 2021年6月29日公布 2021年7月1日施行 高检发释字〔2021〕2号)

目 录

第一章 总 则
第二章 一般规定
　第一节 管 辖
　第二节 回 避
　第三节 立 案
　第四节 调 查
　第五节 提起诉讼
　第六节 出席第一审法庭
　第七节 上 诉
　第八节 诉讼监督
第三章 行政公益诉讼
　第一节 立案与调查
　第二节 检察建议
　第三节 提起诉讼
第四章 民事公益诉讼
　第一节 立案与调查
　第二节 公 告
　第三节 提起诉讼
　第四节 支持起诉
第五章 其他规定
第六章 附 则

第一章 总 则

第一条 为了规范人民检察院履行公益诉讼检察职责，加强对国家利益和社会公共利益的保护，根据《中华人民共和国人民检察院组织法》《中华人民共和国民事诉讼法》《中华人民共和国行政诉讼法》等法律规定，结合人民检察院工作实际，制定本规则。

第二条 人民检察院办理公益诉讼案件的任务，是通过依法独立行使检察权，督促行政机关依法履行监督管理职责，支持适格主体依法行使公益诉权，维护国家利益和社会公共利益，维护社会公平正义，维护宪法和法律权威，促进国家治理体系和治理能力现代化。

第三条 人民检察院办理公益诉讼案件，应当遵守宪法、法律和相关法规，秉持客观公正立场，遵循相关诉讼制度的基本原则和程序规定，坚持司法公开。

第四条 人民检察院通过提出检察建议、提起诉讼和支持起诉等方式履行公益诉讼检察职责。

第五条 人民检察院办理公益诉讼案件，由检察官、检察长、检察委员会在各自职权范围内对办案事项作出决定，并依照规定承担相应司法责任。

检察官在检察长领导下开展工作。重大办案事项，由检察长决定。检察长可以根据案件情况，提交检察委员会讨论决定。其他办案事项，检察长可以自行决定，也可以授权检察官决定。

以人民检察院名义制发的法律文书，由检察长签发；属于检察官职权范围内决定事项的，检察长可以授权检察官签发。

第六条 人民检察院办理公益诉讼案件，根据案件情况，可以由一名检察官独任办理，也可以由两名以上检察官组成办案组办理。由检察官办案组办理的，检察长应当指定一名检察官担任主办检察官，组织、指挥办案组办理案件。

检察官办理案件，可以根据需要配备检察官助理、书记员、司法警察、检察技术人员等检察辅助人员。检察辅助人员依照法律规定承担相应的检察辅助事务。

第七条 负责公益诉讼检察的部门负责人对本部门的办案活动进行监督管理。需要报请检察长决定的事项，应当先由部门负责人审核。部门负责人可以主持召开检察官联席会议进行讨论，也可以直接报请检察长决定。

第八条 检察长不同意检察官处理意见的，可以要求检察官复核，也可以直接作出决定，或者提请检察委员会讨论决定。

检察官执行检察长决定时，认为决定错误的，应当书面提出意见。检察长不改变原决定的，检察官应当执行。

第九条 人民检察院提起诉讼或者支持起诉的民事、行政公益诉讼案件，由负责民事、行政检察的部门或者办案组织分别履行诉讼监督的职责。

第十条 最高人民检察院领导地方各级人民检察院和专门人民检察院的公益诉讼检察工作，上级人民检察院领导下级人民检察院的公益诉讼检察工作。

上级人民检察院对下级人民检察院作出的决定，有权予以撤销或者变更；发现下级人民检察院办理的案件有错误的，有权指令下级人民检察院予以纠正。

下级人民检察院对上级人民检察院的决定应当执行。如果认为有错误的，应当在执行的同时向上级人民检察院报告。

第十一条 人民检察院办理公益诉讼案件，实行一体化工作机制，上级人民检察院根据办案需要，可以交办、提办、督办、领办案件。

上级人民检察院可以依法统一调用辖区的检察人员办理案件，调用的决定应当以书面形式作出。被调用的检察官可以代表办理案件的人民检察院履行调查、出庭等职责。

第十二条 人民检察院办理公益诉讼案件，依照规定接受人民监督员监督。

第二章 一般规定

第一节 管 辖

第十三条 人民检察院办理行政公益诉讼案件，由行政机关对应的同级人民检察院立案管辖。

行政机关为人民政府，由上一级人民检察院管辖更为适宜的，也可以由上一级人民检察院立案管辖。

第十四条 人民检察院办理民事公益诉讼案件，由违法行为发生地、损害结果地或者违法行为人住所地基层人民检察院立案管辖。

刑事附带民事公益诉讼案件，由办理刑事案件的人民检察院立案管辖。

第十五条 设区的市级以上人民检察院管辖本辖区内重大、复杂的案件。公益损害范围涉及两个以上行政区划的公益诉讼案件，可以由共同的上一级人民检察院管辖。

第十六条 人民检察院立案管辖与人民法院诉讼管辖级别、地域不对应的,具有管辖权的人民检察院可以立案,需要提起诉讼的,应当将案件移送有管辖权人民法院对应的同级人民检察院。

第十七条 上级人民检察院可以根据办案需要,将下级人民检察院管辖的公益诉讼案件指定本辖区内其他人民检察院办理。

最高人民检察院、省级人民检察院和设区的市级人民检察院可以根据跨区域协作工作机制规定,将案件指定或移送相关人民检察院跨行政区划管辖。基层人民检察院可以根据跨区域协作工作机制规定,将案件移送相关人民检察院跨行政区划管辖。

人民检察院对管辖权发生争议的,由争议双方协商解决。协商不成的,报共同的上级人民检察院指定管辖。

第十八条 上级人民检察院认为确有必要的,可以办理下级人民检察院管辖的案件,也可以将本院管辖的案件交下级人民检察院办理。

下级人民检察院认为需要由上级人民检察院办理的,可以报请上级人民检察院决定。

第二节 回 避

第十九条 检察人员具有下列情形之一的,应当自行回避,当事人、诉讼代理人有权申请其回避:

(一)是行政公益诉讼行政机关法定代表人或者主要负责人、诉讼代理人近亲属,或者有其他关系,可能影响案件公正办理的;

(二)是民事公益诉讼当事人、诉讼代理人近亲属,或者有其他关系,可能影响案件公正办理的。

应当回避的检察人员,本人没有自行回避,当事人及其诉讼代理人也没有申请其回避的,检察长或者检察委员会应当决定其回避。

前两款规定,适用于翻译人员、鉴定人、勘验人等。

第二十条 检察人员自行回避的,应当书面或者口头提出,并说明理由。口头提出的,应当记录在卷。

第二十一条 当事人及其诉讼代理人申请回避的,应当书面或者口头提出,并说明理由。口头提出的,应当记录在卷。

被申请回避的人员在人民检察院作出是否回避的决定前,不停止参与本案工作。

第二十二条 检察长的回避,由检察委员会讨论决定;检察人员和其他人员的回避,由检察长决定。检察委员会讨论检察长回避问题时,由副检察长主持。

第二十三条 人民检察院对当事人提出的回避申请,应当在收到申请后三日内作出决定,并通知申请人。申请人对决定不服的,可以在接到决定时向原决定机关申请复议一次。人民检察院应当在三日内作出复议决定,并通知复议申请人。复议期间,被申请回避的人员不停止参与本案工作。

第三节 立 案

第二十四条 公益诉讼案件线索的来源包括:
(一) 自然人、法人和非法人组织向人民检察院控告、举报的;
(二) 人民检察院在办案中发现的;
(三) 行政执法信息共享平台上发现的;
(四) 国家机关、社会团体和人大代表、政协委员等转交的;
(五) 新闻媒体、社会舆论等反映的;
(六) 其他在履行职责中发现的。

第二十五条 人民检察院对公益诉讼案件线索实行统一登记备案管理制度。重大案件线索应当向上一级人民检察院备案。

人民检察院其他部门发现公益诉讼案件线索的,应当将有关材料及时移送负责公益诉讼检察的部门。

第二十六条 人民检察院发现公益诉讼案件线索不属于本院管辖的,应当制作《移送案件线索通知书》,移送有管辖权的同级人民检察院,受移送的人民检察院应当受理。受移送的人民检察院认为不属于本院管辖的,应当报告上级人民检察院,不得自行退回原移送线索的人民检察院或者移送其他人民检察院。

人民检察院发现公益诉讼案件线索属于上级人民检察院管辖的,应当制作《报请移送案件线索意见书》,报请移送上级人民检察院。

第二十七条 人民检察院应当对公益诉讼案件线索的真实性、可查性等进行评估,必要时可以进行初步调查,并形成《初步调查报告》。

第二十八条 人民检察院经过评估,认为国家利益或者社会公共利益受到侵害,可能存在违法行为的,应当立案调查。

第二十九条 对于国家利益或者社会公共利益受到严重侵害,人民检察院经初步调查仍难以确定不依法履行监督管理职责的行政机关或者违法行为人的,也可以立案调查。

第三十条 检察官对案件线索进行评估后提出立案或者不立案意见的,应当制作《立案审批表》,经过初步调查的附《初步调查报告》,报请检察长决定后制作《立案决定书》或者《不立案决定书》。

第三十一条 负责公益诉讼检察的部门在办理公益诉讼案件过程中,发现涉嫌犯罪或者职务违法、违纪线索的,应当依照规定移送本院相关检察业务部门或者其他有管辖权的主管机关。

第四节 调 查

第三十二条 人民检察院办理公益诉讼案件，应当依法、客观、全面调查收集证据。

第三十三条 人民检察院在调查前应当制定调查方案，确定调查思路、方法、步骤以及拟收集的证据清单等。

第三十四条 人民检察院办理公益诉讼案件的证据包括书证、物证、视听资料、电子数据、证人证言、当事人陈述、鉴定意见、专家意见、勘验笔录等。

第三十五条 人民检察院办理公益诉讼案件，可以采取以下方式开展调查和收集证据：

（一）查阅、调取、复制有关执法、诉讼卷宗材料等；

（二）询问行政机关工作人员、违法行为人以及行政相对人、利害关系人、证人等；

（三）向有关单位和个人收集书证、物证、视听资料、电子数据等证据；

（四）咨询专业人员、相关部门或者行业协会等对专门问题的意见；

（五）委托鉴定、评估、审计、检验、检测、翻译；

（六）勘验物证、现场；

（七）其他必要的调查方式。

人民检察院开展调查和收集证据不得采取限制人身自由或者查封、扣押、冻结财产等强制性措施。

第三十六条 人民检察院开展调查和收集证据，应当由两名以上检察人员共同进行。检察官可以组织司法警察、检察技术人员参加，必要时可以指派或者聘请其他具有专门知识的人参与。根据案件实际情况，也可以商请相关单位协助进行。

在调查收集证据过程中，检察人员可以依照有关规定使用执法记录仪、自动检测仪等办案设备和无人机航拍、卫星遥感等技术手段。

第三十七条 询问应当个别进行。检察人员在询问前应当出示工作证，询问过程中应当制作《询问笔录》。被询问人确认无误后，签名或者盖章。被询问人拒绝签名盖章的，应当在笔录上注明。

第三十八条 需要向有关单位或者个人调取物证、书证的，应当制作《调取证据通知书》和《调取证据清单》，持上述文书调取有关证据材料。

调取书证应当调取原件，调取原件确有困难或者因保密需要无法调取原件的，可以调取复制件。书证为复制件的，应当注明调取人、提供人、调取时间、证据出处和"本复制件与原件核对一致"等字样,并签字、盖章。书证页码较多的,加盖骑缝章。

调取物证应当调取原物,调取原物确有困难的,可以调取足以反映原物外形或者内容的照片、录像或者复制品等其他证据材料。

第三十九条 人民检察院应当收集提取视听资料、电子数据的原始存储介质,调取原始存储介质确有困难或者因保密需要无法调取的,可以调取复制件。调取复制件的,应当说明其来源和制作经过。

人民检察院自行收集提取视听资料、电子数据的,应当注明收集时间、地点、收集人员及其他需要说明的情况。

第四十条 人民检察院可以就专门性问题书面或者口头咨询有关专业人员、相关部门或者行业协会的意见。

口头咨询的,应当制作笔录,由接受咨询的专业人员签名或者盖章。书面咨询的,应当由出具咨询意见的专业人员或者单位签名、盖章。

第四十一条 人民检察院对专门性问题认为确有必要鉴定、评估、审计、检验、检测、翻译的,可以委托具备资格的机构进行鉴定、评估、审计、检验、检测、翻译,委托时应当制作《委托鉴定(评估、审计、检验、检测、翻译)函》。

第四十二条 人民检察院认为确有必要的,可以勘验物证或者现场。

勘验应当在检察官的主持下,由两名以上检察人员进行,可以邀请见证人参加。必要时,可以指派或者聘请有专门知识的人进行。勘验情况和结果应当制作笔录,由参加勘验的人员、见证人签名或者盖章。

检察技术人员可以依照相关规定在勘验过程中进行取样并进行快速检测。

第四十三条 人民检察院办理公益诉讼案件,需要异地调查收集证据的,可以自行调查或者委托当地同级人民检察院进行。委托时应当出具委托书,载明需要调查的对象、事项及要求。受委托人民检察院应当在收到委托书之日起三十日内完成调查,并将情况回复委托的人民检察院。

第四十四条 人民检察院可以依照规定组织听证,听取听证员、行政机关、违法行为人、行政相对人、受害人代表等相关各方意见,了解有关情况。

听证形成的书面材料是人民检察院依法办理公益诉讼案件的重要参考。

第四十五条 行政机关及其工作人员拒绝或者妨碍人民检察院调查收集证据的,人民检察院可以向同级人大常委会报告,向同级纪检监察机关通报,或者通过上级人民检察院向其上级主管机关通报。

第五节 提起诉讼

第四十六条 人民检察院对于符合起诉条件的公益诉讼案件,应当依法向人民法院提起诉讼。

人民检察院提起公益诉讼，应当向人民法院提交公益诉讼起诉书和相关证据材料。起诉书的主要内容包括：

（一）公益诉讼起诉人；

（二）被告的基本信息；

（三）诉讼请求及所依据的事实和理由。

公益诉讼起诉书应当自送达人民法院之日起五日内报上一级人民检察院备案。

第四十七条 人民检察院办理行政公益诉讼案件，审查起诉期限为一个月，自检察建议整改期满之日起计算。

人民检察院办理民事公益诉讼案件，审查起诉期限为三个月，自公告期满之日起计算。

移送其他人民检察院起诉的，受移送的人民检察院审查起诉期限自收到案件之日起计算。

重大、疑难、复杂案件需要延长审查起诉期限的，行政公益诉讼案件经检察长批准后可以延长一个月，还需要延长的，报上一级人民检察院批准，上一级人民检察院认为已经符合起诉条件的，可以依照本规则第十七条规定指定本辖区内其他人民检察院提起诉讼。民事公益诉讼案件经检察长批准后可以延长一个月，还需要延长的，报上一级人民检察院批准。

第四十八条 人民检察院办理公益诉讼案件，委托鉴定、评估、审计、检验、检测、翻译期间不计入审查起诉期限。

第六节 出席第一审法庭

第四十九条 人民检察院提起公益诉讼的案件，应当派员出庭履行职责，参加相关诉讼活动。

人民检察院应当自收到人民法院出庭通知书之日起三日内向人民法院提交《派员出庭通知书》。《派员出庭通知书》应当写明出庭人员的姓名、法律职务以及出庭履行的职责。

人民检察院应当指派检察官出席第一审法庭，检察官助理可以协助检察官出庭，并根据需要配备书记员担任记录及其他辅助工作。涉及专门性、技术性问题，可以指派或者聘请有专门知识的人协助检察官出庭。

第五十条 人民法院通知人民检察院派员参加证据交换、庭前会议的，由出席法庭的检察人员参加。人民检察院认为有必要的，可以商人民法院组织证据交换或者召开庭前会议。

第五十一条 出庭检察人员履行以下职责：

（一）宣读公益诉讼起诉书；

（二）对人民检察院调查收集的证据予以出示和说明，对相关证据进行质证；

（三）参加法庭调查、进行辩论，并发表出庭意见；

（四）依法从事其他诉讼活动。

第五十二条 出庭检察人员应当客观、全面地向法庭出示证据。根据庭审情况合理安排举证顺序，分组列举证据，可以使用多媒体等示证方式。质证应当围绕证据的真实性、合法性、关联性展开。

第五十三条 出庭检察人员向被告、证人、鉴定人、勘验人等发问应当遵循下列要求：

（一）围绕案件基本事实和争议焦点进行发问；

（二）与调查收集的证据相互支撑；

（三）不得使用带有人身攻击或者威胁性的语言和方式。

第五十四条 出庭检察人员可以申请人民法院通知证人、鉴定人、有专门知识的人出庭作证或者提出意见。

第五十五条 出庭检察人员在法庭审理期间，发现需要补充调查的，可以在法庭休庭后进行补充调查。

第五十六条 出庭检察人员参加法庭辩论，应结合法庭调查情况，围绕双方在事实、证据、法律适用等方面的争议焦点发表辩论意见。

第五十七条 出庭检察人员应当结合庭审情况，客观公正发表出庭意见。

第七节 上 诉

第五十八条 人民检察院应当在收到人民法院第一审公益诉讼判决书、裁定书后三日内报送上一级人民检察院备案。

人民检察院认为第一审公益诉讼判决、裁定确有错误的，应当提出上诉。

提出上诉的，由提起诉讼的人民检察院决定。上一级人民检察院应当同步审查进行指导。

第五十九条 人民检察院提出上诉的，应当制作公益诉讼上诉书。公益诉讼上诉书的主要内容包括：

（一）公益诉讼上诉人；

（二）被上诉人的基本情况；

（三）原审人民法院名称、案件编号和案由；

（四）上诉请求和事实理由。

第六十条 人民检察院应当在上诉期限内通过原审人民法院向上一级人民法院提交公益诉讼上诉书，并将副本连同相关证据材料报送上一级人民检察院。

第六十一条 上一级人民检察院认为上诉不当的，应当指令下级人民检察院撤回上诉。

上一级人民检察院在上诉期限内，发现下级人民检察院应当上诉而没有提出上诉的，应当指令下级人民检察院依法提出上诉。

第六十二条 被告不服第一审公益诉讼判决、裁定上诉的，人民检察院应当在收到上诉状副本后三日内报送上一级人民检察院，提起诉讼的人民检察院和上一级人民检察院应当全面审查案卷材料。

第六十三条 人民法院决定开庭审理的上诉案件，提起诉讼的人民检察院和上一级人民检察院应当共同派员出席第二审法庭。

人民检察院应当在出席第二审法庭之前向人民法院提交《派员出庭通知书》，载明人民检察院出庭检察人员的姓名、法律职务以及出庭履行的职责等。

第八节 诉讼监督

第六十四条 最高人民检察院发现各级人民法院、上级人民检察院发现下级人民法院已经发生法律效力的公益诉讼判决、裁定确有错误，损害国家利益或者社会公共利益的，应当依法提出抗诉。

第六十五条 人民法院决定开庭审理的公益诉讼再审案件，与人民法院对应的同级人民检察院应当派员出席法庭。

第六十六条 人民检察院发现人民法院公益诉讼审判程序违反法律规定，或者审判人员有《中华人民共和国法官法》第四十六条规定的违法行为，可能影响案件公正审判、执行的，或者人民法院在公益诉讼案件判决生效后不依法移送执行或者执行活动违反法律规定的，应当依法向同级人民法院提出检察建议。

第三章 行政公益诉讼

第一节 立案与调查

第六十七条 人民检察院经过对行政公益诉讼案件线索进行评估，认为同时存在以下情形的，应当立案：

（一）国家利益或者社会公共利益受到侵害；

（二）生态环境和资源保护、食品药品安全、国有财产保护、国有土地使用权出让、未成年人保护等领域对保护国家利益或者社会公共利益负有监督管理职责的行政机关可能违法行使职权或者不作为。

第六十八条　人民检察院对于符合本规则第六十七条规定的下列情形，应当立案：

（一）对于行政机关作出的行政决定，行政机关有强制执行权而怠于强制执行，或者没有强制执行权而怠于申请人民法院强制执行的；

（二）在人民法院强制执行过程中，行政机关违法处分执行标的的；

（三）根据地方裁执分离规定，人民法院将行政强制执行案件交由有强制执行权的行政机关执行，行政机关不依法履职的；

（四）其他行政强制执行中行政机关违法行使职权或者不作为的情形。

第六十九条　对于同一侵害国家利益或者社会公共利益的损害后果，数个负有不同监督管理职责的行政机关均可能存在不依法履行职责情形的，人民检察院可以对数个行政机关分别立案。

人民检察院在立案前发现同一行政机关对多个同一性质的违法行为可能存在不依法履行职责情形的，应当作为一个案件立案。在发出检察建议前发现其他同一性质的违法行为的，应当与已立案案件一并处理。

第七十条　人民检察院决定立案的，应当在七日内将《立案决定书》送达行政机关，并可以就其是否存在违法行使职权或者不作为、国家利益或者社会公共利益受到侵害的后果、整改方案等事项进行磋商。

磋商可以采取召开磋商座谈会、向行政机关发送事实确认书等方式进行，并形成会议记录或者纪要等书面材料。

第七十一条　人民检察院办理行政公益诉讼案件，围绕以下事项进行调查：

（一）国家利益或者社会公共利益受到侵害的事实；

（二）行政机关的监督管理职责；

（三）行政机关不依法履行职责的行为；

（四）行政机关不依法履行职责的行为与国家利益或者社会公共利益受到侵害的关联性；

（五）其他需要查明的事项。

第七十二条　人民检察院认定行政机关监督管理职责的依据为法律法规规章，可以参考行政机关的"三定"方案、权力清单和责任清单等。

第七十三条　调查结束，检察官应当制作《调查终结报告》，区分情况提出以下处理意见：

（一）终结案件；

（二）提出检察建议。

第七十四条　经调查，人民检察院认为存在下列情形之一的，应当作出终结案件决定：

（一）行政机关未违法行使职权或者不作为的；
（二）国家利益或者社会公共利益已经得到有效保护的；
（三）行政机关已经全面采取整改措施依法履行职责的；
（四）其他应当终结案件的情形。

终结案件的，应当报检察长决定，并制作《终结案件决定书》送达行政机关。

第二节 检察建议

第七十五条 经调查，人民检察院认为行政机关不依法履行职责，致使国家利益或者社会公共利益受到侵害的，应当报检察长决定向行政机关提出检察建议，并于《检察建议书》送达之日起五日内向上一级人民检察院备案。

《检察建议书》应当包括以下内容：

（一）行政机关的名称；
（二）案件来源；
（三）国家利益或者社会公共利益受到侵害的事实；
（四）认定行政机关不依法履行职责的事实和理由；
（五）提出检察建议的法律依据；
（六）建议的具体内容；
（七）行政机关整改期限；
（八）其他需要说明的事项。

《检察建议书》的建议内容应当与可能提起的行政公益诉讼请求相衔接。

第七十六条 人民检察院决定提出检察建议的，应当在三日内将《检察建议书》送达行政机关。

行政机关拒绝签收的，应当在送达回证上记录，把《检察建议书》留在其住所地，并可以采用拍照、录像等方式记录送达过程。

人民检察院可以采取宣告方式向行政机关送达《检察建议书》，必要时，可以邀请人大代表、政协委员、人民监督员等参加。

第七十七条 提出检察建议后，人民检察院应当对行政机关履行职责的情况和国家利益或者社会公共利益受到侵害的情况跟进调查，收集相关证据材料。

第七十八条 行政机关在法律、司法解释规定的整改期限内已依法作出行政决定或者制定整改方案，但因突发事件等客观原因不能全部整改到位，且没有怠于履行监督管理职责情形的，人民检察院可以中止审查。

中止审查的，应当经检察长批准，制作《中止审查决定书》，并报送上一级人民检察院备案。中止审查的原因消除后,应当恢复审查并制作《恢复审查决定书》。

第七十九条 经过跟进调查,检察官应当制作《审查终结报告》,区分情况提出以下处理意见:

(一)终结案件;

(二)提起行政公益诉讼;

(三)移送其他人民检察院处理。

第八十条 经审查,人民检察院发现有本规则第七十四条第一款规定情形之一的,应当终结案件。

第三节 提起诉讼

第八十一条 行政机关经检察建议督促仍然没有依法履行职责,国家利益或者社会公共利益处于受侵害状态的,人民检察院应当依法提起行政公益诉讼。

第八十二条 有下列情形之一的,人民检察院可以认定行政机关未依法履行职责:

(一)逾期不回复检察建议,也没有采取有效整改措施的;

(二)已经制定整改措施,但没有实质性执行的;

(三)虽按期回复,但未采取整改措施或者仅采取部分整改措施的;

(四)违法行为人已经被追究刑事责任或者案件已经移送刑事司法机关处理,但行政机关仍应当继续依法履行职责的;

(五)因客观障碍导致整改方案难以按期执行,但客观障碍消除后未及时恢复整改的;

(六)整改措施违反法律法规规定的;

(七)其他没有依法履行职责的情形。

第八十三条 人民检察院可以根据行政机关的不同违法情形,向人民法院提出确认行政行为违法或者无效、撤销或者部分撤销违法行政行为、依法履行法定职责、变更行政行为等诉讼请求。

依法履行法定职责的诉讼请求中不予载明行政相对人承担具体义务或者减损具体权益的事项。

第八十四条 在行政公益诉讼案件审理过程中,行政机关已经依法履行职责而全部实现诉讼请求的,人民检察院可以撤回起诉。确有必要的,人民检察院可以变更诉讼请求,请求判决确认行政行为违法。

人民检察院决定撤回起诉或者变更诉讼请求的,应当经检察长决定后制作《撤回起诉决定书》或者《变更诉讼请求决定书》,并在三日内提交人民法院。

第四章 民事公益诉讼

第一节 立案与调查

第八十五条 人民检察院经过对民事公益诉讼线索进行评估，认为同时存在以下情形的，应当立案：

（一）社会公共利益受到损害；

（二）可能存在破坏生态环境和资源保护，食品药品安全领域侵害众多消费者合法权益，侵犯未成年人合法权益，侵害英雄烈士等的姓名、肖像、名誉、荣誉等损害社会公共利益的违法行为。

第八十六条 人民检察院立案后，应当调查以下事项：

（一）违法行为人的基本情况；

（二）违法行为人实施的损害社会公共利益的行为；

（三）社会公共利益受到损害的类型、具体数额或者修复费用等；

（四）违法行为与损害后果之间的因果关系；

（五）违法行为人的主观过错情况；

（六）违法行为人是否存在免除或者减轻责任的相关事实；

（七）其他需要查明的事项。

对于污染环境、破坏生态等应当由违法行为人依法就其不承担责任或者减轻责任，及其行为与损害后果之间不存在因果关系承担举证责任的案件，可以重点调查（一）（二）（三）项以及违法行为与损害后果之间的关联性。

第八十七条 人民检察院办理涉及刑事犯罪的民事公益诉讼案件，在刑事案件的委托鉴定评估中，可以同步提出公益诉讼案件办理的鉴定评估需求。

第八十八条 刑事侦查中依法收集的证据材料，可以在基于同一违法事实提起的民事公益诉讼案件中作为证据使用。

第八十九条 调查结束，检察官应当制作《调查终结报告》，区分情况提出以下处理意见：

（一）终结案件；

（二）发布公告。

第九十条 经调查，人民检察院发现存在以下情形之一的，应当终结案件：

（一）不存在违法行为的；

（二）生态环境损害赔偿权利人与赔偿义务人经磋商达成赔偿协议，或者已经提起生态环境损害赔偿诉讼的；

（三）英雄烈士等的近亲属不同意人民检察院提起公益诉讼的；

（四）其他适格主体依法向人民法院提起诉讼的；

（五）社会公共利益已经得到有效保护的；

（六）其他应当终结案件的情形。

有前款（二）（三）（四）项情形之一，人民检察院支持起诉的除外。

终结案件的，应当报请检察长决定，并制作《终结案件决定书》。

第二节 公 告

第九十一条 经调查，人民检察院认为社会公共利益受到损害，存在违法行为的，应当依法发布公告。公告应当包括以下内容：

（一）社会公共利益受到损害的事实；

（二）告知适格主体可以向人民法院提起诉讼，符合启动生态环境损害赔偿程序条件的案件，告知赔偿权利人启动生态环境损害赔偿程序；

（三）公告期限；

（四）联系人、联系电话；

（五）公告单位、日期。

公告应当在具有全国影响的媒体发布，公告期间为三十日。

第九十二条 人民检察院办理侵害英雄烈士等的姓名、肖像、名誉、荣誉的民事公益诉讼案件，可以直接征询英雄烈士等的近亲属的意见。被侵害的英雄烈士等人数众多、难以确定近亲属，或者直接征询近亲属意见确有困难的，也可以通过公告的方式征询英雄烈士等的近亲属的意见。

第九十三条 发布公告后，人民检察院应当对赔偿权利人启动生态环境损害赔偿程序情况、适格主体起诉情况、英雄烈士等的近亲属提起民事诉讼情况，以及社会公共利益受到损害的情况跟进调查，收集相关证据材料。

第九十四条 经过跟进调查，检察官应当制作《审查终结报告》，区分情况提出以下处理意见：

（一）终结案件；

（二）提起民事公益诉讼；

（三）移送其他人民检察院处理。

第九十五条 经审查，人民检察院发现有本规则第九十条规定情形之一的，应当终结案件。

第三节 提起诉讼

第九十六条 有下列情形之一，社会公共利益仍然处于受损害状态的，人民检察院应当提起民事公益诉讼：

（一）生态环境损害赔偿权利人未启动生态环境损害赔偿程序，或者经过磋商未达成一致，赔偿权利人又不提起诉讼的；

（二）没有适格主体，或者公告期满后适格主体不提起诉讼的；

（三）英雄烈士等没有近亲属，或者近亲属不提起诉讼的。

第九十七条　人民检察院在刑事案件提起公诉时，对破坏生态环境和资源保护，食品药品安全领域侵害众多消费者合法权益，侵犯未成年人合法权益，侵害英雄烈士等的姓名、肖像、名誉、荣誉等损害社会公共利益的违法行为，可以向人民法院提起刑事附带民事公益诉讼。

第九十八条　人民检察院可以向人民法院提出要求被告停止侵害、排除妨碍、消除危险、恢复原状、赔偿损失等诉讼请求。

针对不同领域案件，还可以提出以下诉讼请求：

（一）破坏生态环境和资源保护领域案件，可以提出要求被告以补植复绿、增殖放流、土地复垦等方式修复生态环境的诉讼请求，或者支付生态环境修复费用，赔偿生态环境受到损害至修复完成期间服务功能丧失造成的损失、生态环境功能永久性损害造成的损失等诉讼请求，被告违反法律规定故意污染环境、破坏生态造成严重后果的，可以提出惩罚性赔偿等诉讼请求；

（二）食品药品安全领域案件，可以提出要求被告召回并依法处置相关食品药品以及承担相关费用和惩罚性赔偿等诉讼请求；

（三）英雄烈士等的姓名、肖像、名誉、荣誉保护案件，可以提出要求被告消除影响、恢复名誉、赔礼道歉等诉讼请求。

人民检察院为诉讼支出的鉴定评估、专家咨询等费用，可以在起诉时一并提出由被告承担的诉讼请求。

第九十九条　民事公益诉讼案件可以依法在人民法院主持下进行调解。调解协议不得减免诉讼请求载明的民事责任，不得损害社会公共利益。

诉讼请求全部实现的，人民检察院可以撤回起诉。人民检察院决定撤回起诉的，应当经检察长决定后制作《撤回起诉决定书》，并在三日内提交人民法院。

第四节　支持起诉

第一百条　下列案件，人民检察院可以支持起诉：

（一）生态环境损害赔偿权利人提起的生态环境损害赔偿诉讼案件；

（二）适格主体提起的民事公益诉讼案件；

（三）英雄烈士等的近亲属提起的维护英雄烈士等的姓名、肖像、名誉、荣誉的民事诉讼案件；

（四）军人和因公牺牲军人、病故军人遗属提起的侵害军人荣誉、名誉和

其他相关合法权益的民事诉讼案件;

（五）其他依法可以支持起诉的公益诉讼案件。

第一百零一条 人民检察院可以采取提供法律咨询、向人民法院提交支持起诉意见书、协助调查取证、出席法庭等方式支持起诉。

第一百零二条 人民检察院在向人民法院提交支持起诉意见书后，发现有以下不适合支持起诉情形的，可以撤回支持起诉：

（一）原告无正当理由变更、撤回部分诉讼请求，致使社会公共利益不能得到有效保护的；

（二）原告撤回起诉或者与被告达成和解协议，致使社会公共利益不能得到有效保护的；

（三）原告请求被告承担的律师费以及为诉讼支出的其他费用过高，对社会公共利益保护产生明显不利影响的；

（四）其他不适合支持起诉的情形。

人民检察院撤回支持起诉的，应当制作《撤回支持起诉决定书》，在三日内提交人民法院，并发送原告。

第一百零三条 人民检察院撤回支持起诉后，认为适格主体提出的诉讼请求不足以保护社会公共利益，符合立案条件的，可以另行立案。

第五章 其他规定

第一百零四条 办理公益诉讼案件的人民检察院对涉及法律适用、办案程序、司法政策等问题，可以依照有关规定向上级人民检察院请示。

第一百零五条 本规则所涉及的法律文书格式，由最高人民检察院统一制定。

第一百零六条 各级人民检察院办理公益诉讼案件，应当依照有关规定及时归档。

第一百零七条 人民检察院提起公益诉讼，不需要交纳诉讼费用。

第六章 附则

第一百零八条 军事检察院等专门人民检察院办理公益诉讼案件，适用本规则和其他有关规定。

第一百零九条 本规则所称检察官，包括检察长、副检察长、检察委员会委员、检察员。

本规则所称检察人员，包括检察官和检察辅助人员。

第一百一十条 《中华人民共和国军人地位和权益保障法》《中华人民共和国安全生产法（2021修正）》等法律施行后，人民检察院办理公益诉讼案件的范围相应调整。

第一百一十一条 本规则未规定的其他事项，适用民事诉讼法、行政诉讼法及相关司法解释的规定。

第一百一十二条 本规则自2021年7月1日起施行。

最高人民检察院以前发布的司法解释和规范性文件与本规则不一致的，以本规则为准。

《人民检察院公益诉讼办案规则》的理解与适用

胡卫列　解文轶[**]

《人民检察院公益诉讼办案规则》（以下简称《办案规则》）经最高人民检察院第十三届检察委员会第五十二次会议审议通过，2021年7月1日起施行。各级检察机关要进一步增强履行好公益诉讼检察职责的使命感和责任担当，正确理解和适用《办案规则》，推进公益诉讼检察工作规范健康发展。

一、出台《办案规则》的背景

党的十八届四中全会提出探索建立检察机关提起公益诉讼制度。经过两年试点，2017年6月27日，全国人大常委会作出《关于修改〈中华人民共和国民事诉讼法〉和〈中华人民共和国行政诉讼法〉的决定》，正式建立检察机关提起公益诉讼制度。2018年出台、2020年修改的最高人民法院、最高人民检察院《关于检察公益诉讼案件适用法律若干问题的解释》；2018年10月、2019年4月公益诉讼检察职权相继写进修订后的人民检察院组织法和检察官法，为公益诉讼检察工作的发展提供了基本的法律和规范依据。近年来，在党中央的高度重视和社会各界的大力支持下，公益诉讼检察工作取得了快速发展，办案数量持续提升。与此同时，党中央对公益诉讼检察工作的发展提出了更高要求，人民群众也对公益诉讼检察工作有了更高期待。

为贯彻落实好习近平法治思想和习近平总书记关于公益诉讼的系列重要指示精神，落实2019年中央深化改革委员会《关于政法领域全面深化改革的实施意见》关于完善规范公益诉讼制度程序规则的要求，最高人民检察院党组把制定公益诉讼办案规则作为一项关系公益诉讼长远发展的基础性工作，列为重点改革任务予以推进。

二、《办案规则》起草过程和主要考虑

《办案规则》在起草过程中通过实地调研、集中研讨、专家论证等方式，充分吸收各方意见并达成了共识。起草过程中主要有以下几点考虑：

一是把握正确政治方向。坚持以习近平法治思想为指导，认真学习领会习近平总书记在党的十八届四中全会上关于建立检察机关提起公益诉讼制度的

---

[*] 原文载《人民检察》2021年第18期。
[**] 作者单位：最高人民检察院第八检察厅。

说明以及在历次会议上关于公益诉讼的讲话精神，把习近平总书记对公益诉讼检察工作一系列重要指示作为规则设计的基本遵循，确保制度设计不离初衷，体现中国特色。

二是落实中央改革要求。党的十九届四中全会要求"拓展公益诉讼案件范围""完善生态环境公益诉讼制度"，2019年中共中央、国务院《关于深化改革加强食品安全工作的意见》等一系列文件对公益诉讼改革也提出具体要求，民法典确立了"绿色原则"、新增了生态环境损害惩罚性赔偿制度。《办案规则》要吸收这些改革成果，体现最新立法精神。

三是坚持科学理念。将最高人民检察院党组近年来提出的"双赢多赢共赢""诉前实现维护公益目的是最佳司法状态""跟进监督""在监督中办案，在办案中监督"等理念融入《办案规则》的具体规定中，体现检察机关宪法定位和法律监督属性，突出检察建议的独立价值，强调秉持客观公正立场，进一步体现公益诉讼检察制度的特点规律。

四是突出问题导向。针对公益诉讼办案"回头看"中发现的一些地方单纯追求办案数量、以行政相对人为标准制发检察建议、履职和整改判断标准模糊等问题，以及办案过程中调查取证意识不强、手段不够、保障不足等，提出了初步解决方案。

五是尊重首创精神。坚持顶层设计与实践创新相结合，认真总结提炼各地办理公益诉讼案件的经验做法和探索实践，进一步明确和细化办案各阶段、各环节的标准和要求，并在优化诉前程序、丰富调查手段、增强检察建议刚性、完善诉讼请求等方面探索创设一些新机制新举措。

三、《办案规则》的主要内容

《办案规则》分为总则、一般规定、行政公益诉讼、民事公益诉讼、其他规定、附则等六章，共一百一十二条，主要就以下几方面内容作出了规定。

（一）明确检察机关办理公益诉讼案件的基本原则

《中共中央关于加强新时代检察机关法律监督工作的意见》强调："人民检察院是国家的法律监督机关，是保障国家法律统一正确实施的司法机关，是保护国家利益和社会公共利益的重要力量，是国家监督体系的重要组成部分，在推进全面依法治国、建设社会主义法治国家中发挥着重要作用。"在行政公益诉讼中，检察机关作为唯一主体，通过督促行政机关依法履行职责，确保法律法规统一正确实施；在民事公益诉讼中，检察机关作为公共利益的代表，对侵害公益的违法主体提起民事公益诉讼，为国家、人民主张具体的公共利益。因此，《办案规则》首先对检察机关办理公益诉讼案件的基本原则作了规定，强调检察机关办案应当遵守宪法、法律和相关法规，秉持客观公正立场，遵循相关诉讼制度的基本原则，坚持司法公开。

（二）提出公益诉讼一体化办案机制

上级检察院领导下级检察院工作是检察机关履行职责的基本组织原则。从实践情况看，一体化办案机制符合公益诉讼办案的特点和规律，有利于发挥检察机关上下级领导关系的体制优势，强化上下级检察院、同级检察院以及院内各业务部门之间的协作配合，形成"上下统一、横向协作、内部整合、总体统筹"的工作机制，有利于发挥公益诉讼检察在国家治理体系和治理能力现代化进程中的独特制度优势。实践中，一些地方检察机关成立公益诉讼办案指挥中心，实行统一管理案件线索、统一研判监督策略、统一指定案件管辖、统一调配办案力量、统一指挥办案工作，统筹协调重大工作。《办案规则》在总结各地办案实践的基础上，对一体化办案机制作了规定，建立了办案中的交办、提办、督办、领办以及跨区划管辖机制，并明确了统一调用辖区检察人员办案等内容。

（三）确立公益诉讼案件立案管辖与诉讼管辖分离的原则

检察机关提起公益诉讼是立法赋予的法定职责，履职过程中不同层级、地域的检察机关都有相应的职责分工和权限。考虑到检察机关履行职责的特点和规律，《办案规则》在遵循民事诉讼法、行政诉讼法管辖制度和总结实践经验的基础上，对立案管辖与诉讼管辖作了不同规定。办理行政公益诉讼案件，由行政机关对应的同级检察机关立案管辖；办理民事公益诉讼案件，由违法行为发生地、损害结果地或者违法行为人住所地基层检察机关立案管辖；刑事附带民事公益诉讼案件，由办理刑事案件的检察机关立案管辖。设区的市级以上检察机关分别管辖本辖区内的重大、复杂案件。立案管辖与法院诉讼管辖级别、地域不对应，需要提起诉讼的，应当将案件移送有管辖权法院对应的同级检察机关。实际办案中需要注意以下几点：

1. 立案调查阶段和诉讼阶段的管辖设置各有侧重

检察机关立案办理公益诉讼案件的管辖设置体现的是监督规律。尤其是行政公益诉讼，体现的是检察机关对行政机关是否依法履行职责的监督，哪一级检察机关能够对哪一级行政机关进行监督，要符合职权配置的基本规则。办理公益诉讼案件过程中，检察机关立案后的主要任务是调查国家利益和社会公共利益的受损状况以及行政机关的法定职责、违法行使职权或不作为情况，或者违法行为人损害社会公共利益的行为以及损害后果等情况。这个阶段主要考虑如何适当地调配和投入检察机关办案资源，减少办案阻力和程序负累，确保办案效率、质量和效果。民事诉讼法与行政诉讼法规定的管辖主要指审判机关的管辖，体现的是诉讼规律。检察机关提起诉讼要遵循检察权、审判权的运行规律，如果出现检察机关立案管辖与审判机关管辖级别、地域不对应情形的，应当移送至有管辖权法院对应的检察机关提起诉讼。

2. 行政公益诉讼案件的立案管辖原则上要求"对应"和"同级"

按照行政诉讼法的规定，原则上基层法院受理除一级政府外行政机关为被告的一审案件。《关于检察公益诉讼案件适用法律若干问题的解释》第五条第二款规定："基层人民检察院提起的第一审行政公益诉讼案件，由被诉行政机关所在地基层人民法院管辖。"从办案实践看，确实存在基层检察机关监督地市级以上政府职能部门调查难度大、行政机关不易接受的问题。而且，从职权配置的角度看，如果没有上级检察机关的授权、指定，基层检察机关监督上级行政机关，难以取得行政机关的认同。作为法律监督机关，检察机关督促行政机关依法履行职责，遵循与被监督行政机关的级别对等原则更为适宜。最高人民检察院与生态环境部等九部委于2019年会签的《关于在检察公益诉讼中加强协作配合依法打好污染防治攻坚战的意见》，以及与国务院食品安全办等十单位于2020年会签的《关于在检察公益诉讼中加强协作配合依法保障食品药品安全的意见》中，均提出了"由违法行使职权或者不作为的行政机关所在地的同级人民检察院立案"的原则性规定。《办案规则》沿袭这一规定，确定了由被监督行政机关对应的同级检察机关立案管辖行政公益诉讼案件的管辖原则。需要注意的是，被监督行政机关为政府的，同级检察机关和上一级检察机关均具有立案管辖权，可以根据案件的具体情况办理。

3. 民事公益诉讼案件立案管辖权的下放

根据民事诉讼法及相关司法解释规定，民事公益诉讼一审案件由中级法院受理。其主要理由是：涉及公共利益影响大，中级法院审理更能保证案件质量，有利于专业化建设等。随着公益诉讼实践的发展，检察机关提起的民事公益诉讼案件数量持续快速增长，而且从实践情况看，绝大多数刑事附带民事公益诉讼案件由基层检察机关起诉、基层法院审理，相当部分单独起诉的民事公益诉讼案件，起诉到中级法院后，法院又裁定交由基层法院审理。实践证明，基层检察机关、基层法院完全具备办好民事公益诉讼案件的能力。将民事公益诉讼立案管辖权下放到基层检察机关，主要考虑：一是可以充分发动检察力量全面保护公益。全国共有3000多个基层检察院，发挥基层检察机关的力量，更有利于充分、全面保护公共利益，也更符合把问题解决在基层的司法原则。二是基层检察机关更熟悉本院辖区情况，发现线索和开展调查都更为及时和便利。三是虽然部分基层检察机关目前仍面临办案人员数量紧张，一个部门承担民事、行政、公益诉讼等多项检察职能的实际困难，但随着公益诉讼工作形势蓬勃发展，民事公益诉讼案件立案管辖权的下放，可以创造契机不断加强基层公益诉讼办案力量配置。《办案规则》在规定基层检察机关一般管辖权的基础上，也明确规定设区的市级以上检察机关分别管辖本辖区内的重大、复杂案件，对于侵害公益的主体为相应领域头部企业、案件在全国、省、市有重大影响的，应分别由设区的市级以上检察机关立案管辖，或者由其指定管辖。

4. 立案管辖与诉讼管辖的顺畅衔接

根据《办案规则》规定的管辖原则，大多数公益诉讼案件均能在同一检察机关履行诉前程序和起诉程序。例如，行政公益诉讼案件，检察机关监督的绝大多数是基层行政机关，立案的基层检察机关可以直接向行政机关所在地基层法院提起诉讼；民事公益诉讼案件中，不少地方中级法院将案件交由基层法院审理，地市级检察机关也可以在起诉前与中级法院商请共同指定管辖，由立案的基层检察机关直接向基层法院起诉。对于检察机关立案管辖与法院诉讼管辖级别、地域不对应的情况，《办案规则》出台前，实践中存在由立案检察机关起诉，和移送与受诉法院对应的检察机关起诉两种模式，经慎重研究，《办案规则》第十六条对此统一为，具有立案管辖权的检察机关立案办理诉前案件，认为需要提起诉讼的，应当将案件移送有管辖权法院对应的同级检察机关。这种模式坚持检察机关在公益诉讼中法律监督的职能定位，符合检法两院在诉讼中的平级对等原则，以区别于普通民事诉讼中的原告。在法院对特定案件实行集中管辖的地区，也有利于引导负责集中起诉的同级检察机关统一把握起诉标准，提升办案专业化水平。在具体程序适用方面，立案检察机关办理公益诉讼案件的诉前程序，经审查起诉后认为案件符合起诉条件，但有管辖权的法院与本院级别、地域等不对应的，应当将案件移送至有管辖权的法院对应的同级检察机关办理。接受移送的检察机关受理后进入审查起诉程序，认为应当提起诉讼的，制作起诉书送达法院；认为不应当提起诉讼的，作终结案件处理。

5. 规定特殊情形下可采取指定管辖、跨区划管辖、提级管辖，为案件管辖权的灵活调节提供法律依据和制度保障

其中，指定管辖既包括对立案管辖进行指定，也包括对诉讼管辖进行指定，主要有三种情形：一是上级检察机关可以根据办案需要，将下级检察机关管辖的公益诉讼案件指定本辖区内其他检察机关办理；二是上级检察机关可以根据跨区域协作工作机制规定，将案件指定本辖区内其他检察机关跨行政区划办理；三是上级检察机关认为确有必要的，可以将本院管辖的案件指定本辖区内下级检察机关办理。

二、司法解释

（四）细化公益诉讼案件调查方式和保障措施

2018年修订后的人民检察院组织法赋予检察机关必要的调查核实权，《关于检察公益诉讼案件适用法律若干问题的解释》对检察机关办理公益诉讼案件的调查权作了进一步细化，但相关规定依然较为原则，实践中检察机关调查收集证据缺乏强制性手段、保障不足已经成为制约公益诉讼办案的突出问题。每年全国两会都有不少人大代表、政协委员、专家学者建议强化检察机关调查取证手段和保障措施。根据办案实践经验，《办案规则》规定了"依法、客观、全面"的调查原则；对调查程序进行了规范，要求由两名以上检察人员共同进行；明确了检察机关办理公益诉讼案件，可以采取查阅、调取、复制有关执法、诉讼卷宗材料；询问；收集书证、物证、视听资料、电子数据等证据；咨询专业意见；委托鉴定、评估、审计、检验、检测、翻译；勘验物证、现场等多种调查方式。

《办案规则》第三十五条以"列举+兜底+禁止性规定"的方式规定了办理公益诉讼案件调查和收集证据的方式。需要说明两个问题：一是是否可以在调查中采用查询金融财产的方式，存在一定争议。在《办案规则》起草调研过程中，很多地方检察机关提出建议明确这一调查方式，但在征求相关中央单位意见过程中，有意见认为检察机关在办理公益诉讼案件中查询金融财产缺少明确的法律依据，《办案规则》作为司法解释不宜明确规定。我们认为，检察机关办理公益诉讼案件，尤其是办理国有财产领域公益诉讼案件，向银行等金融机构查询相关资金情况及流向确有必要，部分地方人大常委会通过的关于加强检察公益诉讼工作的决议、决定有相应规定的，可以作为采取查询金融财产这种调查方式的依据。如广东省人大常委会《关于加强检察公益诉讼工作的决定》中明确检察机关办理公益诉讼案件，可以依法采取查询有关单位和个人的存款、汇款、债券、股票、基金份额、不动产等财产的调查核实措施。而且2021年最高人民检察院《人民检察院民事诉讼监督规则》和《人民检察院行政诉讼监督规则》分别明确了查询金融财产的调查方式。二是关于强制性调查措施。《办案规则》明确检察机关开展调查和收集证据不得采取限制人身自由或者查封、扣押、冻结财产等强制性措施。根据立法法的规定，限制人身自由的强制措施和处罚只能由法律规定，因此《办案规则》作为司法解释无权规定限制人身自由的强制性措施。但是，在办理公益诉讼案件过程中，司法警察可以依法参与和保障调查取证，对于以暴力、威胁、限制人身自由、聚众围攻等方式干扰、阻碍检察人员依法调查收集证据的，可以依据人民警察法的相关规定，依法采取相应的劝告、训诫、制止、控制等措施，涉嫌犯罪的，依法移送有关部门处理。对于查封、扣押、冻结财产等强制性措施，由于缺少上位法的规定,《办案规则》也作了明确禁止性规定。实践中,如果存在为了固定证据、保全财产等需要采取查封、扣押、冻结等措施情形的,可以建议法院采取相应保全措施。

(五)完善行政公益诉讼诉前程序

行政公益诉讼办案实践表明,检察机关依法发出检察建议后,绝大多数行政机关积极行动、依法履职,绝大多数问题在提起诉讼之前即得到解决,实现以最小司法投入获得最佳社会效果。《办案规则》坚持问题导向,在总结实践经验的基础上,对行政公益诉讼诉前程序予以完善,力求达到诉前实现保护公益目的最佳司法状态。

1. 规范了行政公益诉讼的案数问题

《办案规则》针对实践中存在的对行政机关同一时期多个同类违法行为,按照行政相对人数量分别立案、分别发出检察建议的问题,提出以行政机关为对象的立案标准。对于同一行政机关对多个同一性质的违法行为可能存在不依法履行职责的情形,检察机关应当作为一个案件立案;在发出检察建议前发现其他同一性质的违法行为的,应当与已立案案件一并处理,发出一份检察建议;需要提起行政公益诉讼的,原则上应当提起一个诉讼,如果法院坚持应当分案起诉的,也可以分案提起诉讼。

2. 新设磋商制度

《办案规则》在行政公益诉讼"立案与调查"一节中规定了磋商制度,规定检察机关在行政公益诉讼案件立案后通知行政机关时,可以与行政机关就其是否存在违法行使职权或者不作为、国家利益或者社会公共利益受到侵害的后果、整改方案等事项进行磋商。一方面,磋商能够起到对案件繁简分流的作用。对于案情比较简单,行政机关对公共利益受到侵害、其违法行使职权或不作为没有异议、有立即整改意愿且通过立即整改公共利益可以得到及时有效保护的案件,通过磋商结案能够节约司法资源,提高办案效率,使检察机关可以集中精力办理有阻力、需要多部门协商解决的难案要案。如磋商未达到以上效果的,检察机关应当继续调查,并作出是否提出检察建议的决定。另一方面,磋商也是行政公益诉讼中检察机关一种独特的调查手段。磋商与询问不同,询问的对象是了解案件事实的个人,应当个别进行;而磋商的对象是行政机关,既可以与行政机关相关负责人员单独进行,也可以采取召开会议、磋商后形成事实确认书等方式进行。这实际上赋予了检察机关相对灵活地对行政机关进行调查和沟通的方式。需注意的是,磋商不是行政公益诉讼案件办理必须采取的调查措施,由承办案件的检察官办案组织根据案件实际情况决定是否与行政机关进行磋商。例如,对于以事立案的,由于负有监管职责的行政机关不明确,则不宜进行磋商；对于公共利益正在遭受不法侵害，公益保护存在保护紧迫性的案件也可以不进行磋商。

（六）明确行政机关依法履行职责的判断标准

对行政机关是否依法履行职责的判断，是公益诉讼检察办案中的一个核心问题。通过几年的实践探索和总结提炼，检察机关与行政机关对此问题已经基本形成共识。《关于在检察公益诉讼中加强协作配合依法打好污染防治攻坚战的意见》和《关于在检察公益诉讼中加强协作配合依法保障食品药品安全的意见》中都明确了判断行政机关履职尽责的标准，即以法律规定的行政执法机关的法定职责为依据，以是否采取有效措施制止违法行为，是否全面运用法律法规、规章和规范性文件规定的行政监管手段，国家利益和社会公共利益是否得到有效保护为标准。我们将之归纳为"行为要件+结果要件+职权要件"三要件标准。

《办案规则》吸收了上述规范性文件的内容，用多个条款从正、反两方面对判断行政机关是否依法履行职责作了细化规定。例如，第七十四条规定的终结案件的标准即行政机关依法全面履职的情形；第八十二条列举了七种可以认定行政机关未依法履行职责的情形。对于实践中比较常见的"行政机关虽按期回复但未采取整改措施或仅采取部分整改措施的"情形，也就是"敷衍整改""虚假整改"的，可以认定为行政机关未依法履行职责；违法行为人虽然已被追究刑事责任或案件已移送司法机关处理，但行政机关应当依法给予责令停产停业、吊销许可证或者执照等行政处罚，或者处置相关环境损害，如果行政机关"一移了之"，检察机关可以继续督促行政机关依法履职。

（七）细化民事公益诉讼的诉讼请求

《办案规则》根据各领域案件的特点细化了民事公益诉讼的诉讼请求，并根据民法典相关规定和《关于深化改革加强食品安全工作的意见》提出的改革要求，明确在破坏生态环境和资源保护、食品药品安全案件中，可以提出惩罚性赔偿诉讼请求，加大违法者的违法成本，达到让违法者痛到不敢再犯的目的。一是在环境资源领域，《办案规则》起草过程中最高人民法院、最高人民检察院达成了一致意见，明确了生态环境领域公益诉讼中检察机关可以提出惩罚性赔偿的诉讼请求。作为特殊的民事责任承担方式，惩罚性赔偿的适用要严格把握民法典第一千二百三十二条规定的三个要件，即行为人具有主观故意、行为具有违法性及后果的严重性。关于生态环境损害惩罚性赔偿的计算方式，立法尚未作出明确规定，各地在实践中可以进一步探索。二是关于食品药品安全领域的惩罚性赔偿，2021年4月，最高人民法院、最高人民检察院等七部门形成《探索建立食品安全民事公益诉讼惩罚性赔偿制度座谈会会议纪要》,就食品安全民事公益诉讼中建立惩罚性赔偿制度等问题达成共识。办案实践中,检察机关应根据侵权人主观过错程度、违法次数和持续时间、受害人数等因素,综合考虑是否提出惩罚性赔偿诉讼请求。

(八)规范检察机关提起公益诉讼案件的程序

《办案规则》对提起公益诉讼的条件,出席一审、二审、再审法庭等程序作了规定,明确检察机关起诉时需要提交的材料、出庭检察人员履行职责等事项,指导解决实践中的操作性问题。关于二审和再审程序问题,《办案规则》在《关于检察公益诉讼案件适用法律若干问题的解释》的基础上,明确了法院决定开庭审理的上诉案件和再审案件,对应的同级检察机关应当派员出席法庭。这主要基于以下两方面考虑:一方面,检察机关与法院是同级人大产生和监督下的法律监督机关和审判机关,"同级诉审""同级监督"原则在公益诉讼案件的起诉、审判过程中也应当予以适用。另一方面,根据人民检察院组织法的规定,上级检察机关领导下级检察机关的工作,下级检察机关应当执行上级检察机关的决定。检察机关不同于一般民事、行政诉讼中的普通原告,实行上下级一体化办案机制,在出庭履行职责方面不受普通民事诉讼"当事人恒定原则"的限制。最高人民检察院第二十九批指导性案例"检例第111号海南省海口市检察院诉海南A公司等三被告非法向海洋倾倒建筑垃圾民事公益诉讼案"要旨明确,公益诉讼案件二审开庭,上一级检察机关应当派员出庭,与下级检察机关共同参加法庭调查、法庭辩论、发表意见等,积极履行出庭职责。

四、适用《办案规则》应当注意的问题

(一)正确把握《办案规则》的定位

张军检察长在第十三届全国人大常委会第十四次会议上所作的《最高人民检察院关于开展公益诉讼检察工作情况的报告》中强调,公益诉讼检察作为一项全新法律制度,必须从一开始就做到有章可循、规范推进。《办案规则》是经最高人民检察院检察委员会审议通过的规范检察机关全流程办案程序的司法解释,为检察机关办案提供统一的规范依据,各级检察机关在办理公益诉讼案件程序方面,对《办案规则》有明确规定的,应当严格遵守。

(二)正确把握公益诉讼检察制度的特殊性与诉讼规律、诉讼制度的共同性之间的有机统一

检察机关是国家法律监督机关,检察机关办理公益诉讼案件是履行法律监督职责的职权行为,提起诉讼的目的、诉讼地位、权利义务等不同于普通民

事、行政诉讼的原告。在民事诉讼法、行政诉讼法中各增加一款的修法方式并没有体现检察公益诉讼的特点、规律。《关于检察公益诉讼案件适用法律若干问题的解释》第三条规定，法院、检察机关办理公益诉讼案件，应当遵守宪法法律规定，遵循诉讼制度的原则，遵循审判权、检察权运行规律。这为地方法院、检察机关实践探索提供了基本遵循。虽然《办案规则》在实践基础上对检察公益诉讼的特点规律作了进一步的总结与提炼，一定程度上有所体现，如检察机关客观公正的立场、立案管辖的规定、依法客观全面的调查原则等，都体现了检察机关"以诉的形式履行法律监督的本职"的基本定位。但是，由于实践经验积累少，理论共识不够，在《办案规则》起草过程中，仍有不少体现检察公益诉讼特点规律的内容没有固化下来，还需要进一步探索。

（三）处理好相关工作协同

国家利益和社会公共利益保护是一个系统工程，不仅需要行政机关、审判机关、检察机关通过行使各自的职权进行保护，也需要社会各界的积极参与，才能取得最佳的保护效果。各级检察机关在办理公益诉讼案件中，一要充分发挥主观能动性，对于诉讼中遇到的问题加强与法院的沟通协调，寻求解决方案，不断凝聚共识；二要主动与行政机关加强协作，健全与行政执法衔接机制，完善信息资源共享、案件线索移送、配合调查取证等工作机制，督促行政机关诉前主动整改，形成治理合力；三要与相关社会组织形成"支持+配合+监督"的良性互动关系，鼓励社会组织有序有效发挥公益保护作用。

（四）处理好依法规范与探索发展之间的关系

作为一项依然在探索和发展中的制度，检察公益诉讼工作无论在理论研究还是办案实践中都存在不少困难和问题。《办案规则》将实践中成熟的经验做法和各方形成的共识予以固化，但仍然不能完全满足目前办案需要。对于仍然存在不同认识的问题，《办案规则》作出原则性规定，也为将来实践探索发展留有空间。各级检察机关要立足新时代、着眼新要求，积累实践经验，勇于开拓创新，不断探索完善具有中国特色的检察公益诉讼制度。

最高人民检察院
人民检察院民事诉讼监督规则

（2021年2月9日最高人民检察院第十三届检察委员会第六十二次会议通过 2021年6月26日最高人民检察院公告公布 2021年8月1日施行 高检发释字〔2021〕1号）

目 录

第一章 总 则
第二章 回 避
第三章 受 理
第四章 审 查
 第一节 一般规定
 第二节 听 证
 第三节 调查核实
 第四节 中止审查和终结审查
第五章 对生效判决、裁定、调解书的监督
 第一节 一般规定
 第二节 再审检察建议和提请抗诉
 第三节 抗 诉
 第四节 出 庭
第六章 对审判程序中审判人员违法行为的监督
第七章 对执行活动的监督
第八章 案件管理
第九章 其他规定
第十章 附 则

第一章 总 则

第一条 为了保障和规范人民检察院依法履行民事检察职责，根据《中华人民共和国民事诉讼法》《中华人民共和国人民检察院组织法》和其他有关规定，结合人民检察院工作实际，制定本规则。

第二条 人民检察院依法独立行使检察权，通过办理民事诉讼监督案件，维护司法公正和司法权威，维护国家利益和社会公共利益，维护自然人、法人和非法人组织的合法权益，保障国家法律的统一正确实施。

第三条 人民检察院通过抗诉、检察建议等方式，对民事诉讼活动实行法律监督。

第四条 人民检察院办理民事诉讼监督案件，应当以事实为根据，以法律为准绳，坚持公开、公平、公正和诚实信用原则，尊重和保障当事人的诉讼权利，监督和支持人民法院依法行使审判权和执行权。

第五条 负责控告申诉检察、民事检察、案件管理的部门分别承担民事诉讼监督案件的受理、办理、管理工作，各部门互相配合，互相制约。

第六条 人民检察院办理民事诉讼监督案件，实行检察官办案责任制，由检察官、检察长、检察委员会在各自职权范围内对办案事项作出决定，并依照规定承担相应司法责任。

第七条 人民检察院办理民事诉讼监督案件，根据案件情况，可以由一名检察官独任办理，也可以由两名以上检察官组成办案组办理。由检察官办案组办理的，检察长应当指定一名检察官担任主办检察官，组织、指挥办案组办理案件。

检察官办理案件，可以根据需要配备检察官助理、书记员、司法警察、检察技术人员等检察辅助人员。检察辅助人员依照有关规定承担相应的检察辅助事务。

第八条 最高人民检察院领导地方各级人民检察院和专门人民检察院的民事诉讼监督工作，上级人民检察院领导下级人民检察院的民事诉讼监督工作。

上级人民检察院认为下级人民检察院的决定错误的，有权指令下级人民检察院纠正，或者依法撤销、变更。上级人民检察院的决定，应当以书面形式作出，下级人民检察院应当执行。下级人民检察院对上级人民检察院的决定有不同意见的，可以在执行的同时向上级人民检察院报告。

上级人民检察院可以依法统一调用辖区的检察人员办理民事诉讼监督案件，调用的决定应当以书面形式作出。被调用的检察官可以代表办理案件的人民检察院履行相关检察职责。

第九条 人民检察院检察长或者检察长委托的副检察长在同级人民法院审判委员会讨论民事抗诉案件或者其他与民事诉讼监督工作有关的议题时，可以依照有关规定列席会议。

第十条 人民检察院办理民事诉讼监督案件，实行回避制度。

第十一条 检察人员办理民事诉讼监督案件，应当秉持客观公正的立场，自觉接受监督。

检察人员不得接受当事人及其诉讼代理人、特定关系人、中介组织请客送礼或者其他利益，不得违反规定会见当事人及其委托的人。

检察人员有收受贿赂、徇私枉法等行为的，应当追究纪律责任和法律责任。

检察人员对过问或者干预、插手民事诉讼监督案件办理等重大事项的行为，应当按照有关规定全面、如实、及时记录、报告。

第二章 回 避

第十二条 检察人员有《中华人民共和国民事诉讼法》第四十四条规定情形之一的，应当自行回避，当事人有权申请他们回避。

前款规定，适用于书记员、翻译人员、鉴定人、勘验人等。

第十三条 检察人员自行回避的，可以口头或者书面方式提出，并说明理由。口头提出申请的，应当记录在卷。

第十四条 当事人申请回避，应当在人民检察院作出提出抗诉或者检察建议等决定前以口头或者书面方式提出，并说明理由。口头提出申请的，应当记录在卷。根据《中华人民共和国民事诉讼法》第四十四条第二款规定提出回避申请的，应当提供相关证据。

被申请回避的人员在人民检察院作出是否回避的决定前，应当暂停参与本案工作，但案件需要采取紧急措施的除外。

第十五条 检察人员有应当回避的情形，没有自行回避，当事人也没有申请其回避的，由检察长或者检察委员会决定其回避。

第十六条 检察长的回避，由检察委员会讨论决定；检察人员和其他人员的回避，由检察长决定。检察委员会讨论检察长回避问题时，由副检察长主持，检察长不得参加。

第十七条 人民检察院对当事人提出的回避申请，应当在三日内作出决定，并通知申请人。申请人对决定不服的，可以在接到决定时向原决定机关申请复议一次。人民检察院应当在三日内作出复议决定，并通知复议申请人。复议期间，被申请回避的人员不停止参与本案工作。

第三章 受 理

第十八条 民事诉讼监督案件的来源包括：
（一）当事人向人民检察院申请监督；
（二）当事人以外的自然人、法人和非法人组织向人民检察院控告；
（三）人民检察院在履行职责中发现。

第十九条 有下列情形之一的，当事人可以向人民检察院申请监督：
（一）已经发生法律效力的民事判决、裁定、调解书符合《中华人民共和国民事诉讼法》第二百零九条第一款规定的；
（二）认为民事审判程序中审判人员存在违法行为的；
（三）认为民事执行活动存在违法情形的。

第二十条 当事人依照本规则第十九条第一项规定向人民检察院申请监督，应当在人民法院作出驳回再审申请裁定或者再审判决、裁定发生法律效力之日起两年内提出。

本条规定的期间为不变期间，不适用中止、中断、延长的规定。

人民检察院依职权启动监督程序的案件，不受本条第一款规定期限的限制。

第二十一条 当事人向人民检察院申请监督，应当提交监督申请书、身份证明、相关法律文书及证据材料。提交证据材料的，应当附证据清单。

申请监督材料不齐备的，人民检察院应当要求申请人限期补齐，并一次性明确告知应补齐的全部材料。申请人逾期未补齐的，视为撤回监督申请。

第二十二条 本规则第二十一条规定的监督申请书应当记明下列事项：
（一）申请人的姓名、性别、年龄、民族、职业、工作单位、住所、有效联系方式，法人或者非法人组织的名称、住所和法定代表人或者主要负责人的姓名、职务、有效联系方式；
（二）其他当事人的姓名、性别、工作单位、住所、有效联系方式等信息，法人或者非法人组织的名称、住所、负责人、有效联系方式等信息；
（三）申请监督请求；
（四）申请监督的具体法定情形及事实、理由。

申请人应当按照其他当事人的人数提交监督申请书副本。

第二十三条 本规则第二十一条规定的身份证明包括：

（一）自然人的居民身份证、军官证、士兵证、护照等能够证明本人身份的有效证件；

（二）法人或者非法人组织的统一社会信用代码证书或者营业执照副本、组织机构代码证书和法定代表人或者主要负责人的身份证明等有效证照。

对当事人提交的身份证明，人民检察院经核对无误留存复印件。

第二十四条　本规则第二十一条规定的相关法律文书是指人民法院在该案件诉讼过程中作出的全部判决书、裁定书、决定书、调解书等法律文书。

第二十五条　当事人申请监督，可以依照《中华人民共和国民事诉讼法》的规定委托诉讼代理人。

第二十六条　当事人申请监督符合下列条件的，人民检察院应当受理：

（一）符合本规则第十九条的规定；

（二）申请人提供的材料符合本规则第二十一条至第二十四条的规定；

（三）属于本院受理案件范围；

（四）不具有本规则规定的不予受理情形。

第二十七条　当事人根据《中华人民共和国民事诉讼法》第二百零九条第一款的规定向人民检察院申请监督，有下列情形之一的，人民检察院不予受理：

（一）当事人未向人民法院申请再审的；

（二）当事人申请再审超过法律规定的期限的，但不可归责于其自身原因的除外；

（三）人民法院在法定期限内正在对民事再审申请进行审查的；

（四）人民法院已经裁定再审且尚未审结的；

（五）判决、调解解除婚姻关系的，但对财产分割部分不服的除外；

（六）人民检察院已经审查终结作出决定的；

（七）民事判决、裁定、调解书是人民法院根据人民检察院的抗诉或者再审检察建议再审后作出的；

（八）申请监督超过本规则第二十条规定的期限的；

（九）其他不应受理的情形。

第二十八条　当事人认为民事审判程序或者执行活动存在违法情形，向人民检察院申请监督，有下列情形之一的，人民检察院不予受理：

（一）法律规定可以提出异议、申请复议或者提起诉讼，当事人没有提出异议、申请复议或者提起诉讼的，但有正当理由的除外；

（二）当事人提出异议、申请复议或者提起诉讼后，人民法院已经受理并正在审查处理的，但超过法定期限未作出处理的除外；

（三）其他不应受理的情形。

当事人对审判、执行人员违法行为申请监督的，不受前款规定的限制。

第二十九条 当事人根据《中华人民共和国民事诉讼法》第二百零九条第一款的规定向人民检察院申请检察建议或者抗诉，由作出生效民事判决、裁定、调解书的人民法院所在地同级人民检察院负责控告申诉检察的部门受理。

人民法院裁定驳回再审申请或者逾期未对再审申请作出裁定，当事人向人民检察院申请监督的，由作出原生效民事判决、裁定、调解书的人民法院所在地同级人民检察院受理。

第三十条 当事人认为民事审判程序中审判人员存在违法行为或者民事执行活动存在违法情形，向人民检察院申请监督的，由审理、执行案件的人民法院所在地同级人民检察院负责控告申诉检察的部门受理。

当事人不服上级人民法院作出的复议裁定、决定等，提出监督申请的，由上级人民法院所在地同级人民检察院受理。人民检察院受理后，可以根据需要依照本规则有关规定将案件交由原审理、执行案件的人民法院所在地同级人民检察院办理。

第三十一条 当事人认为人民检察院不依法受理其监督申请的，可以向上一级人民检察院申请监督。上一级人民检察院认为当事人监督申请符合受理条件的，应当指令下一级人民检察院受理，必要时也可以直接受理。

第三十二条 人民检察院负责控告申诉检察的部门对监督申请，应当根据以下情形作出处理：

（一）符合受理条件的，应当依照本规则规定作出受理决定；

（二）不属于本院受理案件范围的，应当告知申请人向有关人民检察院申请监督；

（三）不属于人民检察院主管范围的，应当告知申请人向有关机关反映；

（四）不符合受理条件，且申请人不撤回监督申请的，可以决定不予受理。

第三十三条 负责控告申诉检察的部门应当在决定受理之日起三日内制作《受理通知书》，发送申请人，并告知其权利义务；同时将《受理通知书》和监督申请书副本发送其他当事人，并告知其权利义务。其他当事人可以在收到监督申请书副本之日起十五日内提出书面意见，不提出意见的不影响人民检察院对案件的审查。

第三十四条 负责控告申诉检察的部门应当在决定受理之日起三日内将案件材料移送本院负责民事检察的部门，同时将《受理通知书》抄送本院负责案件管理的部门。负责控告申诉检察的部门收到其他当事人提交的书面意见等材料，应当及时移送负责民事检察的部门。

第三十五条 当事人以外的自然人、法人和非法人组织认为人民法院民事审判程序中审判人员存在违法行为或者民事执行活动存在违法情形等，可以向同级人民检察院控告。控告由人民检察院负责控告申诉检察的部门受理。

负责控告申诉检察的部门对收到的控告，应当依据《人民检察院信访工作规定》等办理。

第三十六条 负责控告申诉检察的部门可以依据《人民检察院信访工作规定》，向下级人民检察院交办涉及民事诉讼监督的信访案件。

第三十七条 人民检察院在履行职责中发现民事案件有下列情形之一的，应当依职权启动监督程序：

（一）损害国家利益或者社会公共利益的；

（二）审判、执行人员有贪污受贿，徇私舞弊，枉法裁判等违法行为的；

（三）当事人存在虚假诉讼等妨害司法秩序行为的；

（四）人民法院作出的已经发生法律效力的民事公益诉讼判决、裁定、调解书确有错误，审判程序中审判人员存在违法行为，或者执行活动存在违法情形的；

（五）依照有关规定需要人民检察院跟进监督的；

（六）具有重大社会影响等确有必要进行监督的情形。

人民检察院对民事案件依职权启动监督程序，不受当事人是否申请再审的限制。

第三十八条 下级人民检察院提请抗诉、提请其他监督等案件，由上一级人民检察院负责案件管理的部门受理。

依职权启动监督程序的民事诉讼监督案件，负责民事检察的部门应当到负责案件管理的部门登记受理。

第三十九条 负责案件管理的部门接收案件材料后，应当在三日内登记并将案件材料和案件登记表移送负责民事检察的部门；案件材料不符合规定的，应当要求补齐。

负责案件管理的部门登记受理后，需要通知当事人的，负责民事检察的部门应当制作《受理通知书》，并在三日内发送当事人。

第四章 审 查

第一节 一般规定

第四十条 受理后的民事诉讼监督案件由负责民事检察的部门进行审查。

二、司法解释 93

第四十一条　上级人民检察院认为确有必要的，可以办理下级人民检察院受理的民事诉讼监督案件。

下级人民检察院对受理的民事诉讼监督案件，认为需要由上级人民检察院办理的，可以报请上级人民检察院办理。

第四十二条　上级人民检察院可以将受理的民事诉讼监督案件交由下级人民检察院办理，并限定办理期限。交办的案件应当制作《交办通知书》，并将有关材料移送下级人民检察院。下级人民检察院应当依法办理，不得将案件再行交办。除本规则第一百零七条规定外，下级人民检察院应当在规定期限内提出处理意见并报送上级人民检察院，上级人民检察院应当在法定期限内作出决定。

交办案件需要通知当事人的，应当制作《通知书》，并发送当事人。

第四十三条　人民检察院审查民事诉讼监督案件，应当围绕申请人的申请监督请求、争议焦点以及本规则第三十七条规定的情形，对人民法院民事诉讼活动是否合法进行全面审查。其他当事人在人民检察院作出决定前也申请监督的，应当将其列为申请人，对其申请监督请求一并审查。

第四十四条　申请人或者其他当事人对提出的主张，应当提供证据材料。人民检察院收到当事人提交的证据材料，应当出具收据。

第四十五条　人民检察院应当告知当事人有申请回避的权利，并告知办理案件的检察人员、书记员等的姓名、法律职务。

第四十六条　人民检察院审查案件，应当通过适当方式听取当事人意见，必要时可以听证或者调查核实有关情况，也可以依照有关规定组织专家咨询论证。

第四十七条　人民检察院审查案件，可以依照有关规定调阅人民法院的诉讼卷宗。

通过拷贝电子卷、查阅、复制、摘录等方式能够满足办案需要的，可以不调阅诉讼卷宗。

人民检察院认为确有必要，可以依照有关规定调阅人民法院的诉讼卷宗副卷，并采取严格保密措施。

第四十八条　承办检察官审查终结后，应当制作审查终结报告。审查终结报告应当全面、客观、公正地叙述案件事实，依据法律提出处理建议或者意见。

承办检察官通过审查监督申请书等材料即可以认定案件事实的，可以直接制作审查终结报告，提出处理建议或者意见。

第四十九条　承办检察官办理案件过程中，可以提请部门负责人召集检察官联席会议讨论。检察长、部门负责人在审核或者决定案件时，也可以召集检察官联席会议讨论。

检察官联席会议讨论情况和意见应当如实记录，由参加会议的检察官签名后附卷保存。部门负责人或者承办检察官不同意检察官联席会议多数人意见的，部门负责人应当报请检察长决定。

检察长认为必要的，可以提请检察委员会讨论决定。检察长、检察委员会对案件作出的决定，承办检察官应当执行。

第五十条 人民检察院对审查终结的案件，应当区分情况作出下列决定：

（一）提出再审检察建议；

（二）提请抗诉或者提请其他监督；

（三）提出抗诉；

（四）提出检察建议；

（五）终结审查；

（六）不支持监督申请；

（七）复查维持。

负责控告申诉检察的部门受理的案件，负责民事检察的部门应当将案件办理结果告知负责控告申诉检察的部门。

第五十一条 人民检察院在办理民事诉讼监督案件过程中，当事人有和解意愿的，可以引导当事人自行和解。

第五十二条 人民检察院受理当事人申请对人民法院已经发生法律效力的民事判决、裁定、调解书监督的案件，应当在三个月内审查终结并作出决定，但调卷、鉴定、评估、审计、专家咨询等期间不计入审查期限。

对民事审判程序中审判人员违法行为监督案件和对民事执行活动监督案件的审查期限，参照前款规定执行。

第五十三条 人民检察院办理民事诉讼监督案件，可以依照有关规定指派司法警察协助承办检察官履行调查核实、听证等职责。

第二节 听 证

第五十四条 人民检察院审查民事诉讼监督案件，认为确有必要的，可以组织有关当事人听证。

人民检察院审查民事诉讼监督案件，可以邀请与案件没有利害关系的人大代表、政协委员、人民监督员、特约检察员、专家咨询委员、人民调解员或者当事人所在单位、居住地的居民委员会、村民委员会成员以及专家、学者等其他社会人士参加公开听证，但该民事案件涉及国家秘密、个人隐私或者法律另有规定不得公开的除外。

第五十五条 人民检察院组织听证,由承办检察官主持,书记员负责记录。

听证一般在人民检察院专门听证场所内进行。

第五十六条 人民检察院组织听证,应当在听证三日前告知听证会参加人案由、听证时间和地点。

第五十七条 参加听证的当事人和其他相关人员应当按时参加听证,当事人无正当理由缺席或者未经许可中途退席的,不影响听证程序的进行。

第五十八条 听证应当围绕民事诉讼监督案件中的事实认定和法律适用等问题进行。

对当事人提交的证据材料和人民检察院调查取得的证据,应当充分听取各方当事人的意见。

第五十九条 听证会一般按照下列步骤进行:

(一)承办案件的检察官介绍案件情况和需要听证的问题;

(二)当事人及其他参加人就需要听证的问题分别说明情况;

(三)听证员向当事人或者其他参加人提问;

(四)主持人宣布休会,听证员就听证事项进行讨论;

(五)主持人宣布复会,根据案件情况,可以由听证员或者听证员代表发表意见;

(六)当事人发表最后陈述意见;

(七)主持人对听证会进行总结。

第六十条 听证应当制作笔录,经当事人校阅后,由当事人签名或者盖章。拒绝签名盖章的,应当记明情况。

第六十一条 参加听证的人员应当服从听证主持人指挥。

对违反听证秩序的,人民检察院可以予以批评教育,责令退出听证场所;对哄闹、冲击听证场所,侮辱、诽谤、威胁、殴打检察人员等严重扰乱听证秩序的,依法追究相应法律责任。

第三节 调查核实

第六十二条 人民检察院因履行法律监督职责的需要,有下列情形之一的,可以向当事人或者案外人调查核实有关情况:

(一)民事判决、裁定、调解书可能存在法律规定需要监督的情形,仅通过阅卷及审查现有材料难以认定的;

(二)民事审判程序中审判人员可能存在违法行为的;

(三)民事执行活动可能存在违法情形的;

(四)其他需要调查核实的情形。

第六十三条 人民检察院可以采取以下调查核实措施：

（一）查询、调取、复制相关证据材料；

（二）询问当事人或者案外人；

（三）咨询专业人员、相关部门或者行业协会等对专门问题的意见；

（四）委托鉴定、评估、审计；

（五）勘验物证、现场；

（六）查明案件事实所需要采取的其他措施。

人民检察院调查核实，不得采取限制人身自由和查封、扣押、冻结财产等强制性措施。

第六十四条 有下列情形之一的，人民检察院可以向银行业金融机构查询、调取、复制相关证据材料：

（一）可能损害国家利益、社会公共利益的；

（二）审判、执行人员可能存在违法行为的；

（三）涉及《中华人民共和国民事诉讼法》第五十五条规定诉讼的；

（四）当事人有伪造证据、恶意串通损害他人合法权益可能的。

人民检察院可以依照有关规定指派具备相应资格的检察技术人员对民事诉讼监督案件中的鉴定意见等技术性证据进行专门审查，并出具审查意见。

第六十五条 人民检察院可以就专门性问题书面或者口头咨询有关专业人员、相关部门或者行业协会的意见。口头咨询的，应当制作笔录，由接受咨询的专业人员签名或者盖章。拒绝签名盖章的，应当记明情况。

第六十六条 人民检察院对专门性问题认为需要鉴定、评估、审计的，可以委托具备资格的机构进行鉴定、评估、审计。

在诉讼过程中已经进行过鉴定、评估、审计的，一般不再委托鉴定、评估、审计。

第六十七条 人民检察院认为确有必要的，可以勘验物证或者现场。勘验人应当出示人民检察院的证件，并邀请当地基层组织或者当事人所在单位派人参加。当事人或者当事人的成年家属应当到场，拒不到场的，不影响勘验的进行。

勘验人应当将勘验情况和结果制作笔录，由勘验人、当事人和被邀参加人签名或者盖章。

第六十八条 需要调查核实的，由承办检察官在职权范围内决定，或者报检察长决定。

第六十九条 人民检察院调查核实，应当由二人以上共同进行。

调查笔录经被调查人校阅后，由调查人、被调查人签名或者盖章。被调查人拒绝签名盖章的，应当记明情况。

第七十条 人民检察院可以指令下级人民检察院或者委托外地人民检察院调查核实。

人民检察院指令调查或者委托调查的，应当发送《指令调查通知书》或者《委托调查函》，载明调查核实事项、证据线索及要求。受指令或者受委托人民检察院收到《指令调查通知书》或者《委托调查函》后，应当在十五日内完成调查核实工作并书面回复。因客观原因不能完成调查的，应当在上述期限内书面回复指令或者委托的人民检察院。

人民检察院到外地调查的，当地人民检察院应当配合。

第七十一条 人民检察院调查核实，有关单位和个人应当配合。拒绝或者妨碍人民检察院调查核实的，人民检察院可以向有关单位或者其上级主管部门提出检察建议，责令纠正；涉嫌违纪违法犯罪的，依照规定移送有关机关处理。

第四节 中止审查和终结审查

第七十二条 有下列情形之一的，人民检察院可以中止审查：

（一）申请监督的自然人死亡，需要等待继承人表明是否继续申请监督的；

（二）申请监督的法人或者非法人组织终止，尚未确定权利义务承受人的；

（三）本案必须以另一案的处理结果为依据，而另一案尚未审结的；

（四）其他可以中止审查的情形。

中止审查的，应当制作《中止审查决定书》，并发送当事人。中止审查的原因消除后，应当及时恢复审查。

第七十三条 有下列情形之一的，人民检察院应当终结审查：

（一）人民法院已经裁定再审或者已经纠正违法行为的；

（二）申请人撤回监督申请，且不损害国家利益、社会公共利益或者他人合法权益的；

（三）申请人在与其他当事人达成的和解协议中声明放弃申请监督权利，且不损害国家利益、社会公共利益或者他人合法权益的；

（四）申请监督的自然人死亡，没有继承人或者继承人放弃申请，且没有发现其他应当监督的违法情形的；

（五）申请监督的法人或者非法人组织终止，没有权利义务承受人或者权利义务承受人放弃申请，且没有发现其他应当监督的违法情形的；

（六）发现已经受理的案件不符合受理条件的；

(七) 人民检察院依职权启动监督程序的案件，经审查不需要采取监督措施的；

(八) 其他应当终结审查的情形。

终结审查的，应当制作《终结审查决定书》，需要通知当事人的，发送当事人。

第五章　对生效判决、裁定、调解书的监督

第一节　一般规定

第七十四条　人民检察院发现人民法院已经发生法律效力的民事判决、裁定有《中华人民共和国民事诉讼法》第二百条规定情形之一的，依法向人民法院提出再审检察建议或者抗诉。

第七十五条　人民检察院发现民事调解书损害国家利益、社会公共利益的，依法向人民法院提出再审检察建议或者抗诉。

人民检察院对当事人通过虚假诉讼获得的民事调解书应当依照前款规定监督。

第七十六条　当事人因故意或者重大过失逾期提供的证据，人民检察院不予采纳。但该证据与案件基本事实有关并且能够证明原判决、裁定确有错误的，应当认定为《中华人民共和国民事诉讼法》第二百条第一项规定的情形。

人民检察院依照本规则第六十三条、第六十四条规定调查取得的证据，与案件基本事实有关并且能够证明原判决、裁定确有错误的，应当认定为《中华人民共和国民事诉讼法》第二百条第一项规定的情形。

第七十七条　有下列情形之一的，应当认定为《中华人民共和国民事诉讼法》第二百条第二项规定的"认定的基本事实缺乏证据证明"：

(一) 认定的基本事实没有证据支持，或者认定的基本事实所依据的证据虚假、缺乏证明力的；

(二) 认定的基本事实所依据的证据不合法的；

(三) 对基本事实的认定违反逻辑推理或者日常生活法则的；

(四) 认定的基本事实缺乏证据证明的其他情形。

第七十八条　有下列情形之一，导致原判决、裁定结果错误的，应当认定为《中华人民共和国民事诉讼法》第二百条第六项规定的"适用法律确有错误"：

(一) 适用的法律与案件性质明显不符的；

(二) 确定民事责任明显违背当事人约定或者法律规定的；

（三）适用已经失效或者尚未施行的法律的；
（四）违反法律溯及力规定的；
（五）违反法律适用规则的；
（六）明显违背立法原意的；
（七）适用法律错误的其他情形。

第七十九条 有下列情形之一的，应当认定为《中华人民共和国民事诉讼法》第二百条第七项规定的"审判组织的组成不合法"：
（一）应当组成合议庭审理的案件独任审判的；
（二）人民陪审员参与第二审案件审理的；
（三）再审、发回重审的案件没有另行组成合议庭的；
（四）审理案件的人员不具有审判资格的；
（五）审判组织或者人员不合法的其他情形。

第八十条 有下列情形之一的，应当认定为《中华人民共和国民事诉讼法》第二百条第九项规定的"违反法律规定，剥夺当事人辩论权利"：
（一）不允许或者严重限制当事人行使辩论权利的；
（二）应当开庭审理而未开庭审理的；
（三）违反法律规定送达起诉状副本或者上诉状副本，致使当事人无法行使辩论权利的；
（四）违法剥夺当事人辩论权利的其他情形。

第二节 再审检察建议和提请抗诉

第八十一条 地方各级人民检察院发现同级人民法院已经发生法律效力的民事判决、裁定有下列情形之一的，可以向同级人民法院提出再审检察建议：
（一）有新的证据，足以推翻原判决、裁定的；
（二）原判决、裁定认定的基本事实缺乏证据证明的；
（三）原判决、裁定认定事实的主要证据是伪造的；
（四）原判决、裁定认定事实的主要证据未经质证的；
（五）对审理案件需要的主要证据，当事人因客观原因不能自行收集，书面申请人民法院调查收集，人民法院未调查收集的；
（六）审判组织的组成不合法或者依法应当回避的审判人员没有回避的；
（七）无诉讼行为能力人未经法定代理人代为诉讼或者应当参加诉讼的当事人，因不能归责于本人或者其诉讼代理人的事由，未参加诉讼的；
（八）违反法律规定，剥夺当事人辩论权利的；
（九）未经传票传唤，缺席判决的；
（十）原判决、裁定遗漏或者超出诉讼请求的；

(十一) 据以作出原判决、裁定的法律文书被撤销或者变更的。

第八十二条 符合本规则第八十一条规定的案件有下列情形之一的,地方各级人民检察院一般应当提请上一级人民检察院抗诉:

(一) 判决、裁定是经同级人民法院再审后作出的;

(二) 判决、裁定是经同级人民法院审判委员会讨论作出的。

第八十三条 地方各级人民检察院发现同级人民法院已经发生法律效力的民事判决、裁定有下列情形之一的,一般应当提请上一级人民检察院抗诉:

(一) 原判决、裁定适用法律确有错误的;

(二) 审判人员在审理该案件时有贪污受贿,徇私舞弊,枉法裁判行为的。

第八十四条 符合本规则第八十二条、第八十三条规定的案件,适宜由同级人民法院再审纠正的,地方各级人民检察院可以向同级人民法院提出再审检察建议。

第八十五条 地方各级人民检察院发现民事调解书损害国家利益、社会公共利益的,可以向同级人民法院提出再审检察建议,也可以提请上一级人民检察院抗诉。

第八十六条 对人民法院已经采纳再审检察建议进行再审的案件,提出再审检察建议的人民检察院一般不得再向上级人民检察院提请抗诉。

第八十七条 人民检察院提出再审检察建议,应当制作《再审检察建议书》,在决定提出再审检察建议之日起十五日内将《再审检察建议书》连同案件卷宗移送同级人民法院,并制作决定提出再审检察建议的《通知书》,发送当事人。

人民检察院提出再审检察建议,应当经本院检察委员会决定,并将《再审检察建议书》报上一级人民检察院备案。

第八十八条 人民检察院提请抗诉,应当制作《提请抗诉报告书》,在决定提请抗诉之日起十五日内将《提请抗诉报告书》连同案件卷宗报送上一级人民检察院,并制作决定提请抗诉的《通知书》,发送当事人。

第八十九条 人民检察院认为当事人的监督申请不符合提出再审检察建议或者提请抗诉条件的,应当作出不支持监督申请的决定,并在决定之日起十五日内制作《不支持监督申请决定书》,发送当事人。

第三节 抗 诉

第九十条 最高人民检察院对各级人民法院已经发生法律效力的民事判决、裁定、调解书,上级人民检察院对下级人民法院已经发生法律效力的民事判决、裁定、调解书,发现有《中华人民共和国民事诉讼法》第二百条、第二百零八条规定情形的，应当向同级人民法院提出抗诉。

第九十一条 人民检察院提出抗诉的案件，接受抗诉的人民法院将案件交下一级人民法院再审，下一级人民法院审理后作出的再审判决、裁定仍有明显错误的，原提出抗诉的人民检察院可以依职权再次提出抗诉。

第九十二条 人民检察院提出抗诉，应当制作《抗诉书》，在决定抗诉之日起十五日内将《抗诉书》连同案件卷宗移送同级人民法院，并由接受抗诉的人民法院向当事人送达再审裁定时一并送达《抗诉书》。

人民检察院应当制作决定抗诉的《通知书》，发送当事人。上级人民检察院可以委托提请抗诉的人民检察院将决定抗诉的《通知书》发送当事人。

第九十三条 人民检察院认为当事人的监督申请不符合抗诉条件的，应当作出不支持监督申请的决定，并在决定之日起十五日内制作《不支持监督申请决定书》，发送当事人。上级人民检察院可以委托提请抗诉的人民检察院将《不支持监督申请决定书》发送当事人。

第四节 出 庭

第九十四条 人民检察院提出抗诉的案件，人民法院再审时，人民检察院应当派员出席法庭。

必要时，人民检察院可以协调人民法院安排人民监督员旁听。

第九十五条 接受抗诉的人民法院将抗诉案件交下级人民法院再审的，提出抗诉的人民检察院可以指令再审人民法院的同级人民检察院派员出庭。

第九十六条 检察人员出席再审法庭的任务是：

（一）宣读抗诉书；

（二）对人民检察院调查取得的证据予以出示和说明；

（三）庭审结束时，经审判长许可，可以发表法律监督意见；

（四）对法庭审理中违反诉讼程序的情况予以记录。

检察人员发现庭审活动违法的，应当待休庭或者庭审结束之后，以人民检察院的名义提出检察建议。

出庭检察人员应当全程参加庭审。

第九十七条 当事人或者其他参加庭审人员在庭审中对检察机关或者出庭检察人员有侮辱、诽谤、威胁等不当言论或者行为的，出庭检察人员应当建议法庭即时予以制止；情节严重的，应当建议法庭依照规定予以处理，并在庭审结束后向检察长报告。

第六章　对审判程序中审判人员违法行为的监督

第九十八条　《中华人民共和国民事诉讼法》第二百零八条第三款规定的审判程序包括：

（一）第一审普通程序；

（二）简易程序；

（三）第二审程序；

（四）特别程序；

（五）审判监督程序；

（六）督促程序；

（七）公示催告程序；

（八）海事诉讼特别程序；

（九）破产程序。

第九十九条　《中华人民共和国民事诉讼法》第二百零八条第三款的规定适用于法官、人民陪审员、法官助理、书记员。

第一百条　人民检察院发现同级人民法院民事审判程序中有下列情形之一的，应当向同级人民法院提出检察建议：

（一）判决、裁定确有错误，但不适用再审程序纠正的；

（二）调解违反自愿原则或者调解协议的内容违反法律的；

（三）符合法律规定的起诉和受理条件，应当立案而不立案的；

（四）审理案件适用审判程序错误的；

（五）保全和先予执行违反法律规定的；

（六）支付令违反法律规定的；

（七）诉讼中止或者诉讼终结违反法律规定的；

（八）违反法定审理期限的；

（九）对当事人采取罚款、拘留等妨害民事诉讼的强制措施违反法律规定的；

（十）违反法律规定送达的；

（十一）其他违反法律规定的情形。

第一百零一条　人民检察院发现同级人民法院民事审判程序中审判人员有《中华人民共和国法官法》第四十六条等规定的违法行为且可能影响案件公正审判、执行的，应当向同级人民法院提出检察建议。

第一百零二条　人民检察院依照本章规定提出检察建议的，应当制作

《检察建议书》，在决定提出检察建议之日起十五日内将《检察建议书》连同案件卷宗移送同级人民法院，并制作决定提出检察建议的《通知书》，发送申请人。

第一百零三条　人民检察院认为当事人申请监督的审判程序中审判人员违法行为认定依据不足的，应当作出不支持监督申请的决定，并在决定之日起十五日内制作《不支持监督申请决定书》，发送申请人。

第七章　对执行活动的监督

第一百零四条　人民检察院对人民法院执行生效民事判决、裁定、调解书、支付令、仲裁裁决以及公证债权文书等法律文书的活动实行法律监督。

第一百零五条　人民检察院认为人民法院在执行活动中可能存在怠于履行职责情形的，可以依照有关规定向人民法院发出《说明案件执行情况通知书》，要求说明案件的执行情况及理由。

第一百零六条　人民检察院发现人民法院在执行活动中有下列情形之一的，应当向同级人民法院提出检察建议：

（一）决定是否受理、执行管辖权的移转以及审查和处理执行异议、复议、申诉等执行审查活动存在违法、错误情形的；

（二）实施财产调查、控制、处分、交付和分配以及罚款、拘留、信用惩戒措施等执行实施活动存在违法、错误情形的；

（三）存在消极执行、拖延执行等情形的；

（四）其他执行违法、错误情形。

第一百零七条　人民检察院依照本规则第三十条第二款规定受理后交办的案件，下级人民检察院经审查认为人民法院作出的执行复议裁定、决定等存在违法、错误情形的，应当提请上级人民检察院监督；认为人民法院作出的执行复议裁定、决定等正确的，应当作出不支持监督申请的决定。

第一百零八条　人民检察院对执行活动提出检察建议的，应当经检察长或者检察委员会决定，制作《检察建议书》，在决定之日起十五日内将《检察建议书》连同案件卷宗移送同级人民法院，并制作决定提出检察建议的《通知书》，发送当事人。

第一百零九条　人民检察院认为当事人申请监督的人民法院执行活动不存在违法情形的，应当作出不支持监督申请的决定，并在决定之日起十五日内制作《不支持监督申请决定书》，发送申请人。

第一百一十条　人民检察院发现同级人民法院执行活动中执行人员存在违

法行为的，参照本规则第六章有关规定执行。

第八章　案件管理

第一百一十一条　人民检察院负责案件管理的部门对民事诉讼监督案件的受理、期限、程序、质量等进行管理、监督、预警。

第一百一十二条　负责案件管理的部门发现本院办案活动有下列情形之一的，应当及时提出纠正意见：

（一）法律文书制作、使用不符合法律和有关规定的；

（二）违反办案期限有关规定的；

（三）侵害当事人、诉讼代理人诉讼权利的；

（四）未依法对民事审判活动以及执行活动中的违法行为履行法律监督职责的；

（五）其他应当提出纠正意见的情形。

情节轻微的，可以口头提示；情节较重的，应当发送《案件流程监控通知书》，提示办案部门及时查明情况并予以纠正；情节严重的，应当同时向检察长报告。

办案部门收到《案件流程监控通知书》后，应当在十日内将核查情况书面回复负责案件管理的部门。

第一百一十三条　负责案件管理的部门对以本院名义制发民事诉讼监督法律文书实施监督管理。

第一百一十四条　人民检察院办理的民事诉讼监督案件，办结后需要向其他单位移送案卷材料的，统一由负责案件管理的部门审核移送材料是否规范、齐备。负责案件管理的部门认为材料规范、齐备，符合移送条件的，应当立即由办案部门按照规定移送；认为材料不符合要求的，应当及时通知办案部门补送、更正。

第一百一十五条　人民法院向人民检察院送达的民事判决书、裁定书或者调解书等法律文书，由负责案件管理的部门负责接收，并即时登记移送负责民事检察的部门。

第一百一十六条　人民检察院在办理民事诉讼监督案件过程中，当事人及其诉讼代理人提出有关申请、要求或者提交有关书面材料的，由负责案件管理的部门负责接收，需要出具相关手续的，负责案件管理的部门应当出具。负责案件管理的部门接收材料后应当及时移送负责民事检察的部门。

第九章 其他规定

第一百一十七条 人民检察院发现人民法院在多起同一类型民事案件中有下列情形之一的,可以提出检察建议:
(一) 同类问题适用法律不一致的;
(二) 适用法律存在同类错误的;
(三) 其他同类违法行为。

人民检察院发现有关单位的工作制度、管理方法、工作程序违法或者不当,需要改正、改进的,可以提出检察建议。

第一百一十八条 申请人向人民检察院提交的新证据是伪造的,或者对案件重要事实作虚假陈述的,人民检察院应当予以批评教育,并可以终结审查,但确有必要进行监督的除外;涉嫌违纪违法犯罪的,依照规定移送有关机关处理。

其他当事人有前款规定情形的,人民检察院应当予以批评教育;涉嫌违纪违法犯罪的,依照规定移送有关机关处理。

第一百一十九条 人民检察院发现人民法院审查和处理当事人申请执行、撤销仲裁裁决或者申请执行公证债权文书存在违法、错误情形的,参照本规则第六章、第七章有关规定执行。

第一百二十条 负责民事检察的部门在履行职责过程中,发现涉嫌违纪违法犯罪以及需要追究司法责任的行为,应当报检察长决定,及时将相关线索及材料移送有管辖权的机关或者部门。

人民检察院其他职能部门在履行职责中发现符合本规则规定的应当依职权启动监督程序的民事诉讼监督案件线索,应当及时向负责民事检察的部门通报。

第一百二十一条 人民检察院发现作出的相关决定确有错误需要纠正或者有其他情形需要撤回的,应当经本院检察长或者检察委员会决定。

第一百二十二条 人民法院对人民检察院监督行为提出建议的,人民检察院应当在一个月内将处理结果书面回复人民法院。人民法院对回复意见有异议,并通过上一级人民法院向上一级人民检察院提出的,上一级人民检察院认为人民法院建议正确,应当要求下级人民检察院及时纠正。

第一百二十三条 人民法院对民事诉讼监督案件作出再审判决、裁定或者其他处理决定后,提出监督意见的人民检察院应当对处理结果进行审查,并填写《民事诉讼监督案件处理结果审查登记表》。

第一百二十四条　有下列情形之一的，人民检察院可以按照有关规定再次监督或者提请上级人民检察院监督：

（一）人民法院审理民事抗诉案件作出的判决、裁定、调解书仍有明显错误的；

（二）人民法院对检察建议未在规定的期限内作出处理并书面回复的；

（三）人民法院对检察建议的处理结果错误的。

第一百二十五条　地方各级人民检察院对适用法律确属疑难、复杂，本院难以决断的重大民事诉讼监督案件，可以向上一级人民检察院请示。

请示案件依照最高人民检察院关于办理下级人民检察院请示件、下级人民检察院向最高人民检察院报送公文的相关规定办理。

第一百二十六条　当事人认为人民检察院对同级人民法院已经发生法律效力的民事判决、裁定、调解书作出的不支持监督申请决定存在明显错误的，可以在不支持监督申请决定作出之日起一年内向上一级人民检察院申请复查一次。负责控告申诉检察的部门经初核，发现可能有以下情形之一的，可以移送本院负责民事检察的部门审查处理：

（一）有新的证据，足以推翻原判决、裁定的；

（二）有证据证明原判决、裁定认定事实的主要证据是伪造的；

（三）据以作出原判决、裁定的法律文书被撤销或者变更的；

（四）有证据证明审判人员审理该案件时有贪污受贿，徇私舞弊，枉法裁判等行为的；

（五）有证据证明检察人员办理该案件时有贪污受贿，徇私舞弊，滥用职权等行为的；

（六）其他确有必要进行复查的。

负责民事检察的部门审查后，认为下一级人民检察院不支持监督申请决定错误，应当以人民检察院的名义予以撤销并依法提出抗诉；认为不存在错误，应当决定复查维持，并制作《复查决定书》，发送申请人。

上级人民检察院可以依职权复查下级人民检察院对同级人民法院已经发生法律效力的民事判决、裁定、调解书作出不支持监督申请决定的案件。

对复查案件的审查期限，参照本规则第五十二条第一款规定执行。

第一百二十七条　制作民事诉讼监督法律文书，应当符合规定的格式。

民事诉讼监督法律文书的格式另行制定。

第一百二十八条　人民检察院可以参照《中华人民共和国民事诉讼法》有关规定发送法律文书。

第一百二十九条　人民检察院发现制作的法律文书存在笔误的，应当作出

《补正决定书》予以补正。

第一百三十条 人民检察院办理民事诉讼监督案件，应当按照规定建立民事诉讼监督案卷。

第一百三十一条 人民检察院办理民事诉讼监督案件，不收取案件受理费。申请复印、鉴定、审计、勘验等产生的费用由申请人直接支付给有关机构或者单位，人民检察院不得代收代付。

第十章 附 则

第一百三十二条 检察建议案件的办理，本规则未规定的，适用《人民检察院检察建议工作规定》。

第一百三十三条 民事公益诉讼监督案件的办理，适用本规则及有关公益诉讼检察司法解释的规定。

第一百三十四条 军事检察院等专门人民检察院对民事诉讼监督案件的办理，以及人民检察院对其他专门人民法院的民事诉讼监督案件的办理，适用本规则和其他有关规定。

第一百三十五条 本规则自2021年8月1日起施行，《人民检察院民事诉讼监督规则（试行）》同时废止。本院之前公布的其他规定与本规则内容不一致的，以本规则为准。

《人民检察院民事诉讼监督规则》的理解与适用

冯小光 颜良伟[**]

作为检察机关民事检察领域一部重要的司法解释,《人民检察院民事诉讼监督规则》(以下简称新规则)经最高人民检察院第十三届检察委员会第六十二次会议通过,自 2021 年 8 月 1 日起施行。为正确理解和适用新规则,现将有关情况说明如下。

一、修订的背景及过程

民事诉讼监督规则是检察机关贯彻执行民事诉讼法的重要司法解释,也是检察机关办理民事诉讼监督案件的基本依据。最高人民检察院《人民检察院民事诉讼监督规则(试行)》(以下简称原规则)自 2013 年 11 月 18 日实施以来,对检察机关依法履行监督职责,提高监督质效,实现监督效果发挥了重要作用。

近年来,随着中国特色社会主义进入新时代,人民群众对民事检察工作有新的更高期待,政法领域全面深化改革对民事检察工作有新的部署,最高人民检察院党组有关"四大检察""十大业务"全面协调充分发展和做强民事检察工作决策对民事检察工作有新的要求,民事检察工作面临新的形势和挑战。原规则不能完全适应新形势新要求,各地建议修订完善的呼声越来越高。2019 年 7 月 19 日,中央政法委政法领域全面深化改革推进会要求尽快修订原规则。为保证修订工作顺利开展,最高人民检察院成立民事诉讼监督规则修订领导小组,并由第六检察厅、第十检察厅、法律政策研究室、案件管理办公室等部门派员组成工作小组。工作小组广泛征求最高人民检察院各部门、各地检察机关、专家学者的意见以及全国人大常委会法工委、最高人民法院、司法部的意见后形成《审议稿》,后经最高人民检察院第十三届检察委员会第六十二次会议审议通过。

二、修订的基本思路

本次修订注重把握以下基本思路:

---

[*] 原文载《人民检察》2021 年第 16 期。
[**] 作者单位:最高人民检察院第六检察厅。

（一）坚持以人民为中心，为人民群众提供新时代更优更实的民事检察产品

民事检察工作事关民心、民意和民情。近年来，民事诉讼监督案件呈现数量持续上升、疑难复杂案件增多、虚假诉讼屡禁不止、息诉化解难度大等特点，本次修订坚持司法为民和司法便民，进一步完善申请监督范围、权利义务告知、案件受理程序、申请监督权利救济、申请复查等方面的条款，切实保障当事人对民事诉讼监督案件的申请权、知情权、参与权和监督权，保护其合法合理诉求，并通过加大监督力度，有效维护民事主体的合法权益，增强人民群众对实体公正与程序公正的获得感。

（二）坚持适应形势发展，充分吸收近年来修订法律新规定和司法体制改革新成果

近年来，立法机关对人民检察院组织法、检察官法等法律进行修订，对检察机关办案组织、上级检察机关对下级检察机关行使职权事项、检察官办案责任制等作出了新规定。司法体制改革也取得新成果，《关于民事执行活动法律监督若干问题的规定》《关于建立全国执行与法律监督工作平台进一步完善协作配合工作机制的意见》《关于进一步加强虚假诉讼犯罪惩治工作的意见》等最高人民检察院与相关中央单位会签文件已经解决了民事执行检察监督工作中的一些问题，最高人民检察院《人民检察院检察建议工作规定》明确了检察建议的类型范围、办理程序、督促落实、监督管理等内容，最高人民检察院《人民检察院检察委员会工作规则》进一步完善了检察委员会的组成和工作机制。本次修订充分吸收上述法律新规定和司法体制改革新成果。此外，原规则制定时间较早，本次修订对2016年最高人民检察院《人民检察院行政诉讼监督规则（试行）》中的一些较好规定进行了借鉴。

（三）坚持问题导向，重点解决检察监督中的突出问题

原规则实施以来，各地检察机关适用中遇到的一些问题亟须通过完善民事诉讼监督规则予以解决。例如，依职权启动监督程序的案件范围过窄，未规定必要的兜底条款，导致部分确有监督必要的民事案件未能进入检察监督范围，影响检察机关全面履行法律监督职责；法律及司法解释未对虚假民事调解书是否损害国家利益、社会公共利益问题作出明确规定，导致个案中因检法两院存在认识分歧影响监督实效；原规则未对当事人申请监督期限作出规定，导致年代久远的案件仍进入检察监督范围，存在审查处理难、矛盾化解难、息诉服判难，极端个案容易演变成涉法信访案；民事诉讼法规定检察机关审查期限为3个月，未有扣除审查期限等方面的规定，但实践中部分案件因调卷、鉴定、评

估等客观原因无法在3个月内办结，影响了检察权威；民事诉讼法及原规则对审判人员违法行为监督和执行监督的规定过于原则，缺乏指引性规定，影响办案实效；等等。本次修订聚焦影响检察监督职能有效发挥的突出问题，通过完善相关条款，明确适用标准，细化监督程序，增加指引性规定，进一步提升民事诉讼监督工作的规范性和可操作性，切实解决检察办案难题。

（四）坚持积极稳妥，规范新类型民事诉讼监督案件办理程序

对执行人员违法行为监督、民事非诉执行监督、民事公益诉讼监督、专门法院民事诉讼监督等新类型案件的办理作出原则规定，确保办案程序合法、规范。

（五）坚持依法依规，严格遵循司法解释的法律定位

民事诉讼监督规则是检察机关贯彻执行民事诉讼法的司法解释，因此本次修订突出对立法精神和立法原意的把握，严格按照民事诉讼法的有关规定，在法律赋予权限范围内作出解释。凡立法机关提出不同意见的条款，均作了补充、修改或删除。对争议特别大、实践经验尚不成熟以及不涉及法律适用的工作要求条款，原则上不作规定。

三、修订的主要内容

新规则共10章135条，与原规则相比，减少了1章，增加了11条。主要修改了以下内容。

（一）优化办案组织，落实检察官办案责任制

1. 优化办案组织，明确办案人员范围与职责

新规则第七条第一款规定，检察机关办理民事诉讼监督案件，根据案件情况，可以由一名检察官独任办理，也可以由两名以上检察官组成办案组办理。由检察官办案组办理的，检察长应当指定一名检察官担任主办检察官，组织、指挥办案组办理案件。同时，第二款明确了辅助办理案件人员范围和职责，规定检察官办理案件，可以根据需要配备检察官助理、书记员、司法警察、检察技术人员等检察辅助人员。检察辅助人员依照有关规定承担相应的检察辅助事务。此外，为发挥检察一体化机制作用，确保重大疑难复杂案件的办理质量，新规则第八条第三款规定上级检察机关可以依法统一调用辖区的检察人员办理民事诉讼监督案件。

2. 落实检察官办案责任制，强化办案纪律约束

新规则第六条对检察官办案责任制作出原则性规定，检察机关办理民事诉讼监督案件，实行检察官办案责任制，由检察官、检察长、检察委员会在各自职权范围内对办案事项作出决定，并依照规定承担相应司法责任。为强调检察

人员办理民事诉讼监督案件所应秉持的客观公正立场,以及适应新形势下办案纪律的要求,进一步规范检察人员与当事人、律师、特殊关系人、中介组织接触交往行为,新规则第十一条将原规则第十条第一款、第二款改为,检察人员办理民事诉讼监督案件,应当秉持客观公正的立场,自觉接受监督。检察人员不得接受当事人及其诉讼代理人、特定关系人、中介组织请客送礼或者其他利益,不得违反规定会见当事人及其委托的人。同时,根据2019年最高人民检察院《关于建立过问或干预、插手检察办案等重大事项记录报告制度的实施办法》第四条,新增规定检察人员对过问或者干预、插手民事诉讼监督案件办理等重大事项的行为,应当按照有关规定全面、如实、及时记录、报告。

(二) 删除"管辖"一章,理顺结构体系

修订中,有意见认为,原规则中"管辖"与"受理"两章之间的逻辑关系不清,实践操作不明,需要进一步研究有关管辖规定的必要性。我们认为,原规则中"管辖"一章是参考民事诉讼法有关法院管辖规定而制定的。由于民事诉讼监督对象是法院的审判活动和执行活动,而检察机关与法院是逐级对应关系,因此民事诉讼监督案件不存在地域管辖问题,只有级别管辖问题。可见,原规则"管辖"一章所要解决的是各级检察机关之间办理民事诉讼监督案件的分工和权限问题。但该章规定存在以下问题:第一,原规则在"管辖"一章中规定,对已生效民事裁判、调解书,最高人民检察院、作出生效法律文书的法院所在地同级检察机关和上级检察机关均有管辖权,但却在"受理"一章中规定"同级受理"原则,这容易被误解为前后规定有矛盾。第二,实践中,各级检察机关是根据"同级受理"原则对民事诉讼监督案件入口进行把关,不需要考虑管辖规定,导致原规则第十一条至第十三条有关级别管辖的规定未发挥实际规范作用。第三,根据原规则有关规定,负责控告申诉检察的部门对属于检察机关主管但不属于本院受理案件范围的监督申请,均会告知申请人向有案件受理权的检察机关申请监督,因此,原规则第十四条有关移送管辖的规定没有适用的空间。第四,原规则第十五条有关指定管辖的规定存在因监督检察机关与被监督法院不在同一行政区划内而导致难以进行同级监督的问题,实践中极少运用,且指定管辖所针对的问题可以通过上级检察机关提级办理制度予以解决,因此指定管辖并无规定的必要。第五,提级办理制度与负责民事检察的部门的审查工作关系更为密切,因此原规则第十六条有关提级办理的规定更适合设置在"审查"一章之中。第六,征求意见中,有意见认为,专门检察机关对民事诉讼监督案件的办理并非仅涉及管辖问题,因此有必要对原规则第十七条有关专门检察机关民事诉讼监督案件管辖的规定进行修改,并设置在"附则"一章中。基于上述分析和考虑,新规则删除了"管辖"一章,并将提级办理、专门检察机关案件办理等条款设置在其他章节中。这样修改有利于民事诉讼监督规则"受理—审查—监督"主体架构的清晰展示,有效指引当事人依法行使申请监督权利。

(三)进一步明确当事人申请监督条件和检察机关受理程序,保障申请监督案件入口畅通、有序规范

1. 明确申请监督期限

近年来,司法实践中出现了许多在民事裁判生效多年后才向检察机关申请监督的案件,这些案件多数是陈年旧案、时间久远,由于受时过境迁所导致的证据灭失等因素的影响,当事人往往难以提供充足证据证明原审裁判存在错误,检察机关也无法查清案件的关键事实,而且容易形成涉法信访案件。长期以来,各地检察机关普遍反映这给检察监督工作带来很大的困扰,并呼吁对当事人申请监督期限予以一定规范。经慎重研究后认为,民事诉讼法规定了当事人向法院申请再审的期限,而申请监督与申请再审是两种性质相同的权利。从法理上看,当事人行使申请监督权利也应当有一定期限的限制,以便督促当事人及时行使民事权利,维护法律关系和社会关系的稳定,同时也能够使当事人对法律救济期限有明确认识,心理上能早日摆脱纷争,以一个良好的心态投入到新的生产生活中。经征求立法机关意见后,新规则第二十条新增当事人不服生效裁判的两年申请监督期限。同时,考虑依职权启动监督程序案件的特殊性,该条还规定:"人民检察院依职权启动监督程序的案件,不受本条第一款规定期限的限制。"

2. 完善检察机关不予受理的情形

本次修订第二十七条对原规则作了以下修改:第一,对原规则第三十一条第一项"当事人申请再审超过法律规定的期限的"规定增加"但不可归责于其自身原因的除外"的限制,切实保障当事人因法院违法公告送达、缺席判决等导致超过申请再审法定期限情形下的申请监督权利。第二,将原规则第三十一条第二项改为"法院在法定期限内正在对民事再审申请进行审查的"。第三,在原规则第三十一条增加一项"申请监督超过本规则第二十条规定的期限的"。第四,根据2018年最高人民检察院《关于停止执行〈人民检察院民事诉讼监督规则(试行)〉第三十二条的通知》,删除原规则第三十二条。此外,第二十八条对原规则第三十三条进行完善,在该条中增加一款"当事人对审判、执行人员违法行为申请监督的,不受前款规定的限制"。

3. 明确检察机关对审理、执行法院的上级法院复议裁定、决定申请监督案件的受理层级

新规则第三十条第二款增设规定,此类案件由作出复议裁定、决定法院的

同级检察机关受理；同时规定，同级检察机关受理后可以根据需要依照本规则有关规定向下级检察机关交办此类案件；在第七章中新增有关交办案件结案方式的特别规定。

4. 明确对检察机关不依法受理监督申请的救济途径

新规则第三十一条规定，当事人认为检察机关不依法受理其监督申请的，可以向上一级检察机关申请监督。上一级检察机关认为当事人监督申请符合受理条件的，应当指令下一级检察机关受理，必要时也可以直接受理。

5. 明确检察机关决定受理监督申请案件时应同时向双方当事人发送相关法律文书

民事诉讼当事人有平等的诉讼权利，其他当事人与申请人相同，应当享有知悉涉及自身利益的案件信息以及答辩的权利，不应由检察机关有选择性地决定是否通知其他当事人。因此新规则第三十三条明确规定，负责控告申诉检察的部门在向申请人发送《受理通知书》的同时，应当向其他当事人发送《受理通知书》和监督申请书副本并告知其权利义务。

（四）适度扩大依职权启动监督程序案件范围

原规则规定的依职权启动监督程序案件范围过窄，导致实践中出现了检察机关应主动进行监督却缺乏监督依据而引发的"监督死角"问题。新规则对此作了以下修改：

一是明确检察机关对当事人存在虚假诉讼等妨害司法秩序行为的民事案件应当依职权启动监督程序。虚假诉讼妨害司法秩序，浪费司法资源，损害司法权威和司法公信力，检察机关对此应当主动履行监督职责，监督法院撤销因虚假诉讼产生的法律文书并依法制裁虚假诉讼行为人，维护司法公正和司法权威。新规则第三十七条明确将"当事人存在虚假诉讼等妨害司法秩序行为的"作为依职权启动监督程序情形之一。

二是明确检察机关对法院作出的已经发生法律效力的民事公益诉讼判决、裁定、调解书确有错误，审判程序中审判人员存在违法行为，或者执行活动存在违法情形的案件应当依职权启动监督程序。

三是增加兜底条款规定。借鉴《人民检察院行政诉讼监督规则（试行）》第九条规定，增加依职权启动监督程序的兜底条款"具有重大社会影响等确有必要进行监督的情形"。

四是明确检察机关对民事案件依职权启动监督程序，不受当事人是否申请再审的限制。

(五）完善案件审查、调查核实工作机制，确保全面客观审查监督案件

一是完善案件交办等机制。为满足上级检察机关异地交办案件以及为便于化解矛盾、解决纠纷而将案件交由无管辖权的基层检察机关办理的实践需求，新规则第四十二条对原规则有关案件交办机制进行了修改，取消了交办案件必须要求下级检察机关有管辖权的限制，同时将交办案件的处理结果由"报请上级检察机关审核"改为"报上级检察机关决定"。此外，原规则确定"同级受理"原则后，案件转办机制基本没有适用空间，因此新规则删除了关于案件转办机制的规定。

二是完善案件审查范围。为落实2020年中央政法工作会议有关强化检察机关法律监督职能、拓展监督广度和深度的要求，本次修订确立了全面审查原则，新规则第四十三条规定，检察机关审查民事诉讼监督案件，应当围绕申请人的申请监督请求、争议焦点以及本规则第三十七条规定的情形，对法院民事诉讼活动是否合法进行全面审查。

三是增加专家咨询论证制度。新规则第四十六条根据《最高人民检察院民事行政诉讼监督案件专家咨询论证工作办法》，增加组织专家咨询论证相关内容。

四是增加有关调阅副卷的规定。落实中央有关探索正卷、副卷一并调阅制度的要求，征求最高人民法院意见后，第四十七条增加"人民检察院认为确有必要，可以依照有关规定调阅人民法院的诉讼卷宗副卷，并采取严格保密措施"的规定。

五是增加有关检察官联席会议的规定。司法责任制改革后，案件集体讨论形式发生了重大变化。新规则第四十九条参考2017年《最高人民检察院机关司法责任制改革实施意见（试行）》第九条规定，对原规则第五十三条进行修改，增加检察官联席会议有关内容。

六是增加民事诉讼监督案件结案方式。新规则第五十条根据办理下级检察机关提请上级检察机关监督案件和复查案件的实践情况，增加了"提请其他监督"和"复查维持"两种新的结案方式。

七是增加有关扣除审查期限的规定。实践中，检察机关经常遇到因调取法院卷宗、调查核实、专家咨询、引导当事人和解以及案件疑难复杂等客观情况，导致无法在法定的三个月审查期限内审结，影响了检察工作的规范性。为解决上述办案难题，新规则第五十二条借鉴《人民检察院行政诉讼监督规则（试行）》第十二条规定，并征求立法机关意见后，明确"调卷、鉴定、评估、审计、专家咨询等期间不计入审查期限"。

八是完善调查核实工作机制。第一,为进一步明确范围,规范检察机关向银行业金融机构查询、调取、复制相关证据材料工作,新规则第六十四条第一款将检察机关该项调查核实措施的运用限定在可能损害国家利益、社会公共利益等四种法定情形。第二,考虑到检察机关有专门的检察技术人员,为实现对鉴定意见等技术性证据的有效审查,新规则第六十四条第二款还对技术性证据专门审查问题作了衔接性规定。第三,新规则第六十八条根据司法责任制改革的要求,将调查核实措施审批主体改为"需要调查核实的,由承办检察官在职权范围内决定,或者报检察长决定"。

(六)完善对生效裁判、调解书的监督标准和程序,强化对确有错误裁判结果的监督力度

一是明确对虚假民事调解书的监督方式。最高人民法院、最高人民检察院、公安部、司法部于 2021 年 3 月联合发布的《关于进一步加强虚假诉讼犯罪惩治工作的意见》第十八条规定,检察机关发现已经发生法律效力的判决、裁定、调解书系民事诉讼当事人通过虚假诉讼获得的,应当依照民事诉讼法第二百零八条第一款、第二款等法律和相关司法解释的规定,向法院提出再审检察建议或者抗诉。新规则吸收了该条规定,明确检察机关对当事人通过虚假诉讼获得的民事调解书,应当以损害国家利益、社会公共利益为由依法向法院提出再审检察建议或者抗诉。

二是完善"有新的证据,足以推翻原判决、裁定"的认定标准。原规则第七十八条规定侧重于对"新证据"资格的审查。但民事诉讼法第六十五条第二款、2020 年最高人民法院《关于适用〈中华人民共和国民事诉讼法〉的解释》第一百零二条规定已改变了以往对"新证据"资格严格审查的要求,限制了证据失权规则的适用范围,因此新规则第七十六条参考上述法律和司法解释,规定:"当事人因故意或者重大过失逾期提供的证据,人民检察院不予采纳。但该证据与案件基本事实有关并且能够证明原判决、裁定确有错误的,应当认定为《中华人民共和国民事诉讼法》第二百条第一项规定的情形。人民检察院依照本规则第六十三条、第六十四条规定调查取得的证据,与案件基本事实有关并且能够证明原判决、裁定确有错误的,应当认定为《中华人民共和国民事诉讼法》第二百条第一项规定的情形。"

三是完善"适用法律确有错误"的认定标准。征求意见中,有意见认为,原规则第八十条"适用法律确有错误"的认定标准应当与最高人民法院相关司法解释一致。考虑到最高人民法院《关于适用〈中华人民共和国民事诉讼法〉的解释》颁布时间在后,该解释关于"适用法律确有错误"的规定属于新规定,民事诉讼监督规则有必要与其保持一致,因此新规则第七十八条参照

该司法解释规定对原规则第八十条进行修改，但仍保留兜底条款，以适应案件情况的多样性。

四是扩大再审检察建议的适用范围。为引导地方检察机关积极适用再审检察建议这一同级监督方式，新规则扩大再审检察建议适用范围，新增第八十四条规定："符合本规则第八十二条、第八十三条规定的案件，适宜由同级人民法院再审纠正的，地方各级人民检察院可以向同级人民法院提出再审检察建议。"

五是明确原提出抗诉的检察机关再次抗诉的程序。原规则对此未作规定，实践中存在原提出抗诉的检察机关认为再审裁判仍有明显错误而再次提出抗诉的情形。但有的法院援引1995年最高人民法院《关于人民检察院提出抗诉按照审判监督程序再审维持原裁判的民事、经济、行政案件，人民检察院再次提出抗诉应否受理的批复》，拒绝接受原提出抗诉检察机关的再次抗诉。为统一法律适用标准，在征求最高人民法院意见后，新规则新增第九十一条规定："人民检察院提出抗诉的案件，接受抗诉的人民法院将案件交下一级人民法院再审，下一级人民法院审理后作出的再审判决、裁定仍有明显错误的，原提出抗诉的人民检察院可以依职权再次提出抗诉。"

六是完善检察机关派员出席再审法庭的相关程序。新规则从协调法院安排人民监督员旁听庭审，检察人员出庭任务、应对庭审有关情况等方面进行了完善。

（七）完善对审判人员违法行为和执行活动违法情形的监督程序，增强两项监督工作的可操作性

一是增设审判人员违法行为监督情形的指引性规定。民事诉讼法第二百零八条第三款有关审判人员违法行为检察监督的规定过于原则，原规则第九十九条第十一项、第十二项规定了两类审判人员违法行为的具体情形，但存在列举不全、指引性不强等问题。新规则在原规则两项规定的基础上，参考2019年修订的法官法第四十六条和最高人民法院有关审判人员工作纪律规定，新增一条指引性规定，检察机关发现同级法院民事审判程序中审判人员有法官法第四十六条等规定的违法行为且可能影响案件公正审判、执行的，应当向同级法院提出检察建议。

二是完善对执行活动违法情形的监督程序。民事诉讼法对执行检察监督制度仅有一条原则性规定，为增强执行监督工作的可操作性，本次修订对原规则作了以下修改：第一，新规则第一百零四条、第一百零五条参考2016年最高人民法院、最高人民检察院《关于民事执行活动法律监督若干问题的规定》第三条、第十条规定，进一步明确执行监督范围以及要求法院说明执行情况的

适用条件。第二，新规则第一百零六条结合检察监督工作实际，并参考2009年最高人民法院《关于进一步加强和规范执行工作的若干意见》、2011年最高人民法院《关于执行权合理配置和科学运行的若干意见》等对执行权类型的划分，新增有关执行活动违法监督情形的指引性规定。第三，新规则第一百零七条对上级检察机关将法院作出的执行复议裁定、决定等监督案件交由下级检察机关办理后的结案方式作出特别规定。

（八）完善案件线索双向移送、协作配合机制，推动形成多方监督合力

一是完善违纪违法犯罪线索移送机制。国家监察体制改革后，监察法、刑事诉讼法等对公职人员涉嫌职务违法犯罪的管辖机关作出了调整，因此本次修订将原规则第一百一十三条第一款改为，负责民事检察的部门在履行职责过程中，发现涉嫌违纪违法犯罪以及需要追究司法责任的行为，应当报检察长决定，及时将相关线索及材料移送有管辖权的机关或者部门。

二是完善民事诉讼监督案件线索移送机制。原规则第一百一十三条第二款规定原反贪、反渎部门在办理法官职务犯罪案件中发现所涉民事案件存在错误的，向民事检察部门通报。但检察机关履职中发现民事诉讼监督案件线索的范围并不限于法官职务犯罪案件，在涉黑涉恶、"套路贷"等刑事案件中也会发现相关的民事诉讼监督案件线索。因此本次修订将原规则第一百一十三条第二款修改为，检察机关其他职能部门在履行职责中发现符合本规则规定的应当依职权启动监督程序的民事诉讼监督案件线索，应当及时向负责民事检察的部门通报。

（九）完善检察机关自我纠错制度，维护司法公正和司法权威

一是完善本院自行纠错制度。原规则第一百一十四条第一款规定，检察机关发现向法院等提出监督意见错误时的撤回制度，但对于其他错误决定如不支持监督申请决定、终结审查等，如何纠正没有规定。本次修订扩大本院自行纠错范围，规定检察机关发现作出的相关决定确有错误需要纠正或者有其他情形需要撤回的，应当经本院检察长或者检察委员会决定。

二是新增复查制度。为便于当事人申请监督，充分发挥再审检察建议同级监督的优势，缓解民事裁判结果监督工作中"倒三角"难题，提高监督效率和效果，原规则规定了"同级受理"原则。多年实践证明，"同级受理"原则基本符合检察监督工作实际。但"同级受理"原则客观上也存在法律规定的抗诉权在上级检察机关，同级检察机关的不支持监督申请决定是否有终局性的疑问，因此在坚持"同级受理"原则的情况下，一律不允许当事人向上级检

察机关申请复查也有不合理之处。2014年最高人民检察院《民事行政检察厅与控告检察厅办理民事行政检察案件第二次座谈会议纪要》第七条规定了当事人申请复查制度，作为"同级受理"制度的有益补充。新规则第一百二十六条吸收上述纪要规定，并在当事人申请复查期限及具体情形、检察机关办理复查案件期限、上级检察机关依职权复查等方面进行了完善。

（十）明确有关适用依据，确保程序依据全程覆盖

一是明确办理执行人员违法行为监督案件的适用依据。新规则第一百一十条规定，检察机关发现同级法院执行活动中执行人员存在违法行为的，参照本规则第六章有关规定执行。

二是明确办理民事非诉执行监督等案件的适用依据。新规则第一百一十九条规定，检察机关发现法院审查和处理当事人申请执行、撤销仲裁裁决或者申请执行公证债权文书存在违法、错误情形的，参照本规则第六章、第七章有关规定执行。

三是明确办理检察建议案件的适用依据。《人民检察院检察建议工作规定》适用于检察机关各部门制发的所有检察建议，民事诉讼监督规则只适用于负责民事检察的部门制发的检察建议，两者是一般和特别的关系。因此，新规则第一百三十二条规定，检察建议案件的办理，本规则未规定的，适用《人民检察院检察建议工作规定》。

四是明确办理民事公益诉讼监督案件的适用依据。新规则第一百三十三条规定，民事公益诉讼监督案件的办理，适用本规则及有关公益诉讼检察司法解释的规定。

五是明确检察机关办理对专门法院的民事诉讼监督案件的适用依据。新规则第一百三十四条规定，军事检察院等专门检察机关对民事诉讼监督案件的办理，以及检察机关对其他专门法院的民事诉讼监督案件的办理，适用本规则和其他有关规定。

最高人民检察院
人民检察院行政诉讼监督规则

（2021年4月8日最高人民检察院第十三届检察委员会第六十五次会议通过　2021年7月27日公布　2021年9月1日施行　高检发释字〔2021〕3号）

目　录

第一章　总　则
第二章　回　避
第三章　受　理
第四章　审　查
　第一节　一般规定
　第二节　调查核实
　第三节　听　证
　第四节　简易案件办理
　第五节　中止审查和终结审查
第五章　对生效行政判决、裁定、调解书的监督
　第一节　一般规定
　第二节　提出再审检察建议和提请抗诉、提出抗诉
　第三节　出席法庭
第六章　对行政审判程序中审判人员违法行为的监督
第七章　对行政案件执行活动的监督
第八章　案件管理
第九章　其他规定
第十章　附　则

第一章　总　则

第一条　为了保障和规范人民检察院依法履行行政诉讼监督职责，根据《中华人民共和国行政诉讼法》《中华人民共和国民事诉讼法》《中华人民共和国人民检察院组织法》和其他有关规定，结合人民检察院工作实际，制定本规则。

第二条　人民检察院依法独立行使检察权，通过办理行政诉讼监督案件，监督人民法院依法审判和执行，促进行政机关依法行使职权，维护司法公正和司法权威，维护国家利益和社会公共利益，保护公民、法人和其他组织的合法权益，推动行政争议实质性化解，保障国家法律的统一正确实施。

第三条　人民检察院通过提出抗诉、检察建议等方式，对行政诉讼实行法律监督。

第四条　人民检察院对行政诉讼实行法律监督，应当以事实为根据，以法律为准绳，坚持公开、公平、公正，依法全面审查，监督和支持人民法院、行政机关依法行使职权。

第五条　人民检察院办理行政诉讼监督案件，应当实行繁简分流，繁案精办、简案快办。

人民检察院办理行政诉讼监督案件，应当加强智慧借助，对于重大、疑难、复杂问题，可以向专家咨询或者组织专家论证，听取专家意见建议。

第六条　人民检察院办理行政诉讼监督案件，应当查清案件事实、辨明是非，综合运用监督纠正、公开听证、释法说理、司法救助等手段，开展行政争议实质性化解工作。

第七条　负责控告申诉检察、行政检察、案件管理的部门分别承担行政诉讼监督案件的受理、办理、管理工作，各部门互相配合，互相制约。

当事人不服人民法院生效行政赔偿判决、裁定、调解书的案件，由负责行政检察的部门办理，适用本规则规定。

第八条　人民检察院办理行政诉讼监督案件，由检察官、检察长、检察委员会在各自职权范围内对办案事项作出决定，并依照规定承担相应司法责任。

检察官在检察长领导下开展工作。重大办案事项，由检察长决定。检察长可以根据案件情况，提交检察委员会讨论决定。其他办案事项，检察长可以自行决定，也可以委托检察官决定。

本规则对应当由检察长或者检察委员会决定的重大办案事项有明确规定的，依照本规则的规定；本规则没有明确规定的，省级人民检察院可以制定有关规定，报最高人民检察院批准。

以人民检察院名义制发的法律文书，由检察长签发；属于检察官职权范围内决定事项的，检察长可以授权检察官签发。

重大、疑难、复杂或者有社会影响的案件，应当向检察长报告。

第九条 人民检察院办理行政诉讼监督案件，根据案件情况，可以由一名检察官独任办理，也可以由两名以上检察官组成办案组办理。由检察官办案组办理的，检察长应当指定一名检察官担任主办检察官，组织、指挥办案组办理案件。

检察官办理行政诉讼监督案件，可以根据需要配备检察官助理、书记员、司法警察、检察技术人员等检察辅助人员。检察辅助人员依照有关规定承担相应的检察辅助事务。

第十条 最高人民检察院领导地方各级人民检察院和专门人民检察院的行政诉讼监督工作，上级人民检察院领导下级人民检察院的行政诉讼监督工作。

上级人民检察院认为下级人民检察院的决定错误的，有权指令下级人民检察院纠正，或者依法撤销、变更。上级人民检察院的决定，应当以书面形式作出，下级人民检察院应当执行。下级人民检察院对上级人民检察院的决定有不同意见的，可以在执行的同时向上级人民检察院报告。

上级人民检察院可以依法统一调用辖区的检察人员办理行政诉讼监督案件，调用的决定应当以书面形式作出。被调用的检察官可以代表办理案件的人民检察院履行相关检察职责。

第十一条 人民检察院检察长或者检察长委托的副检察长在同级人民法院审判委员会讨论行政诉讼监督案件或者其他与行政诉讼监督工作有关的议题时，可以依照有关规定列席会议。

第十二条 检察人员办理行政诉讼监督案件，应当秉持客观公正的立场，自觉接受监督。

检察人员不得违反规定与当事人、律师、特殊关系人、中介组织接触、交往。

检察人员有收受贿赂、徇私枉法等行为的，应当追究纪律责任和法律责任。

检察人员对过问或者干预、插手行政诉讼监督案件办理等重大事项的行为，应当依照有关规定全面、如实、及时记录、报告。

第二章 回 避

第十三条 检察人员办理行政诉讼监督案件，有下列情形之一的，应当自行回避，当事人有权申请他们回避：

（一）是本案当事人或者当事人、委托代理人近亲属的；

（二）担任过本案的证人、委托代理人、审判人员、行政执法人员的；

（三）与本案有利害关系的；

（四）与本案当事人、委托代理人有其他关系，可能影响对案件公正办理的。

检察人员接受当事人、委托代理人请客送礼及其他利益，或者违反规定会见当事人、委托代理人，当事人有权申请他们回避。

上述规定，适用于书记员、翻译人员、鉴定人、勘验人等。

第十四条 检察人员自行回避的，可以口头或者书面方式提出，并说明理由。口头提出申请的，应当记录在卷。

第十五条 当事人申请回避，应当在人民检察院作出提出抗诉或者检察建议等决定前以口头或者书面方式提出，并说明理由。口头提出申请的，应当记录在卷。依照本规则第十三条第二款规定提出回避申请的，应当提供相关证据。

被申请回避的人员在人民检察院作出是否回避的决定前，应当暂停参与本案工作，但案件需要采取紧急措施的除外。

第十六条 检察长的回避，由检察委员会讨论决定；检察人员和其他人员的回避，由检察长决定。检察委员会讨论检察长回避问题时，由副检察长主持，检察长不得参加。

第十七条 人民检察院对当事人提出的回避申请，应当在三日内作出决定，并通知申请人。对明显不属于法定回避事由的申请，可以当场驳回，并记录在卷。

申请人对驳回回避申请的决定不服的，可以在接到决定时向原决定机关申请复议一次。人民检察院应当在三日内作出复议决定，并通知复议申请人。复议期间，被申请回避的人员不停止参与本案工作。

第三章 受 理

第十八条 人民检察院受理行政诉讼监督案件的途径包括：

（一）当事人向人民检察院申请监督；
（二）当事人以外的公民、法人或者其他组织向人民检察院控告；
（三）人民检察院依职权发现。

第十九条 有下列情形之一的，当事人可以向人民检察院申请监督：
（一）人民法院驳回再审申请或者逾期未对再审申请作出裁定，当事人对已经发生法律效力的行政判决、裁定、调解书，认为确有错误的；
（二）认为再审行政判决、裁定确有错误的；
（三）认为行政审判程序中审判人员存在违法行为的；
（四）认为人民法院行政案件执行活动存在违法情形的。

当事人死亡或者终止的，其权利义务承继者可以依照前款规定向人民检察院申请监督。

第二十条 当事人依照本规则第十九条第一款第一项、第二项规定向人民检察院申请监督，应当在人民法院送达驳回再审申请裁定之日或者再审判决、裁定发生法律效力之日起六个月内提出；对人民法院逾期未对再审申请作出裁定，应当在再审申请审查期限届满之日起六个月内提出。

当事人依照本规则第十九条第一款第一项、第二项规定向人民检察院申请监督，具有下列情形之一的，应当在知道或者应当知道之日起六个月内提出：
（一）有新的证据，足以推翻原生效判决、裁定的；
（二）原生效判决、裁定认定事实的主要证据系伪造的；
（三）据以作出原生效判决、裁定的法律文书被撤销或者变更的；
（四）审判人员在审理该案件时有贪污受贿、徇私舞弊、枉法裁判行为的。

当事人依照本规则第十九条第一款第三项、第四项向人民检察院申请监督，应当在知道或者应当知道审判人员违法行为或者执行活动违法情形发生之日起六个月内提出。

本条规定的期间为不变期间，不适用中止、中断、延长的规定。

第二十一条 当事人向人民检察院申请监督，应当提交监督申请书、身份证明、相关法律文书及证据材料。提交证据材料的，应当附证据清单。

申请监督材料不齐备的，人民检察院应当要求申请人限期补齐，并一次性明确告知应当补齐的全部材料以及逾期未按要求补齐视为撤回监督申请的法律后果。申请人逾期未补齐主要材料的，视为撤回监督申请。

第二十二条 本规则第二十一条规定的监督申请书应当记明下列事项：
（一）申请人的姓名、性别、年龄、民族、职业、工作单位、住址、有效联系方式，法人或者其他组织的名称、住所和法定代表人或者主要负责人的姓名、职务、有效联系方式；

（二）其他当事人的姓名、性别、工作单位、住址、有效联系方式等信息，法人或者其他组织的名称、住所、法定代表人或者主要负责人的姓名、职务、有效联系方式等信息；

（三）申请监督请求；

（四）申请监督的具体法定情形及事实、理由。

申请人应当按照其他当事人的人数提交监督申请书副本。

第二十三条 本规则第二十一条规定的身份证明包括：

（一）公民的居民身份证、军官证、士兵证、护照等能够证明本人身份的有效证件；

（二）法人或者其他组织的统一社会信用代码证书或者营业执照、法定代表人或者主要负责人的身份证明等有效证照。

对当事人提交的身份证明，人民检察院经核对无误留存复印件。

第二十四条 本规则第二十一条规定的相关法律文书是指人民法院在该案件诉讼过程中作出的全部判决书、裁定书、决定书、调解书等法律文书。

第二十五条 当事人申请监督，可以依照《中华人民共和国行政诉讼法》的规定委托代理人。

第二十六条 当事人申请监督同时符合下列条件的，人民检察院应当受理：

（一）符合本规则第十九条的规定；

（二）符合本规则第二十条的规定；

（三）申请人提供的材料符合本规则第二十一条至第二十四条的规定；

（四）属于本院受理案件范围；

（五）不具有本规则规定的不予受理情形。

第二十七条 当事人向人民检察院申请监督，有下列情形之一的，人民检察院不予受理：

（一）当事人对生效行政判决、裁定、调解书未向人民法院申请再审的；

（二）当事人申请再审超过法律规定的期限的；

（三）人民法院在法定期限内正在对再审申请进行审查的；

（四）人民法院已经裁定再审且尚未审结的；

（五）人民检察院已经审查终结作出决定的；

（六）行政判决、裁定、调解书是人民法院根据人民检察院的抗诉或者再审检察建议再审后作出的；

（七）申请监督超过本规则第二十条规定的期限的；

（八）根据法律规定可以对人民法院的执行活动提出异议、申请复议或者提起诉讼，当事人、利害关系人、案外人没有提出异议、申请复议或者提起诉讼的，但有正当理由或者人民检察院依职权监督的除外；

（九）当事人提出有关执行的异议、申请复议、申诉或者提起诉讼后，人民法院已经受理并正在审查处理的，但超过法定期限未作出处理的除外；

（十）其他不应当受理的情形。

第二十八条 当事人对已经发生法律效力的行政判决、裁定、调解书向人民检察院申请监督的，由作出生效判决、裁定、调解书的人民法院所在地同级人民检察院负责控告申诉检察的部门受理。

第二十九条 当事人认为行政审判程序中审判人员存在违法行为或者执行活动存在违法情形，向人民检察院申请监督的，由审理、执行案件的人民法院所在地同级人民检察院负责控告申诉检察的部门受理。

当事人不服审理、执行案件人民法院的上级人民法院作出的复议裁定、决定等，向人民检察院申请监督的，由作出复议裁定、决定等的人民法院所在地同级人民检察院负责控告申诉检察的部门受理。

第三十条 人民检察院不依法受理当事人监督申请的，当事人可以向上一级人民检察院申请监督。上一级人民检察院认为当事人监督申请符合受理条件的，应当指令下一级人民检察院受理，必要时也可以直接受理。

第三十一条 人民检察院负责控告申诉检察的部门对监督申请，应当在七日内根据以下情形作出处理，并答复申请人：

（一）符合受理条件的，应当依照本规则规定作出受理决定；

（二）不属于本院受理案件范围的，应当告知申请人向有关人民检察院申请监督；

（三）不属于人民检察院主管范围的，告知申请人向有关机关反映；

（四）不符合受理条件，且申请人不撤回监督申请的，可以决定不予受理。

第三十二条 负责控告申诉检察的部门应当在决定受理之日起三日内制作《受理通知书》，发送申请人，并告知其权利义务。

需要通知其他当事人的，应当将《受理通知书》和监督申请书副本发送其他当事人，并告知其权利义务。其他当事人可以在收到监督申请书副本之日起十五日内提出书面意见；不提出意见的，不影响人民检察院对案件的审查。

第三十三条 负责控告申诉检察的部门应当在决定受理之日起三日内将案件材料移送本院负责行政检察的部门，同时将《受理通知书》抄送本院负责案件管理的部门。负责控告申诉检察的部门收到其他当事人提交的书面意见等材料，应当及时移送负责行政检察的部门。

第三十四条　当事人以外的公民、法人或者其他组织认为人民法院行政审判程序中审判人员存在违法行为或者执行活动存在违法情形的，可以向同级人民检察院控告。控告由人民检察院负责控告申诉检察的部门受理。

负责控告申诉检察的部门对收到的控告，应当依照《人民检察院信访工作规定》等办理。

第三十五条　负责控告申诉检察的部门可以依照《人民检察院信访工作规定》，向下级人民检察院交办涉及行政诉讼监督的信访案件。

第三十六条　人民检察院在履行职责中发现行政案件有下列情形之一的，应当依职权监督：

（一）损害国家利益或者社会公共利益的；

（二）审判人员、执行人员审理和执行行政案件时有贪污受贿、徇私舞弊、枉法裁判等行为的；

（三）依照有关规定需要人民检察院跟进监督的；

（四）人民检察院作出的不支持监督申请决定确有错误的；

（五）其他确有必要进行监督的。

人民检察院对行政案件依职权监督，不受当事人是否申请再审的限制。

第三十七条　下级人民检察院提请抗诉、提请其他监督等案件，由上一级人民检察院负责案件管理的部门受理。

依职权监督的案件，负责行政检察的部门应当到负责案件管理的部门登记受理。

第三十八条　负责案件管理的部门接收案件材料后，应当在三日内登记并将案件材料和案件登记表移送负责行政检察的部门；案件材料不符合规定的，应当要求补齐。

负责案件管理的部门登记受理后，需要通知当事人的，负责行政检察的部门应当制作《受理通知书》，并在三日内发送当事人。

第四章　审　查

第一节　一般规定

第三十九条　人民检察院负责行政检察的部门负责对受理后的行政诉讼监督案件进行审查。

第四十条　负责行政检察的部门收到负责控告申诉检察、案件管理的部门移送的行政诉讼监督案件后，应当按照随机分案为主、指定分案为辅的原则，确定承办案件的独任检察官或者检察官办案组。

第四十一条　上级人民检察院可以将受理的行政诉讼监督案件交由下级人民检察院办理，并限定办理期限。交办的案件应当制作《交办通知书》，并将有关材料移送下级人民检察院。下级人民检察院应当依法办理，在规定期限内提出处理意见并报送上级人民检察院，上级人民检察院应当在法定期限内作出决定。

上级人民检察院交办案件需要通知当事人的，应当制作通知文书，并发送当事人。

第四十二条　上级人民检察院认为确有必要的，可以办理下级人民检察院受理的行政诉讼监督案件。

下级人民检察院受理的行政诉讼监督案件，认为需要由上级人民检察院办理的，可以报请上级人民检察院办理。

最高人民检察院、省级人民检察院根据实质性化解行政争议等需要，可以指定下级人民检察院办理案件。

第四十三条　人民检察院审查行政诉讼监督案件，应当围绕申请人的申请监督请求、争议焦点、本规则第三十六条规定的情形以及发现的其他违法情形，对行政诉讼活动进行全面审查。其他当事人在人民检察院作出决定前也申请监督的，应当将其列为申请人，对其申请监督请求一并审查。

第四十四条　人民检察院在审查行政诉讼监督案件期间收到申请人或者其他当事人提交的证据材料的，应当出具收据。

第四十五条　被诉行政机关以外的当事人对不能自行收集的证据，在原审中向人民法院申请调取，人民法院应当调取而未予以调取，在诉讼监督阶段向人民检察院申请调取，符合下列情形之一的，人民检察院可以调取：

（一）由国家机关保存只能由国家机关调取的证据；

（二）涉及国家秘密、商业秘密和个人隐私的证据；

（三）确因客观原因不能自行收集的其他证据。

当事人依照前款规定申请调取证据，人民检察院认为与案件事实无关联、对证明案件事实无意义或者其他无调取收集必要的，不予调取。

第四十六条　人民检察院应当告知当事人有申请回避的权利，并告知办理行政诉讼监督案件的检察人员、书记员等的姓名、法律职务。

第四十七条　人民检察院审查案件，应当听取当事人意见，调查核实有关情况，必要时可以举行听证，也可以听取专家意见。

对于当事人委托律师担任代理人的，人民检察院应当听取代理律师意见，尊重和支持代理律师依法履行职责，依法为代理律师履职提供相关协助和便利,保障代理律师执业权利。

第四十八条 人民检察院可以采取当面、视频、电话、传真、电子邮件、由当事人提交书面意见等方式听取当事人意见。

听取意见的内容包括：

（一）申请人认为生效行政判决、裁定、调解书符合再审情形的主要事实和理由；

（二）申请人认为人民法院行政审判程序中审判人员违法的事实和理由；

（三）申请人认为人民法院行政案件执行活动违法的事实和理由；

（四）其他当事人针对申请人申请监督请求所提出的意见及理由；

（五）行政机关作出行政行为的事实和理由；

（六）申请人与其他当事人有无和解意愿；

（七）其他需要听取的意见。

第四十九条 人民检察院审查案件，可以依照有关规定调阅人民法院的诉讼卷宗、执行卷宗。

通过拷贝电子卷、查阅、复制、摘录等方式能够满足办案需要的，可以不调阅卷宗。

对于人民法院已经结案尚未归档的行政案件，正在办理或者已经结案尚未归档的执行案件，人民检察院可以直接到办理部门查阅、复制、拷贝、摘录案件材料，不调阅卷宗。

在对生效行政判决、裁定或者调解书的监督案件进行审查过程中，需要调取人民法院正在办理的其他案件材料的，人民检察院可以商办理案件的人民法院调取。

第五十条 人民检察院审查案件，对于事实认定、法律适用的重大、疑难、复杂问题，可以采用以下方式听取专家意见：

（一）召开专家论证会；

（二）口头或者书面咨询；

（三）其他咨询或者论证方式。

第五十一条 人民检察院办理行政诉讼监督案件，应当全面检索相关指导性案例、典型案例和关联案例，并在审查终结报告中作出说明。

第五十二条 承办检察官对审查认定的事实负责。审查终结后，应当制作审查终结报告。审查终结报告应当全面、客观、公正地叙述案件事实，依照法律提出明确的处理意见。

第五十三条 承办检察官办理案件过程中，可以提请负责行政检察的部门负责人召集检察官联席会议讨论。

负责行政检察的部门负责人对本部门的办案活动进行监督管理。需要报请检察长决定的事项和需要向检察长报告的案件，应当先由部门负责人审核。部门负责人可以主持召开检察官联席会议进行讨论，也可以直接报请检察长决定或者向检察长报告。

检察官联席会议讨论情况和意见应当如实记录，由参加会议的检察官签名后附卷保存。讨论结果供办案参考。

第五十四条　检察长不同意检察官意见的，可以要求检察官复核，也可以直接作出决定，或者提请检察委员会讨论决定。

检察官执行检察长决定时，认为决定错误的，应当书面提出意见。检察长不改变原决定的，检察官应当执行。

第五十五条　人民检察院对审查终结的案件，应当区分情况依法作出下列决定：

（一）提出再审检察建议；

（二）提请抗诉或者提请其他监督；

（三）提出抗诉；

（四）提出检察建议；

（五）不支持监督申请；

（六）终结审查。

对于负责控告申诉检察的部门受理的当事人申请监督案件，负责行政检察的部门应当将案件办理结果告知负责控告申诉检察的部门。

第五十六条　人民检察院受理当事人申请对人民法院已经发生法律效力的行政判决、裁定、调解书监督的案件，应当在三个月内审查终结并作出决定，但调卷、鉴定、评估、审计、专家咨询等期间不计入审查期限。

有需要调查核实、实质性化解行政争议及其他特殊情况需要延长审查期限的，由本院检察长批准。

人民检察院受理当事人申请对行政审判程序中审判人员违法行为监督的案件和申请对行政案件执行活动监督的案件的审查期限，参照第一款、第二款规定执行。

第五十七条　人民检察院办理行政诉讼监督案件，在当面听取当事人意见、调查核实、举行听证、出席法庭时，可以依照有关规定指派司法警察执行职务。

第二节　调查核实

第五十八条　人民检察院因履行法律监督职责的需要，有下列情形之一的，可以向当事人或者案外人调查核实有关情况：

（一）行政判决、裁定、调解书可能存在法律规定需要监督的情形，仅通过阅卷及审查现有材料难以认定的；

（二）行政审判程序中审判人员可能存在违法行为的；

（三）人民法院行政案件执行活动可能存在违法情形的；

（四）被诉行政行为及相关行政行为可能违法的；

（五）行政相对人、权利人合法权益未得到依法实现的；

（六）其他需要调查核实的情形。

人民检察院不得为证明行政行为的合法性调取行政机关作出行政行为时未收集的证据。

第五十九条　人民检察院通过阅卷以及调查核实难以认定有关事实的，可以听取人民法院相关审判、执行人员的意见，全面了解案件审判、执行的相关事实和理由。

第六十条　人民检察院可以采取以下调查核实措施：

（一）查询、调取、复制相关证据材料；

（二）询问当事人、有关知情人员或者其他相关人员；

（三）咨询专业人员、相关部门或者行业协会等对专门问题的意见；

（四）委托鉴定、评估、审计；

（五）勘验物证、现场；

（六）查明案件事实所需要采取的其他措施。

检察人员应当保守国家秘密和工作秘密，对调查核实中知悉的商业秘密和个人隐私予以保密。

人民检察院调查核实，不得采取限制人身自由和查封、扣押、冻结财产等强制性措施。

第六十一条　有下列情形之一的，人民检察院可以向银行业金融机构查询、调取、复制相关证据材料：

（一）可能损害国家利益、社会公共利益的；

（二）审判、执行人员可能存在违法行为的；

（三）当事人有伪造证据、恶意串通损害他人合法权益可能的。

人民检察院可以依照有关规定指派具备相应资格的检察技术人员对行政诉讼监督案件中的鉴定意见等技术性证据进行专门审查，并出具审查意见。

第六十二条　人民检察院可以就专门性问题书面或者口头咨询有关专业人员、相关部门或者行业协会的意见。口头咨询的，应当制作笔录，由接受咨询的专业人员签名或者盖章。拒绝签名盖章的，应当记明情况。

人民检察院对专门性问题认为需要鉴定、评估、审计的，可以委托具备资格的机构进行鉴定、评估、审计。在诉讼过程中已经进行过鉴定、评估、审计的，除确有必要外，一般不再委托鉴定、评估、审计。

第六十三条 人民检察院认为确有必要的，可以勘验物证或者现场。勘验人应当出示人民检察院的证件，并邀请当地基层组织或者当事人所在单位派人参加。当事人或者当事人的成年家属应当到场，拒不到场的，不影响勘验的进行。

勘验人应当将勘验情况和结果制作笔录，由勘验人、当事人和被邀参加人签名或者盖章。

第六十四条 需要调查核实的，由承办检察官在职权范围内决定，或者报检察长决定。

第六十五条 人民检察院调查核实，应当由二人以上共同进行。

调查笔录经被调查人校阅后，由调查人、被调查人签名或者盖章。被调查人拒绝签名盖章的，应当记明情况。

第六十六条 人民检察院可以指令下级人民检察院或者委托外地人民检察院调查核实。

人民检察院指令调查或者委托调查的，应当发送《指令调查通知书》或者《委托调查函》，载明调查核实事项、证据线索及要求。受指令或者受委托人民检察院收到《指令调查通知书》或者《委托调查函》后，应当在十五日内完成调查核实工作并书面回复。因客观原因不能完成调查的，应当在上述期限内书面回复指令或者委托的人民检察院。

人民检察院到外地调查的，当地人民检察院应当配合。

第六十七条 人民检察院调查核实，有关单位和个人应当配合。拒绝或者妨碍人民检察院调查核实的，人民检察院可以向有关单位或者其上级主管机关提出检察建议，责令纠正，必要时可以通报同级政府、监察机关；涉嫌违纪违法犯罪的，依照规定移送有关机关处理。

第三节 听 证

第六十八条 人民检察院审查行政诉讼监督案件，在事实认定、法律适用、案件处理等方面存在较大争议，或者有重大社会影响，需要当面听取当事人和其他相关人员意见的，可以召开听证会。

第六十九条 人民检察院召开听证会，可以邀请与案件没有利害关系的人大代表、政协委员、人民监督员、特约检察员、专家咨询委员、人民调解员或者当事人所在单位、居住地的居民委员会、村民委员会成员以及专家、学者、律师等其他社会人士担任听证员。

人民检察院应当邀请人民监督员参加听证会，依照有关规定接受人民监督员监督。

第七十条 人民检察院决定召开听证会的，应当做好以下准备工作：

（一）制定听证方案，确定听证会参加人；

（二）在听证三日前告知听证会参加人案由、听证时间和地点；

（三）告知当事人主持听证会的检察官及听证员的姓名、身份。

第七十一条 当事人和其他相关人员应当按时参加听证会。当事人无正当理由缺席或者未经许可中途退席的，听证程序是否继续进行，由主持人决定。

第七十二条 听证会由检察官主持，书记员负责记录，司法警察负责维持秩序。

听证过程应当全程录音录像。经检察长批准，人民检察院可以通过中国检察听证网和其他公共媒体，对听证会进行图文、音频、视频直播或者录播。

第七十三条 听证会应当围绕行政诉讼监督案件中的事实认定和法律适用等问题进行。

对当事人提交的有争议的或者新的证据材料和人民检察院调查取得的证据，应当充分听取各方当事人的意见。

第七十四条 听证会一般按照下列步骤进行：

（一）承办案件的检察官介绍案件情况和需要听证的问题；

（二）申请人陈述申请监督请求、事实和理由；

（三）其他当事人发表意见；

（四）申请人和其他当事人提交新证据的，应当出示并予以说明；

（五）出示人民检察院调查取得的证据；

（六）案件各方当事人陈述对听证中所出示证据的意见；

（七）听证员、检察官向申请人和其他当事人提问；

（八）当事人发表最后陈述意见；

（九）主持人对听证会进行总结。

第七十五条 听证应当制作笔录，经参加听证的人员校阅后，由参加听证的人员签名。拒绝签名的，应当记明情况。

听证会结束后，主持人可以组织听证员对事实认定、法律适用和案件处理等进行评议，并制作评议笔录，由主持人、听证员签名。

听证员的意见是人民检察院依法处理案件的重要参考。

第七十六条 参加听证的人员应当服从听证主持人指挥。

对违反听证秩序的，人民检察院可以予以批评教育，责令退出听证场所；对哄闹、冲击听证场所，侮辱、诽谤、威胁、殴打他人等严重扰乱听证秩序的，依法追究相应法律责任。

第四节　简易案件办理

第七十七条　行政诉讼监督案件具有下列情形之一的，可以确定为简易案件：

（一）原一审人民法院适用简易程序审理的；

（二）案件事实清楚，法律关系简单的。

地方各级人民检察院可以结合本地实际确定简易案件具体情形。

第七十八条　审查简易案件，承办检察官通过审查监督申请书等材料即可以认定案件事实的，可以直接制作审查终结报告，提出处理建议。

审查过程中发现案情复杂或者需要调查核实，不宜适用简易程序的，转为普通案件办理程序。

第七十九条　办理简易案件，不适用延长审查期限的规定。

简易案件的审查终结报告、审批程序应当简化。

第五节　中止审查和终结审查

第八十条　有下列情形之一的，人民检察院可以中止审查：

（一）申请监督的公民死亡，需要等待继承人表明是否继续申请监督的；

（二）申请监督的法人或者其他组织终止，尚未确定权利义务承受人的；

（三）本案必须以另一案的处理结果为依据，而另一案尚未审结的；

（四）其他可以中止审查的情形。

中止审查的，应当制作《中止审查决定书》，并发送当事人。中止审查的原因消除后，应当及时恢复审查。

第八十一条　有下列情形之一的，人民检察院应当终结审查：

（一）人民法院已经裁定再审或者已经纠正违法行为的；

（二）申请人撤回监督申请，且不损害国家利益、社会公共利益或者他人合法权益的；

（三）申请人在与其他当事人达成的和解协议中声明放弃申请监督权利，且不损害国家利益、社会公共利益或者他人合法权益的；

（四）申请监督的公民死亡，没有继承人或者继承人放弃申请，且没有发现其他应当监督的违法情形的；

（五）申请监督的法人或者其他组织终止，没有权利义务承受人或者权利义务承受人放弃申请，且没有发现其他应当监督的违法情形的；

（六）发现已经受理的案件不符合受理条件的；

（七）人民检察院依职权发现的案件，经审查不需要监督的；

（八）其他应当终结审查的情形。

终结审查的，应当制作《终结审查决定书》，需要通知当事人的，发送当事人。

第五章　对生效行政判决、裁定、调解书的监督

第一节　一般规定

第八十二条　申请人提供的新证据以及人民检察院调查取得的证据，能够证明原判决、裁定确有错误的，应当认定为《中华人民共和国行政诉讼法》第九十一条第二项规定的情形，但原审被诉行政机关无正当理由逾期提供证据的除外。

第八十三条　有下列情形之一的，应当认定为《中华人民共和国行政诉讼法》第九十一条第三项规定的"认定事实的主要证据不足"：

（一）认定的事实没有证据支持，或者认定的事实所依据的证据虚假的；

（二）认定的事实所依据的主要证据不合法的；

（三）对认定事实的主要证据有无证明力、证明力大小或者证明对象的判断违反证据规则、逻辑推理或者经验法则的；

（四）认定事实的主要证据不足的其他情形。

第八十四条　有下列情形之一，导致原判决、裁定结果确有错误的，应当认定为《中华人民共和国行政诉讼法》第九十一条第四项规定的"适用法律、法规确有错误"：

（一）适用的法律、法规与案件性质明显不符的；

（二）适用的法律、法规已经失效或者尚未施行的；

（三）违反《中华人民共和国立法法》规定的法律适用规则的；

（四）违背法律、法规的立法目的和基本原则的；

（五）应当适用的法律、法规未适用的；

（六）适用法律、法规错误的其他情形。

第八十五条　有下列情形之一的，应当认定为《中华人民共和国行政诉讼法》第九十一条第五项规定的"违反法律规定的诉讼程序，可能影响公正审判"：

（一）审判组织的组成不合法的；

（二）依法应当回避的审判人员没有回避的；

（三）未经合法传唤缺席判决的；

（四）无诉讼行为能力人未经法定代理人代为诉讼的；

（五）遗漏应当参加诉讼的当事人的；

（六）违反法律规定，剥夺当事人辩论权、上诉权等重大诉讼权利的；

（七）其他严重违反法定程序的情形。

第八十六条 有下列情形之一的，应当认定为本规则第八十五条第一项规定的"审判组织的组成不合法"：

（一）应当组成合议庭审理的案件独任审判的；

（二）再审、发回重审的案件没有另行组成合议庭的；

（三）审理案件的人员不具有审判资格的；

（四）审判组织或者人员不合法的其他情形。

第八十七条 有下列情形之一的，应当认定为本规则第八十五条第六项规定的"违反法律规定，剥夺当事人辩论权"：

（一）不允许或者严重限制当事人行使辩论权利的；

（二）应当开庭审理而未开庭审理的；

（三）违反法律规定送达起诉状副本或者上诉状副本，致使当事人无法行使辩论权利的；

（四）违法剥夺当事人辩论权利的其他情形。

第二节 提出再审检察建议和提请抗诉、提出抗诉

第八十八条 地方各级人民检察院发现同级人民法院已经发生法律效力的行政判决、裁定有下列情形之一的，可以向同级人民法院提出再审检察建议：

（一）不予立案或者驳回起诉确有错误的；

（二）有新的证据，足以推翻原判决、裁定的；

（三）原判决、裁定认定事实的主要证据不足、未经质证或者系伪造的；

（四）违反法律规定的诉讼程序，可能影响公正审判的；

（五）原判决、裁定遗漏诉讼请求的；

（六）据以作出原判决、裁定的法律文书被撤销或者变更的。

第八十九条 符合本规则第八十八条规定的案件有下列情形之一的，地方各级人民检察院应当提请上一级人民检察院抗诉：

（一）判决、裁定是经同级人民法院再审后作出的；

（二）判决、裁定是经同级人民法院审判委员会讨论作出的；

（三）其他不适宜由同级人民法院再审纠正的。

第九十条 地方各级人民检察院发现同级人民法院已经发生法律效力的行政判决、裁定具有下列情形之一的，应当提请上一级人民检察院抗诉：

（一）原判决、裁定适用法律、法规确有错误的；

（二）审判人员在审理该案件时有贪污受贿、徇私舞弊、枉法裁判行为的；

审判人员在审理该案件时有贪污受贿、徇私舞弊、枉法裁判行为,是指已经由生效刑事法律文书或者纪律处分决定所确认的行为。

第九十一条 地方各级人民检察院发现同级人民法院已经发生法律效力的行政调解书损害国家利益或者社会公共利益的,可以向同级人民法院提出再审检察建议,也可以提请上一级人民检察院抗诉。

第九十二条 人民检察院提出再审检察建议,应当制作《再审检察建议书》,在决定之日起十五日内将《再审检察建议书》连同案件卷宗移送同级人民法院,并制作通知文书,发送当事人。

人民检察院提出再审检察建议,应当经本院检察委员会决定,并在提出再审检察建议之日起五日内将《再审检察建议书》及审查终结报告等案件材料报上一级人民检察院备案。上一级人民检察院认为下级人民检察院发出的《再审检察建议书》错误或者不当的,应当指令下级人民检察院撤回或者变更。

第九十三条 人民检察院提请抗诉,应当制作《提请抗诉报告书》,在决定之日起十五日内将《提请抗诉报告书》连同案件卷宗等材料报送上一级人民检察院,并制作通知文书,发送当事人。

第九十四条 最高人民检察院对各级人民法院已经发生法律效力的行政判决、裁定、调解书,上级人民检察院对下级人民法院已经发生法律效力的行政判决、裁定、调解书,发现有《中华人民共和国行政诉讼法》第九十一条、第九十三条规定情形的,应当向同级人民法院提出抗诉。

人民检察院提出抗诉后,接受抗诉的人民法院未在法定期限内作出审判监督的相关裁定的,人民检察院可以采取询问、走访等方式进行督促,并制作工作记录。人民法院对抗诉案件裁定再审后,对于人民法院在审判活动中存在违反法定审理期限等违法情形的,依照本规则第六章规定办理。

人民检察院提出抗诉的案件,接受抗诉的人民法院将案件交下一级人民法院再审,下一级人民法院审理后作出的再审判决、裁定仍符合抗诉条件且存在明显错误的,原提出抗诉的人民检察院可以再次提出抗诉。

第九十五条 人民检察院提出抗诉,应当制作《抗诉书》,在决定之日起十五日内将《抗诉书》连同案件卷宗移送同级人民法院,并由接受抗诉的人民法院向当事人送达再审裁定时一并送达《抗诉书》。

人民检察院应当制作决定抗诉的通知文书,发送当事人。上级人民检察院可以委托提请抗诉的人民检察院将通知文书发送当事人。

第九十六条 人民检察院认为当事人不服人民法院生效行政判决、裁定、调解书的监督申请不符合监督条件,应当制作《不支持监督申请决定书》,在决定之日起十五日内发送当事人。

下级人民检察院提请抗诉的案件，上级人民检察院可以委托提请抗诉的人民检察院将《不支持监督申请决定书》发送当事人。

第九十七条 人民检察院办理行政诉讼监督案件，发现地方性法规同行政法规相抵触的，或者认为规章以及国务院各部门、省、自治区、直辖市和设区的市、自治州的人民政府发布的其他具有普遍约束力的行政决定、命令同法律、行政法规相抵触的，可以层报最高人民检察院，由最高人民检察院向国务院书面提出审查建议。

第三节 出席法庭

第九十八条 人民检察院提出抗诉的案件，人民法院再审时，人民检察院应当派员出席法庭，并全程参加庭审活动。

接受抗诉的人民法院将抗诉案件交下级人民法院再审的，提出抗诉的人民检察院可以指令再审人民法院的同级人民检察院派员出庭。

第九十九条 检察人员在出庭前，应当做好以下准备工作：

（一）进一步熟悉案情，掌握证据情况；

（二）深入研究与本案有关的法律问题；

（三）拟定出示和说明证据的计划；

（四）对可能出现证据真实性、合法性和关联性争议的，拟定应对方案并准备相关材料；

（五）做好其他出庭准备工作。

第一百条 检察人员出席再审法庭的任务是：

（一）宣读抗诉书；

（二）对人民检察院调查取得的证据予以出示和说明；

（三）经审判长许可，对证据采信、法律适用和案件情况予以说明，针对争议焦点，客观、公正、全面地阐述法律监督意见；

（四）对法庭审理中违反诉讼程序的情况予以记录；

（五）依法从事其他诉讼活动。

出席法庭的检察人员发现庭审活动违反诉讼程序的，应当待休庭或者庭审结束之后，及时向检察长报告。人民检察院对违反诉讼程序的庭审活动提出检察建议，应当由人民检察院在庭审后提出。

第一百零一条 当事人或者其他参加庭审人员在庭审中有哄闹法庭，对检察机关或者出庭检察人员有侮辱、诽谤、威胁等不当言论或者行为，法庭未予制止的，出庭检察人员应当建议法庭即时制止；情节严重的，应当建议法庭依照规定予以处理，并在庭审结束后向检察长报告。

第一百零二条 人民法院开庭审理人民检察院提出再审检察建议的案件，人民检察院派员出席再审法庭的，参照适用本节规定。

人民检察院派员出席法庭的再审案件公开审理的，可以协调人民法院安排人民监督员旁听。

第六章 对行政审判程序中审判人员违法行为的监督

第一百零三条 人民检察院依法对人民法院下列行政审判程序中审判人员违法行为进行监督：

（一）第一审普通程序；

（二）简易程序；

（三）第二审程序；

（四）审判监督程序。

《中华人民共和国行政诉讼法》第九十三条第三款的规定适用于法官、人民陪审员、法官助理、书记员。

第一百零四条 人民检察院发现人民法院行政审判活动有下列情形之一的，应当向同级人民法院提出检察建议：

（一）判决、裁定确有错误，但不适用再审程序纠正的；

（二）调解违反自愿原则或者调解协议内容违反法律的；

（三）对公民、法人或者其他组织提起的诉讼未在法定期限内决定是否立案的；

（四）当事人依照《中华人民共和国行政诉讼法》第五十二条规定向上一级人民法院起诉，上一级人民法院未按该规定处理的；

（五）审理案件适用审判程序错误的；

（六）保全、先予执行、停止执行或者不停止执行行政行为裁定违反法律规定的；

（七）诉讼中止或者诉讼终结违反法律规定的；

（八）违反法定审理期限的；

（九）对当事人采取罚款、拘留等妨害行政诉讼的强制措施违反法律规定的；

（十）违反法律规定送达的；

（十一）其他违反法律规定的情形。

第一百零五条 人民检察院发现同级人民法院行政审判程序中审判人员有《中华人民共和国法官法》第四十六条等规定的违法行为且可能影响案件公正

审判、执行的，应当向同级人民法院提出检察建议。

第一百零六条　人民检察院依照本章规定提出检察建议，应当经检察长批准或者检察委员会决定，制作《检察建议书》，在决定之日起十五日内将《检察建议书》连同案件卷宗移送同级人民法院。当事人申请监督的案件，人民检察院应当制作通知文书，发送申请人。

第一百零七条　人民检察院认为当事人申请监督的行政审判程序中审判人员违法行为认定依据不足的，应当作出不支持监督申请的决定，并在决定之日起十五日内制作《不支持监督申请决定书》，发送申请人。

第七章　对行政案件执行活动的监督

第一百零八条　人民检察院对人民法院行政案件执行活动实行法律监督。

第一百零九条　人民检察院发现人民法院执行裁定、决定等有下列情形之一的，应当向同级人民法院提出检察建议：

（一）提级管辖、指定管辖或者对管辖异议的裁定违反法律规定的；

（二）裁定受理、不予受理、中止执行、终结执行、终结本次执行程序、恢复执行、执行回转等违反法律规定的；

（三）变更、追加执行主体错误的；

（四）裁定采取财产调查、控制、处置等措施违反法律规定的；

（五）审查执行异议、复议以及案外人异议作出的裁定违反法律规定的；

（六）决定罚款、拘留、暂缓执行等事项违反法律规定的；

（七）执行裁定、决定等违反法定程序的；

（八）对行政机关申请强制执行的行政行为作出准予执行或者不准予执行的裁定违反法律规定的；

（九）执行裁定、决定等有其他违法情形的。

第一百一十条　人民检察院发现人民法院在执行活动中违反规定采取调查、查封、扣押、冻结、评估、拍卖、变卖、保管、发还财产，以及信用惩戒等执行实施措施的，应当向同级人民法院提出检察建议。

第一百一十一条　人民检察院发现人民法院有下列不履行或者怠于履行执行职责情形之一的，应当向同级人民法院提出检察建议：

（一）对依法应当受理的执行申请不予受理又不依法作出不予受理裁定的；

（二）对已经受理的执行案件不依法作出执行裁定、无正当理由未在法定期限内采取执行措施或者执行结案的；

（三）违法不受理执行异议、复议或者受理后逾期未作出裁定、决定的；

（四）暂缓执行、停止执行、中止执行的原因消失后，不按规定恢复执行的；

（五）依法应当变更或者解除执行措施而不变更、解除的；

（六）对拒绝履行行政判决、裁定、调解书的行政机关未依照《中华人民共和国行政诉讼法》第九十六条规定采取执行措施的；

（七）其他不履行或者怠于履行执行职责行为的。

第一百一十二条　人民检察院认为人民法院在行政案件执行活动中可能存在怠于履行职责情形的，可以向人民法院发出《说明案件执行情况通知书》，要求说明案件的执行情况及理由，并在十五日内书面回复人民检察院。

第一百一十三条　人民检察院依照本章规定提出检察建议，适用本规则第一百零六条的规定。

第一百一十四条　对于当事人申请的执行监督案件，人民检察院认为人民法院执行活动不存在违法情形的，应当作出不支持监督申请的决定，并在决定之日起十五日内制作《不支持监督申请决定书》，发送申请人。

第一百一十五条　人民检察院发现同级人民法院行政案件执行活动中执行人员存在违法行为的，参照本规则第六章有关规定执行。

第八章　案件管理

第一百一十六条　人民检察院负责案件管理的部门对行政诉讼监督案件的受理、期限、程序、质量等进行管理、监督、预警。

第一百一十七条　负责案件管理的部门对以本院名义制发行政诉讼监督法律文书实施监督管理。

第一百一十八条　负责案件管理的部门发现本院办案活动有下列情形之一的，应当及时提出纠正意见：

（一）法律文书制作、使用不符合法律和有关规定的；

（二）违反办案期限有关规定的；

（三）侵害当事人、委托代理人诉讼权利的；

（四）未依法对行政诉讼活动中的违法行为履行法律监督职责的；

（五）其他应当提出纠正意见的情形。

情节轻微的，可以口头提示；情节较重的，应当发送《案件流程监控通知书》，提示办案部门及时查明情况并予以纠正；情节严重的，应当同时向检察长报告。

负责行政检察的部门收到《案件流程监控通知书》后,应当在十日内将核查情况书面回复负责案件管理的部门。

第九章 其他规定

第一百一十九条 人民检察院发现人民法院在多起同一类行政案件中有下列情形之一的,可以提出检察建议:
(一)同类问题适用法律不一致的;
(二)适用法律存在同类错误的;
(三)其他同类违法行为。
人民检察院发现有关单位的工作制度、管理方法、工作程序违法或者不当,需要改正、改进的,可以提出检察建议。

第一百二十条 人民检察院依照有关规定提出改进工作、完善治理的检察建议,对同类违法情形,应当制发一份检察建议。

第一百二十一条 人民检察院办理行政诉讼监督案件,可以对行政诉讼监督情况进行年度或者专题分析,向人民法院、行政机关通报,向党委、人大报告。通报、报告包括以下内容:
(一)审判机关、行政机关存在的普遍性问题和突出问题;
(二)审判机关、行政机关存在的苗头性、倾向性问题或者某方面问题的特点和趋势;
(三)促进依法行政、公正司法的意见和建议;
(四)认为需要通报、报告的其他情形。

第一百二十二条 人民检察院可以针对行政诉讼监督中的普遍性问题或者突出问题,组织开展专项监督活动。

第一百二十三条 人民检察院负责行政检察的部门在履行职责过程中,发现涉嫌违纪违法犯罪以及需要追究司法责任的行为,经检察长批准,应当及时将相关线索及材料移送有管辖权的机关或者部门。
人民检察院其他职能部门在履行职责中发现符合本规则规定的应当依职权监督的行政诉讼监督案件线索,应当及时向负责行政检察的部门通报。

第一百二十四条 人民法院对行政诉讼监督案件作出再审判决、裁定或者其他处理决定后,提出监督意见的人民检察院应当对处理结果进行审查,并填写《行政诉讼监督案件处理结果审查登记表》。

第一百二十五条 有下列情形之一的,人民检察院可以依照有关规定跟进监督或者提请上级人民检察院监督:

（一）人民法院审理行政抗诉案件作出的判决、裁定、调解书仍符合抗诉条件且存在明显错误的；

（二）人民法院、行政机关对人民检察院提出的检察建议未在规定的期限内作出处理并书面回复的；

（三）人民法院、行政机关对检察建议的处理错误的。

第一百二十六条　地方各级人民检察院对适用法律确属疑难、复杂，本院难以决断的重大行政诉讼监督案件，可以向上一级人民检察院请示。

请示案件依照最高人民检察院关于办理下级人民检察院请示件、下级人民检察院向最高人民检察院报送公文的相关规定办理。

第一百二十七条　人民检察院发现作出的相关决定确有错误或者有其他情形需要撤回、变更的，应当经检察长批准或者检察委员会决定。

第一百二十八条　人民法院对人民检察院监督行为提出书面异议的，人民检察院应当在规定期限内将处理结果书面回复人民法院。人民法院对回复意见仍有异议，并通过上一级人民法院向上一级人民检察院提出的，上一级人民检察院认为人民法院异议正确，应当要求下级人民检察院及时纠正。

第一百二十九条　制作行政诉讼监督法律文书，应当符合规定的格式。

行政诉讼监督法律文书的格式另行制定。

第一百三十条　人民检察院可以参照《中华人民共和国行政诉讼法》《中华人民共和国民事诉讼法》有关规定发送法律文书。

第一百三十一条　人民检察院发现制作的法律文书存在笔误的，应当作出《补正决定书》予以补正。

第一百三十二条　人民检察院办理行政诉讼监督案件，应当依照规定立卷归档。

第一百三十三条　人民检察院办理行政诉讼监督案件，不收取案件受理费。申请复印、鉴定、审计、勘验等产生的费用由申请人直接支付给有关机构或者单位，人民检察院不得代收代付。

第一百三十四条　人民检察院办理行政诉讼监督案件，对于申请人诉求具有一定合理性，但通过法律途径难以解决，且生活困难的，可以依法给予司法救助。

对于未纳入国家司法救助范围或者实施国家司法救助后仍然面临生活困难的申请人，可以引导其依照相关规定申请社会救助。

第十章 附 则

第一百三十五条 人民检察院办理行政诉讼监督案件,本规则没有规定的,适用《人民检察院民事诉讼监督规则》的相关规定。

第一百三十六条 人民检察院办理行政诉讼监督案件,向有关单位和部门提出检察建议,本规则没有规定的,适用《人民检察院检察建议工作规定》的相关规定。

第一百三十七条 本规则自 2021 年 9 月 1 日起施行,《人民检察院行政诉讼监督规则(试行)》同时废止。本院之前公布的其他规定与本规则内容不一致的,以本规则为准。

《人民检察院行政诉讼监督规则》的理解与适用*

张相军　张步洪　马　睿**

修订后的《人民检察院行政诉讼监督规则》(以下简称《行政诉讼监督规则》)经2021年4月8日最高人民检察院第十三届检察委员会第六十五次会议审议通过,于9月1日正式施行。《行政诉讼监督规则》系统规定了检察机关履行行政诉讼监督职责的各项程序,是检察机关对行政诉讼实施法律监督的基本遵循。学习掌握并贯彻执行好《行政诉讼监督规则》,是各级检察机关和检察人员的一项重要任务。为便于正确理解和适用,现就修订的背景过程、基本原则、主要内容等解读如下。

一、修订的背景过程

随着中国特色社会主义进入新时代,人民群众对民主、法治、公平、正义的需求在行政检察工作中越来越多地得到体现,推进国家治理体系和治理能力现代化对行政检察工作提出新的更高要求,政法领域全面深化改革对行政检察工作有新的部署,最高人民检察院党组关于"四大检察""十大业务"全面协调充分发展的重大部署对做实行政检察提出新的课题,行政检察工作面临不少新形势新任务。2016年最高人民检察院发布的《人民检察院行政诉讼监督规则(试行)》(已失效,以下简称《行政诉讼监督规则(试行)》)对于检察机关正确贯彻落实2014年修改的行政诉讼法,规范和加强行政诉讼监督,提高行政检察工作的质量和水平发挥了重要作用。但《行政诉讼监督规则(试行)》已不能完全适应相继出现的新情况新问题,各地检察机关建议修订完善的呼声越来越高。中共中央办公厅《关于深化司法责任制综合配套改革的意见》、最高检《2018—2022年检察改革工作规划》均将修订《行政诉讼监督规则(试行)》列为一项重要的改革任务,中央第四巡视组反馈意见的整改方案对此也提出明确要求。修订工作自2019年启动,历时两年多,在广泛征求和充分吸纳地方检察机关及最高人民检察院机关各部门意见,召开专家论证会广泛听取专家学者意见,多次征求全国人大常委会法工委、最高人民法院、司法部、自然资源部等机关意见的基础上,《行政诉讼监督规则》经最高人民检

---

* 原文载《人民检察》2021年第17期。
** 作者单位:最高人民检察院第七检察厅。

察院检察委员会审议通过。

二、修订的基本原则

本次修订坚持以习近平新时代中国特色社会主义思想为指引，深入贯彻习近平法治思想，既严格遵循司法解释的功能定位，又坚持问题导向，力争使规则条文具有较强的系统性、针对性和可操作性。修订工作主要把握四项基本原则。

（一）坚持以人民为中心，回应人民群众对行政检察工作的新需求

新时代人民群众对民主、法治、公平、正义、安全、环境等方面的新需求在行政检察工作中日益凸显。一是行政诉讼监督案件量持续上升。2017年至2020年，检察机关受理的行政裁判结果监督案件、行政审判人员违法行为监督案件、行政执行监督案件均呈逐年上升态势，反映出人民群众对检察机关加强行政诉讼监督工作有越来越多的需求。二是行政诉讼监督案件类型多样。行政诉讼所涉行政行为涵盖社会生活的方方面面，随着经济社会快速发展，行政机关的管理方式和手段愈加多元，除行政处罚、行政强制、行政许可、行政履职、行政给付等引起的诉讼之外，因行政协议等新型管理方式引起的诉讼越来越多地进入检察监督环节。三是行政案件矛盾集中、争议解决难。一些行政案件反复纠缠于是否符合起诉、立案条件，经过行政复议和法院一审、二审、再审程序，有的甚至发回重审，几年甚至十几年仍未进入实体审理程序。

为确保向人民群众提供更优的行政检察产品，本次修订坚持以人民为中心的发展思想，积极顺应人民群众对行政诉讼监督工作的新要求，以充分发挥行政检察职能，推动解决人民群众的操心事、烦心事、揪心事。

（二）建立独立的行政检察监督规则体系

我国行政诉讼制度脱胎于民事诉讼制度，不少行政诉讼程序可以适用民事诉讼法的规定。但行政诉讼具有自身的特殊任务和鲜明特点，在立法宗旨、诉讼当事人、举证责任和审判方式等诸多方面与民事诉讼有很大差别。"四大检察"法律监督总体布局形成后，做实行政检察工作需要有独立的行政检察监督规则体系作支撑。检察机关行政诉讼监督规则体系的发展大致经历三个时期：一是民行合一适用时期。2001年9月30日最高人民检察院第九届检察委员会第九十七次会议通过《人民检察院民事行政抗诉案件办案规则》（已失效），并于发布之日起施行。这一时期没有独立的行政诉讼监督规则，民事行政办案适用同一规则，对行政诉讼监督的规律和特点缺乏应有的关照。二是行政诉讼监督规则相对独立时期。2016年4月15日，最高人民检察院发布《行政诉讼监督规则（试行）》。自此，行政诉讼监督有了相对独立的规则依据。

此前,最高人民检察院于 2013 年 11 月发布《人民检察院民事诉讼监督规则(试行)》(已失效)。2016 年以来,民事诉讼监督和行政诉讼监督各自有了相对独立的监督规则,但行政诉讼监督规则只有 37 条,对一些具体程序问题未作规定,而是在《行政诉讼监督规则(试行)》第三十六条规定可以"适用《人民检察院民事诉讼监督规则(试行)》的相关规定"。采用这种模式,主要是参照了行政诉讼法关于行政诉讼可以适用民事诉讼法的立法模式。但在司法实践中,对于《人民检察院民事诉讼监督规则(试行)》中哪些条文可以适用,哪些条文完全不能适用,哪些条文可以部分适用,产生了很多争议。此外,对于行政诉讼监督法律文书中引用《人民检察院民事诉讼监督规则(试行)》有关规定,一些案件当事人认为检察机关适用法律错误,为此还需要专门向当事人进行释明。三是建立独立的行政检察监督规则体系时期。《行政诉讼监督规则》是最高人民检察院明确"四大检察""十大业务"工作格局后,为更好规范、指导行政诉讼监督工作通过的一部重要的司法解释,对全面深化行政检察监督将起到重要作用。本次修订采取了制定单独且体例完整的行政诉讼监督规则的方式,基本涵盖了办理行政诉讼监督案件涉及的全部具体程序规范,充分体现了行政诉讼监督的规律和特点,为办理行政诉讼监督案件提供了明确的规范指引。

(三) 落实新时代检察监督新理念

2018 年以来,最高人民检察院党组坚持以习近平新时代中国特色社会主义思想为指导,深入贯彻习近平法治思想,适应新时代新要求,提出了"为大局服务、为人民司法""在办案中监督、在监督中办案""精准监督""智慧借助""双赢多赢共赢""案结事了政和"等一系列检察监督新理念,各级检察机关行政检察部门在行政检察实践中也创造性地探索提出并实践了穿透式监督理念。《行政诉讼监督规则》总结提炼行政检察新的实践经验,就更好贯彻落实检察监督新理念作了针对性规定,使检察监督理念不仅内化于心、外践于行,更固化于制。

第一,针对检察机关主动性发挥不够,依职权监督案件数量较少的问题,进一步贯彻在"办案中监督、在监督中办案"的理念,修改依职权监督条件。为进一步发挥检察机关主动性,《行政诉讼监督规则》第三十六条增加了"依照有关规定需要人民检察院跟进监督的;人民检察院作出的不支持监督申请决定确有错误的"两种依职权监督情形,同时规定检察机关对行政案件依职权监督,不受当事人是否申请再审的限制。

第二,针对抗诉改变率低、行政检察影响力弱的问题,进一步强化精准监督。实践中,有的行政检察办案人员存在畏难情绪,人为提升抗诉必要性标准；有的仅停留在书面审查和"坐堂办案"，没有针对争议焦点做好深入细致的调查核实等工作，致使监督流于形式，未发挥行政检察"一手托两家"的作用。针对这些问题，《行政诉讼监督规则》新增了听取当事人意见、公开听证、强制类案检索等办案方式，完善调卷制度，进一步明确抗诉条件，提升监督精准度。

第三，针对缺乏跟进监督手段和异议反馈机制的问题，进一步从制度上落实双赢多赢共赢理念。比如，检察机关向被建议单位提出检察建议，被建议机关未按时回复或者未采纳，以往参照适用《人民检察院民事诉讼监督规则（试行）》第一百一十七条的规定。同时，实践中也存在检察建议不准确的问题，当被建议单位对检察建议有异议时，没有规定相应的处理程序。对此，《行政诉讼监督规则》对行政诉讼案件跟进监督的条件、程序予以明确，并新增了被建议单位异议程序等规定。

第四，针对行政检察队伍监督水平有待提高的问题，进一步体现加强智慧借助的导向。行政检察起步晚、基础薄，全国行政检察人员中有行政执法、行政审判执行工作经验的少，加之行政检察案件多数属于行政执法、行政审判环节未能有效解决的问题，因而需要借助外脑提升监督能力和水平。近年来，最高人民检察院党组高度重视智慧借助，尤其是在民事行政检察领域，建立了民事行政专家咨询委员会，搭建了民事行政专家咨询网。与之相适应，《行政诉讼监督规则》在第五条、第四十七条、第五十条中新增听取专家意见的相关规定。

（四）固化司法改革成果和实践经验

《行政诉讼监督规则（试行）》制定于2016年。此后，随着司法责任制改革和综合配套改革不断深化，全国人大常委会分别于2018年、2019年修订了人民检察院组织法、检察官法，最高人民法院、最高人民检察院制定发布了一些新的司法解释和司法政策，对行政诉讼监督工作提出了新要求。2018年检察机关内设机构实施重塑性改革，自最高人民检察院党组提出"做实行政检察"以来，行政检察监督不断创新发展。本次修订坚持以改革为主基调，吸收人民检察院组织法、检察官法等新规定，贯彻中央关于深化司法责任制综合配套改革、人民监督员制度改革的意见要求，总结行政非诉执行监督和实质性化解行政争议等专项活动经验，作出了新的规定。比如，2019年最高人民检察院发布的《人民检察院办案活动接受人民监督员监督的规定》规定："人民检察院的办案活动依照法律和本规定接受人民监督员的监督。"《行政诉讼监督规则》新增接受人民监督员监督等规定，回应了"谁来监督监督者"的问题。

三、修订的主要内容

《行政诉讼监督规则》共 10 章 137 条，与《行政诉讼监督规则（试行）》7 章 37 条相比，新增"回避""案件管理"两章，将原第五章"对审判程序中审判人员违法行为的监督与对执行活动的监督"分立为两章，主要围绕 7 个方面作了修订。

（一）畅通司法救济渠道，保障当事人的程序权利

第一，修改监督期限起算点。根据法律规定，当事人不服法院生效行政判决、裁定，应当先向法院申请再审，法院作出驳回再审申请裁定或者逾期未作出裁定，是当事人申请检察机关监督的前置条件。实践中，法院作出驳回再审申请裁定与实际送达常常存在时间差，有的甚至超过 6 个月才送达。如果按照裁定书中载明的时间计算申请监督期限，不利于保障当事人的合法权利。为更好地保障当事人获得检察救济的权利，《行政诉讼监督规则》将申请监督期限的起算点由"作出驳回再审申请裁定之日"修改为"送达驳回再审申请裁定之日"。

第二，科学界定检察办案期限。在坚持"行政诉讼监督案件应当在三个月内审查终结并作出决定"规定的同时，《行政诉讼监督规则》进一步明确了不计入审查期限、延长审查期限的情形。同时，对符合中止审查条件的案件，要求详细说明理由，并向当事人发送《中止审查决定书》，在中止审查的原因消除后，应当及时恢复审查，以防止无故拖延办案时限。

第三，规范行政检察听证程序。公开听证是检察机关为广泛听取各方意见，深化检务公开，自觉接受监督，确保案件得到依法正确处理而采取的一种办案方式。近年来，公开听证在办理行政诉讼监督案件过程中得到广泛运用，尤其是在促进行政争议实质性化解方面发挥了重要作用。《行政诉讼监督规则》在第四章"审查"一章中单设一节，用 9 个条文专门规定听证程序，在与《人民检察院审查案件听证工作规定》保持一致的基础上，结合行政诉讼监督案件的特点，对听证程序作了更具体明确的规定。

第四，扩大依职权监督的范围。《行政诉讼监督规则》新增两类依职权监督案件的情形。一是依照有关规定需要检察机关跟进监督的。检察机关作为法律监督机关，承担着保障法律统一正确实施的重任。检察机关经过监督程序对法院违反法律规定行使行政审判权和执行权的行为提出监督意见，法院未予纠正，检察机关的监督任务就未完成，因此需要跟进监督或者提请上级检察机关监督。二是检察机关作出不支持监督申请决定确有错误的。为避免当事人在检察机关作出决定后不必要地继续寻求权利救济，同时为纠正错误留有余地，

《行政诉讼监督规则》未设置复查程序，但对于不支持监督申请决定确有错误的，检察机关依职权发现后可以重新审查。

第五，调整赔偿监督案件内部分工。此前，根据最高人民检察院2010年印发的《人民检察院国家赔偿工作规定》，行政赔偿监督案件由国家赔偿工作办公室办理。考虑到法院由行政审判庭审理行政赔偿案件，检察机关内设机构改革后负责控告检察的部门与国家赔偿工作办公室合署办公且负责行政诉讼监督案件的受理，为贯彻案件受理与审查相分离的要求，《行政诉讼监督规则》第七条第二款规定，"当事人不服人民法院生效行政赔偿判决、裁定、调解书的案件，由负责行政检察的部门办理，适用本规则规定"。

（二）践行精准监督，提升办案质效

第一，建立繁简分流制度。《行政诉讼监督规则》第五条规定，"人民检察院办理行政诉讼监督案件，应当实行繁简分流，繁案精办、简案快办"。第四章"审查"一章新增一节规定了"简易案件办理"。对原一审法院适用简易程序审理的，或者案件事实清楚、法律关系简单的案件，可以适当简化审批程序和审查终结，以提高办案效率，促进形成"简案有效率、繁案有质效、办案有层次、结案有保证"的良性办案监督模式。

第二，完善调查核实制度。《行政诉讼监督规则》第四章"审查"一章新增一节规定"调查核实"，进一步明确检察机关进行调查核实的适用条件，丰富调查核实内容，完善对妨碍调查核实的处置措施。比如，有"被诉行政行为及相关行政行为可能违法的""行政相对人合法权益未得到依法实现的"情形，检察机关可以调查核实；对于拒绝或者妨碍检察机关调查核实的，检察机关可以向有关单位或者其上级主管机关提出检察建议，责令纠正，必要时可以通报同级政府、监察机关；涉嫌违纪违法犯罪的，依照规定移送有关机关处理。

第三，明确智慧借助原则和方式。一是在总则中新增智慧借助原则。检察机关在办理行政诉讼监督案件中"用好外脑"，建立健全专家咨询制度，是践行智慧借助理念最主要的表现形式，也是落实精准监督要求的一种实现方式。专家论证、共同研判等，既有助于提升行政诉讼监督专业化水平，也有利于提升行政诉讼监督的权威性、增强社会对检察工作的认同感。二是在"审查"一章中规定了对于事实认定、法律适用的重大疑难复杂问题，听取专家意见的具体方式。目前，最高人民检察院和绝大部分省级检察院成立了民事行政专家咨询委员会，听取专家意见比较便捷。偏远地区尤其是基层检察院难以在当地找到专家的，可以通过"检答网"寻求个案咨询或借助"民事行政检察专家咨询网"获取专家咨询意见。

第四,建立案例强制检索制度。《行政诉讼监督规则》第五十一条规定,"人民检察院办理行政诉讼监督案件,应当全面检索相关指导性案例、典型案例和关联案例,并在审查终结报告中作出说明"。建立案例强制检索制度,有利于统一司法办案尺度,提高监督质效。指导性案例、典型案例经过最高人民法院、最高人民检察院严格筛选,具有较强的示范性、引领性;关联案例是指与在办案件具有相似性或相关性的案件。实践中,如果无法检索到指导性案例、典型案例,可以检索最高人民法院裁判生效的案件和最高人民检察院审查终结的案件,本省(自治区、直辖市)高级法院、省检察院发布的参考性案例以及裁判生效、审查终结的案件。

第五,进一步明确行政抗诉条件。《行政诉讼监督规则》第八十二条将"人民检察院调查取得的证据"列入新证据的范围;第八十三条围绕证据证明力及其审查判断,修改完善"认定事实的主要证据不足"的判断标准;第八十四条将"导致原判决、裁定结果确有错误"作为"适用法律、法规确有错误"的要件。

(三)落实司法责任制,完善案件办理程序

第一,确定"谁办案谁负责、谁决定谁负责"的办案程序。党中央在一系列深化司法体制改革文件中反复强调实行"谁办案谁负责、谁决定谁负责",突出检察官在司法办案中的主体地位。此次修订,既体现了中央司法责任制改革要求,也是对行政检察工作践行司法责任制改革要求成熟做法的总结提炼。在检察官、检察长、检察委员会的办案权限划分中,检察官和检察官办案组对审查认定案件事实的准确性负责,具有办案中一般事项的决定权;检察长、检察委员会负责处理、决定办案中的重大事项。

第二,完善再审检察建议程序。考虑到与最高人民法院、最高人民检察院《关于对民事审判活动与行政诉讼实行法律监督的若干意见(试行)》,最高人民检察院《人民检察院民事诉讼监督规则》保持一致,体现再审检察建议的严肃性,避免再审检察建议在实践中被滥用,《行政诉讼监督规则》沿用提出再审检察建议须经检察委员会决定的规定,并增加了备案程序。

第三,明确跟进监督程序。为落实监督责任,避免"一抗了之",《行政诉讼监督规则》完善了对抗诉案件的跟进监督机制。跟进监督包括督促、审判程序违法行为监督、再次提出抗诉等方式。比如,在个别案件中,接受抗诉的法院自行再审(即提审)的案件,如果所作再审判决、裁定、调解书仍符合抗诉条件且存在明显错误的,为确保抗诉案件的监督实效,维护法律权威和检察监督的严肃性,检察机关应当按照《行政诉讼监督规则》第一百二十五条的规定跟进监督或者提请上级检察院监督。

第四，完善出席抗诉案件再审法庭制度。《行政诉讼监督规则》于第五章"对生效行政判决、裁定、调解书的监督"部分新增一节"出席法庭"，增加了出庭准备工作、协调法院安排人民监督员旁听再审案件等内容，细化了检察人员出席再审法庭的主要任务。比如，宣读抗诉书；对检察机关调查取得的证据予以出示和说明；经审判长许可，对证据采信、法律适用和案件情况予以说明，针对争议焦点，客观、公正、全面地阐述法律监督意见；对法庭审理中违反诉讼程序的情况予以记录。

第五，完善执行监督程序。参照最高人民法院、最高人民检察院关于民事执行监督的有关规定，增加向法院制发《说明案件执行情况通知书》的规定，完善对法院执行人员违法行为的监督机制，将执行监督检察建议决定程序修改为"应当经检察长批准或者检察委员会决定"。参照《人民检察院民事诉讼监督规则》，设定受理执行监督申请的前置程序，即"根据法律规定可以对人民法院的执行活动提出异议、复议或者提起诉讼，当事人、利害关系人、案外人没有提出异议、申请复议或者提起诉讼的，检察机关不予受理"。同时规定，当事人有正当理由的或者检察机关依职权办理的案件不受限制。

（四）新增实质性化解行政争议任务，促进案结事了政和

《行政诉讼监督规则》针对行政诉讼"程序空转"的突出问题，将推动实质性化解行政争议作为行政诉讼监督的基本职能和任务，第二条关于监督任务的规定中增加了"推动行政争议实质性化解"的要求；同时，对2019年10月以来开展的"加强行政检察监督，促进行政争议实质性化解"专项活动经验进行总结、固化，第六条增加规定"实质性化解行政争议"的原则、方式等，即"人民检察院办理行政诉讼监督案件，应当查清案件事实、辨明是非，综合运用监督纠正、公开听证、释法说理、司法救助等手段，开展行政争议实质性化解工作"。

解决行政争议是行政诉讼制度的功能之一。在法律框架内促进行政争议得以解决是行政诉讼监督的应有之义。2014年修订的行政诉讼法第一条将"解决行政争议"作为行政诉讼的目的和任务。当事人不服法院生效行政判决、裁定、调解书向检察机关申请监督，说明在先前的一审、二审、再审程序中均没有实现解决行政争议的目的。这种情况下，检察监督程序成为运用司法程序解决行政争议的又一重要时间窗口。检察机关在行政诉讼监督中推动实质性化解行政争议，是以定分止争的实际效果来弥补行政诉讼制度在个案中运行不畅的短板，是以节约司法资源、提高解决行政争议效率来补强司法的公正公信，有利于发挥行政诉讼监督在国家和社会治理中的独特作用。案件经过检察监督程序仍不能有效解决行政争议，行政相对人不仅会延续对被诉行政行为的异

议，而且会叠加对司法机关的不满。按照法律规定，当事人有权申请检察监督，检察机关作出决定之后当事人不再享有继续寻求启动司法程序的法定权利。行政争议因已经过行政诉讼程序审理，行政机关及信访部门会按照"诉访分离"原则将该争议划为涉法涉诉信访事项，不再纳入行政化解渠道，从而造成该行政争议丧失救济渠道，导致当事人的合理诉求得不到重视和解决。因此，根据行政诉讼法"解决行政争议"的立法目的，总结检察机关实质性化解行政争议的经验做法，在本次规则制定中明确检察机关推动"实质性化解行政争议"。

（五）加强穿透式监督，促进法治政府建设

为更好地发挥检察机关"一手托两家"作用，保障检察机关更加积极有效地参与社会治理，《行政诉讼监督规则》基于完善监督方式、强化监督职责、提升监督质效和促进解决共性问题的考虑，增加检察机关针对行政诉讼中的普遍性问题或者突出问题组织开展某一领域或某一方面的专项监督工作，针对多起案件中的同类问题开展类案监督等规定。比如，《行政诉讼监督规则》第一百二十一条规定的行政诉讼监督年度报告制度是近些年的实践创新。对行政诉讼监督情况进行的年度或专题分析，体现了检察机关作为党委的法治参谋，在服务大局、促进法治政府建设、促进法院公正司法中的作用和地位，也是检察机关参与社会治理、促进国家治理体系和治理能力现代化的一种有效方式。行政诉讼监督报告制度，既可以进行年度整体报告，也可以就某个专题进行分析，通报的对象包括法院和行政机关，报告的对象是党委和人大。专题分析相对灵活，根据实际情况选择适用，可以针对某行政机关在某领域的行政诉讼或者执法工作进行分析，也可以针对法院在某类行政诉讼中的问题开展分析。再如，开展行政诉讼监督专项活动，是检察机关坚持抓系统、系统抓，集中时间、力量推进工作的重要方法。《行政诉讼监督规则》对此予以明确，为行政诉讼监督工作今后开展专项监督活动提供了明确的规范依据。

（六）落实检察一体化机制，形成监督合力

"检察一体化"是检察机关履行法律监督职能，维护国家法制统一的重要制度保证。根据宪法和法律关于上级检察院领导下级检察院工作的规定，《行政诉讼监督规则》细化了行政诉讼监督工作中调用检察官、交办、提级办理、指定办理的相关规定。一是明确领导体制。《行政诉讼监督规则》第十条第一款、第二款突出强调上下级检察机关之间的领导关系，有利于明确方向、找准工作重点，切实做实行政诉讼监督工作，促进行政诉讼监督业务在全国各地各层级均衡、快速发展。二是明确检察人员调用程序。《行政诉讼监督规则》第十条第三款规定,"上级人民检察院可以依法统一调用辖区的检察人员办理行政诉讼监督案件,调用的决定应当以书面形式作出。被调用的检察官可以代表办理案件的人民检察院履行相关检察职责"。这是根据人民检察院组织法第二十四条第一款第四项上级检察院"可以统一调用辖区的检察人员办理案件"的规定新增加的条文,有助于解决行政诉讼监督案件"倒三角"的现实问题,既能缓解上级检察院的办案压力,又能为下级检察院锻炼培养队伍。三是完善交办、指办、提办案件程序。《行政诉讼监督规则》明确规定,上级检察院可以将受理的行政诉讼监督案件交由下级检察院办理,并限定办理期限;确有必要的,上级检察院可以提办案件或指定下级检察院办理案件。对于交办案件,办案主体仍然是上级检察院,下级检察院应当在上级检察院规定的办理期限内提出处理意见。对于提办、指办案件,要充分考虑个案实际情况,准确把握"确有必要的"条件。一般是疑难、复杂或不适合下级检察院办理的案件,可以提级办理。指办案件主要考虑借助下级检察院的属地优势,充分发挥属地检察院在实质性化解行政争议中的作用。

(七) 自觉接受监督制约,实现双赢多赢共赢

为确保检察机关依法公正履行行政诉讼监督职责,提升监督质效,《行政诉讼监督规则》增加规定了检察人员自觉接受监督、接受法院制约等内容。一是明确检察人员纪律要求。《行政诉讼监督规则》第十二条规定,"检察人员办理行政诉讼监督案件,应当秉持客观公正的立场,自觉接受监督。检察人员不得违反规定与当事人、律师、特殊关系人、中介组织接触、交往。检察人员有收受贿赂、徇私枉法等行为的,应当追究纪律责任和法律责任。检察人员对过问或者干预、插手行政诉讼监督案件办理等重大事项的行为,应当依照有关规定全面、如实、及时记录、报告"。二是增加规定检察机关应当积极督促和支持法院等被建议单位落实检察建议,建立完善法院的异议及处理程序,形成与法院的良性互动。

三、司法解释性质文件

最高人民法院、最高人民检察院、公安部、司法部关于依法惩治妨害新型冠状病毒感染肺炎疫情防控违法犯罪的意见

(2020年2月6日公布并施行 法发〔2020〕7号)

为依法惩治妨害新型冠状病毒感染肺炎疫情防控违法犯罪行为，保障人民群众生命安全和身体健康，保障社会安定有序，保障疫情防控工作顺利开展，根据有关法律、司法解释的规定，制定本意见。

一、提高政治站位，充分认识疫情防控时期维护社会大局稳定的重大意义

各级人民法院、人民检察院、公安机关、司法行政机关要切实把思想和行动统一到习近平总书记关于新型冠状病毒感染肺炎疫情防控工作的系列重要指示精神上来，坚决贯彻落实党中央决策部署、中央应对新型冠状病毒感染肺炎疫情工作领导小组工作安排，按照中央政法委要求，增强"四个意识"、坚定"四个自信"、做到"两个维护"，始终将人民群众的生命安全和身体健康放在第一位，坚决把疫情防控作为当前压倒一切的头等大事来抓，用足用好法律规定，依法及时、从严惩治妨害疫情防控的各类违法犯罪，为坚决打赢疫情防控阻击战提供有力法治保障。

二、准确适用法律，依法严惩妨害疫情防控的各类违法犯罪

（一）依法严惩抗拒疫情防控措施犯罪。故意传播新型冠状病毒感染肺炎病原体，具有下列情形之一，危害公共安全的，依照刑法第一百一十四条、第一百一十五条第一款的规定，以以危险方法危害公共安全罪定罪处罚：

1. 已经确诊的新型冠状病毒感染肺炎病人、病原携带者，拒绝隔离治疗或者隔离期未满擅自脱离隔离治疗，并进入公共场所或者公共交通工具的；

2. 新型冠状病毒感染肺炎疑似病人拒绝隔离治疗或者隔离期未满擅自脱离隔离治疗，并进入公共场所或者公共交通工具，造成新型冠状病毒传播的。

其他拒绝执行卫生防疫机构依照传染病防治法提出的防控措施，引起新型冠状病毒传播或者有传播严重危险的，依照刑法第三百三十条的规定，以妨害

传染病防治罪定罪处罚。

以暴力、威胁方法阻碍国家机关工作人员（含在依照法律、法规规定行使国家有关疫情防控行政管理职权的组织中从事公务的人员，在受国家机关委托代表国家机关行使疫情防控职权的组织中从事公务的人员，虽未列入国家机关人员编制但在国家机关中从事疫情防控公务的人员）依法履行为防控疫情而采取的防疫、检疫、强制隔离、隔离治疗等措施的，依照刑法第二百七十七条第一款、第三款的规定，以妨害公务罪定罪处罚。暴力袭击正在依法执行职务的人民警察的，以妨害公务罪定罪，从重处罚。

（二）依法严惩暴力伤医犯罪。在疫情防控期间，故意伤害医务人员造成轻伤以上的严重后果，或者对医务人员实施撕扯防护装备、吐口水等行为，致使医务人员感染新型冠状病毒的，依照刑法第二百三十四条的规定，以故意伤害罪定罪处罚。

随意殴打医务人员，情节恶劣的，依照刑法第二百九十三条的规定，以寻衅滋事罪定罪处罚。

采取暴力或者其他方法公然侮辱、恐吓医务人员，符合刑法第二百四十六条、第二百九十三条规定的，以侮辱罪或者寻衅滋事罪定罪处罚。

以不准离开工作场所等方式非法限制医务人员人身自由，符合刑法第二百三十八条规定的，以非法拘禁罪定罪处罚。

（三）依法严惩制假售假犯罪。在疫情防控期间，生产、销售伪劣的防治、防护产品、物资，或者生产、销售用于防治新型冠状病毒感染肺炎的假药、劣药，符合刑法第一百四十条、第一百四十一条、第一百四十二条规定的，以生产、销售伪劣产品罪，生产、销售假药罪或者生产、销售劣药罪定罪处罚。

在疫情防控期间，生产不符合保障人体健康的国家标准、行业标准的医用口罩、护目镜、防护服等医用器材，或者销售明知是不符合标准的医用器材，足以严重危害人体健康的，依照刑法第一百四十五条的规定，以生产、销售不符合标准的医用器材罪定罪处罚。

（四）依法严惩哄抬物价犯罪。在疫情防控期间，违反国家有关市场经营、价格管理等规定，囤积居奇，哄抬疫情防控急需的口罩、护目镜、防护服、消毒液等防护用品、药品或者其他涉及民生的物品价格，牟取暴利，违法所得数额较大或者有其他严重情节，严重扰乱市场秩序的，依照刑法第二百二十五条第四项的规定，以非法经营罪定罪处罚。

（五）依法严惩诈骗、聚众哄抢犯罪。在疫情防控期间，假借研制、生产或者销售用于疫情防控的物品的名义骗取公私财物，或者捏造事实骗取公众捐赠款物，数额较大的，依照刑法第二百六十六条的规定，以诈骗罪定罪处罚。

在疫情防控期间，违反国家规定，假借疫情防控的名义，利用广告对所推销的商品或者服务作虚假宣传，致使多人上当受骗，违法所得数额较大或者有其他严重情节的，依照刑法第二百二十二条的规定，以虚假广告罪定罪处罚。

在疫情防控期间，聚众哄抢公私财物特别是疫情防控和保障物资，数额较大或者有其他严重情节的，对首要分子和积极参加者，依照刑法第二百六十八条的规定，以聚众哄抢罪定罪处罚。

（六）依法严惩造谣传谣犯罪。编造虚假的疫情信息，在信息网络或者其他媒体上传播，或者明知是虚假疫情信息，故意在信息网络或者其他媒体上传播，严重扰乱社会秩序的，依照刑法第二百九十一条之一第二款的规定，以编造、故意传播虚假信息罪定罪处罚。

编造虚假信息，或者明知是编造的虚假信息，在信息网络上散布，或者组织、指使人员在信息网络上散布，起哄闹事，造成公共秩序严重混乱的，依照刑法第二百九十三条第一款第四项的规定，以寻衅滋事罪定罪处罚。

利用新型冠状病毒感染肺炎疫情，制造、传播谣言，煽动分裂国家、破坏国家统一，或者煽动颠覆国家政权、推翻社会主义制度的，依照刑法第一百零三条第二款、第一百零五条第二款的规定，以煽动分裂国家罪或者煽动颠覆国家政权罪定罪处罚。

网络服务提供者不履行法律、行政法规规定的信息网络安全管理义务，经监管部门责令采取改正措施而拒不改正，致使虚假疫情信息或者其他违法信息大量传播的，依照刑法第二百八十六条之一的规定，以拒不履行信息网络安全管理义务罪定罪处罚。

对虚假疫情信息案件，要依法、精准、恰当处置。对恶意编造虚假疫情信息、制造社会恐慌、挑动社会情绪、扰乱公共秩序，特别是恶意攻击党和政府，借机煽动颠覆国家政权、推翻社会主义制度的，要依法严惩。对于因轻信而传播虚假信息，危害不大的，不以犯罪论处。

（七）依法严惩疫情防控失职渎职、贪污挪用犯罪。在疫情防控工作中，负有组织、协调、指挥、灾害调查、控制、医疗救治、信息传递、交通运输、物资保障等职责的国家机关工作人员，滥用职权或者玩忽职守，致使公共财产、国家和人民利益遭受重大损失的，依照刑法第三百九十七条的规定，以滥用职权罪或者玩忽职守罪定罪处罚。

卫生行政部门的工作人员严重不负责任，不履行或者不认真履行防治监管职责，导致新型冠状病毒感染肺炎传播或者流行，情节严重的，依照刑法第四百零九条的规定，以传染病防治失职罪定罪处罚。

从事实验、保藏、携带、运输传染病菌种、毒种的人员，违反国务院卫生行政部门的有关规定，造成新型冠状病毒毒种扩散，后果严重的，依照刑法第三百三十一条的规定，以传染病毒种扩散罪定罪处罚。

国家工作人员，受委托管理国有财产的人员，公司、企业或者其他单位的人员，利用职务便利，侵吞、截留或者以其他手段非法占有用于防控新型冠状病毒感染肺炎的款物，或者挪用上述款物归个人使用，符合刑法第三百八十二条、第三百八十三条、第二百七十一条、第三百八十四条、第二百七十二条规定的，以贪污罪、职务侵占罪、挪用公款罪、挪用资金罪定罪处罚。挪用用于防控新型冠状病毒感染肺炎的救灾、优抚、救济等款物，符合刑法第二百七十三条规定的，对直接责任人员，以挪用特定款物罪定罪处罚。

（八）依法严惩破坏交通设施犯罪。在疫情防控期间，破坏轨道、桥梁、隧道、公路、机场、航道、灯塔、标志或者进行其他破坏活动，足以使火车、汽车、电车、船只、航空器发生倾覆、毁坏危险的，依照刑法第一百一十七条、第一百一十九条第一款的规定，以破坏交通设施罪定罪处罚。

办理破坏交通设施案件，要区分具体情况，依法审慎处理。对于为了防止疫情蔓延，未经批准擅自封路阻碍交通，未造成严重后果的，一般不以犯罪论处，由主管部门予以纠正。

（九）依法严惩破坏野生动物资源犯罪。非法猎捕、杀害国家重点保护的珍贵、濒危野生动物的，或者非法收购、运输、出售国家重点保护的珍贵、濒危野生动物及其制品的，依照刑法第三百四十一条第一款的规定，以非法猎捕、杀害珍贵、濒危野生动物罪或者非法收购、运输、出售珍贵、濒危野生动物、珍贵、濒危野生动物制品罪定罪处罚。

违反狩猎法规，在禁猎区、禁猎期或者使用禁用的工具、方法进行狩猎，破坏野生动物资源，情节严重的，依照刑法第三百四十一条第二款的规定，以非法狩猎罪定罪处罚。

违反国家规定，非法经营非国家重点保护野生动物及其制品（包括开办交易场所、进行网络销售、加工食品出售等），扰乱市场秩序，情节严重的，依照刑法第二百二十五条第四项的规定，以非法经营罪定罪处罚。

知道或者应当知道是国家重点保护的珍贵、濒危野生动物及其制品，为食用或者其他目的而非法购买，符合刑法第三百四十一条第一款规定的，以非法收购珍贵、濒危野生动物、珍贵、濒危野生动物制品罪定罪处罚。

知道或者应当知道是非法狩猎的野生动物而购买，符合刑法第三百一十二条规定的，以掩饰、隐瞒犯罪所得罪定罪处罚。

（十）依法严惩妨害疫情防控的违法行为。实施上述（一）至（九）规定的行为,不构成犯罪的,由公安机关根据治安管理处罚法有关虚构事实扰乱公共秩序、扰乱单位秩序、公共场所秩序、寻衅滋事,拒不执行紧急状态下的决定、命令,阻碍执行职务,冲闯警戒带、警戒区,殴打他人,故意伤害,侮辱他人,诈骗,在铁路沿线非法挖掘坑穴、采石取沙,盗窃、损毁路面公共设施,损毁铁路设施设备,故意损毁财物、哄抢公私财物等规定,予以治安管理处罚,或者由有关部门予以其他行政处罚。

对于在疫情防控期间实施有关违法犯罪的,要作为从重情节予以考量,依法体现从严的政策要求,有力惩治震慑违法犯罪,维护法律权威,维护社会秩序,维护人民群众生命安全和身体健康。

法宝联想:案例与裁判文书 14 篇

三、健全完善工作机制,保障办案效果和安全

(一)及时查处案件。公安机关对于妨害新型冠状病毒感染肺炎疫情防控的案件,要依法及时立案查处,全面收集固定证据。对于拒绝隔离治疗或者隔离期未满擅自脱离隔离治疗的人员,公安机关要依法协助医疗机构和有关部门采取强制隔离治疗措施。要严格规范公正文明执法。

(二)强化沟通协调。人民法院、人民检察院、公安机关、司法行政机关要加强沟通协调,确保案件顺利侦查、起诉、审判、交付执行。对重大、敏感、复杂案件,公安机关要及时听取人民检察院的意见建议。对社会影响大、舆论关注度高的重大案件,要加强组织领导,按照依法处置、舆论引导、社会面管控"三同步"要求,及时向社会通报案件进展情况,澄清事实真相,做好舆论引导工作。

(三)保障诉讼权利。要依法保障犯罪嫌疑人、被告人的各项诉讼权利特别是辩护权。要按照刑事案件律师辩护全覆盖的要求,积极组织律师为没有委托辩护人的被告人依法提供辩护或者法律帮助。各级司法行政机关要加强对律师辩护代理工作的指导监督,引导广大律师依法依规履行辩护代理职责,切实维护犯罪嫌疑人、被告人的合法权益,保障法律正确实施。

(四)加强宣传教育。人民法院、人民检察院、公安机关、司法行政机关要认真落实"谁执法谁普法"责任制,结合案件办理深入细致开展法治宣传教育工作。要选取典型案例,以案释法,加大警示教育,震慑违法犯罪分子,充分展示坚决依法严惩此类违法犯罪、维护人民群众生命安全和身体健康的决心。要引导广大群众遵纪守法,不信谣、不传谣,依法支持和配合疫情防控工作,为疫情防控工作的顺利开展营造良好的法治和社会环境。

(五)注重办案安全。在疫情防控期间,办理妨害新型冠状病毒感染肺炎疫情防控案件,办案人员要注重自身安全,提升防范意识,增强在履行接处

警、抓捕、羁押、讯问、审判、执行等职能时的自我保护能力和防范能力。除依法必须当面接触的情形外，可以尽量采取书面审查方式，必要时，可以采取视频等方式讯问犯罪嫌疑人、询问被害人、证人、听取辩护律师意见。人民法院在疫情防控期间审理相关案件的，在坚持依法公开审理的同时，要最大限度减少人员聚集，切实维护诉讼参与人、旁听群众、法院干警的安全和健康。

最高人民法院、最高人民检察院、中国海警局关于海上刑事案件管辖等有关问题的通知

(2020年2月20日公布并施行 海警〔2020〕1号)

各省、自治区、直辖市高级人民法院、人民检察院，解放军军事法院、军事检察院，新疆维吾尔自治区高级人民法院生产建设兵团分院、新疆生产建设兵团人民检察院，中国海警局各分局、直属局，沿海省、自治区、直辖市海警局：

为依法惩治海上犯罪，维护国家主权、安全、海洋权益和海上秩序，根据《中华人民共和国刑事诉讼法》《全国人民代表大会常务委员会关于中国海警局行使海上维权执法职权的决定》以及其他相关法律，现就海上刑事案件管辖等有关问题通知如下：

一、对海上发生的刑事案件，按照下列原则确定管辖：

（一）在中华人民共和国内水、领海发生的犯罪，由犯罪地或者被告人登陆地的人民法院管辖，如果由被告人居住地的人民法院审判更为适宜的，可以由被告人居住地的人民法院管辖；

（二）在中华人民共和国领域外的中国船舶内的犯罪，由该船舶最初停泊的中国口岸所在地或者被告人登陆地、入境地的人民法院管辖；

（三）中国公民在中华人民共和国领海以外的海域犯罪，由其登陆地、入境地、离境前居住地或者现居住地的人民法院管辖；被害人是中国公民的，也可以由被害人离境前居住地或者现居住地的人民法院管辖；

（四）外国人在中华人民共和国领海以外的海域对中华人民共和国国家或者公民犯罪，根据《中华人民共和国刑法》应当受到处罚的，由该外国人登陆地、入境地、入境后居住地的人民法院管辖，也可以由被害人离境前居住地或者现居住地的人民法院管辖；

（五）对中华人民共和国缔结或者参加的国际条约所规定的罪行，中华人民共和国在所承担的条约义务的范围内行使刑事管辖权的，由被告人被抓获地、登陆地或者入境地的人民法院管辖。

前款第一项规定的犯罪地包括犯罪行为发生地和犯罪结果发生地。前款第二项至第五项规定的入境地，包括进入我国陆地边境、领海以及航空器降落在我国境内的地点。

二、海上发生的刑事案件的立案侦查，由海警机构根据本通知第一条规定的管辖原则进行。

依据第一条规定确定的管辖地未设置海警机构的，由有关海警局商同级人民检察院、人民法院指定管辖。

三、沿海省、自治区、直辖市海警局办理刑事案件，需要提请批准逮捕或者移送起诉的，依法向所在地省级人民检察院提请或者移送。

沿海省、自治区、直辖市海警局下属海警局，中国海警局各分局、直属局办理刑事案件，需要提请批准逮捕或者移送起诉的，依法向所在地设区的市级人民检察院提请或者移送。

海警工作站办理刑事案件，需要提请批准逮捕或者移送起诉的，依法向所在地基层人民检察院提请或者移送。

四、人民检察院对于海警机构移送起诉的海上刑事案件，按照刑事诉讼法、司法解释以及本通知的有关规定进行审查后，认为应当由其他人民检察院起诉的，应当将案件移送有管辖权的人民检察院。

需要按照刑事诉讼法、司法解释以及本通知的有关规定指定审判管辖的，海警机构应当在移送起诉前向人民检察院通报，由人民检察院协商同级人民法院办理指定管辖有关事宜。

五、对人民检察院提起公诉的海上刑事案件，人民法院经审查认为符合刑事诉讼法、司法解释以及本通知有关规定的，应当依法受理。

六、海警机构办理刑事案件应当主动接受检察机关监督，与检察机关建立信息共享平台，定期向检察机关通报行政执法与刑事司法衔接、刑事立案、破案，采取强制措施等情况。

海警机构所在地的人民检察院依法对海警机构的刑事立案、侦查活动实行监督。

海警机构办理重大、疑难、复杂的刑事案件，可以商请人民检察院介入侦查活动，并听取人民检察院的意见和建议。人民检察院认为确有必要时，可以派员介入海警机构的侦查活动，对收集证据、适用法律提出意见，监督侦查活动是否合法，海警机构应当予以配合。

本通知自印发之日起施行。各地接本通知后，请认真贯彻执行。执行中遇到的问题，请及时分别报告最高人民法院、最高人民检察院、中国海警局。

最高人民法院
最高人民检察院
中国海警局
2020 年 2 月 20 日

最高人民法院、最高人民检察院、公安部、司法部、海关总署
关于进一步加强国境卫生检疫工作 依法惩治妨害国境卫生检疫违法犯罪的意见

（2020年3月13日公布并施行 署法发〔2020〕50号）

为进一步加强国境卫生检疫工作，依法惩治妨害国境卫生检疫违法犯罪行为，维护公共卫生安全，保障人民群众生命安全和身体健康，根据有关法律、司法解释的规定，制定本意见。

一、充分认识国境卫生检疫对于维护公共卫生安全的重要意义

国境卫生检疫对防止传染病传入传出国境，保障人民群众生命安全和身体健康，维护公共卫生安全和社会安定有序发挥着重要作用。党中央、国务院高度重视国境卫生检疫工作，特别是新冠肺炎疫情发生以来，习近平总书记对强化公共卫生法治保障、改革完善疾病预防控制体系、健全防治结合、联防联控、群防群治工作机制作出一系列重要指示批示。各级人民法院、人民检察院、公安机关、司法行政机关、海关要切实提高政治站位，把思想和行动统一到习近平总书记重要指示批示精神上来，坚决贯彻落实党中央决策部署，增强"四个意识"、坚定"四个自信"、做到"两个维护"；从贯彻落实总体国家安全观、推动构建人类命运共同体的高度，始终将人民群众的生命安全和身体健康放在第一位，切实提升国境卫生检疫行政执法和司法办案水平。特别是面对当前新冠肺炎疫情在境外呈现扩散态势、通过口岸向境内蔓延扩散风险加剧的严峻形势，要依法及时、从严惩治妨害国境卫生检疫的各类违法犯罪行为，切实筑牢国境卫生检疫防线，坚决遏制疫情通过口岸传播扩散，为维护公共卫生安全提供有力的法治保障。

二、依法惩治妨害国境卫生检疫的违法犯罪行为

为加强国境卫生检疫工作，防止传染病传入传出国境，保护人民群众健康安全，刑法、国境卫生检疫法对妨害国境卫生检疫违法犯罪行为及其处罚作出规定。人民法院、人民检察院、公安机关、海关在办理妨害国境卫生检疫案件

时，应当准确理解和严格适用刑法、国境卫生检疫法等有关规定，依法惩治相关违法犯罪行为。

（一）进一步加强国境卫生检疫行政执法。海关要在各口岸加强国境卫生检疫工作宣传，引导出入境人员以及接受检疫监管的单位和人员严格遵守国境卫生检疫法等法律法规的规定，配合和接受海关国境卫生检疫。同时，要加大国境卫生检疫行政执法力度，对于违反国境卫生检疫法及其实施细则，尚不构成犯罪的行为，依法给予行政处罚。

（二）依法惩治妨害国境卫生检疫犯罪。根据刑法第三百三十二条规定，违反国境卫生检疫规定，实施下列行为之一的，属于妨害国境卫生检疫行为：

1. 检疫传染病染疫人或者染疫嫌疑人拒绝执行海关依照国境卫生检疫法等法律法规提出的健康申报、体温监测、医学巡查、流行病学调查、医学排查、采样等卫生检疫措施，或者隔离、留验、就地诊验、转诊等卫生处理措施的；

2. 检疫传染病染疫人或者染疫嫌疑人采取不如实填报健康申明卡等方式隐瞒疫情，或者伪造、涂改检疫单、证等方式伪造情节的；

3. 知道或者应当知道实施审批管理的微生物、人体组织、生物制品、血液及其制品等特殊物品可能造成检疫传染病传播，未经审批仍逃避检疫，携运、寄递出入境的；

4. 出入境交通工具上发现有检疫传染病染疫人或者染疫嫌疑人，交通工具负责人拒绝接受卫生检疫或者拒不接受卫生处理的；

5. 来自检疫传染病流行国家、地区的出入境交通工具上出现非意外伤害死亡且死因不明的人员，交通工具负责人故意隐瞒情况的；

6. 其他拒绝执行海关依照国境卫生检疫法等法律法规提出的检疫措施的。

实施上述行为，引起鼠疫、霍乱、黄热病以及新冠肺炎等国务院确定和公布的其他检疫传染病传播或者有传播严重危险的，依照刑法第三百三十二条的规定，以妨害国境卫生检疫罪定罪处罚。

对于单位实施妨害国境卫生检疫行为，引起鼠疫、霍乱、黄热病以及新冠肺炎等国务院确定和公布的其他检疫传染病传播或者有传播严重危险的，应当对单位判处罚金，并对其直接负责的主管人员和其他直接责任人员定罪处罚。

三、健全完善工作机制，保障依法科学有序防控

（一）做好行刑衔接。海关要严把口岸疫情防控第一关，严厉追究违反国境卫生检疫规定的行政法律责任，完善执法办案流程，坚持严格执法和依法办案。做好行政执法和刑事司法的衔接，对符合国境卫生检疫监管领域刑事案件立案追诉标准的案件，要依照有关规定，及时办理移送公安机关的相关手续，

不得以行政处罚代替刑事处罚。

（二）加快案件侦办。公安机关对于妨害国境卫生检疫犯罪案件，要依法及时立案查处，全面收集固定证据。对新冠肺炎疫情防控期间发生的妨害国境卫生检疫犯罪，要快侦快破，并及时予以曝光，形成强大震慑。

（三）强化检察职能。人民检察院要加强对妨害国境卫生检疫犯罪案件的立案监督，发现应当立案而不立案的，应当要求公安机关说明理由，认为理由不成立的，应当依法通知公安机关立案。对于妨害国境卫生检疫犯罪案件，人民检察院可以对案件性质、收集证据和适用法律等向公安机关提出意见建议。对于符合逮捕、起诉条件的涉嫌妨害国境卫生检疫罪的犯罪嫌疑人，应当及时批准逮捕、提起公诉。发挥检察建议的作用，促进疫情防控体系化治理。

（四）加强沟通协调。人民法院、人民检察院、公安机关、司法行政机关、海关要加强沟通协调，畅通联系渠道，建立常态化合作机制。既要严格履行法定职责，各司其职，各负其责，又要相互配合，相互协作，实现资源共享和优势互补，形成依法惩治妨害国境卫生检疫违法犯罪的合力。对社会影响大、舆论关注度高的重大案件，要按照依法处置、舆论引导、社会面管控"三同步"要求，及时澄清事实真相，做好舆论引导和舆情应对工作。

（五）坚持过罚相当。进一步规范国境卫生检疫执法活动，切实做到严格规范公正文明执法。注重把握宽严相济政策：对于行政违法行为，要根据违法行为的危害程度和悔过态度，综合确定处罚种类和幅度。对于涉嫌犯罪的，要重点打击情节恶劣、后果严重的犯罪行为；对于情节轻微且真诚悔改的，依法予以从宽处理。

（六）维护公平正义。人民法院、人民检察院、公安机关要依法保障犯罪嫌疑人、被告人的各项诉讼权利特别是辩护权，切实维护当事人合法权益，维护法律正确实施。司法行政机关要加强对律师辩护代理工作的指导监督，促进律师依法依规执业。人民法院、人民检察院、公安机关、司法行政机关、海关要认真落实"谁执法谁普法"责任制，选取典型案例，开展以案释法，加大警示教育，震慑不法分子，释放正能量，为疫情防控营造良好的法治和社会环境。

最高人民法院、最高人民检察院、公安部
关于办理涉窨井盖相关刑事案件的指导意见

（2020年3月16日公布并施行　高检发〔2020〕3号）

近年来，因盗窃、破坏窨井盖等行为导致人员伤亡事故多发，严重危害公共安全和人民群众生命财产安全，社会反映强烈。要充分认识此类行为的社会危害性、运用刑罚手段依法惩治的必要性，完善刑事责任追究机制，维护人民群众"脚底下的安全"，推动窨井盖问题的综合治理。为依法惩治涉窨井盖相关犯罪，切实维护公共安全和人民群众合法权益，提升办案质效，根据《中华人民共和国刑法》等法律规定，提出以下意见。

一、盗窃、破坏正在使用中的社会机动车通行道路上的窨井盖，足以使汽车、电车发生倾覆、毁坏危险，尚未造成严重后果的，依照刑法第一百一十七条的规定，以破坏交通设施罪定罪处罚；造成严重后果的，依照刑法第一百一十九条第一款的规定处罚。

过失造成严重后果的，依照刑法第一百一十九条第二款的规定，以过失损坏交通设施罪定罪处罚。

二、盗窃、破坏人员密集往来的非机动车道、人行道以及车站、码头、公园、广场、学校、商业中心、厂区、社区、院落等生产生活、人员聚集场所的窨井盖，足以危害公共安全，尚未造成严重后果的，依照刑法第一百一十四条的规定，以以危险方法危害公共安全罪定罪处罚；致人重伤、死亡或者使公私财产遭受重大损失的，依照刑法第一百一十五条第一款的规定处罚。

过失致人重伤、死亡或者使公私财产遭受重大损失的，依照刑法第一百一十五条第二款的规定，以过失以危险方法危害公共安全罪定罪处罚。

三、对于本意见第一条、第二条规定以外的其他场所的窨井盖，明知会造成人员伤亡后果而实施盗窃、破坏行为，致人受伤或者死亡的，依照刑法第二百三十四条、第二百三十二条的规定，分别以故意伤害罪、故意杀人罪定罪处罚。

过失致人重伤或者死亡的，依照刑法第二百三十五条、第二百三十三条的规定，分别以过失致人重伤罪、过失致人死亡罪定罪处罚。

四、盗窃本意见第一条、第二条规定以外的其他场所的窨井盖,且不属于本意见第三条规定的情形,数额较大,或者多次盗窃的,依照刑法第二百六十四条的规定,以盗窃罪定罪处罚。

故意毁坏本意见第一条、第二条规定以外的其他场所的窨井盖,且不属于本意见第三条规定的情形,数额较大或者有其他严重情节的,依照刑法第二百七十五条的规定,以故意毁坏财物罪定罪处罚。

五、在生产、作业中违反有关安全管理的规定,擅自移动窨井盖或者未做好安全防护措施等,发生重大伤亡事故或者造成其他严重后果的,依照刑法第一百三十四条第一款的规定,以重大责任事故罪定罪处罚。

窨井盖建设、设计、施工、工程监理单位违反国家规定,降低工程质量标准,造成重大安全事故的,依照刑法第一百三十七条的规定,以工程重大安全事故罪定罪处罚。

六、生产不符合保障人身、财产安全的国家标准、行业标准的窨井盖,或者销售明知是不符合保障人身、财产安全的国家标准、行业标准的窨井盖,造成严重后果的,依照刑法第一百四十六条的规定,以生产、销售不符合安全标准的产品罪定罪处罚。

七、知道或者应当知道是盗窃所得的窨井盖及其产生的收益而予以窝藏、转移、收购、代为销售或者以其他方法掩饰、隐瞒的,依照刑法第三百一十二条和《最高人民法院关于审理掩饰、隐瞒犯罪所得、犯罪所得收益刑事案件适用法律若干问题的解释》的规定,以掩饰、隐瞒犯罪所得、犯罪所得收益罪定罪处罚。

八、在窨井盖采购、施工、验收、使用、检查过程中负有决定、管理、监督等职责的国家机关工作人员玩忽职守或者滥用职权,致使公共财产、国家和人民利益遭受重大损失的,依照刑法第三百九十七条的规定,分别以玩忽职守罪、滥用职权罪定罪处罚。

九、在依照法律、法规规定行使窨井盖行政管理职权的公司、企业、事业单位中从事公务的人员以及在受国家机关委托代表国家机关行使窨井盖行政管理职权的组织中从事公务的人员,玩忽职守或者滥用职权,致使公共财产、国家和人民利益遭受重大损失的,依照刑法第三百九十七条和《全国人民代表大会常务委员会关于〈中华人民共和国刑法〉第九章渎职罪主体适用问题的解释》的规定,分别以玩忽职守罪、滥用职权罪定罪处罚。

十、对窨井盖负有管理职责的其他公司、企业、事业单位的工作人员,严重不负责任,导致人员坠井等事故,致人重伤或者死亡,符合刑法第二百三十五条、第二百三十三条规定的,分别以过失致人重伤罪、过失致人死亡罪定罪处罚。

十一、国家机关工作人员利用职务上的便利，收受他人财物，为他人谋取与窨井盖相关利益，同时构成受贿罪和刑法分则第九章规定的渎职犯罪的，除刑法另有规定外，以受贿罪和渎职犯罪数罪并罚。

十二、本意见所称的"窨井盖"，包括城市、城乡结合部和乡村等地的窨井盖以及其他井盖。

《关于办理涉窨井盖相关刑事案件的指导意见》的司法适用[*]

元 明 肖先华[**]

2020年3月16日,最高人民法院、最高人民检察院、公安部联合发布《关于办理涉窨井盖相关刑事案件的指导意见》(以下简称《意见》)。《意见》的发布施行,将对维护公共安全和人民群众合法权益,推动完善窨井盖问题的社会治理发挥重要作用。为便于司法实践中正确理解与适用,现就《意见》的制定背景与经过、起草中的主要考虑以及主要内容解读如下。

一、《意见》的制定背景与经过

近年来,因盗窃、破坏窨井盖等行为导致的事故多发,相关职能部门管理缺失,严重危害公共安全,侵害人民群众合法权益,影响社会和谐稳定。2019年11月,相关媒体报道引起了最高人民检察院主要领导的关注,要求有关部门牵头研究制定相关司法解释文件,指导司法机关依法惩治盗窃、破坏窨井盖以及相关职能部门人员失职渎职等犯罪行为,推动完善窨井盖问题社会治理,维护公共安全和人民群众合法权益。为此,最高人民检察院成立了司法解释调研起草组负责相关工作。调研组先后赴山东等地开展实地调研,了解涉窨井盖相关刑事案件办理情况,听取地方检察机关的意见。向浙江、江苏等十个省份收集近年来涉窨井盖案件的办案情况及典型案例,收集了近年来网络媒体报道的涉窨井盖相关案件(事件)和典型裁判文书,整理了理论界和实务界关于涉窨井盖相关犯罪的焦点问题和争论观点。

同时,为更好地服务司法办案,最高人民检察院加强与最高人民法院、公安部等部门的沟通协调,广泛听取各方面意见,共同推动《意见》出台。在起草过程中,还先后两次征求全国人大常委会法工委、国家监察委、住建部和刑法学专家意见,《意见》内容得到各方面的充分肯定。

二、《意见》起草中的主要考虑

长期以来,涉窨井盖相关刑事案件的办理存在一些突出问题:一是追究刑事责任少。生产生活中,涉窨井盖致人伤亡的事件较多,但进入诉讼程序被追究刑事责任的较少,刑事打击力度不够。二是适用罪名窄。涉窨井盖相关犯罪

---

[*] 原文载《人民检察》2020年第9期。
[**] 作者单位:最高人民检察院第二检察厅。

多以盗窃罪追究刑事责任,涉及其他罪名的很少,存在罪名适用不准确,罪责刑不相适应的问题。三是管理者未被追究相关责任。涉窨井盖致人伤亡的事件,往往和相关职能部门怠于履行监管职责有重要关系,但相关失职渎职行为未被追究刑事责任。四是工作合力不够。目前,存在办案部门对惩治涉窨井盖相关犯罪的协作配合不足,手段较单一,行政执法部门作用发挥不充分等问题。在起草文件时,坚持从问题出发,积极回应当前办理涉窨井盖相关案件的难点问题,力求给予司法办案明确的指引。在听取各方面意见的基础上,《意见》重点突出了以下几方面导向。

(一) 突出优先保护公共安全法益

窨井盖作为公共基础设施,其管理和维护属于社会管理体系中的重要组成部分。盗窃、破坏窨井盖等犯罪行为所侵犯的法益在本质上是公共安全,而不仅仅是公共财物所有权。因此,对于盗窃、破坏窨井盖等犯罪行为,应当按照保护公共安全法益优先原则,优先适用危害公共安全方面的罪名。在不符合危害公共安全犯罪构成要件的情况下,再适用盗窃罪或者故意毁坏财物罪等其他罪名。《意见》对于相关行为的定性,以及条文的顺序安排,均体现了对公共安全法益的优先保护。同时立足公共安全,对涉窨井盖相关罪名进行了系统梳理,对于一些在司法适用中存在模糊认识的问题作出明确规定。这样安排,有利于纠正办案中对相关犯罪定性不准确、刑事追诉不够,打击不力等问题。

(二) 突出惩治职务犯罪和普通刑事犯罪并重

司法实践中,只打击涉窨井盖的盗窃、破坏等普通刑事犯罪,不依法惩治相关职能部门失职渎职等职务犯罪,会导致放纵犯罪的后果。这也是长期以来相关职能部门对窨井盖管理重视不够,甚至怠于管理,进而酿成人员伤亡事故的重要因素。《意见》给相关管理者敲响警钟,明确坚决打击相关职务犯罪,并将负有监管职责的国家机关工作人员,依法或者受委托行使行政管理职权的公司、企业、事业单位的工作人员,以及其他公司、企业、事业单位的工作人员均纳入其中,对构成犯罪的相关人员依法追究刑事责任。

(三) 突出窨井盖问题综合治理

应当看到,窨井盖问题的治理是一项系统工程。《意见》明确要求"推动窨井盖问题的综合治理",在最高人民检察院、最高人民法院、公安部关于印发《意见》的通知中也明确要求完善窨井盖案件的行刑衔接机制,开展检察建议等工作。各地执法司法机关,应通过加强各方面的协作配合,积极推进窨井盖问题的社会治理。

三、《意见》的主要内容

《意见》针对涉窨井盖相关刑事案件司法实践所反映的问题，依照刑法等法律规定，对相关犯罪的法律适用作了明确规定。全文共十二条，主要包括依法惩治盗窃、破坏窨井盖等普通刑事犯罪和涉窨井盖相关失职渎职等职务犯罪的内容。

（一）盗窃、破坏窨井盖类犯罪的认定

《意见》第一条首先规定了破坏交通设施方面的内容。对于一定范围道路的窨井盖，应当理解为交通设施的一部分。因破坏交通设施罪规制的是危及汽车、电车等行驶安全的犯罪，在此语境下的窨井盖所在"道路"，《意见》引用了道路交通安全法第一百一十九条规定中的"允许社会机动车通行"的表述进行界定，即公路、城市道路和虽在单位管辖范围但允许社会机动车通行的道路，在此范围内的窨井盖属于交通设施。行为人盗窃、破坏正在使用中的社会机动车通行道路上的窨井盖，根据具体情况依法以破坏交通设施罪或者过失损坏交通设施罪定罪处罚。这样既符合刑法规定，又有利于加大相关犯罪的打击力度。

在起草过程中有意见提出，窨井盖是否能被认定为交通设施还存在疑问。经研究，窨井盖能否认定为交通设施应根据其所在位置等情况来判断。对于上述允许社会机动车通行的三种道路，附着其上的窨井盖是道路的组成部分，应当理解为交通设施。此时，不管窨井盖原来是用于排水，还是用于其他功能，均系道路路面的有机组成部分，具有保障道路交通安全的功能。交通运输部《公路工程技术标准》、住房和城乡建设部《城市道路工程设计规范》均将公路和城市道路的路面、管线和排水等作为整体作出规定。公路法亦将排水等设施规定为公路附属设施。

对于盗窃、破坏窨井盖的行为适用以危险方法危害公共安全罪的问题，既要坚持刑事法治的基本立场，又要符合当前打击相关犯罪的需要。刑法第一百一十四条规定了放火、决水、爆炸以及投放毒害性、放射性、传染病病原体等物质或者以其他危险方法危害公共安全等几种犯罪行为。在理解上，一方面，"危险方法"必须是危害不特定多数人的生命或者重大公私财产的安全才能够认定为以危险方法危害公共安全罪。另一方面，根据刑法体系解释和同类解释原则，"危险方法"还必须是与放火、决水、爆炸以及投放毒害性、放射性、传染病病原体等犯罪行为相当的方法。也就是说，刑法第一百一十四条中以危险方法危害公共安全罪规制的是一种犯罪手段的危险，而不是泛泛的可能产生危害公共安全结果的危险。对于盗窃、破坏窨井盖的行为适用以危险方法危

公共安全罪，应当依照刑法规定，限定适用范围。对于人员密集往来的非机动车道、人行道以及车站、码头、公园、广场、学校、商业中心、厂区、社区、院落等生产生活、人员聚集场所的窨井盖，对其实施的盗窃、破坏行为，作为危害手段，应当理解为具有与刑法第一百一十四条中规定的其他犯罪行为的相当性。盗窃、破坏这些场所的窨井盖，给不特定多数人的生命或者重大公私财产造成足以侵害的危险，这种危险已达到现实化的程度，应当以以危险方法危害公共安全罪追究刑事责任。行为人系出于过失的，则构成过失以危险方法危害公共安全罪。

对于盗窃、破坏《意见》第一条、第二条规定的窨井盖，造成人员伤亡等严重后果的，构成破坏交通设施罪、以危险方法危害公共安全罪的结果加重犯，也可根据具体情形认定相关过失犯罪。对于其他场所的窨井盖，如人员通行较少或偏僻场所的窨井盖，明知会造成人员伤亡后果而实施盗窃、破坏行为，致人受伤或者死亡的，构成故意伤害罪、故意杀人罪。行为人系过失致人重伤或死亡的，以过失致人重伤罪、过失致人死亡罪追究刑事责任。

盗窃、破坏《意见》第一条、第二条规定以外的窨井盖，致人伤亡的，可以按照《意见》第三条的规定以故意伤害等罪名进行处理。对于不符合第三条规定情形，但达到盗窃罪、故意毁坏财物罪追诉标准的，按照盗窃罪、故意毁坏财物罪进行处理。这也是对盗窃、破坏窨井盖犯罪的兜底性规定。即对上述情形的窨井盖实施盗窃行为，数额较大，或者多次盗窃的，以盗窃罪追究刑事责任；实施故意毁坏行为，数额较大或者有其他严重情节的，以故意毁坏财物罪追究刑事责任。在起草过程中有意见提出，因窨井盖关乎公共安全，建议降低其盗窃罪的入罪数额标准。这一建议的确有很强的针对性，但考虑到盗窃罪的入罪标准已由司法解释作出明确规定，《意见》系司法解释性文件，不宜对其入罪标准作出变更。且《意见》第一条、第二条和第三条的相关规定，已经能够解决以往盗窃、破坏窨井盖行为入罪难的问题。

《意见》第一条至第四条规制的均是盗窃、破坏窨井盖行为，在行文逻辑上按照从特殊到一般的顺序，依次规定了破坏交通设施罪、以危险方法危害公共安全罪等罪名，与司法活动中适用法律条文的内在逻辑保持一致，也符合想象竞合犯和法条竞合适用规则。在司法适用时，应当根据主客观一致的原则，重点审查窨井盖所处的位置和行为人的行为方式，进而准确认定其行为性质。需要指出的是，《意见》的前三条均同时规定了故意犯罪和过失犯罪，在司法实践中对于某个案件认定为故意犯罪还是过失犯罪，应当根据行为人的主观心态和客观行为等进行综合判断，特别要着重审查行为人的主观意图，避免客观归罪。

此外，严厉打击销赃环节的犯罪对遏制盗窃窨井盖行为具有重要作用。《意见》第七条规定，对于知道或者应当知道系盗窃所得的窨井盖及其产生的收益而予以窝藏、转移、收购、代为销售或者以其他方法掩饰、隐瞒的，以掩饰、隐瞒犯罪所得、犯罪所得收益罪追究刑事责任。在具体认定时，适用2015年最高人民法院《关于审理掩饰、隐瞒犯罪所得、犯罪所得收益刑事案件适用法律若干问题的解释》的相关规定。

（二）涉窨井盖责任事故类、伪劣产品类犯罪的认定

在生产、作业中，因违反有关安全管理的规定，擅自移动窨井盖或者未做好安全防护措施等，导致人员坠井等重大伤亡事故较多发；有的窨井盖建设、设计、施工、工程监理单位违反国家规定，降低工程质量标准，造成重大安全事故，对于相关责任人员和责任单位追究刑事责任十分必要。因此，《意见》规定了涉窨井盖的重大责任事故罪和工程重大安全事故罪。在具体认定时，适用2015年最高人民法院、最高人民检察院《关于办理危害生产安全刑事案件适用法律若干问题的解释》的相关规定。具有造成伤亡一人以上，或者重伤三人以上的；造成直接经济损失一百万元以上的；其他造成严重后果或者重大安全事故等情形之一的，即符合《意见》中的"发生重大伤亡事故或者造成其他严重后果""造成重大安全事故"的规定。对于达到上述入罪标准的，应当依法追究刑事责任。

当前，因窨井盖质量存在问题，导致人员坠井伤亡的事故时有发生，一些窨井盖不符合国家标准和行业标准。因此《意见》规定，生产不符合保障人身、财产安全的国家标准、行业标准的窨井盖，或者销售明知是不符合保障人身、财产安全的国家标准行业标准的窨井盖，造成严重后果的，以生产、销售不符合安全标准的产品罪定罪处罚。需要指出的是，窨井盖质量存在问题，往往是以次充好或者以不合格产品冒充合格产品，可能同时触犯了生产、销售伪劣产品罪，但生产、销售不符合安全标准的产品罪是刑法条文中的特别规定，故《意见》按特别规定进行了明确。当生产、销售伪劣的窨井盖，不构成生产、销售不符合安全标准的产品罪时，销售金额在五万元以上的，应当以生产、销售伪劣产品罪定罪处罚。相关行为同时构成生产、销售不符合安全标准的产品罪和生产、销售伪劣产品罪时，按照处罚较重的规定定罪处罚。在涉窨井盖生产、销售不符合安全标准的产品罪具体认定时，适用2008年最高人民检察院、公安部《关于公安机关管辖的刑事案件立案追诉标准的规定（一）》的相关规定，对于具有造成人员重伤或者死亡；造成直接经济损失十万元以上的；其他造成严重后果等情形之一的，应当以生产、销售不符合安全标准的产品罪追究刑事责任。

（三）涉窨井盖玩忽职守、滥用职权类犯罪的认定

窨井盖的监管不到位，是导致人员坠井等伤亡事故多发的重要因素，但长期以来管理人员的失职渎职犯罪行为没有得到及时追究。《意见》坚持问题导向，规定了涉窨井盖的职务犯罪的定罪处罚原则。玩忽职守是涉窨井盖职务犯罪案件中最常见的一类犯罪。对于具有国家机关工作人员身份的窨井盖行政管理人员，常见的如管理排水窨井盖的市政工程管理人员，在窨井盖采购、施工、验收、使用、检查过程中不履行或者不正确履行相应职责，致使公共财产、国家和人民利益遭受重大损失的，以玩忽职守罪定罪处罚。对于其在窨井盖采购、施工、验收、使用、检查过程中超越职权或故意不正确履行职权，致使公共财产、国家和人民利益遭受重大损失的，以滥用职权罪定罪处罚。

除城市排水窨井盖外，供水、燃气等窨井盖由自来水公司、燃气公司等负责管理。这些单位，有的根据法律、法规的规定对窨井盖等设施进行管理，有的则受有关国家机关委托对窨井盖等设施进行管理。对于其在窨井盖管理过程中失职渎职，致使公共财产、国家和人民利益遭受重大损失的行为，也应当依法追究刑事责任。因此，《意见》规定，在依照法律、法规规定行使窨井盖行政管理职权的公司、企业、事业单位中从事公务的人员以及在受国家机关委托代表国家机关行使窨井盖行政管理职权的组织中从事公务的人员，玩忽职守或者滥用职权，致使公共财产、国家和人民利益遭受重大损失的，以玩忽职守罪、滥用职权罪定罪处罚。值得注意的是，上述公司、企业、事业单位受委托对窨井盖行使行政管理职权，实施委托行为的国家机关对其仍负有监管责任，如果相关国家机关工作人员玩忽职守或滥用职权，仍应以渎职犯罪追究刑事责任。在具体认定时，适用2012年最高人民法院、最高人民检察院发布的《关于办理渎职刑事案件适用法律若干问题的解释（一）》的相关规定。具有造成死亡1人以上，或者重伤3人以上，或者轻伤9人以上，或者重伤2人、轻伤3人以上，或者重伤1人、轻伤6人以上；造成经济损失30万元以上；造成恶劣社会影响；其他致使公共财产、国家和人民利益遭受重大损失等情形之一的，即符合《意见》中"致使公共财产、国家和人民利益遭受重大损失"的规定。对于达到上述渎职犯罪标准的，应当依法追究刑事责任。在办理盗窃、破坏窨井盖等普通刑事案件时，应当同时审查是否存在涉及窨井盖管理方面的公职人员失职渎职等职务犯罪，一旦发现职务犯罪线索，应当及时移送监察机关依法查处，切实提高打击涉窨井盖职务犯罪的工作合力。

因窨井盖管理主体多元，国家机关工作人员和依法或者受委托行使窨井盖行政管理职权的公司、企业、事业单位的工作人员只是其中的一部分，还存在其他公司、企业、事业单位等管理主体。《意见》规定，对窨井盖负有管理职

责的其他公司、企业、事业单位的工作人员,严重不负责任,导致人员坠井等事故,致人重伤、死亡的,也应当依法追究刑事责任。即对于符合刑法第二百三十五条、第二百三十三条规定的,以过失致人重伤罪、过失致人死亡罪定罪处罚。此外,国家机关工作人员实施涉窨井盖相关渎职行为时,可能同时存在受贿行为,《意见》规定此种情形除刑法另有规定外,以受贿罪和渎职犯罪数罪并罚。

(四) 关于"窨井盖"的界定

一般来说,窨井是指城市建设的管道到地面出口的那一段,而窨井盖即是盖在窨井上的盖子。可见,窨井盖一般属于城市建设中的公共设施的范畴。常见的窨井盖包括排水、供水、燃气、电力、通信、供热、广电、警务、国防等数十种管道上的井盖。对于城乡结合部、乡镇、农村中的窨井盖以及其他井盖,涉及相关犯罪该如何处理,是值得注意的问题。这些区域的窨井盖以及其他井盖,如果遭到盗窃、破坏,相关职能部门怠于履行管理职责,很多情况下同样危害公共安全。有的甚至因井盖所在区域相比城市偏僻,更容易遭盗窃、破坏,相关职能部门管理更加缺位,群众反映强烈。因此,《意见》对窨井盖作广义理解,对于城乡结合部和乡村等地的窨井盖以及其他井盖,涉及犯罪的可适用《意见》的相关规定。

最高人民法院、最高人民检察院、公安部、司法部关于依法严惩利用未成年人实施黑恶势力犯罪的意见

（2020年3月23日公布并施行　高检发〔2020〕4号）

扫黑除恶专项斗争开展以来，各级人民法院、人民检察院、公安机关和司法行政机关坚决贯彻落实中央部署，严格依法办理涉黑涉恶案件，取得了显著成效。近期，不少地方在办理黑恶势力犯罪案件时，发现一些未成年人被胁迫、利诱参与、实施黑恶势力犯罪，严重损害了未成年人健康成长，严重危害社会和谐稳定。为保护未成年人合法权益，依法从严惩治胁迫、教唆、引诱、欺骗等利用未成年人实施黑恶势力犯罪的行为，根据有关法律规定，制定本意见。

一、突出打击重点，依法严惩利用未成年人实施黑恶势力犯罪的行为

（一）黑社会性质组织、恶势力犯罪集团、恶势力，实施下列行为之一的，应当认定为"利用未成年人实施黑恶势力犯罪"：

1. 胁迫、教唆未成年人参加黑社会性质组织、恶势力犯罪集团、恶势力，或者实施黑恶势力违法犯罪活动的；

2. 拉拢、引诱、欺骗未成年人参加黑社会性质组织、恶势力犯罪集团、恶势力，或者实施黑恶势力违法犯罪活动的；

3. 招募、吸收、介绍未成年人参加黑社会性质组织、恶势力犯罪集团、恶势力，或者实施黑恶势力违法犯罪活动的；

4. 雇用未成年人实施黑恶势力违法犯罪活动的；

5. 其他利用未成年人实施黑恶势力犯罪的情形。

黑社会性质组织、恶势力犯罪集团、恶势力，根据刑法和《最高人民法院、最高人民检察院、公安部、司法部关于办理黑恶势力犯罪案件若干问题的指导意见》《最高人民法院、最高人民检察院、公安部、司法部关于办理恶势力刑事案件若干问题的意见》等法律、司法解释性质文件的规定认定。

（二）利用未成年人实施黑恶势力犯罪，具有下列情形之一的，应当从重处罚：

1. 组织、指挥未成年人实施故意杀人、故意伤害致人重伤或者死亡、强奸、绑架、抢劫等严重暴力犯罪的；
2. 向未成年人传授实施黑恶势力犯罪的方法、技能、经验的；
3. 利用未达到刑事责任年龄的未成年人实施黑恶势力犯罪的；
4. 为逃避法律追究，让未成年人自首、做虚假供述顶罪的；
5. 利用留守儿童、在校学生实施犯罪的；
6. 利用多人或者多次利用未成年人实施犯罪的；
7. 针对未成年人实施违法犯罪的；
8. 对未成年人负有监护、教育、照料等特殊职责的人员利用未成年人实施黑恶势力违法犯罪活动的；
9. 其他利用未成年人违法犯罪应当从重处罚的情形。

（三）黑社会性质组织、恶势力犯罪集团利用未成年人实施犯罪的，对犯罪集团首要分子，按照集团所犯的全部罪行，从重处罚。对犯罪集团的骨干成员，按照其组织、指挥的犯罪，从重处罚。

恶势力利用未成年人实施犯罪的，对起组织、策划、指挥作用的纠集者，恶势力共同犯罪中罪责严重的主犯，从重处罚。

黑社会性质组织、恶势力犯罪集团、恶势力成员直接利用未成年人实施黑恶势力犯罪的，从重处罚。

（四）有胁迫、教唆、引诱等利用未成年人参加黑社会性质组织、恶势力犯罪集团、恶势力，或者实施黑恶势力犯罪的行为，虽然未成年人并没有加入黑社会性质组织、恶势力犯罪集团、恶势力，或者没有实际参与实施黑恶势力违法犯罪活动，对黑社会性质组织、恶势力犯罪集团、恶势力的首要分子、骨干成员、纠集者、主犯和直接利用的成员，即便有自首、立功、坦白等从轻减轻情节的，一般也不予从轻或者减轻处罚。

（五）被黑社会性质组织、恶势力犯罪集团、恶势力利用，偶尔参与黑恶势力犯罪活动的未成年人，按其所实施的具体犯罪行为定性，一般不认定为黑恶势力犯罪组织成员。

二、严格依法办案，形成打击合力

（一）人民法院、人民检察院、公安机关和司法行政机关要加强协作配合，对利用未成年人实施黑恶势力犯罪的，在侦查、起诉、审判、执行各阶段，要全面体现依法从严惩处精神，及时查明利用未成年人的犯罪事实，避免纠缠细枝末节。要加强对下指导，对利用未成年人实施黑恶势力犯罪的重特大案件，可以单独或者联合挂牌督办。对于重大疑难复杂和社会影响较大的案件，办案部门应当及时层报上级人民法院、人民检察院、公安机关和司法行政机关。

（二）公安机关要注意发现涉黑涉恶案件中利用未成年人犯罪的线索，落实以审判为中心的刑事诉讼制度改革要求，强化程序意识和证据意识，依法收集、固定和运用证据，并可以就案件性质、收集证据和适用法律等听取人民检察院意见建议。从严掌握取保候审、监视居住的适用，对利用未成年人实施黑恶势力犯罪的首要分子、骨干成员、纠集者、主犯和直接利用的成员，应当依法提请人民检察院批准逮捕。

（三）人民检察院要加强对利用未成年人实施黑恶势力犯罪案件的立案监督，发现应当立案而不立案的，应当要求公安机关说明理由，认为理由不能成立的，应当依法通知公安机关立案。对于利用未成年人实施黑恶势力犯罪的案件，人民检察院可以对案件性质、收集证据和适用法律等提出意见建议。对于符合逮捕条件的依法坚决批准逮捕，符合起诉条件的依法坚决起诉。不批准逮捕要求公安机关补充侦查、审查起诉阶段退回补充侦查的，应当分别制作详细的补充侦查提纲，写明需要补充侦查的事项、理由、侦查方向、需要补充收集的证据及其证明作用等，送交公安机关开展相关侦查补证活动。

（四）办理利用未成年人实施黑恶势力犯罪案件要将依法严惩与认罪认罚从宽有机结合起来。对利用未成年人实施黑恶势力犯罪的，人民检察院要考虑其利用未成年人的情节，向人民法院提出从严处罚的量刑建议。对于虽然认罪，但利用未成年人实施黑恶势力犯罪，犯罪性质恶劣、犯罪手段残忍、严重损害未成年人身心健康，不足以从宽处罚的，在提出量刑建议时要依法从严从重。对被黑恶势力利用实施犯罪的未成年人，自愿如实认罪、真诚悔罪，愿意接受处罚的，应当依法提出从宽处理的量刑建议。

（五）人民法院要对利用未成年人实施黑恶势力犯罪案件及时审判，从严处罚。严格掌握缓刑、减刑、假释的适用，严格掌握暂予监外执行的适用条件。依法运用财产刑、资格刑，最大限度铲除黑恶势力"经济基础"。对于符合刑法第三十七条之一规定的，应当依法禁止其从事相关职业。

三、积极参与社会治理，实现标本兼治

（一）认真落实边打边治边建要求，积极参与社会治理。深挖黑恶势力犯罪分子利用未成年人实施犯罪的根源，剖析重点行业领域监管漏洞，及时预警预判，及时通报相关部门、提出加强监管和行政执法的建议，从源头遏制黑恶势力向未成年人群体侵蚀蔓延。对被黑恶势力利用尚未实施犯罪的未成年人，要配合有关部门及早发现、及时挽救。对实施黑恶势力犯罪但未达到刑事责任年龄的未成年人，要通过落实家庭监护、强化学校教育管理、送入专门学校矫治、开展社会化帮教等措施做好教育挽救和犯罪预防工作。

（二）加强各职能部门协调联动，有效预防未成年人被黑恶势力利用。建立与共青团、妇联、教育等部门的协作配合工作机制，开展针对未成年人监护人的家庭教育指导、针对教职工的法治教育培训，教育引导未成年人远离违法犯罪。推动建立未成年人涉黑涉恶预警机制，及时阻断未成年人与黑恶势力的联系，防止未成年人被黑恶势力诱导利用。推动网信部门开展专项治理，加强未成年人网络保护。加强与街道、社区等基层组织的联系，重视和发挥基层组织在预防未成年人涉黑涉恶犯罪中的重要作用，进一步推进社区矫正机构对未成年社区矫正对象采取有针对性的矫正措施。

（三）开展法治宣传教育，为严惩利用未成年人实施黑恶势力犯罪营造良好社会环境。充分发挥典型案例的宣示、警醒、引领、示范作用，通过以案释法，选择典型案件召开新闻发布会，向社会公布严惩利用未成年人实施黑恶势力犯罪的经验和做法，揭露利用未成年人实施黑恶势力犯罪的严重危害性。加强重点青少年群体的法治教育，在黑恶势力犯罪案件多发的地区、街道、社区等，强化未成年人对黑恶势力违法犯罪行为的认识，提高未成年人防范意识和法治观念，远离黑恶势力及其违法犯罪。

最高人民检察院、公安部
关于加强和规范补充侦查工作的指导意见

（2020年3月27日公布并施行 高检发〔2020〕6号）

第一条 为进一步完善以证据为核心的刑事指控体系，加强和规范补充侦查工作，提高办案质效，根据《中华人民共和国刑事诉讼法》《人民检察院刑事诉讼规则》《公安机关办理刑事案件程序规定》等有关规定，结合办案实践，制定本指导意见。

第二条 补充侦查是依照法定程序，在原有侦查工作的基础上，进一步查清事实，补充完善证据的诉讼活动。

人民检察院审查逮捕提出补充侦查意见，审查起诉退回补充侦查、自行补充侦查，要求公安机关提供证据材料，要求公安机关对证据的合法性作出说明等情形，适用本指导意见的相关规定。

第三条 开展补充侦查工作应当遵循以下原则：

1. 必要性原则。补充侦查工作应当具备必要性，不得因与案件事实、证据无关的原因退回补充侦查。

2. 可行性原则。要求补充侦查的证据材料应当具备收集固定的可行性，补充侦查工作应当具备可操作性，对于无法通过补充侦查收集证据材料的情形，不能适用补充侦查。

3. 说理性原则。补充侦查提纲应当写明补充侦查的理由、案件定性的考虑、补充侦查的方向、每一项补证的目的和意义，对复杂问题、争议问题作适当阐明，具备条件的，可以写明补充侦查的渠道、线索和方法。

4. 配合性原则。人民检察院、公安机关在补充侦查之前和补充侦查过程中，应当就案件事实、证据、定性等方面存在的问题和补充侦查的相关情况，加强当面沟通、协作配合，共同确保案件质量。

5. 有效性原则。人民检察院、公安机关应当以增强补充侦查效果为目标，把提高证据质量、解决证据问题贯穿于侦查、审查逮捕、审查起诉全过程。

第四条 人民检察院开展补充侦查工作，应当书面列出补充侦查提纲。补充侦查提纲应当分别归入检察内卷、侦查内卷。

第五条　公安机关提请人民检察院审查批准逮捕的，人民检察院应当接收。经审查，不符合批捕条件的，应当依法作出不批准逮捕决定。人民检察院对于因证据不足作出不批准逮捕决定，需要补充侦查的，应当制作补充侦查提纲，列明证据体系存在的问题、补充侦查方向、取证要求等事项并说明理由。公安机关应当按照人民检察院的要求开展补充侦查。补充侦查完毕，认为符合逮捕条件的，应当重新提请批准逮捕。对于人民检察院不批准逮捕而未说明理由的，公安机关可以要求人民检察院说明理由。对人民检察院不批准逮捕的决定认为有错误的，公安机关可以依法要求复议、提请复核。

对于作出批准逮捕决定的案件，确有必要的，人民检察院可以根据案件证据情况，就完善证据体系、补正证据合法性、全面查清案件事实等事项，向公安机关提出捕后侦查意见。逮捕之后，公安机关应当及时开展侦查工作。

第六条　人民检察院在审查起诉期间发现案件存在事实不清、证据不足或者存在遗漏罪行、遗漏同案犯罪嫌疑人等情形需要补充侦查的，应当制作补充侦查提纲，连同案卷材料一并退回公安机关并引导公安机关进一步查明案件事实、补充收集证据。

人民检察院第一次退回补充侦查时，应当向公安机关列明全部补充侦查事项。在案件事实或证据发生变化、公安机关未补充侦查到位、或者重新报送的材料中发现矛盾和问题的，可以第二次退回补充侦查。

第七条　退回补充侦查提纲一般包括以下内容：

（一）阐明补充侦查的理由，包括案件事实不清、证据不足的具体表现和问题；

（二）阐明补充侦查的方向和取证目的；

（三）明确需要补充侦查的具体事项和需要补充收集的证据目录；

（四）根据起诉和审判的证据标准，明确补充、完善证据需要达到的标准和必备要素；

（五）有遗漏罪行的，应当指出在起诉意见书中没有认定的犯罪嫌疑人的罪行；

（六）有遗漏同案犯罪嫌疑人需要追究刑事责任的，应当建议补充移送；

（七）其他需要列明的事项。

补充侦查提纲、捕后侦查意见可参照本条执行。

第八条　案件退回补充侦查后，人民检察院和公安机关的办案人员应当加强沟通，及时就取证方向、落实补证要求等达成一致意见。公安机关办案人员对于补充侦查提纲有异议的，双方及时沟通。

对于事实证据发生重大变化的案件，可能改变定性的案件，证据标准难以把握的重大、复杂、疑难、新型案件，以及公安机关提出请求的案件，人民检察院在退回补充侦查期间，可以了解补充侦查开展情况，查阅证据材料，对补充侦查方向、重点、取证方式等提出建议，必要时可列席公安机关的案件讨论并发表意见。

第九条 具有下列情形之一的，一般不退回补充侦查：

（一）查清的事实足以定罪量刑或者与定罪量刑有关的事实已经查清，不影响定罪量刑的事实无法查清的；

（二）作案工具、赃物去向等部分事实无法查清，但有其他证据足以认定，不影响定罪量刑的；

（三）犯罪嫌疑人供述和辩解、证人证言、被害人陈述的主要情节能够相互印证，只有个别情节不一致但不影响定罪量刑的；

（四）遗漏同案犯罪嫌疑人或者同案犯罪嫌疑人在逃，在案犯罪嫌疑人定罪量刑的事实已经查清且符合起诉条件，公安机关不能及时补充移送同案犯罪嫌疑人的；

（五）补充侦查事项客观上已经没有查证可能性的；

（六）其他没有必要退回补充侦查的。

第十条 对于具有以下情形可以及时调取的有关证据材料，人民检察院可以发出《调取证据材料通知书》，通知公安机关直接补充相关证据并移送，以提高办案效率：

（一）案件基本事实清楚，虽欠缺某些证据，但收集、补充证据难度不大且在审查起诉期间内能够完成的；

（二）证据存在书写不规范、漏填、错填等瑕疵，公安机关可以在审查起诉期间补正、说明的；

（三）证据材料制作违反程序规定但程度较轻微，通过补正可以弥补的；

（四）案卷诉讼文书存在瑕疵，需进行必要的修改或补充的；

（五）缺少前科材料、释放证明、抓获经过等材料，侦查人员能够及时提供的；

（六）其他可以通知公安机关直接补充相关证据的。

第十一条 人民检察院在审查起诉过程中，具有下列情形之一，自行补充侦查更为适宜的，可以依法自行开展侦查工作：

（一）影响定罪量刑的关键证据存在灭失风险，需要及时收集和固定证据，人民检察院有条件自行侦查的；

（二）经退回补充侦查未达到要求，自行侦查具有可行性的；

（三）有证据证明或者有迹象表明侦查人员可能存在利用侦查活动插手民

事、经济纠纷、实施报复陷害等违法行为和刑讯逼供、非法取证等违法行为，不宜退回补充侦查的；

（四）其他需要自行侦查的。

人民检察院开展自行侦查工作应依法规范开展。

第十二条 自行侦查由检察官组织实施，必要时可以调配办案人员。开展自行侦查的检察人员不得少于二人。自行侦查过程中，需要技术支持和安全保障的，由检察机关的技术部门和警务部门派员协助。

人民检察院通过自行侦查方式补强证据的，公安机关应当依法予以配合。

人民检察院自行侦查，适用《中华人民共和国刑事诉讼法》规定的讯问、询问、勘验、检查、查封、扣押、鉴定等侦查措施，应当遵循法定程序，在法定期限内侦查完毕。

第十三条 人民检察院对公安机关移送的案件进行审查后，在法院作出生效判决前，认为需要补充审判所必需的证据材料的，可以发出《调取证据材料通知书》，要求公安机关提供。人民检察院办理刑事审判监督案件，可以向公安机关发出《调取证据材料通知书》。

第十四条 人民检察院在办理刑事案件过程中，发现可能存在《中华人民共和国刑事诉讼法》第五十六条规定的以非法方法收集证据情形的，可以要求公安机关对证据收集的合法性作出书面说明或者提供相关证明材料，必要时，可以自行调查核实。

第十五条 公安机关经补充侦查重新移送后，人民检察院应当接收，及时审查公安机关制作的书面补充侦查报告和移送的补充证据，根据补充侦查提纲的内容核对公安机关应补充侦查事项是否补查到位，补充侦查活动是否合法，补充侦查后全案证据是否已确实、充分。经审查，公安机关未能按要求开展补充侦查工作，无法达到批捕标准的，应当依法作出不批捕决定；经二次补充侦查仍然证据不足，不符合起诉条件的，人民检察院应当依法作出不起诉决定。对人民检察院不起诉决定认为错误的，公安机关可以依法复议、复核。

对公安机关要求复议的不批准逮捕案件、不起诉案件，人民检察院应当另行指派检察官办理。人民检察院办理公安机关对不批准逮捕决定和不起诉决定要求复议、提请复核的案件，应当充分听取公安机关的意见，相关意见应当附卷备查。

第十六条 公安机关开展补充侦查工作，应当按照人民检察院补充侦查提纲的要求，及时、认真补充完善相关证据材料；对于补充侦查提纲不明确或者有异议的，应当及时与人民检察院沟通；对于无法通过补充侦查取得证据的，应当书面说明原因、补充侦查过程中所做的工作以及采取的补救措施。公安机关补充侦查后,应当单独立卷移送人民检察院,人民检察院应当依法接收案卷。

第十七条 对公安机关未及时有效开展补充侦查工作的,人民检察院应当进行口头督促,对公安机关不及时补充侦查导致证据无法收集影响案件处理的,必要时可以发出检察建议;公安机关存在非法取证等情形的,应当依法启动调查核实程序,根据情节,依法向公安机关发出纠正违法通知书,涉嫌犯罪的,依法进行侦查。

公安机关以非法方法收集的犯罪嫌疑人供述、被害人陈述、证人证言等证据材料,人民检察院应当依法排除并提出纠正意见,同时可以建议公安机关另行指派侦查人员重新调查取证,必要时人民检察院也可以自行调查取证。公安机关发现办案人员非法取证的,应当依法作出处理,并可另行指派侦查人员重新调查取证。

第十八条 案件补充侦查期限届满,公安机关认为原认定的犯罪事实有重大变化,不应当追究刑事责任而未将案件重新移送审查起诉的,应当以书面形式告知人民检察院,并说明理由。公安机关应当将案件重新移送审查起诉而未重新移送审查起诉的,人民检察院应当要求公安机关说明理由。人民检察院认为公安机关理由不成立的,应当要求公安机关重新移送审查起诉。人民检察院发现公安机关不应当撤案而撤案的,应当进行立案监督。公安机关未重新移送审查起诉,且未及时以书面形式告知并说明理由的,人民检察院应当提出纠正意见。

第十九条 人民检察院、公安机关在自行侦查、补充侦查工作中,根据工作需要,可以提出协作要求或者意见、建议,加强沟通协调。

第二十条 人民检察院、公安机关应当建立联席会议、情况通报会等工作机制,定期通报补充侦查工作总体情况,评析证据收集和固定上存在的问题及争议。针对补充侦查工作中发现的突出问题,适时组织联合调研检查,共同下发问题通报并督促整改,加强沟通,统一认识,共同提升补充侦查工作质量。

推行办案人员旁听法庭审理机制,了解指控犯罪、定罪量刑的证据要求和审判标准。

第二十一条 人民检察院各部门之间应当加强沟通,形成合力,提升补充侦查工作质效。人民检察院需要对技术性证据和专门性证据补充侦查的,可以先由人民检察院技术部门或有专门知识的人进行审查,根据审查意见,开展补充侦查工作。

第二十二条 本指导意见自下发之日起实施。

《关于加强和规范补充侦查工作的指导意见》理解与适用[*]

张晓津　尚洪涛　刘　涛[**]

为进一步加强和规范补充侦查工作，提高办案质效，确保公正司法，最高人民检察院、公安部结合补充侦查工作实践，在充分调研论证和征求意见的基础上，于2020年3月共同制定印发了《关于加强和规范补充侦查工作的指导意见》（以下简称《指导意见》），于印发之日起施行。为便于司法实践中正确理解和适用《指导意见》，现解读如下。

一、《指导意见》制定的背景和过程

近年来，随着司法体制改革的不断深化、社会主要矛盾的变化、人民群众对公平正义期待的提高，检察机关积极履行法律监督职能，会同公安机关不断提升办案质效。尤其是检察机关内设机构改革之后，检察机关内部职能进行了配置重组，实行"捕诉一体"办案机制，实际上是将审查逮捕到审查起诉阶段对侦查取证的引导连贯起来，这有助于将起诉和审判的证据要求向前端传导，消除"捕后诉前"监督盲区，尽可能把证据问题解决在移送审查起诉之前，从而不断提高办案质效，积极推进以证据为核心的刑事指控体系的完善。

在司法办案过程中，补充侦查工作对于及时固定完善证据，依法惩治犯罪，保障当事人合法权益具有十分重要的作用。各地检察机关和公安机关，适应新形势新要求，采取有效措施，研究制定相关文件，积极推动补充侦查工作的完善。实践中，退补率居高不下，对退回补充侦查的必要性把握不严、质量不高、效果不好等问题依然存在，如有的办案人员对案件管辖、诉讼文书补正等不需要通过补充侦查解决问题的案件适用补充侦查；有的由于补充侦查提纲质量不高，内容过于简单，只写要求，不写理由，或只写工作目的，不写开展工作的方法，导致侦查人员难以领会补充侦查意图，影响工作效率和效果；有的办案人员与公安机关侦查人员缺乏及时有效沟通，"文来文往"多、"面对面"交流少，在证据的把握和补充上存在隔阂，导致补充侦查质量不高，等等。鉴于做好补充侦查工作对于提升案件质效有重要意义，最高人民检察院党组对此十分重视，张军检察长多次对做好补充侦查工作作出指示，要求今后凡

---

[*] 原文载《人民检察》2020年第11期。
[**] 作者单位：最高人民检察院第一检察厅。

开列补充侦查提纲,必须把案件的侦查方向、案件定性问题,以及取证目的、意义等写清楚,否则就是不合格,写不出来,或者过于简单原则、不得要领,说明能力素质不符合办案要求。为进一步规范和指导刑事案件补充侦查工作,有效解决案件在检察环节审查起诉周期长、多次补充侦查等影响办案效率的问题,进一步提高办案质效,充分保障当事人合法权益,最高人民检察院会同公安部研究起草、制定了《指导意见》。

起草过程中主要开展了以下工作:一是深入调查研究。一方面,结合相关数据,深入各级检察机关进行了多次调研,并多次进行实地阅卷,了解相关检察机关在开展补充侦查工作中存在的问题和工作建议,增强起草文件的针对性、指导性和可操作性。另一方面,要求各省级检察院上报补充侦查提纲,并对上报的文书进行深入研究,为文件的起草打下坚实的实证基础。二是梳理法律文本和相关制度规定。全面梳理了刑事诉讼法、《人民检察院刑事诉讼规则》(以下简称《刑诉规则》)、公安部2013年1月实施的《公安机关办理刑事案件程序规定》(以下简称《程序规定》)和北京、江苏、福建、河南、四川等工作效果较好的省(市)关于补充侦查工作的规范性文件,在充分研究论证的基础上,予以吸收借鉴,形成初稿。三是广泛听取意见。在起草过程中,一方面,加强最高人民检察院内部各刑事检察部门的沟通,就起草文件的具体内容、补充侦查提纲的文书样本等问题达成共识。另一方面,专门召开研讨会,由最高人民检察院相关业务部门和北京市三级检察机关对文件草稿逐条进行研究,并在此基础上进行修改,形成了征求意见稿,分别征求了公安部、最高人民检察院各内设业务部门和各省级检察院的意见,公安部在向全国公安系统征求意见的基础上提出了修改意见。四是反复认真修改。对收到的171条修改建议进行归纳梳理和逐条分析,反复进行了修改。同时,与公安部多次会商,共同逐条研究,最终会签印发。

二、《指导意见》的主要内容

《指导意见》共二十二条,主要包括以下几个方面的内容:一是总则性规定(第一条至第四条)。前四条规定明确了《指导意见》的制定目的、适用范围、补充侦查工作的原则和补充侦查提纲入卷的要求。二是补充侦查工作的具体要求(第五条至第十五条)。根据法律规定和司法实践,明确了补充侦查各种形式的具体工作要求。其中,第五条明确了检察机关在审查批捕阶段补充侦查的适用情形,第六条至第九条明确了检察机关在审查起诉阶段"退回补充侦查"的适用范围、退回补充侦查提纲的主要内容、引导补充侦查的情形和方式、不适用退回补充侦查的情形,第十条和第十三条明确了"调取证据材料"的适用,第十一条、第十二条明确了"自行侦查"的适用情形和措施程序,第十四条明确了"要求公安机关对证据收集的合法性作出书面说明或者提供相关证明材料"的适用。三是补充侦查的制约和监督(第十五条至第十八条)。这些规定明确了对公安机关开展补充侦查工作的制约和监督手段。四是相关工作机制(第十九条至第二十一条)。包括与公安机关的协作机制,联席会议、情况通报会和案件侦查引导机制,对补充侦查工作的评析通报机制,办案人员旁听法庭审理机制,建立补充侦查内部协同机制。

三、《指导意见》的适用

(一) 关于《指导意见》的适用范围

根据2018年修改的刑事诉讼法第一百七十五条的规定:"人民检察院审查案件,可以要求公安机关提供法庭审判所必需的证据材料;认为可能存在本法第五十六条规定的以非法方法收集证据情形的,可以要求其对证据收集的合法性作出说明。人民检察院审查案件,对于需要补充侦查的,可以退回公安机关补充侦查,也可以自行侦查。"该规定明确了"补充侦查""提供法庭审判所必需的证据材料""对证据收集的合法性作出说明""退回补充侦查"和"自行侦查"等内容。同时,该法第九十条规定:"人民检察院对于公安机关提请批准逮捕的案件进行审查后,应当根据情况分别作出批准逮捕或者不批准逮捕的决定。对于批准逮捕的决定,公安机关应当立即执行,并且将执行情况及时通知人民检察院。对于不批准逮捕的,人民检察院应当说明理由,需要补充侦查的,应当同时通知公安机关。"《刑诉规则》第二百八十四条规定:"对公安机关提请批准逮捕的犯罪嫌疑人,人民检察院经审查认为符合本规则第一百二十八条、第一百三十六条、第一百三十八条规定情形,应当作出批准逮捕的决定,连同案卷材料送达公安机关执行,并可以制作继续侦查提纲,送交公安机关。"司法实践中,为突出检察机关的主导责任、实现监督关口前移,各级检察机关在审查逮捕过程中,对证据不足不捕和批准逮捕后需要继续补充证据的,也会要求公安机关补充侦查或者提出侦查意见。因此,《指导意见》第二条第二款明确:"人民检察院审查逮捕提出补充侦查意见,审查起诉退回补充侦查、自行补充侦查,要求公安机关提供证据材料,要求公安机关对证据的合法性作出说明等情形,适用本指导意见的相关规定。"

(二) 开展补充侦查工作应当遵循的原则

《指导意见》坚持问题导向,在充分调研的基础上,针对司法实践中存在的问题,主要明确了以下五个原则。

一是必要性原则。调研中发现,部分检察机关存在对退回补充侦查必要性把握不严的问题。如有的对案件管辖、诉讼文书补正等在审查起诉期间可以解决的问题,通过退回补充侦查的方式解决;有的对证据比较充分的案件,为了增强内心确信,要求退回补充侦查细枝末节的证据;有的存在公安机关借用检察机关审查起诉期限办案或借助补充侦查提纲进行取证,要求检察机关退回补充侦查;有的检察机关存在通过退回补充侦查延长办案期限的情况。因此,《指导意见》明确:"补充侦查工作应当具备必要性,不得因与案件事实、证据无关的原因退回补充侦查。"

二是可行性原则。司法实践中,有些关键证据在侦查终结时已灭失,导致根本无法收集,而有的承办人出于过于谨慎等原因将案件退回补充侦查。因此,《指导意见》明确:"要求补充侦查的证据材料应当具备收集固定的可行性,补充侦查工作应当具备可操作性,对于无法通过补充侦查收集证据材料的情形,不能适用补充侦查。"

三是说理性原则。司法实践中,有的检察机关起草的退回补充侦查提纲内容过于简单,导致侦查人员难以领会补充侦查意图,影响补充侦查工作。张军检察长多次强调,必须高度重视退回补充侦查提纲。要求凡退回补充侦查的,必须列明退回补充侦查的理由、案件定性的考虑、继续侦查的方向、每一项具体取证要求的目的和意义,只有把理由和要求讲清说透,提出的意见才能得到侦查人员的认可和执行。因此,《指导意见》明确:"补充侦查提纲应当写明补充侦查的理由、案件定性的考虑、补充侦查的方向、每一项补证的目的和意义,对复杂问题、争议问题作适当阐明,具备条件的,可以写明补充侦查的渠道、线索和方法。"

四是配合性原则。司法实践中,存在案件退回后补充侦查证据不到位的情况。有时虽然补充侦查工作做了,但由于沟通不顺畅,导致工作不到位,如询问证人问不到要点上、查找的物证、书证与案件无关等;有的公安机关、检察机关对证据确实、充分的衡量标准不一致,导致退回补充侦查比例较高;有的缺乏及时有效沟通,"文来文往"多、"面对面"交流少,在证据的把握和补充上存在隔阂,导致补充侦查质量不高。因此,《指导意见》明确:"人民检察院、公安机关在补充侦查之前和补充侦查过程中,应当就案件事实、证据、定性等方面存在的问题和补充侦查的相关情况,加强当面沟通、协作配合,共同确保案件质量。"

五是有效性原则。司法实践中,有的检察机关出于办案期限的考虑,将补充侦查局限于审查起诉阶段;有的在侦查阶段没有及时调取证据,检察机关提前介入侦查时提出或者第一次退回补充侦查时提出补充调取证据,因为取证周期长,又往往导致案件二次退回补充侦查;有的补充侦查工作及时性不强,导致关键证据灭失。为了提高固定收集证据的及时性、有效性,《指导意见》明确:"人民检察院、公安机关应当以增强补充侦查效果为目标,把提高证据质量、解决证据问题贯穿于侦查、审查逮捕、审查起诉全过程。"

(三) 关于补充侦查提纲入内卷问题

司法实践中,有的检察机关对侦查提纲不够重视,存在不将补充侦查提纲进行归档的情形,导致后置程序审查案件时,如果不查阅补充侦查卷,就无法根据补充侦查提纲核对公安机关补充收集的证据情况,影响了案件办理的质效。而且检察机关开展案件质量评查时,看不到补查提纲,也不利于对补查工作进行准确、全面的评价。因此,《指导意见》第四条明确规定:"人民检察院开展补充侦查工作,应当书面列出补充侦查提纲。补充侦查提纲应当分别归入检察内卷、侦查内卷。"需要说明的是,考虑到补充侦查提纲是一种工作文书,不同于不批准逮捕决定书、批准逮捕决定书、退回补充侦查决定书等具有决定诉讼进程、计算时间节点等作用的法律文书;公安机关在补充侦查之后,会形成补充侦查报告入补充侦查卷,补充侦查卷能够反映补充侦查工作的情况;所有侦查案卷在审查起诉阶段向辩护人开示等原因,《指导意见》明确,补充侦查提纲纳入"检察内卷、侦查内卷"。提纲入内卷备查,对办案人员来讲是一种更高的工作要求,并无隐匿补充侦查提纲之意。

(四) 关于审查逮捕阶段补充侦查的适用

检察机关对公安机关提请审查逮捕的案件,经审查需要作出批准逮捕或者不批准逮捕的决定。同时,由于检察机关承担着司法办案的主体责任。因此,审查决定并非消极地决定批捕或者不批捕,而是要在作出审查决定的同时,积极推进案件证据的收集、固定,从而确保办案质量、司法公正,防冤防错,保证犯罪的人依法受到追究,无辜的人不受刑事追究。当然,检察机关在审查逮捕环节审查出的问题和疏漏,要告知侦查机关,这样有利于侦查工作的继续开展,保证收集证据的及时性和全面性,也为后续的审查起诉工作奠定良好的证据基础。

根据法律规定,在审查逮捕阶段,检察机关因审查决定的不同,需要适用不同的补充侦查方式。对于不批准逮捕的,根据刑事诉讼法第九十条和《刑诉规则》第二百五十七条的规定,《指导意见》明确,"人民检察院对于因证据不足作出不批准逮捕决定,需要补充侦查的,应当制作补充侦查提纲"。需要注意的是,适用补充侦查的不批准逮捕的情况,仅限于因证据不足作出不批准逮捕决定,因为此类不批准逮捕的案件,并未排除犯罪嫌疑人构成犯罪的可能性。对于因不构成犯罪、无社会危险性、不适宜羁押等情形作出的不批准逮捕决定,则不要求适用补充侦查。这种限制性规定,也体现了保证公平正义与保障当事人合法权益的统一。

对于作出批准逮捕决定的案件，考虑到批准逮捕的同时，有的案件证据仍然需要继续补充，有的案件存在遗漏罪行或者遗漏同案犯罪嫌疑人等情形，为了保证案件在起诉时达到事实清楚、证据确实充分的标准，避免逮捕后消极取证，《指导意见》明确："对于作出逮捕决定的案件，确有必要的，人民检察院可以根据案件证据情况，就完善证据体系、补正证据合法性、全面查清案件事实等事项，向公安机关提出捕后侦查意见。逮捕之后，公安机关应当及时开展侦查工作。"在具体文书的适用上，根据《刑诉规则》第二百五十七条规定，"对于批准逮捕后要求公安机关继续侦查、不批准逮捕后要求公安机关补充侦查或者审查起诉阶段退回公安机关补充侦查的案件，人民检察院应当分别制作继续侦查提纲或者补充侦查提纲，写明需要继续侦查或者补充侦查的事项、理由、侦查方向、需补充收集的证据及其证明作用等，送交公安机关"，因此，可制作《继续侦查提纲》，阐述捕后侦查意见。

需要说明的是，为了避免不批准逮捕适用的随意性和确保补充侦查的有效性，根据公安机关与检察机关分工负责、互相配合、互相制约的刑事诉讼原则，《指导意见》明确了"公安机关提请人民检察院审查批准逮捕的，人民检察院应当接收""公安机关应当按照人民检察院的要求开展补充侦查""对于人民检察院不批准逮捕而未说明理由的，公安机关可以要求人民检察院说明理由""对人民检察院不批准逮捕的决定认为有错误的，公安机关可以依法要求复议、提请复核"等内容。当然，接收案卷、要求复议、提请复核等诉讼程序，要依法进行，按照刑事诉讼法和《刑诉规则》的相关规定执行。

（五）关于审查起诉阶段退回补充侦查的适用

审查起诉阶段，补充侦查方式主要是"退回补充侦查"。《指导意见》主要从以下两个方面进行了明确：

一是关于退回补充侦查的适用条件。为了避免审查起诉阶段退回补充侦查适用的随意性，根据补充侦查工作必要性原则，《指导意见》从正反两方面明确了退回补充侦查的适用条件和不适用退回补充侦查的情形。根据刑事诉讼法第一百七十一条和《刑诉规则》第三百四十二条的规定，《指导意见》第六条第一款明确："人民检察院在审查起诉期间发现案件存在事实不清、证据不足或者存在遗漏罪行、遗漏同案犯罪嫌疑人等情形需要补充侦查的，应当制作补充侦查提纲，连同案卷材料一并退回公安机关并引导公安机关进一步查明案件事实、补充收集证据。"因此，退回补充侦查主要适用于"案件存在事实不清、证据不足或者存在遗漏罪行、遗漏同案犯罪嫌疑人等情形"。同时，《指导意见》第九条明确了一般不退回补充侦查的六种情形，即"（一）查清的事实足以定罪量刑或者与定罪量刑有关的事实已经查清,不影响定罪量刑的事实无法查清的;(二)作案工具、赃物去向等部分事实无法查清,但有其他证据足以认定,不影响定罪量刑的;(三)犯罪嫌疑人供述和辩解、证人证言、被害人陈述的主要情节能够相互印证,只有个别情节不一致但不影响定罪量刑的;(四)遗漏同案犯罪嫌疑人或者同案犯罪嫌疑人在逃,在案犯罪嫌疑人定罪量刑的事实已经查清且符合起诉条件,公安机关不能及时补充移送同案犯罪嫌疑人的;(五)补充侦查事项客观上已经没有查证可能性的;(六)其他没有必要退回补充侦查的"。出现上述六种情形的,检察机关应根据案件证据情况,作出起诉或者不起诉的决定,从而避免办案期限的延宕,确保办案效率,有效降低"案-件比",保障当事人合法权益。

二是对二次退回补充侦查适用作出限定。司法实践中,有的检察机关因办案量大等原因,利用二次退回补充侦查延长办案期限;有的检察机关本可以一次补查到位的案件由于考虑不周,导致二次退回补充侦查适用随意;还有的检察机关对二次退回补充侦查必要性把握不严,两次退回补充侦查提纲完全雷同。为了强化办案责任心,提升办案质效,《指导意见》第六条第二款明确:"人民检察院第一次退回补充侦查时,应当向公安机关列明全部补充侦查事项。在案件事实或证据发生变化、公安机关未补充侦查到位、或者重新报送的材料中发现矛盾和问题的,可以第二次退回补充侦查。"因此,对于二次退回补充侦查的适用,应主要把握"案件事实或证据发生变化、公安机关未补充侦查到位、或者重新报送的材料中发现矛盾和问题"等情形。

(六)补充侦查提纲的主要内容

补充侦查提纲是根据定罪量刑标准,表达检察机关对案件审查判断思维和想法的主要载体,也是公安机关根据检察机关意见对证据进行补充收集固定的重要依据。司法实践中,有的检察机关制作的补充侦查提纲过于简单,甚至存在仅有一句话的补充侦查提纲。这不仅不利于案件证据的收集固定,也有损司法机关司法办案的公信力和权威性。因此,《指导意见》根据补充侦查工作的可行性、说理性原则,在第七条明确了退回补充侦查提纲一般包括的七项主要内容:"(一)阐明补充侦查的理由,包括案件事实不清、证据不足的具体表现和问题;(二)阐明补充侦查的方向和取证目的;(三)明确需要补充侦查的具体事项和需要补充收集的证据目录;(四)根据起诉和审判的证据标准,明确补充、完善证据需要达到的标准和必备要素;(五)有遗漏罪行的,应指出在起诉意见书中没有认定的犯罪嫌疑人的罪行;(六)有遗漏同案犯罪嫌疑人需要追究刑事责任的,应建议补充移送;(七)其他需要列明的事项。"同时明确,该要求也适用于审查逮捕阶段的补充侦查提纲和捕后侦查意见、审查起诉阶段的退回补充侦查提纲。

(七) 关于检察机关与公安机关的沟通配合

检察机关与公安机关均承担惩罚犯罪、保护人民、保障国家安全和社会公共安全、维护社会秩序的职能。刑事诉讼法第七条规定，检察机关和公安机关进行刑事诉讼，应当分工负责、互相配合、互相制约。同时，检察机关和公安机关的充分沟通、密切配合，对于提升补充侦查工作的效率和有效性具有十分重要的作用，可以有效避免因沟通不畅、信息交流不完整导致案件证据收集固定出现瑕疵。因此，《指导意见》从多个方面明确了检察机关和公安机关在补充侦查的全过程中应加强沟通配合，具体表现为以下三个方面。

一是明确对补充侦查提纲内容的沟通交流。由于补充侦查提纲是公安机关根据检察机关意见进一步补充完善证据的重要依据，如果双方理解存在偏差，会影响工作效率和质量。因此，除文来文往之外，必须加强面对面的沟通交流。《指导意见》第八条第一款明确，"案件退回补充侦查后，人民检察院和公安机关的办案人员应当加强沟通，及时就取证方向、落实补证要求等达成一致意见。公安机关办案人员对于补充侦查提纲有异议的，双方及时沟通"。第十六条明确，公安机关"对于补充侦查提纲不明确或者有异议的，应当及时与人民检察院沟通"。

二是明确补充侦查方式的协作配合。《指导意见》第十九条明确，"人民检察院、公安机关在自行侦查、补充侦查工作中，根据工作需要，可以提出协作要求或者意见、建议，加强沟通协调"。

三是明确补充侦查过程中，检察机关对公安机关开展具体工作的引导和配合。在补充侦查提纲充分交流阐明的前提下，补充侦查过程中也会遇到一些问题，需要通过沟通交流进一步明确方向、把握标准。因此，《指导意见》第八条第二款明确了在补充侦查过程中检察机关与公安机关的协调配合。该条内容同时也是检察机关对公安机关介入侦查引导取证的具体体现。在具体适用中，要重点从以下两个方面进行把握：第一，适用的范围。考虑到检察机关办案力量的有限性，该条适用范围主要集中在"事实证据发生重大变化的案件""可能改变定性的案件""证据标准难以把握的重大、复杂、疑难、新型案件"和"公安机关提出请求的案件"。第二，适用的方式。包括了解补充侦查开展情况、查阅证据材料、提出相关建议和列席公安机关案件讨论等方式。

(八) 关于调取证据材料通知书的适用

《指导意见》明确了调取证据材料通知书的适用。在司法实践中，对于调取证据材料通知书的适用，需要重点说明和把握以下几个方面。

一是调取证据材料通知书取代了提供法庭审判所需证据材料通知书。虽然刑事诉讼法第一百七十五条规定,"人民检察院审查案件,可以要求公安机关提供法庭审判所必需的证据材料"。但是该规定明确的是检察机关的职权,是一种补充侦查方式,并未规定检察机关适用的文书类型。经研究认为,用调取证据材料通知书完全可以实现工作目的,没有必要再增加一种文书;而且在审查逮捕和审查起诉期间,案件是否能够移送法院审判还不确定,不宜用"提供法庭审判所需证据材料"的表述,避免有罪推定的嫌疑。因此,《指导意见》规定,统一使用调取证据材料通知书。

二是关于调取证据材料通知书适用于检察机关审查案件的全过程。《刑诉规则》第三百四十条规定,检察机关对监察机关或者公安机关移送的案件进行审查后,在法院作出生效判决之前,认为需要补充提供证据材料的,可以书面要求监察机关或者公安机关提供。但是由于补充侦查、捕后侦查意见适用于审查逮捕阶段,退回补充侦查适用于审查起诉阶段,考虑到:第一,在审查批捕过程中,时限较短,有的证据需要及时提供;第二,在审查起诉期间,一些证据材料具有即时调取的可能性,无法也不需适用退回补充侦查,以提高诉讼效率;第三,在案件审判阶段和适用审判监督程序阶段,无法适用退回补充侦查,但有些证据须提交法庭供审判需要,因此,《指导意见》明确调取证据材料通知书适用于检察机关审查案件的全过程。当然,对于侦查机关不能及时提供的,应当将案件退回侦查机关补充侦查。

三是严格把握适用条件。《指导意见》第十条明确:"对于具有以下情形可以及时调取的有关证据材料,人民检察院可以发出《调取证据材料通知书》,通知公安机关直接补充相关证据并移送,以提高办案效率:(一)案件基本事实清楚,虽欠缺某些证据,但收集、补充证据难度不大且在审查起诉期间内能够完成的;(二)证据存在书写不规范、漏填、错填等瑕疵,公安机关可以在审查起诉期间补正、说明的;(三)证据材料制作违反程序规定但程度较轻微,通过补正可以弥补的;(四)案卷诉讼文书存在瑕疵,需进行必要的修改或补充的;(五)缺少前科材料、释放证明、抓获经过等材料,侦查人员能够及时提供的;(六)其他可以通知公安机关直接补充相关证据的。"

(九)关于检察机关自行侦查的适用

检察机关开展自行补充侦查,是补充侦查工作的重要组成部分。刑事诉讼法第一百七十五条第二款规定,检察机关审查案件,对于需要补充侦查的,可以退回公安机关补充侦查,也可以自行侦查。《刑诉规则》第三百四十二条规定,检察机关认为犯罪事实不清、证据不足或者存在遗漏罪行、遗漏同案犯罪嫌疑人等情形需要补充侦查的,应当制作补充侦查提纲,连同案卷材料一并退回公安机关补充侦查。检察机关也可以自行侦查，必要时可以要求公安机关提供协助。上述规定为检察机关开展自行补充侦查提供了充分的法律依据，据此，《指导意见》第十一条、第十二条对自行补充侦查工作作了具体化的规定。在司法实践中，要重点把握以下几个方面。

一是检察机关自行侦查应作为其他几种补充侦查方式的有益补充适用。在具体司法实践中，考虑到检察机关自身队伍资源和技术条件等因素，在符合相关条件的情况下，应当优先考虑适用补充侦查、提出捕后侦查意见和退回补充侦查。

二是准确把握和适用检察机关自行侦查的条件。《指导意见》第十一条规定："人民检察院在审查起诉过程中，具有下列情形之一，自行补充侦查更为适宜的，可以依法自行开展侦查工作：（一）影响定罪量刑的关键证据存在灭失风险，需要及时收集和固定证据，人民检察院有条件自行侦查的；（二）经退回补充侦查未达到要求，自行侦查具有可行性的；（三）有证据证明或者有迹象表明侦查人员可能存在利用侦查活动插手民事、经济纠纷、实施报复陷害等违法行为和刑讯逼供、非法取证等违法行为，不宜退回补充侦查的；（四）其他需要自行侦查的。"因此，检察机关自行补充侦查要在具备自行侦查条件、具有自行侦查可行性和不宜退回补充侦查的必要性的情况下适用。

三是检察机关自行侦查必须依法规范开展。根据《指导意见》第十二条规定，自行侦查由检察官组织实施，必要时可以调配办案人员。开展自行侦查的检察人员不得少于二人。自行侦查过程中，需要技术支持和安全保障的，由检察机关的技术部门和警务部门派员协助。同时，要遵守《刑诉规则》第三百四十八条的规定，检察机关在审查起诉中决定自行侦查的，应当在审查起诉期限内侦查完毕。

四是检察机关自行补充侦查可适用刑事诉讼法规定的侦查手段。司法实践中，有的检察人员提出，开展自行侦查的措施不明确，希望有授权。考虑到刑事诉讼法第一百七十五条第二款规定，检察机关审查案件，对于需要补充侦查的，可以自行侦查，从理论上讲，刑事诉讼法规定的各种侦查措施都可以适用，因此，《指导意见》第十二条明确，检察机关自行侦查，适用刑事诉讼法规定的讯问、询问、勘验检查、查封、扣押、鉴定等侦查措施。

五是检察机关通过自行侦查方式补强证据的，公安机关应当依法予以配合。

（十）关于要求公安机关对证据的合法性作出说明的适用

依法规范开展侦查活动是保证司法公正、保障当事人合法权益的重要基础。检察机关在办案过程中，充分发挥法律监督职能，对可能存在非法收集证据的情况要求公安机关对证据合法性作出说明，可以有效排除非法证据、补强瑕疵证据，使案件证据更加完善，因此，构成了检察机关补充侦查的重要形式之一。在司法实践中，需要注意以下两点：

一是要求公安机关对证据合法性作出说明适用于案件办理全过程。刑事诉讼法第一百七十五条第一款规定，检察机关审查案件，认为可能存在本法第五十六条规定的以非法方法收集证据情形的，可以要求其对证据收集的合法性作出说明。《刑诉规则》第七十四条规定，"人民检察院认为可能存在以刑讯逼供等非法方法收集证据情形的，可以书面要求监察机关或者公安机关对证据收集的合法性作出说明。说明应当加盖单位公章，并由调查人员或者侦查人员签名"；同时第四百一十条第四款规定，"在法庭审理期间，人民检察院可以要求监察机关或者公安机关对证据收集的合法性进行说明或者提供相关证明材料"。由此可以看出，要求公安机关对证据合法性作出说明不仅适用于审查批捕、审查起诉期间，同样适用于法庭审理期间。

二是检察机关可以行使自行调查核实职能。虽然检察机关可以依法要求公安机关对证据合法性作出说明，但是，这项职权并非消极行使，在必要时，检察机关可以自行调查核实，以便切实有效地排除非法证据。

（十一）关于补充侦查工作中的监督制约

刑事诉讼法明确了公安机关与检察机关在刑事诉讼中的相互制约原则，检察机关作为法律监督机关，也承担着保障法律统一正确适用的职责。这种监督制约同样应当贯穿在补充侦查活动的全过程。因此，《指导意见》分多条予以明确，主要体现在以下几个方面。

一是明确制约的相互性。补充侦查活动中，不仅检察机关承担着法律监督职责，公安机关对检察机关的工作也具有制约性。因此，《指导意见》一方面明确"公安机关开展补充侦查工作，应当按照人民检察院补充侦查提纲的要求，及时、认真补充完善相关证据材料"，另一方面也明确了"人民检察院办理公安机关对不批准逮捕决定和不起诉决定要求复议、提请复核的案件，应当充分听取公安机关的意见，相关意见应当附卷备查""公安机关补充侦查后，应当单独立卷移送人民检察院，人民检察院应当依法接收案卷"等规定。当然，检察机关在依法接收案卷后，可以根据证据情况，依法作出不批捕、不起诉决定，而不能简单地因为认为公安机关补证不全面而拒收案卷。

二是明确检察机关依职权进行程序性监督。公安机关经补充侦查重新移送后，检察机关应当接收，及时审查公安机关制作的书面补充侦查报告和移送的补充证据，根据补充侦查提纲的内容核对公安机关应补充侦查的事项是否补查到位，补充侦查活动是否合法，补充侦查后全案证据是否已确实、充分。经审查，公安机关未能按要求开展补充侦查工作，无法达到批捕标准的，应当依法作出不批捕决定；经二次补充侦查仍然证据不足，不符合起诉条件的，检察机关应当依法作出不起诉决定。同时，根据法律规定，对检察机关不起诉决定认为错误的，公安机关可以依法复议、复核；对公安机关要求复议的不批准逮捕案件、不起诉案件，检察机关应当另行指派检察官办理。需要强调的是，对于已经批准逮捕需要继续侦查的案件，检察机关应当加强对公安机关延长羁押期限的审查，对于公安机关没有按照继续侦查提纲的要求开展实质性补证工作的，在决定是否延长羁押期限、是否撤销逮捕决定时，依法从严把握。

三是明确检察机关充分运用纠正违法、检察建议和非法证据排除等手段对公安机关补充侦查活动进行监督。《指导意见》根据刑事诉讼法的相关规定，明确对公安机关未及时有效开展补充侦查工作的，检察机关应当进行口头督促，对公安机关不及时补充侦查导致证据无法收集影响案件处理的，必要时可以发出检察建议；公安机关存在非法取证等情形的，应当依法启动调查核实程序，根据情节，依法向公安机关发出纠正违法通知书，涉嫌犯罪的，依法进行侦查；公安机关以非法方法收集的犯罪嫌疑人供述、被害人陈述、证人证言等证据材料，检察机关应当依法排除并提出纠正意见，同时可以建议公安机关另行指派侦查人员重新调查取证，必要时检察机关也可以自行调查取证。

四是明确对公安机关补充侦查后不重新移送案件和自行撤案的监督。司法实践中，有些地方存在公安机关补充侦查后认为证据不足、不应当追究刑事责任而不重新移送案件或自行撤案的情况。而《程序规定》第一百八十四条规定："需要撤销案件或者对犯罪嫌疑人终止侦查的，办案部门应当制作撤销案件或者对犯罪嫌疑人终止侦查报告书，报县级以上公安机关负责人批准。公安机关决定撤销案件或者对犯罪嫌疑人终止侦查时，原犯罪嫌疑人在押的，应当立即释放，发给释放证明书。原犯罪嫌疑人被逮捕的，应当通知原批准逮捕的人民检察院。"因此，对于公安机关存在撤销案件的情形，应当规定相关的监督内容。《刑诉规则》第三百四十七条也规定，"补充侦查期限届满，公安机关未将案件重新移送起诉的，人民检察院应当要求公安机关说明理由。人民检察院发现公安机关违反法律规定撤销案件的，应当提出纠正意见"。因此，《指导意见》明确，案件补充侦查期限届满，公安机关认为原认定的犯罪事实有重大变化，不应当追究刑事责任而未将案件重新移送审查起诉的，应当以书面形式告知检察机关，并说明理由。公安机关应当将案件重新移送审查起诉而未重新移送审查起诉的，检察机关应当要求公安机关说明理由。检察机关认为公安机关理由不成立的，应当要求公安机关重新移送审查起诉。检察机关发现公安机关不应当撤案而撤案的，应当进行立案监督。公安机关未重新移送审查起诉，且未及时以书面形式告知并说明理由的，检察机关应当提出纠正意见。

(十二) 关于补充侦查工作机制建设

为了充分发挥补充侦查对司法办案的有效性，《指导意见》从两方面对相关机制建设作出规定。

一是明确检察机关与公安机关之间应加强机制建设。《指导意见》明确，检察机关、公安机关应当建立联席会议、情况通报会等工作机制，定期通报补充侦查工作总体情况，评析证据收集和固定上存在的问题及争议；针对补充侦查工作中发现的突出问题，适时组织联合调研检查，共同下发问题通报并督促整改，加强沟通，统一认识，共同提升补充侦查工作质量。同时明确要推行办案人员，包括检察人员和公安侦查人员旁听法庭审理机制，推动办案人员了解指控犯罪、定罪量刑的证据要求和审判标准，从而提升办案效率、保证案件质量。当然，这些机制需要各级检察机关在司法实践中加强与公安机关的沟通，研究制定相关规定，从而切实将这些协调配合机制落到实处。

二是明确检察机关内部相关部门之间应加强协作配合。《指导意见》明确，检察机关各部门之间应当加强沟通，形成合力，提升补充侦查工作质效；检察机关需要对技术性证据和专门性证据补充侦查的，可以先由检察机关技术部门或有专门知识的人进行审查，根据审查意见，开展补充侦查工作。

最高人民检察院、国家监察委员会、教育部、公安部、民政部、司法部、国家卫生健康委员会、中国共产主义青年团中央委员会、中华全国妇女联合会关于建立侵害未成年人案件强制报告制度的意见（试行）

（2020年5月7日公布并施行 高检发〔2020〕9号）

第一条 为切实加强对未成年人的全面综合司法保护，及时有效惩治侵害未成年人违法犯罪，根据《中华人民共和国刑事诉讼法》《中华人民共和国未成年人保护法》《中华人民共和国反家庭暴力法》《中华人民共和国执业医师法》及相关法律法规，结合未成年人保护工作实际，制定本意见。

第二条 侵害未成年人案件强制报告，是指国家机关、法律法规授权行使公权力的各类组织及法律规定的公职人员，密切接触未成年人行业的各类组织及其从业人员，在工作中发现未成年人遭受或者疑似遭受不法侵害以及面临不法侵害危险的，应当立即向公安机关报案或举报。

第三条 本意见所称密切接触未成年人行业的各类组织，是指依法对未成年人负有教育、看护、医疗、救助、监护等特殊职责，或者虽不负有特殊职责但具有密切接触未成年人条件的企事业单位、基层群众自治组织、社会组织。主要包括：居（村）民委员会；中小学校、幼儿园、校外培训机构、未成年人校外活动场所等教育机构及校车服务提供者；托儿所等托育服务机构；医院、妇幼保健院、急救中心、诊所等医疗机构；儿童福利机构、救助管理机构、未成年人救助保护机构、社会工作服务机构；旅店、宾馆等。

第四条 本意见所称在工作中发现未成年人遭受或者疑似遭受不法侵害以及面临不法侵害危险的情况包括：

（一）未成年人的生殖器官或隐私部位遭受或疑似遭受非正常损伤的；

（二）不满十四周岁的女性未成年人遭受或疑似遭受性侵害、怀孕、流产的；

（三）十四周岁以上女性未成年人遭受或疑似遭受性侵害所致怀孕、流产的；

（四）未成年人身体存在多处损伤、严重营养不良、意识不清，存在或疑似存在受到家庭暴力、欺凌、虐待、殴打或者被人麻醉等情形的；

（五）未成年人因自杀、自残、工伤、中毒、被人麻醉、殴打等非正常原因导致伤残、死亡情形的；

（六）未成年人被遗弃或长期处于无人照料状态的；

（七）发现未成年人来源不明、失踪或者被拐卖、收买的；

（八）发现未成年人被组织乞讨的；

（九）其他严重侵害未成年人身心健康的情形或未成年人正在面临不法侵害危险的。

第五条　根据本意见规定情形向公安机关报案或举报的，应按照主管行政机关要求报告备案。

第六条　具备先期核实条件的相关单位、机构、组织及人员，可以对未成年人疑似遭受不法侵害的情况进行初步核实，并在报案或举报时将相关材料一并提交公安机关。

第七条　医疗机构及其从业人员在收治遭受或疑似遭受人身、精神损害的未成年人时，应当保持高度警惕，按规定书写、记录和保存相关病历资料。

第八条　公安机关接到疑似侵害未成年人权益的报案或举报后，应当立即接受，问明案件初步情况，并制作笔录。根据案件的具体情况，涉嫌违反治安管理的，依法受案审查；涉嫌犯罪的，依法立案侦查。对不属于自己管辖的，及时移送有管辖权的公安机关。

第九条　公安机关侦查未成年人被侵害案件，应当依照法定程序，及时、全面收集固定证据。对于严重侵害未成年人的暴力犯罪案件、社会高度关注的重大、敏感案件，公安机关、人民检察院应当加强办案中的协商、沟通与配合。

公安机关、人民检察院依法向报案人员或者单位调取指控犯罪所需要的处理记录、监控资料、证人证言等证据时，相关单位及其工作人员应当积极予以协助配合，并按照有关规定全面提供。

第十条　公安机关应当在受案或者立案后三日内向报案单位反馈案件进展，并在移送审查起诉前告知报案单位。

第十一条　人民检察院应当切实加强对侵害未成年人案件的立案监督。认为公安机关应当立案而不立案的，应当要求公安机关说明不立案的理由。认为不立案理由不能成立的，应当通知公安机关立案，公安机关接到通知后应当立即立案。

第十二条　公安机关、人民检察院发现未成年人需要保护救助的，应当委托或者联合民政部门或共青团、妇联等群团组织，对未成年人及其家庭实施必要的经济救助、医疗救治、心理干预、调查评估等保护措施。未成年被害人生活特别困难的，司法机关应当及时启动司法救助。

公安机关、人民检察院发现未成年人父母或者其他监护人不依法履行监护职责，或者侵害未成年人合法权益的，应当予以训诫或者责令其接受家庭教育指导。经教育仍不改正，情节严重的，应当依法依规予以惩处。

公安机关、妇联、居民委员会、村民委员会、救助管理机构、未成年人救助保护机构发现未成年人遭受家庭暴力或面临家庭暴力的现实危险，可以依法向人民法院代为申请人身安全保护令。

第十三条　公安机关、人民检察院和司法行政机关及教育、民政、卫生健康等主管行政机关应当对报案人的信息予以保密。违法窃取、泄露报告事项、报告受理情况以及报告人信息的，依法依规予以严惩。

第十四条　相关单位、组织及其工作人员应当注意保护未成年人隐私，对于涉案未成年人身份、案情等信息资料予以严格保密，严禁通过互联网或者以其他方式进行传播。私自传播的，依法给予治安处罚或追究其刑事责任。

第十五条　依法保障相关单位及其工作人员履行强制报告责任，对根据规定报告侵害未成年人案件而引发的纠纷，报告人不予承担相应法律责任；对于干扰、阻碍报告的组织或个人，依法追究法律责任。

第十六条　负有报告义务的单位及其工作人员未履行报告职责，造成严重后果的，由其主管行政机关或者本单位依法对直接负责的主管人员或者其他直接责任人员给予相应处分；构成犯罪的，依法追究刑事责任。相关单位或者单位主管人员阻止工作人员报告的，予以从重处罚。

第十七条　对于行使公权力的公职人员长期不重视强制报告工作，不按规定落实强制报告制度要求的，根据其情节、后果等情况，监察委员会应当依法对相关单位和失职失责人员进行问责，对涉嫌职务违法犯罪的依法调查处理。

第十八条　人民检察院依法对本意见的执行情况进行法律监督。对于工作中发现相关单位对本意见执行、监管不力的，可以通过发出检察建议书等方式进行监督纠正。

第十九条　对于因及时报案使遭受侵害未成年人得到妥善保护、犯罪分子受到依法惩处的，公安机关、人民检察院、民政部门应及时向其主管部门反馈相关情况，单独或联合给予相关机构、人员奖励、表彰。

第二十条　强制报告责任单位的主管部门应当在本部门职能范围内指导、督促责任单位严格落实本意见，并通过年度报告、不定期巡查等方式，对本意见执行情况进行检查。注重加强指导和培训，切实提高相关单位和人员的未成年人保护意识和能力水平。

第二十一条 各级监察委员会、人民检察院、公安机关、司法行政机关、教育、民政、卫生健康部门和妇联、共青团组织应当加强沟通交流，定期通报工作情况，及时研究实践中出现的新情况、新问题。

各部门建立联席会议制度，明确强制报告工作联系人，畅通联系渠道，加强工作衔接和信息共享。人民检察院负责联席会议制度日常工作安排。

第二十二条 相关单位应加强对侵害未成年人案件强制报告的政策和法治宣传，强化全社会保护未成年人、与侵害未成年人违法犯罪行为作斗争的意识，争取理解与支持，营造良好社会氛围。

第二十三条 本意见自印发之日起试行。

为未成年人提供全面综合司法保护

——《关于建立侵害未成年人案件强制报告制度的意见（试行）》主要内容解读[*]

史卫忠[**]

2020年5月7日，最高人民检察院、国家监察委员会、教育部、公安部、民政部、司法部、国家卫生健康委员会、中国共产主义青年团中央委员会、中华全国妇女联合会联合发布《关于建立侵害未成年人案件强制报告制度的意见（试行）》（以下简称《意见》）。《意见》的发布实施将对加强未成年人全面综合司法保护，及时有效惩治侵害未成年人违法犯罪发挥重要作用。为便于司法实践中正确理解与适用，现就《意见》的制定背景与经过、起草中的主要考虑以及主要内容解读如下。

一、制定背景与经过

（一）侵害未成年人犯罪案件数量上升

2017年以来，检察机关起诉侵害未成年人犯罪案件数量逐年增加，重大恶性案件时有发生。由于未成年人的自我保护意识、能力弱，遇到侵害后不敢、不能及时寻求帮助，且犯罪行为多发生在内部场所、封闭环境，侵害未成年人案件普遍存在发现难、干预晚的问题。司法办案中发现，相当一部分案件中的未成年人遭受侵害后有明显的外在表现，如果相关人员将此类异常情况及时报告有关部门，案件便能够被较早发现，并可以对未成年被害人及时给予救助保护，从而避免发生更加严重的危害后果。

（二）对侵害未成年人犯罪报案举报制度落实不到位

刑事诉讼法第一百一十条规定，任何单位和个人发现有犯罪事实或者犯罪嫌疑人，有权利也有义务向公安机关、检察机关或者法院报案或举报。未成年人保护法进一步明确了任何组织和个人对侵犯未成年人合法权益的行为提出检举或者控告的权利。但实践中，由于受传统观念、担心打击报复等因素影响，案外人对侵害未成年人犯罪报案、举报的情形并不多见。2015年通过的反家

---

[*] 原文载《人民检察》2020年第17期。
[**] 作者单位：本文写作时为最高人民检察院第九检察厅。

庭暴力法和 2013 年最高人民法院、最高人民检察院、公安部、司法部《关于依法惩治性侵害未成年人犯罪的意见》等明确了教育、监护、医疗等特殊职责人员的强制报告责任，但由于缺乏刚性制度设计，相关责任主体报告意识不强，责任落实情况不理想。

（三）地方检察机关的尝试和探索取得了良好效果

2018 年以来，浙江省杭州市，江苏省无锡市、扬中市，江西省广昌县等地检察机关会同有关部门探索建立侵害未成年人案件强制报告制度，取得了较好效果。浙江省杭州市建立侵害未成年人案件强制报告制度不到两年，通过报告案件线索发现、办理侵害未成年人权益刑事案件 33 件。湖北省枣阳市检察机关根据学校教师提供的一条未成年学生疑似遭受性侵害线索，监督公安机关立案查处了一起强奸十余名未成年人的重大恶性案件。

社会各界对强制报告制度建设高度关注。随着一些侵害未成年人恶性案件的曝光，社会公众关于建立强制报告制度、加大对未成年人保护力度的呼声日益强烈。2019 年，最高人民检察院对各地强制报告制度建设情况和效果进行了全面总结，决定启动国家层面的侵害未成年人案件强制报告制度建设。为确保强制报告制度的适用性、操作性和实效性，最高人民检察院加强与有关部门的沟通协调，广泛听取各方面意见，共同推动《意见》出台。

二、起草过程中的主要考虑

（一）力求职责明确，实现侵害未成年人案件发现能报、发现必报

为保证强制报告制度的可行性、实效性，起草中坚持以下原则：一是具体明确。对强制报告的责任主体、报告情形等规定采取概括加列举的方式表述，力求规定内容界定清晰，明确易懂。二是方便可行。尽量采取有利于报告人员快速、便捷反映情况的方式，简化报案要求，赋予报告单位先期核实权，提高报案效率。三是强制落实。通过强化责任追究，实行多途径监督督导，保证强制报告的制度刚性，使制度要求落到实处。

（二）充分整合资源，实现全面综合保护

司法机关发现侵害未成年人犯罪后，不仅要及时有效惩治犯罪，更应促进被害未成年人得到妥善的救助保护。为此，《意见》要求司法机关接到报案后协调相关部门同步开展被害人救助、安置、身心康复等工作，整合司法机关、职能部门和群团组织等各方资源和力量，形成合力保护、衔接有序的工作机制，切实维护未成年人身心健康和合法权益。

（三）推动部门联动，促进社会治理

强制报告制度的实施使司法机关及政府职能部门能够对辖区内未成年人群

体状况和可能普遍存在的问题有更清晰的了解，为发现、堵塞管理漏洞，推动社会治安综合治理创造了有利条件。为充分发挥制度优势，《意见》提出建立定期通报和联席会议工作机制，希望通过沟通交流和信息共享，及时发现新情况、新问题，共同推动未成年人保护社会治理。

三、主要内容

《意见》以刑事诉讼法、未成年人保护法、反家庭暴力法、执业医师法为基本依据，参照最高人民法院、最高人民检察院、公安部、司法部《关于依法惩治性侵害未成年人犯罪的意见》等文件要求，对侵害未成年人案件强制报告制度的基本含义、义务主体、报告情形、报告方式、报告处置、履责保障、责任追究等作出了具体规定，全文共23条。

（一）强制报告的基本含义

侵害未成年人案件强制报告制度，是指有关报告义务主体在工作中发现未成年人遭受或者疑似遭受不法侵害以及面临不法侵害危险的，应当立即向公安机关报案或举报。

（二）义务主体

《意见》明确了国家机关、法律法规授权行使公权力的各类组织及法律规定的公职人员，密切接触未成年人行业的各类组织及其从业人员对侵害未成年人案件有报告的义务。同时，明确了密切接触未成年人行业的各类组织，是指依法对未成年人负有教育、看护、医疗、救助、监护等特殊职责，或者虽不负有特殊职责但具有密切接触未成年人条件的企事业单位、基层群众自治组织、社会组织。

相关责任主体的确定主要基于以下考虑：一是与法律规定要求保持一致，做到于法有据。目前，关于强制报告的规定分散于多部法律法规和司法解释性文件中，《意见》对相关规定进行了汇总梳理，依据法律规定对负有强制报告义务的组织和人员进行了详细列举。二是便于管理和落实。在确定强制报告责任主体时，《意见》充分考虑了组织管理和行政职能的实际情况，确保责任单位和责任人员均有明确的行政主管部门，保障制度落实、监督管理到位。

《意见》暂未将网络平台纳入强制报告主体范围。主要考虑是，虽然当前网络非接触式性侵害未成年人等问题时有发生，但网络平台面广、信息杂、体量大，报告主体分散。要求网络平台对网上发生的所有侵害未成年人的行为及时发现并承担强制报告义务存在一定难度。当然，尽管《意见》未对网络平台作出强制性规定，但社会公众和互联网企业发现涉及网络性侵、儿童色情等情况的，应当立即向公安机关报案或举报。

（三）报告情形

《意见》根据实践中侵害未成年人案件多发类型及常见特征，规定了性侵、虐待、欺凌、拐卖等9类应当报告的情形。为了及时制止犯罪，有效保护未成年人合法权益，规定发现"疑似"情形的即可报告，报告人员并不负责查证核实，是否存在违法犯罪事实由公安机关查明情况，依法处理。

起草过程中，关于未成年人怀孕、流产的情况如何报告，各部门曾存在不同认识。一种意见认为，未成年人怀孕、流产的必须报告，此类情况是性侵害最直观的表现形式和危害后果。另一种意见认为，当前未成年人低龄性行为情况越来越多见，未成年人怀孕、流产的应当慎重报告，否则容易引发报告人与被报告人之间的纠纷，同时也易诱发部分未成年人及其监护人选择非医疗机构就诊等情况。

经研究，《意见》对这一问题采取了原则性与灵活性相结合的处理方式。一是划分年龄阶段。规定不满14周岁的女性未成年人怀孕、流产的一律报告；对于14周岁以上的女性未成年人，因性侵害导致的怀孕、流产应当报告。二是赋予报告人判断权。对于14周岁以上的女性未成年人怀孕流产的情况，报告人员在具备条件的情况下可进行先期核实，发现或者怀疑遭受性侵害的必须报告。

之所以采取上述处理方式，主要基于以下考虑：一是依据法律的相关规定。刑法对性侵不满14周岁的幼女作出了专门规定和从重处罚要求，对于与幼女发生性关系行为，不以采取暴力、胁迫手段或幼女不同意作为认定条件。二是结合未成年人保护工作实际。根据医疗部门统计，未成年人之间因谈恋爱造成怀孕、流产的情形时有发生。如此类情形也要求必须报告，既浪费国家司法资源也不能保证得到好的实施效果。因此，对于有些明显不属于未成年人遭受侵害所致怀孕、流产等情形，特别是医务人员结合医疗诊断经验和客观情况能够明确排除未成年人遭受侵害的，可以不进行报告。

（四）报告处置

相关组织和人员发现未成年人遭受或者疑似遭受不法侵害以及面临不法侵害危险的，应当立即向公安机关报案或举报。在向公安机关报案的同时，应按照主管行政机关要求报告备案。有关部门接到报告后应及时、妥善处置。一是立即受案办理。《意见》规定，公安机关在接到报案或举报后，应当立即接受，并查明初步情况，对涉嫌违反治安管理的依法受案审查，涉嫌犯罪的依法立案侦查，并在受案或者立案后三日内向报案单位反馈案件进展，在移送审查起诉前告知报案单位。检察机关认为公安机关应当刑事立案侦查而不立案的，应当依法开展监督。二是及时保护、救助未成年被害人。《意见》规定公安机关、检察机关发现未成年人需要保护救助的，应当委托或者联合民政部门或共青团、妇联等提供救助等。三是严格保护未成年人隐私。在报告和处置的过程中，相关人员应当注意保护未成年人隐私，对于涉案未成年人身份、案情等信息资料予以严格保密，严禁通过互联网或者以其他方式进行传播。

（五）履责保障

担心打击报复，害怕引发纠纷是之前报告落实情况不理想的重要原因之一。为消除报告人的思想顾虑，提供有力制度保障，《意见》从以下三方面为报告人员给予保护：一是对报案人信息严格保密。规定公安机关、检察机关和司法行政机关及教育、民政、卫生健康等主管行政机关应当对报案人的信息予以保密。二是严惩干扰、阻碍报告的行为。依法保障相关单位及其工作人员履行强制报告责任。三是积极表彰、奖励。对于因及时报案使遭受侵害的未成年人得到妥善保护、犯罪分子受到依法惩处的，公安机关、检察机关、民政部门应及时向其主管部门反馈相关情况，单独或联合给予相关机构、人员奖励、表彰。

（六）责任追究

《意见》构建了严密的责任追究机制。从法律责任、纪检监察、法律监督三个方面督促各级各类人员落实强制报告责任。一是强化不履行报告义务的法律责任。二是监察机关监督制度落实。对公职人员长期不重视强制报告工作，不按规定落实强制报告制度要求的，各级监察委员会将进行问责，对涉嫌职务违法犯罪的依法调查处理。监察委员会的参与是强制报告制度的一大亮点，能够更好地保证制度落实。三是法律监督纠正执行不力。检察机关依法对本意见的执行情况进行法律监督。上述追责机制凸显了制度的"强制性"，从而有效保障这项制度要求落到实处。

下一步，检察机关应与相关部门密切配合，共同抓好制度落实。一是加强宣传培训，促进相关部门和人员充分掌握和正确执行这项制度，让全社会了解、支持、督促制度的落实，使强制报告制度落地生根。二是联合相关部门加强督促、检查。建立联席会议制度，定期通报工作情况，及时研究实践中出现的新情况、新问题，强化、保证制度落实。三是各地可以根据本地实际制定工作细则，进一步细化工作方式、程序。对于此前已建立相关机制的，仍然可以继续运行。

最高人民检察院
人民检察院办理认罪认罚案件监督管理办法

(2020年4月3日最高人民检察院第十三届检察委员会第三十六次会议通过 2020年5月11日公布并施行)

第一条 为健全办理认罪认罚案件检察权运行监督机制,加强检察官办案廉政风险防控,确保依法规范适用认罪认罚从宽制度,根据《刑事诉讼法》《人民检察院刑事诉讼规则》《关于加强司法权力运行监督管理的意见》等相关规定,结合检察工作实际,制定本办法。

第二条 加强对检察官办理认罪认罚案件监督管理,应当坚持以下原则:

(一)坚持加强对办案活动的监督管理与保障检察官依法行使职权相结合;

(二)坚持检察官办案主体职责与分级分类监督管理职责相结合;

(三)坚持案件管理、流程监控与信息留痕、公开透明相结合;

(四)坚持加强检察机关内部监督管理与外部监督制约相结合。

第三条 办理认罪认罚案件,检察官应当依法履行听取犯罪嫌疑人、被告人及其辩护人或者值班律师、被害人及其诉讼代理人的意见等各项法定职责,依法保障犯罪嫌疑人、被告人诉讼权利和认罪认罚的自愿性、真实性和合法性。

听取意见可以采取当面或者电话、视频等方式进行,听取情况应当记录在案,对提交的书面意见应当附卷。对于有关意见,办案检察官应当认真审查,并将审查意见写入案件审查报告。

第四条 辩护人、被害人及其诉讼代理人要求当面反映意见的,检察官应当在工作时间和办公场所接待。确因特殊且正当原因需要在非工作时间或者非办公场所接待的,检察官应当依照相关规定办理审批手续并获批准后方可会见。因不明情况或者其他原因在非工作时间或者非工作场所接触听取相关意见的,应当在当日或者次日向本院检务督察部门报告有关情况。

辩护人、被害人及其诉讼代理人当面提交书面意见、证据材料的,检察官应当了解其提交材料的目的、材料的来源和主要内容等有关情况并记录在案，与相关材料一并附卷，并出具回执。

当面听取意见时，检察人员不得少于二人，必要时可进行同步录音或者录像。

第五条 办理认罪认罚案件，检察官应当依法在权限范围内提出量刑建议。在确定和提出量刑建议前，应当充分听取犯罪嫌疑人、被告人、辩护人或者值班律师的意见，切实开展量刑协商工作，保证量刑建议依法体现从宽、适当，并在协商一致后由犯罪嫌疑人签署认罪认罚具结书。

第六条 检察官提出量刑建议，应当与审判机关对同一类型、情节相当案件的判罚尺度保持基本均衡。在起诉文书中，应当对量刑建议说明理由和依据，其中拟以速裁程序审理的案件可以在起诉书中概括说明，拟以简易程序、普通程序审理的案件应当在起诉书或者量刑建议书中充分叙明。

第七条 案件提起公诉后，出现新的量刑情节，或者法官经审理认为量刑建议明显不当建议检察官作出调整的，或者被告人、辩护人对量刑建议提出异议的，检察官可以视情作出调整。若原量刑建议由检察官提出的，检察官调整量刑建议后应当向部门负责人报告备案；若原量刑建议由检察长（分管副检察长）决定的，由检察官报请检察长（分管副检察长）决定。

第八条 办理认罪认罚案件，出现以下情形的，检察官应当向部门负责人报告：

（一）案件处理结果可能与同类案件或者关联案件处理结果明显不一致的；

（二）案件处理与监察机关、侦查机关、人民法院存在重大意见分歧的；

（三）犯罪嫌疑人、被告人签署认罪认罚具结书后拟调整量刑建议的；

（四）因案件存在特殊情形，提出的量刑建议与同类案件相比明显失衡的；

（五）变更、补充起诉的；

（六）犯罪嫌疑人、被告人自愿认罪认罚，拟不适用认罪认罚从宽制度办理的；

（七）法院建议调整量刑建议，或者判决未采纳量刑建议的；

（八）被告人、辩护人、值班律师对事实认定、案件定性、量刑建议存在重大意见分歧的；

（九）一审判决后被告人决定上诉的；

（十）其他应当报告的情形。

部门负责人、分管副检察长承办案件遇有以上情形的，应当向上一级领报告。

第九条 对于犯罪嫌疑人罪行较轻且认罪认罚，检察官拟作出不批准逮捕或者不起诉决定的案件，应当报请检察长决定。报请检察长决定前，可以提请部门负责人召开检察官联席会议研究讨论。检察官联席会议可以由本部门全体检察官组成，也可以由三名以上检察官（不包括承办检察官）组成。

参加联席会议的检察官应当根据案件的类型、讨论重点等情况，通过查阅卷宗、案件审查报告、听取承办检察官介绍等方式，在全面准确掌握案件事实、情节的基础上参加讨论、发表意见，供承办检察官决策参考，并在讨论笔录上签字确认。

检察官联席会议讨论意见一致或者形成多数意见的，由承办检察官自行决定或者按检察官职权配置规定报请决定。承办检察官与多数意见分歧的，应当提交部门负责人审核后报请检察长（分管副检察长）决定。

第十条 对于下列拟作不批捕、不起诉的认罪认罚从宽案件，可以进行公开听证：

（一）被害人不谅解、不同意从宽处理的；

（二）具有一定社会影响，有必要向社会释法介绍案件情况的；

（三）当事人多次涉诉信访，引发的社会矛盾尚未化解的；

（四）食品、医疗、教育、环境等领域与民生密切相关，公开听证有利于宣扬法治、促进社会综合治理的；

（五）具有一定典型性，有法治宣传教育意义的。

人民检察院办理认罪认罚案件应当按照规定接受人民监督员的监督。对公开听证的认罪认罚案件，可以邀请人民监督员参加，听取人民监督员对案件事实、证据认定和案件处理的意见。

第十一条 检察长、分管副检察长和部门负责人要认真履行检察官办案中的监督管理责任，承担全面从严治党、全面从严治检主体责任，检务督察、案件管理等有关部门承担相应的监督管理责任，自觉接受派驻纪检监察机构的监督检查，对涉嫌违纪违法的依照规定及时移交派驻纪检监察机构处理。

第十二条 部门负责人除作为检察官承办案件，履行检察官职责外，还应当履行以下监督管理职责：

（一）听取或者要求检察官报告办案情况；

（二）对检察官办理的认罪认罚案件进行监督管理，必要时审阅案卷，调阅与案件有关材料，要求承办检察官对案件情况进行说明，要求检察官复核、补充、完善证据；

（三）召集或者根据检察官申请召集并主持检察官联席会议；

（四）对于应当由检察长（分管副检察长）决定的事项，经审核并提出处理意见后报检察长（分管副检察长）决定；

（五）定期组织分析、汇总通报本部门办案情况，指导检察官均衡把握捕与不捕、诉与不诉法律政策、量刑建议等问题，提请检察委员会审议作出决定；

（六）其他应当履行的职责，或者依据检察长（分管副检察长）授权履行的职责。

第十三条 部门负责人、分管副检察长对检察官办理案件出现以下情形的，应当报请检察长决定：

（一）处理意见与检察官联席会议多数检察官意见存在分歧的；

（二）案件处理与监察机关、侦查机关、人民法院存在重大意见分歧需要报请检察长（分管副检察长）决定的；

（三）发现检察官提出的处理意见错误，量刑建议明显不当，或者明显失衡的，应当及时提示检察官，经提示后承办检察官仍然坚持原处理意见或者量刑建议的；

（四）变更、补充起诉的；

（五）其他应当报告的情形。

第十四条 检察长（分管副检察长）除作为检察官承办案件，履行检察官职责外，还应当履行以下职责：

（一）听取或者要求检察官报告办案情况；

（二）对检察官的办案活动进行监督管理；

（三）发现检察官不正确履行职责的，应当予以纠正；

（四）依据职权清单，在职权范围内对检察官办理的认罪认罚案件作出决定；

（五）听取部门负责人关于认罪认罚案件办理情况的报告；

（六）要求部门负责人对本院办理的认罪认罚案件定期分析、汇总通报，涉及法律、政策理解、适用的办案经验总结、规则明确等，提请检察委员会审议，必要时向上级检察院汇报；

（七）其他应当履行的职责。

第十五条 检察长（分管副检察长）发现检察官办理认罪认罚案件不适当的，可以要求检察官复核，也可以直接作出决定或者提请检察委员会讨论决定。检察长（分管副检察长）要求复核的意见、决定应当以书面形式作出并附卷。

第十六条 案件管理部门对认罪认罚案件办理应当履行以下监督管理

职责：

（一）进行案件流程监控，对案件办理期限、诉讼权利保障、文书制作的规范化等进行监督；

（二）组织案件评查，对评查中发现的重要情况及时向检察长报告；

（三）发现违反检察职责行为、违纪违法线索的，及时向相关部门移送；

（四）其他应当履行的职责。

第十七条 下列情形的案件应当作为重点评查案件，经检察长（分管副检察长）批准后进行评查，由案件管理部门或者相关办案部门组织开展：

（一）检察官超越授权范围、职权清单作出处理决定的；

（二）经复议、复核、复查后改变原决定的；

（三）量刑建议明显不当的；

（四）犯罪嫌疑人、被告人认罪认罚后又反悔的；

（五）当事人对人民检察院的处理决定不服提出申诉的；

（六）人民法院裁判宣告无罪、改变指控罪名或者新发现影响定罪量刑重要情节的；

（七）其他需要重点评查的。

第十八条 检务督察部门应当指导办案部门做好认罪认罚案件廉政风险防控和检察官履职督查和失责惩戒工作，重点履行以下监督职责：

（一）对检察官办理认罪认罚案件执行法律、规范性文件和最高人民检察院规定、决定等情况进行执法督察；

（二）在执法督察、巡视巡察、追责惩戒、内部审计中发现以及有关单位、个人举报投诉办案检察官违反检察职责的，依职权进行调查，提出处理意见；

（三）对检察官违反检察职责和违规过问案件，不当接触当事人及其律师、特殊关系人、中介组织等利害关系人的，依职权进行调查，提出处理意见；

（四）针对认罪认罚案件办案廉政风险，加强廉政风险防控制度建设和工作指导，开展司法办案廉政教育；

（五）其他应当监督的情形。

第十九条 上级人民检察院要履行对下级人民检察院办理认罪认罚案件指导、监督管理责任，定期分析、汇总通报本辖区内办案整体情况，通过案件指导、备案备查、专项检查、错案责任倒查、审核决定等方式，对下级人民检察院办理认罪认罚案件进行监督。对存在严重瑕疵或者不规范司法行为，提出监督纠正意见。案件处理决定确有错误的，依法通过指令下级人民检察院批准逮捕、提起公诉、提出抗诉或者撤销逮捕、撤回起诉等方式予以纠正。

第二十条 人民检察院办理认罪认罚案件，应当按照规定公开案件程序性信息、重要案件信息和法律文书，接受社会监督。

第二十一条 严格落实领导干部干预司法活动、插手具体案件处理，司法机关内部或者其他人员过问案件，司法人员不正当接触交往的记录报告和责任追究等相关规定，对违反规定的严肃追责问责。

检察官对存在过问或者干预、插手办案活动，发现有与当事人、律师、特殊关系人、中介组织不当接触交往行为情况的，应当如实记录并及时报告部门负责人。

检察长、分管副检察长和部门负责人口头或者短信、微信、电话等形式向检察官提出指导性意见的，检察官记录在案后，依程序办理。

第二十二条 当事人、律师等举报、投诉检察官违反法律规定办理认罪认罚案件或者有过失行为并提供相关线索或者证据的，检察长（分管副检察长）可以要求检察官报告办案情况。检察长（分管副检察长）认为确有必要的，可以更换承办案件的检察官，将涉嫌违反检察职责行为、违纪违法线索向有关部门移送，并将相关情况记录在案。

第二十三条 对检察官办理认罪认罚案件的质量效果、办案活动等情况进行绩效考核，考核结果纳入司法业绩档案，作为检察官奖惩、晋升、调整职务职级和工资、离岗培训、免职、降职、辞退的重要依据。

第二十四条 检察官因故意违反法律法规或者因重大过失导致案件办理出现错误并造成严重后果的，应当承担司法责任。

检察官在事实认定、证据采信、法律适用、办案程序、文书制作以及司法作风等方面不符合法律和有关规定，存在司法瑕疵但不影响案件结论的正确性和效力的，依照相关纪律规定处理。

第二十五条 负有监督管理职责的检察人员因故意或者重大过失怠于行使或者不当行使职责，造成严重后果的，应当承担司法责任。

关于《人民检察院办理认罪认罚案件监督管理办法》的理解与适用[*]

苗生明 曹红虹[**]

为确保依法适用认罪认罚从宽制度，规范检察机关在办理认罪认罚案件过程中的权力运行机制，加强检察官办案廉政风险防控，根据刑事诉讼法、最高人民检察院《人民检察院刑事诉讼规则》（以下简称《规则》）及中央政法委、最高人民法院、最高人民检察院《关于加强司法权力运行监督管理的意见》等相关规定，结合检察工作实际，最高人民检察院于2020年4月3日召开的第十三届检察委员会第三十六次会议通过了《人民检察院办理认罪认罚案件监督管理办法》（以下简称《办法》），自2020年5月11日起施行。为便于司法实践中准确理解和正确适用，现对《办法》的主要内容等予以解读和说明。

一、加强检察机关办理认罪认罚案件监督管理的重要性和必要性

以检察官办案责任制为核心的司法责任制改革以来，在突出检察官主体地位、保障检察官依法独立公正行使检察权的同时，赋予检察官更多的裁量权和责任。同时，"捕诉一体"办案模式改革后，批捕权和起诉权由同一名刑事检察检察官行使，职权设置更为集中。加之2018年修改后的刑事诉讼法规定了认罪认罚从宽制度，检察官在办理认罪认罚案件中担负主导责任，在适用程序、提出量刑建议等方面须与被告人、被害人、律师进行沟通协商，导致检察官与案件相关人员接触增多，客观上增加了被"围猎"的风险。从这三个层面讲，迫切需要完善监督管理机制，进而做到在流程上规范，在风险上提示，在运行中加强监督管理，明确办案权限，防止权力滥用，增强司法公信和权威。

从实际情况看，2019年全国检察机关刑事检察部门违纪违法人员有280余人，如何加强对检察官的权力制约、监督管理，是检察机关面临的重要课题。最高人民检察院党组高度重视队伍廉政建设，在部署加大认罪认罚从宽制度适用力度的同时，同步研究部署风险防控工作，切实加强对检察权行使的监

[*] 原文载《人民检察》2020年第12期。
[**] 作者单位：最高人民检察院第一检察厅。

督。2020年2月形成征求意见稿后，第一检察厅分别征求了驻院纪检监察组和相关内设机构的意见，同时对下征求意见，在此基础上，根据反馈意见进行了审慎研究、反复修改，4月3日，《办法》经最高人民检察院检察委员会审议通过。

二、《办法》起草原则和标题、结构

（一）起草原则

一是坚持问题导向与目标导向相结合。一方面，尽可能将《规则》以及最高人民法院、最高人民检察院、公安部、司法部、国家安全部《关于适用认罪认罚从宽制度的指导意见》（以下简称《指导意见》）中对检察官在履职过程中可能存在的滥权、廉政风险点予以细密梳理，对于检察官职权职能的规定等重要内容予以吸收，并在《办法》中作进一步细化。另一方面，尽可能收集、整理各地司法实务中在廉政风险方面存在的普遍性问题，深入研究、论证，有针对性予以回应。二是坚持顶层设计与地方探索相结合。对各地司法实务中推行的好经验、好做法，尽量予以提炼总结，吸收到《办法》中来。三是坚持积极稳妥原则。对没有把握、争议较大的事项，《办法》暂时不作规定，或仅作出相对原则的规定。

（二）标题及结构

1. 关于《办法》的标题

最高人民检察院从2019年12月开始组织人员着手研究起草《办法》，最初委托江苏省检察院、重庆市检察院根据办案实践制定了相关文件，形成了《人民检察院适用认罪认罚从宽制度廉政风险防控实施意见（初稿）》，后吸收北京市基层检察院的一线检察官加入起草小组，进一步梳理办案各环节的权限以及办案流程外各相关部门监督管理的职责等，研究与之相应的制度规范。

研究后认为，《办法》如果仅仅是廉政意义上的风险防控，容易形成预设风险、面面俱到，不宜将规定落实到每一个办案步骤中，特别是易与纪检监察机构的职能混同。经再三论证后认为，《办法》应起到的重要作用是"立规矩、扎篱笆"，加大对办案风险的防控。为此，经研究，将文件名称修改为《人民检察院办理认罪认罚案件监督管理办法》。具体来说，《办法》主要从两个方面立规矩：一是明确办案程序内流转的管理、审核、把关、决定。二是明确员额检察官办案权限，因地制宜制定、划分权力职责。

2. 关于《办法》的结构

《办法》不分章节，以条文顺序规定，共计25条，对在其他有关司法责任制改革、最高人民检察院《关于完善检察官权力清单的指导意见》（以下简称《权力清单》)中有规定的,《办法》不再规定,保证了《办法》的简洁、实用、有效和针对性。《办法》主要从以下方面作出规定:一是对检察官在办案中可能面临的风险点和应予警示的方面进行规定,集中在《办法》第三条至第十条。二是规定部门负责人、检察长(分管副检察长)在办案流程中担负的监督管理责任。三是规定流程外案件管理部门、检务督察部门、上级检察院等的监督管理责任和方式。四是规定出现问题后的惩戒方式和司法责任制的落实。

三、《办法》的主要内容

(一) 确立四个原则

首先,强调监督管理与保障检察官依法履职相结合。《办法》第三条至第八条明确规定了检察官依法办案中的职责职权,包括听取犯罪嫌疑人及辩护律师意见、量刑协商、量刑建议等工作的依法开展。既依法依规保障检察官在授权范围内依法独立行使职权,又确保监督管理到位,防止产生"权权交易""权钱交易"等司法腐败问题。其次,强调检察官认罪认罚案件办理过程中的分级分类管理原则。《办法》明确了办案和监督主体的权力和职责,检察长和部门负责人应切实承担起本单位、本部门党风廉政建设的主体责任。检务督察、案件管理等有关部门承担相应的巡视巡查督查纠错责任。再次,强调坚持案件管理、流程监控与信息留痕、公开透明相结合。例如,为便于分清责任,防止检察长滥用权力,《办法》第十五条规定了检察长如果不同意检察官的建议,除要求检察官对案件进行复核外,也可以直接作出决定。对检察长作出决定的方式,《办法》要求必须是书面形式并附卷备查,目的是避免检察长打招呼影响办案,导致出现权责不明的情况。最后,强调加强检察机关内部监督管理与外部监督制约相结合。

(二) 办案流程内监督的重点内容

1. 建立检察机关听取意见程序规则

《办法》第三条、第四条从检察官听取当事人的意见入手,目的是防止不当接触,将"三个规定"的要求体现在这两条中。2020年4月9日,最高人民检察院制定了《关于执行"三个规定"等重大事项记录报告制度若干问题的工作细则》,"三个规定"对检察官的行为规范、办案纪律、交往圈子等方面都进行约束和监督,贯穿于检察官办案的始终,没有例外,适用于办理所有类型的案件,办理认罪认罚案件更不能有例外。"三个规定"落实到《办法》中有了更高的要求,具体而言:办理认罪认罚案件,首先,检察官应当依法听取当事人或者律师意见,并记录在案,听取意见可以是当面或者电话、视频等不同方式。其次，对要求当面听取意见的，必须是报批后在工作时间和工作场所进行。再次，不可避免在非工作时间或非工作场所听取当事人或者律师反映情况的，《办法》规定应当在当日或者次日内向本院检务督察部门报告有关情况。检察官在办理认罪认罚案件中遇到"三个规定"列举的情形时，应主动及时汇报，强调及时性，检务督察部门掌握情况后，将其作为监督事项加以重视和处理。如果没有按照规定及时汇报，依据最高人民法院、最高人民检察院、公安部、司法部、国家安全部《关于进一步规范司法人员与当事人、律师、特殊关系人、中介组织接触交往行为的若干规定》的要求，办案人员将承担相关责任。

2. 确立三项制度

《办法》用最高人民检察院文件的形式规定了量刑协商制度、量刑建议说理制度和量刑建议调整制度，是对《指导意见》的进一步深化和发展。

关于量刑协商制度。《办法》第五条规定，检察官办理认罪认罚案件，应当依法在权限范围内提出量刑建议。在确定和提出量刑建议前，应当充分听取犯罪嫌疑人、被告人、辩护人或者值班律师的意见，切实开展量刑协商工作，保证量刑建议依法体现从宽、适当，并在协商一致后由犯罪嫌疑人签署认罪认罚具结书。在听取意见过程中，律师和犯罪嫌疑人可以提出不同意检察官最初量刑建议的意见，基于案件事实充分陈述有利于犯罪嫌疑人的事实证据，充分沟通交流后表明己方观点和建议。这种沟通与协商，既有利于保障最终的控辩合意科学合理，也是对量刑建议权的约束和限制，有利于检察权的正确行使。《办法》还规定，检察官提出量刑建议，"应当与审判机关对同一类型、情节相当案件的判罚尺度保持基本均衡"。这是硬性要求，量刑建议提出的幅度标准是"审判机关对同一类型、情节相当案件的判罚尺度"，其制度导向是"保证量刑建议依法体现从宽、适当"，是在罪责刑相一致基础上的宽缓着力。

关于量刑建议说理制度。根据《办法》第六条的规定，检察官提出量刑建议应当充分说理，这是对检察机关的自我加压，目的是保证量刑建议的合法科学，有理有据，也是自我约束，有利于防范权力滥用。通过说理制度的实施呈现量刑建议提出的事实基础、法律依据和情节考量，让量刑建议的提出过程公开透明，有利于被告方接受和审判机关的采纳。应当注意的是，叙明理由和依据是《办法》的硬性规定，"应当"进行。

关于量刑建议调整制度。《办法》第七条对调整量刑建议的情况进行规定，即谁作出的原量刑建议，调整的决定也由谁决定并负责。《办法》规定，案件提起公诉后，出现新的量刑情节，或者法官经审理认为量刑建议明显不当，建议检察官作出调整的，或者被告人、辩护人对量刑建议提出异议的，检察官可以视情作出调整。对此项权力进行监督管理的着力点在于，量刑建议的调整是有条件、有依据的，检察官调整量刑建议不是随意而为，而是附条件进行。具体来讲：一是新的量刑情节的出现，影响量刑了，必须调整。二是法院审理后认为明显不当，可以酌情调整，这种情况是承办检察官酌定认定，即检察官应当从类案统一角度进行判断，重点判断量刑建议是否违反罪责刑相适应原则，是否明显有违一般司法认知。如果没有这些情况，检察官可以坚持不作出量刑调整。三是被告人、辩护人对量刑建议提出异议的，检察官可以视情作出调整，这也是酌定调整，体现量刑协商的空间。

3. 对遇到特殊案件、案件特殊情形、案件有可能出现的廉政风险点如何避免及应对进行了规定

《办法》第八条至第十条规定，检察官在办理认罪认罚案件中遇到特殊情况时，应当层报批准，不能自行决定案件的走向。特别是针对容易出现争议和风险点的拟作不批捕、不起诉的某些认罪认罚案件，《办法》规定了公开听证的处理方式，目的是通过公开听证避免暗箱操作，引发争议。《规则》第六条规定，业务机构负责人对本部门的办案活动进行监督管理。需要报请检察长决定的事项和需要向检察长报告的案件，应当先由业务机构负责人审核。业务机构负责人可以主持召开检察官联席会议进行讨论，也可以直接报请检察长决定或者向检察长报告。这一规定明确了业务部门负责人的个案审核权，凡需报请检察长知晓或决定的事项与案件，须首先报经部门负责人审核，确认了部门负责人对本部门办案活动具有普遍的监督管理权。按照此规定，《办法》第八条规定了检察官的报告义务，办案检察官应该就存在第八条列举的十种情形向部门负责人报告相应情况，部门负责人可以视情况与办案检察官交换意见或者提出工作建议，办案检察官坚持自己意见的，部门负责人认为有必要时，可以召集检察官联席会议进行研究讨论，提出工作建议，向检察长报告后决定。《规则》同时明确了不批捕、不起诉的案件决定权限仍然在于检察长，但提议权在办案检察官。之前在征求意见过程中，有的地方提出"将不批捕、不起诉权限规定由检察长行使，与《权力清单》中规定的内容有一定冲突"，进而建议"可由各地根据实际情况，决定相关权力是否下放给检察官或者分管副检察长"。但经研究后认为，根据《规则》相关规定，考虑到不起诉、不批捕案件涉及案件的走向，对所有类型案件，其不批捕、不起诉的决定权在于检察长，认罪认罚案件也不应有例外，因此，此项权限明确应由检察长行使，避免引发争议。

第十条规定了可以进行公开听证的认罪认罚案件的类型。公开听证的认罪认罚案件具有以下特点：一是依法适用认罪认罚从宽制度。二是通过办案信息

充分公开，争取社会理解支持，力求实质公平。三是进行法治宣传，体现社会正确导向，促进社会综合治理。例如，有的人身伤害案件，被告人到案后真诚悔罪，愿意尽量赔偿，但拿不出被害人提出的赔偿金，被害人坚决不同意谅解。这种情况下，如果进行公开听证，一方面可以促进矛盾化解，另一方面也可以通过外部监督力量确保认罪认罚的正当性。即使被害人没有谅解，但被告人真诚悔罪，尽可能积极赔偿，具有认罪认罚的真诚态度，并与检察官协商，接受量刑建议，就应当依法从宽处罚，只是在程序上不能适用刑事案件速裁程序。

4. 对部门负责人、检察长（分管副检察长）管理职责进行了明确

《办法》第十一条至第十五条规定了部门负责人、检察长（分管副检察长）在办理认罪认罚案件中应当切实担负监督管理的职责。部门负责人、检察长（分管副检察长）通过听取或要求检察官报告办案情况，必要时查阅案卷、调阅与案件有关的材料等方式，对承办检察官办理的案件进行监督，体现的是办案过程中的他律。第十三条规定了须报请检察长决定的情况，对存在风险点的关键节点要求必须审批决定，防止检察官滥用权力。第十五条规定检察长（分管副检察长）对案件复核的意见、决定应当以书面形式作出并附卷。这是复查、评查时分清相关人员责任的重要依据，也是加强对检察长（分管副检察长）决定的监督制约。

（三）流程外案件管理、检务督查、纪检监察、上级检察院的职责

《办法》第十六条至第二十条对案件管理、检务督查、纪检监察的职责进行了规定，具体包括办案部门流程之外的监督部门的流程监控、督查、约束、惩戒等。目的是在办理认罪认罚案件过程中通过开展廉政风险排查防控、司法责任追究和检察官惩戒等方式，强化对检察官执行法律法规情况的督察，以及系统内巡视巡察，对履行职责、行使职权情况进行自我纠错、督促整改，从而强化对检察权运行的监督制约，保证检察机关和检察人员在认罪认罚案件办理中依法履职、公正司法。

对于需要重点评查的案件，《办法》第十七条总共列举了七类。"作为重点评查案件"逐一评查的七类情形在征求意见中受到广泛关注。如第十七条规定的第四种情形，犯罪嫌疑人、被告人认罪认罚后又反悔的，其规定的"反悔"不仅仅是反悔后提起上诉，还包括签订了认罪认罚具结书，在起诉前或者开庭时反悔又不认罪的情形。有的地方提出被告人认罪认罚后又反悔的案件在实践中占有一定比例，没有逐案评查的必要。经研究后认为，某个检察官办理的被告人认罪认罚后又反悔的案件较多或者某个地区办理的反悔案件较多，确有必要进行评查，找出原因，帮助其改进工作，以利于认罪认罚从宽制

度的规范适用。当然,对被告人反悔上诉的案件,不适宜一律作为负面评价指标,应具体情况具体分析,如被告人利用上诉不加刑原则拟谋取更大司法利益的情况和通过上诉留所服刑的情形,均不属于检察官的责任,不宜对此类案件作负面评价。

最初草稿中有关需要重点评查的案件还包含了"有关单位、个人举报投诉检察人员违法违纪办案的""违规过问案件,违规接触当事人及其律师、特殊关系人、中介组织等利害关系人的"两类情形,经研究后认为,"重点评查案件"主要关注的是特殊的案件情形,以上两种情形已经属于检察人员违纪线索,属于检务督察部门的重点督查对象,超出了案件评查的范围,进而删除了这两种情况。现有规定是将案件管理部门评查对象聚焦于案件本身呈现出来的异常情况,通过评查回溯、总结分析,起到监督作用,促使检察官更加审慎办案。

(四)违反规定后的责任追究和对检察官履职的保障

《办法》第二十一条至第二十五条对于落实监督制约与履职保障原则、落实"三项规定"的要求、办理认罪认罚案件出现错误和造成严重后果等情况下的司法责任和免责条件进行了规定。案件管理部门处于监督的前端,侧重案件流程监控和质量评查,落点在"事",而检务督察部门处于监督的末端,侧重事后追责惩戒,落点在"人"。通过协作配合、衔接互补,确保检察机关内部监督资源得以充分利用。比如,《办法》第二十四条第一款规定了检察官因故意违反法律法规或者因重大过失导致案件办理出现错误并造成严重后果的,应当承担司法责任。对于监管不力如何承担责任,《办法》第二十五条进行了规定,贯彻了"谁办案谁负责、谁决定谁负责"的要求。

最高人民法院、最高人民检察院关于建立全国执行与法律监督工作平台进一步完善协作配合工作机制的意见

（2020年7月10日公布并施行 法发〔2020〕23号）

为促进人民法院依法执行，规范人民检察院对民事、行政、刑事裁判涉财产部分执行工作的法律监督活动，贯彻落实中央全面依法治国委员会《关于加强综合治理从源头切实解决执行难问题的意见》（中法委〔2019〕1号）精神，根据《中华人民共和国民事诉讼法》《中华人民共和国行政诉讼法》《中华人民共和国刑事诉讼法》《最高人民法院、最高人民检察院关于民事执行活动法律监督若干问题的规定》和其他有关规定，结合人民法院执行工作和人民检察院相关法律监督工作实际，就建立全国执行与法律监督工作平台、加强协作配合、完善工作机制、实现信息共享、提高执行工作与法律监督信息化规范化水平等事项提出以下意见。

一、最高人民法院、最高人民检察院各自建立监督工作系统并进行对接，搭建全国执行与法律监督工作平台（以下简称工作平台）。工作平台建成后，检察监督意见及人民法院回复意见的提出、案件信息的传输等均通过工作平台操作和流转，有关统计分析数据从工作平台提取。工作平台信息需要从其他系统导入的，应当同步更新。

工作平台的建设分阶段开展。工作平台建成前，最高人民法院和最高人民检察院每月通过一定方式集中交换全国检察监督意见的相关信息。

二、人民检察院实施法律监督，应当突出重点，着重对损害国家利益或者社会公共利益、严重损害当事人合法权益、造成重大社会影响等违法执行行为进行监督。

三、人民检察院认为人民法院执行活动不存在违法情形的，应当将不支持监督申请的决定或者终结审查决定通过工作平台推送给人民法院。

四、人民检察院提出检察监督意见应当由检察官办案组或者检察官办理，经检察长批准或者检察委员会决定，制作检察监督意见法律文书，以人民检察院的名义提出。检察监督意见法律文书应当通过工作平台推送给人民法院。

五、检察监督意见法律文书应当包含文号、执行法院、执行案号、执行当事人、案由、案件事实、证据材料、监督理由、违法类型、法律依据、建议内容等。针对人民法院异议、复议程序进行监督的，应当注明异议、复议案件办理法院。经过检察委员会讨论的，应当注明。一份检察监督意见法律文书一般只应针对一个执行案号，包括执行实施案件案号或者执行审查案件案号，就多个案件的共性问题提出检察监督意见的，可以分别列明案号。

六、有关人民法院收到针对具体案件的检察监督意见法律文书后，应在三十日内依程序立"执监字"案件办理。被监督的执行行为或者执行裁定的承办人、合议庭成员应当回避。

七、人民法院办理检察监督意见应由独任法官或者合议庭审查，以人民法院名义回复意见。由检察委员会讨论决定后提出的检察监督意见，人民法院作出答复前原则上应当经审判委员会讨论决定。

八、人民法院办理人民检察院提出检察监督意见的执行监督案件，实行书面审查。案情复杂、争议较大的，应当进行听证，并在听证三日前通知同级人民检察院、当事人、利害关系人、案外人。同级人民检察院应当派员参加听证。人民检察院因履行法律监督职责调查核实的情况，应当向人民法院提交并予以说明，由当事人、利害关系人、案外人进行质证。

书面审查的案件，人民法院可以将检察监督意见法律文书送达当事人、利害关系人、案外人，通知当事人、利害关系人、案外人可以在限定期限内提出书面意见。

人民法院在办理人民检察院提出检察监督意见的执行监督案件过程中，可以参照《最高人民法院关于人民法院办理执行异议和复议案件若干问题的规定》等有关程序规则。

九、人民法院对检察监督意见，可以按照下列情形，分别处理：

（一）采纳或者部分采纳检察监督意见的，裁定撤销、变更相关执行行为或者有关异议、复议裁定，但执行行为无撤销、变更内容，或者异议、复议裁定认定事实、适用法律虽有瑕疵，但结果正确的，裁定维持有关执行行为或者有关异议、复议裁定；

（二）不予采纳检察监督意见的，裁定维持相关执行行为或者有关异议、复议裁定；

（三）对涉嫌消极执行行为提出的检察监督意见，以及针对共性问题等提出改进工作的检察监督意见，以回复意见函的形式回复人民检察院。

十、人民法院应当依照有关规定依法及时将回复意见函、裁定书等法律文书回复人民检察院，必要时可附相关证据材料。有特殊情况需要延长的，应当与人民检察院协商,经本院院长批准,可以延长不超过一个月。

十一、人民法院的回复意见函、裁定书应当包含回函或者裁定书文号、执行法院、执行案号、执行当事人、案由、检察监督意见法律文书文号、检察监督意见主要内容、案件事实及证据材料、是否违法、违法类型、采纳情况、理由、如何纠正等。采纳情况分为全部采纳、部分采纳和不予采纳。

人民法院的回复意见函、裁定书应当通过工作平台回复人民检察院。

十二、上级法院、检察院应当对检察监督意见的提出和办理情况加强管理和督促,适时开展质量评查和综合分析。人民法院要将检察监督意见的办理情况纳入绩效考核,作为加强执行工作日常管理的重要抓手,要将检察监督意见作为发现干警违法违纪线索的重要来源,及时整治问题,净化执行队伍。

最高人民检察院
关于充分发挥检察职能服务保障"六稳""六保"的意见

(2020年7月22日公布并施行 高检发〔2020〕10号)

为贯彻落实党中央关于做好"六稳"工作、落实"六保"任务的重大决策部署,主动服务统筹推进疫情防控和经济社会发展工作,克服新冠肺炎疫情带来的不利影响,促进恢复正常经济社会秩序,现就充分发挥检察职能,服务保障"六稳""六保"提出如下意见:

1. 依法惩治妨害社会生产生活秩序的相关犯罪。落实在疫情防控常态化条件下加快恢复生产生活秩序的要求,依法惩治破坏复工复产和经济社会发展等刑事犯罪,为"六稳""六保"营造稳定的社会环境。一是对妨害复工复产、损害企业合法权益的犯罪,依法从严从快追诉,最大程度帮助企业挽回损失。突出惩治欺行霸市、强买强卖、恶意阻工、破坏交通等扰乱复工复产秩序的犯罪,以及利用提供虚假就业、兼职信息,虚假订立公司企业合同,虚假提供中小企业贷款等手段实施的诈骗犯罪。二是结合疫情防控常态化要求,把握好司法政策与法律标准,依法及时处理妨害传染病防治和国境卫生检疫,非法捕杀、交易野生动物,制售伪劣防治防护产品物资、假药劣药以及不符合标准医用器材等犯罪。依法严惩以暴力、威胁方法侵犯医务人员安全、扰乱医疗秩序的犯罪行为,对主观恶性大、社会影响恶劣的行为人,坚决从严追诉,从重提出量刑建议。三是针对近年来特别是疫情期间网络犯罪数量大幅上升,加大对电信网络诈骗、网络传销、侵犯个人信息、网络"黄赌毒"等各类违法犯罪行为惩治力度,积极配合公安、工信等部门坚决整治网络黑灰产业链,强化源头治理,营造清朗网络空间。四是充分考虑经济下行和疫情影响等因素,对"职业放贷人"采取非法手段催收高利放贷债务及其他法律不予保护的债务,不法分子通过虚增借贷金额、恶意制造违约、肆意认定违约、毁匿还款证据等方式制造"套路贷"等违法犯罪行为,从严追诉,加大打击力度。

2. 依法妥善化解涉疫矛盾纠纷。以学习贯彻民法典为契机,坚持运用法治思维和法治方式,积极推进涉疫矛盾纠纷化解,维护社会和谐稳定。一是依法办理与疫情防控、经济社会发展密切相关的合同履行、劳动争议、医疗损害、消费者权益保护等领域民事诉讼监督案件，准确适用不可抗力、情势变更、诉讼时效等法律规定，支持和监督法院依法审判。二是以民法典为重要标尺，加强对履行职责中发现的行政违法行为的监督。在办案中发现行政执法行为损害公民、组织合法权益和社会公共利益的，及时提出检察建议，促进行政机关依法行政。三是坚持和发展新时代"枫桥经验"，在司法办案中加强释法说理、化解矛盾、消弭对抗。结合办案深入剖析相关领域违法犯罪的主要特点、发案规律和深层次原因，及时提出加强监管、完善治理的检察建议，推动完善长效制度机制。

3. 依法保护企业正常生产经营活动。深刻认识"六稳""六保"最重要的是稳就业、保就业，关键在于保企业，努力落实让企业"活下来""留得住""经营得好"的目标。一是加大力度惩治各类侵犯企业财产、损害企业利益的犯罪。依法严格追诉职务侵占、非国家工作人员受贿和挪用资金犯罪，根据犯罪数额和情节，综合考虑犯罪行为对民营企业经营发展、商业信誉、内部治理、外部环境的影响程度，精准提出量刑建议。对提起公诉前退还挪用资金或者具有其他情节轻微情形的，可以依法不起诉；对数额特别巨大拒不退还或者具有其他情节特别严重情形的，依法从严追诉。二是依法慎重处理贷款类犯罪案件。在办理骗取贷款等犯罪案件时，充分考虑企业"融资难""融资贵"的实际情况，注意从借款人采取的欺骗手段是否属于明显虚构事实或者隐瞒真相，是否与银行工作人员合谋、受其指使，是否非法影响银行放贷决策、危及信贷资金安全，是否造成重大损失等方面，合理判断其行为危害性，不苛求企业等借款人。对于借款人因生产经营需要，在贷款过程中虽有违规行为，但未造成实际损失的，一般不作为犯罪处理。对于借款人采取欺骗手段获取贷款，虽给银行造成损失，但证据不足以认定借款人有非法占有目的的，不能以贷款诈骗罪定性处理。三是依法慎重处理拒不支付劳动报酬犯罪案件。充分考虑企业生产经营实际，注意把握企业因资金周转困难拖欠劳动报酬与恶意欠薪的界限，灵活采取检察建议、督促履行、协调追欠追赃垫付等形式，既有效维护劳动者权益，又保障企业生产经营。对恶意欠薪涉嫌犯罪，但在提起公诉前支付劳动报酬，并依法承担相应赔偿责任的，可以依法不起诉。四是严格把握涉企业生产经营、创新创业的新类型案件的法律政策界限。对于企业创新产品与现有国家标准难以对应的，应当深入调查，进行实质性评估，加强请示报告，准确认定产品属性和质量，防止简单化"对号入座"，以生产、销售伪劣产品定罪处罚。

4. 加大知识产权司法保护力度。充分认识知识产权保护在疫情防控常态化条件下对企业生存发展、创新创业的重要意义,坚决惩治侵犯知识产权犯罪。一是依法着力保护与疫情防控相关的诊断检测技术、抗病毒药物、医用呼吸防护产品、环境消毒与废物处理、疫苗研制等领域的知识产权。二是对涉及高新技术、关键核心技术,以及网络侵权、链条式产业化有组织侵权等严重侵权假冒犯罪开展重点打击,对以侵犯知识产权为业或者侵犯知识产权犯罪链条中的生产制造者,以及具有多次、恶意侵权等情形的行为人,依法从严追诉并提出限制缓刑适用或者适用禁止令、职业禁止的量刑建议。推进侵犯知识产权刑事案件权利人诉讼权利告知试点,提升案件办理透明度。三是强化对商业秘密的保护。加大对采用盗窃、利诱、欺诈、胁迫、电子侵入或者其他不正当手段侵犯商业秘密犯罪的打击力度,综合权利人因被侵权遭受的销售利润损失、商业秘密的合理许可使用费等因素,正确认定权利人损失数额和侵权人违法所得。四是依法妥善办理科研人员涉嫌职务犯罪案件,为激发科技创新活力营造宽松有序的环境。对科研经费管理使用中的问题,坚持以科研经费政策为遵循,严格区分罪与非罪界限,不以形式违规简单依数额作犯罪评价。

5. 依法惩治破坏金融管理秩序犯罪。深刻认识"稳金融"在"六稳""六保"中的重要支撑和促进作用,依法惩治金融犯罪,切实维护金融安全。一是加大对证券期货领域金融犯罪的惩治力度。依法"全链条"从严追诉欺诈发行股票、债券、违规披露、不披露重要信息和提供虚假证明文件等扰乱资本市场秩序、侵害投资者利益的犯罪行为,既追究惩治具体实施造假的公司、企业,又追究惩治组织、指使造假的控股股东、实际控制人,同时还要追究惩治帮助造假的中介组织,全面落实对资本市场违法犯罪"零容忍"的要求。二是依法从严惩治严重扰乱金融秩序犯罪。严惩不法分子借互联网金融名义实施的非法吸收公众存款、集资诈骗等犯罪,从严追诉组织者、领导者。按照依法追缴、应追尽追、鼓励退赔、统一返还等原则,持续推进非法集资涉案财物追缴处置工作,配合有关部门最大限度追赃挽损,最大限度减少集资参与人的实际损失。三是加大惩治洗钱犯罪的力度。切实转变"重上游犯罪,轻洗钱犯罪"的做法,办理上游犯罪案件时要同步审查是否涉嫌洗钱犯罪,上游犯罪共犯以及掩饰、隐瞒犯罪所得、非法经营地下钱庄等行为同时构成洗钱罪的,择一重罪依法从严追诉。

6. 依法维护有利于对外开放的法治化营商环境。充分认识"稳外贸""稳外资""稳投资"对稳定宏观经济、扩大对外开放的重大意义,有效维护相关领域的市场秩序。一是围绕自贸试验区、海南自由贸易港、粤港澳大湾区建设等重大战略,依法惩治侵害外国投资者和外商投资企业合法权益,以及扰乱投资秩序、妨害项目推进的各类犯罪,保障外商投资法顺利施行,营造安全、透明的投资环境。二是聚焦当前对外贸易、外商投资领域的新形势，依法惩治利用外贸合同诈骗、虚开出口退税、抵扣税款发票、骗取出口退税以及对外贸易经营活动中的走私、逃汇骗汇等犯罪，促进稳住外贸基本盘，保障外贸产业链、供应链、资金流畅通运转。三是依法慎重处理企业涉税案件。注意把握一般涉税违法行为与以骗取国家税款为目的的涉税犯罪的界限，对于有实际生产经营活动的企业为虚增业绩、融资、贷款等非骗税目的且没有造成税款损失的虚开增值税专用发票行为，不以虚开增值税专用发票罪定性处理，依法作出不起诉决定的，移送税务机关给予行政处罚。

7. 努力为决战决胜脱贫攻坚提供司法保障。深刻认识打赢精准脱贫攻坚战对保障民生底线、全面建成小康社会的重大意义，充分发挥检察职能，助力脱贫攻坚。一是突出对重点领域和弱势群体的司法保护。依法严惩贪污侵占、截留挪用扶贫惠农、救灾救济资金等侵害群众切身利益的腐败犯罪。加强扶贫领域涉案财物依法快速返还工作，审查起诉时及时审查认定权属关系，符合快速返还条件的，依法作出决定并于五日内将涉案财物返还给被侵害的个人或单位。二是突出对困难群体的司法救助。对故意杀人、故意伤害、绑架、抢劫、强奸等严重暴力犯罪造成被害人重伤、死亡的，或者被害人家庭因案致贫、因案返贫的，结合具体案情及时、主动给予司法救助，并积极协调有关部门落实多元救助措施，保障困难当事人的基本生活。三是突出对未成年人的司法保护。持续推进"一号检察建议"落实，加大对侵害农村留守儿童、困境儿童等犯罪打击力度。对拉拢、诱迫未成年人参与有组织犯罪的，一律依法从严追诉、从重提出量刑建议。联合各方力量开展有针对性的帮扶救助，监督推动贫困地区将"控辍保学"、关爱重点儿童群体等相关政策落到实处。

8. 积极促进基层依法治理。深刻认识基层有效运转对统筹推进疫情防控和经济社会发展工作的重要意义，发挥检察监督职能，为基层运转提供法治保障。一是依法严惩"蝇贪""蚁贪"。对发生在基层、影响恶劣的贪污贿赂犯罪尤其是吃拿卡要型索贿犯罪，坚决依法从严追诉。深入开展扫黑除恶专项斗争，严惩"村霸"和宗族恶势力，维护基层政权的稳固。加强对基层执法司法活动的法律监督，从严"破网打伞"，依法查办司法工作人员利用职权实施的侵害公民权利、损害司法公正的犯罪。二是深入推进行政争议实质性化解。聚焦保护企业权益、保障基本民生等重点领域，对诉求合法合理、有化解可能的行政申诉案件，通过促进和解、公开听证、司法救助、释法说理等方式实质性化解行政争议，促进基层依法行政，提高公共服务能力。

9. 落实"少捕""少押""慎诉"的司法理念。适应新时期犯罪形势变化，在保持对少数严重暴力犯罪和恶性犯罪从严打击绝不放过的同时，对认罪认罚、轻刑犯罪充分适用依法从宽的刑事政策，促进社会综合治理。一是坚持依法能不捕的不捕。审查批捕环节，注重将犯罪嫌疑人认罪认罚积极复工复产、开展生产自救、努力保就业岗位作为审查判断有无社会危险性的重要考量因素。二是积极探索总结非羁押性强制措施适用经验。推动完善取保候审制度，进一步探索使用电子手铐、赔偿保证金等措施，积极推广适用电子监控措施执行监视居住。认真履行羁押必要性审查职责，减少不必要的羁押。三是坚持依法能不诉的不诉。依法行使不起诉裁量权，逐步扩大酌定不起诉在认罪认罚案件中的适用，鼓励和促使更多的犯罪嫌疑人、被告人认罪服法，化解社会矛盾，减少社会对抗，提升司法效率，确保办案效果。四是综合运用刑事追诉和行政处罚、经济处罚措施。依法作出酌定不起诉决定的，要根据案件情况，对被不起诉人予以训诫或者责令具结悔过、赔礼道歉、赔偿损失。需要给予行政处罚的，提出检察意见移送有关主管机关处理，防止不起诉后一放了之。

10. 依法合理采取更加灵活务实的司法措施。立足当前经济社会发展需求，充分考虑涉案企业经营发展，在办案中依法采取更加灵活务实、及时高效的司法措施。一是慎重适用涉财产强制性措施。对涉嫌犯罪但仍在正常生产经营的各类企业，原则上不采取查封、扣押、冻结措施。对确需查封、扣押、冻结涉案财物的，应当严格区分合法财产与非法财产、股东个人财产与企业法人财产、犯罪嫌疑人个人财产与家庭成员财产，不得超权限、超范围、超数额、超时限查封、扣押、冻结财产。对于相关部门违法采取查封、扣押、冻结等措施的，要依法提出纠正意见。二是优化刑罚执行环节司法措施。扩大涉企服刑人员假释的适用，对于同时符合减刑和假释条件的，依法建议适用假释。会同司法行政机关研究具体措施，为接受社区矫正的民营企业人员从事相关生产经营活动提供必要便利，简化批准流程。三是妥善采取公益诉讼案件司法措施。加强检察机关与有关部门沟通协调，在检察建议及诉讼请求中，慎重采取关停涉案企业等影响企业生存和正常生产经营的措施，帮助协调解决涉案企业异地安置、补偿等实际困难。完善公益诉讼与生态环境损害赔偿等制度的衔接机制，向相关企业主张生态修复费用及惩罚性赔偿时，探索通过分期支付、替代性修复等方法促使其接受惩罚、守法经营、健康发展。

11. 加大对涉民营企业各类案件的法律监督力度。紧盯重点环节和重点领域，强化检察监督，维护、促进司法公正。一是加强立案监督，着重纠正涉及民营企业案件不应当立而立和应立不立等突出问题。坚决防止和纠正以刑事案件名义插手民事纠纷、经济纠纷等各类违法行为，重点监督纠正以非法立案为利害关系人追款讨债，干预法院正在审理或者已经裁判的经济纠纷，将合同纠纷立为诈骗、民事侵权立为职务侵占、行业拆借立为挪用资金、买卖纠纷立为强迫交易、正常经营行为立为非法经营等问题。二是加大清理涉民营企业刑事诉讼"挂案"力度。对既不依法推进诉讼程序，又不及时依法撤销案件的"挂案"，摸清底数，消化存量，杜绝增量，精准监督，推动建立长效机制，维护企业和当事人合法权益。三是加强涉企行政非诉执行监督。强化对行政非诉执行活动受理、审查、裁定和执行环节的监督，防止企业因不当强制执行措施陷入生产经营困境。四是加强控告申诉案件办理答复工作。做实做细群众来信件件有回复和信访积案清理工作，对涉及民营企业的控告申诉案件进行集中清理和统一管理，做到逐案交办、逐案督办，件件有回音，事事有着落。健全检察环节涉产权冤错案件有效防范和常态化纠正机制，做到应纠尽纠。

最高人民法院、最高人民检察院、公安部关于刑事案件涉扶贫领域财物依法快速返还的若干规定

（2020年7月24日公布并施行　高检发〔2020〕12号）

第一条　为规范扶贫领域涉案财物快速返还工作，提高扶贫资金使用效能，促进国家惠民利民政策落实，根据《中华人民共和国刑法》《中华人民共和国刑事诉讼法》等法律和有关规定，制定本规定。

第二条　本规定所称涉案财物，是指办案机关办理有关刑事案件过程中，查封、扣押、冻结的与扶贫有关的财物及孳息，以及由上述财物转化而来的财产。

第三条　对于同时符合下列条件的涉案财物，应当依法快速返还有关个人、单位或组织：

（一）犯罪事实清楚，证据确实充分；

（二）涉案财物权属关系已经查明；

（三）有明确的权益被侵害的个人、单位或组织；

（四）返还涉案财物不损害其他被害人或者利害关系人的利益；

（五）不影响诉讼正常进行或者案件公正处理；

（六）犯罪嫌疑人、被告人以及利害关系人对涉案财物快速返还没有异议。

第四条　人民法院、人民检察院、公安机关办理有关扶贫领域刑事案件，应当依法积极追缴涉案财物，对于本办案环节具备快速返还条件的，应当及时快速返还。

第五条　人民法院、人民检察院、公安机关对追缴到案的涉案财物，应当及时调查、审查权属关系。

对于权属关系未查明的，人民法院可以通知人民检察院，由人民检察院通知前一办案环节补充查证，或者由人民检察院自行补充侦查。

第六条　公安机关办理涉扶贫领域财物刑事案件期间，可以就涉案财物处理等问题听取人民检察院意见，人民检察院应当提出相关意见。

第七条 人民法院、人民检察院、公安机关认为涉案财物符合快速返还条件的，应当在作出返还决定五个工作日内返还有关个人、单位或组织。

办案机关返还涉案财物时，应当制作返还财物清单，注明返还理由，由接受个人、单位或组织在返还财物清单上签名或者盖章，并将清单、照片附卷。

第八条 公安机关、人民检察院在侦查阶段、审查起诉阶段返还涉案财物的，在案件移送人民检察院、人民法院时，应当将返还财物清单随案移送，说明返还的理由并附相关证据材料。

未快速返还而随案移送的涉案财物，移送机关应当列明权属情况、提出处理建议并附相关证据材料。

第九条 对涉案财物中易损毁、灭失、变质等不宜长期保存的物品，易贬值的汽车等物品，市场价格波动大的债券、股票、基金份额等财产，有效期即将届满的汇票、本票、支票等，经权利人同意或者申请，并经人民法院、人民检察院、公安机关主要负责人批准，可以及时依法出售、变现或者先行变卖、拍卖。所得款项依照本规定快速返还，或者按照有关规定处理。

第十条 人民法院、人民检察院应当跟踪了解有关单位和村（居）民委员会等组织对返还涉案财物管理发放情况，跟进开展普法宣传教育，对于管理环节存在漏洞的，要及时提出司法建议、检察建议，确保扶贫款物依法正确使用。

第十一条 发现快速返还存在错误的，应当由决定快速返还的机关及时纠正，依法追回返还财物；侵犯财产权的，依据《中华人民共和国国家赔偿法》第十八条及有关规定处理。

第十二条 本规定自印发之日起施行。

最高人民检察院、中央网信办、国务院食品安全办、司法部、农业农村部、国家卫生健康委员会、海关总署、国家市场监督管理总局、国家广播电视总局、国家粮食和物资储备局、国家药品监督管理局关于在检察公益诉讼中加强协作配合依法保障食品药品安全的意见

（2020年7月28日公布并施行　高检发〔2020〕11号）

为贯彻落实《中共中央、国务院关于深化改革加强食品安全工作的意见》，最高人民检察院与中央网信办、国务院食品安全办、司法部、农业农村部、国家卫生健康委员会、海关总署、国家市场监督管理总局、国家广播电视总局、国家粮食和物资储备局、国家药品监督管理局（以下统称"食品药品有关部门"）就在检察公益诉讼中加强协作配合，更好地保障食品药品安全，形成如下协作意见。

一、关于线索移送的问题

1. 完善公益诉讼案件线索移送机制。积极借助行政执法与刑事司法衔接的经验做法，推进行政执法与检察公益诉讼工作衔接机制建设。食品药品有关部门对于发生在校园及其周边、餐饮聚集区、农贸批发市场、种养殖生产基地、"菜篮子"产品主产区、屠宰场、食品和副食品批发市场、冷库物流中心等区域的；违法行为呈现规模化、组织化、链条化的；涉及婴幼儿食品和药品的；利用网络、电商平台、社交媒体、电视购物等媒介的；人民群众反映强烈、社会影响恶劣、舆论高度关注的涉及侵害食品药品安全的公益诉讼案件线索，在办理遇到阻力，或者需要多个部门协调解决的情况下，应当及时移送检察机关办理。

2. 建立交流会商和研判机制。共同建立行政执法情况和公益诉讼线索交流会商研判机制。在定期会商研判的基础上，对于涉及食品药品行政执法及检察公益诉讼的重大案件、事件和舆情，各方应当及时相互通报，共同研究制定处置办法，及时回应社会关切。对食品药品安全领域易发、高发的系统性、区

域性、行业性问题,检察机关可以集中提出意见建议。

3. 建立健全信息共享机制。积极推动检察机关接入食品安全信息平台,逐步建立食品药品领域行政监管与检察公益诉讼信息共享平台。食品药品有关部门向检察机关提供行政执法信息平台中涉及食品药品安全领域的行政处罚信息,以及有关专项行动中发现的问题和线索。检察机关定期向食品药品有关部门提供已办刑事犯罪、公益诉讼等案件信息和数据信息。进一步明确移送标准,逐步实现食品药品有关部门发现公益诉讼案件线索及时移送检察机关、检察机关发现行政执法机关可能存在履职违法性问题提前预警等功能。

二、关于立案管辖的问题

4. 探索建立管辖通报制度。检察机关办理行政公益诉讼案件,一般由违法行使职权或者不作为的行政机关所在地的同级人民检察院立案并进行诉前程序。对于多个检察机关均有管辖权的情形,上级检察机关可与被监督食品药品有关部门的上级机关加强沟通、征求意见,从有利于执法办案、有利于解决问题的角度,确定管辖的检察机关。

5. 根据监督对象立案。检察机关在履行职责中发现,侵害公益的事件涉及多个行政相对人,但监督对象为同一行政机关的,应当作为一个案件立案调查;在发出检察建议前,调查取证过程中发现的其他行政相对人的同类违法行为,应当与已立案件并案处理。对于同一侵害公益的事件,涉及多个行政机关均存在违法行使职权或者不作为情形的,检察机关可以分别立案。

6. 探索立案管辖与诉讼管辖适当分离。检察机关可根据案件情况,综合考虑被监督对象的行政层级、公益受侵害程度、社会影响等因素,将案件线索指定辖区内其他下级检察机关立案。经过诉前程序,需要提起诉讼的,根据行政诉讼法的规定,移送有管辖权的法院对应的检察院提起诉讼。

三、关于调查取证的问题

7. 建立沟通协调机制。检察机关在调查取证过程中,要加强与食品药品有关部门的沟通协调。检察机关可以采取查阅、调取、复制有关执法卷宗材料,收集书证、物证、视听资料、电子数据等证据,询问行政机关相关人员等方式调查取证,食品药品有关部门应当积极配合协助。

8. 建立专业支持机制。食品药品有关部门可以在调查取证、鉴定评估等方面为检察机关办案提供专业咨询和技术支持,协助做好涉案食品、药品的检验、检测、评估等工作。检察机关办案过程中,对于案件涉及的专门性问题难以鉴定或者鉴定费用过高的,可以结合食品药品性质特点和案件其他证据,并参考食品药品有关部门意见、专家意见等予以认定。检察机关可以根据食品药品有关部门办案需要或要求，提供相关法律咨询。

四、关于诉前程序的问题

9. 探索立案后磋商程序。检察机关在立案后七日内将立案情况告知食品药品有关部门，听取行政机关意见。磋商后，被监督行政机关采纳检察机关意见，依法履行职责，国家利益或者社会公共利益已经得到有效保护的，检察机关调查核实后应当作出终结审查决定。被监督行政机关十五日内未采纳检察机关意见或者国家利益、社会公共利益未能得到有效保护的，人民检察院应当继续调查。

10. 明确依法履职标准。对食品药品监管不依法履行法定职责的判断和认定，应以法律规定的食品药品有关部门法定职责为依据，对照食品药品有关部门的执法权力清单和责任清单，以是否采取有效措施制止违法行为，是否全面运用法律法规、规章和规范性文件规定的行政监管手段，国家利益或者社会公共利益是否得到了有效保护为标准。同时充分考虑环境污染、异常气候、检验能力、监管力量、突发情况等因素对食品药品安全监管工作的影响。食品药品有关部门将涉嫌犯罪的案件线索移送司法机关后，对于依法应当作出责令停产停业、吊销许可证等行政处罚的，应当继续履行职责；需要检察机关配合的，检察机关应当给予配合。

11. 强化检察建议释法说理。检察机关制发检察建议，要准确写明食品药品有关部门违法行使职权或者不作为的事实依据和法律依据，意见部分要明确、具体，并进行充分的释法说理。检察机关要加强与食品药品有关部门的沟通协调，可通过听证、圆桌会议、公开宣告等形式，争取诉前工作效果最大化。要严守检察权边界，不干涉食品药品有关部门的正常履职和自由裁量权。

12. 依法履行行政监管职责。食品药品有关部门接到检察建议书后应在规定时间内书面反馈，确属履职不到位或存在不作为的，应当积极采取有效措施进行整改；因客观原因难以在规定期限内整改完毕的，应当制作具体可行的整改方案，及时向检察机关说明情况；不存在因违法行政致国家利益和社会公共利益受损情形的，应当及时回复并说明情况。

五、关于提起诉讼的问题

13. 检察机关应依法提起行政公益诉讼。经过诉前程序，食品药品有关部门仍未依法全面履行职责，国家利益或者社会公共利益仍然处于受侵害状态的，检察机关应当依法提起行政公益诉讼。诉讼过程中，食品药品有关部门纠正违法行为或者依法履行职责而使检察机关诉讼请求全部实现的，检察机关可以撤回起诉。

14. 食品药品有关部门应依法参与诉讼活动。进入诉讼程序的，食品药品有关部门应按照行政应诉规定相关要求积极参加诉讼，做好应诉准备工作，根据诉讼类型和具体请求积极应诉答辩。对于国家利益或者社会公共利益受到损害的情形，在诉讼过程中要继续推动问题整改落实，力争实质解决。对于法院作出的生效判决要严格执行，及时纠正违法行政行为或主动依法履职。

15. 检察机关依法支持消费者保护组织提起民事公益诉讼。检察机关统一在正义网发布民事公益诉讼诉前公告。消费者保护组织要及时关注，积极行使提起公益诉讼权利。在取证难度大、诉讼能力不足等情况下，可以申请检察机关支持起诉。检察机关可以采取提供法律咨询、协助调查取证、提交支持起诉意见书、出席法庭等方式予以支持。积极落实《中共中央、国务院关于深化改革加强食品安全工作的意见》要求，在食品药品安全民事公益诉讼中探索提出惩罚性赔偿诉讼请求，对建立惩罚性赔偿制度开展联合调研，共同研究提出立法建议。

六、关于日常联络的问题

16. 建立日常沟通联络制度。各方应明确专门联络机构和具体联络人员，负责日常联络沟通工作。各方可定期或不定期召开联席会议，共同研讨解决食品药品安全领域中存在的具体问题。对于达成一致的事项，以会议纪要、会签文件、共同出台指导意见等形式予以明确。检察机关和食品药品有关部门可以在日常工作层面进一步拓宽交流沟通的渠道和方式，建立经常性、多样化的交流沟通机制。

17. 建立联合开展专项督察机制。食品药品有关部门在部署开展专项行动期间，如农产品质量安全专项整治行动、农药使用减量和产地环境净化行动、兽药打假治劣行动、国产婴幼儿配方乳粉提升行动、校园食品安全守护行动、农村假冒伪劣食品治理行动、餐饮质量安全提升行动、保健食品行业专项清理整治行动、"优质粮食工程"行动、进口食品"国门守护"行动等，可以邀请检察机关参与专项督察工作，真正形成检察机关与行政执法机关司法、执法工作合力。

18. 建立共同发布典型案例机制。各方在办案过程中注意收集重点监管领域具有指导意义的典型案例，对于存在争议的问题应当及时进行研讨协商。检察机关在发布食品药品领域指导性案例前应当征求食品药品有关部门意见，也可以由各方共同研究发布典型案例。

七、关于人员交流的问题

19. 建立人员交流和培训机制。各方可定期互派业务骨干开展岗位交流，强化实践锻炼，进一步优化干部队伍素质。检察机关可聘请食品药品有关部门部分业务骨干任命为特邀检察官助理，共同参与公益诉讼办案工作。检察机关和食品药品有关部门举办相关培训时，可以为各方预留名额，或邀请各方单位领导和办案骨干介绍情况，定期开展业务交流活动，共同提高行政执法和检察监督能力。

最高人民检察院、教育部、公安部关于建立教职员工准入查询性侵违法犯罪信息制度的意见

（2020年8月20日公布并施行　高检发〔2020〕14号）

第一章　总　则

第一条　为贯彻未成年人特殊、优先保护原则，加强对学校教职员工的管理，预防利用职业便利实施的性侵未成年人违法犯罪，根据《中华人民共和国刑法》《中华人民共和国刑事诉讼法》《中华人民共和国未成年人保护法》《中华人民共和国治安管理处罚法》《中华人民共和国教师法》《中华人民共和国劳动合同法》等法律，制定本意见。

第二条　最高人民检察院、教育部与公安部联合建立信息共享工作机制。教育部统筹、指导各级教育行政部门及教师资格认定机构实施教职员工准入查询制度。公安部协助教育部开展信息查询工作。最高人民检察院对相关工作情况开展法律监督。

第三条　本意见所称的学校，是指中小学校（含中等职业学校和特殊教育学校）、幼儿园。

第二章　内容与方式

第四条　本意见所称的性侵违法犯罪信息，是指符合下列条件的违法犯罪信息，公安部根据本条规定建立性侵违法犯罪人员信息库：

（一）因触犯刑法第二百三十六条、第二百三十七条规定的强奸，强制猥亵，猥亵儿童犯罪行为被人民法院依法作出有罪判决的人员信息；

（二）因触犯刑法第二百三十六条、第二百三十七条规定的强奸，强制猥亵，猥亵儿童犯罪行为被人民检察院根据刑事诉讼法第一百七十七条第二款之规定作出不起诉决定的人员信息；

（三）因触犯治安管理处罚法第四十四条规定的猥亵行为被行政处罚的人员信息。

符合刑事诉讼法第二百八十六条规定的未成年人犯罪记录封存条件的信息除外。

第五条 学校新招录教师、行政人员、勤杂人员、安保人员等在校园内工作的教职员工，在入职前应当进行性侵违法犯罪信息查询。

在认定教师资格前，教师资格认定机构应当对申请人员进行性侵违法犯罪信息查询。

第六条 教育行政部门应当做好在职教职员工性侵违法犯罪信息的筛查。

第三章 查询与异议

第七条 教育部建立统一的信息查询平台，与公安部部门间信息共享与服务平台对接，实现性侵违法犯罪人员信息核查，面向地方教育行政部门提供教职员工准入查询服务。

地方教育行政部门主管本行政区内的教职员工准入查询。

根据属地化管理原则，县级及以上教育行政部门根据拟聘人员和在职教职员工的授权，对其性侵违法犯罪信息进行查询。

对教师资格申请人员的查询，由受理申请的教师资格认定机构组织开展。

第八条 公安部根据教育部提供的最终查询用户身份信息和查询业务类别，向教育部信息查询平台反馈被查询人是否有性侵违法犯罪信息。

第九条 查询结果只反映查询时性侵违法犯罪人员信息库里录入和存在的信息。

第十条 查询结果告知的内容包括：

（一）有无性侵违法犯罪信息；

（二）有性侵违法犯罪信息的，应当根据本意见第四条规定标注信息类型；

（三）其他需要告知的内容。

第十一条 被查询人对查询结果有异议的，可以向其授权的教育行政部门提出复查申请，由教育行政部门通过信息查询平台提交申请，由教育部统一提请公安部复查。

第四章 执行与责任

第十二条 学校拟聘用人员应当在入职前进行查询。对经查询发现有性侵违法犯罪信息的,教育行政部门或学校不得录用。在职教职员工经查询发现有性侵违法犯罪信息的,应当立即停止其工作,按照规定及时解除聘用合同。

教师资格申请人员取得教师资格前应当进行教师资格准入查询。对经查询发现有性侵违法犯罪信息的,应当不予认定。已经认定的按照法律法规和国家有关规定处理。

第十三条 地方教育行政部门未对教职员工性侵违法犯罪信息进行查询,或者经查询有相关违法犯罪信息,地方教育行政部门或学校仍予以录用的,由上级教育行政部门责令改正,并追究相关教育行政部门和学校相关人员责任。

教师资格认定机构未对申请教师资格人员性侵违法犯罪信息进行查询,或者未依法依规对经查询有相关违法犯罪信息的人员予以处理的,由上级教育行政部门予以纠正,并报主管部门依法依规追究相关人员责任。

第十四条 有关单位和个人应当严格按照本意见规定的程序和内容开展查询,并对查询获悉的有关性侵违法犯罪信息保密,不得散布或者用于其他用途。违反规定的,依法追究相应责任。

第五章 其他规定

第十五条 最高人民检察院、教育部、公安部应当建立沟通联系机制,及时总结工作情况,研究解决存在的问题,指导地方相关部门及学校开展具体工作,促进学校安全建设和保护未成年人健康成长。

第十六条 教师因对学生实施性骚扰等行为,被用人单位解除聘用关系或者开除,但其行为不属于本意见第四条规定情形的,具体处理办法由教育部另行规定。

第十七条 对高校教职员工以及面向未成年人的校外培训机构工作人员的性侵违法犯罪信息查询,参照本意见执行。

第十八条 各地正在开展的其他密切接触未成年人行业入职查询工作,可以按照原有方式继续实施。

最高人民法院、最高人民检察院、公安部
关于依法适用正当防卫制度的指导意见

(2020年8月28日公布并施行 法发〔2020〕31号)

为依法准确适用正当防卫制度，维护公民的正当防卫权利，鼓励见义勇为，弘扬社会正气，把社会主义核心价值观融入刑事司法工作，根据《中华人民共和国刑法》和《中华人民共和国刑事诉讼法》的有关规定，结合工作实际，制定本意见。

一、总体要求

1. 把握立法精神，严格公正办案。正当防卫是法律赋予公民的权利。要准确理解和把握正当防卫的法律规定和立法精神，对于符合正当防卫成立条件的，坚决依法认定。要切实防止"谁能闹谁有理""谁死伤谁有理"的错误做法，坚决捍卫"法不能向不法让步"的法治精神。

2. 立足具体案情，依法准确认定。要立足防卫人防卫时的具体情境，综合考虑案件发生的整体经过，结合一般人在类似情境下的可能反应，依法准确把握防卫的时间、限度等条件。要充分考虑防卫人面临不法侵害时的紧迫状态和紧张心理，防止在事后以正常情况下冷静理性、客观精确的标准去评判防卫人。

3. 坚持法理情统一，维护公平正义。认定是否构成正当防卫、是否防卫过当以及对防卫过当裁量刑罚时，要注重查明前因后果，分清是非曲直，确保案件处理于法有据、于理应当、于情相容，符合人民群众的公平正义观念，实现法律效果与社会效果的有机统一。

4. 准确把握界限，防止不当认定。对于以防卫为名行不法侵害之实的违法犯罪行为，要坚决避免认定为正当防卫或者防卫过当。对于虽具有防卫性质，但防卫行为明显超过必要限度造成重大损害的，应当依法认定为防卫过当。

二、正当防卫的具体适用

5. 准确把握正当防卫的起因条件。正当防卫的前提是存在不法侵害。不法侵害既包括侵犯生命、健康权利的行为，也包括侵犯人身自由、公私财产等

权利的行为；既包括犯罪行为，也包括违法行为。不应将不法侵害不当限缩为暴力侵害或者犯罪行为。对于非法限制他人人身自由、非法侵入他人住宅等不法侵害，可以实行防卫。不法侵害既包括针对本人的不法侵害，也包括危害国家、公共利益或者针对他人的不法侵害。对于正在进行的拉拽方向盘、殴打司机等妨害安全驾驶、危害公共安全的违法犯罪行为，可以实行防卫。成年人对于未成年人正在实施的针对其他未成年人的不法侵害，应当劝阻、制止；劝阻、制止无效的，可以实行防卫。

6. 准确把握正当防卫的时间条件。正当防卫必须是针对正在进行的不法侵害。对于不法侵害已经形成现实、紧迫危险的，应当认定为不法侵害已经开始；对于不法侵害虽然暂时中断或者被暂时制止，但不法侵害人仍有继续实施侵害的现实可能性的，应当认定为不法侵害仍在进行；在财产犯罪中，不法侵害人虽已取得财物，但通过追赶、阻击等措施能够追回财物的，可以视为不法侵害仍在进行；对于不法侵害人确已失去侵害能力或者确已放弃侵害的，应当认定为不法侵害已经结束。对于不法侵害是否已经开始或者结束，应当立足防卫人在防卫时所处情境，按照社会公众的一般认知，依法作出合乎情理的判断，不能苛求防卫人。对于防卫人因为恐慌、紧张等心理，对不法侵害是否已经开始或者结束产生错误认识的，应当根据主客观相统一原则，依法作出妥当处理。

7. 准确把握正当防卫的对象条件。正当防卫必须针对不法侵害人进行。对于多人共同实施不法侵害的，既可以针对直接实施不法侵害的人进行防卫，也可以针对在现场共同实施不法侵害的人进行防卫。明知侵害人是无刑事责任能力人或者限制刑事责任能力人的，应当尽量使用其他方式避免或者制止侵害；没有其他方式可以避免、制止不法侵害，或者不法侵害严重危及人身安全的，可以进行反击。

8. 准确把握正当防卫的意图条件。正当防卫必须是为了使国家、公共利益、本人或者他人的人身、财产和其他权利免受不法侵害。对于故意以语言、行为等挑动对方侵害自己再予以反击的防卫挑拨，不应认定为防卫行为。

9. 准确界分防卫行为与相互斗殴。防卫行为与相互斗殴具有外观上的相似性，准确区分两者要坚持主客观相统一原则，通过综合考量案发起因、对冲突升级是否有过错、是否使用或者准备使用凶器、是否采用明显不相当的暴力、是否纠集他人参与打斗等客观情节，准确判断行为人的主观意图和行为性质。

因琐事发生争执，双方均不能保持克制而引发打斗，对于有过错的一方先动手且手段明显过激，或者一方先动手，在对方努力避免冲突的情况下仍继续侵害的，还击一方的行为一般应当认定为防卫行为。

双方因琐事发生冲突，冲突结束后，一方又实施不法侵害，对方还击，包括使用工具还击的，一般应当认定为防卫行为。不能仅因行为人事先进行防卫准备，就影响对其防卫意图的认定。

10. 防止将滥用防卫权的行为认定为防卫行为。对于显著轻微的不法侵害，行为人在可以辨识的情况下，直接使用足以致人重伤或者死亡的方式进行制止的，不应认定为防卫行为。不法侵害系因行为人的重大过错引发，行为人在可以使用其他手段避免侵害的情况下，仍故意使用足以致人重伤或者死亡的方式还击的，不应认定为防卫行为。

三、防卫过当的具体适用

11. 准确把握防卫过当的认定条件。根据刑法第二十条第二款的规定，认定防卫过当应当同时具备"明显超过必要限度"和"造成重大损害"两个条件，缺一不可。

12. 准确认定"明显超过必要限度"。防卫是否"明显超过必要限度"，应当综合不法侵害的性质、手段、强度、危害程度和防卫的时机、手段、强度、损害后果等情节，考虑双方力量对比，立足防卫人防卫时所处情境，结合社会公众的一般认知作出判断。在判断不法侵害的危害程度时，不仅要考虑已经造成的损害，还要考虑造成进一步损害的紧迫危险性和现实可能性。不应当苛求防卫人必须采取与不法侵害基本相当的反击方式和强度。通过综合考量，对于防卫行为与不法侵害相差悬殊、明显过激的，应当认定防卫明显超过必要限度。

13. 准确认定"造成重大损害"。"造成重大损害"是指造成不法侵害人重伤、死亡。造成轻伤及以下损害的，不属于重大损害。防卫行为虽然明显超过必要限度但没有造成重大损害的，不应认定为防卫过当。

14. 准确把握防卫过当的刑罚裁量。防卫过当应当负刑事责任，但是应当减轻或者免除处罚。要综合考虑案件情况，特别是不法侵害人的过错程度、不法侵害的严重程度以及防卫人面对不法侵害的恐慌、紧张等心理，确保刑罚裁量适当、公正。对于因侵害人实施严重贬损他人人格尊严、严重违反伦理道德的不法侵害，或者多次、长期实施不法侵害所引发的防卫过当行为，在量刑时应当充分考虑，以确保案件处理既经得起法律检验，又符合社会公平正义观念。

四、特殊防卫的具体适用

15. 准确理解和把握"行凶"。根据刑法第二十条第三款的规定，下列行为应当认定为"行凶"：（1）使用致命性凶器，严重危及他人人身安全的；（2）未使用凶器或者未使用致命性凶器，但是根据不法侵害的人数、打击部位和力度等情况，确已严重危及他人人身安全的。虽然尚未造成实际损害，但已对人身安全造成严重、紧迫危险的，可以认定为"行凶"。

16. 准确理解和把握"杀人、抢劫、强奸、绑架"。刑法第二十条第三款规定的"杀人、抢劫、强奸、绑架"，是指具体犯罪行为而不是具体罪名。在实施不法侵害过程中存在杀人、抢劫、强奸、绑架等严重危及人身安全的暴力犯罪行为的，如以暴力手段抢劫枪支、弹药、爆炸物或者以绑架手段拐卖妇女、儿童的，可以实行特殊防卫。有关行为没有严重危及人身安全的，应当适用一般防卫的法律规定。

17. 准确理解和把握"其他严重危及人身安全的暴力犯罪"。刑法第二十条第三款规定的"其他严重危及人身安全的暴力犯罪"，应当是与杀人、抢劫、强奸、绑架行为相当，并具有致人重伤或者死亡的紧迫危险和现实可能的暴力犯罪。

18. 准确把握一般防卫与特殊防卫的关系。对于不符合特殊防卫起因条件的防卫行为，致不法侵害人伤亡的，如果没有明显超过必要限度，也应当认定为正当防卫，不负刑事责任。

五、工作要求

19. 做好侦查取证工作。公安机关在办理涉正当防卫案件时，要依法及时、全面收集与案件相关的各类证据，为案件的依法公正处理奠定事实根基。取证工作要及时，对冲突现场有视听资料、电子数据等证据材料的，应当第一时间调取；对冲突过程的目击证人，要第一时间询问。取证工作要全面，对证明案件事实有价值的各类证据都应当依法及时收集，特别是涉及判断是否属于防卫行为、是正当防卫还是防卫过当以及有关案件前因后果等的证据。

20. 依法公正处理案件。要全面审查事实证据，认真听取各方意见，高度重视犯罪嫌疑人、被告人及其辩护人提出的正当防卫或者防卫过当的辩解、辩护意见，并及时核查，以准确认定事实、正确适用法律。要及时披露办案进展等工作信息，回应社会关切。对于依法认定为正当防卫的案件，根据刑事诉讼法的规定，及时作出不予立案、撤销案件、不批准逮捕、不起诉的决定或者被告人无罪的判决。对于防卫过当案件，应当依法适用认罪认罚从宽制度；对于犯罪情节轻微，依法不需要判处刑罚或者免除刑罚的，人民检察院可以作出不起诉决定。对于不法侵害人涉嫌犯罪的，应当依法及时追诉。人民法院审理第一审的涉正当防卫案件，社会影响较大或者案情复杂的，由人民陪审员和法官组成合议庭进行审理；社会影响重大的，由人民陪审员和法官组成七人合议庭进行审理。

21. 强化释法析理工作。要围绕案件争议焦点和社会关切，以事实为根据、以法律为准绳，准确、细致地阐明案件处理的依据和理由，强化法律文书的释法析理，有效回应当事人和社会关切，使办案成为全民普法的法治公开课，达到办理一案、教育一片的效果。要尽最大可能做好矛盾化解工作，促进社会和谐稳定。

22. 做好法治宣传工作。要认真贯彻"谁执法、谁普法"的普法责任制，做好以案说法工作，使正当防卫案件的处理成为全民普法和宣扬社会主义核心价值观的过程。要加大涉正当防卫指导性案例、典型案例的发布力度，旗帜鲜明保护正当防卫者和见义勇为人的合法权益，弘扬社会正气，同时引导社会公众依法、理性、和平解决琐事纠纷，消除社会戾气，增进社会和谐。

"两高一部"《关于依法适用正当防卫制度的指导意见》理解与适用[*]

高景峰　吴峤滨[**]

2020年8月28日,最高人民法院、最高人民检察院、公安部联合发布《关于依法适用正当防卫制度的指导意见》(以下简称《意见》)。《意见》的出台,对于指导公安司法机关依法准确适用正当防卫制度,维护公民的正当防卫权利,鼓励见义勇为,弘扬社会正气,把社会主义核心价值观融入刑事司法工作,具有重要意义。为便于深入理解和掌握《意见》的基本精神和主要内容,现就有关问题解读如下。

一、起草背景及过程

正当防卫是我国法律赋予公民保护合法权益、同不法侵害作斗争的重要权利和手段。1979年刑法对正当防卫不负刑事责任作出了明确规定。1997年刑法对正当防卫制度作了重要修改:一是修改防卫过当的规定,将"超过必要限度造成不应有的危害"修改为"明显超过必要限度造成重大损害";二是增加特殊防卫的规定,即对正在实施的严重危及人身安全的暴力犯罪,采取防卫行为不存在防卫过当,以鼓励人民群众勇于同犯罪作斗争。1997年刑法施行以来,正当防卫制度在司法适用中总体呈保守态势。有的认定正当防卫过于苛刻,往往是在"理性假设"的基础上,苛求防卫人作出最合理的选择,特别是在致人重伤、死亡的案件中不善或者不敢作出认定;有的作简单化判断,以谁先动手、谁被打伤打死为准,没有综合考量前因后果和现场的具体情况;有的防卫行为本身复杂疑难,分歧意见甚至旗鼓相当、针锋相对,这时公安司法机关的认定很容易受到不同方面的质疑,难以有效引领社会正气。

近年来,山东于欢案、昆山"龙哥"案等涉正当防卫案件经舆论报道后引起广泛关注。案件处理虽经多方努力,取得较好的效果,但社会各界普遍都希望最高人民法院、最高人民检察院进一步健全完善正当防卫制度规定,指导各级公安司法机关正确办理正当防卫案件。2018年12月,最高人民检察院专门针对正当防卫问题发布第十二批指导性案例,进一步明确正当防卫的界限把

---

[*] 原文载《人民检察》2020年第23期。
[**] 作者单位:最高人民检察院法律政策研究室。

握，解决适用中存在的突出问题。此后，最高人民检察院又先后指导地方检察机关依法办理福州赵宇案、邢台董民刚案、浙江盛春平案、云南唐雪案等影响性防卫案件，明确和阐释"法不向不法让步"的法治精神，努力引领、重塑正当防卫理念，积极引导社会公众循法而为、依例而行。

根据中央政法委的部署安排，自2019年3月起，最高人民法院、最高人民检察院研究室、公安部法制局共同启动、协同推进正当防卫指导意见的研究制定工作，同时为加强以案释法，又收集编写了七个典型案例拟与指导意见配套发布。经广泛听取各方面意见，反复研究修改，最大限度凝聚理论界、实务界共识，形成了意见审议稿。经2020年6月11日最高人民法院刑事审判专业委员会第369次会议、2020年7月24日最高人民检察院第十三届检察委员会第四十五次会议审议通过，于8月28日发布。

二、主要内容

《意见》共22条，主要包括总体要求、正当防卫的具体适用、防卫过当的具体适用、特殊防卫的具体适用、工作要求等五部分内容。

（一）总体要求

《意见》第一部分明确了适用正当防卫制度的总体要求，共4条。司法实践中，涉正当防卫案件主要可以分为四类：第一类，"正""邪"明确的反击型案件。这类案件因我国"死者为大"的传统观念和整体保守惯性思维而不被认定为正当防卫的现象最为突出，目前社会高度关注的也正是这类案件。第二类，因民间矛盾升级爆发的案件。这类案件最多，也最难把握。第三类，因琐事引发争执，由互相谩骂、一般性推搡到一方突然下狠手、另一方反击的案件。这类案件较多，在认定上也较为疑难。第四类，因现场执法活动引发矛盾纠纷的案件。在适用正当防卫制度时，需要考虑这类案件现实存在且处理难度更大的实际情况。鉴于涉正当防卫案件的具体情况差别很大，《意见》不可能面面俱到，而主要是就普遍性、原则性问题提出相对明确的规则指引。《意见》第一部分首先对正当防卫制度适用的总体要求，特别是对理念性问题作出专门规定，包括四个方面。

第一条要求把握立法精神，严格公正办案。一些地方对致人重伤、死亡的案件倾向于认定为防卫过当，以故意伤害罪甚至故意杀人罪追究刑事责任，导致立法目的未能得到体现，正当防卫制度在一些地方甚至成为"沉睡条款"。究其原因，很大程度是由于有的地方办案机关和办案人员未能准确把握立法精神、理解制度价值，导致案件处理出现偏差。因此，要切实矫正"谁能闹谁有理""谁死伤谁有理"的错误倾向，坚决捍卫"法不能向不法让步"的法治精神。

第二条要求立足具体案情,依法准确认定。该条规定主要体现三方面认定原则:一是要全面整体进行认定,即要考虑案件发生的整体经过,而不能局部地、孤立地、静止地将防卫行为与防卫瞬间的不法侵害进行简单对比。二是要设身处地进行认定,即不能要求防卫人是一个冷静理性、客观精确的旁观者,而是要还原到防卫人所处的境遇之下。办案人员要换位思考问问自己"假如我是防卫人我会如何处理",设身处地想想"一般人在此种情况下会如何处理"。三是要适当作有利于防卫人的认定。实践中,许多不法侵害是突然、急促的,防卫人在仓促、紧张的状态下往往难以准确地判断侵害行为的性质和强度,难以周全、慎重地选择相应的防卫手段,因此要充分考虑防卫人紧迫状态和紧张心理,适当作有利于防卫人的认定。

第三条要求坚持法理情统一,维护公平正义。

第四条要求准确把握界限,防止不当认定。该条规定旨在提示办案人员,正当防卫是"以正对不正",而不是"以暴制暴",对正当防卫"松绑"的同时要防止矫枉过正,避免走向滥用防卫权的另一个极端。既要旗帜鲜明保护正当防卫者和见义勇为人的合法权益,同时也要引导社会公众依法、理性、和平解决琐事纠纷,消除社会戾气,增进社会和谐。

(二) 正当防卫的具体适用

刑法第二十条第一款规定,为了使国家、公共利益、本人或者他人的人身、财产和其他权利免受正在进行的不法侵害,而采取的制止不法侵害的行为,对不法侵害人造成损害的,属于正当防卫,不负刑事责任。按照我国刑法学界的通说,正当防卫一般应当具备起因、时间、对象、意图、限度等五方面条件。《意见》第二部分主要针对上述刑法规定,结合正当防卫成立条件作了进一步细化。

第五条要求准确把握正当防卫的起因条件。根据刑法规定,存在不法侵害是正当防卫的起因条件。该条从三个层次对如何准确理解和把握"不法侵害"作了规定:

第一,"不法侵害"的范围界定。该条明确,作为正当防卫起因条件的"不法侵害",是指对受法律保护的国家、公民一切合法权益的违法侵害。实践中,要防止将不法侵害不当限缩为暴力侵害或者犯罪行为,进而排除对轻微暴力侵害或者非暴力侵害以及违法行为实行正当防卫。需要注意的是,针对危害国家、公共利益的行为或者针对不法侵害他人的行为实施的正当防卫,实质就是见义勇为的行为。该条规定对于弘扬社会正气,鼓励见义勇为具有积极意义。

第二,"不法侵害"包括非法限制他人人身自由、非法侵入他人住宅等情形。司法实践中,涉正当防卫案件的起因越来越多样化。比如,因传销违法犯罪活动引发的案件(如浙江盛春平案)高发多发,有的暴力传销组织肆意实施故意伤害、非法拘禁、抢劫、强奸等犯罪行为,对公民人身权利和财产权利带来严重危害,成为滋生黑恶犯罪的重要领域。在浙江盛春平案中,盛春平进入传销窝点后,即遭多人逼近实施非法拘禁,其遂拿出随身携带的水果刀,警告阻吓传销组织人员放其离开,而传销组织人员反而增加人手进一步逼近,不法侵害客观且持续存在,危险程度不断升级,符合正当防卫的起因条件。再如,一些案件(如涞源反杀案、邢台董民刚案、河北省辛集市耿某华正当防卫案)中不法侵害人都先实施了侵入他人住宅的非法行为,严重损害公民住宅安全。在邢台董民刚案中,与董民刚妻子有不正当男女关系的刁某醉酒后深夜从墙头翻入董民刚住宅,不仅对他进行辱骂、恐吓、殴打,还威胁逼迫其下跪写离婚协议书。刁某对董民刚实施的不法侵害,以非法侵入其住宅为开端,具有攻击性、破坏性、持续性,符合正当防卫的起因条件。在河北省辛集市耿某华正当防卫案中,康某某纠集卓某某等人携带橡胶棒、镐把、头盔、防刺服、盾牌等工具,在凌晨2时许翻墙进入耿某华家中,强制带离耿某华夫妇并围殴耿某华,强拆房屋。康某某等人实施不法侵害的主要目的是强拆,是对公民财产权利实施的暴力,严重侵害了公民的住宅安宁,符合正当防卫的起因条件。由此可见,该条规定具有较强的针对性和现实意义,有利于进一步提升人民群众安全感,及时有效回应群众关切。

第三,见义勇为行为的典型列举。该条明确列举了两类见义勇为行为:一是根据2019年最高人民法院、最高人民检察院、公安部《关于依法惩治妨害公共交通工具安全驾驶违法犯罪行为的指导意见》的相关规定,明确对于正在进行的拉拽方向盘、殴打司机等妨害安全驾驶、危害公共安全的违法犯罪行为,可以实行防卫。二是根据陈某正当防卫案(检例第45号)的指导意义,明确成年人对于未成年人正在实施的针对其他未成年人的不法侵害,应当劝阻、制止;劝阻、制止无效的,可以实行防卫。2020年修订的未成年人保护法第十一条第一款规定:"任何组织或者个人发现不利于未成年人身心健康或者侵犯未成年人合法权益的情形,都有权劝阻、制止或者向公安、民政、教育等有关部门提出检举、控告。"对于未成年人正在遭受侵害的,任何人都有权介入保护,成年人更有责任予以救助。但是,冲突双方均为未成年人的,成年人介入时,应当优先选择劝阻、制止的方式;劝阻、制止无效的,可以采取隔离、控制或制服侵害人的措施,并应当注意手段和行为强度的适度。此外,现实生活中对于自我保护能力严重不足的被侵害人的不法侵害,比如强迫残疾人劳动、强迫妇女卖淫、强迫儿童乞讨偷窃以及强迫弱势人员从事违法犯罪活动等,任何人发现后都应当及时报警,并有权为这些被侵害人实行防卫,法律会给予充分的支持和保护。

第六条要求准确把握正当防卫的时间条件。根据刑法规定,不法侵害正在进行是正当防卫的时间条件。所谓"正在进行",是指不法侵害已经开始但尚未结束。该条从三个层次对如何准确理解和把握不法侵害"正在进行"作了规定:

第一,不法侵害的开始时间。一般认为,行为人着手实行不法侵害的时间就是不法侵害的开始时间。实践中,由于不法侵害行为多种多样、性质各异,很难机械套用刑法上的既遂与着手来判断不法侵害的开始时间。既遂与着手,侧重的是不法侵害可罚性的行为阶段问题,而不法侵害的开始,侧重的是防卫人的利益保护问题。为此,该条明确:"对于不法侵害已经形成现实、紧迫危险的,应当认定为不法侵害已经开始。"这里的"现实、紧迫危险",表现为不法侵害客观存在且迫在眼前,没有缓冲余地。因此,如果不法侵害已经实际危害人身、财产安全的,当然属于已经开始;虽未造成实际损害,但已经形成现实、紧迫危险,不进行防卫就会失去防卫时机,无法再进行有效防卫的,也应当认为不法侵害已经开始,可以进行防卫。

第二,不法侵害的结束时间。该条明确,"对于不法侵害虽然暂时中断或者被暂时制止,但不法侵害人仍有继续实施侵害的现实可能性的,应当认定为不法侵害仍在进行","对于不法侵害人确已失去侵害能力或者确已放弃侵害的,应当认定为不法侵害已经结束"。比如,在于海明正当防卫案(检例第47号)中,不法侵害人刘某在击打于海明的过程中将砍刀甩脱,于海明抢到砍刀,刘某上前争夺,在争夺中于海明捅刺刘某的腹部、臀部,砍击其右胸、左肩、左肘。刘某受伤后跑向轿车,于海明继续追砍2刀均未砍中,其中1刀砍中轿车。有意见提出,于海明抢到砍刀后,刘某的侵害行为已经结束,不属于正在进行。经研究认为,于海明抢到砍刀后,刘某立刻上前争夺,侵害行为没有停止,刘某受伤后又立刻跑向之前藏匿砍刀的汽车,于海明此时作不间断的追击符合防卫的需要。于海明追砍两刀均未砍中,刘某从汽车旁边跑开后,于海明也未再追击。因此,在于海明抢得砍刀顺势反击时,刘某既未放弃侵害行为或者失去侵害能力,也未实质性脱离现场,不能认为侵害行为已经停止。

第三,判断时间条件的原则。该条明确:"对于不法侵害是否已经开始或者结束,应当立足防卫人在防卫时所处情境,按照社会公众的一般认知,依法作出合乎情理的判断,不能苛求防卫人。对于防卫人因为恐慌、紧张等心理,对不法侵害是否已经开始或者结束产生错误认识的,应当根据主客观相统一原则,依法作出妥当处理。"比如,在王新元、赵印芝正当防卫案(涞源反杀案)中,不法侵害人王磊倒地后,王新元、赵印芝继续刀砍棍击的行为仍属于防卫行为。因为王新元家在村边,周边住宅无人居住,案发时已是深夜,院内无灯光,王磊突然持凶器翻墙入宅实施暴力侵害,王新元、赵印芝受到惊吓,精神高度紧张,心理极度恐惧。同时,王磊身材高大,年轻力壮,所持凶器足以严重危及人身安全,虽被打倒在地,还两次试图起身。王新元、赵印芝当时不能确定王磊是否已被制伏,担心其再次实施不法侵害行为,又继续用菜刀、木棍击打王磊,其行为符合正当防卫的时间条件。

第七条要求准确把握正当防卫的对象条件。根据刑法规定,正当防卫必须以不法侵害人为对象,一般情况下不能针对不法侵害人以外的第三人进行。同时,本条还规定了两类特殊情况:

一是对于多人共同实施不法侵害的,既可以针对直接实施不法侵害的人进行防卫,也可以针对在现场共同实施不法侵害的人进行防卫。司法实践中,防卫人经常处于"以少敌多""以寡敌众"的不利境地,因此,防卫行为不仅可以针对不法侵害的实施者,还可以针对在现场的组织者、教唆者和帮助者。比如,在陈某正当防卫案(检例第45号)中,甲、乙、丙等6人(均为未成年人)在陈某就读的中学门口,抓住并围殴陈某。乙的3位朋友(均为未成年人)正在附近,见状加入围殴陈某。其中,有人用膝盖顶击陈某的胸口、有人持石块击打陈某的手臂、有人持钢管击打陈某的背部,其他人对陈某或勒脖子或拳打脚踢。陈某掏出随身携带的折叠式水果刀,乱挥乱刺后逃脱。部分围殴人员继续追打并从后投掷石块,击中陈某的背部和腿部。陈某逃进学校,追打人员被学校保安拦住。陈某在反击过程中刺中了甲、乙和丙,经鉴定,该3人的损伤程度均构成重伤二级。本案中,陈某被9人围住殴打,有人使用钢管、石块等工具,有人拳打脚踢,虽然每个人侵害行为的暴力程度有所不同,但陈某针对共同不法侵害人进行防卫,无论造成其中谁的死伤,都属于正当防卫。

二是明知侵害人是无刑事责任能力人或者限制刑事责任能力人的规定。对于精神病人、未成年人等无刑事责任能力人或者限制刑事责任能力人实施的侵害行为,是实行紧急避险,还是可以进行防卫,理论界和实务界有不同认识。经研究认为,从人道主义原则出发,对上述人员实行防卫时,应当注意两点:(1)应当尽量退避,实行防卫须出于不得已。如果没有退避可能,或者退避会造成更大损害结果发生,可以进行防卫。(2)在防卫强度上应当有所节制,注意确保适度。

第八条要求准确把握正当防卫的意图条件。防卫人主观上必须具有防卫意图,即为了使国家、公共利益、本人或者他人的人身、财产和其他权利免受不法侵害的主观状态。防卫挑拨,即故意以语言、行为等挑动对方侵害自己再予以反击的行为,由于明显不具有防卫意图,不应认定为防卫行为。

第九条要求准确界分防卫行为与相互斗殴。相互斗殴的双方都具有不法性质,是不正与不正的关系。相互斗殴与防卫行为虽然形式上相似,但由于行为人不具有防卫意图,所以不应认定为防卫行为。据此,本条从两个层次对如何准确界分防卫行为与相互斗殴作了规定:

第一,坚持主客观相统一原则。即通过综合考量案发起因、对冲突升级是否有过错、是否使用或者准备使用凶器、是否采用明显不相当的暴力、是否纠集他人参与打斗等客观情节,准确判断行为人的主观意图和行为性质。实践中,有的案件处理不注重区分防卫行为与相互斗殴的界限,只要双方都动手了,就认为是打架斗殴,各"打五十大板"。有鉴于此,本条规定旨在要求办案人员坚持主客观相统一原则,运用综合判断方法,查明是非因果,分清"正"与"不正",防止在办案中无原则地"和稀泥"。比如,在湖北省京山市余某正当防卫案中,余某在驾车正常行驶过程中,不法侵害人申某某在未取得驾驶证且醉酒的情况下,在道路上追逐拦截余某,把余某的车逼停后,手持铁质棒球棍对余某挑衅、斗狠、威胁及殴打。余某在后退躲闪过程中持水果刀挥刺,将申某某左脸部划伤,并夺下申某某的棒球棍,将其扔到附近草地上,申某某捡取棒球棍继续向余某挥舞。围观群众将双方劝停后,申某某将余某推倒在地,并继续殴打余某,后被赶至现场的民警抓获。经鉴定,申某某左眼球破裂,损伤程度为轻伤二级。余某为轻微伤。本案中,防卫人余某正常行驶,不法侵害人申某某挑起矛盾,又促使矛盾步步升级,先拿出凶器主动对余某实施攻击。反观余某,其具有防卫意图,而且防卫行为比较克制,造成申某某轻伤的结果,不能认定为相互斗殴。

第二,准确处理因琐事引发争执涉及的正当防卫或者相互斗殴。本条明确了两个具体问题:一是因琐事发生争执,双方均不能保持克制而引发打斗,对于有过错的一方先动手且手段明显过激,或者一方先动手,在对方努力避免冲突的情况下仍继续侵害的,还击一方的行为一般应当认定为防卫行为。这一规定是对主客观相统一原则和综合判断方法的具体化。二是双方因琐事发生冲突,冲突结束后,一方又实施不法侵害,对方还击,包括使用工具还击的,一般应当认定为防卫行为。不能仅因行为人事先进行防卫准备,就影响对其防卫意图的认定。比如,在杨建伟故意伤害、杨建平正当防卫案中,彭某某因狗被杨建平摸了一下,与杨建平、杨建伟兄弟发生口角,彭某某扬言要找人报复时,杨建伟回应"那你来打啊"。该回应不能表明杨建伟系与彭某某相约打斗。杨建伟在彭某某出言挑衅，并扬言报复后，准备刀具系出于防卫目的。彭某某带人持械返回现场，冲至杨建伟家门口首先拳击其面部，杨建伟才持刀反击，应当肯定其行为的防卫性质。

第十条要求避免将滥用防卫权的行为认定为防卫行为。正当防卫必须不超过明显的必要限度。刑法理论上，一般从不法侵害的强度、不法侵害的缓急、不法侵害的权益性质三方面因素综合确定正当防卫的必要限度。基于此，《意见》规定了两种滥用防卫权的行为：

一是对于显著轻微的不法侵害，行为人在可以辨识的情况下，直接使用足以致人重伤或者死亡的方式进行制止的，不应认定为防卫行为。比如，在刘金胜故意伤害案中，刘金胜因家庭矛盾打了黄某甲（与刘金胜非婚生育4名子女）两耳光，黄某甲让其兄长黄某乙出面调处。黄某乙叫上李某某、毛某某、陈某某，由黄某甲带领，来到刘金胜的租住处。双方发生争吵后，黄某乙、李某某各打了坐在床上的刘金胜一耳光，刘金胜随即从被子下拿出菜刀砍伤黄某乙头部，并拽住见状欲跑的李某某，向其头部连砍3刀。黄某乙、李某某打刘金胜耳光的行为显属发生在一般争吵中的轻微暴力，有别于以给他人身体造成伤害为目的的攻击性不法侵害行为。因此，刘金胜因家庭婚姻情感问题矛盾激化被打了两耳光便径直持刀连砍他人头部的行为，没有防卫意图，属于泄愤行为，不应当认定为防卫行为。

二是不法侵害系因行为人的重大过错引发，行为人在可以使用其他手段避免侵害的情况下，仍故意使用足以致人重伤或者死亡的方式还击的，不应认定为防卫行为。主要考虑是：对于行为人在起因方面有重大过错的情形，应当认为其有退避义务，只有在无法避让的情况下才能进行防卫。

（三）关于防卫过当的具体适用

刑法第二十条第二款规定，正当防卫明显超过必要限度造成重大损害的，应当负刑事责任，但是应当减轻或者免除处罚。《意见》第三部分对如何准确认定防卫过当作了进一步细化规定。

第十一条要求准确把握防卫过当的认定条件，即应当同时具备"明显超过必要限度"和"造成重大损害"两个条件，缺一不可。比如，在朱凤山故意伤害（防卫过当）案（检例第46号）中，朱凤山的防卫行为明显超过必要限度造成重大损害，被认定为防卫过当。主要理由是：朱凤山的女婿齐某上门闹事、滋扰的目的是不愿离婚，希望能与朱凤山之女朱某和好继续共同生活，这与离婚后可能实施报复的行为有很大区别。齐某虽实施了投掷瓦片、撕扯的行为，但整体仍在闹事的范围内，对朱凤山人身权利的侵犯尚属轻微，没有危及朱凤山及其家人的健康或生命。朱凤山已经报警，也有继续周旋、安抚等待的余地,却选择使用刀具,在撕扯过程中直接捅刺齐某的要害部位,最终造成了齐某伤重死亡的重大损害。综合来看,朱凤山的防卫行为,在防卫措施的强度上不具有必要性,在防卫结果与所保护的权利对比上也相差悬殊,应当认定为明显超过必要限度造成重大损害,属于防卫过当。

第十二条要求准确认定"明显超过必要限度"。判断防卫是否"明显超过必要限度"是区分正当防卫与防卫过当的重要标准。《意见》强调了三方面的认定原则:一是综合考量,即综合考虑不法侵害的性质、手段、强度、危害程度和防卫的时机、手段、强度、损害后果等情节。二是具体考量,即考虑双方力量对比,立足防卫人防卫时所处情境,结合社会公众的一般认知作出判断。三是要有利于防卫人,即不应当苛求防卫人必须采取与不法侵害基本相当的反击方式和强度,更不能机械地理解为反击行为与不法侵害行为的方式要对等,强度要精准。只有防卫行为与不法侵害相差悬殊、明显过激的,才属于防卫"明显"超过必要限度。同时,在判断不法侵害的危害程度时,不仅要考虑已经造成的损害,还要考虑造成进一步损害的紧迫危险性和现实可能性。

比如,在福州赵宇案中,李华强行踹门进入他人住宅,将邹某摁在墙上殴打其头部,赵宇闻声下楼查看,即上前制止并从背后拉拽李华,致李华倒地。李华起身后欲殴打赵宇,威胁要叫人"弄死你们",赵宇随即将李华推倒在地,朝李华腹部踩一脚,导致李华腹部横结肠破裂,重伤二级。该案虽造成李华重伤二级的后果,但是从赵宇的行为手段、行为目的、行为过程、行为强度等情节来看,没有"明显超过必要限度"。从行为手段上看,双方都是赤手空拳,赵宇的拉拽行为与李华的不法侵害行为基本相当。从行为过程看,赵宇制止李华的不法侵害行为是连续的,是在当时场景下的本能反应。李华倒地后,并没有表现出被制服,仍然存在起身后继续实施不法侵害的现实可能性。赵宇的行为目的是阻止李华继续实施不法侵害,并无泄愤报复等个人目的。对于防卫者尤其是见义勇为者,不应当苛求其反击行为一定要与不法侵害者的行为方式和行为强度相当,更不能机械地理解为反击行为与不法侵害行为的方式要对等,强度要精准。

再如,在浙江盛春平案中,多名传销组织人员对盛春平实施人身控制,盛春平多次请求离开遭拒绝。在传销组织人员成某某等人陆续向盛春平逼近并意图夺刀的情形下,盛春平持刀挥刺,刺中成某某致其心脏破裂。成某某受伤后经住院治疗,但出院后未遵医嘱继续进行康复治疗,导致心脏在愈合过程中继续出血,于一周后死亡。运用前述三方面标准进行判断,考虑案发当场双方力量对比情况,特别是盛春平所面临的不法侵害的严重威胁程度,同时考虑成某某的死亡过程和原因,应当认为盛春平的防卫行为没有"明显超过必要限度"，成立正当防卫。

第十三条要求准确认定"造成重大损害"。从司法实践来看，由于防卫人一般处于"以弱敌强""以寡敌众"的境地，防卫行为造成多人以上轻伤的行为并不常见，而造成个别人轻伤的则明显不宜认定为"重大损害"。因此，该条明确："造成重大损害"是指造成不法侵害人重伤、死亡。造成轻伤及以下损害的，不属于重大损害。

第十四条要求妥当把握防卫过当的刑罚裁量。根据刑法规定，防卫过当的应当负刑事责任，但是应当减轻或者免除处罚。防卫过当是法定的减轻、免除处罚情节，这是因为防卫过当虽然应当负刑事责任，但与其他犯罪行为相比，是事出有因、情有可原的。因此，该条从两个方面对妥当把握防卫过当的刑罚裁量提出要求：一方面，要综合考虑案件情况，特别是不法侵害人的过错程度、不法侵害的严重程度以及防卫人面对不法侵害的恐慌、紧张等心理，确保刑罚裁量适当、公正。另一方面，对于因侵害人实施严重贬损他人人格尊严、严重违反伦理道德的不法侵害，或者多次、长期实施不法侵害所引发的防卫过当行为，在量刑时应当充分考虑，以确保案件处理既经得起法律检验，又符合社会公平正义观念。比如，在山东于欢案中，不法侵害人杜某裸露下体侮辱于欢母亲苏某的行为严重违法、亵渎人伦，是引发本案的重要因素，在刑罚裁量上应当作为对于欢有利的情节重点考虑。综合全案情节，对于欢的防卫过当行为以故意伤害罪判处有期徒刑五年，既体现了严格司法的要求，又符合人民群众的公平正义观念。

（四）关于特殊防卫的具体适用

刑法关于特殊防卫的规定，主要有两方面考虑：一是考虑了社会治安的实际状况。各种暴力犯罪不仅严重破坏社会治安秩序，也严重威胁公民的人身安全，对上述严重的暴力犯罪采取防卫行为作出特殊规定，对鼓励群众勇于同犯罪作斗争，维护社会治安秩序，具有重要意义。二是考虑了上述暴力犯罪的特点。这些犯罪都严重威胁人身安全，被侵害人面临正在进行的暴力侵害，很难辨认侵害人的目的和侵害程度，也很难掌握实行防卫行为的强度，如果规定得太严，就会束缚被侵害人的手脚，妨碍其与犯罪作斗争的勇气，不利于公民运用法律武器保护自身合法权益。《意见》第四部分遵循刑法的立法目的，对如何准确适用特殊防卫作了进一步细化规定。

第十五条要求准确理解和把握"行凶"。"行凶"不是刑法规定的独立罪名，司法实践中有时难以准确把握其内涵和外延，对具体案件的处理存在不同认识。为统一司法适用，《意见》强调了三方面的判断因素：

一是使用致命性凶器，严重危及他人人身安全的。司法实践中，通常表现为行为人持管制刀具、枪支等凶器实施侵害。比如，在于海明正当防卫案中，不法侵害人刘某与于海明发生争议后，推搡、踢打于海明。虽经劝解，刘某仍持续追打，并从轿车内取出一把砍刀（系管制刀具），连续用刀面击打于海明颈部、腰部、腿部。关于刘某的行为是否属于"行凶"的问题，有意见提出，刘某仅使用刀面击打于海明，犯罪故意的具体内容不确定，不宜认定为行凶。经研究认为，刘某开始阶段的推搡、踢打行为不属于"行凶"，但从持砍刀击打后，行为性质已经升级为暴力犯罪。刘某攻击行为凶狠，所持凶器可轻易致人死伤，随着事态发展，会造成什么样的损害后果难以预料，于海明的人身安全处于现实的、急迫的和严重的危险之下。刘某具体抱持杀人的故意还是伤害的故意不确定，正是许多行凶行为的特征，而不是认定的障碍。因此，刘某的行为符合"行凶"的认定标准，应当认定为"行凶"。

二是未使用凶器或者未使用致命性凶器，但是根据不法侵害的人数、打击部位和力度等情况，确已严重危及他人人身安全的。对此，需要根据案件情况具体判断是否达到"确已严重危及他人人身安全"的程度，不能仅因不法侵害人没有使用致命性凶器或者没有使用凶器就简单排除特殊防卫的适用。

三是虽尚未造成实际损害，但已对人身安全造成严重、紧迫危险的，可以认定为"行凶"。比如，在陈天杰正当防卫案中，有意见提出，从双方关系和起因、容某乙等人选择打击的部位及强度看，容某乙等人的行为不属于严重危及人身安全的暴力犯罪。经研究认为，本案中容某乙等人持械击打的是陈天杰的头部，是人体的重要部位，在陈天杰戴安全帽的情况下致头部轻微伤，钢管打到安全帽后滑到手臂，仍致手臂皮内、皮下出血，可见打击力度之大。在当时的情形下，陈天杰只能根据对方的人数、所持的工具来判断自身所面临的处境。容某乙、纪某某、周某某三人都喝了酒，气势汹汹，并持足以严重危及他人重大人身安全的凶器。因此，应当将容某乙等人的行为认定为"行凶"。

第十六条要求准确理解和把握"杀人、抢劫、强奸、绑架"。从关于特殊防卫的立法目的看，刑法规定的"杀人、抢劫、强奸、绑架"不是指向具体的罪名，而是指具体的犯罪手段，《意见》对此予以明确和强调。

需要注意的是，为了体现对妇女人身安全和性权利的充分保障和尊重，在强奸犯罪中，严重危及人身安全的表现形式，是强行与女性发生性关系，而不要求危及生命安全。对强奸行为实行特殊防卫不要求侵害行为已经达到严重危及生命安全的程度，防卫人才可以实行特殊防卫。比如，在安徽省枞阳县周某某正当防卫案中，不法侵害人许某某将周某某推倒在稻田里，趴在周某某身上，解其裤腰带，意图强行与周某某发生性关系的行为，已经构成严重危及人身安全的强奸行为。周某某对正在实施的强奸行为进行防御和反抗，致不法侵害人死亡,符合刑法第二十条第三款的规定,依法不负刑事责任。

第十七条要求准确理解和把握"其他严重危及人身安全的暴力犯罪"。根据本条规定,对"其他严重危及人身安全的暴力犯罪"的认定,应当以杀人、抢劫、强奸、绑架四种犯罪手段为参照,通过比较暴力程度、危险程度以及刑法给予惩罚的力度等相当性,注意把握以下几点:一是不法行为侵害的对象是人身安全,即危害人的生命权、健康权、自由权和性权利。人身安全之外的财产权利、民主权利等其他合法权益不在其内,这也是特殊防卫区别于一般防卫的一个重要特征。二是不法侵害行为具有暴力性,且应达到犯罪的程度。比如,针对人的生命、健康而实施的放火、爆炸、决水等行为。三是不法侵害行为应当达到相当严重的程度,即具有造成他人重伤或死亡的紧迫危险和现实可能。需要强调的是,不法侵害行为是否已经造成实际伤害后果,不必然影响特殊防卫的成立。

在共同不法侵害案件中,"行凶"与"其他严重危及人身安全的暴力犯罪",在认定上可以有一定交叉,具体可结合全案行为特征和各侵害人的具体行为特征作综合判定。另外,对于寻衅滋事行为,不宜直接认定为"其他严重危及人身安全的暴力犯罪"。寻衅滋事行为暴力程度较高、严重危及他人人身安全的,可分别认定为刑法第二十条第三款规定中的行凶、杀人或抢劫。需要说明的是,侵害行为最终成立何种罪名,对防卫人正当防卫的认定没有影响。比如,在侯雨秋正当防卫案(检例第48号)中,侯雨秋系葛某经营的养生会所员工,某足浴店股东沈某因怀疑葛某等人举报其店内有人卖淫嫖娼,遂纠集本店员工雷某、柴某等4人持棒球棍、匕首赶至葛某的养生会所。沈某先行进入会所,无故推翻大堂盆栽挑衅,与葛某等人扭打。雷某、柴某等人随后持棒球棍、匕首冲入会所,殴打店内人员,其中雷某持匕首两次刺中侯雨秋右大腿。沈某、雷某等人的行为,属于单方持械聚众斗殴,构成犯罪的法定最低刑虽然不重,与一般伤害罪相同,但刑法第二百九十二条同时规定,聚众斗殴,致人重伤、死亡的,依照刑法关于故意伤害致人重伤、故意杀人的规定定罪处罚。刑法作此规定表明,聚众斗殴行为常可造成他人重伤或者死亡,结合案件具体情况,可以判定聚众斗殴与故意致人伤亡的犯罪在暴力程度和危险程度上是一致的。沈某、雷某等共5人聚众持棒球棍、匕首等杀伤力很大的工具进行斗殴,短时间内已经打伤3人,应当认定为"其他严重危及人身安全的暴力犯罪"。

第十八条要求准确把握一般防卫与特殊防卫的关系。根据本条规定,对于不符合特殊防卫起因条件的防卫行为,致不法侵害人伤亡的,如果没有明显超过必要限度,也应当认定为正当防卫,不负刑事责任。主要考虑是:刑法关于特殊防卫的规定,是针对严重危及人身安全的暴力犯罪具有侵害性质严重、手段凶残的特点,防卫人往往处于被动、孤立、极为危险的境地。司法实践中,应当实事求是地根据案情的起因条件适用一般防卫与特殊防卫制度,既不能因有致不法侵害人伤亡的结果,就一律适用特殊防卫,也不能因不符合特殊防卫的起因条件,就不考虑适用一般防卫。

(五)关于工作要求

《意见》第五部分明确了公安司法机关办理涉正当防卫案件的有关工作要求,共四条。检察机关作为国家法律监督机关,要通过全面充分履行检察职能,确保涉正当防卫案件的依法准确认定和公正处理,重点包括以下几方面工作:

一是提前介入侦查,确保案件准确定性。《意见》对公安机关做好涉正当防卫案件的侦查取证工作提出明确工作要求。检察机关应公安机关邀请或者主动提前介入侦查,与公安机关分工负责、相互配合、相互制约,发挥各自所长,有利于及早明确侦查方向,全面收集固定证据,确保案件定性处理。昆山"龙哥"案的依法准确办理就是很好的例证。

二是坚守客观公正,依法正确行使审查批捕、审查起诉职权。《意见》要求,对于依法认定为正当防卫的案件,要根据刑事诉讼法的规定,及时作出不批准逮捕、不起诉的决定。这就要求检察机关坚守客观公正立场,对公安机关提请逮捕或者移送审查起诉的案件,应当严格把握逮捕和起诉条件,排除外界干扰,依法独立行使职权。

三是强化法律监督,勇于纠错担当。检察机关要依法行使立案监督、侦查活动监督和审判监督等职权,高度重视犯罪嫌疑人、被告人及其辩护人提出的正当防卫或者防卫过当的辩解、辩护意见。对于所提意见成立的,应当及时予以采纳或支持,依法保障当事人的合法权利。

四是加强释法说理,强化法治宣传。涉正当防卫案件千差万别,《意见》主要是就普遍性、原则性问题提出相对明确的规则指引。因此,要进一步加强涉正当防卫案件指导性案例或者典型案例的制发工作。一方面,结合案件情况,直观、具体地阐释如何依法适用正当防卫制度,及时回应社会关切的复杂法律问题,在检察环节落实"谁司法谁普法"责任制;另一方面,积极引导各级检察机关把握正当防卫本质特征,明确法律依据,厘清法律界限,正确处理正当防卫案件,增进当事人和社会公众对检察机关处理决定的理解和认同。

最高人民检察院
人民检察院审查案件听证工作规定

(2020年6月24日最高人民检察院第十三届检察委员会第四十次会议通过 2020年9月14日公布并施行 高检发办字〔2020〕53号)

第一章 总 则

第一条 为深化履行法律监督职责,进一步加强和规范人民检察院以听证方式审查案件工作,切实促进司法公开,保障司法公正,提升司法公信,落实普法责任,促进矛盾化解,根据《中华人民共和国人民检察院组织法》等法律规定,结合检察工作实际,制定本规定。

第二条 本规定中的听证,是指人民检察院对于符合条件的案件,组织召开听证会,就事实认定、法律适用和案件处理等问题听取听证员和其他参加人意见的案件审查活动。

第三条 人民检察院以听证方式审查案件,应当秉持客观公正立场,以事实为根据,以法律为准绳,做到依法独立行使检察权与保障人民群众的知情权、参与权和监督权相结合。

第四条 人民检察院办理羁押必要性审查案件、拟不起诉案件、刑事申诉案件、民事诉讼监督案件、行政诉讼监督案件、公益诉讼案件等,在事实认定、法律适用、案件处理等方面存在较大争议,或者有重大社会影响,需要当面听取当事人和其他相关人员意见的,经检察长批准,可以召开听证会。

人民检察院办理审查逮捕案件,需要核实评估犯罪嫌疑人是否具有社会危险性、是否具有社会帮教条件的,可以召开听证会。

第五条 拟不起诉案件、刑事申诉案件、民事诉讼监督案件、行政诉讼监督案件、公益诉讼案件的听证会一般公开举行。

审查逮捕案件、羁押必要性审查案件以及当事人是未成年人案件的听证会一般不公开举行。

第二章 听证会参加人

第六条 人民检察院应当根据案件具体情况,确定听证会参加人。听证会参加人除听证员外,可以包括案件当事人及其法定代理人、诉讼代理人、辩护人、第三人、相关办案人员、证人和鉴定人以及其他相关人员。

第七条 人民检察院可以邀请与案件没有利害关系并同时具备下列条件的社会人士作为听证员:

（一）年满二十三周岁的中国公民;

（二）拥护中华人民共和国宪法和法律;

（三）遵纪守法、品行良好、公道正派;

（四）具有正常履行职责的身体条件。

有下列情形之一的,不得担任听证员:

（一）受过刑事处罚的;

（二）被开除公职的;

（三）被吊销律师、公证员执业证书的;

（四）其他有严重违法违纪行为,可能影响司法公正的。

参加听证会的听证员一般为三至七人。

第八条 人民检察院可以邀请人民监督员参加听证会,依照有关规定接受人民监督员监督。

第三章 听证会程序

第九条 人民检察院可以根据案件办理需要,决定召开听证会。当事人及其辩护人、代理人向审查案件的人民检察院申请召开听证会的,人民检察院应当及时作出决定,告知申请人。不同意召开听证会的,应当向申请人说明理由。

第十条 人民检察院决定召开听证会的,应当做好以下准备工作:

（一）制定听证方案,确定听证会参加人;

（二）在听证三日前告知听证会参加人案由、听证时间和地点;

（三）告知当事人主持听证会的检察官及听证员的姓名、身份;

（四）公开听证的,发布听证会公告。

第十一条 听证员确定后,人民检察院应当向听证员介绍案件情况、需要听证的问题和相关法律规定。

第十二条 听证会一般在人民检察院检察听证室举行。有特殊情形的，经检察长批准也可以在其他场所举行。

听证会席位设置按照有关规定执行。

第十三条 听证会一般由承办案件的检察官或者办案组的主办检察官主持。检察长或者业务机构负责人承办案件的，应当担任主持人。

第十四条 听证会开始前，人民检察院应当确认听证员、当事人和其他参加人是否到场，宣布听证会的程序和纪律。

第十五条 听证会一般按照下列步骤进行：

（一）承办案件的检察官介绍案件情况和需要听证的问题；

（二）当事人及其他参加人就需要听证的问题分别说明情况；

（三）听证员向当事人或者其他参加人提问；

（四）主持人宣布休会，听证员就听证事项进行讨论；

（五）主持人宣布复会，根据案件情况，可以由听证员或者听证员代表发表意见；

（六）当事人发表最后陈述意见；

（七）主持人对听证会进行总结。

第十六条 听证员的意见是人民检察院依法处理案件的重要参考。拟不采纳听证员多数意见的，应当向检察长报告并获同意后作出决定。

第十七条 人民检察院充分听取各方意见后，根据已经查明的事实、证据和有关法律规定，能够当场作出决定的，应当由听证会主持人当场宣布决定并说明理由；不能当场作出决定的，应当在听证会后依法作出决定，向当事人宣告、送达，并将作出的决定和理由告知听证员。

第十八条 听证过程应当由书记员制作笔录，并全程录音录像。

听证笔录由听证会主持人、承办检察官、听证会参加人和记录人签名或者盖章。笔录应当归入案件卷宗。

第十九条 公开听证的案件，公民可以申请旁听，人民检察院可以邀请媒体旁听。经检察长批准，人民检察院可以通过中国检察听证网和其他公共媒体，对听证会进行图文、音频、视频直播或者录播。

公开听证直播、录播涉及的相关技术和工作规范，依照有关规定执行。

第二十条 听证的期间计入办案期限。

第四章 附 则

第二十一条 人民检察院听证活动经费按照人民检察院财务管理办法有关

规定执行，不得向当事人收取费用。

第二十二条 参加不公开听证的人员应当严格遵守有关保密规定。

故意或者过失泄露国家秘密、商业秘密或者办案秘密的，依纪依法追究责任人员的纪律责任和法律责任。

第二十三条 本规定自公布之日起施行。

最高人民检察院以前发布的相关规范性文件与本规定不一致的，以本规定为准。

《人民检察院审查案件听证工作规定》的理解与适用[*]

李文峰　李昊昕　靳　婷[**]

最高人民检察院《人民检察院审查案件听证工作规定》(以下简称《规定》)是新时代检察机关坚持以人民为中心的发展思想,深化履行法律监督职责,切实促进司法公开的重要举措。为正确理解和适用《规定》,推进检察听证工作,现就《规定》制定的有关情况及主要内容介绍如下。

一、《规定》制定的背景与过程

检察机关以听证方式公开审查案件是提升办案质量,扩大司法公开,保障司法公正,提升司法公信的重要方式。最高人民检察院于2000年发布了《人民检察院刑事申诉案件公开审查程序规定(试行)》(已失效),明确刑事申诉案件的公开审查主要以举行听证会形式进行。之后,最高人民检察院对不起诉案件、民事诉讼监督案件、羁押必要性审查案件等的公开审查、公开听证出台了专门规定,并对刑事申诉案件的公开审查作了进一步完善。

二十年来,全国各级检察机关认真执行相关规定,积极开展检察听证工作,主动接受当事人及其代理人、辩护人以及人大代表、政协委员和人民监督员等社会各界人士的监督,有效提升了法律监督能力,促进了司法公开、公正、公信。进入新时代,人民群众对民主、法治、公平、正义有了新的更高要求,公平正义不仅要实现,而且要以看得见的方式实现。多年的司法实践也反映出,检察听证工作存在缺乏统一规范、适用案件范围偏窄、适用率较低、听证员作用发挥有限等问题。为深化履行法律监督职责,为人民群众提供更好更优的检察产品,最高人民检察院于2019年启动对检察听证的统一规范工作,研究起草《规定》。经过对检察听证工作进行深入调研,征求相关内设机构、省级检察机关和专家学者的意见,两次征求了最高人民法院、公安部、司法部的意见,并在此基础上征求了全国人大常委会法工委的意见。经反复修改完善,《规定》于2020年10月20日正式印发。

二、《规定》制定的目的

一是为了更好地坚持以人民为中心的发展思想。开展检察听证,是检察机

---

[*] 原文载《人民检察》2021年第4期。
[**] 作者单位:最高人民检察院法律政策研究室。

关践行党的群众路线的有效途径，可以充分保障人民群众的知情权、参与权和监督权，体现以公开促公正、用听证赢公信的理念，是检察机关落实"让人民群众在每一个司法案件中感受到公平正义"要求的积极探索。

二是为了更好地履行法律监督职责。以听证方式听取意见，是检察机关依法审查办理案件的一种具体方式。通过听证审查办理案件，更有利于检察机关全面听取各方意见，既包括各方当事人及其辩护人、代理人的意见，也包括相关办案人员的意见，尤其是听证员独立发表的客观、中立的第三方意见，能够帮助检察机关更加客观准确地认定事实、适用法律，依法公正地对案件作出处理决定。

三是为了更好地实现政治效果、法律效果、社会效果有机统一。一方面，听证有利于主动接受社会监督和舆论监督，以"看得见""听得到"的法治形式，真正赢得人民群众对检察工作的理解和支持。另一方面，听证能够充分保障当事人的知情权和参与权，消弭当事人、利害关系人及社会公众对司法办案的疑虑，解开当事人的心结，真正实现案结事了。

三、《规定》的主要内容

《规定》共四章二十三条，规定了听证案件范围、听证会类型、听证会参加人、听证会程序、听证员意见效力和听证活动经费管理等。

（一）检察听证的称谓

《规定》第二条从主体和功能角度，将"检察听证"界定为"检察机关对于符合条件的案件，组织召开听证会，就事实认定、法律适用和案件处理等问题听取听证员和其他参加人意见的案件审查活动"。这里借用了行政法中的"听证"称谓，充分体现了听取各方意见，审慎作出处理决定的理念，但在功能定位、启动方式方面与行政听证存在显著差别。行政听证是当事人行使陈述权、申辩权的一种方式，一般是行政机关应当事人请求被动进行。而检察听证是检察机关依法在审查案件过程中听取听证员和其他听证参加人意见的活动。检察机关可以主动组织听证，也可以依当事人申请组织听证。

对于这项工作，过去的相关规范性文件有的采用"公开审查"的表述，有的采用"公开听证"的表述。《规定》之所以采用"听证"，而没有采用"公开审查"的表述，主要是从司法实践考虑。多年来，"听证"已经作为检察机关审查案件的一种具体方式被广泛接受和使用，而且使用"听证"一词更能凸显人民群众依法对检察工作享有的知情权、参与权和监督权，体现检察机关办案的"兼听则明"。同时，这里的"听证"既包括"公开听证"，也包括"不公开听证"。

(二) 基本原则

《规定》第三条规定了检察听证的基本原则,即"检察机关以听证方式审查案件,应当秉持客观公正立场,以事实为根据,以法律为准绳,做到依法独立行使检察权与保障人民群众的知情权、参与权和监督权相结合"。人民检察院组织法规定,检察机关行使法律监督职权,可以进行调查核实,办案要"以事实为根据,以法律为准绳""尊重和保障人权""实行司法公开""接受人民群众监督,保障人民群众对检察机关工作依法享有知情权、参与权和监督权"。检察官法强调,检察官履行职责应当以事实为根据,以法律为准绳,秉持客观公正立场。刑事诉讼法、民事诉讼法、行政诉讼法等法律对检察机关审查案件也提出了要求。《人民检察院刑事诉讼规则》《人民检察院民事诉讼监督规则(试行)》[①]等司法解释对案件公开审查、公开听证都作了规定。以此为基础,《规定》确立了检察听证应遵循的基本原则,让听证员和其他听证会参加人参与检察机关审查案件的过程,并要求检察机关在听取多方意见后,秉持客观公正立场,依法独立作出审查案件决定。

(三) 案件范围

《规定》第四条采用概括加列举的方式对检察听证案件范围进行了界定。一方面,列举了羁押必要性审查案件、拟不起诉案件、刑事申诉案件、民事诉讼监督案件、行政诉讼监督案件、公益诉讼案件等常见的听证案件类型;另一方面,要求进行听证的应当是在事实认定、法律适用、案件处理等方面存在较大争议,或者有重大社会影响,需要当面听取当事人和其他相关人员意见的案件,并且在程序上设置了"经检察长批准"的要求。

特别是对于审查逮捕案件,考虑到侦查秘密原则,即侦查阶段的保密要求,听证范围限定在需要核实评估犯罪嫌疑人是否具有社会危险性、是否具有社会帮教条件的情形。对此,通过在一定范围内组织听证,检察机关充分听取犯罪嫌疑人居住地的居民委员会、村民委员会代表的意见,或者未成年犯罪嫌疑人所在学校代表的意见,客观公正地作出审查决定。实践中,审查逮捕听证对于准确把握犯罪嫌疑人社会危险性条件适用、充分保障当事人辩护权发挥了积极作用。

(四) 公开听证与不公开听证

《规定》第五条区分了公开听证和不公开听证,规定拟不起诉案件、刑事申诉案件、民事诉讼监督案件、行政诉讼监督案件、公益诉讼案件的听证会一

---

① 已失效,被2021年8月1日施行的《人民检察院刑事诉讼规则》替代。

般公开举行。审查逮捕案件、羁押必要性审查案件以及当事人是未成年人案件的听证会一般不公开举行。

以往司法实践中,没有严格区分公开听证和不公开听证。《规定》在总结实践经验的基础上,对公开听证和不公开听证作了界定。公开听证的案件一般是诉讼程序终结的案件,包括拟不起诉案件、刑事申诉案件、民事诉讼监督案件、行政诉讼监督案件等。这类案件不存在泄露办案秘密的问题,比较适合向社会公众公开。例如,对于刑事申诉案件,检察机关在审查时应当全面了解案件情况和各方意见,慎重作出抗诉或者不抗诉的决定,避免偏听偏信。如果决定抗诉,在听证基础上作出的决定,公信力更高。如果决定不抗诉,通过听证这种方式,能够更好地对申诉人进行说服、引导,做到案结事了。另外,公益诉讼案件虽然不属于诉讼程序终结案件,但因为与公共利益密切相关,为了让公众更好地了解案件办理情况,一般也应公开听证。

征求意见过程中,有观点提出,将审查逮捕案件、羁押必要性审查案件列入听证范围,可能会泄露侦查工作秘密。经研究,将这两种案件的听证规定为"一般不公开举行"。也就是说,审查逮捕案件、羁押必要性审查案件不公开听证是原则,以避免妨碍侦查工作正常进行。但是,如果案件相关侦查工作已经基本完成,证据已经固定,不会对侦查工作造成妨碍,而且根据案件情况确有必要公开听证的,也可以公开听证。此外,如果案件当事人是未成年人的,从切实保护未成年人权益出发,一般也不公开听证。

(五)听证会参加人

根据《规定》第六条,听证会参加人的范围比较灵活,由检察机关根据案件具体情况确定。除听证员外,可以包括案件当事人及其法定代理人、诉讼代理人、辩护人、第三人、相关办案人员、证人和鉴定人以及其他相关人员。

听证员是检察机关根据案件情况,邀请的与案件没有利害关系且具备一定资质的社会人士,其在听证会上有独立的地位,既不同于维护自身权益的案件当事人及其法定代理人、诉讼代理人、辩护人,又不同于了解案件情况的证人。《规定》第七条第一款对听证员的年龄、品行、身体条件等方面的要求作了规定,包括:应当是年满二十三周岁的中国公民;拥护宪法和法律;遵纪守法、品行良好、公道正派;具有正常履行职责的身体条件。此外,第七条第二款还规定了不得担任听证员的情形,包括:受过刑事处罚的;被开除公职的;被吊销律师、公证员执业证书的;以及其他有严重违法违纪行为,可能影响司法公正的。公众符合《规定》第七条第一款规定的,都有资格担任听证员。从目前实践来看,各地在办理案件时,有的邀请人大代表、政协委员、人民监督员、人民调解员等具备一定社会经验的人士担任听证员;有的根据案件需要，邀请特约检察员、专家咨询委员或者某个领域的专家、学者担任听证员，提供专业意见；也有的根据案件情况，邀请当事人所在单位或者居住地的居民委员会、村民委员会的代表担任听证员。

实践中，三位以上听证员参加听证会，进行评议，形成评议意见的情况比较多见，也符合案件讨论、形成多数意见的一般要求。对此，《规定》第七条第三款对听证员的人数作了限定，一般为3—7人。

对于人民监督员参加听证会，《规定》第八条明确，依照有关规定接受人民监督员监督。这里的"有关规定"主要指最高人民检察院《人民检察院办案活动接受人民监督员监督的规定》。其规定，检察机关对案件进行公开听证，可以安排人民监督员依法进行监督。检察机关对不服检察机关处理决定的刑事申诉案件、拟决定不起诉案件、羁押必要性审查案件等进行公开审查，或者对有重大影响的审查逮捕案件、行政诉讼监督案件等进行公开听证的，应当邀请人民监督员参加，听取人民监督员对案件事实、证据的认定和案件处理的意见。检察机关应当认真研究人民监督员的监督意见，依法作出处理。未采纳监督意见的，应当向人民监督员作出解释说明。人民监督员对于解释说明仍有异议的，相关部门或者检察官办案组、独任检察官应当报请检察长决定。

（六）听证会的准备

《规定》第九条规定："人民检察院可以根据案件办理需要，决定召开听证会。当事人及其辩护人、代理人向审查案件的人民检察院申请召开听证会的，人民检察院应当及时作出决定，告知申请人。不同意召开听证会的，应当向申请人说明理由。"由以上规定可知，检察听证的启动，分为检察机关主动组织和当事人申请两种。就当事人申请而言，与当事人做好沟通，是"让人民群众在每一起司法案件中感受到公平正义"的关键。检察机关审查当事人听证请求后，应及时告知其相关结果。如果不能组织听证，应将涉及国家秘密、商业秘密、个人隐私等不能组织听证的理由及时告知当事人。

提前做好听证方案、与当事人等听证参加人保持良好沟通联系等，是保证听证会顺利进行的前提。《规定》第十条对听证会的准备工作作了概括性要求：一是制定听证方案，确定听证会参加人；二是在听证3日前告知听证会参加人案由、听证时间和地点；三是告知当事人主持听证会的检察官及听证员的姓名、身份；四是公开听证的，发布听证会公告。其中，听证方案重点要对听证案件的处理焦点问题进行预判，做好听证会现场突发情况的应对准备。

听证员受检察机关邀请参加听证会，与案件没有利害关系，可以保证其意见的中立客观性。《规定》第十一条明确要求，检察机关在确定听证员以后，应当向其介绍案件情况、需要听证的问题和相关法律规定。作为社会人士的听证员，有的是具有一定社会经验和法律知识的专家，有的是当事人所在单位或者居住地的居民委员会、村民委员会代表，知识储备、法律认知和社会经验各不相同。检察官向听证员介绍案情，可以帮助其了解案件事实，了解要听证的焦点问题和相关法律规定，保障听证员真正发挥参与监督作用，确保其在充分了解案件相关事实和法律的基础上发表意见。

关于听证会的地点，《规定》第十二条规定："听证会一般在人民检察院检察听证室举行。有特殊情形的，经检察长批准也可以在其他场所举行。"检察听证室是保障听证会有序规范进行的物质前提，最高检《人民检察院检察听证室设置规范》《检察机关听证室建设技术指引》《中国检察听证网建设方案》等规定对检察听证室的场地、设施和系统作了明确要求。疫情防控期间，鉴于组织现场听证会存在困难，有的地方检察机关通过网络视频等方式进行案件听证，便利了当事人、听证员等听证会参加人，取得了较好的效果。

（七）听证会的进行

听证会主持人在组织听证会、邀请听证员、当面听取当事人和其他相关人员意见过程中，应当充分释法说理，让检察听证会成为生动的法治实践课。《规定》第十三条规定："听证会一般由承办案件的检察官或者办案组的主办检察官主持。检察长或者业务机构负责人承办案件的，应当担任主持人。"这一方面要求听证会主持人要有扎实的法律政策功底，能够兼顾"国法、天理、人情"，依法办理事实认定、法律适用、案件处理等方面存在较大争议或者有重大社会影响的案件，做到政治效果、法律效果、社会效果相统一；另一方面要求听证会主持人要有较强的群众工作能力、风险防控能力和矛盾化解能力。承办案件的检察官、办案组的主办检察官作为案件承办人，对案情比较熟悉，与听证员、当事人能够有效沟通，是比较合适的听证会主持人人选。检察长、业务机构负责人有比较丰富的司法经验和社会阅历，有能力处理听证会现场的各种问题，对于其承办的案件，应当担任听证会主持人。

听证会开始前，需要确认听证会参加人，告知其听证会现场纪律，以保证听证会顺利进行。《规定》第十四条规定："听证会开始前，人民检察院应当确认听证员、当事人和其他参加人是否到场，宣布听证会的程序和纪律。"一般由书记员当场宣读听证会纪律，包括听从主持人指挥，遵守会场纪律，不得作虚假发言，不得侮辱、诽谤、谩骂他人等。

《规定》第十五条规定了听证会进行的一般步骤：一是承办案件的检察官介绍案件情况和需要听证的问题；二是当事人及其他参加人就需要听证的问题分别说明情况；三是听证员向当事人或者其他参加人提问；四是主持人宣布休会，听证员就听证事项进行讨论；五是主持人宣布复会，根据案件情况，可以由听证员或者听证员代表发表意见；六是当事人发表最后陈述意见；七是主持人对听证会进行总结。其中，听证会休会期间，听证员就有关事项进行讨论，这一环节原则上不公开进行，一般在单独的听证评议室或者请当事人离场后进行，以保证听证员能够畅所欲言地发表意见，充分阐述自己的观点和见解。听证会复会后，可以由听证员个人或者推举听证员代表发表意见。客观中立的第三方意见更能让当事人信服，也能为检察办案提供重要参考。

（八）听证员意见的效力

听证员在充分了解案件情况和各方意见的基础上，发表听证意见。《规定》第十六条规定："听证员的意见是人民检察院依法处理案件的重要参考。拟不采纳听证员多数意见的，应当向检察长报告并获同意后作出决定。"以刑事案件听证会为例，这条规定充分体现了我国刑事诉讼法的相关基本原则。刑事诉讼法第六条规定，法院、检察机关和公安机关进行刑事诉讼，必须依靠群众，必须以事实为根据，以法律为准绳。也就是说，检察机关处理案件的依据只能是事实证据和法律规定，同时，办案还必须紧紧依靠人民群众。在举行听证的案件中，应当将听证员的意见作为处理案件的重要参考。如果办案检察官经过对案件认真审查，并充分考虑了听证员的意见后，拟不采纳听证员多数意见的，必须向检察长报告，在检察长同意后才能作出决定。这既尊重了听证员的意见，又可以保证依法独立公正行使检察权。

（九）检察机关的处理决定

检察机关通过组织听证会审查案件，作出处理决定。《规定》第十七条规定："人民检察院充分听取各方意见后，根据已经查明的事实、证据和有关法律规定，能够当场作出决定的，应当由听证会主持人当场宣布决定并说明理由；不能当场作出决定的，应当在听证会后依法作出决定，向当事人宣告、送达，并将作出的决定和理由告知听证员。"如果听证会准备充分，与听证员、当事人等听证会参加人沟通联系顺畅，听证员支持，当事人同意检察机关的处理意见，检察机关可以当场作出决定。但是如果案情复杂，事实认定、法律适用案件处理等方面确实存在较大争议，听证员有不同意见，当事人的诉求难以实现，需要检察机关认真研究的，可以在听证会结束后作出决定，并将结果告知听证员和当事人。

（十）听证会记录

举行听证会是检察机关审查案件的方式，有必要进行完整客观全面的记录。《规定》第十八条规定："听证过程应当由书记员制作笔录，并全程录音录像。听证笔录由听证会主持人、承办检察官、听证会参加人和记录人签名或者盖章。笔录应当归入案件卷宗。"以同步录音录像的方式客观、真实、全面地记录听证会，能够切实保障当事人权利，规范检察听证工作，提高听证效率，促进司法公正。

（十一）听证会的直播录播

《规定》第十九条规定："公开听证的案件，公民可以申请旁听，人民检察院可以邀请媒体旁听。经检察长批准，人民检察院可以通过中国检察听证网和其他公共媒体，对听证会进行图文、音频、视频直播或者录播。公开听证直播、录播涉及的相关技术和工作规范，依照有关规定执行。"公开听证直播，既方便人民群众直接参与、支持和监督检察听证工作，也让办案检察官从幕后走到台前，对检察官综合素质能力提出更高要求。为此，最高人民检察院专门建立了中国检察听证网，由各级检察机关通过互联网使用，并在2020年6月完成了首播。

（十二）听证费用

《规定》第二十一条规定："人民检察院听证活动经费按照人民检察院财务管理办法有关规定执行，不得向当事人收取费用。"受邀参加听证会的听证员、相关办案人员、证人、鉴定人等的差旅、食宿等经费，按照检察机关财务管理办法有关规定执行。

四、落实《规定》需要注意的几个问题

落实好《规定》，需要各级检察机关高度重视，积极推动，不断规范拓展听证范围，做到"应听证尽听证"，促进提升检察司法公信力，真正赢得人民群众的理解和支持。特别应抓住人民群众反映强烈的有法不依、执法不严、违法不究、司法不公等突出问题，以听证方式有力有效履行法律监督职责。一是各级检察院检察长应带头示范。检察长主持听证会，是检察长办案的一种具体方式，能够充分发挥"头雁效应"，带动其他检察官更加积极地运用听证会的方式审查办理案件，有利于尽快实现各级检察机关、各业务条线听证全覆盖，真正让检察听证成为提升检察机关办案质效、促进司法公开公正的重要抓手。二是加强宣传解读和沟通协调。检察听证工作虽然已经有二十年的历史，但此前运用并不广泛，社会各界对检察听证工作的了解也不多。各级检察机关应当以《规定》的发布为契机，做好相关的宣传、解读，及时发布优秀的检察听证案例，让人民群众更好地参与、支持检察听证工作。同时，进一步加强与法院、公安机关等其他司法办案机关的沟通配合，共同做好听证审查工作。三是重视提升检察官综合素质。各地可以通过举办专题讲座、发布指导性案例、典型案例，组织现场观摩等形式，对检察官进行培训指导，切实更新司法办案理

念，提升检察官运用听证方式审查办理案件的能力。四是尽快完善听证设施建设。符合标准的硬件、软件基础设施是推动检察听证工作高质量发展的必要物质条件。各地应结合本地实际，按照《人民检察院检察听证室设置规范》《检察机关听证室建设技术指引》《中国检察听证网建设方案》等规定，加强检察听证室和听证网建设，为检察听证提供符合要求的场地、设施和系统，通过现代化信息手段让人民群众更多、更便利地参与检察听证工作。

最高人民检察院、公安部关于修改侵犯商业秘密刑事案件立案追诉标准的决定

（2020年9月17日公布并施行　高检发〔2020〕15号）

为依法惩治侵犯商业秘密犯罪，加大对知识产权的刑事司法保护力度，维护社会主义市场经济秩序，将《最高人民检察院、公安部关于公安机关管辖的刑事案件立案追诉标准的规定（二）》第七十三条侵犯商业秘密刑事案件立案追诉标准修改为：【侵犯商业秘密案（刑法第二百一十九条）】侵犯商业秘密，涉嫌下列情形之一的，应予立案追诉：

（一）给商业秘密权利人造成损失数额在三十万元以上的；

（二）因侵犯商业秘密违法所得数额在三十万元以上的；

（三）直接导致商业秘密的权利人因重大经营困难而破产、倒闭的；

（四）其他给商业秘密权利人造成重大损失的情形。

前款规定的造成损失数额或者违法所得数额，可以按照下列方式认定：

（一）以不正当手段获取权利人的商业秘密，尚未披露、使用或者允许他人使用的，损失数额可以根据该项商业秘密的合理许可使用费确定；

（二）以不正当手段获取权利人的商业秘密后，披露、使用或者允许他人使用的，损失数额可以根据权利人因被侵权造成销售利润的损失确定，但该损失数额低于商业秘密合理许可使用费的，根据合理许可使用费确定；

（三）违反约定、权利人有关保守商业秘密的要求，披露、使用或者允许他人使用其所掌握的商业秘密的，损失数额可以根据权利人因被侵权造成销售利润的损失确定；

（四）明知商业秘密是不正当手段获取或者是违反约定、权利人有关保守商业秘密的要求披露、使用、允许使用，仍获取、使用或者披露的，损失数额可以根据权利人因被侵权造成销售利润的损失确定；

（五）因侵犯商业秘密行为导致商业秘密已为公众所知悉或者灭失的，损失数额可以根据该项商业秘密的商业价值确定。商业秘密的商业价值，可以根据该项商业秘密的研究开发成本、实施该项商业秘密的收益综合确定；

（六）因披露或者允许他人使用商业秘密而获得的财物或者其他财产性利益，应当认定为违法所得。

前款第二项、第三项、第四项规定的权利人因被侵权造成销售利润的损失，可以根据权利人因被侵权造成销售量减少的总数乘以权利人每件产品的合理利润确定；销售量减少的总数无法确定的，可以根据侵权产品销售量乘以权利人每件产品的合理利润确定；权利人因被侵权造成销售量减少的总数和每件产品的合理利润均无法确定的，可以根据侵权产品销售量乘以每件侵权产品的合理利润确定。商业秘密系用于服务等其他经营活动的，损失数额可以根据权利人因被侵权而减少的合理利润确定。

商业秘密的权利人为减轻对商业运营、商业计划的损失或者重新恢复计算机信息系统安全、其他系统安全而支出的补救费用，应当计入给商业秘密的权利人造成的损失。

最高人民检察院
人民检察院办理刑事申诉案件规定

(2020年5月19日最高人民检察院第十三届检察委员会第三十八次会议通过 2020年9月22日公布并施行)

目 录

第一章 总 则
第二章 管 辖
第三章 受 理
第四章 审 查
第五章 复 查
　第一节 一般规定
　第二节 不服人民检察院诉讼终结的刑事处理决定申诉案件的复查
　第三节 不服人民法院已经发生法律效力的刑事判决、裁定申诉案件的复查
第六章 其他规定
第七章 附 则

第一章 总 则

第一条 为依法履行法律监督职能，完善内部制约机制，规范刑事申诉案件办理程序，根据《中华人民共和国刑事诉讼法》《中华人民共和国人民检察院组织法》和有关法律规定，结合人民检察院办理刑事申诉案件工作实际，制定本规定。

第二条 本规定所称刑事申诉，是指对人民检察院诉讼终结的刑事处理决定或者人民法院已经发生法律效力的刑事判决、裁定不服，向人民检察院提出的申诉。

第三条 人民检察院通过办理刑事申诉案件，纠正错误的决定、判决和裁定，维护正确的决定、判决和裁定，保护当事人的合法权益，促进司法公正，维护社会和谐稳定，保障国家法律的统一正确实施。

第四条 人民检察院办理刑事申诉案件，应当遵循下列原则：

（一）原案办理与申诉办理相分离；

（二）全案复查，公开公正；

（三）实事求是，依法纠错；

（四）释法说理，化解矛盾。

第五条 人民检察院办理刑事申诉案件，应当根据案件具体情况进行审查和复查，繁简分流，规范有序，切实提高案件办理质效。

第六条 人民检察院办理刑事申诉案件，根据办案工作需要，可以采取公开听证、公开答复等方式，公开、公正处理案件。

第七条 人民检察院办理刑事申诉案件，应当依法保障律师执业权利。

第二章 管 辖

第八条 人民检察院管辖的下列刑事申诉，按照本规定办理：

（一）不服人民检察院因犯罪嫌疑人没有犯罪事实，或者符合《中华人民共和国刑事诉讼法》第十六条规定情形而作出的不批准逮捕决定的申诉；

（二）不服人民检察院不起诉决定的申诉；

（三）不服人民检察院撤销案件决定的申诉；

（四）不服人民检察院其他诉讼终结的刑事处理决定的申诉；

（五）不服人民法院已经发生法律效力的刑事判决、裁定的申诉。

上述情形之外的其他与人民检察院办理案件有关的申诉，不适用本规定，按照《人民检察院刑事诉讼规则》等规定办理。

第九条 不服人民检察院诉讼终结的刑事处理决定的申诉，由作出决定的人民检察院管辖，本规定另有规定的除外。

不服人民法院已经发生法律效力的刑事判决、裁定的申诉，由作出生效判决、裁定的人民法院的同级人民检察院管辖。

不服人民检察院刑事申诉案件审查或者复查结论的申诉，由上一级人民检察院管辖。

第十条 被害人及其法定代理人、近亲属不服人民检察院不起诉决定，在收到不起诉决定书后七日以内提出申诉的，由作出不起诉决定的人民检察院的上一级人民检察院管辖。

第十一条 上级人民检察院在必要时，可以将本院管辖的刑事申诉案件交下级人民检察院办理，也可以直接办理由下级人民检察院管辖的刑事申诉案件。

第三章 受 理

第十二条 人民检察院对符合下列条件的申诉，应当受理，本规定另有规定的除外：

（一）属于本规定第二条规定的刑事申诉；

（二）符合本规定第二章管辖规定；

（三）申诉人是原案的当事人及其法定代理人、近亲属；

（四）申诉材料符合受理要求。

申诉人委托律师代理申诉，且符合上述条件的，应当受理。

第十三条 申诉人向人民检察院提出申诉时，应当递交申诉书、身份证明、相关法律文书及证据材料或者证据线索。

身份证明是指自然人的居民身份证、军官证、士兵证、护照等能够证明本人身份的有效证件；法人或者其他组织的营业执照副本和法定代表人或者主要负责人的身份证明等有效证件。申诉人系正在服刑的罪犯，有效证件由刑罚执行机关保存的，可以提供能够证明本人身份的有效证件的复印件。对身份证明，人民检察院经核对无误留存复印件。

相关法律文书是指人民检察院作出的决定书、刑事申诉审查、复查结论文书，或者人民法院作出的刑事判决书、裁定书等法律文书。

第十四条 申诉人递交的申诉书应当写明下列事项：

（一）申诉人的姓名、性别、出生日期、工作单位、住址、有效联系方式，法人或者其他组织的名称、所在地址和法定代表人或者主要负责人的姓名、职务、有效联系方式；

（二）申诉请求和所依据的事实与理由；

（三）申诉人签名、盖章或者捺指印及申诉时间。

申诉人不具备书写能力口头提出申诉的，应当制作笔录，并由申诉人签名或者捺指印。

第十五条 自诉案件当事人及其法定代理人、近亲属对人民法院已经发生法律效力的刑事判决、裁定不服提出的申诉，刑事附带民事诉讼当事人及其法定代理人、近亲属对人民法院已经发生法律效力的刑事附带民事判决、裁定不服提出的申诉，人民检察院应当受理，但是申诉人对人民法院因原案当事人及其法定代理人自愿放弃诉讼权利或者没有履行相应诉讼义务而作出的判决、裁定不服的申诉除外。

第十六条 刑事申诉由控告申诉检察部门统一接收。控告申诉检察部门对接收的刑事申诉应当在七个工作日以内分别情况予以处理并告知申诉人：

（一）属于本院管辖并符合受理条件的，予以受理；

（二）属于本院管辖的不服生效刑事判决、裁定的申诉，申诉人已向人民法院提出申诉，人民法院已经受理且正在办理程序中的，告知待人民法院处理完毕后如不服再提出申诉；

（三）属于人民检察院管辖但是不属于本院管辖的，移送有管辖权的人民检察院处理；

（四）不属于人民检察院管辖的，移送其他机关处理。

第四章 审 查

第十七条 对受理的刑事申诉案件，控告申诉检察部门应当进行审查。

审查刑事申诉案件，应当审查申诉材料、原案法律文书，可以调取相关人民检察院审查报告、案件讨论记录等材料，可以听取申诉人、原案承办人员意见。

对于首次向人民检察院提出的刑事申诉案件，应当调阅原案卷宗进行审查，并听取申诉人或者其委托代理律师意见。必要时可以采用公开听证方式进行审查。

第十八条 经审查，具有下列情形之一的，应当审查结案：

（一）原判决、裁定或者处理决定认定事实清楚，证据确实充分，处理适当的；

（二）原案虽有瑕疵，但不足以影响原判决、裁定或者处理决定结论的；

（三）其他经审查认为原判决、裁定或者处理决定正确的。

对已经两级人民检察院审查或者复查，作出的结论正确，且已对申诉人提出的申诉理由作出合法合理答复，申诉人未提出新的理由的刑事申诉案件，可以审查结案。

第十九条 控告申诉检察部门经审查，具有下列情形之一的，应当移送刑事检察部门办理：

（一）原判决、裁定或者处理决定存在错误可能的；

（二）不服人民检察院诉讼终结的刑事处理决定首次提出申诉的；

（三）被害人及其法定代理人、近亲属，被不起诉人及其法定代理人、近亲属不服不起诉决定，在收到不起诉决定书后七日以内提出申诉的。

第二十条　原判决、裁定或者处理决定是否存在错误可能,应当从以下方面进行审查:

(一)原判决、裁定或者处理决定认定事实是否清楚、适用法律是否正确;

(二)据以定案的证据是否确实、充分,是否存在矛盾或者可能是非法证据;

(三)处理结论是否适当;

(四)是否存在严重违反诉讼程序的情形;

(五)申诉人是否提出了可能改变原处理结论的新的证据;

(六)办案人员在办理该案件过程中是否存在贪污受贿、徇私舞弊、枉法裁判行为。

第二十一条　对决定移送的刑事申诉案件,应当制作刑事申诉案件移送函,连同申诉书,原判决、裁定、处理决定,人民检察院审查、复查文书等申诉材料移送刑事检察部门。

刑事申诉案件移送函应当载明案件来源、受理时间、申诉理由、审查情况、移送理由等内容。

对决定移送的刑事申诉案件,控告申诉检察部门应当调取原案卷宗,一并移送刑事检察部门。

第二十二条　对移送的刑事申诉案件,刑事检察部门应当对原案卷宗进行审查。经审查,认为原判决、裁定或者处理决定正确的,经检察官联席会议讨论后决定审查结案;认为原判决、裁定或者处理决定存在错误可能的,决定进行复查。

对不服人民检察院诉讼终结的刑事处理决定首次提出申诉的,或者被害人及其法定代理人、近亲属、被不起诉人及其法定代理人、近亲属不服不起诉决定,在收到不起诉决定书后七日以内提出申诉的,应当决定进行复查。

第二十三条　控告申诉检察部门审查刑事申诉案件,应当自受理之日起三个月以内作出审查结案或者移送刑事检察部门办理的决定,并告知申诉人。

刑事检察部门对移送的刑事申诉案件,应当自收到案件之日起三个月以内作出审查结案或者进行复查的决定,并告知申诉人。

重大、疑难、复杂案件,报检察长决定,可以适当延长办理期限。

调取卷宗期间不计入办案期限。

第二十四条　经审查,具有下列情形之一的,上级人民检察院可以交由下级人民检察院重新办理:

(一)首次办理刑事申诉的人民检察院应当调卷审查而未调卷的,或者应当进行复查而未复查的;

(二)对申诉人提出的申诉理由未进行审查,或者未作出合法合理答复的;

（三）其他办案质量不高，认为应当重新办理的。

接受交办的人民检察院应当将重新办理结果向交办的上级人民检察院报告。

第二十五条 审查刑事申诉案件应当制作刑事申诉审查报告。听取意见、释法说理、公开听证等活动应当制作笔录。

第五章 复 查

第一节 一般规定

第二十六条 复查刑事申诉案件应当由检察官或者检察官办案组办理，原案承办人员和原申诉案件承办人员不应参与办理。

第二十七条 复查刑事申诉案件应当全面审查申诉材料和全部案卷。

第二十八条 经审查，具有下列情形之一，认为需要调查核实的，应当拟定调查提纲进行调查：

（一）原案事实不清、证据不足的；

（二）申诉人提供了新的事实、证据或者证据线索的；

（三）有其他问题需要调查核实的。

第二十九条 对与案件有关的勘验、检查、辨认、侦查实验等笔录和鉴定意见，认为需要复核的，可以进行复核，也可以对专门问题进行鉴定或者补充鉴定。

第三十条 复查刑事申诉案件可以询问原案当事人、证人和其他有关人员。

对原判决、裁定确有错误，认为需要提请抗诉、提出抗诉或者提出再审检察建议的，应当询问或者讯问原审被告人。

第三十一条 复查刑事申诉案件应当听取申诉人及其委托代理律师意见，核实相关问题。

第三十二条 复查刑事申诉案件可以听取原申诉案件办理部门或者原案承办人员、原案承办部门意见，全面了解案件办理情况。

第三十三条 复查刑事申诉案件过程中进行的询问、讯问等调查活动，应当制作调查笔录。调查笔录应当经被调查人确认无误后签名或者捺指印。

第三十四条 刑事申诉案件经复查，案件事实、证据、适用法律和诉讼程序以及其他可能影响案件公正处理的情形已经审查清楚，能够得出明确复查结论的，应当复查终结。

第三十五条 复查终结刑事申诉案件，承办检察官应当制作刑事申诉复查终结报告，在规定的职权范围作出决定；重大、疑难、复杂案件，报检察长或者检察委员会决定。

经检察委员会决定的案件，应当将检察委员会决定事项通知书及讨论记录附卷。

第三十六条 复查刑事申诉案件，应当自决定复查之日起三个月以内办结。三个月以内不能办结的，报检察长决定，可以延长三个月，并告知申诉人。

重大、疑难、复杂案件，在前款规定期限内仍不能办结，确需延长办理期限的，报检察长决定延长办理期限。

第三十七条 接受交办的人民检察院对上级人民检察院交办的刑事申诉案件应当依法办理并报告结果。对属于本院管辖的刑事申诉案件应当进行复查。

对交办的刑事申诉案件，应当自收到交办文书之日起三个月以内办结。确需延长办理期限的，应当报检察长决定，延长期限不得超过三个月。延期办理的，应当向交办的上级人民检察院书面说明情况。

第二节 不服人民检察院诉讼终结的刑事处理决定申诉案件的复查

第三十八条 被害人及其法定代理人、近亲属不服不起诉决定，在收到不起诉决定书后七日以内提出申诉的，由作出不起诉决定的人民检察院的上一级人民检察院进行复查。

第三十九条 被不起诉人及其法定代理人、近亲属不服不起诉决定，在收到不起诉决定书后七日以内提出申诉的，由作出不起诉决定的人民检察院进行复查。

第四十条 被害人及其法定代理人、近亲属、被不起诉人及其法定代理人、近亲属不服不起诉决定，在收到不起诉决定书后七日以内均提出申诉的，由作出不起诉决定的人民检察院的上一级人民检察院进行复查。

第四十一条 被害人及其法定代理人、近亲属、被不起诉人及其法定代理人、近亲属不服不起诉决定，在收到不起诉决定书后七日以内提出申诉的，控告申诉检察部门应当制作刑事申诉案件移送函，连同申诉材料移送刑事检察部门进行复查。

被害人及其法定代理人、近亲属向作出不起诉决定的人民检察院提出申诉的，作出决定的人民检察院刑事检察部门应当将申诉材料连同案卷一并报送上一级人民检察院刑事检察部门进行复查。

第四十二条 被害人及其法定代理人、近亲属、被不起诉人及其法定代理人、近亲属不服不起诉决定，在收到不起诉决定书七日以后提出申诉的，由作出不起诉决定的人民检察院控告申诉检察部门进行审查。经审查，认为不起诉决定正确的，应当审查结案；认为不起诉决定存在错误可能的，制作刑事申诉案件移送函，连同申诉材料移送刑事检察部门进行复查。

不服人民检察院其他诉讼终结的刑事处理决定的申诉案件，依照前款规定办理。

第四十三条 对不服人民检察院诉讼终结的刑事处理决定的申诉案件进行复查后，应当分别作出如下处理：

（一）原处理决定正确的，予以维持；

（二）原处理决定正确，但所认定的部分事实或者适用法律错误的，应当纠正错误的部分，维持原处理决定；

（三）原处理决定错误的，予以撤销；需要重新进入诉讼程序的，将案件移送有管辖权的人民检察院或者本院有关部门依法办理。

第三节 不服人民法院已经发生法律效力的刑事判决、裁定申诉案件的复查

第四十四条 最高人民检察院对不服各级人民法院已经发生法律效力的刑事判决、裁定的申诉，上级人民检察院对不服下级人民法院已经发生法律效力的刑事判决、裁定的申诉，经复查决定提出抗诉的，应当按照审判监督程序向同级人民法院提出抗诉，或者指令作出生效判决、裁定的人民法院的上一级人民检察院向同级人民法院提出抗诉。

第四十五条 经复查认为人民法院已经发生法律效力的刑事判决、裁定确有错误，具有下列情形之一的，应当按照审判监督程序向人民法院提出抗诉：

（一）原判决、裁定认定事实、适用法律确有错误致裁判不公或者原判决、裁定的主要事实依据被依法变更或者撤销的；

（二）认定罪名错误且明显影响量刑的；

（三）量刑明显不当的；

（四）据以定罪量刑的证据不确实、不充分，或者主要证据之间存在矛盾，或者依法应当予以排除的；

（五）有新的证据证明原判决、裁定认定的事实确有错误，可能影响定罪量刑的；

（六）违反法律关于追诉时效期限的规定的；

（七）违反法律规定的诉讼程序，可能影响公正审判的；

（八）审判人员在审理案件的时候有贪污受贿、徇私舞弊、枉法裁判行为的。

经复查认为人民法院已经发生法律效力的刑事判决、裁定，符合前款规定情形之一，经检察长决定，可以向人民法院提出再审检察建议。再审检察建议未被人民法院采纳的，可以提请上一级人民检察院抗诉。

第四十六条 经复查认为需要向同级人民法院提出抗诉或者提出再审检察

建议的，承办检察官应当提出意见，报检察长决定。

第四十七条 地方各级人民检察院对不服同级人民法院已经发生法律效力的刑事判决、裁定的申诉案件复查后，认为需要提出抗诉的，承办检察官应当提出意见，报检察长决定后，提请上一级人民检察院抗诉。提请抗诉的案件，应当制作提请抗诉报告书，连同案卷报送上一级人民检察院。

上一级人民检察院对提请抗诉的案件审查后，承办检察官应当制作审查提请抗诉案件报告，提出处理意见，报检察长决定。对提请抗诉的案件作出决定后，承办检察官应当制作审查提请抗诉通知书，将审查结果通知提请抗诉的人民检察院。

第四十八条 人民检察院决定抗诉后，承办检察官应当制作刑事抗诉书，向同级人民法院提出抗诉。

以有新的证据证明原判决、裁定认定事实确有错误提出抗诉的，提出抗诉时应当随附相关证据材料。

第四十九条 上级人民检察院审查提请抗诉的案件，应当自收案之日起三个月以内作出决定。

对事实、证据有重大变化或者特别复杂的刑事申诉案件，可以不受前款规定期限限制。

对不服人民法院已经发生法律效力的死刑缓期二年执行判决、裁定的申诉案件，需要加重原审被告人刑罚的，一般应当在死刑缓期执行期限届满前作出决定。

第五十条 地方各级人民检察院经复查提请抗诉的案件，上级人民检察院审查提请抗诉案件的期限不计入提请抗诉的人民检察院的复查期限。

第五十一条 人民检察院办理按照审判监督程序抗诉的案件，认为需要对原审被告人采取强制措施的，按照《人民检察院刑事诉讼规则》相关规定办理。

第五十二条 对按照审判监督程序提出抗诉的刑事申诉案件，或者人民法院依据人民检察院再审检察建议决定再审的刑事申诉案件，人民法院开庭审理时，由同级人民检察院刑事检察部门派员出席法庭，并对人民法院再审活动实行法律监督。

第五十三条 对按照审判监督程序提出抗诉的刑事申诉案件，或者人民法院依据人民检察院再审检察建议决定再审的刑事申诉案件，人民法院经重新审理作出的判决、裁定，由派员出席法庭的人民检察院刑事检察部门审查并提出意见。

经审查认为人民法院作出的判决、裁定仍然确有错误，需要提出抗诉的，报检察长决定。如果案件是依照第一审程序审判的，同级人民检察院应当按照第二审程序向上一级人民法院提出抗诉；如果案件是依照第二审程序审判的，应当提请上一级人民检察院按照审判监督程序提出抗诉。

第六章 其他规定

第五十四条　人民检察院审查结案和复查终结的刑事申诉案件，应当制作刑事申诉结果通知书，于十日以内送达申诉人，并做好释法说理工作。

下级人民检察院应当协助上级人民检察院做好释法说理、息诉息访工作。

对移送的刑事申诉案件，刑事检察部门应当将刑事申诉结果通知书抄送控告申诉检察部门。

第五十五条　对提请抗诉的案件，提请抗诉的人民检察院应当在上一级人民检察院作出是否抗诉的决定后制作刑事申诉结果通知书。

第五十六条　对不服人民检察院诉讼终结的刑事处理决定的申诉案件进行复查后，依照本规定第四十三条第二项、第三项规定变更原处理决定认定事实、适用法律或者撤销原处理决定的，应当将刑事申诉结果通知书抄送相关人民检察院。

第五十七条　对重大、疑难、复杂的刑事申诉案件，人民检察院可以进行公开听证，对涉案事实、证据、法律适用等有争议问题进行公开陈述、示证、论证和辩论，充分听取各方意见，依法公正处理案件。

第五十八条　申诉人对处理结论有异议的刑事申诉案件，人民检察院可以进行公开答复，做好解释、说明和教育工作，预防和化解社会矛盾。

第五十九条　人民检察院对具有下列情形之一的刑事申诉案件，可以中止办理：

（一）人民法院对原判决、裁定正在审查的；

（二）无法与申诉人及其代理人取得联系的；

（三）申诉的自然人死亡，需要等待其他申诉权利人表明是否继续申诉的；

（四）申诉的法人或者其他组织终止，尚未确定权利义务承继人的；

（五）由于其他原因，致使案件在较长时间内无法继续办理的。

决定中止办理的案件，应当制作刑事申诉中止办理通知书，通知申诉人；确实无法通知的，应当记录在案。

中止办理的事由消除后，应当立即恢复办理。中止办理的期间不计入办案期限。

第六十条 人民检察院对具有下列情形之一的刑事申诉案件,经检察长决定,应当终止办理:

(一)人民检察院因同一案件事实对撤销案件的犯罪嫌疑人重新立案侦查的,对不批准逮捕的犯罪嫌疑人重新作出批准逮捕决定的,或者对不起诉案件的被不起诉人重新起诉的;

(二)人民检察院收到人民法院受理被害人对被不起诉人起诉的通知的;

(三)人民法院决定再审的;

(四)申诉人自愿撤回申诉,且不损害国家利益、社会公共利益或者他人合法权益的;

(五)申诉的自然人死亡,没有其他申诉权利人或者申诉权利人明确表示放弃申诉的,但是有证据证明原案被告人是无罪的除外;

(六)申诉的法人或者其他组织终止,没有权利义务承继人或者权利义务承继人明确表示放弃申诉的,但是有证据证明原案被告人是无罪的除外;

(七)其他应当终止办理的情形。

决定终止办理的案件,应当制作刑事申诉终止办理通知书,通知申诉人;确实无法通知的,应当记录在案。

终止办理的事由消除后,申诉人再次提出申诉,符合刑事申诉受理条件的,应当予以受理。

第六十一条 办理刑事申诉案件中发现原案存在执法司法瑕疵等问题的,可以依照相关规定向原办案单位提出检察建议或者纠正意见。

第六十二条 办理刑事申诉案件中发现原案办理过程中有贪污贿赂、渎职等违法违纪行为的,应当移送有关机关处理。

第六十三条 办理刑事申诉案件中发现原案遗漏罪行或者同案犯罪嫌疑人的,应当移送有关机关处理。

第六十四条 刑事申诉案件相关法律文书应当在统一业务应用系统内制作。

第七章 附 则

第六十五条 本规定由最高人民检察院负责解释。

第六十六条 本规定自发布之日起施行。2014年10月27日发布的《人民检察院复查刑事申诉案件规定》(高检发〔2014〕18号)同时废止;本院此前发布的有关办理刑事申诉案件的其他规定与本规定不一致的,以本规定为准。

《人民检察院办理刑事申诉案件规定》理解与适用[*]

徐向春 杜亚起 刘小青[**]

2020年9月22日，修改后的最高人民检察院《人民检察院办理刑事申诉案件规定》（以下简称《规定》）发布施行。为便于理解与适用，现将《规定》的修改背景、修改思路及修改涉及的主要问题作一介绍。

一、修改的背景和过程

检察机关依法办理刑事申诉案件，是检察机关法律监督职能的重要组成部分，承担着权利救济保障、司法活动监督、社会矛盾化解等多项职能。2014年，最高人民检察院颁布的《人民检察院复查刑事申诉案件规定》（以下简称《复查规定》）实施以来，在加强检察机关法律监督职能、完善内部制约机制、保护申诉人合法权益、促进司法公正等方面发挥了重要作用。与此同时，随着刑事诉讼法的修改、司法责任制改革和检察机关内设机构改革的全面实施，刑事申诉检察工作的形势和任务发生了重大变化。特别是检察机关内设机构改革之后，对办理刑事申诉案件的职责分工作出了重大调整，刑事申诉案件不再单独由专门的刑事申诉检察部门办理，而是由控告申诉检察部门、相关刑事检察部门共同办理，《复查规定》需作出调整、完善。最高人民检察院党组对《复查规定》的修改工作非常重视，将其列入《2018—2022年检察改革工作规划》，明确提出"健全刑事申诉案件受理、移送、复查机制"的具体要求。2019年5月，《复查规定》修改工作正式启动。经组织专门力量，深入调研、充分论证，广泛征求地方各级检察院、最高人民检察院相关内设机构和全国人大常委会法工委、国家监委、最高人民法院、公安部、司法部等方面的意见，并反复修改完善，形成《规定》审议稿，于2020年5月19日提请最高人民检察院检委会审议。随后根据检委会审议意见，又对有关问题进行进一步研究、修改后，再次提请最高人民检察院检委会审议。2020年9月22日，《规定》发布施行。

---

[*] 原文载《人民检察》2020年第22期。
[**] 作者单位：最高人民检察院第十检察厅。

二、修改的思路与要点

（一）突出释法说理和化解社会矛盾

检察机关办理刑事申诉案件的目的，一方面是通过办理刑事申诉案件发现和纠正冤错案件，另一方面通过办案活动和释法说理，维护正确裁判和司法权威。化解矛盾、促使申诉人息诉服判、减少社会戾气、促进社会和谐稳定，是办理刑事申诉案件的重要目的。《规定》在第三条将"维护社会和谐稳定"作为办理刑事申诉案件的任务予以明确，第四条办案原则中增加"释法说理，化解矛盾"的内容，对办理刑事申诉案件提出新的更高要求。

（二）落实检察机关内设机构改革精神

按照新的内设机构职责分工设置和司法责任制的要求，《规定》明确了相关业务部门的刑事申诉办案职责及控告申诉检察部门移送案件的衔接程序，主要体现在《规定》第四章"审查"、第五章"复查"的相关条款中，强化了高质量办理刑事申诉案件的制度保障。

（三）贯彻"群众来信件件有回复"工作要求

刑事申诉案件是送上门来的群众工作，需要贯彻最高人民检察院党组和张军检察长提出的"群众来信件件有回复"工作要求，依靠群众开展法律监督工作。《规定》认真落实"七日内程序回复和三个月内实体结果或办理情况答复"要求，第十六条规定控告申诉检察部门接收刑事申诉后应当在七个工作日以内告知申诉人处理情况，第二十三条、第三十六条规定刑事申诉案件应在规定期限内办结，并将结果告知申诉人。

（四）细化繁简分流、快速高效的办案要求

繁简分流、快速高效办案是新时期检察机关刑事申诉办案工作的新要求。针对大多数案件需要在控告申诉检察部门审查结案，同时刑事检察部门也承担审查结案职能的实际情况，《规定》重塑了刑事申诉案件的审查程序，对不同部门的审查内容、审查方式及审查后的处理等作了具体规定，为高质量办理刑事申诉案件构建了繁简分流、快速高效的办案机制。

三、修改涉及的主要问题

（一）关于文件名称

《规定》将原名称"人民检察院复查刑事申诉案件规定"修改为"人民检察院办理刑事申诉案件规定"。主要考虑是，刑事申诉案件办理包括受理、审查、复查等多个程序，"复查"只是刑事申诉案件办理的一个环节，不能涵盖刑事申诉案件办理全过程，而"办理"可以包含检察机关处理刑事申诉案件

的上述一系列活动,更符合工作实际。

(二)关于总则规定

第一章总则的各项规定对检察机关办理刑事申诉案件具有统领和指导作用。本次修改在基本保持原有规定内容的基础上,进一步强调办理刑事申诉案件在维护社会和谐稳定中的作用,增加规定了"释法说理,化解矛盾"原则。各级检察院办理刑事申诉案件的各职能部门、每名承办检察官,在办理刑事申诉案件的各个程序中,都要做好释法说理工作,把化解矛盾、定分止争,促进申诉人息诉服判,推动社会和谐稳定发展作为办理刑事申诉案件的重要内容。根据内设机构改革后刑事申诉办案机制的变化情况,新增规定刑事申诉案件适用不同程序办理。明确"人民检察院办理刑事申诉案件,应当根据案件具体情况进行审查和复查,繁简分流,规范有序,切实提高案件办理质效"。同时,将"依法保障律师执业权利"调整到总则中。从律师代理刑事申诉案件进入检察机关申诉办理程序开始,检察机关应严格落实有关规定精神,充分保障律师的各项执业权利,确保申诉人可以获得有效法律帮助。

(三)关于管辖规定

《规定》结合内设机构改革情况对刑事申诉案件的部门管辖分工作出调整,对有关条文进行合并、精简,使各项规定更加具体明确。

一是将《复查规定》第六条"人民检察院刑事申诉检察部门管辖下列刑事申诉"修改为"人民检察院管辖的下列刑事申诉,按照本规定办理",取消《复查规定》第七条,不再详细列举不属于刑事申诉检察部门管辖的情形,将该条内容并入《规定》第八条第二款。内设机构改革后,刑事申诉不再由单一部门管辖,负有刑事申诉办案职责的各相关职能部门,按照各自的职能分工分别承担检察机关管辖的刑事申诉案件办理职责。

二是对《复查规定》有关刑事申诉案件级别管辖的内容进行修改。将《复查规定》第九条和第十条内容合并,直接、明确地规定刑事申诉案件管辖的一般原则,即不服检察机关诉讼终结的刑事处理决定以及生效刑事判决、裁定的申诉,由作出决定的检察机关和作出生效刑事判决、裁定的法院的同级检察机关管辖;不服下级检察机关审查或者复查结论的申诉,由上一级检察机关管辖,既减少内容上的重复,又便于在实践中准确把握。

三是对被害人不服检察机关不起诉决定七日以内提出申诉的管辖单独作出规定,作为一般管辖原则的特别规定,保证刑事诉讼法第一百八十条的规定落到实处。

四是删除《复查规定》第八条"不服人民法院死刑终审判决、裁定尚未执行的申诉,由人民检察院监所检察部门办理"。此类申诉属于检察机关死刑执行监督的范畴,是刑事执行检察部门发现死刑裁判是否存在错误及建议停止执行死刑的重要线索渠道,因受时限的限制,此类申诉办理程序和要求与其他刑事申诉案件不同,故不在《规定》中予以明确。

(四)关于受理规定

有关受理方面的规定,本次修改基本保留了《复查规定》的原有内容。主要变化是《规定》第十六条对接收刑事申诉案件后的处理要求作了进一步补充完善。一是落实"群众来信件件有回复"承诺,明确规定无论何种处理情况均应告知申诉人;二是增加第二项"属于本院管辖的不服生效刑事判决、裁定的申诉,申诉人已向人民法院提出申诉,人民法院已经受理且正在办理程序中的,告知待人民法院处理完毕后如不服再提出申诉"。依据最高人民法院、最高人民检察院、公安部、司法部《关于依法处理涉法涉诉信访工作衔接配合的规定》第五条,《规定》对此内容予以明确,可以引导申诉人理性申诉,避免案件重复受理,节约司法资源。

(五)关于审查规定

这部分是本次修改的重点内容。《规定》适应新形势新要求,对刑事申诉案件的审查办理机制作出新的规定。

第一,明确规定控告申诉检察部门对刑事申诉案件的审查职责和对首次申诉案件的调卷审查权。修改过程中,许多地方希望对控告申诉检察部门是否具有刑事申诉案件审查职责,是否具有调卷审查权作出明确规定。《规定》第十七条对此予以明确。控告申诉检察部门应当履行审查职责,特别是对于首次向检察机关提出申诉的案件,需要承担起首办责任,应当调卷审查,同时做好申诉人的各项工作,提高首次申诉案件办理质量和效果,以减少重复申诉,为以后的案件办理打下良好基础。

第二,明确规定审查结案的条件。对于审查结案的案件,明确要求应当充分回应申诉人提出的申诉理由,做好释法说理工作。《规定》第十八条规定,对已经两级检察机关审查或者复查,结论正确的案件,不能简单结案了事,必须"对申诉人提出的申诉理由作出合法合理答复",释法说理工作做到位才能审查结案,目的是防止办理刑事申诉案件简单走程序,压实各级检察院的办案责任,同时引导申诉人理性申诉,减少不必要的重复信访。

第三,明确规定移送案件的条件。根据《规定》第十九条,控告申诉检察部门移送刑事检察部门办理的案件包括两类:一类是经过实体审查后,认为原判决、裁定或者处理决定可能存在错误,需要刑事检察部门进一步审查办理的，这是向刑事检察部门移送案件的基本条件；另一类是直接进入复查程序的案件，包括被害人、被不起诉人不服不起诉决定，在收到不起诉决定书后七日以内提出申诉的和不服检察机关诉讼终结的刑事处理决定首次提出申诉的。对于此类案件，控告申诉检察部门受理后直接移送刑事检察部门办理。一方面，可以落实刑事诉讼法的规定；另一方面，对不服检察机关作出处理决定的案件加强内部监督制约，强化首办责任，力争将案件解决在首次办理环节。

第四，明确规定移送案件的程序和移送材料要求。修改过程中，对移送刑事检察部门办理的案件卷宗由哪个部门调取有不同认识。为避免在调卷问题上发生扯皮，造成办案拖沓，《规定》第二十一条明确："对决定移送的刑事申诉案件，控告申诉检察部门应当调取原案卷宗，一并移送刑事检察部门。"

第五，明确规定刑事检察部门对移送案件的办理要求。《规定》对刑事检察部门审查结案提出了更高要求：一是对移送的刑事申诉案件，应当对原案卷宗进行审查；二是对拟决定审查结案的案件需经检察官联席会议讨论；三是对不服检察机关诉讼终结的刑事处理决定首次提出申诉的，或者被害人、被不起诉人不服不起诉决定，在收到不起诉决定书后七日以内提出申诉的，应当进行复查。对于刑事检察部门审查刑事申诉案件应当阅卷审查和审查结案应经检察官联席会议讨论的问题，修改过程中有不同认识。有观点认为，并非所有移送刑事检察部门的案件均需阅卷审查，大部分案件通过调阅相关材料或听取有关人员意见即可得出结论。根据司法责任制改革精神，检察官应当依据"员额检察官权力清单"依法、独立审查案件并作出结论，是否提请检察官联席会议讨论应由检察官自行决定。经研究认为，移送刑事检察部门进一步审查的刑事申诉案件，均是经过控告申诉检察部门审查申诉材料、原案法律文书，调取相关检察院案件审查报告、案件讨论记录等材料，听取申诉人或者原案承办人员意见等一系列必要的调查核实后，认为案件可能存在错误，或者仍无法排除矛盾和疑点、无法对申诉人的申诉理由作出合法合理答复的案件。如果刑事检察部门对移送的案件继续采取同控告申诉检察部门相同的方式，即不调卷或者不查阅有关案卷的方式办理，重复控告申诉检察部门所做的工作，进而作出审查结案结论，则案件质量很难得到保证，很难有针对性地做好申诉人的释法说理、息诉服判工作，同时也造成重复劳动。因此，在对控告申诉检察部门审查工作提出明确要求的基础上，有必要对刑事检察部门审查结案提出更严格的要求。

第六，明确规定审查刑事申诉案件的办案时限。《规定》对审查案件的办案时限作出修改，分别对不同部门作出规定，延长了审查案件的期限。按照新的规定，办案期限延长后，大多数案件都应在办案时限内按期结案，确需延长办案期限的,应严格把关,报检察长决定。

第七,明确规定上级检察院可以将案件交下级检察院重新办理的情形。《规定》第二十四条对交办案件情形作出明确界定。在执行中应注意的问题是,代表本级检察院向下级检察院交办案件的主体是承办案件的各个业务部门。即控告申诉检察部门办理的案件由控告申诉检察部门交下级检察院控告申诉检察部门,刑事检察部门办理的案件由各刑事检察部门交下级检察院对口部门,重新办理结果由各交办部门进行审查。这样有利于提高办案效率,保证办案质量。

第八,明确规定审查刑事申诉案件制作相关文书的要求。审查刑事申诉案件应当按程序规范进行,所做工作应当全程留痕,相关文书是办案工作的有效载体,应当按照要求制作。

(六)关于复查规定

对刑事申诉案件进行复查是检察机关的重要职责,《复查规定》对复查程序规定得较为详细、具体,实践中运行顺畅,反映效果良好,此次修改未作大的改动,大部分内容予以保留。主要变化是:

第一,关于一般规定。落实检察官办案责任制,一是改变复查案件对承办人员的要求,不再强调复查刑事申诉案件应当由两名以上检察人员进行,而是根据案件具体情况,由检察官或者检察官办案组办理,但原案件承办人员和原申诉案件承办人员不应参与办理。二是改变处理审批程序,取消部门集体讨论环节。刑事申诉案件复查终结由承办检察官在规定的职权范围内作出决定。如有需要可提请检察官联席会议讨论,但讨论意见仅供承办检察官参考。

第二,关于不服检察机关诉讼终结的刑事处理决定申诉案件的复查。一是明确规定被害人、被不起诉人不服不起诉决定,在收到不起诉决定书后七日以内均提出申诉的,由作出不起诉决定的检察机关的上一级检察机关刑事检察部门进行复查,解决上下级检察院对同一申诉案件都有管辖权时管辖不明的问题。二是控告申诉检察部门对不服不起诉决定在收到不起诉决定书七日以后提出申诉的案件,以及不服检察机关其他诉讼终结的刑事处理决定的申诉案件的办理程序发生变化。控告申诉检察部门只承担审查结案职责,对需要进行复查的案件移送刑事检察部门办理。三是修改过程中有观点提出,《复查规定》对被不起诉人不服不起诉决定七日以内提出申诉的复查范围超出了刑事诉讼法的规定,本次修改应严格按照刑事诉讼法规定的范围执行。经研究认为,虽然刑事诉讼法只规定被不起诉人对相对不起诉决定不服提出申诉的,应予以复查,但实践中被不起诉人对法定不起诉、存疑不起诉提出申诉的情况也为数不少,复查后也存在予以纠正的情况。为充分保障被不起诉人的合法权利,提高办案质量，适应实践需要，从 2005 年以来，对被不起诉人不服不起诉决定七日以内申诉的，不再区分不起诉的情形，均进入复查程序进行复查，取得了良好的效果。为此，《规定》对《复查规定》确定的复查范围予以保留。

第三，关于不服法院已经发生法律效力的刑事判决、裁定申诉案件的复查。《规定》第四十五条第二款规定："经复查认为人民法院已经发生法律效力的刑事判决、裁定，符合前款规定情形之一，经检察长决定，可以向人民法院提出再审检察建议。再审检察建议未被人民法院采纳的，可以提请上一级人民检察院抗诉。"修改过程中，对再审检察建议有不同认识。有观点认为，再审检察建议与法律规定不一致，在法律没有明确规定的情况下，检察机关不宜对刑事案件再审检察建议自行作出规定。经研究认为，适用再审检察建议方式向法院提出监督意见，是实践中行之有效的监督方式，2014 年在征求最高人民法院意见后，已被规定在《复查规定》中。近年来，检察机关通过提出再审检察建议的方式监督纠正了一批确有错误的生效刑事判决、裁定，取得了较好的实践效果，应予以坚持，对此《规定》予以保留。

（七）关于其他规定

与《复查规定》相比，《规定》第六章主要有以下变化：一是对法律文书制作要求集中作出规定。首先，统一法律文书名称。将《复查规定》中审查结案和复查终结所使用的三个法律文书——刑事申诉审查结果通知书、刑事申诉复查决定书、刑事申诉复查通知书统一为刑事申诉结果通知书。其次，将原分散规定在各个章节中的文书制作要求统一在本章规定，避免相同内容在其他章节重复出现。再次，对释法说理提出明确要求。在执行中应当注意，制作刑事申诉结果通知书应结合每个案件的不同特点，根据案件类型、处理程序、结案方式的不同在表述上有所区别。同时，文书中应当回应申诉理由，进行释法说理。二是对公开听证、公开答复等公开办理刑事申诉案件方式提出明确要求。三是删除备案审查、善后息诉、责任追究、案件管理等与办案形势发展不相适应、规定重复或者不属于刑事申诉案件办理程序的相关规定。

最高人民检察院
人民检察院司法责任追究条例

(2020年8月21日最高人民检察院第十三届检察委员会第四十八次会议通过 2020年10月19日公布并施行 高检发〔2020〕19号)

第一章 总 则

第一条 为了严格落实司法责任制,构建公平合理的司法责任认定和追究机制,保证人民检察院及其办案组织、检察人员依法履行职责、公正行使职权,根据《中华人民共和国公务员法》《中华人民共和国公职人员政务处分法》《中华人民共和国人民检察院组织法》《中华人民共和国检察官法》等法律法规及有关文件规定,结合检察工作实际,制定本条例。

第二条 本条例所称司法责任包括故意违反法律法规责任、重大过失责任和监督管理责任。

第三条 司法责任追究应当坚持党管干部原则;坚持遵循司法规律,体现检察职业特点;坚持依法依规,客观公正,责任与处罚相当;坚持惩处与教育结合,追责与保护并重。

第四条 人民检察院开展司法责任追究工作应当主动接受纪检监察机关的监督,加强沟通协调,形成监督合力。

第五条 人民检察院追究检察人员的司法责任,依照本条例规定办理。

第六条 人民检察院司法责任追究工作由检务督察部门承担。未设检务督察部门的基层人民检察院,由承担检务督察职能的部门负责。

第二章 责任追究范围

第七条 检察人员在行使检察权过程中,故意实施下列行为之一的,应当承担司法责任:

(一)隐瞒、歪曲事实,违规采信关键证据,错误适用法律的;

（二）毁灭、伪造、变造、隐匿、篡改证据材料或者法律文书的；

（三）暴力取证或者以其他非法方式获取证据的；

（四）明知是非法证据不依法排除，而作为认定案件事实重要依据的；

（五）违反规定立案或者违法撤销案件的；

（六）包庇、放纵被举报人、犯罪嫌疑人、被告人，或者使无罪的人受到刑事追究的；

（七）违反规定剥夺、限制当事人、证人人身自由的；

（八）违反规定侵犯诉讼参与人诉讼权利的；

（九）非法搜查、损毁当事人财物或者违法违规查封、扣押、冻结、保管、处理涉案财物的；

（十）办理认罪认罚案件存在诱骗、胁迫等违法行为的；

（十一）对已经决定给予国家赔偿的案件拒不赔偿或者拖延赔偿的；

（十二）不履行或者不正确履行刑事诉讼监督、刑罚执行和监管执法监督等职责，有损司法公正的；

（十三）不履行或者不正确履行民事诉讼监督、行政诉讼监督、公益诉讼等职责，造成不良后果的；

（十四）违反法律规定应当回避而不自行回避，造成不良影响的；

（十五）泄露国家秘密、商业秘密、个人隐私等案件信息的；

（十六）其他违反诉讼程序或者司法办案规定，需要追究司法责任的。

第八条 检察人员在行使检察权过程中，有重大过失，怠于履行或者不正确履行职责，造成下列后果之一的，应当承担司法责任：

（一）认定事实、适用法律等方面出现错误，导致案件错误处理的；

（二）遗漏重要犯罪嫌疑人或者重大罪行的，或者使无罪的人受到刑事追究的；

（三）对明显属于采取非法方法收集的证据未予排除造成错案的；

（四）违反法定条件或者程序造成错误羁押或者超期羁押犯罪嫌疑人、被告人的；

（五）发生涉案人员自杀、自伤、行凶、脱逃、串供或者案卷、证据、涉案财物遗失、毁损等重大办案事故的；

（六）在履行审查逮捕、审查起诉、出席法庭等职责中作出错误决定，造成严重后果或者恶劣影响的；

（七）在履行刑事诉讼监督职责中未及时纠正侦查、审判活动违法或者错误裁判，造成严重后果或者恶劣影响的；

（八）在履行刑罚执行和监管执法监督职责中，服刑人员被违法减刑、假

释、暂予监外执行或者监管场所发生在押人员脱逃、非正常死亡等严重事故的;

（九）在履行民事诉讼监督、行政诉讼监督、公益诉讼等职责中，造成国家利益、社会公共利益、当事人利益重大损失或者恶劣影响的;

（十）泄露国家秘密、商业秘密、个人隐私等案件信息，造成严重后果或者恶劣影响的;

（十一）其他造成严重后果或者恶劣影响的。

第九条 在行使检察权过程中，检察长、副检察长、业务部门负责人以及其他负有监督管理职责的检察人员，因故意或者重大过失怠于行使或者不当行使监督管理权，在职责范围内对检察人员违反检察职责的行为失职失察、隐瞒不报、措施不当，导致司法办案工作出现严重错误的，应当承担相应的司法责任。

第十条 检察人员在司法履职中，虽有错误后果发生，但尽到必要注意义务，对后果发生没有故意或者重大过失，具有下列情形之一的，不予追究司法责任：

（一）因法律法规、司法解释发生变化或者有关政策调整等原因而改变案件定性或者处理决定的;

（二）因法律法规、司法解释规定不明确，存在对法律法规、司法解释理解和认识不一致，但在专业认知范围内能够予以合理说明的;

（三）因当事人故意作虚假陈述、供述，或者毁灭、伪造证据等过错，导致案件事实认定或者处理出现错误的;

（四）出现新证据或者证据发生变化而改变案件定性或者处理决定的;

（五）因技术条件限制等客观原因或者不能预见、无法抗拒的其他原因致使司法履职出现错误的;

（六）其他不予追究检察人员司法责任的事由。

第十一条 对司法履职中因故意或者重大过失需要追究司法责任的，应当根据行为性质、后果及情节区别处理。

检察人员能够主动说明情况，如实记录报告干预司法活动、插手具体案件处理、违规过问案件、不当接触交往等情况，未造成严重后果的，可以从宽处理。

对抗、阻碍或者指使他人对抗、阻碍司法责任调查和追究的，应当从严处理。

第十二条 检察人员在事实认定、证据采信、法律适用、办案程序、文书制作以及司法作风等方面不符合法律和有关规定，但不影响案件结论的正确性和效力的，属于司法瑕疵，不承担司法责任，可以视情节对其进行谈话提醒、批评教育、责令检查、通报或者予以诫勉。

第三章 司法责任认定

第十三条 独任检察官承办并作出决定的案件，由独任检察官承担司法责任。

检察官办案组承办的案件，由主办检察官、检察官共同承担司法责任。主办检察官对其职责范围内决定的事项承担司法责任，其他检察官对自己的行为承担司法责任。

检察官故意隐瞒、歪曲事实，遗漏重要事实、证据或者情节，导致检察委员会、检察长（副检察长）作出错误决定的，主要由检察官承担司法责任。业务部门负责人因故意或者重大过失怠于行使或者不当行使监督管理权，承担相应的司法责任。

第十四条 检察辅助人员参与司法办案工作，根据职权和分工承担相应的司法责任。检察官有审核把关责任的，应当承担相应的司法责任。

对于检察官在职权范围内作出决定的事项，检察辅助人员不承担司法责任。检察辅助人员有故意或者重大过失行为，导致检察官作出错误决定的，应当承担相应的司法责任。

检察官授意、指使检察辅助人员实施违反检察职责行为，由检察官承担司法责任。检察辅助人员执行明显违法的指令的，应当承担相应的司法责任。

第十五条 检察长（副检察长）对职权范围内作出的有关办案事项的决定承担司法责任。对于检察官在职权范围内作出决定的事项，检察长（副检察长）不因签发法律文书承担司法责任。

检察长（副检察长）不同意检察官处理意见，要求检察官复核，检察官根据检察长（副检察长）的要求进行复核并改变原处理意见的，检察长（副检察长）与检察官共同承担司法责任。

检察长（副检察长）改变检察官决定的，对改变部分承担司法责任。

第十六条 检察委员会作出错误决定的，检察委员会委员根据错误决定形成的具体情形和主观过错情况，承担相应的司法责任；主观上没有过错的，不承担司法责任。

第十七条 上级人民检察院改变下级人民检察院正确意见的，上级人民检察院有关人员应当承担相应的司法责任。

下级人民检察院有关人员故意隐瞒、歪曲事实，遗漏重要事实、证据或者情节，导致上级人民检察院作出错误命令、决定的，由下级人民检察院有关人员承担司法责任；上级人民检察院有关人员有过错的，应当承担相应的司法责任。

第四章 责任追究程序

第十八条 开展司法责任追究工作，应当根据《中国共产党纪律检查机关监督执纪工作规则》《党组讨论和决定党员处分事项工作程序规定（试行）》等关于违纪违法案件管理权限的规定，按照受理、初核、立案、调查、处理等程序进行。

第十九条 检务督察部门统一受理司法责任追究线索。人民检察院其他内设机构在工作中发现检察人员违反检察职责需要追究司法责任的线索，应当移送本院检务督察部门。

第二十条 检务督察部门应当对司法责任追究线索及时进行分析研判，视情形按照谈话函询、初步核实、暂存待查、予以了结等方式进行处置。

对需要初核的线索，应当报检察长批准。初核后应当与派驻纪检监察组协商提出是否立案的意见，报请检察长批准。

第二十一条 批准立案后，应当制作立案决定书，向被调查对象宣布，向其所在部门主要负责人和派驻纪检监察组通报，并在七日内报上一级人民检察院检务督察部门备案。

第二十二条 检务督察部门在立案后应当成立调查组，依照《人民检察院检务督察工作条例》规定的方式展开调查。调查结束前，应当听取被调查对象陈述和申辩。

第二十三条 调查组应当自立案之日起九十日内完成调查工作。因特殊原因需要延长调查期限的，应当经检察长批准，并报上一级人民检察院检务督察部门备案，延长时间不得超过九十日。

第二十四条 调查终结后，认为检察官存在违反检察职责的行为需要追究司法责任的，按照检察官惩戒工作程序，报检察长批准后提请检察官惩戒委员会审议，由其提出构成故意违反职责、存在重大过失、存在一般过失或者没有违反职责的意见。

第二十五条 对于检察官惩戒委员会审查认定检察官构成故意违反职责、存在重大过失的，以及其他检察人员需要追究司法责任的，按照干部管理权限和职责分工，由检务督察部门商相关职能部门提出处理建议，征求派驻纪检监察组的意见后，党组研究作出相应的处理决定：

（一）给予停职、延期晋升、降低等级、调离司法办案工作岗位以及免职、责令辞职、辞退等组织处理；

（二）按照《中华人民共和国公务员法》《中华人民共和国公职人员政务处分法》《中华人民共和国检察官法》等法律规定给予处分。

第（一）（二）项处理方式可以视情况单独使用或者合并使用。

免除检察官职务，应当按照法定程序提请人民代表大会常务委员会决定。

第二十六条 人民检察院在司法责任追究工作中，发现检察人员违反检察职责的行为涉嫌职务犯罪的，应当将犯罪线索及时移送监察机关或者司法机关处理。

第二十七条 检察人员不服司法责任追究处理决定的，可以自收到处理决定书之日起三十日内向作出决定的人民检察院申请复核，作出处理决定的人民检察院应当在三十日内作出复核决定；对复核结果仍不服的，可以自收到复核决定书之日起十五日内，向作出处理决定的人民检察院的同级公务员主管部门或者上一级人民检察院申诉，受理申诉的人民检察院应当在六十日内作出处理决定，情况复杂的可以延长时间，但不得超过三十日；也可以不经复核，自收到处理决定书之日起三十日内直接提出申诉。

复核、申诉期间，不停止原决定的执行。

第五章 附 则

第二十八条 本条例由最高人民检察院负责解释。

第二十九条 本条例自颁布之日起施行。本条例施行后，《检察人员执法过错责任追究条例》（高检发〔2007〕12号）同时废止；最高人民检察院以前发布的司法解释和规范性文件与本条例规定不一致的，以本条例的规定为准。

最高人民法院、最高人民检察院、公安部、国家安全部、司法部关于规范量刑程序若干问题的意见

(2020年11月5日公布　2020年11月6日施行　法发〔2020〕38号)

为深入推进以审判为中心的刑事诉讼制度改革，落实认罪认罚从宽制度，进一步规范量刑程序，确保量刑公开公正，根据刑事诉讼法和有关司法解释等规定，结合工作实际，制定本意见。

第一条　人民法院审理刑事案件，在法庭审理中应当保障量刑程序的相对独立性。

人民检察院在审查起诉中应当规范量刑建议。

第二条　侦查机关、人民检察院应当依照法定程序，全面收集、审查、移送证明犯罪嫌疑人、被告人犯罪事实、量刑情节的证据。

对于法律规定并处或者单处财产刑的案件，侦查机关应当根据案件情况对被告人的财产状况进行调查，并向人民检察院移送相关证据材料。人民检察院应当审查并向人民法院移送相关证据材料。

人民检察院在审查起诉时发现侦查机关应当收集而未收集量刑证据的，可以退回侦查机关补充侦查，也可以自行侦查。人民检察院退回补充侦查的，侦查机关应当按照人民检察院退回补充侦查提纲的要求及时收集相关证据。

第三条　对于可能判处管制、缓刑的案件，侦查机关、人民检察院、人民法院可以委托社区矫正机构或者有关社会组织进行调查评估，提出意见，供判处管制、缓刑时参考。

社区矫正机构或者有关社会组织收到侦查机关、人民检察院或者人民法院调查评估的委托后，应当根据委托机关的要求依法进行调查，形成评估意见，并及时提交委托机关。

对于没有委托进行调查评估或者判决前没有收到调查评估报告的，人民法院经审理认为被告人符合管制、缓刑适用条件的，可以依法判处管制、宣告缓刑。

第四条　侦查机关在移送审查起诉时，可以根据犯罪嫌疑人涉嫌犯罪的情

况,就宣告禁止令和从业禁止向人民检察院提出意见。

人民检察院在提起公诉时,可以提出宣告禁止令和从业禁止的建议。被告人及其辩护人、被害人及其诉讼代理人可以就是否对被告人宣告禁止令和从业禁止提出意见,并说明理由。

人民法院宣告禁止令和从业禁止,应当根据被告人的犯罪原因、犯罪性质、犯罪手段、悔罪表现、个人一贯表现等,充分考虑与被告人所犯罪行的关联程度,有针对性地决定禁止从事特定的职业、活动,进入特定区域、场所,接触特定的人等。

第五条 符合下列条件的案件,人民检察院提起公诉时可以提出量刑建议;被告人认罪认罚的,人民检察院应当提出量刑建议:

(一)犯罪事实清楚,证据确实、充分;

(二)提出量刑建议所依据的法定从重、从轻、减轻或者免除处罚等量刑情节已查清;

(三)提出量刑建议所依据的酌定从重、从轻处罚等量刑情节已查清。

第六条 量刑建议包括主刑、附加刑、是否适用缓刑等。主刑可以具有一定的幅度,也可以根据案件具体情况,提出确定刑期的量刑建议。建议判处财产刑的,可以提出确定的数额。

第七条 对常见犯罪案件,人民检察院应当按照量刑指导意见提出量刑建议。对新类型、不常见犯罪案件,可以参照相关量刑规范提出量刑建议。提出量刑建议,应当说明理由和依据。

第八条 人民检察院指控被告人犯有数罪的,应当对指控的个罪分别提出量刑建议,并依法提出数罪并罚后决定执行的刑罚的量刑建议。

对于共同犯罪案件,人民检察院应当根据各被告人在共同犯罪中的地位、作用以及应当承担的刑事责任分别提出量刑建议。

第九条 人民检察院提出量刑建议,可以制作量刑建议书,与起诉书一并移送人民法院;对于案情简单、量刑情节简单的适用速裁程序的案件,也可以在起诉书中写明量刑建议。

量刑建议书中应当写明人民检察院建议对被告人处以的主刑、附加刑、是否适用缓刑等及其理由和依据。

人民检察院以量刑建议书方式提出量刑建议的,人民法院在送达起诉书副本时,应当将量刑建议书一并送达被告人。

第十条 在刑事诉讼中,自诉人、被告人及其辩护人、被害人及其诉讼代理人可以提出量刑意见,并说明理由,人民检察院、人民法院应当记录在案并附卷。

第十一条 人民法院、人民检察院、侦查机关应当告知犯罪嫌疑人、被告人申请法律援助的权利，对符合法律援助条件的，依法通知法律援助机构指派律师为其提供辩护或者法律帮助。

第十二条 适用速裁程序审理的案件，在确认被告人认罪认罚的自愿性和认罪认罚具结书内容的真实性、合法性后，一般不再进行法庭调查、法庭辩论，但在判决宣告前应当听取辩护人的意见和被告人的最后陈述意见。

适用速裁程序审理的案件，应当当庭宣判。

第十三条 适用简易程序审理的案件，在确认被告人对起诉书指控的犯罪事实和罪名没有异议，自愿认罪且知悉认罪的法律后果后，法庭审理可以直接围绕量刑进行，不再区分法庭调查、法庭辩论，但在判决宣告前应当听取被告人的最后陈述意见。

适用简易程序审理的案件，一般应当当庭宣判。

第十四条 适用普通程序审理的被告人认罪案件，在确认被告人了解起诉书指控的犯罪事实和罪名，自愿认罪且知悉认罪的法律后果后，法庭审理主要围绕量刑和其他有争议的问题进行，可以适当简化法庭调查、法庭辩论程序。

第十五条 对于被告人不认罪或者辩护人做无罪辩护的案件，法庭调查和法庭辩论分别进行。

在法庭调查阶段，应当在查明定罪事实的基础上，查明有关量刑事实，被告人及其辩护人可以出示证明被告人无罪或者罪轻的证据，当庭发表质证意见。

在法庭辩论阶段，审判人员引导控辩双方先辩论定罪问题。在定罪辩论结束后，审判人员告知控辩双方可以围绕量刑问题进行辩论，发表量刑建议或者意见，并说明依据和理由。被告人及其辩护人参加量刑问题的调查的，不影响作无罪辩解或者辩护。

第十六条 在法庭调查中，公诉人可以根据案件的不同种类、特点和庭审的实际情况，合理安排和调整举证顺序。定罪证据和量刑证据分开出示的，应当先出示定罪证据，后出示量刑证据。

对于有数起犯罪事实的案件的量刑证据，可以在对每起犯罪事实举证时分别出示，也可以对同类犯罪事实一并出示；涉及全案综合量刑情节的证据，一般应当在举证阶段最后出示。

第十七条 在法庭调查中，人民法院应当查明对被告人适用具体法定刑幅度的犯罪事实以及法定或者酌定量刑情节。

第十八条 人民法院、人民检察院、侦查机关或者辩护人委托有关方面制作涉及未成年人的社会调查报告的，调查报告应当在法庭上宣读，并进行质证。

第十九条 在法庭审理中，审判人员对量刑证据有疑问的，可以宣布休庭，对证据进行调查核实，必要时也可以要求人民检察院补充调查核实。人民检察院补充调查核实有关证据，必要时可以要求侦查机关提供协助。

对于控辩双方补充的证据，应当经过庭审质证才能作为定案的根据。但是，对于有利于被告人的量刑证据，经庭外征求意见，控辩双方没有异议的除外。

第二十条 被告人及其辩护人、被害人及其诉讼代理人申请人民法院调取在侦查、审查起诉阶段收集的量刑证据材料，人民法院认为确有必要的，应当依法调取；人民法院认为不需要调取的，应当说明理由。

第二十一条 在法庭辩论中，量刑辩论按照以下顺序进行：

（一）公诉人发表量刑建议，或者自诉人及其诉讼代理人发表量刑意见；

（二）被害人及其诉讼代理人发表量刑意见；

（三）被告人及其辩护人发表量刑意见。

第二十二条 在法庭辩论中，出现新的量刑事实，需要进一步调查的，应当恢复法庭调查，待事实查清后继续法庭辩论。

第二十三条 对于人民检察院提出的量刑建议，人民法院应当依法审查。对于事实清楚，证据确实、充分，指控的罪名准确，量刑建议适当的，人民法院应当采纳。

人民法院经审理认为，人民检察院的量刑建议不当的，可以告知人民检察院。人民检察院调整量刑建议的，应当在法庭审理结束前提出。人民法院认为人民检察院调整后的量刑建议适当的，应当予以采纳；人民检察院不调整量刑建议或者调整量刑建议后仍不当的，人民法院应当依法作出判决。

第二十四条 有下列情形之一，被告人当庭认罪，愿意接受处罚的，人民法院应当根据审理查明的事实，就定罪和量刑听取控辩双方意见，依法作出裁判：

（一）被告人在侦查、审查起诉阶段认罪认罚，但人民检察院没有提出量刑建议的；

（二）被告人在侦查、审查起诉阶段没有认罪认罚的；

（三）被告人在第一审程序中没有认罪认罚，在第二审程序中认罪认罚的；

（四）被告人在庭审过程中不同意量刑建议的。

第二十五条 人民法院应当在刑事裁判文书中说明量刑理由。量刑说理主要包括：

（一）已经查明的量刑事实及其对量刑的影响；

（二）是否采纳公诉人、自诉人、被告人及其辩护人、被害人及其诉讼代理人发表的量刑建议、意见及理由；

（三）人民法院判处刑罚的理由和法律依据。

对于适用速裁程序审理的案件，可以简化量刑说理。

第二十六条 开庭审理的二审、再审案件的量刑程序，依照有关法律规定进行。法律没有规定的，参照本意见进行。

对于不开庭审理的二审、再审案件，审判人员在阅卷、讯问被告人、听取自诉人、辩护人、被害人及其诉讼代理人的意见时，应当注意审查量刑事实和证据。

第二十七条 对于认罪认罚案件量刑建议的提出、采纳与调整等，适用最高人民法院、最高人民检察院、公安部、国家安全部、司法部《关于适用认罪认罚从宽制度的指导意见》的有关规定。

第二十八条 本意见自 2020 年 11 月 6 日起施行。2010 年 9 月 13 日最高人民法院、最高人民检察院、公安部、国家安全部、司法部《印发〈关于规范量刑程序若干问题的意见（试行）〉的通知》（法发〔2010〕35 号）同时废止。

最高人民检察院就十三届全国人大常委会对人民检察院适用认罪认罚从宽制度情况报告的审议意见提出28条贯彻落实意见

（2020年12月1日公布并施行）

各级人民检察院：

2020年10月，第十三届全国人大常委会第二十二次会议听取了《最高人民检察院关于人民检察院适用认罪认罚从宽制度情况的报告》并进行了分组审议。栗战书委员长在常委会闭幕式上作了重要讲话，明确要求："人民检察院要发挥好主导作用，继续推进落实这项改革，坚持宽严相济的刑事政策，积极主动、准确规范适用认罪认罚从宽制度，该严则严、当宽则宽"。全国人大常委会组成人员和列席代表对专项报告给予充分肯定，认为自2019年以来，全国检察机关立足国家治理全局，着力更新司法理念，认真履行法定职责，主动加强与其他办案机关的协同配合，规范有序推进认罪认罚从宽制度落实，取得了明显成效。委员和列席代表在讨论中也提出了改进工作的意见，希望检察机关进一步深入学习贯彻习近平新时代中国特色社会主义思想，准确把握新时代人民群众需求、刑事犯罪发展态势，在适用认罪认罚从宽制度中发挥好主导作用，全面贯彻宽严相济刑事政策，努力实现司法公正与效率有机统一，实现司法办案政治效果、社会效果和法律效果有机统一。

各级检察院检委会要组织开展集体学习，对照审议意见和专项报告要求，进一步深刻理解全面依法适用认罪认罚从宽制度在推进国家治理体系和治理能力现代化中的重大价值，结合本地、本院工作实际，有针对性加强和改进工作，推动认罪认罚从宽制度更高质量、更好效果适用，努力为经济社会高质量发展提供优质检察司法保障。同时，就贯彻落实审议意见提出以下意见和工作要求，请认真抓好落实。

一、着力在依法能用尽用、提升案件质效上下功夫，树立正确的工作目标和业绩导向。经过两年自上而下的持续推进，认罪认罚从宽制度适用率达到较高水平，取得了较好效果，但也存在个别案件质效不高的问题。下一步，应在稳定保持较高适用率的基础上，更加注重提升认罪认罚案件质效。

1. 既要依法适用、应用尽用，又要更加注重提升案件质效，不能片面追求适用率。上级检察院通报制度适用情况时，对已经达到较高适用率的，不搞排名、不分先后。要遵循司法规律，实事求是，避免层层加码。既不能为了追求高适用率，胁迫或者诱导犯罪嫌疑人、被告人认罪认罚，也不能对无正当理由、要求一再从轻的犯罪嫌疑人过度迁就，防止造成量刑失当、轻纵犯罪，影响司法权威。

2. 在稳定制度适用基础上，对认罪认罚案件的考核评价要更加注重司法行为是否依法规范、释法说理是否充分、沟通协商是否到位、量刑建议是否准确、社会矛盾是否化解等方面。要通过评估办案质效、评查评选优秀（精品）案件、优秀文书等更为细化的标准评价检察官办案业绩。上级检察院要加强督导调研，有计划地对认罪认罚案件质效开展评查，及时全面掌握制度适用中存在的突出问题，有针对性改进工作。

二、着力在落实好宽严相济刑事政策上下功夫，准确把握该宽则宽、当严则严。认罪认罚是"可以依法从宽处理"，不是"一味从宽、一律从宽"。办理认罪认罚案件，应当根据犯罪的具体情况，区分案件性质、情节和对社会的危害程度，并结合认罪认罚的具体情况，实行区别对待，准确把握是否从宽以及从宽幅度，做到该宽则宽、当严则严、宽严相济、罚当其罪。

3. 对认罪认罚的轻罪案件，一般应当依法从简从宽办理，依法能不捕的不捕，能不诉的不诉；能适用缓刑的，依法提出适用缓刑量刑建议；能适用速裁或者简易程序的，及时提出程序适用的建议。对因民间纠纷引发的犯罪，要积极主动耐心做好矛盾化解、刑事和解工作，犯罪嫌疑人、被告人自愿认罪、真诚悔罪并取得谅解、达成和解、尚未严重影响人民群众安全感的，要积极适用认罪认罚从宽制度，特别是对其中社会危害不大的初犯、偶犯、过失犯、未成年犯，一般应当依法给予较大幅度从宽。但是对极少数情节恶劣的轻罪案件，即使认罪认罚，也可以不从宽或者从严把握从宽处罚的幅度。

4. 对严重危害国家安全、公共安全犯罪，严重暴力犯罪等重罪案件，应当依法从严惩治，即使适用认罪认罚从宽制度也要慎重把握从宽处罚的幅度，避免案件处理明显违背人民群众的公平正义观念。对犯罪性质和危害后果特别严重、犯罪手段特别残忍、社会影响特别恶劣的犯罪嫌疑人、被告人，依法予以严惩。

三、着力在保障当事人权益上下功夫，切实维护公平公正。依法保障当事人合法权益对于促进认罪认罚从宽制度的良性运行具有重要作用。实践中，一些地方还存在对犯罪嫌疑人、被告人获得法律帮助权保障不足，对被害人权益保障不到位，审查把关不严，因认罪认罚而降低证据要求等问题，影响制度适用效果。

5. 秉持客观公正立场，坚持证据裁判原则。认罪认罚从宽制度可以有效降低证明难度，但绝不能降低证明标准。办理认罪认罚案件，应当严格审查和认定证据，严把罪与非罪界限。对犯罪嫌疑人虽然认罪认罚，但证据不足，不能认定其有罪的，依法作出不起诉决定。

6. 加强对认罪认罚自愿性和合法性的审查。对侦查阶段认罪认罚的，要注重审查是否存在暴力、威胁、引诱等违法情形，犯罪嫌疑人认罪认罚时的认知能力和精神状态是否正常，犯罪嫌疑人是否理解认罪认罚的性质和可能导致的法律后果等方面内容，防止违背意愿认罪认罚情形发生。

7. 保障犯罪嫌疑人、被告人及时获得有效法律帮助。对愿意委托辩护人，或者符合指定辩护条件的，要充分保障犯罪嫌疑人、被告人的辩护权，严禁无故要求犯罪嫌疑人、被告人解除委托。认罪认罚案件签署具结书时，犯罪嫌疑人有辩护人的，应当由辩护人在场见证具结，严禁绕开辩护人，安排值班律师代为具结见证。对没有辩护人的，要通过多种形式及时通知、切实保障值班律师为犯罪嫌疑人、被告人提供有效的法律帮助。

8. 依法保障被害方权益。要协同侦查机关做好犯罪嫌疑人、被告人的财产状况调查，将是否"认赔"、是否赔偿到位作为认罪认罚从宽的重要考虑因素，对有条件、有能力赔偿被害方损失而不积极赔偿的，慎重或者不适用从宽。要依法听取被害方意见，向被害人释明依法获得赔偿的请求权基础、赔偿的具体事项及计算标准，引导被害人根据案件的事实、证据、法律规定和司法实践，提出合理的赔偿诉求。对犯罪嫌疑人、被告人认罪认罚，但被害方拒绝接受赔偿，或者赔偿请求明显超出合理范围，未能达成调解或者和解协议的，一般不影响制度适用和从宽处理。要积极维护被害方的合法权益与合理诉求，对符合司法救助条件的被害人及其近亲属，积极开展司法救助。

四、着力在促进认罪悔罪上下功夫，做好教育转化工作。释法说理不充分和教育转化工作不到位、方式方法不多是当前认罪认罚从宽制度适用中较为突出的问题。有的检察官嫌麻烦不愿意做教育转化工作，有的说理不充分、方式简单机械，这些都影响了制度适用的效果，需要进一步加以改进。

9. 高度重视认罪悔罪教育工作。更深入用好掌握的事实、证据和同类案例，认真细致地开展教育转化工作，促进犯罪嫌疑人、被告人认罪悔罪，争取律师支持和被害方理解认同，防止简单、生硬，防止片面追求办案效率。

10. 注意把握法律政策宣讲、转化引导的方式方法，确保犯罪嫌疑人、被告人理解认罪认罚的性质和可能导致的法律后果并理智地作出选择。严禁使用暴力、威胁、引诱、欺骗等非法方法迫使犯罪嫌疑人认罪认罚。要注意甄别真诚认罪悔罪与虚假认罪认罚，特别是对累犯、惯犯，要加强对其认罪悔罪真实性的审查，从严把握从宽幅度。

五、着力在加强与律师沟通协商上下功夫，提升制度适用效果。认罪认罚案件中听取意见不到位和控辩量刑协商不足、质量不高问题不同程度存在，个别办案人员不尊重辩护人和犯罪嫌疑人意见。

11. 高度重视辩护律师、值班律师在保障犯罪嫌疑人、被告人权利，促进认罪认罚从宽制度良性健康运行方面的重要作用。严格落实法律及有关规范性文件要求，依法履行听取意见的法律责任，在听取意见时加强沟通协商，充分尊重辩护律师、值班律师意见，做到每案必听意见、凡听必记录、听后有反馈。

12. 注意提升沟通协商的能力和水平。协商前要有充分准备，协商中要加强释法说理，认真、理性、平和、诚恳听取意见和开展协商，合理意见要注意吸收和采纳，不合理的意见应有反馈和说明，避免办案人员"一锤定音"和"我说了算"。

13. 积极探索控辩协商同步录音录像制度。对认罪认罚量刑协商、具结书签署等关键环节，探索实行同步录音录像，切实提高沟通协商的透明度和公信力。

六、着力在用好起诉裁量权上下功夫，发挥审前把关和分流作用。适用认罪认罚从宽制度的案件中，轻微犯罪案件占有较大比例，其中部分案件依法不需要判处刑罚或者免除处罚，检察机关要运用好起诉裁量权，依法适用不起诉制度。另外，实践中对于认罪认罚案件不起诉后的行政处罚尚未跟上，"不诉了之"或者提出检察意见未得到认可的情况都存在，导致检察机关不起诉容易受到误解，一定程度上也影响适用效果，要努力采取措施加以解决。

14. 加强对认罪认罚案件的量刑研判，对依照法律规定不需要判处刑罚或者可能判处免予刑事处罚的轻罪案件，依法作出不起诉决定，逐步提高认罪认罚案件相对不起诉适用率。

15. 会同有关部门，完善认罪认罚后不起诉处理与行政处罚程序、民事诉讼程序的衔接机制。准确适用刑事诉讼法第一百七十七条第三款的规定，进一步加强与行政机关的沟通，依法运用检察意见，完善不起诉决定与后续行政处罚、处分的衔接机制，提升不起诉适用效果。

七、着力在精确量刑建议上下功夫，提升量刑规范化水平。经过两年的努力，量刑建议采纳率和确定刑量刑建议的提出率逐步提高，但也存在少数量刑建议不准确，幅度刑区间过大，量刑建议决策程序不完善等问题。各地要认真组织学习"两高三部"联合印发的《关于规范量刑程序若干问题的意见》和

"两高"《关于常见犯罪的量刑指导意见（试行）》，不断规范量刑建议工作。

16. 加强与法院沟通协调，在"两高三部"文件的基础上，制定符合本地区实际的量刑实施细则，细化常见罪名量刑标准，统一量刑方法与裁量幅度，形成共同遵循的量刑规则。鼓励探索新类型、不常见犯罪的量刑规则，逐步提升三年有期徒刑以上案件以及不常见、新型、疑难、复杂案件确定刑量刑建议提出率，对幅度刑量刑建议也要尽量缩小幅度范围，提升量刑结果的可预期性。

17. 健全量刑建议程序规范，根据上级规定和本地实际情况完善量刑建议决策程序。区分案件类型，设置不同的量刑程序提出、研究、审核、把关规则，明确不同决策主体的分工和责任，既保障检察官依法履行办案主体责任，又注重发挥检察官联席会的会商咨询和部门负责人、检察长的把关作用，确保量刑建议尺度的统一、规范、透明，实现量刑均衡、同案同判。

18. 加强量刑建议说理。根据不同案件情况，在起诉书、具结书、量刑建议书等文书中加强量刑建议说理，体现认定的犯罪事实、罪名，量刑的依据、理由，主要的量刑情节及其对应从宽幅度等内容。要考虑全部量刑情节，综合判断法定、酌定和可能影响量刑的其他事实情节。另行制定"量刑说理书"等量刑说理材料的，一并移送法院。

19. 探索优化具结书和量刑建议书。实践中，量刑建议调整较多的一个主要原因是，量刑情节在具结书签署后发生变化。各地可根据案件实际情况和能够预期的量刑情节变化，探索在具结书和量刑建议书中提出多项或附条件的量刑建议，供法庭在审判环节根据情节变化选择采纳。

八、着力在加强协作配合上下功夫，共同推动制度深入适用。针对实践中存在的认识不够统一、协作不顺畅等协调配合方面的突出问题，要加强与有关部门的沟通协调，积极推动解决。

20. 增进与监察机关沟通，配合完善监察调查程序与刑事诉讼程序衔接机制，充分发挥认罪认罚从宽制度在惩治职务犯罪中的积极作用。

21. 加强与公安机关沟通协调，会同公安机关健全认罪认罚案件快速办理机制，推动公安机关在侦查阶段同步开展认罪教育工作，引导公安机关在做好定罪证据收集的同时，加强对量刑证据的收集，从源头上保障认罪认罚案件质量。

22. 加强与法院沟通协调，进一步明确"从宽"的具体标准和不同阶段认罪认罚从宽的差异，统一司法尺度，减少量刑分歧。会同法院严格落实刑事诉讼法第二百零一条和"两高三部"《关于适用认罪认罚从宽制度的指导意见》关于量刑建议调整的规定，完善量刑建议调整机制。对法院认为量刑建议明显不当要求检察机关调整的,要认真对待。认为法院意见正确的,听取被告人及其辩护人意见后,依法进行调整;认为量刑建议并无明显不当的,也要加强与法院沟通,争取法官认同和支持。对法院违反刑事诉讼法及相关规定精神,未告知检察机关调整量刑建议而径行判决的,依法进行监督。

23. 加强与司法行政部门沟通协调,推动解决值班律师资源短缺和经费保障不足等问题。针对社区矫正法未明确检察机关可以向社区矫正机构发出委托调查函,导致一些检察机关委托调查不顺畅,影响缓刑、管制量刑建议提出的问题,"两高三部"《关于规范量刑程序若干问题的意见》明确规定:"对于可能判处管制、缓刑的案件,侦查机关、人民检察院、人民法院可以委托社区矫正机构或者有关社会组织进行调查评估,提出意见,供判处管制、缓刑时参考。社区矫正机构或者有关社会组织收到侦查机关、人民检察院或者人民法院调查评估的委托后,应当根据委托机关的要求依法进行调查,形成评估意见,并及时提交委托机关"。各地要加强与司法行政机关的沟通协调,落实上述规定,完善工作机制,确保委托社会调查活动顺畅进行。

九、着力在防范廉政风险上下功夫,确保制度廉洁适用。随着司法责任制的落实和认罪认罚从宽制度的施行,检察官自由裁量权力加大,被围猎的风险增加。为防范制度适用中的廉政风险,今年5月,最高检下发了《人民检察院办理认罪认罚案件监督管理办法》,各地检察机关要严格执行办法规定,加强监督管理,确保廉洁公正司法。

24. 进一步健全和细化认罪认罚案件的事前、事中、事后监督机制和责任追究机制,加大对不捕不诉案件、重大敏感复杂案件量刑建议把关力度,细化认罪认罚案件全流程规范,加大常态化巡查、督查、评查力度,防止徇私枉法、权钱交易、权权交易。

25. 严格执行过问或干预、插手司法办案记录报告的"三个规定",对存在过问或者干预、插手办案活动,有与当事人、律师、特殊关系人、中介组织不当接触交往行为情况的,应当如实记录并及时报告,坚决防止人情案、关系案、金钱案。

十、着力在提升素质能力上下功夫,为制度深入适用提供保障。当前,检察官整体能力素质尚不能完全适应认罪认罚从宽制度全面依法适用带来的新要求新挑战,检察官量刑建议能力、沟通协调能力、释法说理能力、化解矛盾能力等都需要进一步提升。

26. 加强业务培训和岗位练兵,有针对性开展教育培训,提升检察官审查证据、适用法律、把握政策、量刑建议、释法说理、沟通协调、化解矛盾的能力。注重培养刑事检察领军人才,发挥其示范引领作用,带动整体队伍素质不断提升。

27. 加强案例指导，注重发挥典型案例的示范引领作用，建立认罪认罚从宽案件案例库，为基层一线办案提供参考。

28. 加强宣传，以案释法，通过制作播放典型案例专题片等方式，加大认罪认罚从宽制度宣传力度，扩大制度知晓度，增强全社会对制度的认同。

最高人民检察院

2020 年 12 月 1 日

最高人民检察院
人民检察院办理网络犯罪案件规定

（2020年12月14日最高人民检察院第十三届检察委员会第五十七次会议通过　2021年1月22日公布并施行）

第一章　一般规定

第一条　为规范人民检察院办理网络犯罪案件，维护国家安全、网络安全、社会公共利益，保护公民、法人和其他组织的合法权益，根据《中华人民共和国刑事诉讼法》《人民检察院刑事诉讼规则》等规定，结合司法实践，制定本规定。

第二条　本规定所称网络犯罪是指针对信息网络实施的犯罪，利用信息网络实施的犯罪，以及其他上下游关联犯罪。

第三条　人民检察院办理网络犯罪案件应当加强全链条惩治，注重审查和发现上下游关联犯罪线索。对涉嫌犯罪，公安机关未立案侦查、应当提请批准逮捕而未提请批准逮捕或者应当移送起诉而未移送起诉的，依法进行监督。

第四条　人民检察院办理网络犯罪案件应当坚持惩治犯罪与预防犯罪并举，建立捕、诉、监、防一体的办案机制，加强以案释法，发挥检察建议的作用，促进有关部门、行业组织、企业等加强网络犯罪预防和治理，净化网络空间。

第五条　网络犯罪案件的管辖适用刑事诉讼法及其他相关规定。

有多个犯罪地的，按照有利于查清犯罪事实、有利于保护被害人合法权益、保证案件公正处理的原则确定管辖。

因跨区域犯罪、共同犯罪、关联犯罪等原因存在管辖争议的，由争议的人民检察院协商解决，协商不成的，报请共同的上级人民检察院指定管辖。

第六条　人民检察院办理网络犯罪案件应当发挥检察一体化优势，加强跨区域协作办案，强化信息互通、证据移交、技术协作，增强惩治网络犯罪的合力。

第七条　人民检察院办理网络犯罪案件应当加强对电子数据收集、提取、保全、固定等的审查，充分运用同一电子数据往往具有的多元关联证明作用，综合运用电子数据与其他证据，准确认定案件事实。

第八条　建立检察技术人员、其他有专门知识的人参与网络犯罪案件办理制度。根据案件办理需要，吸收检察技术人员加入办案组辅助案件办理。积极探索运用大数据、云计算、人工智能等信息技术辅助办案，提高网络犯罪案件办理的专业化水平。

第九条　人民检察院办理网络犯罪案件，对集团犯罪或者涉案人数众多的，根据行为人的客观行为、主观恶性、犯罪情节及地位、作用等综合判断责任轻重和刑事追究的必要性，按照区别对待原则分类处理，依法追诉。

第十条　人民检察院办理网络犯罪案件应当把追赃挽损贯穿始终，主动加强与有关机关协作，保证及时查封、扣押、冻结涉案财物，阻断涉案财物移转链条，督促涉案人员退赃退赔。

第二章　引导取证和案件审查

第十一条　人民检察院办理网络犯罪案件应当重点围绕主体身份同一性、技术手段违法性、上下游行为关联性等方面全面审查案件事实和证据，注重电子数据与其他证据之间的相互印证，构建完整的证据体系。

第十二条　经公安机关商请，根据追诉犯罪的需要，人民检察院可以派员适时介入重大、疑难、复杂网络犯罪案件的侦查活动，并对以下事项提出引导取证意见：

（一）案件的侦查方向及可能适用的罪名；
（二）证据的收集、提取、保全、固定、检验、分析等；
（三）关联犯罪线索；
（四）追赃挽损工作；
（五）其他需要提出意见的事项。

人民检察院开展引导取证活动时，涉及专业性问题的，可以指派检察技术人员共同参与。

第十三条　人民检察院可以通过以下方式了解案件办理情况：

（一）查阅案件材料；
（二）参加公安机关对案件的讨论；
（三）了解讯（询）问犯罪嫌疑人、被害人、证人的情况；
（四）了解、参与电子数据的收集、提取；

（五）其他方式。

第十四条 人民检察院介入网络犯罪案件侦查活动，发现关联犯罪或其他新的犯罪线索，应当建议公安机关依法立案或移送相关部门；对于犯罪嫌疑人不构成犯罪的，依法监督公安机关撤销案件。

第十五条 人民检察院可以根据案件侦查情况，向公安机关提出以下取证意见：

（一）能够扣押、封存原始存储介质的，及时扣押、封存；

（二）扣押可联网设备时，及时采取信号屏蔽、信号阻断或者切断电源等方式，防止电子数据被远程破坏；

（三）及时提取账户密码及相应数据，如电子设备、网络账户、应用软件等的账户密码，以及存储于其中的聊天记录、电子邮件、交易记录等；

（四）及时提取动态数据，如内存数据、缓存数据、网络连接数据等；

（五）及时提取依赖于特定网络环境的数据，如点对点网络传输数据、虚拟专线网络中的数据等；

（六）及时提取书证、物证等客观证据，注意与电子数据相互印证。

第十六条 对于批准逮捕后要求公安机关继续侦查、不批准逮捕后要求公安机关补充侦查或者审查起诉退回公安机关补充侦查的网络犯罪案件，人民检察院应当重点围绕本规定第十二条第一款规定的事项，有针对性地制作继续侦查提纲或者补充侦查提纲。对于专业性问题，应当听取检察技术人员或者其他有专门知识的人的意见。

人民检察院应当及时了解案件继续侦查或者补充侦查的情况。

第十七条 认定网络犯罪的犯罪嫌疑人，应当结合全案证据，围绕犯罪嫌疑人与原始存储介质、电子数据的关联性、犯罪嫌疑人网络身份与现实身份的同一性，注重审查以下内容：

（一）扣押、封存的原始存储介质是否为犯罪嫌疑人所有、持有或者使用；

（二）社交、支付结算、网络游戏、电子商务、物流等平台的账户信息、身份认证信息、数字签名、生物识别信息等是否与犯罪嫌疑人身份关联；

（三）通话记录、短信、聊天信息、文档、图片、语音、视频等文件内容是否能够反映犯罪嫌疑人的身份；

（四）域名、IP地址、终端MAC地址、通信基站信息等是否能够反映电子设备为犯罪嫌疑人所使用；

（五）其他能够反映犯罪嫌疑人主体身份的内容。

第十八条 认定犯罪嫌疑人的客观行为，应当结合全案证据，围绕其利用的程序工具、技术手段的功能及其实现方式、犯罪行为和结果之间的关联性，注重审查以下内容：

（一）设备信息、软件程序代码等作案工具；

（二）系统日志、域名、IP 地址、WiFi 信息、地理位置信息等是否能够反映犯罪嫌疑人的行为轨迹；

（三）操作记录、网络浏览记录、物流信息、交易结算记录、即时通信信息等是否能够反映犯罪嫌疑人的行为内容；

（四）其他能够反映犯罪嫌疑人客观行为的内容。

第十九条 认定犯罪嫌疑人的主观方面，应当结合犯罪嫌疑人的认知能力、专业水平、既往经历、人员关系、行为次数、获利情况等综合认定，注重审查以下内容：

（一）反映犯罪嫌疑人主观故意的聊天记录、发布内容、浏览记录等；

（二）犯罪嫌疑人行为是否明显违背系统提示要求、正常操作流程；

（三）犯罪嫌疑人制作、使用或者向他人提供的软件程序是否主要用于违法犯罪活动；

（四）犯罪嫌疑人支付结算的对象、频次、数额等是否明显违反正常交易习惯；

（五）犯罪嫌疑人是否频繁采用隐蔽上网、加密通信、销毁数据等措施或者使用虚假身份；

（六）其他能够反映犯罪嫌疑人主观方面的内容。

第二十条 认定犯罪行为的情节和后果，应当结合网络空间、网络行为的特性，从违法所得、经济损失、信息系统的破坏、网络秩序的危害程度以及对被害人的侵害程度等综合判断，注重审查以下内容：

（一）聊天记录、交易记录、音视频文件、数据库信息等能够反映犯罪嫌疑人违法所得、获取和传播数据及文件的性质、数量的内容；

（二）账号数量、信息被点击次数、浏览次数、被转发次数等能够反映犯罪行为对网络空间秩序产生影响的内容；

（三）受影响的计算机信息系统数量、服务器日志信息等能够反映犯罪行为对信息网络运行造成影响程度的内容；

（四）被害人数量、财产损失数额、名誉侵害的影响范围等能够反映犯罪行为对被害人的人身、财产等造成侵害的内容；

（五）其他能够反映犯罪行为情节、后果的内容。

第二十一条 人民检察院办理网络犯罪案件，确因客观条件限制无法逐一收集相关言词证据的，可以根据记录被害人人数、被侵害的计算机信息系统数量、涉案资金数额等犯罪事实的电子数据、书证等证据材料,在审查被告人及其辩护人所提辩解、辩护意见的基础上,综合全案证据材料,对相关犯罪事实作出认定。

第二十二条 对于数量众多的同类证据材料,在证明是否具有同样的性质、特征或者功能时,因客观条件限制不能全部验证的,可以进行抽样验证。

第二十三条 对鉴定意见、电子数据等技术性证据材料,需要进行专门审查的,应当指派检察技术人员或者聘请其他有专门知识的人进行审查并提出意见。

第二十四条 人民检察院在审查起诉过程中,具有下列情形之一的,可以依法自行侦查:

(一)公安机关未能收集的证据,特别是存在灭失、增加、删除、修改风险的电子数据,需要及时收集和固定的;

(二)经退回补充侦查未达到补充侦查要求的;

(三)其他需要自行侦查的情形。

第二十五条 自行侦查由检察官组织实施,开展自行侦查的检察人员不得少于二人。需要技术支持和安全保障的,由人民检察院技术部门和警务部门派员协助。必要时,可以要求公安机关予以配合。

第二十六条 人民检察院办理网络犯罪案件的部门,发现或者收到侵害国家利益、社会公共利益的公益诉讼案件线索的,应当及时移送负责公益诉讼的部门处理。

第三章 电子数据的审查

第二十七条 电子数据是以数字化形式存储、处理、传输的,能够证明案件事实的数据,主要包括以下形式:

(一)网页、社交平台、论坛等网络平台发布的信息;

(二)手机短信、电子邮件、即时通信、通讯群组等网络通讯信息;

(三)用户注册信息、身份认证信息、数字签名、生物识别信息等用户身份信息;

(四)电子交易记录、通信记录、浏览记录、操作记录、程序安装、运行、删除记录等用户行为信息;

(五)恶意程序、工具软件、网站源代码、运行脚本等行为工具信息;

(六)系统日志、应用程序日志、安全日志、数据库日志等系统运行信息;

(七)文档、图片、音频、视频、数字证书、数据库文件等电子文件及其创建时间、访问时间、修改时间、大小等文件附属信息。

第二十八条 电子数据取证主要包括以下方式：收集、提取电子数据；电子数据检查和侦查实验；电子数据检验和鉴定。

收集、提取电子数据可以采取以下方式：

（一）扣押、封存原始存储介质；

（二）现场提取电子数据；

（三）在线提取电子数据；

（四）冻结电子数据；

（五）调取电子数据。

第二十九条 人民检察院办理网络犯罪案件，应当围绕客观性、合法性、关联性的要求对电子数据进行全面审查。注重审查电子数据与案件事实之间的多元关联，加强综合分析，充分发挥电子数据的证明作用。

第三十条 对电子数据是否客观、真实，注重审查以下内容：

（一）是否移送原始存储介质，在原始存储介质无法封存、不便移动时，是否说明原因，并注明相关情况；

（二）电子数据是否有数字签名、数字证书等特殊标识；

（三）电子数据的收集、提取过程及结果是否可以重现；

（四）电子数据有增加、删除、修改等情形的，是否附有说明；

（五）电子数据的完整性是否可以保证。

第三十一条 对电子数据是否完整，注重审查以下内容：

（一）原始存储介质的扣押、封存状态是否完好；

（二）比对电子数据完整性校验值是否发生变化；

（三）电子数据的原件与备份是否相同；

（四）冻结后的电子数据是否生成新的操作日志。

第三十二条 对电子数据的合法性，注重审查以下内容：

（一）电子数据的收集、提取、保管的方法和过程是否规范；

（二）查询、勘验、扣押、调取、冻结等的法律手续是否齐全；

（三）勘验笔录、搜查笔录、提取笔录等取证记录是否完备；

（四）是否由符合法律规定的取证人员、见证人、持有人（提供人）等参与，因客观原因没有见证人、持有人（提供人）签名或者盖章的，是否说明原因；

（五）是否按照有关规定进行同步录音录像；

（六）对于收集、提取的境外电子数据是否符合国（区）际司法协作及相关法律规定的要求。

第三十三条 对电子数据的关联性,注重审查以下内容:

(一) 电子数据与案件事实之间的关联性;

(二) 电子数据及其存储介质与案件当事人之间的关联性。

第三十四条 原始存储介质被扣押封存的,注重从以下方面审查扣押封存过程是否规范:

(一) 是否记录原始存储介质的品牌、型号、容量、序列号、识别码、用户标识等外观信息,是否与实物一一对应;

(二) 是否封存或者计算完整性校验值,封存前后是否拍摄被封存原始存储介质的照片,照片是否清晰反映封口或者张贴封条处的状况;

(三) 是否由取证人员、见证人、持有人(提供人)签名或者盖章。

第三十五条 对原始存储介质制作数据镜像予以提取固定的,注重审查以下内容:

(一) 是否记录原始存储介质的品牌、型号、容量、序列号、识别码、用户标识等外观信息,是否记录原始存储介质的存放位置、使用人、保管人;

(二) 是否附有制作数据镜像的工具、方法、过程等必要信息;

(三) 是否计算完整性校验值;

(四) 是否由取证人员、见证人、持有人(提供人)签名或者盖章。

第三十六条 提取原始存储介质中的数据内容并予以固定的,注重审查以下内容:

(一) 是否记录原始存储介质的品牌、型号、容量、序列号、识别码、用户标识等外观信息,是否记录原始存储介质的存放位置、使用人、保管人;

(二) 所提取数据内容的原始存储路径,提取的工具、方法、过程等信息,是否一并提取相关的附属信息、关联痕迹、系统环境等信息;

(三) 是否计算完整性校验值;

(四) 是否由取证人员、见证人、持有人(提供人)签名或者盖章。

第三十七条 对于在线提取的电子数据,注重审查以下内容:

(一) 是否记录反映电子数据来源的网络地址、存储路径或者数据提取时的进入步骤等;

(二) 是否记录远程计算机信息系统的访问方式、电子数据的提取日期和时间、提取的工具、方法等信息,是否一并提取相关的附属信息、关联痕迹、系统环境等信息;

(三) 是否计算完整性校验值;

(四) 是否由取证人员、见证人、持有人(提供人)签名或者盖章。

对可能无法重复提取或者可能出现变化的电子数据,是否随案移送反映提取过程的拍照、录像、截屏等材料。

第三十八条 对冻结的电子数据，注重审查以下内容：

（一）冻结手续是否符合规定；

（二）冻结的电子数据是否与案件事实相关；

（三）冻结期限是否即将到期、有无必要继续冻结或者解除；

（四）冻结期间电子数据是否被增加、删除、修改等。

第三十九条 对调取的电子数据，注重审查以下内容：

（一）调取证据通知书是否注明所调取的电子数据的相关信息；

（二）被调取单位、个人是否在通知书回执上签名或者盖章；

（三）被调取单位、个人拒绝签名、盖章的，是否予以说明；

（四）是否计算完整性校验值或者以其他方法保证电子数据的完整性。

第四十条 对电子数据进行检查、侦查实验，注重审查以下内容：

（一）是否记录检查过程、检查结果和其他需要记录的内容，并由检查人员签名或者盖章；

（二）是否记录侦查实验的条件、过程和结果，并由参加侦查实验的人员签名或者盖章；

（三）检查、侦查实验使用的电子设备、网络环境等是否与发案现场一致或者基本一致；

（四）是否使用拍照、录像、录音、通信数据采集等一种或者多种方式客观记录检查、侦查实验过程。

第四十一条 对电子数据进行检验、鉴定，注重审查以下内容：

（一）鉴定主体的合法性。包括审查司法鉴定机构、司法鉴定人员的资质，委托鉴定事项是否符合司法鉴定机构的业务范围，鉴定人员是否存在回避等情形；

（二）鉴定材料的客观性。包括鉴定材料是否真实、完整、充分，取得方式是否合法，是否与原始电子数据一致；

（三）鉴定方法的科学性。包括鉴定方法是否符合国家标准、行业标准，方法标准的选用是否符合相关规定；

（四）鉴定意见的完整性。是否包含委托人、委托时间、检材信息、鉴定或者分析论证过程、鉴定结果以及鉴定人签名、日期等内容；

（五）鉴定意见与其他在案证据能否相互印证。

对于鉴定机构以外的机构出具的检验、检测报告，可以参照本条规定进行审查。

第四十二条 行政机关在行政执法和查办案件过程中依法收集、提取的电子数据，人民检察院经审查符合法定要求的，可以作为刑事案件的证据使用。

第四十三条 电子数据的收集、提取程序有下列瑕疵，经补正或者作出合理解释的，可以采用；不能补正或者作出合理解释的，不得作为定案的根据：

（一）未以封存状态移送的；

（二）笔录或者清单上没有取证人员、见证人、持有人（提供人）签名或者盖章的；

（三）对电子数据的名称、类别、格式等注明不清的；

（四）有其他瑕疵的。

第四十四条 电子数据系篡改、伪造、无法确定真伪的，或者有其他无法保证电子数据客观、真实情形的，不得作为定案的根据。

电子数据有增加、删除、修改等情形，但经司法鉴定、当事人确认等方式确定与案件相关的重要数据未发生变化，或者能够还原电子数据原始状态、查清变化过程的，可以作为定案的根据。

第四十五条 对于无法直接展示的电子数据，人民检察院可以要求公安机关提供电子数据的内容、存储位置、附属信息、功能作用等情况的说明，随案移送人民法院。

第四章 出庭支持公诉

第四十六条 人民检察院依法提起公诉的网络犯罪案件，具有下列情形之一的，可以建议人民法院召开庭前会议：

（一）案情疑难复杂的；

（二）跨国（边）境、跨区域案件社会影响重大的；

（三）犯罪嫌疑人、被害人等人数众多、证据材料较多的；

（四）控辩双方对电子数据合法性存在较大争议的；

（五）案件涉及技术手段专业性强，需要控辩双方提前交换意见的；

（六）其他有必要召开庭前会议的情形。

必要时，人民检察院可以向法庭申请指派检察技术人员或者聘请其他有专门知识的人参加庭前会议。

第四十七条 人民法院开庭审理网络犯罪案件，公诉人出示证据可以借助多媒体示证、动态演示等方式进行。必要时，可以向法庭申请指派检察技术人员或者聘请其他有专门知识的人进行相关技术操作，并就专门性问题发表意见。

公诉人在出示电子数据时，应当从以下方面进行说明：

（一）电子数据的来源、形成过程；

（二）电子数据所反映的犯罪手段、人员关系、资金流向、行为轨迹等案件事实；

（三）电子数据与被告人供述、被害人陈述、证人证言、物证、书证等的相互印证情况；

（四）其他应当说明的内容。

第四十八条 在法庭审理过程中，被告人及其辩护人针对电子数据的客观性、合法性、关联性提出辩解或者辩护意见的，公诉人可以围绕争议点从证据来源是否合法，提取、复制、制作过程是否规范，内容是否真实完整，与案件事实有无关联等方面，有针对性地予以答辩。

第四十九条 支持、推动人民法院开庭审判网络犯罪案件全程录音录像。对庭审全程录音录像资料，必要时人民检察院可以商请人民法院复制，并将存储介质附检察卷宗保存。

第五章 跨区域协作办案

第五十条 对跨区域网络犯罪案件，上级人民检察院应当加强统一指挥和统筹协调，相关人民检察院应当加强办案协作。

第五十一条 上级人民检察院根据办案需要，可以统一调用辖区内的检察人员参与办理网络犯罪案件。

第五十二条 办理关联网络犯罪案件的人民检察院可以相互申请查阅卷宗材料、法律文书，了解案件情况，被申请的人民检察院应当予以协助。

第五十三条 承办案件的人民检察院需要向办理关联网络犯罪案件的人民检察院调取证据材料的，可以持相关法律文书和证明文件申请调取在案证据材料，被申请的人民检察院应当配合。

第五十四条 承办案件的人民检察院需要异地调查取证的，可以将相关法律文书及证明文件传输至证据所在地的人民检察院，请其代为调查取证。相关法律文书应当注明具体的取证对象、方式、内容和期限等。

被请求协助的人民检察院应当予以协助，及时将取证结果送达承办案件的人民检察院；无法及时调取的，应当作出说明。被请求协助的人民检察院有异议的，可以与承办案件的人民检察院进行协商；无法解决的，由承办案件的人民检察院报请共同的上级人民检察院决定。

第五十五条 承办案件的人民检察院需要询问异地证人、被害人的，可以通过远程视频系统进行询问，证人、被害人所在地的人民检察院应当予以协助。远程询问的，应当对询问过程进行同步录音录像。

第六章　跨国（边）境司法协作

第五十六条　办理跨国网络犯罪案件应当依照《中华人民共和国国际刑事司法协助法》及我国批准加入的有关刑事司法协助条约，加强国际司法协作，维护我国主权、安全和社会公共利益，尊重协作国司法主权、坚持平等互惠原则，提升跨国司法协作质效。

第五十七条　地方人民检察院在案件办理中需要向外国请求刑事司法协助的，应当制作刑事司法协助请求书并附相关材料，经报最高人民检察院批准后，由我国与被请求国间司法协助条约规定的对外联系机关向外国提出申请。没有刑事司法协助条约的，通过外交途径联系。

第五十八条　人民检察院参加现场移交境外证据的检察人员不少于二人，外方有特殊要求的除外。

移交、开箱、封存、登记的情况应当制作笔录，由最高人民检察院或者承办案件的人民检察院代表、外方移交人员签名或者盖章，一般应当全程录音录像。有其他见证人的，在笔录中注明。

第五十九条　人民检察院对境外收集的证据，应当审查证据来源是否合法、手续是否齐备以及证据的移交、保管、转换等程序是否连续、规范。

第六十条　人民检察院办理涉香港特别行政区、澳门特别行政区、台湾地区的网络犯罪案件，需要当地有关部门协助的，可以参照本规定及其他相关规定执行。

第七章　附　则

第六十一条　人民检察院办理网络犯罪案件适用本规定，本规定没有规定的，适用其他相关规定。

第六十二条　本规定中下列用语的含义：

（一）信息网络，包括以计算机、电视机、固定电话机、移动电话机等电子设备为终端的计算机互联网、广播电视网、固定通信网、移动通信网等信息网络，以及局域网络；

（二）存储介质，是指具备数据存储功能的电子设备、硬盘、光盘、优盘、记忆棒、存储芯片等载体；

（三）完整性校验值，是指为防止电子数据被篡改或者破坏，使用散列算

法等特定算法对电子数据进行计算,得出的用于校验数据完整性的数据值;

(四)数字签名,是指利用特定算法对电子数据进行计算,得出的用于验证电子数据来源和完整性的数据值;

(五)数字证书,是指包含数字签名并对电子数据来源、完整性进行认证的电子文件;

(六)生物识别信息,是指计算机利用人体所固有的生理特征(包括人脸、指纹、声纹、虹膜、DNA 等)或者行为特征(步态、击键习惯等)来进行个人身份识别的信息;

(七)运行脚本,是指使用一种特定的计算机编程语言,依据符合语法要求编写的执行指定操作的可执行文件;

(八)数据镜像,是指二进制(0101 排序的数据码流)相同的数据复制件,与原件的内容无差别;

(九)MAC 地址,是指计算机设备中网卡的唯一标识,每个网卡有且只有一个 MAC 地址。

第六十三条 人民检察院办理国家安全机关、海警机关、监狱等移送的网络犯罪案件,适用本规定和其他相关规定。

第六十四条 本规定由最高人民检察院负责解释。

第六十五条 本规定自发布之日起施行。

《人民检察院办理网络犯罪案件规定》的理解与适用*

郑新俭　赵　玮　纪敬玲**

2021年1月22日，最高人民检察院发布《人民检察院办理网络犯罪案件规定》（以下简称《规定》）。《规定》的出台，对于指导和规范检察机关网络犯罪案件办理，维护国家安全、网络安全、社会公共利益，保护公民、法人和其他组织的合法权益，具有重要意义。为便于理解与适用，现就有关问题解读如下。

一、《规定》起草的背景和过程

当前，网络犯罪不断滋生蔓延，严重损害人民群众合法权益，威胁国家安全和社会稳定。新型网络犯罪层出不穷，加大了检察机关的办案难度，也对检察人员的专业能力和水平提出了更高要求。从调研了解的情况看，检察机关在办案理念、办案能力、办案机制上，还不能完全适应惩治网络犯罪的形势需要。特别是对于电子数据的审查运用，不少检察人员存在能力短板和本领恐慌，较多依赖于侦查机关的审查结论。面对新型网络犯罪，不敢办、不愿办、不会办的情况一定程度存在。

近年来，办理网络犯罪的相关规定陆续出台，如2014年最高人民法院、最高人民检察院、公安部《关于办理网络犯罪案件适用刑事诉讼程序若干问题的意见》（以下简称《意见》），2016年最高人民法院、最高人民检察院、公安部《关于办理刑事案件收集提取和审查判断电子数据若干问题的规定》（以下简称《电子数据规定》），以及2019年公安部《公安机关办理刑事案件电子数据取证规则》（以下简称《取证规则》），但这些规定主要是面向公检法三机关的全面规定，对于检察办案特别是案件审查环节缺乏细化的规范指引。因此，制定并发布《规定》，是因应基层检察官的办案需要。

2020年4月，最高人民检察院成立由12个部门组成的惩治网络犯罪、维护网络安全研究指导组，把制定《规定》作为重要任务。2020年6月，《规定》起草工作正式启动，最高人民检察院第四检察厅成立由四级检察机关的办案人员和技术人员共同组成的起草小组，深入开展调研，经反复修改，并经

---

* 原文载《人民检察》2021年第5期。
** 作者单位：最高人民检察院第四检察厅。

2020年12月14日最高人民检察院第十三届检察委员会第五十七次会议审议通过，于2021年1月22日发布。

二、《规定》起草的主要思路

为确保《规定》的针对性、规范性和实用性，在起草过程中，起草组注重把握以下几点：

一是突出维护网络安全和人民合法权益。《规定》坚持以习近平总书记重要论述为指引，将"维护国家安全、网络安全、社会公共利益，保护公民、法人和其他组织的合法权益"作为制定的根本目的，强调加强全链条惩治、专业化惩治和一体化惩治，加大法律监督力度，建立捕、诉、监、防一体的办案机制，更加精准惩治网络犯罪。在惩治网络犯罪的同时，更加重视对于网络空间被害人权益的保护。

二是坚持问题导向、需求导向。《规定》围绕当前检察机关办理网络犯罪案件中存在的突出问题，有针对性地安排章节、设置条款。特别是对于引导取证、案件审查、电子数据审查和跨区域协作办案等重点问题，专设章节进行规定。对于其他的一般办案程序问题，《规定》不再专门设置条款，而是适用刑事诉讼法、最高人民检察院《人民检察院刑事诉讼规则》等规定。

三是突出网络犯罪案件特点。《规定》以司法办案为中心，以刑事诉讼程序为主线，对检察机关办理网络犯罪案件引导取证、审查逮捕、审查起诉、出庭支持公诉等分别作出规定。在具体条款设置上，对现有刑事法律规定在网络犯罪案件办理中的适用进行细化，增强其可操作性。

四是充分关注司法办案与技术要素的融合。考虑到网络犯罪案件办理的专业性和技术性，《规定》既注重面向办案人员，对于各环节办案审查提出规范指引；又注重面向技术人员，对于各环节技术支持办案提出基本要求。同时，考虑到《规定》涉及不少技术性专业问题，为使相关的专业技术表述便于理解，对于行业内固定用语，在附则中设置用语说明；对于其他专业性用语，在不影响原意的前提下，进行适当调整，使其在内容上更加适应办案要求，表述上更加符合法律用语习惯。

五是注重借鉴吸收各方有益成果和建议。《规定》制定过程中，先后几轮征求各方意见，充分考虑吸收了近年来各地检察机关办案中的有益经验做法，安排一线检察官和检察技术人员参与研究制定，邀请互联网企业专家逐条研提意见，努力使《规定》贴近互联网行业发展和基层办案实际。

三、《规定》的主要内容

《规定》共七章六十五条，主要包括一般规定、引导取证和案件审查、电子数据的审查、出庭支持公诉、跨区域协作办案、跨国（边）境司法协作、附则等内容。

（一）网络犯罪范围

关于网络犯罪范围，《规定》通过两个条款进行界定：一是《规定》第二条规定，网络犯罪是指针对信息网络实施的犯罪，利用信息网络实施的犯罪，以及其他上下游关联犯罪。其中，针对信息网络实施的犯罪，如破坏计算机信息系统罪、非法侵入计算机信息系统罪等直接危害信息网络安全的犯罪；利用信息网络实施的犯罪，如当前常见的利用信息网络实施的诈骗、赌博、开设赌场、非法集资等犯罪；其他上下游关联犯罪，典型表现在为上述两类犯罪提供软件工具、公民个人信息资料、资金通道等犯罪行为，常见罪名如帮助信息网络犯罪活动罪、非法利用信息网络罪、侵犯公民个人信息罪等。

与《意见》所称网络犯罪案件相比，《规定》作了适当扩展，主要体现在上下游关联犯罪上。主要考虑是：当前网络犯罪链条化、产业化态势明显，已经构建起完整的网络黑灰产业链。越来越多违法犯罪的产业、工种都"吸附"在这一链条上，为下游犯罪持续"输血供粮"，成为网络犯罪多发高发的重要原因。同时，网络黑灰产业链随着网络犯罪发展而不断延伸拓展，可以说，网络犯罪发展到哪，网络黑灰产业链就跟进到哪。因此，以网络黑灰产业链为主线来界定网络犯罪范围，符合网络犯罪发展的趋势。

二是《规定》第六十二条第一款关于信息网络的含义解释，在传统计算机互联网、广播电视网、固定通信网、移动通信网等信息网络的基础上，增加了局域网络的规定。局域网络安全是整个网络安全的重要组成部分，而且由于局域网的私密性，对其保护要更加重视。涉及局域网的犯罪，无论是犯罪手段方法还是案件侦办方式、证据审查要求，与其他网络犯罪并无实质不同，实践中也有相关案例。因此，《规定》将局域网纳入信息网络范围，将涉及局域网的犯罪纳入网络犯罪的范围。

（二）引导取证

引导取证对于检察机关发挥审前主导，进一步完善以证据为核心的刑事指控体系具有积极作用。在办理网络犯罪案件中，引导取证往往具有更加重要的意义。一方面，考虑到电子数据的易变、易失性，检察机关必要的介入可以引导侦查机关准确把握案件侦查方向，及时、全面、规范地收集提取、分析研判证据特别是电子数据证据，防止因证据缺陷影响案件办理，产生诉讼风险。另一方面，检察机关通过引导取证，同步引导侦查机关对涉案财物提出处置意见，阻断涉案财物移转链条，防止涉案财物价值贬损，从而为之后的追赃挽损提供条件。当前,部分地方检察机关积极开展网络犯罪案件引导取证工作,取得了积极成效,得到了基层公安机关的认可。基于上述情况,《规定》根据《人民检察院刑事诉讼规则》有关规定,结合地方司法实践,在第二章设置了五个条款(即第十二条至第十六条)规范引导取证。主要有以下内容:

1. 引导取证的启动

《规定》第十二条明确提出包括三个条件:(1)经公安机关商请;(2)根据追诉犯罪的需要;(3)针对重大、疑难、复杂网络犯罪案件可以派员适时介入,提出引导取证的意见。规定这些启动条件,既是尊重公安机关的侦查活动,防止不适当介入;同时也是增强检察机关引导取证的针对性和必要性,提高案件办理效果。

2. 引导取证的方式

《规定》第十二条细化了提出引导取证意见的主要事项,包括:案件的侦查方向及可能适用的罪名;证据的收集、提取、保全、固定、检验、分析等;关联犯罪线索;追赃挽损工作以及其他需要提出意见的事项。同时,为了更好地提出引导取证意见,《规定》第十三条列举了检察机关了解案件办理情况的具体方式,包括:查阅案件材料;参加公安机关对案件的讨论;了解讯(询)问犯罪嫌疑人、被害人、证人的情况;了解、参与电子数据的收集、提取,以及其他方式。

3. 引导取证的意见

《规定》第十五条根据办案实践,规定了六款具体的取证意见,主要可归结为三个方面:一是对于存储介质设备,注意引导能够扣押、封存原始存储介质的,要及时扣押、封存;扣押可联网设备,注重引导及时采取信号屏蔽、信号阻断或者切断电源等方式。对此,《取证规则》第十条、第十一条也提出了相应要求,《规定》从检察机关角度进行了回应。需要指出的是,有的办案人员往往只提取相关电子数据而未扣押原始存储介质,一旦出现提取过程不规范或提取数据不全面,反过来再去扣押原始存储介质时,往往存储介质已找不到,或者存储在里面的数据已被删除更改。还有的涉案联网设备如手机,办案人员扣押时未及时关机或设置为飞行模式,导致核心数据被远程删除,无法恢复提取。对此,检察机关在引导取证时要特别注意。二是对于电子数据,注意引导侦查机关及时提取电子设备(如手机、电脑等)、账户密码(包括网络账户如邮箱、云盘等,应用软件账户如微信、支付宝等的账户密码),以及存储于其中的聊天记录、电子邮件、交易记录等数据;注意引导侦查机关及时提取动态数据,包括内存、缓存、网络连接数据。这些数据随着软件程序运行而变化,动态记录着系统运行状况和行为,人的行动轨迹;注意引导侦查机关及时提取依赖于特定网络环境的数据,包括局域网、虚拟专线网络中的数据等,以防止脱离特定网络环境后无法提取。三是对于书证、物证等客观证据,同步引导侦查机关提取,便于与电子数据相互印证。

(三) 案件审查

《规定》根据网络犯罪案件的特点,分别从行为主体、客观行为、主观方面、情节和后果四个方面规定了案件审查的要点。

1. 行为主体的审查

与传统犯罪通过照片辨认、视频比对、指纹比对等方式直接认定行为人不同,网络犯罪多借助电子设备实施,往往生成大量电子数据。审查犯罪主体时,首先要认定电子设备是否为行为人所有、持有或使用;同时,行为主体在网络空间多通过网络注册身份来实施犯罪,因此,还要建立行为人网络身份与现实身份之间的同一关联。前者称之为"人机同一性审查",后者称之为"身份同一性审查"。只有对两种同一性进行全面审查,才能综合认定网络犯罪的主体。

《规定》第十七条对行为主体提出了需要注重审查的内容:首先,对于人机同一性,可以通过审查存储介质中所包含的信息内容(如通话记录、聊天信息、文档、图片、语音等文件内容),判断该存储介质是否为行为人所有、持有或使用;也可以通过审查域名、IP 地址、终端 MAC 地址、通信基站信息等网络标识信息,综合言词证据与其他证据,证明行为人与存储介质之间的对应关系。如在办理某网络盗窃案件中,办案人员通过服务器中记载的 IP 地址、终端 MAC 地址等证明作案电子设备系某公司内部员工工位上的电脑,再结合言词证据、监控录像等证明案发时电脑系其本人使用。其次,对于身份同一性,可通过审查行为人网络账户、应用软件账户的注册信息(如手机号码、身份证号码等)及账户内记载的物流、支付结算、生物识别信息(人脸、声纹、指纹等)等,与行为人的网络行为轨迹等进行比对,再结合其他证据,判断网络身份和现实身份的相互对应。

2. 客观行为的审查

《规定》第十八条对网络犯罪客观行为,主要规定了三个方面的审查内容:一是审查网络犯罪作案工具,主要包括电子设备、软件、程序等。在审查时,既要审查电子设备的运行情况,又要注重审查软件、程序的功能及其实现方式,综合认定行为实施的"全貌"。如,行为人为实施敲诈勒索制作"勒索病毒"[①]

[①] 勒索病毒,是指通过锁屏、加密文件等方式劫持用户文件并以此敲诈用户钱财的恶意软件。网络黑客利用系统漏洞或者网络钓鱼等方式,向被害人的设备植入病毒,进而加密硬盘上的关键文档甚至整个硬盘,被害人支付赎金后才可以解密。

植入被害人手机，对此，一方面，要注重审查被植入病毒手机的运行状态是否异常；另一方面，还要注重审查植入的"勒索病毒"是否具有对设备内存文件进行加密、限制手机持有人自由查看的功能，以此来综合认定犯罪行为。二是审查反映行为人行为轨迹的电子数据，包括系统日志、域名、IP 地址、WiFi 信息、地理位置信息等。三是审查反映行为内容的电子数据，包括操作记录、网络浏览记录、物流信息、交易结算记录、即时通信信息等。物流交易、支付结算、即时通信等都是常见的网络行为，这些行为所记录的信息都直接反映行为具体内容。

3. 主观方面的审查

网络犯罪是一种非接触性犯罪，加之其产业链长且分工精细，如何审查行为人主观方面是办案的难点。《规定》第十九条对此作出规定。一方面，要坚持综合认定原则，结合行为人的认知能力、专业水平、既往经历、人员关系、行为次数、获利情况等综合认定，不能只通过行为人的供述或涉案数额、造成损失等简单推定。另一方面，应注重审查以下三方面内容：一是审查聊天记录、发布内容、浏览记录等能够直接反映行为人主观故意的内容。二是审查犯罪工具是否具有违法性，包括行为人制作、使用或者向他人提供的软件程序是否主要用于违法犯罪活动。三是审查行为人是否明显违背网络空间正常行为规则和交易习惯。具体包括，其一，行为人行为是否明显违背系统提示要求和正常操作流程。如行为人以提供好友验证、人脸识别等方式帮助受限微信号解封。在解封过程中，微信平台提示账户被封系涉嫌违法犯罪，但行为人仍为其解封。对此，可以判断行为人对自身行为违法性具有明确认识。其二，行为人支付结算的对象、频次、数额等是否明显违反正常的交易习惯。如行为人通过获取的个人收款二维码、银行卡账户搭建非法支付结算平台，提供给网络赌博、电信诈骗等犯罪集团，进行资金转移。办案人员可通过该账户短时间内频繁与陌生人账户交易，以及非正常流转大额资金等情况，来判断行为人对自身行为的违法性认识。其三，行为人是否频繁采用隐蔽上网、加密通信、销毁数据等措施或者使用虚假身份。如实施诈骗犯罪的行为人通过阅后即焚的即时通信软件与上游提供信息资料或下游提供资金转移通道的人联系；或是通过购买他人的电话卡、银行卡，以虚假身份信息在网上实施诈骗行为，规避网络实名制的追踪，办案人员可将此作为判断行为人犯罪故意的依据。

4. 情节和后果的认定

《规定》第二十条对于如何审查网络犯罪行为的情节和后果进行了规定，主要设置了四种常见的审查情形：一是审查行为人的违法所得、获取和传播数据及文件的性质、数量等。二是审查行为对网络空间秩序产生的影响，包括账号数量、信息被点击次数、浏览次数、被转发次数等。三是审查行为对网络运行造成的影响程度，包括受影响的计算机信息系统数量、服务器日志信息中记录的系统受攻击情况等。四是审查行为对被害人的人身、财产造成侵害的内容，包括被害人数量、财产损失数额等。

（四）电子数据的审查

《规定》在第一章第七条设置了原则性审查规定，同时专设第三章"电子数据的审查"进行具体规定。

1. 电子数据的形式

《电子数据规定》第一条指出，电子数据是案件发生过程中形成的，以数字化形式存储、处理、传输的，能够证明案件事实的数据，并列举了四类常见的电子数据形式。《规定》沿用了这一概念，同时对电子数据形式进行了拓展和调整。《电子数据规定》发布以来，随着网络空间和信息技术的发展，电子数据的形式发生了较大变化。有的电子数据在实践中适用空间逐步缩小，如博客、贴吧等平台发布的信息；有的属于近年来新出现的电子数据形式，如生物识别信息等；有的电子数据形式需进一步细化，原有的概括性描述难以全面展现，如原先的"计算机程序"在实践中类型越来越多样化，表现为"恶意程序、工具软件、网站源代码、运行脚本"等；有的电子数据在办案中越来越被重视，但《电子数据规定》未专门设置，如系统运行信息、文件附属信息等。为此，《规定》第二十七条根据实践发展和办案需要，梳理归纳了七类电子数据形式：（1）网页、社交平台、论坛等网络平台发布的信息；（2）网络通讯信息，包括手机短信、电子邮件、即时通信、通讯群组等；（3）用户身份信息，包括用户注册信息、身份认证信息、数字签名、生物识别信息等；（4）用户行为信息，包括电子交易记录、通信记录浏览记录、操作记录、程序安装、运行、删除记录等；（5）行为工具信息，包括恶意程序、工具软件、网站源代码、运行脚本等；（6）系统运行信息，包括系统日志、应用程序日志、安全日志、数据库日志等；（7）电子文件及其附属信息，其中电子文件包括文档、图片、音频、视频、数字证书、数据库文件等，附属信息包括文件创建时间、访问时间、修改时间、大小等。

2. 电子数据审查的总体要求

一是注重审查电子数据的客观性、合法性、关联性。《规定》第三十条至第三十三条，参照《电子数据规定》的相关条款，分别对"三性"审查作了具体规定。首先，客观性审查包括真实性和完整性两方面审查。由于电子数据容易变化，办案人员在审查电子数据时，既要关注其本身是否客观真实，也要关注电子数据在收集提取之后是否被增加、删除、修改，也就是电子数据的完整性。如果被增加、删除、修改，则电子数据的客观真实也难以保证。所以，完整性审查具有独立而重要的意义。其次，合法性审查包括：电子数据的收集、提取、保管方法和过程是否规范，取证法律手续是否齐全，取证人员及其他参与人是否符合规定，取证记录是否完备，是否按照规定同步录音录像，境外电子数据收集提取是否符合国（区）际司法协助及其相关法律规定的要求等。再次，关联性审查包括：电子数据与案件事实之间的关联性，电子数据及其存储介质与当事人之间的关联性。

二是注重挖掘同一电子数据往往具有的多元关联证明作用。由于电子数据记录信息的丰富性，一份电子数据往往可以证明多方面的案件事实。以一份完整的微信聊天记录为例，通过审查微信账号的昵称、注册信息等，可能发现反映行为人身份的信息；通过审查微信聊天的对话内容，可能发现反映行为人主观方面和行为内容的信息；通过审查微信聊天的附属信息如生成时间等，可能发现反映行为人作案时间的信息。因而，审查电子数据时，要注重从多个角度挖掘电子数据与案件事实的多元关联，充分发挥电子数据的证明作用。

三是注重加强电子数据与其他证据的相互印证。电子数据的广泛出现加之其具有的多元关联证明作用，为办案提供了更多的证明支持。在办理网络犯罪案件中，要转变传统的证据理念，更加重视电子数据的收集提取和审查运用，强化电子数据在网络犯罪证据体系中的关键作用。加强电子数据和其他证据之间的相互支撑、相互补强，拓展案件证据收集范围，拓宽证据审查视角，丰富证据运用方式，构建更加完整、细化的指控网络犯罪的证据链。

四是注重加强对瑕疵电子数据的审查。《规定》第四十三条参照《电子数据规定》第二十七条"对瑕疵证据经补正或者合理解释的，可以采用"的规定，设置了四种补正或合理解释后可采用的情形；同时规定"不能补正或作出合理解释的，不得作为定案的根据"。《规定》第四十四条参照《电子数据规定》第二十八条，对电子数据不得作为定案根据的情形进行了规定，包括电子数据系篡改、伪造、无法确定真伪，或者有其他无法保证电子数据客观、真实的两种情形。对于电子数据有增加、删除、修改等情形的，在征求意见和研究讨论时，有同志提出，应当客观分析、区别对待，不宜一概排除。对于经过正当程序，能够证明其中重要数据未发生变化，或能够恢复数据原始状态的，仍可考虑作为证据使用。《规定》第四十四条第二款结合司法实践，吸收了上述意见，规定对于经司法鉴定、当事人确认等方式确定与案件相关的重要数据未发生变化，或者能够还原电子数据原始状态、查清变化过程的，可以作为定案的根据。

3. 不同形式电子数据的审查要求

在电子数据审查总体要求的基础上,《规定》对扣押原始存储介质、数据镜像、线下提取的电子数据、在线提取的电子数据、冻结的电子数据、调取的电子数据、检查和侦查实验报告、鉴定意见等分别提出需要注重审查的内容。这里重点说明对数据镜像、鉴定意见的审查。

第一,关于数据镜像的审查。数据镜像是指从原始存储介质复制生成的一个或一组文件,经还原后与原文件内容无差别。随着大数据、云计算等信息技术的发展,当前不少电子数据存储在云服务器中,无法扣押原始存储介质,也不宜冻结电子数据,直接提取海量电子数据的难度较大。实践中,往往通过数据镜像的方式复制电子数据,保证数据不被篡改和灭失。《规定》第三十五条在总结司法实践的基础上,提出对数据镜像应当注重审查四个方面的内容:一是为查明数据镜像的来源,要审查是否记录原始存储介质的基本信息、存放位置以及使用人、保管人等;二是为查明数据镜像的客观性,要审查制作数据镜像的工具、方法、过程等;三是为验证数据镜像的完整性,要查看数据镜像是否计算完整性校验值;四是为查明数据镜像的合法性和规范性,要审查取证人员、见证人、持有人(提供人)等参与制作镜像的人员是否已签名或盖章。

第二,关于鉴定意见的审查。《规定》第四十一条具体梳理了对于鉴定意见需要注重审查的内容:一是鉴定主体的合法性,包括审查鉴定机构、鉴定人员的资质,鉴定事项是否符合鉴定机构的业务范围和鉴定人员是否存在回避等情形。二是鉴定材料的客观性,包括鉴定材料是否真实、完整、充分,取得方式是否合法,是否与原始电子数据一致。三是鉴定方法的科学性,是否符合国家、行业标准等。四是鉴定意见的完整性。五是鉴定意见与其他在案证据能否相互印证。鉴定意见虽然专业,但其只是案件审查的重要依据之一,仍然需要与其他证据相互印证,构建完整的证据链,以更加精准指控犯罪。

(五)出庭支持公诉

《规定》第四章规定了网络犯罪案件出庭支持公诉的相关内容,有两个方面需要重点说明。

1. 庭前会议

庭前会议旨在促进信息共享、明确争点、梳理证据、解决程序性的争议,提高庭审效率,保证庭审质量。最高人民法院《关于适用〈中华人民共和国刑事诉讼法〉的解释》第二百二十六条规定了法院可以决定召开庭前会议的四种情形:(1)证据材料较多,案情重大复杂的;(2)控辩双方对事实、证据存在较大争议的;(3)社会影响重大的;(4)需要召开庭前会议的其他情形。根据上述情形,结合网络犯罪案件跨国(边)境、跨区域、涉众性、技术性强等特点,《规定》第四十六条细化设置了六种可以建议法院召开庭前会议的具体情形,包括:(1)案情疑难复杂的;(2)跨国(边)境、跨区域案件社会影响重大的;(3)犯罪嫌疑人、被害人等人数众多、证据材料较多的;(4)控辩双方对电子数据合法性存在较大争议的;(5)案件涉及技术手段专业性强、需要控辩双方提前交换意见的;(6)其他有必要召开庭前会议的情形。针对庭前会议涉及的技术性问题,检察机关必要时,可以向法庭申请指派检察技术人员或者聘请其他有专门知识的人分析解答。

2. 法庭举证

与其他证据相比,电子数据具有特殊的属性,如技术性强相对抽象、数量众多等,这就要求法庭举证时,应采取合适的举证方式,突出举证重点,全面、直观展示电子数据,精准有力指控犯罪。《规定》第四十七条根据电子数据的特性,对网络犯罪案件法庭举证工作提出具体要求。一是考虑到电子数据技术性强,涉及不同的专业领域,需要专门的说明解读,出庭检察官自身专业背景往往难以胜任。《规定》提出,必要时,可以向法庭申请指派检察技术人员或者聘请其他有专门知识的人进行相关技术操作,并就专门性问题发表意见。二是考虑到电子数据具有抽象性,须通过特定的网络环境和电子设备等载体来展现。实践中多采取多媒体演示的方式举证。《规定》借鉴实践做法,提出公诉人出示证据可以借助多媒体示证、动态演示等方式进行。三是考虑到电子数据往往数量众多有时还是海量级,对于公诉人而言,出示电子数据时,既要做到"读得懂",让参加庭审人员了解电子数据的基本情况;又要做到"说得清",从众多的电子数据中梳理出案件脉络,展示行为轨迹和案件争议焦点。因此,为解决上述问题,《规定》提出,公诉人在出示电子数据时,应当从电子数据的来源、形成过程;电子数据所反映的犯罪手段、人员关系、资金流向、行为轨迹等案件事实;电子数据与被告人供述、被害人陈述、证人证言、物证、书证等的相互印证情况,对电子数据进行针对性地说明。

(六)办案与技术融合

当前,网络犯罪专业化程度越来越高。如何做到"魔高一尺、道高一丈",仅靠办案部门自身提升能力远远不够,必须把技术深度融入办案之中,提升办案专业化水平。《规定》立足办案与技术融合的理念,进行重点规定,主要体现在三个方面。

1. 检察技术人员参与办案

2018年最高人民检察院《关于指派、聘请有专门知识的人参与办案若干问题的规定(试行)》规定,有专门知识的人,是指运用专门知识参与检察机关的办案活动,协助解决专门性问题或者提出意见的人,但不包括以鉴定人身份参与办案的人。有专门知识的人一般包括检察技术人员和检察机关以外的其他有专门知识的人。办理网络犯罪案件要注重发挥这两类人员的专业支持。实践中,检察机关以外的有专门知识的人主要参与重大、疑难、复杂的案件,而大量普通案件的专业辅助,案件全流程的参与,更多需要检察技术人员的支持参与。

《规定》设置了七个条款强化检察技术支持参与办案。在参与方式上,《规定》第八条提出,建立检察技术人员参与网络犯罪案件办理制度。根据案件办理需要,吸收检察技术人员加入办案组辅助案件办理。需要指出的是,如果检察技术人员以鉴定人身份参与办案,为保持鉴定人身份的中立性,其不能再作为办案组成员参与办案。在参与环节上,《规定》第十二条、第二十三条、第二十五条、第四十六条、第四十七条,分别从引导取证、案件审查、自行侦查、庭前会议、庭审等环节,对检察技术支持参与办案进行了全流程规定。

2. 其他有专门知识的人参与办案

由于网络犯罪案件专业技术问题涉及领域广、程度深,有的还比较前沿,在重视发挥检察技术专业支持的同时,还要加强外智借助,根据案件涉及的具体问题,聘请相关领域专家专业辅助办案。为此,《规定》提出建立其他有专门知识的人参与网络犯罪案件办理制度,并在多个诉讼环节中,对其参与辅助办案进行了规定。

3. 运用前沿先进技术辅助办案

《规定》第八条提出,积极探索运用大数据、云计算、人工智能等信息技术辅助办案,提高网络犯罪案件办理的专业化水平。实践中,各地加强智慧借助,积极把前沿先进技术运用到司法办案中,取得了积极效果。《规定》提出引导性要求,鼓励各地探索运用。

(七)跨区域协作办案

相较于其他犯罪,网络犯罪的一个突出特征就是跨域性。《规定》参照公安部相关要求,设立"跨区域协作办案"专章,主要包括以下四个问题:第一,关于办案机制。面对网络犯罪跨域化态势,检察机关要改变传统的办案方式,充分发挥检察一体化优势,推动建立常态化的跨区域协作办案机制。《规定》第六条、第五十条指出,对跨区域网络犯罪案件,上级检察机关应当加强统一指挥和统筹协调,相关检察机关应当加强办案协作,强化信息互通、证据移交、技术协作,增强惩治网络犯罪的合力。第二,关于人员调配。《规定》第五十一条提出,上级检察机关根据办案需要,可以统一调用辖区内检察人员参与办理网络犯罪案件。需要指出的是,这里的检察人员既包括检察官、检察官助理,也包括检察技术人员。第三,关于案情互通。《规定》第五十二条提出,办理关联网络犯罪案件的检察机关可以相互申请查阅卷宗材料、法律文书,了解案件情况。被申请的检察机关应当予以协助。第四,关于证据调取。《规定》第五十三条、第五十四条分别对自行调取和代为调取提出了要求。对于代为调取,《规定》第五十四条提出,承办案件的检察机关需要异地调查取证的,可以将相关法律文书及证明文件传输至证据所在地的检察机关,请其代为调查取证。被请求协助的检察机关应当予以协助、及时反馈。同时,承办案件的检察机关在法律文书中应当注明具体的取证对象、方式、内容和期限等,以确保取证的规范性和针对性。此外,《规定》第五十五条对远程询问提出了相关要求,在这方面,检察机关疫情防控期间办案时积累了较为丰富的经验,办理网络犯罪案件时可以充分借鉴、广泛运用。

（八）被害人权利的保护

由于网络空间的广延性和技术传播的快捷性,网络犯罪行为受众面更广、传播力更强、隐蔽性更深,对被害人造成的财产和精神损失也更大。《规定》研究审议之时,正值"浙江杭州女子取快递被造谣出轨案"在网络上持续发酵,检察机关如何主动作为、充分履职,有力维护网络空间被害人的合法权益,值得认真思考。对此,《规定》在最后修改中,加强了这方面内容的规定,主要体现在三个方面:一是高度重视追赃挽损。《规定》第十条提出,要把追赃挽损贯穿始终,主动加强与有关机关协作,保证及时查封、扣押、冻结涉案财物,阻断涉案财物移转链条,督促涉案人员退赃退赔,切实维护被害人的财产利益。二是确定管辖时充分考虑被害人权益维护。《规定》第五条第二款提出,网络犯罪有多个犯罪地的,在确定管辖地时除了应按照有利于查清犯罪事实、保证案件公正处理的传统原则外,增加了有利于保护被害人合法权益的要求,更加合理确定案件管辖地。三是注重对被害人人身、财产损失的审查。《规定》第二十条提出,认定网络犯罪行为的情节和后果,要注重审查被害人数量、财产损失数额、名誉侵害的影响范围等能够反映犯罪行为对被害人的人身、财产等造成侵害的内容。需要指出的是,检察机关在审查时要充分考虑网络空间的特点,不仅要注重审查被害人的财产损失,还要审查其人身、精神损害;不仅要审查犯罪行为对被害人本人造成的损害,还要由点及面注重审查犯罪行为对网络空间秩序的影响,从而准确认识行为的社会危害性,依法精准指控犯罪。

最高人民检察院
检务公开工作细则

(最高人民检察院第13届第139次党组会讨论通过 2021年2月6日公布并施行 高检发办字〔2021〕8号)

第一条 【目的和依据】为进一步加强和规范新时代检务公开工作，增强检察工作透明度，提升检察公信力，根据《人民检察院组织法》《最高人民检察院关于全面推进检务公开工作的意见》等规定，制定本细则。

第二条 【原则要求】检察机关检务公开工作，应当贯彻落实习近平法治思想和以人民为中心的司法理念，坚持依法全面、安全规范、及时主动的原则，健全完善开放、动态、透明、便民的阳光司法机制，不断提升线上线下公开工作质效，最大限度方便人民群众参与和监督检察工作。

第三条 【公开主体】按照分级负责、归口管理的原则，检务信息公开的主体一般为制作或者获取该信息的部门；涉及多个部门的，由牵头部门负责公开。

第四条 【公开方式】公开检务信息，可以采取主动向社会公开和依申请查询的方式。

对涉及公共利益、社会普遍关注、经规定程序审核可予公开的检务信息，应当主动向社会公开。对在办案件的程序性信息，当事人和其他符合查询条件的人员根据法律法规和相关文件规定，可以向检察机关申请查询。

第五条 【公开范围】检察机关应当依法公开下列检务信息：

(一) 检察业务信息。主动公开社会关注的重要案件信息和检察法律文书，依申请提供案件程序性信息查询。及时发布指导性案例、典型案例，主要检察业务数据及分析信息，司法解释等规范性文件，诉讼便民服务信息等。

(二) 检察政务信息。主动公开检察机关的机构设置、职权范围和检察官的职责、义务和权利；向同级人民代表大会及其常委会所作的工作报告、专项报告和最高人民检察院公报、检察白皮书；检察机关的重要部署、重大举措、重点工作、专项活动；已出台的重大司法改革举措；接受外部监督、保障群众参与情况；部门及所属单位预算、决算包括"三公"经费情况，以及政府采购情况；信息化建设情况；窗口部门的办公地址、工作时间、联系方式等信息。

（三）检察队伍信息。主动公开检察机关党建工作和思想政治建设情况；领导班子成员、检察委员会专职委员、检察委员会委员、各部门负责人以及检察官名单等信息；检察人员招录遴选和教育培训等专业化建设信息；职业道德建设、纪律作风建设等情况；检察系统督察巡视巡察情况；检察文化建设情况。

（四）其他应当公开的检务信息。

第六条　【重要案件信息公开】对于社会普遍关注的重要案件信息，包括刑事案件的批准（决定）逮捕、提起公诉等情况，对生效民事、行政判决、裁定、调解书提出再审检察建议、抗诉等情况，提起公益诉讼情况，刑事申诉、国家赔偿、国家司法救助办理情况等，经过综合评估并按规定程序审核后，可以向社会公开。重要案件信息公开应遵循上下级同步公开机制。

对正在办理的案件，可以公开案件基本情况，但不得向社会发布有关案件事实和证据认定方面的具体信息。

第七条　【公开法律文书种类】检察机关作出的下列法律文书应当在互联网公布。

（一）人民法院所作判决、裁定已生效的刑事案件起诉书、抗诉书；

（二）不起诉决定书；

（三）复查结案的刑事申诉结果通知书；

（四）人民法院作出再审改判并已生效的案件的民事抗诉书、行政抗诉书；

（五）人民法院作出生效裁判的案件的民事公益诉讼起诉书、行政公益诉讼起诉书；

（六）最高人民检察院认为应当公开的其他法律文书。

第八条　【公开期限】主动向社会公开的检务信息，应当自形成或者变更之日起20个工作日以内予以公开，法律法规另有规定的按照具体规定执行。公开检察法律文书，应当在案件办结后或者在收到人民法院生效判决、裁定后10个工作日以内，经规定程序审核批准后向社会公开。

依申请查询案件程序性信息，按照最高人民检察院相关规定办理。

第九条　【公开例外】检察机关对涉及国家秘密、检察工作秘密、商业秘密、个人隐私和与未成年人相关的案件信息，以及其他依照法律法规和最高人民检察院有关规定不应当公开的信息，不得公开。

第十条　【内容审核与风险评估】认真落实涉检意识形态工作责任制，

建立健全检务公开信息审核把关机制，按照"谁办理谁审核、谁决定谁负责"的原则，做好公开信息的内容审查和技术处理工作。建立完善风险评估机制，对拟公开的检务信息特别是案件信息应当提前进行风险评估，制定应急预案，提出应急措施，在依法办理的同时，注重舆论引导。

第十一条　【检务公开平台建设】加强检察门户网站和微博、微信、客户端、短视频等平台的建设和管理，及时准确发布、实时动态更新各类检务信息，同时注重利用报纸期刊、广播电视等渠道公开检务信息。涉及公开听证等业务工作的，可以实行网络和新媒体直播。

依托12309中国检察网，拓展网上检察服务，公开发布网上办理事项的受理条件、办理流程等办事指南，并提供网上信访、网上查询、网上预约、网上监督、在线咨询等服务。

第十二条　【保障人民群众参与】健全完善联系服务群众的平台和方式，努力保障人民群众的知情权、参与权、表达权、监督权。常态化开展检察开放日活动，让更多人民群众走进检察机关，了解和监督检察工作。广泛邀请人大代表、政协委员观摩案件办理、参与公开听证、视察等，深入监督检察工作。完善人民监督员、特约监督员、特约检察员参与检察工作的制度机制。落实"谁执法谁普法"的普法责任制，深入开展检察法治宣传教育。

第十三条　【责任落实】把检务公开工作纳入检察人员业绩考评。建立健全检务公开工作责任制，形成党组统一领导、牵头部门统筹协调、责任部门分工落实、各方面共同参与的工作格局。

第十四条　【生效时间】本细则自发布之日起施行。

最高人民法院、最高人民检察院、公安部、司法部关于进一步加强虚假诉讼犯罪惩治工作的意见

（2021年3月4日公布　2021年3月10日施行　法发〔2021〕10号）

第一章　总　则

第一条　为了进一步加强虚假诉讼犯罪惩治工作，维护司法公正和司法权威，保护自然人、法人和非法人组织的合法权益，促进社会诚信建设，根据《中华人民共和国刑法》《中华人民共和国刑事诉讼法》《中华人民共和国民事诉讼法》和《最高人民法院、最高人民检察院关于办理虚假诉讼刑事案件适用法律若干问题的解释》等规定，结合工作实际，制定本意见。

第二条　本意见所称虚假诉讼犯罪，是指行为人单独或者与他人恶意串通，采取伪造证据、虚假陈述等手段，捏造民事案件基本事实，虚构民事纠纷，向人民法院提起民事诉讼，妨害司法秩序或者严重侵害他人合法权益，依照法律应当受刑罚处罚的行为。

第三条　人民法院、人民检察院、公安机关、司法行政机关应当按照法定职责分工负责、配合协作，加强沟通协调，在履行职责过程中发现可能存在虚假诉讼犯罪的，应当及时相互通报情况，共同防范和惩治虚假诉讼犯罪。

第二章　虚假诉讼犯罪的甄别和发现

第四条　实施《最高人民法院、最高人民检察院关于办理虚假诉讼刑事案件适用法律若干问题的解释》第一条第一款、第二款规定的捏造事实行为，并有下列情形之一的，应当认定为刑法第三百零七条之一第一款规定的"以捏造的事实提起民事诉讼"：

（一）提出民事起诉的；

（二）向人民法院申请宣告失踪、宣告死亡，申请认定公民无民事行为能力、限制民事行为能力，申请认定财产无主，申请确认调解协议，申请实现担

保物权，申请支付令，申请公示催告的；

（三）在民事诉讼过程中增加独立的诉讼请求、提出反诉，有独立请求权的第三人提出与本案有关的诉讼请求的；

（四）在破产案件审理过程中申报债权的；

（五）案外人申请民事再审的；

（六）向人民法院申请执行仲裁裁决、公证债权文书的；

（七）案外人在民事执行过程中对执行标的提出异议，债权人在民事执行过程中申请参与执行财产分配的；

（八）以其他手段捏造民事案件基本事实，虚构民事纠纷，提起民事诉讼的。

第五条　对于下列虚假诉讼犯罪易发的民事案件类型，人民法院、人民检察院在履行职责过程中应当予以重点关注：

（一）民间借贷纠纷案件；

（二）涉及房屋限购、机动车配置指标调控的以物抵债案件；

（三）以离婚诉讼一方当事人为被告的财产纠纷案件；

（四）以已经资不抵债或者已经被作为被执行人的自然人、法人和非法人组织为被告的财产纠纷案件；

（五）以拆迁区划范围内的自然人为当事人的离婚、分家析产、继承、房屋买卖合同纠纷案件；

（六）公司分立、合并和企业破产纠纷案件；

（七）劳动争议案件；

（八）涉及驰名商标认定的案件；

（九）其他需要重点关注的民事案件。

第六条　民事诉讼当事人有下列情形之一的，人民法院、人民检察院在履行职责过程中应当依法严格审查，及时甄别和发现虚假诉讼犯罪：

（一）原告起诉依据的事实、理由不符合常理，存在伪造证据、虚假陈述可能的；

（二）原告诉请司法保护的诉讼标的额与其自身经济状况严重不符的；

（三）在可能影响案外人利益的案件中，当事人之间存在近亲属关系或者关联企业等共同利益关系的；

（四）当事人之间不存在实质性民事权益争议和实质性诉辩对抗的；

（五）一方当事人对于另一方当事人提出的对其不利的事实明确表示承认，且不符合常理的；

（六）认定案件事实的证据不足，但双方当事人主动迅速达成调解协议，请求人民法院制作调解书的；

（七）当事人自愿以价格明显不对等的财产抵付债务的；

（八）民事诉讼过程中存在其他异常情况的。

第七条 民事诉讼代理人、证人、鉴定人等诉讼参与人有下列情形之一的，人民法院、人民检察院在履行职责过程中应当依法严格审查，及时甄别和发现虚假诉讼犯罪：

（一）诉讼代理人违规接受对方当事人或者案外人给付的财物或者其他利益，与对方当事人或者案外人恶意串通，侵害委托人合法权益的；

（二）故意提供虚假证据，指使、引诱他人伪造、变造证据、提供虚假证据或者隐匿、毁灭证据的；

（三）采取其他不正当手段干扰民事诉讼活动正常进行的。

第三章 线索移送和案件查处

第八条 人民法院、人民检察院、公安机关发现虚假诉讼犯罪的线索来源包括：

（一）民事诉讼当事人、诉讼代理人和其他诉讼参与人、利害关系人、其他自然人、法人和非法人组织的报案、控告、举报和法律监督申请；

（二）被害人有证据证明对被告人通过实施虚假诉讼行为侵犯自己合法权益的行为应当依法追究刑事责任，且有证据证明曾经提出控告，而公安机关或者人民检察院不予追究被告人刑事责任，向人民法院提出的刑事自诉；

（三）人民法院、人民检察院、公安机关、司法行政机关履行职责过程中主动发现；

（四）有关国家机关移送的案件线索；

（五）其他线索来源。

第九条 虚假诉讼刑事案件由相关虚假民事诉讼案件的受理法院所在地或者执行法院所在地人民法院管辖。有刑法第三百零七条之一第四款情形的，上级人民法院可以指定下级人民法院将案件移送其他人民法院审判。

前款所称相关虚假民事诉讼案件的受理法院，包括该民事案件的一审、二审和再审法院。

虚假诉讼刑事案件的级别管辖，根据刑事诉讼法的规定确定。

第十条 人民法院、人民检察院向公安机关移送涉嫌虚假诉讼犯罪案件，应当附下列材料：

（一）案件移送函，载明移送案件的人民法院或者人民检察院名称、民事案件当事人名称和案由、所处民事诉讼阶段、民事案件办理人及联系电话等。案件移送函应当附移送材料清单和回执，经人民法院或者人民检察院负责人批准后，加盖人民法院或者人民检察院公章；

（二）移送线索的情况说明，载明案件来源、当事人信息、涉嫌虚假诉讼犯罪的事实、法律依据等，并附相关证据材料；

（三）与民事案件有关的诉讼材料，包括起诉书、答辩状、庭审笔录、调查笔录、谈话笔录等。

人民法院、人民检察院应当指定专门职能部门负责涉嫌虚假诉讼犯罪案件的移送。

人民法院将涉嫌虚假诉讼犯罪案件移送公安机关的，同时将有关情况通报同级人民检察院。

第十一条 人民法院、人民检察院认定民事诉讼当事人和其他诉讼参与人的行为涉嫌虚假诉讼犯罪，除民事诉讼当事人、其他诉讼参与人或者案外人的陈述、证言外，一般还应有物证、书证或者其他证人证言等证据相印证。

第十二条 人民法院、人民检察院将涉嫌虚假诉讼犯罪案件有关材料移送公安机关的，接受案件的公安机关应当出具接受案件的回执或者在案件移送函所附回执上签收。

公安机关收到有关材料后，分别作出以下处理：

（一）认为移送的案件材料不全的，应当在收到有关材料之日起三日内通知移送的人民法院或者人民检察院在三日内补正。不得以材料不全为由不接受移送案件；

（二）认为有犯罪事实，需要追究刑事责任的，应当在收到有关材料之日起三十日内决定是否立案，并通知移送的人民法院或者人民检察院；

（三）认为有犯罪事实，但是不属于自己管辖的，应当立即报经县级以上公安机关负责人批准，在二十四小时内移送有管辖权的机关处理，并告知移送的人民法院或者人民检察院。对于必须采取紧急措施的，应当先采取紧急措施，然后办理手续，移送主管机关；

（四）认为没有犯罪事实，或者犯罪情节显著轻微不需要追究刑事责任的，或者具有其他依法不追究刑事责任情形的，经县级以上公安机关负责人批准，不予立案，并应当说明理由，制作不予立案通知书在三日内送达移送的人民法院或者人民检察院，退回有关材料。

第十三条 人民检察院依法对公安机关的刑事立案实行监督。

人民法院对公安机关的不予立案决定有异议的，可以建议人民检察院进行立案监督。

第四章 程序衔接

第十四条 人民法院向公安机关移送涉嫌虚假诉讼犯罪案件，民事案件必须以相关刑事案件的审理结果为依据的，应当依照民事诉讼法第一百五十条第一款第五项的规定裁定中止诉讼。刑事案件的审理结果不影响民事诉讼程序正常进行的，民事案件应当继续审理。

第十五条 刑事案件裁判认定民事诉讼当事人的行为构成虚假诉讼犯罪，相关民事案件尚在审理或者执行过程中的，作出刑事裁判的人民法院应当及时函告审理或者执行该民事案件的人民法院。

人民法院对于与虚假诉讼刑事案件的裁判存在冲突的已经发生法律效力的民事判决、裁定、调解书，应当及时依法启动审判监督程序予以纠正。

第十六条 公安机关依法自行立案侦办虚假诉讼刑事案件的，应当在立案后三日内将立案决定书等法律文书和相关材料复印件抄送对相关民事案件正在审理、执行或者作出生效裁判文书的人民法院并说明立案理由，同时通报办理民事案件人民法院的同级人民检察院。对相关民事案件正在审理、执行或者作出生效裁判文书的人民法院应当依法审查，依照相关规定做出处理，并在收到材料之日起三十日内将处理意见书面通报公安机关。

公安机关在办理刑事案件过程中，发现犯罪嫌疑人还涉嫌实施虚假诉讼犯罪的，可以一并处理。需要逮捕犯罪嫌疑人的，由侦查该案件的公安机关提请同级人民检察院审查批准；需要提起公诉的，由侦查该案件的公安机关移送同级人民检察院审查决定。

第十七条 有管辖权的公安机关接受民事诉讼当事人、诉讼代理人和其他诉讼参与人、利害关系人、其他自然人、法人和非法人组织的报案、控告、举报或者在履行职责过程中发现存在虚假诉讼犯罪嫌疑的，可以开展调查核实工作。经县级以上公安机关负责人批准，公安机关可以依照有关规定拷贝电子卷或者查阅、复制、摘录人民法院的民事诉讼卷宗，人民法院予以配合。

公安机关在办理刑事案件过程中，发现犯罪嫌疑人还涉嫌实施虚假诉讼犯罪的，适用前款规定。

第十八条 人民检察院发现已经发生法律效力的判决、裁定、调解书系民事诉讼当事人通过虚假诉讼获得的，应当依照民事诉讼法第二百零八条第一款、第二款等法律和相关司法解释的规定，向人民法院提出再审检察建议或者抗诉。

第十九条 人民法院对人民检察院依照本意见第十八条的规定提出再审检

察建议或者抗诉的民事案件，应当依照民事诉讼法等法律和相关司法解释的规定处理。按照审判监督程序决定再审、需要中止执行的，裁定中止原判决、裁定、调解书的执行。

第二十条 人民检察院办理民事诉讼监督案件过程中，发现存在虚假诉讼犯罪嫌疑的，可以向民事诉讼当事人或者案外人调查核实有关情况。有关单位和个人无正当理由拒不配合调查核实、妨害民事诉讼的，人民检察院可以建议有关人民法院依照民事诉讼法第一百一十一条第一款第五项等规定处理。

人民检察院针对存在虚假诉讼犯罪嫌疑的民事诉讼监督案件依照有关规定调阅人民法院的民事诉讼卷宗的，人民法院予以配合。通过拷贝电子卷、查阅、复制、摘录等方式能够满足办案需要的，可以不调阅诉讼卷宗。

人民检察院发现民事诉讼监督案件存在虚假诉讼犯罪嫌疑的，可以听取人民法院原承办人的意见。

第二十一条 对于存在虚假诉讼犯罪嫌疑的民事案件，人民法院可以依职权调查收集证据。

当事人自认的事实与人民法院、人民检察院依职权调查并经审理查明的事实不符的，人民法院不予确认。

第五章 责任追究

第二十二条 对于故意制造、参与虚假诉讼犯罪活动的民事诉讼当事人和其他诉讼参与人，人民法院应当加大罚款、拘留等对妨害民事诉讼的强制措施的适用力度。

民事诉讼当事人、其他诉讼参与人实施虚假诉讼，人民法院向公安机关移送案件有关材料前，可以依照民事诉讼法的规定先行予以罚款、拘留。

对虚假诉讼刑事案件被告人判处罚金、有期徒刑或者拘役的，人民法院已经依照民事诉讼法的规定给予的罚款、拘留，应当依法折抵相应罚金或者刑期。

第二十三条 人民检察院可以建议人民法院依照民事诉讼法的规定，对故意制造、参与虚假诉讼的民事诉讼当事人和其他诉讼参与人采取罚款、拘留等强制措施。

第二十四条 司法工作人员利用职权参与虚假诉讼的，应当依照法律法规从严处理；构成犯罪的，依法从严追究刑事责任。

第二十五条 司法行政机关、相关行业协会应当加强对律师、基层法律服务工作者、司法鉴定人、公证员、仲裁员的教育和管理，发现上述人员利用职务之便参与虚假诉讼的,应当依照规定进行行政处罚或者行业惩戒;构成犯罪的,依法移送司法机关处理。律师、基层法律服务工作者、司法鉴定人、公证员、仲裁员利用职务之便参与虚假诉讼的,依照有关规定从严追究法律责任。

人民法院、人民检察院、公安机关在办理案件过程中,发现律师、基层法律服务工作者、司法鉴定人、公证员、仲裁员利用职务之便参与虚假诉讼,尚未构成犯罪的,可以向司法行政机关、相关行业协会或者上述人员所在单位发出书面建议。司法行政机关、相关行业协会或者上述人员所在单位应当在收到书面建议之日起三个月内作出处理决定,并书面回复作出书面建议的人民法院、人民检察院或者公安机关。

第六章 协作机制

第二十六条 人民法院、人民检察院、公安机关、司法行政机关探索建立民事判决、裁定、调解书等裁判文书信息共享机制和信息互通数据平台,综合运用信息化手段发掘虚假诉讼违法犯罪线索,逐步实现虚假诉讼违法犯罪案件信息、数据共享。

第二十七条 人民法院、人民检察院、公安机关、司法行政机关落实"谁执法谁普法"的普法责任制要求,通过定期开展法治宣传、向社会公开发布虚假诉讼典型案例、开展警示教育等形式,增强全社会对虚假诉讼违法犯罪的防范意识,震慑虚假诉讼违法犯罪。

第七章 附 则

第二十八条 各省、自治区、直辖市高级人民法院、人民检察院、公安机关、司法行政机关可以根据本地区实际情况,制定实施细则。

第二十九条 本意见自2021年3月10日起施行。

"两高两部"《关于进一步加强虚假诉讼犯罪惩治工作的意见》涉民事检察条文的解读[*]

李 萍　张勇利[**]

最高人民法院、最高人民检察院、公安部、司法部（以下简称"两高两部"）近日联合印发《关于进一步加强虚假诉讼犯罪惩治工作的意见》（以下简称《意见》）。为正确理解和适用《意见》，推进民事检察工作，现就《意见》制定的有关情况和涉民事检察主要内容介绍如下。

一、参与《意见》制定的背景和过程

近年来，一些当事人采用虚假陈述、伪造证据等手段，以捏造的事实向法院提起虚假诉讼的案件数量激增，严重妨害司法秩序，侵害他人合法权益，破坏社会诚信体系，引发社会广泛关注。2014年10月，党的十八届四中全会明确提出，加大对虚假诉讼的惩治力度。全国民事检察部门持续深化虚假诉讼监督工作，纠正案件数量逐年大幅上升，2020年纠正虚假诉讼10090件，同比上升27.9%。2020年7月，最高人民检察院在广泛调研的基础上，就法院在防范和制裁虚假诉讼方面需要重点关注的问题，向最高人民法院发出五号检察建议，得到最高人民法院积极回应。"两高"就落实五号检察建议、共享办案数据、推动防范和制裁虚假诉讼工作等达成多项共识。2020年12月，最高人民法院起草《意见》初稿，向最高人民检察院征求意见，第一检察厅联合第六检察厅总结实践中的突出问题，积极参与研究论证，提出多条修改意见。经过充分协调沟通，"两高两部"最终就涉检条文达成一致意见。

二、《意见》中涉民事检察条文的制定目的

一是为了更好地坚持以人民为中心的发展思想。虚假诉讼以假渔利，亵渎法律，引发人民群众强烈不满，有些案件已经超出民事案件范畴，仅依靠民事检察方式难以发现和惩治，需要刑民联合发现和打击。

二是为了更好地指导办案实践。参与《意见》制定时，最高人民检察院第六检察厅全面梳理了近年来民事检察部门在推进虚假诉讼监督工作中的突出问题，以问题为导向，充分论证后拟定条款，积极争取，将针对性强、操作性

---

[*] 原文载《人民检察》2021年第15期。
[**] 作者单位：最高人民检察院第六检察厅。

强的条文写入《意见》，为办案提供有效指导。

三是为了更好地构建联合惩治机制。虚假诉讼危害大、隐蔽性强，需要各相关部门以系统化思维综合施策。《意见》规定了对虚假诉讼犯罪惩治的配合协作和程序衔接内容，对于建立虚假诉讼联合防范、发现和制裁机制具有重要意义。

三、《意见》中涉民事检察条文的主要内容

《意见》包括总则、虚假诉讼犯罪的甄别和发现、线索移送和案件查处、程序衔接、责任追究、协作机制、附则等七章，共二十九条。

（一）关于"虚假诉讼犯罪"的概念

第二条主要规定的是"虚假诉讼犯罪"的定义，其构成要件较以往有新的变化。一是进一步明确虚假诉讼不再以"双方恶意串通"为必要条件。《意见》出台之前的民事和刑事法律虽然都对"虚假诉讼"进行了一定程度的表述，但没有形成统一意见。《意见》明确了"行为人单独或者与他人恶意串通"均可能构成虚假诉讼。二是对"虚假诉讼"的描述更为客观，认定标准更加合乎当下司法机关加大对虚假诉讼打击力度的态度和目标。以"捏造民事案件基本事实"而不是"捏造民事法律关系"进行表述，直接明确"虚假诉讼"的行为特征和方式手段。

（二）关于虚假诉讼中"捏造事实的行为"的认定

第四条主要规定的是"以捏造的事实提起民事诉讼"的情形，共列举八项内容，其中第八项为兜底条款，这主要是考虑到除了上述7种情形之外，虚假诉讼的类型及表现形式日益翻新。检察机关应主动担当，加强对虚假诉讼新类型新领域的研判，及时维护人民群众合法权益。

（三）关于虚假诉讼案件的重点类型

第五条对虚假诉讼犯罪易发多发的民事案件类型作出了总结，要求法院、检察机关在履行职责过程中予以重点关注。

第一项是民间借贷纠纷案件。民间借贷领域的虚假诉讼案件，因存在事实相对简单，成诉证据要求标准低，违法行为人可通过伪造银行交易流水形成支付凭证，使得证据外观更显规范、真实等特点，已成为虚假诉讼的"重灾区""高危区"。

第二项是涉及房屋限购、机动车配置指标调控的以物抵债案件。该类案件主要是当事人利用以物抵债行为转移责任财产、规避国家政策，以各类债权债务纠纷为由，进行虚假诉讼。实践中检察机关也发现了以汽车牌照这种限制流通方式的特殊物品作为标的进行的虚假诉讼。

第三项是以离婚诉讼一方当事人为被告的财产纠纷案件。主要表现形式是侵害夫妻一方合法权益、第三人债权及国家、社会公共利益的虚假离婚诉讼。该项内容与第五项"以拆迁区划范围内的自然人为当事人的离婚、分家析产、继承、房屋买卖合同纠纷案件"有交叉重合的内容。检察机关应当结合民法典第一千零六十四条"关于婚姻关系存续期间夫妻共同债务认定"及第一千零九十二条"关于恶意减损夫妻共同财产或企图侵占对方财产行为法律责任"的规定,审慎处理虚假离婚诉讼财产纠纷案件,对离婚诉讼过程中虚构债务、多分财产、少承担债务,或提起虚假房产转让诉讼、虚假股权转让诉讼、虚假担保诉讼等情形严格审查。

第六项是公司分立、合并和企业破产纠纷案件。破产案件中的虚假诉讼,是指企业所有人为逃避债务,通过捏造虚假的借贷关系,骗取司法机关的裁判文书,主动申请让企业破产,或者在企业破产案件审理过程中,企业所有人或者其他当事人捏造虚假的借贷关系、虚增借贷金额或者伪造劳动关系、高管身份,以法院的裁判文书作为依据参与企业债权分配的行为,主要有逃避债务型和牟取破产财产型两种类型。

第七项是劳动争议案件。在清算、破产、执行程序中,职工工资债权被给予优先保护。正是由于立法和司法的优先保护,有的债权人为实现自身普通债权优先受偿的目的,与债务人恶意串通,伪造证据,捏造拖欠劳动报酬的事实申请劳动仲裁,获取仲裁文书向法院申请执行。

第八项是涉及驰名商标认定的案件。主要是指行为人单方或者与"侵权人"通谋,虚构"商标侵权"事实,提供主张涉案商标为"驰名商标"的证据,根据法院对相关证据的认定获取"驰名商标"的司法认定。

(四)关于虚假诉讼中当事人存在的异常情形

第六条是对审查民事诉讼当事人异常情形的规定。检察机关可以对当事人诉讼主体身份、起诉理由、(家庭)经济状况、社会人际关系、诉讼(庭审)对抗性、结案方式及办理结果等方面存在的疑点、不符合常理和司法诉讼规律的异常情形进行重点审查监督。以虚假民间借贷为例,案件当事人的主要特点有:一是出借人明显不具备涉案款项的出借能力;二是出借人起诉理由和诉讼请求明显不符合常理;三是当事人之间常存在某种特殊亲近关系;四是当事人一方或者双方无正当理由拒不到庭参加诉讼;五是当事人双方对借贷事实无异议或者诉辩明显不符合常理;六是当事人不正当放弃权利等。

(五)关于虚假诉讼中诉讼参与人的虚假情形认定

第七条主要规定的是民事诉讼代理人、证人、鉴定人等诉讼参与人参与虚假诉讼行为的情形认定。虚假诉讼往往需要具备一定的法律等专业知识和诉讼经验才能完成，有的民事诉讼代理人、证人、鉴定人等诉讼参与人就成为违法行为人的"智囊"，为虚假诉讼的顺利进行出谋划策。检察机关应加强对上述人员参与诉讼的主体资格、诉讼能力（代理、出庭作证、司法鉴定等）等方面的审查，及时发现民事诉讼代理人等诉讼参与人的虚假行为。

（六）关于虚假诉讼犯罪的线索来源

第八条规定的是法院、检察机关、公安机关发现虚假诉讼犯罪的线索来源。虚假诉讼行为的"隐蔽性"及案件的非对抗性决定了虚假诉讼案件线索发现难。检察机关在实地调研中发现，虚假诉讼监督案件目前来源仍以依职权发现为主。检察机关在监督办案中应当积极主动，做好依职权发现虚假诉讼工作。同时，强化法治宣传，提高群众寻求检察机关救济的法律意识，畅通监督渠道，扩大虚假诉讼案件线索来源，并加强与法院、公安、司法行政、纪检监察等有关部门的协作，畅通线索移送机制，共同落实好《意见》的规定。

（七）关于认定虚假诉讼犯罪的证据

第十一条主要规定的是认定行为涉嫌虚假诉讼犯罪的证明体系。虚假诉讼中有大量虚假证据干扰诉讼，必须对案件的证据体系进行综合判断，侧重于对证据完整性和佐证证据的审查，结合案情找出矛盾点，即加强对物证、书证及其他证人证言的审查，揭穿虚假证据，"去伪存真"认定案件基本事实。如检察机关在办理"套路贷"虚假诉讼案件中，当事人陈述、证人证言和借款合同等往往比较齐全，满足诉讼形式要件要求。应当通过调查核实资金往来、流转情况、账目明细等伪造难度较大的书面证据，审查其是否与当事人陈述、诉讼请求之间存在矛盾或者明显不符合常理之处，以辨别证据的真伪。

（八）关于虚假诉讼犯罪案件中刑事与民事程序的衔接

第十四条针对实践中极少数法院以"在对虚假诉讼罪有管辖权的公安机关作出侦查结论之前，不能认定本案构成虚假诉讼"为由，拒绝采纳检察机关再审检察建议的情况，规定采取相对分别处理的原则。民事案件必须以相关刑事案件的审理结果为依据的，应当依照民事诉讼法第一百五十条第一款第五项的规定裁定中止诉讼；刑事案件的审理结果不影响民事诉讼程序正常进行的，民事案件应当继续审理。这样更有利于灵活办理虚假诉讼犯罪案件和民事虚假诉讼案件，从刑事和民事两个方向预防和惩治虚假诉讼，形成双向合力。

第十五条规定了刑事案件裁判认定民事诉讼当事人的行为构成虚假诉讼犯罪，相关民事案件尚在审理、执行中的，作出刑事裁判的法院应当及时函告审理或者执行该民事案件的法院。法院对于与虚假诉讼刑事案件的裁判存在冲突的已经发生法律效力的民事判决、裁定、调解书,应当及时依法启动审判监督程序予以纠正。

(九) 关于虚假诉讼民事检察监督的方式及保障

第十八条、第十九条主要明确了虚假诉讼的民事检察监督方式,较以往立法有重大突破。民事诉讼法第二百条规定了13种民事再审的法定事由,但并不包括"虚假诉讼罪"事由。因此,检察机关对民事判决、裁定、调解书的监督不应以虚假诉讼行为人构成犯罪为前提条件,只要有充足证据证明民事判决、裁定、调解书系当事人通过实施虚假诉讼行为骗取的,特别是部分篡改型等不构成虚假诉讼罪的虚假诉讼行为,检察机关应当通过再审检察建议或者抗诉方式启动检察监督程序,并由法院依法撤销虚假民事判决、裁定、调解书,使受到虚假诉讼损害的司法公正和司法公信力得以修复。《意见》虽然未明确虚假调解与损害国家、社会公共利益、"妨害司法秩序"与损害国家、社会公共利益之间的关系,但是实质上为虚假调解的检察监督提供了法律支撑,是"两高两部"形成的最新共识。各地检察机关在工作中应加强与法院的沟通协作,形成对民事虚假诉讼的全面监督格局。

第二十条主要规定民事检察部门的调查核实权是虚假诉讼监督的重要保障。《意见》进一步明确有关单位和个人无正当理由拒不配合调查核实、妨害民事诉讼的,检察机关可以建议有关法院依照民事诉讼法第一百一十一条第一款第五项等规定处理。检察机关应当加强对此条文的理解和掌握,积极研究调查核实权的运用规律,充分审慎进行调查核实,综合运用查询、调取证据材料、询问当事人或案外人以及委托鉴定等调查措施,在必要情况下可以听取法院原承办人的意见,用足用好调查核实权,夯实监督查证基础,增强案件突破能力。同时,该条还规定了检察机关针对存在虚假诉讼犯罪嫌疑的民事诉讼监督案件可以依照有关规定调阅法院的民事诉讼卷宗。各地检察机关应加强与法院的工作互动,推动案卷调阅工作落到实处。

第二十一条规定了法院调查收集证据、证据效力及检察机关依职权调查事实的效力。正常民事诉讼严格适用当事人举证规则,但因为虚假诉讼中当事人为捏造事实需要从事伪造证据等虚假举证行为,为惩治虚假诉讼行为,应当加强法院、检察机关核查证据的职责。因此,该条特别规定了当事人自认的事实与法院、检察机关依职权调查并经审理查明的事实不符的,法院不予确认。该款规定内容来源于《最高人民法院关于民事诉讼证据的若干规定》第八条"《最高人民法院关于适用〈中华人民共和国民事诉讼法〉的解释》第九十六条第一款规定的事实,不适用有关自认的规定。自认的事实与已经查明的事实不符的,人民法院不予确认"的规定,同时赋予检察机关在查办民事虚假诉讼案件中依职权调查核实的事实与法院调查事实同等的效力。检察机关监督民事虚假诉讼案件，要特别注意审查可能损害国家利益、社会公共利益或者他人合法权益的当事人自认的事实，严格适用《意见》规定排除与检察机关调查核实事实不一致的当事人自认事实，准确认定虚假诉讼。

（十）关于民事诉讼强制措施

第二十三条规定检察机关可以建议法院依照民事诉讼法的规定，对故意制造、参与虚假诉讼的民事诉讼当事人和其他诉讼参与人采取罚款、拘留等强制措施。实践中，检察机关应做好与法院的沟通协调，合理行使建议权，引导法院进一步明确思想认识，及时对故意制造、参与虚假诉讼的民事诉讼当事人和其他诉讼参与人采取罚款、拘留等强制措施，充分、正当行使惩戒权，对虚假诉讼起到应有的威慑作用。

（十一）关于加强对有关行业人员的教育和管理

第二十五条主要规定对律师、基层法律服务工作者、司法鉴定人、公证员、仲裁员的教育和管理以及参与虚假诉讼犯罪线索的处理。检察机关应当主动加强源头治理，通过案件办理，帮助发现监管漏洞，推动律师、公证、仲裁、司法鉴定等行业加强自律和执业管理。对上述人员参与虚假诉讼、尚未构成犯罪的，可以向司法行政机关、相关行业协会或上述人员所在单位发出书面建议。

（十二）关于惩治虚假诉讼犯罪的协作机制

第二十六条主要规定司法机关联合运用信息化手段惩治虚假诉讼犯罪。主要内容是探索建立民事判决、裁定、调解书等裁判文书信息共享机制和信息互通数据平台，综合运用信息化手段发掘虚假诉讼违法犯罪线索，逐步实现虚假诉讼违法犯罪案件信息、数据共享。检察机关应继续深化防治虚假诉讼司法合作机制，推进落实共享民事判决、裁定、调解书、支付令等裁判文书的工作机制，深化信息共享，将科技手段有效运用于线索收集摸排过程，及时发现和制裁虚假诉讼行为，净化诉讼环境，维护司法权威和司法公信力。

第二十七条规定的是法院、检察机关、公安机关、司法行政机关的普法责任，明确要求落实"谁执法谁普法"的普法责任制要求。各地检察机关应结合工作实际，依托控申窗口、12309检察服务热线、检察门户网站及新闻媒体等宣传平台，向社会公众广泛宣传虚假诉讼的危害、识别方法、救济途径和检察机关的虚假诉讼监督职能，提高群众寻求检察机关救济的法律意识，营造全社会遵守诚信、共同预防和惩治虚假诉讼的氛围，促进社会诚信体系、道德体系建设。

四、落实《意见》需要注意的问题

《意见》系"两高两部"在联合打击虚假诉讼方面的最新共识。落实好《意见》,需要各级检察机关高度重视,积极运用,重点做好以下三方面工作。

(一) 切实提高对民事虚假诉讼监督工作重要性的认识

尽管各部门联合打击虚假诉讼取得了一定成效,但当前虚假诉讼仍呈现高发态势。各级检察机关特别是民事检察人员要从坚持党对检察工作的绝对领导、践行以人民为中心发展思想的高度认识和谋划虚假诉讼监督工作,推动其向纵深发展。

(二) 借助科技力量,提升虚假诉讼监督水平

最高人民检察院在全国检察机关部署推广"民事裁判智慧监督系统",借助人工智能、大数据,为检察人员发现虚假诉讼线索工作提供科技支撑。目前,已在甘肃、河南、内蒙古等地展开试点,从反馈的情况来看,相关工作取得了一定的成效,但也存在一些问题需要解决和改进。各地要及时总结智慧监督系统运用中存在的问题情况和经验做法,不断提升精准监督民事虚假诉讼的能力和水平。

(三) 加强学习,强化办案,提升对虚假诉讼监督能力

检察机关要加强对《意见》的学习掌握,切实发挥其指导实践的作用。同时要强化责任担当,主动作为,以案代练,着力提升监督能力。要强化研判,梳理总结虚假诉讼案件规律特点,结合民法典的规定,研判虚假诉讼新动向,有针对性地开展监督活动。要强化基层作用,充分发挥基层检察机关在虚假诉讼监督工作中的基础性地位,切实把深入推进虚假诉讼监督工作作为补齐基层短板、做强民事检察工作的着力点。要强化协作,积极构建虚假诉讼联合防范、发现和制裁机制。

最高人民法院、最高人民检察院、公安部关于办理电信网络诈骗等刑事案件适用法律若干问题的意见（二）

（2021年6月17日公布并施行　法发〔2021〕22号）

为进一步依法严厉惩治电信网络诈骗犯罪，对其上下游关联犯罪实行全链条、全方位打击，根据《中华人民共和国刑法》《中华人民共和国刑事诉讼法》等法律和有关司法解释的规定，针对司法实践中出现的新的突出问题，结合工作实际，制定本意见。

一、电信网络诈骗犯罪地，除《最高人民法院、最高人民检察院、公安部关于办理电信网络诈骗等刑事案件适用法律若干问题的意见》规定的犯罪行为发生地和结果发生地外，还包括：

（一）用于犯罪活动的手机卡、流量卡、物联网卡的开立地、销售地、转移地、藏匿地；

（二）用于犯罪活动的信用卡的开立地、销售地、转移地、藏匿地、使用地以及资金交易对手资金交付和汇出地；

（三）用于犯罪活动的银行账户、非银行支付账户的开立地、销售地、使用地以及资金交易对手资金交付和汇出地；

（四）用于犯罪活动的即时通讯信息、广告推广信息的发送地、接受地、到达地；

（五）用于犯罪活动的"猫池"（Modem Pool）、GOIP设备、多卡宝等硬件设备的销售地、入网地、藏匿地；

（六）用于犯罪活动的互联网账号的销售地、登录地。

二、为电信网络诈骗犯罪提供作案工具、技术支持等帮助以及掩饰、隐瞒犯罪所得及其产生的收益，由此形成多层级犯罪链条的，或者利用同一网站、通讯群组、资金账户、作案窝点实施电信网络诈骗犯罪的，应当认定为多个犯罪嫌疑人、被告人实施的犯罪存在关联，人民法院、人民检察院、公安机关可以在其职责范围内并案处理。

三、有证据证实行为人参加境外诈骗犯罪集团或犯罪团伙，在境外针对境内居民实施电信网络诈骗犯罪行为，诈骗数额难以查证，但一年内出境赴境外诈骗犯罪窝点累计时间30日以上或多次出境赴境外诈骗犯罪窝点的，应当认定为刑法第二百六十六条规定的"其他严重情节"，以诈骗罪依法追究刑事责任。有证据证明其出境从事正当活动的除外。

四、无正当理由持有他人的单位结算卡的，属于刑法第一百七十七条之一第一款第（二）项规定的"非法持有他人信用卡"。

五、非法获取、出售、提供具有信息发布、即时通讯、支付结算等功能的互联网账号密码、个人生物识别信息，符合刑法第二百五十三条之一规定的，以侵犯公民个人信息罪追究刑事责任。

对批量前述互联网账号密码、个人生物识别信息的条数，根据查获的数量直接认定，但有证据证明信息不真实或者重复的除外。

六、在网上注册办理手机卡、信用卡、银行账户、非银行支付账户时，为通过网上认证，使用他人身份证件信息并替换他人身份证件相片，属于伪造身份证件行为，符合刑法第二百八十条第三款规定的，以伪造身份证件罪追究刑事责任。

使用伪造、变造的身份证件或者盗用他人身份证件办理手机卡、信用卡、银行账户、非银行支付账户，符合刑法第二百八十条之一第一款规定的，以使用虚假身份证件、盗用身份证件罪追究刑事责任。

实施上述两款行为，同时构成其他犯罪的，依照处罚较重的规定定罪处罚。法律和司法解释另有规定的除外。

七、为他人利用信息网络实施犯罪而实施下列行为，可以认定为刑法第二百八十七条之二规定的"帮助"行为：

（一）收购、出售、出租信用卡、银行账户、非银行支付账户、具有支付结算功能的互联网账号密码、网络支付接口、网上银行数字证书的；

（二）收购、出售、出租他人手机卡、流量卡、物联网卡的。

八、认定刑法第二百八十七条之二规定的行为人明知他人利用信息网络实施犯罪，应当根据行为人收购、出售、出租前述第七条规定的信用卡、银行账户、非银行支付账户、具有支付结算功能的互联网账号密码、网络支付接口、网上银行数字证书，或者他人手机卡、流量卡、物联网卡等的次数、张数、个数，并结合行为人的认知能力、既往经历、交易对象、与实施信息网络犯罪的行为人的关系、提供技术支持或者帮助的时间和方式、获利情况以及行为人的供述等主客观因素，予以综合认定。

收购、出售、出租单位银行结算账户、非银行支付机构单位支付账户，或者电信、银行、网络支付等行业从业人员利用履行职责或提供服务便利，非法开办并出售、出租他人手机卡、信用卡、银行账户、非银行支付账户等的，可以认定为《最高人民法院、最高人民检察院关于办理非法利用信息网络、帮助信息网络犯罪活动等刑事案件适用法律若干问题的解释》第十一条第（七）项规定的"其他足以认定行为人明知的情形"。但有相反证据的除外。

九、明知他人利用信息网络实施犯罪，为其犯罪提供下列帮助之一的，可以认定为《最高人民法院、最高人民检察院关于办理非法利用信息网络、帮助信息网络犯罪活动等刑事案件适用法律若干问题的解释》第十二条第一款第（七）项规定的"其他情节严重的情形"：

（一）收购、出售、出租信用卡、银行账户、非银行支付账户、具有支付结算功能的互联网账号密码、网络支付接口、网上银行数字证书5张（个）以上的；

（二）收购、出售、出租他人手机卡、流量卡、物联网卡20张以上的。

十、电商平台预付卡、虚拟货币、手机充值卡、游戏点卡、游戏装备等经销商，在公安机关调查案件过程中，被明确告知其交易对象涉嫌电信网络诈骗犯罪，仍与其继续交易，符合刑法第二百八十七条之二规定的，以帮助信息网络犯罪活动罪追究刑事责任。同时构成其他犯罪的，依照处罚较重的规定定罪处罚。

十一、明知是电信网络诈骗犯罪所得及其产生的收益，以下列方式之一予以转账、套现、取现，符合刑法第三百一十二条第一款规定的，以掩饰、隐瞒犯罪所得、犯罪所得收益罪追究刑事责任。但有证据证明确实不知道的除外。

（一）多次使用或者使用多个非本人身份证明开设的收款码、网络支付接口等，帮助他人转账、套现、取现的；

（二）以明显异于市场的价格，通过电商平台预付卡、虚拟货币、手机充值卡、游戏点卡、游戏装备等转换财物、套现的；

（三）协助转换或者转移财物，收取明显高于市场的"手续费"的。

实施上述行为，事前通谋的，以共同犯罪论处；同时构成其他犯罪的，依照处罚较重的规定定罪处罚。法律和司法解释另有规定的除外。

十二、为他人实施电信网络诈骗犯罪提供技术支持、广告推广、支付结算等帮助，或者窝藏、转移、收购、代为销售及以其他方法掩饰、隐瞒电信网络诈骗犯罪所得及其产生的收益，诈骗犯罪行为可以确认，但实施诈骗的行为人尚未到案，可以依法先行追究已到案的上述犯罪嫌疑人、被告人的刑事责任。

十三、办案地公安机关可以通过公安机关信息化系统调取异地公安机关依法制作、收集的刑事案件受案登记表、立案决定书、被害人陈述等证据材料。调取时不得少于两名侦查人员，并应记载调取的时间、使用的信息化系统名称等相关信息，调取人签名并加盖办案地公安机关印章。经审核证明真实的，可以作为证据使用。

十四、通过国（区）际警务合作收集或者境外警方移交的境外证据材料，确因客观条件限制，境外警方未提供相关证据的发现、收集、保管、移交情况等材料的，公安机关应当对上述证据材料的来源、移交过程以及种类、数量、特征等作出书面说明，由两名以上侦查人员签名并加盖公安机关印章。经审核能够证明案件事实的，可以作为证据使用。

十五、对境外司法机关抓获并羁押的电信网络诈骗犯罪嫌疑人，在境内接受审判的，境外的羁押期限可以折抵刑期。

十六、办理电信网络诈骗犯罪案件，应当充分贯彻宽严相济刑事政策。在侦查、审查起诉、审判过程中，应当全面收集证据、准确甄别犯罪嫌疑人、被告人在共同犯罪中的层级地位及作用大小，结合其认罪态度和悔罪表现，区别对待，宽严并用，科学量刑，确保罚当其罪。

对于电信网络诈骗犯罪集团、犯罪团伙的组织者、策划者、指挥者和骨干分子，以及利用未成年人、在校学生、老年人、残疾人实施电信网络诈骗的，依法从严惩处。

对于电信网络诈骗犯罪集团、犯罪团伙中的从犯，特别是其中参与时间相对较短、诈骗数额相对较低或者从事辅助性工作并领取少量报酬，以及初犯、偶犯、未成年人、在校学生等，应当综合考虑其在共同犯罪中的地位作用、社会危害程度、主观恶性、人身危险性、认罪悔罪表现等情节，可以依法从轻、减轻处罚。犯罪情节轻微的，可以依法不起诉或者免予刑事处罚；情节显著轻微危害不大的，不以犯罪论处。

十七、查扣的涉案账户内资金，应当优先返还被害人，如不足以全额返还的，应当按照比例返还。

"两高一部"《关于办理电信网络诈骗等刑事案件适用法律若干问题的意见（二）》解读[*]

刘太宗 赵玮 刘涛[**]

为深入贯彻落实习近平总书记关于打击治理电信网络诈骗犯罪工作的重要指示要求，依法严厉惩治电信网络诈骗犯罪及其上下游关联犯罪，更好地维护人民群众的合法权益和社会和谐稳定，最高人民法院、最高人民检察院、公安部（以下简称"两高一部"）近日联合发布了《关于办理电信网络诈骗等刑事案件适用法律若干问题的意见（二）》（以下简称《意见（二）》）。现就《意见（二）》的制定背景、主要考虑和基本内容介绍如下。

一、制定背景与过程

党中央高度重视打击治理电信网络诈骗犯罪工作。近年来，在党中央的统一领导下，全国各级检察机关全面落实习近平法治思想，加强与相关部门协作配合，坚持惩、防、治并举，积极开展打击治理工作，取得了明显成效。2018年至2020年，检察机关每年分别起诉电信网络诈骗犯罪4.39万人、5.71万人和7.45万人，年均增长30%以上。

但在信息网络快速发展的时代背景下，电信网络诈骗依然持续高发、高位运行，作案方式逐步由电信诈骗向网络诈骗转变，作案窝点由境内向境外转移，技术手段不断演变升级，已成为当前发展最快、严重影响人民群众安全感的刑事犯罪，也给司法实践带来许多新的难题和挑战。"两高一部"曾于2016年12月制发《关于办理电信网络诈骗等刑事案件适用法律若干问题的意见》（以下简称《意见》），在实践中发挥了重要作用。但是面对新形势新变化，面对不断出现的新情况新问题，《意见》已难以完全适应当前打击治理的需要。

为此，2020年1月，由国务院打击治理电信网络新型违法犯罪工作部际联席会议办公室（以下简称国务院联席办）牵头，最高人民检察院第四检察厅会同最高人民法院刑事审判第三庭和公安部刑事侦查局，启动《意见（二）》研究起草工作。其间，多次征求相关部门意见。在认真研究反馈意见、充分吸收近年来各地打击治理经验做法的基础上，"两高一部"进行了多次会

---

[*] 原文载《人民检察》2021年第13期。
[**] 作者单位：最高人民检察院第四检察厅。

商修改，形成了审议稿。最高人民检察院第十三届检察委员会第六十七次会议和最高人民法院审判委员会刑事审判专业委员会2021年第四次会议分别审议通过了《意见（二）》。2021年6月，"两高一部"会签后共同向社会发布，《意见（二）》正式实施。

二、起草的基本思路和主要考虑

在起草过程中，我们根据当前电信网络诈骗犯罪案件的新特点，聚焦打击治理此类犯罪的新形势，以问题为导向，注重针对性、规范性和实用性。

一是坚持从严打击总体要求。如前所述，电信网络诈骗犯罪已成为严重影响人民群众安全感和社会和谐稳定的"毒瘤"。公安、司法机关必须始终坚持依法从严惩处的基本方针，织密刑事法网，加大打击力度。《意见（二）》突出体现这一方针，将跨境电信网络诈骗犯罪作为"重中之重"严厉惩处。同时，进一步突出强调，对于犯罪集团中的组织者、策划者、指挥者和骨干分子，包括出资人、实际控制人等，以及利用未成年人、在校学生、老年人等特殊群体实施电信网络诈骗犯罪的，依法从严惩处。

二是聚焦全链条打击。近年来，电信网络诈骗犯罪产业化、链条化趋势明显，成为打击治理的难点重点。同时，随着国内打击力度加大，越来越多的犯罪分子组织人员到境外对境内居民从事诈骗，跨境化趋势日益凸显，带来许多跨境取证等方面的问题。因此，在当前形势下，惩治电信网络诈骗犯罪必须牢固树立系统观念，实现上中下游全链条打击、境内境外一体治理，尽最大可能挤压此类犯罪的生存土壤和发展空间，《意见（二）》有针对性地完善相关司法对策，为打击治理提供法律依据。

三是紧贴办案需求。《意见（二）》共17条，均是针对新形势下打击治理电信网络诈骗犯罪出现的新情况、新问题，也是聚焦基层司法人员在办案中遇到的突出困难，解决电信网络诈骗犯罪的管辖连接点完善和并案管辖标准，明确涉"两卡"（即手机卡、信用卡）案件中帮助信息网络犯罪活动罪的适用条件以及境外案件办理的实体和程序问题等。《意见（二）》在充分研究基础上，有针对性地提出相应适用法律意见。

四是吸收实践经验。近年来，公安、司法机关积极开展打击治理电信网络新型违法犯罪专项行动（如"断卡"行动[①]等），成功办理了一批重大案件

[①] 2020年10月10日，由国务院联席办牵头，最高人民法院、最高人民检察院、公安部、工业和信息化部和中国人民银行五部门共同参与，在全国范围内部署开展"断卡"行动，重点打击、治理、惩戒非法开办贩卖手机卡、信用卡的违法犯罪行为，斩断电信网络诈骗犯罪的信息流和资金链。

（如"长城行动"①等），取得了积极成效。通过上述工作开展，摸索、总结出不少有益的办案制度和经验做法。《意见（二）》充分吸收这些经验做法，提炼上升为制度规范，为一线办案提供法律支撑。

五是汇聚集体智慧。在《意见（二）》起草过程中，最高人民检察院第四检察厅会同最高人民法院、公安部相关部门多次集中商议，多次到各地包括边境办案一线调研办案难点和需求，尽可能全面掌握侦查、审查起诉和审判此类案件的第一手情况，在现行法律框架内提出符合司法规律和办案需求的意见。

三、《意见（二）》的主要内容

《意见（二）》主要包括以下6个方面的内容。

（一）完善电信网络诈骗犯罪案件管辖

案件管辖主要体现在第一条和第二条。其中，第一条适当扩张了电信网络诈骗犯罪案件的管辖地，第二条进一步明确了关联案件并案处理的问题。

1. 关于第一条

在《意见》的基础上，《意见（二）》从适应网络犯罪发展趋势，有利于侦查、有利于诉讼的角度，对管辖作出了必要补充和完善，将用于电信网络诈骗犯罪的手机卡、信用卡的开立地、转移地、藏匿地等，即时通讯信息的发送地、达到地等，以及硬件设备的销售地、入网地、藏匿地等认定为电信网络诈骗犯罪地，纳入刑事管辖范围内。

《意见》对电信网络诈骗犯罪案件的管辖已有较为明确的规定，确立了电信网络诈骗犯罪案件管辖的基本框架。但随着网络犯罪的链条化、产业化、跨境化发展，原有规定已不能完全满足司法实践需要。例如，《意见》规定服务器所在地为犯罪行为发生地，但目前电信网络诈骗窝点70%在境外，服务器也基本在境外，且有不少采用云服务器，实际所在地难以确定，原有规定在实践中难以适用。又如，《意见》规定诈骗电话、短信息、电子邮件等的拨打地、发送地、到达地、接受地为犯罪行为发生地，这主要是针对电信诈骗设置的。但是，当前犯罪分子多是通过网络即时通讯工具（如微信、QQ等）进行联系、实施诈骗，并没有拨打电话、发送短消息的行为，难以据此确定管辖。此外，从侦查实践看，当前，不少案件侦破是从实施诈骗犯罪的信息流、资金流、设备流入手，多是通过查获用于违法犯罪活动的手机卡、信用卡等通讯联

---

① 2016年7月，公安部通过对多起电信网络诈骗犯罪线索的分析研判，启动针对盘踞在西班牙的电信网络诈骗窝点的专项打击行动——即"长城行动"。同年12月，公安部与最高人民检察院通力合作，加强与西班牙警方司法协作，对马德里、阿里坎特等地10余个窝点同时行动，抓获了数百名犯罪嫌疑人，2018年起陆续引渡回国，依法起诉、审判。

络、支付结算工具设备,"顺藤摸瓜"进而查获电信网络诈骗犯罪分子。这些工具设备与电信网络诈骗最终实施密切相关,围绕这些工具设备适当扩张管辖连接点,既符合管辖要义,也适应实践需要。

当然,随着管辖连接点的进一步扩大,往往同时有多个地方对电信网络诈骗犯罪拥有管辖权。在征求意见过程中,有的同志提出第一条的规定可能会导致"沾边就管"的情况,产生管辖冲突。对此,我们认为,这是两个不同层面的问题。适当扩大此类犯罪的管辖连接点,主要是从有利于侦查、有利于诉讼角度考虑,并不必然导致上述情况的发生。而对于上述情况,一是在出现管辖权冲突时,仍要严格按照《意见》的相关规定来理解和处理。多个公安机关都有权立案侦查的电信网络诈骗等犯罪案件,由最初受理的公安机关或者主要犯罪地公安机关立案侦查。有争议的,按照有利于查清犯罪事实、有利于诉讼的原则,协商解决。二是检察机关加强对管辖权的实质审查,对案件涉及的连接点细致审查分析,确保法定管辖原则落到实处。三是无论最终由哪个地方管辖,公安、司法机关都要坚守案件质量底线,依法公正处理。

2. 关于第二条

当前,围绕电信网络诈骗犯罪所形成的上下游关联犯罪链条长、环节多,且相互交织。同时,利用同一网站、通讯群组、资金账户、作案窝点实施电信网络诈骗犯罪的情况越来越多。对上述情况进行并案处理,由同一地公安、司法机关进行侦查、起诉和审判,有利于全面查清犯罪事实,方便诉讼活动,提高诉讼效率,实现全链条、全方位、一体化打击。这也符合2012年最高人民法院、最高人民检察院、公安部、国家安全部、司法部、全国人大常委会法制工作委员会《关于实施刑事诉讼法若干问题的规定》中法院、检察机关、公安机关可在职责范围内并案处理情形的相关规定。

起草过程中,有的同志提出,对于利用同一网站、通讯群组、资金账户、作案窝点实施电信网络诈骗犯罪的,即认定为多个犯罪嫌疑人、被告人实施的犯罪存在关联,是否过于宽泛?我们认为,一方面,作此规定符合司法实践。例如,犯罪分子架设非法第四方支付平台,可能为多个诈骗团伙洗钱,资金之间相互交织,并案处理有利于查清案件事实和推进后续诉讼。另一方面,为了避免过于宽泛的理解,造成将并无实际关联或关联度较弱的案件并案,实践中应当作相对限缩的理解。例如,对于"同一网站",主要理解为专门用于实施违法犯罪或者设立后主要用于犯罪的网站。需要注意的是,该条明确是"可以"并案,并非"应当"并案。法院、检察机关、公安机关根据实际情况,如案件复杂程度、关联程度、诉讼进程、办案力量等情况,综合评判,决定是否并案处理。

(二) 明确境外电信网络诈骗案件办理的法律适用问题

这一问题主要体现在第三条、第十四条和第十五条。其中，第三条进一步完善了参加境外诈骗犯罪团伙但犯罪数额难以查证的行为人的刑事责任追究问题；第十四条对境外取证的证据效力相关问题作出规定；第十五条对境外羁押期限折抵刑期问题予以明确。

1. 关于第三条

在原有诈骗罪司法解释和《意见》的基础上，对诈骗罪"其他严重情节"的适用情节，在实行数额标准和数量标准并行的基础上，予以完善。制定该条，有其特殊的背景和意义。当前电信网络诈骗犯罪窝点主要在境外，对这类案件的打击治理存在客观困难：一是诈骗犯罪集团的金主、主犯基本隐藏在幕后，往往难以将其抓获归案。二是受境外法律规定、执法环境等因素影响，境外取证难度较大，很难将诈骗事实、金额与具体的犯罪嫌疑人完全对应。三是当前诈骗犯罪分子多是使用即时通讯工具、社交软件作为通联工具实施诈骗，诈骗过程中既没有拨打电话，也没有发送短信，更无法统计诈骗网站被浏览次数，《意见》第二部分第四条关于构成诈骗罪的相关规定，难以完全适应新形势需要。鉴于上述原因，《意见（二）》第三条在《意见》相关规定的基础上，进一步加以完善，以更加严密打击境外电信网络诈骗犯罪的刑事法网。

在司法实践中，适用第三条需要注意以下4个方面：一是行为人必须参与境外电信网络诈骗犯罪集团或犯罪团伙，实施具体的诈骗犯罪行为，例如，发送诈骗信息、拨打诈骗电话、在诈骗群内烘托气氛或者"养号"等，只是诈骗数额难以查证。二是只适用于行为人在境外对境内居民实施的电信网络诈骗犯罪，不适用于在境内实施的诈骗行为。三是犯罪情节须达到一定的严重程度，即一年内出境赴境外诈骗窝点累计时间30日以上，或者多次出境赴境外诈骗窝点的。之所以如此规定，是考虑出境的时间和次数体现了犯罪嫌疑人参与境外团伙的程度，反映了行为人的主观恶性和社会危害程度。之所以规定为30日，主要是从司法实践看，犯罪分子到达犯罪窝点后，还需要经过一段时间的培训。一般而言，经过30日，犯罪分子已经能够较为熟练掌握电信网络诈骗犯罪基本技巧，并实施了相关诈骗行为，具有较大的社会危害性。对于"多次"的理解，至少是3次。四是允许行为人提出反证，即"有证据证明其出境从事正当活动的除外"。

2. 关于第十四条

近年来，跨境电信网络诈骗案件的办理，受司法体制、执法习惯、法律规定等差异的影响，公安机关赴境外取证成本高、难度大，实践中情况也比较复杂。对于这些境外收集、提取的证据材料，如何审查采信，之前缺乏明确的标准，影响案件办理。为此，《意见（二）》参照近年来办理境外电信网络诈骗案件的有益做法，从有利于惩治犯罪、依法推进诉讼的角度考虑，结合我国刑事诉讼法规定的精神要求，明确对于境外移交的证据，如果境外警方未提供相关证据的发现、收集、保管、移交情况等材料的，并非一律否定其证据效力，而是允许公安机关进行补正，对证据来源、移交过程等作出书面证明并加盖公安机关印章，经审核能够证明案件事实的，可以作为证据使用。

3. 关于第十五条

司法实践中，大部分电信网络诈骗犯罪嫌疑人被境外警方抓获后，在正式移交我国之前，往往在境外已被羁押一段时间。境外羁押期限是否予以折抵刑期的问题，之前一直存在争议。在办理"长城行动"系列专案时，为有效解决这一问题，最高人民检察院会同最高人民法院、公安部认真研究，参考我国与多个国家签订的司法协助条约，认为境外羁押期间可以折抵刑期。主要考虑：一是体现我国法治的公平正义和人文关怀。如果不予折抵，对于在境外被同时羁押，但因引渡程序持续时间不同而影响宣告刑期的，难以在法理上进行合理解释，对不同被告人也不够公平。二是有利于国际刑事司法合作的开展。我国与多个国家的双边司法协助条约中均设置了此类规定，① 在"长城行动"等案件办理中已经得到实践运用，取得了良好的效果。《意见（二）》第十五条将实践做法上升为制度规定，明确对境外司法机关抓获并羁押的电信网络诈骗犯罪嫌疑人，在境内接受审判的，境外的羁押期限可以折抵刑期。

（三）严密对电信网络诈骗上下游关联犯罪的刑事规制

刑事规制主要体现在第四条至第六条，以及第十一条、第十二条。其中，第四条至第六条主要是对上游关联犯罪行为，包括妨害信用卡管理、侵犯公民个人信息和伪造身份证件行为的刑事规制进行规定；第十一条是对下游非法转移资金的关联犯罪行为的刑事规制进行规定；第十二条主要针对先到案的上下游犯罪嫌疑人、被告人能否先行追究刑事责任问题予以明确。

1. 关于第四条

主要明确"单位结算卡"属于刑法规定的"信用卡"。无正当理由持有他人的单位结算卡，符合刑法第一百七十七条之一第一款第二项规定的，可以妨害信用卡管理罪追究刑事责任。在"断卡"行动中发现，犯罪分子为迅速接

---

① 比如，《中华人民共和国和西班牙王国关于移管被判刑人的条约》中规定，对于双方移管的被判刑人应当扣除被判刑人在判ının国境内被羁押的时间；《中华人民共和国和西班牙王国关于刑事司法协助的条约》中规定，对于双方移送在押人员以便作证或者协助调查，被移送人在请求方被羁押的期间，应当折抵在被请求方判处的刑期。

收、转移、套现赃款，除了大量收购他人信用卡外，对公账户和单位结算卡由于可信度高、交易额度大的特点，更为犯罪分子所青睐，在黑灰产市场的价格很高。根据中国人民银行《关于规范单位结算卡业务管理的通知》的相关规定，单位结算卡是指由发卡银行向单位客户发行、与单位银行结算账户相关联，主要具备账户查询、转账汇款、现金存取、消费等功能的支付结算工具。从其功能看，符合全国人大常委会《关于〈中华人民共和国刑法〉有关信用卡规定的解释》中对"信用卡"的规定。当然，要构成本罪，还应当符合相关司法解释关于罪量的规定，即无正当理由持有的数量应达到5张以上。

2. 关于第五条

该条包含两款内容，第一款主要针对在实施电信网络诈骗犯罪中侵犯公民个人信息的问题，在传统个人信息种类的基础上，将"具有信息发布、即时通讯、支付结算等功能的互联网账号密码、个人生物识别信息"认定属于公民个人信息。主要基于两点考虑：一是2011年最高人民法院、最高人民检察院《关于办理侵犯公民个人信息刑事案件适用法律若干问题的解释》第一条将传统的"账号密码"列为公民个人信息。但随着网络经济的发展，电信网络诈骗案件中被告人主要利用微信、QQ、支付宝等具有信息发布、即时通讯和支付结算功能的软件工具实施犯罪。对于这些互联网账号密码进行批量注册、贩卖，已成为支撑电信网络诈骗犯罪的黑灰产链条上的重要一环。为此，《意见（二）》将非法获取、出售、提供具有上述功能的互联网账号密码的行为，明确列入侵犯公民个人信息的违法犯罪范围。二是随着信息技术的深入运用，人脸、虹膜、声纹等生物识别信息日益用于网络软件的注册、登录、支付，发挥着与传统的账号密码相同的功能作用。2017年施行的网络安全法第七十六条第五项也将个人生物识别信息列入个人信息范围。从实践情况看，非法获取人脸信息等生物识别信息的情形呈现日益增长态势，危害十分严重，人民群众反映强烈。考虑到司法实践发展和需要，并与网络安全法相关规定保持衔接，《意见（二）》明确对于非法获取、出售、提供上述生物识别信息，符合刑法第二百五十三条之一规定的，以侵犯公民个人信息罪追究刑事责任。

第二款规定参照2017年最高人民法院、最高人民检察院《关于办理侵犯公民个人信息刑事案件适用法律若干问题的解释》第十一条第三款之规定，对批量互联网账号密码、个人生物识别信息的条数，根据查获的数量直接认定，但有证据证明信息不真实或者重复的除外。这里的"除外"是指对于信息不真实或者重复的，应予扣除，不计入信息总条数。

3. 关于第六条

随着网络技术的发展，传统犯罪日益向网络迁移发展，身份证的使用场景也发生了很大变化。随着网络实名制要求的落实和网上申办渠道的开通发展，身份证件网上认证已成为必要环节，个别不法分子为规避实名制管理，通过"深度伪造"技术，以"使用他人真实的姓名、身份证号码等身份证件信息，同时替换他人身份证件相片"的形式通过网上实名验证。此种行为虽未伪造出实体身份证件，但能通过网上认证，已实际具备了实体身份证件的功能，严重妨害了国家对身份证件的管理秩序，符合伪造身份证件罪的构成要件，可以该罪定罪处罚。关于适用该条的入罪门槛把握，目前司法解释关于刑法第二百八十条的适用，仅就伪造、变造、买卖机动车行驶证、登记证书的情形规定了3本的入罪标准，并没有就伪造其他身份证件行为设定入罪标准。参照最高人民检察院法律政策研究室2016年《关于〈关于伪造机动车登记证书如何适用法律的请示〉的答复意见》，检察机关在办案中应当根据案件的具体情况处理，注意把握行政处罚与刑事处罚的衔接，注意把握行为的社会危害性。

4. 关于第十一条

该条对与电信网络诈骗犯罪相关的掩饰、隐瞒犯罪所得、犯罪所得收益行为方式作了补充。为有效打击为电信网络诈骗转账、套现、取现等犯罪行为，《意见（二）》在《意见》基础上增加了当前三种常见的方式：（1）多次使用或者使用多个非本人身份证明开设的收款码、网络支付接口等，帮助他人转账、套现、取现的；（2）以明显异于市场的价格，通过电商平台预付卡、虚拟货币、手机充值卡、游戏点卡、游戏装备等转换财物、套现的；（3）协助转换或者转移财物，收取明显高于市场的"手续费"的。这些行为的共同特征在于其异常性，明显区别于普通的转账行为和正常的市场交易行为，综合案件情况，可以认定构成掩饰、隐瞒犯罪所得、犯罪所得收益罪，但同时允许被告人提出反证。

5. 关于第十二条

主要针对电信网络诈骗犯罪实行犯未到案的情况下，先到案的其他上下游犯罪嫌疑人、被告人刑事责任追究的问题。对此，相关司法文件已有类似规定，① 但分散在不同的文件中。《意见（二）》结合打击电信网络诈骗犯罪和

---

① 例如，最高人民法院《关于审理掩饰、隐瞒犯罪所得、犯罪所得收益刑事案件适用法律若干问题的解释》第八条规定，认定掩饰、隐瞒犯罪所得、犯罪所得收益罪，以上游犯罪事实成立为前提。上游犯罪尚未依法裁判，但查证属实的，不影响掩饰、隐瞒犯罪所得、犯罪所得收益罪的认定。又如，最高人民法院、最高人民检察院《关于办理非法利用信息网络、帮助信息网络犯罪活动等刑事案件适用法律若干问题的解释》第十三条规定，被帮助对象实施的犯罪行为可以确认，但尚未到案、尚未依法裁判或者因未达到刑事责任年龄等原因依法未予追究刑事责任的，不影响帮助信息网络犯罪活动罪的认定。

"断卡"行动司法实践,对相关内容进一步整合。设置本条规定,主要是基于随着犯罪链条的增长以及诈骗窝点大量转移到国外,要及时、一并查获电信网络诈骗犯罪团伙及上下游关联犯罪的难度很大。实践中,公安机关往往会通过侦查诈骗犯罪的信息流和资金链,先行抓获提供技术支持、广告推广、支付结算等帮助,或者窝藏、转移、收购、代为销售及以其他方法掩饰、隐瞒电信网络诈骗犯罪所得及其产生的收益的犯罪嫌疑人。对此,即使电信网络诈骗犯罪分子未能到案,但诈骗犯罪行为可以确认的,就可以先行追究先到案行为人刑事责任。这里的"诈骗犯罪行为可以确认"是指,有证据证实被帮助的对象行为已经符合电信网络诈骗相关犯罪构成要件,达到了犯罪程度。

(四)进一步明确涉"两卡"案件适用帮助信息网络犯罪活动罪的相关标准

相关标准主要体现在第七条至第十条。主要是基于"断卡"行动以来,公安、司法机关在打击涉"两卡"犯罪中适用帮助信息网络犯罪活动罪的司法实践做法,作了相应的梳理总结。其中,第七条明确非法交易"两卡"行为可以认定为帮助信息网络犯罪活动罪中的"帮助"行为;第八条、第九条结合"断卡"行动实践,进一步完善帮助信息网络犯罪活动罪"主观明知"和"情节严重"认定问题;第十条主要针对不法电信网络经销商为电信网络诈骗犯罪提供帮助行为认定的问题。

1. 关于第七条

该条明确,为他人利用信息网络实施犯罪而具有下列行为,可以认定为刑法第二百八十七条之二规定的"帮助"行为:一是收购、出售、出租信用卡、银行账户、非银行支付账户、具有支付结算功能的互联网账号密码、网络支付接口、网上银行数字证书的;二是收购、出售、出租他人手机卡、流量卡、物联网卡的。当前,随着电信网络诈骗犯罪链条化、产业化趋势日益凸显,非法交易的"两卡"被大量用于电信网络诈骗犯罪,发挥着基础设施作用,打击治理涉"两卡"违法犯罪势在必行。为此,2020年10月,国务院联席办部署开展"断卡"行动,集中打击非法交易"两卡"的行为。《意见(二)》在总结"断卡"行动经验做法基础上,将非法交易"两卡"相关行为认定为帮助信息网络犯罪活动罪中的"帮助"行为,予以刑事打击。

需要注意的是,本条对于信用卡、手机卡交易行为作了相应区分。其中,对于信用卡,指向收购、出售、出租本人和他人的信用卡,具体包括信用卡、资金账户、具有支付结算功能的互联网用户账号密码、网络支付接口、网上银行数字证书等;对于手机卡,指向收购、出售、出租他人的电话卡,具体包括手机卡、物联网卡、流量卡等,未将出售自己手机卡的行为纳入犯罪圈。

之所以作出上述区分，主要考虑：一是从地位作用看，信用卡和电话卡都是电信网络诈骗犯罪中的常用工具，但实践中，信用卡多被直接用于转移诈骗资金，此时诈骗行为往往已经既遂，直接危及被害人财产安全。因此，使用非法交易的信用卡与诈骗犯罪的关联度更为紧密，社会危害性更大。而使用非法交易的手机卡，多是用于拨打诈骗电话、发送诈骗短信或是通过即时通讯软件聊天"引流"等，往往是诈骗的预备或者实行行为，是否诈骗成功还有一定的不确定性，相较于信用卡，对合法财产侵害的紧迫程度相对较弱。二是从开办数量看，目前我国基础通讯运营商主要有三家（即移动、电信、联通），每个人能开办的电话卡为每家运营商5张，合计最多15张。而能开办信用卡的金融机构数量众多，个人能开办的信用卡数量较大。相较于信用卡，对手机卡更易于从源头加强行政管控。《意见（二）》作此规定，既符合刑法谦抑性要求，也给行政执法、信用惩戒预留必要空间。三是与"断卡"行动要求相契合。根据"断卡"行动方案要求，明确非法交易手机卡，主要是打击收购、贩卖团伙，而不是非法出售个人手机卡的个人。

2. 关于第八条

帮助信息网络犯罪活动罪主观明知认定一直是司法实践的难点问题。《意见（二）》对于主观明知认定，一方面，进一步明确要坚持主客观综合认定的思路。要结合出售、出租"两卡"的次数、张数、个数，以及行为人的认知能力、既往经历、交易对象、与信息网络犯罪行为人的关系、提供技术支持或者帮助的时间和方式、获利情况以及行为人的供述等主客观因素，予以综合认定。对于主观明知认定，司法实践中既要防止简单主观归罪，片面倚重犯罪嫌疑人的供述认定明知；也要防止简单客观归罪，仅仅以犯罪嫌疑人出售"两卡"行为直接认定明知。《意见（二）》对此提出总体性要求，进一步明确认定主观明知的标准要求，实践中要根据具体案件情况全面综合把握。

另一方面，在总结司法实践经验基础上，增加了两种可以依法认定为主观明知的具体情形。2019年最高人民法院、最高人民检察院《关于办理非法利用信息网络、帮助信息网络犯罪活动等刑事案件适用法律若干问题的解释》（以下简称《解释》）第十一条规定了6种具体认定主观明知的情形。但随着实践的发展，根据"断卡"行动情况，结合案例综合分析，对于两种相对明确可以认定明知的情形予以规定，即收购、出售、出租单位银行结算账户、非银行支付机构单位支付账户的，以及电信、银行、网络支付等行业从业人员利用履行职责或提供服务便利，非法开办并出售、出租他人手机卡、信用卡、银行账户、非银行支付账户等的，可以认定为《解释》第十一条第七项规定的"其他足以认定行为人明知的情形"。

之所以规定这两种情形，主要考虑：一是相较于个人信用卡，单位支付结算账户开办门槛高、交易额度高，因此金融监管机关对于申请开立的用户有着更高的要求和约束。①特别是随着"断卡"行动逐步深入，相关部门进一步加强对申办这类账户的监管和警示提醒。不得随意出租、转借和买卖单位支付结算账户，应当成为申办用户需要遵守的基本要求。从当前司法实践看，非法交易的单位支付结算账户，多是被用于实施电信网络诈骗等违法犯罪行为。甚至一些违法犯罪个人、团伙，专门注册空壳公司、开设单位支付结算账户出租、出售，社会危害很大。综合以上因素，本条规定对于收购、出售、出租单位支付结算账户的行为，可以认定具有帮助信息网络犯罪活动罪的主观明知。二是银行、电信、网络支付等行业从业人员利用履行职责或提供服务便利，从事非法交易"两卡"的行为，突破、规避了行业内部风险防控和监管制度，不仅为诈骗犯罪提供了极大便利，还往往涉及侵犯公民个人信息等犯罪。对这些行业从业人员的要求要高于一般社会公众，对其实施的非法交易"两卡"行为，结合所从事的职业特点及行业监管规定，可以认定行为人主观上明知他人利用信息网络实施犯罪而提供帮助。

3. 关于第九条

《解释》第十二条规定了认定帮助信息网络犯罪活动罪"情节严重"的6种具体情形，但在办理涉"两卡"案件中，对于这6种情形的标准把握不尽相同，且对交易"两卡"数量较大的行为，现有规定难以涵盖。因此，为了更好地解决实践中认定标准不一问题，对于非法交易"两卡"数量较大的，规定了两种情形，符合其中之一的，可以认定为第十二条第一款第七项规定的"其他情节严重的情形"：（1）收购、出售、出租信用卡、银行账户、非银行支付账户、具有支付结算功能的互联网账号密码、网络支付接口、网上银行数字证书5张（个）以上的；（2）收购、出售、出租他人手机卡、流量卡、物联网卡20张以上的。

之所以分别规定信用卡5张和手机卡20张的数量标准，主要考虑：一是与《解释》相协调。《解释》第十二条第四项规定"违法所得一万元以上的"属于情节严重。结合当前黑灰产市场上"两卡"交易基本价格，《意见（二）》

---

① 中国人民银行《关于规范单位结算卡业务管理的通知》规定，发卡银行应严格执行反洗钱规定，加强对单位客户身份资料信息的维护管理，以及大额、可疑交易监测和信息报送。对发现单位客户非实名开卡、持卡人违规用卡，出租、转借和买卖单位结算卡，以单位结算卡进行洗钱、套现等情形的，发卡银行应停止为其办理单位结算卡业务并注销卡片。中国人民银行《银行卡业务管理办法》第二十八条规定："个人申领银行卡（储值卡除外），应当向发卡银行提供公安部门规定的有效身份证件，经发卡银行审查合格后，为其开立记名帐户。"

对非法交易信用卡、电话卡的数量分别作了 5 张、20 张的数量要求，与"违法所得一万元以上"保持大体平衡。二是与妨害信用卡管理罪司法解释相协调。根据最高人民法院、最高人民检察院《关于办理妨害信用卡管理刑事案件具体应用法律若干问题的解释》第二条之规定，非法持有他人信用卡 5 张以上不满 50 张的，应当认定为刑法第一百七十七条之一第一款第二项规定的"数量较大"。因此，对于非法出售 5 张信用卡的行为，收购人自然属于非法持有他人信用卡"数量较大"，可能构成妨害信用卡管理罪。与之相衔接，对于非法出售信用卡行为人的入罪数量标准也应当以 5 张为宜。三是与现有的开办卡管理规定相适应。根据现有开办手机卡的规定，单个人最多能办理 15 张手机卡（即一家运营商开办 5 张卡），因此如果行为人交易 20 张手机卡，则基本可认定为职业贩卡人。这既属于当前"断卡"行动打击的重点对象，也与《意见（二）》第七条第二项规定的"帮助"行为相对应。四是出租、出售"两卡"的数量在一定程度上反映犯罪情节和危害。从打击治理电信网络诈骗犯罪的实践看，"两卡"多以"四件套""八件套"①的形式成套出售，且大量被用于实施电信网络诈骗和网络赌博等违法犯罪活动，基本没有合法用途，社会危害严重。结合主观因素和客观实践，出租、出售"两卡"的数量在一定程度上反映出行为人帮助他人实施信息网络犯罪的社会危害性。

需要注意的是，一方面，本条主要是设置了帮助信息网络犯罪活动罪情节严重的两种认定情形。实践中，行为人非法交易"两卡"的行为是否构成帮助信息网络犯罪活动罪，不能仅以行为人出租、出售信用卡 5 张、手机卡 20 张就直接认定，仍要按照"主观明知＋情节严重"的判断思路，结合各方面因素综合认定。同时，要求查实被帮助对象达到信息网络犯罪的程度。例如，非法收购、出租、出售信用卡被用于实施电信网络诈骗的，是否构成帮助信息网络犯罪活动罪，除了要认定非法收购、出租、出售信用卡 5 张外，还需要查实通过上述信用卡支付结算涉嫌诈骗金额达到犯罪的程度，即 3000 元以上。另一方面，本条在《解释》第十二条第一款的基础上，增设了两种情节严重的具体认定情形，第十二条规定的 6 种情形仍然适用，实践中需要根据具体案情综合准确适用。

4. 关于第十条

实践中，诈骗分子利用电商平台预付卡、虚拟货币、手机充值卡、游戏点

---

① "四件套""八件套"是实践中一种约定俗成的称谓，并没有十分严格的定义。一般而言，"四件套"是指，银行卡、U 盾、手机卡和身份证。"八件套"是指，对公账户、单位结算卡、U 盾、法定代表人身份证、公司营业执照、公司公章、法定代表人印章、对公开户许可证。

卡、游戏装备等转移赃款的情况较为常见。从办案实践看，侦查人员往往通过调查经销商入手追溯诈骗行为，有的经销商以正常经营活动为由，既不配合调查也不终止交易，严重影响案件的办理。为此，对于已被公安机关明确告知交易对象涉嫌电信网络诈骗犯罪，经销商仍与其继续交易，符合帮助信息网络犯罪活动罪构成要件的，可以此罪追究刑事责任。制定过程中，有意见提出对于此种情况也可能构成诈骗犯罪共犯、拒不履行信息网络安全管理义务罪等。考虑到实践中情况较为复杂，故增加规定"同时构成其他犯罪的，依照处罚较重的规定定罪处罚"，以适应具体办案实践，体现规定周延性。

（五）进一步明确宽严相济刑事政策

当前，电信网络诈骗犯罪呈现明显的集团化、团伙化、链条化的特点，往往涉案人员较多，各层级、各环节人员皆有，且地位作用、具体行为、危害程度、获利数额、认罪态度等各不相同，需要更加注重刑事政策的运用，确保罪责刑相适应，实现打击治理"三个效果"的统一。《意见（二）》设置专条（即第十六条）分列三款对在电信网络诈骗犯罪案件办理中如何准确适用刑事政策作了细化明确。主要包括以下3个方面内容：

一是落实宽严相济总体要求。这一要求适用于案件侦查、审查起诉和审判各个环节。公安、司法机关在办理此类案件中，要注意全面收集证明犯罪嫌疑人有罪、罪重和无罪、罪轻证据，依法准确认定案件事实。要重视收集审查证明诈骗犯罪集团、犯罪团伙组织架构、内部分工、利益分配等方面的证据，明确各犯罪嫌疑人的层级地位、具体行为和作用大小。要结合犯罪嫌疑人、被告人的认罪态度、悔罪表现、退赃退赔等情况，准确认定刑事责任，依法定罪量刑，做到罪责刑相适应。

二是突出重点从严打击。对于犯罪集团中的组织者、策划者、指挥者和骨干分子，包括出资人、实际控制人等，依法从严惩处。针对司法实践中，一些犯罪团伙利用未成年人、在校学生、老年人、残疾人等特殊群体实施电信网络诈骗犯罪活动，社会危害更大，也应当依法从严惩处。对于上述人员，结合案件具体情况综合认定犯罪嫌疑人具有社会危险性，该羁押就要予以羁押，一般应提出从重的量刑建议，并严格控制适用缓刑的范围。

三是区分对象从宽处理。准确区分电信网络诈骗犯罪集团、犯罪团伙中的主从犯，对于经应聘入职仅领取少量工作报酬、按照工作指令仅从事辅助性、劳务性工作，参与时间较短、诈骗数额较少、发挥作用较小的从犯，以及初犯、偶犯等，依法从宽处理。对于犯罪嫌疑人中的未成年人、在校学生等，坚持以教育、挽救、惩戒、警示为主，根据其犯罪情节、认罪认罚、退赃退赔、一贯表现等情况，落实"少捕慎诉慎押"理念，更好教育帮助其认识错误、悔过自新、投入正常学习生活。

(六) 其他规定

1. 第十三条主要针对公安机关通过信息化系统异地调取证据的采信问题

电信网络诈骗犯罪跨域性特征明显，之前多是采取异地协作调取、协作地公安机关盖章后邮寄的方式，耗时长、效率低，不适应现实办案需要。近年来，公安机关加大侦查信息化建设，特别是"公安部电信诈骗案件侦办平台"建立后，能够有效确保调取材料的真实性、客观性，在提高办案效率方面发挥了积极作用。为此，参考 2011 年"两高一部"《关于办理流动性团伙性跨区域性犯罪案件有关问题的意见》第六条关于调取犯罪嫌疑人、被告人户籍证明的相关规定，对于公安机关通过信息化系统调取证据材料的证据能力及调取程序规范问题作了相应规定。《意见（二）》明确，调取时不得少于两名侦查人员，并应记载调取的时间、使用的信息化系统名称等相关信息，调取人签名并加盖办案地公安机关印章。同时，规定了司法机关的审核责任，只有经审核证明真实的，才能作为证据使用。

2. 第十七条主要是对涉案财物的追缴和返还提出要求

追赃挽损问题，人民群众十分关注。特别是当前网络犯罪黑灰产业链日益成熟发展，电信网络诈骗资金进入涉案账户后，迅速被分散、转移、取款，甚至转移到境外，追赃挽损难度很大。为此，《意见（二）》第十七条规定，突出强调在办理此类案件时，公安机关、检察机关和法院要坚持把司法办案和追赃挽损紧密结合起来，加大工作力度，及时查封、扣押、冻结和追缴涉案财物及其孳息，并及时返还被害人；如不足以全额返还的，应当按照被害人被骗金额的比例返还，以更好落实以人民为中心的要求。

最高人民法院、最高人民检察院、公安部、中国证券监督管理委员会关于进一步规范人民法院冻结上市公司质押股票工作的意见

(2021年3月1日公布 2021年7月1日施行 法发〔2021〕9号)

为进一步规范人民法院冻结上市公司质押股票相关工作，强化善意文明执行理念，依法维护当事人、利害关系人合法权益，依照民事诉讼法，结合执行工作实际，提出以下意见。

第一条 人民法院要求证券登记结算机构或者证券公司协助冻结债务人持有的上市公司股票，该股票已设立质押且质权人非案件保全申请人或者申请执行人的，适用本意见。

人民法院对前款规定的股票进行轮候冻结的，不适用本意见。

第二条 人民法院冻结质押股票时，在协助执行通知书中应当明确案件债权额及执行费用，证券账户持有人名称（姓名）、账户号码，冻结股票的名称、证券代码，需要冻结的数量、冻结期限等信息。

前款规定的需要冻结的股票数量，以案件债权额及执行费用总额除以每股股票的价值计算。每股股票的价值以冻结前一交易日收盘价为基准，结合股票市场行情，一般在不超过20%的幅度内合理确定。

第三条 证券登记结算机构或者证券公司受理人民法院的协助冻结要求后，应当在系统中对质押股票进行标记，标记的期限与冻结的期限一致。

其他人民法院或者其他国家机关要求对已被标记的质押股票进行冻结的，证券登记结算机构或者证券公司按轮候冻结依次办理。

第四条 需要冻结的股票存在多笔质押的，人民法院可以指定某一笔或者某几笔质押股票进行标记。未指定的，证券登记结算机构或者证券公司对该只质押股票全部进行标记。

第五条 上市公司依照相关规定披露股票被冻结的情况时，应当如实披露人民法院案件债权额及执行费用、已在系统中被标记股票的数量，以及人民法院需要冻结的股票数量、冻结期限等信息。

第六条 质押股票在系统中被标记后,质权人持有证明其质押债权存在、实现质押债权条件成就等材料,向人民法院申请以证券交易所集中竞价、大宗交易方式在质押债权范围内变价股票的,应当准许,但是法律、司法解释等另有规定的除外。人民法院将债务人在证券公司开立的资金账户在质押债权、案件债权额及执行费用总额范围内进行冻结后,应当及时书面通知证券登记结算机构或者证券公司在系统中将相应质押股票调整为可售状态。

质权人申请通过协议转让方式变价股票的,人民法院经审查认为不损害案件当事人利益、国家利益、社会公共利益且在能够控制相应价款的前提下,可以准许。

质权人依照前两款规定自行变价股票的,应当遵守证券交易、登记结算相关业务规则。

第七条 质权人自行变价股票且变价款进入债务人资金账户或者人民法院指定的账户后,向人民法院申请发放变价款实现质押债权的,应予准许,但是法律、司法解释等另有规定的除外。

第八条 在执行程序中,人民法院可以对在系统中被标记的质押股票采取强制变价措施。

第九条 在系统中被标记的任意一部分质押股票解除质押的,协助冻结的证券登记结算机构或者证券公司应当将该部分股票调整为冻结状态,并及时通知人民法院。

冻结股票的数量达到人民法院要求冻结的数量后,证券登记结算机构或者证券公司应当及时通知人民法院。人民法院经审查认为冻结的股票足以实现案件债权及执行费用的,应当书面通知证券登记结算机构或者证券公司解除对其他股票的标记和冻结。

第十条 轮候冻结转为正式冻结的,或者对在本意见实施前已经办理的正式冻结进行续冻的,依当事人或者质权人申请,人民法院可以通知证券登记结算机构或者证券公司依照本意见办理。

第十一条 上市公司股票退市后,依照本意见办理的冻结按照相关司法冻结程序处理,冻结股票的数量为证券登记结算机构或者证券公司在系统中已标记的股票数量。

第十二条 其他国家机关在办理刑事案件过程中,就质押股票处置变价等事项与负责执行的人民法院产生争议的,可以协商解决。协商不成的,报各自的上级机关协商解决。

第十三条 本意见自 2021 年 7 月 1 日起实施。

附件：协助冻结通知书参考样式

最高人民法院

最高人民检察院

公安部

中国证券监督管理委员会

2021 年 3 月 1 日

协助冻结通知书参考样式
×××人民法院
协助冻结通知书

（××××）……执……号

中国证券登记结算有限责任公司×××分公司/×××证券公司×××营业部：

本院执行的×××与×××一案，案件债权额及执行费用总额为　　　。经计算，需要对　　　（证券账户号：　　　）持有的已质押的股票（证券名称：　　　，证券代码：　　　）进行冻结，冻结数量为　　　，冻结期限自　年　月　日起至　年　月　日止。

为满足本院的上述冻结要求，请在系统中对该只已质押股票（质押编号：　　　）进行标记，标记的期限与上述冻结期限一致。标记范围内的质押股票中任意一部分解除质押的，应将该部分股票调整为冻结状态，你司应将该情况及时通知本院。

对上述标记和冻结的股票（含/不含孳息），非经本院准许，你司不得为被执行人、质权人办理转让、变更登记等手续。其他人民法院或者其他国家机关要求冻结的，应按轮候冻结依次办理。

×××年×××月×××日

（院　印）

联系人：×××　　联系电话：……

本院地址：……　　邮　　编：……

最高人民检察院
人民检察院羁押听证办法

（2021年4月8日最高人民检察院第十三届检察委员会第六十五次会次通过 2021年8月17日公布并施行）

第一条 为了依法贯彻落实少捕慎诉慎押刑事司法政策，进一步加强和规范人民检察院羁押审查工作，准确适用羁押措施，依法保障犯罪嫌疑人、被告人的合法权利，根据《中华人民共和国刑事诉讼法》及有关规定，结合检察工作实际，制定本办法。

第二条 羁押听证是指人民检察院办理审查逮捕、审查延长侦查羁押期限、羁押必要性审查案件，以组织召开听证会的形式，就是否决定逮捕、是否批准延长侦查羁押期限、是否继续羁押听取各方意见的案件审查活动。

第三条 具有下列情形之一，且有必要当面听取各方意见，以依法准确作出审查决定的，可以进行羁押听证：

（一）需要核实评估犯罪嫌疑人、被告人是否具有社会危险性，未成年犯罪嫌疑人、被告人是否具有社会帮教条件的；

（二）有重大社会影响的；

（三）涉及公共利益、民生保障、企业生产经营等领域，听证审查有利于实现案件办理政治效果、法律效果和社会效果统一的；

（四）在押犯罪嫌疑人、被告人及其法定代理人、近亲属或者辩护人申请变更强制措施的；

（五）羁押必要性审查案件在事实认定、法律适用、案件处理等方面存在较大争议的；

（六）其他有必要听证审查的。

第四条 羁押听证由负责办理案件的人民检察院组织开展。

经审查符合本办法第三条规定的羁押审查案件，经检察长批准，可以组织羁押听证。犯罪嫌疑人、被告人及其法定代理人、近亲属或者辩护人申请羁押听证的，人民检察院应当及时作出决定并告知申请人。

第五条 根据本办法开展的羁押听证一般不公开进行。人民检察院认为有必要公开的，经检察长批准，听证活动可以公开进行。

未成年人案件羁押听证一律不公开进行。

第六条 羁押听证由承办案件的检察官办案组的主办检察官或者独任办理案件的检察官主持。检察长或者部门负责人参加听证的，应当主持听证。

第七条 除主持听证的检察官外，参加羁押听证的人员一般包括参加案件办理的其他检察人员、侦查人员、犯罪嫌疑人、被告人及其法定代理人和辩护人、被害人及其诉讼代理人。

其他诉讼参与人，犯罪嫌疑人、被告人、被害人的近亲属，未成年犯罪嫌疑人、被告人的合适成年人等其他人员，经人民检察院许可，可以参加听证并发表意见。必要时，人民检察院可以根据相关规定邀请符合条件的社会人士作为听证员参加听证。

有重大影响的审查逮捕案件和羁押必要性审查案件的公开听证，应当邀请人民监督员参加。

第八条 决定开展听证审查的，承办案件的检察官办案组或者独任检察官应当做好以下准备工作：

（一）认真审查案卷材料，梳理、明确听证审查的重点问题；

（二）拟定听证审查提纲，制定听证方案；

（三）及时通知听证参加人员，并告知其听证案由、听证时间和地点。参加听证人员有书面意见或者相关证据材料的，要求其在听证会前提交人民检察院。

第九条 听证审查按照以下程序进行：

（一）主持人宣布听证审查开始，核实犯罪嫌疑人、被告人身份，介绍参加人员。

（二）告知参加人员权利义务。

（三）宣布听证程序和纪律要求。

（四）介绍案件基本情况、明确听证审查重点问题。

（五）侦查人员围绕听证审查重点问题，说明犯罪嫌疑人、被告人需要羁押或者延长羁押的事实和依据，出示证明社会危险性条件的证据材料。羁押必要性审查听证可以围绕事实认定出示相关证据材料。

（六）犯罪嫌疑人、被告人及其法定代理人和辩护人发表意见，出示相关证据材料。

（七）需要核实评估社会危险性和社会帮教条件的，参加听证的其他相关人员发表意见，提交相关证据材料。

（八）检察官可以向侦查人员、犯罪嫌疑人、被告人、辩护人、被害人及其他相关人员发问。经主持人许可，侦查人员、辩护人可以向犯罪嫌疑人、被告人等相关人员发问。社会人士作为听证员参加听证的，可以向相关人员发问。

（九）经主持人许可，被害人等其他参加人员可以发表意见。

（十）社会人士作为听证员参加听证的，检察官应当听取其意见。必要时，听取意见可以单独进行。

两名以上犯罪嫌疑人、被告人参加听证审查的，应当分别进行。

第十条 涉及国家秘密、商业秘密、侦查秘密和个人隐私案件的羁押听证，参加人员应当严格限制在检察人员和侦查人员、犯罪嫌疑人、被告人及其法定代理人和辩护人、其他诉讼参与人范围内。听证审查过程中认为有必要的，检察官可以在听证会结束后单独听取意见、核实证据。

第十一条 犯罪嫌疑人、被告人认罪认罚的，听证审查时主持听证的检察官应当核实认罪认罚的自愿性、合法性，并听取侦查人员对犯罪嫌疑人是否真诚认罪认罚的意见。

犯罪嫌疑人、被告人认罪认罚的情况是判断其是否具有社会危险性的重要考虑因素。

第十二条 听证过程应当全程录音录像并由书记员制作笔录。

听证笔录由主持听证的检察官、其他参加人和记录人签名或者盖章，与录音录像、相关书面意见等归入案件卷宗。

第十三条 听证员的意见是人民检察院依法提出审查意见和作出审查决定的重要参考。拟不采纳听证员多数意见的，应当向检察长报告并获同意后作出决定。

第十四条 检察官充分听取各方意见后，综合案件情况，依法提出审查意见或者作出审查决定。

当场作出审查决定的，应当当场宣布并说明理由；在听证会后依法作出决定的，应当依照相关规定及时履行宣告、送达和告知义务。

第十五条 人民监督员对羁押听证活动的监督意见，人民检察院应当依照相关规定及时研究处理并做好告知和解释说明等工作。

第十六条 参加羁押听证的人员应当严格遵守有关保密规定，根据案件情况确有必要的，可以要求参加人员签订保密承诺书。

故意或者过失泄露国家秘密、商业秘密、侦查秘密、个人隐私的，依法依纪追究责任人员的法律责任和纪律责任。

第十七条 犯罪嫌疑人、被告人被羁押的，羁押听证应当在看守所进行。犯罪嫌疑人、被告人未被羁押的，听证一般在人民检察院听证室进行。

羁押听证的安全保障、技术保障，由本院司法警察和技术信息等部门负责。

第十八条 本办法自公布之日起施行。

最高人民检察院、公安部
关于健全完善侦查监督与协作配合机制的意见

(2021年10月31日公布并施行)

为贯彻落实《中共中央关于加强新时代检察机关法律监督工作的意见》和《中共中央关于加强新时代公安工作的意见》，最高人民检察院、公安部联合就进一步健全完善侦查监督与协作配合机制制定本意见。

一、目标任务

为深入贯彻习近平法治思想，践行为大局服务、为人民司法要求，加快推进执法司法责任体系改革，构建规范高效的执法司法制约监督体系，各级人民检察院、公安机关要积极适应以审判为中心的刑事诉讼制度改革要求，坚持双赢多赢共赢理念，协同构建以证据为核心的刑事指控体系，进一步健全完善侦查监督与协作配合机制，推动提升公安执法和检察监督规范化水平，确保依法履行刑事诉讼职能，实现惩罚犯罪与保障人权并重的目标，努力让人民群众在每一个司法案件中都能感受到公平正义。

二、总体要求

人民检察院、公安机关进行刑事诉讼，应当坚持分工负责、互相配合、互相制约，以保证准确有效执行法律。公安机关依法负责对刑事案件的侦查、拘留、执行逮捕、预审。人民检察院依法负责检察、批准逮捕、提起公诉，依法对刑事诉讼实行法律监督。

人民检察院、公安机关要严格遵守《刑事诉讼法》《人民检察院刑事诉讼规则》和《公安机关办理刑事案件程序规定》等法律和规定，明确责任分工，依法规范开展侦查活动和侦查监督工作。要加强协作配合，坚持科学务实的执法司法理念，互相理解、支持，统一认识、消除分歧、形成合力，在充分遵循执法司法权力运行规律，尊重侦查规律、监督需要和司法实践的基础上，为公安机关依法及时高效开展侦查、检察机关依法全面履行监督职责提供必要便利和保障。要提升监督效能，坚持问题导向、目标导向与效果导向，注重加强公安机关执法监督与人民检察院侦查监督的相互衔接，实现监督的同向化、系统化，以及时、准确、有效的监督共同推动提升公安执法规范化水平和检察监督能力，保障刑事案件办理质效。

三、机制完善

（一）健全完善监督制约机制

1. 依法履行监督职责。人民检察院要依法开展立案监督、侦查活动监督工作，及时发现和纠正应当立案而不立案、不应当立案而立案、长期"挂案"和以刑事手段插手经济纠纷等违法情形；及时发现和纠正刑讯逼供、非法取证等侦查违法行为，从源头上防范冤假错案发生；规范强制措施和侦查手段适用，切实保障人权。

2. 规范开展监督工作。人民检察院要严格按照法律规定开展立案监督、侦查活动监督工作，坚决防止不应当监督而监督、应当监督而未监督、不当升格或者降格监督等情况发生。开展监督工作过程中，不得干涉侦查人员依法办案，不得干扰和妨碍侦查活动正常进行。

3. 切实保障监督效果。人民检察院接到报案、控告、举报或者工作中发现监督线索，需要进行调查核实的，应当及时通知公安机关，公安机关应当予以支持配合。人民检察院在调查核实过程中，应当加强与公安机关沟通，充分听取办案人员意见。经依法调查核实后，需要监督纠正的，应当及时向公安机关提出监督意见、检察建议。公安机关对人民检察院提出的监督意见和检察建议，应当及时纠正整改并将纠正整改情况通知或回复人民检察院。

4. 加强内外监督衔接。人民检察院、公安机关应当建立刑事案件侦查监督与执法监督相衔接机制，强化对侦查活动内外部监督的衔接配合，推动检察机关法律监督与公安机关执法监督有机贯通、相互协调。必要时，人民检察院、公安机关可以联合就不批捕不起诉案件开展案件质量评查，针对同时涉及公安机关和人民检察院办案、监督工作的突出问题开展专项检查、监督。

5. 规范落实制约机制。公安机关对人民检察院的不批捕不起诉决定、立案监督意见、纠正侦查违法等监督意见有异议的，可以依据法律规定要求说明理由或者要求复议、提请复核、申请复查，人民检察院应当认真审查并及时回复或者作出决定。人民检察院在审查过程中应当加强与公安机关的沟通，必要时，可以以联席会议等形式充分听取办案人员意见。经复议、复核、复查认为原监督意见确有错误的，应当及时将变更决定通知公安机关或及时撤销原纠正意见。

（二）健全完善协作配合机制

1. 重大疑难案件听取意见机制。公安机关办理重大、疑难案件，可以商请人民检察院派员通过审查证据材料等方式，就案件定性、证据收集、法律适用等提出意见建议。

对于人民检察院派员审查提出意见的案件，公安机关应当全面介绍案件情况，提供相关文书和证据材料，及时向检察机关通报案件侦查进展情况，配合人民检察院的审查工作；根据人民检察院提出的意见建议，进一步收集、固定证据，完善证据体系；对人民检察院提出的证据瑕疵或取证、强制措施适用违反规定程序等确实存在的问题，应当及时进行补正、纠正。人民检察院应当指派具有丰富刑事法律实务经验的检察官对重大疑难案件审查提出意见建议，就公安机关开展侦查取证等工作提出的意见建议应当必要、明确、可行。

办理社会关注度高、敏感性强的刑事案件时，人民检察院、公安机关应当落实刑事案件应急处置协调机制要求，共同做好依法办理、舆论引导和社会面管控工作。

2. 建立联合督办机制。对于重大、疑难案件，必要时可由上级人民检察院和公安机关联合挂牌督办。承办案件的人民检察院和公安机关应当严格按照督办要求，做好案件办理工作，在案件办理关键节点和取得重大进展时应当及时报告。

3. 加强办案衔接配合。人民检察院、公安机关要加强刑事侦查与审查逮捕、审查起诉等诉讼环节的衔接配合，统一执法司法理念标准。对于公安机关移送的案件，人民检察院应当依法及时接收。对于违反相关规定拒不收卷的，公安机关可以提请负责办理案件的人民检察院或者其上级人民检察院纠正。人民检察院在审查逮捕、审查起诉过程中，应当加强与公安机关的沟通，认为需要补充侦查、拟作不批准逮捕或者不起诉决定的，应当充分听取办案人员意见，加强不批捕不起诉说理，规范制发必要、明确、可行的补充侦查文书。公安机关应当按照人民检察院补充侦查文书的要求及时、规范、有效开展补充侦查。人民检察院自行补充侦查、要求公安机关补充证据材料的，公安机关应当积极配合。庭审阶段，经人民检察院提请人民法院通知有关侦查人员出庭就证据收集的合法性说明情况的，侦查人员应当出庭。

4. 建立健全刑事案件统一对口衔接机制。公安机关要深化完善刑事案件法制部门统一审核、统一出口工作机制。向人民检察院提请批准逮捕、移送审查起诉、要求说明理由、要求复议、提请复核、申请复查等重要事项，由公安机关法制部门统一向人民检察院相关部门提出；人民检察院在审查批准逮捕、审查起诉、法律监督工作中需要与公安机关对接的事项，由公安机关法制部门统一接收与回复。人民检察院、公安机关应当加强沟通协调、理顺衔接流程、健全工作机制、形成工作合力，确保刑事诉讼活动依法、规范进行。

5. 建立业务研判通报制度。人民检察院、公安机关应当加强对刑事办案业务信息的研判、共享，建立健全业务信息、简报、通报的共享交换机制，定期或不定期互相通报交流各自部门就犯罪形势、刑事立案、强制措施适用、类案办理、侦查监督等方面业务分析研判情况。

6. 建立完善联席会议制度。人民检察院和公安机关应当建立联席会议制度，定期或根据工作需要适时召开联席会议，共同分析研判执法办案中出现的新情况、新问题，加强对刑事案件特别是重大、疑难案件和新型案件的证据收集、法律适用、刑事政策等问题的研究，强化类案指导，必要时以制定会议纪要、指导意见等方式明确执法、司法标准；开展案件质量分析，梳理侦查活动和侦查监督、批捕起诉工作中存在的突出问题并分析原因，制定整改方案；分析研判一段时期内刑事案件规律、特点，研究专项打击、防范对策和措施，就专项活动相关事宜进行会商。

7. 共同提升业务能力。人民检察院和公安机关可以通过组织庭审观摩评议、开展联合调研、举办同堂培训、共同编发办案指引、典型案例和指导性案例等方式，统一更新执法监督理念标准，共同促进双方业务能力提升。

（三）健全完善信息共享机制

1. 加快推进跨部门大数据协同办案机制。人民检察院、公安机关要协同加强信息化、智能化建设，运用大数据、区块链等技术推进政法机关跨部门大数据协同办案，实现案件的网上办理、流转，按照有关规定推动实现案件信息共享的常态化、制度化、规范化。

2. 健全完善办案数据信息共享保障机制。依照有关规定，严格规范检察人员、公安民警获取、使用刑事办案、监督相关数据信息的权限。在严格规范信息查询程序、保障办案信息安全、明确失泄密责任的基础上，以信息化手段保障侦查监督职能全面有效发挥。同步健全完善检察机关监督办案数据与公安机关共享的制度机制。实现数据双向交换、共享，保障侦查监督与协作配合机制长期、稳定、有效运行。

四、设立侦查监督与协作配合办公室

人民检察院刑事检察部门与公安机关法制部门共同牵头设立侦查监督与协作配合办公室。办公室依托公安机关执法办案管理中心，由人民检察院指派的常驻检察官和公安机关法制部门指定的专门人员共同负责。办公室应当明确责任分工，建立健全办公室制度规范和工作台账，主要职责：

（一）组织协调。组织协调人民检察院、公安机关相关部门、所队依法开展侦查监督、协作配合等相关工作，组织保障执法办案和侦查监督数据的共享通报。

（二）监督协作。根据办公室人员配置和地方实际，积极开展侦查监督和协作配合相关工作；协调人民检察院、公安机关相关部门加强对重大、疑难案件的会商指导。

（三）督促落实。负责对检察机关补充侦查意见的跟踪指导和督促落实；对联合督办案件的沟通协调、信息通报、督促办理；对监督意见和检察建议整改落实情况的跟踪督促；对公安机关要求说明理由、要求复议、提请复核、申请复查和提出意见建议的跟踪督促和及时反馈；对庭审阶段侦查人员出庭的协调督促。

（四）咨询指导。对公安机关、人民检察院办理刑事案件过程中遇到的疑难复杂问题，以及轻微刑事案件犯罪嫌疑人是否需要提请批准逮捕、移送审查起诉等问题及时提供法律咨询和指导解答。

（五）其他职责。充分发挥协作沟通的平台机制优势，积极推进人民检察院与公安机关加强监督制约、协作配合、信息共享等其他相关制度机制的健全完善和贯彻落实。

五、工作要求

（一）加强组织领导。各地人民检察院、公安机关要把党的领导贯穿在健全完善侦查监督与协作配合机制的全过程，主动向党委政法委请示报告，争取党委、政府的理解支持，推动地方党委将侦查监督与协作配合机制一体纳入司法体制改革部署统筹推进。市县两级人民检察院、公安机关要高度重视相关机制平台的建立健全和推进落实。

（二）加强沟通协调。人民检察院、公安机关要坚持共建共享理念，从双赢多赢共赢的角度求同存异，以求真务实的态度加强沟通协调，互相理解、互相支持，防止因认识分歧影响工作推进。负责内部牵头的刑事检察和法制部门要分别协调本单位内部各部门、警种、所队共同参与、密切配合办公室工作，确保侦查监督和协作配合机制落到实处、取得实效。

（三）抓好贯彻落实。各省级人民检察院、公安厅（局）要结合本地情况，抓好全省工作的谋划部署和督促落实，协调、指导下级单位及时解决遇到的困难问题。市县两级单位要加快推进侦查监督与协作配合办公室的机构设立，健全完善侦查监督与协作配合相关制度机制，细化办公室工作流程、规范，以制度化、规范化保障检警机关监督制约、协作配合、信息共享等机制在执法司法实践中充分有效发挥作用。在工作推进过程中遇到的问题，要及时向上级机关请示报告。

最高人民检察院
关于充分履行检察职能服务保障
海南自由贸易港建设的意见

(2021年11月16日最高人民检察院党组2021年第43次会议通过 2021年11月19日公布并施行）

为认真贯彻落实党中央关于支持海南全面深化改革开放的重大决策部署，充分发挥检察职能作用，服务保障海南自由贸易港建设，根据《中共中央国务院关于支持海南全面深化改革开放的指导意见》《海南自由贸易港建设总体方案》和《海南自由贸易港法》的规定，结合检察工作实际，提出如下意见。

一、切实增强检察机关服务和保障海南自由贸易港建设的责任感和使命感

1. 充分认识服务保障海南自由贸易港建设的重要意义。建设海南自由贸易港，是习近平总书记亲自谋划、亲自部署、亲自推动的改革开放重大举措，是党中央着眼国内国际两个大局，深入研究、统筹考虑、科学谋划作出的重大战略决策。检察机关要以习近平新时代中国特色社会主义思想为指导，认真落实党中央重大决策部署，深刻把握海南自由贸易港建设在更高水平开放型经济新体制中的重大意义，深度融入海洋强国、"一带一路"建设、军民融合发展等重大战略，坚持稳中求进工作总基调，坚持新发展理念，坚持高质量发展，解放思想、大胆创新、积极作为、依法履职，自觉把检察工作融入"两个大局"，自觉服务国家重大战略实施，为海南自由贸易港建设提供坚实法律保障。

2. 深刻把握服务保障海南自由贸易港建设的基本遵循。深入贯彻习近平法治思想，深入落实《中共中央关于加强新时代检察机关法律监督工作的意见》，坚持党对检察工作的绝对领导，坚持中国特色社会主义检察制度，确保检察机关服务保障海南自由贸易港建设的正确方向。坚持改革创新，支持海南检察机关推进符合司法规律和检察工作规律、有利于促进海南自由贸易港发展的体制机制改革，推动各项改革集成创新、协同高效。借鉴国际经验，加强国际司法交流合作，学习借鉴域外自由贸易港有益司法经验，服务建立开放型经

济新体制。

3. 牢牢抓住服务保障海南自由贸易港建设的主要任务。紧紧围绕国家赋予海南着力打造全面深化改革开放试验区、国家生态文明试验区、国际旅游消费中心和国家重大战略服务保障区的战略定位，充分发挥刑事、民事、行政、公益诉讼检察职能，在办案中监督，在监督中办案，为建设高水平的中国特色自由贸易港提供优质的法律服务和有力的司法保障。深刻把握改革开放新阶段新形势新任务，增强服务保障海南自由贸易港建设的针对性和实效性，以高水平的监督办案服务保障海南经济社会平稳健康可持续发展，助推形成更高层次改革开放新格局。

二、服务构建新发展格局，支持打造法治化、国际化、便利化营商环境

4. 坚决维护国家安全。牢固树立总体国家安全观，指导海南检察机关严厉打击在海南自由贸易港实施的窃取国家秘密、危害国防利益等犯罪活动，切实维护国家政治安全。依法打击各类刑事犯罪，深入推进扫黑除恶常态化，全力维护海南社会和谐稳定，努力推进海南自由贸易港更高水平的平安建设。依法惩治和有效预防网络犯罪，推动健全网络综合治理体系，保障关键信息基础设施安全，保障海南自由贸易港数据安全有序流动。加强军地检察机关协作配合，实现优势互补，形成保护国防和军事利益的整体合力。指导海南检察机关建立健全涉自由贸易港重大案件舆情应对机制。

5. 注重防范金融风险。坚守金融创新必须在审慎监管的前提下进行的原则，指导海南检察机关准确把握合法金融创新与金融违法犯罪的界限，依法惩治非法利用跨境直接投资交易、跨境融资、跨境证券投融资等海南自由贸易港金融政策实施的各类新型金融犯罪活动，加大洗钱犯罪惩治力度，保障投资自由便利政策在海南落实落地。支持海南检察机关建立健全与金融、税收、海关等部门及行业组织的常态联络机制，结合办案加强重大风险研判预警，积极提出加强海南自由贸易港金融监管的检察建议，助力海南自由贸易港资金流动监测和风险防控体系建设。

6. 依法严惩走私犯罪。加强司法政策、法律适用问题研究，指导海南检察机关及时对海南自由贸易港新型贸易业态下的走私态势开展分析研判。准确把握法律政策界限，依法严厉打击滥用海南自由贸易港离岛免税等政策实施的走私犯罪活动。推动建立海南自由贸易港缉私司法协作机制，加大高新科技手段运用，强化与海关缉私、公安、海警、人民法院等部门的协同联动，建立健全海南与广东、广西等相关省份检察机关之间的走私案件办理协作机制，推动落实"一线放开、二线管住"的政策要求，服务保障贸易自由便利政策实施。

7. 强化知识产权司法保护，探索创新容错司法机制。鼓励、支持海南检察机关开展知识产权检察职能集中统一履行试点工作，统筹履行好知识产权刑事、民事、行政检察职能，以更加专业和精准的检察服务为海南科技创新保驾护航。全面推开侵犯知识产权刑事案件权利人诉讼权利义务告知工作，提升案件办理透明度。持续落实严格依法保护知识产权各项制度，依法打击侵犯商标权、著作权、专利权、商业秘密等知识产权犯罪。加大对涉及国家重大战略需求、重大科研项目和关键核心技术，特别是新一代信息技术、高端制造、智能制造、互联网、生物医药、海洋科技、新能源、新材料等重点产业领域知识产权司法保护力度。鼓励和保护对科技成果的合理利用和改进提升，依法保护科研人员凭创新成果获取的合法权益。服务实施新时代人才强国战略，鼓励创新、宽容失败，助力营造识才爱才敬才用才的环境，打造国际一流的创新平台。依法加大认罪认罚从宽制度适用力度，提高办理新类型案件的精准度；依法审慎办理涉科研创新案件，对重大科研活动中的职务犯罪依法慎用强制措施，涉科研骨干的捕、诉层报省检察院审批。

8. 依法服务民营经济发展。严厉打击侵犯民营企业家合法权益的违法犯罪行为，依法办理侵犯企业合法权益的职务犯罪案件。强化对民营企业和企业家刑事案件的立案监督，严防使用刑事手段插手经济纠纷。深入贯彻少捕慎诉慎押刑事司法政策，对有正常生产经营活动的民营企业及其负责人涉嫌犯罪的，坚持能不捕的不捕、能不诉的不诉、能不判实刑的提出适用缓刑建议。完善取保候审执行机制，推广运用高科技手段对被取保候审人进行监督考察。会同司法行政机关，积极开展涉民营企业社区矫正对象赴外地生产经营请假活动法律监督工作。加大对查封、扣押、冻结等措施的监督力度，坚决清理和纠正违法查封、扣押、冻结民营企业财产以及刑事裁判涉财产部分执行不当、非法处置被执行人或者案外人财物等突出问题，依法保障企业生产要素流动性。鼓励、支持海南检察机关开展涉案企业合规改革试点，建立有效工作机制，督促涉案企业加强合规管理。严惩涉企行贿、受贿等违法犯罪，推动构建亲清政商关系。加强刑事司法与行政执法的衔接，依法追诉犯罪同时，对可不追究刑事责任的违法行为，移送主管部门给予行政处罚。

9. 强化民事检察监督。指导海南检察机关以跨境融资、投资信托、竞争垄断类案件为重点，依法办理金融、贸易、网络等领域民事诉讼监督案件，保护金融和财产安全。健全对虚假诉讼的防范、发现和追究机制，积极与人民法院、公安机关、司法行政机关协调配合，形成打击虚假诉讼合力，维护诚信、公平的市场环境。深入推进公证、仲裁等领域的民事非诉执行监督工作。健全民事抗诉、检察建议等法律监督方式，增强监督的主动性、精准度和实效性。

依法保护自然人、法人和非法人组织的合法权益，助推社会信用体系建设。

10. 加强行政检察监督。支持海南检察机关依法履行对行政诉讼活动的法律监督职能，促进审判机关依法审判，推进行政机关依法履职，维护行政相对人合法权益。围绕市场准入、外汇管理、海关监管等重点领域，针对行政机关违法行使职权或者不行使职权严重损害公民实体权益、严重损害民营企业合法权益、严重损害国家利益和社会公共利益等重点案件，依照法律规定通过制发检察建议等方式督促其纠正。践行新时代"枫桥经验"，促进行政争议实质性化解，助推诉源治理机制建设。

11. 强化公益司法保护。聚焦民生热点，鼓励海南检察机关加大与行政机关专项整治的协同力度，解决好公益损害重点领域突出问题。探索公益诉讼损害赔偿专项基金制度，确保办案追偿资金真正用于公益保护、修复。探索办理红色资源保护、旅游消费、公共卫生、生物安全、网络侵害、反垄断、反不正当竞争、信息数据安全、消费者权益保护、证券期货等领域公益诉讼案件，积极稳妥拓展公益诉讼案件范围。支持海南检察机关建设完善公益诉讼技术支持体系，在海洋生态环境保护公益诉讼等领域充分发挥科学技术与信息的支撑作用。

12. 助力国家生态文明试验区建设。充分发挥检察职能作用，推动环境保护行政执法与刑事司法双向衔接，依法打击破坏生态资源环境的犯罪。针对生态环境和资源保护领域的突出问题，积极开展公益诉讼检察专项监督活动，促进生态文明体制机制创新，助力国家生态文明试验区（海南）建设。推动海南、广东、广西检察机关建立环北部湾生态协作机制，共同维护琼州海峡生态环境。

13. 积极参与社会治理。指导海南检察机关深入推进检察听证工作，坚持"应听证尽听证"，充分发挥听证在审查疑难复杂案件和化解矛盾纠纷中的作用，提升检察听证工作质效。探索参与矛盾纠纷多元化解的方式和路径，引导各类市场主体以理性合法方式表达利益诉求。突出加强对困难群体的司法救助，持续巩固脱贫攻坚成果，助力全面推进乡村振兴。加强对涉海南自由贸易港案件趋势、前沿社会管理问题和群众涉法涉诉诉求的分析研判，深入研究发案原因、规律，提出检察建议，建立健全监督管理机制和风险防控措施，促进法治轨道上的国家治理体系和治理能力现代化。

三、完善法律监督职能体系，提升服务保障海南自由贸易港建设的履职能力

14. 优化司法资源配置。落实中央关于深化与行政区划适当分离的司法管辖制度改革要求，适应跨区域案件特点、司法办案规律和经济社会发展需要，发挥检察一体化制度优势，合理设置案件管辖。支持由海南省人民检察院派出的检察院办理适合集中管辖的跨区域案件和上级检察机关指定管辖的特定类型案件。健全对海南海事法院、自由贸易港知识产权法院、涉外民商事法庭等的法律监督机制，进一步完善公正、权威、高效的检察监督体系。

15. 加强专业化建设。加强人工智能、产权、股权、知识产权证券化、知识产权信用担保、竞猜型体育彩票和大型国际赛事即开彩票等新类型、新领域案件的研究。鼓励、指导海南检察机关探索建立专门办理涉及生态保护、旅游消费、知识产权、金融与破产等案件的专业化办案团队。坚持优化协同高效原则，积极借助"外脑"，探索从高等院校、科研机构、商事专业领域、涉外律师事务所等聘请专家学者，组建海南自由贸易港检察专家智库，提升涉外民商事、刑事、公益诉讼类案件办理专业化水平。

16. 深化科技强检和检察科研创新。支持海南检察机关主动融入智慧海南建设，深入推进以智慧办案为核心的智慧检务工作，加强信息化基础设施建设，深化检察业务应用系统2.0、中国检察听证网等检察信息化应用，全面提升检察信息化水平。强化检察科研成果在海南检察机关的示范应用，将互联网、大数据、区块链、人工智能等融入检察工作，提升检察监督能力。推进行政执法机关与司法机关办案网络互联互通、数据共享，提升法治工作的质量和效率。加强海南检察机关网络犯罪技术实验室和配套人才队伍建设，提升互联网、金融等领域新型犯罪技术性证据调查取证、审查运用能力。

17. 深化检察改革。指导海南检察机关深入推进检察改革，在部署重点改革试点任务时优先安排海南作为试点地区，努力打造中国特色社会主义检察制度试验区。建立符合司法规律和海南自由贸易港发展要求的检察人员管理、案件管理、法律监督实施制度机制。进一步加大检察机关入额领导干部办理海南自由贸易港重大、复杂、敏感、新类型案件以及在法律适用方面具有指导意义案件的力度。

四、加强统筹、协调、指导，夯实服务保障海南自由贸易港建设的检察基础

18. 强化交流合作与教育培训。积极创造条件，打造全国检察机关高层次培训基地和检察官国际交流、研修的窗口。支持海南检察机关开展全国检察机关法律职业人员统一职前培训，推动海南自由贸易港检察官与法官、警察、律师等同堂培训，凝聚法治共识，增强培训实效。支持海南检察机关开展检察官国际学术交流、境外司法执法人员来华研修与国际检察官联合会亚太地区沟通联络工作；设立自由贸易港检察工作论坛，打造国际检察官高端交流平台；设立自由贸易港检察工作研究基地，重点研究自由贸易港检察制度相关问题，定期发布自由贸易港检察工作白皮书。

19. 实施海南自由贸易港人才强检工程。建立"上下贯通、左右互联"的人才流动和培养机制，推动最高人民检察院及其他自贸区检察院业务骨干到海南挂职任职，统筹协调海南检察干部到最高人民检察院或相关单位及其他自贸区检察院挂职锻炼，形成长效机制。加强涉外检察人才培养，加强具备国际视野、通晓国际规则、掌握多种语言的应用型涉外法治高端人才储备。支持海南自由贸易港检察官开展对外交流、参加涉外培训以及参与相关国际会议。

20. 加强海南检察机关基层基础建设。注重解决海南省欠发达地区、少数民族地区检察队伍建设中的突出问题，协调相关部门在检察人员招录时实施政策倾斜。支持困难地区适当提升从优待检、拴心留人力度，精准帮扶相对薄弱基层院"脱薄争先"，统筹加强海南省检察队伍建设。

21. 强化组织领导和业务指导。最高人民检察院强化对检察机关服务保障海南自由贸易港建设工作的总体推进、统筹协调和重点指导。最高人民检察院各有关部门对海南省人民检察院相应部门实施对口支援、加强条线指导。加强检察机关与海南自由贸易港管理部门的沟通协调，及时研究解决工作推进中的新情况新问题。加强对海南检察机关服务保障海南自由贸易港建设经验成效的宣传报道，发挥海南自由贸易港检察院窗口作用，展示我国法治建设成就。

最高人民法院、最高人民检察院、公安部、司法部关于加强减刑、假释案件实质化审理的意见

（2021年12月1日公布并施行　法发〔2021〕31号）

减刑、假释制度是我国刑罚执行制度的重要组成部分。依照我国法律规定，减刑、假释案件由刑罚执行机关提出建议书，报请人民法院审理裁定，人民检察院依法进行监督。为严格规范减刑、假释工作，确保案件审理公平、公正，现就加强减刑、假释案件实质化审理提出如下意见。

一、准确把握减刑、假释案件实质化审理的基本要求

1. 坚持全面依法审查。审理减刑、假释案件应当全面审查刑罚执行机关报送的材料，既要注重审查罪犯交付执行后的一贯表现，同时也要注重审查罪犯犯罪的性质、具体情节、社会危害程度、原判刑罚及生效裁判中财产性判项的履行情况等，依法作出公平、公正的裁定，切实防止将考核分数作为减刑、假释的唯一依据。

2. 坚持主客观改造表现并重。审理减刑、假释案件既要注重审查罪犯劳动改造、监管改造等客观方面的表现，也要注重审查罪犯思想改造等主观方面的表现，综合判断罪犯是否确有悔改表现。

3. 坚持严格审查证据材料。审理减刑、假释案件应当充分发挥审判职能作用，坚持以审判为中心，严格审查各项证据材料。认定罪犯是否符合减刑、假释法定条件，应当有相应证据予以证明；对于没有证据证实或者证据不确实、不充分的，不得裁定减刑、假释。

4. 坚持区别对待。审理减刑、假释案件应当切实贯彻宽严相济刑事政策，具体案件具体分析，区分不同情形，依法作出裁定，最大限度地发挥刑罚的功能，实现刑罚的目的。

二、严格审查减刑、假释案件的实体条件

5. 严格审查罪犯服刑期间改造表现的考核材料。对于罪犯的计分考核材料，应当认真审查考核分数的来源及其合理性等，如果存在考核分数与考核期不对应、加扣分与奖惩不对应、奖惩缺少相应事实和依据等情况，应当要求刑罚执行机关在规定期限内作出说明或者补充。对于在规定期限内不能作出合理

解释的考核材料，不作为认定罪犯确有悔改表现的依据。

对于罪犯的认罪悔罪书、自我鉴定等自书材料，要结合罪犯的文化程度认真进行审查，对于无特殊原因非本人书写或者自书材料内容虚假的，不认定罪犯确有悔改表现。

对于罪犯存在违反监规纪律行为的，应当根据行为性质、情节等具体情况，综合分析判断罪犯的改造表现。罪犯服刑期间因违反监规纪律被处以警告、记过或者禁闭处罚的，可以根据案件具体情况，认定罪犯是否确有悔改表现。

6. 严格审查罪犯立功、重大立功的证据材料，准确把握认定条件。对于检举、揭发监狱内外犯罪活动，或者提供重要破案线索的，应当注重审查线索的来源。对于揭发线索来源存疑的，应当进一步核查，如果查明线索系通过贿买、暴力、威胁或者违反监规等非法手段获取的，不认定罪犯具有立功或者重大立功表现。

对于技术革新、发明创造，应当注重审查罪犯是否具备该技术革新、发明创造的专业能力和条件，对于罪犯明显不具备相应专业能力及条件、不能说明技术革新或者发明创造原理及过程的，不认定罪犯具有立功或者重大立功表现。

对于阻止他人实施犯罪活动，协助司法机关抓捕其他犯罪嫌疑人，在日常生产、生活中舍己救人，在抗御自然灾害或者排除重大事故中有积极或者突出表现的，除应当审查有关部门出具的证明材料外，还应当注重审查能够证明上述行为的其他证据材料，对于罪犯明显不具备实施上述行为能力和条件的，不认定罪犯具有立功或者重大立功表现。

严格把握"较大贡献"或者"重大贡献"的认定条件。该"较大贡献"或者"重大贡献"，是指对国家、社会具有积极影响，而非仅对个别人员、单位有贡献和帮助。对于罪犯在警示教育活动中现身说法的，不认定罪犯具有立功或者重大立功表现。

7. 严格审查罪犯履行财产性判项的能力。罪犯未履行或者未全部履行财产性判项，具有下列情形之一的，不认定罪犯确有悔改表现：

（1）拒不交代赃款、赃物去向；

（2）隐瞒、藏匿、转移财产；

（3）有可供履行的财产拒不履行。

对于前款罪犯，无特殊原因狱内消费明显超出规定额度标准的，一般不认定罪犯确有悔改表现。

8. 严格审查反映罪犯是否有再犯罪危险的材料。对于报请假释的罪犯，应当认真审查刑罚执行机关提供的反映罪犯服刑期间现实表现和生理、心理状况的材料，并认真审查司法行政机关或者有关社会组织出具的罪犯假释后对所居住社区影响的材料，同时结合罪犯犯罪的性质、具体情节、社会危害程度、原判刑罚及生效裁判中财产性判项的履行情况等，综合判断罪犯假释后是否具有再犯罪危险性。

9. 严格审查罪犯身份信息、患有严重疾病或者身体有残疾的证据材料。对于上述证据材料有疑问的，可以委托有关单位重新调查、诊断、鉴定。对原判适用《中华人民共和国刑事诉讼法》第一百六十条第二款规定判处刑罚的罪犯，在刑罚执行期间不真心悔罪，仍不讲真实姓名、住址，且无法调查核实清楚的，除具有重大立功表现等特殊情形外，一律不予减刑、假释。

10. 严格把握罪犯减刑后的实际服刑刑期。正确理解法律和司法解释规定的最低服刑期限，严格控制减刑起始时间、间隔时间及减刑幅度，并根据罪犯前期减刑情况和效果，对其后续减刑予以总体掌握。死刑缓期执行、无期徒刑罪犯减为有期徒刑后再减刑时，在减刑间隔时间及减刑幅度上，应当从严把握。

三、切实强化减刑、假释案件办理程序机制

11. 充分发挥庭审功能。人民法院开庭审理减刑、假释案件，应当围绕罪犯实际服刑表现、财产性判项执行履行情况等，认真进行法庭调查。人民检察院应当派员出庭履行职务，并充分发表意见。人民法院对于有疑问的证据材料，要重点进行核查，必要时可以要求有关机关或者罪犯本人作出说明，有效发挥庭审在查明事实、公正裁判中的作用。

12. 健全证人出庭作证制度。人民法院审理减刑、假释案件，应当通知罪犯的管教干警、同监室罪犯、公示期间提出异议的人员以及其他了解情况的人员出庭作证。开庭审理前，刑罚执行机关应当提供前述证人名单，人民法院根据需要从名单中确定相应数量的证人出庭作证。证人到庭后，应当对其进行详细询问，全面了解被报请减刑、假释罪犯的改造表现等情况。

13. 有效行使庭外调查核实权。人民法院、人民检察院对于刑罚执行机关提供的罪犯确有悔改表现、立功表现等证据材料存有疑问的，根据案件具体情况，可以采取讯问罪犯、询问证人、调取相关材料、与监所人民警察座谈、听取派驻监所检察人员意见等方式，在庭外对相关证据材料进行调查核实。

14. 强化审判组织的职能作用。人民法院审理减刑、假释案件，合议庭成员应当对罪犯是否符合减刑或者假释条件、减刑幅度是否适当、财产性判项是否执行履行等情况，充分发表意见。对于重大、疑难、复杂的减刑、假释案件，合议庭必要时可以提请院长决定提交审判委员会讨论，但提请前应当先经

专业法官会议研究。

15. 完善财产性判项执行衔接机制。人民法院刑事审判部门作出具有财产性判项内容的刑事裁判后，应当及时按照规定移送负责执行的部门执行。刑罚执行机关对罪犯报请减刑、假释时，可以向负责执行财产性判项的人民法院调取罪犯财产性判项执行情况的有关材料，负责执行的人民法院应当予以配合。刑罚执行机关提交的关于罪犯财产性判项执行情况的材料，可以作为人民法院认定罪犯财产性判项执行情况和判断罪犯是否具有履行能力的依据。

16. 提高信息化运用水平。人民法院、人民检察院、刑罚执行机关要进一步提升减刑、假释信息化建设及运用水平，充分利用减刑、假释信息化协同办案平台、执行信息平台及大数据平台等，采用远程视频开庭等方式，不断完善案件办理机制。同时，加强对减刑、假释信息化协同办案平台和减刑、假释、暂予监外执行信息网的升级改造，不断拓展信息化运用的深度和广度，为提升减刑、假释案件办理质效和加强权力运行制约监督提供科技支撑。

四、大力加强减刑、假释案件监督指导及工作保障

17. 不断健全内部监督。人民法院、人民检察院、刑罚执行机关要进一步强化监督管理职责，严格落实备案审查、专项检查等制度机制，充分发挥层级审核把关作用。人民法院要加强文书的释法说理，进一步提升减刑、假释裁定公信力。对于发现的问题及时责令整改，对于确有错误的案件，坚决依法予以纠正，对于涉嫌违纪违法的线索，及时移交纪检监察部门处理。

18. 高度重视外部监督。人民法院、人民检察院要自觉接受同级人民代表大会及其常委会的监督，主动汇报工作，对于人大代表关注的问题，认真研究处理并及时反馈，不断推进减刑、假释工作规范化开展；人民法院、刑罚执行机关要依法接受检察机关的法律监督，认真听取检察机关的意见、建议，支持检察机关巡回检察等工作，充分保障检察机关履行检察职责；人民法院、人民检察院、刑罚执行机关均要主动接受社会监督，积极回应人民群众关切。

19. 着力强化对下指导。人民法院、人民检察院、刑罚执行机关在减刑、假释工作中，遇到法律适用难点问题或者其他重大政策问题，应当及时向上级机关请示报告。上级机关应当准确掌握下级机关在减刑、假释工作中遇到的突出问题，加强研究和指导，并及时收集辖区内减刑、假释典型案例层报。最高人民法院、最高人民检察院应当适时发布指导性案例，为下级人民法院、人民检察院依法办案提供指导。

20. 切实加强工作保障。人民法院、人民检察院、刑罚执行机关应当充分认识减刑、假释工作所面临的新形势、新任务、新要求，坚持各司其职、分工

负责、相互配合、相互制约的原则,不断加强沟通协作。根据工作需要,配足配强办案力量,加强对办案人员的业务培训,提升能力素质,建立健全配套制度机制,确保减刑、假释案件实质化审理公正、高效开展。

最高人民检察院
人民检察院办理认罪认罚案件开展量刑建议工作的指导意见

（2021年11月15日最高人民检察院第十三届检察委员会第七十八次会议通过　2021年12月3日公布并施行）

为深入贯彻落实宽严相济刑事政策，规范人民检察院办理认罪认罚案件量刑建议工作，促进量刑公开公正，加强对检察机关量刑建议活动的监督制约，根据刑事诉讼法、人民检察院刑事诉讼规则等规定，结合检察工作实际，制定本意见。

第一章　一般规定

第一条　犯罪嫌疑人认罪认罚的，人民检察院应当就主刑、附加刑、是否适用缓刑等提出量刑建议。

对认罪认罚案件，人民检察院应当在全面审查证据、查明事实、准确认定犯罪的基础上提出量刑建议。

第二条　人民检察院对认罪认罚案件提出量刑建议，应当坚持以下原则：

（一）宽严相济。应当根据犯罪的具体情况，综合考虑从重、从轻、减轻或者免除处罚等各种量刑情节提出量刑建议，做到该宽则宽，当严则严，宽严相济，轻重有度。

（二）依法建议。应当根据犯罪的事实、性质、情节和对于社会的危害程度等，依照刑法、刑事诉讼法以及相关司法解释的规定提出量刑建议。

（三）客观公正。应当全面收集、审查有罪、无罪、罪轻、罪重、从宽、从严等证据，依法听取犯罪嫌疑人、被告人、辩护人或者值班律师、被害人及其诉讼代理人的意见，客观公正提出量刑建议。

（四）罪责刑相适应。提出量刑建议既要体现认罪认罚从宽，又要考虑犯罪嫌疑人、被告人所犯罪行的轻重、应负的刑事责任和社会危险性的大小，确保罚当其罪，避免罪责刑失衡。

（五）量刑均衡。涉嫌犯罪的事实、情节基本相同的案件，提出的量刑建议应当保持基本均衡。

第三条 人民检察院对认罪认罚案件提出量刑建议，应当符合以下条件：

（一）犯罪事实清楚，证据确实、充分；

（二）提出量刑建议所依据的法定从重、从轻、减轻或者免除处罚等量刑情节已查清；

（三）提出量刑建议所依据的酌定从重、从轻处罚等量刑情节已查清。

第四条 办理认罪认罚案件，人民检察院一般应当提出确定刑量刑建议。对新类型、不常见犯罪案件，量刑情节复杂的重罪案件等，也可以提出幅度刑量刑建议，但应当严格控制所提量刑建议的幅度。

第五条 人民检察院办理认罪认罚案件提出量刑建议，应当按照有关规定对听取意见情况进行同步录音录像。

第二章 量刑证据的审查

第六条 影响量刑的基本事实和各量刑情节均应有相应的证据加以证明。

对侦查机关移送审查起诉的案件，人民检察院应当审查犯罪嫌疑人有罪和无罪、罪重和罪轻、从宽和从严的证据是否全部随案移送，未随案移送的，应当通知侦查机关在指定时间内移送。侦查机关应当收集而未收集量刑证据的，人民检察院可以通知侦查机关补充相关证据或者退回侦查机关补充侦查，也可以自行补充侦查。

对于依法需要判处财产刑的案件，人民检察院应当要求侦查机关收集并随案移送涉及犯罪嫌疑人财产状况的证据材料。

第七条 对于自首情节，应当重点审查投案的主动性、供述的真实性和稳定性等情况。

对于立功情节，应当重点审查揭发罪行的轻重、提供的线索对侦破案件或者协助抓捕其他犯罪嫌疑人所起的作用、被检举揭发的人可能或者已经被判处的刑罚等情况。犯罪嫌疑人提出检举、揭发犯罪立功线索的，应当审查犯罪嫌疑人掌握线索的来源、有无移送侦查机关、侦查机关是否开展调查核实等。

对于累犯、惯犯以及前科、劣迹等情节，应当调取相关的判决、裁定、释放证明等材料，并重点审查前后行为的性质、间隔长短、次数、罪行轻重等情况。

第八条 人民检察院应当根据案件情况对犯罪嫌疑人犯罪手段、犯罪动机、主观恶性、是否和解谅解、是否退赃退赔、有无前科劣迹等酌定量刑情节进行审查，并结合犯罪嫌疑人的家庭状况、成长环境、心理健康情况等进行审查，综合判断。

有关个人品格方面的证据材料不得作为定罪证据，但与犯罪相关的个人品格情况可以作为酌定量刑情节予以综合考虑。

第九条 人民检察院办理认罪认罚案件提出量刑建议，应当听取被害人及其诉讼代理人的意见，并将犯罪嫌疑人是否与被害方达成调解协议、和解协议或者赔偿被害方损失，取得被害方谅解，是否自愿承担公益损害修复及赔偿责任等，作为从宽处罚的重要考虑因素。

犯罪嫌疑人自愿认罪并且有赔偿意愿，但被害方拒绝接受赔偿或者赔偿请求明显不合理，未能达成调解或者和解协议的，可以综合考量赔偿情况及全案情节对犯罪嫌疑人予以适当从宽，但罪行极其严重、情节极其恶劣的除外。

必要时，人民检察院可以听取侦查机关、相关行政执法机关、案发地或者居住地基层组织和群众的意见。

第十条 人民检察院应当认真审查侦查机关移送的关于犯罪嫌疑人社会危险性和案件对所居住社区影响的调查评估意见。侦查机关未委托调查评估，人民检察院拟提出判处管制、缓刑量刑建议的，一般应当委托犯罪嫌疑人居住地的社区矫正机构或者有关组织进行调查评估，必要时，也可以自行调查评估。

调查评估意见是人民检察院提出判处管制、缓刑量刑建议的重要参考。人民检察院提起公诉时，已收到调查评估材料的，应当一并移送人民法院，已经委托调查评估但尚未收到调查评估材料的，人民检察院经审查全案情况认为犯罪嫌疑人符合管制、缓刑适用条件的，可以提出判处管制、缓刑的量刑建议，同时将委托文书随案移送人民法院。

第三章 量刑建议的提出

第十一条 人民检察院应当按照有关量刑指导意见规定的量刑基本方法，依次确定量刑起点、基准刑和拟宣告刑，提出量刑建议。对新类型、不常见犯罪案件，可以参照相关量刑规范和相似案件的判决提出量刑建议。

第十二条 提出确定刑量刑建议应当明确主刑适用刑种、刑期和是否适用缓刑。

建议判处拘役的，一般应当提出确定刑量刑建议。

建议判处附加刑的，应当提出附加刑的类型。

建议判处罚金刑的，应当以犯罪情节为根据，综合考虑犯罪嫌疑人缴纳罚金的能力提出确定的数额。

建议适用缓刑的，应当明确提出。

第十三条 除有减轻处罚情节外，幅度刑量刑建议应当在法定量刑幅度内提出，不得兼跨两种以上主刑。

建议判处有期徒刑的，一般应当提出相对明确的量刑幅度。建议判处六个月以上不满一年有期徒刑的，幅度一般不超过二个月；建议判处一年以上不满三年有期徒刑的，幅度一般不超过六个月；建议判处三年以上不满十年有期徒刑的，幅度一般不超过一年；建议判处十年以上有期徒刑的，幅度一般不超过二年。

建议判处管制的，幅度一般不超过三个月。

第十四条 人民检察院提出量刑建议应当区别认罪认罚的不同诉讼阶段、对查明案件事实的价值和意义、是否确有悔罪表现，以及罪行严重程度等，综合考量确定从宽的限度和幅度。在从宽幅度上，主动认罪认罚优于被动认罪认罚，早认罪认罚优于晚认罪认罚，彻底认罪认罚优于不彻底认罪认罚，稳定认罪认罚优于不稳定认罪认罚。

认罪认罚的从宽幅度一般应当大于仅有坦白，或者虽认罪但不认罚的从宽幅度。对犯罪嫌疑人具有自首、坦白情节，同时认罪认罚的，应当在法定刑幅度内给予相对更大的从宽幅度。

第十五条 犯罪嫌疑人虽然认罪认罚，但所犯罪行具有下列情形之一的，提出量刑建议应当从严把握从宽幅度或者依法不予从宽：

（一）危害国家安全犯罪、恐怖活动犯罪、黑社会性质组织犯罪的首要分子、主犯；

（二）犯罪性质和危害后果特别严重、犯罪手段特别残忍、社会影响特别恶劣的；

（三）虽然罪行较轻但具有累犯、惯犯等恶劣情节的；

（四）性侵等严重侵害未成年人的；

（五）其他应当从严把握从宽幅度或者不宜从宽的情形。

第十六条 犯罪嫌疑人既有从重又有从轻、减轻处罚情节，应当全面考虑各情节的调节幅度，综合分析提出量刑建议，不能仅根据某一情节一律从轻或者从重。

犯罪嫌疑人具有减轻处罚情节的，应当在法定刑以下提出量刑建议，有数个量刑幅度的，应当在法定量刑幅度的下一个量刑幅度内提出量刑建议。

第十七条 犯罪嫌疑人犯数罪，同时具有立功、累犯等量刑情节的，先适用该量刑情节调节个罪基准刑，分别提出量刑建议，再依法提出数罪并罚后决定执行的刑罚的量刑建议。人民检察院提出量刑建议时应当分别列明个罪量刑建议和数罪并罚后决定执行的刑罚的量刑建议。

第十八条 对于共同犯罪案件，人民检察院应当根据各犯罪嫌疑人在共同犯罪中的地位、作用以及应当承担的刑事责任分别提出量刑建议。提出量刑建议时应当注意各犯罪嫌疑人之间的量刑平衡。

第十九条 人民检察院可以根据案件实际情况，充分考虑提起公诉后可能出现的退赃退赔、刑事和解、修复损害等量刑情节变化，提出满足相应条件情况下的量刑建议。

第二十条 人民检察院可以借助量刑智能辅助系统分析案件、计算量刑，在参考相关结论的基础上，结合案件具体情况，依法提出量刑建议。

第二十一条 检察官应当全面审查事实证据，准确认定案件性质，根据量刑情节拟定初步的量刑建议，并组织听取意见。

案件具有下列情形之一的，检察官应当向部门负责人报告或者建议召开检察官联席会议讨论，确定量刑建议范围后再组织听取意见：

（一）新类型、不常见犯罪；
（二）案情重大、疑难、复杂的；
（三）涉案犯罪嫌疑人人数众多的；
（四）性侵未成年人的；
（五）与同类案件或者关联案件处理结果明显不一致的；
（六）其他认为有必要报告或讨论的。

检察官应当按照有关规定在权限范围内提出量刑建议。案情重大、疑难、复杂的，量刑建议应当由检察长或者检察委员会讨论决定。

第四章 听取意见

第二十二条 办理认罪认罚案件，人民检察院应当依法保障犯罪嫌疑人获得有效法律帮助。犯罪嫌疑人要求委托辩护人的，应当充分保障其辩护权，严禁要求犯罪嫌疑人解除委托。

对没有委托辩护人的，应当及时通知值班律师为犯罪嫌疑人提供法律咨询、程序选择建议、申请变更强制措施等法律帮助。对符合通知辩护条件的，应当通知法律援助机构指派律师为其提供辩护。

人民检察院应当为辩护人、值班律师会见、阅卷等提供便利。

第二十三条 对法律援助机构指派律师为犯罪嫌疑人提供辩护，犯罪嫌疑人的监护人、近亲属又代为委托辩护人的，应当听取犯罪嫌疑人的意见，由其确定辩护人人选。犯罪嫌疑人是未成年人的，应当听取其监护人意见。

第二十四条　人民检察院在听取意见时，应当将犯罪嫌疑人享有的诉讼权利和认罪认罚从宽的法律规定，拟认定的犯罪事实、涉嫌罪名、量刑情节，拟提出的量刑建议及法律依据告知犯罪嫌疑人及其辩护人或者值班律师。

人民检察院听取意见可以采取当面、远程视频等方式进行。

第二十五条　人民检察院应当充分说明量刑建议的理由和依据，听取犯罪嫌疑人及其辩护人或者值班律师对量刑建议的意见。

犯罪嫌疑人及其辩护人或者值班律师对量刑建议提出不同意见，或者提交影响量刑的证据材料，人民检察院经审查认为犯罪嫌疑人及其辩护人或者值班律师意见合理的，应当采纳，相应调整量刑建议，审查认为意见不合理的，应当结合法律规定、全案情节、相似案件判决等作出解释、说明。

第二十六条　人民检察院在听取意见的过程中，必要时可以通过出示、宣读、播放等方式向犯罪嫌疑人开示或部分开示影响定罪量刑的主要证据材料，说明证据证明的内容，促使犯罪嫌疑人认罪认罚。

言词证据确需开示的，应注意合理选择开示内容及方式，避免妨碍诉讼、影响庭审。

第二十七条　听取意见后，达成一致意见的，犯罪嫌疑人应当签署认罪认罚具结书。有刑事诉讼法第一百七十四条第二款不需要签署具结书情形的，不影响对其提出从宽的量刑建议。

犯罪嫌疑人有辩护人的，应当由辩护人在场见证具结并签字，不得绕开辩护人安排值班律师代为见证具结。辩护人确因客观原因无法到场的，可以通过远程视频方式见证具结。

犯罪嫌疑人自愿认罪认罚，没有委托辩护人，拒绝值班律师帮助的，签署具结书时，应当通知值班律师到场见证，并在具结书上注明。值班律师对人民检察院量刑建议、程序适用有异议的，检察官应当听取其意见，告知其确认犯罪嫌疑人认罪认罚的自愿性后应当在具结书上签字。

未成年犯罪嫌疑人签署具结书时，其法定代理人应当到场并签字确认。法定代理人无法到场的，合适成年人应当到场签字确认。法定代理人、辩护人对未成年人认罪认罚有异议的，未成年犯罪嫌疑人不需要签署具结书。

第二十八条　听取意见过程中，犯罪嫌疑人及其辩护人或者值班律师提供可能影响量刑的新的证据材料或者提出不同意见，需要审查、核实的，可以中止听取意见。人民检察院经审查、核实并充分准备后可以继续听取意见。

第二十九条　人民检察院提起公诉后开庭前，被告人自愿认罪认罚的，人民检察院可以组织听取意见。达成一致的，被告人应当在辩护人或者值班律师在场的情况下签署认罪认罚具结书。

第三十条 对于认罪认罚案件,犯罪嫌疑人签署具结书后,没有新的事实和证据,且犯罪嫌疑人未反悔的,人民检察院不得撤销具结书、变更量刑建议。除发现犯罪嫌疑人认罪悔罪不真实、认罪认罚后又反悔或者不履行具结书中需要履行的赔偿损失、退赃退赔等情形外,不得提出加重犯罪嫌疑人刑罚的量刑建议。

第三十一条 人民检察院提出量刑建议,一般应当制作量刑建议书,与起诉书一并移送人民法院。对于案情简单、量刑情节简单,适用速裁程序的案件,也可以在起诉书中载明量刑建议。

量刑建议书中应当写明建议对犯罪嫌疑人科处的主刑、附加刑、是否适用缓刑等及其理由和依据,必要时可以单独出具量刑建议理由说明书。适用速裁程序审理的案件,通过起诉书载明量刑建议的,可以在起诉书中简化说理。

第五章 量刑建议的调整

第三十二条 人民法院经审理,认为量刑建议明显不当或者认为被告人、辩护人对量刑建议的异议合理,建议人民检察院调整量刑建议的,人民检察院应当认真审查,认为人民法院建议合理的,应当调整量刑建议,认为人民法院建议不当的,应当说明理由和依据。

人民检察院调整量刑建议,可以制作量刑建议调整书移送人民法院。

第三十三条 开庭审理前或者休庭期间调整量刑建议的,应当重新听取被告人及其辩护人或者值班律师的意见。

庭审中调整量刑建议,被告人及其辩护人没有异议的,人民检察院可以当庭调整量刑建议并记录在案。当庭无法达成一致或者调整量刑建议需要履行相应报告、决定程序的,可以建议法庭休庭,按照本意见第二十四条、第二十五条的规定组织听取意见,履行相应程序后决定是否调整。

适用速裁程序审理认罪认罚案件,需要调整量刑建议的,应当在庭前或者当庭作出调整。

第三十四条 被告人签署认罪认罚具结书后,庭审中反悔不再认罪认罚的,人民检察院应当了解反悔的原因,被告人明确不再认罪认罚的,人民检察院应当建议人民法院不再适用认罪认罚从宽制度,撤回从宽量刑建议,并建议法院在量刑时考虑相应情况。依法需要转为普通程序或者简易程序审理的,人民检察院应当向人民法院提出建议。

第三十五条 被告人认罪认罚而庭审中辩护人作无罪辩护的,人民检察院应当核实被告人认罪认罚的真实性、自愿性。被告人仍然认罪认罚的,可以继续适用认罪认罚从宽制度，被告人反悔不再认罪认罚的，按照本意见第三十四条的规定处理。

第三十六条　检察官应当在职责权限范围内调整量刑建议。根据本意见第二十一条规定，属于检察官职责权限范围内的，可以由检察官调整量刑建议并向部门负责人报告备案；属于检察长或者检察委员会职责权限范围内的，应当由检察长或者检察委员会决定调整。

第六章　量刑监督

第三十七条　人民法院违反刑事诉讼法第二百零一条第二款规定，未告知人民检察院调整量刑建议而直接作出判决的，人民检察院一般应当以违反法定程序为由依法提出抗诉。

第三十八条　认罪认罚案件审理中，人民法院认为量刑建议明显不当建议人民检察院调整，人民检察院不予调整或者调整后人民法院不予采纳，人民检察院认为判决、裁定量刑确有错误的，应当依法提出抗诉，或者根据案件情况，通过提出检察建议或者发出纠正违法通知书等进行监督。

第三十九条　认罪认罚案件中，人民法院采纳人民检察院提出的量刑建议作出判决、裁定，被告人仅以量刑过重为由提出上诉，因被告人反悔不再认罪认罚致从宽量刑明显不当的，人民检察院应当依法提出抗诉。

第七章　附　　则

第四十条　人民检察院办理认罪认罚二审、再审案件，参照本意见提出量刑建议。

第四十一条　本意见自发布之日起施行。

四、部门规范性文件

财政部、自然资源部、生态环境部、住房城乡建设部、水利部、农业农村部、林业和草原局、最高人民法院、最高人民检察院
生态环境损害赔偿资金管理办法（试行）

（2020年3月11日公布并施行　财资环〔2020〕6号）

第一条　为加快推进生态文明建设，规范生态环境损害赔偿资金管理，根据《中华人民共和国预算法》、《中华人民共和国环境保护法》、《生态环境损害赔偿制度改革方案》等，制定本办法。

第二条　本办法所称生态环境损害赔偿资金，是指生态环境损害事件发生后，在生态环境损害无法修复或者无法完全修复以及赔偿义务人不履行义务或者不完全履行义务的情况下，由造成损害的赔偿义务人主动缴纳或者按照磋商达成的赔偿协议、法院生效判决缴纳的资金。

经生态环境损害赔偿磋商协议确定或者人民法院生效法律文书确定，由赔偿义务人修复或者由其委托具备修复能力的社会第三方机构进行修复的，发生的生态环境损害修复费用不纳入本办法管理。

第三条　本办法所称赔偿义务人，是指违反法律、法规和国家有关规定，造成生态环境损害的单位和个人。

赔偿义务人应当承担生态环境损害赔偿责任，及时缴纳生态环境损害赔偿资金。

第四条　按照国务院授权，省级人民政府、市地级人民政府为本行政区域内生态环境损害赔偿权利人。省域内跨市地的生态环境损害，由省级人民政府管辖；其他工作范围划分由省级人民政府根据本地区实际情况确定。跨省域的生态环境损害，由生态环境损害地的相关省级人民政府协商开展生态环境损害赔偿工作。

国务院直接行使全民所有自然资源资产所有权的，由受委托代行该所有权的部门作为赔偿权利人。

第五条　赔偿权利人及其指定的相关部门、机构应当积极与赔偿义务人进行生态环境损害赔偿磋商。磋商未达成一致的，赔偿权利人及其指定的相关部

门、机构应当依法及时提起诉讼。赔偿义务人不履行或者不完全履行生态环境损害赔偿资金支付义务的，赔偿权利人及其指定的相关部门、机构应当及时向人民法院申请强制执行。

赔偿权利人可以根据部门职责指定自然资源、生态环境、住房和城乡建设、水利、农业农村、林业和草原等相关部门、机构负责生态环境损害赔偿具体工作。

第六条 赔偿权利人负责生态环境损害赔偿资金使用和管理。赔偿权利人指定的相关部门、机构负责执收生态环境损害赔偿协议确定的生态环境损害赔偿资金；人民法院负责执收由人民法院生效判决确定的生态环境损害赔偿资金。

生态环境损害赔偿资金作为政府非税收入，实行国库集中收缴，全额上缴赔偿权利人指定部门、机构的本级国库，纳入一般公共预算管理。

第七条 损害结果发生地涉及多个地区的，由损害结果第一发生地赔偿权利人牵头组织地区间政府协商确定赔偿资金分配，无法达成一致的，报共同的上级人民政府决定。

第八条 生态环境损害赔偿资金统筹用于在损害结果发生地开展的生态环境修复相关工作。

第九条 生态环境修复相关支出纳入本级一般公共预算，按照预算管理有关规定执行。赔偿权利人指定的相关部门、机构负责编制生态修复及工作经费支出预算草案、绩效目标，提出使用申请，并对提供材料的真实性负责，经本级财政部门审核后按照规定支出。

第十条 生态环境修复相关资金支付按照国库集中支付制度有关规定执行。涉及政府采购的，按照政府采购有关法律、法规和规定执行。结转结余资金按照有关财政拨款结转和结余资金规定进行处理。

第十一条 生态环境修复相关资金实施全过程预算绩效管理。赔偿权利人指定的部门、机构应当加强事前绩效评估和绩效监控，在预算年度结束及时开展绩效自评并将结果报送本级财政部门。

第十二条 财政部门应当督促赔偿权利人指定的部门、机构以及人民法院及时将生态环境损害赔偿资金上缴本级国库，审核批复资金支出预算，对生态环境损害赔偿资金使用情况实施财政监督管理和定期绩效评价，并参考绩效评价结果作出预算安排。

第十三条 相关单位和个人存在虚报冒领、骗取套取、挤占挪用生态环境损害赔偿资金等违法行为的，按照《中华人民共和国预算法》、《财政违法行为处罚处分条例》等国家有关规定追究相应责任；涉嫌犯罪的，依法追究刑事责任。

第十四条 相关单位和个人在生态环境损害赔偿资金分配、审核等工作中,存在违规分配、使用、管理资金,以及其他滥用职权、玩忽职守、徇私舞弊等违法违纪行为的,按照《中华人民共和国预算法》、《中华人民共和国公务员法》、《中华人民共和国监察法》、《财政违法行为处罚处分条例》等国家有关规定追究相应责任;涉嫌犯罪的,依法追究刑事责任。

第十五条 环境民事公益诉讼中,经人民法院生效法律文书确定的生态环境无法修复或者无法完全修复的损害赔偿资金,以及赔偿义务人未履行义务或者未完全履行义务时应当支付的生态环境修复费用,可参照本办法规定管理;需要修复生态环境的,人民法院应当及时移送省级、市地级人民政府及其指定的相关部门、机构组织实施。

第十六条 生态环境损害赔偿资金使用情况应当由赔偿权利人或者其指定的部门、机构以适当的形式及时向社会公开。

第十七条 各地区可结合本办法及实际情况制定本地区管理办法细则。

第十八条 本办法由财政部会同有关部门负责解释。

第十九条 本办法自印发之日起实施。

最高人民法院、最高人民检察院、公安部、司法部
中华人民共和国社区矫正法实施办法

（2020年6月18日公布　2020年7月1日施行　司发通〔2020〕59号）

第一条　为了推进和规范社区矫正工作，根据《中华人民共和国刑法》、《中华人民共和国刑事诉讼法》、《中华人民共和国社区矫正法》等有关法律规定，制定本办法。

第二条　社区矫正工作坚持党的绝对领导，实行党委政府统一领导、司法行政机关组织实施、相关部门密切配合、社会力量广泛参与、检察机关法律监督的领导体制和工作机制。

第三条　地方人民政府根据需要设立社区矫正委员会，负责统筹协调和指导本行政区域内的社区矫正工作。

司法行政机关向社区矫正委员会报告社区矫正工作开展情况，提请社区矫正委员会协调解决社区矫正工作中的问题。

第四条　司法行政机关依法履行以下职责：

（一）主管本行政区域内社区矫正工作；

（二）对本行政区域内设置和撤销社区矫正机构提出意见；

（三）拟定社区矫正工作发展规划和管理制度，监督检查社区矫正法律法规和政策的执行情况；

（四）推动社会力量参与社区矫正工作；

（五）指导支持社区矫正机构提高信息化水平；

（六）对在社区矫正工作中作出突出贡献的组织、个人，按照国家有关规定给予表彰、奖励；

（七）协调推进高素质社区矫正工作队伍建设；

（八）其他依法应当履行的职责。

第五条　人民法院依法履行以下职责：

（一）拟判处管制、宣告缓刑、决定暂予监外执行的，可以委托社区矫正机构或者有关社会组织对被告人或者罪犯的社会危险性和对所居住社区的影响，进行调查评估，提出意见，供决定社区矫正时参考；

（二）对执行机关报请假释的，审查执行机关移送的罪犯假释后对所居住社区影响的调查评估意见；

（三）核实并确定社区矫正执行地；

（四）对被告人或者罪犯依法判处管制、宣告缓刑、裁定假释、决定暂予监外执行；

（五）对社区矫正对象进行教育，及时通知并送达法律文书；

（六）对符合撤销缓刑、撤销假释或者暂予监外执行收监执行条件的社区矫正对象，作出判决、裁定和决定；

（七）对社区矫正机构提请逮捕的，及时作出是否逮捕的决定；

（八）根据社区矫正机构提出的减刑建议作出裁定；

（九）其他依法应当履行的职责。

第六条　人民检察院依法履行以下职责：

（一）对社区矫正决定机关、社区矫正机构或者有关社会组织的调查评估活动实行法律监督；

（二）对社区矫正决定机关判处管制、宣告缓刑、裁定假释、决定或者批准暂予监外执行活动实行法律监督；

（三）对社区矫正法律文书及社区矫正对象交付执行活动实行法律监督；

（四）对监督管理、教育帮扶社区矫正对象的活动实行法律监督；

（五）对变更刑事执行、解除矫正和终止矫正的活动实行法律监督；

（六）受理申诉、控告和举报，维护社区矫正对象的合法权益；

（七）按照刑事诉讼法的规定，在对社区矫正实行法律监督中发现司法工作人员相关职务犯罪，可以立案侦查直接受理的案件；

（八）其他依法应当履行的职责。

第七条　公安机关依法履行以下职责：

（一）对看守所留所服刑罪犯拟暂予监外执行的，可以委托开展调查评估；

（二）对看守所留所服刑罪犯拟暂予监外执行的，核实并确定社区矫正执行地；对符合暂予监外执行条件的，批准暂予监外执行；对符合收监执行条件的，作出收监执行的决定；

（三）对看守所留所服刑罪犯批准暂予监外执行的，进行教育，及时通知并送达法律文书；依法将社区矫正对象交付执行；

（四）对社区矫正对象予以治安管理处罚；到场处置经社区矫正机构制止无效，正在实施违反监督管理规定或者违反人民法院禁止令等违法行为的社区矫正对象；协助社区矫正机构处置突发事件；

（五）协助社区矫正机构查找失去联系的社区矫正对象；执行人民法院作出的逮捕决定；被裁定撤销缓刑、撤销假释和被决定收监执行的社区矫正对象逃跑的，予以追捕；

（六）对裁定撤销缓刑、撤销假释，或者对人民法院、公安机关决定暂予监外执行收监的社区矫正对象，送交看守所或者监狱执行；

（七）执行限制社区矫正对象出境的措施；

（八）其他依法应当履行的职责。

第八条　监狱管理机关以及监狱依法履行以下职责：

（一）对监狱关押罪犯拟提请假释的，应当委托进行调查评估；对监狱关押罪犯拟暂予监外执行的，可以委托进行调查评估；

（二）对监狱关押罪犯拟暂予监外执行的，依法核实并确定社区矫正执行地；对符合暂予监外执行条件的，监狱管理机关作出暂予监外执行决定；

（三）对监狱关押罪犯批准暂予监外执行的，进行教育，及时通知并送达法律文书；依法将社区矫正对象交付执行；

（四）监狱管理机关对暂予监外执行罪犯决定收监执行的，原服刑或者接收其档案的监狱应当立即将罪犯收监执行；

（五）其他依法应当履行的职责。

第九条　社区矫正机构是县级以上地方人民政府根据需要设置的，负责社区矫正工作具体实施的执行机关。社区矫正机构依法履行以下职责：

（一）接受委托进行调查评估，提出评估意见；

（二）接收社区矫正对象，核对法律文书、核实身份、办理接收登记，建立档案；

（三）组织入矫和解矫宣告，办理入矫和解矫手续；

（四）建立矫正小组、组织矫正小组开展工作，制定和落实矫正方案；

（五）对社区矫正对象进行监督管理，实施考核奖惩；审批会客、外出、变更执行地等事项；了解掌握社区矫正对象的活动情况和行为表现；组织查找失去联系的社区矫正对象，查找后依情形作出处理；

（六）提出治安管理处罚建议，提出减刑、撤销缓刑、撤销假释、收监执行等变更刑事执行建议，依法提请逮捕；

（七）对社区矫正对象进行教育帮扶，开展法治道德等教育，协调有关方面开展职业技能培训、就业指导，组织公益活动等事项；

（八）向有关机关通报社区矫正对象情况，送达法律文书；

（九）对社区矫正工作人员开展管理、监督、培训，落实职业保障；

（十）其他依法应当履行的职责。

设置和撤销社区矫正机构，由县级以上地方人民政府司法行政部门提出意见，按照规定的权限和程序审批。社区矫正日常工作由县级社区矫正机构具体承担；未设置县级社区矫正机构的，由上一级社区矫正机构具体承担。省、市两级社区矫正机构主要负责监督指导、跨区域执法的组织协调以及与同级社区矫正决定机关对接的案件办理工作。

第十条　司法所根据社区矫正机构的委托，承担社区矫正相关工作。

第十一条　社区矫正机构依法加强信息化建设，运用现代信息技术开展监督管理和教育帮扶。

社区矫正工作相关部门之间依法进行信息共享，人民法院、人民检察院、公安机关、司法行政机关依法建立完善社区矫正信息交换平台，实现业务协同、互联互通，运用现代信息技术及时准确传输交换有关法律文书，根据需要实时查询社区矫正对象交付接收、监督管理、教育帮扶、脱离监管、被治安管理处罚、被采取强制措施、变更刑事执行、办理再犯罪案件等情况，共享社区矫正工作动态信息，提高社区矫正信息化水平。

第十二条　对拟适用社区矫正的，社区矫正决定机关应当核实社区矫正对象的居住地。社区矫正对象在多个地方居住的，可以确定经常居住地为执行地。没有居住地，居住地、经常居住地无法确定或者不适宜执行社区矫正的，应当根据有利于社区矫正对象接受矫正、更好地融入社会的原则，确定社区矫正执行地。被确定为执行地的社区矫正机构应当及时接收。

社区矫正对象的居住地是指其实际居住的县（市、区）。社区矫正对象的经常居住地是指其经常居住的，有固定住所、固定生活来源的县（市、区）。

社区矫正对象应如实提供其居住、户籍等情况，并提供必要的证明材料。

第十三条　社区矫正决定机关对拟适用社区矫正的被告人、罪犯，需要调查其社会危险性和对所居住社区影响的，可以委托拟确定为执行地的社区矫正机构或者有关社会组织进行调查评估。社区矫正机构或者有关社会组织收到委托文书后应当及时通知执行地县级人民检察院。

第十四条　社区矫正机构、有关社会组织接受委托后，应当对被告人或者罪犯的居所情况、家庭和社会关系、犯罪行为的后果和影响、居住地村（居）民委员会和被害人意见、拟禁止的事项、社会危险性、对所居住社区的影响等情况进行调查了解，形成调查评估意见，与相关材料一起提交委托机关。调查评估时，相关单位、部门、村（居）民委员会等组织、个人应当依法为调查评估提供必要的协助。

社区矫正机构、有关社会组织应当自收到调查评估委托函及所附材料之日起十个工作日内完成调查评估，提交评估意见。对于适用刑事案件速裁程序的，应当在五个工作日内完成调查评估，提交评估意见。评估意见同时抄送执行地县级人民检察院。需要延长调查评估时限的，社区矫正机构、有关社会组织应当与委托机关协商，并在协商确定的期限内完成调查评估。因被告人或者罪犯的姓名、居住地不真实、身份不明等原因，社区矫正机构、有关社会组织无法进行调查评估的，应当及时向委托机关说明情况。社区矫正决定机关对调查评估意见的采信情况，应当在相关法律文书中说明。

对调查评估意见以及调查中涉及的国家秘密、商业秘密、个人隐私等信息，应当保密，不得泄露。

第十五条　社区矫正决定机关应当对社区矫正对象进行教育，书面告知其到执行地县级社区矫正机构报到的时间期限以及逾期报到或者未报到的后果，责令其按时报到。

第十六条　社区矫正决定机关应当自判决、裁定或者决定生效之日起五日内通知执行地县级社区矫正机构，并在十日内将判决书、裁定书、决定书、执行通知书等法律文书送达执行地县级社区矫正机构，同时抄送人民检察院。收到法律文书后，社区矫正机构应当在五日内送达回执。

社区矫正对象前来报到时，执行地县级社区矫正机构未收到法律文书或者法律文书不齐全，应当先记录在案，为其办理登记接收手续，并通知社区矫正决定机关在五日内送达或者补齐法律文书。

第十七条　被判处管制、宣告缓刑、裁定假释的社区矫正对象到执行地县级社区矫正机构报到时，社区矫正机构应当核对法律文书、核实身份，办理登记接收手续。对社区矫正对象存在因行动不便、自行报到确有困难等特殊情况的，社区矫正机构可以派员到其居住地等场所办理登记接收手续。

暂予监外执行的社区矫正对象，由公安机关、监狱或者看守所依法移送至执行地县级社区矫正机构，办理交付接收手续。罪犯原服刑地与居住地不在同一省、自治区、直辖市，需要回居住地暂予监外执行的，原服刑地的省级以上监狱管理机关或者设区的市一级以上公安机关应当书面通知罪犯居住地的监狱管理机关、公安机关，由其指定一所监狱、看守所接收社区矫正对象档案，负责办理其收监、刑满释放等手续。对看守所留所服刑罪犯暂予监外执行，原服刑地与居住地在同一省、自治区、直辖市的，可以不移交档案。

第十八条　执行地县级社区矫正机构接收社区矫正对象后，应当建立社区矫正档案，包括以下内容：

（一）适用社区矫正的法律文书；

（二）接收、监管审批、奖惩、收监执行、解除矫正、终止矫正等有关社区矫正执行活动的法律文书；

（三）进行社区矫正的工作记录；

（四）社区矫正对象接受社区矫正的其他相关材料。

接受委托对社区矫正对象进行日常管理的司法所应当建立工作档案。

第十九条 执行地县级社区矫正机构、受委托的司法所应当为社区矫正对象确定矫正小组，与矫正小组签订矫正责任书，明确矫正小组成员的责任和义务，负责落实矫正方案。

矫正小组主要开展下列工作：

（一）按照矫正方案，开展个案矫正工作；

（二）督促社区矫正对象遵纪守法，遵守社区矫正规定；

（三）参与对社区矫正对象的考核评议和教育活动；

（四）对社区矫正对象走访谈话，了解其思想、工作和生活情况，及时向社区矫正机构或者司法所报告；

（五）协助对社区矫正对象进行监督管理和教育帮扶；

（六）协助社区矫正机构或者司法所开展其他工作。

第二十条 执行地县级社区矫正机构接收社区矫正对象后，应当组织或者委托司法所组织入矫宣告。

入矫宣告包括以下内容：

（一）判决书、裁定书、决定书、执行通知书等有关法律文书的主要内容；

（二）社区矫正期限；

（三）社区矫正对象应当遵守的规定、被剥夺或者限制行使的权利、被禁止的事项以及违反规定的法律后果；

（四）社区矫正对象依法享有的权利；

（五）矫正小组人员组成及职责；

（六）其他有关事项。

宣告由社区矫正机构或者司法所的工作人员主持，矫正小组成员及其他相关人员到场，按照规定程序进行。宣告后，社区矫正对象应当在书面材料上签字，确认已经了解所宣告的内容。

第二十一条 社区矫正机构应当根据社区矫正对象被判处管制、宣告缓刑、假释和暂予监外执行的不同裁判内容和犯罪类型、矫正阶段、再犯罪风险等情况，进行综合评估，划分不同类别，实施分类管理。

社区矫正机构应当把社区矫正对象的考核结果和奖惩情况作为分类管理的依据。

社区矫正机构对不同类别的社区矫正对象，在矫正措施和方法上应当有所区别，有针对性地开展监督管理和教育帮扶工作。

第二十二条 执行地县级社区矫正机构、受委托的司法所要根据社区矫正对象的性别、年龄、心理特点、健康状况、犯罪原因、悔罪表现等具体情况，制定矫正方案，有针对性地消除社区矫正对象可能重新犯罪的因素，帮助其成为守法公民。

矫正方案应当包括社区矫正对象基本情况、对社区矫正对象的综合评估结果、对社区矫正对象的心理状态和其他特殊情况的分析、拟采取的监督管理、教育帮扶措施等内容。

矫正方案应当根据分类管理的要求、实施效果以及社区矫正对象的表现等情况，相应调整。

第二十三条 执行地县级社区矫正机构、受委托的司法所应当根据社区矫正对象的个人生活、工作及所处社区的实际情况，有针对性地采取通信联络、信息化核查、实地查访等措施，了解掌握社区矫正对象的活动情况和行为表现。

第二十四条 社区矫正对象应当按照有关规定和社区矫正机构的要求，定期报告遵纪守法、接受监督管理、参加教育学习、公益活动和社会活动等情况。发生居所变化、工作变动、家庭重大变故以及接触对其矫正可能产生不利影响人员等情况时，应当及时报告。被宣告禁止令的社区矫正对象应当定期报告遵守禁止令的情况。

暂予监外执行的社区矫正对象应当每个月报告本人身体情况。保外就医的，应当到省级人民政府指定的医院检查，每三个月向执行地县级社区矫正机构、受委托的司法所提交病情复查情况。执行地县级社区矫正机构根据社区矫正对象的病情及保证人等情况，可以调整报告身体情况和提交复查情况的期限。延长一个月至三个月以下的，报上一级社区矫正机构批准；延长三个月以上的，逐级上报省级社区矫正机构批准。批准延长的，执行地县级社区矫正机构应当及时通报同级人民检察院。

社区矫正机构根据工作需要，可以协调对暂予监外执行的社区矫正对象进行病情诊断、妊娠检查或者生活不能自理的鉴别。

第二十五条 未经执行地县级社区矫正机构批准，社区矫正对象不得接触其犯罪案件中的被害人、控告人、举报人，不得接触同案犯等可能诱发其再犯罪的人。

第二十六条 社区矫正对象未经批准不得离开所居住市、县。确有正当理由需要离开的，应当经执行地县级社区矫正机构或者受委托的司法所批准。

社区矫正对象外出的正当理由是指就医、就学、参与诉讼、处理家庭或者工作重要事务等。

前款规定的市是指直辖市的城市市区、设区的市的城市市区和县级市的辖区。在设区的同一市内跨区活动的，不属于离开所居住的市、县。

第二十七条 社区矫正对象确需离开所居住的市、县的，一般应当提前三日提交书面申请，并如实提供诊断证明、单位证明、入学证明、法律文书等材料。

申请外出时间在七日内的，经执行地县级社区矫正机构委托，可以由司法所批准，并报执行地县级社区矫正机构备案；超过七日的，由执行地县级社区矫正机构批准。执行地县级社区矫正机构每次批准外出的时间不超过三十日。

因特殊情况确需外出超过三十日的，或者两个月内外出时间累计超过三十日的，应报上一级社区矫正机构审批。上一级社区矫正机构批准社区矫正对象外出的，执行地县级社区矫正机构应当及时通报同级人民检察院。

第二十八条 在社区矫正对象外出期间，执行地县级社区矫正机构、受委托的司法所应当通过电话通讯、实时视频等方式实施监督管理。

执行地县级社区矫正机构根据需要，可以协商外出目的地社区矫正机构协助监督管理，并要求社区矫正对象在到达和离开时向当地社区矫正机构报告，接受监督管理。外出目的地社区矫正机构在社区矫正对象报告后，可以通过电话通讯、实地查访等方式协助监督管理。

社区矫正对象应在外出期限届满前返回居住地，并向执行地县级社区矫正机构或者司法所报告，办理手续。因特殊原因无法按期返回的，应及时向社区矫正机构或者司法所报告情况。发现社区矫正对象违反外出管理规定的，社区矫正机构应当责令其立即返回，并视情节依法予以处理。

第二十九条 社区矫正对象确因正常工作和生活需要经常性跨市、县活动的，应当由本人提出书面申请，写明理由、经常性去往市县名称、时间、频次等，同时提供相应证明，由执行地县级社区矫正机构批准，批准一次的有效期为六个月。在批准的期限内，社区矫正对象到批准市、县活动的，可以通过电话、微信等方式报告活动情况。到期后，社区矫正对象仍需要经常性跨市、县活动的，应当重新提出申请。

第三十条 社区矫正对象因工作、居所变化等原因需要变更执行地的，一般应当提前一个月提出书面申请，并提供相应证明材料，由受委托的司法所签署意见后报执行地县级社区矫正机构审批。

执行地县级社区矫正机构收到申请后，应当在五日内书面征求新执行地县级社区矫正机构的意见。新执行地县级社区矫正机构接到征求意见函后，应当在五日内核实有关情况，作出是否同意接收的意见并书面回复。执行地县级社区矫正机构根据回复意见，作出决定。执行地县级社区矫正机构对新执行地县级社区矫正机构的回复意见有异议的，可以报上一级社区矫正机构协调解决。

经审核，执行地县级社区矫正机构不同意变更执行地的，应在决定作出之日起五日内告知社区矫正对象。同意变更执行地的，应对社区矫正对象进行教育，书面告知其到新执行地县级社区矫正机构报到的时间期限以及逾期报到或者未报到的后果，责令其按时报到。

第三十一条　同意变更执行地的，原执行地县级社区矫正机构应当在作出决定之日起五日内，将有关法律文书和档案材料移交新执行地县级社区矫正机构，并将有关法律文书抄送社区矫正决定机关和原执行地县级人民检察院、公安机关。新执行地县级社区矫正机构收到法律文书和档案材料后，在五日内送达回执，并将有关法律文书抄送所在地县级人民检察院、公安机关。

同意变更执行地的，社区矫正对象应当自收到变更执行地决定之日起七日内，到新执行地县级社区矫正机构报到。新执行地县级社区矫正机构应当核实身份、办理登记接收手续。发现社区矫正对象未按规定时间报到的，新执行地县级社区矫正机构应当立即通知原执行地县级社区矫正机构，由原执行地县级社区矫正机构组织查找。未及时办理交付接收，造成社区矫正对象脱管漏管的，原执行地社区矫正机构会同新执行地社区矫正机构妥善处置。

对公安机关、监狱管理机关批准暂予监外执行的社区矫正对象变更执行地的，公安机关、监狱管理机关在收到社区矫正机构送达的法律文书后，应与新执行地同级公安机关、监狱管理机关办理交接。新执行地的公安机关、监狱管理机关应指定一所看守所、监狱接收社区矫正对象档案，负责办理其收监、刑满释放等手续。看守所、监狱在接收档案之日起五日内，应当将有关情况通报新执行地县级社区矫正机构。对公安机关批准暂予监外执行的社区矫正对象在同一省、自治区、直辖市变更执行地的，可以不移交档案。

第三十二条　社区矫正机构应当根据有关法律法规、部门规章和其他规范性文件，建立内容全面、程序合理、易于操作的社区矫正对象考核奖惩制度。

社区矫正机构、受委托的司法所应当根据社区矫正对象认罪悔罪、遵守有关规定、服从监督管理、接受教育等情况，定期对其考核。对于符合表扬条件、具备训诫、警告情形的社区矫正对象，经执行地县级社区矫正机构决定，可以给予其相应奖励或者处罚，作出书面决定。对于涉嫌违反治安管理行为的社区矫正对象，执行地县级社区矫正机构可以向同级公安机关提出建议。社区矫正机构奖励或者处罚的书面决定应当抄送人民检察院。

社区矫正对象的考核结果与奖惩应当书面通知其本人，定期公示，记入档案，做到准确及时、公开公平。社区矫正对象对考核奖惩提出异议的，执行地县级社区矫正机构应当及时处理，并将处理结果告知社区矫正对象。社区矫正对象对处理结果仍有异议的，可以向人民检察院提出。

第三十三条　社区矫正对象认罪悔罪、遵守法律法规、服从监督管理、接受教育表现突出的，应当给予表扬。

社区矫正对象接受社区矫正六个月以上并且同时符合下列条件的，执行地县级社区矫正机构可以给予表扬：

（一）服从人民法院判决，认罪悔罪；

（二）遵守法律法规；

（三）遵守关于报告、会客、外出、迁居等规定，服从社区矫正机构的管理；

（四）积极参加教育学习等活动，接受教育矫正的。

社区矫正对象接受社区矫正期间，有见义勇为、抢险救灾等突出表现，或者帮助他人、服务社会等突出事迹的，执行地县级社区矫正机构可以给予表扬。对于符合法定减刑条件的，由执行地县级社区矫正机构依照本办法第四十二条的规定，提出减刑建议。

第三十四条　社区矫正对象具有下列情形之一的，执行地县级社区矫正机构应当给予训诫：

（一）不按规定时间报到或者接受社区矫正期间脱离监管，未超过十日的；

（二）违反关于报告、会客、外出、迁居等规定，情节轻微的；

（三）不按规定参加教育学习等活动，经教育仍不改正的；

（四）其他违反监督管理规定，情节轻微的。

第三十五条　社区矫正对象具有下列情形之一的，执行地县级社区矫正机构应当给予警告：

（一）违反人民法院禁止令，情节轻微的；

（二）不按规定时间报到或者接受社区矫正期间脱离监管，超过十日的；

（三）违反关于报告、会客、外出、迁居等规定，情节较重的；

（四）保外就医的社区矫正对象无正当理由不按时提交病情复查情况，经教育仍不改正的；

（五）受到社区矫正机构两次训诫，仍不改正的；

（六）其他违反监督管理规定，情节较重的。

第三十六条　社区矫正对象违反监督管理规定或者人民法院禁止令，依法应予治安管理处罚的，执行地县级社区矫正机构应当及时提请同级公安机关依法给予处罚，并向执行地同级人民检察院抄送治安管理处罚建议书副本，及时通知处理结果。

第三十七条 电子定位装置是指运用卫星等定位技术，能对社区矫正对象进行定位等监管，并具有防拆、防爆、防水等性能的专门的电子设备，如电子定位腕带等，但不包括手机等设备。

对社区矫正对象采取电子定位装置进行监督管理的，应当告知社区矫正对象监管的期限、要求以及违反监管规定的后果。

第三十八条 发现社区矫正对象失去联系的，社区矫正机构应当立即组织查找，可以采取通信联络、信息化核查、实地查访等方式查找，查找时要做好记录，固定证据。查找不到的，社区矫正机构应当及时通知公安机关，公安机关应当协助查找。社区矫正机构应当及时将组织查找的情况通报人民检察院。

查找到社区矫正对象后，社区矫正机构应当根据其脱离监管的情形，给予相应处置。虽能查找到社区矫正对象下落但其拒绝接受监督管理的，社区矫正机构应当视情节依法提请公安机关予以治安管理处罚，或者依法提请撤销缓刑、撤销假释、对暂予监外执行的收监执行。

第三十九条 社区矫正机构根据执行禁止令的需要，可以协调有关的部门、单位、场所、个人协助配合执行禁止令。

对禁止令确定需经批准才能进入的特定区域或者场所，社区矫正对象确需进入的，应当经执行地县级社区矫正机构批准，并通知原审人民法院和执行地县级人民检察院。

第四十条 发现社区矫正对象有违反监督管理规定或者人民法院禁止令等违法情形的，执行地县级社区矫正机构应当调查核实情况，收集有关证据材料，提出处理意见。

社区矫正机构发现社区矫正对象有撤销缓刑、撤销假释或者暂予监外执行收监执行的法定情形的，应当组织开展调查取证工作，依法向社区矫正决定机关提出撤销缓刑、撤销假释或者暂予监外执行收监执行建议，并将建议书抄送同级人民检察院。

第四十一条 社区矫正对象被依法决定行政拘留、司法拘留、强制隔离戒毒等或者因涉嫌犯新罪、发现判决宣告前还有其他罪没有判决被采取强制措施的，决定机关应当自作出决定之日起三日内将有关情况通知执行地县级社区矫正机构和执行地县级人民检察院。

第四十二条 社区矫正对象符合法定减刑条件的，由执行地县级社区矫正机构提出减刑建议书并附相关证据材料，报经地（市）社区矫正机构审核同意后，由地（市）社区矫正机构提请执行地的中级人民法院裁定。

依法应由高级人民法院裁定的减刑案件，由执行地县级社区矫正机构提出减刑建议书并附相关证据材料,逐级上报省级社区矫正机构审核同意后,由省级社区矫正机构提请执行地的高级人民法院裁定。

人民法院应当自收到减刑建议书和相关证据材料之日起三十日内依法裁定。

社区矫正机构减刑建议书和人民法院减刑裁定书副本,应当同时抄送社区矫正执行地同级人民检察院、公安机关及罪犯原服刑或者接收其档案的监狱。

第四十三条 社区矫正机构、受委托的司法所应当充分利用地方人民政府及其有关部门提供的教育帮扶场所和有关条件,按照因人施教的原则,有针对性地对社区矫正对象开展教育矫正活动。

社区矫正机构、司法所应当根据社区矫正对象的矫正阶段、犯罪类型、现实表现等实际情况,对其实施分类教育;应当结合社区矫正对象的个体特征、日常表现等具体情况,进行个别教育。

社区矫正机构、司法所根据需要可以采用集中教育、网上培训、实地参观等多种形式开展集体教育;组织社区矫正对象参加法治、道德等方面的教育活动;根据社区矫正对象的心理健康状况,对其开展心理健康教育、实施心理辅导。

社区矫正机构、司法所可以通过公开择优购买服务或者委托社会组织执行项目等方式,对社区矫正对象开展教育活动。

第四十四条 执行地县级社区矫正机构、受委托的司法所按照符合社会公共利益的原则,可以根据社区矫正对象的劳动能力、健康状况等情况,组织社区矫正对象参加公益活动。

第四十五条 执行地县级社区矫正机构、受委托的司法所依法协调有关部门和单位,根据职责分工,对遇到暂时生活困难的社区矫正对象提供临时救助;对就业困难的社区矫正对象提供职业技能培训和就业指导;帮助符合条件的社区矫正对象落实社会保障措施;协助在就学、法律援助等方面遇到困难的社区矫正对象解决问题。

第四十六条 社区矫正对象在缓刑考验期内,有下列情形之一的,由执行地同级社区矫正机构提出撤销缓刑建议:

(一)违反禁止令,情节严重的;

(二)无正当理由不按规定时间报到或者接受社区矫正期间脱离监管,超过一个月的;

(三)因违反监督管理规定受到治安管理处罚,仍不改正的;

(四)受到社区矫正机构两次警告,仍不改正的;

(五)其他违反有关法律、行政法规和监督管理规定,情节严重的情形。

社区矫正机构一般向原审人民法院提出撤销缓刑建议。如果原审人民法院与执行地同级社区矫正机构不在同一省、自治区、直辖市的，可以向执行地人民法院提出建议，执行地人民法院作出裁定的，裁定书同时抄送原审人民法院。

社区矫正机构撤销缓刑建议书和人民法院的裁定书副本同时抄送社区矫正执行地同级人民检察院。

第四十七条 社区矫正对象在假释考验期内，有下列情形之一的，由执行地同级社区矫正机构提出撤销假释建议：

（一）无正当理由不按规定时间报到或者接受社区矫正期间脱离监管，超过一个月的；

（二）受到社区矫正机构两次警告，仍不改正的；

（三）其他违反有关法律、行政法规和监督管理规定，尚未构成新的犯罪的。

社区矫正机构一般向原审人民法院提出撤销假释建议。如果原审人民法院与执行地同级社区矫正机构不在同一省、自治区、直辖市的，可以向执行地人民法院提出建议，执行地人民法院作出裁定的，裁定书同时抄送原审人民法院。

社区矫正机构撤销假释的建议书和人民法院的裁定书副本同时抄送社区矫正执行地同级人民检察院、公安机关、罪犯原服刑或者接收其档案的监狱。

第四十八条 被提请撤销缓刑、撤销假释的社区矫正对象具备下列情形之一的，社区矫正机构在提出撤销缓刑、撤销假释建议书的同时，提请人民法院决定对其予以逮捕：

（一）可能逃跑的；

（二）具有危害国家安全、公共安全、社会秩序或者他人人身安全现实危险的；

（三）可能对被害人、举报人、控告人或者社区矫正机构工作人员等实施报复行为的；

（四）可能实施新的犯罪的。

社区矫正机构提请人民法院决定逮捕社区矫正对象时，应当提供相应证据，移送人民法院审查决定。

社区矫正机构提请逮捕、人民法院作出是否逮捕决定的法律文书，应当同时抄送执行地县级人民检察院。

第四十九条 暂予监外执行的社区矫正对象有下列情形之一的，由执行地县级社区矫正机构提出收监执行建议：

（一）不符合暂予监外执行条件的；

（二）未经社区矫正机构批准擅自离开居住的市、县，经警告拒不改正，或者拒不报告行踪，脱离监管的；

（三）因违反监督管理规定受到治安管理处罚，仍不改正的；

（四）受到社区矫正机构两次警告的；

（五）保外就医期间不按规定提交病情复查情况，经警告拒不改正的；

（六）暂予监外执行的情形消失后，刑期未满的；

（七）保证人丧失保证条件或者因不履行义务被取消保证人资格，不能在规定期限内提出新的保证人的；

（八）其他违反有关法律、行政法规和监督管理规定，情节严重的情形。

社区矫正机构一般向执行地社区矫正决定机关提出收监执行建议。如果原社区矫正决定机关与执行地县级社区矫正机构在同一省、自治区、直辖市的，可以向原社区矫正决定机关提出建议。

社区矫正机构的收监执行建议书和决定机关的决定书，应当同时抄送执行地县级人民检察院。

第五十条　人民法院裁定撤销缓刑、撤销假释或者决定暂予监外执行收监执行的，由执行地县级公安机关本着就近、便利、安全的原则，送交社区矫正对象执行地所属的省、自治区、直辖市管辖范围内的看守所或者监狱执行刑罚。

公安机关决定暂予监外执行收监执行的，由执行地县级公安机关送交存放或者接收罪犯档案的看守所收监执行。

监狱管理机关决定暂予监外执行收监执行的，由存放或者接收罪犯档案的监狱收监执行。

第五十一条　撤销缓刑、撤销假释的裁定和收监执行的决定生效后，社区矫正对象下落不明的，应当认定为在逃。

被裁定撤销缓刑、撤销假释和被决定收监执行的社区矫正对象在逃的，由执行地县级公安机关负责追捕。撤销缓刑、撤销假释裁定书和对暂予监外执行罪犯收监执行决定书，可以作为公安机关追逃依据。

第五十二条　社区矫正机构应当建立突发事件处置机制，发现社区矫正对象非正常死亡、涉嫌实施犯罪、参与群体性事件的，应当立即与公安机关等有关部门协调联动、妥善处置，并将有关情况及时报告上一级社区矫正机构，同时通报执行地人民检察院。

第五十三条　社区矫正对象矫正期限届满，且在社区矫正期间没有应当撤销缓刑、撤销假释或者暂予监外执行收监执行情形的，社区矫正机构依法办理解除矫正手续。

社区矫正对象一般应当在社区矫正期满三十日前，作出个人总结，执行地县级社区矫正机构应当根据其在接受社区矫正期间的表现等情况作出书面鉴定，与安置帮教工作部门做好衔接工作。

执行地县级社区矫正机构应当向社区矫正对象发放解除社区矫正证明书，并书面通知社区矫正决定机关，同时抄送执行地县级人民检察院和公安机关。

公安机关、监狱管理机关决定暂予监外执行的社区矫正对象刑期届满的，由看守所、监狱依法为其办理刑满释放手续。

社区矫正对象被赦免的，社区矫正机构应当向社区矫正对象发放解除社区矫正证明书，依法办理解除矫正手续。

第五十四条　社区矫正对象矫正期满，执行地县级社区矫正机构或者受委托的司法所可以组织解除矫正宣告。

解矫宣告包括以下内容：

（一）宣读对社区矫正对象的鉴定意见；

（二）宣布社区矫正期限届满，依法解除社区矫正；

（三）对判处管制的，宣布执行期满，解除管制；对宣告缓刑的，宣布缓刑考验期满，原判刑罚不再执行；对裁定假释的，宣布考验期满，原判刑罚执行完毕。

宣告由社区矫正机构或者司法所工作人员主持，矫正小组成员及其他相关人员到场，按照规定程序进行。

第五十五条　社区矫正机构、受委托的司法所应当根据未成年社区矫正对象的年龄、心理特点、发育需要、成长经历、犯罪原因、家庭监护教育条件等情况，制定适应未成年人特点的矫正方案，采取有益于其身心健康发展、融入正常社会生活的矫正措施。

社区矫正机构、司法所对未成年社区矫正对象的相关信息应当保密。对未成年社区矫正对象的考核奖惩和宣告不公开进行。对未成年社区矫正对象进行宣告或者处罚时，应通知其监护人到场。

社区矫正机构、司法所应当选任熟悉未成年人身心特点，具有法律、教育、心理等专业知识的人员负责未成年人社区矫正工作，并通过加强培训、管理，提高专业化水平。

第五十六条　社区矫正工作人员的人身安全和职业尊严受法律保护。

对任何干涉社区矫正工作人员执法的行为，社区矫正工作人员有权拒绝，并按照规定如实记录和报告。对于侵犯社区矫正工作人员权利的行为，社区矫正工作人员有权提出控告。

社区矫正工作人员因依法履行职责遭受不实举报、诬告陷害、侮辱诽谤，致使名誉受到损害的，有关部门或者个人应当及时澄清事实，消除不良影响，并依法追究相关单位或者个人的责任。

对社区矫正工作人员追究法律责任，应当根据其行为的危害程度、造成的后果、以及责任大小予以确定，实事求是，过罚相当。社区矫正工作人员依法履职的，不能仅因社区矫正对象再犯罪而追究其法律责任。

第五十七条 有关单位对人民检察院的书面纠正意见在规定的期限内没有回复纠正情况的，人民检察院应当督促回复。经督促被监督单位仍不回复或者没有正当理由不纠正的，人民检察院应当向上一级人民检察院报告。

有关单位对人民检察院的检察建议在规定的期限内经督促无正当理由不予整改或者整改不到位的，检察机关可以将相关情况报告上级人民检察院，通报被建议单位的上级机关、行政主管部门或者行业自律组织等，必要时可以报告同级党委、人大，通报同级政府、纪检监察机关。

第五十八条 本办法所称"以上"、"内"，包括本数；"以下"、"超过"不包括本数。

第五十九条 本办法自2020年7月1日起施行。最高人民法院、最高人民检察院、公安部、司法部2012年1月10日印发的《社区矫正实施办法》（司发通〔2012〕12号）同时废止。

民政部、中央政法委、最高人民法院、最高人民检察院、公安部、司法部关于规范养老机构服务行为做好服务纠纷处理工作的意见

（2020年7月27日公布并施行）

各省、自治区、直辖市民政厅（局）、党委政法委、高级人民法院、人民检察院、公安厅（局）、司法厅（局），新疆生产建设兵团民政局、党委政法委、新疆维吾尔自治区高级人民法院生产建设兵团分院、新疆生产建设兵团人民检察院、公安局、司法局：

为坚持和发展新时代"枫桥经验"，更好推动民法典实施，积极应对当前养老机构与老年人之间服务纠纷增多问题，推进矛盾纠纷及时高效化解，保障老年人身体健康和生命财产安全，维护养老机构合法权益和正常服务秩序，为建设更高水平的平安中国提供有力保障，根据老年人权益保障法等相关法律法规规定，现提出以下意见。

一、加强养老机构内部管理。养老机构应当建立健全安全管理制度，压实安全主体责任，加强从业人员的安全教育、法治教育、人文教育和心理健康教育及培训，从源头上消除服务安全风险，最大限度预防纠纷发生。在老年人或者其代理人事先充分告知老年人身体健康状况和患病情况的基础上，养老机构应当做好入院评估工作，对老年人的身心状况进行评估，并根据评估结果合理确定照料护理等级。养老机构应当全面推行服务协议制度，与接受服务的老年人或者其代理人签订服务协议，明确当事人权利、义务；可以向老年人或者其代理人提供风险告知书，提示服务过程中可能发生的意外风险和相应的处置措施，但不得以格式条款不合理地免除或者减轻自身责任、加重老年人责任、限制老年人主要权利，或者排除老年人主要权利。养老机构应当在各出入口、接待大厅、值班室、楼道、食堂等公共场所安装视频监控；经老年人或其代理人书面同意，可以在老年人居室内安装视频监控，并妥善保管视频监控资料，依法保护老年人隐私权不受侵害。养老机构应当建立内部管理信息档案，妥善保管异常事件报告、紧急呼叫记录、值班记录、交接班记录、门卫记录、视频监

控等原始资料。养老机构应当建立老年人档案，收集和妥善保管老年人基本情况、老年人入院评估、服务风险告知书、服务协议、护理日志、健康档案等资料。养老机构应当做好护理日志记录，及时、准确、完整记录老年人照料护理、服用药物等有关事项，因抢救急危重症老年人，未能及时记录护理日志的，应当在事后及时据实补记，并加以注明。积极发挥责任保险的经济补偿和风险预防等功能，养老机构可以投保综合责任保险，借助保险公司和保险经纪公司的风险管理经验，及时发现并消除安全隐患，改进风险管理措施。养老机构应当依法制定自然灾害、事故灾难、公共卫生事件、社会安全事件等突发事件应急预案，在场所内配备报警装置和必要的应急救援设备、设施，定期开展突发事件应急演练。突发事件发生后，养老机构应当立即启动应急预案，采取防止危害扩大的必要处置措施，同时根据突发事件应对管理职责分工向民政部门和有关部门报告。

二、规范服务纠纷处理程序。发生服务纠纷的，养老机构应当按照以下步骤处理：1.老年人受伤的，应当转送医疗机构救治并及时通知其代理人或者紧急联系人。2.告知老年人或者其代理人服务纠纷处理的办法和程序。3.在老年人的代理人或者紧急联系人在场的情况下，对服务协议等相关资料进行封存，并妥善保管。老年人或者其代理人在资料封存之日起超过3年未提出解决纠纷要求，或者服务纠纷已经解决的，养老机构可以自行启封。4.配合民政等有关部门做好调查处理工作。5.老年人在养老机构内死亡的，依照殡葬管理有关规定处理。基于突发事件引发的服务纠纷，养老机构应当先行妥善安置老年人。

三、引导当事人自愿协商解决纠纷。对责任明确、当事人无重大分歧或异议的服务纠纷，可以协商解决。鼓励养老机构成立由入住老年人和代理人代表组成的院民委员会，参与纠纷调解。协商解决应当坚持自愿、合法、平等的原则，尊重客观事实、注重人文关怀，文明、理性表达意见和诉求。协商一般应当在配置录音、录像、安保等条件的场所进行。养老机构可以指定、委托协商代表，或者聘请专业法律顾问参与协商。老年人家属人数较多或者纠纷涉及老年人人数较多的，可以推举代表进行协商。双方经协商，可以自行和解达成协议。当事人之间就和解协议的履行或者内容发生争议的，可以向人民法院提起诉讼。

四、运用调解等方式化解纠纷。服务纠纷发生后，当事人可以向纠纷发生地或者当事人所在地的人民调解委员会申请调解，人民调解委员会也可以依法主动调解，防止矛盾激化。经人民调解委员会调解达成的调解协议，具有法律约束力，当事人应当按照约定履行。人民调解委员会调解不成的，应当终止调解，并依据有关法律、法规的规定，告知当事人可以通过仲裁、行政、司法等途径依法维护自己的合法权利。根据纠纷化解需要，具备条件的地区可以依法设立养老服务纠纷行业性、专业性人民调解委员会。探索开展服务纠纷行政调解，对涉及人数较多、影响较大、可能影响社会稳定的服务纠纷，民政部门可以依当事人申请，通过建议、劝告等非强制方式，引导当事人达成调解协议，化解纠纷。经人民调解、行政调解达成调解协议后，双方当事人认为有必要的，可以依法向人民法院申请司法确认。鼓励行业协会开展调解工作，积极发挥行业自律和服务功能，促进纠纷及时有效化解。

五、依法裁判服务纠纷案件。人民法院应当坚持"调解优先、调判结合"方针，对具备调解基础的案件，按照自愿、合法原则，采取立案前委派、立案后委托、诉中邀请等方式，引导当事人通过调解解决纠纷。对调解不成的案件，人民法院应当根据相关规定及时立案或者恢复审理，依法作出判决。人民法院在审理涉服务纠纷案件时，要根据老年人权益保障法等相关规定，平等保护老年人和养老机构合法权利；要坚持权责一致原则，根据服务协议、老年人特殊生理特点，以及养老机构履行服务协议和管理职责等客观情况，依法确定各方责任。对养老机构已经依法履行服务协议和管理职责，符合服务标准的，依法裁判养老机构减轻或免除责任。最高人民法院、最高人民检察院通过发布指导性案例等方式，加强对审判和检察工作的指导。人民法院在诉讼过程中应当加强法律宣传教育，做好裁判文书释疑工作，发挥释法说理功能，体现法理情相协调。

六、依法打击违法犯罪行为。服务纠纷处理过程中，发生老年人家属或者其他人员实施围堵、在养老机构内外非法聚集、停放遗体、拉挂横幅、聚众闹事等扰乱正常服务秩序，侵犯养老机构和其他老年人合法权益等涉嫌违法犯罪行为的，养老机构应当及时向所在地公安机关报告，提供当事方人数、具体行为、有无人员受伤等现场情况，并保护好现场，配合公安机关做好调查取证等工作。公安机关接到报告后应当及时出警，并视情况采取应对处置措施。养老机构存在欺老虐老行为的，民政部门依法予以行政处罚。老年人家属、其他人员和养老机构及其从业人员构成违反治安管理行为的，由公安机关依法给予治安管理处罚；构成犯罪的，依法追究刑事责任。

七、建立部门协作工作格局。各地各有关部门要充分认识依法处理养老机构服务纠纷的重要意义，加强组织领导与协调配合，形成工作合力。各级民政部门应当依法保障老年人合法权益，加强行业监管，指导养老机构建立完善服务纠纷处理制度，制定应急预案；健全养老机构安全隐患投诉机制，对老年人及其家属就服务安全存在问题的投诉、提出的意见建议，及时调查处理；主动与人民法院、人民检察院、公安机关、司法行政部门互通信息，及时研究解决问题，共同维护养老机构服务质量安全和秩序。各级党委政法委应当将服务纠纷化解工作纳入本地区平安建设工作全局，指导和协调人民法院、人民检察院、公安机关、司法行政部门密切配合，推进严格规范公正文明执法。各级人民法院、人民检察院、公安机关、司法行政部门应当加强沟通协调，确保案件顺利侦查、起诉、审判、执行。

八、营造依法解决服务纠纷的社会氛围。按照"谁立法谁普法"、"谁执法谁普法"的原则，各级民政部门要积极开展法治宣传教育，选取典型案例，以案释法，提高养老机构及其从业人员、老年人及其家属法治意识和法律素养，倡导依法、文明、理性表达诉求。人民法院、人民检察院、公安机关、司法行政部门要坚持依法办理、舆论引导、社会面管控"三同步"工作原则，加强对服务纠纷解决的舆论应对，对社会影响大、舆论关注度高的案件，及时向社会通报案件进展情况，澄清事实真相，做好舆论引导工作。对恶意炒作、报道严重失实，引起不良社会影响，扰乱养老机构正常服务秩序的，养老机构要及时澄清，可以依法提起诉讼。

民政部

中央政法委

最高人民法院

最高人民检察院

公安部

司法部

2020年7月27日

最高人民法院、最高人民检察院、公安部、国家安全部、司法部法律援助值班律师工作办法

(2020年8月20日公布并施行 司规〔2020〕6号)

第一章 总 则

第一条 为保障犯罪嫌疑人、被告人依法享有的诉讼权利,加强人权司法保障,进一步规范值班律师工作,根据《中华人民共和国刑事诉讼法》、《中华人民共和国律师法》等规定,制定本办法。

第二条 本办法所称值班律师,是指法律援助机构在看守所、人民检察院、人民法院等场所设立法律援助工作站,通过派驻或安排的方式,为没有辩护人的犯罪嫌疑人、被告人提供法律帮助的律师。

第三条 值班律师工作应当坚持依法、公平、公正、效率的原则,值班律师应当提供符合标准的法律服务。

第四条 公安机关(看守所)、人民检察院、人民法院、司法行政机关应当保障没有辩护人的犯罪嫌疑人、被告人获得值班律师法律帮助的权利。

第五条 值班律师工作由司法行政机关牵头组织实施,公安机关(看守所)、人民检察院、人民法院应当依法予以协助。

第二章 值班律师工作职责

第六条 值班律师依法提供以下法律帮助:
(一)提供法律咨询;
(二)提供程序选择建议;
(三)帮助犯罪嫌疑人、被告人申请变更强制措施;
(四)对案件处理提出意见;
(五)帮助犯罪嫌疑人、被告人及其近亲属申请法律援助;
(六)法律法规规定的其他事项。

值班律师在认罪认罚案件中，还应当提供以下法律帮助：

（一）向犯罪嫌疑人、被告人释明认罪认罚的性质和法律规定；

（二）对人民检察院指控罪名、量刑建议、诉讼程序适用等事项提出意见；

（三）犯罪嫌疑人签署认罪认罚具结书时在场。

值班律师办理案件时，可以应犯罪嫌疑人、被告人的约见进行会见，也可以经办案机关允许主动会见；自人民检察院对案件审查起诉之日起可以查阅案卷材料、了解案情。

第七条 值班律师提供法律咨询时，应当告知犯罪嫌疑人、被告人有关法律帮助的相关规定，结合案件所在的诉讼阶段解释相关诉讼权利和程序规定，解答犯罪嫌疑人、被告人咨询的法律问题。

犯罪嫌疑人、被告人认罪认罚的，值班律师应当了解犯罪嫌疑人、被告人对被指控的犯罪事实和罪名是否有异议，告知被指控罪名的法定量刑幅度，释明从宽从重处罚的情节以及认罪认罚的从宽幅度，并结合案件情况提供程序选择建议。

值班律师提供法律咨询的，应当记录犯罪嫌疑人、被告人涉嫌的罪名、咨询的法律问题、提供的法律解答。

第八条 在审查起诉阶段，犯罪嫌疑人认罪认罚的，值班律师可以就以下事项向人民检察院提出意见：

（一）涉嫌的犯罪事实、指控罪名及适用的法律规定；

（二）从轻、减轻或者免除处罚等从宽处罚的建议；

（三）认罪认罚后案件审理适用的程序；

（四）其他需要提出意见的事项。

值班律师对前款事项提出意见的，人民检察院应当记录在案并附卷，未采纳值班律师意见的，应当说明理由。

第九条 犯罪嫌疑人、被告人提出申请羁押必要性审查的，值班律师应当告知其取保候审、监视居住、逮捕等强制措施的适用条件和相关法律规定、人民检察院进行羁押必要性审查的程序；犯罪嫌疑人、被告人已经被逮捕的，值班律师可以帮助其向人民检察院提出羁押必要性审查申请，并协助提供相关材料。

第十条 犯罪嫌疑人签署认罪认罚具结书时，值班律师对犯罪嫌疑人认罪认罚自愿性、人民检察院量刑建议、程序适用等均无异议的，应当在具结书上签名，同时留存一份复印件归档。

值班律师对人民检察院量刑建议、程序适用有异议的，在确认犯罪嫌疑人系自愿认罪认罚后,应当在具结书上签字,同时可以向人民检察院提出法律意见。

犯罪嫌疑人拒绝值班律师帮助的,值班律师无需在具结书上签字,应当将犯罪嫌疑人签字拒绝法律帮助的书面材料留存一份归档。

第十一条 对于被羁押的犯罪嫌疑人、被告人,在不同诉讼阶段,可以由派驻看守所的同一值班律师提供法律帮助。对于未被羁押的犯罪嫌疑人、被告人,前一诉讼阶段的值班律师可以在后续诉讼阶段继续为犯罪嫌疑人、被告人提供法律帮助。

第三章 法律帮助工作程序

第十二条 公安机关、人民检察院、人民法院应当在侦查、审查起诉和审判各阶段分别告知没有辩护人的犯罪嫌疑人、被告人有权约见值班律师获得法律帮助,并为其约见值班律师提供便利。

第十三条 看守所应当告知犯罪嫌疑人、被告人有权约见值班律师,并为其约见值班律师提供便利。

看守所应当将值班律师制度相关内容纳入在押人员权利义务告知书,在犯罪嫌疑人、被告人入所时告知其有权获得值班律师的法律帮助。

犯罪嫌疑人、被告人要求约见值班律师的,可以书面或者口头申请。书面申请的,看守所应当将其填写的法律帮助申请表及时转交值班律师。口头申请的,看守所应当安排代为填写法律帮助申请表。

第十四条 犯罪嫌疑人、被告人没有委托辩护人并且不符合法律援助机构指派律师为其提供辩护的条件,要求约见值班律师的,公安机关、人民检察院、人民法院应当及时通知法律援助机构安排。

第十五条 依法应当通知值班律师提供法律帮助而犯罪嫌疑人、被告人明确拒绝的,公安机关、人民检察院、人民法院应当记录在案。

前一诉讼程序犯罪嫌疑人、被告人明确拒绝值班律师法律帮助的,后一诉讼程序的办案机关仍需告知其有权获得值班律师法律帮助的权利,有关情况应当记录在案。

第十六条 公安机关、人民检察院、人民法院需要法律援助机构通知值班律师为犯罪嫌疑人、被告人提供法律帮助的,应当向法律援助机构出具法律帮助通知书,并附相关法律文书。

单次批量通知的,可以在一份法律帮助通知书后附多名犯罪嫌疑人、被告人相关信息的材料。

除通知值班律师到羁押场所提供法律帮助的情形外,人民检察院、人民法院可以商法律援助机构简化通知方式和通知手续。

第十七条 司法行政机关和法律援助机构应当根据当地律师资源状况、法律帮助需求,会同看守所、人民检察院、人民法院合理安排值班律师的值班方式、值班频次。

值班方式可以采用现场值班、电话值班、网络值班相结合的方式。现场值班的,可以采取固定专人或轮流值班,也可以采取预约值班。

第十八条 法律援助机构应当综合律师政治素质、业务能力、执业年限等确定值班律师人选,建立值班律师名册或值班律师库。并将值班律师库或名册信息、值班律师工作安排,提前告知公安机关(看守所)、人民检察院、人民法院。

第十九条 公安机关、人民检察院、人民法院应当在确定的法律帮助日期前三个工作日,将法律帮助通知书送达法律援助机构,或者直接送达现场值班律师。

该期间没有安排现场值班律师的,法律援助机构应当自收到法律帮助通知书之日起两个工作日内确定值班律师,并通知公安机关、人民检察院、人民法院。

公安机关、人民检察院、人民法院和法律援助机构之间的送达及通知方式,可以协商简化。

适用速裁程序的案件、法律援助机构需要跨地区调配律师等特殊情形的通知和指派时限,不受前款限制。

第二十条 值班律师在人民检察院、人民法院现场值班的,应当按照法律援助机构的安排,或者人民检察院、人民法院送达的通知,及时为犯罪嫌疑人、被告人提供法律帮助。

犯罪嫌疑人、被告人提出法律帮助申请,看守所转交给现场值班律师的,值班律师应当根据看守所的安排及时提供法律帮助。

值班律师通过电话、网络值班的,应当及时提供法律帮助,疑难案件可以另行预约咨询时间。

第二十一条 侦查阶段,值班律师可以向侦查机关了解犯罪嫌疑人涉嫌的罪名及案件有关情况;案件进入审查起诉阶段后,值班律师可以查阅案卷材料,了解案情,人民检察院、人民法院应当及时安排,并提供便利。已经实现卷宗电子化的地方,人民检察院、人民法院可以安排在线阅卷。

第二十二条 值班律师持律师执业证或者律师工作证、法律帮助申请表或者法律帮助通知书到看守所办理法律帮助会见手续,看守所应当及时安排会见。

危害国家安全犯罪、恐怖活动犯罪案件，侦查期间值班律师会见在押犯罪嫌疑人的，应当经侦查机关许可。

第二十三条 值班律师提供法律帮助时，应当出示律师执业证或者律师工作证或者相关法律文书，表明值班律师身份。

第二十四条 值班律师会见犯罪嫌疑人、被告人时不被监听。

第二十五条 值班律师在提供法律帮助过程中，犯罪嫌疑人、被告人向值班律师表示愿意认罪认罚的，值班律师应当及时告知相关的公安机关、人民检察院、人民法院。

第四章 值班律师工作保障

第二十六条 在看守所、人民检察院、人民法院设立的法律援助工作站，由同级司法行政机关所属的法律援助机构负责派驻并管理。

看守所、人民检察院、人民法院等机关办公地点临近的，法律援助机构可以设立联合法律援助工作站派驻值班律师。

看守所、人民检察院、人民法院应当为法律援助工作站提供必要办公场所和设施。有条件的人民检察院、人民法院，可以设置认罪认罚等案件专门办公区域，为值班律师设立专门会见室。

第二十七条 法律援助工作站应当公示法律援助条件及申请程序、值班律师工作职责、当日值班律师基本信息等，放置法律援助格式文书及宣传资料。

第二十八条 值班律师提供法律咨询、查阅案卷材料、会见犯罪嫌疑人或者被告人、提出书面意见等法律帮助活动的相关情况应当记录在案，并随案移送。

值班律师应当将提供法律帮助的情况记入工作台账或者形成工作卷宗，按照规定时限移交法律援助机构。

公安机关（看守所）、人民检察院、人民法院应当与法律援助机构确定工作台账格式，将值班律师履行职责情况记录在案，并定期移送法律援助机构。

第二十九条 值班律师提供法律帮助时，应当遵守相关法律法规、执业纪律和职业道德，依法保守国家秘密、商业秘密和个人隐私，不得向他人泄露工作中掌握的案件情况，不得向受援人收取财物或者谋取不正当利益。

第三十条 司法行政机关应当会同财政部门，根据直接费用、基本劳务费等因素合理制定值班律师法律帮助补贴标准，并纳入预算予以保障。

值班律师提供法律咨询、转交法律援助申请等法律帮助的补贴标准按工作日计算；为认罪认罚案件的犯罪嫌疑人、被告人提供法律帮助的补贴标准，由各地结合本地实际情况按件或按工作日计算。

法律援助机构应当根据值班律师履行工作职责情况，按照规定支付值班律师法律帮助补贴。

第三十一条 法律援助机构应当建立值班律师准入和退出机制，建立值班律师服务质量考核评估制度，保障值班律师服务质量。

法律援助机构应当建立值班律师培训制度，值班律师首次上岗前应当参加培训，公安机关、人民检察院、人民法院应当提供协助。

第三十二条 司法行政机关和法律援助机构应当加强本行政区域值班律师工作的监督和指导。对律师资源短缺的地区，可采取在省、市范围内统筹调配律师资源，建立政府购买值班律师服务机制等方式，保障值班律师工作有序开展。

第三十三条 司法行政机关会同公安机关、人民检察院、人民法院建立值班律师工作会商机制，明确专门联系人，及时沟通情况，协调解决相关问题。

第三十四条 司法行政机关应当加强对值班律师的监督管理，对表现突出的值班律师给予表彰；对违法违纪的值班律师，依职权或移送有权处理机关依法依规处理。

法律援助机构应当向律师协会通报值班律师履行职责情况。

律师协会应当将值班律师履行职责、获得表彰情况纳入律师年度考核及律师诚信服务记录，对违反职业道德和执业纪律的值班律师依法依规处理。

第五章 附　则

第三十五条 国家安全机关、中国海警局、监狱履行刑事诉讼法规定职责，涉及值班律师工作的，适用本办法有关公安机关的规定。

第三十六条 本办法自发布之日起施行。《关于开展法律援助值班律师工作的意见》（司发通〔2017〕84号）同时废止。

附件：
1. 文书参考格式1—5　法律帮助申请表（略）
2. 文书参考格式6　值班律师法律帮助工作台账（略）

生态环境部、司法部、财政部、自然资源部、住房城乡建设部、水利部、农业农村部、卫生健康委、林业和草原局、最高人民法院、最高人民检察院关于推进生态环境损害赔偿制度改革若干具体问题的意见

(2020年8月31日公布并施行 环法规〔2020〕44号)

为推动生态环境损害赔偿制度改革工作深入开展,根据中共中央办公厅、国务院办公厅印发的《生态环境损害赔偿制度改革方案》(以下简称《改革方案》)的相关规定,在总结地方实践经验基础上,提出以下意见。

一、关于具体负责工作的部门或机构

《改革方案》中明确的赔偿权利人可以根据相关部门职能指定生态环境、自然资源、住房城乡建设、水利、农业农村、林业和草原等相关部门或机构(以下简称指定的部门或机构)负责生态环境损害赔偿的具体工作。

生态环境损害赔偿案件涉及多个部门或机构的,可以指定由生态环境损害赔偿制度改革工作牵头部门(以下简称牵头部门)负责具体工作。

二、关于案件线索

赔偿权利人及其指定的部门或机构,根据本地区实施方案规定的职责分工,可以重点通过以下渠道发现案件线索:

(一)中央和省级生态环境保护督察发现需要开展生态环境损害赔偿工作的;

(二)突发生态环境事件;

(三)发生生态环境损害的资源与环境行政处罚案件;

(四)涉嫌构成破坏环境资源保护犯罪的案件;

(五)在国土空间规划中确定的重点生态功能区、禁止开发区发生的环境污染、生态破坏事件;

(六)各项资源与环境专项行动、执法巡查发现的案件线索;

(七)信访投诉、举报和媒体曝光涉及的案件线索。

赔偿权利人及其指定的部门或机构应当定期组织筛查生态环境损害赔偿案

件线索,形成案例数据库,并建立案件办理台账,实行跟踪管理,积极推进生态环境损害索赔工作。

三、关于索赔的启动

赔偿权利人指定的部门或机构,对拟提起索赔的案件线索及时开展调查。

经过调查发现符合索赔启动情形的,报本部门或机构负责人同意后,开展索赔。索赔工作情况应当向赔偿权利人报告。对未及时启动索赔的,赔偿权利人应当要求具体开展索赔工作的部门或机构及时启动索赔。

四、关于生态环境损害调查

调查可以通过收集现有资料、现场踏勘、座谈走访等方式,围绕生态环境损害是否存在、受损范围、受损程度、是否有相对明确的赔偿义务人等问题开展。

调查应当及时,期限设定应当合理。在调查过程中,需要开展生态环境损害鉴定评估的,鉴定评估时间不计入调查期限。

负有相关环境资源保护监督管理职责的部门或者其委托的机构在行政执法过程中形成的勘验笔录或询问笔录、调查报告、行政处理决定、检测或监测报告、鉴定评估报告、生效法律文书等资料可以作为索赔的证明材料。

调查结束,应当形成调查结论,提出启动索赔或者终止案件的意见。

生态环境损害赔偿案件涉及多个部门或机构的,可以由牵头部门组建联合调查组,开展生态环境损害调查。

五、关于鉴定评估

为查清生态环境损害事实,赔偿权利人及其指定的部门或机构可以根据相关规定委托符合条件的机构出具鉴定评估报告,也可以和赔偿义务人协商共同委托上述机构出具鉴定评估报告。鉴定评估报告应明确生态环境损害是否可以修复;对于可以部分修复的,应明确可以修复的区域范围和要求。

对损害事实简单、责任认定无争议、损害较小的案件,可以采用委托专家评估的方式,出具专家意见。也可以根据与案件相关的法律文书、监测报告等资料综合作出认定。

专家可以从国家和地方成立的相关领域专家库或专家委员会中选取。鉴定机构和专家应当对其出具的报告和意见负责。

六、关于赔偿磋商

需要启动生态环境修复或损害赔偿的,赔偿权利人指定的部门或机构根据生态环境损害鉴定评估报告或参考专家意见,按照"谁损害、谁承担修复责任"的原则,就修复启动时间和期限、赔偿的责任承担方式和期限等具体问题与赔偿义务人进行磋商。案情比较复杂的,在首次磋商前,可以组织沟通交流。

磋商期限原则上不超过90日，自赔偿权利人及其指定的部门或机构向义务人送达生态环境损害赔偿磋商书面通知之日起算。磋商会议原则上不超过3次。

磋商达成一致的，签署协议；磋商不成的，及时提起诉讼。有以下情形的，可以视为磋商不成：

（一）赔偿义务人明确表示拒绝磋商或未在磋商函件规定时间内提交答复意见的；

（二）赔偿义务人无故不参与磋商会议或退出磋商会议的；

（三）已召开磋商会议3次，赔偿权利人及其指定的部门或机构认为磋商难以达成一致的；

（四）超过磋商期限，仍未达成赔偿协议的；

（五）赔偿权利人及其指定的部门或机构认为磋商不成的其他情形。

七、关于司法确认

经磋商达成赔偿协议的，赔偿权利人及其指定的部门或机构与赔偿义务人可以向人民法院申请司法确认。

申请司法确认时，应当提交司法确认申请书、赔偿协议、鉴定评估报告或专家意见等材料。

八、关于鼓励赔偿义务人积极担责

对积极参与生态环境损害赔偿磋商，并及时履行赔偿协议、开展生态环境修复的赔偿义务人，赔偿权利人指定的部门或机构可将其履行赔偿责任的情况提供给相关行政机关，在作出行政处罚裁量时予以考虑，或提交司法机关，供其在案件审理时参考。

九、关于与公益诉讼的衔接

赔偿权利人指定的部门或机构，在启动生态环境损害赔偿调查后可以同时告知相关人民法院和检察机关。

检察机关可以对生态环境损害赔偿磋商和诉讼提供法律支持，生态环境、自然资源、住房城乡建设、农业农村、水利、林业和草原等部门可以对检察机关提起环境民事公益诉讼提供证据材料和技术方面的支持。

人民法院受理环境民事公益诉讼案件后，应当在10日内告知对被告行为负有环境资源监督管理职责的部门，有关部门接到告知后，应当及时与人民法院沟通对接相关工作。

十、关于生态环境修复

对生态环境损害可以修复的案件，要体现环境资源生态功能价值，促使赔偿义务人对受损的生态环境进行修复。磋商一致的,赔偿义务人可以自行修复或委托具备修复能力的社会第三方机构修复受损生态环境,赔偿权利人及其指定的部门或机构做好监督等工作;磋商不成的,赔偿权利人及其指定的部门或机构应当及时提起诉讼,要求赔偿义务人承担修复责任。

对生态环境损害无法修复的案件,赔偿义务人缴纳赔偿金后,可由赔偿权利人及其指定的部门或机构根据国家和本地区相关规定,统筹组织开展生态环境替代修复。

磋商未达成一致前,赔偿义务人主动要求开展生态环境修复的,在双方当事人书面确认损害事实后,赔偿权利人及其指定的部门或机构可以同意,并做好过程监管。

赔偿义务人不履行或不完全履行生效的诉讼案件裁判、经司法确认的赔偿协议的,赔偿权利人及其指定的部门或机构可以向人民法院申请强制执行。对于赔偿义务人不履行或不完全履行义务的情况,应当纳入社会信用体系,在一定期限内实施市场和行业禁入、限制等措施。

十一、关于资金管理

对生态环境损害可以修复的案件,赔偿义务人或受委托开展生态环境修复的第三方机构,要加强修复资金的管理,根据赔偿协议或判决要求,开展生态环境损害的修复。

对生态环境损害无法修复的案件,赔偿资金作为政府非税收入纳入一般公共预算管理,缴入同级国库。赔偿资金的管理,按照财政部联合相关部门印发的《生态环境损害赔偿资金管理办法(试行)》的规定执行。

十二、关于修复效果评估

赔偿权利人及其指定的部门或机构在收到赔偿义务人、第三方机构关于生态环境损害修复完成的通报后,组织对受损生态环境修复的效果进行评估,确保生态环境得到及时有效修复。

修复效果未达到修复方案确定的修复目标的,赔偿义务人应当根据赔偿协议或法院判决要求继续开展修复。

修复效果评估相关的工作内容可以在赔偿协议中予以规定,费用根据规定由赔偿义务人承担。

十三、关于公众参与

赔偿权利人及其指定的部门或机构可以积极创新公众参与方式,可以邀请专家和利益相关的公民、法人、其他组织参加生态环境修复或者赔偿磋商工作,接受公众监督。

十四、关于落实改革责任

按照《改革方案》要求，各省（区、市）、市（地、州、盟）党委和政府应当加强对生态环境损害赔偿制度改革的统一领导，根据该地区实施方案明确的改革任务和时限要求，鼓励履职担当，确保各项改革措施落到实处。

各地生态环境损害赔偿制度改革工作领导小组，要主动作为，强化统筹调度，整体推进本地区改革进一步深入开展；要建立部门间信息共享、案件通报和定期会商机制，定期交流生态环境损害赔偿工作进展、存在的困难和问题。要对专门负责生态环境损害赔偿的工作人员定期组织培训，提高业务能力。相关部门或机构，要按照本地区实施方案确定的职责分工和时限要求，密切配合，形成合力，扎实推进，要对内设部门的职责分工、案件线索通报、索赔工作程序、工作衔接等作出规定，保障改革落地见效。

十五、关于人员和经费保障

赔偿权利人指定的部门或机构应当根据实际情况确定专门的生态环境损害赔偿工作人员。

按照《改革方案》要求，同级财政积极落实改革工作所需的经费。

十六、关于信息共享

赔偿权利人指定的部门或机构和司法机关，要加强沟通联系，鼓励建立信息共享和线索移送机制。

十七、关于奖惩规定

对在生态环境损害赔偿工作中，有显著成绩的单位或个人，各级赔偿权利人及其指定的部门或机构给予奖励。

赔偿权利人及其指定的部门或机构的负责人、工作人员在生态环境损害赔偿工作中存在滥用职权、玩忽职守、徇私舞弊的，依纪依法追究责任；涉嫌犯罪的，移送监察机关、司法机关。

十八、关于加强业务指导

最高人民法院、最高人民检察院、司法部、财政部、自然资源部、生态环境部、住房城乡建设部、水利部、农业农村部、卫生健康委、林草局将根据《改革方案》规定，在各自职责范围内加强对生态环境损害赔偿工作的业务指导。

省级政府指定的部门或机构要根据本地区实施方案的分工安排，加强对市地级政府指定的部门或机构的工作指导。

生态环境损害索赔文书示范文本（略）

最高人民法院、最高人民检察院、公安部
关于依法办理"碰瓷"违法犯罪案件的指导意见

（2020年9月22日公布并施行　公通字〔2020〕12号）

各省、自治区、直辖市高级人民法院、人民检察院、公安厅（局），新疆维吾尔自治区高级人民法院生产建设兵团分院，新疆生产建设兵团人民检察院、公安局：

　　近年来，"碰瓷"现象时有发生。所谓"碰瓷"，是指行为人通过故意制造或者编造其被害假象，采取诈骗、敲诈勒索等方式非法索取财物的行为。实践中，一些不法分子有的通过"设局"制造或者捏造他人对其人身、财产造成损害来实施；有的通过自伤、造成同伙受伤或者利用自身原有损伤，诬告系被害人所致来实施；有的故意制造交通事故，利用被害人违反道路通行规定或者酒后驾驶、无证驾驶、机动车手续不全等违法违规行为，通过被害人害怕被查处的心理来实施；有的在"碰瓷"行为被识破后，直接对被害人实施抢劫、抢夺、故意伤害等违法犯罪活动等。此类违法犯罪行为性质恶劣，危害后果严重，败坏社会风气，且易滋生黑恶势力，人民群众反响强烈。为依法惩治"碰瓷"违法犯罪活动，保障人民群众合法权益，维护社会秩序，根据刑法、刑事诉讼法、治安管理处罚法等法律的规定，制定本意见。

　　一、实施"碰瓷"，虚构事实、隐瞒真相，骗取赔偿，符合刑法第二百六十六条规定的，以诈骗罪定罪处罚；骗取保险金，符合刑法第一百九十八条规定的，以保险诈骗罪定罪处罚。

　　实施"碰瓷"，捏造人身、财产权益受到侵害的事实，虚构民事纠纷，提起民事诉讼，符合刑法第三百零七条之一规定的，以虚假诉讼罪定罪处罚；同时构成其他犯罪的，依照处罚较重的规定定罪从重处罚。

　　二、实施"碰瓷"，具有下列行为之一，敲诈勒索他人财物，符合刑法第二百七十四条规定的，以敲诈勒索罪定罪处罚：

　　1. 实施撕扯、推搡等轻微暴力或者围困、阻拦、跟踪、贴靠、滋扰、纠缠、哄闹、聚众造势、扣留财物等软暴力行为的；

　　2. 故意制造交通事故，进而利用被害人违反道路通行规定或者其他违法

违规行为相要挟的；

3. 以揭露现场掌握的当事人隐私相要挟的；

4. 扬言对被害人及其近亲属人身、财产实施侵害的。

三、实施"碰瓷"，当场使用暴力、胁迫或者其他方法，当场劫取他人财物，符合刑法第二百六十三条规定的，以抢劫罪定罪处罚。

四、实施"碰瓷"，采取转移注意力、趁人不备等方式，窃取、夺取他人财物，符合刑法第二百六十四条、第二百六十七条规定的，分别以盗窃罪、抢夺罪定罪处罚。

五、实施"碰瓷"，故意造成他人财物毁坏，符合刑法第二百七十五条规定的，以故意毁坏财物罪定罪处罚。

六、实施"碰瓷"，驾驶机动车对其他机动车进行追逐、冲撞、挤别、拦截或者突然加减速、急刹车等可能影响交通安全的行为，因而发生重大事故，致人重伤、死亡或者使公私财物遭受重大损失，符合刑法第一百三十三条规定的，以交通肇事罪定罪处罚。

七、为实施"碰瓷"而故意杀害、伤害他人或者过失致人重伤、死亡，符合刑法第二百三十二条、第二百三十四条、第二百三十三条、第二百三十五条规定的，分别以故意杀人罪、故意伤害罪、过失致人死亡罪、过失致人重伤罪定罪处罚。

八、实施"碰瓷"，为索取财物，采取非法拘禁等方法非法剥夺他人人身自由或者非法搜查他人身体，符合刑法第二百三十八条、第二百四十五条规定的，分别以非法拘禁罪、非法搜查罪定罪处罚。

九、共同故意实施"碰瓷"犯罪，起主要作用的，应当认定为主犯，对其参与或者组织、指挥的全部犯罪承担刑事责任；起次要或者辅助作用的，应当认定为从犯，依法予以从轻、减轻处罚或者免除处罚。

三人以上为共同故意实施"碰瓷"犯罪而组成的较为固定的犯罪组织，应当认定为犯罪集团。对首要分子应当按照集团所犯全部罪行处罚。

符合黑恶势力认定标准的，应当按照黑社会性质组织、恶势力或者恶势力犯罪集团侦查、起诉、审判。

十、对实施"碰瓷"，尚不构成犯罪，但构成违反治安管理行为的，依法给予治安管理处罚。

各级人民法院、人民检察院和公安机关要严格依法办案，加强协作配合，对"碰瓷"违法犯罪行为予以快速处理、准确定性、依法严惩。一要依法及时开展调查处置、批捕、起诉、审判工作。公安机关接到报案、控告、举报后应当立即赶到现场，及时制止违法犯罪，妥善保护案发现场，控制行为人。对于符合立案条件的及时开展立案侦查,全面收集证据,调取案发现场监控视频,收集在场证人证言,核查涉案人员、车辆信息等,并及时串并案进行侦查。人民检察院对于公安机关提请批准逮捕、移送审查起诉的"碰瓷"案件,符合逮捕、起诉条件的,应当依法尽快予以批捕、起诉。对于"碰瓷"案件,人民法院应当依法及时审判,构成犯罪的,严格依法追究犯罪分子刑事责任。二要加强协作配合。公安机关、人民检察院要加强沟通协调,解决案件定性、管辖、证据标准等问题,确保案件顺利办理。对于疑难复杂案件,公安机关可以听取人民检察院意见。对于确需补充侦查的,人民检察院要制作明确、详细的补充侦查提纲,公安机关应当及时补充证据。人民法院要加强审判力量,严格依法公正审判。三要严格贯彻宽严相济的刑事政策,落实认罪认罚从宽制度。要综合考虑主观恶性大小、行为的手段、方式、危害后果以及在案件中所起作用等因素,切实做到区别对待。对于"碰瓷"犯罪集团的首要分子、积极参加的犯罪分子以及屡教不改的犯罪分子,应当作为打击重点依法予以严惩。对犯罪性质和危害后果特别严重、社会影响特别恶劣的犯罪分子,虽具有酌定从宽情节但不足以从宽处罚的,依法不予从宽处罚。具有自首、立功、坦白、认罪认罚等情节的,依法从宽处理。同时,应当准确把握法律尺度,注意区分"碰瓷"违法犯罪同普通民事纠纷、行政违法的界限,既防止出现"降格处理",也要防止打击面过大等问题。四要强化宣传教育。人民法院、人民检察院、公安机关在依法惩处此类犯罪的过程中,要加大法制宣传教育力度,在依法办案的同时,视情通过新闻媒体、微信公众号、微博等形式,向社会公众揭露"碰瓷"违法犯罪的手段和方式,引导人民群众加强自我保护意识,遇到此类情形,应当及时报警,依法维护自身合法权益。要适时公开曝光一批典型案例,通过对案件解读,有效震慑违法犯罪分子,在全社会营造良好法治环境。

各地各相关部门要认真贯彻执行。执行中遇有问题,请及时上报各自上级机关。

最高人民法院
最高人民检察院
公安部
2020 年 9 月 22 日

最高人民法院、最高人民检察院、公安部办理跨境赌博犯罪案件若干问题的意见

（2020年10月16日公布并施行　公通字〔2020〕14号）

为依法惩治跨境赌博等犯罪活动，维护我国经济安全、社会稳定，根据《中华人民共和国刑法》《中华人民共和国刑事诉讼法》和《最高人民法院、最高人民检察院关于办理赌博刑事案件具体应用法律若干问题的解释》等有关规定，结合司法实践，制定本意见。

一、总体要求

近年来，境外赌场和网络赌博集团对我国公民招赌吸赌问题日益突出，跨境赌博违法犯罪活动日益猖獗，严重妨碍社会管理秩序，引发多种犯罪，严重危害我国经济安全和社会稳定。与此同时，互联网领域黑灰产业助推传统赌博和跨境赌博犯罪向互联网迁移，跨境网络赌博违法犯罪活动呈高发态势，严重威胁人民群众人身财产安全和社会公共安全。人民法院、人民检察院、公安机关要针对跨境赌博犯罪特点，充分发挥职能作用，贯彻宽严相济刑事政策，准确认定赌博犯罪行为，严格依法办案，依法从严从快惩处，坚决有效遏制跨境赌博犯罪活动，努力实现政治效果、法律效果、社会效果的高度统一。

二、关于跨境赌博犯罪的认定

（一）以营利为目的，有下列情形之一的，属于刑法第三百零三条第二款规定的"开设赌场"：

1. 境外赌场经营人、实际控制人、投资人，组织、招揽中华人民共和国公民赴境外赌博的；

2. 境外赌场管理人员，组织、招揽中华人民共和国公民赴境外赌博的；

3. 受境外赌场指派、雇佣，组织、招揽中华人民共和国公民赴境外赌博，或者组织、招揽中华人民共和国公民赴境外赌博，从赌场获取费用、其他利益的；

4. 在境外赌场包租赌厅、赌台，组织、招揽中华人民共和国公民赴境外赌博的；

5. 其他在境外以提供赌博场所、提供赌资、设定赌博方式等，组织、招

揽中华人民共和国公民赴境外赌博的。

在境外赌场通过开设账户、洗码等方式，为中华人民共和国公民赴境外赌博提供资金担保服务的，以"开设赌场"论处。

（二）以营利为目的，利用信息网络、通讯终端等传输赌博视频、数据，组织中华人民共和国公民跨境赌博活动，有下列情形之一的，属于刑法第三百零三条第二款规定的"开设赌场"：

1. 建立赌博网站、应用程序并接受投注的；
2. 建立赌博网站、应用程序并提供给他人组织赌博的；
3. 购买或者租用赌博网站、应用程序，组织他人赌博的；
4. 参与赌博网站、应用程序利润分成的；
5. 担任赌博网站、应用程序代理并接受投注的；
6. 其他利用信息网络、通讯终端等传输赌博视频、数据，组织跨境赌博活动的。

（三）组织、招揽中华人民共和国公民赴境外赌博，从参赌人员中获取费用或者其他利益的，属于刑法第三百零三条第一款规定的"聚众赌博"。

（四）跨境开设赌场犯罪定罪处罚的数量或者数额标准，参照适用《关于办理赌博刑事案件具体应用法律若干问题的解释》《关于办理利用赌博机开设赌场案件适用法律若干问题的意见》和《关于办理网络赌博犯罪案件适用法律若干问题的意见》的有关规定。

三、关于跨境赌博共同犯罪的认定

（一）三人以上为实施开设赌场犯罪而组成的较为固定的犯罪组织，应当依法认定为赌博犯罪集团。对组织、领导犯罪集团的首要分子，按照集团所犯的全部罪行处罚。对犯罪集团中组织、指挥、策划者和骨干分子，应当依法从严惩处。

（二）明知他人实施开设赌场犯罪，为其提供场地、技术支持、资金、资金结算等服务的，以开设赌场罪的共犯论处。

（三）明知是赌博网站、应用程序，有下列情形之一的，以开设赌场罪的共犯论处：

1. 为赌博网站、应用程序提供软件开发、技术支持、互联网接入、服务器托管、网络存储空间、通讯传输通道、广告投放、会员发展、资金支付结算等服务的；
2. 为赌博网站、应用程序担任代理并发展玩家、会员、下线的。

为同一赌博网站、应用程序担任代理，既无上下级关系，又无犯意联络的，不构成共同犯罪。

（四）对受雇佣为赌场从事接送参赌人员、望风看场、发牌坐庄、兑换筹码、发送宣传广告等活动的人员及赌博网站、应用程序中与组织赌博活动无直接关联的一般工作人员，除参与赌场、赌博网站、应用程序利润分成或者领取高额固定工资的外，可以不追究刑事责任，由公安机关依法给予治安管理处罚。

四、关于跨境赌博关联犯罪的认定

（一）使用专门工具、设备或者其他手段诱使他人参赌，人为控制赌局输赢，构成犯罪的，依照刑法关于诈骗犯罪的规定定罪处罚。

网上开设赌场，人为控制赌局输赢，或者无法实现提现，构成犯罪的，依照刑法关于诈骗犯罪的规定定罪处罚。部分参赌者赢利、提现不影响诈骗犯罪的认定。

（二）通过开设赌场或者为国家工作人员参与赌博提供资金的形式实施行贿、受贿行为，构成犯罪的，依照刑法关于贿赂犯罪的规定定罪处罚。同时构成赌博犯罪的，应当依法与贿赂犯罪数罪并罚。

（三）实施跨境赌博犯罪，同时构成组织他人偷越国（边）境、运送他人偷越国（边）境、偷越国（边）境罪等罪的，应当依法数罪并罚。

（四）实施赌博犯罪，为强行索要赌债，实施故意杀人、故意伤害、非法拘禁、故意毁坏财物、寻衅滋事等行为，构成犯罪的，应当依法数罪并罚。

（五）为赌博犯罪提供资金、信用卡、资金结算等服务，构成赌博犯罪共犯，同时构成非法经营罪、妨害信用卡管理罪、窃取、收买、非法提供信用卡信息罪、掩饰、隐瞒犯罪所得、犯罪收益罪等罪的，依照处罚较重的规定定罪处罚。

为网络赌博犯罪提供互联网接入、服务器托管、网络存储、通讯传输等技术支持，或者提供广告推广、支付结算等帮助，构成赌博犯罪共犯，同时构成非法利用信息网络罪、帮助信息网络犯罪活动罪等罪的，依照处罚较重的规定定罪处罚。

为实施赌博犯罪，非法获取公民个人信息，或者向实施赌博犯罪者出售、提供公民个人信息，构成赌博犯罪共犯，同时构成侵犯公民个人信息罪的，依照处罚较重的规定定罪处罚。

五、关于跨境赌博犯罪赌资数额的认定及处理

赌博犯罪中用作赌注的款物、换取筹码的款物和通过赌博赢取的款物属于赌资。

通过网络实施开设赌场犯罪的，赌资数额可以依照开设赌场行为人在其实际控制账户内的投注金额，结合其他证据认定；如无法统计，可以按照查证属

实的参赌人员实际参赌的资金额认定。

对于将资金直接或者间接兑换为虚拟货币、游戏道具等虚拟物品,并用其作为筹码投注的,赌资数额按照购买该虚拟物品所需资金数额或者实际支付资金数额认定。

对于开设赌场犯罪中主要用于接收、流转赌资的银行账户内的资金,犯罪嫌疑人、被告人不能说明合法来源的,可以认定为赌资。

公安机关、人民检察院已查封、扣押、冻结的赌资、赌博用具等涉案财物及孳息,应当制作清单。人民法院对随案移送的涉案财物,依法予以处理。赌资应当依法予以追缴。赌博违法所得、赌博用具以及赌博犯罪分子所有的专门用于赌博的财物等,应当依法予以追缴、没收。

六、关于跨境赌博犯罪案件的管辖

(一)跨境赌博犯罪案件一般由犯罪地公安机关立案侦查,由犯罪嫌疑人居住地公安机关立案侦查更为适宜的,可以由犯罪嫌疑人居住地公安机关立案侦查。犯罪地包括犯罪行为发生地和犯罪结果发生地。

跨境网络赌博犯罪地包括用于实施赌博犯罪行为的网络服务使用的服务器所在地,网络服务提供者所在地,犯罪嫌疑人、参赌人员使用的网络信息系统所在地,犯罪嫌疑人为网络赌博犯罪提供帮助的犯罪地等。

(二)多个公安机关都有权立案侦查的跨境赌博犯罪案件,由最初受理的公安机关或者主要犯罪地公安机关立案侦查。有争议的,应当按照有利于查清犯罪事实、有利于诉讼的原则,协商解决。经协商无法达成一致的,由共同上级公安机关指定有关公安机关立案侦查。

在境外实施的跨境赌博犯罪案件,由公安部商最高人民检察院和最高人民法院指定管辖。

(三)具有下列情形之一的,有关公安机关可以在其职责范围内并案侦查:

1. 一人犯数罪的;
2. 共同犯罪的;
3. 共同犯罪的犯罪嫌疑人实施其他犯罪的;
4. 多个犯罪嫌疑人实施的犯罪存在直接关联,并案处理有利于查明案件事实的。

(四)部分犯罪嫌疑人在逃,但不影响对已到案共同犯罪嫌疑人、被告人的犯罪事实认定的,可以依法先行追究已到案共同犯罪嫌疑人、被告人的刑事责任。

已确定管辖的跨境赌博共同犯罪案件,在逃的犯罪嫌疑人、被告人归案后,一般由原管辖的公安机关、人民检察院、人民法院管辖。

七、关于跨境赌博犯罪案件证据的收集和审查判断

(一)公安机关、人民检察院、人民法院在办理跨境赌博犯罪案件中应当注意对电子证据的收集、审查判断。公安机关应当遵守法定程序,遵循有关技术标准,全面、客观、及时收集、提取电子证据;人民检察院、人民法院应当围绕真实性、合法性、关联性审查判断电子证据。

公安机关、人民检察院、人民法院收集、提取、固定、移送、展示、审查、判断电子证据应当严格依照《最高人民法院、最高人民检察院、公安部关于办理刑事案件收集提取和审查判断电子数据若干问题的规定》《最高人民法院、最高人民检察院、公安部关于办理网络犯罪案件适用刑事诉讼程序若干问题的意见》的规定进行。

(二)公安机关采取技术侦查措施收集的证据材料,能够证明案件事实的,应当随案移送,并移送批准采取技术侦查措施的法律文书。

(三)依照国际条约、刑事司法协助、互助协议或者平等互助原则,请求证据材料所在地司法机关收集,或者通过国际警务合作机制、国际刑警组织启动合作取证程序收集的境外证据材料,公安机关应当对其来源、提取人、提取时间或者提供人、提供时间以及保管移交的过程等作出说明。

当事人及其辩护人、诉讼代理人提供的来自境外的证据材料,该证据材料应当经所在国公证机关证明,所在国中央外交主管机关或者其授权机关认证,并经我国驻该国使、领馆认证。未经证明、认证的,不能作为证据使用。

来自境外的证据材料,能够证明案件事实且符合刑事诉讼法及相关规定的,经查证属实,可以作为定案的根据。

八、关于跨境赌博犯罪案件宽严相济刑事政策的运用

人民法院、人民检察院、公安机关要深刻认识跨境赌博犯罪的严重社会危害性,正确贯彻宽严相济刑事政策,运用认罪认罚从宽制度,充分发挥刑罚的惩治和预防功能。对实施跨境赌博犯罪活动的被告人,应当在全面把握犯罪事实和量刑情节的基础上,依法从严惩处,并注重适用财产刑和追缴、没收等财产处置手段,最大限度剥夺被告人再犯的能力。

(一)实施跨境赌博犯罪,有下列情形之一的,酌情从重处罚:

1. 具有国家工作人员身份的;
2. 组织国家工作人员赴境外赌博的;
3. 组织、胁迫、引诱、教唆、容留未成年人参与赌博的;
4. 组织、招揽、雇佣未成年人参与实施跨境赌博犯罪的;
5. 采用限制人身自由等手段强迫他人赌博或者结算赌资,尚不构成其他

犯罪的；

6. 因赌博活动致1人以上死亡、重伤或者3人以上轻伤，或者引发其他严重后果，尚不构成其他犯罪的；

7. 组织、招揽中华人民共和国公民赴境外多个国家、地区赌博的；

8. 因赌博、开设赌场曾被追究刑事责任或者二年内曾被行政处罚的。

（二）对于具有赌资数额大、共同犯罪的主犯、曾因赌博犯罪行为被追究刑事责任、悔罪表现不好等情形的犯罪嫌疑人、被告人，一般不适用不起诉、免予刑事处罚、缓刑。

（三）对实施赌博犯罪的被告人，应当加大财产刑的适用。对被告人并处罚金时，应当根据其在赌博犯罪中的地位作用、赌资、违法所得数额等情节决定罚金数额。

（四）犯罪嫌疑人、被告人提供重要证据，对侦破、查明重大跨境赌博犯罪案件起关键作用，经查证属实的，可以根据案件具体情况，依法从宽处理。

最高人民法院、最高人民检察院、公安部、农业农村部依法惩治长江流域非法捕捞等违法犯罪的意见

（2020年12月17日公布并施行 公通字〔2020〕17号）

为依法惩治长江流域非法捕捞等危害水生生物资源的各类违法犯罪，保障长江流域禁捕工作顺利实施，加强长江流域水生生物资源保护，推进水域生态保护修复，促进生态文明建设，根据有关法律、司法解释的规定，制定本意见。

一、提高政治站位，充分认识长江流域禁捕的重大意义

长江流域禁捕是贯彻习近平总书记关于"共抓大保护、不搞大开发"的重要指示精神，保护长江母亲河和加强生态文明建设的重要举措，是为全局计、为子孙谋、功在当代、利在千秋的重要决策。各级人民法院、人民检察院、公安机关、农业农村（渔政）部门要增强"四个意识"、坚定"四个自信"、做到"两个维护"，深入学习领会习近平总书记重要指示批示精神，把长江流域重点水域禁捕工作作为当前重大政治任务，用足用好法律规定，依法严惩非法捕捞等危害水生生物资源的各类违法犯罪，加强行政执法与刑事司法衔接，全力摧毁"捕、运、销"地下产业链，为推进长江流域水生生物资源和水域生态保护修复，助力长江经济带高质量绿色发展提供有力法治保障。

二、准确适用法律，依法严惩非法捕捞等危害水生生物资源的各类违法犯罪

（一）依法严惩非法捕捞犯罪。违反保护水产资源法规，在长江流域重点水域非法捕捞水产品，具有下列情形之一的，依照刑法第三百四十条的规定，以非法捕捞水产品罪定罪处罚：

1. 非法捕捞水产品五百公斤以上或者一万元以上的；

2. 非法捕捞具有重要经济价值的水生动物苗种、怀卵亲体或者在水产种质资源保护区内捕捞水产品五十公斤以上或者一千元以上的；

3. 在禁捕区域使用电鱼、毒鱼、炸鱼等严重破坏渔业资源的禁用方法捕捞的；

4. 在禁捕区域使用农业农村部规定的禁用工具捕捞的；

5. 其他情节严重的情形。

（二）依法严惩危害珍贵、濒危水生野生动物资源犯罪。在长江流域重点水域非法猎捕、杀害中华鲟、长江鲟、长江江豚或者其他国家重点保护的珍贵、濒危水生野生动物，价值二万元以上不满二十万元的，应当依照刑法第三百四十一条的规定，以非法猎捕、杀害珍贵、濒危野生动物罪，处五年以下有期徒刑或者拘役，并处罚金；价值二十万元以上不满二百万元的，应当认定为"情节严重"，处五年以上十年以下有期徒刑，并处罚金；价值二百万元以上的，应当认定为"情节特别严重"，处十年以上有期徒刑，并处罚金或者没收财产。

（三）依法严惩非法渔获物交易犯罪。明知是在长江流域重点水域非法捕捞犯罪所得的水产品而收购、贩卖，价值一万元以上的，应当依照刑法第三百一十二条的规定，以掩饰、隐瞒犯罪所得罪定罪处罚。

非法收购、运输、出售在长江流域重点水域非法猎捕、杀害的中华鲟、长江鲟、长江江豚或者其他国家重点保护的珍贵、濒危水生野生动物及其制品，价值二万元以上不满二十万元的，应当依照刑法第三百四十一条的规定，以非法收购、运输、出售珍贵、濒危野生动物、珍贵、濒危野生动物制品罪，处五年以下有期徒刑或者拘役，并处罚金；价值二十万元以上不满二百万元的，应当认定为"情节严重"，处五年以上十年以下有期徒刑，并处罚金；价值二百万元以上的，应当认定为"情节特别严重"，处十年以上有期徒刑，并处罚金或者没收财产。

（四）依法严惩危害水生生物资源的单位犯罪。水产品交易公司、餐饮公司等单位实施本意见规定的行为，构成单位犯罪的，依照本意见规定的定罪量刑标准，对直接负责的主管人员和其他直接责任人员定罪处罚，并对单位判处罚金。

（五）依法严惩危害水生生物资源的渎职犯罪。对长江流域重点水域水生生物资源保护负有监督管理、行政执法职责的国家机关工作人员，滥用职权或者玩忽职守，致使公共财产、国家和人民利益遭受重大损失的，应当依照刑法第三百九十七条的规定，以滥用职权罪或者玩忽职守罪定罪处罚。

负有查禁破坏水生生物资源犯罪活动职责的国家机关工作人员，向犯罪分子通风报信、提供便利，帮助犯罪分子逃避处罚的，应当依照刑法第四百一十七条的规定，以帮助犯罪分子逃避处罚罪定罪处罚。

（六）依法严惩危害水生生物资源的违法行为。实施上述行为，不构成犯罪的，由农业农村（渔政）部门等依据《渔业法》等法律法规予以行政处罚；构成违反治安管理行为的，由公安机关依法给予治安管理处罚。

（七）贯彻落实宽严相济刑事政策。多次实施本意见规定的行为构成犯罪，依法应当追诉的，或者二年内二次以上实施本意见规定的行为未经处理的，数量数额累计计算。

实施本意见规定的犯罪，具有下列情形之一的，从重处罚：（1）暴力抗拒、阻碍国家机关工作人员依法履行职务，尚未构成妨害公务罪的；（2）二年内曾因实施本意见规定的行为受过处罚的；（3）对长江生物资源或水域生态造成严重损害的；（4）具有造成重大社会影响等恶劣情节的。具有上述情形的，一般不适用不起诉、缓刑、免予刑事处罚。

非法捕捞水产品，根据渔获物的数量、价值和捕捞方法、工具等情节，认为对水生生物资源危害明显较轻的，可以认定为犯罪情节轻微，依法不起诉或者免予刑事处罚，但是曾因破坏水产资源受过处罚的除外。

非法猎捕、收购、运输、出售珍贵、濒危水生野生动物，尚未造成动物死亡，综合考虑行为手段、主观罪过、犯罪动机、获利数额、涉案水生生物的濒危程度、数量价值以及行为人的认罪悔罪态度、修复生态环境情况等情节，认为适用本意见规定的定罪量刑标准明显过重的，可以结合具体案件的实际情况依法作出妥当处理，确保罪责刑相适应。

三、健全完善工作机制，保障相关案件的办案效果

（一）做好退捕转产工作。根据有关规定，对长江流域捕捞渔民按照国家和所在地相关政策开展退捕转产，重点区域分类实行禁捕。要按照中央要求，加大投入力度，落实相关补助资金，根据渔民具体情况，分类施策、精准帮扶，通过发展产业、务工就业、支持创业、公益岗位等多种方式促进渔民转产就业，切实维护退捕渔民的权益，保障退捕渔民的生计。

（二）加强禁捕行政执法工作。长江流域各级农业农村（渔政）部门要加强禁捕宣传教育引导，对重点水域禁捕区域设立标志，建立"护渔员"协管巡护制度，不断提高人防技防水平，确保禁捕制度顺利实施。要强化执法队伍和能力建设，严格执法监管，加快配备禁捕执法装备设施，加大行政执法和案件查处力度，有效落实长江禁捕要求。对非法捕捞涉及的无船名船号、无船籍港、无船舶证书的船舶，要完善处置流程，依法予以没收、拆解、处置。要加大对制销禁用渔具等违法行为的查处力度，对制造、销售禁用渔具的，依法没收禁用渔具和违法所得，并予以罚款。要加强与相关部门协同配合，强化禁捕水域周边区域管理和行政执法，加强水产品交易市场、餐饮行业管理，依法依规查处非法捕捞和收购、加工、销售、利用非法渔获物等行为，斩断地下产业链。要加强行政执法与刑事司法衔接，对于涉嫌犯罪的案件，依法及时向公安机关移送。对水生生物资源保护负有监管职责的行政机关违法行使职权或者不

作为，致使国家利益或者社会公共利益受到侵害的，检察机关可以依法提起行政公益诉讼。

（三）全面收集涉案证据材料。对于农业农村（渔政）部门等行政机关在行政执法和查办案件过程中收集的物证、书证、视听资料、电子数据等证据材料，在刑事诉讼或者公益诉讼中可以作为证据使用。农业农村（渔政）部门等行政机关和公安机关要依法及时、全面收集与案件相关的各类证据，并依法进行录音录像，为案件的依法处理奠定事实根基。对于涉案船只、捕捞工具、渔获物等，应当在采取拍照、录音录像、称重、提取样品等方式固定证据后，依法妥善保管；公安机关保管有困难的，可以委托农业农村（渔政）部门保管；对于需要放生的渔获物，可以在固定证据后先行放生；对于已死亡且不宜长期保存的渔获物，可以由农业农村（渔政）部门采取捐赠捐献用于科研、公益事业或者销毁等方式处理。

（四）准确认定相关专门性问题。对于长江流域重点水域禁捕范围（禁捕区域和时间），依据农业农村部关于长江流域重点水域禁捕范围和时间的有关通告确定。涉案渔获物系国家重点保护的珍贵、濒危水生野生动物的，动物及其制品的价值可以根据国务院野生动物保护主管部门综合考虑野生动物的生态、科学、社会价值制定的评估标准和方法核算。其他渔获物的价值，根据销赃数额认定；无销赃数额、销赃数额难以查证或者根据销赃数额认定明显偏低的，根据市场价格核算；仍无法认定的，由农业农村（渔政）部门认定或者由有关价格认证机构作出认证并出具报告。对于涉案的禁捕区域、禁捕时间、禁用方法、禁用工具、渔获物品种以及对水生生物资源的危害程度等专门性问题，由农业农村（渔政）部门于二个工作日以内出具认定意见；难以确定的，由司法鉴定机构出具鉴定意见，或者由农业农村部指定的机构出具报告。

（五）正确认定案件事实。要全面审查与定罪量刑有关的证据，确保据以定案的证据均经法定程序查证属实，确保综合全案证据，对所认定的事实排除合理怀疑。既要审查犯罪嫌疑人、被告人的供述和辩解，更要重视对相关物证、书证、证人证言、视听资料、电子数据等其他证据的审查判断。对于携带相关工具但是否实施电鱼、毒鱼、炸鱼等非法捕捞作业，是否进入禁捕水域范围以及非法捕捞渔获物种类、数量等事实难以直接认定的，可以根据现场执法音视频记录、案发现场周边视频监控、证人证言等证据材料，结合犯罪嫌疑人、被告人的供述和辩解等，综合作出认定。

（六）强化工作配合。人民法院、人民检察院、公安机关、农业农村（渔政）部门要依法履行法定职责，分工负责，互相配合，互相制约，确保案件顺利移送、侦查、起诉、审判。对于阻挠执法、暴力抗法的，公安机关要依法及时处置,确保执法安全。犯罪嫌疑人、被告人自愿如实供述自己的罪行,承认指控的犯罪事实,愿意接受处罚的,可以依法从宽处理;对于犯罪情节轻微,依法不需要判处刑罚或者免除刑罚的,人民检察院可以作出不起诉决定。对于实施危害水生生物资源的行为,致使社会公共利益受到侵害的,人民检察院可以依法提起民事公益诉讼。对于人民检察院作出不起诉决定、人民法院作出无罪判决或者免予刑事处罚,需要行政处罚的案件,由农业农村(渔政)部门等依法给予行政处罚。

(七)加强宣传教育。人民法院、人民检察院、公安机关、农业农村(渔政)部门要认真落实"谁执法谁普法"责任制,结合案件办理深入细致开展法治宣传教育工作。要选取典型案例,以案释法,加大警示教育,震慑违法犯罪分子,充分展示依法惩治长江流域非法捕捞等违法犯罪、加强水生生物资源保护和水域生态保护修复的决心。要引导广大群众遵纪守法,依法支持和配合禁捕工作,为长江流域重点水域禁捕的顺利实施营造良好的法治和社会环境。

最高人民法院、最高人民检察院、公安部、司法部关于依法惩治非法野生动物交易犯罪的指导意见

(2020年12月18日公布并施行 公通字〔2020〕19号)

为依法惩治非法野生动物交易犯罪,革除滥食野生动物的陋习,有效防范重大公共卫生风险,切实保障人民群众生命健康安全,根据有关法律、司法解释的规定,结合侦查、起诉、审判实践,制定本意见。

一、依法严厉打击非法猎捕、杀害野生动物的犯罪行为,从源头上防控非法野生动物交易。

非法猎捕、杀害国家重点保护的珍贵、濒危野生动物,符合刑法第三百四十一条第一款规定的,以非法猎捕、杀害珍贵、濒危野生动物罪定罪处罚。

违反狩猎法规,在禁猎区、禁猎期或者使用禁用的工具、方法进行狩猎,破坏野生动物资源,情节严重,符合刑法第三百四十一条第二款规定的,以非法狩猎罪定罪处罚。

违反保护水产资源法规,在禁渔区、禁渔期或者使用禁用的工具、方法捕捞水产品,情节严重,符合刑法第三百四十条规定的,以非法捕捞水产品罪定罪处罚。

二、依法严厉打击非法收购、运输、出售、进出口野生动物及其制品的犯罪行为,切断非法野生动物交易的利益链条。

非法收购、运输、出售国家重点保护的珍贵、濒危野生动物及其制品,符合刑法第三百四十一条第一款规定的,以非法收购、运输、出售珍贵、濒危野生动物、珍贵、濒危野生动物制品罪定罪处罚。

走私国家禁止进出口的珍贵动物及其制品,符合刑法第一百五十一条第二款规定的,以走私珍贵动物、珍贵动物制品罪定罪处罚。

三、依法严厉打击以食用或者其他目的非法购买野生动物的犯罪行为,坚决革除滥食野生动物的陋习。

知道或者应当知道是国家重点保护的珍贵、濒危野生动物及其制品,为食用或者其他目的而非法购买,符合刑法第三百四十一条第一款规定的,以非法收购珍贵、濒危野生动物、珍贵、濒危野生动物制品罪定罪处罚。

四、二次以上实施本意见第一条至第三条规定的行为构成犯罪，依法应当追诉的，或者二年内二次以上实施本意见第一条至第三条规定的行为未经处理的，数量、数额累计计算。

五、明知他人实施非法野生动物交易行为，有下列情形之一的，以共同犯罪论处：

（一）提供贷款、资金、账号、车辆、设备、技术、许可证件的；

（二）提供生产、经营场所或者运输、仓储、保管、快递、邮寄、网络信息交互等便利条件或者其他服务的；

（三）提供广告宣传等帮助行为的。

六、对涉案野生动物及其制品价值，可以根据国务院野生动物保护主管部门制定的价值评估标准和方法核算。对野生动物制品，根据实际情况予以核算，但核算总额不能超过该种野生动物的整体价值。具有特殊利用价值或者导致动物死亡的主要部分，核算方法不明确的，其价值标准最高可以按照该种动物整体价值标准的80%予以折算，其他部分价值标准最高可以按整体价值标准的20%予以折算，但是按照上述方法核算的价值明显不当的，应当根据实际情况妥当予以核算。核算价值低于实际交易价格的，以实际交易价格认定。

根据前款规定难以确定涉案野生动物及其制品价值的，依据下列机构出具的报告，结合其他证据作出认定：

（一）价格认证机构出具的报告；

（二）国务院野生动物保护主管部门、国家濒危物种进出口管理机构、海关总署等指定的机构出具的报告；

（三）地、市级以上人民政府野生动物保护主管部门、国家濒危物种进出口管理机构的派出机构、直属海关等出具的报告。

七、对野生动物及其制品种属类别，非法捕捞、狩猎的工具、方法，以及对野生动物资源的损害程度、食用涉案野生动物对人体健康的危害程度等专门性问题，可以由野生动物保护主管部门、侦查机关或者有专门知识的人依据现场勘验、检查笔录等出具认定意见。难以确定的，依据司法鉴定机构出具的鉴定意见，或者本意见第六条第二款所列机构出具的报告，结合其他证据作出认定。

八、办理非法野生动物交易案件中，行政执法部门依法收集的物证、书证、视听资料、电子数据等证据材料，在刑事诉讼中可以作为证据使用。

对不易保管的涉案野生动物及其制品，在做好拍摄、提取检材或者制作足以反映原物形态特征或者内容的照片、录像等取证工作后，可以移交野生动物保护主管部门及其指定的机构依法处置。对存在或者可能存在疫病的野生动物及其制品，应立即通知野生动物保护主管部门依法处置。

九、实施本意见规定的行为，在认定是否构成犯罪以及裁量刑罚时，应当考虑涉案动物是否系人工繁育、物种的濒危程度、野外存活状况、人工繁育情况、是否列入国务院野生动物保护主管部门制定的人工繁育国家重点保护野生动物名录，以及行为手段、对野生动物资源的损害程度、食用涉案野生动物对人体健康的危害程度等情节，综合评估社会危害性，确保罪责刑相适应。相关定罪量刑标准明显不适宜的，可以根据案件的事实、情节和社会危害程度，依法作出妥当处理。

十、本意见自下发之日起施行。

最高人民检察院、司法部、财政部、生态环境部、国务院国有资产监督管理委员会、国家税务总局、国家市场监督管理总局、中华全国工商业联合会、中国国际贸易促进委员会关于建立涉案企业合规第三方监督评估机制的指导意见（试行）

（2021年6月3日公布并施行）

为贯彻落实习近平总书记重要讲话精神和党中央重大决策部署，在依法推进企业合规改革试点工作中建立健全涉案企业合规第三方监督评估机制，有效惩治预防企业违法犯罪，服务保障经济社会高质量发展，助力推进国家治理体系和治理能力现代化，根据刑法、刑事诉讼法等法律法规及相关政策精神，制定本指导意见。

第一章 总 则

第一条 涉案企业合规第三方监督评估机制（以下简称第三方机制），是指人民检察院在办理涉企犯罪案件时，对符合企业合规改革试点适用条件的，交由第三方监督评估机制管理委员会（以下简称第三方机制管委会）选任组成的第三方监督评估组织（以下简称第三方组织），对涉案企业的合规承诺进行调查、评估、监督和考察。考察结果作为人民检察院依法处理案件的重要参考。

第二条 第三方机制的建立和运行，应当遵循依法有序、公开公正、平等保护、标本兼治的原则。

第三条 第三方机制适用于公司、企业等市场主体在生产经营活动中涉及的经济犯罪、职务犯罪等案件，既包括公司、企业等实施的单位犯罪案件，也包括公司、企业实际控制人、经营管理人员、关键技术人员等实施的与生产经营活动密切相关的犯罪案件。

第四条 对于同时符合下列条件的涉企犯罪案件,试点地区人民检察院可以根据案件情况适用本指导意见:

(一)涉案企业、个人认罪认罚;

(二)涉案企业能够正常生产经营,承诺建立或者完善企业合规制度,具备启动第三方机制的基本条件;

(三)涉案企业自愿适用第三方机制。

第五条 对于具有下列情形之一的涉企犯罪案件,不适用企业合规试点以及第三方机制:

(一)个人为进行违法犯罪活动而设立公司、企业的;

(二)公司、企业设立后以实施犯罪为主要活动的;

(三)公司、企业人员盗用单位名义实施犯罪的;

(四)涉嫌危害国家安全犯罪、恐怖活动犯罪的;

(五)其他不宜适用的情形。

第二章 第三方机制管委会的组成和职责

第六条 最高人民检察院、国务院国有资产监督管理委员会、财政部、全国工商联会同司法部、生态环境部、国家税务总局、国家市场监督管理总局、中国国际贸易促进委员会等部门组建第三方机制管委会,全国工商联负责承担管委会的日常工作,国务院国有资产监督管理委员会、财政部负责承担管委会中涉及国有企业的日常工作。

第三方机制管委会履行下列职责:

(一)研究制定涉及第三方机制的规范性文件;

(二)研究论证第三方机制涉及的重大法律政策问题;

(三)研究制定第三方机制专业人员名录库的入库条件和管理办法;

(四)研究制定第三方组织及其人员的工作保障和激励制度;

(五)对试点地方第三方机制管委会和第三方组织开展日常监督和巡回检查;

(六)协调相关成员单位对所属或者主管的中华全国律师协会、中国注册会计师协会、中国企业联合会、中国注册税务师协会、中国贸促会全国企业合规委员会(中国贸促会商事法律服务中心)以及其他行业协会、商会、机构等在企业合规领域的业务指导,研究制定涉企犯罪的合规考察标准;

(七)统筹协调全国范围内第三方机制的其他工作。

第七条 第三方机制管委会各成员单位建立联席会议机制,由最高人民检察院、国务院国有资产监督管理委员会、财政部、全国工商联负责同志担任召集人，根据工作需要定期或者不定期召开会议，研究有关重大事项和规范性文件，确定阶段性工作重点和措施。

各成员单位应当按照职责分工，认真落实联席会议确定的工作任务和议定事项，建立健全日常联系、联合调研、信息共享、宣传培训等机制，推动企业合规改革试点和第三方机制相关工作的顺利进行。

第八条　试点地方的人民检察院和国资委、财政部门、工商联应当结合本地实际，参照本指导意见第六条、第七条规定组建本地区的第三方机制管委会并建立联席会议机制。

试点地方第三方机制管委会履行下列职责：

（一）建立本地区第三方机制专业人员名录库，并根据各方意见建议和工作实际进行动态管理；

（二）负责本地区第三方组织及其成员的日常选任、培训、考核工作，确保其依法依规履行职责；

（三）对选任组成的第三方组织及其成员开展日常监督和巡回检查；

（四）对第三方组织的成员违反本指导意见的规定，或者实施其他违反社会公德、职业伦理的行为，严重损害第三方组织形象或公信力的，及时向有关主管机关、协会等提出惩戒建议，涉嫌违法犯罪的，及时向公安司法机关报案或者举报，并将其列入第三方机制专业人员名录库黑名单；

（五）统筹协调本地区第三方机制的其他工作。

第九条　第三方机制管委会应当组建巡回检查小组，按照本指导意见第六条第五项、第八条第三项的规定，对相关组织和人员在第三方机制相关工作中的履职情况开展不预先告知的现场抽查和跟踪监督。

巡回检查小组成员可以由人大代表、政协委员、人民监督员、退休法官、检察官以及会计审计等相关领域的专家学者担任。

第三章　第三方机制的启动和运行

第十条　人民检察院在办理涉企犯罪案件时，应当注意审查是否符合企业合规试点以及第三方机制的适用条件，并及时征询涉案企业、个人的意见。涉案企业、个人及其辩护人、诉讼代理人或者其他相关单位、人员提出适用企业合规试点以及第三方机制申请的，人民检察院应当依法受理并进行审查。

人民检察院经审查认为涉企犯罪案件符合第三方机制适用条件的，可以商请本地区第三方机制管委会启动第三方机制。第三方机制管委会应当根据案件具体情况以及涉案企业类型，从专业人员名录库中分类随机抽取人员组成第三方组织，并向社会公示。

第三方组织组成人员名单应当报送负责办理案件的人民检察院备案。人民检察院或者涉案企业、个人、其他相关单位、人员对选任的第三方组织组成人员提出异议的，第三方机制管委会应当调查核实并视情况做出调整。

第十一条　第三方组织应当要求涉案企业提交专项或者多项合规计划，并明确合规计划的承诺完成时限。

涉案企业提交的合规计划，主要围绕与企业涉嫌犯罪有密切联系的企业内部治理结构、规章制度、人员管理等方面存在的问题，制定可行的合规管理规范，构建有效的合规组织体系，健全合规风险防范报告机制，弥补企业制度建设和监督管理漏洞，防止再次发生相同或者类似的违法犯罪。

第十二条　第三方组织应当对涉案企业合规计划的可行性、有效性与全面性进行审查，提出修改完善的意见建议，并根据案件具体情况和涉案企业承诺履行的期限，确定合规考察期限。

在合规考察期内，第三方组织可以定期或者不定期对涉案企业合规计划履行情况进行检查和评估，可以要求涉案企业定期书面报告合规计划的执行情况，同时抄送负责办理案件的人民检察院。第三方组织发现涉案企业或其人员尚未被办案机关掌握的犯罪事实或者新实施的犯罪行为，应当中止第三方监督评估程序，并向负责办理案件的人民检察院报告。

第十三条　第三方组织在合规考察期届满后，应当对涉案企业的合规计划完成情况进行全面检查、评估和考核，并制作合规考察书面报告，报送负责选任第三方组织的第三方机制管委会和负责办理案件的人民检察院。

第十四条　人民检察院在办理涉企犯罪案件过程中，应当将第三方组织合规考察书面报告、涉案企业合规计划、定期书面报告等合规材料，作为依法作出批准或者不批准逮捕、起诉或者不起诉以及是否变更强制措施等决定、提出量刑建议或者检察建议、检察意见的重要参考。

人民检察院发现涉案企业在预防违法犯罪方面制度不健全、不落实，管理不完善，存在违法犯罪隐患，需要及时消除的，可以结合合规材料，向涉案企业提出检察建议。

人民检察院对涉案企业作出不起诉决定，认为需要给予行政处罚、处分或者没收其违法所得的，应当结合合规材料，依法向有关主管机关提出检察意见。

人民检察院通过第三方机制，发现涉案企业或其人员存在其他违法违规情形的，应当依法将案件线索移送有关主管机关、公安机关或者纪检监察机关处理。

第十五条 人民检察院对于拟作不批准逮捕、不起诉、变更强制措施等决定的涉企犯罪案件，可以根据《人民检察院审查案件听证工作规定》召开听证会，并邀请第三方组织组成人员到会发表意见。

第十六条 负责办理案件的人民检察院应当履行下列职责：

（一）对第三方组织组成人员名单进行备案审查，发现组成人员存在明显不适当情形的，及时向第三方机制管委会提出意见建议；

（二）对涉案企业合规计划、定期书面报告进行审查，向第三方组织提出意见建议；

（三）对第三方组织合规考察书面报告进行审查，向第三方机制管委会提出意见建议，必要时开展调查核实工作；

（四）依法办理涉案企业、个人及其辩护人、诉讼代理人或者其他相关单位、人员在第三方机制运行期间提出的申诉、控告或者有关申请、要求；

（五）刑事诉讼法、人民检察院刑事诉讼规则等法律、司法解释规定的其他法定职责。

第十七条 第三方组织及其组成人员在合规考察期内，可以针对涉案企业合规计划、定期书面报告开展必要的检查、评估，涉案企业应当予以配合。

第三方组织及其组成人员应当履行下列义务：

（一）遵纪守法，勤勉尽责，客观中立；

（二）不得泄露履职过程中知悉的国家秘密、商业秘密和个人隐私；

（三）不得利用履职便利，索取、收受贿赂或者非法侵占涉案企业、个人的财物；

（四）不得利用履职便利，干扰涉案企业正常生产经营活动。

第三方组织组成人员系律师、注册会计师、税务师（注册税务师）等中介组织人员的，在履行第三方监督评估职责期间不得违反规定接受可能有利益关系的业务；在履行第三方监督评估职责结束后一年以内，上述人员及其所在中介组织不得接受涉案企业、个人或者其他有利益关系的单位、人员的业务。

第十八条 涉案企业或其人员在第三方机制运行期间，认为第三方组织或其组成人员存在行为不当或者涉嫌违法犯罪的，可以向负责选任第三方组织的第三方机制管委会反映或者提出异议，或者向负责办理案件的人民检察院提出申诉、控告。

涉案企业及其人员应当按照时限要求认真履行合规计划，不得拒绝履行或者变相不履行合规计划、拒不配合第三方组织合规考察或者实施其他严重违反合规计划的行为。

第四章 附 则

第十九条 纪检监察机关认为涉嫌行贿的企业符合企业合规试点以及第三方机制适用条件,向人民检察院提出建议的,人民检察院可以参照适用本指导意见。

第二十条 试点地方人民检察院、国资委、财政部门、工商联可以结合本地实际,参照本指导意见会同有关部门制定具体实施办法,并按照试点工作要求报送备案。

本指导意见由最高人民检察院、国务院国有资产监督管理委员会、财政部、全国工商联会同司法部、生态环境部、国家税务总局、国家市场监督管理总局、中国国际贸易促进委员会负责解释,自印发之日起施行。

中国人民银行、中央网信办、最高人民法院、最高人民检察院、工业和信息化部、公安部、市场监管总局、银保监会、证监会、外汇局关于进一步防范和处置虚拟货币交易炒作风险的通知

（2021年9月15日公布并施行 银发〔2021〕237号）

各省、自治区、直辖市人民政府，新疆生产建设兵团：

近期，虚拟货币交易炒作活动抬头，扰乱经济金融秩序，滋生赌博、非法集资、诈骗、传销、洗钱等违法犯罪活动，严重危害人民群众财产安全。为进一步防范和处置虚拟货币交易炒作风险，切实维护国家安全和社会稳定，依据《中华人民共和国中国人民银行法》《中华人民共和国商业银行法》《中华人民共和国证券法》《中华人民共和国网络安全法》《中华人民共和国电信条例》《防范和处置非法集资条例》《期货交易管理条例》《国务院关于清理整顿各类地方交易场所切实防范金融风险的决定》《国务院办公厅关于清理整顿各类交易场所的实施意见》等规定，现就有关事项通知如下：

一、明确虚拟货币和相关业务活动本质属性

（一）虚拟货币不具有与法定货币等同的法律地位。比特币、以太币、泰达币等虚拟货币具有非货币当局发行、使用加密技术及分布式账户或类似技术、以数字化形式存在等主要特点，不具有法偿性，不应且不能作为货币在市场上流通使用。

（二）虚拟货币相关业务活动属于非法金融活动。开展法定货币与虚拟货币兑换业务、虚拟货币之间的兑换业务、作为中央对手方买卖虚拟货币、为虚拟货币交易提供信息中介和定价服务、代币发行融资以及虚拟货币衍生品交易等虚拟货币相关业务活动涉嫌非法发售代币票券、擅自公开发行证券、非法经营期货业务、非法集资等非法金融活动，一律严格禁止，坚决依法取缔。对于开展相关非法金融活动构成犯罪的，依法追究刑事责任。

（三）境外虚拟货币交易所通过互联网向我国境内居民提供服务同样属于

非法金融活动。对于相关境外虚拟货币交易所的境内工作人员，以及明知或应知其从事虚拟货币相关业务，仍为其提供营销宣传、支付结算、技术支持等服务的法人、非法人组织和自然人，依法追究有关责任。

（四）参与虚拟货币投资交易活动存在法律风险。任何法人、非法人组织和自然人投资虚拟货币及相关衍生品，违背公序良俗的，相关民事法律行为无效，由此引发的损失由其自行承担；涉嫌破坏金融秩序、危害金融安全的，由相关部门依法查处。

二、建立健全应对虚拟货币交易炒作风险的工作机制

（五）部门协同联动。人民银行会同中央网信办、最高人民法院、最高人民检察院、工业和信息化部、公安部、市场监管总局、银保监会、证监会、外汇局等部门建立工作协调机制，协同解决工作中的重大问题，督促指导各地区按统一部署开展工作。

（六）强化属地落实。各省级人民政府对本行政区域内防范和处置虚拟货币交易炒作相关风险负总责，由地方金融监管部门牵头，国务院金融管理部门分支机构以及网信、电信主管、公安、市场监管等部门参加，建立常态化工作机制，统筹调动资源，积极预防、妥善处理虚拟货币交易炒作有关问题，维护经济金融秩序和社会和谐稳定。

三、加强虚拟货币交易炒作风险监测预警

（七）全方位监测预警。各省级人民政府充分发挥地方监测预警机制作用，线上监测和线下排查相结合，提高识别发现虚拟货币交易炒作活动的精度和效率。人民银行、中央网信办等部门持续完善加密资产监测技术手段，实现虚拟货币"挖矿"、交易、兑换的全链条跟踪和全时信息备份。金融管理部门指导金融机构和非银行支付机构加强对涉虚拟货币交易资金的监测工作。

（八）建立信息共享和快速反应机制。在各省级人民政府领导下，地方金融监管部门会同国务院金融管理部门分支机构、网信部门、公安机关等加强线上监控、线下摸排、资金监测的有效衔接，建立虚拟货币交易炒作信息共享和交叉验证机制，以及预警信息传递、核查、处置快速反应机制。

四、构建多维度、多层次的风险防范和处置体系

（九）金融机构和非银行支付机构不得为虚拟货币相关业务活动提供服务。金融机构和非银行支付机构不得为虚拟货币相关业务活动提供账户开立、资金划转和清算结算等服务，不得将虚拟货币纳入抵质押品范围，不得开展与虚拟货币相关的保险业务或将虚拟货币纳入保险责任范围，发现违法违规问题线索应及时向有关部门报告。

（十）加强对虚拟货币相关的互联网信息内容和接入管理。互联网企业不得为虚拟货币相关业务活动提供网络经营场所、商业展示、营销宣传、付费导流等服务，发现违法违规问题线索应及时向有关部门报告，并为相关调查、侦查工作提供技术支持和协助。网信和电信主管部门根据金融管理部门移送的问题线索及时依法关闭开展虚拟货币相关业务活动的网站、移动应用程序、小程序等互联网应用。

（十一）加强对虚拟货币相关的市场主体登记和广告管理。市场监管部门加强市场主体登记管理，企业、个体工商户注册名称和经营范围中不得含有"虚拟货币""虚拟资产""加密货币""加密资产"等字样或内容。市场监管部门会同金融管理部门依法加强对涉虚拟货币相关广告的监管，及时查处相关违法广告。

（十二）严厉打击虚拟货币相关非法金融活动。发现虚拟货币相关非法金融活动问题线索后，地方金融监管部门会同国务院金融管理部门分支机构等相关部门依法及时调查认定、妥善处置，并严肃追究有关法人、非法人组织和自然人的法律责任，涉及犯罪的，移送司法机关依法查处。

（十三）严厉打击涉虚拟货币犯罪活动。公安部部署全国公安机关继续深入开展"打击洗钱犯罪专项行动""打击跨境赌博专项行动""断卡行动"，依法严厉打击虚拟货币相关业务活动中的非法经营、金融诈骗等犯罪活动，利用虚拟货币实施的洗钱、赌博等犯罪活动和以虚拟货币为噱头的非法集资、传销等犯罪活动。

（十四）加强行业自律管理。中国互联网金融协会、中国支付清算协会、中国银行业协会加强会员管理和政策宣传，倡导和督促会员单位抵制虚拟货币相关非法金融活动，对违反监管政策和行业自律规则的会员单位，依照有关自律管理规定予以惩戒。依托各类行业基础设施开展虚拟货币交易炒作风险监测，及时向有关部门移送问题线索。

五、强化组织实施

（十五）加强组织领导和统筹协调。各部门、各地区要高度重视应对虚拟货币交易炒作风险工作，加强组织领导，明确工作责任，形成中央统筹、属地实施、条块结合、共同负责的长效工作机制，保持高压态势，动态监测风险，采取有力措施，防范化解风险，依法保护人民群众财产安全，全力维护经济金融秩序和社会稳定。

（十六）加强政策解读和宣传教育。各部门、各地区及行业协会要充分运用各类媒体等传播渠道，通过法律政策解读、典型案例剖析、投资风险教育等方式，向社会公众宣传虚拟货币炒作等相关业务活动的违法性、危害性及其表现形式等，增强社会公众风险防范意识。

中国人民银行
中央网信办
最高人民法院
最高人民检察院
工业和信息化部
公安部
市场监管总局
银保监会
证监会
外汇局
2021 年 9 月 15 日

最高人民法院、最高人民检察院、司法部关于建立健全禁止法官、检察官与律师不正当接触交往制度机制的意见

（2021年9月30日公布并施行　司发通〔2021〕60号）

第一条　为深入贯彻习近平法治思想，认真贯彻落实防止干预司法"三个规定"，建立健全禁止法官、检察官与律师不正当接触交往制度机制，防止利益输送和利益勾连，切实维护司法廉洁和司法公正，依据《中华人民共和国法官法》《中华人民共和国检察官法》《中华人民共和国律师法》等有关规定，结合实际情况，制定本意见。

第二条　本意见适用于各级人民法院、人民检察院依法履行审判、执行、检察职责的人员和司法行政人员。本意见所称律师，是指在律师事务所执业的专兼职律师（包括从事非诉讼法律事务的律师）和公职律师、公司律师。本意见所称律师事务所"法律顾问"，是指不以律师名义执业，但就相关业务领域或者个案提供法律咨询、法律论证，或者代表律师事务所开展协调、业务拓展等活动的人员。本意见所称律师事务所行政人员，是指律师事务所聘用的从事秘书、财务、行政、人力资源、信息技术、风险管控等工作的人员。

第三条　严禁法官、检察官与律师有下列接触交往行为：

（一）在案件办理过程中，非因办案需要且未经批准在非工作场所、非工作时间与辩护、代理律师接触。

（二）接受律师或者律师事务所请托，过问、干预或者插手其他法官、检察官正在办理的案件，为律师或者律师事务所请托说情、打探案情、通风报信；为案件承办法官、检察官私下会见案件辩护、代理律师牵线搭桥；非因工作需要，为律师或者律师事务所转递涉案材料；向律师泄露案情、办案工作秘密或者其他依法依规不得泄露的情况；违规为律师或律师事务所出具与案件有关的各类专家意见。

（三）为律师介绍案件；为当事人推荐、介绍律师作为诉讼代理人、辩护人；要求、建议或者暗示当事人更换符合代理条件的律师；索取或者收受案件代理费用或者其他利益。

（四）向律师或者其当事人索贿，接受律师或者其当事人行贿；索取或者收受律师借礼尚往来、婚丧嫁娶等赠送的礼金、礼品、消费卡和有价证券、股权、其他金融产品等财物；向律师借款、租借房屋、借用交通工具、通讯工具或者其他物品；接受律师吃请、娱乐等可能影响公正履行职务的安排。

（五）非因工作需要且未经批准，擅自参加律师事务所或者律师举办的讲座、座谈、研讨、培训、论坛、学术交流、开业庆典等活动；以提供法律咨询、法律服务等名义接受律师事务所或者律师输送的相关利益。

（六）与律师以合作、合资、代持等方式经商办企业或者从事其他营利性活动；本人配偶、子女及其配偶在律师事务所担任"隐名合伙人"；本人配偶、子女及其配偶显名或者隐名与律师"合作"开办企业或者"合作"投资；默许、纵容、包庇配偶、子女及其配偶或者其他特定关系人在律师事务所违规取酬；向律师或律师事务所放贷收取高额利息。

（七）其他可能影响司法公正和司法权威的不正当接触交往行为。严禁律师事务所及其律师从事与前款所列行为相关的不正当接触交往行为。

第四条 各级人民法院、人民检察院和司法行政机关探索建立法官、检察官与律师办理案件动态监测机制，依托人民法院、人民检察院案件管理系统和律师管理系统，对法官、检察官承办的案件在一定期限内由同一律师事务所或者律师代理达到规定次数的，启动预警机制，要求法官、检察官及律师说明情况，除非有正当理由排除不正当交往可能的，依法启动调查程序。各省、自治区、直辖市高级人民法院、人民检察院根据本地实际，就上述规定的需要启动预警机制的次数予以明确。

第五条 各级人民法院、人民检察院在办理案件过程中发现律师与法官、检察官不正当接触交往线索的，应当按照有关规定将相关律师的线索移送相关司法行政机关或者纪检监察机关处理。各级司法行政机关、律师协会收到投诉举报涉及律师与法官、检察官不正当接触交往线索的，应当按照有关规定将涉及法官、检察官的线索移送相关人民法院、人民检察院或者纪检监察机关。

第六条 各级人民法院、人民检察院可以根据需要与司法行政机关组成联合调查组，对法官、检察官与律师不正当接触交往问题共同开展调查。对查实的不正当接触交往问题，要坚持从严的原则，综合考虑行为性质、情节、后果、社会影响以及是否存在主动交代等因素，依规依纪依法对法官、检察官作出处分，对律师作出行政处罚、行业处分和党纪处分。律师事务所默认、纵容或者放任本所律师及"法律顾问"、行政人员与法官、检察官不正当接触交往的，要同时对律师事务所作出处罚处分，并视情况对律师事务所党组织跟进作出处理。法官、检察官和律师涉嫌违法犯罪的，依法按照规定移送相关纪检监察机关或者司法机关等。

第七条 各级人民法院、人民检察院和司法行政机关、律师协会要常态化开展警示教育，在人民法院、人民检察院、司法行政系统定期通报不正当接触交往典型案件，印发不正当接触交往典型案例汇编，引导法官、检察官与律师深刻汲取教训，心存敬畏戒惧，不碰底线红线。

第八条 各级人民法院、人民检察院和司法行政机关、律师协会要加强法官、检察官和律师职业道德培训，把法官、检察官与律师接触交往相关制度规范作为职前培训和继续教育的必修课和培训重点，引导法官、检察官和律师把握政策界限，澄清模糊认识，强化行动自觉。

第九条 各级人民法院、人民检察院要完善司法权力内部运行机制，充分发挥审判监督和检察监督职能，健全类案参考、裁判指引、指导性案例等机制，促进裁判尺度统一，防止法官、检察官滥用自由裁量权。强化内外部监督制约，将法官、检察官与律师接触交往，法官、检察官近亲属从事律师职业等问题，纳入司法巡查、巡视巡察和审务督察、检务督察范围。各级人民法院、人民检察院要加强对法官、检察官的日常监管，强化法官、检察官工作时间之外监督管理，对发现的苗头性倾向性问题，早发现早提醒早纠正。严格落实防止干预司法"三个规定"月报告制度，定期分析处理记录报告平台中的相关数据，及时发现违纪违法线索。

第十条 各级司法行政机关要切实加强律师执业监管，通过加强律师和律师事务所年度考核、完善律师投诉查处机制等，强化日常监督管理。完善律师诚信信息公示制度，加快律师诚信信息公示平台建设，及时向社会公开律师与法官、检察官不正当接触交往受处罚处分信息，强化社会公众监督，引导督促律师依法依规诚信执业。完善律师收费管理制度，强化对统一收案、统一收费的日常监管，规范律师风险代理行为，限制风险代理适用范围，避免风险代理诱发司法腐败。

第十一条 律师事务所应当切实履行对本所律师及"法律顾问"、行政人员的监督管理责任，不得指使、纵容或者放任本所律师及"法律顾问"、行政人员与法官、检察官不正当接触交往。律师事务所违反上述规定的，由司法行政机关依法依规处理。

第十二条 各级人民法院、人民检察院要加强律师执业权利保障，持续推动审判流程公开和检务公开，落实听取律师辩护代理意见制度，完善便利律师参与诉讼机制，最大限度减少权力设租寻租和不正当接触交往空间。各级人民法院、人民检察院和司法行政机关要建立健全法官、检察官与律师正当沟通交流机制，通过同堂培训、联席会议、学术研讨、交流互访等方式，为法官、检察官和律师搭建公开透明的沟通交流平台。探索建立法官、检察官与律师互评监督机制。完善从律师中选拔法官、检察官制度，推荐优秀律师进入法官、检察官遴选和惩戒委员会，支持律师担任人民法院、人民检察院特邀监督员，共同维护司法廉洁和司法公正。

最高人民法院、最高人民检察院、司法部关于进一步规范法院、检察院离任人员从事律师职业的意见

(2021年9月30日公布并施行 司发通〔2021〕61号)

第一条 为深入贯彻习近平法治思想，认真贯彻落实防止干预司法"三个规定"，进一步规范法院、检察院离任人员从事律师职业，防止利益输送和利益勾连，切实维护司法廉洁和司法公正，依据《中华人民共和国公务员法》《中华人民共和国法官法》《中华人民共和国检察官法》《中华人民共和国律师法》等有关规定，结合实际情况，制定本意见。

第二条 本意见适用于从各级人民法院、人民检察院离任且在离任时具有公务员身份的工作人员。离任包括退休、辞去公职、开除、辞退、调离等。

本意见所称律师，是指在律师事务所执业的专兼职律师（包括从事非诉讼法律事务的律师）。本意见所称律师事务所"法律顾问"，是指不以律师名义执业，但就相关业务领域或者个案提供法律咨询、法律论证，或者代表律师事务所开展协调、业务拓展等活动的人员。本意见所称律师事务所行政人员，是指律师事务所聘用的从事秘书、财务、行政、人力资源、信息技术、风险管控等工作的人员。

第三条 各级人民法院、人民检察院离任人员从事律师职业或者担任律师事务所"法律顾问"、行政人员，应当严格执行《中华人民共和国法官法》《中华人民共和国检察官法》《中华人民共和国律师法》和公务员管理相关规定。

各级人民法院、人民检察院离任人员在离任后二年内，不得以律师身份担任诉讼代理人或者辩护人。各级人民法院、人民检察院离任人员终身不得担任原任职人民法院、人民检察院办理案件的诉讼代理人或者辩护人，但是作为当事人的监护人或者近亲属代理诉讼或者进行辩护的除外。

第四条 被人民法院、人民检察院开除人员和从人民法院、人民检察院辞去公职、退休的人员除符合本意见第三条规定外，还应当符合下列规定：

（一）被开除公职的人民法院、人民检察院工作人员不得在律师事务所从

事任何工作。

（二）辞去公职或者退休的人民法院、人民检察院领导班子成员，四级高级及以上法官、检察官，四级高级法官助理、检察官助理以上及相当职级层次的审判、检察辅助人员在离职三年内，其他辞去公职或退休的人民法院、人民检察院工作人员在离职二年内，不得到原任职人民法院、人民检察院管辖地区内的律师事务所从事律师职业或者担任"法律顾问"、行政人员等，不得以律师身份从事与原任职人民法院、人民检察院相关的有偿法律服务活动。

（三）人民法院、人民检察院退休人员在不违反前项从业限制规定的情况下，确因工作需要从事律师职业或者担任律师事务所"法律顾问"、行政人员的，应当严格执行中共中央组织部《关于进一步规范党政领导干部在企业兼职（任职）问题的意见》（中组发〔2013〕18号）规定和审批程序，并及时将行政、工资等关系转出人民法院、人民检察院，不再保留机关的各种待遇。

第五条 各级人民法院、人民检察院离任人员不得以任何形式，为法官、检察官与律师不正当接触交往牵线搭桥，充当司法掮客；不得采用隐名代理等方式，规避从业限制规定，违规提供法律服务。

第六条 人民法院、人民检察院工作人员拟在离任后从事律师职业或者担任律师事务所"法律顾问"、行政人员的，应当在离任时向所在人民法院、人民检察院如实报告从业去向，签署承诺书，对遵守从业限制规定、在从业限制期内主动报告从业变动情况等作出承诺。

人民法院、人民检察院离任人员向律师协会申请律师实习登记时，应当主动报告曾在人民法院、人民检察院工作的情况，并作出遵守从业限制的承诺。

第七条 律师协会应当对人民法院、人民检察院离任人员申请实习登记进行严格审核，就申请人是否存在不宜从事律师职业的情形征求原任职人民法院、人民检察院意见，对不符合相关条件的人员不予实习登记。司法行政机关在办理人民法院、人民检察院离任人员申请律师执业核准时，应当严格审核把关，对不符合相关条件的人员不予核准执业。

第八条 各级人民法院、人民检察院应当在离任人员离任前与本人谈话，提醒其严格遵守从业限制规定，告知违规从业应承担的法律责任，对不符合从业限制规定的，劝其调整从业意向。

司法行政机关在作出核准人民法院、人民检察院离任人员从事律师职业决定时，应当与本人谈话，提醒其严格遵守从业限制规定，告知违规从业应承担的法律责任。

第九条 各级人民法院、人民检察院在案件办理过程中，发现担任诉讼代理人、辩护人的律师违反人民法院、人民检察院离任人员从业限制规定情况的，应当通知当事人更换诉讼代理人、辩护人，并及时通报司法行政机关。

司法行政机关应当加强从人民法院、人民检察院离任后在律师事务所从业人员的监督管理，通过投诉举报调查、"双随机一公开"抽查等方式，及时发现离任人员违法违规问题线索并依法作出处理。

第十条 律师事务所应当切实履行对本所律师及工作人员的监督管理责任，不得接收不符合条件的人民法院、人民检察院离任人员到本所执业或者工作，不得指派本所律师违反从业限制规定担任诉讼代理人、辩护人。律师事务所违反上述规定的，由司法行政机关依法依规处理。

第十一条 各级人民法院、人民检察院应当建立离任人员信息库，并实现与律师管理系统的对接。司法行政机关应当依托离任人员信息库，加强对人民法院、人民检察院离任人员申请律师执业的审核把关。

各级司法行政机关应当会同人民法院、人民检察院，建立人民法院、人民检察院离任人员在律师事务所从业信息库和人民法院、人民检察院工作人员近亲属从事律师职业信息库，并实现与人民法院、人民检察院立案、办案系统的对接。人民法院、人民检察院应当依托相关信息库，加强对离任人员违规担任案件诉讼代理人、辩护人的甄别、监管，做好人民法院、人民检察院工作人员回避工作。

第十二条 各级人民法院、人民检察院和司法行政机关应当定期对人民法院、人民检察院离任人员在律师事务所违规从业情况开展核查，并按照相关规定进行清理。

对人民法院、人民检察院离任人员违规从事律师职业或者担任律师事务所"法律顾问"、行政人员的，司法行政机关应当要求其在规定时间内申请注销律师执业证书、与律所解除劳动劳务关系；对在规定时间内没有主动申请注销执业证书或者解除劳动劳务关系的，司法行政机关应当依法注销其执业证书或者责令律所与其解除劳动劳务关系。

本意见印发前，已经在律师事务所从业的人民法院、人民检察院退休人员，按照中共中央组织部《关于进一步规范党政领导干部在企业兼职（任职）问题的意见》（中组发〔2013〕18号）相关规定处理。

最高人民法院、最高人民检察院、海关总署、公安部、中国海警局关于打击粤港澳海上跨境走私犯罪适用法律若干问题的指导意见

（2021年12月14日公布并施行　署缉发〔2021〕141号）

近一时期来，粤港澳海上跨境走私冻品等犯罪频发，严重破坏海关监管秩序和正常贸易秩序。走私冻品存在疫情传播风险，严重危害公共卫生安全和食品安全。走私犯罪分子为实施犯罪或逃避追缉，采取暴力抗拒执法，驾驶改装船舶高速行驶冲撞等方式，严重威胁海上正常航行安全。为严厉打击粤港澳海上跨境走私，现就当前比较突出的法律适用问题提出以下指导意见：

一、非设关地走私进口未取得国家检验检疫准入证书的冻品，应认定为国家禁止进口的货物，构成犯罪的，按走私国家禁止进出口的货物罪定罪处罚。其中，对走私来自境外疫区的冻品，依据《最高人民法院、最高人民检察院关于办理走私刑事案件适用法律若干问题的解释》（法释〔2014〕10号，以下简称《解释》）第十一条第一款第四项和第二款规定定罪处罚。对走私来自境外非疫区的冻品，或者无法查明是否来自境外疫区的冻品，依据《解释》第十一条第一款第六项和第二款规定定罪处罚。

二、走私犯罪分子在实施走私犯罪或者逃避追缉过程中，实施碰撞、挤别、抛撒障碍物、超高速行驶、强光照射驾驶人员等危险行为，危害公共安全的，以走私罪和以危险方法危害公共安全罪数罪并罚。以暴力、威胁方法抗拒缉私执法，以走私罪和袭警罪或者妨害公务罪数罪并罚。武装掩护走私的，依照刑法第一百五十一条第一款规定从重处罚。

三、犯罪嫌疑人真实姓名、住址无法查清的，按其绰号或者自报的姓名、住址认定，并在法律文书中注明。

犯罪嫌疑人的国籍、身份，根据其入境时的有效证件认定；拥有两国以上护照的，以其入境时所持的护照认定其国籍。

犯罪嫌疑人国籍不明的，可以通过出入境管理部门协助查明，或者以有关国家驻华使、领馆出具的证明认定；确实无法查明国籍的，以无国籍人员

对待。

四、对用于运输走私冻品等货物的船舶、车辆，按照以下原则处置：

（一）对"三无"船舶，无法提供有效证书的船舶、车辆，依法予以没收、收缴或者移交主管机关依法处置；

（二）对走私犯罪分子自有的船舶、车辆或者假挂靠、长期不作登记、虚假登记等实为走私分子所有的船舶、车辆，作为犯罪工具依法没收；

（三）对所有人明知或者应当知道他人实施走私冻品等犯罪而出租、出借的船舶、车辆，依法予以没收。

具有下列情形之一的，可以认定船舶、车辆出租人、出借人明知或者应当知道他人实施违法犯罪，但有证据证明确属被蒙骗或者有其他相反证据的除外：

（一）出租人、出借人未经有关部门批准，擅自将船舶改装为可运载冻品等货物用的船舶，或者进行伪装的；

（二）出租人、出借人默许实际承运人将船舶改装为可运载冻品等货物用船舶，或者进行伪装的；

（三）因出租、出借船舶、车辆用于走私受过行政处罚，又出租、出借给同一走私人或者同一走私团伙使用的；

（四）出租人、出借人拒不提供真实的实际承运人信息，或者提供虚假的实际承运人信息的；

（五）其他可以认定明知或者应当知道的情形。

是否属于"三无"船舶，按照《"三无"船舶联合认定办法》（署缉发〔2021〕88号印发）规定认定。

五、对查封、扣押的未取得国家检验检疫准入证书的冻品，走私犯罪事实已基本查清的，在做好拍照、录像、称量、勘验、检查等证据固定工作和保留样本后，依照《罚没走私冻品处置办法（试行）》（署缉发〔2015〕289号印发）和《海关总署财政部关于查获走私冻品由地方归口处置的通知》（署财函〔2019〕300号）规定，先行移交有关部门作无害化处理。

六、办理粤港澳海上以外其他地区非设关地走私刑事案件，可以参照本意见的精神依法处理。

五、工作文件

中共中央政法委员会、最高人民法院、最高人民检察院、公安部、司法部关于政法机关依法保障疫情防控期间复工复产的意见

（2020年2月25日公布并施行 中政委〔2020〕13号）

为认真贯彻落实习近平总书记关于统筹推进新冠肺炎疫情防控和经济社会发展工作的重要指示精神，充分发挥政法机关职能作用，依法全力做好新冠肺炎疫情防控工作、保障疫情防控期间复工复产工作，制定如下意见。

一、深入学习贯彻习近平总书记重要指示精神，切实增强依法保障复工复产的政治自觉。以习近平同志为核心的党中央高度重视新冠肺炎疫情防控工作，习近平总书记多次发表重要讲话、作出重要指示，为统筹推进新冠肺炎疫情防控和经济社会发展工作提供了根本遵循。各级政法机关和广大政法干警要深入学习贯彻习近平总书记重要指示精神，切实把思想和行动统一到党中央决策部署上来，增强"四个意识"，坚定"四个自信"，做到"两个维护"，在统筹推进疫情防控和经济社会发展工作中，勇当先锋，敢打头阵，全力以赴做好疫情防控、保障复工复产工作，及时解决群众所急所忧所思所盼。按照分区分级精准复工复产的工作部署要求，统筹处理好疫情防控和经济社会发展的关系，在坚决做好疫情防控工作的同时，依法保障有序复工复产，为疫情防控提供有力物资保障，依法平等保护各类市场主体合法权益，为保持我国经济社会良好发展势头、实现决胜全面建成小康社会、决战脱贫攻坚的目标任务提供有力支撑。要找准工作结合点和着力点，及时协调帮助解决复工复产中存在的困难和问题，切实防止复工复产后发生疫情感染，推动建立最严格的岗位责任制，完善疫情发生后的应急处理机制，为稳定社会预期、维持正常经济社会秩序，提供优质高效的政法公共服务和坚强有力的执法司法保障。

二、推动健全完善促进复工复产的政策法规。推动出台《保障中小企业款项支付条例》，完善拖欠账款问题约束惩戒相关制度，维护中小企业合法权益。密切配合有关部门出台复工复产、扩大内需、维护企业和职工合法权益方面的政策规定，主动介入、提前研究，注重维护企业和职工的合法权益。严格

禁止在法律法规外增加许可事项、增设许可条件，防止设置过高门槛限制和影响复工复产。加快对有关政策措施的合法性审查，在审查过程中注意平衡好各方权利义务，确保实现稳就业、稳投资的政策效果，为依法防控疫情、有序复工复产，特别是进一步做好复工复产后的防疫指导监督、建立最严格的岗位责任制和疫情应急处理机制提供法治支持。加强依法防控疫情、保障企业复工复产有关法律政策问题研究。

三、大力推进严格规范公正文明执法。合理使用行政裁量权，防止执法过度、简单粗暴，引发社会矛盾，切实维护企业和职工合法权益。对具备复工复产条件、已建立严格防疫岗位责任制和疫情应急处理机制的企业，要积极为其申请增产、转产、开展科研攻关等相关行政许可提供方便、创造条件，简化工作流程。认真做好道路交通保障工作，打通人流、物流堵点，在保障疫情防控车辆优先通行的同时，针对企业复工复产交通流量、货运物流回升的实际，不断科学优化交通管控，全力保障公路路网安全顺畅运行，确保员工回得来、原料供得上、产品出得去，解决好生活必需品供应的"最后一公里"问题。扎实做好主干公路保顺畅保安全工作，减少群众等候时间。对交通运输部门组织的集中运送农民工等群体返岗复工直通车，要加强沿途安全保障。要强化货运驾驶人警示教育，严格货车安全技术状况检查，严防货车肇事引发事故。加强海上治安和安全保卫工作，严厉打击海上违法犯罪活动，依法切实做好海上交通保障工作。

四、依法严厉打击妨害疫情防控、复工复产违法犯罪。依法严惩扰乱医疗秩序、防疫秩序、市场秩序、社会秩序等违法犯罪行为。严厉打击车匪路霸、插手物流运输、破坏正常交通秩序的黑恶势力。依法严惩破坏轨道、桥梁、隧道、公路、机场、航道、灯塔、标志或进行其他破坏交通设施等违法犯罪。办理破坏交通设施案件，注意区分具体情况，依法审慎处理。依法打击生产、销售伪劣的防治、防护产品、物资，或生产、销售用于防治新冠肺炎的假药、劣药等生产、销售伪劣产品违法犯罪。依法打击违反国家有关市场经营、价格管理等规定，囤积居奇，哄抬疫情防控急需的口罩、护目镜、防护服、消毒液等防护用品、药品或其他涉及民生的物品价格，严重扰乱市场秩序等违法犯罪。

五、准确把握法律政策界限，营造良好司法环境。对于疫情防控期间，超出经营范围生产经营疫情防控产品、商品，或因疫情防控需要，为赶工期导致产品标注不符合相关规定，生产销售的产品经鉴定符合国家相关卫生、质量标准，未造成实质危害的，依法妥善处理。对于因生产经营需要，提前复工复产，引发新型冠状病毒传播或有传播风险的，要根据企业是否依法采取有关疫情防控措施，是否建立严格的岗位责任制，综合认定行为性质，依法妥善处理。在涉企业案件办理中，积极推进认罪认罚从宽制度适用，落实少捕慎诉司法理念。贯彻实施外商投资法及配套法规、相关司法解释，依法审理外商投资纠纷案件，稳妥认定外商投资合同效力。

六、慎重使用逮捕和查封、扣押、冻结等强制性措施。办理涉企业案件，能够采取较为轻缓、宽和措施的，尽量不采用限制人身、财产权利的强制性措施。需要查封、扣押、冻结的，一般应当预留必要的流动资金和往来账户；对于涉案企业正在投入生产运营和正在用于科技创新、产品研发的设备、资金和技术资料等，原则上依法不予查封、扣押、冻结，确需提取犯罪证据的，可以采取拍照、复制、现场勘验等方式提取。对有自首、立功表现，积极认罪悔罪，没有社会危险性的经营者，可依法不采取羁押强制措施。对处于侦查、起诉和审判阶段在押的企业经营者，及时开展羁押必要性审查，对于变更强制措施不影响诉讼顺利进行，没有继续羁押必要的，依法及时变更强制措施。对羁押中需要处理企业紧急事务的，应根据案件办理情况尽量允许其通过适当方式处理。

七、注意优化办案方式，确保案件办理效果。加快涉企业犯罪案件的办理进度，除特别重大疑难复杂的案件外，依法快速办结，确保企业正常生产经营。做好风险防控预案，避免因办案时机或方式把握不当，严重影响企业正常生产、工作秩序。对企业因面临司法查控等民事执行措施难以复工复产、维持正常经营的，加强部门协作，研究更合理的执行方案，选择采用对企业生产影响最小的执行措施，为企业恢复生产、持续发展创造条件。在办案过程中要积极采取有效措施，充分做好以案释法工作，帮助企业化解矛盾。对有疾病、残疾等情形的困境儿童，其监护人因复工复产、隔离管控等原因，暂时难以履行监护职责的，第一时间向有关职能部门通报，并依法开展相关司法救助或救治工作。

八、切实做好矛盾纠纷排查调处工作。完善矛盾纠纷源头预防、排查预警、多元化解机制，及时发现各类风险隐患，坚持抓早抓小、应调尽调，灵活运用法理情相结合等方式，及时有效化解疫情防控中出现的苗头性、趋势性问题。要主动做好心理疏导，引导全社会关心关爱确诊人员、隔离人员和病人家属。建立健全多层次、多类型的调解组织网络，重点在矛盾纠纷多发的制造、餐饮、建筑、商贸服务以及民营高科技等行业和开发区、工业园区等区域加大调解组织资源配置，引导企业和职工主动选择、自愿接受调解服务。加强人民调解、行政调解、行业性专业性调解、仲裁调解、司法调解的衔接联动，实现资源整合和信息共享。鼓励律师、专家学者、法律工作者以及退休的法官、检察官、人力资源社会保障和工会工作人员、劳动人事争议仲裁员等社会力量参与调解工作,有条件的可以设立调解工作室,为企业和职工提供便捷高效的调解服务。

九、依法履行检察监督职责。对于企业认为公安机关不应当立案而立案或应当立案而未立案,向人民检察院提出的,人民检察院应当受理、审查并依法处理。对于公安机关违反有关规定查封、扣押、冻结涉案财物的,依法提出纠正意见。加强涉疫情防控民事执行检察监督,对影响企业复工复产、损害企业和职工合法权益的违法执行活动,及时建议有关部门立即纠正。加强对涉企行政非诉执行案件的监督,对确有错误的裁定或行政决定提出检察建议予以纠正。对疫情防控相关公益诉讼案件,特别是涉口罩、防护服等重要医疗防护物资产品生产经营者的,要准确把握法律监督与保障复工复产并重的原则,积极延伸办案职能作用,企业生产经营因案面临实际困难的,大力协调帮助解决。

十、高质高效提供政法公共服务。积极推行证明事项告知承诺制,减少企业和职工的办事负担。疫情防控期间,企业和职工需要开具证明的,要在职责范围内积极主动做好证明开具工作。能够以"网上办"、"掌上办"等电子方式办理的,尽可能采取"不接触"方式办理。充分发挥公证监督证明、证据保全的职能优势,对因疫情影响、申请办理不可抗力事件、用于免责的商事声明等公证事项的企业,及时开辟绿色通道,帮助企业减少损失。支持引导公证机构主动为涉疫重点企业减免公证服务费用。仲裁机构、司法鉴定机构对受疫情影响较严重企业的案件优先受理、快速办理,引导仲裁机构、司法鉴定机构支持困难企业,对确因疫情造成服务费用缴付困难的企业实行缓缴服务费用。积极引导当事人通过网上立案、诉讼、调解、信访,就近跨域立案,跨区域远程办理诉讼事项,最大限度减少人员出行、流动,防止诉讼当事人和信访群众在诉讼服务中心等场所聚集,最大限度维护人民群众生命健康权益。

十一、加快办理涉企涉职工行政复议案件。各级行政复议机构要切实加强复工复产过程中相关行政复议案件的受理和审理工作。涉及复工复产企业的行政处罚、行政许可、行政征用、行政强制措施,以及涉及企业职工的工伤认定、社会保险费征收等行政执法行为引发行政争议的,各级行政复议机构要及时受理企业和职工的行政复议申请,积极运用调解、和解等方式依法稳妥化解相关争议,严格纠正违法或不当的行政执法行为,尽快定分止争,切实维护企业和职工合法权益,为企业复工复产提供坚实法治保障。

十二、积极组织律师提供专业法律服务。各地司法行政机关、律师协会要引导、组织律师事务所和律师积极开展疫情依法防控工作,为企业复工复产,以及建立最严格的岗位责任制、完善疫情应急处理机制提供专业法律服务。发挥各地疫情防控法律服务团和党政机关法律顾问、公职律师作用,为相关部门制定企业复工复产政策措施、出台有关防疫指导、监督方面的规范性文件提供法律意见,当好法治参谋和助手。发挥企业法律顾问和公司律师作用,为企业复工复产经营决策、防控疫情提供法律意见,依法办理诉讼、仲裁等法律事务,妥善处理各类法律纠纷。组织专业律师针对企业复工复产过程中多发的物业租赁、劳动争议、工资社保、工伤赔偿等合同纠纷、债权债务法律问题加强研究,提出风险防控意见和建议,编印法律实务工作指南。鼓励律师事务所对经营暂时陷入困难、现金流紧张的法律顾问单位和其他企业,酌情减免或缓收法律服务费用。

十三、加强法治宣传教育和法律咨询服务。加强法治宣传,坚持在法治轨道上统筹推进疫情防控和企业复工复产工作。落实"谁执法谁普法"普法责任制,以传染病防治法、劳动法等相关法律法规为重点,针对企业复工复产中出现的法律问题进行宣传解读,加强以案普法,促进企业恢复生产,保障企业合法权益,加强疫情防控、保护职工劳动权益。充分发挥中国法律服务网、"12348"公共法律服务热线、公共法律服务中心等平台作用,做好复工复产政策解读与相关法律法规宣传普及,抽调专业力量组成法律服务团,提供全业务、全时空的法律服务。

最高人民检察院、国家保密局
人民检察院、保密行政管理部门办理案件若干问题的规定

（2020年3月12日公布并施行　保发〔2020〕3号）

第一条　为保守国家秘密，维护国家安全和利益，加强人民检察院、保密行政管理部门办理案件的协调配合，根据《中华人民共和国刑法》、《中华人民共和国刑事诉讼法》、《中华人民共和国保守国家秘密法》等法律法规，制定本规定。

第二条　人民检察院、保密行政管理部门办理《中华人民共和国刑法》第一百零九条第二款、第一百一十条、第一百一十一条、第二百八十二条、第三百九十八条、第四百三十一条、第四百三十二条规定的侵犯国家秘密案件，适用本规定。

第三条　人民检察院办理侵犯国家秘密案件，认为需要追究刑事责任的，应当在作出起诉决定的同时，将案件基本情况通报同级保密行政管理部门；认为符合刑事诉讼法规定不起诉情形的，应当在作出不起诉决定的同时，将不起诉决定书抄送同级保密行政管理部门。

对涉及国家安全的重大案件，因高度敏感不宜按照常规方式通报的，可以采用适当方式处理。

最高人民检察院应当在每年1月31日前，将检察机关上一年度办理的侵犯国家秘密案件情况书面通报国家保密局。

第四条　人民检察院办理侵犯国家秘密案件，需要对有关事项是否属于国家秘密以及属于何种密级或者是否属于情报进行鉴定的，应当依据《密级鉴定工作规定》向国家保密行政管理部门或者省、自治区、直辖市保密行政管理部门提起。

第五条　保密行政管理部门对于疑难、复杂的侵犯国家秘密案件，可以商请同级人民检察院就专业性法律问题提出咨询或者参考意见。人民检察院应当予以支持。

人民检察院办理侵犯国家秘密案件，可以商请作出密级鉴定的保密行政管

理部门就鉴定依据、危害评估等问题提出咨询或者参考意见。保密行政管理部门应当予以支持。

第六条 人民检察院办理侵犯国家秘密案件，可以依据《人民检察院检察建议工作规定》向相关主管部门或者涉案机关、单位等提出改进工作、完善治理的检察建议。

人民检察院向相关主管部门或者涉案机关、单位提出检察建议的，应当同时抄送同级保密行政管理部门。人民检察院、保密行政管理部门按照各自职责共同督促、指导被建议单位落实检察建议。

第七条 人民检察院与保密行政管理部门应当加强沟通协作，适时相互通报办理侵犯国家秘密案件的有关情况，会商案件办理中遇到的法律政策问题，研究阶段性工作重点和措施。

第八条 人民检察院与保密行政管理部门应当加强信息沟通和共享。双方分别确定具体牵头部门及联络人员，开展经常性的信息互通、多方位合作，依法加大对侵犯国家秘密案件的查处力度。

第九条 本规定由国家保密局会同最高人民检察院负责解释，自印发之日起施行。本规定施行后，《人民检察院、保密行政管理部门查办泄密案件若干问题的规定》（国保发〔2016〕42号）同时废止。

最高人民检察院
关于开展检察官业绩考评工作的若干规定

(2020年3月19日最高人民检察院第十三届检察委员会第三十五次会议通过　2020年4月9日公布并施行　高检发〔2020〕7号)

第一章　总　则

第一条　为深化司法体制综合配套改革，规范检察官业绩考评，构建科学高效的检察管理体系，促进检察官依法办案、尽责履职、担当作为，根据《中华人民共和国公务员法》《中华人民共和国检察官法》和司法责任制改革有关要求，结合检察工作实际，制定本规定。

第二条　本规定所称检察官业绩考评，是指根据法律、司法解释以及检察官岗位说明书、司法办案权力清单等规定的检察官职责，对检察官办理案件和其他检察业务的质量、效率、效果等进行的考核评价。

检察官其他考评项目，依照公务员考核有关规定进行。

第三条　检察官业绩考评在各级人民检察院党组的领导下，由检察官考评委员会及检察官考评工作办公室统筹组织，业务部门及其他相关部门配合实施。检察官考评委员会组成人员五至九人，由本院领导班子成员、相关职能部门主要负责人和检察官代表等组成，主任由本院检察长担任。检察官考评工作办公室负责检察官考评委员会日常工作，成员由干部人事、案件管理、检务督察等有关部门负责同志组成。

第四条　检察官业绩考评应当坚持党的领导，遵循检察工作规律；坚持公平公开公正，聚焦主责主业；坚持定量与定性相结合，科学合理管用的原则。业绩考评应当突出质量导向，注重实效，鼓励检察官依法履职实现政治效果、社会效果、法律效果高度统一。

第二章　考评内容

第五条　检察官业绩考评实行指标化评价、量化评分。各级人民检察院根据本院检察官业务工作实际，围绕质量、效率、效果等考评内容，具体设置考评项目指标和计分分值。

第六条 检察业务工作质量，重点考评检察官办案中证据审查、事实认定、法律适用、文书制作、应急处置、释法说理等质量情况，以及信息录入、案件归档、办案规范性等情况。要以案件办理结果、法定或者有关规定的要求为标准，结合本院、本业务条线检察官总体工作质量水平，合理确定评价指标和计分分值。

第七条 检察业务工作效率，要综合考虑业务工作的性质、复杂程度等因素，对考评周期内检察官办理各类案件以及相关业务工作的数量、投入状况作出评价。考评周期内检察官办理的业务量越大，效率越高；反之，考评周期内检察官办理的业务量越小，效率越低。超过法定办案期限、不符合规定时间要求的，视情予以减分。

第八条 检察业务工作效果，重点考评检察官履职是否实现政治效果、社会效果和法律效果的统一。要在严格执行法律、司法解释的基础上，以是否实现为大局服务、为人民司法、改进社会治理、落实中央政策等效果为标准，给予明显加分或者减分。对引领司法办案、创新司法理念、推动社会进步等案件，应当给予更高加分。因机械办案、就案办案等导致违背政治效果、社会效果和法律效果统一要求，引发负面舆情、申诉信访、矛盾激化以及其他影响经济社会发展情况的，视情予以减分。

第九条 效果指标设置要体现难度和区分度，突出政策性、灵活性和阶段性，根据党中央决策部署和司法政策及时调整、动态设置，充分发挥抓落实、补短板、强弱项的指挥棒功能。可以根据同级党委和上级人民检察院部署确定若干重点案件或者业务类型，结合其他诉讼主体或者单位部门是否认同、采纳、整改、建章立制以及表彰奖励等外部评价情况设置指标，增加其质量、效率计分权重或者在效果考评中额外加分，也可以将质量指标部分内容调整为效果指标。

第十条 最高人民检察院确定检察官业绩考评的主要业务类型，制定并发布检察官业绩考评主要指标及计分规则。省级人民检察院要发挥统筹和示范作用，在最高人民检察院发布的考评指标基础上，研究制定实施细则，选择使用或者创设符合本地实际的具体指标及计分分值。各级人民检察院可以结合本层级检察院的职能定位，针对本院重点工作和办案业务突出问题，增加或者减少考评指标、调整具体分值，并报上一级人民检察院备案。

下级人民检察院考评指标的正向或者负向评价标准应当与上级人民检察院一致，主要指标要统一设置。各级人民检察院另行增加考评指标的，加分、减分标准不得与本规定确定的原则和方向相悖。

第十一条 考评指标设置可以逐步完善、动态调整。各级人民检察院要根据党和国家工作部署、司法政策、检察重点工作和具体办案情况变化，结合本地区、本院工作和队伍建设情况，每半年或者一年对考评指标作评估研判，视情作适当调整。

第十二条 各级人民检察院对检察官在办理检察业务的同时根据组织安排参加教学、重大课题研究、案例研编等工作，可以通过增设考评指标、加分项目或者提高考评分值等方式，促进相关检察业务工作。

第三章　考评方法

第十三条 检察官业绩考评采取量化打分的方式，依照本规定计分规则综合计算后，形成检察官的业绩考评得分。评分实行计分总量控制，原则上质量得分不超过满分分值的40%，效率得分不超过30%，效果得分不超过30%。

第十四条 办理业务质量、效果得分应当根据各项指标所对应的计分规则和加分、减分分值进行综合计算。案件流程监控、案件质量评查的结果应当作为质量、效果评价的重要依据之一。

质量、效果考评，一般应当对检察官办理的案件和业务逐件累计计分。可以根据考评情况对预设基础分进行加分或者减分，也可以直接根据考评情况合计得分。效果考评加分或者减分，由考评委员会审核。

第十五条 对于跨考评年度的案件，同一质量、效果指标不重复计分。对于案件办结后发现或者出现的质量、效果情况，根据司法责任制要求，按照相关考评指标及计分规则计入当年度考评得分。

第十六条 办理业务效率得分，即考评周期内检察官业务工作量的多少，可以考虑引入办案（业务）强度、案件（业务）类型和个人贡献度等因素进行综合计算。

各级人民检察院应当结合本地实际，依据检察官在考评周期内开展不同司法业务活动所需要的工作量来设定业务强度系数；依据业务工作的难易程度、办案用时、流程节点等因素确定业务类型系数；通过计算检察官考评周期内个人的业务办理数量占本院或者本地区同期该业务条线办理业务总量的比例来确定个人贡献度。各级人民检察院可以研究确定适合本地实际的计算公式。

第十七条 对于履行检察职责参加党和国家中心工作、地方党委政府确定的重点工作，上级人民检察院统一调用办理非本院案件，以及根据组织安排承担非检察业务工作，可单列评价，视情比照确定得分。

第十八条 对于过问或者干预、插手检察办理案件等应当记录和报告的行为，检察官未全面如实记录和报告的，相关案件不得计入考评得分或者加分，并要按规定追究检察官责任。

第十九条 检察官在办理新类型案件过程中出现失误错误，经考评委员会综合分析给予容错的，应当客观评价，合理确定考评计分。

检察官办理案件中不当履职、出现失误错误后，主动运用诉讼监督方式进行纠错的，可以不减分或者视情加分。

第二十条 对检察官承办且由检察委员会讨论决定或者检察长决定的案件，应当考虑检察官在案件中的具体作用和职责，确定相应的考评计分规则。

检察长对检察官承办的案件进行审核，提请检察委员会讨论决定或者直接作出决定，检察官的处理意见依照法定程序、质量评查等被认定为错误或者明显不当的，对检察官予以减分；检察官的处理意见正确或者无明显不当的，对检察官不予减分。

第二十一条 对检察官的业绩考评，原则上在本院同类业务岗位之间进行比较。各级人民检察院可以结合本院工作实际，结合评价检察官所在部门办理案件质量、效率、效果等因素，对不同业务条线、岗位的检察官进行综合比较，作出合理评价。

第四章 考评组织实施

第二十二条 检察官业绩考评可以采取平时业绩考评和年度业绩考评相结合，群众监督和组织考评相结合的方式进行。年度业绩考评主要程序包括：制定本级检察院检察官业绩考评方案，视情况由各业务部门制定具体细则，检察官考评委员会组织考核评价，根据需要听取纪检监察部门意见，院党组确定考评等次，公示等。考评结果以书面形式通知检察官本人。检察官对考评结果如果有异议，可以申请复核。本院考评委员会应当及时进行审查，做出维持或者变更的决定。检察官考评委员会可以根据检察官年度业绩考评情况，向院党组提出考评对象能否胜任检察官职务的意见。

年度业绩考评以平时业绩考评为基础。检察官平时履职情况和办案业务数据由所在业务部门记录，其他项目由相关部门负责记录，并定期公布和报送本院检察官考评委员会。检察官认为办案业务数据和履职情况记录有误的，可以向检察官考评委员会反映。

第二十三条 检察官业绩考评以全国检察机关统一业务应用系统统计子系统采集的数据为主要依据。其他数据作为考评依据的，应当有规范的认定标准和程序，由检察长或者检察官考评委员会审核确定。

业绩考评数据应当真实准确、实事求是，检察官考评委员会要严格审核，上级人民检察院要加强监督检查。对检察官在办案和业务工作中存在弄虚作假、伪造考评数据等行为的，应当及时纠正，视情责令检查、通报批评；情节严重造成评价结果失真失实的，依照有关规定予以严肃处理。

第二十四条 各级人民检察院可以依托信息化系统，积极探索开展网上检察官业绩考评，提高考评工作智能化水平，力求简便、快捷、集成，防止繁琐操作。

第二十五条 检察官在考评年度内存在以下特殊情形的，区分情况进行处理：经组织选派参与非属检察业务的专项工作、学习培训、挂职锻炼、借调等外派任务六个月以上的，由检察官考评委员会根据其工作表现提出考评等次建议。病、事假累计超过六个月的，不进行业绩考评。考评时因涉嫌违法违纪被立案调查、侦查尚未结案的，暂不确定考评等次，待调查、侦查结束后再根据处理结果补定等次。其他特殊情形的考评，可参照公务员考核有关规定进行。

第二十六条 担任领导职务的检察官业绩考评，执行最高人民检察院《关于检察长、副检察长、检察委员会专职委员办理案件有关问题的意见》等有关文件要求，建立区别于其他检察官的考评机制。可以根据职务特点和工作职责，在统一设定平均分的基础上，对办理案件情况进行单独计分，作为评定业绩考评等次的依据。

市、县两级人民检察院检察长的业绩考评等次，由上级人民检察院评定；副检察长、检察委员会专职委员的考评原则上在本院进行，考评结果报上级人民检察院备案审核。业务部门负责人的考评，依据其所在部门工作成效、个人办案和其他业务工作情况，由分管检察长提出考评等次初评意见，经检察官考评委员会研究后提出考评等次意见。

第五章 考评结果及运用

第二十七条 检察官年度业绩考评结果一般分为优秀、良好、合格、不合格四种等次。各检察院要明确考评合格应达到的标准和分值。检察官工作业绩达到考评标准和规定要求的，可分别评定为优秀、良好、合格等次。评定为优秀等次的比例，一般不超过各检察院检察官总数的20%。评定为良好、合格等次的比例，由省级人民检察院根据实际分别研究确定。检察官考评委员会可以结合业务部门工作成效情况，对各部门检察官的考评等次比例进行适当调整。

第二十八条 经检察官考评委员会审查认定具有下列情形之一的，检察官当年年度业绩考评应当评定为不合格等次：（1）办理案件和其他检察业务的总体情况较差，经量化考评达不到合格分数标准的；（2）办案质量、数量和效率达不到规定要求，办案能力明显不胜任的；（3）因重大过失导致所办案件出现证据审查、事实认定、法律适用错误而影响公正司法等严重质量问题，造成恶劣影响的；（4）连续或者多次出现办案质量和效果问题，经综合评价，政治素质、业务素质达不到检察官标准的；（5）负有司法办案监督管理职责的检察官违反规定不正确履行职责，后果严重的；（6）年度内因违反法律规定、违背职业操守受到党纪政纪处分，不宜继续任职的；（7）存在其他业绩考评不合格情形的。

经检察官惩戒委员会审查认定存在故意违反法律法规办理案件、因重大过失导致案件错误并造成严重后果的，检察官当年年度业绩考评应当评定为不合格等次。

第二十九条 检察官业绩考评的结果，作为确定检察官参加公务员年度考核等次的重要依据。检察官参加公务员年度考核的优秀等次，从年度业绩考评评定为优秀或者良好等次的人员中产生。检察官年度业绩考评不合格或者经考评不能胜任检察官职务的，其公务员年度考核应当评定为基本称职以下等次。检察官年度业绩考评不能代替公务员年度考核，一般与公务员年度考核同步进行。

第三十条 业绩考评结果作为检察官绩效奖金分配、评优奖励、等级升降、交流任职、退出员额的重要依据。

检察官年度业绩考评被评定为合格以上等次的，享受当年度绩效奖金，奖金分配应当根据考评情况适当拉开差距。年度业绩考评被评定为不合格等次的，不享受当年度绩效奖金。

对检察官办案和从事其他检察业务工作业绩的考核和评价，是评价是否胜任检察官职务的主要依据。检察官年度业绩考评不合格或者经考评委员会认定不能胜任检察官职务的，应当退出检察官员额。

第六章 附 则

第三十一条 检察官绩效考核等对办理案件和其他检察业务的考核工作，适用本规定。

第三十二条 本规定由最高人民检察院负责解释。

第三十三条 本规定自印发之日起施行，此前最高人民检察院发布的有关检察官考评考核文件规定，与本规定不一致的，按照本规定执行。

最高人民检察院
关于加强新时代未成年人检察工作的意见

(2020年4月21日公布并施行)

为深入学习贯彻习近平新时代中国特色社会主义思想，全面贯彻党的十九大和十九届二中、三中、四中全会精神，认真落实新时代检察工作总体部署，全面提升未成年人检察工作水平，现就加强新时代未成年人检察工作提出如下意见。

一、新时代未成年人检察工作的总体要求

1. 新时代未成年人检察工作的形势任务。党的十八大以来，在以习近平同志为核心的党中央坚强领导下，党和国家事业发生历史性变革、取得历史性成就，为加强未成年人保护工作带来前所未有的发展机遇，推动未成年人检察工作加速实现六个转变：从办理未成年人犯罪案件，教育挽救涉罪未成年人，向同时打击侵害未成年人犯罪，保护救助未成年被害人转变；从对未成年人犯罪强调宽缓化处理，逐渐向精准帮教、依法惩治、有效管束、促进保护并重转变；从传统的未成年人刑事检察向综合运用多种手段、全面开展司法保护转变；从注重围绕"人"开展犯罪预防，向更加积极促进社会治理创新转变；从强调法律监督，向同时注重沟通配合，凝聚各方力量转变；从各地检察机关积极探索自下而上推动，向高检院加强顶层设计，整体推进转变。未成年人检察专业化、规范化、社会化建设取得了长足进展，中国特色社会主义未成年人检察制度的框架初步形成。随着新时代社会主要矛盾发生变化，人民群众对未成年人司法保护的关注从"有没有"到"好不好"向"更加好"发展，提出许多新的更高要求。十九届四中全会作出推进国家治理体系和治理能力现代化的战略部署，《未成年人保护法》《预防未成年人犯罪法》正在修改，将赋予检察机关未成年人司法保护新的更重任务。但与此同时，未成年人检察工作在司法理念、专业能力、办案效果、机制创新、监督力度等方面还存在很多突出问题，与新时代新要求相比尚有较大差距。特别是当前未成年人保护形势严峻复杂，涉及未成年人的犯罪多发高发，重大、恶性案件时有发生，未成年人保护法不依、执法不严等问题较为普遍，严重危害未成年人健康成长。新时代

未成年人检察工作在未成年人国家保护大格局中具有特殊重要的责任、地位,职责任务更加繁重,主导责任更加明确,必须下大力气进一步抓实、抓好,实现工作质效明显提升,确保取得新的更大成绩。

2. 新时代未成年人检察工作的总体思路。坚持以习近平新时代中国特色社会主义思想为指导,深入学习贯彻党的十九大和十九届二中、三中、四中全会精神,坚持"讲政治、顾大局、谋发展、重自强"的总体要求,积极贯彻"教育、感化、挽救"方针和"教育为主、惩罚为辅"原则,进一步更新司法理念,准确把握未成年人司法规律,持续加强专业化、规范化、社会化建设,推动未成年人检察工作更加深入开展,为保障未成年人保护法律全面落实到位,真正形成全社会保护合力,促进国家治理体系和治理能力现代化作出贡献。

3. 新时代未成年人检察工作必须遵循的基本原则:

——坚持党的绝对领导。自觉把党的绝对领导贯穿于未成年人检察工作全过程,实现讲政治、顾大局与讲法治、促保护的统一。充分发挥中国特色社会主义法律制度优越性,立足检察机关法律监督职能和承上启下诉讼地位,积极充分履职,推动未成年人司法发展进步。

——坚持以人民为中心。聚焦人民群众反映强烈的未成年人保护热点、难点和痛点问题,加大未成年人检察供给侧结构性改革力度,切实增强人民群众的获得感、幸福感、安全感。

——坚持遵循未成年人司法内在规律。以未成年人利益最大化理念为指引,实行办案、监督、预防、教育并重,惩戒和帮教相结合,保护、教育、管束有机统一,持续推进未成年人双向、综合、全面司法保护。实行专业化办案与社会化保护相结合,实现社会支持的体系化支撑、优势化互补、共享化构建,不断提升未成年人检察工作品质与效果。

——坚持标本兼治。注重结合办案推动解决未成年人案件背后的社会问题,坚持督导而不替代,助推职能部门充分履职,凝聚家庭、学校、社会、网络、政府、司法各方保护力量,形成未成年人保护大格局,促进社会治理体系和治理能力现代化建设。

——坚持创新发展。按照"未成年人检察工作没有止境"的要求,推动顶层设计与基层首创相结合,全面推进理论创新、制度创新、实践创新,形成更多可复制的经验、模式,使未成年人检察工作持续迸发生机活力。

二、从严惩治侵害未成年人犯罪

4. 依法从严从快批捕、起诉侵害未成年人犯罪。坚持零容忍,严厉打击宗教极端、民族分裂等敌对势力向未成年人灌输极端思想、组织利用未成年人实施恐怖活动犯罪和极端主义犯罪。突出打击性侵害未成年人，拐卖、拐骗儿童，成年人拉拢、迫使未成年人参与犯罪组织，组织未成年人乞讨或进行其他违反治安管理活动的犯罪。依法惩处危害校园安全、监护侵害、侵害农村留守儿童和困境儿童犯罪。坚持依法从严提出量刑建议，积极建议适用从业禁止、禁止令。上级检察院对重大案件要坚持挂牌督办，加强跟踪指导。坚持和完善重大疑难案件快速反应、介入侦查引导取证机制。加强与侦查、审判机关的沟通交流，通过典型案例研讨、同堂培训、一体推行司法政策等方式凝聚共识，统一司法尺度，形成打击合力。

5. 强化刑事诉讼监督。牢固树立"在办案中监督、在监督中办案"理念，拓展监督线索来源，完善监督方式，提升监督质效。对违反诉讼程序尤其是未成年人刑事案件特别程序规定，侵犯涉案未成年人诉讼权利的行为，要及时监督纠正。注重强化与公安机关执法办案管理中心等平台的沟通与衔接，深入开展立案监督、侦查活动监督，重点监督对性侵害未成年人案件有案不立、立而不侦、有罪不究、以罚代刑等问题。积极推进涉及未成年人案件刑事审判监督、刑罚执行监督，重点监督重罪轻判、有罪判无罪、特殊管教措施虚置、社区矫正空转等问题，确保罚当其罪、执行到位。

6. 持续推进"一站式"办案机制。加强与公安机关沟通，努力实现性侵害未成年人案件提前介入、询问被害人同步录音录像全覆盖，切实提高一次询问的比例，避免和减少二次伤害。会同公安机关、妇联等部门积极推进集未成年被害人接受询问、生物样本提取、身体检查、心理疏导等于一体的"一站式"取证、救助机制建设。2020年底各地市（州）至少建立一处未成年被害人"一站式"办案场所。

7. 加强未成年被害人关爱救助工作。认真落实《最高人民检察院关于全面加强未成年人国家司法救助工作的意见》等规定，实现符合条件对象救助全覆盖，重点加强对孤儿、农村留守儿童、困境儿童、事实无人抚养儿童及进城务工人员子女等特殊被害人群体的关爱救助。主动协调职能部门，借助社会力量，提供身心康复、生活安置、复学就业、法律支持等多元综合救助，帮助被害人及其家庭摆脱困境。会同司法行政部门，健全完善刑事案件未成年被害人法律援助制度。

三、依法惩戒、精准帮教罪错未成年人

8. 坚持惩治与教育相结合。克服简单从轻、单纯打击和帮教形式化倾向，对于主观恶性大、犯罪性质恶劣、手段残忍、后果严重的未成年人，依法惩处，管束到位，充分发挥刑罚的教育和警示功能；对于主观恶性不大、初犯偶犯的未成年人，依法从宽，实施精准帮教，促进顺利回归社会。准确把握未成年人定罪量刑标准，深入研究涉罪未成年人成长环境、犯罪心理，把个案情况吃透，将党和国家有关处理未成年人犯罪的统一方针、原则，个别化、精准化运用到每一个司法案件中。对未成年人涉黑涉恶案件要准确理解刑事政策和案件本质，认真全面审查事实证据，从严把握认定标准，不符合规定的依法坚决不予认定。对拟认定未成年人构成黑恶犯罪并提起公诉的案件，要逐级上报省级检察院审查把关。

9.深入落实未成年人特殊检察制度。强化对未成年人严格限制适用逮捕措施，科学把握社会危险性、羁押必要性和帮教可行性。改进社会调查收集、审查方式，科学评估调查质量，解决调查报告形式化、同质化等问题，努力实现社会调查全覆盖，充分发挥社会调查在办案和帮教中的参考作用。加强合适成年人履职能力培训，推动建立稳定的合适成年人队伍。委托心理、社会工作等领域专家开展心理疏导、心理测评等工作，规范运用心理疏导、心理测评辅助办案的方式方法。准确把握附条件不起诉的意义和价值，对符合条件的未成年犯罪嫌疑人积极予以适用，确保适用比例不断提高。落实犯罪记录封存制度，联合公安机关、人民法院制定关于犯罪记录封存的相关规定，协调、监督公安机关依法出具无犯罪记录相关证明，并结合司法办案实践，适时提出修改完善封存制度的意见建议。

10.准确适用认罪认罚从宽制度。依法履行主导责任，用符合未成年人认知能力的语言，阐明相关法律规定，发挥法定代理人和辩护人作用，帮助其理性选择，同时依法保障未成年被害人的参与、监督、救济等权利。发挥认罪认罚从宽制度的程序分流作用，依法积极适用相对不起诉、附条件不起诉。拟提起公诉的，在依法提出量刑建议的同时，探索提出有针对性的帮教建议。自2020年开始，未成年人犯罪案件认罪认罚从宽制度总体适用率达到80%以上。

11.加强涉罪未成年人帮教机制建设。探索"互联网＋"帮教模式，促进涉罪未成年人帮教内容和方式多元化。引入人格甄别、心理干预等手段，提高帮教的精准度、有效性。加强对附条件不起诉未成年人的考察帮教，积极开展诉前观护帮教，延伸开展不捕、相对不起诉后的跟踪帮教，把帮教贯穿刑事案件办理全过程。探索帮教工作案件化办理。建立流动涉罪未成年人帮教异地协作机制，联合开展社会调查、心理疏导、监督考察、社区矫正监督等工作，确保平等司法保护。

12.推动建立罪错未成年人分级干预体系。加强与公安、教育等职能部门的配合协作，建立健全严重不良行为、未达刑事责任年龄不予刑事处罚未成年人的信息互通、线索移送和早期干预机制，推动完善罪错未成年人临界预防、家庭教育、保护处分等有机衔接的分级干预制度。认真落实《关于加强专门学校建设和专门教育工作的意见》，积极推动解决招生对象、入学程序、效果评估等方面的难题，探索建立检察机关与专门学校的工作衔接机制，把保护、教育、管束落到实处，切实发挥专门学校独特的教育矫治作用。全面加强家庭教育指导，督促父母提升监护能力，落实监护责任。

四、不断深化未成年人检察业务统一集中办理改革

13. 发挥统一集中办理特色与优势。未成年人刑事执行、民事、行政、公益诉讼检察业务统一由未成年人检察部门集中办理是实现未成年人综合司法保护的客观需要。在办案监督的同时，更加注重对涉案未成年人的帮教和救助。贯彻未成年人利益最大化理念，更加强调监督的主动性、及时性和有效性。注重从所办理的未成年人刑事案件中发现线索，发挥与传统未成年人刑事检察工作紧密相连的效率优势，更好地维护未成年人合法权益。

14. 突出统一集中办理工作重点。认真落实《社区矫正法》《人民检察院刑事诉讼规则》相关规定，积极开展羁押必要性审查，灵活运用派驻检察、巡回检察等方式，加强对看守所、未成年犯管教所监管未成年人活动的监督，配合做好对未成年人的教育，推动对在押未成年人分别关押、分别管理、分别教育落地落实。以纠正脱管漏管、落实特殊矫正措施为重点，加强对未成年人社区矫正活动的监督。切实强化监护侵害和监护缺失监督，稳步推进涉及未成年人抚养、收养、继承、教育等民事行政案件的审判监督和执行活动监督，补强未成年人重大利益家事审判活动监督"短板"。进一步加强对留守儿童等特殊群体民事行政权益保护工作的监督。对食品药品安全、产品质量、烟酒销售、文化宣传、网络信息传播以及其他领域侵害众多未成年人合法权益的，结合实际需要，积极、稳妥开展公益诉讼工作。

15. 有序推进统一集中办理工作。检察机关涉未成年人刑事、民事、行政、公益诉讼案件原则上可由未成年人检察部门统一集中办理，没有专设机构的，由未成年人检察办案组或独任检察官办理，其他部门予以全力支持配合。稳步推进、适时扩大试行范围。具备条件的地方，可以在省级检察院指导下开展试点工作。各省级检察院可以择优确定重点试点单位，打造试点工作"升级版"，促进试点成果转化运用，推动"试验田"向"示范田"转变。上级检察院要切实承担对下指导责任，总结分析基层试点成效和经验，推出一批体现未成年人检察特色的指导性案例、典型案例，研究解决新情况新问题，并及时将有关情况报送高检院。争取自2021年起，未成年人检察业务统一集中办理工作在全国检察机关全面推开。

16. 完善统一集中办理工作长效机制。研究制定统一集中办理工作业务指引，明确受案范围、履职方式和工作标准。加强与公安机关、人民法院、民政、共青团、妇联等单位的协作，完善与刑事、民事、行政、公益诉讼检察部门的分工负责、互相配合机制，建立内外部信息通报、线索移交、协商沟通、衔接支持制度，形成工作合力。条件成熟时，联合有关单位出台统一集中办理未成年人案件工作指导意见。

五、积极促进未成年人保护社会治理现代化建设

17. 抓好"一号检察建议"监督落实。把"一号检察建议"监督落实作为各级人民检察院的"一把手"工程，没完没了抓落实，努力做成刚性、做到刚性。加强与教育行政部门、学校等沟通配合，各司其职、各负其责，深入中小学校、幼儿园以及校外培训机构等开展调研检查，建立问题整改清单，监督限期整改。积极推动健全事前预防、及时发现、有效处置的各项制度，跟踪监督落实落地。完善问责机制，对造成严重后果的失职、渎职人员，依法移送纪检监察部门追责问责。深刻认识督促落实"一号检察建议"的本质要求是把未成年人保护有关法律规定不折不扣地落到实处，真正形成政治、法治和检察监督的"三个自觉"，以性侵案件为切入点、突破口，以"一号检察建议"为牵引，助推各职能部门依法履职，促进未成年人保护社会治理。

18. 全面推行侵害未成年人案件强制报告和入职查询制度。加快推进、完善侵害未成年人案件强制报告制度，督促有关部门、密切接触未成年人行业的各类组织及其从业人员严格履行报告义务。积极沟通协调，联合公安部、教育部等部门，建立教职员工等特殊岗位入职查询性侵害等违法犯罪信息制度，统一管理，明确查询程序及相应责任，构筑未成年人健康成长的"防火墙"。

19. 切实发挥12309检察服务中心未成年人司法保护专区作用。依托专区功能，及时接收涉未成年人刑事申诉、控告和司法救助线索。进一步明确涉未成年人线索的受理、移送和答复流程，严格执行"七日内回复、三个月答复"规定，及时受理，逐级分流，依法办理，确保事事有着落、件件有回音。根据实践需求，不断完善功能，更新方式，逐步实现"未成年人司法保护专区"的全覆盖，构建起上下一体、协作联动、及时有效的工作格局。

20. 加强对未成年人权益维护的法律监督。立足检察办案，对制作传播网络违法及不良信息、未成年人沉迷网络特别是网络游戏管控、宣传报道侵犯未成年人权益，校园周边安全治理及文化市场整治，娱乐场所、网吧、宾馆及其他场所违规接待、容留未成年人等重点问题，加大监督力度，推动长效治理。探索通过支持起诉、强制家庭教育指导等方式，督促教育行政部门、学校、家庭等妥善解决涉案辍学未成年人的教育问题。对有关部门怠于履职，侵害未成年人权益的，依法通过检察建议、公益诉讼等方式开展法律监督，努力做到"办理一案、治理一片"。加强对涉未成年人案件特点、原因和趋势的分析，及时发现案件背后存在的社会治理问题，提出针对性、有价值的决策参考。推行向党委政府专题报告未成年人检察工作制度，适时发布未成年人检察工作白皮书。

六、深入开展未成年人法治宣传教育

21. 稳步推进检察官兼任法治副校长工作。至2020年底，实现全国四级检察院院领导、未成年人检察工作人员兼任法治副校长全覆盖。推广重庆检察机关"莎姐"团队等地经验，鼓励、吸纳其他部门检察人员、社会工作者、志愿者等加入法治宣讲队伍。联合教育部等部门出台检察官担任法治副校长工作规范。各级人民检察院要督促法治副校长认真充分履职，确保法治教育效果，积极协助学校制定法治教育规划、开设法治教育课程，推动提升法治教育和依法管理水平。

22. 常态化开展"法治进校园"活动。认真落实国家机关"谁执法谁普法"普法责任制。深化检校合作、检社合作，制定普法活动周期表，扩大覆盖面，努力满足外来务工人员子女、留守儿童、辍学闲散未成年人、中等职业院校学生等群体法治教育需求。根据实际需要，开展"菜单式"法治教育。充分发挥"法治进校园"全国巡讲团作用，适时开展专项巡讲活动。会同教育部出台"法治进校园"工作意见，推进"法治进校园"常态化、制度化。

23. 不断丰富未成年人法治教育内容。加强法治教育课程研发工作，建立未成年人普法精品课程库。围绕校园欺凌、性侵害、毒品危害、网络犯罪、"校园贷"等热点问题，组织编写图文并茂的法治教育教材。鼓励创作、拍摄未成年人保护主题的歌曲、话剧、微电影微视频等作品。会同中央广播电视总台，持续做好《守护明天》未成年人法治节目，拓展节目选题、创新讲述方式、丰富讲述内容，打造特色品牌。利用网络信息技术，建立完善线上法治教育平台，提高平台的覆盖率、使用率。会同司法行政、教育等部门，推进未成年人法治教育基地建设，综合运用知识讲授、体验教学、实践模拟等多种方式，提升法治基地教育效果。充分利用教育系统平台，联合推出优质法治教育网课。加强未成年人法治教育线上和线下平台建设，形成未成年人法治教育与实践立体化工作格局。

七、持续加强未成年人检察专业化规范化建设

24. 加强未成年人检察组织体系建设。认真落实高检院机构改革有关要求，省会城市、较大城市的检察院要设立独立的未成年人检察机构。没有专设未成年人检察机构的检察院，要有专门的未成年人检察办案组或者独任检察官，办案组实行对内单独考核管理，对外可以"未成年人检察工作办公室"

名义开展工作。针对未成年人检察工作量大幅增加的新情况，加强研究论证，各地特别是基层检察院可以根据实际需要对未成年人检察人员配备、办案机构等进行适当调整。规范未成年人检察内设机构运行，落实检察官司法责任制。

25. 强化未成年人检察业务管理。以工作质量、帮教效果为核心，完善未成年人检察工作独立评价与指标体系。省级检察院要研究制定实施细则，对未成年人检察办案组、独任检察官履职情况单独评价。深化"捕、诉、监、防、教"一体化工作机制，明确同一案件的审查逮捕、审查起诉、法律监督、犯罪预防、教育挽救工作依法由同一检察官办案组或者独任检察官负责。明确未成年人刑事检察受案范围，所有未成年人犯罪案件、侵害未成年人犯罪案件原则上统一由未成年人检察部门或未成年人检察办案组办理，完善涉及未成年人的共同犯罪案件分案办理机制。推进办案方式和专用文书改革，探索逐步将未成年人检察特殊业务纳入案件管理体制。常态化开展未成年人检察案件质量评查，有效降低"案件比"，提升办案质量、效率和效果。

26. 健全涉未成年人案件办理制度规则。修改完善《未成年人刑事检察工作指引（试行）》。制定下发有关性侵害未成年人犯罪、涉及未成年人黑恶犯罪、未成年人毒品犯罪等疑难复杂案件办理规范或指导意见。准确把握涉未成年人案件的特殊规律，建立健全未成年人言词证据审查判断规则。

27. 研编未成年人检察案例。按照"一个案例胜过一打文件"的思路，聚焦未成年人司法保护的难点、热点问题，加大指导性案例、典型案例研编力度。认真落实《最高人民检察院关于案例指导工作的规定》，抓好案例的挖掘、筛选、储备、报送工作。加强案例意识培养，对于具有典型意义的案件，坚持高标准、严要求，努力办成精品、成为典型案例。建立全国未成年人检察案例库。省级检察院要总结、发布典型案例。

28. 推进"智慧未检"建设。做好未成年人检察部门部署应用检察机关统一业务应用系统2.0版工作。加快推进未成年人帮教维权平台建设。探索引入区块链技术，提升特殊制度落实、犯罪预防、帮教救助等工作的精准性、有效性。注重未成年人检察大数据建设与应用，加强对性侵害未成年人、校园欺凌、辍学未成年人犯罪、监护侵害和缺失、未成年人涉网等问题的分析研判，提升未成年人检察的智能化水平。

29. 促进未成年人检察工作交流协作。做好未成年人检察业务援藏援疆工作。加强全国未成年人检察业务和人员交流，推动省际、市际未成年人检察部门结对共建，引导加强直辖市、京津冀、长江经济带、少数民族地区等区域间未成年人检察工作联系，举办未成年人检察论坛，总结探索特色发展之路。组织全国未成年人检察业务专家、骨干人才赴工作相对滞后地区指导帮扶，促进未成年人检察整体发展。

八、积极推进未成年人检察社会化建设

30. 加强社会支持体系建设试点工作。认真落实与共青团中央会签的《关于构建未成年人检察工作社会支持体系合作框架协议》,加强与各级共青团组织沟通协作,完善建设未成年人检察社会支持体系的路径和机制。紧紧围绕未成年人司法社会服务机构实体化运行、社会力量参与未成年人司法保护工作的内容、流程,进一步创新工作方式,打造实践样板。联合有关部门强化督导,逐步扩大试点范围,2021年力争实现社会支持体系在重点地区、重点领域广泛适用。

31. 促进社会支持体系工作不断规范。会同有关部门,制定全国未成年人司法社工服务指引和评价标准。推动将服务经费列入办案预算,完善绩效管理和人才激励机制,保证司法社工参与未成年人检察工作的持续性和稳定性。建立检察机关参与司法社工人才培养机制,将社会调查员、家庭教育指导人员等纳入培训范围,推动提升专业水平。积极争取党委、政府支持,推动未成年人检察(司法)社会服务中心建设,实现资源有效统筹和线索及时转介。

32. 规范未成年人观护基地建设。加强和规范涉罪未成年人社会观护工作,鼓励流动人口较多的地区根据工作需要在社区、企业等建立未成年人观护基地,组织开展帮扶教育、技能培训等活动。研究出台检察机关未成年人观护基地建设指导意见,规范观护流程、内容及经费保障等工作。

33. 推动建立未成年人司法保护联动机制。发挥检察机关承上启下、唯一参与未成年人司法保护全过程的职能定位,积极主动履行责任。争取党委政法委支持,联合法院、公安、司法行政、教育、民政、共青团、妇联、关工委等单位,建立未成年人司法保护联席会议机制,定期召开会议,共同研究解决未成年人司法保护中的重大疑难问题,实现信息资源共享、工作有效衔接。认真落实高检院与全国妇联会签的《关于建立共同推动保护妇女儿童权益工作合作机制的通知》。

九、切实加强对未成年人检察工作的组织领导

34. 加强对未成年人检察工作的领导和支持。各级人民检察院党组要把未成年人检察工作纳入重要议事日程,制定中长期规划,每年至少听取一次专门工作汇报,研究破解制约未成年人检察发展的重大问题。检察长要亲自出面,积极争取党委、政府支持,协调有关部门解决重点问题。分管院领导要一线抓、重点抓、深入抓,组织实施党组工作部署,指导、保障未成年人检察人员依法充分履行职责。

35. 加强未成年人检察专业队伍建设。加大业务培训力度，扩大覆盖面，强化典型案事例的示范引领，不断提高未成年人检察队伍综合业务能力。用好用足"检答网"，及时答疑解惑。加强岗位练兵，每三年举办全国未成年人检察业务竞赛，省级检察院定期举办全省（自治区、直辖市）业务竞赛，发现、培养一批政治素质高、业务能力强，热爱未成年人检察工作的专家型人才。逐级、分类建立未成年人检察人才库，为未成年人检察业务骨干提供成长成才平台。保持未成年人检察队伍相对稳定，对于未成年人检察条线的先进模范、全国未成年人检察业务竞赛标兵能手、"法治进校园"全国巡讲团成员、《守护明天》主讲人等，要尽量留在未成年人检察岗位，充分发挥"传帮带"作用。加强未成年人检察品牌建设，发展好已有特色品牌，增强示范和带动效应。

36. 切实抓好廉政建设。强化未成年人检察队伍廉洁自律意识和职业道德养成，及时排查未成年人检察部门廉政风险点，扎牢制度笼子。健全完善未成年人检察官权力清单和案件审批制度，检察长、分管检察长和部门负责人要切实履行主体责任。严格落实干预、过问案件"三个规定"，做到凡过问必登记。

37. 重视理论研究和国际交流。充分发挥高检院专家咨询委员会、未成年人检察专业委员会以及全国未成年人检察专家顾问的作用，凝聚法学院校、科研单位研究力量，加强未成年人检察基础理论和实务应用研究。积极促进未成年人检察、未成年人司法学科建设。加强未成年人检察研究基地建设，鼓励各级人民检察院开展相关课题研究。积极参与《未成年人保护法》《预防未成年人犯罪法》修改工作，结合实践提出意见建议。高检院深入推进重大课题研究，适时提出《未成年人司法法》《未成年人刑法》等立法建议稿，并向社会发布。加强与联合国儿童基金会、救助儿童会等国际组织的交流与合作，积极借鉴吸收域外先进经验。

38. 鼓励探索创新。高度重视创新对未成年人检察工作的特殊引领示范作用，建立崇尚创新、鼓励创新的激励机制。加强对全国未成年人检察工作创新实践基地工作的指导、评估、考察，及时进行总结规范，形成可复制的经验，成熟一个，推广一个。

39. 做好宣传工作。高度重视未成年人检察领域意识形态工作，建立预警、应用和处置机制。综合运用传统媒体和"两微一端"等新媒体平台，讲好未成年人检察故事。利用"六一"等重要时间节点，通过检察开放日、新闻发布会、发布典型案事例等多种方式，介绍检察机关在保护未成年人方面的工作举措及成效。加强宣传工作中的隐私保护，维护涉案未成年人合法权益，正确引导舆情方向，形成良好舆论氛围，促进"本在检察工作""要在检察文化""效在检察新闻宣传"的有机统一。

遵循司法规律提升未检工作品质
——《关于加强新时代未成年人检察工作的意见》理解与适用*

史卫忠**

为充分发挥检察职能作用,进一步推进新时代未成年人全面综合司法保护,最高人民检察院于 2020 年 4 月 21 日发布了《关于加强新时代未成年人检察工作的意见》(以下简称《意见》)。为便于正确理解和适用有关规定,现将有关情况说明如下。

一、起草背景及过程

我国未成年人检察(以下简称未检)工作经过 30 多年发展,取得令人瞩目的成绩,在保障未成年人健康成长、促进社会和谐稳定等方面发挥了重要作用。最高人民检察院在内设机构改革中设立第九检察厅,专门负责未成年人检察工作。当前未成年人保护形势严峻复杂,涉及未成年人的犯罪多发高发,重大、恶性案件时有发生,严重危害未成年人健康成长。新时代未检工作在未成年人国家保护大格局中具有特殊重要的责任、地位,职责任务更加繁重,主导责任更加明确,必须下大力气进一步抓实、抓好。与此同时,未检工作在司法理念、专业能力、办案效果、机制创新、监督力度等方面还存在很多突出问题,与新时代新要求相比尚存在较大差距,亟须研究提出引领和推动新时代未检工作的具体意见。

基于上述考虑,2019 年 10 月,我们在组织筹备全国检察机关未检工作会议时,便考虑研究加强和改进未检工作的意见建议,并成立专班着手本意见的起草工作。经过系统梳理总结,深入研究讨论,反复征求意见,多次提炼修改,形成征求意见稿,于 2020 年 2 月书面征求了最高人民法院、教育部、公安部、民政部、司法部、共青团中央、全国妇联等 7 部门意见。后对各部门反馈意见建议坚持"能吸收的尽量吸收"原则,作了最后修改完善,最终形成《意见》,报经院领导批准后下发各地检察机关贯彻执行。

---

* 原文载《人民检察》2020 年第 14 期。
** 作者单位:本文写作时为最高人民检察院第九检察厅。

二、总体思路和基本原则

《意见》着眼于未成年人保护面临的新形势新任务,以指导和推动当前及今后一个时期的未检工作为目标,以贯彻落实全国未检会议各项部署要求为主线,基本涵盖了未检各项重点工作和工作的主要方面,进一步推动解决各地未检工作发展不平衡、不充分问题,更好地维护未成年人合法权益,促进未成年人保护社会治理体系和治理能力现代化。

《意见》在总结过去经验的基础上,提出了加强新时代未检工作必须遵循的几项基本原则。一是坚持党的绝对领导,并自觉贯穿未检工作全过程,立足法律监督职能和承上启下诉讼地位,积极充分履职,推动未成年人司法发展进步,实现讲政治、顾大局与讲法治、促保护的统一。二是坚持以人民为中心的发展理念,聚焦人民群众反映强烈的未成年人保护热点、难点和痛点问题,加大对未检供给侧结构性改革的力度,进一步增强人民群众的获得感、幸福感、安全感。三是坚持遵循未成年人司法规律,以未成年人最大利益理念为指引,实行办案、监督、预防、教育并重,保护、教育、管束有机统一,持续推进未成年人双向、综合、全面司法保护,进一步提升未检工作品质与效果。四是坚持标本兼治,结合办案推动解决未成年人案件背后的社会问题,坚持督导而不替代,助推各职能部门积极履职,形成未成年人保护大格局。五是坚持创新发展,按照"未成年人检察工作没有止境"的要求,推动顶层设计与基层首创相结合,全面推进理论创新、实践创新、制度创新,使未检工作持续迸发生机活力。

三、主要内容

《意见》共分为九部分:第一部分主要分析形势任务、研究提出新时代未检工作的总体思路、基本原则;第二至第八部分围绕发挥未检职能作用,从惩治侵害未成年人犯罪、惩戒和帮教罪错未成年人、未检业务统一集中办理、未成年人保护社会治理、未成年人法治宣传教育、未检专业化规范化社会化建设等方面作出了具体部署;第九部分主要对加强未检工作的组织领导提出要求。

(一) 关于惩治侵害未成年人犯罪

打击侵害未成年人犯罪、保护救助未成年被害人,是未检工作的重要内容,是双向保护原则的重要体现。《意见》在该部分主要包含四方面内容:一是明确打击重点。毫不动摇地把维护国家政治安全摆在首位,以零容忍态度打击敌对势力通过灌输极端思想等方式同我们争夺下一代。同时,针对扫黑除恶专项斗争中暴露出的成年人拉拢、迫使未成年人参与犯罪组织等问题,提出应突出打击、从严追诉,确保这一特殊检察政策落地落实。二是强化刑事诉讼监督。坚持"在办案中监督、在监督中办案"的理念,近年来检察机关对性侵害未成年人案件提出抗诉,并获改判案件较多,因而提出重点监督对性侵害未成年人案件有案不立、立而不侦、有罪不究、以罚代刑等问题。同时,推进涉及未成年人案件刑事审判监督、刑罚执行监督,确保罚当其罪、执行到位。三是建立专门机制。实践证明,提前介入性侵害案件,对于固定证据、打击犯罪具有重要意义。为此,要求各地加强与公安机关的沟通,努力实现性侵害未成年人案件提前介入、询问被害人同步录音录像全覆盖。同时,针对因询问方式不当导致取证质量不高、放纵犯罪,或者反复询问造成"二次伤害"等问题,浙江、上海、重庆等地检察机关探索建立了"一站式"取证、救助办案机制,取得良好效果。《意见》对该制度进行了推广,提出2020年底前各地市(州)至少建立一处集未成年被害人接受询问、生物样本提取、身体检查、心理疏导等于一体的"一站式"办案场所。四是加强司法救助。2018年,最高人民检察院专门下发了《关于全面加强未成年人国家司法救助工作的意见》。2019年,检察机关共向4306名未成年被害人及其家庭等发放救助金6200余万元,及时送去了司法的温暖。但与人民群众的实际需要相比,我们还存在不小差距。为此,《意见》提出要加大对未成年被害人的司法救助力度,重点加强对孤儿、农村留守儿童、困境儿童、事实无人抚养儿童及进城务工人员子女等特殊被害人群体的关爱救助,协调职能部门,借助社会力量,提供身心康复、生活安置、复学就业、法律支持等多元综合救助,帮助被害人及其家庭摆脱困境,恢复正常。

(二)关于教育挽救罪错未成年人

这里之所以用罪错未成年人而未用涉罪未成年人这一表述,是因为罪错未成年人的范围更广,还包括具有严重不良行为、未达刑事责任年龄不予刑事处罚的未成年人。关注点不仅仅在犯罪人,这也是未检与传统刑事检察的重要区别之一。对此,《意见》主要提出五点:一是明确基本原则。对违法犯罪的未成年人实行"教育、感化、挽救"方针和"教育为主、惩罚为辅"原则,是未成年人保护法、预防未成年人犯罪法的明确规定和基本要求,必须始终坚持。但也要认识到,对未成年人进行特殊保护、优先保护,并不意味着单纯的保护,更不是一味的纵容。对于主观恶性不大、犯罪情节较轻的未成年人,能够宽缓的要尽量从宽到位,尽可能给他们一个改过自新的机会;而对于严重犯罪的未成年人,该捕的要捕、该诉的要诉。这既是体现法律惩治与教育功能的客观需要,也是维护司法公正和社会秩序的内在要求。二是提出落实特殊检察制度的要求。比如,针对附条件不起诉适用率整体偏低的现实情况,提出要准确把握附条件不起诉的意义和价值,对符合条件的未成年犯罪嫌疑人积极适用，确保适用比例不断提高。三是扩大认罪认罚从宽制度的适用。在未检工作中落实认罪认罚从宽制度高度契合未成年人刑事政策，更能实现少捕慎诉少监禁，更有利于做好教育感化挽救工作。根据检察机关认罪认罚整体适用情况及未检案件适用空间大的特点，提出自2020年开始，未成年人犯罪案件认罪认罚从宽制度总体适用率达到80%以上。四是加强帮教机制建设。要求对涉罪未成年人，不论如何处理，都要积极开展帮教，既防止不教而宽，也避免不教而罚。针对对附条件不起诉未成年人考察帮教较多，而对其他诉讼环节帮教较少，对本地涉罪未成年人帮教较多，而对流动涉罪未成年人帮教效果难以保障等问题，《意见》提出要延伸开展不捕、相对不起诉后的跟踪帮教，建立流动涉罪未成年人帮教异地协作机制，把帮教贯穿刑事案件办理全过程。五是提出完善罪错未成年人教育矫治的路径。此前，最高人民检察院印发的《2018—2022年检察改革工作规划》已就完善分级干预制度作出相应规划，在此基础上，《意见》结合各地探索实践进行了完善，并提出以贯彻落实《关于加强专门学校建设和专门教育工作的意见》为抓手，积极推动解决招生对象、入学程序、效果评估等方面的难题，探索建立检察机关与专门学校的工作衔接机制，把保护、教育、管束落到实处。

（三）关于未检业务统一集中办理工作

2018年1月，最高人民检察院在北京等地部署开展未成年人刑事执行、民事行政检察业务统一由未检部门办理试点工作。各试点地区积极探索，办理了一批典型案件，积累了较为丰富的试点经验。考虑到《意见》是站在长远的角度，试点工作将随着探索经验、做法的不断丰富、成熟而全面推开，因此，这一部分的标题没有再提试点工作，而以未检业务统一集中办理工作改革来代替，并从四个方面进行了部署。一是发挥统一集中办理特色与优势。未成年人刑事执行、民事、行政、公益诉讼检察业务由未检部门统一集中办理是实现未成年人综合司法保护的客观需要。需要注意的是，很多未成年人民事、行政、公益诉讼案件线索与刑事案件紧密相连。这就需要注意从未成年人刑事案件中发现线索，发挥与传统未成年人刑事检察工作紧密相连的优势，更好地维护未成年人的合法权益。二是突出工作重点。试点工作内容很多，且工作量主要分布在基层，基层检察院人员的时间、精力都有限，要结合本地实际，抓好几项重点试点工作。需要特别指出的是，《人民检察院刑事诉讼规则》明确规定涉及未成年人的刑事执行检察工作由未检部门负责，因此，该项工作已经不属于试点内容，是各级检察院都要开展的工作，但因与当前试点工作联系紧密，因此，就没有再单独分开。此外，该部分通过列举的方式对公益诉讼作出专门规定。一方面，在现阶段聚焦侵害未成年人的重点领域开展探索，有利于发挥集中力量办大事的优势；另一方面，列举的内容既包括已有明确规定的食品药品安全领域，也包括烟酒销售等探索开展的领域，还包括网络信息传播等相对新的领域，这也是对"积极、稳妥"开展"等外"探索政策的贯彻落实。三是有序推进。检察机关涉未成年人刑事、民事、行政、公益诉讼案件原则上可由未检部门统一集中办理，没有提出一律由未检部门办理，主要考虑到有的地方未检工作人员、经验相对较少，短时间难以独立完成相关刑事、民事、行政、公益诉讼案件办理任务，需要循序渐进。但集中办理是基本要求和努力方向。《意见》提出，争取自2021年起，未检业务统一集中办理工作在全国检察机关全面推开。四是完善机制。试点工作既涉及检察机关内部的分工协作，也需要相关部门的沟通配合，这就需要建立相关的协作配合机制。在征求意见过程中，有的单位也提出，在条件成熟时，联合出台统一集中办理未成年人案件的指导意见。我们认为该建议非常有道理，故及时将该建议予以吸收。

（四）关于未成年人保护社会治理

党的十九届四中全会就推动国家治理体系和治理能力现代化作出战略部署，未成年人保护社会治理是其中的重要方面，面临新的任务和要求。对此，《意见》提出，一是持续抓好"一号检察建议"监督落实。始终抓住"一号检察建议"这个"杠杆""牵引"不放松，督导落实再落实，努力抓出更大成效。二是完善惩防侵害未成年人犯罪机制建设。为推动解决侵害未成年人案件发现难、发现晚以及性侵害未成年人重犯比例高等问题，在总结推广上海、湖北、重庆等地经验的基础上，《意见》提出，要全面推行侵害未成年人案件强制报告和入职查询制度，构筑未成年人健康成长的"防火墙"。2019年最高人民检察院在12309检察服务中心建立了未成年人司法保护专区，但"建设不是目的，用好是王道"。对此，《意见》提出，要规范办理流程，严格执行"七日内回复、三个月答复"规定，不断完善功能、更新方式，确保事事有着落、件件有回音，并逐步构建起上下一体、协作联动、及时有效的工作格局。三是加大力度维护未成年人权益。近年来，不少地方发布了未检工作白皮书，对促进当地社会治理发挥了重要作用。为此，《意见》明确提出，要适时发布未检工作白皮书推动白皮书工作制度化、常态化。

（五）关于未成年人法治宣传教育

加强未成年人法治宣传教育，是落实国家机关"谁执法谁普法"普法责任制的重要内容。对此，《意见》从三个方面提出了要求：一是继续加强检察官兼任法治副校长工作。截至目前，全国共有3万余名检察官担任法治副校长。《意见》提出，争取2020年底前，实现院领导与未检工作人员担任法治副校长全覆盖。未检工作人员不仅包括未检检察官，还包括检察官助理、书记员，都是担任法治副校长的主体。二是常态化开展"法治进校园"活动。此前，最高人民检察院联合教育部开展了为期三年的"法治进校园"全国巡讲活动。2019年6月，在活动结束之际，又开展了为期半年的"法治进校园走进三区三州"活动，此举也拉开了"法治进校园"常态化的序幕。在两次巡讲活动中，"法治进校园"全国巡讲团都发挥了重要作用。对此，《意见》专门明确，要充分发挥"法治进校园"全国巡讲团作用，适时开展专项巡讲活动。要推进"法治进校园"常态化、制度化，适时联合教育部出台"法治进校园"工作意见。三是丰富未成年人法治教育内容。近年来，各地检察机关探索开展了形式多样的未成年人法治教育活动，取得了良好效果。其中，最高人民检察院联合中央广播电视总台推出的《守护明天》大型未成年人法治节目，已经录制播出三季，收视率连创新高。为此，《意见》提出，要持续做好这个节目，拓展节目选题、创新讲述方式、丰富讲述内容，打造特色品牌。

（六）关于未检专业化规范化建设

未检作为一项相对年轻的检察业务，专业化是基本方向，规范化是内在要求。对此，《意见》作出如下规定：一是加强未检组织体系建设。省会城市、较大城市的检察院要设立独立的未检机构，这也是全国未检会议提出的硬性要求。对于没有专设未检机构的检察院，要设立专门的未检办案组或者独任检察官。未检办案组对内实行单独考核管理，对外可以"未成年人检察工作办公室"名义开展工作。需要特别指出的是，对内单独考核，有利于保持未检工作的专业性和相对独立性。这是对各地反映未检办案组与其他办案组一同考核，影响未检特殊制度落实和教育挽救效果的积极回应。同时，未检工作需要社会的广泛支持，与相关部门、单位联系较多，为了便于开展工作，在符合改革政策要求的情况下，有的地方保留或者新设立了"未成年人检察工作办公室"，以这一名义对外开展相关协调、配合工作，取得良好效果。《意见》采纳了该建议。特别需要指出的是，当前未成年人保护法、预防未成年人犯罪法正在修订中，通过后将赋予未检部门更多任务。未检业务集中统一办理工作还在试点阶段，全面推开后，未检部门工作量将明显增加。为此，《意见》专门提出，各地特别是基层检察院可以根据实际需要对未检人员配备、办案机构等进行适当调整。二是强化未检业务管理。在以往"捕、诉、监、防"四位一体的基础上，结合近年来各地工作实践经验，《意见》提出，深化"捕、诉、监、防、教"五位一体的工作机制，增加了一个"教"字，即教育挽救。明确同一案件的审查逮捕、审查起诉、法律监督、犯罪预防、教育挽救工作依法由同一检察官办案组或者独任检察官负责。关于受案范围，此前最高人民检察院《关于进一步加强未成年人刑事检察工作的通知》《未成年人刑事检察工作指引（试行）》等已经规定将侵害未成年人犯罪相关案件纳入未检部门受案范围，但由于规定不够明确具体，各地执行不一，甚至存在受案范围五花八门的情况。为解决这一问题，《意见》明确提出，所有未成年人犯罪案件、侵害未成年人犯罪案件原则上统一由未检部门或未检办案组办理，之所以规定"原则上"，而没有规定"一律"，主要考虑涉未成年人案件的复杂性。例如，有的涉案人数众多，仅有极个别未成年人涉案，但又不宜分案，这样的案件就可以交由其他检察部门办理，在此过程中注意对未成年人权益的特殊保护即可。需要说明的是，一些地方结合本地实际，将大学生犯罪等特殊案件纳入未检部门受案范围，2017年底最高人民检察院下发的《关于建立未成年人检察工作评价机制的意见（试行）》也作出相应规定。我们认为这是一种有益探索，可以结合实际继续实行。三是加强对涉未成年人案件办理的规范指导。当前，无论是未成年人犯罪，还是侵害未成年人犯罪，特别是一些疑难、复杂类案件，急需相应的规则、标准来指导和规范，如针对性侵害未成年人犯罪，未成年人涉嫌黑恶犯罪、毒品犯罪，等等。因此，《意见》明确提出，要准确把握涉未成年人案件的特殊规律，健全疑难复杂案件办理规范或指导意见。"一个案例胜过一打文件。"涉未成年人案件证据审查和法律适用的特殊性，决定了指导性案例具有更强的指导和示范意义。最高人民检察院第十一批指导性案例发布以来，各地依法办理了一大批类似的侵害未成年人犯罪案件。为进一步发挥指导性案例作用，《意见》明确，要建立全国未成年人检察案例库。省级检察院要总结、发布典型案例。

（七）关于未检社会化建设

社会化建设是未检工作的重要支撑，也是区别于其他检察业务的重要特色。对此，《意见》提出，一是加强社会支持体系建设试点工作。2018年初，最高人民检察院与共青团中央会签了《关于构建未成年人检察工作社会支持体系合作框架协议》。2019年，双方又共同确定在40个地区开展试点工作。下一步，要加强与各级团组织沟通协作，进一步落实协议，完善建设未检社会支持体系的路径和机制。《意见》明确，2021年力争实现社会支持体系在重点地区、重点领域广泛适用。二是促进社会支持体系工作不断规范。一直以来，未检社会支持体系建设在各地探索开展，积累了不少经验，但尚缺少统一的规范和标准。对此，《意见》提出，要会同有关部门，制定全国未成年人司法社工服务指引和评价标准。建立检察机关参与司法社工人才培养机制，吸纳有关方面意见后，将社会调查员、家庭教育指导人员等也纳入培训范围。三是推动建立未成年人司法保护联动机制。为推动研究解决未成年人司法保护中的重大疑难问题，实现信息资源共享、工作有效衔接，《意见》提出，要发挥检察机关承上启下、唯一参与未成年人司法保护全过程的职能定位，联合法院、公安、司法行政、教育、民政、共青团、妇联、关工委等单位，建立未成年人司法保护联席会议机制。此外，针对当前流动涉罪未成年人占比有所回升的问题，《意见》规定，要加强未成年人观护基地建设，鼓励流动人口较多的地区根据工作需要在社区、企业等建立未成年犬观护基地，研究出台检察机关未成年人观护基地建设指导意见，推动实现涉罪未成年人平等保护。

四、需要注意的其他事项

为确保意见得到全面贯彻落实，《意见》专门就加强对未检工作的组织领导提出明确要求。一是更加重视和支持未检工作。要求各级检察院党组将未检工作纳入重要议事日程，制定中长期规划，每年至少听取一次专门工作汇报。这体现了最高人民检察院党组对未检工作的高度重视，将有力促进未检工作长远健康发展。二是加强专业队伍建设。针对近年来未检人才流失严重的问题，《意见》明确提出，对于未检条线的先进模范、全国未检业务竞赛标兵能手、"法治进校园"全国巡讲团成员、《守护明天》主讲人等，尽量留在未检岗位，充分发挥"传帮带"作用。该要求充分体现了保持未检队伍相对稳定的重要性，以促进未成年人特殊司法理念、政策得到有效落实。同时，《意见》还对提高未检干警综合业务能力、强化未检队伍廉洁自律的路径和方法作出了规定。三是重视理论研究和国际交流。针对当前未检乃至未成年人司法理论研究相对薄弱的问题，《意见》提出，要凝聚法学院校、科研单位研究力量，加强未检基础理论和实务应用研究。《意见》明确提出，要积极借鉴吸收域外先进经验，提升未检工作质效，彰显我国司法文明与进步。四是加强创新和宣传等工作。最高人民检察院曾于2018年、2019年分两批确定65家检察院作为未检工作创新实践基地，赋予特定创新任务，并召开创新实践基地高级研修班加以推进，取得明显成效。对此，《意见》提出，要高度重视创新对未检工作的特殊引领示范作用，加强对全国未检工作创新实践基地工作的指导、评估、考察，及时进行总结规范，形成可复制的经验，成熟一个，推广一个。针对社会对未成年人案件的广泛关注，《意见》还特别对做好未检宣传工作提出了要求，强调要高度重视未检领域意识形态工作，建立预警、应用和处置机制，并通过各种方式全面介绍检察机关在保护未成年人方面的工作举措及成效，形成良好舆论氛围，促进"本在检察工作""要在检察文化""效在检察新闻宣传"的有机统一。

最高人民检察院、中央军委政法委员会关于加强军地检察机关公益诉讼协作工作的意见

(2020年4月22日公布并施行　高检发〔2020〕8号)

为了进一步加强军事检察机关与地方检察机关(以下简称军地检察机关)公益诉讼协作工作,推动检察公益诉讼深入开展,共同维护国家利益和社会公共利益,维护国防和军事利益,根据宪法、法律和其他有关规定,提出如下意见。

一、把握总体要求

(一)指导思想

以习近平新时代中国特色社会主义思想为指导,深入贯彻习近平强军思想,坚决落实习近平全面依法治国新理念新思想新战略,紧紧围绕"五位一体"总体布局和"四个全面"战略布局,以维护国家利益和社会公共利益、国防和军事利益为目的,以服务强军目标、服务备战打仗、服务依法治军为重点,以健全制度机制为保障,全面、深入、高效开展军地检察机关公益诉讼协作,充分发挥法律监督职能作用,为实现强国强军提供有力司法保障。

(二)基本原则

——围绕中心,服务大局。坚持党的绝对领导,坚持为大局服务、为人民司法,紧紧围绕党、国家和军队的中心工作聚焦用力,充分发挥检察公益诉讼服务经济社会发展、保障国防和军队建设的职能作用。

——依法有序,高效便捷。以宪法、法律为依据,遵循诉讼规律和法律监督规律,健全机制,严格程序,提高效率,不断提升协作工作的制度化、规范化水平。

——密切配合,相互促进。树立"一盘棋"思想,强化"一体化"观念,主动作为、积极协调,资源共享、优势互补,不断拓展协作的广度深度,实现相互促进、共同提高、协同发展。

——与时俱进,开拓创新。适应新形势、解决新问题,积极探索特点规律,在办案中监督,在监督中办案,推动检察公益诉讼实践创新、理论创新、

制度创新，保持协作工作的生机与活力。

——督促协同，共治共赢。践行双赢多赢共赢理念，提高政治站位，加强沟通协调，凝聚多方智慧，形成整体合力，促进共治共享共赢，努力实现政治效果、法律效果、社会效果和强军效果的有机统一。

二、丰富协作内容

（一）关于协作案件范围。军地检察机关在依法办理生态环境和资源保护、食品药品安全、国有财产保护、国有土地使用权出让、英雄烈士保护等领域涉军公益诉讼案件中加强协作配合。认真贯彻党的十九届四中全会关于拓展公益诉讼案件范围的决策部署，加大对破坏军事设施、侵占军用土地等涉军公益诉讼案件的办理力度，积极稳妥探索办理在国防动员、国防教育、国防资产、军事行动、军队形象声誉、军人地位和权益保护等方面的公益诉讼案件，着力维护国防和军事利益。

（二）关于协作案件管辖。办理军地互涉公益诉讼案件，当事人是地方单位或者人员的由地方检察机关管辖，是军队单位或者人员的由军事检察机关管辖。刑事附带民事公益诉讼案件，一般依照刑事案件确定管辖。管辖存在争议的，由发生争议的检察院或者争议双方各自上级检察院协商确定，不能协商确定的，层报最高人民检察院指定管辖。

（三）关于线索移送。军地检察机关要综合运用12309服务热线、相关信息平台、开展专项活动等途径摸排公益诉讼线索，注重发现涉及国防和军事利益的问题线索。对于管辖不明确、事实不清楚的案件线索，要进行审查评估，必要时可以调查核实，属于本院管辖的及时立案调查；属于对方管辖的，及时将案件线索和相关材料向对方移送，接收方应当及时反馈线索处理或案件办理情况。

（四）关于调查取证。办理公益诉讼案件中，地方检察机关需要向军队单位、人员或者在军队营区内调查取证的，军事检察机关应当予以协助；军事检察机关需要向地方单位或者人员调查取证的，地方检察机关应当予以协助。军地检察机关应当充分发挥自身人才、技术和信息等优势，为对方在专业领域调查取证提供支持。

（五）关于诉前程序。办理涉军民事公益诉讼案件，军地检察机关可以联合督促法律规定的机关或者建议有关组织提起民事公益诉讼；法律规定的机关或者有关组织提起民事公益诉讼的，军地检察机关可以支持起诉。办理涉军行政公益诉讼案件，军地检察机关可以联合发出检察建议、联合督导履职、召集军地有关单位共同研究磋商。军事检察机关在确有必要的情况下，可以单独向地方有关单位发出检察建议。

（六）关于提起诉讼。对军地互涉的公益诉讼案件提起诉讼，军地检察机关可以就案件事实、证据、适用法律和诉讼请求等进行充分磋商，探索共同派员参加庭前会议，对提起诉讼的检察机关给予支持。提起公益诉讼的检察机关决定撤回起诉的，一般应当征求对方检察机关意见。

（七）关于联合开展专项行动。军地检察机关应当结合办理公益诉讼案件，认真研究相关领域、重点环节具有普遍性、代表性的突出问题，联合开展专项监督行动，及时推荐推送指导性案例和典型案例，以个案办理推动行业系统整治，做到办理一案、教育一片、服务一方，实现公益诉讼效益最大化。

三、建立工作机制

（一）日常联络机制。建立常态化联络机制，明确专门联络机构，指定具体联络人员，做好沟通协调、线索移送、文件传输等日常联络工作。

（二）联席会议机制。定期或不定期召开联席会议，通报有关公益诉讼案件办理情况，研究解决办案中遇到的矛盾问题，围绕充分发挥职能作用、加强和改进协作工作等方面问题，研讨交流，凝聚共识。对于涉及双方的检察公益诉讼重大案件、重大事件、重要舆情以及突发性敏感问题，共同研究会商，妥善处置应对。

（三）一体化办案机制。办理军地互涉公益诉讼案件，可以根据需要成立协调小组，加强对办案工作的指挥协调，健全完善提办、领办、参办、交办、督办制度。对于涉及国家重大部署、群众反映强烈、社会高度关注、影响特别重大的案件，可以探索建立联合办案指挥中心，实现办案风险评估、办案力量调配、办案工作指挥方面的协同配合，尽快查清案件事实，精准实施法律监督，积极回应社会关切。

（四）资源共享和技术支持机制。加强信息交流和资源整合，有条件的可探索共建信息平台，在把握政策、应用法律、办理案件等方面互相借鉴，加强协同。发挥各自优势，为对方提供技术支持和服务保障，共享公益诉讼先鉴定后收费等优待政策。深化智慧借助，共用公益诉讼技术专家库，为办理疑难复杂案件提供专业指导。

（五）交流培训机制。定期开展业务交流，相互了解工作情况、介绍办案经验、研讨疑难问题，共同探索检察公益诉讼特点规律。军事检察机关可有计划地派员到地方检察机关见习锻炼，适时邀请地方检察机关专家骨干指导办案、培训授课。地方检察机关组织业务培训，可为军队预留名额，军事检察机关根据队伍建设情况和工作需要，统筹派员参加，提升干部队伍整体素质。

四、务求协作实效

（一）加强组织领导。人民检察院党组、军事检察院党委（支部）和部队党委政法委员会要将协作工作摆上重要位置，主要领导靠前指挥，加强统筹协调，及时跟进指导，解决困难问题，抓好工作落实。各省、自治区、直辖市人民检察院与驻地军事检察院可以结合实际，研究制定具体协作实施办法。

（二）加大协调力度。军地检察机关要成立公益诉讼协作领导小组，加强工作指导和办案协调。在积极开展协作的同时，军事检察机关要主动与案件管辖单位对接协调，争取支持配合；地方检察机关要坚持党的领导，依靠人大支持，加强与行政机关沟通配合，努力形成检察公益诉讼"一体两翼"、多元驱动的良好格局。

（三）注重调查研究。军地检察机关要积极适应检察公益诉讼面临的新形势新任务，围绕公益保护的重点难点、协作工作面临的矛盾困难、公益诉讼制度运行的实践路径等问题，深入开展调查研究，不断完善细化军地协作办法举措，加强协作工作科学化、规范化、制度化建设，促进军地检察公益诉讼工作相得益彰、协调发展。

（四）加强工作宣传。军地检察机关要积极通过主流媒体发声，综合运用广播电视、报纸杂志、门户网站、"两微一端"等媒介，广泛宣传检察公益诉讼协作工作情况、典型案件办理以及取得的显著成效，不断提高人民群众和广大官兵的认知度和认同感，为军地检察公益诉讼工作创新发展营造良好舆论环境。

最高人民检察院
关于全面履行检察职能依法服务和保障自由贸易试验区建设的意见

（2020年8月25日第十三届最高人民检察院党组第一百二十六次会议通过　2020年10月24日公布并施行　高检发〔2020〕20号）

为了深入贯彻落实以习近平同志为核心的党中央关于自由贸易试验区（以下简称"自贸试验区"）建设的重大决策部署，充分发挥检察职能作用，努力为自贸试验区建设提供优质高效的法治服务和保障，结合检察工作实际，提出如下意见：

一、充分认识自贸试验区建设的重要意义，切实增强检察机关服务和保障自贸试验区建设的主动性和责任感

1. 深刻认识服务和保障自贸试验区建设的重要意义，准确把握自贸试验区建设对检察工作提出的新要求、新挑战。建设自贸试验区是以习近平同志为核心的党中央在新时代推进改革开放的重要战略举措，在我国改革开放进程中具有里程碑意义。自贸试验区作为全面深化改革和扩大开放试验田，在贸易投资自由化便利化、金融服务实体经济、事中事后监管等领域深入开展制度创新，探索试验了一批重大基础性改革，也对检察工作提出了更高的要求。检察机关要切实把思想和行动统一到中央的重大决策部署上来，增强责任感和使命感，强化服务保障自贸试验区建设就是服务保障"六稳""六保"和经济社会发展大局的理念，积极履职尽责，以服务保障为出发点，以风险防控为底线，针对自贸试验区建设中出现的新情况，立足检察职能，找准切入点和着力点，为推进自贸试验区建设创新发展，提供优质高效的检察产品。

二、树立正确司法理念，提升服务保障自贸试验区建设检察工作质效

2. 树立依法平等保护理念，注重对自贸试验区各类市场主体的司法保护。把依法平等保护作为检察工作服务保障自贸试验区发展的重要原则，对各类市场主体坚持诉讼地位和诉讼权利平等、法律适用和法律责任平等、法律保护和法律服务平等，统一司法尺度和司法标准，依法保护企业产权和从业人员合法权益，稳定企业发展预期，增强创业信心，激发市场主体活力，促进自贸试

区各类企业共生共赢。

3. 树立宽容谦抑理念，严格司法办案标准，准确把握法律政策界限。准确把握自贸试验区内主体自主经营、自由交易特征，正确把握依法惩治犯罪与全力支持改革的辩证关系，注意区分经济纠纷与经济犯罪、执行和利用国家政策谋发展中的偏差与钻改革空子实施犯罪等界限，坚决防止把一般违法违纪、工作失误甚至改革创新视为犯罪，支持改革、宽容失误，保护制度创新的积极性。贯彻宽严相济的刑事政策，依法加大认罪认罚从宽制度适用力度，提高办理新类型案件的精准度。

4. 树立服务保障理念，改进办案方式，努力提升办案效果。坚持打击犯罪与依法帮助企业挽回和减少经济损失并重，合理选择办案时机和方式。慎重使用拘留、逮捕和查封、扣押、冻结等措施，对办理企业关键岗位人员涉嫌犯罪案件，主动加强与涉案企业或者自贸试验区有关部门、行业管理部门的沟通协调，在法律规定范围内合理掌控办案进度、适用办案措施，帮助涉案企业做好生产经营衔接工作。慎重发布涉企业案件信息，注意顾及企业关切，维护企业声誉。主动听取工商联及企业界人士对检察工作的意见建议，接受社会监督，不断改进工作，努力实现司法办案的政治效果、社会效果和法律效果的有机统一。

三、积极履行检察职责，为自贸试验区建设提供良好发展环境

5. 依法打击危害公共安全、侵害人身财产权利及妨害社会管理秩序等犯罪，营造安全稳定的自贸试验区社会环境。依法保护公民、组织合法权益、维护企业财产安全，打击利用职务便利侵占、挪用企业财产等犯罪。依法保障数据安全有序流动，严惩破坏网络安全和数据安全犯罪。依法打击妨碍卫生防疫、检疫等犯罪，促进常态化依法抗"疫"，维护公共卫生安全。积极配合有关部门加强对企业安全生产和周边治安的专项整治，切实保障自贸试验区社会秩序稳定，生产经营活动安全正常进行。

6. 依法打击破坏自贸试验区市场经济秩序的犯罪，营造诚信有序的市场环境。依法打击故意损害商业信誉、虚假广告宣传等犯罪，维护统一市场和公平竞争。支持企业金融创新，保护投资人和投资企业合法权益，依法打击利用互联网平台从事集资诈骗、非法吸收公众存款等危害金融安全的犯罪。支持企业合法利用资本项目开放、人民币跨境双向流通渠道开放等便利化政策开展经营活动。加大对洗钱犯罪的惩治力度。慎重处理企业涉税涉汇案件，严格非法经营罪等严重扰乱经济秩序犯罪的认定，防止刑事打击扩大化。切实维护公平竞争、健康有序的市场秩序，优化金融发展环境，增强自贸试验区内企业投资信心。

7. 依法办理损害自贸试验区营商环境、侵犯企业合法权益的职务犯罪案件，促进营造廉洁高效的政务环境。充分发挥检察机关批捕、公诉等职能，依法打击国家工作人员在市场准入、招商引资、市场监管等环节利用职务之便实施的贪污贿赂犯罪，以及不履行、不正当履行职责导致的失职渎职等犯罪。深入分析金融、航运、商贸等领域犯罪的特点和规律，综合运用案件办理、检察建议、犯罪风险预警和专项治理等手段，努力推进自贸试验区形成廉洁高效的政务环境。

8. 强化企业知识产权司法保护，促进营造创新开放的投资环境。依法打击侵犯商标权、专利权、著作权、商业秘密等知识产权犯罪和生产、销售假冒伪劣商品犯罪，重点加大对涉及国家重大战略需求、重大科研项目和关键核心技术等领域知识产权的保护力度。鼓励和保护对科技成果的合理利用和改进提升，正确处理平行进口、贴牌加工出口、临时过境等贸易过程中的知识产权问题。推进诉讼权利告知试点工作，提高知识产权权利人参与程度。积极维护自贸试验区内科技产品和成果的自由交易秩序，为激发科技创新活力提供有力司法保护。

9. 强化对涉及自贸试验区经济主体诉讼活动的法律监督。依法监督纠正刑事案件违法立案特别是使用刑事手段插手经济纠纷和违法适用强制措施、违法查封扣押冻结处理涉案财物，以及财产刑执行不当、非法处置被执行人或者案外人财物等问题。强化民事诉讼监督，注重加强对涉外民商事纠纷、涉外知识产权纠纷、企业债权债务纠纷、劳动争议等案件审判、执行活动的法律监督，加大对侵害民营企业权益的虚假诉讼、恶意诉讼的惩治力度。注重运用民事抗诉、检察建议、支持起诉等多元监督手段，保护自贸试验区民商事法律主体的合法权益。围绕市场准入审批、投融资审批、外汇兑汇管理、海关监管等重点领域，加大对涉及自贸试验区的行政诉讼监督力度，充分发挥行政检察监督法院公正司法和促进行政机关依法行政的作用，促进行政争议实质性化解，实现案结事了政和。坚持把加强对诉讼活动的法律监督与查处司法工作人员利用职权实施的侵犯公民权利、损害司法公正的犯罪结合起来，注重查办司法不公背后的司法工作人员相关职务犯罪案件。

10. 强化对自贸试验区社会公共利益的法律保护。依法开展生态环境和资源保护、跨境电商食品药品安全、国有财产保护、国有土地使用权出让等领域民事公益诉讼和行政公益诉讼。聚焦民生热点，加大与行政机关专项整治的协同力度，解决好公益损害重点领域突出问题。探索公益诉讼损害赔偿专项基金制度，确保办案追偿资金真正用于公益保护、修复。探索安全生产、危化品管理、产品及工程质量等公共安全领域，互联网公益保护领域等公益诉讼检察，积极稳妥拓展公益诉讼案件范围。

11. 积极开展法治宣传教育，拓宽法律服务渠道。严格落实普法责任制，紧密结合司法办案，积极开展检察官以案释法工作。加强法治宣传，通过发布典型案例等形式，帮助自贸试验区企业和从业人员提高运用法治思维和方式规范经营管理、维护合法权益的能力，促进企业在法治轨道上健康发展。加强对自贸试验区企业和从业人员合法权益的司法救济，依托检察机关远程视频接访系统、12309检察服务中心等平台，依法及时办理控告、申诉和举报，为企业和从业人员寻求法律帮助提供便捷高效服务。推动建立民事、行政申诉案件引导和解机制，推动建立社会协同、政府扶持的社会矛盾化解机制，推动建立健全与人民调解组织、行业调解组织衔接联动机制，推动建立律师参与的信访工作机制。

12. 深入研究涉自贸试验区案件的特点和规律，积极推动自贸试验区综合监管制度建设。结合自贸试验区相关法规政策和管理实际，加强对司法办案趋势和前沿社会管理问题分析研判，增强服务保障的前瞻性、预见性。加强对涉自贸试验区典型案件的总结分析，深入研究发案原因、规律，提出检察建议，帮助自贸试验区内企业、行政监管部门发现管理漏洞、建章立制，完善监督制约和管理机制。及时掌握市场主体在金融改革、商贸物流、知识产权保护等方面的法治需求，为自贸试验区相关法规政策的研究制定、调整完善提供专业意见和建设性方案。立足检察职能，在自贸试验区市场监管综合执法体系、社会信用体系、综合评估机制、社会风险防控机制建设等方面提供检察支持。

四、加强组织领导，着力提升服务保障自贸试验区建设的能力和水平

13. 加强组织领导，认真落实各项工作举措。把充分发挥职能作用、主动服务自贸试验区发展作为检察机关的重要工作任务，与服务保障"六稳""六保"和"一带一路"建设等重大战略举措相结合，切实加强领导，完善措施，细化落实。自贸试验区检察机关要加强理论研究和案例研究，及时总结推广经验，增强保障和促进工作的主动性、针对性和实效性。上级检察机关要加强对下业务督导和具体指导，促进各级检察机关全面履行好相关检察职能。

14. 加强协调配合，形成服务保障自贸试验区建设的工作合力。加强检察系统内部工作协调，充分发挥现代科技对检察工作的引领和支撑作用，妥善做好涉及自贸试验区建设案件的协查取证、法律文书送达等工作；加强与公安、法院和行政执法部门的协作配合，做好信息共享、案件移送等工作，统一新型案件法律适用标准，确保办案效果；加强检察机关与自贸试验区管理部门的沟通协调，建立健全联席会议等工作机制，定期通报情况，及时掌握改革措施、政策走向，提升服务保障工作质效；加强全国各地自贸试验区检察机关协作机

制,打造自贸检察工作交流平台,加快推进信息联络、案件协作、经验互鉴、联合调研、理论研讨、人员交流等方面的互动交流,共同推进自贸检察工作创新发展。

15.强化队伍、机制建设,积极提供服务保障自贸试验区的智力支撑。创新人才培养支持机制,有针对性地开展金融、贸易、物流、知识产权等专业领域的教育培训,培养具有良好政治素质、熟悉国际惯例和通行规则、精通涉外民商事和金融业务、了解贸易新业态新模式、具有外语能力的专家型、复合型检察人才。构建更加开放的引才机制,加强自贸试验区检察机关与税务、金融、环保等部门之间的干部挂职交流,鼓励各地因地制宜设置自贸试验区专门机构或者派驻检察室、专业化办案团队,强化组织保障,延伸服务触角。积极借助"外脑",探索从高等院校、科研机构、商事专业领域、涉外律师事务所等聘请专家学者,建立检察服务自贸试验区专业智库,鼓励与法学高等院校、科研机构合作成立自贸试验区检察研究机构,丰富自贸试验区检察理论,为检察机关服务保障自贸试验区建设提供智力支撑。

最高人民检察院
全国检察业务应用系统使用管理办法

(2021年2月3日最高人民检察院第十三届检察委员会第六十一次会议通过　2021年2月9日公布并施行　高检发办字〔2021〕14号)

第一章　总　则

第一条　为保障全国检察业务应用系统规范、高效、安全、稳定运行，根据《中华人民共和国检察院组织法》《中华人民共和国检察官法》等有关规定，结合检察工作实际，制定本办法。

第二条　本办法所称全国检察业务应用系统，是由最高人民检察院按照科学化、智能化、人性化的检察信息化建设总体要求组织研发，适用于全国检察业务工作，融办案、管理、统计功能于一体，包含流程办案、智能辅助、知识服务、数据应用等基本应用，在各级人民检察院互联互通，部署在检察工作网和检察专网上，及时、全面、实时、动态地交换数据的综合信息系统。

各级人民检察院使用检察业务应用系统开展办案、管理和统计工作，适用本办法。

第三条　人民检察院使用管理检察业务应用系统，应当坚持以下原则：

（一）统一配置。各级人民检察院应当依照最高人民检察院统一配置的流程、文书模板、案卡等，使用管理检察业务应用系统。未经最高人民检察院批准，不得修改、删除检察业务应用系统已经配置的相关内容，不得使用其他信息系统代替检察业务应用系统。

（二）全员、全面、全程应用。履行业务办理、审核、审批、监督管理职责的检察长、副检察长和其他检察人员，应当全面、全程使用检察业务应用系统开展相关工作。任何人不得违反要求，脱离检察业务应用系统办理有关业务事项。

（三）规范、高效。各级人民检察院及其工作人员应当分工负责，互相配合，依照规定在检察业务应用系统内及时完成各自相关操作，确保各环节顺畅衔接、高效运行。

（四）创新、开放。各级人民检察院可以按照最高人民检察院制定的规范和标准，组织开展个性化辅助办案应用研发，促进检察业务信息化应用向多元化、个性化方向发展。

（五）安全保密。各级人民检察院及其工作人员应当严格遵守保密规定，做好检察业务应用系统的安全保密工作，严防失密、泄密事故发生。

第四条 人民检察院案件管理部门是检察业务应用系统使用管理的主管部门，主要职责是：

（一）负责业务需求统筹；

（二）指导系统应用；

（三）对网上业务办理活动进行监督、管理；

（四）对涉及多个子系统的业务应用问题进行协调；

（五）会同相关部门组织系统应用培训；

（六）其他与系统使用有关的案件管理工作。

第五条 人民检察院业务部门是本部门业务子系统的使用管理部门，主要职责是：

（一）对本部门和下级院对口部门的网上业务办理活动进行指导、管理；

（二）在业务办理过程中执行信息填录、文书制作、业务网上流转等相关操作；

（三）会同案件管理部门和技术信息部门，解答、处理本部门业务子系统使用过程中发现的应用问题；

（四）对本部门业务子系统提出修改、优化意见和新的业务需求；

（五）其他与本部门业务子系统使用有关的管理工作。

第六条 人民检察院技术信息部门是检察业务应用系统的技术主管部门，主要职责是：

（一）系统的软硬件基础建设和运行维护；

（二）系统版本发布、升级；

（三）依照本办法对系统执行相关技术操作；

（四）解答、处理使用过程中的技术问题；

（五）对需求分析进行技术指导；

（六）对涉及多个子系统的开发和建设问题进行协调；

（七）检察工作网个人身份证书的制作、审计、管理；

（八）会同相关部门组织系统应用培训；

（九）其他技术保障工作。

第七条 人民检察院办公室部门是检察业务应用系统保密、电子签章、诉讼档案的管理部门，主要职责是：

（一）检察专网身份认证系统、电子签章系统的软硬件基础建设和运行维护；

（二）检察专网个人身份证书、电子签章的制作、审计、管理；

（三）使用本院院印、检察长印对应的电子印章；

（四）系统的保密管理和监督检查工作；

（五）管理检察业务应用系统中生成的诉讼档案；

（六）其他与办公室职能有关的管理工作。

第八条 人民检察院计划财务装备部门是检察业务应用系统经费和装备的管理部门，负责检察业务应用系统的研发、运行维护所需的经费保障、政府采购等工作。

第二章　网上业务办理

第九条 各级人民检察院检察长、副检察长和其他检察人员，在履行业务受理、分流、办理、审核、审批、监督、管理、统计等职责时，应当按照要求在检察业务应用系统中填写、录入相应信息。

第十条 案件信息由承办检察官录入或者由检察官助理、书记员协助录入。检察官助理、书记员对录入的信息依据本人职责承担相应责任，检察官承担指导、审核责任和最终责任。具体分工如下：

（一）依照规定，属于案件管理部门统一受理的业务，受理信息由案件管理部门录入；属于控告申诉检察部门以及其他部门受理的业务，受理信息由该受理部门录入。

（二）业务办理过程中需要填录的信息，由该业务承办检察官录入。

（三）业务审核、审批、决定过程中需要填录的信息，由检察官、主办检察官、部门负责人、检委会委员、副检察长、检察长等录入。

（四）检察辅助人员可以协助检察官录入相关案件信息。

第十一条 信息填录应当根据《检察业务应用系统填录标准和说明》《人民检察院法律文书格式样本》《人民检察院工作文书格式样本》《人民检察院诉讼档案管理办法》及最高人民检察院发布的有关规定，且符合以下要求：

（一）准确。填录的信息应当客观、准确反映业务办理的真实情况，禁止弄虚作假。

（二）规范。录入的信息字段、分类等应当符合有关要求，能够满足系统的数据识别、筛选。

（三）同步。信息填录应当与实际业务办理同步进行。特殊情况下不能同步填录的，应当在进入下一流程前完成相关信息填录。

（四）完整。系统设定的数据项，应当根据要求全面填录。

第十二条　业务部门需要修改本部门已经填录完成、处于锁定状态，但尚未生成全国检察统计数据的业务信息，应当经分管检察长审批，交案件管理部门确认后，由技术信息部门执行相关技术操作。

案件管理部门对于已经填录完成、处于锁定状态，但尚未生成全国检察统计数据的业务信息，通过排查、审核发现存在填录问题和异常情况的，应当填写《检察业务信息审核意见表》，经有关业务部门核实确认，在检察业务应用系统中对相关业务信息予以更正。

第十三条　严禁违反规定，擅自删除检察业务应用系统中已经录入的案件、线索等。

在生成全国检察统计数据前，因错误操作等原因需要删除已经录入的案件、线索的，经本院检察长审批，报省级人民检察院案件管理部门审查决定后，交技术信息部门执行相关操作。

在生成全国检察统计数据后，因错误操作等原因需要删除已经录入的案件、线索的，层报最高人民检察院案件管理办公室审查决定后，交技术信息部门执行相关操作。

第十四条　在检察业务应用系统内制作文书，应当按照要求在系统内进行审核、审批、决定。

第十五条　文书应当使用检察业务应用系统自动分配的编号，严禁变更、自设文书编号。

第十六条　检察业务应用系统因洪水、停电或者发生故障等特殊原因不能正常使用，需要及时办理有关业务的，经案件管理部门确认后，可以在系统外制作文书。承办检察官应当在故障消除后三个工作日内将系统外制作的文书扫描上传至系统，并在系统内完成相关操作。

第十七条　调查核实、立案侦查司法工作人员相关职务犯罪案件时，因紧急情况需要提前批量打印文书的，应当符合以下要求：

（一）在系统内已经创建该案件；

（二）填写案件名称、承办检察官姓名等基本信息；

（三）经检察长或者分管检察长批准；

（四）提交本院案件管理部门审核。

紧急情况消除后，承办检察官应当及时将相关信息补充填入，并在案件办结后,将未使用的文书交案件管理部门存档,已经使用的文书入卷。

第十八条 检察业务应用系统内制作的加盖电子印章的文书,应当在本院或者异地检察机关指定的打印机上打印。

上级人民检察院作出的逮捕决定书、批准延长侦查羁押期限决定书以及其他能够在检察业务应用系统内远程打印的文书,可以在接收文书的人民检察院打印。

第十九条 各级人民检察院办理各项检察业务,应当在检察业务应用系统内执行受理、分流、移送、报批等流转程序。

非涉密业务在检察工作网上受理、办理和流转,秘密、机密级业务在检察专网上受理、办理和流转。

绝密级业务按照相关规定办理。

第二十条 案件管理部门统一受理的案件,由案件管理部门按照随机分案为主、指定分案为辅的案件承办确定机制,在检察业务应用系统内分流给业务部门,或者直接分配给承办检察官。

承办检察官或者承办部门确定的其他人员应当及时到案件管理部门领取案件材料。

第二十一条 承办检察官需要将案件材料报送审核、审批的,应当通过检察业务应用系统报送,审核人、审批人应当在系统内审核、审批,并将审核、审批后的案件材料通过系统发送至下一个流程节点。

第二十二条 属于案件管理部门统一流转的案件,检察官办案组或承办检察官应当在办结后将案件相关材料发送至案件管理部门进行审核。

承办检察官应当为案件管理部门的送案审核提供必要的时间,案件管理部门应当及时审核是否符合送案条件、是否规范完成网上办案操作。对不符合送案条件的,应当督促承办检察官补充材料,或者补充、更正有关操作,对符合送案条件的,应当及时交付送案。

第三章 网上业务管理

第二十三条 业务部门和案件管理部门应当设置流程监管员,对网上信息填录、文书制作、流程操作等网上业务办理活动,履行监督、管理、指导职责。

第二十四条 业务部门的流程监管员对本部门网上业务办理活动,履行管理职责。

案件管理部门的流程监管员对本院各业务部门的网上业务办理活动,履行监督职责。

上级人民检察院的业务部门和案件管理部门,应当对下级人民检察院网上业务办理活动,通过抽查、巡查等方式进行监督、检查。

第二十五条　业务部门发现本部门人员存在下列情形之一的,应当责令其及时改正:

(一) 未按规定在系统内填录信息、制作文书的;

(二) 未按规定在系统内流转业务的;

(三) 违反规定修改、删除检察业务应用系统中案件、线索的;

(四) 未按规定执行相关操作的;

(五) 违反系统权限管理、安全保密管理的;

(六) 未依照规定及时在系统内归档的;

(七) 其他违反系统要求和相关规定的行为。

第二十六条　案件管理部门发现本院业务部门具有本办法第二十五条规定情形的,应当向业务部门提出监督、纠正意见,业务部门应当及时核查、纠正并反馈情况。

案件管理部门在网上业务监管中发现同级侦查机关、审判机关存在违法行为的,应当督促相关业务部门履行监督职责。

第二十七条　上级人民检察院业务部门、案件管理部门发现下级人民检察院对口部门存在本办法第二十五条规定情形的,应当通知下级人民检察院对口部门处理;下级人民检察院对口部门应当及时核查、纠正并反馈情况。

第二十八条　上级人民检察院案件管理部门发现下级人民检察院业务部门存在本办法第二十五条规定情形的,应当通知本院业务部门或者下级人民检察院案件管理部门处理。处理情况应当及时告知提出监督意见的案件管理部门。

案件管理部门发现本院和下级人民检察院的入额院领导存在违反网上业务办理规定情形的,应当提示;情节严重的,向检务督察部门通报,并报告检察长。

第二十九条　对网上业务监管中发现的问题,案件管理部门应当根据情况采取口头提示、网上提示或者书面方式提出监督纠正意见。一般情形的,可以进行口头提示、网上提示,并制作工作记录;情节较重的,应当向相关部门发出流程监控通知书;情节严重的,应当在发出流程监控通知书的同时,向检务督察部门通报,并报告检察长。

第三十条　业务部门和案件管理部门应当相互通报网上业务监督、管理情况。

各级人民检察院应当定期发布本地区检察机关网上业务监管情况。

第三十一条 省级人民检察院案件管理部门应当定时对检察业务应用系统中的本地区业务信息进行统计汇总，生成所辖各级人民检察院的检察统计业务登记卡和检察统计报表，并由各级人民检察院分别进行审核，填写《人民检察院案件登记卡、统计报表审签表》，经案件管理部门负责人审核、分管检察长签发后，逐级汇总、报送至最高人民检察院案件管理办公室。

第三十二条 案件管理部门对于通过技术排查、统计审核发现的统计信息填录问题和异常情况，应当填写《检察业务信息审核意见表》，及时与有关业务部门沟通核实，并根据核实情况，在检察业务应用系统中对已填录业务信息予以更正，并重新生成检察统计业务登记卡和检察统计报表。

第三十三条 全国检察统计数据汇总完成后，各级人民检察院不得擅自更改检察业务应用系统案卡信息、检察统计数据以及案件登记卡内容。确实需要修正的，要逐级备案、逐级报告至最高人民检察院案件管理办公室审查处理。

第三十四条 各级人民检察院案件管理部门和业务部门应当定期对网上业务运行情况和检察业务工作总体情况进行分析，有针对性地开展专题调查研究，及时发现问题，总结工作经验，提出改进意见。

第三十五条 人民检察院应当根据《人民检察院案件信息公开工作规定（试行）》，通过统一的案件信息公开平台，向案件当事人及相关人员提供案件程序性信息查询服务，向社会公开重要案件信息和法律文书，以及办理其他案件信息公开工作。

对外公开的案件信息均应当从检察业务应用系统中获取。

第四章 辅助办案应用管理

第三十六条 地方各级人民检察院可以依托检察业务应用系统开放的数据接口和服务支持，补充研发智能辅助、知识服务和数据应用系统。

第三十七条 各级人民检察院自研系统如需接入检察业务应用系统，应当将业务需求、技术方案、实施计划等层报最高人民检察院案件管理办公室和检察技术信息研究中心审核批准后，使用检察业务应用系统标准接口接入。

如已有标准接口确实不能满足使用要求，应当层报最高人民检察院检察技术信息研究中心审核后统一组织研发。

第三十八条 辅助办案系统之间功能互斥、数据冲突等问题，由研发主管单位协调解决，出现重大问题层报最高人民检察院案件管理办公室和检察技术信息研究中心协调解决。

第三十九条 政法机关协同办案、移动办案等需要接入检察业务应用系统进行业务流转的，参照此章规定办理。

第五章　电子签章管理

第四十条　在检察业务应用系统内制作法律文书、工作文书，需要使用印章、签名的，应当使用电子印章、电子签名，不得使用实物印章，不得进行手写签批。

电子印章、电子签名的效力与实物印章、手写签名的效力相同。

已经在检察业务应用系统中使用电子签名的，不得用手写方式重复签批。

第四十一条　人民检察院办公室部门是检察专网电子签章的管理部门，技术信息部门是检察工作网电子签章的管理部门，各内设机构是部门电子印章的日常使用管理部门。

电子印章应当由专人负责管理、使用。

电子签名的责任人应当妥善保管、使用相关载体，严禁私自授权、转让；发生电子签名载体丢失、被盗、被骗、被抢或者或者被胁迫非法使用等失去控制的，应当立即通知本院办公室或者技术信息部门锁定。

第四十二条　以院名义制作的法律文书、工作文书，需要加盖印章的，依照规定审批后，发送至本院办公室部门加盖院电子印章。

各级人民检察院可以授权案件管理部门，在使用院电子印章前，对涉及人身、财产权利和终结性处理决定的法律文书进行审核。

以内设机构名义制作的工作文书，需要加盖部门印章的，经审核、审批后，由本部门印章管理员加盖部门电子印章。

第四十三条　禁止以任何方式规避电子印章、电子签名的使用。对违反规定，以行政公文的方式代替法律文书、工作文书的情形，印章管理部门应当拒绝加盖实物印章，责令改正，并通知案件管理部门。

因发生系统故障导致电子印章、电子签名不能使用的，经案件管理部门确认，依照规定程序，加盖实物印章，使用手写方式签批。

第四十四条　案件管理部门应当对检察业务应用系统内电子印章使用情况进行监督。发现用印不规范、不及时等问题的，应当向印章使用部门提出监督、纠正意见。

第六章　系统使用权限管理

第四十五条　各级人民检察院的检察长、副检察长、各业务部门负责人、检察官以及其他负有相关监督、管理职责的人员，在检察业务应用系统内，依照规定具有相应的业务办理、业务管理、系统维护等系统使用权限。

第四十六条　系统使用权限依照下列原则设置、变更和转移：

（一）权限应当依照规定设置、变更和转移；

（二）权限设置与岗位职责相对应；

（三）权限设置例外情形由检察长授权；

（四）设置、变更、转移权限应当由案件管理部门审定；

（五）权限设置要遵循相关保密规定，保证信息安全。

第四十七条　系统权限按照下列规定设置：

（一）各级人民检察院检察长，具有各类检察业务的办理权限，以及对本院及下辖各级人民检察院指标数据、案件列表、个案内容的查询权限。

（二）各级人民检察院副检察长、其他院领导，具有分管检察业务的办理权限，以及对本院及下辖各级人民检察院指标数据的查询权限，对本院分管部门以及下辖各级人民检察院对口部门的案件列表、个案内容的查询权限。

（三）各级人民检察院业务部门负责人，具有本部门检察业务的办理权限，对本部门和下辖各级人民检察院对口部门的指标数据、案件列表的查询权限，对本部门个案内容的查询权限，对下辖各级人民检察院对口部门个案内容的查询权限。

（四）各级人民检察院案件管理部门负责人，具有案件管理业务的办理权限，对本院和下辖各级人民检察院的指标数据、案件列表的查询权限，对本院个案内容的查询权限，对下辖各级人民检察院个案内容的查询权限。

（五）检察官具有与其岗位职责相对应的办理权限和查询权限；需要增加指标数据、案件列表、个案内容查询范围的，应当履行权限变更报批程序，但查询范围不得超过所在部门负责人的权限。

（六）检察官助理、书记员根据部门负责人、检察官授权具有相应的业务办理权限和查询权限。

（七）系统管理员、安全管理员、安全审计员具有本单位系统维护和管理相应的权限。

（八）挂职、借调和临时抽调人员，根据其所担任的角色在系统内授予相应权限。

对案件线索、正在办理的职务犯罪案件以及其他机密及以上案件，应当严格限制查询主体和查询内容。

因工作需要，经案件管理部门审核，报检察长批准，可以授权查询其他部门案件信息。

第四十八条 最高人民检察院案件管理办公室是全国检察业务应用系统权限的管理部门。

各级人民检察院案件管理部门是本院检察业务应用系统权限的管理部门，负责对系统权限的设置、变更和转移申请进行审定。

各级人民检察院技术信息部门是检察业务应用系统权限的操作执行部门，根据案件管理部门审定的意见，执行对系统权限的设置、变更和转移操作。

第四十九条 需要对系统权限的已有设置进行变更的，由相关部门报分管检察长审批后送案件管理部门审核，案件管理部门报检察长授权后发出权限变更通知书，由技术信息部门执行操作。

因内部工作调整、岗位交流等原因发生的系统权限变更，由案件管理部门按照相关文件内容发出权限变更通知书，由技术信息部门执行操作。

第五十条 承办检察官和负有审核、审批职责的部门负责人，因出差、请假、休假等原因不能及时办理、审核、审批案件，需要将其权限暂时转移至其他人员的，应当进行权限转移。

需要进行权限转移的，承办检察官经部门负责人批准、部门负责人经分管检察长批准后，送案件管理部门审核，案件管理部门发出权限转移通知书，由技术信息部门执行操作。

权限暂时转移原因消除后，相关人员应当及时持部门负责人签批的证明材料向案件管理部门提出书面申请，及时对权限进行恢复。

第五十一条 检察长、副检察长以及其他院领导需要进行权限转移或者取消的，由案件管理部门发出权限转移通知书，由技术信息部门执行操作。

第七章 安全保密管理

第五十二条 各级人民检察院应当按照谁运行谁主管、谁使用谁负责的原则，严格履行安全保密管理职责。

第五十三条 秘密、机密级业务应当在检察专网上受理、办理和流转。绝密级业务和按照绝密级管理的业务应当经脱密处理后在检察业务应用系统中登记和流转。

严禁违反规定，将非涉密业务认定为涉密业务，或者将涉密业务认定为非涉密业务。

第五十四条 检察业务密级的确定，依照最高人民检察院、国家保密局《检察工作中国家秘密范围的规定》执行。

第五十五条 在检察专网上运行的检察业务应用系统软硬件平台应当通过

涉密信息系统分级保护测评，并依照涉密信息系统分级保护的要求，落实安全保密技术防范措施和管理制度。

在检察工作网上运行的检察业务应用系统软硬件平台应当通过非涉密信息系统等级保护测评，并依照非涉密信息系统等级保护管理规范的要求，落实安全保密技术防范措施和管理制度。

第五十六条 检察人员应当使用身份认证系统登录检察业务应用系统，定期修改认证密码，妥善保存自己的身份证书、登录信息，防止丢失、遗忘。

第五十七条 检察人员应当严格执行各项保密安全制度，规范使用终端计算机、打印机，妥善保管涉密设备。严禁连接互联网和其他公共信息网络，严禁与非涉密计算机交叉使用移动存储介质，严禁连接使用无线设备，严禁违规卸载安全保密管理软件。

第五十八条 检察人员在使用检察业务应用系统中应当严守工作秘密，不得违反规定透露本人知悉的工作信息。

第五十九条 检察业务应用系统运行过程中发生失密泄密情况的，有关人员应当依照保密工作的有关规定，立即采取补救措施，并向本院保密部门报告，保密部门应当及时处理，并向上级人民检察院报告；发生失密泄密事件的，应当向地方保密行政管理部门报告并同时层报上级人民检察院。

第八章　系统运行维护

第六十条 最高人民检察院检察技术信息研究中心是检察业务应用系统运行维护管理工作的主管部门，负责检察业务应用系统的运行维护管理工作。

省级人民检察院技术信息部门是本地区检察业务应用系统运行维护管理工作的主管部门，负责检察业务应用系统在本地区的运行维护管理工作。

各级人民检察院技术信息部门是本院检察业务应用系统运行维护管理工作的主管部门，负责对系统的正常运行提供技术支持与服务等。

第六十一条 各级人民检察院应当按照检察业务应用系统的部署要求，设立系统管理员、安全管理员、安全审计员，对系统实行严格管理。

第六十二条 系统数据应当依照规定保存，严禁违反规定删除、修改。对重要的业务数据、操作日志、关键数据、数据库，应当及时制作数据备份。

第六十三条 各级人民检察院技术信息部门应当对系统部署使用中发现的技术问题及时进行指导和处理。

最高人民检察院检察技术信息研究中心应当根据新的业务需求及时对系统进行升级完善，详细记录历次升级信息，做好系统版本管理。

第九章　检查考核与责任追究

第六十四条　各级人民检察院应当定期对本院和下级人民检察院的检察业务应用系统配置、使用、运行维护、安全保密、诉讼档案归档等情况进行检查。

案件管理部门负责对信息填录、业务流转、文书制作、流程管理等情况进行检查；业务部门负责对业务办理情况进行检查；技术信息部门负责对运行维护情况进行检查，并会同案件管理部门对系统配置情况进行检查；办公室负责对安全保密工作和身份认证系统、电子签章系统使用情况、归档情况进行检查。各部门分工负责，相互配合。

第六十五条　检察业务应用系统的填报、登录、差误等使用情况应当纳入各级人民检察院、各部门及其人员的业绩考评。

第六十六条　在使用检察业务应用系统过程中，有下列情形之一的，应当给予警示、通报；情节严重的，移送检务督察部门按照《人民检察院司法责任追究条例》《人民检察院检务督察工作条例》处理：

（一）违反网上信息填录、业务流转、文书制作、数据统计、信息发布、电子签章、权限管理、运行维护、安全保密、档案管理等规定的；

（二）隐瞒、虚报、迟报业务信息的；

（三）违反规定扩大权限配置的；

（四）违反规定将系统权限交他人使用的；

（五）不依照规定履行监督管理职责的；

（六）拒绝接受监督管理的；

（七）不依照规定进行后台管理、数据维护的；

（八）未经批准擅自修改系统配置的；

（九）未经批准擅自读写系统数据、隐瞒其他系统与检察业务应用系统接入情况的；

（十）其他违反本办法规定的行为。

第六十七条　在使用检察业务应用系统过程中，检察人员发生执法过错或者违法违纪、失密泄密行为的，应当根据有关规定给予相应的纪律处分；构成犯罪的，应当依法移送有关部门追究刑事责任。

第十章　附　则

第六十八条　本办法下列用语的含义是：

（一）检察统计业务登记卡和检察统计报表，是指由最高人民检察院统一制发并报国家统计局备案的检察机关统计调查载体。

（二）电子印章，是指各级人民检察院和内设机构的公章、检察长名章印模通过扫描、数字化转化后生成的数据文件。

（三）电子签名，是指个人签名通过扫描、数字化转化后生成的用于识别签名人身份并表明签名人认可文件内容的信息。

（四）运行维护，是指为保障检察业务应用系统和分级保护体系安全、稳定、正常运转提供技术支持与服务，以及在检察业务应用系统基础上进行的补充性研发等。

第六十九条　地方各级人民检察院和专门人民检察院可以根据本办法，结合实际情况，制定检察业务应用系统使用管理的实施细则。

第七十条　本办法由最高人民检察院负责解释。

第七十一条　本办法自发布之日起施行。《全国检察机关统一业务应用系统使用管理办法（试行）》（高检发案管字〔2013〕5号）同时废止。

《全国检察业务应用系统使用管理办法》的理解与适用[*]

申国军[**]

2021年2月3日，最高人民检察院第十三届检察委员会第六十一次会议审议通过《全国检察业务应用系统使用管理办法》（以下简称《办法》），对2013年11月6日最高人民检察院印发的《全国检察机关统一业务应用系统使用管理办法（试行）》（以下简称原办法）进行了修订。《办法》共十章七十一条，自发布之日起施行。为便于理解和适用，现对修订内容等进行解读。

一、修订的背景和过程

2012年8月，根据修改后的刑事诉讼法、民事诉讼法的新要求和案件集中管理工作的新机制，以深圳等地成熟软件为基础，由最高人民检察院案件管理办公室牵头研发适用于全国检察机关的统一业务应用系统，融业务办理、管理、监督、统计、查询于一体，覆盖各项检察业务，在检察全系统实现协同办案。2014年1月，统一业务应用系统1.0版正式上线运行，检察机关实现从"纸上办案"到"网上办案"的变革，四级检察机关的办案信息第一次实现互联互通，对全部办案活动和各类案件实现全程、统一、实时、动态管理和监督，充分发挥了信息化对检察工作的引领作用。

原办法从12个方面规范了系统1.0版的使用和管理工作。1.0版系统上线以来，先后作出适应司法责任制改革版、适应工作网应用版、适应内设机构改革版等3次重大改版，增加业务模块11个，停用业务模块5个，升级完善191次，系统在架构设计、应用范围、管理方式等方面进行了改造升级。为适应检察工作发展和检察改革需要，最高人民检察院党组研究决定按照"科学化、智能化、人性化"的要求研发系统2.0版。2.0版系统在架构设计、部署方式和维护方法等方面发生了较大变化。同时，最高人民检察院近年出台的智慧检务、智能辅助系统建设等规章制度对系统使用管理提出了新的更高要求，也需要对原办法进行相应修改完善。经多次征求意见，修订完善，《办法》经最高人民检察院检委会审议通过。

---

[*] 原文载《人民检察》2021年第14期。

[**] 作者单位：最高人民检察院案件管理办公室。

二、修订的基本思路

（一）根据形势发展对框架进行调整

考虑到新系统与原有系统在技术架构、应用范围、管理模式等方面都存在很大的不同，经反复论证，对原办法的结构进行了调整，将原有的"信息填录、文书制作、网上业务流转"三章，整合简化为"网上业务办理"一章；将"网上业务监管、网上统计管理、对外信息查询管理"三章，整合简化为"网上业务管理"一章；将原有的"电子签章管理、系统保密管理"两章，整合简化为"安全保密管理"一章；新增"辅助办案应用管理"一章。

（二）实现与上位法和专门法的融合统一

在编制原办法时，检察机关是全国党政机关中唯一一个实现全国统一业务办理的机关，没有其他制度规范可供参考。随着司法体制改革的不断深入和办案规范化水平的不断提高，检察机关在业务监管、数据管理、案件信息公开等方面，各项制度规范持续完善。在修订过程中，《办法》对6类33项制度规范的内容进行了完善，按照"已规定的工作不再重复，有遗漏的工作科学表述，较分散的规定形成体系"的要求，力求做到取舍之间体现智慧，收放之间把握尺度，保证《办法》在简明扼要和体系完整的同时与最高人民检察院的各项政策要求保持一致。

（三）重构和完善《办法》工作体系

《办法》提出了许多新的概念和理念，完善了原有的理论架构和知识结构。一是将原有的流程办案功能拓展为检察业务应用系统的流程办案、智能辅助、知识服务、数据应用四大部分，配合了新系统建设思路的调整。二是完善了对网上办案工作进行管控的工作体系。增加了办公室部门对网上办案过程中诉讼档案的管理职责，从制度层面解决了网上办案"最后一公里"的问题，形成新的网上案件办理闭环流程；增加了检务督察部门对网上办案违规问题的管理职责，作出了案件管理部门对违反网上业务办理规定情形，情节严重的，向检务督察部门通报的管理规定。同时也明确了检务督察部门可依照《人民检察院司法责任追究条例》《人民检察院检务督察工作条例》处理各类网上办案违规情形。三是设计了新的职责权限体系。根据司法责任制改革后检察人员分类管理的新情况，将原办法中设定的检察长、副检察长、部门负责人、承办检察官等角色，细化为书记员、检察官助理、承办检察官、主办检察官、部门负责人、检委会委员、副检察长、检察长等角色，并将原来录入、层报、审批的次序改为由小到大的顺序表述，更加符合实际办案工作的需要，权限体系设计更加完善合理。四是建立"双网运行"条件下的安全保密职责体系。针对系统1.0版和2.0版在不同网络环境下运行的特点，根据工作职责划分，检察专网身份认证系统、电子签章系统的软硬件基础建设和运行维护以及认证个人身份证书、电子签章的制作、审计、管理由办公室部门负责，工作网的相关职责由技术信息部门负责，明确规定两张网执行的不同管理标准、案件受理办理流转的划分等。

（四）适应检察业务应用系统发展新需求

新技术变革为系统发展注入了活力，检察业务应用系统一些新理念、新方法、新技术的应用，改变了原有网上办案的模式。对此，在修订过程中进行了充分考虑。一是为适应案件信息录入会越来越多采用扫描卷宗及文字识别的新方式，充分考虑自动填录条件下的案卡填录方式，调整录入责任等方面的表述。二是对下一步检察业务应用系统广泛的网间互联和信息交换进行充分考虑。三是对大数据、人工智能、区块链、国产化等技术将在检察机关网上办案中的应用进行充分考虑。删除了原办法中对网上统计管理、对外信息查询等相对落后概念的表述和规定，依托《检察业务数据管理办法》，对数据的概念进行了全新的阐释。四是对保障系统个性化开发有序开展的相关工作进行充分考虑。在"工作原则"一条中，增加了"创新、开放"的原则，允许下级检察院按照最高检制定的规范和标准，开展个性化辅助办案应用研发。在修订中也严格规范了准入审批制度，明确了冲突解决机制，赋予技术信息部门对涉及多个子系统的开发和建设问题进行协调的新职能。

三、修订的主要内容

（一）新增的主要内容

一是《办法》第二条将最高检张军检察长在2018年6月检察机关智能辅助办案系统建设工作座谈会上提出的"科学化、智能化、人性化"的智慧检务建设理念明确为检察业务应用系统建设、应用、管理的指导思想。二是第十一条明确检察业务应用系统建设、应用、管理应当根据《检察业务应用系统填录标准和说明》《人民检察院法律文书格式样本》《人民检察院工作文书格式样本》《人民检察院诉讼档案管理办法》及最高人民检察院发布的有关规定进行，为系统开发和维护提供准确的业务需求和设计依据。三是根据《关于完善人民检察院司法责任制的若干意见》和《最高人民检察院机关案件承办确定工作管理办法（试行）》的有关规定，明确将"按照随机分案为主、指定分案为辅的案件承办确定机制"写入第二十条中。从制度层面有效杜绝人情案、关系案的出现，也为检察官业绩考核提供了相对公平的基础和前提。四是第四十七条明确检察官助理、书记员、系统管理员、安全管理员、安全审计员及挂职、借调和临时抽调人员的权限和设置办法。在适应司法责任制改革需要的同时使系统权限体系更加完整。五是将原"系统保密管理"方面的内容修订为"安全保密管理",提出在检察专网和检察工作网上运行的检察业务应用系统软硬件平台分别应当通过涉密信息系统分级保护测评和非涉密系统等级保护测评,增加第四十六条、第五十五条对信息安全方面的规定要求。六是根据《关于加强统一业务应用系统日常运行维护工作的通知》,明确系统问题解决和优化完善机制。结合系统 1.0 版的运维经验,新增第六十三条系统升级完善和版本管理的相关要求。

(二) 修改的主要内容

一是根据《最高人民检察院职能配置、内设机构和人员编制规定》,结合检察业务应用系统的研发模式和部署方式,对系统使用管理中的案管部门、技术信息部门和办公室部门的职责进行了修改调整。第四条明确案管部门"负责业务需求统筹和指导系统应用"的职责;第六条增加技术信息部门"对涉及多个子系统的开发和建设问题进行协调、检察工作网个人身份证书的制作审计管理及会同相关部门组织系统应用培训"的职责;第七条明确办公室部门"管理检察业务应用系统中生成的诉讼档案"的职责。二是第十九条结合系统 2.0 版将分别部署在检察工作网和检察专网的建设方案,修改案件受理、办理和流转的要求,明确非涉密业务和秘密、机密级业务分别在检察工作网和检察专网受理、办理和流转;绝密级业务按照 2020 年 4 月印发的《关于做好"线下"案件线上登记有关工作的提示》的有关要求做好案件登记和流转工作。三是第六十六条将纪检监察相关表述修改为检务督察相关表述。根据《人民检察院司法责任追究条例》《人民检察院检务督察工作条例》调整相关表述。

(三) 合并、删除的主要内容

一是根据最高人民检察院已经出台的各类制度规范,删除原办法中有关信息填录、文书制作、网上业务流转、网上业务监管、网上统计管理、对外信息查询管理等方面的内容,共合并了 9 条,删减了 7 条内容。二是依据《关于做好"线下"案件线上登记有关工作的提示》的有关要求,删除绝密级业务的文书可以在系统外制作的情形。三是根据最高人民检察院检委会审议《检察业务数据管理办法》时指出的各地在开展考评时,可以使用地方自己的数据,只要承担相应责任即可的要求,删除了"各类相关检察业务考评应当依据统一业务应用系统审核认定的数据"的规定。四是考虑到随着检察业务应用系统自动化程度的不断提高,系统安全可靠水平有了很大进步,不再需要运维人员全天候值班,删除"最高人民检察院、省级人民检察院对统一业务应用系统的运行维护管理实行全天候值班制度"的有关要求。

四、理解和贯彻执行《办法》中需要注意的问题

（一）关于系统的命名问题

2013 年系统上线时，被正式命名为"全国检察机关统一业务应用系统"，最初上线版本被称为"全国检察机关统一业务应用系统 1.0 版"，适应内设机构改革版上线后被称为"全国检察机关统一业务应用系统 1.5 版"。新版本应用系统在开发时被习惯称为"全国检察机关统一业务应用系统 2.0 版"，一直没有进行正式命名。2021 年 2 月 3 日最高人民检察院检委会研究决定，将系统正式命名为"全国检察业务应用系统"。

（二）关于系统的定位问题

关于全国检察业务应用系统的定位，一直存在不同认识。根据《办法》第二条规定，系统是融"办案、管理、统计"功能于一体的检察机关司法办案大型综合信息平台。

（三）关于系统使用管理的主管部门问题

系统 1.0 版由最高人民检察院案管办主导研发，原办法规定案管部门为系统使用管理的主管部门。系统 2.0 版由研发专班组织研发，征求意见稿将技术信息部门作为系统的主管部门。征求意见过程中，最高人民检察院技术信息中心提出，研发专班为临时机构，系统在全国检察机关上线运行后可能会解散，并且应用管理将成为工作重点，案管部门应当继续作为使用管理的主管部门。《办法》采纳了技术信息中心的意见，在第四条明确了相关职责分工。

（四）关于职责分工问题

在系统建设、应用和管理过程中，各个部门之间如何分工，各部门意见和实践中的做法不尽一致。《办法》第四条增加了案管部门"负责业务需求统筹和指导系统应用"两项职责。同时，考虑到系统优化完善是一个持续的过程，在第六条增加了技术信息部门"对涉及多个子系统的开发和建设问题进行协调；检察工作网个人身份证书的制作、审计、管理和会同相关部门组织系统应用培训"三项职责。

（五）关于系统信息填录主体问题

原办法第十条规定："信息填录应当坚持谁受理谁录入，谁办理谁录入，谁审核谁录入，谁审批谁录入，谁录入谁负责的原则。"在检委会审议时，有委员提出，第十条仅规定谁录入谁负责，可能会影响案件信息填录，且司法责任制要求检察官对所办案件负总责，建议在该条中明确应当由检察官承担最终填录责任。为厘清填录责任，并根据张军检察长在检委会审议《检察业务数据管理办法》时的意见，参照《检察业务数据管理办法》，明确了"案件信息由承办检察官录入或者由检察官助理、书记员协助录入。检察官助理、书记员对录入的信息依据本人职责承担相应责任，检察官承担指导、审核责任和最终责任"的原则。

（六）关于提前批量打印文书问题

原办法第十八条规定："初查、立案侦查职务犯罪案件时，因紧急情况需要提前批量打印文书的，可以经过审批提前批量打印相关法律文书。并且紧急情况消除后，承办检察官应当及时将相关信息补充填入，在案件办结后，将未使用的文书交案件管理部门存档，已经使用的文书入卷。"关于此条保留与否，实践中有争议。经研究，因司法实践中确实存在因搜查、扣押等侦查工作需要，特别是涉及多个犯罪嫌疑人需要提前打印法律文书的情况，并且有需要经领导审批、事后补录的程序限制。经与最高人民检察院第五检察厅沟通，保留了该条内容，同时对相关表述进行了调整。

（七）关于案件在检察工作网和检察专网流转问题

系统1.0版部署在检察专网上，为落实"全面、全程、全员、规范"的系统使用管理原则，原办法第二十条规定："各级人民检察院办理的机密级和机密级以下的业务，应当在检察业务应用系统内执行受理、分流、移送、报批等流转程序。"新系统将分别部署在检察工作网和检察专网上，因此，第十九条规定："各级人民检察院办理各项检察业务，应当在检察业务应用系统内执行受理、分流、移送、报批等流转程序。非涉密业务在检察工作网上受理、办理和流转，秘密、机密级业务在检察专网上受理、办理和流转。"

（八）关于在办案件查看权限问题

原办法第四十七条规定："各级人民检察院案件管理部门负责人对下辖各级人民检察院已经办结的个案内容具有查询权限；业务部门负责人对下辖各级人民检察院对口部门已经办结的个案内容具有查询权限。"征求意见过程中，多地提出上级检察院案管部门负责人和业务部门负责人不具有下辖各级检察院和对口部门在办案件个案内容的查询权限，不利于对下业务指导和开展流程监控工作。修订中采纳了相关意见，规定："各级人民检察院案件管理部门负责人和业务部门负责人具有对下辖各级人民检察院对口部门的指标数据、案件列表的查询权限，对本部门个案内容的查询权限，对下辖各级人民检察院对口部门个案内容的查询权限。"

（九）关于是否规定案件管理相关内容问题

原办法起草时，尚未出台关于流程监控、案件质量评查、业务数据管理、案件信息公开等方面的规定，在某种程度上起到了临时性案件管理办法的作用。修订过程中，是否应当保留案件管理的相关内容，存在不同意见。经研究认为，网上业务管理是系统使用管理的重要内容，与系统应用密不可分，但原规定有些内容与系统应用无关，并且已经在流程监控、案件质量评查、业务数据管理、案件信息公开等相关文件中明确，可以进行合并、删减，只保留与系统应用有关的重要内容。

（十）关于下一步的系统需求统筹问题

一方面，《办法》中明确了案管部门是系统使用管理的主管部门，负责业务需求统筹工作；另一方面，考虑到系统在全国检察机关上线运行后仍然需要持续升级完善，经与技术信息中心和研发专班沟通协商，待系统形成稳定版本后，各级案管部门要按照《办法》的有关规定履行好需求统筹职责。

（十一）关于辅助办案系统建设和应用等问题

辅助办案、数据应用、知识服务都是在检察业务应用系统研发过程中提出的新概念。在当前的建设和应用过程中，各地反映了流程办案与辅助办案的边界不够清晰，辅助办案往往包含数据应用，知识服务容易开发成特定的数据应用等问题，还需要不断研究、实践和完善。2019年11月印发的《统一业务应用系统2.0辅助办案系统研发工作管理办法》作了较为详尽的规定。有两点内容需要明确：一是辅助办案系统的开发必须符合现行制度规范的要求，接入流程办案平台必须经最高检案管办和技术信息中心审批通过。二是辅助办案、数据应用、知识服务中生成的数据均为检察业务数据，必须按照《检察业务数据管理办法》要求采集、加工、使用、提供、公开。辅助办案系统的建设与管理还是一个新生事物，还需要不断改进和调整。

（十二）关于系统使用纳入业绩考评问题

在修订过程中，第六十五条曾表述为："检察业务应用系统的使用情况应当纳入各级人民检察院、各部门及其人员的业绩考评。"最高人民检察院检委会讨论时，有委员认为，"系统的使用情况"表述不准确，界定模糊。为使表述更精准，根据张军检察长指示，经研究，此条修改为："检察业务应用系统的填报、登录、差误等使用情况应当纳入各级人民检察院、各部门及其人员的业绩考评。"关于填报、登录、差误的具体适用，可由各地在制定业绩考评标准时自行规定。

最高人民检察院
人民检察院案件信息公开工作规定

（2021年8月19日最高人民检察院第十三届检察委员会第七十一次会议通过 2021年9月28日公布并施行）

第一章 总 则

第一条 为了保障人民群众对检察工作的知情权、参与权和监督权，进一步深化检务公开，增强检察机关司法办案的透明度，规范司法办案行为，促进公正司法，根据有关法律规定，制定本规定。

第二条 人民检察院公开案件信息，应当遵循依法、便民、及时、规范、安全的原则。

第三条 人民检察院应当通过互联网、电话、邮件、检察服务窗口等方式，向相关人员提供案件信息查询服务，向社会主动发布案件信息、公开法律文书，以及办理其他案件信息公开工作。

最高人民检察院建立"12309中国检察网"，各级人民检察院依照本规定，在该平台办理案件信息公开的有关工作。

第四条 人民检察院对涉及国家秘密、商业秘密、个人隐私和未成年人犯罪的案件信息，以及其他依照法律法规和最高人民检察院有关规定不应当公开的信息，不得公开。侵害未成年人犯罪的案件信息，一般不予公开，确有必要公开的，应当依法对相关信息进行屏蔽、隐名等处理。

第五条 人民检察院负责案件管理的部门是案件信息公开工作的主管部门，负责案件信息公开的组织、监督、指导和有关服务窗口的查询服务等工作。

第六条 任何单位和个人不得利用案件信息公开损害国家利益、社会公共利益和公民、法人、其他组织合法权益，不得利用案件信息公开工作谋取不正当利益。

第二章　案件信息查询

第七条　人民检察院应当依法、及时履行法律规定的通知、告知、送达、公开宣布等案件办理程序职责。当事人及其法定代理人、近亲属、辩护人、诉讼代理人等，可以依照规定，向办理该案件的人民检察院查询案由、受理时间、办案期限、办案组织、办案进程、处理结果、强制措施，查封、扣押、冻结涉案财物的处置情况，法律文书公开情况等案件程序性信息。

第八条　人民检察院制作的下列法律文书，可以向当事人及其法定代理人、近亲属、辩护人、诉讼代理人等提供查询：

（一）未向社会公开的起诉书、抗诉书、不起诉决定书；

（二）逮捕决定书、不予逮捕决定书；批准逮捕决定书、不批准逮捕决定书；

（三）撤销案件决定书；

（四）赔偿监督申请审查结果通知书、赔偿监督案件审查结果通知书。

第九条　当事人及其法定代理人、近亲属、辩护人、诉讼代理人等首次申请查询，应当向办理相关案件的人民检察院负责案件管理的部门提交身份证明、委托书等证明材料，人民检察院对符合条件的，应当提供查询服务，并提供网上查询账号。查询申请人可以凭账号登录"12309 中国检察网"，查询相关案件信息。

当事人的辩护律师或者代理律师可以直接通过"12309 中国检察网"或者微信平台、手机 APP，在线注册后，查询案件信息。

第十条　当事人及其法定代理人、近亲属、辩护人、诉讼代理人等需要查询经常居住地以外的人民检察院办理的案件信息的，可以到所在地县级人民检察院向负责案件管理的部门请求协助办理身份认证。被请求协助的人民检察院应当及时与办理该案件的人民检察院联系，传输有关信息，办理该案件的人民检察院审核认可后，应当提供查询服务及查询账号。

第十一条　辩护人、诉讼代理人因与当事人解除委托关系等原因丧失查询资格的，人民检察院应当及时注销其查询账号。

第三章　案件信息发布

第十二条　人民检察院可以根据工作实际，向社会发布关注度较高、影响较大的案件信息：

（一）相关刑事案件的办理情况；
（二）相关民事检察案件的办理情况；
（三）相关行政检察案件的办理情况；
（四）相关公益诉讼案件的办理情况。

第十三条 人民检察院可以根据需要，向社会发布具有示范引领效果、促进社会治理的相关案件信息：
（一）对统一法律适用、普法具有重要意义的指导性案例和典型案例；
（二）案件公开听证情况；
（三）社会治理类检察建议；
（四）重大、专项业务工作的进展和结果信息；
（五）其他应予发布的案件信息。

第十四条 人民检察院可以通过新闻发言人、召开新闻发布会、提供新闻稿等方式对外发布重要案件信息，并且应当同时在"12309中国检察网"上发布该信息。

第十五条 案件信息由办理该案件的人民检察院负责发布。

第四章 业务数据发布

第十六条 人民检察院可以根据工作实际，向社会发布以下检察业务数据：
（一）检察机关主要办案数据；
（二）检察机关立足履行法律监督职能、服务经济社会发展的数据信息；
（三）促进、推动社会治理的数据信息；
（四）对社会具有警示意义的数据信息，包括典型类案新情况新特点新变化新趋势；
（五）其他应予发布的业务数据。

第十七条 人民检察院可以通过下列方式，向社会发布检察业务数据：
（一）通过人民检察院官方网站、官方媒体等统一发布，并同步组织做好相关数据解读宣传工作；
（二）在《中国统计年鉴》《中国检察年鉴》《最高人民检察院公报》等全国性刊物上，发布全国检察机关主要办案数据，在地方确定的官方媒体上发布本地检察机关主要办案数据；
（三）公布检察工作报告；
（四）召开新闻发布会、发布检察工作白皮书、组织专项工作宣传、接受媒体采访报道等；

（五）以院名义发表文章；

（六）其他向社会发布的方式。

第五章　法律文书公开

第十八条　人民检察院办理社会广泛关注的、具有一定社会影响的案件涉及的下列法律文书，可以向社会公开：

（一）刑事案件起诉书、抗诉书；

（二）不起诉决定书；

（三）刑事申诉结果通知书。

第十九条　人民检察院办理的具有示范引领效果、促进社会治理的案件涉及的下列法律文书，可以向社会公开：

（一）民事抗诉书、再审检察建议书、不支持监督申请决定书、复查决定书、终结审查决定书等民事检察法律文书；

（二）行政抗诉书、再审检察建议书、不支持监督申请决定书、终结审查决定书等行政检察法律文书；

（三）民事公益诉讼起诉书、行政公益诉讼起诉书。

第二十条　人民检察院在"12309中国检察网"上公开法律文书，应当对下列当事人及其他诉讼参与人的姓名视情做隐名处理：

（一）刑事案件的被害人及其法定代理人、附带民事诉讼原告人及其法定代理人、证人、鉴定人；

（二）不起诉决定书中的被不起诉人；

（三）公益诉讼案件中的企业当事人。

当事人或者其他诉讼参与人要求公开本人姓名，并提出书面申请的，经承办人核实、案件办理部门负责人审核、分管副检察长批准后，可以不做相应的隐名处理。

第二十一条　根据本规定第二十条进行隐名处理时，应当按以下情形处理：

（一）保留姓氏，名字以"某某"替代；

（二）复姓保留第一个字，其余内容以"某某"替代；

（三）对于少数民族姓名，保留第一个字，其余内容以"某某"替代；

（四）对于外国人、无国籍人姓名的中文译文，保留第一个字，其余内容以"某某"替代；对于外国人、无国籍人的英文姓名，保留第一个英文字母，隐去其他字符；

（五）对于企业当事人的名称中有所在地的，保留所在地，其余以"某某企业"替代；对于企业当事人名称中没有所在地的，直接以"某某企业"替代。

对不同姓名隐名处理后发生重复的，通过在姓名后增加甲乙丙丁、阿拉伯数字等进行区分。

第二十二条　人民检察院在"12309中国检察网"公开法律文书，应当屏蔽下列内容：

（一）与公众了解案情无关的自然人信息，如：家庭住址、通讯方式、公民身份号码（身份证号码）、社交账号、银行账号、健康状况、车牌号码、动产或不动产权属证书编号、工作单位等；

（二）未成年人的相关信息；

（三）法人以及其他组织的银行账号、车牌号码、动产或不动产权属证书编号、地址；

（四）涉及国家秘密、商业秘密、个人隐私的信息；

（五）涉及技术侦查措施的信息；

（六）根据文书表述的内容可以直接推理或者符合逻辑地推理出属于需要屏蔽的信息；

（七）其他不宜公开的内容。

第二十三条　在互联网公开法律文书，除根据本规定第二十条进行隐名处理和第二十二条进行屏蔽处理的以外，应当保留当事人、法定代理人、委托代理人、辩护人的下列信息：

（一）当事人及其法定代理人是自然人的，保留姓名、出生日期、性别、住所地所属县、区；当事人是法人或其他组织的，保留名称以及法定代表人或主要负责人的姓名、职务；

（二）委托代理人、辩护人是律师或者基层法律服务工作者的，保留姓名、执业证号和律师事务所、基层法律服务机构名称；委托代理人、辩护人是其他人员的，保留姓名、出生日期、性别、住所地所属县、区，以及与当事人的关系。

第六章　监督和保障

第二十四条　案件当事人及其法定代理人、近亲属、辩护人、诉讼代理人或者其他单位、个人认为人民检察院发布案件信息不规范、不准确的，可以向人民检察院负责案件管理的部门反映。负责案件管理的部门应当及时协调相关部门核实、处理。

第二十五条 案件信息公开工作中有履行职责不力、失职渎职等违纪违法行为，造成严重后果的，由有关部门依纪依法处理。

第七章　附　则

第二十六条 人民检察院案件信息公开的技术规范、标准及相关工作细则由最高人民检察院另行制定。

第二十七条 本规定自公布之日起施行。《人民检察院案件信息公开工作规定（试行）》（高检发办字〔2014〕68号）同时废止；最高人民检察院此前发布的相关规定与本规定不一致的，以本规定为准。

最高人民检察院
检察人员配偶、子女及其配偶禁业清单

(2021年9月29日公布并施行)

一、最高人民检察院厅局级及直属单位四级职员以上干部的配偶、子女及其配偶的禁业范围，按照中央关于规范中央单位领导干部配偶、子女及其配偶经商办企业行为的有关规定和最高人民检察院关于领导干部配偶、子女及其配偶经商办企业禁业范围的有关规定执行。

二、地方检察机关厅局副职以上领导干部的配偶、子女及其配偶的禁业范围，按照中央关于规范省区市领导干部配偶、子女及其配偶经商办企业行为的有关规定和本省、自治区、直辖市党委组织部有关规定执行。

三、各级人民检察院领导干部和检察官的配偶、父母、子女不得担任其所任职检察院辖区内律师事务所的合伙人或设立人，不得在其任职检察院辖区内以律师身份担任诉讼代理人、辩护人，或为诉讼案件当事人提供其他有偿法律服务。

四、各级人民检察院领导干部的配偶、子女及其配偶不得与领导干部所在单位和管辖单位发生直接经济关系。

五、各级人民检察院领导干部的配偶、子女及其配偶不得从事其他可能影响其依法公正履职的经商办企业等经营活动。

六、检察人员不得利用职权和职务影响，为配偶、子女及其配偶等近亲属和其他特定关系人从事经商办企业及其他经营活动提供便利和优惠条件，或者为其经商办企业谋取利益。

七、本清单中所称"各级人民检察院领导干部"，指各级人民检察院领导班子成员和检察委员会委员。

最高人民检察院
检察人员考核工作指引

（2021年10月14日公布并施行）

第一章 总 则

第一条 为深入学习贯彻习近平新时代中国特色社会主义思想和党的十九届五中全会精神，全面贯彻习近平法治思想，认真落实习近平总书记关于绩效评价和干部考核的重要指示精神，提升检察业务和队伍管理水平，推动新时代检察工作高质量发展，根据《中华人民共和国公务员法》《中华人民共和国检察官法》《党政领导干部考核工作条例》《公务员考核规定》《公务员平时考核办法（试行）》等法律法规，制定本指引。

第二条 本指引所称检察人员考核，是指检察机关按照管理权限贯彻落实干部考核、公务员考核规定，结合司法规律和职业特点，以政治素质和工作实绩为重点，对检察人员德、能、勤、绩、廉的了解、核实和评价。

第三条 检察人员实行分级分类考核。检察官考核应当落实司法责任制要求，突出对办案工作质量、效率、效果的考核。检察辅助人员、司法行政人员应当结合岗位特点，参照检察官考核理念，按照简便易行的标准设计考核指标和规则。领导干部实行有别于其他检察人员的考核机制。检察院领导成员由党委组织部门按照干部管理权限考核，上级人民检察院根据干部协管职责和司法责任制要求开展相关考核工作。

第二章 考核指标和方法

第四条 检察人员考核指标要突出质效导向，避免繁琐操作，严禁下达不切合工作实际的数量指标，坚决防止出现官僚主义、形式主义、数据造假和盲目攀比排名。

各级人民检察院要结合本院、本地区实际设置检察人员考核指标，并实行动态调整。检察院领导成员和部门负责人对本院、本部门检察人员考核指标制定及运用承担主体责任。

第五条 检察人员考核采取量化评分的方式，得分由业绩指标得分、共性指标得分和综合评价得分三部分组成。

检察人员考核评分实行分值总量控制，其中业绩指标分值不低于满分分值的60%。

第六条 业绩指标侧重不同类别人员岗位职责、工作特点，按照政治与业务深度融合要求，重点评价检察人员的政治素质和工作实绩，主要从质量、效率、效果三个维度具体设置考核指标和计分分值。其中，考核工作效果的指标及其分值设置应当体现难度和区分度，突出政策性、灵活性和阶段性，根据党中央决策部署及时调整、动态设置，充分发挥抓落实、补短板、强弱项的指挥棒功能。

检察官业绩指标主要根据检察官业绩考核评价有关规定设置。

第七条 共性指标重点评价检察人员政治品质、道德品行、履职能力、精神状态、廉洁自律等，主要围绕以下内容具体设置：

（一）学习贯彻习近平新时代中国特色社会主义思想和习近平法治思想，坚定理想信念，坚守初心使命，忠于党、忠于国家、忠于人民、忠于宪法和法律，增强"四个意识"、坚定"四个自信"、做到"两个维护"等情况；

（二）践行社会主义核心价值观，恪守检察职业道德，遵守社会公德、家庭美德、个人品德等情况；

（三）岗位练兵、业务竞赛等业绩之外体现政治鉴别能力、学习调研能力、群众工作能力、沟通协调能力、贯彻执行能力、改革创新能力、应急处突能力等情况；

（四）遵守工作纪律、规章制度，团结协作、担当奉献等体现忠于职守、爱岗敬业、勤勉尽责的精神状态和工作作风情况；

（五）执行防止干预司法"三个规定"及重大事项记录报告制度、落实中央八项规定精神及其实施细则等秉公用权、廉洁自律情况。

检察人员因前款第（一）（五）项被考核减分的，其部门负责人、分管领导应当一并减分，落实"一岗双责"。

第八条 综合评价可以结合民主测评等形式，由分管领导、部门负责人、检察官、检察辅助人员、司法行政人员等评分。各级人民检察院可以结合本院工作实际确定综合评价的人员范围、评分标准和评分要点。

检察官办案组成员主要由部门负责人或主办检察官进行评价。检察辅助人员主要由部门负责人或相关检察官进行评价。检察官对检察辅助人员的考核等次有一定建议权。

部门负责人对本部门检察人员进行综合评价，分管领导对部门负责人进行综合评价。

第九条 检察人员考核应当与日常检察队伍管理相融合，建立以月、季度、半年、年度为时间节点的实时动态考核管理机制。

（一）一月一分析。每月召开部门负责人办公会，汇总本部门检察人员考核情况，对指标计分、综合评分是否客观公正，重点工作质效评价和加减分是否准确等进行审核把关，对计分结果与实际表现有无明显偏差进行分析评判，统筹调整考核得分。考核结果应当向检察人员公示，并结合部门例会、专题工作会等开展总结点评，指导改进工作，鼓励先进，帮促后进。

（二）一季一报告。每季度检察人员考核工作落实情况、考核结果情况应向检察院党组进行专题报告。院党组结合检察队伍管理、干部能力素质、业务数据分析情况，研究提出调整干部、优化分工、改进业务等工作举措。

（三）半年一评估。检察院组织评估各部门检察人员考核开展情况。各部门评估本部门考核指标、计分规则及结果运用情况，进行合理化调整。

（四）年度总考核。结合年度考核有关工作安排，及时组织检察人员年度考核，根据得分排名开展等次评定、绩效奖金分配、交流任职、员额退出等工作。

第十条 各级人民检察院要加强组织绩效和个人绩效的衔接。在推进检察人员考核的基础上，统筹开展部门考核、条线考核、检察院考核工作，实现个人、部门和全院工作目标有机统一、工作力量有序联动、整体工作有效开展。

各级人民检察院可以围绕部门党建工作、目标绩效、队伍管理等情况对部门进行考核，部门考核结果作为确定部门负责人考核等次、调整各部门检察人员考核优秀等次比例的依据。

第三章 检察官考核

第十一条 检察官考核得分原则上在部门内部或者职责相近的本院同类岗位之间进行排名比较。人员编制少、检察官数量有限，难以在部门内形成有效竞争的，可以跨部门条线比较。

第十二条 市、县级人民检察院可以在检察官业绩指标得分的基础上，综合考虑下列因素对检察官业绩指标得分进行相应加减分或者加权换算，作为跨部门排名的主要依据：

（一）由上级院运用案件质量评价指标对所辖下级院开展条线业务数据评

价，综合考虑检察官所属部门条线在本地同级检察院中的排名情况；

（二）由上级院对全市各条线检察官的业绩指标得分进行考核排名，考虑检察官在全市相同条线检察官中的排名情况。

政法专项编制在30人以下的检察院，可以对全院检察官统一进行考核，由院领导或者考核委员会统筹确定考核等次。

第十三条 一名检察官从事多个条线业务，或者在考核周期内进行岗位调整的检察官，可以在根据本指引第十二条计算各条线业绩指标得分后，按照平均分或者加权计算总成绩。权重的标准，可以考虑上级检察院业务考评的条线分值比例、不同业务条线的工作量、本院工作重点等因素研究确定。

第十四条 以检察官办案组形式办理案件或其他检察业务的，可以由部门负责人或者主办检察官根据办案组成员承担工作量和发挥作用的大小合理确定每名检察官得分。办案组内各检察官的得分总和，一般不超过该案件或业务工作按照考核计分规则计算的得分。

第十五条 对检察长、副检察长、检察委员会专职委员，重点考核办理重大复杂敏感案件、新类型案件和在法律适用方面具有普遍指导意义案件情况。

对担任领导职务的检察官，除对办理案件等业务工作情况考核计分外，还可以根据不同层级领导职责，结合其分管部门的工作成效以及监督管理、审核把关、业务指导等情况，合理设置考核分值的构成，反映其办案、管理、指导等履职质效。

检察院领导成员的考核情况作为上级检察院考察了解干部、开展干部协管工作的重要参考，结果等次按照干部管理权限由党委组织部门确定。

第四章 检察辅助人员、司法行政人员考核

第十六条 检察辅助人员考核指标计分总体上采用基础分结合加减分的方式，具体工作量在基础分中体现，原则上不逐一细化计分。

第十七条 检察辅助人员基础分一般设置平均分，并可参考下列因素作上下浮动：

（一）结合个人工作总结述职，对工作量明显高于或者低于平均水平的，相应调整基础分；

（二）根据检察官考核结果确定相应检察辅助人员的基础分值档次；

（三）检察官根据其了解掌握的情况对检察辅助人员基础分值提出建议；检察辅助人员同时辅助多名检察官的，综合考虑各检察官建议后确定基础分值。

第十八条 检察辅助人员加减分指标以工作质效为主要标准,可以围绕下列辅助办案工作的质量、效率、效果具体设置:

(一)协助检察官讯问犯罪嫌疑人、被告人,询问证人和其他诉讼参与人的工作情况;

(二)协助检察官接待律师及案件相关人员的工作情况;

(三)协助检察官开展现场勘验、检查,实施搜查,实施查封、扣押物证、书证的工作情况;

(四)协助检察官收集、调取、核实证据的工作情况;

(五)协助检察官草拟案件审查报告,草拟法律文书的工作情况;

(六)协助检察官出席法庭的表现情况;

(七)完成检察官交办的其他办案事项情况。

第十九条 司法行政人员考核可以参考下列模式,结合具体岗位职责采用简便有效的考核方法:

(一)基础分(平均分)结合加减分模式。对于难以量化评价的工作任务,可以直接赋予基础分(平均分),同时从工作完成的创新性、规范性、准确性、及时性等方面设置加减分规则。承担急难险重任务的,或者岗位职责要求明显高于其他岗位的,可以对基础分赋予更高分值。

(二)目标绩效评价模式。主要适用于领导干部以及工作内容项目化特征明显的岗位。绩效目标应明确、具体、可控,要将检察院、部门目标任务层层分解、落实到人,根据目标任务完成情况设置过程管理和结果评价指标。

(三)按件计分结合加减分模式。适用于职责类型专一、工作内容相对固定、规范要求明确具体的岗位,主要对工作量进行评价,可以按件数等指标计分,同时根据管理规范设置加减分规则。

(四)综合评价模式。采用定性与定量相结合方式,在量化考核的基础上,通过个人工作小结或总结、领导审核评鉴的方式,对工作质量、效率、效果进行综合定性评价。可以由主管领导结合任务交办和办结情况进行逐件评价,或者对岗位职责完成情况进行逐项评价,作为确定考核等次的依据。

第五章 等次确定及结果运用

第二十条 检察人员考核按照干部考核、公务员考核有关规定确定等次。对检察人员业绩的考核评价不再另外确定等次。

检察人员平时考核结果分为好、较好、一般和较差 4 个等次,考核周期执行公务员平时考核有关规定。检察人员年度考核结果分为优秀、称职、基本称职和不称职4个等次。

第二十一条 检察人员考核实行逐月累计计分、实时动态排名。

平时考核等次,主要根据检察人员对考核周期内工作态度、工作质效、工作作风等情况的个人小结,结合实时累计考核得分排名,经审核评鉴确定。在承担急难险重任务、处理复杂问题、应对重大考验时,表现突出、有显著成绩和贡献的,当期考核结果可以直接确定为好等次。

年度考核等次,主要根据检察人员全年累计考核得分排名确定。年度考核确定为优秀等次的,应当从得分排名靠前,当年平时考核结果好等次较多,且无一般、较差等次的人员中产生。

第二十二条 检察人员考核的优秀等次名额按照公务员考核有关要求核定。其中,非检察院领导成员检察官的考核优秀等次名额实行单独核定。

第二十三条 检察人员考核应当评定为不称职等次的情形,执行公务员考核有关规定。

经检察官考评委员会全面审核工作态度、工作质效、遵守办案纪律等有关情况,认定具有下列情形之一的,检察官当年年度考核应当评定为不称职等次:

(一)办理案件和其他检察业务的总体情况较差,经量化考核达不到合格分数标准的;

(二)办案质效达不到规定要求,办案能力明显不胜任的;

(三)经检察官惩戒委员会审查认定,存在故意违反法律法规办理案件,或者因重大过失导致案件错误并造成严重后果的;

(四)因重大过失导致所办案件出现证据审查、事实认定、法律适用错误等可能影响公正司法的严重质量问题,造成恶劣影响的;

(五)连续或者多次出现办案质量和效果问题,经综合评价,政治素质、业务素质达不到检察官标准的;

(六)负有司法办案监督管理职责的检察官违反规定不正确履行职责,后果严重的;

(七)年度内因违反法律规定、违背职业操守受到党纪政纪处分,不宜继续任职的。

第二十四条 各级人民检察院应当按照一定比例,将年度考核排名靠后的检察官纳入评审范围,由检察官考评委员会组织检察业务专家、资深检察官等人员对其进行客观、专业的业务能力评审,实行先评审、后定等次。

经评审认定能够继续履职的,可以确定为称职等次。经评审认定符合公务员基本履职要求但不能胜任检察官职务的,应当确定为称职或者基本称职等次，免除检察官职务，按照人岗相适的原则转任其他岗位。经评审认定具有不称职等次情形的，应当确定为不称职等次。

市、县级人民检察院每年度对考核排名靠后检察官的评审情况要报上级检察院备案，上级检察院负责监督指导。

第二十五条 市、县级人民检察院应当对经评审认定能够继续履职的检察官进行专项培训。专项培训应坚持问题导向，重点围绕检察实务和办案技能补足能力素质短板。

第二十六条 检察人员具有下列情形的，可以按照现任职部门同类检察人员相应考核周期内的平均得分赋予基础分并根据工作质效加减分，或者由考核委员会直接确定考核等次：

（一）检察人员在岗位职责之外，根据组织安排参与重大任务、重点专项工作时间较长的；

（二）考核周期内岗位职责调整、在不同类别人员之间交流任职的；

（三）其他不便或难以累计计分排名的情形。

第二十七条 检察人员被统一调用办理其他检察院案件的，由所调用检察院提供调用期间办理案件的质量、效率、效果情况，按照被调用人员所属检察院制定的考核指标规则进行考核计分。

第二十八条 检察人员考核结果是绩效奖金分配、评优奖励、职务职级晋升、交流任职、检察官等级升降、退出员额的重要依据。

绩效奖金一般按照考核等次发放，也可以根据考核得分排名划分不同档次发放。

考核得分排名多次靠后的一般不得晋升领导职务；考核得分排名多次靠后，且工作质效不高、能力较弱、态度消极的，一般不得晋升等级、职级。

检察官年度考核确定为不称职等次，或者连续两年确定为基本称职等次的，应当免除检察官职务。检察官免职后转任检察辅助人员或者司法行政人员的，综合考虑其德才表现、任职资历、工作经历等条件，比照同等条件人员确定职级。

第二十九条 检察人员考核情况是检察队伍管理的工作抓手，作为完善日常考核、分类考核、近距离考核的知事识人体系的重要举措，以及优化部门职能配置、人员配置、任务分配的重要参考。

检察人员考核工作开展和结果运用情况，作为评价检察院领导成员、部门负责人政治担当和组织管理能力的重要依据。

第六章 附 则

第三十条 参照公务员法管理的检察院直属事业单位中除工勤人员以外的工作人员考核，可参照执行本指引。

第三十一条 本指引由最高人民检察院负责解释。

第三十二条 本指引自印发之日起施行。此前最高人民检察院发布的有关检察人员考核、考评文件规定，与本指引不一致的，按照本指引开展相关工作。

第三十三条 有关检察人员考核的内容、标准、程序、结果运用及相关事宜，本指引未作规定的，执行干部考核、公务员考核有关规定。

ZUIGAORENMINJIANCHAYUAN
SIFA JIESHI ZHIDAOXING ANLI LIJIE YU SHIYONG

—— 2020—2021 ——

最高人民检察院 司法解释 指导性案例 理解与适用

（下）

最高人民检察院法律政策研究室　编著

【权威解读·要旨提示·析案答疑·应用指南】

中国检察出版社

六、指导性案例

最高人民检察院
关于印发最高人民检察院第十六批指导性案例的通知

（2019年12月20日公布　高检发办字〔2019〕114号）

各级人民检察院：

经2019年12月2日最高人民检察院第十三届检察委员会第二十八次会议决定，现将刘强非法占用农用地案等四件案例（检例第60—63号）作为第十六批指导性案例发布，供参照适用。

最高人民检察院

2019年12月20日

刘强非法占用农用地案

(检例第60号)

【关键词】 非法占用农用地罪　永久基本农田　"大棚房"　非农建设改造

【要　旨】

行为人违反土地管理法规,在耕地上建设"大棚房""生态园""休闲农庄"等,非法占用耕地数量较大,造成耕地等农用地大量毁坏的,应当以非法占用农用地罪追究实际建设者、经营者的刑事责任。

【基本案情】

被告人刘强,男,1979年10月出生,北京大道千字文文化发展有限公司法定代表人。2008年1月,因犯敲诈勒索罪被北京市海淀区人民法院判处有期徒刑二年,缓刑二年。

2016年3月,被告人刘强经人介绍以人民币1000万元的价格与北京春杰种植专业合作社(以下简称合作社)的法定代表人池杰商定,受让合作社位于延庆区延庆镇广积屯村东北蔬菜大棚377亩集体土地使用权。同年4月15日,刘强指使其司机刘广岐与池杰签订转让意向书,约定将合作社土地使用权及地上物转让给刘广岐。同年10月21日,合作社的法定代表人变更为刘广岐。其间,刘强未经国土资源部门批准,以合作社的名义组织人员对蔬菜大棚园区进行非农建设改造,并将园区命名为"紫薇庄园"。截至2016年9月28日,刘强先后组织人员在园区内建设鱼池、假山、规划外道路等设施,同时将原有蔬菜大棚加高、改装钢架,并将其一分为二,在其中各建房间,每个大棚门口铺设透水砖路面,外垒花墙。截至案发,刘强组织人员共建设"大棚房"260余套(每套面积350平方米至550平方米不等,内部置橱柜、沙发、藤椅、马桶等各类生活起居设施),并对外出租。经北京市国土资源局延庆分局组织测绘鉴定,该项目占用耕地28.75亩,其中含永久基本农田22.84亩,造成耕地种植条件被破坏。

截至2017年4月,北京市规划和国土资源管理委员会、延庆区延庆镇人民政府先后对该项目下达《行政处罚决定书》《责令停止建设通知书》《限期拆除决定书》,均未得到执行。2017年5月,延庆区延庆镇人民政府组织有关部门将上述违法建设强制拆除。

【指控与证明犯罪】

2017年5月10日，北京市国土资源局延庆分局向北京市公安局延庆分局移送刘广岐涉嫌非法占用农用地一案，5月13日，北京市公安局延庆分局对刘广岐涉嫌非法占用农用地案立案侦查，经调查发现刘强有重大嫌疑。2017年12月5日，北京市公安局延庆分局以刘强涉嫌非法占用农用地罪，将案件移送北京市延庆区人民检察院审查起诉。

审查起诉阶段，刘强拒不承认犯罪事实，辩称：1. 自己从未参与紫薇庄园项目建设，没有实施非法占地的行为。2. 紫薇庄园项目的实际建设者、经营者是刘广岐。3. 自己与紫薇庄园无资金往来。4. 蔬菜大棚改造项目系设施农业，属于政府扶持项目，不属于违法行为。刘广岐虽承认自己是合作社的法定代表人、项目建设的出资人，但对于转让意向书内容、资金来源、大棚内施工建设情况语焉不详。

为进一步查证紫薇庄园的实际建设者、经营者，北京市延庆区人民检察院将案件退回公安机关补充侦查，要求补充查证：1. 调取刘强、刘广岐、池杰、张红军（工程承包方）之间的资金往来凭证，核实每笔资金往来的具体操作人，对全案账目进行司法会计鉴定，了解资金的来龙去脉，查实资金实际出让人和受让人。2. 寻找关键证人会计李祥彬，核实合作社账目与刘强个人账户的资金往来，确定刘强、刘广岐在紫薇庄园项目中的地位作用。3. 就测量技术报告听取专业测量人员的意见，查清所占耕地面积。

经补充侦查，北京市公安局延庆分局收集到证人李祥彬的证言，证实了合作社是刘强出资从池杰手中购买，李祥彬受刘强邀请负责核算合作社的收入和支出。会计师事务所出具的司法鉴定意见书，证实了资金往来去向。在补充侦查过程中，侦查机关调取了紫薇庄园临时工作人员胡楠等人的证言，证实刘广岐是刘强的司机；刘广岐受刘强指使在转让意向书中签字，并担任合作社法定代表人，但其并未与刘强共谋参与非农建设改造事宜。针对辩护律师对测量技术报告数据的质疑，承办检察官专门听取了参与测量人员的意见，准确掌握所占耕地面积。

2018年5月23日，北京市延庆区人民检察院以刘强犯非法占用农用地罪向北京市延庆区人民法院提起公诉。7月2日，北京市延庆区人民法院公开开庭审理了本案。

法庭调查阶段，公诉人宣读起诉书，指控被告人刘强违反土地管理法规，非法占用耕地进行非农建设改造，改变被占土地用途，造成耕地大量毁坏，其行为构成非法占用农用地罪。针对以上指控的犯罪事实，公诉人向法庭出示了四组证据予以证明：

一是现场勘测笔录、《测量技术报告书》《非法占用耕地破坏程度鉴定意见》、现场照片78张等，证明紫薇庄园园区内存在非法占地行为，改变被占土地用途且数量较大，造成耕地大量毁坏。

二是合作社土地租用合同，设立、变更登记材料，转让意向书，合作社大棚改造工程相关资料，延庆镇政府、北京市国土资源局延庆分局提供的相关书证等证据，证明合作社土地使用权受让相关事宜，以及未经国土资源部门批准，刘强擅自对园区土地进行非农建设改造，并拒不执行行政处罚。

三是司法鉴定意见书、案件相关银行账户的交易流水及凭证、合作社转让改造项目的参与人证言及被告人的供述与辩解等证据材料，证明刘强是紫薇庄园非农建设改造的实际建设者、经营者及合作社改造项目资金来源、获利情况等。

四是紫薇庄园宣传材料、租赁合同、大棚房租户、池杰、李祥彬证人证言等，证明刘强修建大棚共196个，其中东院136个，西院60个，每个大棚都配有耳房，面积约10至20平方米；刘强将大棚改造后，命名为"紫薇庄园"对外宣传，"大棚房"内有休闲、娱乐、居住等生活设施，对外出租，造成不良社会影响。

被告人刘强对公诉人指控的上述犯罪事实没有异议，当庭认罪。

法庭辩论阶段，公诉人发表了公诉意见，指出刘强作为合作社的实际建设者、经营者，在没有行政批准的情况下，擅自对园区内农用地进行非农建设改造并对外出租，造成严重危害，应当追究刑事责任。

辩护人提出：1. 刘强不存在主观故意，社会危害性小。2. 建造蔬菜"大棚房"符合设施农业政策。3. 刘强认罪态度较好，主动到公安机关投案，具有自首情节。4. 起诉书中指控的假山、鱼池等设施，仅在测量报告中有描述且描述模糊。5. 相关设施已被有关部门拆除。请求法庭对被告人刘强从轻处罚。

公诉人针对辩护意见进行答辩：

第一，刘强受让合作社时指使司机刘广岐代其签字，证明其具有规避法律责任的行为，主观上存在违法犯罪的故意，刘强非法占用农用地，造成大量农用地被严重毁坏，其行为具有严重社会危害性。

第二，关于符合国家政策的说法不实，农业大棚与违法建造的非农"大棚房"存在本质区别，刘强建设的"大棚房"集休闲、娱乐、居住为一体，对农用地进行非农改造，严重违反土地管理法和永久基本农田保护政策。该项目因违法建设受到行政处罚，但刘强未按照处罚决定积极履行耕地修复义务，直至案发，也未缴纳行政罚款，其行为明显违法。

第三，刘强直到开庭审理时才表示认罪，不符合自首条件。

第四，测量技术报告对案发时合作社建设情况作了详细的记录和专业说明，现场勘验笔录和现场照片均证实了蔬菜大棚改造的实际情况，另有相关证人证言也能证实假山、鱼池存在。

第五，违法设施应由刘强承担拆除并恢复原状的责任，有关行政部门进行拆除违法设施，恢复耕地的行为，不能成为刘强从轻处罚的理由。

法庭经审理，认为公诉人提交的证据能够相互印证，予以确认。对辩护人提出的被告人当庭认罪态度较好的辩护意见予以采纳，其他辩护意见缺乏事实依据，不予采纳。2018年10月16日，北京市延庆区人民法院作出一审判决，以非法占用农用地罪判处被告人刘强有期徒刑一年六个月，并处罚金人民币五万元。一审宣判后，被告人刘强未上诉，判决已生效。

刘广岐在明知刘强是合作社非农建设改造的实际建设者、经营者，且涉嫌犯罪的情况下，故意隐瞒上述事实和真相，向公安机关做虚假证明。经北京市延庆区人民检察院追诉，2019年3月13日，北京市延庆区人民法院以包庇罪判处被告人刘广岐有期徒刑六个月。一审宣判后，被告人刘广岐未上诉，判决已生效。

本案中，延庆镇规划管理与环境保护办公室虽然采取了约谈、下发《责令停止建设通知书》和《限期拆除决定书》等方式对违法建设予以制止，但未遏制住违法建设，履职不到位，北京市延庆区监察委员会给予延庆镇副镇长等3人行政警告处分，1人行政记过处分，广积屯村村党支部给予该村党支部书记党内警告处分。

【指导意义】

十分珍惜、合理利用土地和切实保护耕地是我国的基本国策。近年来，随着传统农业向产业化、规模化的现代农业转变，以温室大棚为代表的设施农业快速发展。一些地区出现了假借发展设施农业之名，擅自或者变相改变农业用途，在耕地甚至永久基本农田上建设"大棚房""生态园""休闲农庄"等现象，造成土地资源被大量非法占用和毁坏，严重侵害农民权益和农业农村的可持续发展，在社会上造成恶劣影响。2018年，自然资源部和农业农村部在全国开展了"大棚房"问题专项整治行动，推进落实永久基本农田保护制度和最严格的耕地保护政策。在基本农田上建设"大棚房"予以出租出售，违反《中华人民共和国土地管理法》，属于破坏耕地或者非法占地的违法行为。非法占用耕地数量较大或者造成耕地大量毁坏的，应当以非法占用农用地罪追究实际建设者、经营者的刑事责任。

该类案件中，实际建设者、经营者为逃避法律责任，经常隐藏于幕后。对此，检察机关可以通过引导公安机关查询非农建设项目涉及的相关账户交易信息、资金走向等，辅以相关证人证言，形成严密证据体系，查清证实实际建设者、经营者的法律责任。对于受其操控签订合同或者作假证明包庇，涉嫌共同犯罪或者伪证罪、包庇罪的相关行为人，也要一并查实惩处。对于非法占用农用地面积这一关键问题，可由专业机构出具测量技术报告，必要时可申请测量人员出庭作证。

【相关规定】

《中华人民共和国刑法》第三百一十条、第三百四十二条

《全国人民代表大会常务委员会关于〈中华人民共和国刑法〉第二百二十八条、第三百四十二条、第四百一十条的解释》

《中华人民共和国土地管理法》第七十五条

《最高人民法院关于审理破坏土地资源刑事案件具体应用法律若干问题的解释》第三条

《最高人民检察院、公安部关于公安机关管辖的刑事案件立案追诉标准的规定（一）》第六十七条

附：刘强非法占用农用地案相关照片

图一　刘强改造后的"大棚房"内部生活设施

图二　刘强改造后的"大棚房"外部情况

图三　刘强所修建的假山、鱼池及硬化道路

图四　刘强对外发布的宣传广告

王敏生产、销售伪劣种子案

（检例第61号）

【关键词】 生产、销售伪劣种子罪　假种子　农业生产损失认定

【要　旨】

以同一科属的此品种种子冒充彼品种种子，属于刑法上的"假种子"。行为人对假种子进行小包装分装销售，使农业生产遭受较大损失的，应当以生产、销售伪劣种子罪追究刑事责任。

【基本案情】

被告人王敏，男，1991年3月出生，江西农业大学农学院毕业，原四川隆平高科种业有限公司（以下简称隆平高科）江西省宜春地区区域经理。

2017年3月，江西省南昌县种子经销商郭宝珍询问隆平高科的经销商之一江西省丰城市"民生种业"经营部的闵生如、闵蜀蓉父子（以下简称闵氏父子）是否有"T优705"水稻种子出售，在得到闵蜀蓉的肯定答复并报价后，先后汇款共30万元给闵生如用于购买种子。

闵氏父子找到王敏订购种子，王敏向隆平高科申报了"陵两优711"稻种计划，后闵生如汇款20万元给隆平高科作为订购种子款（单价13元/公斤）。王敏找到金海环保包装有限公司的曹传宝，向其提供制版样式，印制了标有"四川隆平高科种业有限公司""T优705"字样的小包装袋29850个。收到隆平高科寄来的"陵两优711"散装种子后，王敏请闵氏父子帮忙雇工人将运来的散装种子分装到此前印好的标有"T优705"的小包装袋（每袋1公斤）内，并将分装好的24036斤种子运送给郭宝珍。郭宝珍销售给南昌县等地的农户。农户播种后，禾苗未能按期抽穗、结实，导致200余户农户4000余亩农田绝收，造成直接经济损失460余万元。

经查，隆平高科不生产"T优705"种子，其生产的"陵两优711"种子也未通过江西地区的审定，不能在江西地区进行终端销售。

【指控与证明犯罪】

2018年5月8日，江西省南昌县公安局以王敏涉嫌销售伪劣种子罪，将案件移送南昌县人民检察院审查起诉。

审查起诉阶段,王敏辩称自己的行为不构成犯罪,不知道销售的种子为伪劣种子。王敏还辩解:1.印制小包装袋经过隆平高科的许可。2.自己没有请工人进行分装,也没有进行技术指导。3.没有造成大的损失。

检察机关审查认为,现有证据足以认定犯罪嫌疑人王敏将"陵两优711"冒充"T优705"销售给农户,但其是否明知为伪劣种子、"陵两优711"是如何变换成"T优705"的、隆平高科是否授权王敏印刷小包装袋、造成的损失如何认定、哪些人员涉嫌犯罪等问题,有待进一步查证。针对上述问题,南昌县人民检察院两次退回公安机关补充侦查,要求公安机关补充收集订购种子的货运单、合同、签收单、交易记录等书证;核实印制小包装袋有无得到隆平高科的授权,是否有合格证等细节;种子从四川发出,中途有无调换等,"陵两优711"是怎么变换成"T优705"的物流情况;对于损失认定,充分听取辩护人及受害农户的意见,收集受害农户订购种子数量的原始凭证等。

经补充侦查,南昌县公安局进一步收集了物流司机等人的证言、农户购买谷种小票、农作物不同生长期照片、货运单、王敏任职证明等证据。物流司机证言证明货物没有被调换,但货运单上只写了种子,并没有写明具体的种子品名;隆平高科方面一致声称王敏订购的是"陵两优711",出库单上也注明是"陵两优711"(散子),散子销售不受区域限制,并且该公司从不生产"T优705";而闵氏父子辩称自己是应农户要求订购"T优705",到货也是应王敏要求提供场地,王敏代表公司进行分装。因双方没有签订种子订购合同且各执一词,无法查实闵氏父子订购的是哪种种子。但可以明确的是2010年5月17日广西农作物品种审定委员会对"陵两优711"审定通过,可在桂南稻作区或者桂中稻作区南部适宜种植感光型品种的地区作为晚稻种植,在江西省未审定通过。王敏作为隆平高科的区域经理,对公司不生产"T优705"种子应该明知,对"陵两优711"在江西省未被审定通过也应明知。另查实,隆平高科从未授权王敏进行设计、印制"T优705"小包装袋。

针对损失认定,公安机关补充收集了购种票据、证人证言等,认定南昌县及其他地区受害农户合计205户,绝收面积合计4000余亩。为评估损失,公安机关开展现场勘查,邀请农科院土肥、农业、气象方面专家进行评估。评估认定:1.南昌县部分稻田种植的"陵两优711"尚处始穗期,已无法正常结实,导致绝收。2.2017年10月下旬评估时,部分稻田种植的"陵两优711"处于齐穗期,但南昌地区晚稻的安全齐穗期是9月20日左右,根据南昌往年气象资料,10月下旬齐穗的水稻将会受到11月份低温影响,无法正常结实,严重时会绝收。3.根据种子包装袋上注明的平均亩产444.22公斤的数据,结合南昌县往年晚稻平均亩产量,考虑到晚稻因品种和种植方式不同存在差异,产量评估可以以种子包装袋上注明的平均亩产444.22公斤为依据,结合当年晚稻平均单价2.60元/公斤计算损失。205户农户因种植假种子造成的经济损失为444.22公斤/亩×2.60元/公斤×4000亩=4619888元。

综合上述证据情况,检察机关采信评估意见,认定损失为461万余元,王敏及辩护人对此均不再提出异议。

2018年7月16日,南昌县人民检察院以被告人王敏犯生产、销售伪劣种子罪向南昌县人民法院提起公诉。9月10日,南昌县人民法院公开开庭审理了本案。

法庭调查阶段,公诉人宣读起诉书指控被告人王敏身为隆平高科宜春地区区域经理,负有对隆平高科销售种子的质量进行审查监管的职责,其将未通过江西地区审定的"陵两优711"种子冒充"T优705"种子,违背职责分装并销售,使农业生产遭受特别重大损失,其行为构成生产、销售伪劣种子罪。针对以上指控的犯罪事实,公诉人向法庭出示了四组证据予以证明:

一是被告人王敏的立案情况及任职身份信息,证明王敏从农业大学毕业后就从事种子销售业务,有着多年的种子销售经验。2015年8月至2018年2月在隆平高科从事销售工作,身份是江西宜春地区区域经理,职责是介绍和推广公司种子,并代表公司销售种子,对所销售的种子品种、质量负责。

二是相关证人证言,证明王敏接受闵氏父子种子订单,并向公司订购了"陵两优711"种子,印制"T优705"小包装袋分装种子并予以冒充销售。其中,闵蜀蓉证言证明郭宝珍需要"T优705"种子,自己向王敏提出采购种子计划,王敏表示有该种种子,并承诺有提成;证人曹传宝等的证言,证明其按王敏要求印制了"T优705"种子小包装袋,王敏予以签字确认。证人闵生如的证言,证明王敏明知印制"T优705"小包装袋用于包装"陵两优711"种子,仍予以签字确认。

三是相关证人证言,证明四川隆平高科研发、运送"陵两优711"到江西丰城等情况。其中,四川隆平高科副总张友强证言证明:王敏向隆平高科江西省级负责人杨剑辉报购了订购"陵两优711"计划;杨剑辉证言证明公司收到"陵两优711"计划并向江西发出"陵两优711"散子,该散子可以销往江西,由江西有资质的经销商卖到广西,但不能在江西直接销售。隆平高科票据显示收到王敏订购"陵两优711"计划并发货至江西。

四是造成损失情况、相关鉴定意见及被害人陈述、证人证言等,证明农户购买种子后造成绝收等损失。

王敏对以上证据无异议,但提出在小包装袋印制版式上签字是闵生如让他签的。

法庭辩论阶段，被告人王敏及其辩护人认为王敏没有主观犯罪故意，其行为不构成犯罪。

公诉人针对辩护意见进行答辩：

第一，从主观方面看，王敏明知公司不生产"T优705"种子，却将其订购的"陵两优711"分装成"T优705"予以销售。王敏主观上明知销售的种子不是订购时的种子，仍对种子进行名实不符的分装，具有销售伪劣种子的主观故意。

第二，从职责角度看，不论王敏还是四川隆平高科的工作人员，都证明所有种子订购，是由经销商报单给区域经理，区域经理再报单给公司，公司发货后，由区域经理分销。王敏作为四川隆平高科宜春地区区域经理，具有对种子质量进行审查的职责，其明知隆平高科不生产"T优705"种子，出于牟利，仍以此种子冒充彼种子进行包装、销售，具备犯罪故意，社会危害性大。

第三，王敏的供述证明，其实施了"在百度上搜索'T优705'及'T优705'审定公告内容"的行为，并将手机上搜索到的"T优705"种子包装袋版式提供给印刷商，后在"T优705"包装袋版式上签字；曹传宝和李亚东（江西运城制版有限公司设计师）都证实"T优705"小包装袋的制版、印刷都是王敏主动联系，还拿出公司的授权书给他们看，并特别交代要在印刷好的袋子上打一个洞，说种子要呼吸；刘英（隆平高科在南昌县的经销商）也证实，从种子公司运过来的种子不可以换其他品种的包装袋卖，这是犯法的事。王敏能够认识"在包装袋印制版式上签字就是对种子的种类、质量负责"的法律意义，仍予以签字。

第四，王敏作为隆平高科的区域经理，实施申报销售计划、设计包装规格、寻找印刷点、签字确认、指导分包作业等行为，均表明王敏积极实施生产、销售伪劣种子犯罪行为，王敏提出是闵生如让他签字，与事实不符，其辩护理由无法成立。

法庭经审理，认为公诉人提交的证据能够相互印证，予以确认。2018年10月25日，江西省南昌县人民法院作出一审判决，以生产、销售伪劣种子罪判处被告人王敏有期徒刑八年，并处罚金人民币15万元。

王敏不服一审判决，提出上诉。其间，王敏及其家属向南昌县农业局支付460万元用于赔偿受害农民损失。2018年12月26日，南昌市中级人民法院作出终审判决，维持一审法院对上诉人王敏的定性，鉴于上诉期间王敏已积极赔偿损失，改判其有期徒刑七年，并处罚金人民币15万元。

【指导意义】

生产、销售伪劣种子的行为严重危害国家农业生产安全，损害农民合法利

益,及时、准确打击该类犯罪,是检察机关保护农民权益,维护农村稳定的职责。检察机关办理该类案件,应注意把握两方面问题:

(一)以此种子冒充彼种子应认定为假种子。根据刑法第一百四十七条规定,生产、销售假种子,使生产遭受较大损失的,应认定为生产、销售伪劣种子罪。假种子有不符型假种子(种类、名称、产地与标注不符)和冒充型假种子(以甲冒充乙、非种子冒充种子)。现实生活中,完全以非种子冒充种子的,比较少见。犯罪嫌疑人往往抓住种子专业性强、农户识别能力低的弱点,以此种子冒充彼种子或者以不合格种子冒充合格种子进行销售。因农作物生产周期较长,案发较为隐蔽,冒充型假种子往往造成农民投入种植成本,得不到应有收成回报,严重影响农业生产,应当依据刑法予以追诉。

(二)对伪劣种子造成的损失应予综合认定。伪劣种子造成的损失是涉假种子类案件办理时的疑难问题。实践中,可由专业人员根据现场勘查情况,对农业生产产量及其损失进行综合计算。具体可考察以下几方面:一是根据现场实地勘察,邀请农业、气象、土壤等方面专家,分析鉴定农作物生育期异常的原因,能否正常结实,是减产还是绝收等,分析减产或者绝收面积、产量。二是通过审定的农作物区试平均产量与根据现场调查的往年产量,结合当年可能影响产量的气候、土肥等因素,综合评估平均产量。三是根据农作物市场行情及平均单价等,确定直接经济损失。

【相关规定】

《中华人民共和国刑法》第一百四十七条

《中华人民共和国种子法》第四十九条、第九十一条

《最高人民法院、最高人民检察院关于办理生产、销售伪劣商品刑事案件具体应用法律若干问题的解释》第七条

《最高人民检察院、公安部关于公安机关管辖的刑事案件立案追诉标准的规定(一)》第二十三条

《农作物种子生产经营许可管理办法》第三十三条

南京百分百公司等生产、销售伪劣农药案

(检例第62号)

【关键词】 生产、销售伪劣农药罪　借证生产农药　田间试验

【要　旨】

1. 未取得农药登记证的企业或者个人,借用他人农药登记证、生产许可证、质量标准证等许可证明文件生产、销售农药,使生产遭受较大损失的,以生产、销售伪劣农药罪追究刑事责任。

2. 对于使用伪劣农药造成的农业生产损失,可采取田间试验的方法确定受损原因,并以农作物绝收折损面积、受害地区前三年该类农作物的平均亩产量和平均销售价格为基准,综合计算认定损失金额。

【基本案情】

被告单位南京百分百化学有限责任公司（以下简称百分百公司）。

被告单位中土化工（安徽）有限公司（以下简称中土公司）。

被告单位安徽喜洋洋农资连锁有限公司（以下简称喜洋洋公司）。

被告人许全民,男,1971年12月出生,喜洋洋公司法定代表人、百分百公司实际经营人。

被告人朱桦,男,1971年3月出生,中土公司副总经理。

被告人王友定,男,1970年10月出生,安徽久易农业股份有限公司（以下简称久易公司）市场运营部经理。

2014年5月,被告单位喜洋洋公司、百分百公司准备从事50%吡蚜酮农药（以下简称吡蚜酮）经营活动,被告人许全民以百分百公司的名义与被告人王友定商定,借用久易公司吡蚜酮的农药登记证、生产许可证、质量标准证（以下简称"农药三证"）。双方约定：王友定提供吡蚜酮"农药三证"及电子标签,并对百分百公司设计的产品外包装进行审定,百分百公司按久易公司的标准生产并对产品质量负责。经查,王友定擅自出借"农药三证",久易公司并未从中营利。

2014年5月18日、6月16日,许全民代表百分百公司与中土公司负责销售的副总经理朱桦先后签订4吨（单价93000元）、5吨（单价87000元）采

购合同，向朱桦采购吡蚜酮，并约定质量标准、包装标准、付款方式等内容，合同金额计 813000 元。

2014 年 5 月至 6 月，中土公司在未取得吡蚜酮"农药三证"的情况下，由朱桦负责采购吡蚜酮的主要生产原料，安排人员自研配方，生产吡蚜酮。许全民联系设计吡蚜酮包装袋，并经王友定审定，提供给中土公司分装。该包装袋印制有百分百公司持有的"金鼎"商标，久易公司获得批准的"农药三证"，生产企业标注为久易公司。同年 6 月至 8 月，中土公司先后向百分百公司销售吡蚜酮计 2324 桶（6.972 吨），销售金额计 629832 元。百分百公司出售给喜洋洋公司，由喜洋洋公司分售给江苏多家农资公司，农资公司销售给农户。泰州市姜堰区农户使用该批农药后，发生不同程度的药害，水稻心叶发黄，秧苗矮缩，根系生长受抑制。经调查，初步认定发生药害水稻面积 5800 余亩，折损面积计 2800 余亩，造成经济损失计 270 余万元。经检验，药害原因是因农药中含有烟嘧磺隆（除草剂）成分。但对涉案农药为何混入烟嘧磺隆，被告人无法给出解释，且农药生产涉及原料收购、加工、分装等一系列流程，客观上亦无法查证。

案发后，许全民自动投案并如实供述犯罪事实，朱桦、王友定到案后如实供述犯罪事实。久易公司及王友定向姜堰区农业委员会共同缴纳赔偿款 150 万元，中土公司缴纳赔偿款 150 万元，喜洋洋公司缴纳赔偿款 55 万元，百分百公司及许全民缴纳赔偿款 95 万元，朱桦缴纳赔偿款 80 万元，合计 530 万元。

【指控与证明犯罪】

本案由泰州市姜堰区农业委员会于 2015 年 8 月 12 日移送至姜堰区公安局。8 月 14 日，姜堰区公安局立案侦查。2016 年 5 月 13 日，泰州市姜堰区公安局以许全民等涉嫌生产、销售伪劣农药罪移送泰州市姜堰区人民检察院审查起诉。11 月 1 日，泰州市姜堰区人民检察院以被告单位及被告人涉嫌生产、销售伪劣农药罪向泰州市姜堰区人民法院提起公诉。12 月 14 日，泰州市姜堰区人民法院公开开庭审理了本案。

法庭调查阶段，公诉人宣读起诉书，指控被告人及被告单位在无"农药三证"的情况下，生产、销售有药害成分的农药，并造成特别重大损失，其行为构成生产、销售伪劣农药罪。针对以上指控的犯罪事实，公诉人向法庭出示了三组证据予以证明：

一是销售合同、出库清单、协议书等证据，证明被告单位、被告人借证生产、销售农药的事实。

二是田间试验公证书、农作物生产事故技术鉴定书、检验报告等证据，证明被告单位、被告人生产、销售的吡蚜酮中含有烟嘧磺隆（除草剂）成分，是造成水稻受损的直接原因。

三是证人证言、被害人陈述、被告人供述和辩解等证据，证明被告单位、被告人共谋借用"农药三证"，违法生产、销售伪劣农药，造成水稻大面积受损，及农户损失已经得到赔偿的事实。

法庭辩论阶段，被告人及辩护人提出：1. 涉案农药不应认定为伪劣农药，行为人不具有生产伪劣农药的故意。2. 盐城市产品质量监督检验所并非司法鉴定机构，其出具的检验报告不具有证据效力；泰州市农作物事故技术鉴定书是依据农药检测报告等作出的，不应作为定案依据。3. 水稻受损原因不明，不能排除天气、施药方法等因素导致。

公诉人针对辩护意见进行答辩：

第一，虽然因客观原因无法查证涉案农药吡蚜酮如何混入烟嘧磺隆（除草剂）成分，但现有证据足以证明，涉案吡蚜酮含有烟嘧磺隆（除草剂）成分，并造成水稻大面积减产的危害后果，可以认定为伪劣农药。被告单位、被告人无"农药三证"，未按照经国务院农业主管部门审批获得登记的农药配方进行生产，生产完成后未进行严格检验即出厂销售，主观上具有生产、销售伪劣农药的故意。

第二，盐城市产品质量监督检验所具有农药成分检验资质，其出具的检验报告符合书证有关要求，可证明涉案吡蚜酮含有烟嘧磺隆（除草剂）成分这一事实。泰州市农业委员会依据该检验报告和田间试验结果出具的《农作物事故技术鉴定书》，系按照《江苏省农作物生产事故技术鉴定实施办法》组成专家组开展鉴定后作出的，符合证据规定，能证明受害水稻受损是使用涉案吡蚜酮导致。

第三，为科学确定水稻受损原因，田间试验结果系由泰州市新农农资有限公司申请，在泰州市姜堰公证处的全程监督下，进行拍照、摄像固定取得的。"七种配方，八块试验田"的试验方法，是根据农户将吡蚜酮与阿维氟铃脲、戊唑醇、咪鲜三环唑混合施用的实际情况，并考虑涉案吡蚜酮仅存在于两个批次，确定第一到第四块试验田分别施用两个批次、不同剂量（20克和40克）的吡蚜酮；第五和第六块试验田分别将两个批次吡蚜酮与其他农药混合施用；第七块试验田混合施用不含吡蚜酮的其他农药；第八块试验田未施用农药。结果显示凡施用涉案农药的试验田，水稻均出现典型的除草剂药害情况，排除了天气等因素影响，证明水稻受害系因农户使用的涉案农药吡蚜酮中含有烟嘧磺隆造成。

法庭经审理，认为公诉人提交的证据能够相互印证，予以确认。因被告人许全民自动投案，如实供述罪行，且判决前主动足额赔付了农户损失，达成了谅解，构成自首，依法减轻处罚，2017年9月19日，江苏省泰州市姜堰区人民法院作出一审判决，以生产、销售伪劣农药罪判处被告单位百分百公司罚金50万元，中土公司罚金40万元，喜洋洋公司罚金35万元；以生产、销售伪劣农药罪判处被告人许全民有期徒刑三年，缓刑五年，并处罚金8万元；因被告人朱桦及王友定系从犯，如实供述，积极赔偿损失，依法减轻处罚，以生产、销售伪劣农药罪判处被告人朱桦有期徒刑三年，缓刑四年，并处罚金5万元；以生产、销售伪劣农药罪判处被告人王友定有期徒刑三年，缓刑三年，并处罚金人民币2万元。一审宣判后，被告单位及被告人均未上诉，判决已生效。

【指导意义】

（一）借用或通过非法转让获得他人"农药三证"生产农药，并经检验鉴定含有药害成分，使生产遭受较大损失的，应予追诉。根据我国《农药管理条例》规定，农药生产销售应具备"农药三证"。一些企业通过非法转让或者购买等手段非法获取"农药三证"生产不合格农药，扰乱农药市场，往往造成农业生产重大损失，危害农民利益。借用或者通过非法转让获得"农药三证"生产不符合资质农药，经检验鉴定含有药害成分，致使农业生产遭受损失二万元以上的，应当依据刑法予以追诉。农药生产企业将"农药三证"出借给未取得生产资质的企业或者个人，且明知借用方生产、销售伪劣农药的，构成生产、销售伪劣农药罪共同犯罪。其中使农业生产遭受损失五十万元以上，销售金额不满二百万元的，依据刑法第一百四十七条生产、销售伪劣农药罪追诉；销售金额二百万元以上的，依据刑法第一百四十九条从重处罚原则，以生产、销售伪劣产品罪予以追诉。

（二）生产损失认定方法。生产、销售伪劣农药罪为结果犯，需以"使生产遭受较大损失"为前提。办理此类案件，可以采用以下方法认定生产损失：一是运用田间试验确定涉案农药与生产损失的因果关系。可在公证部门见证下，依据农业生产专家指导，根据农户对受损作物实际使用的农药种类，合理确定试验方法和试验所需样本田块数量，综合认定农药使用与生产损失的因果关系。二是及时引导侦查机关收集、固定受损作物折损情况证据。检察机关应结合农业生产具有时令性的特点，引导侦查机关走访受损农户了解情况，实地考察受损农田，及时收集证据，防止作物收割、复播影响生产损失的认定。三是综合评估损害数额。农业生产和粮食作物价格具有一定的波动性，办案中对损害具体数额的评估，应以绝收折损面积为基准，综合考察受损地区前三年农作物平均亩产量和平均销售价格，计算损害后果。

【相关规定】

《中华人民共和国刑法》第一百四十七条、第一百四十九条、第一百五十条

《最高人民法院、最高人民检察院关于办理生产、销售伪劣商品刑事案件具体应用法律若干问题的解释》第七条、第九条

《最高人民检察院、公安部关于公安机关管辖的刑事案件立案追诉标准的规定（一）》第二十三条

《农药管理条例》第四十五条、第四十七条、第五十二条

《农药登记管理办法》第二条

《农药生产许可管理办法》第五条、第二十八条

湖北省天门市人民检察院诉拖市镇政府不依法履行职责行政公益诉讼案

（检例第63号）

【关键词】行政公益诉讼　行政监管职责　违法建设　农村垃圾治理

【要　旨】

一级政府对本行政区域的环境质量保护负有法定职责。政府在履行农村环境综合整治职责中违法行使职权或者不作为，损害社会公共利益的，检察机关可以发出检察建议督促其依法履职。对于行政机关作出的整改回复，检察机关应当跟进调查；对于无正当理由未整改到位的，可以依法提起行政公益诉讼。

【基本案情】

2005年4月，湖北省天门市拖市镇人民政府（以下简称拖市镇政府）违反《中华人民共和国土地管理法》，未办理农用地转为建设用地相关手续，也未按照《中华人民共和国环境保护法》开展环境影响评价，与天门市拖市镇拖市村村民委员会签订《关于垃圾场征用土地的协议》，租用该村5.1亩农用地建设垃圾填埋场，用于拖市镇区生活垃圾的填埋。该垃圾填埋场于同年4月投入运行，至2016年10月停止。该垃圾填埋场在运行过程中，违反污染防治设施必须与主体工程同时设计、同时施工、同时投产使用的"三同时"规定，未按照规范建设防渗工程等相关污染防治设施，对周边环境造成了严重污染。

【诉前程序】

2017年2月，天门市人民检察院发现拖市镇政府在没有申报审批获得合法手续的情况下，未建设必要配套环境保护设施，以"以租代征"的形式，违法建设、运行生活垃圾填埋场，在运行过程中存在对周边环境造成严重污染、损害公益的行为，决定立案审查。

调查核实过程中，检察机关查阅了拖市镇政府关于租用拖市村集体土地建设垃圾填埋场的会议纪要、文件、协议等档案材料；督促天门市环境保护局进行了现场勘查；采集了现场影像资料，询问了相关人员。基本查明：拖市镇政府未办理用地审批、环境评价等法定手续，建设并运行生活垃圾填埋场，未建设防渗工程、垃圾渗滤液疏导、收集和处理系统、雨水分流系统、地下水导排和监测设施等必要配套环境保护设施，垃圾填埋场在运行过程中对周边环境造成严重污染。根据《中华人民共和国地方各级人民代表大会和地方各级人民政府组织法》《中华人民共和国环境保护法》等相关法律规定，拖市镇政府作为一级人民政府，对本行政区域负有环境保护职责，应当对自身违法行使职权造成环境污染的行为予以纠正，并及时治理污染，修复生态环境。

2017年3月6日，天门市人民检察院向拖市镇政府发出检察建议，督促其依法履职，纠正违法行为并采取补救措施，修复区域生态环境，恢复农用地功能。检察建议书发出后，天门市人民检察院多次与拖市镇政府进行沟通，督促整改。3月22日，拖市镇政府针对检察建议书作出书面回复称：其已将该垃圾填埋场的垃圾清运至天门市垃圾处理场进行集中处理，并投入资金、落实专人对垃圾场周围进行了清理、消毒，运送土壤进行了回填处理，杜绝了垃圾污染，且在该处设立了禁止倾倒垃圾的警示牌。

4月12日，天门市人民检察院对拖市镇政府的整改情况进行跟进调查时发现，拖市镇政府虽然采取了一些整改措施，但整改后的垃圾填埋场表层覆土不到1米，覆土下仍有大量垃圾。天门市人民检察院委托湖北省环境科学研究院对垃圾填埋场垃圾渗滤液及周边地下水样进行检测。检测结果表明，拖市镇垃圾填埋场周边地下水样中铬、铅超标严重，渗滤液中含有重金属、氨氮、磷等污染物。经专家检测评价认为，该垃圾填埋场周边水质显示出典型的垃圾渗滤液污染特性，严重影响当地居民的健康和生态安全；现存垃圾随着时间推移还会产生大量渗滤液，若不采取措施将会对周边水体和汉江造成持续15—20年的长期生态污染风险；建议采取清理转移的方法，将垃圾清挖送到市区垃圾处理场，垃圾渗滤液抽取送城区污水处理厂处理，原址采用回填土壤绿化。

【诉讼过程】

（一）提起诉讼

通过诉前调查取证，天门市人民检察院固定了相关证据，认定拖市镇政府采取有限整改措施后，其违法行政行为造成的公益侵害仍在持续。经湖北省人民检察院批准，2017年6月29日，天门市人民检察院向天门市人民法院提起行政公益诉讼，请求判令：1. 确认拖市镇政府建立、运行该垃圾填埋场，造成周边环境污染的行政行为违法。2. 判令拖市镇政府继续履行职责，对关停后的该垃圾填埋场环境进行综合整治，消除污染，修复生态。

（二）法庭审理

2017年12月22日，天门市人民法院公开开庭审理了本案。

法庭审理过程中，拖市镇政府答辩认为：1. 只有县级以上政府及其环保部门才是具有环境保护职责的行政机关，其作为镇政府，不具有该项职责；

2. 检察机关关于垃圾填埋场污染周边环境的证据不充分；3. 镇政府建设垃圾填埋场的行为并非行政行为，在行政诉讼中不具有可诉性。

针对镇政府答辩意见，天门市人民检察院向法院提交了《天门市委办公室、市政府办公室关于印发乡镇综合配套改革三个配套文件的通知》《市环保局关于拖市镇垃圾填埋场环境问题的复函》、湖北省环境科学研究院《检测报告》、相关专家出具的《关于天门市拖市镇区垃圾填埋场污染潜在生态风险的评估意见》、垃圾填埋场现场照片等证据。天门市人民检察院认为，《中华人民共和国环境保护法》第六条第二款规定，地方各级人民政府应当对本行政区域的环境质量负责；第三十三条第二款规定，县级、乡级人民政府应当提高农村环境保护公共服务水平，推动农村环境综合整治；第三十七条规定，地方各级人民政府应当采取措施，组织对生活废弃物的分类处置、回收利用。本案中，镇政府与村委会签订征地协议，建设、运行垃圾填埋场，目的是处置镇区生活垃圾，履行农村环境综合整治职责，是行使职权的行政行为。但其履职不到位，未办理用地审批、环境评价，未建设防渗工程、渗滤液处理、地下水导排监测等必要配套设施，导致周边环境严重污染，造成社会公共利益受到损害，应当依法履职，采取积极措施治理污染，修复生态；拖市镇政府在收到检察建议后，虽然对该垃圾填埋场做了覆土处理，但未完全进行治理，检察机关经跟进调查和委托检测，确认社会公共利益仍处于受侵害状态。综上，拖市镇政府答辩理由不成立。

（三）审理结果

2018 年 3 月 19 日，天门市人民法院作出判决，支持了检察机关全部诉讼请求，认定拖市镇政府作为一级政府，具有环境保护的法定职责；拖市镇政府建设垃圾填埋场是履行职权行政行为；根据现有证据，该垃圾填埋场存在潜在污染风险；拖市镇政府治理垃圾填埋场是其违法后应当承担的法律义务，其应当继续履行整治义务。判决如下：1. 确认被告拖市镇政府建设、运行垃圾填埋场的行政行为违法。2. 责令被告拖市镇政府对垃圾填埋场采取补救措施，继续进行综合整治。

（四）案件办理效果

该案判决后，拖市镇政府积极履职，组织清运原垃圾填埋场覆土下的各类垃圾 1000 余立方并进行了无害处理。经湖北省相关部门审批同意，2018 年 4 月至 12 月，在垃圾填埋场原址上新建污水处理厂一座，设计产能日处理污水 500 吨。目前该污水处理厂已投入使用。

该案办理后，天门市人民检察院摸排发现全市乡镇垃圾填埋场普遍存在环境污染风险问题。经过全面调查分析，天门市人民检察院向天门市委、市政府报送《关于建议进一步加强对全市乡镇垃圾填埋场进行整治的报告》，提出了将乡镇垃圾填埋场整治工作纳入天门市污染防治工作总体规划、进行清挖转运以及覆土植绿等建议。天门市委、市政府高度重视，相关职能部门迅速组织力量，对全市乡镇27个非正规垃圾填埋场、堆放点进行了专项重点督查，整治恢复土地近8.5万平方米。

【指导意义】

改善农村人居环境是以习近平同志为核心的党中央作出的重大决策，是实施乡村振兴战略的重要内容。加强农村生活垃圾治理，是改善农村人居环境的重要环节，也是推进乡村生态振兴的关键之举，对于促进乡村治理具有重大意义。

（一）基层人民政府应当对本行政区域的环境质量负责，其在农村环境综合整治中违法行使职权或者不作为，导致环境污染损害社会公共利益的，检察机关可以督促其依法履职。《中华人民共和国地方各级人民代表大会和地方各级人民政府组织法》《中华人民共和国环境保护法》《村庄和集镇规划建设管理条例》等法律法规规定了基层人民政府对农村环境保护、农村环境综合整治等具有管理职责。其在履行上述法定职责时，存在违法行使职权或者不作为，造成社会公共利益损害的，符合《中华人民共和国行政诉讼法》第二十五条第四款规定的情形，检察机关可以向其发出检察建议，督促依法履行职责。对于行政机关作出的整改回复，检察机关应当跟进调查，对于无正当理由未整改到位的，依法提起行政公益诉讼。

（二）涉及多个行政机关监管职责的公益损害行为，检察机关应当综合考虑各行政机关具体监管职责、履职尽责情况、违法行使职权或者不作为与公益受损的关联程度、实施公益修复的有效性等因素确定重点监督对象。农村违法建设垃圾填埋场可能涉及的行政监管部门包括规划、环保、国土、城建、基层人民政府等多个行政机关，而基层人民政府一般在农村环境治理、生活垃圾处置方面起主导作用。如果环境污染行为与基层人民政府违法行使职权直接相关，检察机关可以重点监督基层人民政府，督促其依法全面履职，根据需要也可以同时督促环保部门发挥监管职责，以形成合力，促使环境污染行为得到有效纠正。检察机关通过办案发现本地普遍存在类似环境污染行为的，可以经过深入调查，向当地党委、政府提出建议，以引起重视，促使问题"一揽子"解决。

【相关规定】

《中华人民共和国行政诉讼法》第二十五条

《中华人民共和国地方各级人民代表大会和地方各级人民政府组织法》第

六十一条

《中华人民共和国环境保护法》第六条、第十九条、第三十三条、第三十七条、第四十一条

《中华人民共和国土地管理法》第四十四条

《最高人民法院、最高人民检察院关于检察公益诉讼案件适用法律若干问题的解释》第二十一条

《村庄和集镇规划建设管理条例》第三十九条

最高人民检察院第十六批指导性案例解读[*]

高景峰 张 杰[**]

近年来,按照党中央部署,各级检察机关立足检察职能,主动服务大局,在服务保障农业农村发展,维护农民权益等方面积极工作,彰显了涉农检察的力量和作为。为进一步推进检察机关加强涉农检察工作,服务实施乡村振兴战略,经第十三届检察委员会第二十八次会议审议通过,最高人民检察院发布以涉农检察为主题的第十六批指导性案例,包括刘强非法占用农用地案等四件案例。对其理解与适用,作如下解读。

一、第十六批指导性案例发布的背景和意义

以习近平同志为核心的党中央高度重视"三农"工作。习近平总书记指出,小康不小康,关键看老乡。脱贫攻坚质量怎么样、小康成色如何,很大程度上要看"三农"工作成效。抓好"三农"工作,是历年来党中央高度重视、以"一号文件"进行部署的重点工作。2020年2月,中共中央国务院下发《关于抓好"三农"领域重点工作确保如期实现全面小康的意见》,对2020年做好"三农"工作提出新的任务要求。2020年2月23日,习近平总书记在统筹推进新冠肺炎疫情防控和经济社会发展工作部署会议上指出,要不失时机抓好春季农业生产。2月25日,习近平总书记对全国春季农业生产工作作出重要指示强调,在严格落实分区分级差异化疫情防控措施的同时,全力组织春耕生产,确保不误农时,保障夏粮丰收。

按照党中央决策部署,各级检察机关始终把涉农检察工作摆在突出位置,充分运用刑事、民事、行政、公益诉讼四大检察职能,精准服务保障新时代乡村振兴战略实施,不断满足人民群众特别是广大农民对民主、法治、公平、正义、安全、环境等方面内涵更丰富、更高水平的需求,主动服务大局,在服务保障农业农村发展、维护农民合法权益方面积极开展工作,彰显了涉农检察的力量和作为。最高人民检察院围绕涉农检察工作主题发布第十六批指导性案例,具有以下三个方面的意义:

——是彰显检察机关服务保障党和国家工作大局的决心和作为。中央"一

---

[*] 原文载《人民检察》2020年第5期。
[**] 作者单位:最高人民检察院法律政策研究室。

号文件"强调指出：做好2020年"三农"工作，要对标对表全面建成小康社会目标，强化举措、狠抓落实，集中力量打赢脱贫攻坚战和补上全面小康"三农"领域突出短板两大重点任务。各级检察机关按照"讲政治、顾大局、谋发展、重自强"工作总体要求，认真做好涉农检察工作，对于服务保障经济社会发展大局稳定发挥了应有的职能作用。围绕涉农检察主题制发指导性案例，有利于推动各级检察机关深刻领会中央关于新时期"三农"工作的部署要求，进一步把服务"三农"工作作为服务大局、保障民生的重要内容，找准切入点和着力点，更加重视做好涉农检察工作，积极参与乡村基层治理和法治建设，努力为农业农村改革发展和乡村振兴战略实施提供有力法治保障。

二是积极推进检察工作深入发展。涉农检察工作，涉及刑事、民事、行政、公益诉讼"四大检察"各个领域。围绕涉农检察工作发布指导性案例，目的是更好地发挥指导性案例的示范、引领作用，推进各级检察机关进一步认识当前涉农检察工作的重点难点，充分运用各项法律监督职能，依法打击扰乱农村生产生活秩序、危害农民生命财产安全的各类坑农害农犯罪；积极参与美丽乡村建设，综合运用督促履职、公益诉讼等方式，促进完善农村地区生态环境保护体系，推动检察工作在新形势下进一步取得新成绩。

三是促进法律适用疑难问题的解决。当前涉农检察工作中，非法侵占耕地、假农药、假化肥、假种子等传统犯罪仍呈多发态势，农村人居环境改善涉公益诉讼等新类型案件不断出现，其中涉及的一些法律适用疑难复杂问题，亟须统一认识。最高人民检察院向各级检察机关开展了案例征集，逐案调阅卷宗、核实关键问题，深入挖掘在证据运用、事实认定、法律适用、政策把握等方面具有疑难性、创新性、典型性的案例，并征求了最高人民法院、自然资源部、农业农村部，法学专家和地方各级检察机关意见，全面总结分析涉农案件中的法、理、情因素，针对涉农案件办理中的疑难复杂问题提炼出案件办理的规则和经验，为今后办理类似案件提供具体参考示范。

二、第十六批指导性案例的主要情况

第十六批指导性案例，包括刘强非法占用农用地案等四件案例。四件案例具体案情及阐明的要旨简要说明如下。

（一）刘强非法占用农用地案

该案要旨：行为人违反土地管理法规，在耕地上建设"大棚房""生态园""休闲农庄"等，非法占用耕地数量较大，造成耕地等农用地大量毁坏的，应当以非法占用农用地罪追究实际建设者、经营者的刑事责任。

该案基本案情：2016年3月，被告人刘强经人介绍以人民币1000万元的价格与北京春杰种植专业合作社签订协议，受让合作社位于北京市延庆区延庆镇广积屯村东北蔬菜大棚377亩集体土地使用权。其后，刘强未经国土资源部门批准，以合作社的名义组织人员对蔬菜大棚园区进行非农建设改造，并将园区命名为"紫薇庄园"。截至2016年9月28日，刘强先后组织人员在园区内建设鱼池、假山、暖房、规划外道路等设施，同时将原有蔬菜大棚加高、改装钢架，并将其一分为二，在其中各建房间，每个大棚门口铺设透水砖路面，外垒花墙。截至案发，刘强组织人员共建设"大棚房"260余套（每套面积350平方米至550平方米不等，内部置橱柜、沙发、藤椅、马桶等各类生活起居设施）并对外出租。经北京市国土资源局延庆分局组织测绘鉴定，该项目占用耕地28.75亩，其中含永久基本农田22.84亩，造成耕地种植条件被破坏。

截至2017年4月，北京市规划和国土资源管理委员会、延庆区延庆镇政府先后对该项目下达《行政处罚决定书》《责令停止建设通知书》《限期拆除决定书》，均未得到执行。2017年5月，延庆区延庆镇政府组织有关部门将上述违法建设强制拆除。

该案办理中，刘强拒不承认犯罪事实，作出一系列辩解。检察机关经缜密工作，认真审查了一系列证据，通过严密证据指控被告人刘强违反土地管理法规，非法占用耕地进行非农建设改造，改变被占土地用途，造成耕地被大量毁坏的犯罪事实。2018年10月16日，刘强被以非法占用农用地罪判处有期徒刑1年6个月，并处罚金人民币5万元。

该案中，延庆镇规划管理与环境保护办公室虽然采取了约谈、下发《责令停止建设通知书》和《限期拆除决定书》等方式对违法建设予以制止，但未遏制住违法建设。因履职不到位，北京市延庆区监察委员会给予延庆镇副镇长等4人党纪政纪处分。

近年来，随着传统农业向产业化、规模化的现代农业转变，以温室大棚为代表的设施农业快速发展。一些地区出现了假借发展设施农业之名，擅自或者变相改变农业用途，在耕地甚至永久基本农田上建设"大棚房""生态园""休闲农庄"等现象，造成土地资源被大量非法占用和毁坏，严重侵害农民权益和农业农村的可持续发展，在社会上造成恶劣影响。2018年，自然资源部和农业农村部在全国开展了"大棚房"问题专项整治行动，推进落实永久基本农田保护制度和最严格的耕地保护政策。该案告诉我们：十分珍惜、合理利用土地和切实保护耕地是我国的基本国策。在基本农田上建设"大棚房"予以出租出售，违反土地管理法，属于破坏耕地或者非法占地的违法行为。非法占用耕地数量较大或者造成耕地大量毁坏的，应当以非法占用农用地罪追究实际建设者、经营者的刑事责任。

（二）王敏生产、销售伪劣种子案

该案要旨：以同一科属的此品种种子冒充彼品种种子，属于刑法上的"假种子"。行为人对假种子进行小包装分装销售，使农业生产遭受较大损失的，应当以生产、销售伪劣种子罪追究刑事责任。

该案基本案情：2017年3月，江西省南昌县种子经销商郭宝珍询问隆平高科的经销商之一江西省丰城市"民生种业"经营部的闵生如、闵蜀蓉父子是否有"T优705"水稻种子出售，在得到闵蜀蓉的肯定答复并报价后，先后汇款共30万元给闵生如用于购买种子。

闵氏父子找到隆平高科宜春地区区域经理王敏订购种子，王敏向隆平高科申报了"陵两优711"稻种计划，后闵生如汇款20万元给隆平高科作为订购种子款（单价13元/公斤）。王敏找到金海环保包装有限公司的曹传宝，向其提供制版样式，印制了标有四川隆平高科种业有限公司"T优705"字样的小包装袋29850个。收到隆平高科寄来的"陵两优711"散装种子后，王敏请闵氏父子帮忙雇工人将运来的散装种子分装到此前印好的标有"T优705"的小包装袋（每袋1公斤）内，并将分装好的24036斤种子运送给郭宝珍。郭宝珍销售给南昌县等地的农户。农户播种后，禾苗未能按期抽穗、结实，导致200余户农户4000余亩农田绝收，造成直接经济损失460余万元。

该案办理中，检察机关重点查清了被告人王敏负刑事责任的根据和农民损失的认定。检察机关通过引导公安机关收集物流司机等人的证言、货运单、农户购买谷种小票、农作物不同生长期照片、王敏任职证明等证据，查清并指控证明了王敏作为隆平高科的区域经理，负有对隆平高科销售种子的质量进行审查监管的职责，却将未通过江西地区审定的"陵两优711"种子冒充"T优705"种子，违背职责分装并销售，使农业生产遭受特别重大损失，其行为构成生产、销售伪劣种子罪的事实。

针对损失认定，检察机关引导公安机关开展了科学的评估认定，经过开展现场勘查，邀请农科院土肥、农业、气象方面专家进行评估，认定损失为461万余元。该案王敏后被以生产、销售伪劣种子罪判处有期徒刑7年，并处罚金人民币15万元。

该案指导意义在于两个方面：一是以此种子冒充彼种子应认定为假种子。二是对伪劣种子造成的损失，可由专业人员根据现场勘查情况结合亩产产量、市场行情等因素予以综合计算。

（三）南京百分百公司等生产、销售伪劣农药案

该案要旨：（1）未取得农药登记证的企业或者个人，借用他人农药登记

证、生产许可证、质量标准证等许可证明文件生产、销售农药，使生产遭受较大损失的，以生产、销售伪劣农药罪追究刑事责任。（2）对于使用伪劣农药造成的农业生产损失，可采取田间试验的方法确定受损原因，并以农作物绝收折损面积、受害地区前3年该类农作物的平均亩产量和平均销售价格为基准，综合计算认定损失金额。

该案基本案情：2014年5月，被告单位喜洋洋公司、百分百公司准备从事除草剂农药经营活动。被告人许全民以百分百公司的名义与被告人王友定商定，借用久易公司吡蚜酮的农药登记证、生产许可证、质量标准证生产除草剂。后如期生产，因质量不过关，除草剂中混入了杀虫剂成分，含有药害成分的农药由喜洋洋公司分售给江苏多家农资公司，农资公司销售给农户。泰州市姜堰区农户使用该批农药后，发生不同程度的药害。经调查，初步认定发生药害水稻面积5800余亩，折损面积计2800余亩，造成经济损失计270余万元。

该案办理中，检察机关重点查清了两个方面的问题：一是通过系列证据，证明被告人及被告单位在无"农药三证"的情况下，生产、销售有药害成分的农药，并造成特别重大损失，其行为构成生产、销售伪劣农药罪。二是针对农药含有药害成分与作物受损因果关系这一疑难问题，检察机关积极引导公安机关运用"七种配方，八块试验田"的试验方法，科学确定水稻受损原因。

根据我国法律规定，农药生产销售应具备"农药三证"。实践中，取得"农药三证"不仅要逐级上报，还要有大田试验、毒理试验等步骤，手续办理环节多、时间长，借证或者通过非法转让获得"三证"生产农药行为常见多发。一些企业通过非法转让或者购买等手段非法获取"三证"生产不合格农药，不仅扰乱了农药市场秩序，影响知名企业声誉，而且易造成农业减产，危害农民利益。该案以案释法，警示不依法依规生产农药及违法违规出借"农药三证"者，可能触及刑律，受到刑事追究。

（四）湖北省天门市检察院诉拖市镇政府不依法履行职责行政公益诉讼案

该案要旨：一级政府对本行政区域的环境质量保护负有法定职责。政府在履行农村环境综合整治职责中违法行使职权或者不作为，损害社会公共利益的，检察机关可以发出检察建议督促其依法履职。对于行政机关作出的整改回复，检察机关应当跟进调查；对于无正当理由未整改到位的，可以依法提起行政公益诉讼。

该案基本案情：2005年4月，湖北省天门市拖市镇政府未办理农用地转为建设用地相关手续，也未开展环境影响评价，与天门市拖市镇拖市村村民委员会签订《关于垃圾场征用土地的协议》，租用该村5.1亩农用地建设垃圾填埋场，用于拖市镇区生活垃圾的填埋。该垃圾填埋场于同年4月投入运行，至2016年10月停止。该垃圾填埋场在运行过程中，违反污染防治设施必须与主体工程同时设计、同时施工、同时投产使用的"三同时"规定，未按照规范建设防渗工程等相关污染防治设施，对周边环境造成了严重污染。

该案办理中，检察机关在诉前程序中，通过调查核实，查清了拖市镇政府作为一级政府，对本行政区域负有环境保护职责，应当对自身违法行使职权造成环境污染的行为予以纠正，及时治理污染，修复生态环境，并依法发出检察建议，但并未取得理想效果，后提起行政公益诉讼。诉讼过程中，天门市检察院通过系列证据证明了拖市镇政府行政行为的违法性。镇政府与村委会签订征地协议，建设、运行垃圾填埋场，目的是处置镇区生活垃圾，履行农村环境综合整治职责，是行使职权的行政行为。但其履职不到位，未办理用地审批、环境评价，未建设防渗工程、渗滤液处理、地下水导排监测等必要配套设施，导致周边环境严重污染，造成社会公共利益受到损害，其行政行为违法。这一诉讼请求得到支持。

值得说明的是，该案办理取得"双赢多赢共赢"的法律监督良好效果。该案判决后，拖市镇政府积极履职，组织清运原垃圾填埋场覆土下的各类垃圾1000余立方米并进行了无害处理。案件办理后，天门市检察院摸排发现全市乡镇垃圾填埋场普遍存在环境污染风险问题。经过全面调查分析，天门市检察院向天门市委、市政府报送《关于建议进一步加强对全市乡镇垃圾填埋场进行整治的报告》，提出了将乡镇垃圾填埋场整治工作纳入天门市污染防治工作总体规划、进行清挖转运以及覆土植绿等建议。天门市委、市政府高度重视，相关职能部门迅速组织力量，对全市乡镇27个非正规垃圾填埋场、堆放点进行了专项重点督查，整治恢复土地近8.5万平方米。

三、应用指导性案例加大涉农案件办理力度

2018年10月26日，第十三届全国人民代表大会常务委员会第六次会议修订的《中华人民共和国人民检察院组织法》第二十三条第二款规定："最高人民检察院可以发布指导性案例。"以法律的形式明确赋权最高人民检察院发布指导性案例，近年来，最高人民检察院高度重视运用指导性案例的形式解决检察工作中的疑难问题，加大对办案工作的指导力度。

2019年3月20日，最高人民检察院修订《关于案例指导工作的规定》，第十五条明确要求："各级人民检察院应当参照指导性案例办理类似案件，可以引述相关指导性案例进行释法说理，但不得代替法律或者司法解释作为案件处理决定的直接依据。各级人民检察院检察委员会审议案件时，承办检察官应当报告有无类似指导性案例，并说明参照适用情况。"各级检察机关在适用第

十六批指导性案例,加大对涉农检察案件办理力度时,有以下几方面问题值得注意。

(一)严格区分设施农业和非农建设的界限

合理利用土地和切实保护耕地是我国的基本国策。近年来,国家不断鼓励和扶持传统农业向产业化、规模化的现代农业转变,以温室大棚为代表的设施农业快速发展。但一些地区出现了假借发展设施农业之名,擅自或者变相改变农业用途,在耕地甚至基本农田上建设"大棚房""生态园""休闲农庄"等问题,造成土地资源被大量非法占用和毁坏,严重侵害农民权益和农业农村的可持续发展。2020年1月1日起实施的修改后的土地管理法进一步明确了最严格的耕地保护制度,明确将"基本农田"修改为"永久基本农田"予以保护。非法占用农用地,导致农用地特别是耕地资源锐减,国家粮食安全受到严重威胁,同时,还损害农民利益,损害党和政府公信力,危及社会和谐稳定,必须依法予以严惩。

检察机关办理此类案件时,要根据案情依法予以区分,既保障现代农业的有序发展,又严厉打击破坏农业生产的犯罪行为。区分过程中需要把握的重点是,对经过批准且有利于农业生产的设施建设,应当予以保护;对未经批准、改变土地用途的建设行为,造成严重损失的,应当依法追究刑事责任。例如,在刘强非法占用农用地案中,被告人受让集体土地使用权,未经国土资源部门批准,以合作社的名义组织人员对蔬菜大棚园区进行改造,建设鱼池、假山、暖房、规划外道路等设施,并在大棚内建房对外出租,造成耕地种植条件被破坏,并难以恢复,属于破坏耕地或者非法占地的违法行为,应当以非法占用农用地罪追究实际建设者、经营者的刑事责任。

(二)依法审查认定生产销售伪劣种子、农药的行为性质

生产销售伪劣种子、农药的行为严重危害农业生产,损害农民合法利益,及时准确打击该类犯罪,检察机关责无旁贷。司法实践中,该类犯罪隐蔽性较强,审查认定的难度较大,尤其是如何准确认定一般质量瑕疵与伪劣产品,一些被告人往往辩解,对生产销售的伪劣种子、农药不明知,不具有犯罪主观故意;另有一些被告人辩解称,生产、经营行为符合规范,产品质量存在瑕疵是因受天气、土肥等其他因素影响,自身不存在责任。对此,检察机关可综合经营资质、包装标识、从业经历等因素予以认定。对没有生产经营资质,未尽到质量注意义务,或者明知是不合格产品,而采用明示标明方式予以销售,造成农业生产遭受重大损失的,应依法以生产销售伪劣种子、农药罪追究相关人员刑事责任。例如,在王敏生产、销售伪劣种子案中,被告人王敏作为四川隆平

高科宜春地区经理,具有对种子质量进行审查的职责,其明知隆平高科不生产"T优705"种子,出于谋利,将"陵两优711"分装并标识为"T优705"进行销售,应当认定为以彼种子冒充此种子进行包装、销售,构成生产、销售伪劣种子罪。又如,在南京百分百公司等生产、销售伪劣农药案中,被告单位及被告人无生产经营资质,通过非法获取"三证"生产农药,生产完成后未进行严格检验即出厂销售,造成农作物减产,危害农民利益,应予依法惩处。

(三)科学认定并积极协助挽回涉农犯罪给农民造成的经济损失

生产销售伪劣种子、农药犯罪是结果犯,办理此类案件需以"使生产遭受较大损失"为前提。科学认定损失是办案关键。首先,可以运用田间试验确定犯罪行为与生产损失的因果关系。如办理生产销售伪劣农药案件,可在公证部门见证下,依据农业生产专家指导,根据农户对受损作物实际使用的农药种类,科学确定试验方法和试验所需样本田块数量,综合认定农药使用与生产损失的因果关系。其次,认定损失一般要由专业人员现场勘查,结合现场调查情况,对农作物产量及其损失进行综合计算。在此基础上,检察机关应当积极协调地方党委政府,推动共同督促被告人赔偿受害农户损失,最大限度地保障农民群众的利益。例如,在南京百分百公司等生产、销售伪劣农药案中,鉴于农业生产和粮食作物价格具有一定的波动性,对损害具体数额的评估,应综合考察受损地区前三年农作物平均亩产量和平均销售价格,科学计算损害后果。检察机关正确评估损失,并采取实际行动帮助受害农户全部挽回了实际损失,得到了受害农户的认可。

(四)综合运用督促履职、公益诉讼手段推动乡村治理

改善农村人居环境是实施乡村振兴战略的重要内容。实践中,一些地区行政机关及职能部门,在农村环境综合整治中违法行使职权或者不作为,导致环境污染损害社会公共利益。但农村环境治理涉及多个行政监管主体,包括自然资源和规划、生态环境、城乡建设、基层政府等多个部门。如何选择履职主体是检察机关要解决的主要问题。按照法律法规规定,基层政府对本行政区域的环境质量负责,一般在农村环境治理、生活垃圾处置方面起主导作用。结合镇政府的法定职责,及其在污染治理和生态修复方面具有的统筹优势,如果环境污染行为与其违法行使职权直接相关的,检察机关应当督促镇政府依法履职,对其作出的整改回复,应当密切跟进调查;对无正当理由不整改或整改不到位的,依法提起行政公益诉讼。

最高人民检察院
关于印发最高人民检察院第十七批指导性案例的通知

(2020年2月5日公布　高检发办字〔2020〕10号)

各级人民检察院:

经2019年7月10日最高人民检察院第十三届检察委员会第二十一次会议决定,现将杨卫国等人非法吸收公众存款案等三件指导性案例(检例第64—66号)作为第十七批指导性案例发布,供参照适用。

最高人民检察院
2020年2月5日

杨卫国等人非法吸收公众存款案

（检例第 64 号）

【关键词】非法吸收公众存款　网络借贷　资金池

【要　旨】

单位或个人假借开展网络借贷信息中介业务之名，未经依法批准，归集不特定公众的资金设立资金池，控制、支配资金池中的资金，并承诺还本付息的，构成非法吸收公众存款罪。

【基本案情】

被告人杨卫国，男，浙江望洲集团有限公司法定代表人、实际控制人。

被告人张雯婷，女，浙江望洲集团有限公司出纳，主要负责协助杨卫国调度、使用非法吸收的资金。

被告人刘蓓蕾，女，上海望洲财富投资管理有限公司总经理，负责该公司业务。

被告人吴梦，女，浙江望洲集团有限公司经理、望洲集团清算中心负责人，主要负责资金池运作有关业务。

浙江望洲集团有限公司（以下简称望洲集团）于 2013 年 2 月 28 日成立，被告人杨卫国为法定代表人、董事长。自 2013 年 9 月起，望洲集团开始在线下进行非法吸收公众存款活动。2014 年，杨卫国利用其实际控制的公司又先后成立上海望洲财富投资管理有限公司（以下简称望洲财富）、望洲普惠投资管理有限公司（以下简称望洲普惠），通过线下和线上两个渠道开展非法吸收公众存款活动。其中，望洲普惠主要负责发展信贷客户（借款人），望洲财富负责发展不特定社会公众成为理财客户（出借人），根据理财产品的不同期限约定 7%—15% 不等的年化利率募集资金。在线下渠道，望洲集团在全国多个省、市开设门店，采用发放宣传单、举办年会、发布广告等方式进行宣传，理财客户或者通过与杨卫国签订债权转让协议，或者通过匹配望洲集团虚构的信贷客户借款需求进行投资，将投资款转账至杨卫国个人名下 42 个银行账户，被望洲集团用于还本付息、生产经营等活动。在线上渠道，望洲集团及其关联公司以网络借贷信息中介活动的名义进行宣传，理财客户根据望洲集团的要求在第三方支付平台上开设虚拟账户并绑定银行账户。理财客户选定投资项目后将投资款从银行账户转入第三方支付平台的虚拟账户进行投资活动，望洲集团、杨卫国及望洲集团实际控制的担保公司为理财客户的债权提供担保。望洲集团对理财客户虚拟账户内的资金进行调配，划拨出借资金和还本付息资金到相应理财客户和信贷客户账户，并将剩余资金直接转至杨卫国在第三方支付平台上开设的托管账户，再转账至杨卫国开设的个人银行账户，与线下资金混同，由望洲集团支配使用。

因资金链断裂，望洲集团无法按期兑付本息。截至2016年4月20日，望洲集团通过线上、线下两个渠道非法吸收公众存款共计64亿余元，未兑付资金共计26亿余元，涉及集资参与人13400余人。其中，通过线上渠道吸收公众存款11亿余元。

【指控与证明犯罪】

2017年2月15日，浙江省杭州市江干区人民检察院以非法吸收公众存款罪对杨卫国等4名被告人依法提起公诉，杭州市江干区人民法院公开开庭审理本案。

法庭调查阶段，公诉人宣读起诉书指控杨卫国等被告人的行为构成非法吸收公众存款罪，并对杨卫国等被告人进行讯问。杨卫国对望洲集团通过线下渠道非法吸收公众存款的犯罪事实和性质没有异议，但辩称望洲集团的线上平台经营的是正常P2P业务，线上的信贷客户均真实存在，不存在资金池，不是吸收公众存款，不需要取得金融许可牌照，在营业执照许可的经营范围内即可开展经营。针对杨卫国的辩解，公诉人围绕理财资金的流转对被告人进行了重点讯问。

公诉人：（杨卫国）如果线上理财客户进来的资金大于借款方的资金，如何操作？

杨卫国：一般有两种操作方式。一种是停留在客户的操作平台上，另一种是转移到我开设的托管账户。如果转移到托管账户，客户就没有办法自主提取了。如果客户需要提取，我们根据客户指令再将资金返回到客户账户。

公诉人：（吴梦）理财客户充值到第三方支付平台的虚拟账户后，望洲集团操作员是否可以对第三方支付平台上的资金进行划拨。

吴梦：可以。

公诉人：（吴梦）请叙述一下划拨资金的方式。

吴梦：直接划拨到借款人的账户，如果当天资金充足，有时候会划拨到杨卫国在第三方支付平台上设立的托管账户，再提现到杨卫国绑定的银行账户，用来兑付线下的本息。

公诉人补充讯问：（吴梦）如果投资进来的资金大于借款方，如何操作？

吴梦：会对一部分进行冻结，也会提现一部分。资金优先用于归还客户的本息，然后配给借款方，然后再提取。

被告人的当庭供述证明，望洲集团通过直接控制理财客户在第三方平台上的虚拟账户和设立托管账户，实现对理财客户资金的归集和控制、支配、使用，形成了资金池。

举证阶段，公诉人出示证据，全面证明望洲集团线上、线下业务活动本质为非法吸收公众存款，并就线上业务相关证据重点举证。

第一，通过出示书证、审计报告、电子数据、证人证言、被告人供述和辩解等证据，证实望洲集团的线上业务归集客户资金设立资金池并进行控制、支配、使用，不是网络借贷信息中介业务。（1）第三方支付平台赋予望洲集团对所有理财客户虚拟账户内的资金进行冻结、划拨、查询的权限。线上理财客户在合同中也明确授权望洲集团对其虚拟账户内的资金进行冻结、划拨、查询，且虚拟账户销户需要望洲集团许可。（2）理财客户将资金转入第三方平台的虚拟账户后，望洲集团每日根据理财客户出借资金和信贷客户的借款需求，以多对多的方式进行人工匹配。当理财客户资金总额大于信贷客户借款需求时，剩余资金划入杨卫国在第三方支付平台开设的托管账户。望洲集团预留第二天需要支付的到期本息后，将剩余资金提现至杨卫国的银行账户，用于线下非法吸收公众存款活动或其他经营活动。（3）信贷客户的借款期限与理财客户的出借期限不匹配，存在期限错配等问题。（4）杨卫国及其控制的公司承诺为信贷客户提供担保，当信贷客户不能按时还本付息时，杨卫国保证在债权期限届满之日起3个工作日内代为偿还本金和利息。实际操作中，归还出借人的资金都来自于线上的托管账户或者杨卫国用于线下经营的银行账户。（5）望洲集团通过多种途径向不特定公众进行宣传，发展理财客户，并通过明示年化收益率、提供担保等方式承诺向理财客户还本付息。

第二，通过出示理财、信贷余额列表，扣押清单，银行卡照片，银行卡交易明细，审计报告，证人证言，被告人供述和辩解等证据，证实望洲集团资金池内的资金去向：（1）望洲集团吸收的资金除用于还本付息外，主要用于扩大望洲集团下属公司的经营业务。（2）望洲集团线上资金与线下资金混同使用，互相弥补资金不足，望洲集团从第三方支付平台提现到杨卫国银行账户资金为2.7亿余元，杨卫国个人银行账户转入第三方支付平台资金为2亿余元。（3）望洲集团将吸收的资金用于公司自身的投资项目，并有少部分用于个人支出，案发时线下、线上的理财客户均遭遇资金兑付困难。

法庭辩论阶段，公诉人发表公诉意见，论证杨卫国等被告人构成非法吸收公众存款罪，起诉书指控的犯罪事实清楚，证据确实、充分。其中，望洲集团在线上经营所谓网络借贷信息中介业务时，承诺为理财客户提供保底和增信服务，获取对理财客户虚拟账户内资金进行冻结、划拨、查询等权限，归集客户资金设立资金池，实际控制、支配、使用客户资金，用于还本付息和其他生产经营活动，超出了网络借贷信息中介的业务范围，属于变相非法吸收公众存款。杨卫国等被告人明知其吸收公众存款的行为未经依法批准而实施，具有犯罪的主观故意。

杨卫国认为望洲集团的线上业务不构成犯罪，不应计入犯罪数额。杨卫国的辩护人认为，国家允许P2P行业先行先试，望洲集团设立资金池、开展自融行为的时间在国家对P2P业务进行规范之前，没有违反刑事法律，属民事法律调整范畴，不应受到刑事处罚，犯罪数额应扣除通过线上模式流入的资金。

公诉人针对杨卫国及其辩护人的辩护意见进行答辩：望洲集团在线上开展网络借贷中介业务已从信息中介异化为信用中介，望洲集团对理财客户投资款的归集、控制、支配、使用以及还本付息的行为，本质与商业银行吸收存款业务相同，并非国家允许创新的网络借贷信息中介行为，不论国家是否出台有关网络借贷信息中介的规定，未经批准实施此类行为，都应当依法追究刑事责任。因此，线上吸收的资金应当计入犯罪数额。

法庭经审理认为，望洲集团以提供网络借贷信息中介服务为名，实际从事直接或间接归集资金，甚至自融或变相自融行为，本质是吸收公众存款。判断金融业务的非法性，应当以现行刑事法律和金融管理法律规定为依据，不存在被告人开展P2P业务时没有禁止性法律规定的问题。望洲集团的行为已经扰乱金融秩序，破坏国家金融管理制度，应受刑事处罚。

2018年2月8日，杭州市江干区人民法院作出一审判决，以非法吸收公众存款罪，分别判处被告人杨卫国有期徒刑九年六个月，并处罚金人民币50万元；判处被告人刘蓓蕾有期徒刑四年六个月，并处罚金人民币10万元；判处被告人吴梦有期徒刑三年，缓刑五年，并处罚金人民币10万元；判处被告人张雯婷有期徒刑三年，缓刑五年，并处罚金人民币10万元。在案扣押冻结款项分别按损失比例发还；在案查封、扣押的房产、车辆、股权等变价后分别按损失比例发还。不足部分责令继续退赔。宣判后，被告人杨卫国提出上诉后又撤回上诉，一审判决已生效。本案追赃挽损工作仍在进行中。

【指导意义】

1. 向不特定社会公众吸收存款是商业银行专属金融业务，任何单位和个人未经批准不得实施。根据《中华人民共和国商业银行法》第十一条规定，未经国务院银行业监督管理机构批准,任何单位和个人不得从事吸收公众存款等商业银行业务,这是判断吸收公众存款行为合法与非法的基本法律依据。任何单位或个人,包括非银行金融机构,未经国务院银行业监督管理机构批准,面向社会吸收公众存款或者变相吸收公众存款均属非法。国务院《非法金融机构和非法金融业务活动取缔办法》进一步明确规定,未经依法批准,非法吸收公众存款、变相吸收公众存款、以任何名义向社会不特定对象进行的非法集资都属于非法金融活动,必须予以取缔。为了解决传统金融机构覆盖不了、满足不好的社会资金需求,缓解个体经营者、小微企业经营当中的小额资金困难,国务院金融监管机构于2016年发布了《网络借贷信息中介机构业务活动管理暂行办法》等"一个办法、三个指引",允许单位或个人在规定的借款余额范围内通过网络借贷信息中介机构进行小额借贷,并且对单一组织、单一个人在单一平台、多个平台的借款余额上限作了明确限定。检察机关在办案中要准确把握法律法规、金融管理规定确定的界限、标准和原则精神,准确区分融资借款活动的性质,对于违反规定达到追诉标准的,依法追究刑事责任。

2. 金融创新必须遵守金融管理法律规定,不得触犯刑法规定。金融是现代经济的核心和血脉,金融活动引发的风险具有较强的传导性、扩张性、潜在性和不确定性。为了发挥金融服务经济社会发展的作用,有效防控金融风险,国家制定了完善的法律法规,对商业银行、保险、证券等金融业务进行严格的规制和监管。金融也需要发展和创新,但金融创新必须有效地防控可能产生的风险,必须遵守金融管理法律法规,尤其是依法须经许可才能从事的金融业务,不允许未经许可而以创新的名义擅自开展。检察机关办理涉金融案件,要深入分析、清楚认识各类新金融现象,准确把握金融的本质,透过复杂多样的表现形式,准确区分是真的金融创新还是披着创新外衣的伪创新,是合法金融活动还是以金融创新为名实施金融违法犯罪活动,为防范化解金融风险提供及时、有力的司法保障。

3. 网络借贷中介机构非法控制、支配资金,构成非法吸收公众存款。网络借贷信息中介机构依法只能从事信息中介业务,为借款人与出借人实现直接借贷提供信息搜集、信息公布、资信评估、信息交互、借贷撮合等服务。信息中介机构不得提供增信服务,不得直接或间接归集资金,包括设立资金池控制、支配资金或者为自己控制的公司融资。网络借贷信息中介机构利用互联网发布信息归集资金,不仅超出了信息中介业务范围,同时也触犯了刑法第一百七十六条的规定。检察机关在办案中要通过对网络借贷平台的股权结构、实际控制关系、资金来源、资金流向、中间环节和最终投向的分析,综合全流程信息,分析判断是规范的信息中介,还是假借信息中介名义从事信用中介活动,是否存在违法设立资金池、自融、变相自融等违法归集、控制、支配、使用资金的行为，准确认定行为性质。

【相关规定】

《中华人民共和国刑法》第一百七十六条

《中华人民共和国商业银行法》第十一条

《最高人民法院关于审理非法集资刑事案件具体应用法律若干问题的解释》（法释〔2010〕18号）第一条

王鹏等人利用未公开信息交易案

（检例第65号）

【关键词】利用未公开信息交易　间接证据　证明方法

【要　旨】

具有获取未公开信息职务便利条件的金融机构从业人员及其近亲属从事相关证券交易行为明显异常，且与未公开信息相关交易高度趋同，即使其拒不供述未公开信息传递过程等犯罪事实，但其他证据之间相互印证，能够形成证明利用未公开信息犯罪的完整证明体系，足以排除其他可能的，可以依法认定犯罪事实。

【基本案情】

被告人王鹏，男，某基金管理有限公司原债券交易员。

被告人王慧强，男，无业，系王鹏父亲。

被告人宋玲祥，女，无业，系王鹏母亲。

2008年11月至2014年5月，被告人王鹏担任某基金公司交易管理部债券交易员。在工作期间，王鹏作为债券交易员的个人账号为6610。因工作需要，某基金公司为王鹏等债券交易员开通了恒生系统6609账号的站点权限。自2008年7月7日起，该6609账号开通了股票交易指令查询权限，王鹏有权查询证券买卖方向、投资类别、证券代码、交易价格、成交金额、下达人等股票交易相关未公开信息；自2009年7月6日起又陆续增加了包含委托流水、证券成交回报、证券资金流水、组合证券持仓、基金资产情况等未公开信息查询权限。2011年8月9日，因新系统启用，某基金公司交易管理部申请关闭了所有债券交易员登录6609账号的权限。

2009年3月2日至2011年8月8日期间，被告人王鹏多次登录6609账号获取某基金公司股票交易指令等未公开信息，王慧强、宋玲祥操作牛某、宋某祥、宋某珍的证券账户，同期或稍晚于某基金公司进行证券交易，与某基金公司交易指令高度趋同，证券交易金额共计8.78亿余元，非法获利共计1773万余元。其中，王慧强交易金额9661万余元，非法获利201万余元；宋玲祥交易金额7.8亿余元，非法获利1572万余元。

【指控与证明犯罪】

2015年6月5日,重庆市公安局以被告人王鹏、王慧强、宋玲祥涉嫌利用未公开信息交易罪移送重庆市人民检察院第一分院审查起诉。

审查起诉阶段,重庆市人民检察院第一分院审查了全案卷宗,讯问了被告人。被告人王鹏辩称,没有获取未公开信息的条件,也没有向其父母传递过未公开信息。被告人王慧强、宋玲祥辩称,王鹏没有向其传递过未公开信息,买卖股票均根据自己的判断进行。针对三人均不供认犯罪事实的情况,为进一步查清王鹏与王慧强、宋玲祥是否存在利用未公开信息交易行为,重庆市人民检察院第一分院将本案两次退回重庆市公安局补充侦查,并提出补充侦查意见:(1) 继续讯问三被告人,以查明三人之间传递未公开信息的情况;(2) 询问某基金公司有关工作人员,调取工作制度规定,核查工作区通讯设备保管情况,调取某基金债券交易工作区现场图,以查明王鹏是否具有传递信息的条件;(3) 调查王慧强、宋玲祥的亲友关系,买卖股票的资金来源及获利去向,以查明王鹏是否为未公开信息的唯一来源,三人是否共同参与利用未公开信息交易;(4) 询问某基金公司其他债券交易员,收集相关债券交易员登录工作账号与6609账号的查询记录,以查明王鹏登录6609账号是否具有异常性;(5) 调取王慧强、宋玲祥在王鹏不具有获取未公开信息的职务便利期间买卖股票情况、与某基金股票交易指令趋同情况,以查明王慧强、宋玲祥在被指控犯罪时段的交易行为与其他时段的交易行为是否明显异常。经补充侦查,三被告人仍不供认犯罪事实,重庆市公安局补充收集了前述第2项至第5项证据,进一步补强证明王鹏具有获取和传递信息的条件,王慧强、宋玲祥交易习惯的显著异常性等事实。

2015年12月18日,重庆市人民检察院第一分院以利用未公开信息交易罪对王鹏、王慧强、宋玲祥提起公诉。重庆市第一中级人民法院公开开庭审理本案。

法庭调查阶段,公诉人宣读起诉书指控三名被告人构成利用未公开信息交易罪,并对三名被告人进行了讯问。三被告人均不供认犯罪事实。公诉人全面出示证据,并针对被告人不供认犯罪事实的情况进行重点举证。

第一,出示王鹏与某基金公司的《劳动合同》《保密管理办法》、6609账号使用权限、操作方法和操作日志、某基金公司交易室照片等证据,证实:王鹏在2009年1月15日至2011年8月9日期间能够通过6609账号登录恒生系统查询到某基金公司对股票和债券的整体持仓和交易情况、指令下达情况、实时头寸变化情况等,王鹏具有获取某基金公司未公开信息的条件。

第二,出示王鹏登录6610个人账号的日志、6609账号权限设置和登录日志、某基金公司工作人员证言等证据，证实：交易员的账号只能在本人电脑上登录，具有唯一性，可以锁定王鹏的电脑只有王鹏一人使用；王鹏通过登录6609账号查看了未公开信息，且登录次数明显多于6610个人账号，与其他债券交易员登录6609账号情况相比存在异常。

第三，出示某基金公司股票指令下达执行情况，牛某、宋某祥、宋某珍三个证券账户不同阶段的账户资金对账单、资金流水、委托流水及成交流水以及牛某、宋某祥、宋某珍的证言等证据，证实：（1）三个证券账户均替王慧强、宋玲祥开设并由他们使用。（2）三个账户证券交易与某基金公司交易指令高度趋同。在王鹏拥有登录6609账号权限之后，王慧强操作牛某证券账户进行股票交易，牛某证券账户在2009年3月6日至2011年8月2日间，买入与某基金旗下股票基金产品趋同股票233只、占比93.95%，累计趋同买入成交金额9661.26万元、占比95.25%。宋玲祥操作宋某祥、宋某珍证券账户进行股票交易，宋某祥证券账户在2009年3月2日至2011年8月8日期间，买入趋同股票343只、占比83.05%，累计趋同买入成交金额1.04亿余元、占比90.87%。宋某珍证券账户在2010年5月13日至2011年8月8日期间，买入趋同股票183只、占比96.32%，累计趋同买入成交金额6.76亿元、占比97.03%。（3）交易异常频繁，明显背离三个账户在王鹏具有获取未公开信息条件前的交易习惯。从买入股数看，2009年之前每笔买入股数一般为数百股，2009年之后买入股数多为数千甚至上万股；从买卖间隔看，2009年之前买卖间隔时间多为几天甚至更久，但2009年之后买卖交易频繁，买卖间隔时间明显缩短，多为一至两天后卖出。（4）牛某、宋某祥、宋某珍三个账户停止股票交易时间与王鹏无权查看6609账号时间即2011年8月9日高度一致。

第四，出示王鹏、王慧强、宋玲祥和牛某、宋某祥、宋某珍的银行账户资料、交易明细、取款转账凭证等证据，证实：三个账户证券交易资金来源于王慧强、宋玲祥和王鹏，王鹏与宋玲祥、王慧强及其控制的账户之间存在大额资金往来记录。

法庭辩论阶段，公诉人发表公诉意见指出，虽然三名被告人均拒不供认犯罪事实，但在案其他证据能够相互印证，形成完整的证据链条，足以证明：王鹏具有获取某基金公司未公开信息的条件，王慧强、宋玲祥操作的证券账户在王鹏具有获取未公开信息条件期间的交易行为与某基金公司的股票交易指令高度趋同，且二人的交易行为与其在其他时间段的交易习惯存在重大差异，明显异常。对上述异常交易行为，二人均不能作出合理解释。王鹏作为基金公司的从业人员，在利用职务便利获取未公开信息后，由王慧强、宋玲祥操作他人账户从事与该信息相关的证券交易活动，情节特别严重，均应当以利用未公开信息交易罪追究刑事责任。

王鹏辩称，没有利用职务便利获取未公开信息，亦未提供信息让王慧强、宋玲祥交易股票，对王慧强、宋玲祥交易股票的事情并不知情；其辩护人认为，现有证据只能证明王鹏有条件获取未公开信息，而不能证明王鹏实际获取了该信息，同时也不能证明王鹏本人利用未公开信息从事交易活动，或王鹏让王慧强、宋玲祥从事相关交易活动。王慧强辩称，王鹏从未向其传递过未公开信息，王鹏到某基金公司后就不知道其还在进行证券交易；其辩护人认为，现有证据不能证实王鹏向王慧强传递了未公开信息，及王慧强利用了王鹏传递的未公开信息进行证券交易。宋玲祥辩称，没有利用王鹏的职务之便获取未公开信息，也未利用未公开信息进行证券交易；其辩护人认为，宋玲祥不是本罪的适格主体，本案指控证据不足。

针对被告人及其辩护人辩护意见，公诉人结合在案证据进行答辩，进一步论证本案证据确实、充分，足以排除其他可能。首先，王慧强、宋玲祥与王鹏为亲子关系，关系十分密切，从王慧强、宋玲祥的年龄、从业经历、交易习惯来看，王慧强、宋玲祥不具备专业股票投资人的背景和经验，且始终无法对交易异常行为作出合理解释。其次，王鹏在证监会到某基金公司对其调查时，畏罪出逃，且离开后再没有回到某基金公司工作，亦未办理请假或离职手续。其辩称系因担心证监会工作人员到他家中调查才离开，逃跑行为及理由明显不符合常理。再次，刑法规定利用未公开信息罪的主体为特殊主体，虽然王慧强、宋玲祥本人不具有特殊主体身份，但其与具有特殊主体身份的王鹏系共同犯罪，主体适格。

法庭经审理认为，本案现有证据已形成完整锁链，能够排除合理怀疑，足以认定王鹏、王慧强、宋玲祥构成利用未公开信息交易罪，被告人及其辩护人提出的本案证据不足的意见不予采纳。

2018年3月28日，重庆市第一中级人民法院作出一审判决，以利用未公开信息交易罪，分别判处被告人王鹏有期徒刑六年六个月，并处罚金人民币900万元；判处被告人宋玲祥有期徒刑四年，并处罚金人民币690万元；判处被告人王慧强有期徒刑三年六个月，并处罚金人民币210万元。对三被告人违法所得依法予以追缴，上缴国库。宣判后，三名被告人均未提出上诉，判决已生效。

【指导意义】

经济金融犯罪大多属于精心准备、组织实施的故意犯罪，犯罪嫌疑人、被告人熟悉法律规定和相关行业规则，犯罪隐蔽性强、专业程度高，证据容易被隐匿、毁灭，证明犯罪难度大。特别是在犯罪嫌疑人、被告人不供认犯罪事实、缺乏直接证据的情形下，要加强对间接证据的审查判断，拓宽证明思路和证明方法，通过对间接证据的组织运用，构建证明体系，准确认定案件事实。

1. 明确指控的思路和方法，全面客观补充完善证据。检察机关办案人员应当准确把握犯罪的主要特征和证明的基本要求，明确指控思路和方法，构建清晰明确的证明体系。对于证明体系中证明环节有缺陷的以及关键节点需要补强证据的，要充分发挥检察机关主导作用，通过引导侦查取证、退回补充侦查，准确引导侦查取证方向，明确侦查取证的目的和要求，及时补充完善证据。必要时要与侦查人员直接沟通，说明案件的证明思路、证明方法以及需要补充完善的证据在证明体系中的证明价值、证明方向和证明作用。在涉嫌利用未公开信息交易的犯罪嫌疑人、被告人不供认犯罪事实，缺乏证明犯意联络、信息传递和利用的直接证据的情形下，应当根据指控思路，围绕犯罪嫌疑人、被告人获取信息的便利条件、时间吻合程度、交易异常程度、利益关联程度、行为人专业背景等关键要素，通过引导侦查取证、退回补充侦查或者自行侦查，全面收集相关证据。

2. 加强对间接证据的审查，根据证据反映的客观事实判断案件事实。在缺乏直接证据的情形下，通过对间接证据证明的客观事实的综合判断，运用经验法则和逻辑规则，依法认定案件事实，建立从间接证据证明客观事实，再从客观事实判断案件事实的完整证明体系。本案中，办案人员首先通过对三名被告人被指控犯罪时段和其他时段证券交易数据、未公开信息相关交易信息等证据，证明其交易与未公开信息的关联性、趋同度及与其平常交易习惯的差异性；通过身份关系、资金往来等证据，证明双方具备传递信息的动机和条件；通过专业背景、职业经历、接触人员等证据，证明交易行为不符合其个人能力经验；然后借助证券市场的基本规律和一般人的经验常识，对上述客观事实进行综合判断，认定了案件事实。

3. 合理排除证据矛盾，确保证明结论唯一。运用间接证据证明案件事实，构成证明体系的间接证据应当相互衔接、相互支撑、相互印证，证据链条完整、证明结论唯一。基于经验和逻辑作出的判断结论并不必然具有唯一性，还要通过审查证据，进一步分析是否存在与指控方向相反的信息，排除其他可能性。既要审查证明体系中单一证据所包含的信息之间以及不同证据之间是否存在矛盾，又要注重审查证明体系之外的其他证据中是否存在相反信息。在犯罪嫌疑人、被告人不供述、不认罪案件中，要高度重视犯罪嫌疑人、被告人的辩解和其他相反证据，综合判断上述证据中的相反信息是否会实质性阻断由各项客观事实到案件事实的判断过程、是否会削弱整个证据链条的证明效力。与证明体系存在实质矛盾并且不能排除其他可能性的，不能认定案件事实。但不能因为犯罪嫌疑人、被告人不供述或者提出辩解，就认为无法排除其他可能性。犯罪嫌疑人、被告人的辩解不具有合理性、正当性，可以认定证明结论唯一。

【相关规定】

《中华人民共和国刑法》第一百八十条第四款

《中华人民共和国刑事诉讼法》（2018修正）第五十五条

《最高人民法院最高人民检察院关于办理利用未公开信息交易刑事案件适用法律若干问题的解释》（法释〔2019〕10号）第四条

博元投资股份有限公司、余蒂妮等人
违规披露、不披露重要信息案

（检例第66号）

【关键词】 违规披露、不披露重要信息　犯罪与刑罚

【要　旨】

刑法规定违规披露、不披露重要信息罪只处罚单位直接负责的主管人员和其他直接责任人员，不处罚单位。公安机关以本罪将单位移送起诉的，检察机关应当对单位直接负责的主管人员及其他直接责任人员提起公诉，对单位依法作出不起诉决定。对单位需要给予行政处罚的，检察机关应当提出检察意见，移送证券监督管理部门依法处理。

【基本案情】

被告人余蒂妮，女，广东省珠海市博元投资股份有限公司董事长、法定代表人，华信泰投资有限公司法定代表人。

被告人陈杰，男，广东省珠海市博元投资股份有限公司总裁。

被告人伍宝清，男，广东省珠海市博元投资股份有限公司财务总监、华信泰投资有限公司财务人员。

被告人张丽萍，女，广东省珠海市博元投资股份有限公司董事、财务总监。

被告人罗静元，女，广东省珠海市博元投资股份有限公司监事。

被不起诉单位广东省珠海市博元投资股份有限公司，住所广东省珠海市。

广东省珠海市博元投资股份有限公司（以下简称博元公司）原系上海证券交易所上市公司，股票名称：ST博元，股票代码：600656。华信泰投资有限公司（以下简称华信泰公司）为博元公司控股股东。在博元公司并购重组过程中，有关人员作出了业绩承诺，在业绩不达标时需向博元公司支付股改业绩承诺款。2011年4月，余蒂妮、陈杰、伍宝清、张丽萍、罗静元等人采取循环转账等方式虚构华信泰公司已代全体股改义务人支付股改业绩承诺款3.84亿余元的事实，在博元公司临时报告、半年报中进行披露。为掩盖以上虚假事实，余蒂妮、伍宝清、张丽萍、罗静元采取将1000万元资金循环转账等方式，虚

构用股改业绩承诺款购买37张面额共计3.47亿元银行承兑汇票的事实,在博元公司2011年的年报中进行披露。2012年至2014年,余蒂妮、张丽萍多次虚构银行承兑汇票贴现等交易事实,并根据虚假的交易事实进行记账,制作虚假的财务报表,虚增资产或者虚构利润均达到当期披露的资产总额或利润总额的30%以上,并在博元公司当年半年报、年报中披露。此外,博元公司还违规不披露博元公司实际控制人及其关联公司等信息。

【指控与证明犯罪】

2015年12月9日,珠海市公安局以余蒂妮等人涉嫌违规披露、不披露重要信息罪,伪造金融票证罪向珠海市人民检察院移送起诉;2016年2月22日,珠海市公安局又以博元公司涉嫌违规披露、不披露重要信息罪,伪造、变造金融票证罪移送起诉。随后,珠海市人民检察院指定珠海市香洲区人民检察院审查起诉。

检察机关审查认为,犯罪嫌疑单位博元公司依法负有信息披露义务,在2011年至2014年期间向股东和社会公众提供虚假的或者隐瞒主要事实的财务会计报告,对依法应当披露的其他重要信息不按照规定披露,严重损害股东以及其他人员的利益,情节严重。余蒂妮、陈杰作为博元公司直接负责的主管人员,伍宝清、张丽萍、罗静元作为其他直接责任人员,已构成违规披露、不披露重要信息罪,应当提起公诉。根据刑法第一百六十一条规定,不追究单位的刑事责任,对博元公司应当依法不予起诉。

2016年7月18日,珠海市香洲区人民检察院对博元公司作出不起诉决定。检察机关同时认为,虽然依照刑法规定不能追究博元公司的刑事责任,但对博元公司需要给予行政处罚。2016年9月30日,检察机关向中国证券监督管理委员会发出《检察意见书》,建议对博元公司依法给予行政处罚。

2016年9月22日,珠海市香洲区人民检察院将余蒂妮等人违规披露、不披露重要信息案移送珠海市人民检察院审查起诉。2016年11月3日,珠海市人民检察院对余蒂妮等5名被告人以违规披露、不披露重要信息罪依法提起公诉。珠海市中级人民法院公开开庭审理本案。法庭经审理认为,博元公司作为依法负有信息披露义务的公司,在2011年至2014年期间向股东和社会公众提供虚假的或者隐瞒主要事实的财务会计报告,或者对依法应当披露的其他重要信息不按照规定披露,严重损害股东或者其他人的利益,情节严重,被告人余蒂妮、陈杰作为公司直接负责的主管人员,被告人伍宝清、张丽萍、罗静元作为其他直接责任人员,其行为均构成违规披露、不披露重要信息罪。2017年2月22日,珠海市中级人民法院以违规披露、不披露重要信息罪判处被告人余蒂妮等五人有期徒刑一年七个月至拘役三个月不等刑罚,并处罚金。宣判后,五名被告人均未提出上诉，判决已生效。

【指导意义】

1. 违规披露、不披露重要信息犯罪不追究单位的刑事责任。上市公司依法负有信息披露义务，违反相关义务的，刑法规定了相应的处罚。由于上市公司所涉利益群体的多元性，为避免中小股东利益遭受双重损害，刑法规定对违规披露、不披露重要信息罪只追究直接负责的主管人员和其他直接责任人员的刑事责任，不追究单位的刑事责任。刑法第一百六十二条妨害清算罪、第一百六十二条之二虚假破产罪、第一百八十五条之一违法运用资金罪等也属于此种情形。对于此类犯罪案件，检察机关应当注意审查公安机关移送起诉的内容，区分刑事责任边界，准确把握追诉的对象和范围。

2. 刑法没有规定追究单位刑事责任的，应当对单位作出不起诉决定。对公安机关将单位一并移送起诉的案件，如果刑法没有规定对单位判处刑罚，检察机关应当对构成犯罪的直接负责的主管人员和其他直接责任人员依法提起公诉，对单位应当不起诉。鉴于刑事诉讼法没有规定与之对应的不起诉情形，检察机关可以根据刑事诉讼法规定的最相近的不起诉情形，对单位作出不起诉决定。

3. 对不追究刑事责任的单位，人民检察院应当依法提出检察意见督促有关机关追究行政责任。不追究单位的刑事责任并不表示单位不需要承担任何法律责任。检察机关不追究单位刑事责任，容易引起当事人、社会公众产生单位对违规披露、不披露重要信息没有任何法律责任的误解。由于违规披露、不披露重要信息行为，还可能产生上市公司强制退市等后果，这种误解还会进一步引起当事人、社会公众对证券监督管理部门、证券交易所采取措施的质疑，影响证券市场秩序。检察机关在审查起诉时，应当充分考虑办案效果，根据证券法等法律规定认真审查是否需要对单位给予行政处罚；需要给予行政处罚的，应当及时向证券监督管理部门提出检察意见，并进行充分的释法说理，消除当事人、社会公众因检察机关不追究可能产生的单位无任何责任的误解，避免对证券市场秩序造成负面影响。

【相关规定】

《中华人民共和国刑法》第三十条、第三十一条、第一百六十一条

《中华人民共和国证券法》第一百九十三条

最高人民检察院第十七批指导性案例解读*

聂建华　贝金欣**

2020年3月25日,最高人民检察院发布了第十七批指导性案例,包括杨卫国等人非法吸收公众存款案、王鹏等人利用未公开信息交易案和博元投资股份有限公司、余蒂妮等人违规披露、不披露重要信息案共三件指导性案例(检例第64—66号)。这是继2018年7月最高人民检察院发布第十批指导性案例后,再次集中发布金融犯罪指导性案例。为准确理解和适用指导性案例,现就案例中涉及的主要问题和指导意义进行解读。

一、发布第十七批指导性案例的背景和意义

金融犯罪特别是涉众型金融犯罪呈现高发多发态势,严重危及金融安全、社会稳定和人民群众合法权益。党中央高度重视金融市场的稳定和健康发展,习近平总书记多次就防范化解重大金融风险工作作出重要指示,党的十九大作出打好"三大攻坚战"的战略部署,其中,防范化解重大风险攻坚战的重点是防范化解重大金融风险。各级检察机关根据党中央和最高人民检察院的部署要求,充分发挥检察职能作用,依法惩治金融犯罪,努力化解社会矛盾,主动加强预防工作,积极参与金融乱象治理,取得积极成效。最高人民检察院发布第十七批指导性案例,旨在有针对性地解决办理金融犯罪案件中的重点、难点问题,是检察机关服务保障打好防范化解重大风险攻坚战的有力举措之一。

指导性案例所涉罪名体现了当前金融犯罪的惩治重点。近年来,传统非法集资犯罪势头不减,利用互联网实施的新型非法集资犯罪案件持续增加,尤其是2018年6月以来,网络借贷平台陆续"爆雷",相关非法集资案件迅速增加,严重破坏金融管理秩序,损害人民群众合法权益。各级检察机关依法严肃追诉了一批犯罪分子,惩罚了犯罪,回应了人民群众呼声。[①] 在这批案件中,杨卫国等人非法吸收公众存款案是数额较小的一个,但非法集资的方法具有典型性,通过对该案的分析,有助于解决办案实践中的突出问题,并纠正司法认识中以及社会上对互联网金融的一些错误认识。证券期货犯罪严重破坏资

---

* 原文载《人民检察》2020年第8期。
** 作者单位:最高人民检察院第四检察厅。
① 据统计,2019年,全国检察机关起诉非法吸收公众存款犯罪案件同比上升40%,起诉集资诈骗犯罪案件同比上升50%。

本市场健康发展，总的案件数量不多，但涉案金额大，影响广泛，侵害投资者尤其是中小投资者合法权益，严重破坏资本市场公开公平公正的健康环境。全国人大常委会新修订的证券法于2020年3月1日正式实施，进一步加大了对证券违法行为的监管力度。王鹏等人利用未公开信息交易案和博元投资股份有限公司（以下简称博元公司）、余蒂妮等人违规披露、不披露重要信息案都属于证券类犯罪，这两个案例明确了指控证明同类犯罪的基本方法，同时也彰显了检察机关依法惩治证券期货犯罪的坚定决心，对不法分子形成有力震慑。

指导性案例所涉问题反映了金融犯罪案件办案难点。从检察机关办案情况看，金融业务具有较强的专业性，相关金融犯罪又在复杂的金融活动之外设置了许多迷惑和伪装，各地检察机关也反映办理金融犯罪案件遇到不少新情况、新问题。这些问题归纳起来可以分为三类：一是对新金融现象的认识问题，表现为，对形形色色、表现各异的新金融现象和犯罪伪装认识不清，纷纷要求立法和司法解释予以解决，实则没有准确认识金融的本质，没有准确把握运用法律认识复杂社会现象、判断罪与非罪的基本方法，影响了对金融活动性质的正确判断。二是对证据的审查判断和组织运用能力问题，引导侦查、收集固定证据和运用证据证明犯罪的能力有待进一步提高，在证明标准和证明方法的把握上认识模糊。三是准确理解和适用法律的理念、方法、能力问题，在把握刑法的原则精神和规定的构成条件上出现偏差。此次发布的三个指导性案例，紧扣当前检察机关办理金融犯罪案件面临的重点难点和认识模糊问题，对复杂金融现象的认识方法和法律评价的原则、根据作了细致分析，对于解决指控证明金融犯罪乃至经济犯罪的法律适用、证据审查判断、刑行衔接等问题具有很强的指导意义。

二、杨卫国等人非法吸收公众存款案

随着金融科技的发展，新金融现象、新金融概念层出不穷，违法与合法交织，行政违法与刑事犯罪互涉，给金融犯罪案件司法适用带来了一定困扰。杨卫国等人非法吸收公众存款案，对于准确认识新金融现象，区分非法金融活动与合法金融创新，以及精准指控涉网贷平台非法吸收公众存款犯罪，具有重要的指导意义。

（一）基本案情、要旨和指导意义

杨卫国实际控制的浙江望洲集团有限公司（以下简称望洲集团）及其关联公司分别在线上、线下开展非法吸收公众存款活动。案例的要旨和指导意义主要涉及线上非法吸收公众存款的犯罪事实：2014年，望洲集团及其关联公司以网络借贷信息中介活动的名义进行宣传并发布融资项目信息，理财客户根据望洲集团的要求在第三方支付平台上开设虚拟账户并绑定银行账户。理财客户选定投资项目后将投资款从银行账户转入第三方支付平台的虚拟账户进行投资活动，望洲集团、杨卫国及望洲集团实际控制的担保公司为理财客户的债权提供担保。望洲集团对理财客户虚拟账户内的资金进行调配，划拨出借资金和还本付息资金到相应理财客户和信贷客户账户，并将剩余资金直接转至杨卫国在第三方支付平台上开设的托管账户，再转账至杨卫国开设的个人银行账户，与线下资金混同，由望洲集团支配使用。

在审查起诉和法庭审理过程中，杨卫国及其辩护人认为线上经营网络借贷业务不构成非法吸收公众存款罪，主要理由是：望洲集团的线上平台经营的是正常P2P业务，线上的信贷客户均真实存在，不存在资金池，不是吸收公众存款，不需要取得金融许可牌照，在营业执照许可的经营范围内即可开展经营。检察机关审查和法院审理均认为，上述辩护观点不能成立，望洲集团线上经营业务超出了信息中介范围，构成非法吸收公众存款罪。我们从中提炼出案例要旨：单位或个人假借开展网络借贷信息中介业务之名，未经依法批准，归集不特定公众的资金设立资金池，控制、支配资金池中的资金，并承诺还本付息的，构成非法吸收公众存款罪。① 在要旨的基础上，案例从三个方面进一步阐明了指导意义：一是明确判断非法吸收公众存款之非法性的金融法律根据，向不特定社会公众吸收存款是商业银行专属金融业务，任何单位和个人未经批准不得实施。二是明确金融创新活动的合法性边界，金融创新必须遵守金融管理法律规定，不得触犯刑法规定。三是进一步阐释指控犯罪思路和证据收集、审查判断要求。

（二）理解和适用中的重点问题

杨卫国等人非法吸收公众存款案这一案例，明确了网络借贷中介机构非法归集、控制、支配资金行为的定性问题，不仅对于涉网络借贷案件具有参照适用的价值，对于其他涉及新金融现象、新金融概念的案件办理，同样具有方法论上的指导意义。

1. 非法吸收公众存款罪"非法性"的判断方法和根据

案例重申，向不特定社会公众吸收存款是商业银行的专属金融业务，任何单位和个人未经批准不得实施。这是《中华人民共和国商业银行法》和

---

① 如果有证据进一步证明犯罪嫌疑人、被告人在非法吸收公众存款过程中具有非法占有目的，则构成集资诈骗罪。该案中，相关证据无法证明杨卫国等人具有非法占有目的，因此以非法吸收公众存款罪追究刑事责任。

国务院《非法金融机构和非法金融业务活动取缔办法》（以下简称《取缔办法》）作出的明确规定。商业银行法和《取缔办法》构成判断金融活动合法还是非法的基本法律根据。①重申这一规定，目的在于强调上述法律规定对于网络借贷信息中介等各类新金融概念、新金融技术在金融场景应用时同样适用。

网络借贷信息中介是为借款人与出借人实现直接借贷提供信息搜集、信息公布、资信评估、信息交互、借贷撮合等信息中介服务的平台。纯正的网络借贷信息中介业务，无需经过金融监管部门批准。2016年金融监管部门制定的《网络借贷信息中介机构业务活动管理暂行办法》等"一个办法、三个指引"，②明确了网络借贷信息中介业务活动范围和服务规范。网络借贷信息中介只能提供信息中介服务，根据商业银行法和《取缔办法》的规定，未经批准不得非法吸收公众存款，并列举了典型的禁止行为：不得提供增信服务，不得直接或间接归集资金，包括设立资金池控制、支配资金或者为自己控制的公司融资，等等。③但是，在网贷平台发展过程中，许多网络借贷信息中介机构利用互联网发布融资信息，未经批准归集社会公众资金，这样的业务活动明显超出信息中介业务范围，构成非法吸收公众存款甚至集资诈骗。商业银行法、《取缔办法》是判断网贷平台业务活动非法与否的法律根据，杨卫国的辩护人提出的"国家允许P2P行业先行先试，望洲集团设立资金池、开展自融行为的时间在国家对P2P业务进行规范之前"等辩护理由并不成立，未经批准吸收公众存款，违反商业银行法和刑法的禁止性规定，"一个办法、三个指引"是对网贷信息中介类金融服务活动的规范，不是对从事吸收公众存款这一核心金融业务的许可，所列举的禁止性行为只是对商业银行法和取缔办法有关规定的重申。法院在该案判决中亦明确："不存在被告人开展P2P业务时没有禁止性法律规定的问题。"

从网贷平台非法集资案件情况看，网贷平台非法归集、控制、支配资金主要有两种表现形式：一是以虚构的融资项目向不特定社会公众吸收资金，所吸收资金用于实际控制人或者关联企业的生产经营甚至随意支配，或者进行其他

---

① 参见《中华人民共和国商业银行法》第十条、国务院《非法金融机构和非法金融业务活动取缔办法》第三条、第四条的规定。上述条文明确规定，未经依法批准，不得从事吸收公众存款等商业银行业务。这一现行有效的规定对于网贷平台自始至终同样适用。

② "三个指引"是指原银监会等相关部门发布的《网络借贷信息中介机构备案登记管理指引》《网络借贷资金存管业务指引》《网络借贷信息中介机构业务活动信息披露指引》。

③ 参见2016年8月原银监会等相关部门发布的《网络借贷信息中介机构业务活动管理暂行办法》第三条、第十条的规定。

违法犯罪活动。"e租宝"集资诈骗案属于此种模式。二是发布的融资项目真实存在，部分所吸收资金确实用于真实第三方的融资项目，但网贷平台承诺保本付息，并归集社会公众资金进行实际控制和支配，投资人与借款人之间的资金流向无法一一对应。① 杨卫国等人非法吸收公众存款案采取的是这种模式。第一种模式构成非法吸收公众存款罪的认识一致，第二种模式犯罪方法更隐蔽，认识上也容易出现分歧。

从刑法和有关金融法律规定看，非法吸收公众存款的本质是未经依法批准向社会不特定公众吸收资金。杨卫国实际控制的望洲集团在线上经营所谓网络借贷信息中介业务时，承诺为理财客户提供保底和增信服务，获取对理财客户虚拟账户内资金进行查询、划拨、冻结等权限，归集、控制、支配、使用客户资金用于还本付息和其他生产经营活动。这就是案例要旨所描述的"归集不特定公众的资金设立资金池，控制、支配资金池中的资金"行为。这样的行为超出了网络借贷信息中介业务范围。杨卫国案表明，即便网贷平台发布的融资项目真实，但归集、控制、支配投资人资金，仍构成非法吸收公众存款。

在办理具体案件时，还要注意两个问题：一是银行存管问题。为了规范网络借贷信息中介的资金存管，原银监会等部门出台了《网络借贷资金存管业务指引》，通过银行存管方式确保客户资金与网络借贷信息中介机构自有资金分账管理。银行存管主要解决的是客户资金与平台资金相互隔离的问题，一般情况下难以隔离客户与客户之间的资金。一些案件表明，网贷平台虽然与商业银行签订了银行存管协议，但是仍然通过欺骗等多种不正当手段对不同投资人的资金进行集合运作、控制支配。在杨卫国案中，望洲集团与第三方支付平台签订了资金存管协议，但仍然通过违规授权、格式条款等方式，取得对投资人在第三方支付平台上的虚拟账户的实际控制权，使制度规定的第三方存管形同虚设：（1）与第三方支付平台签订协议，第三方支付平台赋予望洲集团对所有理财客户虚拟账户内的资金进行查询、划拨、冻结的权限；（2）与线上理财客户签订投资协议时，强行要求理财客户明确授权望洲集团对其虚拟账户内的资金进行查询、划拨、冻结。由此可见，在办案时，不能单纯以资金由第三方银行存管为由排除非法性，应当结合银行或第三方支付机构存管协议、投资合同、资金交易记录等相关证据，分析资金在投资人、网贷平台、银行（第三方支付机构）以及借款人之间的流转过程，实质判断网贷平台是否存在归

---

① 是否用于第三方的真实融资项目，需要收集相关证据进行证明，不能仅根据网贷平台的资金交易记录作形式上判断，而应当穿透查证资金的最终去向再行判断。

集、控制、支配资金行为。二是平台借款人的法律责任问题。为了解决传统金融机构覆盖不了、满足不好的社会资金需求，缓解个体经营者、小微企业生产经营当中的小额资金困难，原银监会《网络借贷信息中介机构业务活动管理暂行办法》允许单位和个人在规定的借款余额范围内通过网贷信息中介机构融资借款，并且对单一组织、单一个人在单一平台、多个平台的融资借款上限作了规定，个人借款余额合计不得超过100万元，单位借款余额合计不得超过500万元。从行为本质看，借款人通过网贷信息中介机构融资也属于向不特定对象吸收资金，上述规定实则授予了在规定数额内通过网贷信息中介机构融资的许可。但是，超出规定数额通过网贷平台融资仍然具有非法性。最高人民检察院公诉厅《关于办理涉互联网金融犯罪案件有关问题座谈会纪要》明确规定，借款人故意隐瞒事实，违反规定，以自己名义或借用他人名义利用多个网络借贷平台发布借款信息，借款总额超过规定的最高限额，或将吸收资金用于明确禁止的投资股票、场外配资、期货合约等高风险行业，造成重大损失和社会影响的，应当依法追究借款人的刑事责任。对于违反规定通过网贷平台融资并恶意逃废债的，要根据具体触犯的刑法罪名严厉追究。对于借款人将借款主要用于正常的生产经营活动，能够及时清退所吸收资金，可以不作为犯罪处理。

2. 认识新金融现象、新金融概念的原则和方法

杨卫国等人非法吸收公众存款案，是假借"P2P网络借贷信息中介"为名实施金融犯罪。利用合法形式或创新之名实施犯罪，具有较强的隐蔽性、欺骗性，既蒙蔽社会公众，也给司法认识带来一定难度。这一案例对正确认识、判断新金融现象、新金融概念具有普遍指导意义。

金融是现代经济的核心和血脉，金融活动引发的风险具有较强的传导性、扩张性、潜在性和不确定性。为了发挥金融服务经济社会发展的作用，有效防控金融风险，国家制定了完善的法律法规，对商业银行、保险、证券等金融业务进行严格规制和监管，商业银行法、保险法、证券法等金融法律法规对从事相关金融业务的资格作了明确规定。重要的金融业务须经相关主管部门依法批准持牌经营，包括银行、保险、信托、证券承销与保荐、证券经纪、证券投资咨询、金融租赁、公募基金、第三方支付等，未经批准从事应当持牌经营的金融业务属于非法金融活动。

随着金融科技的发展，金融创新日益活跃。根据金融法律法规，金融创新活动也必须遵守现行有效法律，非持牌机构开展创新活动不得涉及持牌业务，否则就属于非法金融活动。对于以金融创新之名擅自从事须持牌经营的金融业务的，要坚决予以取缔。网贷平台乱象的突出表现，就是依法只能从

事信息中介业务的网贷平台，实际开展了信用中介业务，未经批准从事了须持牌经营的金融活动。这些网贷平台根本不是真正的金融创新，而是"伪金融创新"。

检察机关在办案当中，要善于运用"穿透式"认识方法，准确把握金融的本质，深入分析、清楚认识各类新金融现象，透过复杂多样的表现形式，准确区分是真的金融创新还是披着创新外衣的伪创新，是合法金融活动还是以金融创新为名实施金融违法犯罪活动。在办理杨卫国一案过程中，办案机关没有拘泥于望洲集团所谓的线上P2P业务这一表面形式，全面收集固定相关证据，对资金流转过程进行细致分析，从而准确揭示了其归集、控制、支配资金的非法吸收公众存款本质。

3. 指控思路和证明方法

根据网贷平台的具体表现形式确定指控的思路和证明的思路，对于全面收集、固定证据，客观地指控和证明犯罪十分重要。与传统非法吸收公众存款案件不同，类似杨卫国案这类以网络借贷信息中介名义进行的非法吸收公众存款犯罪，合法与非法交织，行为处处伪装，资金层层"嵌套"，利益关系复杂，证据种类多样、数量庞大，且电子数据占据主要部分。从介入侦查取证开始，就要根据犯罪构成要件、犯罪的基本特征和证据表现形式，确定清晰、明确的指控思路和证明思路。检察机关要通过履行刑事诉讼主导责任，将具体案件的指控思路、证明思路落实到侦查取证和对犯罪的证明上。

引导侦查取证和审查判断证据时，要对网络借贷平台的股权结构、实际控制关系、资金来源、资金流向、中间环节和最终投向等相关证据进行收集固定和审查判断，查清集资参与人的资金进入网贷平台到返回集资参与人账户的全部实际流转过程，以及网贷平台、支付结算机构在资金流转中所起到的实际作用，分析判断其属于规范的信息中介，还是假借信息中介名义从事信用中介活动，是否存在违法设立资金池、自融、变相自融等违法归集、控制、支配、使用资金的行为，不能仅根据网贷平台的资金交易记录、第三方银行存管等表面证据作出形式判断。

出庭支持公诉的过程，是指控思路和证明思路完整展示于法庭的过程，也是指控证明体系经受质询、诘问、辩驳、检视的过程。公诉人应当紧紧围绕指控思路和证明思路，发挥法庭审判过程中的主导作用，充分揭露犯罪的特征本质和危害，科学展示证据内容和证明结论，有力反驳不实辩解，据理解释法律责任，维护公诉主张。

三、王鹏等人利用未公开信息交易案

证券期货等金融犯罪，大多属于精心准备、有计划实施的故意犯罪，犯罪嫌疑人、被告人熟悉法律规定和相关行业规则，犯罪手段隐蔽、专业程度高，犯罪后甚至在犯罪的同时隐匿、毁灭证据较为常见。王鹏等人利用未公开信息交易案这一案例，对于检察机关强化指控犯罪以及依靠间接证据构建证明体系具有指导意义。

（一）基本案情、要旨和指导意义

2009年3月2日至2011年8月8日，被告人王鹏在担任某基金公司交易管理部债券交易员期间，多次登录具有该基金公司股票交易指令查询权限的6609账号，获取基金公司股票交易指令等未公开信息，同时其父母王慧强、宋玲祥分别操作牛某、宋某祥、宋某珍的证券账户，同期或稍晚于某基金公司进行证券交易，与某基金公司交易指令高度趋同，证券交易金额共计8.78亿余元，非法获利共计1773万余元。在办案过程中，王鹏及其父母三名被告人始终不供认利用未公开信息交易的事实，检察机关通过引导侦查取证，完整收集、固定其他相关证据，依靠间接证据构建完整证明体系，达到事实清楚、证据确实、充分的提起公诉证明标准。法院经审理认为，该案现有证据已形成完整锁链，能够排除合理怀疑，足以认定三名被告人构成利用未公开信息交易罪。

案例的要旨和指导意义均围绕以间接证据指控、证明犯罪展开。案例要旨指出：具有获取未公开信息职务便利条件的金融机构从业人员及其近亲属从事相关证券交易行为明显异常，且与未公开信息相关交易高度趋同，即使其拒不供述未公开信息传递过程等犯罪事实，但其他证据之间相互印证，能够形成利用未公开信息交易犯罪的完整证明体系，足以排除其他可能的，可以依法认定犯罪事实。在要旨的基础上，案例进一步阐明了指导意义：在犯罪嫌疑人、被告人不供认犯罪事实、缺乏直接证据的情形下，要加强对间接证据的审查判断，拓宽证明思路和证明方法，通过对间接证据的组织、运用，构建证明体系，准确认定案件事实。一是明确指控的思路和方法，全面客观补充完善证据；二是加强对间接证据的审查，根据证据反映的客观事实判断案件事实；三是合理排除证据矛盾，确保证明结论唯一。

（二）理解和适用中的重点问题

作为一起被告人不供述犯罪事实的案件，王鹏等人利用未公开信息交易案主要展示了证明标准的把握方法和间接证据证明体系的构建方法。该案例所涉罪名为利用未公开信息交易罪，但相关证明方法对于其他案件同样具有指导意义。

1. 准确认识刑事诉讼证明标准

证明标准，是诉讼中对案件事实等待证事项的证明所须达到的要求[①]。根据刑事诉讼法的规定，我国刑事诉讼的证明标准为"事实清楚，证据确实、充分"，证据确实、充分应符合以下条件：（1）定罪量刑的事实都有证据证明；（2）据以定案的证据均经法定程序查证属实；（3）综合全案证据，对所认定事实已排除合理怀疑。司法实践中，办案人员对证明标准的认识把握仍存在不一致现象，有的机械理解规范性文件、证据指引中列举的证据要求，证明犯罪时只对证据进行简单排列，缺失某一方面证据便径直认定为证据不足；有的认为证明标准可以人为调节，在侦查取证困难的案件中寻求降低证明标准，或者自以为"降低证明标准"。产生这些问题的根源，在于未能正确理解证明标准。

正确把握刑事诉讼证明标准，对于准确构建证明体系、认定案件事实至关重要。刑事诉讼证明标准是法定要求，任何刑事案件的证据必须达到确实、充分的标准，方能定罪处罚，形式或者实质上降低刑事诉讼证明标准均不符合法律规定。证据是否确实、充分，需要对全案证据进行综合审查判断，并非对证据简单排列组合。首先，证据必须经过查证属实，才能作为定案的根据。查证的过程，既是全面收集、固定证据的过程，又是对证据的客观性、合法性、关联性进行审查的过程，构成证明犯罪的基础。其次，需要对查证属实的证据，运用逻辑、经验进行综合判断，排除合理怀疑。对证据的综合判断，是主客观相结合的过程，每个案件达到证明标准所需的具体证据材料并不完全相同，客观上也不可能完全相同，证据确实、充分不完全取决于证据的形式或证据的数量。一些司法解释、规范性文件、证据指引规定了具体罪名的证据审查判断标准，是对证明犯罪过程的指引，并不一定是判断证据确实、充分的必要条件或者充分条件，不能机械适用。经过综合审查判断后能够得出唯一结论的，无论被告人是否供述、是否有证明犯罪的直接证据，都不影响犯罪事实的认定；反之，不能排除其他可能性、不能得出唯一结论的，即使有被告人供述、有相关直接证据，仍不能认定犯罪事实。证据形式和数量上的"不完整"，并不影响根据在案证据作出综合判断。王鹏案中，虽然三名被告人均不供认犯罪事实，部分证据也因客观原因无法收集，但通过综合审查判断，其他在案证据相互印证，可以排除合理怀疑，得出利用未公开信息交易犯罪事实成立的唯一结论。

[①] 参见龙宗智：《刑事诉讼的证明标准》，载《法学研究》1996年第6期。

2. 构建间接证据证明体系的基本方法

在没有直接证据的情形下，依靠间接证据证明也能够达到事实清楚，证据确实、充分的标准。运用间接证据证明犯罪的方法和规则，有关司法解释已作了规定，① 案例以更加直观的证明过程阐释上述司法解释所确定的证明方法和证明规则在具体案件中的应用。运用间接证据证明犯罪，既要组织运用证据从正面判断犯罪事实的成立，又要结合全案证据反向判断是否排除了其他可能性，得出唯一结论，两者互为补充、不可或缺。

首先，根据间接证据反映的系列客观事实，判断案件事实。这里的案件事实，是指符合刑法分则规定的犯罪构成要件的事实。而客观事实是与间接证据证明内容相关联的一个概念，是指经由间接证据证明，与案件事实紧密关联，但只是反映案件事实局部特征的事实。② 在具体案件中，并非所有证据都能直接证明构成要件事实。任何一项间接证据都无法单独包含案件主要事实的全部信息，既无法证明犯罪是否发生，也难以证明犯罪是否为被告人所实施，最多证明犯罪构成要件的某一环节或者片段。③ 单个间接证据或者由间接证据证明的单一客观事实，并不能证明案件事实，但当若干客观事实被确定并相互衔接形成一个整体后，就可能共同指向案件事实。④ 可以说，客观事实是连接证据与案件事实的桥梁。这就需要通过运用间接证据先行证明与案件事实紧密相关的客观事实后再行判断。办案人员可以运用经验和逻辑，通过对经由证据证明的客观事实的分析，判断案件事实。这实际上就是指控犯罪思路在证明犯罪过程中的体现。在王鹏等人利用未公开信息交易案中，没有直接证据证明王鹏及其父母利用未公开信息进行交易，检察机关组织、运用证据证明了以下客观事实的存在：（1）基于三名被告人被指控犯罪时段和其他时段证券交易数据、某基金公司未公开信息等证据，证明三被告人交易行为显著异常的客观事实，

---

① 最高人民法院、最高人民检察院、公安部、司法部、国家安全部《关于办理死刑案件审查判断证据若干问题的规定》第三十三条、最高人民法院《关于适用〈中华人民共和国刑事诉讼法〉的解释》第一百零五条都作了相应规定。后者规定："没有直接证据，但间接证据同时符合下列条件的，可以认定被告人有罪：（一）证据已经查证属实；（二）证据之间相互印证，不存在无法排除的矛盾和无法解释的疑问；（三）全案证据已经形成完整的证明体系；（四）根据证据认定案件事实足以排除合理怀疑，结论具有唯一性；（五）运用证据进行的推理符合逻辑和经验。"2019年6月最高人民法院、最高人民检察院《关于办理利用未公开信息交易刑事案件适用法律若干问题的解释》第四条规定了判断"明示、暗示他人从事相关交易活动"的证据规则，与该案所采取的判断方法本质相同。

② 需要说明的是，这是在编写案例过程中提出的一个概念，以与案件事实相区别，在一些著述中也称为"基础事实""间接事实"等。

③ 参见陈瑞华：《论证据相互印证规则》，载《法商研究》2012年第1期。

④ 参见阮堂辉：《"证据锁链"的困境及其出路破解》，载《中国刑事法杂志》2006年第4期。

即其交易行为与未公开信息具有高度的关联性、趋同性且异于其他时段交易习惯。(2) 基于身份关系、资金往来等证据，证明王鹏与其父母之间具备传递信息的动机和条件等客观事实。(3) 基于王鹏父母专业背景、职业经历、接触人员等证据，证明王鹏父母的交易行为不符合其个人能力经验等客观事实。根据证券市场的基本规律和一般人的经验常识，不具有专业证券交易知识、不知道某基金公司相关证券交易信息的普通人，其交易行为不可能与一个基金公司的交易行为长时间保持如此之高的趋同度，而且不具备获取未公开信息条件与具备获取未公开信息条件时的交易习惯出现如此显著的差异。因此，虽然上述通过证据证明的客观事实不直接等同于利用未公开信息交易，仍能作出利用未公开信息交易犯罪事实成立的司法判断。上述证明过程，可以概括为：间接证据—客观事实＋经验和逻辑—案件事实。其中，客观事实的证明和经验、逻辑的运用至关重要。

其次，根据全案证据合理排除证据矛盾，证明结论具有唯一性。运用间接证据证明案件事实，构成证明体系的间接证据应当相互衔接、相互支撑、相互印证，证据链条完整、证明结论唯一。这是刑事诉讼证明标准的基本要求。但是，基于经验和逻辑对客观事实作出的判断结论，并不必然得出唯一结论。这就需要通过审查全案证据，进一步分析是否存在与指控方向相反的信息，排除其他可能性。为此，要重点审查以下内容：证明体系中单一证据所包含的信息之间以及不同证据之间是否存在矛盾；证明体系之外的其他证据中是否存在相反信息。在犯罪嫌疑人、被告人不供述、不认罪案件中，要高度重视犯罪嫌疑人、被告人的辩解和其他相反证据，综合判断上述证据中的相反信息是否会实质性阻断由各项客观事实到案件事实的判断过程、是否会削弱整个证据链条的证明效力。与证明体系存在实质矛盾并且不能排除其他可能性的，不能认定案件事实。犯罪嫌疑人、被告人的辩解不具有合理性、正当性，可以认定证明结论唯一。

在运用间接证据证明的过程中，要正确对待犯罪嫌疑人、被告人不供述的情节和提出的辩解，被告人对相关事实、情节的否认和辩解，也同样具有证据判断和证明上的价值，对其否认与辩解的合理性、正当性要结合其他证据进行审查判断，既不能视而不见，也不能因其不供述或者提出辩解，就认为无法排除其他可能性。

3. 指控思路与引导侦查取证

收集、固定证据是查明犯罪事实的过程，是指控证明犯罪的基础。对于证明难度大的疑难复杂案件，检察机关应当积极履行指控与证明犯罪的主导责任，在提出继续侦查、补充侦查要求时，要详细阐明继续侦查、补充侦查的理由、方向、取证目的、具体事项、证据目录、必备要素等,引导公安机关有针对性地收集、固定证据,强化侦查取证工作,夯实证据基础。① 做好引导侦查取证工作的前提,首先要明确指控的思路和证明的方法,在此基础上全面客观补充完善证据。明确指控思路的目的是全面查清案件事实,在指控思路的指引下,既要收集证明有罪的证据,又要收集证明无罪的证据,不能偏废。

正确的指控犯罪思路,是构建证明体系的指引,也是引导侦查取证、提出继续侦查、补充侦查要求的基础。证明对象是需要用证据证明的案件事实,证明活动都是从证明对象出发,围绕证明对象展开,并以证明对象为归宿。② 指控犯罪思路,就是从证据到客观事实再到案件事实的认识发现过程,反过来也就成为提出侦查取证要求的根据。明确指控犯罪思路,就是明确所欲证明的对象,这对于提高侦查质量和效率具有重要作用:既可以帮助侦查人员在有用证据与无用证据之间作出取舍,集中力量查明犯罪成立或不成立的相关证据;又有利于及时发现证明体系中证明环节的缺陷以及关键节点,及时补强证据。

王鹏等人利用未公开信息交易案以信息传递、利用为证明核心,在三名被告人拒不供认犯罪事实的情形下,根据此类犯罪的主要特征,首先把信息便利条件、时间吻合程度、交易异常程度等客观事实作为重点证明对象,而后以这些客观事实为基础判断案件事实,构建证明体系。检察机关在公安机关已经调取证据的基础上,围绕上述指控思路查找发现证明体系中的薄弱环节,要求公安机关补充侦查传递信息条件、资金来源及获利去向、基金公司其他人员的登录账号情况、具备获取未公开信息条件前后的交易习惯等证据,并详细说明证明目的,对于形成完整的证据链条,进一步排除其他可能性,补强间接证据的证明效果起到了积极作用。

四、博元公司、余蒂妮等人违规披露、不披露重要信息案

博元公司、余蒂妮等人违规披露、不披露重要信息案对于理解适用刑法关于单位犯罪的规定、检察环节不起诉的法律适用以及加强刑事司法与行政执法之间的有效衔接等方面具有指导意义。

(一) 基本案情、要旨和指导意义

博元公司原系上海证券交易所上市公司。华信泰投资有限公司(以下简称华信泰公司)为博元公司控股股东。在博元公司并购重组过程中,有关人员作出了业绩承诺,在业绩不达标时需向博元公司支付股改业绩承诺款。2011

---

① 2020年3月27日,最高人民检察院、公安部联合发布《关于加强和规范补充侦查工作的指导意见》,对补充侦查工作提出了实质化要求,王鹏案充分体现了这一指导意见的精神。

② 参见刘静坤:《证据审查规则与分析方法》,法律出版社2018年版。

年4月，余蒂妮、陈杰、伍宝清、张丽萍、罗静元等人采取循环转账等方式虚构华信泰公司已代全体股改义务人支付股改业绩承诺款3.84亿余元的事实，在博元公司临时报告、半年报中进行披露。为掩盖以上虚假事实，余蒂妮、伍宝清、张丽萍、罗静元采取将1000万元资金循环转账等方式，虚构用股改业绩承诺款购买37张面额共计3.47亿元银行承兑汇票的事实，在博元公司2011年的年报中进行披露。2012年至2014年，余蒂妮、张丽萍多次虚构银行承兑汇票贴现等交易，并根据虚假的交易进行记账，制作虚假的财务报表，虚增资产或者虚构利润均达到当期披露的资产总额或利润总额的30%以上，并在博元公司当年半年报、年报中披露。此外，博元公司还违规不披露博元公司实际控制人及其关联公司等信息。检察机关对博元公司作出不起诉决定，对余蒂妮等直接负责的主管人员和其他直接责任人员以违规披露、不披露重要信息罪提起公诉并由法院分别判处刑罚。同时，中国证监会对博元公司作出行政处罚，博元公司因此被退市。

该案的要旨明确了对违规披露、不披露重要信息行为的单位的刑事处理。要旨提出，刑法规定违规披露、不披露重要信息罪只处罚单位直接负责的主管人员和其他直接责任人员，不处罚单位。公安机关以该罪将单位移送起诉的，检察机关应当对单位直接负责的主管人员及其他直接责任人员提起公诉，对单位依法作出不起诉决定。对单位需要给予行政处罚的，检察机关应当提出检察意见，移送证券监督管理部门依法处理。指导意义进一步阐述了此类情况的处理方法和处理依据：一是违规披露、不披露重要信息犯罪不追究单位的刑事责任；二是刑法没有规定追究单位刑事责任的，应当对单位作出不起诉决定；三是对不追究刑事责任的单位，检察机关应当依法提出检察意见，督促有关机关追究行政责任。

（二）理解和适用中的重点问题

对单位违规披露、不披露重要信息行为，刑法只规定了对直接负责的主管人员和其他直接责任人员的刑罚，没有规定对单位的刑罚。在案例编写和征求意见过程中，对单位行为的法律评价及其处理，存在不同观点。基于刑法和刑事诉讼法的基本原则精神，案例提出了明确意见。

1. 单位行为的法律评价问题

根据我国刑法规定，单位犯罪是由公司、企业、事业单位、机关、团体等单位实施，由法律规定为单位犯罪，并对单位判处刑罚的行为。我国刑法分则中涉及单位犯罪的罪名有160余个。一般来说，单位犯罪实行"双罚制"，既处罚单位，亦处罚单位直接负责的主管人员和其他直接责任人员。但是，在刑法中还存在一类特殊的"单位犯罪"，条文的罪状表述中危害社会行为的实施主体为单位，但没有规定单位的刑罚，有学者称之为"单罚制"。① 违规披露、不披露重要信息罪便属此类。此外，刑法分则还规定了若干只处罚直接负责的主管人员和其他直接责任人员的罪名，这些罪名特征还有所不同，可以分为四种类型：（1）犯罪行为以单位名义实施，但不是为本单位谋取利益，没有规定对单位的刑罚，如私分国有资产罪、私分罚没财物罪，这类犯罪实际上属于纯正的自然人犯罪；（2）实施犯罪行为的主体是单位，刑法规定只处罚直接责任人员，如工程重大安全事故罪；（3）实施犯罪行为的主体可以是单位，也可以是个人，均规定处罚直接负责的主管人员和其他直接责任人员，如资助危害国家安全犯罪活动罪、重大劳动安全事故罪、大型群众性活动重大安全事故罪；（4）实施犯罪行为的主体是单位，刑罚规定只处罚直接负责的主管人员和其他直接责任人员，如违规披露、不披露重要信息罪，妨害清算罪，虚假破产罪，违法运用资金罪。

对犯罪行为由单位实施但不处罚单位的罪名，如何对单位行为进行法律评价，存在不同认识。在讨论博元公司、余蒂妮等人违规披露、不披露重要信息案中，形成了两种观点：一种观点认为，依据刑法第十三条关于犯罪的规定，一切危害社会的行为，依照法律应当受刑罚处罚的，都是犯罪。刑罚是犯罪的法律后果，"没有刑罚就没有犯罪"，即使某种行为是法律所禁止的，但如果刑法没有对该行为规定刑罚后果，该行为就是无罪的。② 刑法是否明文规定某一行为的刑罚后果，是法律上评价是否犯罪的根据，即使是免予刑事处罚，也以刑法规定了刑罚后果为前提。根据刑法第一百六十一条的规定，没有对单位规定刑罚后果，对单位不应作犯罪评价。另一种观点认为，刑法第三十条规定了单位犯罪的定义，第三十一条规定了单位犯罪的罚则，其中第三十一条指出：本法分则和其他法律另有规定的，依照规定。因此，判断某一罪名是否属于单位犯罪，应当根据刑法分则规定的犯罪主体来确定，刑法分则未对单位规定刑罚的，属于第三十一条中的"另有规定"，仍然是单位犯罪，但不能追究单位的刑事责任。③ 在全国人大常委会法工委组织编写的《中华人民共和国刑法释义》一书中，也认为这一类犯罪是单位犯罪。④

根据刑法典的精神和刑事责任与刑罚的理论，我们倾向于对单位不作犯罪评价的观点。一般认为，刑法第十三条是关于犯罪概念和基本特征的概括，依

---

① 参见黎宏：《完善我国单位犯罪处罚制度的思考》，载《法商研究》2011年第1期。
② 参见张明楷：《刑法格言的展开》，北京大学出版社2012年版。
③ 以上观点均来自征求意见中专家学者的意见。
④ 参见郎胜主编：《中华人民共和国刑法释义》，法律出版社2015年版。

照刑法第十三条的规定,犯罪具有三个基本特征,即社会危害性、刑事违法性、应受刑罚处罚性。[1] 违规披露、不披露重要信息罪是以单位名义组织实施,但刑法只规定了自然人的刑罚,没有规定单位的刑罚,就单位而言,不符合刑法第十三条作犯罪评价的基本特征。刑法理论认为,犯罪是刑事责任的法律事实根据,刑事责任是刑罚的基础和前提,刑罚是刑事责任的必然结果,犯罪与刑事责任和刑罚具有质的一致性,评价为犯罪必然要有确定的刑事责任和刑罚,没有刑罚就没有犯罪。在刑法没有明确规定单位的刑事责任和相应刑罚的情况下,根据罪刑法定原则,对单位不能作犯罪评价。

2. 对公安机关移送起诉单位的处理原则

根据刑事诉讼法和最高人民检察院《人民检察院刑事诉讼规则》规定,检察机关对于移送起诉的案件,应当作出起诉或不起诉的决定。其中,移送起诉犯罪嫌疑人所涉部分罪名不成立的,应当就成立的罪名提起公诉;移送起诉犯罪嫌疑人所有罪名均不成立的,应当作出不起诉决定。作出不起诉决定,还应当阐明不起诉的法律根据。刑事诉讼法分别规定了无罪不起诉、罪轻不起诉、证据不足不起诉三种情形,其中无罪不起诉又包含两种情形:一是依刑事诉讼法第十六条"其他法律规定免予追究刑事责任"不起诉;二是依刑事诉讼法第一百七十七条"没有犯罪事实"不起诉。在违规披露、不披露重要信息案中,由于刑法没有规定单位的刑罚,公安机关将单位移送起诉的,检察机关应当作出无罪不起诉。但是,由于刑事诉讼法关于不起诉的情形中没有相应规定,对作出无罪不起诉援引的法律条款有两种不同意见,有的主张按"没有犯罪事实"不起诉,有的主张按"其他法律规定免予追究刑事责任"不起诉。

笔者认为,关于违规披露、不披露重要信息罪中单位处理的问题,刑事诉讼法关于不起诉情形的现有规定均无法完全对应,可以援引刑事诉讼法规定的最相近的情形处理。同类问题在既往司法实践中也曾发生,1996年刑事诉讼法没有将行为性质不是犯罪或者犯罪行为并非由犯罪嫌疑人所为的情形列明为不起诉的情形。[2] 在一段时间的司法实践中,检察机关发现这类情况,或者将案件退回公安机关,或者根据刑事诉讼法第二条关于"保障无罪的人不受刑

---

[1] 参见张明楷:《刑法学(上)》,法律出版社2016年版。
[2] 1996年刑事诉讼法中关于绝对不起诉的情形,仅在第一百四十二条规定:"犯罪嫌疑人有本法第十五条规定的情形之一的,人民检察院应当作出不起诉决定。"2012年刑事诉讼法在第一百七十三条规定:"犯罪嫌疑人没有犯罪事实,或者有本法第十五条规定的情形之一的,人民检察院应当作出不起诉决定。"此次修改增加了"犯罪嫌疑人没有犯罪事实"这一情形,弥补了1996年刑事诉讼法的漏洞。2018年修改后刑事诉讼法继续使用2012年的规定。

事追究"的规定作不起诉。对于实践情形超出刑事诉讼法规定预设情形的，根据"其他法律规定免予追究刑事责任"或者"没有犯罪事实"作出不起诉，都不违背法律的精神。

3. 对单位需要给予行政处罚的，应当提出检察意见

不追究单位的刑事责任并不表示单位不需要承担任何法律责任。对不追究刑事责任的单位，检察机关应当根据证券法等法律规定审查单位行为是否具有违法性，需要给予行政处罚的，应当向证券监督管理部门提出检察意见，并进行充分的释法说理，消除当事人、社会公众因检察机关不追究单位刑事责任可能产生的单位无任何责任的误解，避免对证券市场秩序造成负面影响。案例中检察机关在对博元公司作出不起诉之后，根据刑事诉讼法有关规定，向中国证监会提出检察意见，中国证监会依法对博元公司作出行政处罚。博元公司依法不承担刑事责任和刑罚处罚，但依法受到行政处罚，并被交易所退市，使刑事司法与行政执法的衔接落到了实处，信息披露违法行为受到应有的惩罚，取得了较好的法律效果、社会效果。新修订证券法进一步强化了信息披露义务，并显著提高证券违法成本，检察机关要按照新修订证券法的立法精神，对于涉及造假、欺诈的证券犯罪案件，依法从严惩处。

最高人民检察院发布的第十七批指导性案例的指导意义不仅在于解决三个罪名所涉及的办案问题，更重要的是从案例中提炼出的适用于各类金融犯罪案件的基本理念和基本方法：杨卫国等人非法吸收公众存款案，提供了认识新金融现象的实质判断方法；王鹏等人利用未公开信息交易案，提供了组织、运用证据和把握证明标准的方法；博元公司等违规披露、不披露重要信息案，提供了在同类罪名中准确理解适用刑法和刑事诉讼法有关规定，以及充分运用刑事法律、行政法律法规惩治证券违法犯罪的方法。这些基本理念和方法是三个指导性案例的要义所在。尤其是在当前疫情防控特殊时期，检察机关更要注重正确理念和方法的运用，准确把握疫情防控期间中央的部署要求和国务院有关部门制定的金融法律政策，确保惩治金融犯罪与保护金融市场健康发展的有机统一，为助力企业复工复产、防范化解金融风险提供精准有力的司法保障。

最高人民检察院
关于印发最高人民检察院
第十八批指导性案例的通知

（2020年3月28日公布　高检发办字〔2020〕21号）

各级人民检察院：

经2020年1月3日最高人民检察院第十三届检察委员会第三十一次会议通过，现将张凯闵等52人电信网络诈骗案等三件指导性案例（检例第67—69号）作为第十八批指导性案例发布，供参照适用。

最高人民检察院
2020年3月28日

张凯闵等 52 人电信网络诈骗案

（检例第 67 号）

【关键词】跨境电信网络诈骗　境外证据审查　电子数据　引导取证

【要　旨】

跨境电信网络诈骗犯罪往往涉及大量的境外证据和庞杂的电子数据。对境外获取的证据应着重审查合法性，对电子数据应着重审查客观性。主要成员固定，其他人员有一定流动性的电信网络诈骗犯罪组织，可认定为犯罪集团。

【基本案情】

被告人张凯闵，男，1981 年 11 月 21 日出生，中国台湾地区居民，无业。

林金德等其他被告人、被不起诉人基本情况略。

2015 年 6 月至 2016 年 4 月间，被告人张凯闵等 52 人先后在印度尼西亚共和国和肯尼亚共和国参加对中国大陆居民进行电信网络诈骗的犯罪集团。在实施电信网络诈骗过程中，各被告人分工合作，其中部分被告人负责利用电信网络技术手段对大陆居民的手机和座机电话进行语音群呼，群呼的主要内容为"有快递未签收，经查询还有护照签证即将过期，将被限制出境管制，身份信息可能遭泄露"等。当被害人按照语音内容操作后，电话会自动接通冒充快递公司客服人员的一线话务员。一线话务员以帮助被害人报案为由，在被害人不挂断电话时，将电话转接至冒充公安局办案人员的二线话务员。二线话务员向被害人谎称"因泄露的个人信息被用于犯罪活动，需对被害人资金流向进行调查"，欺骗被害人转账、汇款至指定账户。如果被害人对二线话务员的说法仍有怀疑，二线话务员会将电话转给冒充检察官的三线话务员继续实施诈骗。

至案发，张凯闵等被告人通过上述诈骗手段骗取 75 名被害人钱款共计人民币 2300 余万元。

【指控与证明犯罪】

（一）介入侦查引导取证

由于本案被害人均是中国大陆居民，根据属地管辖优先原则，2016 年 4 月，肯尼亚将 76 名电信网络诈骗犯罪嫌疑人（其中大陆居民 32 人，台湾地区居民44人）遣返中国大陆。经初步审查，张凯闵等41人与其他被遣返的人分属互不关联的诈骗团伙，公安机关依法分案处理。2016年5月，北京市人民检察院第二分院经指定管辖本案，并应公安机关邀请，介入侦查引导取证。

鉴于肯尼亚在遣返犯罪嫌疑人前已将起获的涉案笔记本电脑、语音网关（指能将语音通信集成到数据网络中实现通信功能的设备）、手机等物证移交我国公安机关，为确保证据的客观性、关联性和合法性，检察机关就案件证据需要达到的证明标准以及涉外电子数据的提取等问题与公安机关沟通，提出提取、恢复涉案的Skype聊天记录、Excel和Word文档、网络电话拨打记录清单等电子数据，并对电子数据进行无污损鉴定的意见。在审查电子数据的过程中，检察人员与侦查人员在恢复的Excel文档中找到多份"返乡订票记录单"以及早期大量的Skype聊天记录。依据此线索，查实部分犯罪嫌疑人在去肯尼亚之前曾在印度尼西亚两度针对中国大陆居民进行诈骗，诈骗数额累计达2000余万元人民币。随后，11名曾在印度尼西亚参与张凯闵团伙实施电信诈骗，未赴肯尼亚继续诈骗的犯罪嫌疑人陆续被缉捕到案。至此，张凯闵案52名犯罪嫌疑人全部到案。

（二）审查起诉

审查起诉期间，在案犯罪嫌疑人均表示认罪，但对其在犯罪集团中的作用和参与犯罪数额各自作出辩解。

经审查，北京市人民检察院第二分院认为现有证据足以证实张凯闵等人利用电信网络实施诈骗，但案件证据还存在以下问题：一是电子数据无污损鉴定意见的鉴定起始基准时间晚于犯罪嫌疑人归案的时间近11个小时，不能确定在此期间电子数据是否被增加、删除、修改。二是被害人与诈骗犯罪组织间的关联性证据调取不完整，无法证实部分被害人系本案犯罪组织所骗。三是台湾地区警方提供的台湾地区犯罪嫌疑人出入境记录不完整，北京市公安局出入境管理总队出具的出入境记录与犯罪嫌疑人的供述等其他证据不尽一致，现有证据不能证实各犯罪嫌疑人参加诈骗犯罪组织的具体时间。

针对上述问题，北京市人民检察院第二分院于2016年12月17日、2017年3月7日两次将案件退回公安机关补充侦查，并提出以下补充侦查意见：一是通过中国驻肯尼亚大使馆确认抓获犯罪嫌疑人和外方起获物证的具体时间，将此时间作为电子数据无污损鉴定的起始基准时间，对电子数据重新进行无污损鉴定，以确保电子数据的客观性。二是补充调取犯罪嫌疑人使用网络电话与被害人通话的记录、被害人向犯罪嫌疑人指定银行账户转账汇款的记录、犯罪嫌疑人的收款账户交易明细等证据，以准确认定本案被害人。三是调取各犯罪嫌疑人护照，由北京市公安局出入境管理总队结合护照，出具完整的出入境记录,补充讯问负责管理护照的犯罪嫌疑人,核实部分犯罪嫌疑人是否中途离开过诈骗窝点,以准确认定各犯罪嫌疑人参加犯罪组织的具体时间。补充侦查期间,检察机关就补侦事项及时与公安机关加强当面沟通,落实补证要求。与此同时,检察人员会同侦查人员共赴国家信息中心电子数据司法鉴定中心,就电子数据提取和无污损鉴定等问题向行业专家咨询,解决了无污损鉴定的具体要求以及提取、固定电子数据的范围、程序等问题。检察机关还对公安机关以《司法鉴定书》记录电子数据勘验过程的做法提出意见,要求将《司法鉴定书》转化为勘验笔录。通过上述工作,全案证据得到进一步完善,最终形成补充侦查卷21册,为案件的审查和提起公诉奠定了坚实基础。

检察机关经审查认为,根据肯尼亚警方出具的《调查报告》、我国驻肯尼亚大使馆出具的《情况说明》以及公安机关出具的扣押决定书、扣押清单等,能够确定境外获取的证据来源合法、移交过程真实、连贯、合法。国家信息中心电子数据司法鉴定中心重新作出的无污损鉴定,鉴定的起始基准时间与肯尼亚警方抓获犯罪嫌疑人并起获涉案设备的时间一致,能够证实电子数据的真实性。涉案笔记本电脑和手机中提取的Skype账户登录信息等电子数据与犯罪嫌疑人的供述相互印证,能够确定犯罪嫌疑人的网络身份和现实身份具有一致性。75名被害人与诈骗犯罪组织间的关联性证据已补充到位,具体表现为:网络电话、Skype聊天记录等与被害人陈述的诈骗电话号码、银行账号等证据相互印证;电子数据中的聊天时间、通话时间与银行交易记录中的转账时间相互印证;被害人陈述的被骗经过与被告人供述的诈骗方式相互印证。本案的75名被害人被骗的证据均满足上述印证关系。

(三)出庭指控犯罪

2017年4月1日,北京市人民检察院第二分院根据犯罪情节,对该诈骗犯罪集团中的52名犯罪嫌疑人作出不同处理决定。对张凯闵等50人以诈骗罪分两案向北京市第二中级人民法院提起公诉,对另2名情节较轻的犯罪嫌疑人作出不起诉决定。7月18日、7月19日,北京市第二中级人民法院公开开庭审理了本案。

庭审中,50名被告人对指控的罪名均未提出异议,部分被告人及其辩护人主要提出以下辩解及辩护意见:一是认定犯罪集团缺乏法律依据,应以被告人实际参与诈骗成功的数额认定其犯罪数额。二是被告人系犯罪组织雇用的话务员,在本案中起次要和辅助作用,应认定为从犯。三是检察机关指控的犯罪金额证据不足,没有形成完整的证据链条,不能证明被害人是被告人所骗。

针对上述辩护意见,公诉人答辩如下:

一是该犯罪组织以共同实施电信网络诈骗犯罪为目的而组建,首要分子虽然没有到案，但在案证据充分证明该犯罪组织在首要分子的领导指挥下，有固定人员负责窝点的组建管理、人员的召集培训，分工担任一线、二线、三线话务员，该诈骗犯罪组织符合刑法关于犯罪集团的规定，应当认定为犯罪集团。

二是在案证据能够证实二线、三线话务员不仅实施了冒充警察、检察官接听拨打电话的行为，还在犯罪集团中承担了组织管理工作，在共同犯罪中起主要作用，应认定为主犯。对从事一线接听拨打诈骗电话的被告人，已作区别对待。该犯罪集团在印度尼西亚和肯尼亚先后设立3个窝点，参加过2个以上窝点犯罪的一线人员属于积极参加犯罪，在犯罪中起主要作用，应认定为主犯；仅参加其中一个窝点犯罪的一线人员，参与时间相对较短，实际获利较少，可认定为从犯。

三是本案认定诈骗犯罪集团与被害人之间关联性的证据主要有：犯罪集团使用网络电话与被害人电话联系的通话记录；犯罪集团的Skype聊天记录中提到了被害人姓名、公民身份号码等个人信息；被害人向被告人指定银行账户转账汇款的记录。起诉书认定的75名被害人至少包含上述一种关联方式，实施诈骗与被骗的证据能够形成印证关系，足以认定75名被害人被本案诈骗犯罪组织所骗。

（四）处理结果

2017年12月21日，北京市第二中级人民法院作出一审判决，认定被告人张凯闵等50人以非法占有为目的，参加诈骗犯罪集团，利用电信网络技术手段，分工合作，冒充国家机关工作人员或其他单位工作人员，诈骗被害人钱财，各被告人的行为均已构成诈骗罪，其中28人系主犯，22人系从犯。法院根据犯罪事实、情节并结合各被告人的认罪态度、悔罪表现，对张凯闵等50人判处十五年至一年九个月不等有期徒刑，并处剥夺政治权利及罚金。张凯闵等部分被告人以量刑过重为由提出上诉。2018年3月，北京市高级人民法院二审裁定驳回上诉，维持原判。

【指导意义】

（一）对境外实施犯罪的证据应着重审查合法性

对在境外获取的实施犯罪的证据，一是要审查是否符合我国刑事诉讼法的相关规定，对能够证明案件事实且符合刑事诉讼法规定的，可以作为证据使用。二是对基于有关条约、司法互助协定、两岸司法互助协议或通过国际组织委托调取的证据，应注意审查相关办理程序、手续是否完备，取证程序和条件是否符合有关法律文件的规定。对不具有规定规范的，一般应当要求提供所在国公证机关证明，由所在国中央外交主管机关或其授权机关认证，并经我国驻该国使、领馆认证。三是对委托取得的境外证据，移交过程中应注意审查过程是否连续、手续是否齐全、交接物品是否完整、双方的交接清单记载的物品信息是否一致、交接清单与交接物品是否一一对应。四是对当事人及其辩护人、诉讼代理人提供的来自境外的证据材料，要审查其是否按照条约等相关规定办理了公证和认证，并经我国驻该国使、领馆认证。

（二）对电子数据应重点审查客观性

一要审查电子数据存储介质的真实性。通过审查存储介质的扣押、移交等法律手续及清单，核实电子数据存储介质在收集、保管、鉴定、检查等环节中是否保持原始性和同一性。二要审查电子数据本身是否客观、真实、完整。通过审查电子数据的来源和收集过程，核实电子数据是否从原始存储介质中提取，收集的程序和方法是否符合法律和相关技术规范。对从境外起获的存储介质中提取、恢复的电子数据应当进行无污损鉴定，将起获设备的时间作为鉴定的起始基准时间，以保证电子数据的客观、真实、完整。三要审查电子数据内容的真实性。通过审查在案言词证据能否与电子数据相互印证，不同的电子数据间能否相互印证等，核实电子数据包含的案件信息能否与在案的其他证据相互印证。

（三）紧紧围绕电话卡和银行卡审查认定案件事实

办理电信网络诈骗犯罪案件，认定被害人数量及诈骗资金数额的相关证据，应当紧紧围绕电话卡和银行卡等证据的关联性来认定犯罪事实。一是通过电话卡建立被害人与诈骗犯罪组织间的关联。通过审查诈骗犯罪组织使用的网络电话拨打记录清单、被害人接到诈骗电话号码的陈述以及被害人提供的通话记录详单等通讯类证据，认定被害人与诈骗犯罪组织间的关联性。二是通过银行卡建立被害人与诈骗犯罪组织间的关联。通过审查被害人提供的银行账户交易明细、银行客户通知书、诈骗犯罪集团指定银行账户信息等书证以及诈骗犯罪组织使用的互联网软件聊天记录，核实聊天记录中是否出现被害人的转账账户，以确定被害人与诈骗犯罪组织间的关联性。三是将电话卡和银行卡结合起来认定被害人及诈骗数额。审查被害人接到诈骗电话的时间、向诈骗犯罪组织指定账户转款的时间，诈骗犯罪组织手机或电脑中储存的聊天记录中出现的被害人的账户信息和转账时间是否印证。相互关联印证的，可以认定为案件被害人，被害人实际转账的金额可以认定为诈骗数额。

（四）有明显首要分子，主要成员固定，其他人员有一定流动性的电信网络诈骗犯罪组织，可以认定为诈骗犯罪集团

实施电信网络诈骗犯罪，大都涉案人员众多、组织严密、层级分明、各环节分工明确。对符合刑法关于犯罪集团规定，有明确首要分子，主要成员固定，其他人员虽有一定流动性的电信网络诈骗犯罪组织，依法可以认定为诈骗

犯罪集团。对出资筹建诈骗窝点、掌控诈骗所得资金、制定犯罪计划等起组织、指挥管理作用的，依法可以认定为诈骗犯罪集团首要分子，按照集团所犯的全部罪行处罚。对负责协助首要分子组建窝点、招募培训人员等起积极作用的，或加入时间较长，通过接听拨打电话对受害人进行诱骗，次数较多、诈骗金额较大的，依法可以认定为主犯，按照其参与或组织、指挥的全部犯罪处罚。对诈骗次数较少、诈骗金额较小，在共同犯罪中起次要或者辅助作用的，依法可以认定为从犯，依法从轻、减轻或免除处罚。

【相关规定】

《中华人民共和国刑法》第六条、第二十六条、第二百六十六条

《中华人民共和国刑事诉讼法》第十八条、第二十五条

《中华人民共和国国际刑事司法协助法》第九条、第十条、第二十五条、第二十六条、第三十九条、第四十条、第四十一条、第六十八条

《最高人民法院、最高人民检察院关于办理诈骗刑事案件具体应用法律若干问题的解释》第一条、第二条

《最高人民法院、最高人民检察院、公安部关于办理电信网络诈骗等刑事案件适用法律若干问题的意见》

《最高人民法院、最高人民检察院、公安部关于办理刑事案件收集提取和审查判断电子数据若干问题的规定》

《检察机关办理电信网络诈骗案件指引》

《最高人民法院关于适用〈中华人民共和国刑事诉讼法〉的解释》第四百零五条

叶源星、张剑秋提供侵入计算机信息系统程序、谭房妹非法获取计算机信息系统数据案

(检例第 68 号)

【关键词】 专门用于侵入计算机信息系统的程序　非法获取计算机信息系统数据　撞库　打码

【要　旨】

对有证据证明用途单一，只能用于侵入计算机信息系统的程序，司法机关可依法认定为"专门用于侵入计算机信息系统的程序"；难以确定的，应当委托专门部门或司法鉴定机构作出检验或鉴定。

【基本案情】

叶源星，男，1977 年 3 月 10 日出生，超市网络维护员。

张剑秋，男，1972 年 8 月 14 日出生，小学教师。

谭房妹，男，1993 年 4 月 5 日出生，农民。

2015 年 1 月，被告人叶源星编写了用于批量登录某电商平台账户的"小黄伞"撞库软件（"撞库"是指黑客通过收集已泄露的用户信息，利用账户使用者相同的注册习惯，如相同的用户名和密码，尝试批量登录其他网站，从而非法获取可登录用户信息的行为）供他人免费使用。"小黄伞"撞库软件运行时，配合使用叶源星编写的打码软件（"打码"是指利用人工大量输入验证码的行为）可以完成撞库过程中对大量验证码的识别。叶源星通过网络向他人有偿提供打码软件的验证码识别服务，同时将其中的人工输入验证码任务交由被告人张剑秋完成，并向其支付费用。

2015 年 1 月至 9 月，被告人谭房妹通过下载使用"小黄伞"撞库软件，向叶源星购买打码服务，获取到某电商平台用户信息 2.2 万余组。

被告人叶源星、张剑秋通过实施上述行为，从被告人谭房妹处获取违法所得共计人民币 4 万余元。谭房妹通过向他人出售电商平台用户信息，获取违法所得共计人民币 25 万余元。法院审理期间，叶源星、张剑秋、谭房妹退缴了全部违法所得。

【指控与证明犯罪】

（一）审查起诉

2016年10月10日，浙江省杭州市公安局余杭区分局以犯罪嫌疑人叶源星、张剑秋、谭房妹涉嫌非法获取计算机信息系统数据罪移送杭州市余杭区人民检察院审查起诉。其间，叶源星、张剑秋的辩护人向检察机关提出二名犯罪嫌疑人无罪的意见。叶源星的辩护人认为，叶源星利用"小黄伞"软件批量验证已泄露信息的行为，不构成非法获取计算机信息系统数据罪。张剑秋的辩护人认为，张剑秋不清楚组织打码是为了非法获取某电商平台的用户信息。张剑秋与叶源星没有共同犯罪故意，不构成非法获取计算机信息系统数据罪。

杭州市余杭区人民检察院经审查认为，犯罪嫌疑人叶源星编制"小黄伞"撞库软件供他人使用，犯罪嫌疑人张剑秋组织码工打码，犯罪嫌疑人谭房妹非法获取网络用户信息并出售牟利的基本事实清楚，但需要进一步补强证据。2016年11月25日、2017年2月7日，检察机关二次将案件退回公安机关补充侦查，明确提出需要补查的内容、目的和要求。一是完善"小黄伞"软件的编制过程、运作原理、功能等方面的证据，以便明确"小黄伞"软件是否具有避开或突破某电商平台服务器的安全保护措施，非法获取计算机信息系统数据的功能。二是对扣押的张剑秋电脑进行补充勘验，以便确定张剑秋主观上是否明知其组织打码行为是为他人非法获取某电商平台用户信息提供帮助；调取张剑秋与叶源星的QQ聊天记录，以便查明二人是否有犯意联络。三是提取叶源星被扣押电脑的MAC地址（又叫网卡地址，由12个16进制数组成，是上网设备在网络中的唯一标识），分析"小黄伞"软件源代码中是否含有叶源星电脑的MAC地址，以便查明某电商平台被非法登录过的账号与叶源星编制的"小黄伞"撞库软件之间是否存在关联性。四是对被扣押的谭房妹电脑和U盘进行补充勘验，调取其中含有账号、密码的文件，查明文件的生成时间和特征，以便确定被查获的存储介质中的某电商平台用户信息是否系谭房妹使用"小黄伞"软件获取。

公安机关按照检察机关的要求，对证据作了进一步补充完善。同时，检察机关就"小黄伞"软件的运行原理等问题，听取了技术专家意见。结合公安机关两次退查后补充的证据，案件证据中存在的问题已经得到解决：

一是明确了"小黄伞"软件具有以下功能特征：（1）"小黄伞"软件用途单一，仅针对某电商平台账号进行撞库和接入打码平台，这种非法侵入计算机信息系统获取用户数据的程序没有合法用途。（2）"小黄伞"软件具有避开或突破计算机信息系统安全保护措施的功能。在实施撞库过程中，一个IP地址需要多次登录大量账号，为防止被某电商平台识别为非法登录，导致IP地址被封锁,"小黄伞"软件被编入自动拨号功能,在批量登录几组账号后,会自动切换新的 IP 地址,从而达到避开该电商平台安全防护的目的。(3)"小黄伞"软件具有绕过验证码识别防护措施的功能。在他人利用非法获取的该电商平台账号登录时,需要输入验证码。"小黄伞"软件会自动抓取验证码图片发送到打码平台,由张剑秋组织的码工对验证码进行识别。(4)"小黄伞"软件具有非法获取计算机信息系统数据的功能。"小黄伞"软件对登录成功的某电商平台账号,在未经授权的情况下,会自动抓取账号对应的昵称、注册时间、账号等级等信息数据。根据以上特征,可以认定"小黄伞"软件属于刑法规定的"专门用于侵入计算机信息系统的程序"。

二是从张剑秋和叶源星电脑中补充勘查到的 QQ 聊天记录等电子数据证实,叶源星与张剑秋聊天过程中曾提及"扫平台""改一下平台程序""那些人都是出码的";通过补充讯问张剑秋和叶源星,明确了张剑秋明知其帮叶源星打验证码可能被用于非法目的,仍然帮叶源星做打码代理。上述证据证实张剑秋与叶源星之间已经形成犯意联络,具有共同犯罪故意。

三是通过进一步补充证据,证实了使用撞库软件的终端设备的 MAC 地址与叶源星电脑的 MAC 地址、"小黄伞"软件的源代码里包含的 MAC 地址一致。上述证据证实叶源星就是"小黄伞"软件的编制者。

四是通过对谭房妹所有包含某电商平台用户账号和密码的文件进行比对,查明了谭房妹利用"小黄伞"撞库软件非法获取的某电商平台用户信息文件不仅包含账号、密码,还包含了注册时间、账号等级、是否验证等信息,而谭房妹从其他渠道非法获取的账号信息文件并不包含这些信息。通过对谭房妹电脑的进一步勘查和对谭房妹的进一步讯问,确定了谭房妹利用"小黄伞"软件登录某电商平台用户账号的过程和具体时间,该登录时间与部分账号信息文件的生成时间均能一一对应。根据上述证据,最终确定谭房妹利用"小黄伞"撞库所得的网络用户信息为 2.2 万余组。

综上,检察机关认为案件事实已查清,但公安机关对犯罪嫌疑人叶源星、张剑秋移送起诉适用的罪名不准确。叶源星、张剑秋共同为他人提供专门用于侵入计算机信息系统的程序,均已涉嫌提供侵入计算机信息系统程序罪;犯罪嫌疑人谭房妹的行为已涉嫌非法获取计算机信息系统数据罪。

(二)出庭指控犯罪

2017 年 6 月 20 日,杭州市余杭区人民检察院以被告人叶源星、张剑秋构成提供侵入计算机信息系统程序罪,被告人谭房妹构成非法获取计算机信息系统数据罪,向杭州市余杭区人民法院提起公诉。11 月 17 日,法院公开开庭审理了本案。

庭审中，3名被告人对检察机关的指控均无异议。谭房妹的辩护人提出，谭房妹系初犯，归案后能如实供述罪行，自愿认罪，请求法庭从轻处罚。叶源星和张剑秋的辩护人提出以下辩护意见：一是检察机关未提供省级以上有资质机构的检验结论，现有证据不足以认定"小黄伞"软件是"专门用于侵入计算机信息系统的程序"。二是张剑秋与叶源星间没有共同犯罪的主观故意。三是叶源星和张剑秋的违法所得金额应扣除支付给码工的钱款。

针对上述辩护意见，公诉人答辩如下：一是在案电子数据、勘验笔录、技术人员的证言、被告人供述等证据相互印证，足以证实"小黄伞"软件具有避开和突破计算机信息系统安全保护措施，未经授权获取计算机信息系统数据的功能，属于法律规定的"专门用于侵入计算机信息系统的程序"。二是被告人叶源星与张剑秋具有共同犯罪的故意。QQ聊天记录反映两人曾提及非法获取某电商平台用户信息的内容，能证实张剑秋主观明知其组织他人打码系用于批量登录该电商平台账号。张剑秋组织他人帮助打码的行为和叶源星提供撞库软件的行为相互配合，相互补充，系共同犯罪。三是被告人叶源星、张剑秋的违法所得应以其出售验证码服务的金额认定，给码工等相关支出均属于犯罪成本，不应扣除。二人系共同犯罪，应当对全部犯罪数额承担责任。四是3名被告人在庭审中认罪态度较好且上交了全部违法所得，建议从轻处罚。

（三）处理结果

浙江省杭州市余杭区人民法院采纳了检察机关的指控意见，判决认定被告人叶源星、张剑秋的行为已构成提供侵入计算机信息系统程序罪，且系共同犯罪；被告人谭房妹的行为已构成非法获取计算机信息系统数据罪。鉴于3名被告人均自愿认罪，并退出违法所得，对3名被告人判处三年有期徒刑，适用缓刑，并处罚金。宣判后，3名被告人均未提出上诉，判决已生效。

【指导意义】

审查认定"专门用于侵入计算机信息系统的程序"，一般应要求公安机关提供以下证据：一是从被扣押、封存的涉案电脑、U盘等原始存储介质中收集、提取相关的电子数据。二是对涉案程序、被侵入的计算机信息系统及电子数据进行勘验、检查后制作的笔录。三是能够证实涉案程序的技术原理、制作目的、功能用途和运行效果的书证材料。四是涉案程序的制作人、提供人、使用人对该程序的技术原理、制作目的、功能用途和运行效果进行阐述的言词证据，或能够展示涉案程序功能的视听资料。五是能够证实被侵入计算机信息系统安全保护措施的技术原理、功能以及被侵入后果的专业人员的证言等证据。六是对有运行条件的，应要求公安机关进行侦查实验。对有充分证据证明涉案程序是专门设计用于侵入计算机信息系统、非法获取计算机信息系统数据的，可直接认定为"专门用于侵入计算机信息系统的程序"。

证据审查中，可从以下方面对涉案程序是否属于"专门用于侵入计算机信息系统的程序"进行判断：一是结合被侵入的计算机信息系统的安全保护措施，分析涉案程序是否具有侵入的目的，是否具有避开或者突破计算机信息系统安全保护措施的功能。二是结合计算机信息系统被侵入的具体情形，查明涉案程序是否在未经授权或超越授权的情况下，获取计算机信息系统数据。三是分析涉案程序是否属于"专门"用于侵入计算机信息系统的程序。

根据《最高人民法院、最高人民检察院关于办理危害计算机信息系统安全刑事案件应用法律若干问题的解释》第十条和《最高人民法院、最高人民检察院、公安部关于办理刑事案件收集提取和审查判断电子数据若干问题的规定》第十七条的规定，对是否属于"专门用于侵入计算机信息系统的程序"难以确定的，一般应当委托省级以上负责计算机信息系统安全保护管理工作的部门检验，也可由司法鉴定机构出具鉴定意见，或者由公安部指定的机构出具报告。实践中，应重点审查检验报告、鉴定意见对程序运行过程和运行结果的判断，结合案件具体情况，认定涉案程序是否具有突破或避开计算机信息系统安全保护措施，未经授权或超越授权获取计算机信息系统数据的功能。

【相关规定】

《中华人民共和国刑法》第二百八十五条、第二十五条

《最高人民法院、最高人民检察院关于办理危害计算机信息系统安全刑事案件应用法律若干问题的解释》第一条、第二条、第三条、第十条、第十一条

《最高人民法院、最高人民检察院、公安部关于办理刑事案件收集提取和审查判断电子数据若干问题的规定》第十七条

姚晓杰等 11 人破坏计算机信息系统案

(检例第 69 号)

【关键词】破坏计算机信息系统网络攻击　引导取证　损失认定

【要　旨】

为有效打击网络攻击犯罪，检察机关应加强与公安机关的配合，及时介入侦查引导取证，结合案件特点提出明确具体的补充侦查意见。对被害互联网企业提供的证据和技术支持意见，应当结合其他证据进行审查认定，客观全面准确认定破坏计算机信息系统罪的危害后果。

【基本案情】

被告人姚晓杰，男，1983 年 3 月 27 日出生，无固定职业。

被告人丁虎子，男，1998 年 2 月 7 日出生，无固定职业。

其他 9 名被告人基本情况略。

2017 年初，被告人姚晓杰等人接受王某某（另案处理）雇用，招募多名网络技术人员，在境外成立"暗夜小组"黑客组织。"暗夜小组"从被告人丁虎子等 3 人处购买大量服务器资源，再利用木马软件操控控制端服务器实施 DDoS 攻击（指黑客通过远程控制服务器或计算机等资源，对目标发动高频服务请求，使目标服务器因来不及处理海量请求而瘫痪）。2017 年 2—3 月间，"暗夜小组"成员三次利用 14 台控制端服务器下的计算机，持续对某互联网公司云服务器上运营的三家游戏公司的客户端 IP 进行 DDoS 攻击。攻击导致三家游戏公司的 IP 被封堵，出现游戏无法登录、用户频繁掉线、游戏无法正常运行等问题。为恢复云服务器的正常运营，某互联网公司组织人员对服务器进行了抢修并为此支付 4 万余元。

【指控与证明犯罪】

（一）介入侦查引导取证

2017 年初，某互联网公司网络安全团队在日常工作中监测到多起针对该公司云服务器的大流量高峰值 DDoS 攻击，攻击源 IP 地址来源不明，该公司随即报案。公安机关立案后，同步邀请广东省深圳市人民检察院介入侦查、引导取证。

针对案件专业性、技术性强的特点，深圳市人民检察院会同公安机关多次召开案件讨论会，就被害单位云服务器受到的DDoS攻击的特点和取证策略进行研究，建议公安机关及时将被害单位报案提供的电子数据送国家计算机网络应急技术处理协调中心广东分中心进行分析，确定主要攻击源的IP地址。

2017年6—9月间，公安机关陆续将11名犯罪嫌疑人抓获。侦查发现，"暗夜小组"成员为逃避打击，在作案后已串供并将手机、笔记本电脑等作案工具销毁或者进行了加密处理。"暗夜小组"成员到案后大多作无罪辩解。有证据证实丁虎子等人实施了远程控制大量计算机的行为，但证明其将控制权出售给"暗夜小组"用于DDoS网络攻击的证据薄弱。

鉴于此，深圳市检察机关与公安机关多次会商研究"暗夜小组"团伙内部结构、犯罪行为和技术特点等问题，建议公安机关重点做好以下三方面工作：一是查明导致云服务器不能正常运行的原因与"暗夜小组"攻击行为间的关系。具体包括：对被害单位提供的受攻击IP和近20万个攻击源IP作进一步筛查分析，找出主要攻击源的IP地址，并与丁虎子等人出售的控制端服务器IP地址进行比对；查清主要攻击源的波形特征和网络协议，并和丁虎子等人控制的攻击服务器特征进行比对，以确定主要攻击是否来自于该控制端服务器；查清攻击时间和云服务器因被攻击无法为三家游戏公司提供正常服务的时间；查清攻击的规模；调取"暗夜小组"实施攻击后给三家游戏公司发的邮件。二是做好犯罪嫌疑人线上身份和线下身份同一性的认定工作，并查清"暗夜小组"各成员在犯罪中的分工、地位和作用。三是查清犯罪行为造成的危害后果。

（二）审查起诉

2017年9月19日，公安机关将案件移送广东省深圳市南山区人民检察院审查起诉。鉴于在案证据已基本厘清"暗夜小组"实施犯罪的脉络，"暗夜小组"成员的认罪态度开始有了转变。经审查，全案基本事实已经查清，基本证据已经调取，能够认定姚晓杰等人的行为已涉嫌破坏计算机信息系统罪：一是可以认定系"暗夜小组"对某互联网公司云服务器实施了大流量攻击。国家计算机网络应急技术处理协调中心广东分中心出具的报告证实，筛选出的大流量攻击源IP中有198个IP为僵尸网络中的被控主机，这些主机由14个控制端服务器控制。通过比对丁虎子等人电脑中的电子数据，证实丁虎子等人控制的服务器就是对三家游戏公司客户端实施网络攻击的服务器。分析报告还明确了云服务器受到的攻击类型和攻击采用的网络协议、波形特征，这些证据与"暗夜小组"成员供述的攻击源特征一致。网络聊天内容和银行交易流水等证据证实"暗夜小组"向丁虎子等3人购买上述14个控制端服务器控制权的事实。电子邮件等证据进一步印证了"暗夜小组"实施攻击的事实。二是通过进一步提取犯罪嫌疑人网络活动记录、犯罪嫌疑人之间的通讯信息、资金往来等证据,结合对电子数据的分析,查清了"暗夜小组"成员虚拟身份与真实身份的对应关系,查明了小组成员在招募人员、日常管理、购买控制端服务器、实施攻击和后勤等各个环节中的分工负责情况。

审查中,检察机关发现,攻击行为造成的损失仍未查清:部分犯罪嫌疑人实施犯罪的次数,上下游间交易的证据仍欠缺。针对存在的问题,深圳市南山区人民检察院与公安机关进行了积极沟通,于2017年11月2日和2018年1月16日两次将案件退回公安机关补充侦查。一是鉴于证实受影响计算机信息系统和用户数量的证据已无法调取,本案只能以造成的经济损失认定危害后果。因此,要求公安机关补充调取能够证实某互联网公司直接经济损失或为恢复网络正常运行支出的必要费用等证据,并交专门机构作出评估。二是进一步补充证实"暗夜小组"成员参与每次网络攻击具体情况以及攻击服务器控制权在"暗夜小组"与丁虎子等人间流转情况的证据。三是对丁虎子等人向"暗夜小组"提供攻击服务器控制权的主观明知证据作进一步补强。

公安机关按要求对证据作了补强和完善,全案事实已查清,案件证据确实充分,已经形成了完整的证据链条。

(三)出庭指控犯罪

2018年3月6日,深圳市南山区人民检察院以被告人姚晓杰等11人构成破坏计算机信息系统罪向深圳市南山区人民法院提起公诉。4月27日,法院公开开庭审理了本案。

庭审中,11名被告人对检察机关的指控均表示无异议。部分辩护人提出以下辩护意见:一是网络攻击无处不在,现有证据不能认定三家网络游戏公司受到的攻击均是"暗夜小组"发动的,不能排除攻击来自其他方面。二是即便认定"暗夜小组"参与对三家网络游戏公司的攻击,也不能将某互联网公司支付给抢修系统数据的员工工资认定为本案的经济损失。

针对辩护意见,公诉人答辩如下:一是案发时并不存在其他大规模网络攻击,在案证据足以证实只有"暗夜小组"针对云服务器进行了DDoS高流量攻击,每次的攻击时间和被攻击的时间完全吻合,攻击手法、流量波形、攻击源IP和攻击路径与被告人供述及其他证据相互印证,现有证据足以证明三家网络游戏公司客户端不能正常运行系受"暗夜小组"攻击导致。二是根据法律规定,"经济损失"包括危害计算机信息系统犯罪行为给用户直接造成的经济损失以及用户为恢复数据、功能而支出的必要费用。某互联网公司为修复系统数据、功能而支出的员工工资系因犯罪产生的必要费用,应当认定为本案的经济损失。

(四) 处理结果

2018年6月8日,广东省深圳市南山区人民法院判决认定被告人姚晓杰等11人犯破坏计算机信息系统罪;鉴于各被告人均表示认罪悔罪,部分被告人具有自首等法定从轻、减轻处罚情节,对11名被告人分别判处有期徒刑一年至二年不等。宣判后,11名被告人均未提出上诉,判决已生效。

【指导意义】

(一) 立足网络攻击犯罪案件特点引导公安机关收集调取证据。对重大、疑难、复杂的网络攻击类犯罪案件,检察机关可以适时介入侦查引导取证,会同公安机关研究侦查方向,在收集、固定证据等方面提出法律意见。一是引导公安机关及时调取证明网络攻击犯罪发生、证明危害后果达到追诉标准的证据。委托专业技术人员对收集提取到的电子数据等进行检验、鉴定,结合在案其他证据,明确网络攻击类型、攻击特点和攻击后果。二是引导公安机关调取证明网络攻击是犯罪嫌疑人实施的证据。借助专门技术对攻击源进行分析,溯源网络犯罪路径。审查认定犯罪嫌疑人网络身份与现实身份的同一性时,可通过核查IP地址、网络活动记录、上网终端归属,以及证实犯罪嫌疑人与网络终端、存储介质间的关联性综合判断。犯罪嫌疑人在实施网络攻击后,威胁被害人的证据可作为认定攻击事实和因果关系的证据。有证据证明犯罪嫌疑人实施了攻击行为,网络攻击类型和特点与犯罪嫌疑人实施的攻击一致,攻击时间和被攻击时间吻合的,可以认定网络攻击系犯罪嫌疑人实施。三是网络攻击类犯罪多为共同犯罪,应重点审查各犯罪嫌疑人的供述和辩解、手机通信记录等,通过审查自供和互证的情况以及与其他证据间的印证情况,查明各犯罪嫌疑人间的犯意联络、分工和作用,准确认定主、从犯。四是对需要通过退回补充侦查进一步完善上述证据的,在提出补充侦查意见时,应明确列出每一项证据的补侦目的,以及为了达到目的需要开展的工作。在补充侦查过程中,要适时与公安机关面对面会商,了解和掌握补充侦查工作的进展,共同研究分析补充到的证据是否符合起诉和审判的标准和要求,为补充侦查工作提供必要的引导和指导。

(二) 对被害单位提供的证据和技术支持意见需结合其他在案证据作出准确认定。网络攻击类犯罪案件的被害人多为大型互联网企业。在打击该类犯罪的过程中,司法机关往往会借助被攻击的互联网企业在网络技术、网络资源和大数据等方面的优势,进行溯源分析或对攻击造成的危害进行评估。由于互联网企业既是受害方,有时也是技术支持协助方,为确保被害单位提供的证据客观真实,必须特别注意审查取证过程的规范性;有条件的,应当聘请专门机构对证据的完整性进行鉴定。如条件不具备，应当要求提供证据的被害单位对证据作出说明。同时要充分运用印证分析审查思路，将被害单位提供的证据与在案其他证据，如从犯罪嫌疑人处提取的电子数据、社交软件聊天记录、银行流水、第三方机构出具的鉴定意见、证人证言、犯罪嫌疑人供述等证据作对照分析，确保不存在人为改变案件事实或改变案件危害后果的情形。

（三）对破坏计算机信息系统的危害后果应作客观全面准确认定。实践中，往往倾向于依据犯罪违法所得数额或造成的经济损失认定破坏计算机信息系统罪的危害后果。但是在一些案件中，违法所得或经济损失并不能全面、准确反映出犯罪行为所造成的危害。有的案件违法所得或者经济损失的数额并不大，但网络攻击行为导致受影响的用户数量特别大，有的导致用户满意度降低或用户流失，有的造成了恶劣社会影响。对这类案件，如果仅根据违法所得或经济损失数额来评估危害后果，可能会导致罪刑不相适应。因此，在办理破坏计算机信息系统犯罪案件时，检察机关应发挥好介入侦查引导取证的作用，及时引导公安机关按照法律规定，从扰乱公共秩序的角度，收集、固定能够证实受影响的计算机信息系统数量或用户数量、受影响或被攻击的计算机信息系统不能正常运行的累计时间、对被害企业造成的影响等证据，对危害后果作出客观、全面、准确认定，做到罪责相当、罚当其罪，使被告人受到应有惩处。

【相关规定】

《中华人民共和国刑法》第二百八十六条

《最高人民法院、最高人民检察院关于办理危害计算机信息系统安全刑事案件应用法律若干问题的解释》第四条、第六条、第十一条

最高人民检察院第十八批指导性案例解读*

张晓津 余 岚**

为进一步加大对网络犯罪的打击力度，不断增强检察机关对网络安全的保障能力，有效解决网络犯罪专业知识复杂、争议问题多、办理难度大等问题，经第十三届检察委员会第三十一次会议审议通过，最高人民检察院发布以打击网络犯罪为主题的第十八批指导性案例。现对其理解与适用，作如下解读。

一、第十八批指导性案例发布的背景和意义

（一）发布背景

近年来，检察机关办理的网络犯罪案件数量逐年大幅上升，年平均增幅达34%以上，已严重危害国家安全、经济安全、金融安全和社会安全。

习近平总书记指出，"没有网络安全就没有国家安全"，"过不了互联网这一关，就过不了长期执政这一关"。党的十九大提出"建立网络综合治理体系，营造清朗的网络空间"。按照党中央决策部署，各级检察机关始终把惩治和防范网络犯罪维护网络安全、推进网络治理体系和治理能力现代化工作摆在突出位置。新型网络犯罪具有专业化、公司化、智能化等特点，犯罪手段技术化程度高、隐蔽性强，这就要求承办检察官既要精通相关法律规定，也要懂得与新型网络犯罪相关的专业知识，唯有如此才能实现对新型网络犯罪的有力打击和精准打击。为此，最高人民检察院在总结近年来检察机关办理的网络犯罪案件的基础上，选取了张凯闵等52人电信网络诈骗案等三个案件，作为指导性案例予以发布。需要说明的是，网络科技日新月异，新型网络犯罪也不断"更新换代"，此次选取的三个案例中涉及的犯罪手段犯罪方式有的可能已"过时"，但是办案理念、办案思路、办案方法等仍具有指导意义。

（二）主要意义

一是表明检察机关依法严厉打击网络犯罪的立场。近年来，检察机关认真贯彻落实党中央的决策部署，依法严厉打击了一大批网络犯罪。但随着网络技术不断革新，网络犯罪手段不断翻新，新型网络犯罪不断涌现。检察机关针对办案中的新情况新问题，不断总结应对网络犯罪的新策略，三年间围绕打击网

---

* 原文载《人民检察》2020年第8期。

** 作者单位：最高人民检察院第一检察厅。

络犯罪先后两次编发指导性案例,充分表明检察机关依法打击网络犯罪的坚定决心。二是展示检察机关参与网络治理的新成效。为维护正常网络秩序,各级检察机关充分履行职能,积极探索具有检察特色的网络空间治理模式,不断提升网络空间治理能力,扎实推进网络空间治理法治化、现代化,成效有目共睹。此次发布的案例集中反映了近年来检察机关打击网络犯罪在事实认定、证据运用、法律适用和办案方法等方面的经验,充分展示了检察机关参与网络治理的新成效。三是为各级检察机关依法办理新型网络犯罪案件提供参考和借鉴。网络犯罪的法律适用往往融合了对互联网专业技术的理解,一些检察人员因为对网络犯罪的特点和技术原理研究不够,导致对法律和司法解释的理解和适用不够准确。此次发布的三个指导性案例作为相关领域的首例案例,不仅从法律和互联网技术两个维度阐释了新型网络犯罪常见的法律适用和技术认定问题,还完整重现了检察机关发挥主导作用,成功指控和证明犯罪的过程。良好的办案效果,为各级检察机关办理同类或者类似案件提供了示范和指引。四是有利于增强广大人民群众的法治观念,提高人民群众的网络安全意识。防治网络犯罪离不开广大人民群众的支持与配合,更依赖于人民群众对新型网络违法犯罪行为模式的了解和自觉防范。此次发布的案例通过揭示电信网络诈骗、撞库打码、DDoS 攻击等新型多发网络犯罪及其背后黑色产业链的组织、运行、获利模式,引导群众规范网络行为,提高防范网络犯罪的意识。

二、第十八批指导性案例的主要情况

(一)张凯闵等 52 人电信网络诈骗案

该案要旨:跨境电信网络诈骗犯罪往往涉及大量的境外证据和庞杂的电子数据。对境外获取的证据应着重审查合法性,对电子数据应着重审查客观性。主要成员固定,其他人员有一定流动性的电信网络诈骗犯罪组织,可认定为犯罪集团。

该案基本案情:2015 年 6 月至 2016 年 4 月间,被告人张凯闵等 52 人先后在印度尼西亚共和国和肯尼亚共和国参加对中国大陆居民进行电信网络诈骗的犯罪集团。在实施电信网络诈骗过程中,各被告人分工合作,其中部分被告人负责利用电信网络技术手段对大陆居民的手机和座机电话进行语音群呼,群呼的主要内容为"有快递未签收,经查询还有护照签证即将过期,将被限制出境管制,身份信息可能遭泄露"等。当被害人按照语音内容操作后,电话会自动接通冒充快递公司客服人员的一线话务员。一线话务员以帮助被害人报案为由,在被害人不挂断电话时,将电话转接至冒充公安局办案人员的二线话务员。二线话务员向被害人谎称"因泄露的个人信息被用于犯罪活动,需对被害人资金流向进行调查",欺骗被害人转账、汇款至指定账户。如果被害人对二线话务员的说法仍有怀疑,二线话务员会将电话转给冒充检察官的三线话务员继续实施诈骗。至案发,张凯闵等被告人通过上述诈骗手段骗取75名被害人钱款共计人民币2300余万元。

该案办理中,检察机关针对电子数据无污损鉴定意见的鉴定起始基准时间晚于犯罪嫌疑人的归案时间,证明被害人与诈骗犯罪组织间存在关联性的证据调取不完整、各犯罪嫌疑人参加诈骗犯罪组织的具体情况不明确等问题,要求公安机关补充侦查。通过一系列工作,最终核实了电子数据的客观性,准确认定了全案75名被害人,明确了各犯罪嫌疑人在诈骗犯罪集团中的分工和作用。

(二)叶源星、张剑秋提供侵入计算机信息系统程序、谭房妹非法获取计算机信息系统数据案

该案要旨:对有证据证明用途单一、只能用于侵入计算机信息系统的程序,司法机关可依法认定为"专门用于侵入计算机信息系统的程序";难以确定的,应当委托专门部门或司法鉴定机构作出检验或鉴定。

该案基本案情:2015年1月,被告人叶源星编写了用于批量登录某电商平台账户的"小黄伞"撞库软件供他人免费使用。"小黄伞"撞库软件运行时,配合使用叶源星编写的打码软件可以完成撞库过程中对大量验证码的识别。叶源星通过网络向他人有偿提供打码软件的验证码识别服务,同时将其中的人工输入验证码任务交由被告人张剑秋完成,并向其支付费用。2015年1月至9月,被告人谭房妹通过下载使用"小黄伞"撞库软件,向叶源星购买打码服务,获取到某电商平台用户信息2.2万余组。被告人叶源星、张剑秋通过实施上述行为,从被告人谭房妹处获取违法所得共计人民币4万余元。谭房妹通过向他人出售电商平台用户信息,获取违法所得共计人民币25万余元。法院审理期间,叶源星、张剑秋、谭房妹退缴了全部违法所得。

该案办理中,检察人员发现案件已不具备侦查实验和司法鉴定的条件。为了依法打击犯罪,检察机关通过退回补充侦查和自行侦查,补强了证实"小黄伞"软件运行原理和功能特征的证据,为提起公诉夯实了基础。针对辩护人提出的张剑秋与叶源星没有共同犯罪故意的辩护意见,检察机关补强了相关证据,在此基础上,不仅确认张剑秋与叶源星系共同犯罪,还认定公安机关对叶源星、张剑秋移送起诉适用的罪名不准确。最终,检察机关以被告人叶源星、张剑秋均构成提供侵入计算机信息系统程序罪,且系共同犯罪,被告人谭房妹构成非法获取计算机信息系统数据罪,向法院提起公诉。

(三)姚晓杰等11人破坏计算机信息系统案

该案要旨:为有效打击网络攻击犯罪,检察机关应加强与公安机关的配

合,及时介入侦查引导取证,结合案件特点提出明确具体的补充侦查意见。对被害互联网企业提供的证据和技术支持意见,应当结合其他证据进行审查认定,客观全面准确认定破坏计算机信息系统罪的危害后果。

该案基本案情:2017年初,被告人姚晓杰等人接受王某某(另案处理)雇佣,招募多名网络技术人员,在境外成立"暗夜小组"黑客组织。"暗夜小组"从被告人丁虎子等3人处购买大量服务器资源,再利用木马软件操控控制端服务器实施DDoS攻击。2017年2月至3月间,"暗夜小组"成员三次利用14台控制端服务器下的计算机,持续对某互联网公司云服务器上运营的三家游戏公司的客户端IP进行DDoS攻击。攻击导致三家游戏公司的IP被封堵,出现游戏无法登录、用户频繁掉线、游戏无法正常运行等问题。为恢复云服务器的正常运营,某互联网公司组织人员对服务器进行了抢修并为此支付4万余元。

该案办理中,检察机关充分发挥诉前引导作用,最大限度向侦查靠近,就证据收集、事实认定、法律适用等问题提出意见,引导公安机关全面、客观、合法收集证据。同时,借助互联网公司以技术对抗技术,为案件证据的审查运用厘清了思路,也使当初拒不认罪的被告人最终认罪服法。

三、第十八批指导性案例涉及的相关问题

(一)张凯闵等52人电信网络诈骗案

一是明确对境外实施犯罪的证据应着重审查是否符合我国刑事诉讼法的相关规定。对于能够证明案件事实且符合我国刑事诉讼法规定的,可以作为证据使用。对基于条约、司法互助协定、两岸司法互助协议等调取的证据,以及当事人及其辩护人、诉讼代理人提供的来自境外的证据材料的审查方法作了区分和明确。二是明确对电子数据应重点审查客观性。要求重点审查存储介质的真实性,审查电子数据本身是否客观、真实、完整,审查电子数据内容的真实性。三是明确围绕电话卡和银行卡审查认定案件事实。通过电话卡、银行卡建立被害人与诈骗犯罪组织间的关联,认定诈骗数额。四是明确有明显首要分子,主要成员固定,其他人员有一定流动性的电信网络诈骗犯罪组织,可以认定为诈骗犯罪集团。

(二)叶源星、张剑秋提供侵入计算机信息系统程序、谭房妹非法获取计算机信息系统数据案

该案例明确了司法人员对"专门用于侵入计算机信息系统的程序"作认定时需要审查的证据:一是从被扣押、封存的涉案电脑、U盘等原始存储介质中收集、提取的相关电子数据。二是对涉案程序、被侵入的计算机信息系统及

电子数据进行勘验、检查后制作的笔录。三是能够证实涉案程序的技术原理、制作目的、功能用途和运行效果的书证材料。四是涉案程序的制作人、提供人、使用人对该程序的技术原理、制作目的、功能用途和运行效果进行阐述的言词证据，以及能够展示涉案程序功能的视听资料。五是能够证实被侵入计算机信息系统安全保护措施的技术原理、功能以及被侵入后果的专业人员的证言等证据。六是对于有运行条件的，应要求公安机关进行侦查实验。

同时，该案例还明确了审查认定"专门用于侵入计算机信息系统的程序"应当注意的三点事项，具体包括：首先，应结合被侵入的计算机信息系统的安全保护措施，分析涉案程序是否具有侵入目的，是否具有避开或者突破计算机信息系统安全保护措施的功能。其次，应结合计算机信息系统被侵入的具体情形，查明涉案程序是否在未经授权或超越授权的情况下，获取计算机信息系统数据。最后，应分析涉案程序是否属于"专门"用于侵入计算机信息系统的程序。

（三）姚晓杰等11人破坏计算机信息系统案

一是立足网络攻击犯罪案件的特点，引导公安机关收集、调取证据。对证明网络攻击犯罪发生、危害后果达到追诉标准的证据，可委托专业技术人员进行检验、鉴定，并结合其他证据明确网络攻击类型、攻击特点和攻击后果。对于认定攻击事实和攻击结果间因果关系的证据，可通过溯源分析，比对犯罪嫌疑人网络身份与现实身份，比对被害人受到的攻击与犯罪嫌疑人实施攻击的类型、特点和时间，结合网络攻击后被害人受到的威胁等证据综合进行认定。对于网络犯罪的共同犯罪，应重点审查供述和辩解，通过审查自供和互证的情况以及与其他证据间的印证情况，准确认定主犯、从犯。对于需要退回补充侦查的，应明确列出每项证据的补充侦查目的以及需要开展的工作，适时与公安机关面对面会商，了解并掌握补充侦查工作的进展，共同研究分析补充到的证据是否符合起诉和审判的标准和要求。二是对于被害单位提供的证据和技术支持意见，需结合其他在案证据作出准确认定。对于既是被害方也是技术支持协助方的互联网企业提供的证据，需要注意审查取证过程的规范性，一般应当聘请专门机构对证据的完整性进行鉴定。如条件不具备，应要求被害单位对证据作出说明，并结合在案其他证据作对照分析，确保不存在人为改变案件事实的情形。三是在办理破坏计算机信息系统犯罪案件时，检察机关应及时引导公安机关从扰乱公共秩序的角度，收集、固定能够证实被侵入计算机信息系统数量或用户数量受影响或被攻击的计算机信息系统不能正常运行的累计时间、对被害企业造成的影响等证据，对危害后果作出客观、全面、准确认定，做到罪责相当、罚当其罪，使被告人受到应有的惩处。

最高人民检察院
关于印发最高人民检察院
第十九批指导性案例的通知

(2020年2月28日公布　高检发办字〔2020〕24号)

各级人民检察院：

经2019年12月31日最高人民检察院第十三届检察委员会第三十次会议决定，现将宣告缓刑罪犯蔡某等12人减刑监督案等三件指导性案例（检例第70—72号）作为第十九批指导性案例发布，供参照适用。

最高人民检察院

2020年2月28日

宣告缓刑罪犯蔡某等 12 人减刑监督案

（检例第 70 号）

【关键词】 缓刑罪犯减刑　持续跟进监督　地方规范性文件法律效力　最终裁定纠正违法意见

【要　旨】

对于判处拘役或者三年以下有期徒刑并宣告缓刑的罪犯，在缓刑考验期内确有悔改表现或者有一般立功表现，一般不适用减刑。在缓刑考验期内有重大立功表现的，可以参照刑法第七十八条的规定予以减刑。人民法院对宣告缓刑罪犯裁定减刑适用法律错误的，人民检察院应当依法提出纠正意见。人民法院裁定维持原减刑裁定的，人民检察院应当继续予以监督。

【基本案情】

罪犯蔡某，女，1966 年 9 月 6 日出生，因犯受贿罪于 2009 年 12 月 22 日被江苏省南京市雨花台区人民法院判处有期徒刑三年，缓刑四年，缓刑考验期自 2010 年 1 月 4 日起至 2014 年 1 月 3 日止。另有罪犯陈某某、丁某某、胡某等 11 人分别因犯故意伤害、盗窃、诈骗等罪被人民法院判处有期徒刑并宣告缓刑。上述 12 名缓刑罪犯，分别在南京市的 7 个市辖区接受社区矫正。

2013 年 1 月，南京市司法局以蔡某等 12 名罪犯在社区矫正期间确有悔改表现为由，向南京市中级人民法院提出减刑建议。2013 年 2 月 7 日，南京市中级人民法院以蔡某等 12 名罪犯能认罪服法、遵守法律法规和社区矫正相关规定、确有悔改表现为由，依照刑法第七十八条规定，分别对上述罪犯裁定减去六个月、三个月不等的有期徒刑，并相应缩短缓刑考验期。

【检察机关监督情况】

线索发现。2014 年 8 月，南京市人民检察院在开展减刑、假释、暂予监外执行专项检察活动中发现，南京市中级人民法院对 2014 年 8 月之前作出的部分减刑、假释裁定，未按法定期限将裁定书送达南京市人民检察院，随后依法提出书面纠正意见。南京市中级人民法院接受监督意见，将减刑、假释裁定书送达南京市人民检察院。南京市人民检察院通过将减刑、假释裁定书与辖区内在押人员信息库和社区矫正对象信息库进行逐一比对，发现南京市中级人民法院对蔡某等12名缓刑罪犯裁定减刑可能不当。

调查核实。为查明蔡某等12名缓刑罪犯是否符合减刑条件，南京市人民检察院牵头，组织有关区人民检察院联合调查，调取了蔡某等12名罪犯在社区矫正期间的原始档案材料，并实地走访社区矫正部门、基层街道社区，了解相关罪犯在社区矫正期间实际表现、奖惩、有无重大立功表现等情况。经调查核实，蔡某等12名缓刑罪犯，虽然在社区矫正期间能够认罪服法，认真参加各类矫治活动，按期报告法定事项，受到多次表扬，均确有悔改表现，但是均无重大立功表现。

监督意见。南京市人民检察院经审查认为，南京市中级人民法院对没有重大立功表现的缓刑罪犯裁定减刑，违反了《最高人民法院关于办理减刑、假释案件具体应用法律若干问题的规定》第十三条"判处拘役或者三年以下有期徒刑并宣告缓刑的罪犯，一般不适用减刑。前款规定的罪犯在缓刑考验期限内有重大立功表现的，可以参照刑法第七十八条的规定，予以减刑，同时应依法缩减其缓刑考验期限。拘役的缓刑考验期限不能少于二个月，有期徒刑的缓刑考验期限不能少于一年"的规定，依法应当予以纠正。2014年10月14日南京市人民检察院向南京市中级人民法院分别发出12份《纠正不当减刑裁定意见书》。南京市中级人民法院重新组成合议庭对上述案件进行审理，2014年12月4日作出了维持对蔡某等12名罪犯减刑的刑事裁定。主要理由是，依据2004年、2006年江苏省、南京市两级人民法院、人民检察院、公安机关、司法行政机关先后制定的有关社区矫正规范性文件的有关规定，蔡某等12名罪犯在社区矫正期间受到多次表扬，确有悔改表现，可以给予减刑，因此原刑事裁定并无不当。经再次审查，南京市人民检察院认为南京市中级人民法院的刑事裁定仍违反法律规定，于2014年12月24日向该院发出《纠正违法通知书》，要求该院纠正。

2015年1月8日，南京市中级人民法院重新另行组成合议庭对上述案件进行了审理；南京市人民检察院依法派员出庭，宣读了《纠正违法通知书》，发表了检察意见；南京市司法局作为提请减刑的机关，派员出庭发表意见，认为在社区矫正试点期间，为了调动社区矫正对象接受矫正积极性，江苏省、南京市有关部门先后制定规范性文件，规定对获得多次表扬的社区矫正对象可以给予减刑。这些规范性文件目前还没有废止，可以作为减刑的依据。出庭检察人员指出，2012年3月1日实施的《社区矫正实施办法》明确规定，符合法定减刑条件是为社区矫正人员办理减刑的前提，因此，对缓刑罪犯减刑应当适用法律和司法解释的规定，不应当适用与法律和司法解释相冲突的地方规范性文件。

监督结果。2015年1月21日，南京市中级人民法院重新作出刑事裁定，同意南京市人民检察院的纠正意见，认定对蔡某等12名缓刑罪犯作出的原减刑裁定、原再审减刑裁定，系适用法律错误，分别裁定撤销原减刑裁定、原再审减刑裁定，对蔡某等12名缓刑罪犯不予减刑，剩余缓刑考验期继续执行。裁定生效后，南京市中级人民法院及时将法律文书交付执行机关执行，蔡某等12名罪犯在法定期限内到原区司法局报到，接受社区矫正。

【指导意义】

1. 人民法院减刑裁定适用法律错误，人民检察院应当依法监督纠正。人民检察院在办理减刑、假释案件时，应准确把握法院减刑、假释裁定所依据规范性文件。对于地方人民法院、人民检察院制定的司法解释性文件，应当根据《最高人民法院、最高人民检察院关于地方人民法院、人民检察院不得制定司法解释性质文件的通知》予以清理。人民法院依据地方人民法院、人民检察院制定的司法解释性文件作出裁定的，属于适用法律错误，人民检察院应当依法向人民法院提出书面监督纠正意见，监督人民法院重新组成合议庭进行审理。

2. 人民法院对没有重大立功表现的缓刑罪犯裁定减刑的，人民检察院应当予以监督纠正。减刑、假释是我国重要的刑罚执行制度，不符合法定条件和非经法定程序，不得减刑、假释。根据有关法律和司法解释的规定，判处拘役或者三年以下有期徒刑并宣告缓刑的罪犯，一般不适用减刑；在缓刑考验期限内有重大立功表现的，可以参照刑法第七十八条的规定，予以减刑。因此，对缓刑罪犯适用减刑的法定条件是在缓刑考验期限内有重大立功表现。根据社区矫正的有关规定，人民检察院依法对社区矫正工作实行法律监督，发现社区矫正机构对宣告缓刑的罪犯向人民法院提出减刑建议不当的，应当依法提出纠正意见；发现人民法院对于确有悔改表现或者有一般立功表现但没有重大立功表现的缓刑罪犯裁定减刑的，应当依法向人民法院发出《纠正不当减刑裁定意见书》，申明监督理由、依据和意见，监督人民法院重新组成合议庭进行审理并作出最终裁定。

3. 人民检察院发现人民法院已经生效的减刑、假释裁定仍有错误的，应当继续向人民法院提出书面纠正意见。人民检察院对人民法院减刑、假释的裁定提出纠正意见后，应当监督人民法院在收到纠正意见后一个月内重新组成合议庭进行审理，并监督人民法院重新作出的裁定是否符合法律规定。人民法院重新作出的裁定仍不符合法律规定的，人民检察院应继续向人民法院提出纠正意见，提请人民法院按照审判监督程序依法另行组成合议庭重新审理并作出裁定。对人民法院仍然不采纳纠正意见的，人民检察院应当提请上级人民检察院继续监督。

【相关规定】

《中华人民共和国刑法》第七十八条

《最高人民法院关于办理减刑、假释案件具体应用法律若干问题的规定》第十三条

《人民检察院刑事诉讼规则》第六百四十一条

《社区矫正实施办法》第二十八条

罪犯康某假释监督案

(检例第71号)

【关键词】 未成年罪犯　假释适用　帮教

【要　旨】

人民检察院办理未成年罪犯减刑、假释监督案件，应当比照成年罪犯依法适当从宽把握假释条件。对既符合法定减刑条件又符合法定假释条件的，可以建议刑罚执行机关优先适用假释。审查未成年罪犯是否符合假释条件时，应当结合犯罪的具体情节、原判刑罚情况、刑罚执行中的表现、家庭帮教能力和条件等因素综合认定。

【基本案情】

罪犯康某，男，1999年9月29日出生，汉族，初中文化。2016年12月23日因犯抢劫罪被河南省安阳市中级人民法院终审判处有期徒刑三年，并处罚金人民币1000元，刑期至2018年11月13日。康某因系未成年罪犯，于2017年1月20日被交付到河南省郑州未成年犯管教所执行刑罚。2018年6月，郑州未成年犯管教所在办理减刑过程中，认定康某认真遵守监规，接受教育改造，确有悔改表现，拟对其提请减刑。

【检察机关监督情况】

线索发现。2018年6月，郑州未成年犯管教所就罪犯康某提请减刑征求检察机关意见，郑州市人民检察院审查认为，康某符合法定减刑条件，同时符合法定假释条件，依据相关司法解释规定可以优先适用假释。与对罪犯适用减刑相比，假释更有利于促进罪犯教育改造和融入社会。

调查核实。为了确保监督意见的准确性，派驻检察室根据假释的条件重点开展了以下调查核实工作：一是对康某改造表现进行考量。通过询问罪犯、监管民警及相关人员，查阅计分考核材料，认定康某在服刑期间确有悔改表现。二是对康某原判犯罪情节进行考量。通过审查案卷材料，查明康某虽系抢劫犯罪，但其犯罪时系在校学生，犯罪情节较轻，且罚金刑已履行完毕。三是对康某假释后是否具有再犯罪危险进行考量。结合司法局出具的"关于对康某适用假释调查评估意见书"，走访调取了康某居住地村支书、邻居等人的证言，证实康某犯罪前表现良好，无犯罪前科和劣迹，且上述人员均愿意协助监管帮教康某。四是对康某家庭是否具有监管条件和能力进行考量。通过走访康某原在校班主任，其证实康某在校期间系班干部，学习刻苦，乐于助人，无违反校规校纪情况；康某的父母职业稳定，认识到康某所犯罪行的社会危害性，对康某假释后监管帮教有明确可行的措施和计划。

监督意见。2018年6月26日，郑州市人民检察院提出对罪犯康某依法提请假释的检察意见。郑州未成年犯管教所接受检察机关的意见，于2018年6月28日向郑州市中级人民法院提请审核裁定。为增强假释庭审效果，督促罪犯父母协助落实帮教措施，郑州市人民检察院提出让康某的父母参加假释庭审的建议并被郑州市中级人民法院采纳。

监督结果。2018年7月27日，郑州市中级人民法院在郑州未成年犯管教所开庭审理罪犯康某假释案。庭审中，检察人员发表了依法对康某假释的检察意见，对康某成长经历、犯罪轨迹、性格特征、原判刑罚执行、假释后监管条件和帮教措施等涉及康某假释的问题进行了说明。康某的父母以及郑州未成年犯管教所百余名未成年服刑罪犯旁听了庭审，康某父母检讨了在教育孩子问题上的不足并提出了假释后的家庭帮教措施，百余名未成年罪犯受到了很好的法制教育。2018年7月30日，郑州市中级人民法院依法对罪犯康某裁定假释。

【指导意义】

1. 罪犯既符合法定减刑条件又符合法定假释条件的，可以优先适用假释。减刑、假释都是刑罚变更执行的重要方式，与减刑相比，假释更有利于维护裁判的权威和促进罪犯融入社会、预防罪犯再犯罪。目前，世界其他法治国家多数是实行单一假释制度或者是假释为主、减刑为辅的刑罚变更执行制度。但在我国司法实践中，减刑、假释适用不平衡，罪犯减刑比例一般在百分之二十多，假释比例只有百分之一左右，假释适用率低。人民检察院在办理减刑、假释案件时，应当充分发挥减刑、假释制度的不同价值功能，对既符合法定减刑条件又符合法定假释条件的罪犯，可以建议刑罚执行机关提请人民法院优先适用假释。

2. 对犯罪时未满十八周岁的罪犯适用假释可以依法从宽掌握，综合各种因素判断罪犯是否符合假释条件。人民检察院办理犯罪时未满十八周岁的罪犯假释案件，应当综合罪犯犯罪情节、原判刑罚、服刑表现、身心特点、监管帮教等因素依法从宽掌握。特别是对初犯、偶犯和在校学生等罪犯，假释后其家庭和社区具有帮教能力和条件的，可以建议刑罚执行机关和人民法院依法适用假释。对罪犯"假释后有无再犯罪危险"的审查判断，人民检察院应当根据相关法律和司法解释的规定，结合未成年罪犯犯罪的具体情节、原判刑罚情况，其在刑罚执行中的一贯表现、帮教条件（包括其身体状况、性格特征、被假释后生活来源以及帮教环境等因素）综合考虑。

3. 对犯罪时未满十八周岁的罪犯假释案件，人民检察院可以建议罪犯的父母参加假释庭审。将未成年人罪犯父母到庭制度引入假释案件审理中，有助于更好地调查假释案件相关情况，客观准确地适用法律，保障罪犯的合法权益，督促罪犯假释后社会帮教责任的落实，有利于发挥司法机关、家庭和社会对罪犯改造帮教的合力作用，促进罪犯的权益保护和改造教育，实现办案的政治效果、法律效果和社会效果的有机统一。

4. 人民检察院应当做好罪犯监狱刑罚执行和社区矫正法律监督工作的衔接，继续加强对假释的罪犯社区矫正活动的法律监督。监狱罪犯被裁定假释实行社区矫正后，检察机关应当按照社区矫正的有关规定，监督有关部门做好罪犯的交付、接收等工作，并应当做好对社区矫正机构对罪犯社区矫正活动的监督，督促社区矫正机构对罪犯进行法治、道德等方面的教育，组织其参加公益活动，增强其法治观念，提高其道德素质和社会责任感，帮助其融入社会，预防和减少犯罪。

【相关规定】

《中华人民共和国刑法》第八十一条、第八十二条

《中华人民共和国刑事诉讼法》第二百七十三条、第二百七十四条

《中华人民共和国未成年人保护法》第五十条

《中华人民共和国预防未成年人犯罪法》第四十七条

《最高人民法院关于办理减刑、假释案件具体应用法律的规定》第二十六条

罪犯王某某暂予监外执行监督案

（检例第72号）

【关键词】 暂予监外执行监督　徇私舞弊　不计入执行刑期　贿赂　技术性证据的审查

【要　旨】

人民检察院对违法暂予监外执行进行法律监督时，应当注意发现和查办背后的相关司法工作人员职务犯罪。对司法鉴定意见、病情诊断意见的审查，应当注重对其及所依据的原始资料进行重点审查。发现不符合暂予监外执行条件的罪犯通过非法手段暂予监外执行的，应当依法监督纠正。办理暂予监外执行案件时，应当加强对鉴定意见等技术性证据的联合审查。

【基本案情】

罪犯王某某，男，1966年4月3日出生，个体工商户。2010年9月16日，因犯保险诈骗罪被辽宁省营口市站前区人民法院判处有期徒刑五年，并处罚金人民币十万元。

罪犯王某某审前未被羁押但被判处实刑，交付执行过程中，罪犯王某某及其家属以其身体有病为由申请暂予监外执行，法院随后启动保外就医鉴定工作。2011年5月17日，营口市站前区人民法院依据营口市中医院司法鉴定所出具的罪犯疾病伤残司法鉴定书，因罪犯王某某患"2型糖尿病""脑梗塞"，符合《罪犯保外就医疾病伤残范围》（司发〔1990〕247号）第十条规定，决定对其暂予监外执行一年。一年期满后，经社区矫正机构提示和检察机关督促，法院再次启动暂予监外执行鉴定工作，委托营口市中医院司法鉴定所进行鉴定。其间，营口市中医院司法鉴定所被上级主管部门依法停业整顿，未能及时出具鉴定意见书。2014年7月29日，营口市站前区人民法院依据营口市中医院司法鉴定所出具的罪犯疾病伤残司法鉴定书，以罪犯王某某患有"高血压病3期，极高危""糖尿病合并多发性脑梗塞"，符合《罪犯保外就医疾病伤残范围》第三条、第十条规定，决定对其暂予监外执行一年。

2015年1月16日，营口市站前区人民法院因罪犯王某某犯保险诈骗犯罪属于"三类罪犯"、所患疾病为"高血压"，依据2014年12月1日起施行的

《暂予监外执行规定》，要求该罪犯提供经诊断短期内有生命危险的证明。罪犯王某某因无法提供上述证明被营口市站前区人民法院决定收监执行剩余刑期有期徒刑三年，已经暂予监外执行的两年计入执行刑期。2015年9月8日，罪犯王某某被交付执行刑罚。

【检察机关监督情况】

线索发现。2016年3月，辽宁省营口市人民检察院在对全市两级法院决定暂予监外执行案件进行检察中发现，营口市站前区人民法院对罪犯王某某决定暂予监外执行所依据的病历资料、司法鉴定书等证据材料有诸多疑点，于是调取了该罪犯的法院暂予监外执行卷宗、社区矫正档案、司法鉴定档案等。经审查发现：罪犯王某某在进行司法鉴定时，负责对其进行查体的医生与本案鉴定人不是同一人，卷宗材料无法证实鉴定人是否见过王某某本人；罪犯王某某2011年5月17日、2014年7月29日两次得到暂予监外执行均因其患有"脑梗塞"，但两次司法鉴定中均未做过头部CT检查。

立案侦查。营口市人民检察院经审查认为，罪犯王某某暂予监外执行过程中有可能存在违纪或违法问题，依法决定对该案进行调查核实。检察人员调取了罪犯王某某在营口市中心医院的住院病历等书证与鉴定档案等进行比对，协调监狱对罪犯王某某重新进行头部CT检查，对时任营口市中医院司法鉴定所负责人赵某、营口市中级人民法院技术科科长张某及其他相关人员进行询问。经过调查核实，检察机关基本查明了罪犯王某某违法暂予监外执行的事实，认为相关工作人员涉嫌职务犯罪。2016年4月10日，营口市人民检察院以营口市中级人民法院技术科科长张某、营口市中医院司法鉴定所负责人赵某涉嫌徇私舞弊暂予监外执行犯罪，依法对其立案侦查。经侦查查明：2010年12月至2013年5月，张某在任营口市中级人民法院技术科科长期间，受罪犯王某某亲友等人请托，在明知罪犯王某某不符合保外就医条件的情况下，利用其负责鉴定业务对外进行委托的职务便利，两次指使营口市中医院司法鉴定所负责人赵某为罪犯王某某作出虚假的符合保外就医条件的罪犯疾病伤残司法鉴定意见。赵某在明知罪犯王某某不符合保外就医条件的情况下，违规签发了罪犯王某某因患"糖尿病合并脑梗塞"、符合保外就医条件的司法鉴定书，导致罪犯王某某先后两次被法院决定暂予监外执行。其间，张某收受罪犯王某某亲友给付好处费人民币五万元，赵某收受张某给付的好处费人民币七千元。同时，检察机关注意到罪犯王某某的亲友为帮助王某某违法暂予监外执行，向营口市中级人民法院技术科科长张某等人行贿，但综合考虑相关情节和因素后，检察机关当时决定不立案追究其刑事责任。

监督结果。案件侦查终结后，检察机关以张某构成受贿罪、徇私舞弊暂予监外执行罪，赵某构成徇私舞弊暂予监外执行罪，依法向人民法院提起公诉。2017年5月27日，人民法院以张某犯受贿罪、徇私舞弊暂予监外执行罪，赵某犯徇私舞弊暂予监外执行罪，对二人定罪处罚。

判决生效后，检察机关依法向营口市站前区人民法院发出《纠正不当暂予监外执行决定意见书》，提出罪犯王某某在不符合保外就医条件的情况下，通过他人贿赂张某、赵某等人谋取了虚假的疾病伤残司法鉴定意见；营口市站前区人民法院依据虚假鉴定意见作出的暂予监外执行决定显属不当，建议法院依法纠正2011年5月17日和2014年7月29日对罪犯王某某作出的两次不当暂予监外执行决定。

营口市站前区人民法院采纳了检察机关的监督意见，作出《收监执行决定书》，认定"罪犯王某某贿赂司法鉴定人员，被二次鉴定为符合暂予监外执行条件，人民法院以此为依据决定对其暂予监外执行合计二年，上述二年暂予监外执行期限不计入已执行刑期"。后罪犯王某某被收监再执行有期徒刑二年。

【指导意义】

1. 人民检察院对暂予监外执行进行法律监督时，应注重发现和查办违法暂予监外执行背后的相关司法工作人员职务犯罪案件。实践中，违法暂予监外执行案件背后往往隐藏着司法腐败。因此，检察机关在监督纠正违法暂予监外执行的同时，应当注意发现和查办违法监外执行背后存在的相关司法工作人员职务犯罪案件，把刑罚变更执行法律监督与职务犯罪侦查工作相结合，以监督促侦查，以侦查促监督，不断提升法律监督质效。在违法暂予监外执行案件中，一些罪犯亲友往往通过贿赂相关司法工作人员等手段，帮助罪犯违法暂予监外执行，这是违法暂予监外执行中较为常见的一种现象，对于情节严重的，应当依法追究其刑事责任。

2. 对司法鉴定意见、病情诊断意见的审查，应当注重对其及所依据的原始资料进行重点审查。检察人员办理暂予监外执行监督案件时，应当在审查鉴定意见、病情诊断的基础上，对鉴定意见、病情诊断所依据的原始资料进行重点审查，包括罪犯以往就医病历资料、病情诊断所依据的体检记录、住院病案、影像学报告、检查报告单等，判明原始资料以及鉴定意见和病情诊断的真伪、资料的证明力、鉴定人员的资质、产生资料的程序等问题，以及是否能够据此得出鉴定意见、病情诊断所阐述的结论性意见，相关鉴定部门及鉴定人的鉴定行为是否合法有效等。经审查发现疑点的应进行调查核实，可以邀请有专门知识的人参加。同时，也可以视情况要求有关部门重新组织或者自行组织诊断、检查或者鉴别。

3. 办理暂予监外执行案件时，应当加强对鉴定意见等技术性证据的联合审查。司法实践中，负责直接办理暂予监外执行监督案件的刑事执行检察人员一般缺乏专业性的医学知识，为确保检察意见的准确性，刑事执行检察人员在办理暂予监外执行监督案件时，应当委托检察技术人员对鉴定意见等技术性证据进行审查，检察技术人员应当协助刑事执行检察人员审查或者组织审查案件中涉及的鉴定意见等技术性证据。刑事执行检察人员可以将技术性证据审查意见作为审查判断证据的参考，也可以作为决定重新鉴定、补充鉴定或提出检察建议的依据。

【相关规定】

《中华人民共和国刑法》第四百零一条

《中华人民共和国刑事诉讼法》第二百六十七条、第二百六十八条

《暂予监外执行规定》第二十九条、第三十条、第三十一条、第三十二条

进一步指导和加强刑罚变更执行法律监督
——最高人民检察院第十九批指导性案例解读[*]

侯亚辉 刘福谦 向德超[**]

2020年6月3日，最高人民检察院发布了第十九批指导性案例，包括宣告缓刑罪犯蔡某等12人减刑监督案、罪犯康某假释监督案和罪犯王某某暂予监外执行监督案共三件指导性案例（检例第70—72号）。这是检察机关第一次发布以刑罚变更执行检察为主题的指导性案例。为准确理解和适用指导性案例，现就案例的发布背景、意义和其中涉及的主要问题进行解读。

一、发布第十九批指导性案例的背景和意义

依法对刑罚执行活动实行法律监督是检察机关的一项重要职责。减刑、假释、暂予监外执行（以下简称"减假暂"）是我国重要的刑罚执行制度，也是司法实践中容易滋生腐败、产生执法司法不公的重点环节，党中央对此高度重视，社会也普遍关注。近年来，全国各级检察机关全面加强对"减假暂"提请、审理、裁决、执行等各个环节的同步监督，尤其是加强对职务犯罪等重点罪犯刑罚变更执行的法律监督，严格把握对其"减假暂"的实体条件和程序要求，严格落实职务犯罪"减假暂"备案审查制度，监督纠正了一批"有权人""有钱人"刑罚变更执行不规范案件。注重加强与司法行政机关、法院的协作配合，依法推进假释适用，大力推进刑罚变更执行信息化建设，建立健全刑罚变更执行与法律监督工作机制，在执法司法实践中切实落实好总体国家安全观。同时，坚持纠正违法与查办职务犯罪相结合，严肃查办违法"减假暂"背后的相关职务犯罪案件，确保刑罚变更执行的公平与公正。为进一步总结各地检察机关在刑罚变更执行检察工作中一些好的经验做法，充分发挥指导性案例的示范、引领作用，指导各地进一步规范和加强刑罚变更执行法律监督工作，最高人民检察院发布第十九批以刑罚变更执行检察为主题的指导性案例。

总体来看，这批指导性案例有以下三个特点：一是体现履行职责的特点。与检察机关办理批准逮捕、公诉案件相比，"减假暂"案件对事实认定、法律适用的争议相对较少，关键在于审查发现问题后如何进行调查核实和监督纠

---

[*] 原文载《人民检察》2020年第13期。
[**] 作者单位：最高人民检察院第五检察厅。

正。因此，需要对"减假暂"案件从事实和程序上进行审查，明确开展检察工作的具体方法、步骤，指明容易发生问题的关键环节，督促刑罚执行机关和审判机关进一步规范执法司法工作，实现法律监督工作和刑罚执行工作的双赢多赢共赢。二是涵盖监督办案的范围。目前，我国的刑罚执行主体较多，有法院、公安机关（看守所）、司法行政机关（监狱、社区矫正机构）等，刑罚变更执行活动涉及提请、审理、裁定、执行等多个环节。因此在制发"减假暂"指导性案例时，充分考虑到了刑罚变更执行及其法律监督的办案范围。从案件类型来看，这批指导性案例中减刑案例、假释案例、暂予监外执行案例各一个，分别代表刑罚变更执行的三种类型；从被监督主体来看，有对监狱的监督，有对法院的监督，还有对社区矫正机构的监督；从监督环节来看，有对提请活动的监督，有对裁定活动的监督，还有对执行活动的监督。三是明确监督办案的重点。当前，依法扩大假释适用、对犯罪时为未成年人的刑罚变更执行的从宽掌握、如何在违法"减假暂"中发现和查办相关司法工作人员职务犯罪、如何贯彻落实好社区矫正法等有关规定，都是刑罚变更执行检察工作中需要重点关注和加强的工作。这三个案例对如何做好这方面的工作作了较为充分的阐释和说明。

二、宣告缓刑罪犯蔡某等12人减刑监督案

（一）基本案情、要旨和指导意义

蔡某等12名罪犯因犯罪被宣告缓刑，分别在江苏省南京市的7个辖区接受社区矫正。2013年1月，南京市司法局以蔡某等12名罪犯在社区矫正期间确有悔改表现为由，向南京市中级法院提出减刑建议，南京市中级法院分别对上述罪犯裁定减去六个月、三个月不等的有期徒刑，并相应缩短缓刑考验期。2014年8月，南京市检察院认为蔡某等12名缓刑罪犯在社区矫正期间虽确有悔改表现，但均无重大立功表现，南京市中级法院的减刑裁定违反了最高人民法院《关于办理减刑、假释案件具体应用法律若干问题的规定》第十三条的规定，应当依法予以纠正。2014年10月14日，南京市检察院向南京市中级法院分别发出12份《纠正不当减刑裁定意见书》。南京市中级法院重新组成合议庭对上述案件进行审理，于12月4日作出了维持对蔡某等12名罪犯减刑的刑事裁定，其主要理由是，依据2004年、2006年江苏省、南京市两级法院、检察院、公安机关、司法行政机关先后制定的社区矫正规范性文件的有关规定，蔡某等12名罪犯在社区矫正期间受到多次表扬，确有悔改表现，可以给予减刑。南京市检察院经审查后于12月24日再次向南京市中级法院发出《纠正违法通知书》，要求该法院纠正。2015年1月8日，南京市中级法院重

新另行组成合议庭对上述案件进行审理,南京市检察院依法派员出庭发表检察意见,认为对缓刑罪犯减刑应当适用法律和司法解释的规定,不应当适用与法律和司法解释相冲突的地方规范性文件。同年1月21日,南京市中级法院重新作出刑事裁定,认定对蔡某等12名缓刑罪犯作出的原减刑裁定、原再审减刑裁定系适用法律错误,分别裁定撤销原减刑裁定、原再审减刑裁定,对蔡某等12名缓刑罪犯不予减刑,剩余缓刑考验期继续执行。裁定生效后,南京市中级法院及时将法律文书交付执行机关执行,蔡某等12名罪犯在法定期限内到原来所在区司法局报到,接受社区矫正。

该案的要旨是:对于判处拘役或者三年以下有期徒刑并宣告缓刑的罪犯,在缓刑考验期内确有悔改表现或者有一般立功表现的,一般不适用减刑;法院对宣告缓刑罪犯裁定减刑适用法律错误的,检察机关应当依法提出纠正意见,法院裁定维持原减刑裁定的,检察机关应当继续予以监督。在要旨的基础上,案例从三个方面进一步阐明了指导意义:一是法院减刑裁定适用法律错误的,检察机关应当依法监督纠正;二是法院对没有重大立功表现的缓刑罪犯裁定减刑的,检察机关应当予以监督纠正;三是检察机关发现法院已经生效的减刑、假释裁定仍有错误的,应当继续向法院提出书面纠正意见。

(二) 理解和适用中的重点问题

1. 严格把握减刑的实质条件,对于没有重大立功表现的缓刑罪犯裁定减刑的,检察机关应依法提出纠正意见

减刑、假释是我国重要的刑罚执行制度,不符合法定条件和非经法定程序,不得减刑、假释。根据有关法律和司法解释的规定,判处拘役或者三年以下有期徒刑并宣告缓刑的罪犯,除有重大立功表现的,一般不适用减刑。对犯罪分子宣告缓刑不予监禁,已经一定程度体现了对犯罪分子的从轻处罚。最高人民法院、最高人民检察院、公安部、司法部《社区矫正实施办法》实施前,一些地方开展社区矫正工作试点期间,适当放宽了缓刑罪犯减刑的实体条件,但在《社区矫正实施办法》施行后,相关地方规定不应再作为缓刑罪犯减刑的依据,不能为了工作的连续性而降低司法标准。根据社区矫正的有关规定,检察机关依法对社区矫正工作实行法律监督,发现法院对于确有悔改表现或者有一般立功表现但没有重大立功表现的缓刑罪犯裁定减刑的,应当依法监督纠正。

2. 法院不采纳检察机关纠正意见的,检察机关应当持续监督纠正

检察机关依法行使法律监督权,应当有担当、执着精神,对于违法行为应当持续递进监督,直到纠正到位,保证监督权完整行使和监督效果充分显现。该案中,南京市检察院发现蔡某等12名缓刑罪犯的减刑违反相关规定,依法

向南京市中级法院提出纠正意见。南京市中级法院重新组成合议庭进行审理维持后,南京市检察院依据最高人民检察院《人民检察院刑事诉讼规则》(以下简称《规则》)的有关规定,再次向南京市中级法院发出《纠正违法通知书》,最终南京市中级法院采纳检察机关的意见,对蔡某等12名缓刑罪犯作出的原减刑裁定、原再审减刑裁定进行了纠正。如果法院仍然不采纳检察机关提出的监督纠正意见的,检察机关应当提请上级检察院继续监督。《规则》第六百四十一条对此作了明确规定,检察机关应当严格执行《规则》的要求,以执着、担当精神做好减刑、假释案件的法律监督工作。

3. 法院减刑裁定适用法律错误的,检察机关应当依法监督纠正

检察机关在办理减刑、假释案件时,应准确把握法院作出减刑、假释裁定所依据的规范性文件。对于地方法院、检察院制定的司法解释性文件,应当根据最高人民法院、最高人民检察院《关于地方人民法院、人民检察院不得制定司法解释性质文件的通知》予以清理。法院依据地方法院、检察院制定的司法解释性文件作出裁定的,属于适用法律错误,检察机关应当依法向法院提出书面监督纠正意见,监督法院重新组成合议庭进行审理。

三、罪犯康某假释监督案

(一)基本案情、要旨和指导意义

罪犯康某,男,1999年9月29日出生,汉族,初中文化。2016年12月23日因犯抢劫罪被河南省安阳市中级法院终审判处有期徒刑三年,并处罚金人民币1000元,刑期至2018年11月13日。康某因系未成年罪犯,于2017年1月20日被交付到河南省郑州未成年犯管教所执行刑罚。2018年6月,郑州未成年犯管教所认为康某认真遵守监规,接受教育改造,确有悔改表现,拟对其提请减刑,并征求郑州市检察院的意见。郑州市检察院经审查认为,康某符合法定减刑条件,同时符合法定假释条件,依据相关司法解释规定可以优先适用假释。同时,为了确保监督意见的准确性,郑州市检察院根据假释的条件重点开展了调查核实工作,认为康某符合假释条件,并向郑州未成年犯管教所提出对罪犯康某依法提请假释的检察意见。郑州未成年犯管教所接受检察机关的意见,于2018年6月28日向郑州市中级法院提请对康某裁定假释。7月27日,郑州市中级法院开庭审理罪犯康某假释案。康某的父母以及郑州未成年犯管教所百余名未成年服刑罪犯旁听了庭审,检察人员对康某的成长经历、犯罪轨迹、性格特征、原判刑罚执行、假释后监管条件和帮教措施等问题进行了说明,百余名未成年罪犯从中受到了很好的法治教育。7月30日,郑州市中级法院依法对罪犯康某裁定假释。

该案的要旨是：检察机关办理未成年罪犯减刑、假释监督案件，应当比照成年罪犯依法适当从宽把握假释条件；审查未成年罪犯是否符合假释条件时，应当结合各方面因素综合认定。对于既符合法定减刑条件又符合法定假释条件的，可以建议刑罚执行机关优先适用假释。在要旨的基础上，案例从四个方面进一步阐明了指导意义：一是罪犯既符合法定减刑条件又符合法定假释条件的，可以优先适用假释；二是对犯罪时未满十八周岁的罪犯适用假释可以依法从宽掌握，综合各种因素判断罪犯是否符合假释条件；三是对于犯罪时未满十八周岁的罪犯假释案件，检察机关可以建议罪犯的父母参与假释庭审；四是检察机关应当做好罪犯监狱刑罚执行和社区矫正法律监督工作的衔接，继续加强对假释罪犯社区矫正活动的法律监督。

（二）理解和适用中的重点问题

1. 罪犯既符合法定减刑条件又符合法定假释条件的，可以优先适用假释

减刑、假释都是刑罚变更执行的重要方式。减刑是刑罚执行机关根据罪犯在服刑期间一段时间内的悔改情况、改造表现等，依法提出建议，提请法院裁定减去一定刑期。假释是一种附条件的提前释放，没有对原判刑罚进行实质性变更。在假释考验期内，罪犯要依法接受社区矫正机构的监督与管理，一旦其违背法律设定的条件，将被依法撤销假释，收监执行未执行完毕的刑罚。与减刑相比，假释有利于督促罪犯规范自己的言行，抑制违法犯罪意识，逐步度过缓冲期和过渡期，养成遵纪守法的行为习惯，更好地适应社会、融入社会，从而实现刑罚预防和减少重新犯罪、维护社会长治久安的目的。目前，世界上其他法治国家多数实行单一假释制度或者以假释为主、减刑为辅的刑罚变更执行制度。但在我国司法实践中，由于对假释制度的认识不够，出现问题后责任倒查的程序和标准不太明确，办案人员担心假释罪犯在假释期间再犯罪被追责，一些地方各部门之间工作衔接配合不够顺畅等原因，减刑、假释的适用不平衡，罪犯的减刑比例一般在20%以上，假释比例只有1%左右，假释适用率低。为实现预防和减少罪犯再犯罪的目的，检察机关在办理减刑、假释监督案件时，应当按照法律和司法解释的有关规定和精神，对既符合法定减刑条件又符合法定假释条件的罪犯，建议刑罚执行机关提请法院优先适用假释，充分释放假释制度的价值功能。

2. 对犯罪时未满十八周岁的罪犯适用假释可以依法从宽掌握，将未成年罪犯父母到庭制度引入庭审中

罪犯康某犯罪时系未成年人，检察机关办理犯罪时未满十八周岁的罪犯假释监督案件时，应当综合考量罪犯的犯罪情节、原判刑罚、服刑表现、身心特点、监管帮教等因素，依法从宽掌握假释条件。特别是初犯、偶犯和在校学生

等罪犯，假释后其家庭和社区具有帮教能力和条件的，可以建议刑罚执行机关和法院依法适用假释。对罪犯"假释后有无再犯罪危险"的审查判断，检察机关应当根据相关法律和司法解释的规定，结合未成年罪犯犯罪的具体情节、原判刑罚、在刑罚执行中的一贯表现、帮教条件（包括其身体状况、性格特征、被假释后生活来源以及帮教环境等因素）等综合考虑。同时，可以将未成年罪犯父母到庭制度引入假释案件审理中，建议罪犯的父母参与假释庭审，帮助调查假释案件相关情况，以客观准确地适用法律，保障未成年罪犯的合法权益，督促罪犯假释后社会帮教责任的落实，充分发挥司法机关、家庭和社会对罪犯改造帮教的合力作用，促进罪犯的权益保护和改造教育，实现办案的政治效果、法律效果和社会效果的有机统一。

3. 检察机关应当做好罪犯监狱刑罚执行和社区矫正法律监督工作的衔接，继续加强对假释罪犯社区矫正活动的法律监督

社区矫正是贯彻党的宽严相济刑事政策，推进国家治理体系和治理能力现代化的一项重要制度。我国社区矫正工作于2003年开始试点，2009年在全国试行，2014年在全国全面推广。党的十八届三中、四中全会提出"健全社区矫正制度""制定社区矫正法"，十二届、十三届全国人大常委会将社区矫正法列入立法规划。2019年12月28日，十三届全国人大常委会第十五次会议审议通过了《中华人民共和国社区矫正法》，并于2020年7月1日起实施。依法对符合条件的罪犯实行社区矫正，督促其在社会化开放的环境下顺利回归社会，有利于化解消极因素，缓和社会矛盾，预防和减少再犯罪，维护社会稳定。社区矫正工作是一项复杂的系统工程，需要社区矫正机构、公安机关、检察机关、法院以及民政、卫生、教育、人社等多个部门共同参与。监狱罪犯被裁定假释实行社区矫正后，检察机关应当按照社区矫正的有关规定，在加强与有关部门沟通协作的同时，注意依职权监督有关部门做好罪犯的交付、接收等工作，对社区矫正机构开展的社区矫正活动做好监督，督促社区矫正机构对罪犯进行法治、道德等方面的教育，组织其参加公益活动，增强其法治观念，提高其道德素质和社会责任感，帮助其融入社会，预防和减少再犯罪。

四、罪犯王某某暂予监外执行监督案

（一）基本案情、要旨和指导意义

罪犯王某某，2010年9月因犯保险诈骗罪被辽宁省营口市站前区法院判处有期徒刑五年，并处罚金人民币10万元。在交付执行过程中，罪犯王某某及其家属以其身体有病为由申请暂予监外执行。2011年5月，营口市站前区法院依据营口市中医院司法鉴定所出具的罪犯疾病伤残司法鉴定书，决定对其

暂予监外执行一年。一年期满后，法院再次启动暂予监外执行鉴定工作，由于营口市中医院司法鉴定所被上级主管部门依法停业整顿，未能及时出具鉴定意见书。2014年7月，营口市站前区法院再次决定对王某某暂予监外执行一年。2015年1月16日，罪犯王某某因无法提供短期内有生命危险的证明被营口市站前区法院决定收监执行。2016年3月，营口市检察院在检察中发现罪犯王某某暂予监外执行案存在诸多疑点，并调取相关材料进行审查，认为罪犯王某某暂予监外执行过程中有可能存在违纪或违法问题，依法决定对该案进行调查核实。经过调查核实，营口市检察院查明罪犯王某某违法获得暂予监外执行的事实，并于2016年4月以涉嫌徇私舞弊暂予监外执行罪，对营口市中级法院技术科科长张某、营口市中医院司法鉴定所负责人赵某立案侦查。经侦查查明，2010年12月至2013年5月，张某利用其负责鉴定业务对外进行委托的职务便利，在明知罪犯王某某不符合保外就医条件的情况下，收受罪犯王某某亲友等人贿赂，两次指使营口市中医院司法鉴定所负责人赵某为罪犯王某某作出虚假的符合保外就医条件的罪犯疾病伤残司法鉴定意见。2017年5月27日，张某犯受贿罪、徇私舞弊暂予监外执行罪，赵某犯徇私舞弊暂予监外执行罪，分别被法院定罪处罚。判决生效后，检察机关依法向营口市站前区法院发出《纠正不当暂予监外执行决定意见书》，建议法院依法纠正2011年5月17日和2014年7月29日对罪犯王某某作出的不当暂予监外执行决定。营口市站前区法院采纳了检察机关的监督意见，并作出《收监执行决定书》，罪犯王某某被收监再执行有期徒刑二年。

该案的要旨是：检察机关办理暂予监外执行监督案件，应当对司法鉴定意见、病情诊断意见所依据的原始资料进行重点审查，发现暂予监外执行不符合法律规定的，应当依法予以纠正，同时还应注意发现和查办案件背后的相关司法工作人员职务犯罪案件。在要旨的基础上，案例从三个方面进一步阐明了指导意义：一是检察机关对暂予监外执行案件进行法律监督时，应注重发现和查办违法暂予监外执行背后的相关司法工作人员职务犯罪案件；二是对暂予监外执行案件中司法鉴定意见、病情诊断意见的审查，应当对其所依据的原始资料进行重点审查；三是办理暂予监外执行监督案件时，应当加强对鉴定意见等技术性证据的联合审查。

（二）理解和适用中的重点问题

1. 检察机关办理暂予监外执行监督案件应当对司法鉴定意见、病情诊断意见所依据的原始资料进行重点审查

检察人员办理暂予监外执行监督案件时，应当在审查司法鉴定意见、病情诊断意见的基础上，对司法鉴定意见、病情诊断意见所依据的原始资料进行重

点审查，包括罪犯以往就医的病历资料、病情诊断所依据的体检记录、住院病案、影像学报告、检查报告单等，判明原始资料以及鉴定意见和病情诊断意见的真伪，对资料的证明力、鉴定人员的资质、产生资料的程序等进行审查，并对是否能够据此得出鉴定意见、病情诊断所阐述的结论性意见，相关鉴定部门及鉴定人的鉴定行为是否合法有效等进行审查。经审查发现疑点的应进行调查核实，调查核实中可以邀请有专门知识的人参加，也可以视情况要求有关部门重新组织或者自行组织诊断、检查或者鉴别。

2. 刑事执行检察部门办理暂予监外执行监督案件时，应当联合检察技术部门对鉴定意见等进行技术性证据审查

对暂予监外执行案件的审查，需要掌握一定的医学专业知识。为确保检察意见的准确性，刑事执行检察部门受理暂予监外执行监督案件后，应当委托检察技术部门进行技术性证据审查，检察技术人员应当协助刑事执行检察人员审查或者组织审查案件中涉及的鉴定意见等技术性证据。刑事执行检察部门认为有必要的，还可以邀请检察技术部门派员参加执行机关组织的诊断、检查和鉴别等活动，列席罪犯暂予监外执行评审会议。刑事执行检察人员可以将技术性证据审查意见作为审查判断证据的参考，也可以作为决定重新鉴定、补充鉴定或提出检察建议的依据。司法实践中，对于检察机关没有检察技术部门的，刑事执行检察部门可以委托其他检察院的检察技术部门进行技术性证据审查，或者聘请有临床经验的医学专家进行会诊或者提出专家意见。

3. 检察机关对暂予监外执行案件进行法律监督时，应注重发现和查办违法暂予监外执行背后的相关司法工作人员职务犯罪案件

国家监察体制改革后，刑事诉讼法赋予了检察机关一定的侦查权，这是党中央科学判断反腐败斗争新形势、顺应时代新要求作出的重大决策部署，是在中国特色社会主义法律监督制度科学发展中作出的重要制度设计。司法实践中，执法、司法领域中存在的危害司法公正、侵犯公民权利的犯罪行为，通常与诉讼活动中的违法犯罪行为交织在一起，特别是一些"减假暂"中的司法腐败行为，大多与执法、司法工作人员徇私舞弊、滥用职权密切相关。在违法暂予监外执行案件中，一些罪犯亲友往往通过贿赂相关司法工作人员，帮助罪犯违法获得暂予监外执行。对于情节严重的，应当依法追究相关人员的刑事责任。因此，检察机关在监督纠正违法暂予监外执行案件时，应当注意发现和查办违法暂予监外执行背后存在的相关司法工作人员职务犯罪案件，把刑罚变更执行法律监督与职务犯罪侦查工作结合起来，以监督促侦查，以侦查促监督，不断提升法律监督质效。

最高人民检察院
关于印发最高人民检察院
第二十批指导性案例的通知

（2020年7月16日公布　高检发办字〔2020〕44号）

各级人民检察院：

经 2020 年 7 月 6 日最高人民检察院第十三届检察委员会第四十二次会议决定，现将浙江省某县图书馆及赵某、徐某某单位受贿、私分国有资产、贪污案等四件指导性案例（检例第 73—76 号）作为第二十批指导性案例发布，供参照适用。

最高人民检察院
2020 年 7 月 16 日

浙江省某县图书馆及赵某、徐某某单位受贿、私分国有资产、贪污案

(检例第73号)

【关键词】 单位犯罪　追加起诉　移送线索

【要　旨】

人民检察院在对职务犯罪案件审查起诉时,如果认为相关单位亦涉嫌犯罪,且单位犯罪事实清楚、证据确实充分,经与监察机关沟通,可以依法对犯罪单位提起公诉。检察机关在审查起诉中发现遗漏同案犯或犯罪事实的,应当及时与监察机关沟通,依法处理。

【基本案情】

被告单位浙江省某县图书馆,全额拨款的国有事业单位。

被告人赵某,男,某县图书馆原馆长。

被告人徐某某,男,某县图书馆原副馆长。

(一) 单位受贿罪

2012年至2016年,为提高福利待遇,经赵某、徐某某等人集体讨论决定,某县图书馆通过在书籍采购过程中账外暗中收受回扣的方式,收受A书社梁某某、B公司、C图书经营部潘某某所送人民币共计36万余元,用于发放工作人员福利及支付本单位其他开支。

(二) 私分国有资产罪

2012年至2016年,某县图书馆通过从A书社、B公司、C图书经营部虚开购书发票、虚列劳务支出、采购价格虚高的借书卡等手段套取财政资金63万余元,经赵某、徐某某等人集体讨论决定,将其中的56万余元以单位名义集体私分给本单位工作人员。

(三) 贪污罪

2015年,被告人徐某某利用担任某县图书馆副馆长、分管采购业务的职务之便,通过从C图书经营部采购价格虚高的借书卡的方式,套取财政资金3.8万元归个人所有。

【检察工作情况】

（一）提前介入提出完善证据体系意见，为案件准确定性奠定基础。某县监察委员会以涉嫌贪污罪、受贿罪对赵某立案调查，县人民检察院提前介入后，通过梳理分析相关证据材料，提出完善证据的意见。根据检察机关意见，监察机关进一步收集证据，完善了证据体系。2018年9月28日，县监察委员会调查终结，以赵某涉嫌单位受贿罪、私分国有资产罪移送县人民检察院起诉。

（二）对监察机关未移送起诉的某县图书馆，直接以单位受贿罪提起公诉。某县监察委员会对赵某移送起诉后，检察机关审查认为，某县图书馆作为全额拨款的国有事业单位，在经济往来中，账外暗中收受各种名义的回扣，情节严重，根据《刑法》第三百八十七条之规定，应当以单位受贿罪追究其刑事责任，且单位犯罪事实清楚，证据确实充分。经与监察机关充分沟通，2018年11月12日，县人民检察院对某县图书馆以单位受贿罪，对赵某以单位受贿罪、私分国有资产罪提起公诉。

（三）审查起诉阶段及时移送徐某某涉嫌贪污犯罪问题线索，依法追诉漏犯漏罪。检察机关对赵某案审查起诉时，认为徐某某作为参与集体研究并具体负责采购业务的副馆长，属于其他直接责任人员，也应以单位受贿罪、私分国有资产罪追究其刑事责任。同时在审查供书商账目时发现，其共有两次帮助某县图书馆以虚增借书卡制作价格方式套取财政资金，但赵某供述只套取一次财政资金用于私分，检察人员分析另一次套取的3.8万元财政资金很有可能被经手该笔资金的徐某某贪污，检察机关遂将徐某某涉嫌贪污犯罪线索移交监察机关。监察机关立案调查后，通过进一步补充证据，查明了徐某某参与单位受贿、私分国有资产以及个人贪污的犯罪事实。2018年11月16日，县监察委员会调查终结，以徐某某涉嫌单位受贿罪、私分国有资产罪、贪污罪移送县人民检察院起诉。2018年12月27日，县人民检察院对徐某某以单位受贿罪、私分国有资产罪、贪污罪提起公诉。

2018年12月20日，某县人民法院以单位受贿罪判处某县图书馆罚金人民币二十万元；以单位受贿罪、私分国有资产罪判处赵某有期徒刑一年二个月，并处罚金人民币十万元。2019年1月10日，某县人民法院以单位受贿罪、私分国有资产罪、贪污罪判处徐某某有期徒刑一年，并处罚金人民币二十万元。

【指导意义】

（一）检察机关对单位犯罪可依法直接追加起诉。人民检察院审查监察机关移送起诉的案件，应当查明有无遗漏罪行和其他应当追究刑事责任的人。对于单位犯罪案件，监察机关只对直接负责的主管人员和其他直接责任人员移送起诉，未移送起诉涉嫌犯罪单位的，如果犯罪事实清楚，证据确实充分，经与监察机关沟通，检察机关对犯罪单位可以依法直接提起公诉。

（二）检察机关在审查起诉中发现遗漏同案犯或犯罪事实的，应当及时与监察机关沟通，依法处理。检察机关在审查起诉中，如果发现监察机关移送起诉的案件遗漏同案职务犯罪人或犯罪事实的，应当及时与监察机关沟通，依法处理。如果监察机关在本案审查起诉期限内调查终结移送起诉，且犯罪事实清楚，证据确实充分的，可以并案起诉；如果监察机关不能在本案审查起诉期限内调查终结移送起诉，或者虽然移送起诉，但因案情重大复杂等原因不能及时审结的，也可分案起诉。

【相关规定】

《中华人民共和国刑法》第三十条，第三十一条，第三百八十二条第一款，第三百八十三条第一款第一项、第三款，第三百八十七条，第三百九十六条第一款

《中华人民共和国刑事诉讼法》第一百七十六条

《中华人民共和国监察法》第三十四条

李华波贪污案

（检例第74号）

【关键词】 违法所得没收程序　犯罪嫌疑人到案　程序衔接

【要　旨】

对于贪污贿赂等重大职务犯罪案件，犯罪嫌疑人、被告人逃匿，在通缉一年后不能到案，如果有证据证明有犯罪事实，依照刑法规定应当追缴其违法所得及其他涉案财产的，应当依法适用违法所得没收程序办理。违法所得没收裁定生效后，在逃的职务犯罪嫌疑人自动投案或者被抓获，监察机关调查终结移送起诉的，检察机关应当依照普通刑事诉讼程序办理，并与原没收裁定程序做好衔接。

【基本案情】

被告人李华波，男，江西省上饶市鄱阳县财政局经济建设股原股长。

2006年10月至2010年12月间，李华波利用担任鄱阳县财政局经济建设股股长管理该县基本建设专项资金的职务便利，伙同该股副股长张庆华（已判刑）、鄱阳县农村信用联社城区信用社主任徐德堂（已判刑）等人，采取套用以往审批手续、私自开具转账支票并加盖假印鉴、制作假银行对账单等手段，骗取鄱阳县财政局基建专项资金共计人民币9400万元。除李华波与徐德堂赌博挥霍及同案犯分得部分赃款外，其余赃款被李华波占有。李华波用上述赃款中的人民币240余万元为其本人及家人办理了移民新加坡的手续及在新加坡购置房产；将上述赃款中的人民币2700余万元通过新加坡中央人民币汇款服务私人有限公司兑换成新加坡元，转入本人及妻子在新加坡大华银行的个人账户内。后李华波夫妇使用转入个人账户内的新加坡元用于购买房产及投资，除用于项目投资的150万新加坡元外，其余均被新加坡警方查封扣押，合计540余万新加坡元（折合人民币约2600余万元）。

【检察工作情况】

（一）国际合作追逃，异地刑事追诉。2011年1月29日，李华波逃往新加坡。2011年2月13日，鄱阳县人民检察院以涉嫌贪污罪对李华波立案侦查，同月16日，上饶市人民检察院以涉嫌贪污罪对李华波决定逮捕。中新两国未签订双边引渡和刑事司法协助条约，经有关部门充分沟通协商，决定依据两国共同批准加入的《联合国反腐败公约》和司法协助互惠原则，务实开展该案的国际司法合作。为有效开展工作，中央追逃办先后多次组织召开案件协调会，由监察、检察、外交、公安、审判和司法行政以及地方执法部门组成联合工作组先后8次赴新加坡开展工作。因中新两国最高检察机关均被本国指定为实施《联合国反腐败公约》司法协助的中央机关，其中6次由最高人民检察院牵头组团与新方进行工作磋商，拟定李华波案国际司法合作方案，相互配合，分步骤组织实施。

2011年2月23日，公安部向国际刑警组织请求对李华波发布红色通报，并向新加坡国际刑警发出协查函。2011年3月初，新加坡警方拘捕李华波。随后新加坡法院发出冻结令，冻结李华波夫妇转移到新加坡的涉案财产。2012年9月，新加坡总检察署以三项"不诚实盗取赃物罪"指控李华波。2013年8月15日，新加坡法院一审判决认定对李华波的所有指控罪名成立，判处其15个月监禁。

（二）适用特别程序，没收违法所得。李华波贪污公款9400万元人民币的犯罪事实，有相关书证、证人证言及同案犯供述等予以证明。根据帮助李华波办理转账、移民事宜的相关证人证言、银行转账凭证复印件、新加坡警方提供的《事实概述》、新加坡法院签发的扣押财产报告等证据，能够证明被新加坡警方查封、扣押、冻结的李华波夫妇名下财产，属于李华波贪污犯罪违法所得。

李华波在红色通报发布一年后不能到案，2013年3月6日，上饶市人民检察院向上饶市中级人民法院提出没收李华波违法所得申请。2015年3月3日，上饶市中级人民法院作出一审裁定，认定李华波涉嫌重大贪污犯罪，其逃匿新加坡后被通缉，一年后未能到案。现有证据能够证明，被新加坡警方扣押的李华波夫妇名下财产共计540余万新加坡元，均系李华波的违法所得，依法予以没收。相关人员均未在法定期限内提出上诉，没收裁定生效。2016年6月29日，新加坡高等法院作出判决，将扣押的李华波夫妇名下共计540余万新加坡元涉案财产全部返还中方。

（三）迫使回国投案，依法接受审判。为迫使李华波回国投案，中方依法吊销李华波全家四人中国护照并通知新方。2015年1月，新加坡移民局作出取消李华波全家四人新加坡永久居留权的决定。2015年2月2日，李华波主动写信要求回国投案自首。2015年5月9日，李华波被遣返回国，同日被执行逮捕。2015年12月30日，上饶市人民检察院以李华波犯贪污罪，向上饶市中级人民法院提起公诉。2017年1月23日，上饶市中级人民法院以贪污罪判处李华波无期徒刑，剥夺政治权利终身，并处没收个人全部财产。扣除同案犯徐德堂等人已被追缴的赃款以及依照违法所得没收程序裁定没收的赃款，剩余赃款继续予以追缴。

【指导意义】

（一）对于犯罪嫌疑人、被告人逃匿的贪污贿赂等重大职务犯罪案件，符合法定条件的，人民检察院应当依法适用违法所得没收程序办理。对于贪污贿赂等重大职务犯罪案件，犯罪嫌疑人、被告人逃匿，在通缉一年后不能到案，如果有证据证明有犯罪事实，依照刑法规定应当追缴其违法所得及其他涉案财产的，人民检察院应当依法向人民法院提出没收违法所得的申请，促进追赃追逃工作开展。

（二）违法所得没收裁定生效后，犯罪嫌疑人、被告人到案的，人民检察院应当依照普通刑事诉讼程序审查起诉。人民检察院依照特别程序提出没收违法所得申请，人民法院作出没收裁定生效后，犯罪嫌疑人、被告人自动投案或者被抓获的，检察机关应当依照普通刑事诉讼程序进行审查。人民检察院审查后，认为犯罪事实清楚，证据确实充分的，应当向原作出裁定的人民法院提起公诉。

（三）在依照普通刑事诉讼程序办理案件过程中，要与原违法所得没收程序做好衔接。对扣除已裁定没收财产后需要继续追缴违法所得的，检察机关应当依法审查提出意见，由人民法院判决后追缴。

【相关规定】

《中华人民共和国刑法》第五十七条第一款、第五十九条、第六十四条、第六十七条第一款、第三百八十二条第一款、第三百八十三条第一款第三项

《中华人民共和国刑事诉讼法》（2012年3月14日修正）第十七条、第二百八十条、第二百八十一条、第二百八十二条、第二百八十三条

《中华人民共和国监察法》第四十八条

《最高人民法院、最高人民检察院关于办理贪污贿赂刑事案件适用法律若干问题的解释》第三条第一款、第十九条第一款

《最高人民法院、最高人民检察院关于适用犯罪嫌疑人、被告人逃匿、死亡案件违法所得没收程序若干问题的规定》

金某某受贿案

(检例第75号)

【关键词】 职务犯罪　认罪认罚　确定刑量刑建议

【要　旨】

对于犯罪嫌疑人自愿认罪认罚的职务犯罪案件，应当依法适用认罪认罚从宽制度办理。在适用认罪认罚从宽制度办理职务犯罪案件过程中，检察机关应切实履行主导责任，与监察机关、审判机关互相配合，互相制约，充分保障犯罪嫌疑人、被告人的程序选择权。要坚持罪刑法定和罪责刑相适应原则，对符合有关规定条件的，一般应当就主刑、附加刑、是否适用缓刑等提出确定刑量刑建议。

【基本案情】

被告人金某某，女，安徽省某医院原党委书记、院长。

2007年至2018年，被告人金某某在担任安徽省某医院党委书记、院长期间，利用职务上的便利，为请托人在承建工程项目、销售医疗设备、销售药品、支付货款、结算工程款、职务晋升等事项上提供帮助，非法收受他人财物共计人民币1161.1万元、4000欧元。

【检察工作情况】

（一）提前介入全面掌握案情，充分了解被调查人的认罪悔罪情况。安徽省检察机关在提前介入金某某案件过程中，通过对安徽省监察委员会调查的证据材料进行初步审查，认为金某某涉嫌受贿犯罪的基本事实清楚，基本证据确实充分。同时注意到，金某某到案后，不但如实交代了监察机关已经掌握的受贿170余万元的犯罪事实，还主动交代了监察机关尚未掌握的受贿980余万元的犯罪事实，真诚认罪悔罪，表示愿意接受处罚，并已积极退缴全部赃款。初步判定本案具备适用认罪认罚从宽制度条件。

（二）检察长直接承办，积极推动认罪认罚从宽制度适用。安徽省监察委员会调查终结后，于2019年1月16日以金某某涉嫌受贿罪移送安徽省人民检察院起诉，安徽省人民检察院于同月29日将案件交由淮北市人民检察院审查起诉，淮北市人民检察院检察长作为承办人办案。经全面审查认定，金某某受贿案数额特别巨大，在安徽省医疗卫生系统有重大影响，但其自愿如实供述自己的罪行，真诚悔罪，愿意接受处罚，全部退赃，符合刑事诉讼法规定的认罪认罚从宽制度适用条件，检察机关经慎重研究，依法决定适用认罪认罚从宽制度办理。

（三）严格依法确保认罪认罚的真实性、自愿性、合法性。一是及时告知权利。案件移送起诉后，淮北市人民检察院在第一次讯问时，告知金某某享有的诉讼权利和认罪认罚相关法律规定，加强释法说理，充分保障其程序选择权和认罪认罚的真实性、自愿性。二是充分听取意见。切实保障金某某辩护律师的阅卷权、会见权，就金某某涉嫌的犯罪事实、罪名及适用的法律规定，从轻处罚建议，认罪认罚后案件审理适用的程序等，充分听取金某某及其辩护律师的意见，记录在案并附卷。三是提出确定刑量刑建议。金某某虽然犯罪持续时间长、犯罪数额特别巨大，但其自监委调查阶段即自愿如实供述自己的罪行，尤其是主动交代了监察机关尚未掌握的大部分犯罪事实，具有法定从轻处罚的坦白情节；且真诚悔罪，认罪彻底稳定，全部退赃，自愿表示认罪认罚，应当在法定刑幅度内相应从宽，检察机关综合上述情况，提出确定刑量刑建议。四是签署具结书。金某某及其辩护律师同意检察机关量刑建议，并同意适用普通程序简化审理，在辩护律师见证下，金某某自愿签署了《认罪认罚具结书》。

2019年3月13日，淮北市人民检察院以被告人金某某犯受贿罪，向淮北市中级人民法院提起公诉，建议判处金某某有期徒刑十年，并处罚金人民币五十万元，并建议适用普通程序简化审理。2019年4月10日，淮北市中级人民法院公开开庭，适用普通程序简化审理本案。经过庭审，认定起诉书指控被告人金某某犯受贿罪事实清楚、证据确实充分，采纳淮北市人民检察院提出的量刑建议并当庭宣判，金某某当庭表示服判不上诉。

【指导意义】

（一）对于犯罪嫌疑人自愿认罪认罚的职务犯罪案件，检察机关应当依法适用认罪认罚从宽制度办理。依据刑事诉讼法第十五条规定，认罪认罚从宽制度贯穿刑事诉讼全过程，没有适用罪名和可能判处刑罚的限定，所有刑事案件都可以适用。职务犯罪案件适用认罪认罚从宽制度，符合宽严相济刑事政策，有利于最大限度实现办理职务犯罪案件效果，有利于推进反腐败工作。职务犯罪案件的犯罪嫌疑人自愿如实供述自己的罪行，真诚悔罪，愿意接受处罚，检察机关应当依法适用认罪认罚从宽制度办理。

（二）适用认罪认罚从宽制度办理职务犯罪案件，检察机关应切实履行主导责任。检察机关通过提前介入监察机关办理职务犯罪案件工作，即可根据案件事实、证据、性质、情节、被调查人态度等基本情况，初步判定能否适用认罪认罚从宽制度。案件移送起诉后，人民检察院应当及时告知犯罪嫌疑人享有的诉讼权利和认罪认罚从宽制度相关法律规定，保障犯罪嫌疑人的程序选择权。犯罪嫌疑人自愿认罪认罚的，人民检察院应当就涉嫌的犯罪事实、罪名及适用的法律规定，从轻、减轻或者免除处罚等从宽处罚的建议，认罪认罚后案件审理适用的程序及其他需要听取意见的情形，听取犯罪嫌疑人、辩护人或者值班律师的意见并记录在案，同时加强与监察机关、审判机关的沟通，听取意见。

（三）依法提出量刑建议，提升职务犯罪案件适用认罪认罚从宽制度效果。检察机关办理认罪认罚职务犯罪案件，应当根据犯罪的事实、性质、情节和对社会的危害程度，结合法定、酌定的量刑情节，综合考虑认罪认罚的具体情况，依法决定是否从宽、如何从宽。对符合有关规定条件的，一般应当就主刑、附加刑、是否适用缓刑等提出确定刑量刑建议。对于减轻、免除处罚，应当于法有据；不具备减轻处罚情节的，应当在法定幅度以内提出从轻处罚的量刑建议。

【相关规定】

《中华人民共和国刑法》第六十七条第三款，第三百八十三条第一款第三项、第二款、第三款，第三百八十五条第一款，第三百八十六条

《中华人民共和国刑事诉讼法》第十五条、第一百七十三条、第一百七十四条第一款、第一百七十六条、第二百零一条

《最高人民法院、最高人民检察院关于办理职务犯罪案件认定自首、立功等量刑情节若干问题的意见》第三部分

张某受贿，郭某行贿、职务侵占、诈骗案

（检例第76号）

【关键词】 受贿罪　改变提前介入意见　案件管辖　追诉漏罪

【要　旨】

检察机关提前介入应认真审查案件事实和证据，准确把握案件定性，依法提出提前介入意见。检察机关在审查起诉阶段仍应严格审查，提出审查起诉意见。审查起诉意见改变提前介入意见的，应及时与监察机关沟通。对于在审查起诉阶段发现漏罪，如该罪属于公安机关管辖，但犯罪事实清楚，证据确实充分，符合起诉条件的，检察机关在征得相关机关同意后，可以直接追加起诉。

【基本案情】

被告人张某，男，北京市东城区某街道办事处环卫所原副所长。

被告人郭某，女，北京某物业公司原客服部经理。

2014年11月，甲小区和乙小区被北京市东城区某街道办事处确定为环卫项目示范推广单位。按照规定，两小区应选聘19名指导员从事宣传、指导、监督、服务等工作，政府部门按每名指导员每月600元标准予以补贴。上述两小区由北京某物业公司负责物业管理，两小区19名指导员补贴款由该物业公司负责领取发放。2014年11月至2017年3月，郭某在担任该物业公司客服部经理期间，将代表物业公司领取的指导员补贴款共计人民币33.06万元据为己有。郭某从物业公司离职后，仍以物业公司客服部经理名义，于2017年6月、9月，冒领指导员补贴款共计人民币6.84万元据为己有。2014年11月至2017年9月期间，张某接受郭某请托，利用担任某街道办事处环卫所职员、副所长的职务便利，不严格监督检查上述补贴款发放，非法收受郭某给予的人民币8.85万元。2018年1月，张某担心事情败露，与郭某共同筹集人民币35万元退还给物业公司。2018年2月28日，张某、郭某自行到北京市东城区监察委员会接受调查，并如实供述全部犯罪事实。

【检察工作情况】

（一）提前介入准确分析案件定性，就法律适用及证据完善提出意见。调查阶段，东城区监委对张某、郭某构成贪污罪共犯还是行受贿犯罪存在意见分

歧,书面商请东城区人民检察院提前介入。主张认定二人构成贪污罪共犯的主要理由:一是犯罪对象上,郭某侵占并送给张某的资金性质为国家财政拨款,系公款;二是主观认识上,二人对截留的补贴款系公款的性质明知,并对截留补贴款达成一定共识;三是客观行为上,二人系共同截留补贴款进行分配。

检察机关分析在案证据后认为,应认定二人构成行受贿犯罪,主要理由:一是主观上没有共同贪污故意。二人从未就补贴款的处理使用有过明确沟通,郭某给张某送钱,就是为了让张某放松监管,张某怠于履行监管职责,就是因为收受了郭某所送贿赂,而非自己要占有补贴款。二是客观上没有共同贪污行为。张某收受郭某给予的钱款后怠于履行监管职责,正是利用职务之便为郭某谋取利益的行为,但对于郭某侵占补贴款,在案证据不能证实张某主观上有明确认识,郭某也从未想过与张某共同瓜分补贴款。三是款项性质对受贿罪认定没有影响。由于二人缺乏共同贪占补贴款的故意和行为,不应构成贪污罪共犯,而应分别构成行贿罪和受贿罪,并应针对主客观方面再补强相关证据。检察机关将法律适用和补充完善证据的意见书面反馈给东城区监委。东城区监委采纳了检察机关的提前介入意见,补充证据后,以张某涉嫌受贿罪、郭某涉嫌行贿罪,于2018年11月12日将两案移送起诉。

(二)审查起诉阶段不囿于提前介入意见,依法全面审查证据,及时发现漏罪。案件移送起诉后,检察机关全面严格审查在案证据,认为郭某领取和侵吞补贴款的行为分为两个阶段:第一阶段,郭某作为上述物业公司客服部经理,利用领取补贴款的职务便利,领取并将补贴款非法占为己有,其行为构成职务侵占罪;第二阶段,郭某从物业公司客服部经理岗位离职后,仍冒用客服部经理的身份领取补贴款并非法占为己有,其行为构成诈骗罪。

(三)提起公诉直接追加指控罪名,法院判决予以确认。检察机关在对郭某行贿案审查起诉时发现,郭某侵吞补贴款的行为构成职务侵占罪和诈骗罪,且犯罪事实清楚,证据确实充分,已符合起诉条件。经与相关机关沟通后,检察机关在起诉时追加认定郭某构成职务侵占罪、诈骗罪。

2018年12月28日,北京市东城区人民检察院对张某以受贿罪提起公诉;对郭某以行贿罪、职务侵占罪、诈骗罪提起公诉。2019年1月17日,北京市东城区人民法院作出一审判决,以受贿罪判处张某有期徒刑八个月,缓刑一年,并处罚金人民币十万元;以行贿罪、职务侵占罪、诈骗罪判处郭某有期徒刑二年,缓刑三年,并处罚金人民币十万一千元。

【指导意义】

(一)检察机关依法全面审查监察机关移送起诉案件,审查起诉意见与提前介入意见不一致的,应当及时与监察机关沟通。检察机关提前介入监察机关办理的职务犯罪案件时，已对证据收集、事实认定、案件定性、法律适用等提出意见。案件进入审查起诉阶段后，检察机关仍应依法全面审查，可以改变提前介入意见。审查起诉意见改变提前介入意见的，检察机关应当及时与监察机关沟通。

（二）对于监察机关在调查其管辖犯罪时已经查明，但属于公安机关管辖的犯罪，检察机关可以依法追加起诉。对于监察机关移送起诉的案件，检察机关在审查起诉阶段发现漏罪，如该罪属于公安机关管辖，但犯罪事实清楚，证据确实充分，符合起诉条件的，经征求监察机关、公安机关意见后，没有不同意见的，可以直接追加起诉；提出不同意见，或者事实不清、证据不足的，应当将案件退回监察机关并说明理由，建议其移送有管辖权的机关办理，必要时可以自行补充侦查。

（三）根据主客观相统一原则，准确区分受贿罪和贪污罪。对于国家工作人员收受贿赂后故意不履行监管职责，使非国家工作人员非法占有财物的，如该财物又涉及公款，应根据主客观相统一原则，准确认定案件性质。一要看主观上是否对侵吞公款进行过共谋，二要看客观上是否共同实施侵吞公款行为。如果具有共同侵占公款故意，且共同实施了侵占公款行为，应认定为贪污罪共犯；如果国家工作人员主观上没有侵占公款故意，只是收受贿赂后放弃职守，客观上使非国家工作人员任意处理其经手的钱款成为可能，应认定为为他人谋取利益，国家工作人员构成受贿罪，非国家工作人员构成行贿罪。如果国家工作人员行为同时构成玩忽职守罪的，以受贿罪和玩忽职守罪数罪并罚。

【相关规定】

《中华人民共和国刑法》第六十七条第一款、第二百六十六条、第二百七十一条第一款、第三百八十三条第一款第一项、第三百八十五条第一款、第三百八十六条、第三百八十九条第一款、第三百九十条

《最高人民法院、最高人民检察院关于办理贪污贿赂刑事案件适用法律若干问题的解释》第一条第一款、第七条第一款、第十一条第一款、第十九条

《最高人民法院、最高人民检察院关于办理诈骗刑事案件具体应用法律若干问题的解释》第一条、第三条

发挥职能作用　提升职务犯罪案件办理质效
——最高人民检察院第二十批指导性案例解读*

韩晓峰　高锋志　尚垚弘**

2020年7月21日，最高人民检察院发布了第二十批指导性案例，包括浙江省某县图书馆及赵某、徐某某单位受贿、私分国有资产、贪污案，李华波贪污案，金某某受贿案，张某受贿及郭某行贿、职务侵占、诈骗案共四件指导性案例（检例第73—76号）。这是检察机关第一次发布以职务犯罪检察为主题的指导性案例。为准确理解和适用指导性案例，现就发布案例的背景、意义和其中涉及的主要问题进行解读。

一、发布第二十批指导性案例的背景和意义

最高人民检察院围绕职务犯罪检察主题发布第二十批指导性案例，主要意义在于：

一是指导全国检察机关进一步充分发挥在反腐败斗争中的职能作用。在全面推进监察体制改革背景下，检察机关作为党领导下的司法机关，在党和国家反腐败总体格局中，肩负着重要政治责任和重大法律责任。在惩治腐败犯罪的司法环节中，检察机关承担着确认、巩固和拓展监察调查成果，追诉职务犯罪行为，进而实现刑罚对腐败犯罪分子的惩罚、警戒、教育功能等重要职责。发布以职务犯罪检察为主题的指导性案例，有助于指导全国检察机关以高度的政治自觉、法治自觉和检察自觉，在反腐败斗争中履职尽责、积极作为、勇于担当，进一步做优做强做实职务犯罪检察各项工作，更好服务党和国家反腐败大局。二是指导全国检察机关进一步依法规范办理职务犯罪案件。面对监察体制改革与司法体制改革、诉讼制度改革、检察机关内设机构改革相叠加的新形势新任务，全国检察机关积极与监察机关、审判机关等有关部门加强沟通协作，注重衔接配合与制约，成功办理了一批案件，也积累了一些好的经验做法。由于目前仍处于监察体制改革初期，新的办案机制运行时间还不长，在这种情况下，发布相关指导性案例，可以为全国检察机关依法办理类似案件提供参考和借鉴，进而推动相关配套制度机制不断健全。三是指导全国检察机关积极适用

---

* 原文载《人民检察》2020年第16期。
** 作者单位：最高人民检察院第三检察厅。

法律规定的新程序新制度。2012年刑事诉讼法增设了犯罪嫌疑人、被告人逃匿、死亡案件违法所得的没收程序，2018年刑事诉讼法又新规定了缺席审判程序和认罪认罚从宽制度，也有相关司法解释陆续出台。这些新程序新制度有利于提升职务犯罪案件办理效果。此次发布的适用违法所得没收程序和认罪认罚从宽制度两个案例，目的在于指导全国检察机关进一步加大适用这些新程序新制度的力度，更好发挥这些新程序新制度的积极作用。

二、浙江省某县图书馆及赵某、徐某某单位受贿、私分国有资产、贪污案

（一）基本案情、要旨和指导意义

2012年至2016年，被告人赵某、徐某某作为浙江省某县图书馆的原馆长和副馆长，经集体讨论决定，通过在书籍采购过程中账外暗中收受回扣的方式，收受有关业务单位所送人民币共计36万余元，用于发放工作人员福利及支付本单位其他开支。同时，通过从上述业务单位虚开购书发票、虚列劳务支出、采购价格虚高的借书卡等手段套取财政资金，经集体讨论决定后，将其中的56万余元以单位名义集体私分给本单位工作人员。在套取财政资金过程中，被告人徐某某利用职务之便，套取3.8万元据为己有。

2018年9月28日，县监察委员会调查终结，以赵某涉嫌单位受贿罪、私分国有资产罪移送县检察院起诉。检察院审查认为，某县图书馆作为全额拨款的国有事业单位，在经济往来中，账外暗中收受各种名义的回扣，情节严重，根据刑法第三百八十七条之规定，应当以单位受贿罪追究其刑事责任，且单位犯罪事实清楚，证据确实充分。经与监察委员会充分沟通，2018年11月12日，县检察院对某县图书馆以单位受贿罪，对赵某以单位受贿罪、私分国有资产罪提起公诉。检察机关对赵某案审查起诉时，认为徐某某作为参与集体研究并具体负责采购业务的副馆长，属于其他直接责任人员，也应以单位受贿罪、私分国有资产罪追究其刑事责任，同时还发现徐某某涉嫌贪污犯罪问题线索，遂将线索移交监察机关。2018年11月16日，县监察委员会调查终结，将徐某某移送县检察院起诉。2018年12月27日，县检察院对徐某某以单位受贿罪、私分国有资产罪、贪污罪提起公诉。2018年12月20日，某县法院以单位受贿罪判处某县图书馆罚金人民币20万元；以单位受贿罪、私分国有资产罪判处赵某有期徒刑一年零二个月，并处罚金人民币10万元。2019年1月10日，某县法院以单位受贿罪、私分国有资产罪、贪污罪判处徐某某有期徒刑一年，并处罚金人民币20万元。

该案的要旨及指导意义：一是检察机关在对职务犯罪案件审查起诉时，如果认为相关单位亦涉嫌犯罪,且单位犯罪事实清楚、证据确实充分,经与监察机关沟通,可以依法对犯罪单位提起公诉。二是检察机关在审查起诉中发现遗漏同案犯或犯罪事实的,应当及时与监察机关沟通,依法处理。

(二) 理解和适用中的重点问题

一是检察机关对事实清楚、证据确实充分的单位犯罪,经与监察机关沟通,可直接追加起诉。检察机关审查监察机关移送起诉的案件,应当查明有无遗漏罪行和其他应当追究刑事责任的人。对于单位犯罪案件,监察机关只对直接负责的主管人员和其他直接责任人员移送起诉,未移送起诉涉嫌犯罪单位的,如果犯罪事实清楚,证据确实充分,经与监察机关沟通,检察机关可以对犯罪单位依法直接提起公诉。

二是检察机关在审查起诉中,如果发现监察机关移送起诉的案件遗漏同案职务犯罪人或犯罪事实的,应当及时与监察机关沟通,依法处理。如果监察机关在该案审查起诉期限内调查终结移送起诉,且犯罪事实清楚、证据确实充分的,可以并案起诉;如果监察机关不能在该案审查起诉期限内调查终结移送起诉,或者虽然移送起诉,但因案情重大复杂等原因不能及时审结的,也可分案起诉。该案检察机关在审查时认为,徐某某也应作为其他直接责任人员追究其刑事责任,同时还发现其涉嫌贪污犯罪线索,遂将线索及时移送监察机关。在监察机关对徐某某立案调查期间,赵某案审查起诉期限届满,所以检察机关先对图书馆和赵某提起公诉。后监察机关调查终结将徐某某案移送起诉后,检察机关另行对其提起公诉。

三、李华波贪污案

(一) 基本案情、要旨和指导意义

2006年10月至2010年12月间,李华波利用担任江西省鄱阳县财政局经济建设股股长管理该县基本建设专项资金的职务便利,伙同该股副股长张庆华(已被判刑)、鄱阳县农村信用联社城区信用社主任徐德堂(已被判刑)等人,采取套用以往审批手续、私自开具转账支票并加盖假印鉴、制作假银行对账单等手段,骗取鄱阳县财政局基建专项资金共计人民币9400万元。除李华波与徐德堂赌博挥霍及同案犯分得部分赃款外,其余赃款被李华波占有。李华波将其中的240余万元,用于为本人及家人办理移民新加坡的手续及在新加坡购置房产;将其中的2700余万元兑换成新加坡元,转入本人及妻子在新加坡大华银行的个人账户内,用于购买房产及投资。后新加坡警方查封扣押李华波涉案财产合计540余万新加坡元(折合人民币约2600余万元)。

2011年1月29日,李华波逃往新加坡。2011年2月13日,鄱阳县检察院以涉嫌贪污罪对李华波立案侦查，同月16日，上饶市检察院以涉嫌贪污罪对李华波决定逮捕。2011年2月23日，公安部向国际刑警组织请求对李华波发布红色通报，并向新加坡国际刑警发出协查函。2011年3月初，新加坡警方拘捕李华波。随后新加坡法院发出冻结令，冻结李华波夫妇转移到新加坡的涉案财产。2012年9月，新加坡总检察署以三项"不诚实盗取赃物罪"指控李华波。2013年8月15日，新加坡法院一审判决认定对李华波的所有指控罪名成立，判处其15个月监禁。李华波在红色通报发布一年后不能到案，2013年3月6日，上饶市检察院向上饶市中级法院提出没收李华波违法所得申请。2015年3月3日，上饶市中级法院作出一审裁定，认定李华波涉嫌重大贪污犯罪，其逃匿新加坡后被通缉，一年后未能到案。现有证据能够证明，被新加坡警方扣押的李华波夫妇名下财产共计540余万新加坡元，均系李华波的违法所得，依法予以没收。相关人员均未在法定期限内提出上诉，没收裁定生效。2016年6月29日，新加坡高等法院作出判决，将扣押的李华波夫妇名下共计540余万新加坡元涉案财产全部返还中方。2015年1月，新加坡移民局作出取消李华波全家四人新加坡永久居留权的决定。2015年2月2日，李华波主动写信要求回国投案自首。2015年5月9日，李华波被遣返回国，同日被执行逮捕。2015年12月30日，上饶市检察院以李华波犯贪污罪，向上饶市中级法院提起公诉。2017年1月23日，上饶市中级法院以贪污罪判处李华波无期徒刑，剥夺政治权利终身，并处没收个人全部财产。扣除同案犯徐德堂等人已被追缴的赃款以及依照违法所得没收程序裁定没收的赃款，剩余赃款继续予以追缴。

该案的要旨及指导意义：一是对于贪污贿赂等重大职务犯罪案件，犯罪嫌疑人、被告人逃匿，在通缉一年后不能到案，如果有证据证明有犯罪事实，依照刑法规定应当追缴其违法所得及其他涉案财产的，应当适用违法所得没收程序办理。二是违法所得没收裁定生效后，在逃的职务犯罪嫌疑人自动投案或者被抓获，监察机关调查终结移送起诉的，检察机关应当依照普通刑事诉讼程序办理，并与原没收裁定程序做好衔接。

（二）理解和适用中的重点问题

1. 深刻认识违法所得没收程序对国际追赃追逃工作的重要意义

近些年来，腐败犯罪分子携款外逃已成为其逃避法律制裁的一种惯用伎俩。之前我国司法机关要求境外相关机构协助追缴涉案财产时，境外机构一般都会要求我国出具相应的生效裁判文书，由于我国没有建立相应程序，导致提交追赃没收申请时难有成效。2005年全国人大常委会批准加入《联合国反腐败公约》，根据该公约第五十七条所确立的精神，请求缔约国向被请求缔约国要求返还涉案财产时，后者可以要求前者提供生效的司法裁判文书。我国2012年刑事诉讼法修改时创设了一个不需对犯罪行为进行实质性定罪处罚的特别没收程序，既履行了我国的国际公约承诺，又为国际追赃合作铺平了道路，有利于切断潜逃境外的犯罪分子的经济来源，促使其尽早回国投案自首，同时对潜在的腐败分子形成强大的内心震慑。

2. 检察机关要积极推进适用违法所得没收程序

根据相关法律规定，没收违法所得必须由检察机关向法院提出申请。2018年以来，全国检察机关适用该程序办理案件30件，依法没收违法所得5.56亿元，既为国家挽回了经济损失，也为国际追赃追逃工作贡献了检察智慧和检察力量。但总体上看，检察机关适用违法所得没收程序办理的案件还不多。为进一步加大对腐败犯罪的打击力度，检察机关应切实发挥职能作用，对于贪污贿赂等重大职务犯罪案件犯罪嫌疑人、被告人逃匿，在通缉一年后不能到案，如果有证据证明有犯罪事实，依照刑法规定应当追缴其违法所得及其他涉案财产的，应当向法院提出没收违法所得的申请，以法院作出的没收裁定为法律依据，向相关国家提出刑事司法合作请求，积极推动国际追赃追逃工作开展。

3. 做好违法所得没收程序与普通刑事诉讼程序的衔接

检察机关依照特别程序提出没收违法所得申请，法院作出的没收裁定生效后，犯罪嫌疑人、被告人自动投案或者被抓获的，检察机关应当依照普通刑事诉讼程序进行审查。审查后，认为犯罪事实清楚，证据确实充分的，应当向作出裁定的法院提起公诉。对于扣除已裁定没收财产后需要继续追缴违法所得的，应当依法审查并提出意见，由法院判决后追缴。

四、金某某受贿案

（一）基本案情、要旨和指导意义

2007年至2018年，被告人金某某在担任安徽省某医院党委书记、院长期间，利用职务上的便利，为请托人在承建工程项目、销售医疗设备、销售药品、支付货款、结算工程款、职务晋升等事项上提供帮助，非法收受他人财物共计人民币1161.1万元、4000欧元。

2019年1月16日，安徽省监察委员会调查终结，以金某某涉嫌受贿罪移送安徽省检察院审查起诉，安徽省检察院于同月29日将案件交由淮北市检察院审查起诉。淮北市检察院经全面审查认定，金某某到案后，不仅如实交代了监察机关已经掌握的其受贿170余万元的犯罪事实，还主动交代了监察机关尚未掌握的其受贿980余万元的犯罪事实，真诚认罪悔罪，表示愿意接受处罚，并已积极退缴全部赃款，符合刑事诉讼法规定的认罪认罚从宽制度适用条件。

金某某及其辩护律师同意检察机关提出的量刑建议，并同意适用普通程序简化审理，在辩护律师见证下，金某某自愿签署了《认罪认罚具结书》。2019年3月13日，淮北市检察院以被告人金某某犯受贿罪，向淮北市中级法院提起公诉，建议判处金某某有期徒刑十年，并处罚金人民币50万元，并建议适用普通程序简化审理。2019年4月10日，淮北市中级法院公开开庭，适用普通程序简化审理该案，采纳淮北市检察院提出的量刑建议并当庭宣判，金某某当庭表示服判不上诉。

该案的要旨及指导意义：一是对于犯罪嫌疑人自愿认罪认罚的职务犯罪案件，应当依法适用认罪认罚从宽制度办理。二是在适用认罪认罚从宽制度办理职务犯罪案件过程中，检察机关应切实履行主导责任，与监察机关、审判机关互相配合，互相制约，充分保障犯罪嫌疑人、被告人的程序选择权。三是对符合有关规定条件的，检察机关一般应当就主刑、附加刑、是否适用缓刑等提出确定刑量刑建议。

（二）理解和适用中的重点问题

一是充分认识职务犯罪案件适用认罪认罚从宽制度的重要意义。法律规定犯罪嫌疑人、被告人有自愿认罪认罚获得从宽处理的权利，职务犯罪案件适用认罪认罚从宽制度，能够更好地促使犯罪嫌疑人、被告人认罪悔罪、减少对抗，主动交代问题，积极退缴赃款赃物，既有利于拓展反腐败的深度与广度，又可以节约司法资源，最大限度实现职务犯罪案件办理效果。

二是对符合条件的职务犯罪案件，检察机关应积极推动适用认罪认罚从宽制度。依据刑事诉讼法第十五条的规定，认罪认罚从宽制度贯穿刑事诉讼全过程，没有适用罪名和可能判处刑罚的限定，所有刑事案件都可以适用。据统计，2019年检察机关对职务犯罪案件适用认罪认罚从宽制度办理的比例不到40%，今年上半年适用比例已超过2/3。虽然纵向看适用比例提升较大，但与总体刑事案件适用情况相比，比例仍然较低。检察机关在办案中应加强与监察机关、审判机关的沟通，积极推动该项制度的适用。

三是适用认罪认罚从宽制度办理职务犯罪案件，检察机关应切实履行主导责任，努力提升办案效果。检察机关提前介入监察机关办理的案件，可根据案件事实、证据、性质、情节、被调查人态度等基本情况，初步判定案件能否适用认罪认罚从宽制度。案件移送审查起诉后，检察机关应当及时告知犯罪嫌疑人享有的诉讼权利和认罪认罚从宽制度相关规定，保障犯罪嫌疑人的程序选择权。犯罪嫌疑人自愿认罪认罚的，检察机关应当就犯罪嫌疑人涉嫌的犯罪事实、罪名及适用的法律规定，从轻、减轻或者免除处罚等的建议，认罪认罚后案件审理适用的程序及其他需要听取意见的情形，听取犯罪嫌疑人、辩护人或者值班律师的意见并记录在案，同时加强与监察机关、审判机关的沟通，听取意见。综合考虑犯罪嫌疑人认罪认罚的具体情况，依法决定是否从宽、如何从宽。对于符合有关规定条件的，一般应当就主刑、附加刑、是否适用缓刑等提出确定刑量刑建议。对于减轻、免除处罚的，应当于法有据；对于不具备减轻处罚情节的，应当在法定幅度以内提出从轻处罚的量刑建议。

五、张某受贿，郭某行贿、职务侵占、诈骗案

（一）基本案情、要旨和指导意义

2014年11月，北京市东城区两住宅小区被某街道办事处确定为环卫项目示范推广单位。政府部门按规定给小区选出的项目指导员发放补贴款，由负责小区物业管理的北京某物业公司负责领取发放。2014年11月至2017年3月，郭某利用担任该物业公司客服部经理的职务之便，将代表物业公司领取的指导员补贴款共计人民币33.06万元据为己有。郭某从物业公司离职后，仍以物业公司客服部经理名义，冒领指导员补贴款6.84万元据为己有。2014年11月至2017年9月，张某接受郭某请托，利用担任某街道办事处环卫所职员、副所长的职务便利，不严格监督检查上述补贴款发放情况，非法收受郭某给予的人民币8.85万元。

该案在调查阶段，东城区监察委员会对张某、郭某构成贪污罪共犯还是行受贿犯罪存在意见分歧，检察机关提前介入分析在案证据后认为，应认定二人构成行受贿犯罪。东城区监察委员会采纳了检察机关提前介入的意见，于2018年11月12日以张某涉嫌受贿罪、郭某涉嫌行贿罪将两案移送审查起诉。案件移送审查起诉后，检察机关全面严格审查在案证据，认为郭某侵吞补贴款的行为还构成职务侵占罪和诈骗罪，此二罪属于公安机关管辖，但系监察机关在调查郭某行贿罪过程中已经查明的犯罪，且事实清楚，证据确实充分，已符合起诉条件。经与相关机关沟通后，2018年12月28日，东城区检察院对张某以受贿罪提起公诉；对郭某以行贿罪、职务侵占罪、诈骗罪提起公诉。2019年1月17日，东城区法院作出一审判决，以受贿罪判处张某有期徒刑八个月，缓刑一年，并处罚金人民币10万元；以行贿罪、职务侵占罪、诈骗罪判处郭某有期徒刑二年，缓刑三年，并处罚金人民币10.1万元。

该案的要旨及指导意义：一是检察机关提前介入应认真审查案件事实和证据，准确把握案件定性，依法提出提前介入意见。检察机关在审查起诉阶段仍应严格审查，提出审查起诉意见。审查起诉意见改变提前介入意见的，应及时与监察机关沟通。二是对于在审查起诉阶段发现漏罪的，如该罪属于公安机关管辖，但犯罪事实清楚，证据确实充分，符合起诉条件的，检察机关在征得相关机关同意后,可以直接追加起诉。三是根据主客观相统一原则,准确区分受贿罪和贪污罪。

(二) 理解和适用中的重点问题

一是提前介入意见不能代替审查起诉意见,审查起诉阶段仍应全面审查,依法提出准确意见。检察机关提前介入监察机关办理的案件时,已对证据收集、事实认定、案件定性、法律适用等提出意见,案件进入审查起诉阶段后,检察机关仍应依法严格审查,不得以提前介入意见代替审查起诉意见。因案件已正式进入刑事诉讼程序,审查起诉意见可以改变提前介入意见,改变提前介入意见的,应当及时与监察机关沟通。

二是对于监察机关在调查其管辖犯罪时已经查明,但属于公安机关管辖的犯罪,检察机关应根据审查情况及时沟通处理。对于监察机关移送审查起诉的案件,检察机关在审查起诉阶段发现漏罪,如该罪属于公安机关管辖,但犯罪事实清楚,证据确实充分,符合起诉条件的,经征求监察机关、公安机关意见后,没有不同意见的,可以直接追加起诉;提出不同意见,或者事实不清、证据不足的,应当将案件退回监察机关并说明理由,建议其移送有管辖权的机关办理,必要时可以自行补充侦查。

三是对于国家工作人员收受贿赂后故意不履行监管职责,使非国家工作人员非法占有财物的,如该财物又涉及公款,应根据主客观相统一原则,准确认定案件性质。一要看行为人主观上是否对侵吞公款进行过共谋,二要看行为人客观上是否共同实施侵吞公款行为。如果行为人具有共同侵占公款故意,且共同实施了侵占公款行为,应认定为贪污罪共犯;如果国家工作人员主观上没有侵占公款故意,只是收受贿赂后放弃职守,客观上使非国家工作人员任意处理其经手的钱款成为可能,应认定为为他人谋取利益,国家工作人员构成受贿罪,非国家工作人员构成行贿罪。如果国家工作人员的行为同时构成玩忽职守罪的,以受贿罪和玩忽职守罪数罪并罚。

该案在调查阶段,对张某、郭某构成贪污罪共犯还是行受贿犯罪存在意见分歧,主张认定二人构成贪污罪共犯的主要理由如下:一是犯罪对象上,郭某侵占并送给张某的资金性质为国家财政拨款,系公款;二是主观认识上,二人对截留的补贴款系公款的性质明知,并对截留补贴款达成一定共识;三是客观行为上,二人系共同截留补贴款进行分配。检察机关分析在案证据后认为,应认定二人构成行受贿犯罪,主要理由如下:一是主观上二人没有共同贪污故意。二人从未就补贴款的处理使用有过明确沟通,郭某给张某送钱,就是为了让张某放松监管,张某怠于履行监管职责,就是因为收受了郭某所送贿赂,而非自己要占有补贴款。二是客观上二人没有共同贪污行为。张某收受郭某给予的钱款后怠于履行监管职责,正是利用职务之便为郭某谋取利益的行为,但对于郭某侵占补贴款,在案证据不能证实张某主观上有明确认识,郭某也从未想过与张某共同瓜分补贴款。三是款项性质对受贿罪的认定没有影响。由于二人缺乏共同贪占补贴款的故意和行为,不应构成贪污罪共犯,而应分别构成行贿罪和受贿罪。另外,因为二人在案发前已主动筹集35万元退还给物业公司,根据最高人民法院、最高人民检察院《关于办理渎职刑事案件适用法律若干问题的解释(一)》相关规定,张某的行为达不到玩忽职守罪的立案标准,所以没有追究张某玩忽职守罪责任。

最高人民检察院
关于印发最高人民检察院
第二十一批指导性案例的通知

（2020年7月30日公布　高检发办字〔2020〕48号）

各级人民检察院：

　　经 2020 年 7 月 24 日最高人民检察院第十三届检察委员会第四十五次会议决定，现将深圳市丙投资企业（有限合伙）被诉股东损害赔偿责任纠纷抗诉案等四件指导性案例（检例第 77—80 号）作为第二十一批指导性案例发布，供参照适用。

最高人民检察院

2020 年 7 月 30 日

深圳市丙投资企业（有限合伙）被诉股东损害赔偿责任纠纷抗诉案

（检例第 77 号）

【关键词】　企业资产重整　保护股东个人合法财产　优化营商环境　抗诉监督

【要　旨】

公司股东应以出资额为限，对公司承担有限责任。股东未滥用公司法人独立地位逃避债务并严重损害公司债权人利益的，不应对公司债务承担连带责任。检察机关应严格适用股东有限责任等产权制度，依法保护投资者的个人财产安全，让有恒产者有恒心。

【基本案情】

2007 年 11 月，惠州甲房产开发有限公司（以下简称甲公司）登记设立，为开发广东省惠州市某房产的房地产项目公司。甲公司多次对外借款。2010 年 1 月，因甲公司无力清偿债务，广东省惠州市中级人民法院受理债权人对甲公司提出的破产申请。在惠州乙发展有限公司（以下简称乙公司）提供 5000 万元破产重整保证金后，相关债权人于 2011 年 5 月撤回破产清算申请。2011 年 8 月，深圳市丙投资企业（有限合伙）（以下简称丙企业）与甲公司、惠州市丁房产开发有限公司（以下简称丁公司）、陈某军、乙公司签订《投资合作协议》及补充协议，约定丙企业以 2000 万元受让丁公司持有的甲公司 100% 股权，并向甲公司提供 1.48 亿元委托贷款，甲公司以案涉国有土地使用权等为丙企业的债权投资提供担保，丁公司、陈某军、乙公司亦提供连带责任担保。

2011 年 8 月 9 日，甲公司的股东变更为丙企业和陈某某，其中丙企业占股东出资额的 99.9%。2011 年 8 月 10 日，丙企业委托中国建设银行股份有限公司某分行将其 1.48 亿元款项借给甲公司，用于甲公司某项目运作和甲公司运营，甲公司和丁公司依约提供抵押担保。同日，1.48 亿元委托贷款和 2000 万元股权转让款转入甲公司。款项到位后，2011 年 8 月至 2012 年 4 月期间，为完成破产重整程序中债务清偿及期间发生的借款、担保等相关衍生事宜，甲公司依照合同约定及乙公司、债权人陈某忠等人指令，先后向丁公司、深圳市戊公司、深圳市己公司等多家公司转账，款项共计1.605亿元。

2012年11月1日，诸某某将其持有的对甲公司债权中的800万元转让给赵某新，并通知债务人。2012年11月5日，赵某新向浙江省兰溪市人民法院起诉，要求甲公司归还欠款800万元，丙企业承担连带责任。

兰溪市人民法院一审认为，丙企业是甲公司的绝对控股股东，其滥用公司法人独立地位和股东有限责任，对甲公司进行不正当支配和控制，且未将贷款用于房地产开发，其转移资产、逃避债务的行为严重损害公司债权人利益，应当对甲公司的债务承担连带责任，遂判决甲公司归还赵某新800万元借款，丙企业承担连带责任。丙企业不服，上诉至浙江省金华市中级人民法院。二审判决驳回上诉，维持原判。丙企业申请再审，浙江省高级人民法院裁定驳回其再审申请。

【检察机关监督情况】

受理及审查情况。丙企业主张，甲公司对外转款均有特定用途，并非转移资产，丙企业并不存在滥用公司法人独立地位和股东有限责任的行为，不应承担连带责任，遂于2016年2月向浙江省金华市人民检察院申请监督。该院予以受理审查。

围绕丙企业是否存在滥用公司法人独立地位和股东有限责任逃避公司债务的问题，检察机关依法调阅原审案卷；核实相关工商登记信息；并对本案关键证人进行询问；相关证据可以证实甲公司于2011年8月至2012年4月期间的对外转款均具有正当事由，而非恶意转移资产，逃避债务。

监督意见。金华市人民检察院就本案向浙江省人民检察院提请抗诉。浙江省人民检察院经审查认为，丙企业并未支配控制甲公司的资金支出，在丙企业受让股权后，甲公司仍然由原股东丁公司派人进行管理，公司管理人员未发生变化；甲公司向丁公司等公司多次转款均具有明确用途，而非恶意转移资产；丙企业与甲公司、丁公司等企业之间不存在人员、业务、财务的交叉或混同。因此，终审判决认定丙企业利用法人独立地位和股东有限责任逃避债务，属于认定事实和适用法律错误。2016年11月25日，浙江省人民检察院依法向浙江省高级人民法院提出抗诉。

监督结果。2018年1月31日，浙江省高级人民法院作出（2017）浙民再116号民事判决，认定案涉委托贷款以及股权转让款的对外支付有合理解释，现有证据不足以证明丙企业有滥用公司法人独立地位和股东有限责任逃避债务的行为，判决撤销一、二审判决有关丙企业对案涉债务承担连带责任的判项，驳回赵某新对丙企业提出的诉讼请求。

【指导意义】

1. 严格适用公司有限责任制度，依法保护股东的个人财产安全。公司人格独立和股东有限责任是公司法的基本原则。否认公司独立人格，由滥用公司法人独立地位和股东有限责任的股东对公司债务承担连带责任，是股东有限责任的例外。在具体案件中应依据特定的法律事实和法律关系，综合判断和审慎适用，依法区分股东与公司的各自财产与债务，维护市场主体的独立性和正常的经济秩序。

2. 检察机关在审查股东损害公司债权人利益的案件时，应当严格区分企业正当融资担保与恶意转移公司资产逃避债务损害公司债权人利益违法行为的界限。如果公司股东没有利用经营权恶意转移公司资产谋一己之私，没有损害公司债权人利益的，依法不应当对公司债务承担连带赔偿责任。

3. 检察机关应积极发挥监督职责，推动法治化营商环境建设。公司有限责任是具有标志性的现代企业法律制度，旨在科学化解市场风险，鼓励投资创造财富。产权是市场经济的基础、社会文明的基石和社会向前发展的动力，投资者无法回避市场风险，但需要筑牢企业家个人和家庭与企业之间的财产风险"防火墙"，对于依法出资和合法经营的，即使企业关闭停产，也能守住股东个人和家庭的合法财产底线，真正让有恒产者有恒心，优化营商环境，保护企业家的投资创业热情，为完善市场秩序提供法治保障。

【相关规定】

《中华人民共和国公司法》第二十条

《中华人民共和国民事诉讼法》第二百条、第二百零八条

某牧业公司被错列失信被执行人名单执行监督案

(检例第78号)

【关键词】 企业借贷纠纷　失信被执行人　妨碍企业正常经营　执行违法监督

【要　旨】

查封、扣押、冻结的财产足以清偿生效法律文书确定债务的,执行法院不应将被执行人纳入失信被执行人名单。执行法院违法将被执行人纳入失信被执行人名单的,检察机关应当及时发出检察建议,监督法院纠正对被执行人违法采取的信用惩戒措施,以维护企业的正常经营秩序,优化营商环境。

【基本案情】

张某奎系山西省临汾市某牧业有限公司（以下简称某牧业公司）法定代表人。乔某与某牧业公司、张某奎因民间借贷产生纠纷。2016年9月16日,山西省临汾市尧都区人民法院判决张某奎、某牧业公司归还乔某借款本金18万元及利息6.14万元,自2016年2月1日起至判决生效之日止,按约定月息2分的利率承担该借款利息。

判决生效后,乔某向尧都区人民法院申请强制执行。尧都区人民法院作出执行裁定,冻结被执行人张某奎、某牧业公司银行存款281280元,查封张某奎名下房产一套,同时还决定将某牧业公司、张某奎纳入失信被执行人名单。该查封裁定作出后,执行法院未送达当事人。

【检察机关监督情况】

受理情况。山西省临汾市尧都区人民检察院发现乔某与某牧业公司、张某奎民间借贷纠纷一案执行行为违法,并予以立案审查。

审查核实。经审查执行案卷,检察机关发现:一是被执行人被法院冻结、查封的财产足以清偿生效法律文书确定的债务,不符合纳入失信被执行人名单的法定情形;二是法院作出的查封裁定书未向当事人送达。同时,检察机关了解到,某牧业公司被纳入失信被执行人名单后,银行贷款被暂停发放,经营陷入困境。

监督意见。尧都区人民检察院经审查认为,执行法院存在以下违法情形:一是将张某奎纳入失信被执行人名单属于适用法律错误。《最高人民法院关于公布失信被执行人名单信息的若干规定》第三条规定:"被采取查封、扣押、冻结等措施的财产足以清偿生效法律文书确定债务的,人民法院不得将被执行人纳入失信被执行人名单。"本案执行程序中,被执行人张某奎、某牧业公司被冻结的存款和被查封的房产足以清偿生效裁判确定的债务。因此,执行法院将其纳入失信被执行人名单,显属违法。二是未向当事人送达执行裁定书。《最高人民法院关于人民法院民事执行中查封、扣押、冻结财产的规定》第一条规定:"人民法院查封、扣押、冻结被执行人的动产、不动产及其他财产权,应当作出裁定,并送达被执行人和申请执行人。查封、扣押、冻结裁定书送达时发生法律效力。"本案中法院制作执行裁定书后,长期未向当事人送达,违反了上述规定。

监督结果。2017年11月28日,尧都区人民检察院向尧都区人民法院提出检察建议,建议该院依法纠正违法执行行为。尧都区人民法院采纳了检察建议,于2017年12月8日将执行裁定书送达当事人,并撤销了将张某奎、某牧业公司纳入失信被执行人名单的决定。

【指导意义】

1. 规范适用失信被执行人名单制度,对于保证执行程序的公正性具有重要意义。失信被执行人名单制度以信用惩戒的方式约束被执行人,提高了执行活动的质量和效率,对于破解"执行难"起到了重要作用。在维护申请执行人利益的同时,执行的谦抑原则要求尽可能避免对被执行人合法权益造成损害。

2. 检察机关应积极履行监督职能,确保失信被执行人名单制度规范运行。失信被执行人名单制度的规范运行,对于建立诚实守信、依法履约的良好社会风气意义重大。但该项制度应当依法运用,否则将降低被执行人的社会信誉度,给其社会生活、商业经营等带来不便。执行法院查封、冻结的财产足以清偿债务的,将企业或其法定代表人纳入失信被执行人名单是不妥当的,检察机关应对违法执行行为予以监督,切实维护企业或个人合法权益。

3. 检察机关应加强对执行法律文书送达的监督,保障当事人的知情权和申辩权。执行法院在作出查封、扣押、冻结被执行人财产的裁定后,应当依法送达申请执行人和被执行人。执行法院未送达当事人,既损害了当事人的诉讼权利,亦损害了司法权威。检察机关在履行监督职责时应注意审查相关诉讼文书送达的合法性,对执行法院送达违法的行为及时提出检察建议,监督执行法院予以纠正,保障当事人行使诉讼权利。

【相关规定】

《人民检察院民事诉讼监督规则（试行）》第一百零二条

《最高人民法院关于人民法院民事执行中查封、扣押、冻结财产的规定》第一条

《最高人民法院关于公布失信被执行人名单信息的若干规定》第三条

南漳县丙房地产开发有限责任公司
被明显超标的额查封执行监督案

(检例第79号)

【关键词】诉讼保全　超标的额查封　依法保护企业资产安全　审判程序违法监督

【要　旨】

查封、扣押、冻结被执行人财产应与生效法律文书确定的被执行人的债务相当，不得明显超出被执行人应当履行义务的范围。检察机关对于明显超标的额查封的违法行为，应提出检察建议，督促执行法院予以纠正，以保护民营企业产权，优化营商环境。

【基本案情】

2015年5月26日，襄阳市甲小额贷款股份有限责任公司（以下简称甲小贷公司）、襄阳市乙工程总公司（以下简称乙公司）向湖北省襄阳市樊城区人民法院提起民事诉讼，请求判令南漳县丙房地产开发有限责任公司（以下简称丙公司）、南漳县丁建筑安装工程有限责任公司（以下简称丁公司）、洪某生偿还借款5589万元及利息，并申请对价值6671万元的房产进行保全。同日，樊城区人民法院立案受理并作出财产保全裁定，查封丙公司、丁公司及洪某生的房产共计210套。丙公司认为查封明显超出标的额，于2015年6月提出异议，但樊城区人民法院未书面回复。

2015年7月至2016年10月期间，樊城区人民法院对当事人双方的多起借款纠纷作出民事判决，判令丙公司、丁公司、洪某生偿还乙公司、甲小贷公司借款合计5536.2万元及利息约438万元。在本案执行阶段，丙公司向执行法院提出房产评估申请，经执行法院同意，由丙公司委托鉴定机构进行评估，评估结果为查封的房产市场价值为1.21亿元。丙公司提出执行异议，但樊城区人民法院审查后认定，丙公司提出的执行异议依据不充分，且未在法定期限内申请复议，故不予支持。由于丙公司已建成的210套商品房均被执行法院查封，无法正常销售，企业资金断流，经营陷入困境。

【检察机关监督情况】

受理情况。2016年12月27日,丙公司、丁公司以樊城区人民法院明显超标的额查封为由,向樊城区人民检察院申请监督。该院予以受理审查。

审查核实。樊城区人民检察院对案件线索依法进行调查核实。询问了申请人丙公司;前往樊城区人民法院查阅了审判与执行案卷,收集相关法律文书、价格鉴定报告与其他书证;实地前往被查封楼盘进行现场勘查。经审查核实发现,相关裁判文书确定的债务总额为5974万元,且甲小贷公司、乙公司申请查封的标的额仅为6671万元,而执行法院实际查封的房产价值为1.21亿元,存在明显超标的额查封的问题。

监督意见。樊城区人民检察院认为,樊城区人民法院查封的210套房产价值为1.21亿元,查封财产价值明显超出生效裁判文书确定的债务数额,违反《中华人民共和国民事诉讼法》第二百四十二条规定及《最高人民法院关于人民法院民事执行中查封、扣押、冻结财产的规定》第二十一条规定,存在明显超标的额查封被执行人财产的违法行为。2017年3月20日,樊城区人民检察院向樊城区人民法院发出检察建议,建议对超标的额查封的违法行为予以纠正。

监督结果。收到检察建议书后,樊城区人民法院认定本案确系超标的额查封,于2017年4月17日发出协助执行通知书,通知某县住房保障管理局解除对被执行人先期查封的210套商品房中109套的查封。解封后,丙公司得以顺利出售商品房,回收售楼款,改善资金困境,并及时发放拖欠的农民工工资,积极协商偿还本案剩余债务。

【指导意义】

1. 纠正明显超标的额的违法查封行为,消除对案涉企业正常生产经营的不利影响。执行程序的适度原则要求对执行措施限制在合理的范围内,执行目的与执行手段之间的基本平衡。纠正明显超标的额的违法查封行为,对于盘活企业资产,激发企业活力,特别是保障民营企业的可持续发展十分重要。

2. 办理明显超标的额查封的民事监督案件,应当围绕保全范围和标的物价值进行审查。查封、扣押、冻结等强制执行措施的违法使用,将限制企业生产要素的自由流动,降低市场主体创造社会财富的活力。因此,在认定是否明显超标的额查封时,不仅需要查明主债权、利息、违约金及为实现债权而支出的合理费用,还要结合查封财产是否为可分物、财产上是否设定其他影响债权实现的权利负担等因素予以综合考虑。做到监督有据,准确有效。

3. 诉讼保全措施延续到执行程序后,检察机关应按执行监督程序进行审查。诉讼保全发生于裁判生效前的审判活动,目的是保障生效裁判的履行。裁判生效后即转入强制执行程序。对于明显超标的额查封的财产，应依法提出执行检察建议，监督执行法院纠正错误执行行为。

【相关规定】

《中华人民共和国民事诉讼法》第二百四十二条

《最高人民法院关于人民法院民事执行中查封、扣押、冻结财产的规定》第二十一条

《人民检察院民事诉讼监督规则（试行）》第一百零二条

福建甲光电公司、福建乙科技公司与福建丁物业公司物业服务合同纠纷和解案

（检例第 80 号）

【关键词】 企业债务纠纷　不影响审判违法监督　多元化解机制　检察调处

【要　旨】

检察机关办理民事监督案件，在不影响审判违法监督的前提下，可以引导当事人和解，但必须尊重当事人意愿，遵循意思自治与合法原则，在查清事实、厘清责任的基础上，依法促成和解，减轻当事人诉累，营造良好营商环境。

【基本案情】

福州软件园兴建于 1999 年 3 月，是福建省迄今为止规模最大的软件产业园区。2007 年，福建甲光电有限公司（以下简称甲公司）、福建乙科技有限公司（以下简称乙公司）等进驻软件园，购买园区土地建设自有研发楼。为提升园区服务质量，2011 年 1 月 28 日，福州丙开发有限公司（以下简称丙公司）通过招投标方式确定福建丁物业有限公司（以下简称丁公司）作为物业服务中标单位，中标价为 1.3 元/平方米/月。2011 年 3 月 28 日，丙公司与丁公司签订物业服务合同。甲公司、乙公司等多家公司认为，其自建园区相对独立封闭，未得到物业服务，且自身未与物业公司签订物业服务合同，因此拒绝交纳物业费，引发纠纷。丁公司于 2013 年 10 月向福建省福州市鼓楼区人民法院起诉，请求甲公司、乙公司支付拖欠的物业服务费及违约金。

鼓楼区人民法院一审认为，签订物业服务合同的一方须为物业的建设单位，甲公司的办公楼系其自建，故丙公司签订的物业服务合同对甲公司、乙公司无约束力，但丁公司对园区的道路、绿化等配套设施进行日常维护管养，甲公司、乙公司享受了基础设施服务，故应当支付物业费，酌定物业服务费标准为合同标准的 30%，即 0.39 元/平方米/月。丁公司不服，上诉至福建省福州市中级人民法院。二审判决驳回上诉，维持原判。

丁公司向福建省高级人民法院申请再审。再审法院认为，丙公司是园区公共区域的建设单位，其依法选聘物业服务企业并签订物业服务合同，对园区内

公司具有相应约束力，改判甲公司、乙公司按照 1.3 元/平方米/月的标准交纳物业服务费。

【检察机关监督情况】

受理情况。甲公司、乙公司等民营企业认为其自建园区未享受物业服务，且丙公司无权代表业主签订物业服务合同，遂于 2018 年 11 月向福建省人民检察院申请监督。该院予以受理审查。

调查核实。为查清事实，检察机关走访福州市某管理委员会和丙公司，并实地查看甲公司、乙公司等多家民营企业的自建园区，调阅三次审理的审判案卷，全面掌握案件事实和争议症结。同时，在调查走访中也了解到，再审败诉对甲公司、乙公司等民营企业的营商环境产生一定影响，特别是与物业公司发生的长期纠纷也影响了企业的正常经营。

和解过程及结果。福建省人民检察院经研究认为，由于丁公司仅对甲公司等自有园区以外的公共区域提供物业服务，仍按照合同标准确定物业服务费，有违公平合理原则。为此，检察机关多次约谈物业公司和相关科技公司的法定代表人及诉讼代理人，认真听取并分析双方意见，解释法律规定，各方一致认为此案的最佳处理方式是和解结案。在检察机关引导下，双方自愿达成和解协议，丁公司同意甲公司、乙公司按照 0.85 元/平方米/月的标准交纳物业服务费，对之前六年的物业服务费一并结算，即时履行完毕，并将和解协议送交执行法院，执行法院终结本案执行。2019 年 8 月，福建省人民检察院作出终结审查决定。

【指导意义】

1. 坚持和发展新时代"枫桥经验"，构建和谐营商环境。各级人民检察院办理民事监督案件，应当积极践行"枫桥经验"，在不影响审判违法监督、不损害国家利益、社会公共利益及他人合法权益的前提下，可以引导当事人自愿达成和解协议。由于民事监督案件涉及的法律关系已经为生效裁判确认，人民检察院应当把握和解的适用条件，避免损害裁判的既判力。如果生效裁判并无不当，人民检察院应当释法说理，说服申请人息诉罢访；如果人民法院的生效裁判违反法律相关规定，同级人民检察院在尊重当事人意愿的前提下可以引导当事人和解，节约司法资源、化解矛盾纠纷，真正实现"双赢、共赢、多赢"。

2. 检察机关引导当事人达成和解协议的，应当加强与法院执行程序的衔接。人民检察院办理民事监督案件，引导达成和解的，要注意与人民法院执行程序的衔接。当事人达成和解协议后，检察机关应当告知当事人向执行法院递交和解协议，必要时检察机关也可以主动告知执行法院相关和解情况，由执行法院按照执行和解的法律规定办理，以实现案结事了。

【相关规定】

《中华人民共和国民事诉讼法》第七条、第二百条、第二百零八条

《人民检察院民事诉讼监督规则（试行）》第五十五条、第六十六条、第七十五条第一款第（二）项

履行民事检察职能　平等保护民营企业
——最高人民检察院第二十一批指导性案例解读[*]

最高人民检察院第六检察厅办案四组[**]

改革开放 40 多年来，我国民营经济不断发展壮大，在稳定经济增长、促进技术创新、增加自主就业、改善民众生活等方面发挥了重要作用，成为推动我国社会经济发展的重要力量。习近平总书记曾在不同时期、不同场合肯定民营经济在我国经济社会发展中的重要地位和作用，并多次就支持民营经济发展作出重要指示。党中央也先后提出"六稳""六保"的工作方针和要求，以鼓励支持民营经济发展。为贯彻落实党中央这一重大决策部署，最高人民检察院于 2020 年 7 月 22 日下发了《关于充分发挥检察职能服务保障"六稳""六保"的意见》，要求各地检察机关加大对涉民营经济各类案件的法律监督力度，加强对重点环节和重点领域的监督。各级检察机关根据党中央和最高人民检察院的部署要求，充分发挥民事检察职能作用，不断提升司法办案能力，依法保护民营企业及其经营者合法权益，为民营经济健康发展提供了更加有力的司法保障。最高人民检察院发布第二十一批指导性案例，旨在有针对性地解决办理涉民营企业民事申诉案件中的重点难点问题，实现对民营企业的平等保护。

制定本批指导性案例的目的有：一是有助于树立平等保护的司法理念，形成公平竞争环境。民营经济是社会主义市场经济的重要组成部分，依法平等保护包括民营经济在内的各类市场主体合法权益，努力为民营企业发展创造公平竞争环境，是发展社会主义市场经济的必然要求，是全面依法治国、建设社会主义法治国家的应有之义。二是有利于提高检察机关专业能力在社会治理中的作用，服务国家经济社会发展。法治是重要的社会治理方式，也是最好的营商环境，而司法是社会治理中的重要一环。三是充分发挥指导性案例的示范引领作用，为办理涉民营经济案件提供办案指引。指导性案例不仅涉及公司人格否认制度的正确理解和适用的问题，也涉及执行程序中法院超标的查封、错误将企业列为被执行人的监督问题，指导性案例对前述问题的理解适用及对案件的处理对办理类似案件具有重要指导意义。

---

[*] 原文载《人民检察》2020 年第 19 期。
[**] 办案四组成员：宋建立、李萍、姜耀飞、朱光美、刘小艳。

一、深圳市丙投资企业（有限合伙）被诉股东损害赔偿责任纠纷抗诉案

（一）基本案情、要旨和指导意义

广东省惠州市甲房产开发有限公司（以下简称甲公司）为房地产开发的项目公司，多次对外借款，濒临破产。惠州市乙发展有限公司（以下简称乙公司）为其提供5000万元破产重整保证金，助其脱困。惠州市丁房产开发有限公司（以下简称丁公司）持有甲公司100%股权。2011年8月，深圳市丙投资企业（有限合伙）（以下简称丙企业）与甲公司、乙公司、丁公司、陈某军签订《投资合作协议》及股权转让等协议，约定丙企业向甲公司提供2000万元股权转让款和1.48亿元委托贷款，同时受让甲公司100%的股权，甲公司以案涉国有土地使用权等为丙企业的债权投资提供担保。后各方依约行事，丙企业成为甲公司出资99.9%的股东，上述1.48亿元和2000万元很快转入甲公司。甲公司为完成破产重整程序中债务清偿及其间发生的借款、担保等相关衍生事宜，在2011年8月至2012年4月之间，依照合同约定及乙公司、债权人指令，先后向丁公司、深圳市戊公司、深圳市己公司等多家公司转账，款项共计1.605亿元。

2012年11月5日，受让甲公司债权的赵某新向浙江省兰溪市法院起诉，要求甲公司归还欠款800万元，丙企业承担连带责任。

一、二审法院认为，丙企业为甲公司的绝对控股股东，滥用公司法人独立地位和股东有限责任，未将贷款用于房地产开发，其转移资产、逃避债务的行为严重损害公司债权人利益，应当对甲公司的债务承担连带责任。丙企业申请再审，亦被驳回。

丙企业不服，向金华市检察院申请监督。检察机关审查认为，丙企业取得股权后，并未实际控制甲公司，甲公司向多个公司转款均有明确用途；而且丙企业与甲公司、丁公司等企业之间亦不存在人员、业务、财务的交叉或混同。向浙江省高级法院提出抗诉后，该院再审采纳抗诉意见，判决驳回赵某新对丙企业提出的诉讼请求。

我们认为，股东应以出资额为限对公司承担有限责任。该案的要旨是：股东未滥用公司法人独立地位逃避债务并严重损害公司债权人利益的，依法不应对公司债务承担连带责任。检察机关应严格适用股东有限责任等产权制度，依法保护投资者的个人财产安全，让恒产者有恒心。在要旨的基础上，案例从三个方面进一步阐明了指导意义：一是应当严格适用公司有限责任制度，依法保护股东的个人财产安全；二是在审查股东损害公司债权人利益的案件时，应当

严格区分企业正当融资担保行为与恶意转移公司资产逃避债务从而损害公司债权人利益的违法行为之间的界限;三是检察机关应积极发挥监督职责,推动法治化营商环境建设。

(二) 理解和适用中的重点问题

1. 注意区分企业正当融资担保与恶意转移公司资产、逃避债务的行为

审查合同及当事人行为时,应根据诚信原则,充分尊重当事人意思自治,认真分析合同内容、行为表现、行为目的,准确认定合同及当事人行为的性质。从本案股权转让协议的约定看,甲公司转让股权的真正目的是获取丙公司的借款,并约定在甲公司归还借款本息后,享有回购股权的权利。也就是说,丙公司受让股权成为股东,实际是让与担保的法律属性,是正常融资的表现形式,不同于恶意逃避债务、转移资产的行为。

2. 审查认定公司与股东人格是否存在混同,应考虑各种因素进行综合判断

在认定股东滥用公司法人独立地位、损害债权人利益时,不仅需要查明其逃避债务的主观表现,更要查明其恶意转移财产的客观行为。本案中,甲公司于2011年8月至2012年4月的对外转款是为了清偿公司债务,具有正当事由,而非恶意转移资产、逃避债务。依据公司法第二十条的规定,股东未滥用公司法人独立地位逃避债务并严重损害公司债权人利益的,不应对公司债务承担连带责任。甲公司与丙企业之间是商事活动中正常的融资行为,应当予以保护。检察机关办理此类案件时,应深入研判案情,找准法律适用依据,既鼓励正当交易,又要防止恶意逃避责任。此类案件的成功办理,释放了实事求是、保护产权、促进交易、稳定预期的鲜明信号,对于增强投资者信心意义重大。

二、某牧业公司被错列失信被执行人名单执行监督案

适用失信被执行人名单制度应坚持依法、规范的原则,错误适用该制度会降低被执行人的社会信誉度,给其社会生活、商业经营等带来不便。某牧业公司被错列失信被执行人名单执行监督案,对于检察机关正确区分应当纳入失信被执行人名单和不得纳入失信被执行人名单的情形,充分发挥执行监督职能、推动失信被执行人名单制度规范运行,具有重要的指导意义。

(一) 基本案情、要旨和指导意义

张某奎系山西省临汾市某牧业公司(以下简称某牧业公司)法定代表人。乔某与某牧业公司、张某奎因民间借贷产生纠纷。2016年9月16日,山西省临汾市尧都区法院判决张某奎、某牧业公司归还乔某借款本金18万元及利息6.14万元。判决生效后,乔某向尧都区法院申请强制执行。尧都区法院裁定冻结被执行人张某奎、某牧业公司银行存款28万余元,查封张某奎名下房产

一套，同时还决定将某牧业公司、张某奎纳入失信被执行人名单。该查封裁定作出后，执行法院未送达当事人。

本案争议的核心问题为执行法院将张某奎纳入失信被执行人名单是否正确。我们认为，查封、扣押、冻结的财产足以清偿生效法律文书确定债务的，执行法院不应将被执行人纳入失信被执行人名单。在此基础上，案例从三个方面进一步阐明了指导意义：一是规范适用失信被执行人名单制度，对于保证执行程序的公正性具有重要意义。二是检察机关应积极履行监督职能，确保失信被执行人名单制度规范运行。三是检察机关应加强对执行法律文书送达的监督，保障当事人的知情权和申辩权。

（二）理解和适用中的重点问题

如何正确理解适用信用惩戒制度有关规定，合法、规范运用失信被执行人名单制度，是监督这类案件的重点难点，本案的监督思路和方法对其他案件具有指导意义。

1. 正确区分应当纳入失信被执行人名单和不得纳入失信被执行人名单的情形，确保失信被执行人名单制度依法、规范运行

为促使被执行人自觉履行生效法律文书确定的义务，进一步完善我国社会信用体系，最高人民法院在相关司法解释及规范性文件中规定了失信被执行人名单制度。该制度通过强化对失信被执行人的惩戒，大大增加了被执行人的失信成本，对推进法院执行工作、破解执行难题具有重大意义。与此同时，也存在部分法院错误或不规范适用这一制度的情形，如录入信息错误、信息删除不及时、不严格依法审查等，导致部分不应当被列为失信被执行人的当事人被错误列入，部分案外人被错误列入等，损害了被执行人及案外人的合法权益。某牧业公司被错列失信被执行人名单执行监督一案中，被执行人张某奎、某牧业公司被冻结的存款和被查封的房屋足以清偿原案生效法律文书所确定的债务，按照最高人民法院《关于公布失信被执行人名单信息的若干规定》第三条的规定，"查封、扣押、冻结的财产足以清偿生效法律文书确定债务的"，执行法院不应将被执行人纳入失信被执行人名单。

检察机关在办理具体案件时，应严格依法审查，对符合以下情形的案件，法院不得将被执行人纳入失信被执行人名单：提供了充分有效担保的；已被采取查封、扣押、冻结等措施的财产足以清偿生效法律文书确定债务的；被执行人履行顺序在后，对其依法不应强制执行的；其他不属于有履行能力而拒不履行生效法律文书确定义务的情形；以及被执行人为未成年人的。

2. 加强对执行法律文书送达的监督，充分保障当事人的合法诉讼权利

送达行为合法规范，构成了法院执行程序正当性的基础。某牧业公司被错

列失信被执行人名单执行监督一案中，查封张某奎名下房产的执行裁定未送达当事人，既损害了当事人的诉讼权利，亦损害了司法权威。检察机关在履行监督职责时应注意审查相关诉讼文书送达的合法性，对执行法院送达违法的行为及时提出检察建议，监督执行法院予以纠正，保障当事人行使诉讼权利。

三、湖北省南漳县丙房地产开发有限责任公司被明显超标的额查封执行监督案

实践中如何认定是否构成明显超标的额查封存在分歧。湖北省南漳县丙房地产开发有限责任公司被明显超标的额查封执行监督案对于准确认定是否构成超标的额查封，切实保护民营企业合法权益有重要的指导意义。

（一）基本案情、要旨和指导意义

湖北省襄阳市甲公司、乙公司诉南漳县丙房地产开发有限责任公司（以下简称丙公司）、丁公司、洪某生偿还借款5589万元及利息一案中，甲公司、乙公司申请对三被告价值6671万元的房产进行保全。襄阳市樊城区法院遂裁定查封了三被告房产共计210套。丙公司认为查封明显超出标的额，向法院提出异议，但法院未书面回复。后法院判决丙公司、丁公司、洪某生偿还甲公司、乙公司借款合计5536.2万元及利息约438万元。在本案执行阶段，经鉴定机构评估，涉案被查封的房产市场价值为1.21亿元。丙公司提出执行异议，法院认为丙公司提出的执行异议依据不充分，故不予支持。

本案的核心问题为法院是否构成超标的额查封。我们认为，查封、扣押、冻结被执行人财产应与生效法律文书确定的被执行人应履行的债务数额相当，不得明显超出被执行人应当履行义务的范围，本案相关裁判文书确定的债务总额为5974.2万元，且甲公司、乙公司申请查封的标的额仅为6671万元，而法院实际查封的房产价值为1.21亿元，属明显超标的额查封。检察机关对于明显超标的额查封的违法行为，应提出检察建议，督促执行法院予以纠正，以保护民营企业产权，优化营商环境。在此基础上，案例从三个方面进一步阐明了指导意义：一是执行程序的适度原则要求对执行措施限制在合理的范围内，执行目的与执行手段之间应保持基本平衡。二是办理明显超标的额查封的监督案件，应当围绕保全范围和标的物价值进行审查。三是诉讼保全措施延续到执行程序后，检察机关应按执行监督程序进行审查。

（二）理解和适用中的具体问题

1. 明显超标的额执行的认定标准问题

超标的额查封是执行中的常见情形，而明显超标的额执行是"执行乱"的突出表现之一。何种情形下构成明显超标的额执行，是审查此类案件的重点

难点。我国民事诉讼法及相关司法解释确立了法院在强制执行被执行人财产时须遵循价值相当原则，最高人民法院《关于人民法院民事执行中查封、扣押、冻结财产的规定》第二十一条规定了法院不得明显超标的额执行，但何为明显超标的额，相关法律及司法解释均未明确规定，有赖于实践中个案的衡量。我们认为，判断是否构成明显超标的额执行，应从以下几方面进行把握：一是准确把握价值相当原则。"相当"不是"相等"，因此应允许执行法院查封扣押的财产价值浮动于债权数额上下，而非绝对等于。只有法院明显超出债权数额执行时，才构成明显超标的额执行。二是区分情况判断被查封的财产是否属于明显不合理。若执行财产为金钱或其他财产性权利，抑或价值波动不大的可分割的动产或不动产，保全财产的范围原则上以其价值满足保全标的额为限；对于财产价值受市场行情影响变化较大的动产或不动产，则应根据查封财产的具体情况，综合市场行情变动情况及拍卖过程中可能出现的流拍、降价等因素进行个案把握，通常来说一般不应超过债权数额的 20%—30%。本案中甲、乙两公司申请法院保全的财产价值额为 6671 万元，法院实际查封的 210 套房产为可分割的不动产，经评估价值为 1.21 亿元，大大超出权利人申请保全的债权数额，属于明显超标的额执行。当然 20%—30% 的浮动额度只是可参照适用的标准，具体个案审查时应结合其他因素综合考量。如若存在财产变现困难、有可能流拍或者被执行财产存在其他权利负担、财产价值较查封时已大幅减少等情形的，则可适当提高这一浮动标准。三是严格适用价值相当原则的例外规定。最高人民法院《关于人民法院民事执行中查封、扣押、冻结财产的规定》第二十一条第二款规定了价值相当原则的例外规定，即在被执行人无其他可供执行的财产或其他财产不足以清偿债务且可供执行的财产为不可分物时，即使该财产价值明显超过债权数额，法院也可予以查封。

2. 明显超标的额执行案件的审查要点

一是要正确处理申请执行人债权实现及被执行人合法权益保障的关系，实现双方当事人权利的平等保护。查封、扣押、冻结等强制措施的违法使用，将限制企业对其资产的经营处置，严重影响企业的正常融资及生产经营，降低民营企业创造财富的能力和活力。以本案为例，涉案 210 套房产被法院查封后，丙公司无法正常出售，导致该公司资金链断裂，经营陷入困境。但若认为只要查封的财产价值超过执行标的额即构成超标的额执行，则会给案件执行带来困难，损害申请执行人的合法权益。因此，在审查执行法院是否构成明显超标的额执行这一类案件时，应坚持比例原则，找准双方利益的平衡点，并在此基础上进行审查认定。二是要准确认定执行标的额及被执行财产的价值。执行标的额的确定系判断是否构成明显超标的额执行的前提。执行标的额是随案件执行时间的推移而不断发生变化的，准确认定执行标的额，不仅需要查明主债权及其利息、违约金等，还应包括迟延履行期间的利息及为实现债权而支出的合理费用等。被执行财产的价值确定则是认定是否构成明显超标的额执行的基础。执行法院在执行中应按照法定程序对执行财产进行询价或评估，若法院未对执行财产价值进行正确认定，则属于事实不清，检察机关可提出监督意见。对于已经进入评估、拍卖程序的，除依据评估报告认定财产价值外，还要结合查封财产是否为可分物、财产上是否设有其他权利负担等因素，综合衡量确定是否构成明显超标的额执行，平衡申请执行人和被执行人的利益。

四、福建甲光电公司、福建乙科技公司与福建丁物业公司物业服务合同纠纷和解案

（一）基本案情、要旨和指导意义

2007年，福建甲光电有限公司（以下简称甲公司）、福建乙科技有限公司（以下简称乙公司）等进驻福州软件园，购买园区土地建设自有研发楼。为提升园区服务质量，2011年1月28日，福州丙开发有限公司（以下简称丙公司）通过招投标方式确定福建丁物业有限公司（以下简称丁公司）作为物业服务中标单位，中标价为1.3元/平方米/月。2011年3月28日，丙公司与丁公司签订物业服务合同。甲公司、乙公司等多家公司认为，其自建园区相对独立封闭，未得到物业服务，且自身未与物业公司签订物业服务合同，因此拒绝交纳物业费，引发纠纷。丁公司于2013年10月向福建省福州市鼓楼区法院起诉，请求甲公司、乙公司支付拖欠的物业服务费及违约金。

本案争议焦点是丙公司与丁公司签订的物业服务合同对甲、乙两公司有无约束力，甲、乙两公司是否应向丁公司交纳合同约定的物业费。一审、二审法院均认为，签订物业服务合同的一方须为物业的建设单位，甲公司的办公楼系其自建，故丙公司签订的物业服务合同对甲公司、乙公司无约束力，但丁公司对园区的道路、绿化等配套设施进行日常维护管养，甲公司、乙公司享受了基础设施服务，故应当支付物业费，酌定物业服务费标准为合同标准的30%，即0.39元/平方米/月。再审法院认为，丙公司是园区公共区域的建设单位，其依法选聘物业服务企业并签订物业服务合同，对园区内公司具有相应约束力，改判甲公司、乙公司按照1.3元平方米/月的标准交纳物业服务费。

我们认为，由于丁公司仅对甲公司等自有园区以外的公共区域提供物业服务，仍按照合同标准确定物业服务费，有违公平合理原则。在检察机关引导下，双方自愿达成和解协议，丁公司同意甲公司、乙公司按照0.85元/平方米/月的标准交纳物业服务费，对之前六年的物业服务费一并结算，即时履行完毕，并将和解协议送交执行法院，执行法院终结本案执行。该案例的指导意义在于，一是检察机关应当坚持和发展新时代"枫桥经验"，在不损害国家利益、社会公共利益及他人合法权益的前提下，可以引导当事人自愿达成和解协议。二是检察机关引导当事人达成和解协议的，应当加强与法院执行程序的衔接，以实现案结事了。

（二）理解和适用中的重点问题

针对检察和解的程序、性质等问题，民事诉讼法、《人民检察院民事诉讼监督规则》等并未作出明确规定。本案的成功办理为民事检察和解工作提供了参考依据。

1. 要把握和解工作的适用对象

检察机关作为法律监督机关，在履行监督职能的同时，也应当维护审判权威。因民事监督案件涉及的法律关系已经为生效裁判所确认，检察机关应当准确把握和解的适用对象，避免损害裁判的既判力。和解案件的适用对象主要是违反法律相关规定的生效裁判，但是案件涉及婚姻、收养等身份关系的除外。对于认定事实清楚适用法律正确的生效裁判，不适用和解。

2. 要注重和解工作的规范性

对于适用和解的案件，检察机关应当在查明案件基本事实的基础上，不损害国家利益、社会公共利益及他人合法权益的前提下，按照意思自治原则的要求，引导当事人达成和解协议。检察机关引导和解时应当保持客观公正的立场，释法说理、明辨是非，既不得偏袒任何一方当事人，也不得以"谁闹谁有理""和稀泥"为由施压另一方当事人，不能以牺牲诚信人的合法权益为代价达成和解协议。

3. 要注意和解工作的衔接问题

民事诉讼法并未规定当事人在检察监督阶段达成的和解协议的性质问题。检察机关作为多元纠纷解决机制的重要一环，检察和解的依法适用对于化解矛盾纠纷意义重大。我们认为，对于当事人达成和解协议的，检察机关应当要求当事人将和解协议提供给执行法院，必要时检察机关也可以主动告知执行法院相关和解情况，以便与法院执行程序相衔接。

4. 要充分认识检察和解工作的重要意义

引导当事人达成和解协议，实现案结事了人和，有利于化解矛盾纠纷、节约司法资源、实现"双赢、共赢、多赢"。尤其是对于因新冠肺炎疫情产生的合同纠纷、劳动人事争议、医疗纠纷等案件，检察机关可以引导当事人和解、互谅互让、共担风险、共渡难关。

最高人民检察院
关于印发最高人民检察院
第二十二批指导性案例的通知

(2020年11月24日公布 高检发办字〔2020〕64号)

各级人民检察院：

经2020年9月28日最高人民检察院第十三届检察委员会第五十二次会议决定，现将无锡F警用器材公司虚开增值税专用发票案等四件指导性案例（检例第81—84号）作为第二十二批指导性案例（检察机关适用认罪认罚从宽制度主题）发布，供参照适用。

最高人民检察院

2020年11月24日

无锡F警用器材公司虚开增值税专用发票案

(检例第81号)

【关键词】

单位认罪认罚　不起诉　移送行政处罚　合规经营

【要　旨】

民营企业违规经营触犯刑法情节较轻，认罪认罚的，对单位和直接责任人员依法能不捕的不捕，能不诉的不诉。检察机关应当督促认罪认罚的民营企业合法规范经营。拟对企业作出不起诉处理的，可以通过公开听证听取意见。对被不起诉人（单位）需要给予行政处罚、处分或者需要没收其违法所得的，应当依法提出检察意见，移送有关主管机关处理。

【基本案情】

被不起诉单位，无锡F警用器材新技术有限公司（以下简称F警用器材公司），住所地江苏省无锡市。

被不起诉人乌某某，男，F警用器材公司董事长。

被不起诉人陈某某，女，F警用器材公司总监。

被不起诉人倪某，男，F警用器材公司采购员。

被不起诉人杜某某，女，无锡B科技有限公司法定代表人。

2015年12月间，乌某某、陈某某为了F警用器材公司少缴税款，商议在没有货物实际交易的情况下，从其他公司虚开增值税专用发票抵扣税款，并指使倪某通过公司供应商杜某某等人介绍，采用伪造合同、虚构交易、支付开票费等手段，从王某某（另案处理）实际控制的商贸公司、电子科技公司虚开增值税专用发票24份，税额计人民币377344.79元，后F警用器材公司从税务机关抵扣了税款。

乌某某、陈某某、倪某、杜某某分别于2018年11月22日、23日至公安机关投案，均如实供述犯罪事实。11月23日，公安机关对乌某某等四人依法取保候审。案发后，F警用器材公司补缴全部税款并缴纳滞纳金。2019年11月8日，无锡市公安局新吴分局以F警用器材公司及乌某某等人涉嫌虚开增值税专用发票罪移送检察机关审查起诉。检察机关经审查，综合案件情况拟作出不起诉处理，举行了公开听证。该公司及乌某某等人均自愿认罪认罚，在律师的见证下签署了《认罪认罚具结书》。2020年3月6日，无锡市新吴区人民检察院依据《中华人民共和国刑事诉讼法》第一百七十七条第二款规定，对该公司及乌某某等四人作出不起诉决定，就没收被不起诉人违法所得及对被不起诉单位予以行政处罚向公安机关和税务机关分别提出检察意见。后公安机关对倪某、杜某某没收违法所得共计人民币45503元，税务机关对该公司处以行政罚款人民币466131.8元。

【检察履职情况】

1. 开展释法说理，促使被不起诉单位和被不起诉人认罪认罚。新吴区人民检察院受理案件后，向F警用器材公司及乌某某等四人送达《认罪认罚从宽制度告知书》，结合案情进行释法说理，并依法听取意见。乌某某等四人均表示认罪认罚，该公司提交了书面意见，表示对本案事实及罪名不持异议，愿意认罪认罚，请求检察机关从宽处理。

2. 了解企业状况，评估案件对企业生产经营的影响。检察机关为全面评估案件的处理对企业生产经营的影响，通过实地走访、调查，查明该公司成立于1997年，系科技创新型民营企业，无违法经营处罚记录，近三年销售额人民币7000余万元，纳税额人民币692万余元。该公司拥有数十项专利技术、计算机软件著作权和省级以上科学技术成果，曾参与制定10项公共安全行业标准，在业内有较好的技术创新影响力。审查起诉期间，公司参与研发的项目获某创新大赛金奖。

3. 提出检察建议，考察涉罪企业改进合规经营情况。该企业发案前有基本的经营管理制度，但公司治理制度尚不健全。在评估案件情况后，检察机关围绕如何推动企业合法规范经营提出具体的检察建议，督促涉罪企业健全完善公司管理制度。该公司根据检察机关建议，制定合规经营方案，修订公司规章制度，明确岗位职责，对员工开展合法合规管理培训，并努力完善公司治理结构。结合该企业上述改进情况，根据单位犯罪特点，在检察机关主持下，由单位诉讼代表人签字、企业盖章，在律师见证下签署《认罪认罚具结书》。

4. 举行公开听证，听取各方意见后作出不起诉决定，并提出检察意见。考虑到本案犯罪情节较轻且涉罪企业和直接责任人员认罪认罚，检察机关拟对涉罪企业及有关人员作出不起诉处理。为提升不起诉决定的公信力和公正性，新吴区人民检察院举行公开听证会，邀请侦查机关代表、人民监督员、特约检察员参加听证，通知涉罪企业法定代表人、犯罪嫌疑人、辩护人到场听证。经听取各方意见，新吴区人民检察院依法作出不起诉决定，同时依法向公安机关、税务机关提出行政处罚的检察意见。公安机关、税务机关对该公司作出相应行政处罚，并没收违法所得。

【指导意义】

1. 对犯罪情节较轻且认罪认罚的涉罪民营企业及其有关责任人员，应当依法从宽处理。检察机关办理涉罪民营企业刑事案件，应当充分考虑促进经济发展，促进职工就业，维护国家和社会公共利益的需要，积极做好涉罪企业及其有关责任人员的认罪认罚工作，促使涉罪企业退缴违法所得、赔偿损失、修复损害、挽回影响，从而将犯罪所造成的危害降到最低。对犯罪情节较轻且认罪认罚、积极整改的企业及其相关责任人员，符合不捕、不诉条件的，坚持能不捕的不捕，能不诉的不诉，符合判处缓刑条件的要提出适用缓刑的建议。

2. 把建章立制落实合法规范经营要求，作为悔罪表现和从宽处罚的考量因素。检察机关在办理企业涉罪案件过程中，通过对自愿认罪认罚的民营企业进行走访、调查，查明企业犯罪的诱发因素、制度漏洞、刑事风险等，提出检察建议。企业通过主动整改、建章立制落实合法规范经营要求体现悔罪表现。检察机关可以协助和督促企业执行，帮助企业增强风险意识，规范经营行为，有效预防犯罪并据此作为从宽处罚的考量因素。

3. 依法做好刑事不起诉与行政处罚、处分有效衔接。检察机关依法作出不起诉决定的案件，要执行好《中华人民共和国刑事诉讼法》第一百七十七条第三款的规定，对被不起诉人需要给予行政处罚、处分或者需要没收其违法所得的，应当提出检察意见，移送有关主管机关处理。有关主管机关应当将处理结果及时通知人民检察院。有关主管机关未及时通知处理结果的，人民检察院应当依法予以督促。

【相关规定】

《中华人民共和国刑法》第三十七条、第二百零五条

《中华人民共和国刑事诉讼法》第十五条、第一百七十三条、第一百七十四条、第一百七十七条

《人民检察院刑事诉讼规则》第三百七十三条

最高人民法院、最高人民检察院、公安部、国家安全部、司法部《关于适用认罪认罚从宽制度的指导意见》

最高人民法院《关于虚开增值税专用发票定罪量刑标准有关问题的通知》第二条

钱某故意伤害案

(检例第 82 号)

【关键词】

认罪认罚　律师参与协商　量刑建议说理　司法救助

【要　旨】

检察机关应当健全量刑协商机制,规范认罪认罚案件量刑建议的形成过程。依法听取犯罪嫌疑人、辩护人或者值班律师的意见,通过出示有关证据、释法说理等方式,结合案件事实和情节开展量刑协商,促进协商一致。注重运用司法救助等制度措施化解矛盾,提升办案质效。

【基本案情】

被告人钱某,1982 年 5 月生,浙江嵊州人,嵊州市某工厂工人。

2019 年 9 月 28 日晚,钱某应朋友邀请在嵊州市长乐镇某餐馆与被害人马某某等人一起吃饭。其间,钱某与马某某因敬酒发生争吵,马某某不满钱某喝酒态度持玻璃酒杯用力砸向钱某头部,致其额头受伤流血。钱某随后从餐馆门口其电瓶车内取出一把折叠刀,在厮打过程中刺中马某某胸部、腹部。马某某随即被送往医院救治,经医治无效于同年 11 月 27 日死亡。案发后,钱某即向公安机关主动投案,如实供述了自己的犯罪行为。案件移送检察机关审查起诉后,钱某表示愿意认罪认罚,在辩护人见证下签署了《认罪认罚具结书》。案发后,被告人钱某向被害人亲属进行了民事赔偿,取得被害人亲属谅解。

绍兴市人民检察院以钱某犯故意伤害罪于 2020 年 5 月 15 日向绍兴市中级人民法院提起公诉,提出有期徒刑十二年的量刑建议。绍兴市中级人民法院经开庭审理,当庭判决采纳检察机关指控的罪名和量刑建议。被告人未上诉,判决已生效。

【检察履职情况】

1. 依法听取意见,开展量刑协商。本案被告人自愿认罪认罚,检察机关在依法审查证据、认定事实基础上,围绕如何确定量刑建议开展了听取意见、量刑协商等工作。根据犯罪事实和量刑情节,检察机关初步拟定有期徒刑十五年的量刑建议。针对辩护人提出钱某有正当防卫性质,属防卫过当的辩护意见，检察机关结合证据阐明被告人激愤之下报复伤害的犯罪故意明显，不属于针对不法侵害实施的防卫行为，辩护人表示认同，同时提交了钱某与被害人亲属达成的调解协议及被害人亲属出具的谅解书。检察机关审查并听取被害方意见后予以采纳，经与被告人及其辩护人沟通协商，将量刑建议调整为有期徒刑十二年，控辩双方达成一致意见。

2. 量刑建议说理。被告人签署具结书前，检察机关向被告人和辩护人详细阐释了本案拟起诉认定的事实、罪名、情节，量刑建议的理由和依据，自首、认罪认罚、赔偿损失及取得谅解等情节的量刑从宽幅度等。被告人表示接受，并在辩护人见证下签署了《认罪认罚具结书》。检察机关提起公诉时随案移送《量刑建议说理书》。

3. 开展司法救助。检察机关受理案件后，检察官多次到被害人家中慰问，了解到被害人家中仅有年迈的父亲和年幼的儿子二人，无力支付被害人医疗费和丧葬费，被告人也家境困难，虽然尽力赔付但不足以弥补被害方的损失。检察机关积极为被害人家属申请了司法救助金，帮助其解决困难，促进双方矛盾化解。

【指导意义】

1. 有效保障辩护人或者值班律师参与量刑协商。办理认罪认罚案件，检察机关应当与被告人、辩护人或者值班律师进行充分有效的量刑协商。检察机关组织开展量刑协商时，应当充分听取被告人、辩护人或者值班律师的意见。检察机关可以通过向被告人出示证据、释法说理等形式，说明量刑建议的理由和依据，保障协商的充分性。被告人及其辩护人或者值班律师提出新的证据材料或者不同意见的，应当重视并认真审查，及时反馈是否采纳并说明理由，需要核实或一时难以达成一致的，可以在充分准备后再开展协商。检察机关应当听取被害方及其诉讼代理人的意见，促进和解谅解，并作为对被告人从宽处罚的重要因素。

2. 运用司法救助促进矛盾化解。对于因民间矛盾纠纷引发，致人伤亡的案件，被告人认罪悔罪态度好，但因家庭经济困难没有赔偿能力或者赔偿能力有限，而被害方又需要救助的，检察机关应当积极促使被告人尽力赔偿被害方损失，争取被害方谅解，促进矛盾化解。同时要积极开展司法救助，落实帮扶措施，切实为被害方纾解困难提供帮助，做实做细化解矛盾等社会治理工作。

【相关规定】

《中华人民共和国刑法》第二百三十四条、第六十七条第一款

《中华人民共和国刑事诉讼法》第十五条、第一百七十三条、第一百七十四条、第一百七十六条

最高人民法院、最高人民检察院、公安部、国家安全部、司法部《关于适用认罪认罚从宽制度的指导意见》

《人民检察院国家司法救助工作细则（试行）》

琚某忠盗窃案

（检例第83号）

【关键词】

认罪认罚　无正当理由上诉　抗诉　取消从宽量刑

【要　旨】

对于犯罪事实清楚，证据确实、充分，被告人自愿认罪认罚，一审法院采纳从宽量刑建议判决的案件，因被告人无正当理由上诉而不再具有认罪认罚从宽的条件，检察机关可以依法提出抗诉，建议法院取消因认罪认罚给予被告人的从宽量刑。

【基本案情】

被告人琚某忠，男，1985年11月生，浙江省常山县人，农民。

2017年11月16日下午，被告人琚某忠以爬窗入室的方式，潜入浙江省杭州市下城区某小区502室，盗取被害人张某、阮某某贵金属制品9件（共计价值人民币28213元）、现金人民币400余元、港币600余元。案发后公安机关追回上述9件贵金属制品，并已发还被害人。

审查起诉期间，检察机关依法告知被告人琚某忠诉讼权利义务、认罪认罚的具体规定，向琚某忠核实案件事实和证据，并出示监控录像等证据后，之前认罪态度反复的被告人琚某忠表示愿意认罪认罚。经与值班律师沟通、听取意见，并在值班律师见证下，检察官向琚某忠详细说明本案量刑情节和量刑依据，提出有期徒刑二年三个月，并处罚金人民币三千元的量刑建议，琚某忠表示认可和接受，自愿签署《认罪认罚具结书》。2018年3月6日，杭州市下城区人民检察院以被告人琚某忠犯盗窃罪提起公诉。杭州市下城区人民法院适用刑事速裁程序审理该案，判决采纳检察机关指控的罪名和量刑建议。

同年3月19日，琚某忠以量刑过重为由提出上诉，下城区人民检察院提出抗诉。杭州市中级人民法院认为，被告人琚某忠不服原判量刑提出上诉，导致原审适用认罪认罚从宽制度的基础已不存在，为保障案件公正审判，裁定撤销原判，发回重审。下城区人民法院经重新审理，维持原判认定的被告人琚某忠犯盗窃罪的事实和定性，改判琚某忠有期徒刑二年九个月，并处罚金人民币三千元。判决后，琚某忠未上诉。

【检察履职情况】

1. 全面了解上诉原因。琚某忠上诉后，检察机关再次阅卷审查，了解上诉原因，核实认罪认罚从宽制度的适用过程，确认本案不存在事实不清、证据不足、定性错误、量刑不当等情形；确认权利告知规范、量刑建议准确适当、具结协商依法进行。被告人提出上诉并无正当理由，违背了认罪认罚的具结承诺。

2. 依法提出抗诉。琚某忠无正当理由上诉表明其认罪不认罚的主观心态，其因认罪认罚而获得从宽量刑的条件已不存在，由此导致一审判决罪责刑不相适应。在这种情况下，检察机关以"被告人不服判决并提出上诉，导致本案适用认罪认罚从宽制度的条件不再具备，并致量刑不当"为由提出抗诉，并在抗诉书中就审查起诉和一审期间依法开展认罪认罚工作情况作出详细阐述。

【指导意义】

被告人通过认罪认罚获得量刑从宽后，在没有新事实、新证据的情况下，违背具结承诺以量刑过重为由提出上诉，无正当理由引起二审程序，消耗国家司法资源，检察机关可以依法提出抗诉。一审判决量刑适当、自愿性保障充分，因为认罪认罚后反悔上诉导致量刑不当的案件，检察机关依法提出抗诉有利于促使被告人遵守协商承诺，促进认罪认罚从宽制度健康稳定运行。检察机关提出抗诉时，应当建议法院取消基于认罪认罚给予被告人的从宽量刑，但不能因被告人反悔行为对其加重处罚。

【相关规定】

《中华人民共和国刑法》第二百六十四条

《中华人民共和国刑事诉讼法》第十五条、第一百七十三条、第一百七十四条、第一百七十六条

最高人民法院、最高人民检察院、公安部、国家安全部、司法部《关于适用认罪认罚从宽制度的指导意见》

林某彬等人组织、领导、参加黑社会性质组织案

（检例第 84 号）

【关键词】

认罪认罚　黑社会性质组织犯罪　宽严相济　追赃挽损

【要　旨】

认罪认罚从宽制度可以适用于所有刑事案件，没有适用罪名和可能判处刑罚的限定，涉黑涉恶犯罪案件依法可以适用该制度。认罪认罚从宽制度贯穿刑事诉讼全过程，适用于侦查、起诉、审判各个阶段。检察机关办理涉黑涉恶犯罪案件，要积极履行主导责任，发挥认罪认罚从宽制度在查明案件事实、提升指控效果、有效追赃挽损等方面的作用。

【基本案情】

被告人林某彬，男，1983 年 8 月生，北京某投资有限公司法定代表人，某金融服务外包（北京）有限公司实际控制人。

胡某某等其他 51 名被告人基本情况略。

被告人林某彬自 2013 年 9 月至 2018 年 10 月，以实际控制的北京某投资有限公司、某金融服务外包（北京）有限公司，通过招募股东、吸收业务员的方式，逐步形成了以林某彬为核心，被告人增某、胡某凯等 9 人为骨干，被告人林某强、杨某明等 9 人为成员的黑社会性质组织。该组织以老年人群体为主要目标，专门针对房产实施系列"套路贷"犯罪活动，勾结个别公安民警、公证员、律师以及暴力清房团伙，先后实施了诈骗、敲诈勒索、寻衅滋事、虚假诉讼等违法犯罪活动，涉及北京市朝阳区、海淀区等 11 个区、72 名被害人、74 套房产，造成被害人经济损失人民币 1.8 亿余元。

林某彬黑社会性质组织拉拢公安民警被告人庞某天入股，利用其身份查询被害人信息，利用其专业知识为暴力清房人员谋划支招。拉拢律师被告人李某杰以法律顾问身份帮助林某彬犯罪组织修改"套路贷"合同模板、代为应诉，并实施虚假诉讼处置房产。公证员被告人王某等人为获得费用提成或收受林某彬黑社会性质组织给予的财物，出具虚假公证文书。

在北京市人民检察院第三分院主持下，全案 52 名被告人中先后有 36 名签

署了《认罪认罚具结书》。2019年12月30日，北京市第三中级人民法院依法判决，全部采纳检察机关量刑建议。林某彬等人上诉后，2020年7月16日，北京市高级人民法院二审裁定驳回上诉，维持原判。

【检察履职情况】

1. 通过部分被告人认罪认罚，进一步查清案件事实，教育转化同案犯。在案件侦查过程中，检察机关在梳理全案证据基础上，引导侦查机关根据先认罪的胡某凯负责公司财务、熟悉公司全部运作的情况，向其讲明认罪认罚的法律规定，促使其全面供述，查清了林某彬黑社会性质组织诈骗被害人房产所实施的多个步骤，证实了林某彬等人以房产抵押借款并非民间借贷，而是为骗取被害人房产所实施的"套路贷"犯罪行为，推动了全案取证工作。审查起诉阶段，通过胡某凯认罪认罚以及根据其供述调取的微信股东群聊天记录等客观证据，对股东韩某军、庞某天等被告人进行教育转化。同时开展对公司业务人员的教育转化工作，后业务人员白某金、吴某等被告人认罪认罚。审查起诉阶段共有12名被告人签署了《认罪认罚具结书》。通过被告人的供述及据此补充完善的相关证据，林某彬黑社会性质组织的人员结构、运作模式、资金分配等事实更加清晰。庭前会议阶段，围绕定罪量刑重点，展示全案证据，释明认定犯罪依据，促成14名被告人认罪认罚，在庭前会议结束后签署了《认罪认罚具结书》。开庭前，又有10名被告人表示愿意认罪认罚，签署了《认罪认罚具结书》。

2. 根据被告人在犯罪中的地位和作用以及认罪认罚的阶段，坚持宽严相济刑事政策，依法确定是否从宽以及从宽幅度。一是将被告人划分为"三类三档"。"三类"分别是公司股东及业务员、暴力清房人员、公证人员，"三档"是根据每一类被告人在犯罪中的地位和作用确定三档量刑范围，为精细化提出量刑建议提供基础。二是是否从宽以及从宽幅度坚持区别对待。一方面，坚持罪责刑相适应，对黑社会性质组织的组织者、领导者林某彬从严惩处，建议法庭依法不予从宽；对积极参加者，从严把握从宽幅度。另一方面，根据被告人认罪认罚的时间先后、对查明案件事实所起的作用、认罪悔罪表现、退赃退赔等不同情况，提出更具针对性的量刑建议。

3. 发挥认罪认罚从宽制度的积极作用，提升出庭公诉效果。出庭公诉人通过讯问和举证质证，继续开展认罪认罚教育，取得良好庭审效果。首要分子林某彬当庭表示愿意认罪认罚，在暴力清房首犯万某春当庭否认知晓"套路贷"运作流程的情况下，林某彬主动向法庭指证万某春的犯罪事实，使万某春的辩解不攻自破。在法庭最后陈述阶段，不认罪的被告人受到触动，也向被害人表达了歉意。

4. 运用认罪认罚做好追赃挽损，最大限度为被害人挽回经济损失。审查起诉阶段，通过强化对认罪认罚被告人的讯问，及时发现涉案房产因多次过户、抵押而涉及多起民事诉讼，已被法院查封或执行的关键线索，查清涉案财产走向。审判阶段，通过继续推动认罪认罚，不断扩大追赃挽损的效果。在庭前会议阶段，林某彬等多名被告人表示愿意退赃退赔；在庭审阶段，针对当庭认罪态度较好，部分退赔已落实到位或者明确表示退赔的被告人，公诉人向法庭建议在退赔到位时可以在检察机关量刑建议幅度以下判处适当的刑罚，促使被告人退赃退赔。全案在起诉时已查封、扣押、冻结涉案财产的基础上，一审宣判前，被告人又主动退赃退赔人民币400余万元。

【指导意义】

1. 对于黑社会性质组织犯罪等共同犯罪案件，适用认罪认罚从宽制度有助于提升指控犯罪质效。检察机关应当注重认罪认罚从宽制度的全流程适用，通过犯罪嫌疑人、被告人认罪认罚，有针对性地收集、完善和固定证据，同时以点带面促使其他被告人认罪认罚，完善指控犯罪的证据体系。对于黑社会性质组织等涉案人数众多的共同犯罪案件，通过对被告人开展认罪认罚教育转化工作，有利于分化瓦解犯罪组织，提升指控犯罪的效果。

2. 将认罪认罚与追赃挽损有机结合，彻底清除有组织犯罪的经济基础，尽力挽回被害人损失。检察机关应当运用认罪认罚深挖涉案财产线索，将退赃退赔情况作为是否认罚的考察重点，灵活运用量刑建议从宽幅度激励被告人退赃退赔，通过认罪认罚成果巩固和扩大追赃挽损的效果。

3. 区别对待，准确贯彻宽严相济刑事政策。认罪认罚从宽制度可以适用于所有案件，但"可以"适用不是一律适用，被告人认罪认罚后是否从宽，要根据案件性质、情节和对社会造成的危害后果等具体情况，坚持罪责刑相适应原则，区分情况、区别对待，做到该宽则宽，当严则严，宽严相济，罚当其罪。对犯罪性质恶劣、犯罪手段残忍、危害后果严重的犯罪分子，即使认罪认罚也不足以从宽处罚的，依法可不予以从宽处罚。

【相关规定】

《中华人民共和国刑法》第二百六十六条、第二百七十四条、第二百九十三条、第二百九十四条、第三百零七条之一

《中华人民共和国刑事诉讼法》第十五条、第一百七十三条、第一百七十四条、第一百七十六条

最高人民法院、最高人民检察院、公安部、国家安全部、司法部《关于适用认罪认罚从宽制度的指导意见》

最高人民法院、最高人民检察院、公安部、司法部《关于办理"套路贷"刑事案件若干问题的意见》

最高人民检察院第二十二批指导性案例解读[*]

苗生明　曹红虹[**]

2020年9月28日，最高人民检察院第十三届检察委员会第五十二次会议审议通过第二十二批指导性案例。这批案例以适用认罪认罚从宽制度为主题，包括无锡F警用器材公司虚开增值税专用发票案、钱某故意伤害案、琚某忠盗窃案、林某彬等人组织、领导、参加黑社会性质组织案四件指导性案例。为更好地促进指导性案例在实践中的应用，现就案例中涉及的主要问题和指导要点加以解读。

一、发布指导性案例的背景和意义

（一）发布指导性案例的背景

认罪认罚从宽制度是2018年刑事诉讼法确立的一项重要制度，是全面贯彻宽严相济刑事政策的重要举措。认罪认罚从宽制度确立以来，在刑事诉讼实践中获得了广泛运用，在准确及时惩罚犯罪、强化人权司法保障、推动刑事案件繁简分流、节约司法资源、化解社会矛盾等方面越来越发挥着不可替代的重要作用，对推动国家治理体系和治理能力现代化具有重要意义。2019年10月11日，最高人民法院、最高人民检察院、公安部、国家安全部、司法部印发《关于适用认罪认罚从宽制度的指导意见》（以下简称《指导意见》），总结了司法实践中适用认罪认罚从宽制度的经验，对实践中认罪认罚从宽制度面临的法律适用问题作出了全面规定，为正确实施刑事诉讼法新规定，精准适用认罪认罚从宽制度，确保严格公正司法，提供了重要保障。为配合刑事诉讼法实施和《指导意见》的准确适用，充分发挥指导性案例的优势，最高人民检察院从各地征集的一百余个认罪认罚案例中，选取其中具有较强指导关键点的案例，经检委会会议审议后予以发布。

（二）发布指导性案例的主要意义

一是能够促进深刻理解全面依法适用认罪认罚从宽制度在推进国家治理体系和治理能力现代化中的重大价值和在刑事诉讼实践中的重大制度价值。2020年10月，第十三届全国人大常委会第二十二次会议听取了最高人民检察院

---

[*] 原文载《人民检察》2020年第4期。
[**] 作者单位：最高人民检察院第一检察厅。

《关于人民检察院适用认罪认罚从宽制度情况的报告》，并进行了分组审议。栗战书委员长在会上明确要求，检察机关要发挥好主导作用，继续推进落实这项改革，坚持宽严相济的刑事政策，积极主动、准确规范适用认罪认罚从宽制度，该严则严、当宽则宽。认罪认罚从宽制度在推进国家治理体系和治理能力现代化中的重大价值和在刑事诉讼实践中的重大制度价值，以及对检察机关办案活动所能发挥的巨大制度效能，都需要通过在刑事诉讼实践中不断挖掘才能获得充分释放。发布的案例从侧面反映了刑事诉讼法修改后检察机关积极开展的认罪认罚从宽工作。第二十二批指导性案例中，有的可以充分展现认罪认罚从宽制度在促进教育转化、节约司法资源，实现充分保障和维护民营企业等诉讼主体合法权益方面的重要作用；有的则可以充分展现认罪认罚从宽制度对检察机关突破重大疑难复杂案件，提升犯罪指控效果，实现"三个效果"有机统一的重大意义；有的可以充分展现认罪认罚从宽制度对于准确认定案件性质，实现司法公正的重要价值等。指导性案例可以引导检察机关及其他诉讼参与人在刑事诉讼实践中积极运用认罪认罚从宽制度，有利于充分实现刑事诉讼法确立认罪认罚从宽制度的立法目的。

二是能够反映认罪认罚从宽制度的重要理论问题。认罪认罚从宽制度作为我国刑事诉讼法确立的一项新制度。标志着我国刑事诉讼协商式司法模式的引入，其不仅面临着与我国刑事诉讼法一贯坚持的实质真实原则、证据裁判原则、罪责刑相适应原则的协调与适应，而且存在犯罪嫌疑人、被告人诉讼地位及权利保障，认罪认罚被告人上诉权与检察机关抗诉权协调，违反认罪认罚从宽制度诉讼程序的效力等诸多理论问题。实践中已有案例触及了认罪认罚从宽制度某一方面的理论探索问题，并给出了值得肯定的探索和回答。

三是能够反映检察机关在不同类型案件中适用认罪认罚从宽制度的有益经验和做法，体现检察机关的主导作用。不同类型的案件适用认罪认罚从宽制度具有不同的特点：从犯罪主体来看，有单位犯罪和自然人犯罪的区分；从诉讼程序来看，有简易程序与普通程序的区别；从案件事实来看，有疑难复杂案件与简单案件的不同。最高人民检察院选取的案例充分考虑了对不同类型案件的涵盖面，以期全面反映认罪认罚从宽制度在不同类型案件中的运用情况，把不同类型案件中检察机关已经形成的有益经验做法予以展示，并充分体现检察机关在适用认罪认罚从宽制度中的主导作用，切实发挥检察指导性案例对检察工作的指导和引领作用。

二、指导性案例的基本案情、要旨和指导关键点

（一）无锡F警用器材公司虚开增值税专用发票案

基本案情：2015年12月间，乌某某、陈某某为了F警用器材公司少缴税

款,商议在没有货物实际交易的情况下,从其他公司虚开增值税专用发票抵扣税款,并指使倪某通过公司供应商杜某某等人介绍,采用伪造合同、虚构交易、支付开票费等手段,从王某某(另案处理)实际控制的商贸公司、电子科技公司虚开增值税专用发票24份,税额计人民币377344.79元,后F警用器材公司从税务机关抵扣了税款。

乌某某、陈某某、倪某、杜某某分别于2018年11月22日、23日至公安机关投案,均如实供述犯罪事实。11月23日,公安机关对乌某某等四人依法取保候审。案发后,F警用器材公司补缴全部税款并缴纳滞纳金。2019年11月8日,江苏省无锡市公安局新吴分局以F警用器材公司及乌某某等人涉嫌虚开增值税专用发票罪移送检察机关审查起诉。检察机关经审查,综合案件情况拟作出不起诉处理,举行了公开听证。该公司及乌某某等人均自愿认罪认罚,在律师的见证下签署了《认罪认罚具结书》。2020年3月6日,无锡市新吴区检察院依据刑事诉讼法第一百七十七条第二款规定,对该公司及乌某某等四人作出不起诉决定,就没收被不起诉人违法所得及对被不起诉单位予以行政处罚向公安机关和税务机关分别提出检察意见。后公安机关对倪某、杜某某没收违法所得共计人民币45503元,税务机关对该公司处以行政罚款人民币466131.8元。

主要阐明:检察机关在办理民营企业涉嫌犯罪案件中,应当根据犯罪事实、性质、情节和危害程度,综合考虑案件处理对企业经营的影响,审慎作出决定。民营企业实施的偶发犯罪,符合不捕、不诉条件的,应当依法作出不捕、不诉决定。对于拟不起诉的,可以公开听证,充分听取各方意见,以公开促公正。对需要给予行政处罚的,应当提出检察意见,移送有关主管机关处理。认罪认罚的民营企业应当通过建立合规计划等方式依法规范经营。

指导关键点:一是对犯罪情节较轻且认罪认罚的民营企业犯罪,可以依法作出不起诉决定。办理认罪认罚案件,应当根据犯罪的具体情况,区分案件性质、情节和对社会的危害程度,并结合认罪认罚的具体情况,实行区别对待,准确把握是否从宽以及从宽幅度。该案中,检察机关通过实地走访、调查,了解到F警用器材公司成立于1997年,近三年销售额达7000余万元、纳税额692万余元;该公司系科技创新型民营企业,拥有数十项专利技术、计算机软件著作权和省级以上科学技术成果,曾参与制定10项公共安全行业标准;但受大环境影响,销售额较往年同期大幅下滑;审查起诉期间,公司参与研发的项目获公安部刑事侦查局首届刑事技术"双十计划"攻关创新大赛金奖。该公司具备基本经营管理制度,但企业合规有待建立。涉罪公司也书面表达愿意认罪认罚的请求。经研判,检察机关认为该案具备适用认罪认罚从宽制度的基础。法定刑为三年以下有期徒刑的单位犯罪如果具有法定和酌定从宽情节,且认罪认罚的，可以综合全案依法作出不起诉决定。司法实践中，检察机关在办理涉民营企业犯罪案件时，应当从保护民营经济健康发展的角度出发，在考量犯罪事实、性质、情节和危害程度的基础上，综合考虑企业经营情况、对当地经济发展的作用，评估刑事案件处理结果对企业经营的影响。对危害不大、情节不严重，且犯罪后自愿认罪认罚、真诚悔罪、积极整改，后续有条件依法有序经营的民营企业，应当适用认罪认罚从宽制度，依据宽严相济的刑事政策从宽处理。坚持"可捕可不捕的不捕，可诉可不诉的不诉"，对其中犯罪情节轻微、依照刑法规定不需要判处刑罚或者免予刑事处罚的，应当依法作出不起诉决定。

二是把自愿制定并落实企业合规、预防刑事风险作为企业认罪认罚的评判依据。检察机关在办理民营企业涉嫌犯罪案件中，可以对认罪认罚、积极配合调查的民营企业，通过走访研判，深挖犯罪动机、成因、监管漏洞等因素，采用企业主动承诺具结、检察机关提出检察建议等形式促进企业合规。该案中，在评估案件情况后，承办检察官提出具体可行的检察建议，要求企业建立合规计划。F警用器材公司承诺于限期内完善公司治理结构，修订公司规章制度，明确岗位职责，对员工开展合法合规管理培训，聘请专业法律团队对公司进行合规审查。检察机关针对单位犯罪特点，在《认罪认罚具结书》"自愿签署声明"部分增加诉讼代表人签字、企业盖章等内容。实践中，检察机关可以协助和督促企业执行，并将合规计划的有效实施作为评定企业后续发展和不起诉效果的考虑因素。通过合规计划，帮助企业增强风险意识、完善经营管理制度、规范企业行为，从源头上长效预防犯罪。

三是依法做好刑事不起诉处理与行政处罚的有效衔接。检察机关决定不起诉的案件，要主动延伸检察职能，积极参与社会治理。不能仅作出不起诉决定，"不诉了之"，致使后续相关工作没有跟进进而导致处罚不到位，被不起诉人或者单位没有受到相应处罚，惩罚教育作用没有真正落到实处。检察机关要落实好刑事诉讼法第一百七十七条赋予的责任，对需要给予行政处罚、处分或者没收其违法所得的被不起诉人，应当提出检察意见，移送有关主管机关处理。有关主管机关应当将处理结果及时通知检察机关，真正实现惩罚、教育、挽救的目的。

（二）钱某故意伤害案

基本案情：2019年9月28日晚，钱某应朋友邀请在浙江省嵊州市长乐镇某餐馆与马某某等人一起吃饭。其间，钱某与马某某因敬酒发生争吵，马某某不满钱某喝酒态度持玻璃酒杯用力砸向钱某头部，致其额头受伤流血。钱某随后从餐馆门口其电瓶车内取出一把折叠刀，在厮打过程中刺中马某某胸部、腹部。马某某随即被送往医院救治,经医治无效于同年11月27日死亡。案发后,钱某即向公安机关主动投案,如实供述了自己的犯罪行为。案件移送检察机关审查起诉后,钱某表示愿意认罪认罚,在辩护人见证下签署了《认罪认罚具结书》。钱某向被害人亲属进行了民事赔偿,取得被害人亲属谅解。浙江省绍兴市检察院以钱某犯故意伤害罪于2020年5月15日向绍兴市中级法院提起公诉,提出有期徒刑12年的量刑建议。绍兴市中级法院经开庭审理,当庭判决采纳检察机关指控的罪名和量刑建议。被告人未上诉,判决已生效。

主要阐明:检察机关在办理认罪认罚案件中应健全量刑协商机制,确保检察官、被告人、辩护人或值班律师三方有效开展量刑协商。探索证据开示与加强量刑建议说理,实现定罪和量刑建议的规范透明。注重运用司法救助等多种制度措施,努力化解矛盾,修复社会关系,提升办案质效。

指导关键点:一是保障律师有效参与量刑协商,充分保障犯罪嫌疑人、被告人的权利。控辩双方进行充分平等有效的量刑协商,是犯罪嫌疑人、被告人获得有效法律帮助,真实自愿具结的保障。该案检察官认真听取辩护人对事实、证据、罪名和法律适用的意见。双方对事实、证据、罪名及被害人有一定过错形成一致意见。但对辩护人提出钱某系正当防卫的意见,检察官当场予以否定,并结合案件事实及法律规定详细阐述不能认定防卫行为的理由,辩护人最终予以认同。检察官根据案件情况,先后两次与辩护人进行量刑协商后达成一致意见。第一次根据钱某赔偿被害人家属人民币1万元及双方未达成和解协议的情况,双方协商确定主刑为15年有期徒刑的量刑建议。第二次根据双方达成和解协议并取得被害人亲属谅解的新情况,协商形成最终的量刑建议。实践中,量刑协商时一般应有检察官、犯罪嫌疑人或被告人、律师三方在场,律师全程参与;检察官要充分听取犯罪嫌疑人、被告人及其律师的辩护意见,对所提意见不予采纳的要说明事实、依据、理由;重视犯罪嫌疑人、被告人及其律师提供的新证据、新材料等,对采纳与否均应说明理由并反馈;量刑协商过程可以不止一次,可以根据需要多次进行。通过《量刑建议说理书》的形式对量刑建议的形成过程和理由向被告人及其辩护人和法官进行说理。增强量刑建议的透明度和公信力。该案在审查起诉受案时,犯罪嫌疑人钱某无民事赔偿意愿。审查起诉阶段第一次讯问时检察机关告知犯罪嫌疑人没有民事赔偿应当判处的刑罚,并且明确被害方意见对量刑的影响。犯罪嫌疑人听取意见后,表示愿意尽力赔偿被害方损失。

二是探索证据开示。认罪认罚协商中,鼓励探索证据开示,对开示流程、方式、地点、参与主体等可以探索、尝试。通过向犯罪嫌疑人、被告人开示证据、说明理由、听取意见,保障犯罪嫌疑人、被告人认罪认罚的自愿性和协商的平等性，促使其放弃侥幸心理、尽早认罪认罚。检察机关在证据开示过程中可以释法说理、听取意见，辩护人可以出示并提交赔偿协议及被害人谅解书等从轻量刑的证据，双方互相展示证据，进行充分平等的量刑协商。证据开示笔录应当随案移送法院，有利于进一步简化庭审程序，提高庭审效率。

三是运用司法救助努力化解矛盾纠纷。对于致人重伤、死亡的重罪案件以及因民间纠纷引发的犯罪案件，要积极主动耐心做好矛盾化解、刑事和解工作，行为人自愿认罪、真诚悔罪并取得被害方谅解、达成和解，尚未严重影响人民群众安全感的，要积极适用认罪认罚从宽制度，特别是对社会危害性不大的初犯、偶犯、过失犯、未成年犯，一般应当依法给予较大幅度从宽。如果是民间纠纷引发的案件，行为人认罪悔罪态度较好，具有矛盾化解的基础，但行为人本人及家庭经济困难，难以偿付被害方医疗费、丧葬费等费用的，检察机关要积极运用司法救助制度，为被害人家属申请司法救助金，进行经济帮助和精神抚慰。该案中，办案人员主动担当作为，在获悉被害人住院治疗两个月且无人支付医疗费，死亡后尸体存放于殡仪馆近半年无人问津，双方家庭经济困难，案发后双方矛盾积蓄并逐步加深等情况后，积极化解矛盾。办案检察官为被害人年迈的父亲及年幼的儿子申请司法救助金人民币 2 万元并携带慰问品直接送至家中，对他们进行心理疏导和安抚，减缓其过激情绪。在办案中，检察机关应注重运用多种制度措施，努力化解矛盾，修复社会关系，促使行为人认罪服法、赔偿损失，帮助被害方尽早获得赔偿，把社会治理工作做实做细，实现认罪认罚从宽制度化解矛盾纠纷、促进社会和谐的重要价值。

四是充分发挥认罪认罚从宽制度在保障被害人合法权益方面的作用。其一，坚持被害方利益应当依法得到弥补原则。《指导意见》第七条第二款规定，"认罚"考察的重点是犯罪嫌疑人、被告人的悔罪态度和悔罪表现，应当结合退赃退赔、赔偿损失、赔礼道歉等因素来考量。将是否与被害方达成刑事和解、取得被害方谅解作为从宽的重要考虑因素，最大程度弥补被害方身心及财产受到的侵害。该案中，检察官多次联系辩护人及诉讼代理人依法调处民事赔偿问题。最终双方达成和解协议，由钱某赔偿被害人亲属 5.2 万元，被害人亲属主动放弃其他民事赔偿请求，并出具刑事谅解书。其二，充分保障被害方的诉讼参与权。在办理案件时向被害方做好权利告知，细致释明认罪认罚从宽、刑事和解等具体法律规定，充分听取被害人及其诉讼代理人对案件处理的意见，将其意见作为适用认罪认罚从宽制度和提出量刑建议的重要参考。

（三）琚某忠盗窃案

基本案情：2017 年 11 月 16 日下午，琚某忠以爬窗入室的方式，潜入浙江省杭州市下城区某小区 502 室，盗取张某、阮某某贵金属制品 9 件（共计价值人民币28213元)、现金人民币400余元、港币600余元。案发后公安机关追回上述9件贵金属制品,并已发还被害人。

审查起诉期间,检察机关依法告知琚某忠诉讼权利义务、认罪认罚的具体规定,向琚某忠核实案件事实和证据,并出示监控录像等证据后,之前认罪态度反复的琚某忠表示愿意认罪认罚。经与值班律师沟通、听取意见,并在值班律师见证下,检察官向琚某忠详细说明本案量刑情节和量刑依据,提出有期徒刑2年3个月,并处罚金人民币3000元的量刑建议,琚某忠表示认可和接受,自愿签署《认罪认罚具结书》。2018年3月6日,下城区检察院以被告人琚某忠犯盗窃罪提起公诉。下城区法院适用刑事速裁程序审理该案,判决采纳检察机关指控的罪名和量刑建议。同年3月19日,琚某忠以量刑过重为由提出上诉,下城区检察院提出抗诉。杭州市中级法院认为,被告人琚某忠不服原判量刑提出上诉,导致原审适用认罪认罚从宽制度的基础已不存在,为保障案件公正审判,裁定撤销原判,发回重审。下城区法院经重新审理,维持原判认定的被告人琚某忠犯盗窃罪的事实和定性,改判琚某忠有期徒刑2年9个月,并处罚金人民币3000元。判决后,琚某忠未上诉。

主要阐明:对于被告人认罪认罚获得从宽处罚后,无正当理由违背具结承诺,提出上诉的案件,检察机关应当依法正确行使抗诉权。对于事实清楚、证据确实,自愿性保障充分,量刑建议恰当,具结过程规范的认罪认罚上诉案件可以提出抗诉。检察机关要深入了解上诉原因,核实一审认罪认罚自愿性,做好抗诉说理,与审判机关取得共识,建议法院可以通过发回重审的方式,使案件恢复到不认罪认罚的被追诉状态,取消一审判决给予的从宽量刑幅度,以体现罪责刑相适应原则,共同维护认罪认罚从宽制度良性运行。

指导关键点:一是区分不同上诉理由,正确行使抗诉权。认罪认罚协议的基础是双方达成合意,犯罪嫌疑人、被告人认罪认罚,真诚悔罪,办案机关对其从轻处罚、简化程序,体现了司法宽容和权利让渡,双方应当尊重和遵守,并贯穿于侦查到审判阶段的整个诉讼过程。该案中,行为人在检察机关提起公诉时自愿认罪认罚,但在审判机关按照量刑建议和具结书的内容进行判罚后,无正当理由提出量刑过重的上诉理由,推翻了与检察机关达成的量刑合意,是"虚假认罚",不仅浪费了司法资源,而且从根本上破坏了认罪认罚从宽制度的运行基础,具有较为恶劣的示范效应。检察机关依法提出抗诉,并非为了加重行为人刑罚,而是启动再审程序,建议法院发回重审,取消因行为人认罪认罚而予以从宽的部分,恢复到不认罪认罚的刑罚状态。

二是审查核实上诉原因,查明一审认罪认罚真实情况。对于适用认罪认罚从宽制度后,被告人提出上诉的案件,检察机关要尊重被告人的上诉权,可以采取适当方式听取上诉意见,重新审查案件时特别要对认罪认罚自愿性和合法性进行审查。注重审查是否存在暴力、威胁、引诱等违法情形,犯罪嫌疑人、被告人认罪认罚时的认知能力和精神状态是否正常,犯罪嫌疑人、被告人是否理解认罪认罚的性质和可能导致的法律后果等方面内容,防止违背意愿认罪认罚的情形发生。同时,及时审查全案情况,确保案件事实清楚、证据确实充分、法律适用准确。认真审查原具结协商过程是否依法进行,是否充分保障犯罪嫌疑人、被告人权利,量刑建议是否适当,确保一审认罪认罚工作自愿、真实、合法。

三是秉持客观公正立场,确保罪责刑相一致。办理认罪认罚案件,检察官要秉持客观公正立场,确保认罪认罚被告人依法享有量刑从宽。对于已经实际获得从宽量刑幅度的被告人,在没有新事实、新证据的情况下,又以量刑过重为由提出上诉的,检察机关应当与审判机关取得共识,依法取消一审基于认罪认罚给予被告人的量刑从宽幅度,恢复对被告人应当判处的刑罚,并从有利于维护被告人上诉利益的角度出发,通过裁定发回重审,恢复一审普通程序审理的方式纠正,实现罪责刑相适应和公正处罚。

(四)林某彬等人组织、领导、参加黑社会性质组织案

基本案情:林某彬自2013年9月至2018年10月,以实际控制的北京某投资有限公司、某金融服务外包(北京)有限公司,通过招募股东、吸收业务员的方式,逐步形成了以林某彬为核心,曾某、胡某凯等9人为骨干,林某强、杨某明等9人为成员的黑社会性质组织。该组织以老年人群体为主要目标,专门针对房产实施系列"套路贷"犯罪活动,勾结个别公安民警、公证员、律师以及暴力清房团伙,先后实施了诈骗、敲诈勒索、寻衅滋事、虚假诉讼等违法犯罪活动,涉及北京市朝阳区、海淀区等11个区、72名被害人、74套房产,造成被害人经济损失人民币1.8亿余元。

林某彬黑社会性质组织拉拢公安民警庞某天入股,利用其身份查询被害人信息,利用其专业知识为暴力清房人员谋划支招;拉拢律师李某杰以法律顾问身份帮助林某彬犯罪组织修改"套路贷"合同模板、代为应诉,并实施虚假诉讼处置房产。公证员王某等人为获得费用提成或收受林某彬黑社会性质组织给予的财物,出具虚假公证文书。

在北京市检察院第三分院主持下,全案52名被告人中先后有36名签署了《认罪认罚具结书》。2019年12月30日,北京市第三中级法院依法判决,全部采纳检察机关量刑建议。林某彬等人上诉后,2020年7月16日,北京市高级法院二审裁定驳回上诉,维持原判。

主要阐明:办理黑恶势力犯罪案件时,检察机关要在提前介入、审查起

诉、庭前会议、法庭审判各环节、全过程开展认罪认罚教育转化，充分发挥认罪认罚从宽制度在查明案件事实、提升法庭效果、全力追赃挽损等方面的制度优势。认罪认罚从宽制度可以适用于所有刑事案件，没有适用罪名和可能判处刑罚的限定，涉黑涉恶犯罪案件依法可以适用该制度。

指导关键点：该案在移送审查起诉后存在四大难题：犯罪环节复杂，刑民交织，"套路贷"犯罪认定难；犯罪事实多，行为相互交叉，被告人责任划分难；房产或被处置，或已设立多项抵押权，追赃挽损难；被告人拒不认罪，证据严重缺失，庭审指控难。对此，办案单位通过充分、全链条地运用认罪认罚从宽制度，发挥制度优势，突破了上述难题，取得了实效，具体表现为：一是对于有组织犯罪等疑难复杂共同犯罪案件，运用认罪认罚从宽制度做好教育转化、证据固定工作。主要是注重梳理证据，把握关键被告人作为案件突破口，通过认罪认罚工作有针对性地完善和固定证据，以点带面促使其他被告人认罪认罚，逐步完善指控犯罪的证据体系。该案中，检察机关将到案后认罪态度较好的关键犯罪嫌疑人胡某某作为突破口，因势利导，通过为其申请法律援助，反复讲明认罪认罚的积极后果，鼓励其勇于承担罪责，打消其对黑社会性质组织犯罪不能减刑的疑虑，与检察机关签署了《认罪认罚具结书》。通过胡某某的认罪认罚事例，以及根据其交代调取的微信股东群聊天记录等证据，对股东韩某某、庞某某等人进行教育转化。面对事实和证据，上述犯罪嫌疑人交代了其参与公司经营活动的事实，并如实向检察机关供述了该公司的组织结构、运作模式、资金分配等事实，使林某彬等人利用公司组织形式进行"套路贷"诈骗，并实施暴力清房的事实逐渐清晰，为认定黑社会性质组织犯罪打下了证据基础。同时，根据上述行为人在有组织犯罪中的地位和作用，对其分层次、分步骤分别开展认罪认罚教育转化工作，以达到分化瓦解有组织犯罪的目的。对各组织成员分别确定基准刑，在此基础上根据认罪悔罪表现、认罪认罚时间先后等情节，确定不同的从宽幅度，调节基准刑并最终作出确定刑量刑建议。

二是对于供述易变化、态度反复的不同组织成员，区分各环节重点，于诉讼全过程开展认罪认罚工作。认罪认罚从宽制度贯穿刑事诉讼全过程，在提前介入阶段引导侦查机关运用认罪认罚突破案件，查明犯罪事实；在审查起诉阶段通过与犯罪嫌疑人及其辩护人充分沟通和释法说理，促使犯罪嫌疑人主动选择认罪认罚；在审判阶段通过持续开展认罪认罚教育转化，把握庭前会议证据开示契机，再次巩固和扩大认罪认罚效果；发挥法庭调查阶段认罪认罚被告人的当庭指证作用和带动作用，促使不认罪的被告人转变态度、认罪服法，提升指控犯罪的效果，发挥法庭审判的警示教育作用。

三是将认罪认罚与追赃挽损有机结合，铲除有组织犯罪的经济基础，尽一切力量挽回群众损失。检察机关应当运用认罪认罚深挖涉案财产线索，通过认罪认罚成果巩固和扩大追赃挽损效果；灵活运用量刑建议从宽幅度激励被告人退赃退赔。结合退赃退赔、赔偿损失等因素，考量被告人的悔罪态度和悔罪表现，作为是否"认罚"的考察重点。同时，及时提出财产刑量刑建议，特别是对于起组织、领导作用和积极参加的被告人，建议法院判处没收个人财产的刑罚，实现对黑恶势力依法惩处、"打财断血"和追赃挽损。

四是该严则严，当宽则宽，准确贯彻宽严相济刑事政策。对严重危害国家安全、公共安全犯罪，严重暴力犯罪等重罪案件，应当依法从严惩治。即使适用认罪认罚从宽制度也要慎重把握从宽幅度，避免案件办理明显违背人民群众的公平正义观念。对犯罪性质和危害后果特别严重、犯罪手段特别残忍、社会影响特别恶劣的行为人，依法予以严惩，不予从宽。该案中，在认罪认罚被告人的带动下，首要分子林某彬当庭表示愿意认罪认罚，并指证暴力清房首犯万某某罪行。但经全案综合考虑，林某彬黑社会性质组织犯罪行为恶劣，犯罪数额特别巨大，严重侵犯了人民群众的财产和人身安全。林某彬作为组织领导者，对其应当严格掌握认罪认罚从宽幅度，坚持罪责刑相适应。林某彬被一审依法判处无期徒刑并处没收个人全部财产。

最高人民检察院
关于印发最高人民检察院
第二十三批指导性案例的通知

(2020年12月3日公布　高检发办字〔2020〕68号)

各级人民检察院：

经2020年11月6日最高人民检察院第十三届检察委员会第五十四次会议决定，现将刘远鹏涉嫌生产、销售"伪劣产品"（不起诉）案等五件案例（检例第85—89号）作为第二十三批指导性案例（检察机关依法履职促进社会治理主题）发布，供参照适用。

最高人民检察院
2020年12月3日

刘远鹏涉嫌生产、销售"伪劣产品"（不起诉）案

（检例第 85 号）

【关键词】

民营企业　创新产品　强制标准　听证　不起诉

【要　旨】

检察机关办理涉企案件，应当注意保护企业创新发展。对涉及创新的争议案件，可以通过听证方式开展审查。对专业性问题，应当加强与行业主管部门沟通，充分听取行业意见和专家意见，促进完善相关行业领域标准。

【基本案情】

被不起诉人刘远鹏（化名），男，1982 年 5 月出生，浙江动迈有限公司（化名）法定代表人。

2017 年 10 月 26 日，刘远鹏以每台 1200 元的价格将其公司生产的"T600D"型电动跑步机对外出售，销售金额合计 5 万余元。浙江省永康市市场监督管理部门通过产品质量抽查，委托浙江省家具与五金研究所对所抽样品的 18 个项目进行检验，发现该跑步机"外部结构""脚踏平台"不符合国家强制标准，被鉴定为不合格产品。2017 年 11 月至 12 月，刘远鹏将研发的"智能平板健走跑步机"以跑步机的名义对外出售，销售金额共计 701.4 万元。经市场监督管理部门委托宁波出入境检验检疫技术中心检验，该产品未根据"跑步机附加的特殊安全要求和试验方法"加装"紧急停止开关"，且"安全扶手""脚踏平台"不符合国家强制标准，被鉴定为不合格产品。

【检察机关履职过程】

2018 年 9 月 21 日，浙江省永康市公安局以刘远鹏涉嫌生产、销售伪劣产品罪对其立案侦查并采取刑事拘留强制措施。案发后，永康市人民检察院介入侦查时了解到涉案企业系当地纳税优胜企业，涉案"智能平板健走跑步机"是该公司历经三年的研发成果，拥有十余项专利。在案件基本事实查清，主要证据已固定的情况下，考虑到刘远鹏系企业负责人和核心技术人员，为保障企业的正常生产经营，检察机关建议对刘远鹏变更强制措施。2018 年 10 月 16 日，公安机关决定对刘远鹏改为取保候审。

2018年11月2日,公安机关将案件移送永康市人民检察院审查起诉。经审查,本案的关键问题在于:"智能平板健走跑步机"是创新产品还是不合格产品?能否按照跑步机的国家强制标准认定该产品为不合格产品?经赴该企业实地调查核实,永康市人民检察院发现"智能平板健走跑步机"运行速度与传统跑步机有明显区别。通过电话回访,了解到消费者对该产品的质量投诉为零,且普遍反映该产品使用便捷,未造成人身伤害和财产损失。检察机关经进一步审查,鉴定报告中认定"智能平板健走跑步机"为不合格产品的主要依据,是该产品没有根据跑步机的国家强制标准,加装紧急停止装置、安全扶手、脚踏平台等特殊安全配置。经进一步核实,涉案"智能平板健走跑步机"最高限速仅8公里/小时,远低于传统跑步机20公里/小时的速度,加装该公司自主研发的红外感应智能控速、启停系统后,实际使用安全可靠,并无加装前述特殊安全配置的必要。检察机关又进一步咨询了行业协会和专业人士,业内认为"智能平板健走跑步机"是一种新型健身器材,对其适用传统跑步机标准认定是否安全不尽合理。综合全案证据,永康市人民检察院认为,"智能平板健走跑步机"可能是一种区别于传统跑步机的创新产品,鉴定报告依据传统跑步机质量标准认定其为伪劣产品,合理性存疑。

2019年3月11日,永康市人民检察院对本案进行听证,邀请侦查人员、辩护律师、人大代表、相关职能部门代表和跑步机协会代表共20余人参加听证。经评议,与会听证员一致认为,涉案"智能平板健走跑步机"是企业创新产品,从消费者使用体验和技术参数分析,使用该产品不存在现实隐患,在国家标准出台前,不宜以跑步机的强制标准为依据认定其为不合格产品。

结合听证意见,永康市人民检察院经审查,认定刘远鹏生产、销售的"智能平板健走跑步机"在运行速度、结构设计等方面与传统意义上的跑步机有明显区别,是一种创新产品。对其质量不宜以传统跑步机的标准予以认定,因其性能指标符合"固定式健身器材通用安全要求和试验方法"的国家标准,不属于伪劣产品,刘远鹏生产、销售该创新产品的行为不构成犯罪。综合全案事实,2019年4月28日,永康市人民检察院依法对刘远鹏作出不起诉决定。

该案办理后,经与行业主管、监管部门研究,永康市人民检察院建议永康市市场监督管理部门层报国家有关部委请示"智能平板健走跑步机"的标准适用问题。经层报国家市场监督管理总局,总局书面答复:"智能平板健走跑步机"因具有运行速度较慢、结构相对简单、外形小巧等特点,是一种"创新产品",不适用跑步机的国家标准。总局同时还就"走跑步机"类产品的名称、宣传、安全标准等方面,提出了规范性意见。

【指导意义】

（一）对创新产品要进行实质性审查判断，不宜简单套用现有产品标准认定为"伪劣产品"。刑法规定，以不合格产品冒充合格产品的，构成生产、销售伪劣产品罪。认定"不合格产品"，以违反《产品质量法》规定的相关质量要求为前提。《产品质量法》要求产品"不存在危及人身、财产安全的不合理的危险"，"有保障人体健康和人身、财产安全的国家标准、行业标准的，应当符合该标准"的要求；同时，产品还应当具备使用性能。根据这些要求，对于已有国家标准、行业标准的传统产品，只有符合标准的才能认定为合格产品；对于尚无国家标准、行业标准的创新产品，应当本着既鼓励创新，又保证人身、财产安全的原则，多方听取意见，进行实质性研判。创新产品在使用性能方面与传统产品存在实质性差别的，不宜简单化套用传统产品的标准认定是否"合格"。创新产品不存在危及人身、财产安全隐患，且具备应有使用性能的，不应当认定为伪劣产品。相关质量检验机构作出鉴定意见的，检察机关应当进行实质审查。

（二）改进办案方式，加强对民营企业的平等保护。办理涉民营企业案件，要有针对性地转变理念，改进方法，严格把握罪与非罪、捕与不捕、诉与不诉的界限标准，把办案与保护企业经营结合起来，通过办案保护企业创新，在办案过程中，注重保障企业正常经营活动。要注重运用听证方式办理涉企疑难案件，善于听取行业意见和专家意见，准确理解法律规定，将法律判断、专业判断与民众的朴素认知结合起来，力争办案"三个效果"的统一。

（三）立足办案积极参与社会治理，促进相关规章制度和行业标准的制定完善。办理涉及企业经营管理和产品技术革新的案件，发现个案反映出的问题带有普遍性、行业性的，应当及时通过与行业主管部门进行沟通并采取提出检察建议等方式，促使行业主管部门制定完善相关制度规范和行业标准等，推进相关领域规章制度健全完善，促进提升治理效果。

【相关规定】

《中华人民共和国刑法》第一百四十条

《中华人民共和国刑事诉讼法》第一百七十七条

《中华人民共和国产品质量法》第二十六条

《最高人民法院、最高人民检察院关于办理生产、销售伪劣商品刑事案件具体应用法律若干问题的解释》第一条

盛开水务公司污染环境
刑事附带民事公益诉讼案

(检例第 86 号)

【关键词】

刑事附带民事公益诉讼　参与调解　连带责任　替代性修复

【要　旨】

检察机关办理环境污染民事公益诉讼案件，可以在查清事实明确责任的基础上，遵循自愿、合法和最大限度保护公共利益的原则，积极参与调解。造成环境污染公司的控股股东自愿加入诉讼，愿意承担连带责任并提供担保的，检察机关可以依申请将其列为第三人，让其作为共同赔偿主体，督促其运用现金赔偿、替代性修复等方式，承担生态损害赔偿的连带责任。对办案中发现的带有普遍性的问题，检察机关可以通过提出检察建议、立法建议等方式，促进社会治理创新。

【基本案情】

被告单位南京盛开水务有限公司（化名，以下简称盛开水务公司），住所地南京某工业园区。

被告人郑一庚（化名），男，1965 年 3 月出生，南京盛开水务公司总经理。

盛开水务公司于 2003 年 5 月成立，主营污水处理业务。2014 年 10 月至 2017 年 4 月，该公司在高浓度废水处理系统未运行、SBR（序批式活性污泥处理技术，主要用于处理水中有机物）反应池无法正常使用的情况下，利用暗管向长江违法排放高浓度废水 28.46 万立方米和含有危险废物的混合废液 54.06 吨。该公司还采取在二期废水处理系统中篡改在线监测仪器数据的方式，逃避监管，向长江偷排含有毒有害成分污泥 4362.53 吨及超标污水 906.86 万立方米。上述排污行为造成生态环境损害，经鉴定评估，按照虚拟治理成本法的方式，以单位治理成本总数乘以环境敏感系数，认定生态环境修复费用约 4.70 亿元。

【检察机关履职过程】

（一）提起公诉追究刑事责任

2017年4月10日，南京市公安局水上分局对盛开水务公司等以污染环境罪立案侦查。2017年8月25日，公安机关对该案侦查终结后移送南京市鼓楼区人民检察院审查起诉。2018年1月23日，根据南京市环境资源类案件集中管辖的要求，南京市鼓楼区人民检察院向南京市中级人民法院指定的南京市玄武区人民法院提起公诉。

2018年10月、2019年3月，南京市玄武区人民法院对该案开庭审理。庭审围绕危险废物判定、涉案公司处理工艺、污染标准认定、虚拟治理成本适用方法等问题展开法庭调查和辩论。经审理，法院采纳检察机关刑事指控，认定被告单位及被告人郑一庚等构成污染环境罪。2019年5月17日，玄武区人民法院以污染环境罪判处被告单位盛开水务公司罚金5000万元；判处被告人郑一庚等12人有期徒刑六年至一年不等，并处罚金200万元至5万元不等。一审判决作出后，盛开水务公司及郑一庚等提出上诉，2019年10月15日，南京市中级人民法院作出二审裁定，维持原判。

（二）提起刑事附带民事公益诉讼

南京市鼓楼区人民检察院在介入侦查、引导取证过程中发现公益受损的案件线索，遂决定作为公益诉讼案件立案。2017年9月22日，按照公益诉讼试点工作要求，该院根据实际情况，采取走访环保部门及辖区具有提起环境公益诉讼资格的公益组织的方式履行了诉前程序，环保部门和公益组织明确表示不就该案提起公益诉讼。

公益诉讼案件立案后，检察机关进一步收集完善侵权主体、非法排污数量、因果关系等方面证据，并委托环保部南京生态环境研究所等专业机构，组织20余次专家论证会，出具6份阶段性鉴定意见。2018年9月14日，南京市鼓楼区人民检察院对盛开水务公司提起刑事附带民事公益诉讼，诉请法院判令其在省级以上媒体公开赔礼道歉并承担约4.70亿元生态环境损害赔偿责任。2018年10月、2019年3月，人民法院在两次开庭审理中，对民事公益诉讼案件与刑事部分一并进行了审理。2019年5月7日，盛开水务公司对民事公益诉讼部分提出调解申请，但其资产为1亿元左右，无力全额承担4.70亿元的赔偿费用。其控股股东盛开（中国）投资有限公司（化名，以下简称盛开投资公司，持有盛开水务公司95%的股份）具有赔付能力及代为修复环境的意愿，自愿申请加入诉讼，愿意进行环境修复并出具担保函，检察机关和人民法院经审查均予以认可。

调解过程中，检察机关提出"现金赔偿+替代性修复"调解方案，由盛开水务公司承担现金赔偿责任,盛开投资公司承担连带责任。同时,盛开投资公司承担替代性修复义务,并确定承担替代性修复义务的具体措施,包括新建污水处理厂、现有污水处理厂提标改造、设立保护江豚公益项目等内容。

经过多次磋商,被告及盛开投资公司认同检察机关关于该案环境损害鉴定方法、赔偿标准与赔偿总额、赔偿方式等问题的主张。2019年12月27日,在南京市玄武区人民法院的主持下,检察机关与盛开水务公司、盛开投资公司共同签署分四期支付2.37亿元的现金赔偿及承担2.33亿元替代性修复义务的调解协议。2019年12月31日,法院对该调解协议在人民法院网进行了为期30日的公告,公告期间未收到异议反馈。2020年2月7日,调解协议签订。目前,盛开投资公司已按期支付1.17亿元赔偿金,剩余1.20亿元分三年支付。替代性修复项目正在有序进行中。

(三)参与社会治理,推动地方立法

办理该案后,检察机关针对办案中发现的环境监管漏洞等问题,积极推动完善社会治理。一是针对办案中发现的污水排放核定标准中氯离子浓度过高等问题,鉴于环保部门未尽到充分注意义务,检察机关发出检察建议,要求将氯离子浓度纳入江苏省《化学工业水污染物排放标准》予以监管,被建议单位予以采纳。二是对包括盛开水务公司在内的300余名化工企业负责人和环保管理人员开展警示教育,增强公司管理人员环境保护意识和法治意识,促进加强水污染防治监管。三是结合本案,对长江水污染问题开展调研,针对长江生态保护的行政监管部门多,职能交叉、衔接不畅等问题,提出制定"南京市长江生态环境保护实施条例"的立法建议,获得南京市人大常委会采纳,并决定适时研究制定该地方性法规,助力长江生态保护,促进区域治理体系和治理能力现代化建设。

【指导意义】

(一)环境公益诉讼中,检察机关可以在最大限度保护公共利益的前提下参与调解。检察机关办理环境污染类案件,要充分发挥民事公益诉讼职能,注重服务经济社会发展。既要落实"用最严格制度最严密法治保护生态环境"的原则要求,又要注意办案方式方法的创新。在办案中遇到企业因重罚而资不抵债,可能破产关闭等情况时,不能机械办案或者一罚了之。依据相关法律规定,检察机关可以与被告就赔偿问题进行调解。与一般的民事调解不同,检察机关代表国家提起公益诉讼,在调解中应当保障公共利益最大化实现。在被告愿意积极赔偿的情况下,检察机关考虑生态修复需要,综合评估被告财务状况、预期收入情况、赔偿意愿等情节,可以推进运用现金赔偿、替代性修复等方式,既落实责任承担,又确保受损环境得以修复。在实施替代性修复时,对替代性修复项目应当进行评估论证。项目应当既有利于生态环境恢复，又具有公益性，同时，还应当经人民检察院、人民法院和社会公众的认可。

（二）股东自愿申请加入公益诉讼，检察机关经审查认为有利于生态环境公益保护的，可以同意其请求。在环境民事公益诉讼中，被告单位的控股股东自愿共同承担公益损害赔偿责任，检察机关经审查认为其加入确实有利于生态环境修复等公益保护的，可以准许，并经人民法院认可，将其列为第三人。是否准许加入诉讼，检察机关需要重点审查控股股东是否与损害发生确无法律上的义务和责任。如果控股股东对损害的发生具有法律上的义务和责任，则应当由人民法院追加其参加诉讼，不能由其自主选择是否参加诉讼。

（三）在公益诉讼中，检察机关应当注重运用检察建议、立法建议等多种方式，推动社会治理创新。检察机关办理涉环境类公益诉讼案件，针对生态环境执法、监管、社会治理等方面存在的问题，可以运用检察建议等方式，督促相关行政部门履职，促进区域生态环境质量改善。对于涉及地方治理的重点问题，可以采取提出立法建议的方式，促进社会治理创新，推进法治完善。对于法治教育和宣传普及中存在的问题，应当按照"谁执法谁普法"的原则，结合办案以案释法，对相关特殊行业从业人员开展法治宣传教育，提升环境保护法治意识。

【相关规定】

《中华人民共和国刑事诉讼法》第一百零一条

《中华人民共和国民事诉讼法》第五十一条、第五十五条

《中华人民共和国水污染防治法》第十条、第三十九条

《中华人民共和国环境保护法》第六条、第四十二条、第六十四条

《最高人民法院、最高人民检察院关于检察公益诉讼案件适用法律若干问题的解释》第二十条

《最高人民法院关于审理环境民事公益诉讼案件适用法律若干问题的解释》第四条、第二十五条

《最高人民法院关于适用〈中华人民共和国刑事诉讼法〉的解释》第一百五十九条

《最高人民法院、最高人民检察院关于人民检察院提起刑事附带民事公益诉讼应否履行诉前公告程序问题的批复》

李卫俊等"套路贷"虚假诉讼案

（检例第 87 号）

【关键词】

虚假诉讼　套路贷　刑民检察协同　类案监督　金融监管

【要　旨】

检察机关办理涉及"套路贷"案件时，应当查清是否存在通过虚假诉讼行为实现非法利益的情形。对虚假诉讼中涉及的民事判决、裁定、调解协议书等，应当依法开展监督。针对办案中发现的非法金融活动和监管漏洞，应当运用检察建议等方式，促进依法整治并及时堵塞行业监管漏洞。

【基本案情】

被告人李卫俊，男，1979 年 10 月出生，无业。

2015 年 10 月以来，李卫俊以其开设的江苏省常州市金坛区汇丰金融小额贷款公司为载体，纠集冯小陶、王岩、陆云波、丁众等多名社会闲散人员，实施高利放贷活动，逐步形成以李卫俊为首要分子的恶势力犯罪集团。该集团长期以欺骗、利诱等手段，让借款人虚写远高于本金的借条、签订虚假房屋租赁合同等，并要求借款人提供抵押物、担保人，制造虚假给付事实。随后，采用电话骚扰、言语恐吓、堵锁换锁等"软暴力"手段，向借款人、担保人及其家人索要高额利息，或者以收取利息为名让其虚写借条。在借款人无法给付时，又以虚假的借条、租赁合同等向法院提起民事诉讼，欺骗法院作出民事判决或者主持签订调解协议。李卫俊等并通过申请法院强制执行，逼迫借款人、担保人及其家人偿还债务，造成 5 人被司法拘留，26 人被限制高消费，21 人被纳入失信被执行人名单，11 名被害人名下房产 6 处、车辆 7 辆被查封。

【检察机关履职过程】

（一）提起公诉追究刑事责任

2018 年 3 月，被害人吴某向公安机关报警，称其在李卫俊等人开办的小额贷款公司借款被骗。公安机关对李卫俊等人以涉嫌诈骗罪立案侦查。经侦查终结，2018 年 8 月 20 日，公安机关以李卫俊等涉嫌诈骗罪移送江苏省常州市金坛区人民检察院审查起诉。金坛区人民检察院审查发现，李卫俊等人长期从事职业放贷活动，具有"套路贷"典型特征，有涉嫌黑恶犯罪嫌疑。办案检察官随即向人民法院调取李卫俊等人提起的民事诉讼情况，发现2015年至2018年间，李卫俊等人提起民事诉讼上百起，多为民间借贷纠纷，且借条均为格式合同，多数案件被人民法院缺席判决。经初步判断，金坛区人民检察院认为该犯罪集团存在通过虚假诉讼的方式实施"套路贷"犯罪活动的情形。检察机关遂将案件退回公安机关补充侦查。经公安机关补充侦查，查清"套路贷"犯罪事实后，2018年12月13日，公安机关以李卫俊等涉嫌诈骗罪、敲诈勒索罪、虚假诉讼罪、寻衅滋事罪再次移送审查起诉。

2019年1月25日，金坛区人民检察院对本案刑事部分提起公诉，金坛区人民法院于2019年1月至10月四次开庭审理。经审理查明李卫俊等人犯罪事实后，金坛区人民法院依法认定其为恶势力犯罪集团。2019年11月1日，金坛区人民法院以诈骗罪、敲诈勒索罪、虚假诉讼罪、寻衅滋事罪判处李卫俊有期徒刑12年，并处罚金人民币28万元；其余被告人分别被判处有期徒刑8年至3年6个月不等，并处罚金。

（二）开展虚假诉讼案件民事监督

针对审查起诉中发现的李卫俊等人套路贷中可能存在虚假诉讼问题，常州市金坛区人民检察院在做好审查起诉追究刑事责任的同时，依职权启动民事诉讼监督程序，并重点开展了以下调查核实工作：一是对李卫俊等人提起民事诉讼的案件进行摸底排查，查明李卫俊等人共向当地法院提起民间借贷、房屋租赁、买卖合同纠纷等民事诉讼113件，申请民事执行案件80件，涉案金额共计400余万元。二是向相关民事诉讼当事人进行调查核实，查明相关民间借贷案件借贷事实不清，金额虚高，当事人因李卫俊等实施"软暴力"催债，被迫还款。三是对民事判决中的主要证据进行核实，查明作出相关民事判决、裁定、调解确无合法证据。四是对案件是否存在重大金融风险隐患进行核实，查明包括本案在内的小额贷款公司、商贸公司均存在无资质经营、团伙性放贷等问题，金融监管缺位，存在重大风险隐患。

经调查核实，检察机关认为李卫俊等人主要采取签写虚高借条、肆意制造违约、隐瞒抵押事实等手段，假借诉讼侵占他人合法财产。人民法院在相关民事判决中，认定案件基本事实所依据的证据虚假，相关民事判决应予纠正；对于李卫俊等与其他当事人的民事调解书，因李卫俊等人的犯罪行为属于利用法院审判活动，非法侵占他人合法财产，严重妨害司法秩序，损害国家利益与社会公共利益，也应当予以纠正。2019年6月至7月，金坛区人民检察院对该批50件涉虚假诉讼案件向人民法院提出再审检察建议42件，对具有典型意义的8件案件提请常州市人民检察院抗诉。2019年7月，常州市人民检察院向常州市中级人民法院提出抗诉，同年8月，常州市中级法院裁定将8件案件指令金坛区人民法院再审。9月，金坛区人民法院对42件案件裁定再审。10月，金坛区人民法院对该批50件案件一并作出民事裁定，撤销原审判决。案件办结后，经调查，2020年1月，金坛区纪委监委对系列民事案件中存在失职问题的涉案审判人员作出了相应的党纪政纪处分。

（三）结合办案参与社会治理

针对办案中发现的社会治理问题，检察机关立足法律监督职能，开展了以下工作。一是推动全市开展集中打击虚假诉讼的专项活动，共办理虚假诉讼案件103件，移送犯罪线索12件15人；与人民法院协商建立民事案件正副卷一并调阅制度及民事案件再审信息共享机制，与纪委监委、公安、司法等相关部门建立线索移送、案件协作机制，有效形成社会治理合力。二是针对发现的小微金融行业无证照开展金融服务等管理漏洞，向行政主管部门发出检察建议7份；联合公安、金融监管、市场监管等部门，在全市范围内开展金融整治专项活动，对重点区域进行清理整顿，对非法金融活动集中的写字楼开展"扫楼"行动，清理取缔133家非法理财公司，查办6起非法经营犯罪案件。三是向常州市人大常委会专题报告民事虚假诉讼检察监督工作情况，推动出台《常州市人大常委会关于全市民事虚假诉讼法律监督工作情况的审议意见》，要求全市相关职能部门加强协作配合，推动政法机关信息大平台建设、实施虚假诉讼联防联惩等9条举措。四是针对办案中发现的律师违规代理和公民违法代理的行为，分别向常州市律师协会和相关法院发出检察建议并获采纳。常州市律师协会由此开展专项教育整顿，规范全市律师执业行为，推进加强社会诚信体系建设。

【指导意义】

（一）刑民检察协同，加强涉黑涉恶犯罪中"套路贷"行为的审查。检察机关在办理涉黑涉恶案件存在"套路贷"行为时，应当注重强化刑事检察和民事检察职能协同。既充分发挥刑事检察职能，严格审查追诉犯罪，又发挥民事检察职能，以发现的异常案件线索为基础，开展关联案件的研判分析，并予以精准监督。刑事检察和民事检察联动，形成监督合力，加大打击黑恶犯罪力度，提升法律监督质效。

（二）办理"套路贷"案件要注重审查是否存在虚假诉讼行为。对涉黑涉恶案件中存在"套路贷"行为的，检察机关应当注重审查是否存在通过虚假诉讼手段实现"套路贷"非法利益的情形。对此，可围绕案件中是否存在疑似职业放贷人，借贷合同是否为统一格式，原告提供的证据形式是否不合常理，被告是否缺席判决等方面进行审查。发现虚假诉讼严重损害当事人利益，妨害司法秩序的，应当依职权启动监督，及时纠正错误判决、裁定和调解协议书。

（三）综合运用多种手段促进金融行业治理。针对办案中发现的非法金融活动、行业监管漏洞、诚信机制建设等问题，检察机关应当分析监管缺位的深层次原因，注重运用检察建议等方式，促进行业监管部门建章立制、堵塞管理漏洞。同时，还应当积极会同纪委监委、法院、公安、金融监管、市场监管等单位建立金融风险联防联惩体系，形成监管合力和打击共识。对所发现的倾向性、苗头性问题，可以通过联席会议的方式，加强研判，建立健全信息共享、线索移送、案件协查等工作机制，促进从源头上铲除非法金融活动的滋生土壤。

【相关规定】

《中华人民共和国民事诉讼法》第二百零八条

《中华人民共和国刑法》第二百三十八条、第二百六十六条、第二百七十四条、第二百九十三条、第三百零七条之一

《最高人民法院关于审理民间借贷案件适用法律若干问题的规定》第十九条

北京市海淀区人民检察院
督促落实未成年人禁烟保护案

(检例第88号)

【关键词】

行政公益诉讼　未成年人司法保护　检察建议　禁烟保护

【要　旨】

未成年人合法权益受到侵犯涉及公共利益的，人民检察院应当提起公益诉讼予以司法保护。校园周边存在向未成年人出售烟草制品等违法行为时，检察机关可以采取提出检察建议的方式，督促相关行政部门依法履职，加强校园周边环境整治，推进未成年人权益保护。

【基本案情】

北京市海淀区人民检察院在法治进校园宣传活动中，结合调查核实发现，本区学校周边的部分零售经营场所存在违法出售烟草制品等行为，使得未成年人可轻易获得烟草制品，可能损害未成年人的身心健康，违反《未成年人保护法》《烟草专卖法》等相关法律规定。2019年5月17日，海淀区人民检察院决定针对未成年人禁烟保护予以行政公益诉讼立案。经调查核实发现，本区存在违法向未成年人出售烟草制品等明显违法的情形，相关行政监管部门履职不到位。经海淀区人民检察院向区烟草专卖局、区市场监督管理局发出诉前检察建议，两机关高度重视检察建议提出的问题，积极履行监管职责，采取切实有效整改措施消除学校周边可随意购买烟草制品的问题。

【检察机关履职过程】

(一)调查核实

北京市海淀区人民检察院对该案立案后，组成检察官办案组在一个月内对辖区30多所中小学周边的100余处烟草零售经营场所进行走访调查，发现在涉及未成年人禁烟保护问题上存在以下违法现象：一是学校周围存在经营者向未成年人出售烟草制品的违法行为。二是在未成年人经常出入的便利店等零售场所，经营者未设置不向未成年人出售烟草制品的明显标识。

针对部分经营者存在的违反《未成年人保护法》《烟草专卖法》等现

象,海淀区人民检察院研究梳理相关行政监管部门职责认为:区烟草专卖局作为烟草专卖行政主管部门,应当对上述违法行为履行监管职责,责令相关经营者纠正违法行为,并对其处以罚款等行政处罚;区市场监督管理局作为学校周边禁售烟草制品的行政主管部门,应当发挥监管职责,责令经营者停止违法零售业务,并采取没收违法所得、处以罚款等行政处罚。两机关均未依法履职。

经调查核实,海淀区人民检察院认为,应当通过履行行政公益诉讼检察职能督促行政机关依法履行职责,纠正相关市场主体违法行为,切实保护未成年人身心健康。

(二)制发检察建议

2019年5月24日,海淀区人民检察院向区烟草专卖局、区市场监督管理局发出诉前检察建议:一是依法履行监督管理职责,对上述经营者的违法行为进行查处。二是进一步加强对辖区内未成年人禁烟保护问题的监管力度,建立健全长效工作机制,切实保护未成年人身心健康及合法权益。两机关收到检察建议后,迅速制定整改落实方案,并开展联合执法行动,对涉案违法经营者进行查处。海淀区人民检察院全程跟进监督,强化沟通协作,多次监督现场执法检查活动,确保整改效果。

2019年7月,海淀区人民检察院先后收到区烟草专卖局、区市场监管局关于落实检察建议情况的回函。回函称检察建议中的涉案违法行为全部得到整改:对未依法设置标识的违法行为,已责令违法经营者在显著位置张贴了标识;对向未成年人出售烟草制品的违法行为,按法定程序立案审查后,对经营者作出罚款1万元的行政处罚决定,当事人均已缴纳罚款;对学校周边100米内存在违法行为的经营主体分别作出责令停止销售烟草制品、没收违法所得、罚款等处理决定。

(三)健全长效机制

在办理个案的基础上,海淀区人民检察院还与行政机关加大沟通协作力度,切实发挥"以点带面"的示范引领效应,着力构建解决和防范涉案问题的长效机制。一是开展全区类似问题排查。海淀区市场监督管理局对全区中小学校、少年宫等85家单位周边销售烟草制品商户进行全面摸排整治;海淀区烟草专卖局逐户排查是否设置控烟标识,加大对向未成年人出售烟草制品的查处力度。二是在全区范围内开展形式多样的控烟预防活动。开展宣传讲解,建立辖区街道互助小组,聘请第三方机构暗访检查,做到防控"零距离";两机关还联合召开专项行动约谈会,加强对通过互联网推广和销售烟草制品行为的监测、劝阻和制止。海淀区人民检察院在办案同时注重总结宣传,邀请新华社等主流媒体对案件进行广泛报道，引起较大反响。2019年10月29日，国家卫生健康委等八部门联合印发《关于进一步加强青少年控烟工作的通知》。同年10月30日，国家烟草专卖局和国家市场监督管理总局联合发布《关于进一步保护未成年人免受电子烟侵害的通告》。

【指导意义】

（一）检察机关可以运用公益诉讼的方式，依法保护未成年人权益。未成年人司法保护是未成年人权益保护的重要内容。2020年10月17日第十三届全国人民代表大会常务委员会第二十二次会议修订通过的《未成年人保护法》第五十九条规定："学校、幼儿园周边不得设置烟、酒、彩票销售网点。禁止向未成年人销售烟、酒、彩票或者兑付彩票奖金。烟、酒和彩票经营者应当在显著位置设置不向未成年人销售烟、酒或者彩票的标志；对难以判明是否是未成年人的，应当要求其出示身份证件。"第一百零六条规定："未成年人合法权益受到侵犯，相关组织和个人未代为提起诉讼的，人民检察院可以督促、支持其提起诉讼；涉及公共利益的，人民检察院有权提起公益诉讼。"根据法律规定，检察机关可以针对校园周边存在售卖烟、酒制品，销售彩票，售卖不合格食品，不审查未成年人身份即允许未成年人进入网吧等常见的侵犯未成年人权益的问题，依法运用公益诉讼的方式，提出诉前检察建议，督促行政机关依法履职，切断未成年人获取烟酒等的途径，防止未成年人沉溺网络，实现社会问题的前端治理。

（二）检察机关在办案中要注重沟通协作，强化部门联动，确保监督效果。在公益诉讼案件办理过程中，应当通过事前全面调查取证，事中充分沟通协调，事后严格跟踪监督，凝聚各方共识，确保有效发挥公益诉讼诉前检察建议实效，督促行政机关切实依法履职，最大限度提高检察机关办理行政公益诉讼案件的质量和效率。

（三）检察机关就办案中发现的社会问题，要推动建立健全长效工作机制。为切实净化未成年人成长环境，助力未成年人健康成长，检察机关可以结合办理的案件，推动搭建多部门配合协作的平台，实现"检察＋行政＋学校＋社会"的多维度联动协调，形成良性互动的工作机制，推进社会治理的改善。

【相关规定】

《中华人民共和国行政诉讼法》第二十五条

《中华人民共和国未成年人保护法》第五十九条、第一百零六条（2020年10月17日第十三届全国人民代表大会常务委员会第二十二次会议第二次修订，自2021年6月1日起施行）

《中华人民共和国烟草专卖法》第五条
《中华人民共和国烟草专卖法实施条例》第四条
《最高人民法院、最高人民检察院关于检察公益诉讼案件适用法律若干问题的解释》第二十一条

黑龙江省检察机关督促治理二次供水安全公益诉讼案

（检例第89号）

【关键词】

重大民生　区域治理　协同整改　检察建议　社会治理

【要　旨】

检察机关办理涉及重大民生的公益诉讼案件，如果其他地方存在类似问题时，应当在依法办理的同时，向上级人民检察院报告。对于较大区域内存在公共利益受损情形且涉及多个行政部门监管职责的问题，可以由上级人民检察院向人民政府提出检察建议，促使其统筹各部门协同整改。

【基本案情】

2018年6月，黑龙江省鸡西市滴道区人民检察院收到市民投诉，反映该区供水公司所属的二次供水设施存在严重安全隐患。二次供水是指为了补偿市政供水管线压力缺乏或者高层建筑用水需求，将城市公共供水设施提供的生活用水在入户之前，经再度储存、加压和消毒后，通过管道或者容器输送给用户的供水方式。

《中华人民共和国传染病防治法》规定，饮用水供水单位从事生产或者供应活动，应当依法取得卫生许可证；《二次供水设施卫生规范》规定，二次供水管理单位每年应对设施进行一次全面清洗，消毒，并对水质进行检验，直接从事供、管水人员必须取得体检合格证，经卫生知识培训后方可上岗工作，且每年需要进行一次健康检查。

鸡西市滴道区人民检察院经调查发现，该区供水公司所属的小半道泵站负责将滴道区北山水厂的生活饮用水通过加压供给滴道区1.8万户约5.4万居民。该泵站未取得卫生许可证擅自进行二次供水，直接从事供水的人员未取得健康证直接上岗，加压站水箱未按规定进行定期清洗消毒，违反相关法律规定，水质存在安全隐患。

【检察机关履职过程】

（一）鸡西市滴道区人民检察院履职情况

发现二次供水公共安全隐患后，鸡西市滴道区人民检察院于2018年6月12日决定立案，6月14日分别向该区卫生健康委员会、住房和城乡建设局发出检察建议，建议行政机关切实履行职责，消除居民生活饮用水卫生安全隐患，建立健全卫生许可等相关制度，严格监督小半道泵站二次供水卫生，并责令其限期改正。收到检察建议后，区卫生健康委和城乡建设局高度重视并迅速行动，依法履行职责进行整改，并回复了整改情况。与此同时，鸡西市滴道区人民检察院将相关情况向鸡西市人民检察院报告。

（二）鸡西市人民检察院履职情况

鸡西市人民检察院分析认为，上述个案中发现的问题可能具有更大范围的普遍性，遂在全市部署二次供水安全行政公益诉讼类案监督，共摸排"二次供水"公益诉讼案件线索57件并全部立案。经调查核实，2018年10月，鸡西市人民检察院向鸡西市卫生健康委、住房和城乡建设局等部门提出检察建议。收到检察建议后，鸡西市卫生健康委等积极督促供水公司整改。经整改，鸡西市卫生健康委为验收后合格的供水单位签发卫生许可证。为巩固治理效果，鸡西市人民检察院还推动并参与起草《鸡西市城市二次供水管理条例》，拟以地方性法规形式建立健全二次供水管理运行的长效机制，填补社会治理疏漏。该条例于2020年6月12日经鸡西市人民政府常务会议审议通过，已提请鸡西市人大常委会审议。鸡西市人民检察院在"二次供水安全"类案监督活动取得良好效果后，将监督情况上报黑龙江省人民检察院。

（三）黑龙江省人民检察院履职情况

1. 调查核实

黑龙江省人民检察院经初步调查认为，二次供水安全隐患在全省具有普遍性，危及公共健康。为推动集中解决全省二次供水安全问题，黑龙江省人民检察院以专项监督的方式，对全省相关居民小区及自来水公司的二次供水安全状况进行实地调查。调查发现，全省二次供水单位达不到卫生许可条件的情况突出；存在未取得健康证的人员直接从事供水工作、未按规定进行二次供水设施储水设施清洗消毒和水质监测、采取卫生防护和安全防范措施及在储水池或者水箱附近长期堆放垃圾、水箱无盖无锁等违法违规问题。省卫生健康委员会、省住房和城乡建设厅等行政部门存在违反相关法律，履职不到位导致水质存在安全隐患，危及公共安全健康的问题。针对以上问题，黑龙江省人民检察院先后赴省卫生健康委员会、省住房和城乡建设厅等省级行政主管部门及部分市、县、区调查核实情况，就其各自职责领域有关问题作进一步沟通。

结合调查核实掌握的情况，黑龙江省人民检察院研判认为，全省二次供水行政监管领域存在治理疏漏。一是二次供水单位管理不到位，运维水平低，应急响应滞后，部分供水设施老化，影响供水稳定和水质安全。二是政府主导作用有待进一步发挥，相关行政主管部门协调配合不够，缺少信息沟通和执法联动，且监管手段落后，监测智能化和覆盖度不够。三是部分老旧小区二次供水设施权属单位和管理单位不明晰，资金短缺问题突出。四是相关政策不完善。《黑龙江省生活饮用水卫生监督管理条例》对各部门职责作了框架性规定，但部门之间分工协作机制不够明确。对此，仅靠基层检察机关以个案监督方式督促基层行政单位依法履职，难以从根本上解决问题，需要督促上级人民政府发挥主体作用，统筹相关部门进行系统性、源头性治理并形成长效机制，才能取得最佳效果。

2. 制发检察建议

在深入调查核实的基础上，为提升督促履职的精准度，黑龙江省人民检察院专门听取各行政主管部门的监管难点和需要协同推动的重点事项，征求有关专家学者、人大代表、政协委员、律师的意见建议；并就检察公益诉讼从个案监督到类案监督乃至促进省域内行业治理的工作思路，与黑龙江省人民政府进行多次沟通。在上述工作基础上，2019年12月20日，黑龙江省人民检察院向黑龙江省人民政府送达检察建议书，建议：一是加强二次供水设施运行维护管理，推行供水服务到终端，逐步实现城市公共供水企业统建统管。二是强化相关职能部门行政监管，建立健全行政执法信息共享机制，建立严格的抽检和通报制度，加大惩戒力度，提高违法成本。三是发挥政府统筹作用，强化系统监管促进系统共治，将二次供水监管成效纳入政府及其职能部门目标考核评价体系。四是加强资金保障，统筹使用政策资金，综合施策融通资金，保障配套资金到位。五是完善相关配套政策，完善二次供水制度规范，建立联合执法机制，加强供水设施改造。

收到检察建议书后，黑龙江省人民政府高度重视。2020年1月12日，黑龙江省人民政府在向黑龙江省第十三届人民代表大会第四次会议作的工作报告中指出，要"加快城市二次供水设施改造"。4月28日，黑龙江省住房和城乡建设厅发布《黑龙江省既有小区供水设施改造技术导则》，加强对城市老旧小区二次供水设施改造工程设计的技术指导。同年5月，黑龙江省住房和城乡建设厅和省卫生健康委员会联合制定相关工作方案，对全省二次供水泵站和管网底数、老旧二次供水泵站数量、健康卫生许可等情况进行全面普查，建立问题台账，明确2020年改造目标任务。6月23日，黑龙江省人民政府召开全省城镇二次供水设施改造工作电视电话会议，明确三年之内完成全部"老、旧、散、小、差"二次供水设施的改造,从根本上解决二次供水"最后一公里"的安全卫生问题。经认真开展整改工作,黑龙江省住房和城乡建设厅、省卫生健康委员会分别向省人民检察院回复了整改落实的情况。

【指导意义】

(一)检察机关在办案中要自觉践行司法为民宗旨,密切关注重大民生问题,通过履行法定职责,积极参与社会治理。供水是基础性的民生工程,关系广大居民的身体健康。针对辖区内二次供水存在的安全隐患和治理疏漏,检察机关在深入调查核实和广泛听取意见的基础上,有针对性地向行政主管部门提出检察建议,积极推动行政机关依法全面履职,切实保障城镇居民生活用水的"最后一公里"安全,彰显司法为民的责任担当。

(二)检察机关开展公益诉讼工作,既要办好个案,又要注重从个案到类案的拓展,更好地提升监督效果。检察机关办理涉及重大民生的公益诉讼案件,如认为其他地方也有类似问题时,应当在依法办理的同时,向上级人民检察院报告。如果公益受损问题在一定区域内具有多发性和普遍性,基层人民检察院难以解决的,应当及时将案件线索向上级人民检察院报告。上级人民检察院应当及时受理,并发挥"检察一体"的优势,组织开展调查核实。在办理涉及重大民生公共利益且具有多发性的公益诉讼案件时,上级人民检察院可以采取类案监督的方式,集中解决区域或者行业内普遍存在的公益受损问题,达到"办理一案,整治一片"的效果。

(三)对于重大公益受损问题,应当向有统筹协调职能的单位提出检察建议,促成问题的系统性整改。对于相关管理制度不完善、涉及上级行政机关监管职责或者多个行政机关职能交叉等因素而致使涉及面广的重大公益受损问题,应当由上级检察机关督促同级政府或者相关部门依法履职。省级人民政府在省域社会治理体系中居于重要地位,对于涉及省域范围的社会治理问题,省级人民检察院可以向其提出检察建议,从根本上推动问题的解决,促进自上而下进行源头性、系统性整改,形成公益保护的长效机制,发挥检察机关在社会治理中的积极作用。

【相关规定】

《中华人民共和国行政诉讼法》第二十五条

《中华人民共和国传染病防治法》第十四条、第二十九条、第五十三条、第七十三条

《城市供水条例》第七条

《人民检察院检察建议工作规定》第五条、第十条

最高人民检察院第二十三批指导性案例解读[*]

刘　晖　张　杰[**]

近期，经第十三届检察委员会第五十四次会议审议通过，最高人民检察院发布了以"检察机关依法履职促进社会治理"为主题的第二十三批指导性案例，指导各级检察机关进一步依法履行检察职能，促进社会治理创新，推进国家治理体系和治理能力现代化。现结合相关情况，对该批案例作出解读。

一、第二十三批指导性案例发布的背景和目的

党的十九届四中全会明确提出社会治理是国家治理的重要方面，必须加强和创新社会治理。党的十九届五中全会对加强和创新社会治理提出了新要求，指出"十四五"时期，实现经济社会高质量发展，全面建设社会主义现代化国家，要实现"社会治理特别是基层社会治理水平明显提高"。按照中央要求，检察机关积极履行刑事、民事、行政、公益诉讼检察职能，围绕司法办案，推进社会治理创新，取得了积极成效。司法案件往往是社会治理中某一方面或某一个环节短板弱项和问题缺漏的折射。检察机关在办案一线能够直观、深刻感受到社会治理中的短板弱项和问题缺漏。检察机关依托司法办案促进社会治理创新，具有独特优势，在助力国家治理体系和治理能力现代化建设中发挥重要作用。

进入新时代，人民群众对民主、法治、公平、正义、安全、环境等方面有了新的更大期待，对检察机关办案工作质量效率效果提出了新的更高要求。检察机关办案，不仅要实现案结事了人和，还要通过办案发现并推动解决社会治理中的问题，促进社会治理创新。这是优化检察机关法律监督职能的体现，也是完善党委领导、政府负责、民主协商、社会协同、公众参与、法治保障、科技支撑的社会治理体系，促进社会治理现代化的应有之义。

指导性案例是人民检察院组织法明确规定的检察机关统一法律适用标准、推广应用检察工作方法的重要方式。通过案例指导的方式加强对下指导，是最高人民检察院行使检察业务领导权的重要内容。最高人民检察院总结各地结合办案推进社会治理创新的典型案例，并经案例指导工作委员会讨论和检察委员

---

[*] 原文载《人民检察》2021年第4期。
[**] 作者单位：最高人民检察院法律政策研究室。

会审议后发布指导性案例,可以推进检察机关办理涉及社会治理创新有关案件时法律适用疑难问题的解决,推广应用检察办案中具有创新性的工作方法和工作经验。同时,第二十三批指导性案例涉及的企业创新、长江经济带保护、扫黑除恶专项斗争、未成年人保护、供水安全等,都是社会各界比较关注的热点问题,最高人民检察院选取这些案例作为指导性案例发布,也是落实"谁执法谁普法"的责任制要求,以案释法,开展法治宣传教育的具体举措。

二、第二十三批指导性案例的基本情况

第二十三批指导性案例包括刘远鹏涉嫌生产、销售"伪劣产品"(不起诉)案等五件案例(检例第85—89号)。

(一)刘远鹏涉嫌生产、销售"伪劣产品"(不起诉)案

该案发生在企业创新产品研发领域。浙江省检察机关对涉案企业研发销售的"智能平板健走跑步机"是否属于不合格产品,没有简单套用传统产品的质量标准,而是本着既鼓励创新又保证人身财产安全的原则进行实质性研判,认定涉案产品不存在危及人身财产安全的不合理危险,且具备应有使用性能,不属于伪劣产品。与此同时,检察机关还通过听证的方式充分听取行业意见和专家意见,增强检察机关办案公信力,最终对刘远鹏(化名)作出不起诉决定,案件办理效果良好。

(二)盛开水务公司污染环境案

该案发生在长江生态环境保护领域。涉案企业南京盛开水务有限公司(化名,以下简称盛开水务公司)利用暗管向长江违法排放高浓度废水和废液,造成生态环境损害。江苏省检察机关依法诉请其承担4.7亿元生态环境损害赔偿责任。案件审理过程中,盛开水务公司提出调解申请,称其资产为1亿元左右,无力全额承担4.7亿元的赔偿费用。检察机关在保障公共利益最大化实现的前提下,认可其控股股东公司自愿申请连带赔偿的请求,并与其共同签署分四期支付2.37亿元的现金赔偿及承担新建污水处理厂、改造现有污水处理厂、设立保护江豚公益项目等替代性修复义务的调解协议,实现了修复长江生态环境与保障企业经营发展的双赢。在此基础上,检察机关对办案中发现的普遍性问题,通过提出检察建议、立法建议等方式,促进完善长江生态环境治理。

(三)李卫俊等"套路贷"虚假诉讼案

该案发生在非法金融活动虚假诉讼领域。江苏省检察机关对涉黑涉恶"套路贷"犯罪中的虚假诉讼行为开展监督,依法查明被告人利用虚假的借条、租赁合同等向法院提起民事诉讼50件,涉及金额140余万元,欺骗法院

作出民事判决及主持签订调解协议的事实。检察机关依法启动民事诉讼监督程序，同步推进刑事与民事检察监督。案件办理后，检察机关开展打击虚假诉讼专项活动，针对小微金融行业无证照开展业务等管理漏洞，向行政主管部门发出检察建议，向人大常委会专题报告民事虚假诉讼检察监督工作情况，推动出台民事虚假诉讼法律监督工作情况的审议意见，促进从源头上铲除非法金融活动的滋生土壤。

（四）北京市海淀区检察院督促落实未成年人禁烟保护案

该案发生在未成年人保护领域。在未成年人权益受到侵害涉及公共利益时提起公益诉讼，是新修订的未成年人保护法赋予检察机关的法定职责。北京市海淀区检察院在法治进校园宣传活动中发现学校周边存在违法出售烟草制品的情况后，及时督促相关行政部门履职，并联合行政执法机关开展形式多样的控烟预防活动，积极推动完善社会各方协同治理机制，推进未成年人禁烟保护工作，促进未成年人保护社会治理创新。

（五）黑龙江省检察机关督促治理二次供水安全公益诉讼案

该案发生在城市供水安全领域。黑龙江省检察机关针对监督中发现的供水公司未取得卫生许可证、工作人员未取得健康证、水箱未定期清洗消毒等居民用水安全隐患，积极履行行政公益诉讼职能，发挥检察一体优势，三级检察院协同联动，在全省范围内开展了二次供水安全隐患类案监督。在充分调查核实的基础上，黑龙江省检察院向黑龙江省政府送达检察建议书，建议省政府牵头各主管部门对城市二次供水安全隐患加强监督整改。黑龙江省政府高度重视，协调相关部门推进二次供水设施改造，采取有力措施保障了居民用水安全。

三、第二十三批指导性案例明确的主要法律问题

在第二十三批指导性案例研制过程中，最高人民检察院法律政策研究室调研了解各级检察机关相关工作情况，并采取多种形式听取相关司法机关的意见建议，通过案例的形式，明确了当前检察工作中一些需要重点关注的问题。

（一）如何防止对企业创新产品作出不当认定

实践中，在一些情况下，有检察机关片面依据鉴定意见对企业创新产品"一刀切"地认定为伪劣产品。为加大对企业创新的保护力度，最高人民检察院发布检例第85号刘远鹏生产、销售"伪劣产品"（不起诉）案，明确对创新产品要进行实质性审查判断，不宜简单套用现有产品标准。

根据产品质量法规定，对于已有国家标准、行业标准的传统产品，只有符合标准的才能认定为合格产品。实践中，一些企业生产的产品属于对原产品进行加工、升级或者更新换代后形成的创新产品，尚无国家标准或行业标准。如

检例第85号中涉及的当事人研发生产的"智能平板健走跑步机",就由于其运行速度较慢、结构相对简单、外形小巧等特点,不属于跑步机,不能适用跑步机的国家标准。对此,如何判断其是否属于"伪劣产品"?检例第85号指出,对于尚无国家标准、行业标准的创新产品,应当本着既鼓励创新,又保证人身、财产安全的原则,多方听取意见,进行实质性研判。创新产品在使用性能方面与传统产品存在实质性差别的,不宜简单套用传统产品的标准认定是否"合格"。创新产品不存在危及人身、财产安全隐患,且具备应有使用性能的,不应当认定为伪劣产品。相关质量检验机构作出鉴定意见的,检察机关应当进行实质审查。

(二) 检察机关办理刑事附带民事公益诉讼案件是否可以依法参与调解

关于检察机关办理刑事附带民事公益诉讼案件是否可以依法参与调解,法律规定并不明确。结合既有法律及相关司法解释规定,经过认真研究,我们认为,检察机关提起民事公益诉讼,主要是为了实现公益保护,如果采取调解的方式有利于公益保护目的的最大化实现,那么就可以以调解实现诉讼请求。鉴于此,检例第86号盛开水务公司污染环境刑事附带民事公益诉讼案明确检察机关办理环境污染民事公益诉讼案件,可以在查清事实明确责任的基础上,遵循自愿、合法和最大限度保护公共利益的原则,积极参与调解。同时明确,与一般的民事调解不同,检察机关代表国家提起公益诉讼,在调解中不能随意让渡减损公共利益,应当保障公共利益最大化实现。

在被告单位积极赔偿的情况下,检察机关考虑生态修复的需要,综合评估被告单位财务状况、预期收入情况、赔偿意愿等,可以推进运用现金赔偿、替代性修复等多种方式,既落实责任承担,又确保受损环境得以修复。在实施替代性修复时,对替代性修复项目应当进行评估论证。项目应当既有利于生态环境恢复,又具有公益性,同时还应当经检察机关、法院和社会公众的认可。

换言之,检察机关向相关企业主张生态修复费用及惩罚性赔偿时,可以探索通过分期支付、替代性修复等方法促使其接受惩罚、守法经营、健康发展。以检例第86号为例,涉案的盛开水务公司无法承担4.7亿元的生态修复费用,如强制破产,大量企业无法运转,数万名企业职工受到影响,将严重影响当地经济社会发展。检察机关综合考虑上述因素,就公益损害责任承担方式和履行期限等具体问题与被告单位进行协商,最终达成调解协议,由盛开水务公司采取"现金赔偿+替代性修复"、分期付款、开展技术创新和改造等方式承担相关责任,较好地解决了责任承担的问题。

（三）检察机关办理公益诉讼案件可以允许股东自愿参与共同承担损害赔偿责任

如前文所述，检察机关参与公益诉讼案件，目的是实现生态环境公益保护。检例第86号明确在环境民事公益诉讼中，被告单位的控股股东自愿共同承担公益损害赔偿责任，检察机关经审查认为其加入确实有利于生态环境修复等公益保护的，可以准许，并经法院认可，将其列为第三人。

当然，是否准许加入诉讼，检察机关应当予以审查。具体来说，检察机关需要重点审查控股股东是否对损害的发生确无法律上的义务和责任。如果控股股东对损害的发生具有法律上的义务和责任，则应当由法院追加其参加诉讼，不能由其自主选择是否参加诉讼。

（四）涉黑涉恶案件办理中如何处理虚假诉讼等相关问题

扫黑除恶专项斗争中，一些案件存在套路贷与涉黑恶违法犯罪交织的问题。如检例第87号李卫俊等"套路贷"虚假诉讼案，该案中，以李卫俊（化名）为首要分子的恶势力犯罪集团长期以"套路贷"的形式放贷，随后采用电话骚扰、言语恐吓，堵锁换锁等"软暴力"手段向借款人、担保人及其家人索要高额利息，或者以收取利息为名让其虚写借条。在借款人无法还款时，又以虚假的借条、租赁合同等向法院提起虚假民事诉讼，欺骗法院作出民事判决或者主持签订调解协议。对该类案件，指导性案例明确，检察机关办案时应当强化刑事检察和民事检察职能协同，既充分发挥刑事检察职能，严格审查追诉犯罪，又充分发挥民事检察职能，以发现的异常案件线索为基础，开展关联案件的研判分析，并予以精准监督。刑事检察与民事检察联动，形成监督合力，加大打击涉黑恶犯罪力度，提升法律监督质效。对是否存在虚假诉讼手段，应当围绕案件中是否存在疑似职业放贷人，借贷合同是否为统一格式，原告提供的证据形式是否合理，被告是否缺席判决等方面进行审查。

（五）未成年人权益保护是检察机关开展公益诉讼工作的重要内容

检例第88号北京市海淀区检察院督促落实未成年人禁烟保护案发生在未成年人保护法修订之前，该案办理时，针对未成年人禁烟保护提起公益诉讼，尚属于检察机关积极探索开展公益诉讼工作的新领域案件。修订后的未成年人保护法立足于更加全面有效地保护未成年人权益需要，通过增设公益诉讼的方式，为检察机关依法开展涉及不特定多数未成年人公共利益的诉讼活动明确了法律依据。各级检察机关应当以此次发布指导性案例为契机，进一步加大未成年人保护公益诉讼相关工作力度，依法保护未成年人合法权益，护航未成年人健康成长。

（六）检察机关办理重大公益诉讼案件应当上下联动、检察一体争取最佳效果

检例第89号黑龙江省检察机关督促治理二次供水安全公益诉讼案是涉及重大民生的公益诉讼案件。通过该案例，最高人民检察院旨在明确，检察机关办理涉及重大民生的公益诉讼案件，如果公益受损问题在一定区域内具有多发性和普遍性，基层检察院难以解决的，应当及时将案件线索向上级检察机关报告。上级检察机关应当及时受理，并发挥检察一体优势，组织开展调查核实。上级检察机关可以采取类案监督的方式，集中解决区域或者行业内普遍存在的公益受损问题，达到"办理一案，整治一片"的效果。至于提出检察建议的方式，上级检察机关应当发挥站位高、协调能力强的优势，对于重大公益受损问题，向有统筹协调职能的单位制发检察建议，促成问题的系统性整改。实践中，对于相关管理制度不完善、涉及上级行政机关监管职责或者多个行政机关职能交叉等因素而致使涉及面广的重大公益受损问题，应当由上级检察机关督促同级政府或者相关部门依法履职，从根本上推动问题的解决，促进自上而下进行源头性、系统性整改，形成公益保护的长效机制，发挥检察机关在社会治理中的积极作用。

（七）检察机关通过办案促进社会治理创新的方式有哪些

一是充分运用起诉权参与社会治理创新，包括对刑事案件、公益诉讼案件提起诉讼，维护法律所保护的利益。二是灵活运用不起诉、听证、参与调解等方式参与社会治理创新。如检例第85号中，检察机关通过听证的方式充分听取行业意见和专家意见，增强检察机关办案公信力，最终对刘远鹏作出不起诉决定。同时，在案件办理后推动地方市场监督管理部门层报国家市场监督管理总局，就"智能平板健走跑步机"类产品的名称、宣传、安全标准等方面提出了规范性意见。又如，检例第86号中，检察机关在保障公共利益最大化实现的前提下，与被告达成现金赔偿与替代性修复相结合的调解协议，实现修复长江生态环境与保障企业经营发展的双赢效果。三是综合运用检察建议的方式参与社会治理创新。检察建议在推动有关部门建章立制、堵塞漏洞、消除隐患方面具有独特优势。检例第88号中，检察机关积极开展公益诉讼工作，制发检察建议督促相关行政部门履职。检例第89号中，检察机关向政府部门送达检察建议书，建议对城市二次供水安全隐患加强监督整改，保障居民用水安全。四是通过提出立法建议或工作建议的方式参与社会治理创新。对于有关部门无法有效解决的突出问题，检察机关可以依法提出相关立法或工作建议，推动在制度机制层面研究解决相关问题。如检例第87号中，检察机关结合案件

办理，向人大常委会专题报告民事虚假诉讼检察监督工作情况，推动出台民事虚假诉讼法律监督工作情况的审议意见。

（八）检察机关通过办案促进社会治理创新有哪些具体工作要求

当前，各级检察机关对依法履职促进社会治理创新工作积极性很高，各地创新性做法也很多。最高人民检察院发布第二十三批指导性案例，对这方面工作予以进一步规范，既强调各级检察机关要以更优质的检察履职增强法治供给，立足依法办案，准确把握检察机关的法律监督职能，提升促进社会治理创新的工作成效；又提出各级检察机关要聚焦人民群众关注的安全、环境、食品、医疗等突出问题，对社会治理的短板和盲区保持敏感。在参与社会治理时应更加注重深入调查研究，通过实地走访、专家论证等方式，找准问题关键，提出行之有效的对策建议，提升检察监督的精准性和时效性。同时，各级检察机关参与社会治理，还应当准确把握宪法法律赋予的法律监督职能，注意把握检察权行使的边界，立足司法办案，结合办案开展社会治理创新。

最高人民检察院关于印发最高人民检察院第二十四批指导性案例的通知

(2020年12月21日公布　高检发办字〔2020〕70号)

各级人民检察院：

经2020年12月2日最高人民检察院第十三届检察委员会第五十五次会议决定，现将许某某、包某某串通投标立案监督案等四件案例（检例第90—93号）作为第二十四批指导性案例（涉非公经济立案监督主题）发布，供参照适用。

最高人民检察院
2020年12月21日

许某某、包某某串通投标立案监督案

(检例第90号)

【关键词】

串通拍卖　串通投标　竞拍国有资产　罪刑法定　监督撤案

【要　旨】

刑法规定了串通投标罪，但未规定串通拍卖行为构成犯罪。对于串通拍卖行为，不能以串通投标罪予以追诉。公安机关对串通竞拍国有资产行为以涉嫌串通投标罪刑事立案的，检察机关应当通过立案监督，依法通知公安机关撤销案件。

【基本案情】

犯罪嫌疑人许某某，男，1975年9月出生，江苏某事业有限公司实际控制人。

犯罪嫌疑人包某某，男，1964年9月出生，连云港某建设工程质量检测有限公司负责人。

江苏省连云港市海州区锦屏磷矿"尾矿坝"系江苏海州发展集团有限公司（以下简称海发集团，系国有独资）的项目资产，矿区占地面积近1200亩，存有尾矿砂1610万吨，与周边村庄形成35米的落差。该"尾矿坝"是应急管理部要求整改的重大危险源，曾两次发生泄露事故，长期以来维护难度大、资金要求高，国家曾拨付专项资金5000万元用于安全维护。2016年至2017年间，经多次对外招商，均未能吸引到合作企业投资开发。2017年4月10日，海州区政府批复同意海发集团对该项目进行拍卖。同年5月26日，海发集团委托江苏省大众拍卖有限公司进行拍卖，并主动联系许某某参加竞拍。之后，许某某联系包某某，二人分别与江苏甲建设集团有限公司（以下简称甲公司）、江苏乙工程集团有限公司（以下简称乙公司）合作参与竞拍，武汉丙置业发展有限公司（以下简称丙公司，代理人王某某）也报名参加竞拍。2017年7月26日，甲公司、乙公司、丙公司三家单位经两次举牌竞价，乙公司以高于底价竞拍成功。2019年4月26日，连云港市公安局海州分局（以下简称海州公安分局）根据举报，以涉嫌串通投标罪对许某某、包某某立案侦查。

【检察机关履职过程】

线索发现。2019年6月19日，许某某、包某某向连云港市海州区人民检察院提出监督申请，认为海州公安分局立案不当，严重影响企业生产经营，请求检察机关监督撤销案件。海州区人民检察院经审查，决定予以受理。

调查核实。海州区人民检察院通过向海州公安分局调取侦查卷宗，走访海发集团、拍卖公司，实地勘查"尾矿坝"项目开发现场，并询问相关证人，查明：一是海州区锦屏磷矿"尾矿坝"项目长期闲置，存在重大安全隐患，政府每年需投入大量资金进行安全维护，海发集团曾邀请多家企业参与开发，均未成功；二是海州区政府批复同意对该项目进行拍卖，海发集团为防止项目流拍，主动邀请许某某等多方参与竞拍，最终仅许某某、王某某，以及许某某邀请的包某某报名参加；三是许某某邀请包某某参与竞拍，目的在于防止项目流拍，并未损害他人利益；四是"尾矿坝"项目后期开发运行良好，解决了长期存在的重大安全隐患，盘活了国有不良资产。

监督意见。2019年7月2日，海州区人民检察院向海州公安分局发出《要求说明立案理由通知书》。公安机关回复认为，许某某、包某某的串通竞买行为与串通投标行为具有同样的社会危害性，可以扩大解释为串通投标行为。海州区人民检察院认为，投标与拍卖行为性质不同，分别受招标投标法和拍卖法规范，对于串通投标行为，法律规定了刑事责任，而对于串通拍卖行为，法律仅规定了行政责任和民事赔偿责任，串通拍卖行为不能类推为串通投标行为。并且，许某某、包某某的串通拍卖行为，目的在于防止项目流拍，该行为实际上盘活了国有不良资产，消除了长期存在的重大安全隐患，不具有刑法规定的社会危害性。因此，公安机关以涉嫌串通投标罪对二人予以立案的理由不能成立。同时，许某某、包某某的行为亦不符合刑法规定的其他犯罪的构成要件。2019年7月18日，海州区人民检察院向海州公安分局发出《通知撤销案件书》，并与公安机关充分沟通，得到公安机关认同。

监督结果。2019年7月22日，海州公安分局作出《撤销案件决定书》，决定撤销许某某、包某某串通投标案。

【指导意义】

（一）检察机关发现公安机关对串通拍卖行为以涉嫌串通投标罪刑事立案的，应当依法监督撤销案件。严格遵循罪刑法定原则，法律没有明文规定为犯罪行为的，不得予以追诉。拍卖与投标虽然都是竞争性的交易方式，形式上具有一定的相似性，但二者行为性质不同，分别受不同法律规范调整。刑法第二百二十三条规定，投标人相互串通投标报价，损害招标人或者其他投标人利益，情节严重的，或者投标人与招标人串通投标，损害国家、集体、公民的合法利益的，以串通投标罪追究刑事责任。刑法未规定串通拍卖行为构成犯罪，拍卖法亦未规定串通拍卖行为可以追究刑事责任。公安机关将串通拍卖行为类推为串通投标行为予以刑事立案的，检察机关应当通过立案监督，通知公安机关撤销案件。

（二）准确把握法律政策界限，依法保护企业合法权益和正常经济活动。坚持法治思维，贯彻"谦抑、审慎"理念，严格区分案件性质及应承担的责任类型。对企业的经济行为，法律政策界限不明，罪与非罪不清的，应充分考虑其行为动机和对于社会有无危害及其危害程度，加强研究分析，慎重妥善处理，不能轻易进行刑事追诉。对于民营企业参与国有资产处置过程中的串通拍卖行为，不应以串通投标罪论处。如果在串通拍卖过程中有其他犯罪行为或者一般违法违规行为的，依照刑法、拍卖法等法律法规追究相应责任。

【相关规定】

《中华人民共和国刑法》第三条、第二百二十三条

《中华人民共和国拍卖法》第六十五条

《中华人民共和国招标投标法》第五十三条

《人民检察院刑事诉讼规则》第五百五十七至五百六十一条、第五百六十三条

《最高人民检察院、公安部关于刑事立案监督有关问题的规定（试行）》第六至九条

温某某合同诈骗立案监督案

(检例第91号)

【关键词】

合同诈骗　合同欺诈　不应当立案而立案　侦查环节"挂案"监督撤案

【要　旨】

检察机关办理涉企业合同诈骗犯罪案件，应当严格区分合同诈骗与民事违约行为的界限。要注意审查涉案企业在签订、履行合同过程中是否具有非法占有目的和虚构事实、隐瞒真相的行为，准确认定是否具有诈骗故意。发现公安机关对企业之间的合同纠纷以合同诈骗进行刑事立案的，应当依法监督撤销案件。对于立案后久侦不结的"挂案"，检察机关应当向公安机关提出纠正意见。

【基本案情】

犯罪嫌疑人温某某，男，1975年10月出生，广西壮族自治区钦州市甲水务有限公司（以下简称甲公司）负责人。

2010年4月至5月间，甲公司分别与乙建设有限公司（以下简称乙公司）、丙建设股份有限公司（以下简称丙公司）签订钦州市钦北区引水供水工程《建设工程施工合同》。根据合同约定，乙公司和丙公司分别向甲公司支付70万元和110万元的施工合同履约保证金。工程报建审批手续完成后，甲公司和乙公司、丙公司因工程款支付问题发生纠纷。2011年8月31日，丙公司广西分公司经理王某某到南宁市公安局良庆分局（以下简称良庆公安分局）报案，该局于2011年10月14日对甲公司负责人温某某以涉嫌合同诈骗罪刑事立案。此后，公安机关未传唤温某某，也未采取刑事强制措施，直至2019年8月13日，温某某被公安机关采取刑事拘留措施，并被延长刑事拘留期限至9月12日。

【检察机关履职过程】

线索发现。2019年8月26日，温某某的辩护律师向南宁市良庆区人民检察院提出监督申请，认为甲公司与乙公司、丙公司之间的纠纷系支付工程款方面的经济纠纷,并非合同诈骗,请求检察机关监督公安机关撤销案件。良庆区人民检察院经审查,决定予以受理。

调查核实。经走访良庆公安分局,查阅侦查卷宗,核实有关问题,并听取辩护律师意见,接收辩护律师提交的证据材料,良庆区人民检察院查明:一是甲公司案发前处于正常生产经营状态,2006年至2009年间,经政府有关部门审批,同意甲公司建设钦州市钦北区引水供水工程项目,资金由甲公司自筹;二是甲公司与乙公司、丙公司签订《建设工程施工合同》后,向钦州市环境保护局钦北分局等政府部门递交了办理"钦北区引水工程项目管道线路走向意见"的报批手续,但报建审批手续未能在约定的开工日前完成审批,双方因此另行签订补充协议,约定了甲公司所应承担的违约责任;三是报建审批手续完成后,乙公司、丙公司要求先支付工程预付款才进场施工,甲公司要求按照工程进度支付工程款,双方协商不下,乙公司、丙公司未进场施工,甲公司也未退还履约保证金;四是甲公司在该项目工程中投入勘测、复垦、自来水厂建设等资金3000多万元,收取的180万元履约保证金已用于自来水厂的生产经营。

监督意见。2019年9月16日,良庆区人民检察院向良庆公安分局发出《要求说明立案理由通知书》。良庆公安分局回复认为,温某某以甲公司钦州市钦北区引水供水工程项目与乙公司、丙公司签订合同,并收取履约保证金,而该项目的建设环评及规划许可均未获得政府相关部门批准,不具备实际履行建设工程能力,其行为涉嫌合同诈骗。良庆区人民检察院认为,甲公司与乙公司、丙公司签订《建设工程施工合同》时,引水供水工程项目已经政府有关部门审批同意。合同签订后,甲公司按约定向政府职能部门提交该项目报建手续,得到了相关职能部门的答复,在项目工程未能如期开工后,甲公司又采取签订补充协议、承担相应违约责任等补救措施,并且甲公司在该项目工程中投入大量资金,收取的履约保证金也用于公司生产经营。因此,不足以认定温某某在签订合同时具有虚构事实或者隐瞒真相的行为和非法占有对方财物的目的,公安机关以合同诈骗罪予以刑事立案的理由不能成立。对于甲公司不退还施工合同履约保证金的行为,乙公司、丙公司可以向人民法院提起民事诉讼。同时,良庆区人民检察院审查认为,该案系公安机关立案后久侦未结形成的侦查环节"挂案",应当监督公安机关依法处理。2019年9月27日,良庆区人民检察院向良庆公安分局发出《通知撤销案件书》。

监督结果。良庆公安分局接受监督意见,于2019年9月30日作出《撤销案件决定书》,决定撤销温某某合同诈骗案。在此之前,良庆公安分局已于2019年9月12日依法释放了温某某。

【指导意义】

（一）检察机关对公安机关不应当立案而立案的，应当依法监督撤销案件。检察机关负有立案监督职责，有权监督纠正公安机关不应当立案而立案的行为。涉案企业认为公安机关对企业之间的合同纠纷以合同诈骗进行刑事立案，向检察机关提出监督申请的，检察机关应当受理并进行审查。认为需要公安机关说明立案理由的，应当书面通知公安机关。认为公安机关立案理由不能成立的，应当制作《通知撤销案件书》，通知公安机关撤销案件。

（二）严格区分合同诈骗与民事违约行为的界限。注意审查涉案企业在签订、履行合同过程中是否具有虚构事实、隐瞒真相的行为，是否有刑法第二百二十四条规定的五种情形之一。注重从合同项目真实性、标的物用途、有无实际履约行为、是否有逃匿和转移资产的行为、资金去向、违约原因等方面，综合认定是否具有诈骗的故意，避免片面关注行为结果而忽略主观上是否具有非法占有的目的。对于签订合同时具有部分履约能力，其后完善履约能力并积极履约的，不能以合同诈骗罪追究刑事责任。

（三）对于公安机关立案后久侦未结形成的"挂案"，检察机关应当提出监督意见。由于立案标准、工作程序和认识分歧等原因，有些涉民营企业刑事案件逾期滞留在侦查环节，既未被撤销，又未被移送审查起诉，形成"挂案"，导致民营企业及企业相关人员长期处于被追诉状态，严重影响企业的正常生产经营，破坏当地营商环境，也损害了司法机关的公信力。检察机关发现侦查环节"挂案"的，应当对公安机关的立案行为进行监督，同时也要对公安机关侦查过程中的违法行为依法提出纠正意见。

【相关规定】

《中华人民共和国刑法》第二百二十四条

《人民检察院刑事诉讼规则》第五百五十七至五百六十一条、第五百六十三条

《最高人民检察院、公安部关于刑事立案监督有关问题的规定（试行）》第六至九条

上海甲建筑装饰有限公司、吕某拒不执行判决立案监督案

(检例第 92 号)

【关键词】

拒不执行判决　调查核实　应当立案而不立案　监督立案

【要　旨】

负有执行义务的单位和个人以更换企业名称、隐瞒到期收入等方式妨害执行，致使已经发生法律效力的判决、裁定无法执行，情节严重的，应当以拒不执行判决、裁定罪予以追诉。申请执行人认为公安机关对拒不执行判决、裁定的行为应当立案侦查而不立案侦查，向检察机关提出监督申请的，检察机关应当要求公安机关说明不立案的理由。经调查核实，认为公安机关不立案理由不能成立的，应当通知公安机关立案。对于通知立案的涉企业犯罪案件，应当依法适用认罪认罚从宽制度。

【基本案情】

被告单位上海甲建筑装饰有限公司（以下简称甲公司）。

被告人吕某，男，1964 年 8 月出生，甲公司实际经营人。

2017 年 5 月 17 日，上海乙实业有限公司（以下简称乙公司）因与甲公司合同履行纠纷诉至上海市青浦区人民法院。同年 8 月 16 日，青浦区人民法院判决甲公司支付乙公司人民币 3250995.5 元及相关利息。甲公司提出上诉，上海市第二中级人民法院判决驳回上诉，维持原判。2017 年 11 月 7 日，乙公司向青浦区人民法院申请执行。青浦区人民法院调查发现，被执行人甲公司经营地不明，无可供执行的财产，经乙公司确认并同意后，于 2018 年 2 月 27 日裁定终结本次执行程序。2018 年 5 月 9 日，青浦区人民法院恢复执行程序，组织乙公司、甲公司达成执行和解协议，但甲公司经多次催讨仍拒绝履行协议。2019 年 5 月 6 日，乙公司以甲公司拒不执行判决为由，向上海市公安局青浦分局（以下简称青浦公安分局）报案，青浦公安分局决定不予立案。

【检察机关履职过程】

线索发现。2019 年 6 月 3 日，乙公司向上海市青浦区人民检察院提出

监督申请，认为甲公司拒不执行法院生效判决，已构成犯罪，但公安机关不予立案，请求检察机关监督立案。青浦区人民检察院经审查，决定予以受理。

调查核实。针对乙公司提出的监督申请，青浦区人民检察院调阅青浦公安分局相关材料和青浦区人民法院执行卷宗，调取甲公司银行流水，听取乙公司法定代表人金某意见，并查询国家企业信用信息公示系统。查明甲公司实际经营人吕某在同乙公司诉讼过程中，将甲公司更名并变更法定代表人为马某某，以致法院判决甲公司败诉后，在执行阶段无法找到甲公司资产。为调查核实甲公司资产情况，青浦区人民检察院又调取甲公司与丙控股集团江西南昌房地产事业部（以下简称丙集团）业务往来账目以及银行流水、银行票据等证据，进一步查明：2018年5月至2019年1月期间，在甲公司银行账户被法院冻结的情况下，吕某要求丙集团将甲公司应收工程款人民币2506.99万元以银行汇票形式支付，其后吕某将该银行汇票背书转让给由其实际经营的上海丁装饰工程有限公司，该笔资金用于甲公司日常经营活动。

监督意见。2019年7月9日，青浦区人民检察院向青浦公安分局发出《要求说明不立案理由通知书》。青浦公安分局回复认为，本案尚在执行期间，甲公司未逃避执行判决，没有犯罪事实，不符合立案条件。青浦区人民检察院认为，甲公司在诉讼期间更名并变更法定代表人，导致法院在执行阶段无法查找到甲公司资产，并裁定终结本次执行程序。并且在执行同期，甲公司舍弃电子支付、银行转账等便捷方式，要求丙集团以银行汇票形式向其结算并支付大量款项，该款未进入甲公司账户，但实际用于甲公司日常经营活动，其目的就是利用汇票背书形式规避法院的执行。因此，甲公司存在隐藏、转移财产，致使法院生效判决无法执行的行为，已符合刑法第三百一十三条规定的"有能力执行而拒不执行，情节严重"的情形，公安机关的不立案理由不能成立。2019年8月6日，青浦区人民检察院向青浦公安分局发出《通知立案书》，并将调查获取的证据一并移送公安机关。

监督结果。2019年8月11日，青浦公安分局决定对甲公司以涉嫌拒不执行判决罪立案侦查，同年9月4日将甲公司实际经营人吕某传唤到案并刑事拘留。2019年9月6日，甲公司向乙公司支付了全部执行款项人民币371万元，次日，公安机关对吕某变更强制措施为取保候审。案件移送起诉后，经依法告知诉讼权利和认罪认罚的法律规定，甲公司和吕某自愿认罪认罚。2019年11月28日，青浦区人民检察院以甲公司、吕某犯拒不执行判决罪向青浦区人民法院提起公诉，并提出对甲公司判处罚金人民币15万元，对吕某判处有期徒刑十个月、缓刑一年的量刑建议。2019年12月10日，青浦区人民法院判决甲公司、吕某犯拒不执行判决罪，并全部采纳了检察机关的量刑建议。一审宣判后，被告单位和被告人均未提出上诉，判决已生效。

【指导意义】

（一）检察机关发现公安机关对拒不执行判决、裁定的行为应当立案侦查而不立案侦查的，应当依法监督公安机关立案。执行人民法院依法作出并已发生法律效力的判决、裁定，是被执行人的法定义务。负有执行义务的单位和个人有能力执行而故意以更改企业名称、隐瞒到期收入等方式，隐藏、转移财产，致使判决、裁定无法执行的，应当认定为刑法第三百一十三条规定的"有能力执行而拒不执行，情节严重"的情形，以拒不执行判决、裁定罪予以追诉。申请执行人认为公安机关对拒不执行判决、裁定的行为应当立案侦查而不立案侦查，向检察机关提出监督申请的，检察机关应当要求公安机关说明不立案的理由，认为公安机关不立案理由不能成立的，应当制作《通知立案书》，通知公安机关立案。

（二）检察机关进行立案监督，应当开展调查核实。检察机关受理立案监督申请后，应当根据事实、法律进行审查，并依法开展调查核实。对于拒不执行判决、裁定案件，检察机关可以调阅公安机关相关材料、人民法院执行卷宗和相关法律文书，询问公安机关办案人员、法院执行人员和有关当事人，并可以调取涉案企业、人员往来账目、合同、银行票据等书证，综合研判是否属于"有能力执行而拒不执行，情节严重"的情形。决定监督立案的，应当同时将调查收集的证据材料送达公安机关。

（三）办理涉企业犯罪案件，应当依法适用认罪认罚从宽制度。检察机关应当坚持惩治犯罪与保护市场主体合法权益、引导企业守法经营并重。对于拒不执行判决、裁定案件，应当积极促使涉案企业执行判决、裁定，向被害方履行赔偿义务、赔礼道歉。涉案企业及其直接负责的主管人员和其他直接责任人员自愿如实供述自己的罪行，承认指控的犯罪事实，愿意接受处罚的，对涉案企业和个人可以提出依法从宽处理的确定刑量刑建议。

【相关规定】

《中华人民共和国刑法》第三百一十三条

《中华人民共和国刑事诉讼法》第一百一十三条

《全国人民代表大会常务委员会关于〈中华人民共和国刑法〉第三百一十三条的解释》

《人民检察院刑事诉讼规则》第五百五十七至五百六十一条、第五百六十三条

《最高人民法院关于审理拒不执行判决、裁定刑事案件适用法律若干问题

的解释》第一条、第二条

《最高人民检察院、公安部关于刑事立案监督有关问题的规定（试行）》第四条、第五条、第七至九条

丁某某、林某某等人假冒注册商标立案监督案

(检例第93号)

【关键词】

制假售假　假冒注册商标　监督立案　关联案件管辖

【要　旨】

检察机关在办理售假犯罪案件时，应当注意审查发现制假犯罪事实，强化对人民群众切身利益和企业知识产权的保护力度。对于公安机关未立案侦查的制假犯罪与已立案侦查的售假犯罪不属于共同犯罪的，应当按照立案监督程序，监督公安机关立案侦查。对于跨地域实施的关联制假售假犯罪，检察机关可以建议公安机关并案管辖。

【基本案情】

被告人丁某某，女，1969年9月出生，福建省晋江市个体经营者。

被告人林某某，男，1986年8月出生，福建省晋江市个体经营者。

被告人张某，男，1991年7月出生，河南省光山县个体经营者。

其他被告人基本情况略。

玛氏食品（嘉兴）有限公司（以下简称玛氏公司）是注册于浙江省嘉兴市的一家知名食品生产企业，依法取得"德芙"商标专用权，该注册商标的核定使用商品为巧克力等。2016年8月至2016年12月期间，丁某某等人雇用多人在福建省晋江市某小区民房生产假冒"德芙"巧克力，累计生产2400箱，价值人民币96万元。2017年9月至2018年1月期间，林某某等人雇用多人在福建省晋江市某工业园区厂房生产假冒"德芙"巧克力，累计生产1392箱，价值人民币55.68万元。2016年下半年至2017年年底，张某等人购进上述部分假冒"德芙"巧克力，通过注册的网店向社会公开销售。

【检察机关履职过程】

线索发现。2018年1月23日，嘉兴市公安局接玛氏公司报案，称有网店销售假冒其公司生产的"德芙"巧克力，该局指定南湖公安分局立案侦查。2018年4月6日，南湖公安分局以涉嫌销售伪劣产品罪提请南湖区人民检察院审查批准逮捕网店经营者张某等人，南湖区人民检察院进行审查后，作出批

准逮捕决定。在审查批准逮捕过程中，南湖区人民检察院发现，公安机关只对销售假冒"德芙"巧克力的行为进行立案侦查，而没有继续追查假冒"德芙"巧克力的供货渠道、生产源头，可能存在对制假犯罪应当立案侦查而未立案侦查的情况。

调查核实。南湖区人民检察院根据犯罪嫌疑人张某等人关于进货渠道的供述，调阅、梳理公安机关提取的相关微信聊天记录、网络交易记录、账户资金流水等电子数据，并主动联系被害单位玛氏公司，深入了解"德芙"商标的注册、许可使用情况、产品生产工艺流程、成分配料、质量标准等。经调查核实发现，本案中的制假行为涉嫌生产销售伪劣产品、侵犯知识产权等犯罪。

监督意见。经与公安机关沟通，南湖公安分局认为，本案的造假窝点位于福建省晋江市，销售下家散布于福建、浙江等地，案件涉及多个侵权行为实施地，制假犯罪不属本地管辖。南湖区人民检察院认为，本案是注册地位于嘉兴市的玛氏公司最先报案，且有南湖区消费者网购收到假冒"德芙"巧克力的证据，无论是根据最初受理地、侵权结果发生地管辖原则，还是基于制假售假行为的关联案件管辖原则，南湖公安分局对本案中的制假犯罪均具有管辖权。鉴于此，2018年5月15日，南湖区人民检察院向南湖公安分局发出《要求说明不立案理由通知书》。

监督结果。南湖公安分局收到《要求说明不立案理由通知书》后，审查认为该案现有事实证据符合立案条件，决定以涉嫌生产、销售伪劣产品罪对丁某某、林某某等人立案侦查，其后陆续将犯罪嫌疑人抓获归案，并一举捣毁位于福建省晋江市的造假窝点。南湖公安分局侦查终结，以丁某某、林某某、张某等人涉嫌生产、销售伪劣产品罪移送起诉。南湖区人民检察院经委托食品检验机构进行检验，不能认定本案中的假冒"德芙"巧克力为伪劣产品和有毒有害食品，但丁某某、林某某等人未经注册商标所有人许可，在生产巧克力上使用"德芙"商标，应当按假冒注册商标罪起诉，张某等人通过网络公开销售假冒"德芙"巧克力，应当按销售假冒注册商标的商品罪起诉。2019年1月14日，南湖区人民检察院以被告人丁某某、林某某等人犯假冒注册商标罪，被告人张某等人犯销售假冒注册商标的商品罪，向南湖区人民法院提起公诉。2019年11月1日，南湖区人民法院以假冒注册商标罪判处丁某某、林某某等7人有期徒刑一年二个月至四年二个月，并处罚金；以销售假冒注册商标的商品罪判处张某等4人有期徒刑一年至三年四个月，并处罚金。一审宣判后，被告人均未提出上诉，判决已生效。

【指导意义】

（一）检察机关审查批准逮捕售假犯罪嫌疑人时，发现公安机关对制假犯罪未立案侦查的，应当履行监督职责。制假售假犯罪严重损害国家和人民利益，危及广大人民群众的生命和财产安全，侵害企业的合法权益，破坏社会主义市场经济秩序，应当依法惩治。检察机关办理售假犯罪案件时，应当注意全面审查、追根溯源，防止遗漏对制假犯罪的打击。对于公安机关未立案侦查的制假犯罪与已立案侦查的售假犯罪不属于共同犯罪的，按照立案监督程序办理；属于共同犯罪的，按照纠正漏捕漏诉程序办理。

（二）加强对企业知识产权的保护，依法惩治侵犯商标专用权犯罪。保护知识产权就是保护创新，检察机关应当依法追诉破坏企业创新发展的侵犯商标专用权、专利权、著作权、商业秘密等知识产权犯罪，营造公平竞争、诚信有序的市场环境。对于实施刑法第二百一十三条规定的假冒注册商标行为，又销售该假冒注册商标的商品，构成犯罪的，以假冒注册商标罪予以追诉。如果同时构成刑法分则第三章第一节生产、销售伪劣商品罪各条规定之罪的，应当依照处罚较重的罪名予以追诉。

（三）对于跨地域实施的关联制假售假案件，检察机关可以建议公安机关并案管辖。根据《最高人民法院、最高人民检察院、公安部、国家安全部、司法部、全国人大常委会法制工作委员会关于实施刑事诉讼法若干问题的规定》第三条第四项和《最高人民法院、最高人民检察院、公安部关于办理侵犯知识产权刑事案件适用法律若干问题的意见》第一条的规定，对于跨地域实施的关联制假售假犯罪，并案处理有利于查明案件事实、及时打击制假售假犯罪的，检察机关可以建议公安机关并案管辖。

【相关规定】

《中华人民共和国刑法》第二百一十三条、第二百一十四条

《中华人民共和国刑事诉讼法》第一百一十三条

《人民检察院刑事诉讼规则》第五百五十七条、第五百五十九条、第五百六十条

《最高人民法院、最高人民检察院、公安部关于办理侵犯知识产权刑事案件适用法律若干问题的意见》第一条

《最高人民法院、最高人民检察院、公安部、国家安全部、司法部、全国人大常委会法制工作委员会关于实施刑事诉讼法若干问题的规定》第三条

《最高人民检察院、公安部关于刑事立案监督有关问题的规定（试行）》第四条、第七条

最高人民检察院第二十四批指导性案例解读[*]

徐向春　杜亚起　赵景川[**]

为强化刑事立案监督力度，更好发挥办案指引作用，依法保障非公经济健康发展，经第十三届检察委员会第五十五次会议审议通过，最高人民检察院发布了以涉非公经济立案监督为主题的第二十四批指导性案例，包括许某某、包某某串通投标立案监督案，温某某合同诈骗立案监督案，上海甲建筑装饰有限公司、吕某拒不执行判决立案监督案，丁某某、林某某等人假冒注册商标立案监督案共四件案例（检例第 90 号至第 93 号）。为准确理解和适用该批指导性案例，现就案例中涉及的重点问题和指导意义进行解读。

一、发布第二十四批指导性案例的背景和意义

非公有制经济作为社会主义市场经济的重要组成部分，与公有制经济共同构成我国经济社会发展的重要基础。党的十八大以来，以习近平同志为核心的党中央对非公经济发展高度重视，习近平总书记多次作出重要指示，为推动非公经济持续健康发展提供了根本指引。党的十九届五中全会对促进非公经济高质量发展作出重要部署，提出要激发各类市场主体活力，建设高标准市场体系。依法保护非公企业的合法权益，支持非公经济健康发展是坚持和完善我国基本经济制度的必然要求，是检察机关的重要责任。

近年来，从检察机关接收的群众控告申诉案件类型看，反映涉非公经济纠纷的案件呈递增趋势，而其中反映对涉非公经济案件越权管辖、违规立案、违规干涉民事案件审理和裁判执行等问题又相对突出。还有一些企业反映自身合法权益受到犯罪行为侵害，但是报案不立案或者遭遇推诿不受理。这类违法违规办案行为对当事企业的伤害很大，有时甚至难以弥补，严重损害司法权威和司法公信力。基于以上情况，2019 年 7 月，最高人民检察院部署开展了涉非公经济案件立案监督专项活动，取得良好成效。

2020 年 7 月，最高人民检察院出台《关于充分发挥检察职能服务保障"六稳""六保"的意见》，强调要求加强刑事立案监督，着重纠正涉及民营企业案件不应当立而立和应立不立等突出问题，坚决防止和纠正以刑事案件名义

---

[*] 原文载《人民检察》2021 年第 7 期。
[**] 作者单位：最高人民检察院第十检察厅。

插手民事纠纷、经济纠纷等各类违法行为。为贯彻落实该意见精神，发挥示范、引领和指导作用，最高人民检察院对专项活动中总结出的典型案件进行梳理和筛选，严格标准、优中选优，编制了这批指导性案例。

发布这批案例的意义主要体现在：一是突出刑事立案监督业务。这次发布的案例检察特色鲜明，较为全面地涵盖了刑事立案监督案件的业务范围、办理流程和工作内容。二是坚持平等保护理念。理念是行动的先导，决定案件处理的方向、方法与效果，至关重要。这次发布的前三个案例中的涉案方均系民营企业和企业家，第四个案例中的被害企业玛氏公司则是知名外资食品生产企业，检察机关在监督履职过程中均一视同仁、平等保护。三是贯彻宽严相济刑事政策。避免"一刀切"机械司法，该严则严、当宽则宽，做到惩治和预防犯罪与保护市场主体合法权益、规范引导企业守法经营并重，防止"办理一个案件，垮掉一个企业，砸掉一群人饭碗"的情况发生。四是厘清有争议的法律适用问题，努力做到准确把握法律政策界限，严格区分一般违法违规与刑事犯罪，确保办案质量和效果。

二、许某某、包某某串通投标立案监督案

（一）基本案情、要旨和指导意义

江苏省连云港市海州区锦屏磷矿"尾矿坝"是江苏海发集团（国有独资）的项目资产，经多次对外招商，均未能吸引到合作企业投资开发。2017年4月10日，海州区政府批复同意海发集团对该项目进行拍卖，海发集团委托江苏省大众拍卖有限公司进行拍卖，并主动联系民营企业家许某某参加竞拍，许某某联系民营企业家包某某参与竞拍，另还有一家企业参加竞拍。2017年7月26日，经两次举牌竞价，包某某代表的企业以高于底价竞拍成功。2019年4月26日，连云港市海州公安分局以涉嫌串通投标罪对许某某、包某某立案侦查。二人向海州区检察院提出立案监督申请，海州区检察院审查后向海州公安分局发出《要求说明立案理由通知书》。公安机关回复认为，许某某、包某某事先串通参与竞拍，该行为与串通投标行为具有同样的社会危害性，可以扩大解释为串通投标行为。海州区检察院经调查核实认为，投标与拍卖行为性质不同，分别受招标投标法和拍卖法规范，对于串通投标行为，法律规定了刑事责任，而对于串通拍卖行为，法律仅规定了行政责任和民事赔偿责任，串通拍卖行为不能类推为串通投标行为。并且，许某某、包某某的串通拍卖行为，目的在于防止项目流拍，该行为实际上盘活了国有不良资产，消除了长期存在的重大安全隐患，不具有刑法规定的社会危害性。因此，公安机关以涉嫌串通投标罪对二人予以立案的理由不能成立。同时，许某某、包某某的行为亦不符合

刑法规定的其他犯罪的构成要件。2019年7月18日，海州区检察院向海州公安分局发出《通知撤销案件书》，同月22日，海州公安分局决定撤销许某某、包某某串通投标案。

该案要旨：刑法规定了串通投标罪，但未规定串通拍卖行为构成犯罪；对于串通拍卖行为，不能以串通投标罪予以追诉；公安机关对串通竞拍国有资产行为以涉嫌串通投标罪刑事立案的，检察机关应当通过立案监督，依法通知公安机关撤销案件。具体的指导意义体现为两个方面：一是检察机关发现公安机关对串通拍卖行为以涉嫌串通投标罪刑事立案的，应当依法监督撤销案件；二是准确把握法律政策界限，依法保护企业合法权益和正常经济活动。

（二）理解和适用中的重点问题

1. 拍卖和招标投标是两种不同的市场交易方式

根据拍卖法第三条规定，拍卖是指以公开竞价的形式，将特定物品或者财产权利转让给最高应价者的买卖方式。而根据招标投标法相关规定，招标投标一般是指招标人就某特定事项向特定相对人或社会发出招标邀请，有多家投标人进行投标，最后由招标人通过对投标人在价格、质量、生产能力、交货期限和财务状况、信誉等诸方面进行综合考察，在平衡的基础上，选定投标条件最好的投标人，并与之进一步协调、商定最终成立合同法律关系的一种合同行为。从行为性质来讲，拍卖和招标投标都是竞争性的市场交易方式，是合同缔结的一种特殊方式，二者具有一定的相似性。[1] 但是，拍卖和招标投标有本质区别，二者在概念内涵、交易标的、交易方式、交易程序以及法律责任等很多方面都存在差异。如拍卖的最大特点是价高者得之，即将物品或财产权利卖给出价最高的人，而招标投标最大的特点却是满足招标文件要求的投标人中要价最低的人中标。拍卖和招标投标是本质上完全不同的两种交易方式，其外延并无包容关系。并且，随着两种交易方式的普及，从社会上一般人的观念来看，拍卖和招标投标也是明显不同的交易方式。

2. 刑法规定了串通投标罪，但未规定串通拍卖行为构成犯罪

刑法第二百二十三条第一款规定，投标人相互串通投标报价，损害招标人或者其他投标人利益，情节严重的，处三年以下有期徒刑或者拘役，并处或者单处罚金。与此相呼应，招标投标法第五十三条规定，投标人相互串通投标的，中标无效，处以罚款，有违法所得的，并处没收违法所得，直至由工商行政管理机关吊销营业执照；构成犯罪的，依法追究刑事责任。2019年国务院

---

[1] 参见《刑事审判参考》第114集第1251号案例。

修改的《招标投标法实施条例》第六十七条对串通投标行为的刑事责任也作了明确规定。但是刑法分则各条均未规定串通拍卖行为可以追究刑事责任,拍卖法第六十五条也仅规定,竞买人之间恶意串通,给他人造成损害的,拍卖无效,应当依法承担赔偿责任;由工商行政管理部门对参与恶意串通的竞买人处最高应价百分之十以上百分之三十以下的罚款;对参与恶意串通的拍卖人处最高应价百分之十以上百分之五十以下的罚款。即拍卖法对串通拍卖行为确立的法律责任形式只有行政责任和民事赔偿责任,不包括刑事责任。同时,其他法律法规也未规定串通拍卖行为应当承担刑事责任。

3. 根据罪刑法定原则,对串通拍卖行为不应以串通投标罪论处

罪刑法定原则是我国刑法的基本原则之一,在司法过程中应当严格遵循,防止类推和不当的扩大解释。在许某某、包某某案中,拍卖人海发集团经政府审批同意,决定公开拍卖国有资产"尾矿坝",委托江苏省大众拍卖有限公司进行拍卖,发布了拍卖公告,公布了拍卖底价,采用增价拍卖方式,竞买人许某某、包某某等人在指定时间、地点进行公开竞价,经两轮拍卖,以高于底价确定竞得人,该交易方式显然不属于招标投标的范畴。因此,即使许某某、包某某事先存在串通行为,公安机关也不能将其扩大解释为串通投标行为进行刑事立案,这种类推行为违背了罪刑法定原则,检察机关应当通过立案监督,通知公安机关撤销案件。但是对于拍卖过程中存在的恶意串通行为,应当依据拍卖法等规定追究行为人相应的行政责任和民事赔偿责任。并且,若在串通拍卖过程中,竞拍人给予相关人员财物以谋取竞争优势的,属于谋取不正当利益,达到数额较大的,竞拍人与收受财物的相关人员可能分别构成行贿罪和受贿罪,如收受财物的相关人员系非国家工作人员的,则按照非国家工作人员受贿罪和对非国家工作人员行贿罪处理。

4. 对企业的经济行为,不能轻易进行刑事追诉

2016年出台的《中共中央、国务院关于完善产权保护制度依法保护产权的意见》提出,要准确把握经济违法行为入刑标准,准确认定经济纠纷和经济犯罪的性质;对于法律界限不明、罪与非罪不清的,司法机关应严格遵循罪刑法定、疑罪从无、严禁有罪推定的原则,防止把经济纠纷当作犯罪处理;对民营企业在生产、经营、融资活动中的经济行为,除法律、行政法规明确禁止外,不以违法犯罪对待。检察机关办理涉非公经济案件,应当坚持法治思维,贯彻"谦抑、审慎"理念,充分考虑涉案企业的行为动机和对社会有无危害及其危害程度,加强研究分析,依法确定案件性质及应承担的责任类型。在许某某、包某某案中,涉案"尾矿坝"项目长期闲置,存在重大安全隐患,政府每年需投入大量资金进行安全维护,海发集团也曾邀请多家企业参与开发,

均未成功。在决定拍卖后,海发集团为防止项目流拍,主动邀请许某某参与竞拍,许某某又邀请包某某参与竞拍,二人虽有串通行为,但目的在于防止项目流拍,并未损害拍卖人和其他人利益,不足以认定为恶意串通,且"尾矿坝"项目后期开发运行良好,解决了长期存在的重大安全隐患,盘活了国有不良资产,总体看不具有刑法规定的社会危害性,而且,许某某、包某某在拍卖过程中未实施其他犯罪行为。综合以上情况,本案不应对二人启动刑事追诉程序。

三、温某某合同诈骗立案监督案

(一) 基本案情、要旨和指导意义

2010年4月至5月,甲公司与乙公司、丙公司签订引水供水工程《建设工程施工合同》。根据合同约定,乙公司和丙公司分别向甲公司支付70万元和110万元的施工合同履约保证金。工程报建审批手续完成后,甲公司和乙公司、丙公司因工程款支付问题发生纠纷。2011年10月14日,广西壮族自治区南宁市良庆公安分局根据丙公司报案,对甲公司负责人温某某以涉嫌合同诈骗罪刑事立案。2019年8月13日,温某某被公安机关采取刑事拘留措施。温某某的辩护律师向良庆区检察院提出立案监督申请,良庆区检察院审查后向良庆公安分局发出《要求说明立案理由通知书》。公安机关回复认为,温某某在不具备实际履行建设工程能力的情况下,以甲公司引水供水工程项目与乙公司、丙公司签订合同,并收取履约保证金,其行为涉嫌合同诈骗。良庆区检察院经调查核实认为,甲公司与乙公司、丙公司签订合同时,引水供水工程项目已经政府有关部门审批同意;合同签订后,甲公司按约定向政府职能部门提交该项目报建手续,得到了相关职能部门的答复;在项目工程未能如期开工后,甲公司又采取签订补充协议、承担相应违约责任等补救措施,并且甲公司在该项目工程中投入大量资金,收取的履约保证金也用于公司生产经营,因此,不足以认定温某某具有虚构事实或者隐瞒真相的行为和非法占有对方财物的目的,公安机关以涉嫌合同诈骗罪对其予以刑事立案的理由不能成立。同时,该案还是公安机关立案后久侦未结形成的侦查环节"挂案",应当监督纠正。2019年9月27日,良庆区检察院向良庆公安分局发出《通知撤销案件书》,同月30日良庆公安分局决定撤销温某某合同诈骗案。

该案要旨:检察机关办理涉企业合同诈骗犯罪案件,应当严格区分合同诈骗与民事违约行为的界限;要注意审查涉案企业在签订、履行合同过程中是否具有非法占有目的和虚构事实、隐瞒真相的行为,准确认定是否具有诈骗故意;发现公安机关对企业之间的合同纠纷以合同诈骗罪进行刑事立案的,应当依法监督撤销案件;对于立案后久侦不结的"挂案",应当向公安机关提出纠正意见。具体的指导意义体现为三个方面：一是检察机关对公安机关不应当立案而立案的，应当依法监督撤销案件；二是严格区分合同诈骗与民事违约行为的界限；三是对于公安机关立案后久侦未结形成的"挂案"，检察机关应当提出监督意见。

(二) 理解和适用中的重点问题

1. 对不应当立案而立案的监督属于立案监督

编制案例过程中，有意见认为，我国刑事诉讼法采行诉讼阶段论建构刑事诉讼程序，立案与侦查属于两个不同的诉讼阶段，案件经过立案之后进入侦查阶段，在侦查中发现案件不应当立案而立案，虽然牵涉的是立案与否的问题，但是诉讼阶段已经不再是立案阶段，侦查阶段对于不应当立案的案件要求撤销案件，属于侦查活动监督的范畴，即立案阶段和侦查阶段都有撤案问题，对侦查阶段的撤案，检察机关的监督应当属于侦查活动监督，因此本案中对温某某刑事立案的监督撤销，到底是立案监督还是侦查活动监督，不无疑问。如前所述，刑事诉讼法规定的立案监督情形是"应当立案而不立案"，1999 年《人民检察院刑事诉讼规则》(已失效) 将立案监督范围扩大至"不应当立案而立案"的情形。据此，根据 2000 年最高人民检察院《人民检察院立案监督工作问题解答》，立案监督是检察机关对公安机关的立案活动(不立案和立案) 是否合法进行的监督，监督手段主要是要求公安机关说明不立案或立案理由和通知公安机关立案或撤案；而侦查活动监督是检察机关对公安机关的侦查活动是否合法进行的监督，监督手段是向公安机关发出《纠正违法通知书》等。根据《人民检察院刑事诉讼规则》第五百五十九条第二款规定，对于有证据证明公安机关可能存在违法立案情形，尚未提请批准逮捕或者移送起诉的，① 检察机关应当要求公安机关书面说明立案理由。即检察机关对公安机关立案后尚未提请批准逮捕或者移送起诉的案件发出《说明立案理由通知书》的，从监督客体和手段看，应当属于立案监督。对于温某某合同诈骗监督案，公安机关立案后并未提请批准逮捕或者移送起诉，检察机关依申请启动监督程序，发出《说明立案理由通知书》，并监督公安机关撤销案件，依法应当认定为立案监督，而非侦查活动监督。②

---

① 最高人民检察院、公安部《关于刑事立案监督有关问题的规定(试行)》第六条规定的另一前提条件"已采取刑事拘留等强制措施或者搜查、扣押、冻结等强制性侦查措施"已于 2012 年被《人民检察院刑事诉讼规则(试行)》(已失效) 删除。

② 根据《人民检察院刑事诉讼规则》第五百六十七条第十项规定，检察机关对侦查活动中公安机关不应当撤案而撤案的监督属于侦查活动监督。

2. 监督撤销案件的违法立案情形

根据刑事诉讼法第一百零九条规定，公安机关发现犯罪事实或者犯罪嫌疑人，应当按照管辖范围立案侦查。对于经济犯罪案件，最高人民检察院、公安部《关于公安机关办理经济犯罪案件的若干规定》第十七条又将立案条件明确为三项。检察机关办理涉非公经济立案监督案件，应当依据上述规定审查判断公安机关的立案是否属于违法立案情形。根据《人民检察院刑事诉讼规则》第五百五十九条第二款规定，检察机关监督撤销案件的重点是违法动用刑事手段插手民事、经济纠纷，或者利用立案实施报复陷害、敲诈勒索以及谋取其他非法利益四种严重违法立案情形，[①] 一旦发现公安机关可能存在上述情形的，检察机关应当依法及时进行监督。对除此之外的其他明显违反法律规定予以刑事立案的情形，如没有证据证明有犯罪事实发生或虽有犯罪事实发生但不是犯罪嫌疑人所为，或者涉嫌犯罪数额、结果明显不符合经济犯罪案件的立案追诉标准，公安机关仍予以立案的，或者对依法不应当追究刑事责任的人立案的，检察机关也应当依法监督公安机关撤销案件。

3. 严格区分合同诈骗与民事欺诈、合同违约行为的界限

合同违约行为是指当事人一方不履行合同义务或者履行合同义务不符合约定条件的行为，包括实施了虚构事实、隐瞒真相行为的合同欺诈。违约行为是一种客观的违反合同的行为，违约行为的认定以当事人的行为是否在客观上与约定的行为或者合同义务相符合为标准，而不管行为人的主观状态如何。[②] 而根据我国刑法第二百二十四条的规定，以非法占有为目的，在签订、履行合同过程中，骗取对方当事人财物，数额较大的，构成合同诈骗罪，即成立合同诈骗不但要有客观上的欺诈行为，还要求主观上具有非法占有目的，即并非只要实施了虚构事实、隐瞒真相的行为，就必然构成合同诈骗，只有当事人在签订、履行合同时具有非法占有目的，才可以合同诈骗予以入罪，否则只能作为民事欺诈或者合同违约行为对待。对于"非法占有目的"的认定，可以从以下六个方面进行考量：一是行为人是否具有签订、履行合同的条件，是否创造虚假条件；二是行为人在签订合同时有无履约能力；三是行为人在签订和履行合同过程中有无诈骗行为；四是行为人在签订合同后有无履行合同的实际行为；五是行为人对取得财物的处置情况，是否有挥霍、挪用及携款潜逃等行

[①] 最高人民检察院、公安部《关于刑事立案监督有关问题的规定（试行）》第六条第二款、《关于公安机关办理经济犯罪案件的若干规定》第二十八条第二款对此也均有明确规定。

[②] 可参考1988年最高人民法院《关于贯彻执行中华人民共和国民法通则若干问题的意见（试行）》（已失效）第六十八条。

为;六是未履行合同的具体原因。① 对于签订合同时具有部分履约能力,之后完善履约能力并有积极履约行为的,即使最后合同未能履行或者未能完全履行,一般不能认定为合同诈骗。但是根据刑法第二百二十四条第三项的规定,如果行为人的履约行为本意不在承担合同义务而在于诱使相对人继续履行合同,从而占有对方财物,则应认定为合同诈骗行为。在温某某案中,温某某担任负责人的甲公司案发前处于正常生产经营状态,经政府有关部门审批,同意甲公司建设引水供水工程项目,因此,甲公司与乙公司、丙公司签订《建设工程施工合同》时,并非虚构事实。此后,甲公司的工程报建审批手续因客观原因未能在约定的开工日前完成,甲公司因此签订补充协议、承担相应违约责任。之后甲公司实际完成了审批手续,有履约能力和履约行为,只是因工程款支付方式发生争议,未能协商解决。并且,甲公司在该项目工程中投入勘测、复垦、自来水厂建设等资金3000多万元,收取的180万元履约保证金用于自来水厂的生产经营,并无挥霍、挪用及携款潜逃行为。综合以上情况,不足以认定温某某系诱骗相对人签订合同,意图占有对方财物,甲公司和乙公司、丙公司因工程款支付问题发生的争议应属于合同纠纷的范畴。对于甲公司不退还履约保证金的行为,乙公司、丙公司可以通过向法院提起民事诉讼的方式予以解决。

4. 依法监督纠正侦查环节"挂案"②

在当前司法实践中,由于立案标准、工作程序和认识分歧等原因,有相当数量的涉非公经济刑事案件逾期滞留在侦查环节,既未结案又未被移送审查起诉,形成侦查环节"挂案"。根据《关于公安机关办理经济犯罪案件的若干规定》第二十五条等规定,侦查环节"挂案"主要包括以下几类:一是对犯罪嫌疑人没有采取取保候审、监视居住、拘留或者逮捕等强制措施,公安机关自立案之日起超过二年没有移送审查起诉、依法作其他处理或者撤销案件的;二是对犯罪嫌疑人采取了强制措施,在解除强制措施后超过一年没有移送审查起诉、依法作其他处理或者撤销案件的;三是经检察机关通知撤销案件而没有及时撤销案件的。对于侦查环节的"挂案",检察机关要坚持罪刑法定、疑罪从无原则,对于确无侦查必要或者不构成犯罪的,应当依法监督公安机关撤销案件;对于具备进一步侦查条件和价值的,应当督促公安机关尽快侦查终结;对于公安机关侦查终结移送审查起诉的案件,应当及时作出处理决定。

---

① 参见《中国刑事审判指导案例(1999—2011)》(第2册),法律出版社2012年版,第387页、第476页。

② 司法实践中还存在检察机关审查起诉阶段、法院审判阶段超期未办结的"挂案"。

四、上海甲建筑装饰有限公司、吕某拒不执行判决立案监督案

（一）基本案情、要旨和指导意义

2017年8月16日，上海市青浦区法院就合同履行纠纷一案，判决甲公司支付乙公司人民币3250995.5元及相关利息。该判决生效后，乙公司向法院申请执行。执行过程中，在青浦区法院组织下，乙公司、甲公司达成执行和解协议，但甲公司经多次催讨仍拒绝履行协议。2019年5月6日，乙公司以甲公司拒不执行判决为由，向青浦公安分局报案，青浦公安分局决定不予立案。乙公司向青浦区检察院提出立案监督申请，青浦区检察院审查后向青浦公安分局发出《要求说明不立案理由通知书》。公安机关回复认为，本案尚在执行期间，甲公司未逃避执行判决，没有犯罪事实，不符合立案条件。青浦区检察院经调查核实认为，甲公司在诉讼期间更名并变更法定代表人，导致法院在执行阶段无法查找到甲公司资产，并裁定终结本次执行程序。在执行同期，甲公司还舍弃电子支付、银行转账等便捷方式，要求丙集团以银行汇票形式向其结算并支付大量款项，该款虽未进入甲公司账户，但实际用于甲公司日常经营活动，其目的就是利用汇票背书形式规避法院的执行。因此，甲公司存在隐藏、转移财产，致使法院生效判决无法执行的行为，已符合刑法第三百一十三条规定的有能力执行而拒不执行，情节严重的情形，公安机关的不立案理由不能成立。2019年8月6日，青浦区检察院向青浦公安分局发出《通知立案书》，并将调查获取的证据一并移送公安机关。青浦公安分局决定对甲公司以涉嫌拒不执行判决罪立案侦查，同年9月4日将甲公司实际经营人吕某传唤到案并刑事拘留，同月6日，甲公司向乙公司支付了全部执行款项人民币371万元。青浦区检察院适用认罪认罚从宽制度，于2019年11月28日以甲公司、吕某犯拒不执行判决罪向青浦区法院提起公诉。青浦区法院全部采纳了检察机关的量刑建议，对甲公司判处罚金人民币15万元，对吕某判处有期徒刑十个月、缓刑一年。一审宣判后，被告单位和被告人均未提出上诉，判决已生效。

该案要旨：负有执行义务的单位和个人以更换企业名称、隐瞒到期收入等方式妨害执行，致使已经发生法律效力的判决、裁定无法执行，情节严重的，应当以拒不执行判决、裁定罪予以追诉；申请执行人认为公安机关对拒不执行判决、裁定的行为应当立案侦查而不立案侦查，向检察机关提出监督申请的，检察机关应当要求公安机关说明不立案的理由；经调查核实，认为公安机关不立案理由不能成立的，应当通知公安机关立案；对于通知立案的涉企业犯罪案件，应当依法适用认罪认罚从宽制度。具体的指导意义体现为三个方面：一是检察机关发现公安机关对拒不执行判决、裁定的行为应当立案侦查而不立案侦

查的,应当依法监督公安机关立案;二是检察机关进行立案监督,应当开展调查核实;三是办理涉企业犯罪案件,应当依法适用认罪认罚从宽制度。

(二) 理解和适用中的重点问题

1. 依法认定构成拒不执行判决、裁定罪的行为

根据谦抑慎刑的司法理念,对拒不执行法院生效判决裁定的"老赖",首先应当适用民事制裁措施,根据民事诉讼法第一百一十一条等规定,可以根据情节轻重予以罚款、拘留,但对于情节严重的,应当发挥刑法的威慑和遏制功能,依照刑法第三百一十三条的规定,以拒不执行判决、裁定罪追究刑事责任。《刑法修正案(九)》出台后,进一步加大了对拒不执行判决、裁定行为的刑事惩罚力度。根据全国人大常委会《关于〈中华人民共和国刑法〉第三百一十三条的解释》,"有能力执行而拒不执行,情节严重"包括被执行人隐藏、转移、故意毁损财产或者无偿转让财产、以明显不合理的低价转让财产,致使判决、裁定无法执行的等五种情形。2020年最高人民法院《关于审理拒不执行判决、裁定刑事案件适用法律若干问题的解释》第二条对该立法解释的兜底项作了进一步解释,又明确八种情形。本案中,甲公司实际经营人吕某将甲公司更名并变更法定代表人为马某某,以致法院在执行阶段无法找到甲公司资产;并且甲公司改变交易习惯,要求与其有业务往来的丙集团将甲公司应收工程款以银行汇票形式支付,并派人专程赶赴外地去拿,目的是用汇票形式规避法院的执行,其后吕某将该银行汇票背书转让给由其实际经营的上海某装饰工程有限公司,该笔资金实际用于甲公司日常经营活动。综合以上情况,被执行人甲公司的行为属于有能力执行而"隐藏、转移财产,致使判决、裁定无法执行的"的情形,已经符合刑法第三百一十三条规定的拒不执行判决罪的构成要件,应当予以刑事追诉。

2. 检察机关进行刑事立案监督,应当开展必要的调查核实

根据刑事诉讼法、《人民检察院刑事诉讼规则》和2010年最高人民检察院、公安部《关于刑事立案监督有关问题的规定(试行)》等相关规定,检察机关办理立案监督案件,在要求公安机关说明理由之前和审查公安机关说明的理由时,都可以进行必要的调查,调查的重点是查明是否存在公安机关应立不立或者不应立而立的事实,以保证立案监督的准确性。具体来说,可以询问办案人员和有关当事人,查阅、复印公安机关刑事受案、立案、破案等登记表册和立案、不立案、撤销案件、治安处罚、劳动教养等相关法律文书及案卷材料,但不得使用强制措施,一般不接触犯罪嫌疑人。对于监督立案的,检察机关应当同时将调查收集的证据材料送达公安机关。本案办理过程中,公安机关询问过执行法官,了解到该案曾进入执行程序且法院也对吕某作出过司法拘

留,因而认为本案尚在执行期间,甲公司未逃避执行判决,无犯罪事实。而青浦区检察院经多方面调查并调取丙集团与甲公司相关的往来账目、合同、汇票等证据,发现甲公司在败诉之后进行过多次更名及变化法定代表人,甲公司与丙集团有业务往来,丙集团曾向甲公司以转账形式支付过货款,但执行期间,丙集团根据甲公司要求,以银行汇票形式将大量货款支付给甲公司。以上事实的查明,为检察机关依法提出立案监督意见打实了基础。

3. 积极适用认罪认罚从宽制度

办理涉企业犯罪案件,要把让市场主体"活下来""办下去""发展好"作为司法办案的价值取向,根据案件的具体情况,贯彻宽严相济刑事政策,落实认罪认罚从宽制度。案件移送审查起诉后,检察机关应当告知行为人享有的诉讼权利和认罪认罚的法律规定,保障行为人的程序选择权。行为人自愿认罪认罚的,要与涉案企业的法定代表人、负责人及其委托的辩护人开展认罪认罚协商,依法从宽处理。对于有被害人的案件,检察机关还应当积极促使涉案企业向被害方赔偿损失、赔礼道歉,达成和解的,督促涉案企业履行赔偿义务。本案中,青浦区检察院监督公安机关立案后,在审查起诉期间,依法适用认罪认罚从宽制度,并为法院全部采纳,实现了良好办案效果。

五、丁某某、林某某等人假冒注册商标立案监督案

(一) 基本案情、要旨和指导意义

丁某某、林某某等人雇用民工在福建省晋江市生产假冒"德芙"巧克力,累计价值人民币150余万元,张某等人购进上述部分巧克力,通过注册的网店向社会公开销售。2018年1月23日,浙江省嘉兴市公安局接玛氏公司报案,称有网店销售假冒其公司生产的"德芙"巧克力,该局指定南湖公安分局立案侦查。南湖公安分局以涉嫌销售伪劣产品罪提请南湖区检察院审查批捕张某等人,在作出批捕决定的同时,南湖区检察院发现公安机关可能存在对制假犯罪应当立案侦查而未立案侦查的情况,而且制假行为涉嫌生产销售伪劣产品、侵犯知识产权等犯罪。经与南湖公安分局沟通,该局认为,本案涉及多个侵权行为实施地,制假犯罪不属本地管辖。南湖区检察院认为,无论是根据最初受理地、侵权结果发生地管辖原则,还是基于制假售假行为的关联案件管辖原则,南湖公安分局对本案中的制假犯罪均具有管辖权。2018年5月15日,南湖区检察院向南湖公安分局发出《要求说明不立案理由通知书》。南湖公安分局决定对丁某某、林某某等人立案侦查,其后陆续将犯罪嫌疑人抓获归案,并一举捣毁位于福建省晋江市的造假窝点。公安机关将该案移送审查起诉后,南湖区检察院以被告人丁某某、林某某等人犯假冒注册商标罪,被告人张某等人

犯销售假冒注册商标的商品罪,向南湖区法院提起公诉。2019年11月1日,南湖区法院以假冒注册商标罪判处丁某某、林某某等人相应刑罚,以销售假冒注册商标的商品罪判处张某等人相应刑罚。一审宣判后,被告人均未提出上诉,判决已生效。

该案要旨:检察机关在办理售假犯罪案件时,应当注意审查发现制假犯罪事实,强化对人民群众切身利益和企业知识产权的保护力度;对于公安机关未立案侦查的制假犯罪与已立案侦查的售假犯罪不属于共同犯罪的,应当按照立案监督程序,监督公安机关立案侦查;对于跨地域实施的关联制假售假犯罪,可以建议公安机关并案管辖。具体的指导意义体现为三个方面:一是检察机关审查批准逮捕售假犯罪嫌疑人时,发现公安机关对制假犯罪未立案侦查的,应当履行监督职责;二是加强对企业知识产权的保护,依法惩治侵犯商标专用权犯罪;三是对于跨地域实施的关联制假售假案件,检察机关可以建议公安机关并案管辖。

(二) 理解和适用中的重点问题

1. 检察机关可以依职权启动刑事立案监督程序

《人民检察院刑事诉讼规则》第五百五十七条第二款规定,检察机关发现公安机关可能存在应当立案侦查而不立案侦查情形的,应当依法进行审查。即检察机关除了依申请和根据行政执法机关移送开展立案监督工作外,还可以依职权启动立案监督程序。检察机关通常是在审查批捕的过程中发现案件线索,因而依职权启动立案监督程序。但是审查批捕程序和立案监督程序是两个独立的程序,根据有关规定,在审查批捕中发现遗漏犯罪事实或者同案人的,不另行进行侦查,而应对报捕的案件事实进行审查,并依法作出是否批准逮捕的决定,同时对漏罪漏犯区分情况进行处理;所遗漏的犯罪事实与公安机关立案侦查的犯罪属于同一性质的,应通过《补充侦查提纲》或者《提供法庭审判所需证据材料意见书》引导公安机关补充侦查取证;所遗漏的犯罪事实与立案侦查的犯罪属于不同种类犯罪的,应当将线索移送公安机关,按照立案监督程序办理;遗漏涉嫌犯罪的同案人的,应当将线索移送公安机关;如果现有事实、证据证明该同案人符合逮捕条件的,应当按照纠正漏捕程序办理。① 本案中,张某因售假被批捕,检察机关批捕过程中发现制假犯罪事实,因售假和制假犯罪属于不同种类犯罪,并且犯罪嫌疑人之间不属于共同犯罪,故本案按照立案监督程序办理;如果犯罪嫌疑人之间属于共同犯罪的,本案则按照纠正漏

---

① 参见最高人民检察院侦查监督厅发布的《侦查监督部门实施刑事诉讼法若干问答》第十四问,《人民检察院立案监督工作问题解答》第八条对此也有明确规定。

捕程序办理。需要注意的是，共同犯罪案件中，部分被告人已被判决有罪且判决已经生效的，如果审查批捕时认为还应当追究其他共同犯罪人的刑事责任，但公安机关应当立案侦查而不立案侦查的，应当要求公安机关说明不立案的理由，经审查认为不立案理由不成立的，通知公安机关立案。①

2. 依法处理假冒注册商标罪和相邻犯罪的关系

制假售假犯罪行为通常构成刑法分则第三章第一节生产、销售伪劣商品罪各条规定的罪名之一，由于是假冒行为，还一般伴有假冒注册商标的行为和销售假冒注册商标的商品的行为，可能构成假冒注册商标罪或者销售假冒注册商标的商品罪。对于上述罪名的竞合或牵连关系，依照以下规则进行处理：实施刑法第二百一十三条规定的假冒注册商标犯罪，又销售该假冒注册商标的商品，构成犯罪的，应当以假冒注册商标罪定罪处罚；实施假冒注册商标犯罪，又销售明知是他人的假冒注册商标的商品，构成犯罪的，应当实行数罪并罚；实施假冒注册商标犯罪，同时构成刑法分则第三章第一节生产、销售伪劣商品罪各条规定之罪的，依照处罚较重的罪名予以追诉。本案中，检察机关监督立案后，公安机关以涉嫌生产、销售伪劣产品罪对丁某某、林某某等人立案侦查并移送审查起诉。检察机关审查认为，如果假冒巧克力检测出含有代可可脂或者替代配料表的低价配料，可以认定假冒巧克力属于刑法第一百四十条规定的伪劣产品，但经咨询多家食品检验检测机构，均表示国家未出台代可可脂和可可脂的检测标准和检测方法，也无可以参考的国标方法，无法出具正式的检测报告，故本案无法以生产、销售伪劣产品罪起诉。考虑到巧克力是食品，制假行为可能涉嫌伪劣食品安全类犯罪，遂对假冒巧克力的卫生标准进行了检测，着重对重金属超标、致病菌等进行检测，检测结果符合食品安全标准，无证据证实存在食品非法添加行为，因此本案也无法认定构成生产、销售有毒、有害食品罪。但丁某某、林某某等人未经注册商标所有人许可，在生产巧克力上使用"德芙"商标，应当按假冒注册商标罪提起公诉。

3. 通过建议公安机关并案管辖，及时打击关联制假售假案件

刑事诉讼法第二十五条、第二十六条确立了刑事案件的犯罪地管辖和最初受理地管辖原则。犯罪地包括犯罪行为发生地和犯罪结果发生地，犯罪结果发生地包括犯罪对象被侵害地、犯罪所得的实际取得地、藏匿地、转移地、使用

---

① 参见《人民检察院立案监督工作问题解答》第九条规定。

地、销售地。① 根据最高人民法院、最高人民检察院、公安部《关于办理侵犯知识产权刑事案件适用法律若干问题的意见》第一条规定，对于不同犯罪嫌疑人、犯罪团伙跨地区实施的涉及同一批侵权产品的制造、储存、运输、销售等侵犯知识产权犯罪行为，符合并案处理要求的，有关公安机关可以一并立案侦查。最高人民法院、最高人民检察院、公安部、国家安全部、司法部、全国人大常委会法制工作委员会《关于实施刑事诉讼法若干问题的规定》第三条第四项亦明确，多个犯罪嫌疑人、被告人实施的犯罪存在关联，并案处理有利于查明案件事实的，公安机关可以在其职责范围内并案处理。因此，检察机关审查批捕售假犯罪嫌疑人时，发现公安机关对关联的制假犯罪未立案侦查的，可以建议公安机关并案管辖。本案是注册地位于嘉兴市的玛氏公司向嘉兴市公安局报案，且有嘉兴市南湖区消费者网购收到假冒巧克力的证据，无论是根据最初受理地、犯罪结果发生地管辖原则，还是基于对制假售假犯罪案件的关联性管辖原则，南湖公安分局对本案中的售假犯罪和上游制假犯罪均可以行使管辖权。南湖区检察院依职权启动立案监督程序，及时建议公安机关并案侦查，全面打击制假售假犯罪行为，提升了惩治效果。

---

① 参见最高人民法院、最高人民检察院、公安部、国家安全部、司法部、全国人大常委会法制工作委员会《关于实施刑事诉讼法若干问题的规定》第二条、《关于公安机关办理经济犯罪案件的若干规定》第八条。

最高人民检察院
关于印发最高人民检察院
第二十五批指导性案例的通知

(2021年1月20日公布　高检发办字〔2021〕5号)

各级人民检察院：

经 2020 年 12 月 4 日最高人民检察院第十三届检察委员会第五十六次会议决定，现将余某某等人重大劳动安全事故、重大责任事故案等四件指导性案例（检例第 94—97 号）作为第二十五批指导性案例发布，供参照适用。

最高人民检察院
2021 年 1 月 20 日

余某某等人重大劳动安全事故
重大责任事故案

(检例第94号)

【关键词】

重大劳动安全事故罪　重大责任事故罪　关联案件办理　追诉漏罪漏犯　检察建议

【要　旨】

办理危害生产安全刑事案件，要根据案发原因及涉案人员的职责和行为，准确适用重大责任事故罪和重大劳动安全事故罪。要全面审查案件事实证据，依法追诉漏罪漏犯，准确认定责任主体和相关人员责任，并及时移交职务违法犯罪线索。针对事故中暴露出的相关单位安全管理漏洞和监管问题，要及时制发检察建议，督促落实整改。

【基本案情】

被告人余某某，男，湖北A化工集团股份有限公司（以下简称A化工集团）原董事长、当阳市B矸石发电有限责任公司（以下简称B矸石发电公司，该公司由A化工集团投资控股）原法定代表人。

被告人张某某，男，A化工集团物资供应公司原副经理。

被告人双某某，男，B矸石发电公司原总经理。

被告人赵某某，男，A化工集团原副总经理、总工程师。

被告人叶某某，男，A化工集团生产部原部长。

被告人赵玉某，男，B矸石发电公司原常务副总经理兼总工程师。

被告人王某某，男，B矸石发电公司原锅炉车间主任。

2015年6月，B矸石发电公司热电联产项目开工建设。施工中，余某某、双某某为了加快建设进度，在采购设备时，未按湖北省发展与改革委员会关于该项目须公开招投标的要求，自行组织邀请招标。张某某收受无生产资质的重庆某仪表有限公司（以下简称仪表公司）负责人李某某给予的4000元好处费及钓鱼竿等财物，向其采购了质量不合格的"一体焊接式长颈喷嘴"（以下简称喷嘴），安装在2号、3号锅炉高压主蒸汽管道上。项目建成后，余某某、双某某擅自决定试生产。

2016年8月10日凌晨,B矸石发电公司锅炉车间当班员工巡检时发现集中控制室前楼板滴水、2号锅炉高压主蒸汽管道保温层漏汽。赵玉某、王某某赶到现场,未发现滴水情况和泄漏点,未进一步探查。8月11日11时许,锅炉运行人员发现事故喷嘴附近有泄漏声音且温度比平时高,赵玉某指示当班员工继续加强监控。13时许,2号锅炉主蒸汽管道蒸汽泄漏更加明显且伴随高频啸叫声。赵玉某、王某某未按《锅炉安全技术规程》《锅炉运行规程》等规定下达紧急停炉指令。13时50分至14时20分,叶某某先后三次接到B矸石发电公司生产科副科长和A化工集团生产调度中心调度员电话报告"2号锅炉主蒸汽管道有泄漏,请求停炉"。叶某某既未到现场处置,也未按规定下达停炉指令。14时30分,叶某某向赵某某报告"蒸汽管道泄漏,电厂要求停炉"。赵某某未按规定下达停炉指令,亦未到现场处置。14时49分,2号锅炉高压主蒸汽管道上的喷嘴发生爆裂,致使大量高温蒸汽喷入事故区域,造成22人死亡、4人受伤,直接经济损失2313万元。

【检察机关履职过程】

(一)介入侦查

事故发生后,当阳市公安局以涉嫌重大责任事故罪对余某某、双某某、张某某、赵玉某、王某某、赵某某、叶某某等人立案侦查并采取强制措施。当阳市人民检察院提前介入,参加公安机关案情研讨,从三个方面提出取证重点:一是查明事故企业在立项审批、设备采购、项目建设及招投标过程中是否存在违法违规行为;二是查明余某某等人对企业安全生产的管理职责;三是查明在事故过程中,余某某等人的履职情况及具体行为。当阳市公安局补充完善上述证据,侦查终结后,于2017年1月23日至2月22日对余某某等7人以涉嫌重大责任事故罪先后向当阳市人民检察院移送起诉。

(二)审查起诉

该事故涉及的系列案件共11件14人,除上述7人外,还包括湖北省特种设备检验检测研究院宜昌分院、当阳市发展与改革局、当阳市质监局工作人员涉嫌的渎职犯罪,A化工集团有关人员涉嫌的帮助毁灭证据犯罪以及仪表公司涉嫌的生产、销售伪劣产品犯罪。当阳市人民检察院按照案件类型成立多个办案组,根据案件的难易程度调配力量,保证各办案组的审查起诉工作协调推进。由于不同罪名的案情存在密切关联,为使各办案组掌握全部案情,办案部门定期召开检察官联席会议,统一协调系列案件的办理。

当阳市人民检察院审查认为:本次事故发生的最主要原因是B矸石发电公司所采购的喷嘴系质量不合格的劣质产品,直接原因是主蒸汽管道蒸汽泄漏形成重大安全隐患时，相关管理人员没有按照操作规程及时停炉，作出正确处置。余某某、双某某作为 A 化工集团负责人和 B 矸石发电公司管理者，在热电联产项目设备采购过程中，未按审批内容公开招标，自行组织邀请招标，监督管理不到位，致使采购人员采购了质量不合格的喷嘴；张某某作为 A 化工集团电气设备采购负责人，收受投标人好处费，怠于履行职责，未严格审查投标单位是否具备相关生产资质，采购了无资质厂家生产的存在严重安全隐患的劣质产品，3 人的主要责任均在于未依法依规履职，致使 B 矸石发电公司的安全生产设施和条件不符合国家规定，从而导致本案事故的发生，涉嫌构成重大劳动安全事故罪。赵某某作为 A 化工集团副总经理、总工程师，叶某某作为该集团生产部部长，赵玉某作为 B 矸石发电公司的副总经理，王某某作为该公司锅炉车间主任，对 B 矸石发电公司的安全生产均负有直接管理职责，4 人在高压蒸汽管道出现漏汽、温度异常并伴随高频啸叫声的危险情况下，未按操作规程采取紧急停炉措施，导致重大伤亡事故发生，4 人的主要责任在于生产、作业过程中违反有关安全管理规定，涉嫌构成重大责任事故罪。

同时，当阳市人民检察院在办案中发现，赵某某在事故发生后同意 A 化工集团安全部部长孙某某（以帮助毁灭证据罪另案处理）将集团办公系统中储存的 13 万余份关于集团内部岗位职责的电子数据（该数据对查清公司高层管理人员在事故中的责任具有重要作用）删除，涉嫌帮助毁灭证据罪，遂依法予以追加起诉。

2017 年 5 月至 6 月，当阳市人民检察院先后以余某某、双某某、张某某涉嫌重大劳动安全事故罪，赵玉某、王某某、叶某某涉嫌重大责任事故罪，赵某某涉嫌重大责任事故罪、帮助毁灭证据罪向当阳市人民法院提起公诉。

（三）指控与证明犯罪

当阳市人民法院分别于 2017 年 6 月 20 日、7 月 4 日、7 月 20 日公开开庭审理上述案件。各被告人对公诉指控的犯罪事实及出示的证据均不持异议，当庭认罪。余某某的辩护人提出余某某不构成犯罪，理由是：（1）A 化工集团虽然是 B 矸石发电公司的控股股东，余某某是法定代表人，但只负责 B 矸石发电公司的投资和重大技改。B 矸石发电公司作为独立的企业法人实行总经理负责制，人员招聘任免、日常管理生产、设备采购均由 B 矸石发电公司自己负责。（2）该事故系多因一果，原因包括设计不符合标准规范要求、事故喷嘴是质量不合格的劣质产品，不能将设计方及不合格产品生产方的责任转嫁由 B 矸石发电公司承担。公诉人针对辩护意见答辩：（1）A 化工集团作为 B 矸石发电公司的控股股东，对 B 矸石发电公司实行人力资源、财务、物资采购、生产调度的"四统一"管理。余某某既是 A 化工集团的董事长，又是 B 矸石发电公司的法定代表人，是企业安全生产的第一责任人。其违规决定采取邀请招标的方式采购设备，致使B矸石发电公司采购了质量不合格的喷嘴。（2）本案事故发生的主要原因为喷嘴质量不合格，同时相关管理人员在生产、作业中违反安全管理规定，操作不当，各方都应当在自己职责范围内承担相应的法律责任，不能因为追究其中一方的责任就减轻或免除其他人的责任。因此，应以重大劳动安全事故罪追究余某某的刑事责任。

（四）处理结果

2018年8月21日，当阳市人民法院以重大劳动安全事故罪分别判处被告人余某某、双某某、张某某有期徒刑五年、四年、五年；以重大责任事故罪、帮助毁灭证据罪分别判处被告人赵某某有期徒刑四年、六个月，数罪并罚决定执行四年三个月；以重大责任事故罪分别判处被告人叶某某、赵玉某、王某某有期徒刑四年、五年、四年。各被告人均未上诉，判决已生效。

（五）办理关联案件

一是依法惩处生产、销售不符合安全标准的产品犯罪。本案事故发生的最主要原因是安装在主蒸汽管道上的喷嘴质量不合格。2017年2月17日，当阳市公安局对喷嘴生产企业仪表公司负责人李某某以涉嫌生产、销售伪劣产品罪向当阳市人民检察院移送起诉。当阳市人民检察院经审查认为，李某某明知生产的喷嘴将被安装于高压蒸汽管道上，直接影响生产安全和他人人身、财产安全，但其为追求经济利益，在不具备生产高温高压设备资质和条件的情况下，通过查看书籍、网上查询的方法自行设计、制造了喷嘴，并伪造产品检测报告和合格证，销售给B矸石发电公司，其行为属于生产、销售不符合保障人身、财产安全国家标准、行业标准的产品，造成特别严重后果的情况。本案中的喷嘴既属于伪劣产品，也属于不符合安全标准的产品，李某某的行为同时构成生产、销售伪劣产品罪和生产、销售不符合安全标准的产品罪，根据刑法第149条第2款规定，应当依照处罚较重的生产、销售不符合安全标准的产品罪定罪处罚。5月22日，当阳市人民检察院以该罪对李某某提起公诉。同时，追加起诉了仪表公司为单位犯罪。后李某某及仪表公司被以生产、销售不符合安全标准的产品罪判处刑罚。

二是依法追究职务犯罪。当阳市人民检察院办理本案过程中，依照当时的法定权限深挖事故背后的国家工作人员职务犯罪。查明：当阳市发展和改革局原副局长杨某未落实省、市发展与改革委员会文件要求，未对B矸石发电公司设备采购招投标工作进行监管，致使该公司自行组织邀标，采购了质量严重不合格的喷嘴；当阳市质量技术监督局特监科原科长赵某怠于履行监管职责，未对B矸石发电公司特种设备的安装、使用进行监督检查；宜昌市特种设备检验检测研究院技术负责人韩某、压力管道室主任饶某、副主任洪某在对发生事故的高压主蒸汽管道安装安全质量监督检验工作中，未严格执行国家行业规范，对项目建设和管道安装过程中的违法违规问题没有监督纠正，致使存在严重质量缺陷和安全隐患的高压主蒸汽管道顺利通过监督检验并运行。2017年3月至5月，当阳市人民检察院分别对5人以玩忽职守罪提起公诉（另，饶某还涉嫌构成挪用公款罪）。2018年8月21日，当阳市人民法院分别以玩忽职守罪判处5人有期徒刑三年六个月至有期徒刑三年缓刑四年不等。后5人均提出上诉，宜昌市中级人民法院裁定驳回上诉，维持原判。判决已生效。

（六）制发检察建议

针对本案反映出的当阳市人民政府及有关职能部门怠于履行职责、相关工作人员责任意识不强、相关企业安全生产观念淡薄等问题，2017年8月16日，当阳市人民检察院向当阳市人民政府及市发展和改革局、市质量技术监督局分别发出检察建议，提出组织相关部门联合执法、在全市范围内开展安全生产大检查、加强对全市重大项目工程建设和招投标工作的监督管理、加强对全市特种设备及相关人员的监督管理、加大对企业安全生产知识的宣传等有针对性的意见建议。被建议单位高度重视，通过开展重点行业领域专项整治活动、联合执法等措施，认真整改落实。检察建议促进当地政府有关部门加强了安全生产监管，相关企业提升了安全生产管理水平。

【指导意义】

（一）准确适用重大责任事故罪与重大劳动安全事故罪。两罪主体均为生产经营活动的从业者，法定最高刑均为七年以下有期徒刑。两罪的差异主要在于行为特征不同，重大责任事故罪是行为人"在生产、作业中违反有关安全管理的规定"；重大劳动安全事故罪是生产经营单位的"安全生产设施或者安全生产条件不符合国家规定"。实践中，安全生产事故发生的原因如果仅为生产、作业中违反有关安全管理的规定，或者仅为提供的安全生产设施或条件不符合国家规定，罪名较易确定；如果事故发生系上述两方面混合因素所致，两罪则会出现竞合，此时，应当根据相关涉案人员的工作职责和具体行为来认定其罪名。具体而言，对企业安全生产负有责任的人员，在生产、作业过程中违反安全管理规定的，应认定为重大责任事故罪；对企业安全生产设施或者安全生产条件不符合国家规定负有责任的人员，应认定为重大劳动安全事故罪；如果行为人的行为同时包括在生产、作业中违反有关安全管理的规定和提供安全生产设施或条件不符合国家规定，为全面评价其行为，应认定为重大责任事故罪。

（二）准确界定不同责任人员和责任单位的罪名，依法追诉漏罪漏犯，向相关部门移交职务违法犯罪线索。安全生产刑事案件，有的涉案人员较多，既有一线的直接责任人员，也有管理层的实际控制人，还有负责审批监管的国家工作人员；有的涉及罪名较广，包括生产、销售不符合安全标准的产品罪、玩忽职守罪、受贿罪、帮助毁灭证据罪等；除了自然人犯罪，有的还包括单位犯罪。检察机关办案中，要注重深挖线索，准确界定相关人员责任，发现漏罪漏犯要及时追诉。对负有监管职责的国家工作人员，涉嫌渎职犯罪或者违纪违法的，及时将线索移交相关部门处理。

（三）充分发挥检察建议作用，以办案促安全生产治理。安全生产事关企业健康发展，人民群众人身财产安全，社会和谐稳定。党的十九大报告指出，要"树立安全发展理念，弘扬生命至上、安全第一的思想，健全公共安全体系，完善安全生产责任制，坚决遏制重特大安全事故，提升防灾减灾救灾能力"。检察机关要认真贯彻落实，充分履行检察职能，在依法严厉打击危害企业安全生产犯罪的同时，针对办案中发现的安全生产方面的监管漏洞或怠于履行职责等问题，要积极主动作为，在充分了解有关部门职能范围的基础上，有针对性地制发检察建议，并持续跟踪落实情况，引导企业树牢安全发展理念，督促政府相关部门加强安全生产监管，实现以办案促进治理，为安全生产保驾护航。

【相关规定】

《中华人民共和国刑法》第一百三十四条、第一百三十五条、第一百四十六条、第一百四十九条、第三百零七条第二款、第三百九十七条

《最高人民法院、最高人民检察院关于办理危害生产安全刑事案件适用法律若干问题的解释》第一条、第三条

《最高人民法院关于进一步加强危害生产安全刑事案件审判工作的意见》

宋某某等人重大责任事故案

(检例第 95 号)

【关键词】

事故调查报告　证据审查　责任划分　不起诉　追诉漏犯

【要　旨】

对相关部门出具的安全生产事故调查报告，要综合全案证据进行审查，准确认定案件事实和相关人员责任。要正确区分相关涉案人员的责任和追责方式，发现漏犯及时追诉，对不符合起诉条件的，依法作出不起诉处理。

【基本案情】

被告人宋某某，男，山西 A 煤业公司（隶属于山西 B 煤业公司）原矿长。

被告人杨某，男，A 煤业公司原总工程师。

被不起诉人赵某某，男，A 煤业公司原工人。

2016 年 5 月，宋某某作为 A 煤业公司矿长，在 3 号煤层配采项目建设过程中，违反《关于加强煤炭建设项目管理的通知》（发改能源〔2006〕1039 号）要求，在没有施工单位和监理单位的情况下，即开始自行组织工人进行施工，并与周某某（以伪造公司印章罪另案处理）签订虚假的施工、监理合同以应付相关单位的验收。杨某作为该矿的总工程师，违反《煤矿安全规程》（国家安全监管总局令第 87 号）要求，未结合实际情况加强设计和制订安全措施，在 3 号煤层配采施工遇到旧巷时仍然采用常规设计，且部分设计数据与相关要求不符，导致旧巷扩刷工程对顶煤支护的力度不够。2017 年 3 月 9 日 3 时 50 分许，该矿施工人员赵某某带领 4 名工人在 3101 综采工作面运输顺槽和联络巷交岔口处清煤时，发生顶部支护板塌落事故，导致上覆煤层坍塌，造成 3 名工人死亡，赵某某及另一名工人受伤，直接经济损失 635.9 万元。

【检察机关履职过程】

（一）补充侦查

2017 年 5 月 5 日，长治市事故联合调查组认定宋某某、赵某某分别负事故的主要责任、直接责任，二人行为涉嫌重大责任事故罪，建议由公安机关依法处理，并建议对杨某等相关人员给予党政纪处分或行政处罚。2018年3月18日，长治市公安局上党分局对赵某某、宋某某以涉嫌重大责任事故罪立案侦查，并于5月31日移送长治市上党区（案发时为长治县）人民检察院审查起诉。

上党区人民检察院审查认为，该案相关人员责任不明、部分事实不清，公安机关结合事故调查报告作出的一些结论性事实认定缺乏证据支撑。如调查报告和公安机关均认定赵某某在发现顶板漏煤的情况下未及时组织人员撤离，其涉嫌构成重大责任事故罪。检察机关审查发现，认定该事实的证据主要是工人冯某某的证言，但其说法前后不一，现有证据不足以认定该事实。为查清赵某某的责任，上党区人民检察院开展自行侦查，调查核实相关证人证言等证据。再如调查报告和公安机关均认定总工程师杨某"在运输顺槽遇到旧巷时仍然采用常规设计，未结合实际情况及时修改作业规程或补充安全技术措施"，但是公安机关移送的案卷材料中，没有杨某的设计图纸，也没有操作规程的相关规定。针对上述问题检察机关二次退回补充侦查，要求补充杨某的设计图纸、相关操作规程等证据材料；并就全案提出补充施工具体由谁指挥、宋某某和股东代表是否有过商议、安检站站长以及安检员职责等补查意见，以查清相关人员具体行为和责任。后公安机关补充完善了上述证据，查清了相关人员责任等案件事实。

（二）准确认定相关人员责任

上党区人民检察院经审查，认为事故发生的主要原因有：一是该矿违反规定自行施工，项目安全管理不到位；二是项目扩刷支护工程设计不符合行业标准要求。在分清主要和次要原因、直接和间接原因的基础上，上党区人民检察院对事故责任人进行了准确区分，作出相应处理。

第一，依法追究主要责任人宋某某的刑事责任。检察机关审查认为，《关于加强煤炭建设项目管理的通知》要求建设单位要按有关规定，通过招投标方式，结合煤矿建设施工的灾害特点，确定施工和监理单位。宋某某作为建设单位A煤业公司的矿长，是矿井安全生产第一责任人，负责全矿安全生产工作，为节约成本，其违反上述通知要求，在没有施工单位和监理单位（均要求具备相关资质）的情况下，弄虚作假应付验收，无资质情况下自行组织工人施工，长期危险作业，最终发生该起事故，其对事故的发生负主要责任。且事故发生后，其对事故的迟报负直接责任。遂对宋某某以重大责任事故罪向上党区人民法院提起公诉。

第二，依法对赵某某作出不起诉决定。事故调查报告认定赵某某对事故的发生负直接责任，认为赵某某在发现漏煤时未组织人员撤离而是继续清煤导致了事故的发生，公安机关对其以重大责任事故罪移送起诉。检察机关审查起诉过程中，经自行侦查，发现案发地点当时是否出现过顶板漏煤的情况存在疑点，赵某某、冯某某和其他案发前经过此处及上一班工人的证言，均不能印证现场存在漏煤的事实，不能证明赵某某对危害结果的发生有主观认识，无法确定赵某某的责任。因此，依据刑事诉讼法第175条第4款规定，对赵某某作出不起诉决定。

第三，依法追诉漏犯杨某。公安机关未对杨某移送起诉，检察机关认为，《煤矿安全规程》要求，在采煤工作面遇过断层、过老空区时应制定安全措施，采用锚杆、锚索等支护形式加强支护。杨某作为A煤业公司总工程师，负责全矿技术工作，其未按照上述规程要求，加强安全设计，履行岗位职责不到位，对事故的发生负主要责任。虽然事故调查报告建议"吊销其安全生产管理人员安全生产知识和管理能力考核合格证"，但行政处罚不能代替刑事处罚。因此，依法对杨某以涉嫌重大责任事故罪予以追诉。

（三）指控与证明犯罪

庭审中，被告人宋某某辩称，是A煤业公司矿委会集体决定煤矿自行组织工人施工的，并非其一个人的责任。公诉人答辩指出，虽然自行组织施工的决定是由矿委会作出的，但是宋某某作为矿长，是矿井安全生产的第一责任人，明知施工应当由有资质的施工单位进行且应在监理单位监理下施工，仍自行组织工人施工，且在工程日常施工过程中安全管理不到位，最终导致了该起事故的发生，其对事故的发生负主要责任，应当以重大责任事故罪追究其刑事责任。

（四）处理结果

2018年12月21日，上党区人民法院作出一审判决，认定宋某某、杨某犯重大责任事故罪，考虑到二人均当庭认罪悔罪，如实供述自己的犯罪事实，具有坦白情节，且A煤业公司积极对被害方进行赔偿，分别判处二人有期徒刑三年，缓刑三年。二被告人均未提出上诉，判决已生效。

事故发生后，主管部门对A煤业公司作出责令停产整顿四个月、暂扣《安全生产许可证》、罚款270万元的行政处罚。对宋某某开除党籍，吊销矿长安全资格证，给予其终生不得担任矿长职务、处年收入80%罚款等处分；对杨某给予吊销安全生产知识和管理能力考核合格证的处罚。对A煤业公司生产副矿长、安全副矿长等5人分别予以吊销安全生产知识和管理能力考核合格证、撤销职务、留党察看、罚款或解除合同等处理；对B煤业公司董事长、总经理、驻A煤业公司安检员等9人分别给予相应的党政纪处分及行政处罚；对长治市上党区原煤炭工业局总工程师、煤炭工业局驻A煤业公司原安检员等 10 人分别给予相应的党政纪处分。对时任长治县县委书记、县长等 4 人也给予相应的党政纪处分。

【指导意义】

（一）安全生产事故调查报告在刑事诉讼中可以作为证据使用，应结合全案证据进行审查。安全生产事故发生后，相关部门作出的事故调查报告，与收集调取的物证、书证、视听资料、电子数据等相关证据材料一并移送给司法机关后，调查报告和这些证据材料在刑事诉讼中可以作为证据使用。调查报告对事故原因、事故性质、责任认定、责任者处理等提出的具体意见和建议，是检察机关办案中是否追究相关人员刑事责任的重要参考，但不应直接作为定案的依据，检察机关应结合全案证据进行审查，准确认定案件事实和涉案人员责任。对于调查报告中未建议移送司法机关处理，侦查（调查）机关也未移送起诉的人员，检察机关审查后认为应当追究刑事责任的，要依法追诉。对于调查报告建议移送司法机关处理，侦查（调查）机关移送起诉的涉案人员，检察机关审查后认为证据不足或者不应当追究刑事责任的，应依法作出不起诉决定。

（二）通过补充侦查完善证据体系，查清涉案人员的具体行为和责任大小。危害生产安全刑事案件往往涉案人员较多，案发原因复杂，检察机关应当根据案件特点，从案发直接原因和间接原因、主要原因和次要原因、涉案人员岗位职责、履职过程、违反有关管理规定的具体表现和事故发生后的施救经过、违规行为与结果之间的因果关系等方面进行审查，证据有欠缺的，应当通过自行侦查或退回补充侦查，补充完善证据，准确区分和认定各涉案人员的责任，做到不枉不纵。

（三）准确区分责任，注重多层次、多手段惩治相关涉案人员。对涉案人员身份多样的案件，要按照各涉案人员在事故中有无主观过错、违反了哪方面职责和规定、具体行为表现及对事故发生所起的作用等，确定其是否需要承担刑事责任。对于不予追究刑事责任的涉案人员，相关部门也未进行处理的，发现需要追究党政纪责任，禁止其从事相关行业，或者应对其作出行政处罚的，要及时向有关部门移送线索，提出意见和建议。确保多层次的追责方式能起到惩戒犯罪、预防再犯、促进安全生产的作用。

【相关规定】

《中华人民共和国刑法》第一百三十四条第一款

《中华人民共和国刑事诉讼法》第一百七十一条、第一百七十五条

《人民检察院刑事诉讼规则》第三百五十六条、三百六十七条

《最高人民法院、最高人民检察院关于办理危害生产安全刑事案件适用法

律若干问题的解释》第一条、第六条

《最高人民法院关于进一步加强危害生产安全刑事案件审判工作的意见》第四条、第六条、第八条

黄某某等人重大责任事故、谎报安全事故案

(检例第 96 号)

【关键词】

谎报安全事故罪　引导侦查取证　污染处置　化解社会矛盾

【要　旨】

检察机关要充分运用行政执法和刑事司法衔接工作机制，通过积极履职，加强对线索移送和立案的法律监督。认定谎报安全事故罪，要重点审查谎报行为与贻误事故抢救结果之间的因果关系。对同时构成重大责任事故罪和谎报安全事故罪的，应当数罪并罚。应注重督促涉事单位或有关部门及时赔偿被害人损失，有效化解社会矛盾。安全生产事故涉及生态环境污染等公益损害的，刑事检察部门要和公益诉讼检察部门加强协作配合，督促协同行政监管部门，统筹运用法律、行政、经济等手段严格落实企业主体责任，修复受损公益，防控安全风险。

【基本案情】

被告人黄某某，男，福建 A 石油化工实业有限公司（以下简称 A 公司）原法定代表人兼执行董事。

被告人雷某某，男，A 公司原副总经理。

被告人陈某某，男，A 公司原常务副总经理兼安全生产管理委员会主任。

被告人陈小某，男，A 公司码头原操作工。

被告人刘某某，男，A 公司码头原操作班长。

被告人林某某，男，B 船务有限公司（以下简称 B 公司）"天桐 1"船舶原水手。

被告人叶某某，男，B 公司"天桐 1"船舶原水手长。

被告人徐某某，男，A 公司原安全环保部经理。

2018 年 3 月，C 材料科技有限公司（以下简称 C 公司）与 A 公司签订货品仓储租赁合同，租用 A 公司 3005#、3006#储罐用于存储其向福建某石油化工有限公司购买的工业用裂解碳九（以下简称碳九）。同年，B 公司与 C 公

签订船舶运输合同,委派"天桐1"船舶到 A 公司码头装载碳九。

同年 11 月 3 日 16 时许,"天桐1"船舶靠泊在 A 公司 2000 吨级码头,准备接运 A 公司 3005#储罐内的碳九。18 时 30 分许,当班的刘某某、陈小某开始碳九装船作业,因码头吊机自 2018 年以来一直处于故障状态,二人便违规操作,人工拖拽输油软管,将岸上输送碳九的管道终端阀门和船舶货油总阀门相连接。陈小某用绳索把输油软管固定在岸上操作平台的固定支脚上,船上值班人员将船上的输油软管固定在船舶的右舷护栏上。19 时许,刘某某、陈小某打开码头输油阀门开始输送碳九。其间,被告人徐某某作为值班经理,刘某某、陈小某作为现场操作班长及操作工,叶某某、林某某作为值班水手长及水手,均未按规定在各自职责范围内对装船情况进行巡查。4 日凌晨,输油软管因两端被绳索固定致下拉长度受限而破裂,约 69.1 吨碳九泄漏,造成 A 公司码头附近海域水体、空气等受到污染,周边 69 名居民身体不适接受治疗。泄漏的碳九越过围油栏扩散至附近海域网箱养殖区,部分浮体被碳九溶解,导致网箱下沉。

事故发生后,雷某某到达现场向 A 公司生产运行部副经理卢某和计量员庄某核实碳九泄漏量,在得知实际泄漏量约有 69.1 吨的情况后,要求船方隐瞒事故原因和泄漏量。黄某某、雷某某、陈某某等人经商议,决定在对外通报及向相关部门书面报告中谎报事故发生的原因是法兰垫片老化、碳九泄漏量为 6.97 吨。A 公司也未按照海上溢油事故专项应急预案等有关规定启动一级应急响应程序,导致不能及时有效地组织应急处置人员开展事故抢救工作,直接贻误事故抢救时机,进一步扩大事故危害后果,并造成不良的社会影响。经审计,事故造成直接经济损失 672.73 万元。经泉州市生态环境局委托,生态环境部华南环境科学研究所作出技术评估报告,认定该起事故泄露的碳九是一种组分复杂的混合物,其中含量最高的双环戊二烯为低毒化学品,长期接触会刺激眼睛、皮肤、呼吸道及消化道系统,遇明火、高热或与氧化剂接触,有引起燃烧爆炸的危险。本次事故泄露的碳九对海水水质的影响天数为 25 天,对海洋沉积物及潮间带泥滩的影响天数为 100 天,对海洋生物质量的影响天数为 51 天,对海洋生态影响的最大时间以潮间带残留污染物全部挥发计,约 100 天。

【检察机关履职过程】

(一)介入侦查

经事故调查组认定,该事故为企业生产管理责任不落实引发的化学品泄漏事故。事故发生后,泉州市泉港区人民检察院与泉州市及泉港区原安监部门、公安机关等共同就事故定性与侦查取证方向问题进行会商。泉港区人民检察院根据已掌握的情况并听取省、市两级检察院指导意见，提出涉案人员可能涉嫌重大责任事故罪、谎报安全事故罪。2018 年 11 月 10 日、11 月 23 日，泉港公安分局分别以涉嫌上述两罪对黄某某等 8 人立案侦查。泉港区人民检察院提前介入引导侦查，提出取证方向和重点：尽快固定现场证据，调取能体现涉案人员违规操作及未履行日常隐患排查和治理职责的相关证据，及船舶安全管理文件、复合软管使用操作规程、油船码头安全作业规程、A 公司操作规程等证据材料；根据案件定性，加强对犯罪现场的勘验，强化勘验现场与言词证据的印证关系；注重客观证据的收集，全面调取监控视频、语音通话、短信、聊天记录等电子证据。侦查过程中，持续跟进案件办理，就事实认定、强制措施适用、办案程序规范等进一步提出意见建议。11 月 24 日，泉港区人民检察院对相关责任人员批准逮捕后，发出《逮捕案件继续侦查取证意见书》，要求公安机关及时调取事故调查报告，收集固定直接经济损失、人员受损、环境污染等相关证据，委托相关机构出具涉案碳九属性的检验报告，调取 A 公司谎报事故发生原因、泄漏量以及谎报贻误抢救时机等相关证据材料，并全程跟踪、引导侦查取证工作。上述证据公安机关均补充到位，为后续案件办理奠定了扎实的基础。

（二）审查起诉

案件移送起诉后，泉港区人民检察院成立以检察长为主办检察官的办案组，针对被告人陈某某及其辩护人提出的陈某某虽被任命为常务副总经理职务，但并未实际参与安全生产，也未履行安全生产工作职责，其不构成重大责任事故罪的意见，及时要求公安机关调取 A 公司内部有关材料，证实了陈某某实际履行 A 公司安全生产职责，系安全生产第一责任人的事实。针对公安机关出具的陈某某、刘某某、陈小某系主动投案的到案经过说明与案件实际情况不符等问题，通过讯问被告人、向事故调查组核实等方式自行侦查进行核实。经查，公安机关根据掌握的线索，先后将陈某某、刘某某、陈小某带至办案中心进行审查，3 人均不具备到案的主动性。本案未经退回补充侦查，2019 年 6 月 6 日，泉港区人民检察院以黄某某、雷某某、陈某某涉嫌重大责任事故罪、谎报安全事故罪，以陈小某等 5 人涉嫌重大责任事故罪向泉港区人民法院提起公诉，并分别提出量刑建议。

（三）指控与证明犯罪

鉴于该案重大复杂，泉港区人民检察院建议法院召开庭前会议，充分听取被告人、辩护人的意见。2019 年 7 月 5 日，泉港区人民法院开庭审理此案。庭审中，部分被告人及辩护人提出黄某某、雷某某、陈某某的谎报行为未贻误抢救时机，不构成谎报安全事故罪；被告人陈某某不具有安全生产监管责任，不构成重大责任事故罪；对部分被告人应当适用缓刑等辩解和辩护意见。公诉人针对上述辩护意见有针对性地对各被告人展开讯问，并全面出示证据，充分证实了检察机关指控的各被告人的犯罪事实清楚、证据确实充分。针对黄某某等人的行为不构成谎报安全事故罪的辩解，公诉人答辩指出，黄某某等人合谋并串通他人瞒报碳九泄露数量，致使 A 公司未能采取最高级别的一级响应（溢油量 50 吨以上），而只是采取最低级别的三级响应（溢油量 10 吨以下）。按照规定，一级响应需要全公司和社会力量参与应急，三级响应则仅需运行部门和协议单位参与应急。黄某某等人的谎报行为贻误了事故救援时机，导致直接经济损失扩大，同时造成了恶劣社会影响，依法构成谎报安全事故罪。针对陈某某不构成重大责任事故罪的辩解，公诉人指出，根据补充调取的书证及相关证人证言、被告人供述和辩解等证据，足以证实陈某某在案发前被任命为常务副总经理兼安全生产管理委员会主任，并已实际履行职务，系 A 公司安全生产第一责任人，其未在责任范围内有效履行安全生产管理职责，未发现并制止企业日常经营中长期存在的违规操作行为，致使企业在生产、作业过程中存在重大安全隐患，最终导致本案事故的发生，其应当对事故的发生承担主要责任，构成重大责任事故罪。针对应当对部分被告人适用缓刑的辩护意见，公诉人指出，本案性质恶劣，后果严重，不应对被告人适用缓刑。公诉人在庭审中的意见均得到一、二审法院的采纳。

（四）处理结果

2019 年 10 月 8 日，泉港区人民法院作出一审判决，采纳检察机关指控的事实、罪名及量刑建议。对被告人黄某某以重大责任事故罪、谎报安全事故罪分别判处有期徒刑三年六个月、一年六个月，数罪并罚决定执行四年六个月；对被告人雷某某以重大责任事故罪、谎报安全事故罪分别判处有期徒刑二年六个月、二年三个月，数罪并罚决定执行四年三个月；对被告人陈某某以重大责任事故罪、谎报安全事故罪分别判处有期徒刑一年六个月，数罪并罚决定执行二年六个月。对陈小某等 5 名被告人，以重大责任事故罪判处有期徒刑一年六个月至二年三个月不等。禁止黄某某、雷某某在判决规定期限内从事与安全生产相关的职业。雷某某等 6 人不服一审判决，提出上诉。2019 年 12 月 2 日，泉州市中级人民法院裁定驳回上诉，维持原判。判决已生效。

（五）污染处置

该起事故造成码头附近海域及海上网箱养殖区被污染，部分区域空气刺鼻，当地医院陆续接治接触泄漏碳九的群众 69 名，其中留院观察 11 名。泄漏的碳九越过围油栏扩散至网箱养殖区约 300 亩，直接影响海域面积约 0.6 平方公里，受损网箱养殖区涉及养殖户 152 户、养殖面积 99 单元。针对事故造成的危害后果，泉港区人民检察院认真听取被害人的意见和诉求，积极协调政府相关职能部门督促 A 公司赔偿事故周边群众的经济损失。在一审判决前，A 公司向受损养殖户回购了受污染的网箱养殖鲍鱼等海产品，及时弥补了养殖户损失，化解了社会矛盾。

泉港区人民检察院在提前介入侦查过程中，发现事故对附近海域及大气造成污染，刑事检察部门与公益诉讼检察部门同步介入，密切协作配合，根据当地行政执法与刑事司法衔接工作规定，及时启动重大案件会商机制，联系环保、海洋与渔业等部门，实地查看污染现场，了解事件进展情况。并针对案件性质、可能导致的后果等情况进行风险评估研判，就污染监测鉴定、公私财产损失计算、海域污染清理、修复等事宜对公安机关侦查和环保部门取证工作提出意见建议。前期取证工作，为泉州市生态环境局向厦门海事法院提起海洋自然资源与生态环境损害赔偿诉讼，奠定了良好基础。

【指导意义】

（一）准确认定谎报安全事故罪。一是本罪主体为特殊主体，是指对安全事故负有报告职责的人员，一般为发生安全事故的单位中负有组织、指挥或者管理职责的负责人、管理人员、实际控制人、投资人以及其他负有报告职责的人员，不包括没有法定或者职务要求报告义务的普通工人。二是认定本罪，应重点审查谎报事故的行为与贻误事故抢救结果之间是否存在刑法上的因果关系。只有谎报事故的行为造成贻误事故抢救的后果，即造成事故后果扩大或致使不能及时有效开展事故抢救，才可能构成本罪。如果事故已经完成抢救，或者没有抢救时机（危害结果不可能加重或扩大），则不构成本罪。构成重大责任事故罪，同时又构成谎报安全事故罪的，应当数罪并罚。

（二）健全完善行政执法与刑事司法衔接工作机制，提升法律监督实效。检察机关要认真贯彻落实国务院《行政执法机关移送涉嫌犯罪案件的规定》和中共中央办公厅、国务院办公厅转发的原国务院法制办等八部门《关于加强行政执法与刑事司法衔接工作的意见》以及应急管理部、公安部、最高人民法院、最高人民检察院联合制定的《安全生产行政执法与刑事司法衔接工作办法》，依照本地有关细化规定，加强相关执法司法信息交流、规范案件移送、加强法律监督。重大安全生产事故发生后，检察机关可通过查阅案件资料、参与案件会商等方式及时了解案情，从案件定性、证据收集、法律适用等方面提出意见建议，发现涉嫌犯罪的要及时建议相关行政执法部门向公安机关或者监察机关移送线索，着力解决安全生产事故有案不移、以罚代刑、有案不立等问题，形成查处和治理重大安全生产事故的合力。

（三）重视被害人权益保障，化解社会矛盾。一些重大安全生产事故影响范围广泛，被害人人数众多，人身损害和财产损失交织。检察机关办案中应高度重视维护被害人合法权益，注重听取被害人意见，全面掌握被害人诉求。要加强与相关职能部门的沟通配合，督促事故单位尽早赔偿被害人损失，及时回应社会关切，有效化解社会矛盾，确保实现办案政治效果、法律效果和社会效果相统一。

（四）安全生产事故涉及生态环境污染的，刑事检察部门要和公益诉讼检察部门加强协作配合，减少公共利益损害。化工等领域的安全生产事故，造成生态环境污染破坏的，刑事检察部门和公益诉讼检察部门要加强沟通，探索"一案双查"，提高效率，及时通报情况、移送线索，需要进行公益损害鉴定的，及时引导公安机关在侦查过程中进行鉴定。要积极与行政机关磋商，协同追究事故企业刑事、民事、生态损害赔偿责任。推动建立健全刑事制裁、民事赔偿和生态补偿有机衔接的生态环境修复责任制度。依托办理安全生产领域刑事案件，同步办好所涉及的生态环境和资源保护等领域公益诉讼案件，积极稳妥推进安全生产等新领域公益诉讼检察工作。

【相关规定】

《中华人民共和国刑法》第二十五条、第六十九条、第一百三十四条第一款、第一百三十九条之一

《最高人民法院、最高人民检察院关于办理危害生产安全刑事案件适用法律若干问题的解释》第一条、第四条、第六条、第七条、第八条、第十六条

国务院《行政执法机关移送涉嫌犯罪案件的规定》

中共中央办公厅、国务院办公厅转发的原国务院法制办等八部门《关于加强行政执法与刑事司法衔接工作的意见》

应急管理部、公安部、最高人民法院、最高人民检察院《安全生产行政执法与刑事司法衔接工作办法》

夏某某等人重大责任事故案

(检例第 97 号)

【关键词】

重大责任事故罪　交通肇事罪　捕后引导侦查　审判监督

【要　旨】

内河运输中发生的船舶交通事故，相关责任人员可能同时涉嫌交通肇事罪和重大责任事故罪，要根据运输活动是否具有营运性质以及相关人员的具体职责和行为，准确适用罪名。重大责任事故往往涉案人员较多，因果关系复杂，要准确认定涉案单位投资人、管理人员及相关国家工作人员等涉案人员的刑事责任。

【基本案情】

被告人夏某某，男，原"X号"平板拖船股东、经营者、驾驶员。

被告人刘某某，男，原"X号"平板拖船驾驶员、平板拖船联营股东。

被告人左某某，男，原平板拖船联营股东、经营者。

被告人段某某，男，原"X号"平板拖船联营股东、经营者。

被告人夏英某，男，原"X号"平板拖船股东、经营者。

2012年3月，在左某某的召集下，"X号"等四艘平板拖船的股东夏某某、刘某某、段某某、伍某某等十余人经协商签订了联营协议，左某某负责日常经营管理及财务，并与段某某共同负责船只调度；夏某某、夏英某、刘某某负责"X号"平板拖船的具体经营。在未依法取得船舶检验合格证书、船舶登记证书、水路运输许可证、船舶营业运输证等经营资质的情况下，上述四艘平板拖船即在湖南省安化县资江河段部分水域进行货运车辆的运输业务。

2012年12月8日晚12时许，按照段某某的调度安排，夏某某、刘某某驾驶的"X号"在安化县烟溪镇十八渡码头搭载四台货运车，经资江水域柘溪水库航道前往安化县平口镇。因"X号"无车辆固定装置，夏某某、刘某某仅在车辆左后轮处塞上长方形木条、三角木防止其滑动，并且未要求驾乘人员离开驾驶室实行"人车分离"。次日凌晨3时许，"X号"行驶至平口镇安平村河段时，因刘某某操作不当，船体发生侧倾，致使所搭载的四台货运车辆滑入柘溪水库，沉入水中。该事故造成 10 名司乘人员随车落水，其中 9 人当场溺亡，直接经济损失 100 万元。

【检察机关履职过程】

（一）捕后引导侦查

事故发生后，"X 号"驾驶员夏某某、刘某某主动投案，安化县公安局对二人以涉嫌重大责任事故罪立案侦查，经检察机关批准，对二人采取逮捕措施。安化县人民检察院审查批准逮捕时认为，在案证据仅能证明事故经过及后果，而证明联营体的组建、经营管理及是否违反安全生产规定的证据尚未到位。作出批捕决定的同时，提出详细的继续取证提纲，要求公安机关进一步查清四艘平板拖船的投资、经营管理情况及联营协议各方是否制定并遵守相关安全生产管理规定等。后公安机关补充完善了上述证据，对夏某某、刘某某以涉嫌重大责任事故罪向安化县人民检察院移送起诉。

（二）指控和证明犯罪

安化县人民检察院经审查，对夏某某、刘某某以涉嫌重大责任事故罪向安化县人民法院提起公诉。安化县人民法院公开开庭审理此案，庭审中，辩护律师辩称：该案若定性为重大责任事故罪，刘某某不是事故船舶股东，应宣判无罪；若定性为交通肇事罪，夏某某不是肇事驾驶员，也没有指使或强令违章驾驶行为，应宣判无罪。对此，公诉人出示事故调查报告、其他股东等证人证言、收据等证据，指出刘某某既是联营船舶的股东，又接受联营组织安排与夏某某一起负责经营管理"X 号"；夏某某、刘某某在日常经营管理中，实施了非法运输、违规夜间航行、违规超载、无证驾驶或放任无证驾驶等违反安全管理规定的行为，二人均构成重大责任事故罪。安化县人民法院经审理认为该案是在公共交通管理范围内发生的水上交通事故，遂改变定性以交通肇事罪认定罪名。

（三）提出抗诉

检察机关审查后认为一审判决认定罪名有误，遂以一审判决适用法律确有错误为由，依法提出抗诉。主要理由：（1）联营船舶非法营运，长期危险作业。一是四艘船舶系左某某、夏某某、刘某某等股东分别委托他人非法制造，均未取得船舶检验合格证书、船舶登记证书、水路运输许可证、船舶营业运输证等经营资质，非法从事货运车辆运输经营。二是违反规定未配备适格船员。联营协议仅确定了利益分配方案和经营管理人员，左某某、段某某作为联营组织的管理人员，夏英某、夏某某、刘某某作为联营船舶的经营管理人员，违反《中华人民共和国安全生产法》《中华人民共和国内河交通安全管理条例》等规定，未制定安全作业管理规定，未配备拥有适任证的船员。三是联营船舶长期危险作业。未按规定组织船员参加安全生产教育培训,未在船舶上设置固定货运车辆的设施和安全救援设施,且无视海事、交通管理等部门多次作出的停航等行政处罚,无视"禁止夜间渡运、禁止超载、货运车辆人车分离"等安全规定,甚至私自拆除相关部门在船舶上加装的固定限载措施,长期危险营运。(2) 夏某某、刘某某系"X号"经营管理人员和驾驶人员,认定重大责任事故罪更能全面准确评价二人的行为。夏某某、刘某某是联营船舶经营管理人员,对上述违规和危险作业情况明知,且长期参与营运,又是事故当晚驾驶人员,实施了超载运输、无证驾驶、超速行驶等违规行为,二人同时违反了有关安全管理的规定和交通运输法规,因而发生重大事故,由于联营船舶运输活动具有营运性质,是生产经营活动,不仅是交通运输,以重大责任事故罪认定罪名更为准确,更能全面评价二人的行为。益阳市中级人民法院二审改变一审罪名认定,支持检察机关抗诉意见。

(四) 依法追究股东等管理人员的刑事责任

事故发生后,公安机关分别对左某某、夏英某、段某某等股东以非法经营罪立案侦查,并提请安化县人民检察院批准逮捕。安化县人民检察院审查后,认为缺少事故调查报告、犯罪嫌疑人明知存在安全隐患等方面证据,以事实不清、证据不足为由不批捕。公安机关遂变更强制措施为监视居住,期满后解除,后3人逃匿。公安机关于2015年4月1日对该3人决定刑事拘留并上网追逃。左某某于2016年8月1日被抓获归案,段某某、夏英某分别于2017年11月4日、5日主动投案。后公安机关以涉嫌重大责任事故罪分别将3人移送安化县人民检察院审查起诉。

安化县人民检察院经审查认为,该起事故是联营船舶长期以来严重违反相关安全管理规定危险作业造成的,左某某系联营的召集者,负责日常经营管理、调度及会计事务;段某某实际履行调度职责,且在案发当晚调度事故船只"X号"承载业务;夏英某系事故船舶"X号"的主要经营管理人员,3人对事故发生均负有重要责任,均涉嫌构成重大责任事故罪,先后于2016年12月28日对左某某、2018年8月10日对段某某、夏英某向安化县人民法院提起公诉。此外,对于伍某某等其他联营股东,检察机关审查后认为,其或者未参与经营、管理,或者仅负责"X号"外其他联营船舶的经营、管理,不能认定其对事故的发生负有主要责任或者直接责任,可不予追究刑事责任。

法院审理阶段,左某某及其辩护律师在庭审中,提出联营船舶风险各自承担、左某某不是管理者、联营体已于案发前几天即2012年12月4日解散等辩解。公诉人指出,尽管夏英某、段金某等股东的证言均证实左某某与夏英某于2012年12月4日在电话联系时发生争执并声称要散伙,但股东之间并未就解散进行协商；且左某某记载的联营账目上仍记载了 2012 年 12 月 5 日 "X 号"加油、修理等经营费用。因此，左某某是联营体管理者，事故发生时联营体仍处于存续状态。法院采纳了检察机关的意见。

（五）处理结果

2015 年 8 月 20 日，安化县人民法院以交通肇事罪分别判处夏某某、刘某某有期徒刑四年六个月。安化县人民检察院抗诉后，益阳市中级人民法院于 2015 年 12 月 21 日以重大责任事故罪分别判处夏某某、刘某某有期徒刑四年六个月。判决已生效。2017 年 5 月 25 日，安化县人民法院以重大责任事故罪判处左某某有期徒刑三年，左某某提起上诉，二审发回重审，该院作出相同判决，左某某再次上诉后，二审法院裁定维持原判。2018 年 9 月 19 日，安化县人民法院以重大责任事故罪分别判处段某某、夏英某有期徒刑三年，缓刑五年。二人未上诉，判决已生效。

事故发生后，负有监管责任的相关国家工作人员被依法问责。安化县地方海事处原副主任刘雄某、航道股股长姜某某等 6 人，因负有直接安全监管责任，未认真履行职责，或在发现重大安全隐患后没有采取积极、有效的监管措施，被追究玩忽职守罪的刑事责任。安化县交通运输局原党组成员、工会主席余某某等 9 人分别被给予警告、严重警告、记过、撤职等党政纪处分。

【指导意义】

（一）准确适用交通肇事罪与重大责任事故罪。两罪均属危害公共安全犯罪，前罪违反的是"交通运输法规"，后罪违反的是"有关安全管理的规定"。一般情况下，在航道、公路等公共交通领域，违反交通运输法规驾驶机动车辆或者其他交通工具，致人伤亡或者造成其他重大财产损失，构成犯罪的，应认定为交通肇事罪；在停车场、修理厂、进行农耕生产的田地等非公共交通领域，驾驶机动车辆或者其他交通工具，造成人员伤亡或者财产损失，构成犯罪的，应区分情况，分别认定为重大责任事故罪、重大劳动安全事故罪、过失致人死亡罪等罪名。需要指出的是，对于从事营运活动的交通运输组织来说，航道、公路既是公共交通领域，也是其生产经营场所，"交通运输法规"同时亦属交通运输组织的"安全管理的规定"，交通运输活动的负责人、投资人、驾驶人员等违反有关规定导致在航道、公路上发生交通事故，造成人员伤亡或者财产损失的，可能同时触犯交通肇事罪与重大责任事故罪。鉴于两罪前两档法定刑均为七年以下有期徒刑（交通肇事罪有因逃逸致人死亡判处七年以上有期徒刑的第三档法定刑），要综合考虑行为人对交通运输活动是否负有安全管理职责、对事故发生是否负有直接责任、所实施行为违反的主要是交通运输法规还是其他安全管理的法规等，准确选择适用罪名。具有营运性质的交通运输活动中，行为人既违反交通运输法规，也违反其他安全管理规定（如未取得安全许可证、经营资质、不配备安全设施等），发生重大事故的，由于该类运输活动主要是一种生产经营活动，并非单纯的交通运输行为，为全面准确评价行为人的行为，一般可按照重大责任事故罪认定。交通运输活动的负责人、投资人等负有安全监管职责的人员违反有关安全管理规定，造成重大事故发生，应认定为重大责任事故罪；驾驶人员等一线运输人员违反交通运输法规造成事故发生的，应认定为交通肇事罪。

（二）准确界定因果关系，依法认定投资人、实际控制人等涉案人员及相关行政监管人员的刑事责任。危害生产安全案件往往多因一果，涉案人员较多，既有直接从事生产、作业的人员，又有投资人、实际控制人等，还可能涉及相关负有监管职责的国家工作人员。投资人、实际控制人等一般并非现场作业人员，确定其行为与事故后果之间是否存在刑法意义上的因果关系是个难点。如果投资人、实际控制人等实施了未取得经营资质和安全生产许可证、未制定安全生产管理规定或规章制度、不提供安全生产条件和必要设施等不履行安全监管职责的行为，在此情况下进行生产、作业，导致发生重大伤亡事故或者造成其他严重后果的，不论事故发生是否介入第三人违规行为或者其他因素，均不影响认定其行为与事故后果之间存在刑法上的因果关系，应当依法追究其刑事责任。对发案单位的生产、作业负有安全监管、查处等职责的国家工作人员，不履行或者不正确履行工作职责，致使发案单位违规生产、作业或者危险状态下生产、作业，发生重大安全事故的，其行为也是造成危害结果发生的重要原因，应以渎职犯罪追究其刑事责任。

【相关规定】

《中华人民共和国刑法》第一百三十三条、第一百三十四条第一款

《最高人民法院、最高人民检察院关于办理危害生产安全刑事案件适用法律若干问题的解释》第一条

《中华人民共和国安全生产法》（2009年）第二条、第四条、第五条、第十六条、第十七条、第十八条、第四十九条、第五十条、第五十一条

《中华人民共和国内河交通安全管理条例》（2011年）第六条、第九条、第十五条、第二十一条、第二十二条

最高人民检察院第二十五批指导性案例解读*

元 明　黄卫平　郭竹梅　薛 慧**

2021年1月27日，最高人民检察院发布了第二十五批指导性案例，包括余某某等人重大劳动安全事故、重大责任事故案，宋某某等人重大责任事故案，黄某某等人重大责任事故、谎报安全事故案，夏某某等人重大责任事故案四件指导性案例（检例第94号至第97号）。这是最高人民检察院首次发布危害生产安全刑事犯罪指导性案例。为准确理解和适用此批案例，现就案例涉及的主要问题和指导意义进行解读。

一、发布案例的背景和意义

（一）发布背景

安全生产事关企业健康发展、人民群众人身财产安全、社会和谐稳定。党中央历来高度重视安全生产工作，特别是党的十八大以来，安全生产工作不断加强、整体水平明显提高，安全生产形势总体稳定，全国生产安全事故起数、死亡人数从历史最高峰2002年的107万余起、13万余人，降至2020年的3.8万余起、2.74万余人，按可比口径累计分别下降85.1%和70.9%；重特大事故从2001年的140起、2556人降至2020年的16起、262人，累计分别下降88.6%和89.7%。但必须清醒认识到，当前安全生产仍处于爬坡过坎期，高危行业领域风险点多面广，城市安全风险大，农村安全隐患突出，新行业新业态安全风险凸显，安全生产工作仍艰巨繁重。2020年4月，习近平总书记就安全生产作出重要指示强调，当前，全国正在复工复产，要加强安全生产监管，分区分类加强安全监管执法，强化企业主体责任落实，牢牢守住安全生产底线，切实维护人民群众生命财产安全。同月，国务院安全生产委员会印发《全国安全生产专项整治三年行动计划》，部署了专项行动。最高人民检察院2020年初参加了平安中国建设协调小组公共安全组，在加强公共安全形势分析研判和监测预警，推动完善公共安全监管机制，与应急管理部等有关部门共同应对重大公共安全事件等方面承担重要职能。与其他案件相比，查办安全生产事故类刑事案件问题多、难度大，事故原因和责任认定涉及专业领域和专业

---

* 原文载《人民检察》2021年第8期。
** 作者单位：最高人民检察院第二检察厅。

技术知识，涉案人员众多，因果关系复杂，责任区分和认定难度大。不少案件被害人众多，舆情关注度高，处理上需要特别慎重。案件办理过程中需要与应急管理部门等有关行政机关、侦查（调查）机关进行多方面的沟通协作，还需要充分发挥检察职能，通过办案促进安全生产社会治理。最高人民检察院专门发布一批危害生产安全刑事犯罪方面的指导性案例，是践行以人民为中心的司法理念，加强对该类案件的检察业务指导，解决司法办案中的重点难点问题，提高办案质效，更好保护人民群众的生命财产安全。

（二）主要意义

一是聚焦常见罪名和疑难问题，为检察机关办案提供参考和指引。此批指导性案例所涉罪名主要包括重大责任事故罪和重大劳动安全事故罪（两罪共占全国检察机关办理危害生产安全刑事案件总数的 90% 以上），涉及相近罪名区分、多个主体所涉责任认定、因果关系判定等疑难问题，为各地检察机关在证据审查、引导侦查取证、庭审说理、线索移送等方面提供指引。特别是对于国家监察体制改革后，检察机关在重大安全事故发生后如何做好行政执法和刑事司法衔接，充分发挥检察职能作用提出了要求。

二是展示检察机关主动参与社会治理的工作成效，发挥示范作用。检察机关依法办案的同时，通过制发检察建议等方式，推动涉案企业、相关行政机关等积极履职尽责，从源头上遏制生产安全事故的发生，真正实现"办理一案，治理一片"。此批案例展示了检察机关以办案促安全生产和社会治理的有效做法，作为指导性案例下发可以发挥良好的示范作用。

三是进行普法宣传，提高安全生产领域从业者和社会公众的法治意识、安全意识。安全生产领域事故的发生，大多与相关人员安全意识淡漠、防范措施落实不到位、内部管理混乱、外部监督不力等因素有关，最终导致事故隐患转化为现实严重后果，因此，积极防范可以有效减少事故发生。此批指导性案例，传递了检察机关严厉打击危害生产安全违法犯罪的司法理念，警示教育生产领域从业人员切实提高安全责任意识和事故防范意识，同时也对社会公众进行普法宣传。

二、第二十五批指导性案例的基本案情、要旨和诉讼情况

（一）余某某等人重大劳动安全事故、重大责任事故案

基本案情：2015 年 6 月，A 化工集团投资控股的 B 矸石发电公司热电联产项目开工建设。施工中，余某某（A 化工集团原董事长兼 B 矸石发电公司原法定代表人）、双某某（B 矸石发电公司原总经理）为了加快建设进度，在采购设备时，未按湖北省发展和改革委员会关于该项目须公开招投标的要求，

自行组织邀请招标。张某某（A化工集团物资供应公司原副经理）收受无生产资质的重庆某仪表有限公司（以下简称仪表公司）负责人李某某给予的4000元好处费及钓鱼竿等财物，向其采购了质量不合格的"一体焊接式长颈喷嘴"（以下简称喷嘴），安装在2号、3号锅炉高压主蒸汽管道上。项目建成后，余某某、双某某擅自决定试生产。

2016年8月10日凌晨，B矸石发电公司锅炉车间当班员工巡检时发现集中控制室前楼板滴水、2号锅炉高压主蒸汽管道保温层漏汽。赵玉某（B矸石发电公司原副总经理兼总工程师）、王某某（B矸石发电公司原锅炉车间主任）赶到现场，未进一步探查。8月11日11时许，锅炉运行人员发现事故喷嘴附近有泄漏声音且温度比平时高，赵玉某指示当班员工继续加强监控。13时许，2号锅炉主蒸汽管道蒸汽泄漏更加明显且伴随高频啸叫声。赵玉某、王某某未按《锅炉安全技术规程》《锅炉运行规程》等规定下达紧急停炉指令。13时50分至14时20分，叶某某（A化工集团生产部原部长）先后三次接到B矸石发电公司生产科副科长和A化工集团生产调度中心调度员电话报告"2号锅炉主蒸汽管道有泄漏，请求停炉"。叶某某既未到现场处置，也未按规定下达停炉指令。14时30分，叶某某向赵某某（A化工集团原副总经理、总工程师）报告"蒸汽管道泄漏，电厂要求停炉"。赵某某未按规定下达停炉指令，亦未到现场处置。14时49分，2号锅炉高压主蒸汽管道上的喷嘴发生爆裂，致使大量高温蒸汽喷入事故区域，造成22人死亡、4人受伤，直接经济损失2313万元。

该案例主要阐明：办理危害生产安全刑事案件，要根据案发原因及涉案人员的职责和行为，准确适用重大责任事故罪和重大劳动安全事故罪。要全面审查案件事实证据，依法追诉漏罪漏犯，准确认定责任主体和相关人员责任，并及时移交职务违法犯罪线索。针对事故中暴露出的相关单位安全管理漏洞和监管问题，要及时制发检察建议，督促落实整改。

该案办理中，检察机关提前介入侦查，引导取证，组成多个办案组，统一调配力量，定期召开联席会，协调推进系列案件的办理。对发现的漏罪仪表公司单位犯罪以及赵某某帮助毁灭证据罪，及时追诉。庭审阶段，针对部分被告人对事故发生不负有责任的辩解，公诉人结合在案证据从被告人的职责范围、具体行为等方面进行了充分答辩。最终各被告人均认罪，法院判决后，均未提出上诉。案发后，湖北省当阳市检察院针对办案中发现的有关职能部门怠于履行职责的情况，分别向有关部门发出检察建议，提出了具体的、有针对性的意见建议，取得了良好效果。

(二) 宋某某等人重大责任事故案

基本案情：2016年5月，宋某某作为A煤业公司矿长，在3号煤层配采项目建设过程中，违反国家发展和改革委员会等《关于加强煤炭建设项目管理的通知》要求，在没有施工单位和监理单位的情况下，即开始自行组织工人进行施工，并与周某某（以伪造公司印章罪另案处理）签订虚假的施工、监理合同以应付相关单位的验收。杨某作为该矿的总工程师，违反原国家安全监管总局《煤矿安全技术规程》要求，未结合实际情况加强设计和制订安全措施，在3号煤层配采施工遇到旧巷时仍然采用常规设计，且部分设计数据与相关要求不符，导致旧巷扩刷工程对顶煤支护的力度不够。2017年3月9日3时50分许，该矿施工人员赵某某带领4名工人在3101综采工作面运输顺槽和联络巷交叉口处清煤时，发生顶部支护板塌落事故，导致上覆煤层坍塌，造成3名工人死亡，赵某某及另一名工人受伤，直接经济损失635.9万元。

该案例主要阐明：对相关部门出具的安全生产事故调查报告，要综合全案证据进行审查，准确认定案件事实和相关人员责任。要正确区分相关涉案人员的责任和追责方式，发现漏犯及时追诉，对不符合起诉条件的，依法作出不起诉处理。该案办理中，山西省长治市上党区检察院综合全案证据审查认定案件事实，认为公安机关结合事故调查报告作出的一些结论性事实认定缺乏证据支撑，提出详细的补充侦查提纲，并经过自行侦查，查清相关事实，对赵某某作不起诉处理。结合事故调查报告和其他在案证据，准确认定相关人员的刑事责任，追诉漏犯A煤业公司原总工程师杨某。案件起诉后，上党区法院一审对宋某某、杨某判处刑罚，二人均未上诉。

(三) 黄某某等人重大责任事故、谎报安全事故案

基本案情：2018年3月，C材料科技有限公司（以下简称C公司）与A公司签订货品仓储租赁合同，租用A公司3005#、3006#储罐用于存储其向福建某石油化工有限公司购买的工业用裂解碳九（以下简称碳九）。同年，B公司与C公司签订船舶运输合同，委派"天桐1"船舶到A公司码头装载碳九。同年11月3日16时许，"天桐1"船舶靠泊在A公司2000吨级码头，准备接运A公司3005#储罐内的碳九。18时30分许，当班的刘某某（A公司码头原操作班长）、陈小某（A公司码头原操作工）开始碳九装船作业，因码头吊机自2018年以来一直处于故障状态，二人便违规操作，人工拖拽输油软管，将岸上输送碳九的管道终端阀门和船舶货油总阀门相连接。陈小某用绳索把输油软管固定在岸上操作平台的固定支脚上，船上值班人员将船上的输油软管固定在船舶的右舷护栏上。19时许，刘某某、陈小某打开码头输油阀门开始输送

碳九。其间，徐某某（A 公司原安全环保部经理）作为值班经理，刘某某、陈小某作为现场操作班长及操作工，叶某某（B 公司"天桐 1"船舶原水手长）、林某某（B 公司"天桐 1"船舶原水手）作为值班水手长及水手，均未按规定在各自职责范围内对装船情况进行巡查。4 日凌晨，输油软管因两端被绳索固定致下拉长度受限而破裂，约 69.1 吨碳九泄漏，造成 A 公司码头附近海域水体、空气等受到污染，周边 69 名居民身体不适接受治疗。泄漏的碳九越过围油栏扩散至附近海域网箱养殖区，部分浮体被碳九溶解，导致网箱下沉。

事故发生后，雷某某（A 公司原副总经理）到达现场向 A 公司生产运行部副经理卢某和计量员庄某核实碳九泄漏量，在得知实际泄漏量约有 69.1 吨的情况后，要求船方隐瞒事故原因和泄漏量。黄某某（A 公司原法定代表人兼执行董事）、雷某某、陈某某（A 公司原常务副总经理兼安全生产管理委员会主任）等人经商议，决定在对外通报及向相关部门书面报告中谎报事故发生的原因是法兰垫片老化、碳九泄漏量为 6.97 吨。A 公司也未按照海上溢油事故专项应急预案等有关规定启动一级应急响应程序，导致不能及时有效地组织应急处置人员开展事故抢救工作，直接贻误事故抢救时机，进一步扩大事故危害后果，并造成不良的社会影响。经审计，事故造成直接经济损失 672.73 万元。经福建省泉州市生态环境局委托，生态环境部华南环境科学研究所作出技术评估报告，认定该起事故泄漏的碳九是一种组分复杂的混合物，其中含量最高的双环戊二烯为低毒化学品，长期接触会刺激眼睛、皮肤、呼吸道及消化道系统，遇明火、高热或与氧化剂接触，有引起燃烧爆炸的危险。本次事故泄漏的碳九对海水水质的影响天数为 25 天，对海洋沉积物及潮间带泥滩的影响天数为 100 天，对海洋生物质量的影响天数为 51 天，对海洋生态影响的最大时间以潮间带残留污染物全部挥发计，约 100 天。

该案例主要阐明：检察机关要充分运用行政执法和刑事司法衔接工作机制，通过积极履职，加强对线索移送和立案的法律监督。认定谎报安全事故罪，要重点审查谎报行为与贻误事故抢救结果之间的因果关系。对同时构成重大责任事故罪和谎报安全事故罪的，应当数罪并罚。应注重督促涉事单位或有关部门及时赔偿被害人损失，有效化解社会矛盾。安全生产事故涉及生态环境污染等公益损害的，刑事检察部门要和公益诉讼检察部门加强协作配合，督促协同行政监管部门，统筹运用法律、行政、经济等手段严格落实企业主体责任，修复受损公益，防控安全风险。

该案办理中，泉州市泉港区检察院及时介入侦查，提出取证方向和重点，在审查批准逮捕相关责任人员后，针对该事故可能对生态环境造成损害的特殊情况，发出继续侦查意见书，要求公安机关收集固定经济损失、环境污染等相关证据，委托相关机构出具涉案碳九属性的检验报告等，为后续案件办理打下坚实基础。审查起诉期间，检察机关自行侦查核实矛盾证据，提高了诉讼效率。庭审中，部分被告人及其辩护人提出黄某某、雷某某、陈某某不构成谎报安全事故罪，公诉人结合在案证据和有关规定进行充分答辩。公诉人的庭审意见均被法院采纳。该案办理中，检察机关高度重视污染处置，专门就污染监测鉴定、公私财产损失计算、海域污染清理及修复等事宜对公安机关和环保部门取证工作提出意见建议。同时，注重听取被害人的意见和诉求，积极协调政府相关职能部门督促 A 公司赔偿受污染水域养殖户的经济损失。

（四）夏某某等人重大责任事故案

基本案情：2012 年 3 月，在左某某的召集下，"X 号"等四艘平板拖船的股东夏某某、刘某某、段某某、伍某某等十余人经协商签订了联营协议，左某某负责日常经营管理及财务，并与段某某共同负责船只调度；夏某某、夏英某、刘某某负责"X 号"平板拖船的具体经营。在未依法取得船舶检验合格证书、船舶登记证书、水路运输许可证、船舶营业运输证等经营资质的情况下，上述四艘平板拖船即在湖南省安化县资江河段部分水域进行货运车辆的运输业务。

2012 年 12 月 8 日晚 12 时许，按照段某某的调度安排，夏某某、刘某某驾驶的"X 号"在安化县烟溪镇十八渡码头搭载四台货运车，经资江水域柘溪水库航道前往安化县平口镇。因"X 号"无车辆固定装置，夏某某、刘某某仅在车辆左后轮处塞上长方形木条、三角木防止其滑动，并且未要求驾乘人员离开驾驶室实行"人车分离"。次日凌晨 3 时许，"X 号"行驶至平口镇安平村河段时，因刘某某操作不当，船体发生侧倾，致使所搭载的四台货运车辆滑入柘溪水库，沉入水中。该事故造成 10 名司乘人员随车落水，其中 9 人当场溺亡，直接经济损失 100 万元。

该案例主要阐明：内河运输中发生的船舶交通事故，相关责任人员可能同时涉嫌交通肇事罪和重大责任事故罪，应根据运输活动是否具有营运性质以及相关人员的具体职责和行为，准确适用罪名。重大责任事故往往涉案人员较多，因果关系复杂，应准确认定涉案单位投资人、管理人员及相关国家工作人员等涉案人员的刑事责任。

该案办理中，安化县检察院作出批准逮捕决定的同时，提出详细的继续侦查取证提纲。对夏某某、刘某某以涉嫌重大责任事故罪向安化县法院提起公诉，针对辩护人提出的被告人无罪的辩护意见，公诉人出示了事故调查报告、其他股东等证人证言、收据等证据进行有力答辩。安华县法院以交通肇事罪对夏某某、刘某某作出一审判决,检察机关审查认为法院认定罪名有误,遂以判决适用法律错误为由,提出抗诉。益阳市中级法院二审支持检察机关抗诉意见,改判二人构成重大责任事故罪。安化县检察院区分情况,依法认定涉案股东等管理人员的刑事责任,对后续到案的左某某、夏英某、段某某以重大责任事故罪提起公诉,对未参与经营、管理,或者仅负责"X号"外其他联营船舶经营、管理的伍某某等其他股东,不追究刑事责任。

三、理解和适用中的重点问题

（一）余某某等人重大劳动安全事故、重大责任事故案

一是重大责任事故罪与重大劳动安全事故罪的区分。重大责任事故罪和重大劳动安全事故罪同属刑法分则第二章危害公共安全犯罪。一般情况下,重大劳动安全事故罪的主体是对安全生产设施或者安全生产条件不符合国家规定负有直接责任的生产经营单位负责人、管理人员、实际控制人、投资人,以及其他对安全生产设施或者安全生产条件负有管理、维护职责的人员。重大责任事故罪的主体是对生产、作业负有组织、指挥或者管理职责的负责人、管理人员、实际控制人、投资人等,以及直接从事生产、作业的人员。两罪在客观方面也有区别,重大责任事故罪的行为特征是"在生产、作业中违反有关安全管理的规定",偏于动态;重大劳动安全事故罪的行为特征是"安全生产设施或者安全生产条件不符合国家规定",偏于静态。实践中,安全生产事故发生的原因如果仅为生产、作业中违反有关安全管理规定,或者仅为提供的安全生产设施或条件不符合国家规定,罪名较易确定;但如果事故发生系上述两方面混合因素所致,两罪则会出现竞合,此时,应当根据相关涉案人员的工作职责和具体行为来认定其所涉罪名。该案中,事故发生的最主要原因是B矸石发电公司所采购的喷嘴系质量不合格的劣质产品,直接原因是主蒸汽管道蒸汽泄漏形成重大安全隐患时,相关管理人员没有按照操作规程及时停炉,作出正确处置,属于混合原因的情况。余某某、双某某作为企业管理者,在热电联产项目设备采购过程中,未按审批内容公开招标,自行组织邀请招标,监督管理不到位,致使采购人员采购了质量不合格的喷嘴;张某某作为设备采购负责人,收受投标人好处费,怠于履行职责,未严格审查投标单位是否具备相关生产资质,采购了无资质厂家生产的存在严重安全隐患的劣质产品,3人的主要责任均在于未依法依规履职,致使公司的安全生产设施和条件不符合国家规定,从而导致该案事故的发生,应认定为重大劳动安全事故罪。赵某某、叶某某、赵玉某、王某某依照其职责对B矸石发电公司的安全生产均负有直接管理职责,4人在高压蒸汽管道出现漏汽、温度异常并伴随高频啸叫声的危险情况下,未

按操作规程采取紧急停炉措施,导致重大伤亡事故发生,其主要责任在于生产、作业过程中违反有关安全管理规定,应认定为重大责任事故罪。

二是充分发挥检察建议作用,以办案促安全生产治理。检察机关在依法严厉打击危害企业安全生产犯罪的同时,针对办案中发现的安全生产方面的监管漏洞或怠于履行职责等问题,应积极主动作为,在充分了解有关部门职能范围的基础上,有针对性地制发检察建议,发挥法律监督职能,引导企业树牢安全发展理念,督促政府相关部门加强安全生产监管,实现以办案促治理,为安全生产保驾护航。该案中,检察机关针对办案中发现的当阳市政府及有关职能部门怠于履行职责、相关工作人员责任意识不强、相关企业安全生产观念淡薄等问题,分别向当阳市政府及当阳市发展和改革局、当阳市质量技术监督局发出检察建议,提出组织相关部门联合执法、在全市范围内开展安全生产大检查、加强对全市重大项目工程建设和招投标工作的监督管理、加强对全市特种设备及相关人员的监督管理、加大对企业安全生产知识的宣传力度等有针对性的意见建议。被建议单位高度重视,通过开展重点行业领域专项整治活动、联合执法等措施,认真整改落实。检察建议促进当地政府有关部门加强了安全生产监管,相关企业提升了安全生产管理水平。

(二)宋某某等人重大责任事故案

该案中的主要问题是事故调查报告的司法认定问题。安全生产事故发生后,政府相关部门及监察机关等一般均会进行深入调查并作出事故调查报告,事故调查报告会对事故原因、造成的损失、相关人员责任及处理等作出结论或提出意见建议。对事故调查报告进行审查和认定,是检察机关办理危害生产安全刑事案件经常遇到的问题。对于事故调查报告的性质,实践中存在不同认识,有的认为属于证据,有的则认为属于行政机关的意见建议;司法机关如何认定事故调查报告的内容,对报告中建议移送司法机关处理的人员如何认定刑事责任,也存在不同做法,有的按照事故调查报告直接认定,作为司法办案的依据,有的则结合在案证据依法独立进行司法审查判断。该案例指导意义部分,专门提炼了事故调查报告的审查认定规则。

首先,关于事故调查报告的性质。应急管理部、公安部、最高人民法院、最高人民检察院联合制发的《安全生产行政执法与刑事司法衔接工作办法》第二十五条第一款规定,在查处违法行为或者事故调查的过程中依法收集制作的物证、书证、视听资料、电子数据、检验报告、鉴定意见、勘验笔录、检查笔录等证据材料以及经依法批复的事故调查报告,在刑事诉讼中可以作为证据使用。最高人民法院《关于进一步加强危害生产安全刑事案件审判工作的意见》第六条规定,审理危害生产安全刑事案件,政府或相关职能部门依法对事故原因、损失大小、责任划分作出的调查认定，经庭审质证后，结合其他证据，可作为责任认定的依据。据此，与行政机关移送的物证、书证、视听资料、电子数据等证据材料相同，事故调查报告属于刑事诉讼中的证据。

其次，关于事故调查报告的审查规则。检察机关应结合全案证据进行审查，必要时可以就事故调查报告认定的事故原因、相关人员责任等事实做进一步调查核实，进行补充侦查，作为是否追究相关人员刑事责任的重要参考。对于事故调查报告中未建议移送司法机关处理，侦查（调查）机关也未移送起诉的人员，检察机关审查后认为应当追究刑事责任的，应依法追诉。对于事故调查报告建议移送司法机关处理，侦查（调查）机关移送起诉的涉案人员，检察机关审查后认为证据不足或不应当追究刑事责任的，应依法作出不起诉决定。此外，实践中，对于一些一般性的安全生产事故，相关部门没有形成事故调查报告，个别检察机关对此类没有事故调查报告的案件不知如何办理，存在等靠思想。对此，检察机关也应根据现有事实证据，依法认定相关责任人员的刑事责任。

该案中，上党区检察院对全案证据进行全面审查，发现事故调查报告及侦查机关认定的部分事实与在案证据存在矛盾，经退回补充侦查和自行侦查，查明案件事实，准确认定相关人员责任，对证据不足的，依法不起诉，对应当追究刑事责任的漏犯，依法追诉，属于对事故调查报告定位准确、审查认定比较全面到位的典范。

（三）黄某某等人重大责任事故、谎报安全事故案

一是准确认定不报、谎报安全事故罪。不报、谎报安全事故罪是2006年《刑法修正案（六）》新增的罪名。该罪的主体为特殊主体，是指对安全事故负有报告职责的人员，一般为发生安全事故的单位中负有组织、指挥或者管理职责的负责人、管理人员、实际控制人、投资人以及其他负有报告职责的人员，不包括没有法定或者职务要求报告义务的普通工人。该罪在主观方面与其他危害生产安全犯罪不同，属于故意犯罪。根据最高人民法院、最高人民检察院《关于办理危害生产安全刑事案件适用法律若干问题的解释》第八条的规定，认定构成不报、谎报安全事故罪，或者要求从结果上，不报、谎报的行为导致一定的人员伤亡后果或者财产损失；或者要求从行为上，行为人实施了决定不报、迟报、谎报事故情况，伪造、破坏事故现场，毁灭、隐匿有关证据等行为，致使不能及时有效开展事故抢救。需要注意的是，认定该罪，应重点审查不报、谎报事故的行为与贻误事故抢救时机的后果之间是否存在刑法上的因果关系。只有不报、谎报事故的行为造成贻误事故抢救时机的后果，即造成事故后果扩大或致使不能及时有效开展事故抢救，才可能构成该罪。如果事故已

经完成抢救，或者没有抢救时机（即危害结果不可能加重或扩大），则不构成该罪。

该案庭审中，被告人及其辩护人提出黄某某、雷某某、陈某某的谎报行为未贻误抢救时机，不构成谎报安全事故罪。公诉人指出，黄某某等人合谋并串通他人瞒报碳九泄露量，致使 A 公司未能采取最高级别的一级响应（溢油量50吨以上），而只是采取最低级别的三级响应（溢油量10吨以下）。按照规定，一级响应需要全公司和社会力量参与应急，三级响应则仅需运行部门和协议单位参与应急。黄某某等人的谎报行为贻误了事故救援时机，导致直接经济损失扩大，同时造成了恶劣的社会影响，依法构成谎报安全事故罪，该意见得到法院采纳。

此外，实践中，不报、谎报安全事故罪与故意杀人罪、故意伤害罪可能出现竞合，此时应按照《关于办理危害生产安全刑事案件适用法律若干问题的解释》第十条的有关规定办理，即在安全事故发生后，直接负责的主管人员和其他直接责任人员故意阻挠开展抢救，导致人员死亡或者重伤，或者为了逃避法律追究，对被害人进行隐藏、遗弃，致使被害人因无法得到救助而死亡或者重度残疾的，分别依照刑法第二百三十二条、第二百三十四条的规定，以故意杀人罪或者故意伤害罪定罪处罚。

二是化工等领域的安全生产事故，造成生态环境污染破坏的，刑事检察部门和公益诉讼检察部门要加强沟通，探索"一案双查"，提高效率。要及时通报情况、移送线索，需要进行公益损害鉴定的，及时引导公安机关在侦查过程中进行鉴定。要积极与行政机关磋商，协同追究事故企业刑事、民事、生态损害赔偿责任。推动建立健全刑事制裁、民事赔偿和生态补偿有机衔接的生态环境修复责任制度。依托办理安全生产领域刑事案件，同步办好所涉及的生态环境和资源保护等领域公益诉讼案件，积极稳妥推进安全生产等新领域公益诉讼检察工作。该案中，泉港区检察院在提前介入侦查过程中，刑事检察部门与公益诉讼检察部门同步介入，密切协作配合，及时启动重大案件会商机制，联系环保、海洋与渔业等部门，实地查看污染现场，了解事件进展情况，并针对案件性质、可能导致的后果等情况进行风险评估研判，就污染事宜的取证工作提出意见建议。前期取证工作为泉州市生态环境局向厦门海事法院提起海洋自然资源与生态环境损害赔偿诉讼提供了证据支持。

三是重视被害人权益保障。一些重大安全生产事故影响范围广泛，被害人人数众多，人身损害和财产损失交织。检察机关办案中应高度重视维护被害人合法权益，注重听取被害人意见，全面掌握被害人诉求。要加强与相关职能部门的沟通配合，督促事故单位尽早赔偿被害人损失，及时回应社会关切，有效化解社会矛盾。

(四) 夏某某等人重大责任事故案

一是准确认定交通肇事罪与重大责任事故罪。两罪均属危害公共安全犯罪,前罪违反的是"交通运输法规",后罪违反的是"有关安全管理的规定"。关于两罪的适用问题,根据2000年最高人民法院《关于审理交通肇事刑事案件具体应用法律若干问题的解释》第八条规定,一般情况下,在航道、公路等公共交通领域,违反交通运输法规驾驶机动车辆或者其他交通工具,致人伤亡或者造成其他重大财产损失,构成犯罪的,应认定为交通肇事罪;在停车场、修理厂、进行农耕生产的田地等非公共交通领域,驾驶机动车辆或者其他交通工具,造成人员伤亡或者财产损失,构成犯罪的,应区分情况,分别认定为重大责任事故罪、重大劳动安全事故罪、过失致人死亡罪等罪名。需要指出的是,上述司法解释针对的是"实行公共交通管理的范围"与"公共交通管理范围外"泾渭分明、分属不同区域的情况,而一些情况下,一些区域的性质具有综合性,罪名适用难度较大。两罪的界分问题是该案主要提炼的指导意义。

对于从事营运活动的交通运输组织来说,航道、公路等既是实行公共交通管理的范围,也是其生产经营场所;该类企业的运输活动,既是公共交通行为,同时也是生产经营行为;"交通运输法规"同时亦属交通运输组织的"有关安全管理的规定"。交通运输活动的负责人、投资人、驾驶人员等违反有关规定导致在航道、公路上发生交通事故,造成人员伤亡或者财产损失的,可能同时触犯交通肇事罪与重大责任事故罪。两罪前两档法定刑均为7年以下有期徒刑,不同罪名的认定对刑期影响不大,但由于两罪在犯罪构成上存在不同,认定不同罪名会影响罪与非罪和追责范围的确定。对于此类情况,应综合考虑行为人对交通运输活动是否负有安全管理职责、对事故发生是否负有直接责任、所实施行为违反的主要是交通运输法规还是其他安全管理的法规等,准确适用罪名。在具有营运性质的交通运输活动中,行为人既违反交通运输法规,也违反其他安全管理规定(如未取得安全许可证、经营资质,不配备安全设施等),发生重大事故的,由于该类运输活动主要是一种生产经营活动,并非单纯的交通运输行为,为全面准确评价行为人的行为,一般可按照重大责任事故罪认定。交通运输活动的负责人、投资人等负有安全监管职责的人员违反有关安全管理规定,造成重大事故发生的,应认定为重大责任事故罪;驾驶人员等一线运输人员违反交通运输法规造成事故发生的,应认定为交通肇事罪。该案中,夏某某等人违反多项规定在内河非法从事平板拖船营运业务,长期危险作业,生产安全存在巨大隐患,案发当天又存在操作不当行为,最终导致事故发生，应当依法认定为重大责任事故罪。

二是危害生产安全案件往往多因一果，涉案人员较多，既有直接从事生产、作业的人员，又有投资人、实际控制人等，还可能涉及相关负有监管职责的国家工作人员，应准确确定刑事追责范围。对于涉案人员众多，多人行为叠加或相互作用，加之自然因素或外在因素介入，最终导致危害后果发生的情况，如何确定追责范围是办理此类案件常遇到的问题。对此，需要把握的重点是涉案人员的违法行为与事故后果之间是否存在刑法意义上的因果关系。涉案人员中，一线作业人员的责任相对清晰、较易认定，而投资人、实际控制人等一般并非现场作业人员，确定其行为与事故后果之间的因果关系是个难点。如果投资人、实际控制人等实施了未取得经营资质和安全生产许可证、未制定安全生产管理规定或规章制度、不提供安全生产条件和必要设施等不履行安全监管职责的行为，继续生产、作业必然造成人员、财产安全处于危险状态，在此情况下进行生产、作业，导致发生重大伤亡事故或者造成其他严重后果的，不论事故发生是否介入第三人违规行为或者其他因素，均不影响认定其行为与事故后果之间存在刑法上的因果关系，应当依法追究刑事责任。对发案单位的生产、作业负有安全监管、查处等职责的国家工作人员，不履行或者不正确履行工作职责，致使发案单位违规生产、作业或者在危险状态下生产、作业，发生重大安全事故的，其行为也是造成危害结果发生的重要原因，应以渎职犯罪追究其刑事责任。如果企业管理人员或者相关国家机关工作人员的行为虽存在一定违规，但违规行为情节轻微，对于事故的发生原因力较小，也可以不追究刑事责任，给予行政处罚或者政纪处分。

该案中，平板拖船联营体的股东有十余名，安化县检察院全面审查在案事实证据，准确认定各股东责任大小，依法确定刑事追责范围。对其中占股少、未参与经营、管理，或者仅负责"X号"外其他联营船舶的经营、管理的股东，未纳入刑事追责范围。对于夏某某等5名股东，有的既是"X号"的股东又是事发船只的驾驶员；有的虽不是"X号"的股东，但系联营体的主要股东和经营者；还有的负责事发当晚的船只调度，因此，对上述人员均依法追究刑事责任。

最高人民检察院
关于印发最高人民检察院
第二十六批指导性案例的通知

(2021年2月4日公布　高检发办字〔2021〕7号)

各级人民检察院：

经2021年1月21日最高人民检察院第十三届检察委员会第六十次会议决定，现将邓秋成、双善食品（厦门）有限公司销售假冒注册商标的商品案等五件案例（检例第98—102号）作为第二十六批指导性案例（检察机关依法保护知识产权主题）发布，供参照适用。

最高人民检察院

2021年2月4日

邓秋城、双善食品（厦门）有限公司等
销售假冒注册商标的商品案

（检例第98号）

【关键词】

销售假冒注册商标的商品　食品安全　上下游犯罪　公益诉讼

【要　旨】

办理侵犯注册商标类犯罪案件，应注意结合被告人销售假冒商品数量、扩散范围、非法获利数额及在上下游犯罪中的地位、作用等因素，综合判断犯罪行为的社会危害性，确保罪责刑相适应。在认定犯罪的主观明知时，不仅考虑被告人供述，还应综合考虑交易场所、交易时间、交易价格等客观行为，坚持主客观相一致。对侵害众多消费者利益的情形，可以建议相关社会组织或自行提起公益诉讼。

【基本案情】

被告人邓秋城，男，1981年生，广州市百益食品贸易有限公司（以下简称百益公司）负责人。

被告单位双善食品（厦门）有限公司（以下简称双善公司），住所地福建省厦门市。

被告人陈新文，男，1981年生，双善公司实际控制人。

被告人甄连连，女，1984年生，双善公司法定代表人。

被告人张泗泉，男，1984年生，双善公司销售员。

被告人甄政，男，1986年生，双善公司发货员。

2017年5月至2019年1月初，被告人邓秋城明知从香港购入的速溶咖啡为假冒"星巴克""STARBUCKS VIA"等注册商标的商品，仍伙同张晓建（在逃）以每件人民币180元这一明显低于市场价（正品每件800元，每件20盒，每盒4条）的价格，将21304件假冒速溶咖啡（每件20盒，每盒5条，下同）销售给被告单位双善公司，销售金额383万余元。被告人邓秋城、陈新文明知百益公司没有"星巴克"公司授权，为便于假冒咖啡销往商业超市，伪造了百益公司许可双善公司销售"星巴克"咖啡的授权文书。2017年12月至 2019 年 1 月初，被告人陈新文、甄连连、张泗泉、甄政以双善公司名义从邓秋城处购入假冒"星巴克"速溶咖啡后，使用伪造的授权文书，以双善公司名义将 19264 件假冒"星巴克"速溶咖啡销售给无锡、杭州、汕头、乌鲁木齐等全国 18 个省份 50 余家商户，销售金额共计 724 万余元。

案发后，公安机关在百益公司仓库内查获待售假冒"星巴克"速溶咖啡 6480 余件，按实际销售价格每件 180 元计算，价值 116 万余元；在被告单位双善公司仓库内查获假冒"星巴克"速溶咖啡 2040 件，由于双善公司向不同销售商销售的价格不同，对于尚未销售的假冒商品的货值金额以每件 340 元的最低销售价格计算，价值 69 万余元。

【检察机关履职情况】

审查起诉 2019 年 4 月 1 日，江苏省无锡市公安局新吴分局（以下简称新吴分局）以犯罪单位双善公司、被告人陈新文、甄连连、甄政涉嫌销售假冒注册商标的商品罪向江苏省无锡市新吴区人民检察院（以下简称新吴区检察院）移送起诉。同年 8 月 22 日，新吴分局以被告人邓秋城涉嫌假冒注册商标罪、销售假冒注册商标的商品罪移送起诉。新吴区检察院并案审查，重点开展以下工作：

一是准确认定罪名及犯罪主体。涉案咖啡系假冒注册商标的商品，是否属于有毒有害或不符合安全标准的食品，将影响案件定性，但在案证据没有关于假冒咖啡是否含有有毒有害成分、是否符合安全标准及咖啡质量的鉴定意见。鉴于该部分事实不清，检察机关要求公安机关对照 GB7101－2015《食品安全国家标准饮料》等的规定，对扣押在案的多批次咖啡分别抽样鉴定。经鉴定，涉案咖啡符合我国食品安全标准，不构成生产、销售有毒、有害食品罪等罪名。公安机关基于被告人邓秋城销售假冒咖啡的行为，认定其涉嫌构成销售假冒注册商标的商品罪；基于在百益公司仓库内查获的假冒咖啡的制作和灌装工具，认为邓秋城亦实施了生产、制造假冒咖啡的行为，认定其同时构成假冒注册商标罪，故以涉嫌两罪移送起诉。检察机关经审查认为，现场仅有咖啡制作和灌装工具，无其他证据，且同案犯未到案，证明邓秋城实施制造假冒咖啡行为的证据不足，在案证据只能证实邓秋城将涉案假冒咖啡销售给犯罪单位双善公司，故改变邓秋城行为的定性，只认定销售假冒注册商标的商品罪一罪。检察机关还依职权主动对百益公司是否构成单位犯罪、是否需要追加起诉进行了审查，认定百益公司系邓秋城等为经营假冒咖啡于 2018 年 4 月专门设立。根据最高人民法院《关于审理单位犯罪案件具体应用法律有关问题的解释》第二条的规定，个人为进行违法犯罪活动而设立的公司、企业、事业单位实施犯罪的，不以单位犯罪论，故对百益公司的行为不应认定为单位犯罪。

二是追加认定犯罪数额。检察机关从销售单和买家证言等证据材料中发现,除公安机关移送起诉的被告人邓秋城销售金额121万元、犯罪单位双善公司销售金额324万元的事实外,邓秋城、双善公司还另有向其他客户销售大量假冒咖啡的行为。检察机关就百益公司、双善公司收取、使用货款的交易明细、公司员工聊天记录等证据退回公安机关补充侦查,公安机关补充调取了百益公司与双善公司以及邓秋城与被告人甄连连个人账户之间合计600万余元的转账记录、双善公司员工工作微信内涉案咖啡发货单照片120余份后,检察机关全面梳理核对销售单、快递单、汇款记录等证据,对邓秋城销售金额补充认定了172万余元,对双善公司销售金额补充认定了400万余元。

三是综合判断被告人主观上是否明知是假冒注册商标的商品。被告人邓秋城、陈新文、甄连连处于售假上游,有伪造并使用虚假授权文书、以明显低于市场价格进行交易的行为,应认定三人具有主观明知。在侦查阶段初期,被告人甄政否认自己明知涉案咖啡系假冒注册商标的商品,公安机关根据其他被告人供述、证人证言等证据,证实其采用夜间收发货、隐蔽包装运输等异常交易方式,认定其对售假行为具有主观明知。后甄政供认了自己的罪行,并表示愿意认罪认罚。经补充侦查,公安机关结合销售商证言,查明被告人张泗泉明知涉案咖啡被超市认定为假货被下架、退货,但仍继续销售涉案咖啡,金额达364万余元,可认定张泗泉具有主观明知。鉴于公安机关未将张泗泉一并移送,检察机关遂书面通知对张泗泉补充移送起诉。

四是综合考量量刑情节,提出量刑建议。针对销售假冒注册商标的商品罪的特点,在根据销售金额确定基准刑的前提下,充分考虑各被告人所处售假环节、假冒产品类别、销售数量、扩散范围等各项情节,在辩护人或值班律师的见证下,5名被告人均自愿认罪认罚,认可检察机关指控的全部犯罪事实和罪名,接受检察机关提出的有期徒刑一年九个月至五年不等,罚金10万元至300万元不等的量刑建议。2019年9月26日,新吴区检察院以被告人邓秋城、被告单位双善公司及陈新文、甄连连、张泗泉、甄政构成销售假冒注册商标的商品罪向江苏省无锡市新吴区人民法院(以下简称新吴区法院)提起公诉。

指控与证明犯罪 2019年11月7日,新吴区法院依法公开开庭审理本案。庭审过程中,部分辩护人提出以下辩护意见:1.商品已销售,但仅收到部分货款,货款未收到的部分事实应当认定为犯罪未遂;2.被告人邓秋城获利较少,且涉案重大事项均由未到案的同案犯决定,制假售假源头均来自未到案同案犯,其在全案中作用较小,在共同犯罪中起次要作用,系从犯。公诉人答辩如下:第一,根据被告单位双善公司内部销售流程,销售员已向被告人甄连连发送销售确认单,表明相关假冒商品已发至客户,销售行为已经完成,应认定为犯罪既遂，是否收到货款不影响犯罪既遂的认定。第二，邓秋城处于整个售假环节上游，在全案中地位作用突出，不应认定为从犯。首先，邓秋城实施了从香港进货、骗取报关单据、出具虚假授权书、与下家双善公司签订购销合同、收账走账等关键行为；其次，邓秋城销售金额低于双善公司，是因为其处于售假产业链的上游环节，销售单价低于下游经销商所致，但其销售数量高于双善公司。正是由于邓秋城实施伪造授权文书、提供进口报关单等行为，导致假冒咖啡得以进入大型商业超市，销售范围遍布全国，受害消费者数量众多，被侵权商标知名度高，媒体高度关注。合议庭对公诉意见和量刑建议予以采纳。

处理结果 2019年12月6日，新吴区法院作出一审判决，以销售假冒注册商标的商品罪判处被告单位双善公司罚金320万元；分别判处被告人邓秋城、陈新文等五人有期徒刑一年九个月至五年不等，对被告人张泗泉、甄政适用缓刑，并对邓秋城等五人各处罚金10万元至300万元不等。判决宣告后，被告单位和被告人均未提出上诉，判决已生效。

鉴于此案侵害众多消费者合法权益，损害社会公共利益，新吴区检察院提出检察建议，建议江苏省消费者权益保护委员会（以下简称江苏消保委）对双善公司提起消费民事公益诉讼。江苏消保委依法向江苏省无锡市中级人民法院（以下简称无锡中院）提起侵害消费者权益民事公益诉讼，主张涉案金额三倍的惩罚性赔偿。无锡中院于2020年9月18日立案受理。

【指导意义】

（一）依法严惩假冒注册商标类犯罪，切实维护权利人和消费者合法权益

依法严厉惩治侵犯注册商标犯罪行为，保护权利人对注册商标的合法权益是检察机关贯彻国家知识产权战略，营造良好知识产权法治环境的重要方面。在办理侵犯注册商标犯罪案件中，检察机关应当全面强化职责担当。对于商品可能涉及危害食品药品安全、社会公共安全的，应当引导公安机关通过鉴定检验等方式就产品质量进行调查取证，查明假冒商品是否符合国家产品安全标准，是否涉嫌构成生产、销售有毒有害食品罪等罪名。如果一行为同时触犯数个罪名，则应当按照法定刑较重的犯罪进行追诉。制假售假犯罪链条中由于层层加价销售，往往出现上游制售假冒商品数量大但销售金额小、下游销售数量小而销售金额大的现象。检察机关在提出量刑建议时，不能仅考虑犯罪金额，还要综合考虑被告人在上下游犯罪中的地位与作用、所处的制假售假环节、销售数量、扩散范围、非法获利数额、社会影响等多种因素，客观评价社会危害性，体现重点打击制假售假源头的政策导向，做到罪刑相适应，有效惩治犯罪行为。

（二）对销售假冒注册商标的商品犯罪的上下游人员，应注意结合相关证据准确认定不同环节被告人的主观明知

司法实践中，对于销售主观明知的认定，应注意审查被告人在上下游犯罪中的客观行为。对售假源头者，可以通过是否伪造授权文件等进行认定；对批发环节的经营者，可以通过进出货价格是否明显低于市场价格，以及交易场所与交易方式是否合乎常理等因素进行甄别；对终端销售人员，可以通过客户反馈是否异常等情况进行判断；对确受伪造变造文件蒙蔽或主观明知证据不足的人员，应坚持主客观相一致原则，依法不予追诉。

（三）一体发挥刑事检察和公益诉讼检察职能，维护社会公共利益

检察机关依法履职的同时，要善于发挥刑事检察和公益诉讼检察职能合力，用好检察建议等法律监督措施，以此推动解决刑事案件涉及的公共利益保护和社会治理问题。对于侵害众多消费者利益，涉案金额大，侵权行为严重的，检察机关可以建议有关社会组织提起民事公益诉讼，也可以自行提起民事公益诉讼，以维护社会公众合法权益。

【相关规定】

《中华人民共和国刑法》第二十三条、第二十六条、第二十七条、第二百一十三条、第二百一十四条

《最高人民法院、最高人民检察院关于办理侵犯知识产权刑事案件具体应用法律若干问题的解释》第九条

《最高人民法院关于审理单位犯罪案件具体应用法律有关问题的解释》第二条

广州卡门实业有限公司涉嫌
销售假冒注册商标的商品立案监督案

(检例第 99 号)

【关键词】

在先使用　听证　监督撤案　民营企业保护

【要　旨】

在办理注册商标类犯罪的立案监督案件时，对符合商标法规定的正当合理使用情形而未侵犯注册商标专用权的，应依法监督公安机关撤销案件，以保护涉案企业合法权益。必要时可组织听证，增强办案透明度和监督公信力。

【基本案情】

申请人广州卡门实业有限公司（以下简称卡门公司），住所地广东省广州市。

2013 年 3 月，卡门公司开始在服装上使用"KM"商标。2014 年 10 月 30 日，卡门公司向原国家工商行政管理总局商标局（以下简称商标局）申请注册该商标在服装、帽子等商品上使用，商标局以该商标与在先注册的商标近似为由，驳回申请。2016 年 6 月 14 日，卡门公司再次申请在服装、帽子等商品上注册"KM"商标，2017 年 2 月 14 日，商标局以该商标与在先注册的商标近似为由，仅核准"KM"商标在睡眠用眼罩类别上使用，但卡门公司继续在服装上使用"KM"商标。其间，卡门公司逐渐发展为在全国拥有门店近 600 家、员工近 10000 余名的企业。

2015 年 11 月 20 日，北京锦衣堂企业文化发展有限公司（以下简称锦衣堂公司）申请在服装等商品上注册"KM"商标，商标局以该商标与在先注册的商标近似为由，驳回申请。2016 年 11 月 22 日，锦衣堂公司再次申请在服装等商品上使用"KM"商标。因在先注册的近似商标被撤销，商标局于 2018 年 1 月 7 日核准该申请。后锦衣堂公司授权北京京津联行房地产经纪有限公司（以下简称京津联行公司）使用该商标。2018 年 1 月，京津联行公司授权周某经营的服装专卖店使用"KM"商标。2018 年 5 月，京津联行公司向全国多地市场监管部门举报卡门公司在服装上使用"KM"商标，并以卡门公司涉嫌销售假冒注册商标的商品罪向广东省佛山市公安局南海分局（以下简称南海分局）报案。南海分局于同年5月31日立案，并随后扣押卡门公司物流仓库中约9万件标记"KM"商标的服装。

【检察机关履职情况】

受理立案监督 2018年5月31日，南海分局以卡门公司涉嫌销售假冒注册商标的商品罪立案侦查。6月8日，卡门公司不服公安机关立案决定，向广东省佛山市南海区人民检察院（以下简称南海区检察院）申请监督撤案。南海区检察院依法启动立案监督程序。

调查核实 南海区检察院向公安机关发出《要求说明立案理由通知书》。公安机关在《立案理由说明书》中认为，卡门公司未取得"KM"商标服装类别的商标权，且未经"KM"商标所有人锦衣堂公司许可，在服装上使用"KM"商标，情节严重，涉嫌犯罪，故立案侦查。经南海区检察院审查发现，公安机关认定卡门公司涉嫌销售假冒注册商标的商品罪存在以下问题：一是欠缺卡门公司申请过"KM"商标的相关证据；二是卡门公司与锦衣堂公司申请"KM"商标的先后时间不清晰；三是欠缺卡门公司"KM"商标的使用情况、销售金额、销售规模等证据。

针对上述问题，南海区检察院进行了调查核实：一是调取卡门公司申请商标注册的材料、"KM"商标使用情况、服装生产、销售业绩表、对外宣传材料及京津联行公司委托生产、销售"KM"服装数量和规模等证据，查明卡门公司两次申请注册"KM"商标的时间均早于锦衣堂公司，卡门公司自成立时已使用并一直沿用"KM"商标，且卡门公司在全国拥有多家门店，具有一定规模和影响力。二是主动联系佛山市南海区市场监督局、广州市工商行政管理局，了解卡门公司"KM"服装被行政扣押后又解除扣押的原因，查明广东省工商行政管理局认定卡门公司"KM"商标使用行为属于在先使用。三是两次召开听证会，邀请公安机关、行政执法部门人员及卡门公司代理律师参加听证，并听取了京津联行公司的意见，充分了解公安机关立案、扣押财物及涉案企业对立案所持异议的理由及依据，并征求行政执法部门意见。四是咨询法律专家，详细了解近似商标的判断标准、在先使用抗辩等。

监督意见 南海区检察院经审查认为，公安机关刑事立案的理由不能成立。一是卡门公司存在在先使用的事实。卡门公司在锦衣堂公司取得"KM"商标之前，已经长期使用"KM"商标。二是卡门公司主观上没有犯罪故意。卡门公司在生产、销售服装期间，一直沿用该商标，从未对外宣称是锦衣堂公司或京津联行公司产品，且卡门公司经营的"KM"服装品牌影响力远大于上述两家公司，并无假冒他人注册商标的故意。卡门公司生产、销售"KM"服装的行为不构成销售假冒注册商标的商品罪,公安机关立案错误,应予纠正。

处理结果 2018年8月3日,南海区检察院发出《通知撤销案件书》。同年8月10日,南海分局撤销案件,并发还扣押货物。卡门公司及时出售货物,避免了上千万元经济损失。

【指导意义】

(一)检察机关办理侵犯知识产权犯罪案件,应注意审查是否存在法定的正当合理使用情形

办理侵犯知识产权犯罪案件,检察机关在依法惩治侵犯知识产权犯罪的同时,还应注意保护权利人的正当权益免遭损害。其中一个重要方面是应注意审查是否存在不构成知识产权侵权的法定情形。如《商标法》第五十九条规定的商标描述性使用、在先使用,《著作权法》第二十四条规定的合理使用,第二十五条、第三十五条第二款、第四十二条第二款、第四十六条第二款规定的法定许可,《专利法》第六十七条规定的现有技术、第七十五条规定的专利先用权等正当合理使用的情形,防止不当启动刑事追诉。对于当事人提出的立案监督申请,检察机关经过审查和调查核实,认定有在先使用等正当合理使用情形,侵权事由不成立的,应依法通知公安机关撤销案件。

(二)正确把握商标在先使用的抗辩事由

商标注册人申请商标注册前,他人已经在同一种商品或者类似商品上先于商标注册人使用与注册商标相同或者近似并有一定影响的商标的,注册商标专用权人无权禁止该使用人在原使用范围内继续使用该商标,注册商标所有人仅可以要求其附加适当区别标识。判断是否存在在先使用抗辩事由,需重点审查以下方面:一是在先使用人是否在商标注册人申请注册前先于商标注册人使用该商标。二是在先使用商标是否已产生一定影响。三是在先商标使用人主观上是否善意。只有在全面审查案件证据事实的基础上综合判断商标使用的情况,才能确保立案监督依据充分、意见正确,才能说服参与诉讼的各方接受监督结果,做到案结事了。

(三)开展立案监督工作必要时可组织听证,增强办案透明度和监督公信力

听证是检察机关贯彻以人民为中心,充分尊重和保障当事人的知情权、参与权、监督权,健全完善涉检矛盾纠纷排查化解机制的有效举措。检察机关组织听证应当提前通知各方做好听证准备,整理好争议点,选取合适的听证员。听证中应围绕涉案当事人对刑事立案所持异议的理由和依据、公安机关立案的证据和理由、行政执法部门及听证员的意见展开,重点就侵权抗辩事由是否成立、是否具有犯罪的主观故意等焦点问题进行询问,全面审查在案证据,以准

确认定公安机关立案的理由是否成立。通过听证开展立案监督工作，有助于解决在事实认定、法律适用问题上的分歧，化解矛盾纠纷，既推动规范执法，又增强检察监督公信力。

【相关规定】

《中华人民共和国商标法》第五十九条

《中华人民共和国刑事诉讼法》第八条

《最高人民检察院关于充分履行检察职能加强产权司法保护的意见》第十二条

《人民检察院刑事诉讼规则（试行）》第五百五十二条至五百六十三条

《人民检察院审查案件听证工作规定》

陈力等八人侵犯著作权案

（检例第 100 号）

【关键词】

网络侵犯视听作品著作权　未经著作权人许可　引导侦查　电子数据

【要　旨】

办理网络侵犯视听作品著作权犯罪案件，应注意及时提取、固定和保全相关电子数据，并围绕客观性、合法性、关联性要求对电子数据进行全面审查。对涉及众多作品的案件，在认定"未经著作权人许可"时，应围绕涉案复制品是否系非法出版、复制发行且被告人能否提供获得著作权人许可的相关证明材料进行审查。

【基本案情】

被告人陈力，男，1984 年生，2014 年 11 月 10 日因犯侵犯著作权罪被安徽省合肥市高新技术开发区人民法院判处有期徒刑七个月，罚金人民币十五万元，2014 年 12 月 25 日刑满释放。

被告人林崟等其他 7 名被告人基本情况略。

2017 年 7 月至 2019 年 3 月，被告人陈力受境外人员委托，先后招募被告人林崟、赖冬、严杰、杨小明、黄亚胜、吴兵峰、伍健兴，组建 QQ 聊天群，更新维护"www.131zy.net""www.zuikzy.com"等多个盗版影视资源网站。其中，陈力负责发布任务并给群内其他成员发放报酬；林崟负责招募部分人员、培训督促其他成员完成工作任务、统计工作量等；赖冬、严杰、杨小明等人通过从正版网站下载、云盘分享等方式获取片源，通过云转码服务器进行切片、转码、增加赌博网站广告及水印、生成链接，最后将该链接复制粘贴至上述盗版影视资源网站。其间，陈力收到境外人员汇入的盗版影视资源网站运营费用共计 1250 万余元，各被告人从中获利 50 万至 1.8 万余元不等。

案发后，公安机关从上述盗版影视网站内固定、保全了被告人陈力等人复制、上传的大量侵权影视作品，包括《流浪地球》《廉政风云》《疯狂外星人》等 2019 年春节档电影。

【检察机关履职情况】

审查逮捕 2019年春节,《流浪地球》等八部春节档电影在院线期间集体遭高清盗版,盗版电影通过各种途径流入网络。上海市人民检察院第三分院(以下简称上海三分院)应公安机关邀请介入侦查,引导公安机关开展取证固证工作。一是通过调取和恢复QQ群聊天记录并结合各被告人到案后的供述,查明陈力团伙系共同犯罪,确定各被告人对共同实施的运营盗版影视资源网站行为的主观认知。二是联系侵权作品较为集中的美日韩等国家的著作权集体管理组织,由其出具涉案作品的版权认证文书。2019年4月8日,公安机关对陈力团伙中的8名被告人提请逮捕,上海三分院依法批准逮捕。

审查起诉 2019年8月29日,上海市公安局以被告人陈力等人涉嫌侵犯著作权罪向上海三分院移送起诉。本案涉及的大量影视作品涵盖电影、电视剧、综艺、动漫等多种类型,相关著作权人分布国内外。收集、审查是否获得权利人许可的证据存在难度。为进一步夯实证据基础,检察机关要求公安机关及时向国家广播电视总局调取"信息网络传播视听节目许可证"持证机构名单,以证实被告人陈力操纵的涉案网站均系非法提供网络视听服务的网站。同时,要求公安机关对陈力设置的多个网站中相对固定的美日韩剧各个版块,按照从每个网站下载300部的均衡原则抽取了2425部作品,委托相关著作权认证机构出具权属证明,证实抽样作品均系未经著作权人许可的侵权作品,且陈力等网站经营者无任何著作权人许可的相关证明材料。在事实清楚、证据确实、充分的基础上,8名被告人在辩护人或值班律师的见证下均自愿认罪认罚,接受检察机关提出的有期徒刑十个月至四年六个月不等、罚金2万元至50万元不等的确定刑量刑建议,并签署了认罪认罚具结书。

2019年9月27日,上海三分院以被告人陈力等8人构成侵犯著作权罪向上海市第三中级人民法院(以下简称上海三中院)提起公诉。

指控与证明犯罪 2019年11月15日,上海三中院召开庭前会议,检察机关及辩护人就举证方式、鉴定人出庭、非法证据排除等事项达成共识,明确案件事实、证据和法律适用存在的分歧。同年11月20日,本案依法公开开庭审理。8名被告人及其辩护人对指控的罪名均无异议,但对本案非法经营数额的计算提出各自辩护意见。陈力的辩护人提出,陈力租借服务器的费用及为各被告人发放的工资应予扣除,其他辩护人提出应按照各被告人实得报酬计算非法经营数额。此外,本案辩护人均提出境外人员归案后会对各被告人产生影响,应当对各被告人适用缓刑。公诉人对此答辩:第一,通过经营盗版资源网站的方式侵犯著作权,其网站经营所得即为非法经营数额,租借服务器以及用于发放各被告人的报酬等支出系犯罪成本,不应予以扣除。公诉机关按照各被告人加入 QQ 群以及获取第一笔报酬的时间，认定各被告人参与犯罪的起始时间，并结合对应期间网站的整体运营情况，计算出各被告人应承担的非法经营数额，证据确实、充分。第二，本案在案证据已能充分证实各被告人实施了共同犯罪及其在犯罪中所起的作用，按照相关法律和司法解释规定，境外人员是否归案不影响各被告人的量刑。第三，本案量刑建议是根据各被告人的犯罪事实、证据、法定酌定情节、社会危害性等因素综合判定，并经各被告人具结认可，而且本案侵权作品数量多、传播范围广、经营时间长，具有特别严重情节，且被告人陈力在刑罚执行完毕后五年内又犯应当判处有期徒刑以上刑罚之罪，构成累犯，故不应适用缓刑。合议庭采纳了公诉意见和量刑建议。

处理结果 2019 年 11 月 20 日，上海三中院作出一审判决，以侵犯著作权罪分别判处被告人陈力等 8 人有期徒刑十个月至四年六个月不等，各处罚金 2 万元至 50 万元不等。判决宣告后，被告人均未提出上诉，判决已生效。

【指导意义】

（一）充分发挥检察职能，依法惩治网络侵犯视听作品著作权犯罪，切实维护权利人合法权益

依法保护著作权是国家知识产权战略的重要内容。检察机关坚决依法惩治侵犯著作权犯罪，尤其是注重惩治网络信息环境下的侵犯著作权犯罪。网络环境下侵犯视听作品著作权犯罪具有手段日益隐蔽、组织分工严密、地域跨度大、证据易毁损和隐匿等特点，且日益呈现高发多发态势，严重破坏网络安全与秩序，应予严惩。为准确指控和证明犯罪，检察机关在适时介入侦查、引导取证时，应注意以下方面：一是提取、固定和保全涉案网站视频链接、链接所指向的视频文件、涉案网站影视作品目录、涉案网站视频播放界面；二是固定、保全涉案网站对应的云转码服务器后台及该后台中的视频链接；三是比对确定云转码后台形成的链接与涉案网站播放的视频链接是否具有同一性；四是对犯罪过程中涉及的多个版本盗版影片，技术性地针对片头片中片尾分别进行作品的同一性对比。

（二）检察机关办理网络侵犯著作权犯罪案件，应围绕电子数据的客观性、合法性和关联性进行全面审查，依法适用认罪认罚从宽制度，提高办案质效

网络环境下侵犯著作权犯罪呈现出跨国境、跨区域以及智能化、产业化特征，证据多表现为电子数据且难以获取。在办理此类案件时，一方面要着重围绕电子数据的客观性、合法性和关联性进行全面审查，区分不同类别的电子数据，采取有针对性的审查方法，特别要注意审查电子数据与案件事实之间的多元关联，综合运用电子数据与其他证据，准确认定案件事实。另一方面，面对

网络犯罪的复杂性，检察机关要注意结合不同被告人的地位与作用，充分运用认罪认罚从宽制度，推动查明犯罪手段、共犯分工、人员关系、违法所得分配等案件事实，提高办案效率。

（三）准确把握"未经著作权人许可"的证明方法

对于涉案作品种类众多且权利人分散的案件，在认定"未经著作权人许可"时，应围绕涉案复制品是否系非法出版、复制发行，被告人能否提供获得著作权许可的相关证明材料予以综合判断。为证明涉案网站系非法提供网络视听服务的网站，可以收集"信息网络传播视听节目许可证"持证机构名单等证据，补强对涉案复制品系非法出版、复制发行的证明。涉案侵权作品数量众多时，可进行抽样取证，但应注意审查所抽取的样本是否具有代表性、抽样范围与其他在案证据是否相符、抽样是否具备随机性等影响抽样客观性的因素。在达到追诉标准的侵权数量基础上，对抽样作品提交著作权人进行权属认证，以确认涉案作品是否均系侵权作品。

【相关规定】

《中华人民共和国刑法》第二百一十七条

《中华人民共和国著作权法》第十条

《中华人民共和国刑事诉讼法》第十五条

《音像制品管理条例》第三条

《计算机信息网络国际互联网安全保护管理办法》第五条

《最高人民法院、最高人民检察院关于办理侵犯知识产权刑事案件具体应用法律若干问题的解释》第五条、第十一条

《最高人民法院、最高人民检察院、公安部关于办理侵犯知识产权刑事案件适用法律若干问题的意见》第十一条、第十五条

《人民检察院刑事诉讼规则》第二百五十二条

姚常龙等五人假冒注册商标案

（检例第101号）

【关键词】

假冒注册商标　境内制造境外销售　共同犯罪

【要　旨】

凡在我国合法注册且在有效期内的商标，商标所有人享有的商标专用权依法受我国法律保护。未经商标所有人许可，无论假冒商品是否销往境外，情节严重构成犯罪的，依法应予追诉。判断侵犯注册商标犯罪案件是否构成共同犯罪，应重点审查假冒商品生产者和销售者之间的意思联络情况、对假冒违法性的认知程度、对销售价格与正品价格差价的认知情况等因素综合判断。

【基本案情】

被告人姚常龙，男，1983年生，日照市东港区万能国际贸易有限公司（以下简称万能国际公司）法定代表人。

被告人古进，男，1989年生，万能国际公司采购员。

被告人魏子皓，男，1990年生，万能国际公司销售组长。

被告人张超，男，1990年生，万能国际公司销售组长。

被告人庄乾星，女，1989年生，万能国际公司销售组长。

2015年至2019年4月，被告人姚常龙安排被告人古进购进打印机、标签纸、光纤模块等材料，伪造"CISCO""HP""HUAWEI"光纤模块等商品，并安排被告人魏子皓、张超、庄乾星向境外销售。姚常龙、古进共生产、销售假冒上述注册商标的光纤模块10万余件，销售金额共计人民币3162万余元；现场扣押假冒光纤模块、交换机等11975件，价值383万余元；姚常龙、古进的违法所得数额分别为400万元、24万余元。魏子皓、张超、庄乾星销售金额分别为745万余元、429万余元、352万余元；违法所得数额分别为20万元、18.5万元和14万元。

【检察机关履职情况】

审查逮捕　2019年4月，山东省日照市公安局（以下简称日照市公安局）接到惠普公司报案后立案侦查。同年5月24日，山东省日照市人民检察院

（以下简称日照市检察院）以涉嫌假冒注册商标罪对被告人姚常龙、古进批准逮捕；对被告人魏子皓、张超、庄乾星因无法证实犯罪故意和犯罪数额不批准逮捕，同时要求公安机关调取国外买方证言及相关书证，以查明魏子皓、张超、庄乾星是否具有共同犯罪故意及各自的犯罪数额。

审查起诉　2019年7月19日，日照市公安局补充证据后以被告人姚常龙、古进涉嫌假冒注册商标罪，被告人魏子皓、张超、庄乾星涉嫌销售假冒注册商标的商品罪，移送日照市检察院起诉。同年7月23日，日照市检察院将该案交由山东省日照市东港区人民检察院（以下简称东港区检察院）办理。

东港区检察院在审查起诉期间要求公安机关补充完善了以下证据：一是调取被告人姚常龙等5人之间的QQ聊天记录、往来电子邮件等电子数据，证实庄乾星、张超、魏子皓主观上明知销售的商品系姚常龙、古进假冒注册商标的商品，仍根据姚常龙的安排予以销售，构成无事前通谋的共同犯罪。二是调取电子合同、发货通知、订单等电子数据，结合扣押在案的销售台账及被告人供述、证人证言等证据，证实本案各被告人在共同犯罪中所起的作用大小。三是调取涉案商标的商标注册证、核准商标转让、续展注册证明等书证，证实涉案商标系在我国注册，且在有效期内。经对上述证据进行审查，东港区检察院认为，现有证据能够证实被告人庄乾星、张超、魏子皓三人在加入万能国际公司担任销售人员后，曾对公司产品的价格与正品进行对比，且收悉产品质量差的客户反馈意见，在售假过程中发现是由古进负责对问题产品更换序列号并换货等，上述证据足以证实庄乾星、张超、魏子皓三人对其销售的光纤模块系姚常龙、古进贴牌制作的假冒注册商标的商品具有主观明知。故认定该三人构成假冒注册商标罪，与姚常龙、古进构成共同犯罪。检察机关还依法对万能国际公司是否构成单位犯罪进行了审查，认定万能国际公司自2014年成立后截至案发，并未开展其他业务，实际以实施犯罪活动为主，相关犯罪收益也均未归属于万能国际公司。根据最高人民法院《关于审理单位犯罪案件具体应用法律有关问题的解释》第二条的规定，公司、企业、事业单位设立后，以实施犯罪为主要活动的，不以单位犯罪论处，故不构成单位犯罪。

2019年9月6日，东港区检察院变更公安机关移送起诉的罪名，以被告人姚常龙、古进、庄乾星、张超、魏子皓均构成假冒注册商标罪向山东省日照市东港区人民法院（以下简称东港区法院）提起公诉。

指控与证明犯罪　2019年10月10日，东港区法院依法公开开庭审理本案。庭审过程中，部分辩护人提出以下辩护意见：1.被告人庄乾星、张超、魏子皓与被告人姚常龙不构成共同犯罪；2. 本案商品均销往境外，社会危害性较小。公诉人答辩如下：第一，庄乾星、张超、魏子皓明知自己销售的假冒注册商标的商品系姚常龙、古进贴牌生产仍继续销售，具有假冒注册商标的主观故意，构成假冒注册商标的共同犯罪。第二，本案中涉案商品均销往境外，但是被侵权商标均在我国注册登记，假冒注册商标犯罪行为发生在我国境内，无论涉案商品是否销往境外均对注册商标所有人合法权益造成侵害。合议庭对公诉意见予以采纳。

处理结果 2019年12月12日，东港区法院作出一审判决，以假冒注册商标罪分别判处被告人姚常龙、古进、庄乾星、张超、魏子皓有期徒刑二年二个月至四年不等，对古进、庄乾星、张超、魏子皓适用缓刑。同时对姚常龙判处罚金500万元，对古进等四人各处罚金14万元至25万元不等。一审判决后，上述被告人均未上诉，判决已生效。

【指导意义】

（一）假冒在我国取得注册商标的商品销往境外，情节严重构成犯罪的，依法应予追诉

凡在我国合法注册且在有效期内的商标，商标所有权人享有的商标专用权依法受我国法律保护。未经注册商标所有人许可，假冒在我国注册的商标的商品，无论由境内生产销往境外，还是由境外生产销往境内，均属违反我国商标管理法律法规，侵害商标专用权，损害商品信誉，情节严重的，构成犯罪。司法实践中，要加强对跨境侵犯注册商标类犯罪的惩治，营造良好营商环境。

（二）假冒注册商标犯罪中的上下游被告人是否构成共同犯罪，应结合假冒商品生产者和销售者之间的意思联络、对违法性的认知程度、对销售价格与正品价格差价认知情况等因素综合判断

侵犯注册商标犯罪案件往往涉案人数较多，呈现团伙作案、分工有序实施犯罪的特点。实践中，对被告人客观行为表现为生产、销售等分工负责情形的，检察机关应结合假冒商品生产者和销售者之间的意思联络情况，销售者对商品生产、商标标识制作等违法性认知程度，对销售价格与正品价格差价的认知情况，销售中对客户有无刻意隐瞒、回避商品系假冒，以及销售者的从业经历等因素，综合判断是否构成共同犯罪。对于部分被告人在假冒注册商标行为持续过程中产生主观明知，形成分工负责的共同意思联络，并继续维持或者实施帮助销售行为的，应认定构成共同犯罪。

【相关规定】

《中华人民共和国刑法》第二十五条、第二十七条、第三十条、第六十四

条、第六十七条、第二百一十三条

《最高人民法院、最高人民检察院关于办理侵犯知识产权刑事案件具体应用法律若干问题的解释》第一条、第十二条、第十三条

《最高人民法院关于审理单位犯罪案件具体应用法律有关问题的解释》第二条

金义盈侵犯商业秘密案

(检例第 102 号)

【关键词】

侵犯商业秘密　司法鉴定　专家辅助办案　证据链

【要　旨】

办理侵犯商业秘密犯罪案件，被告人作无罪辩解的，既要注意审查商业秘密的成立及侵犯商业秘密的证据，又要依法排除被告人取得商业秘密的合法来源，形成指控犯罪的证据链。对鉴定意见的审查，必要时可聘请或指派有专门知识的人辅助办案。

【基本案情】

被告人金义盈，1981 年生，案发前系温州菲涅尔光学仪器有限公司（以下简称菲涅尔公司）法定代表人、总经理。

温州明发光学科技有限公司（以下简称明发公司）成立于 1993 年，主要生产、销售放大镜、望远镜等光学塑料制品。明发公司自 1997 年开始研发超薄型平面放大镜生产技术，研发出菲涅尔放大镜（"菲涅尔放大镜"系一种超薄放大镜产品的通用名称）批量生产的制作方法——耐高温抗磨专用胶板、不锈钢板、电铸镍模板三合一塑成制作方法和镍模制作方法。明发公司根据其特殊设计，将胶板、模板、液压机分别交给温州市光大橡塑制品公司、宁波市江东精杰模具加工厂、瑞安市永鑫液压机厂生产。随着生产技术的研发推进，明发公司不断调整胶板、模板、液压机的规格和功能，不断变更对供应商的要求，经过长期合作，三家供应商能够提供匹配的产品及设备。

被告人金义盈于 2005 年应聘到明发公司工作，双方签订劳动合同，最后一次合同约定工作期限为 2009 年 7 月 16 日至 2011 年 7 月 16 日。其间，金义盈先后担任业务员、销售部经理、副总经理，对菲涅尔超薄放大镜制作方法有一定了解，并掌握设备供销渠道、客户名单等信息。金义盈与明发公司签订有保密协议，其承担保密义务的信息包括：（1）技术信息，包括产品设计、产品图纸、生产模具、生产制造工艺、制造技术、技术数据、专利技术、科研成果等；（2）经营信息，包括商品产、供、销渠道，客户名单，买卖意向，成交或商谈的价格，商品性能、质量、数量、交货日期等。并约定劳动合同期限内、终止劳动合同后两年内及上述保密内容未被公众知悉期内，不得向第三方公开上述保密内容。

2011年初，金义盈从明发公司离职，当年3月24日以其姐夫应某甲、应某乙的名义成立菲涅尔公司，该公司2011年度浙江省地方税（费）纳税综合申报表载明金义盈为财务负责人。菲涅尔公司成立后随即向上述三家供应商购买与明发公司相同的胶板、模具和液压机等材料、设备，使用与明发公司相同的工艺生产同一种放大镜进入市场销售，造成明发公司经济损失人民币122万余元。

【检察机关履职情况】

审查起诉　2018年1月23日，浙江省温州市公安局以金义盈涉嫌侵犯商业秘密罪移送温州市人民检察院（以下简称温州市检察院）审查起诉。1月25日，温州市检察院将本案交由瑞安市人民检察院（以下简称瑞安市检察院）办理。本案被告人未作有罪供述，为进一步夯实证据基础，检察机关退回公安机关就以下事项补充侦查：金义盈是否系菲涅尔公司实际经营者，该公司生产技术的取得途径，明发公司向金义盈支付保密费情况以及金义盈到案经过等事实。

8月16日，瑞安市检察院以被告人金义盈构成侵犯商业秘密罪向浙江省瑞安市人民法院（瑞安市法院）提起公诉。

指控与证明犯罪　庭审过程中，检察机关申请两名鉴定人员出庭，辩护人申请有专门知识的人出庭，就《司法鉴定意见书》质证。被告人金义盈及辩护人提出以下辩护意见：1.鉴定人检索策略错误、未进行技术特征比对、鉴定材料厚度未能全覆盖鉴定结论，故现有证据不足以证明明发公司掌握的菲涅尔超薄放大镜生产工艺属于"不为公众所知悉"的技术信息。2.涉案三家供应商信息属于通过公开途径可以获取的信息，不属于商业秘密。3.菲涅尔公司系通过正常渠道获知相关信息，其使用的生产工艺系公司股东应某甲通过向其他厂家学习、询问而得知，金义盈没有使用涉案技术、经营信息的行为及故意，并提供了8份文献证明涉案技术信息已公开。4.保密协议仅对保密内容作了原则性规定，不具有可操作性，保密协议约定了保密津贴，但明发公司未按约向被告人金义盈发放保密津贴。

公诉人答辩如下：第一，涉案工艺具备非公知性。上海市科技咨询服务中心知识产权司法鉴定所鉴定人通过对现有专利、国内外文献以及明发公司对外宣传材料等内容进行检索、鉴定后认为，明发公司菲涅尔超薄放大镜的特殊制作工艺不能从公开渠道获取，属于"不为公众所知悉"的技术信息。该《司法鉴定意见书》系侦查机关委托具备知识产权司法鉴定资质的机构作出的,鉴定程序合法,意见明确,具有证据证明力。涉案菲涅尔超薄放大镜的制作工艺集成了多种技术,不是仅涉及产品尺寸、结构、材料、部件的简单组合,无法通过公开的产品进行直观或简单的测绘、拆卸或投入少量劳动、技术、资金便能直接轻易获得,相反,须经本领域专业技术人员进行长期研究、反复试验方能实现。故该辩护意见不能对鉴定意见形成合理怀疑。

第二,涉案供应商信息属于商业秘密。供应商、明发公司员工证言等证据证实,三家供应商提供的胶板、模具、液压机产品和设备均系明发公司技术研发过程中通过密切合作,对规格、功能逐步调整最终符合批量生产要求后固定下来的,故相关供应商供货能力的信息为明发公司独有的经营信息,具有秘密性。明发公司会计凭证、增值税专用发票以及供应商、明发公司员工证言证实,涉案加工设备、原材料供应商均系明发公司花费大量人力、时间和资金,根据明发公司生产工艺的特定要求,对所供产品及设备的规格、功能进行逐步调试、改装后选定,能够给明发公司带来成本优势,具有价值性。明发公司与员工签订的《保密协议》中明确约定了保密事项,应当认定明发公司对该供应商信息采取了合理的保护措施,具有保密性。

第三,金义盈在明发公司任职期间接触并掌握明发公司的商业秘密。明发公司员工证言等证据证实,金义盈作为公司分管销售的副总经理,因工作需要熟悉菲涅尔超薄放大镜生产制作工艺、生产过程、加工流程等技术信息,知悉生产所需的特定设备和原材料的采购信息及销售信息。

第四,金义盈使用了明发公司的商业秘密。明发公司的菲涅尔超薄放大镜制作工艺涉及多种技术,加工时的温度、压力、保压时间等工艺参数均有特定化的要求。根据鉴定意见和专家意见,金义盈使用的超薄放大镜生产工艺与明发公司菲涅尔超薄放大镜生产工艺在相关的技术秘点比对上均实质相同,能够认定金义盈使用了商业秘密。

第五,现有证据足以排除金义盈通过其他合法渠道获取或自行研发超薄放大镜生产工艺的可能。经对菲涅尔公司账册及企业营收情况进行审计,证实该公司无任何研发资金投入,公司相关人员均无超薄放大镜等同类产品经营、技术研发背景,不具有自行研发的能力和行为。金义盈辩称其技术系由其姐夫应某甲从放大镜设备厂家蔡某处习得,但经调查蔡某并未向其传授过放大镜生产技术,且蔡某本人亦不了解该技术。

第六,保密协议约定明确,被告人金义盈应当知晓其对涉案技术信息和经营信息负有保密义务。证人证言、权利人陈述以及保密协议中保密津贴与月工资同时发放的约定,能够证实明发公司支付了保密费。合议庭对公诉意见予以采纳。

处理结果　2019年9月6日，瑞安市法院以侵犯商业秘密罪判处被告人金义盈有期徒刑一年六个月，并处罚金70万元。宣判后，被告人提出上诉，温州市中级人民法院裁定驳回上诉，维持原判。

【指导意义】

（一）依法惩治侵犯商业秘密犯罪，首先要准确把握商业秘密的界定

商业秘密作为企业的核心竞争力，凝聚了企业在社会活动中创造的智力成果，关系到企业生存与发展。依法保护商业秘密是国家知识产权战略的重要组成部分。检察机关依法严惩侵害商业秘密犯罪，对保护企业合法权益，营造良好营商环境，推进科技强国均有十分重要的意义。商业秘密是否成立，是认定是否构成侵犯商业秘密罪的前提条件。检察机关应着重审查以下方面：第一，涉案信息是否不为公众所知悉。注意审查涉案商业秘密是否不为其所属领域的相关人员普遍知悉和容易获得，是否属于《最高人民法院关于审理侵犯商业秘密民事案件适用法律若干问题的规定》第四条规定的已为公众所知悉的情形。第二，涉案信息是否具有商业价值。注意审查证明商业秘密形成过程中权利人投入研发成本、支付商业秘密许可费、转让费的证据；审查反映权利人实施该商业秘密获取的收益、利润、市场占有率等会计账簿、财务分析报告及其他体现商业秘密市场价值的证据。第三，权利人是否采取了相应的保密措施。注意审查权利人是否采取了《最高人民法院关于审理侵犯商业秘密民事案件适用法律若干问题的规定》第六条规定的保密措施，并注意审查该保密措施与商业秘密的商业价值、重要程度是否相适应、是否得到实际执行。

（二）对于被告人不认罪的情形，要善于运用证据规则，排除被告人合法取得商业秘密的可能性，形成指控犯罪的证据链

由于商业秘密的非公开性和犯罪手段的隐蔽性，认定被告人是否实施了侵犯商业秘密的行为往往面临证明困境。在被告人不作有罪供述时，为查明犯罪事实，检察机关应注意引导公安机关从被告人使用的信息与权利人的商业秘密是否实质上相同、是否具有知悉和掌握权利人商业秘密的条件、有无取得和使用商业秘密的合法来源，全面客观收集证据。特别是要着重审查被告人是否存在合法取得商业秘密的情形，应注意围绕辩方提出的商业秘密系经许可、承继、自行研发、受让、反向工程等合法方式获得的辩解，引导公安机关收集被告人会计账目、支出凭证等能够证明是否有研发费用、资金投入、研发人员工资等研发成本支出的证据；收集被告人所在单位研发人员名单、研发资质能力、实施研发行为、研发过程的证据；收集有关商业秘密的转让合同、许可合同、支付转让费、许可费的证据；收集被告人是否通过公开渠道取得产品并实

施反向工程对产品进行拆卸、测绘、分析的证据,以及被告人因传承、承继商业秘密的书证等证据。通过证据之间的相互印证,排除被告人获取、使用商业秘密来源合法的可能性的,可以证实其实施侵犯商业秘密的犯罪行为。

(三)应注重对鉴定意见的审查,必要时引入有专门知识的人参与案件办理

办理侵犯商业秘密犯罪案件,由于商业秘密的认定,以及是否构成对商业秘密的侵犯,往往具有较强专业性,通常需要由鉴定机构出具专门的鉴定意见。检察机关对鉴定意见应予全面细致审查,以决定是否采信。对鉴定意见的审查应注意围绕以下方面:一是审查鉴定主体的合法性,包括鉴定机构、鉴定人员是否具有鉴定资质,委托鉴定事项是否符合鉴定机构的业务范围,鉴定人员是否存在应予回避等情形;二是审查鉴定材料的客观性,包括鉴定材料是否真实、完整、充分,取得方式是否合法,是否与原始材料一致等;三是审查鉴定方法的科学性,包括鉴定方法是否符合国家标准、行业标准,方法和标准的选用是否符合相关规定。同时,要注意审查鉴定意见与其他在案证据能否相互印证,证据之间的矛盾能否得到合理解释。必要时,可聘请或指派有专门知识的人辅助审查案件,出庭公诉时可申请鉴定人及其他有专门知识的人出庭,对鉴定意见的科学依据以及合理性、客观性发表意见,通过对技术性问题的充分质证,准确认定案件事实,加强指控和证明犯罪。

【相关规定】

《中华人民共和国刑法》第二百一十九条

《最高人民法院关于适用〈中华人民共和国刑事诉讼法〉的解释》第一百零五条

《最高人民检察院、公安部关于公安机关管辖的刑事案件立案追诉标准的规定(二)》第七十三条

《最高人民法院关于审理侵犯商业秘密民事案件适用法律若干问题的规定》第四条、第六条

《最高人民检察院关于指派、聘请有专门知识的人参与办案若干问题的规定(试行)》

最高人民检察院第二十六批指导性案例解读[*]

郑新俭　李薇薇[**]

根据最高人民检察院第十三届检察委员会 2021 年 1 月 21 日第 60 次会议决定，发布第二十六批指导性案例（检例第 98 号至第 102 号）。为准确理解和适用指导性案例，现就案例中涉及的主要问题和指导意义进行解读。

一、发布第二十六批指导性案例的背景和意义

党的十八大以来，习近平总书记在不同场所多次提及、反复强调知识产权保护问题，将知识产权保护工作作为实施创新驱动发展战略、加快推进以科技创新为核心的全面创新的重要举措，明确指出加强知识产权保护是完善产权保护制度最重要的内容，也是提高中国经济竞争力最大的激励。2019 年 11 月，中共中央办公厅、国务院办公厅（以下简称"两办"）发布《关于强化知识产权保护的意见》。2020 年 4 月，"两办"又联合发布了《2020—2021 年贯彻落实〈关于强化知识产权保护的意见〉推进计划》，进一步强调了知识产权保护的重要意义。

按照中央要求，各地检察机关充分履行检察职能，积极探索制度机制，不断提高知识产权检察保护水平。为总结推广近年来检察机关知识产权保护工作经验，示范指导侵犯知识产权刑事案件办理，最高人民检察院发布了这批指导性案例。其主要有 3 个方面的重要意义：一是充分彰显检察机关积极服务保障国家创新发展大局的决心和作为。二是积极推进知识产权司法保护工作深入开展。三是提炼司法规则，指导类案司法实践，促进法律适用疑难问题的解决。

二、邓秋城、双善食品（厦门）有限公司等销售假冒注册商标的商品案

（一）基本案情、要旨和指导意义

被告人邓秋城明知从香港购入的速溶咖啡为假冒"星巴克""STARBUCKS VIA"等注册商标的商品，仍伙同张晓建（在逃）以每件人民币 180 元这一明显低于市场价（正品每件 800 元，每件 20 盒，每盒 4 条）的价格，将 21304 件假冒速溶咖啡（每件 20 盒，每盒 5 条，下同）销售给被告单位双善食品

---

[*] 原文载《人民检察》2021 年第 9 期。
[**] 作者单位：最高人民检察院第四检察厅。

(厦门)有限公司,销售金额383万余元。被告人邓秋城、陈新文明知百益公司没有"星巴克"公司授权,为便于假冒咖啡销往商业超市,伪造了百益公司许可双善公司销售"星巴克"咖啡的授权文书。2017年12月至2019年1月初,被告人陈新文、甄连连、张泗泉、甄政以双善公司名义从邓秋城处购入假冒"星巴克"速溶咖啡后,使用伪造的授权文书,以双善公司名义将19264件假冒"星巴克"速溶咖啡销售给无锡、杭州、汕头、乌鲁木齐等地50余家商户,销售金额共计724万余元。案发后,公安机关在百益公司仓库内查获待售假冒"星巴克"速溶咖啡6480余件,按实际销售价格每件180元计算,价值116万余元;在被告单位双善公司仓库内查获假冒"星巴克"速溶咖啡2040件,由于双善公司向不同销售商销售的价格不同,对于尚未销售的假冒商品的货值金额以每件340元的最低销售价格计算,价值69万余元。

办案要旨:办理侵犯注册商标类犯罪案件,应注意结合被告人销售假冒商品数量、扩散范围、非法获利数额及在上下游犯罪中的地位、作用等因素,综合判断犯罪行为的社会危害性,确保罪责刑相适应。在认定犯罪的主观明知时,不仅要考虑被告人供述,还应综合考虑交易场所、交易时间、交易价格等客观行为,坚持主客观相一致。对侵害众多消费者利益的情形,可以建议相关社会组织或自行提起公益诉讼。

指导意义:一是针对侵犯知识产权犯罪案件特点,准确认定案件事实、适用法律,科学提出量刑建议;二是准确认定主观故意内容,对上下游销售人员,应注意结合相关证据准确认定不同环节被告人的主观明知状况;三是全方位主动履职,一体发挥刑事检察和公益诉讼检察职能。

(二)理解和适用中的重点问题

1. 准确定性、精准追诉

办案过程中,检察机关不能仅局限于公安机关移送审查起诉的意见,而应当全面审查案件事实和证据,查实是否存在与生产、销售伪劣商品罪,非法经营罪等竞合的情形。根据假冒商品的具体类别,如食品、药品、烟草、钢材等,对于可能涉及危害食品药品安全、社会公共安全的,应当引导公安机关通过鉴定检验等方式就产品质量进行调查取证,查明假冒商品是否符合国家食品药品、产品安全标准;对于属于法律、行政法规规定的专营专卖物品或者其他限制买卖的物品,应当引导公安机关收集专营专卖许可证等经营资质的证据,查明犯罪嫌疑人是否具备经营资质,从而确保查清全案事实,全面评价行为性质。如果一行为因同时触犯数个罪名构成想象竞合,检察机关仍应当就涉嫌的全部罪名提起公诉,并提出从一重罪处断的定罪量刑意见。同时,注意主动审查是单位犯罪还是个人犯罪,厘清犯罪主体,依法追诉漏犯。

2. 综合全案因素，合理、准确提出量刑建议

检察机关提出量刑建议时既要考虑被告人所犯罪行的轻重，又要考虑被告人应负刑事责任的大小，同时要注意贯彻宽严相济的刑事政策，确保法律效果和社会效果的统一。检察机关在提出量刑建议时，不仅要考虑犯罪金额，还要综合考虑被告人在犯罪中的地位与作用、所处的销售环节、销售数量、扩散范围、非法获利数额等多种因素，客观评价社会危害性，体现重点打击制假售假源头的政策导向。

《刑法修正案（十一）》修订了刑法第二百一十四条销售假冒注册商标的商品罪的定罪量刑标准，将原该罪"销售金额数额较大""销售金额数额巨大"的定罪量刑标准修改为"违法所得数额较大或者有其他严重情节"以及"违法所得数额巨大或者有其他特别严重情节"，反映出立法对该类犯罪社会危害性的评价更加科学。作此修改，也是考虑到该罪作为逐利性犯罪，销售金额虽然是评价其社会危害性的重要因素，但原刑法将其作为唯一的定罪量刑标准，容易出现因上下游犯罪行为人销售金额上小下大产生量刑失衡的问题，不利于准确评价犯罪的社会危害性，也不能体现源头打击和全面打击的政策导向。通过将定罪量刑标准调整为"违法所得数额加情节"，将更多因素纳入社会危害性考量，有利于更加客观、全面地评价各被告人在共同犯罪、上下游犯罪中的地位作用和应当承担的责任。

3. 综合运用多种证明方法认定主观明知

"明知"是犯罪行为人在主观上对自己所实施行为的性质和后果的明确认识。司法实践中犯罪嫌疑人往往辩解其不明知购买、销售的商品系假冒注册商标的商品，检察机关应注意审查其在不同犯罪环节的客观行为的证据，形成证据锁链推论其主观明知状态。对售假源头者，可以通过是否伪造授权文件等进行认定；对批发环节的经营者，可以通过进出货价格是否明显低于市场价格以及交易场所与交易方式是否合乎常理等因素进行甄别；对终端销售人员，可以通过客户反馈是否异常等情况进行判断；对确受伪造变造文件蒙蔽或主观明知证据不足的人员，应坚持主客观相一致原则，依法不予追诉。

三、广州卡门实业有限公司涉嫌销售假冒注册商标的商品立案监督案

（一）基本案情、要旨和指导意义

广州卡门实业有限公司（以下简称卡门公司）于2013年3月开始在服装上使用"KM"商标。2014年10月30日，卡门公司申请注册该商标在服装、帽子等商品上使用，商标局以该商标与在先注册的商标近似为由，驳回申请。

2016 年 6 月 14 日，卡门公司再次申请，商标局仅核准 "KM" 商标在睡眠用眼罩类别上使用，但卡门公司继续在服装上使用 "KM" 商标。其间，卡门公司逐渐发展为在全国拥有门店近 600 家、员工万余名的企业。

2016 年 11 月 22 日，北京锦衣堂企业文化发展有限公司（以下简称锦衣堂公司）申请在服装等商品上注册 "KM" 商标，因在先注册的近似商标被撤销，商标局于 2018 年 1 月 7 日核准该申请。锦衣堂公司授权北京京津联行房地产经纪有限公司（以下简称京津联行公司）使用该商标。2018 年 5 月，京津联行公司向全国多地市场监管部门举报卡门公司在服装上使用 "KM" 商标，并向广东省佛山市公安局南海分局报案。南海分局于同年 5 月 31 日立案，随后扣押卡门公司仓库中约 9 万件标记 "KM" 商标的服装。6 月 8 日，卡门公司不服公安机关立案决定，向佛山市南海区检察院申请监督撤案。南海区检察院依法启动立案监督程序，向公安机关发出要求说明立案理由通知书。公安机关认为，卡门公司涉嫌销售假冒注册商标的商品罪。

南海区检察院经调查核实，认为公安机关刑事立案的理由不能成立。理由为：一是卡门公司存在在先使用的事实。卡门公司在锦衣堂公司取得 "KM" 商标之前，已经长期使用 "KM" 商标。二是卡门公司主观上没有犯罪故意。卡门公司在生产、销售服装期间，一直沿用该商标，从未对外宣称是锦衣堂公司或京津联行公司产品，且卡门公司经营的 "KM" 服装品牌影响力远大于上述两家公司，并无假冒他人注册商标的故意。8 月 3 日，南海区检察院发出通知撤销案件书，8 月 10 日，南海分局撤销案件，并发还扣押货物。卡门公司及时出售货物，避免了上千万元的经济损失。

办案要旨：在办理注册商标类犯罪的立案监督案件时，对符合商标法规定的正当合理使用情形而未侵犯注册商标专用权的，应依法监督公安机关撤销案件，以保护涉案企业合法权益。

指导意义：一是办理侵犯知识产权犯罪案件，应注意审查是否存在法定的正当合理使用情形；二是正确把握商标在先使用的抗辩事由；三是开展立案监督工作必要时可组织听证，增强办案透明度和监督公信力。

（二）理解和适用中的重点问题

一是准确把握罪与非罪的界限。在判断知识产权民事侵权与刑事犯罪的界限时，应当注意审查不侵权抗辩理由是否成立，防止不当启动刑事追诉程序或插手经济纠纷，侵犯权利人的合法权益。在经济犯罪案件中，要注重辨析基础民事行政法律关系，将其作为准确把握犯罪构成的基础。注册商标专用权虽是一种受法律保护的绝对权，但出于对公共利益、其他主体合法权益的保护，也会受到一定的限制。在办理涉嫌侵犯商标权案件中，检察机关应注意根据商标法第五十九条的规定,着重审查犯罪嫌疑人、被告人使用注册商标的行为是否属于正当使用描述性标志的行为、是否属于正当使用三维标志功能性要素的行为、是否属于商标在先使用行为等合法使用商标的行为;同时还要注意根据商标的地域性原则审查涉案商标是否受我国商标法保护、商标权是否用尽、是否属于商品的平行进口、是否属于商标指示性使用行为等,准确把握罪与非罪的界限。在办理侵犯著作权案件中,检察机关应当注意根据著作权法第二十四条的规定判断是否构成合理使用,根据第二十五条、第三十五条、第四十二条、第四十六条判断是否属于著作权法规定的法定许可情形,防止不当启动刑事追诉程序。

二是全面审查商标在先使用抗辩是否成立。注册商标专用权要受到在先权利的限制。我国商标法规定了商标在先使用权,是对商标在先使用人因为商标使用已经形成的信用和利益的保护,也是对我国商标权注册主义制度缺陷的弥补。检察机关在办案中,应当审查判断是否存在在先使用抗辩事由,重点审查以下方面:一是在先使用人是否在商标注册人申请注册前先于商标注册人使用该商标。即必须同时满足"两个先于"的条件,即提出在先使用抗辩的商标首次使用的时间不仅要先于注册商标的申请日,同时还要先于注册商标的使用日。可以提出在先使用抗辩的人还应当包括在注册商标权人提出注册申请前就已经获得在先使用人许可从而使用该商标的第三人。二是在先使用商标是否已产生一定影响。根据国家知识产权局《商标侵权判断标准》第三十三条规定,商标法第五十九条第三款规定的"有一定影响的商标"是指在国内在先使用并为一定范围内相关公众所知晓的未注册商标。故对于有商标在先使用行为但该行为发生在我国境外,无论该商标在国外有多大的影响力和知名度,只要该知名度未扩散到我国境内,均不能成立商标在先使用抗辩。"有一定影响的商标"的认定,应当综合考虑该商标的持续使用时间、销售量、经营额、广告宣传等因素。三是商标在先使用人主观上是否善意。由于未注册使用的商标相对于注册商标而言,影响一般较小,如果在先使用商标映射注册商标的声誉,使消费者产生混淆误认,不仅会影响商标注册登记制度,也会对作为竞争者的注册商标权人产生损害。故成立在先使用抗辩,在先使用人主观上应当为善意,不能具有不正当竞争等意图。

三是在检察工作中要用好听证手段,保障当事人的知情权、参与权和监督权,助力查明案件事实、增强司法公信力、取得良好办案效果。

四、陈力等八人侵犯著作权案

(一) 基本案情、要旨和指导意义

2017年7月至2019年3月,被告人陈力受境外人员委托,先后招募林鉴等 7 人，组建 QQ 聊天群，更新维护多个盗版影视资源网站。其间，陈力收到境外人员汇入的盗版影视资源网站运营费用共计 1250 万余元，各被告人从中获利 50 万元至 1.8 万余元不等。案发后，公安机关从上述盗版影视资源网站内固定、保全了被告人陈力等人复制、上传的大量侵权影视作品。

办案要旨：办理网络侵犯视听作品著作权犯罪案件，应注意及时提取、固定和保全相关电子数据，并围绕证据客观性、合法性、关联性要求对电子数据进行全面审查。对涉及众多作品的案件，在认定"未经著作权人许可"时，应围绕涉案复制品是否系非法出版、复制发行且被告人能否提供获得著作权人许可的相关证明材料进行审查。

指导意义：一是充分发挥检察职能，依法惩治网络侵犯视听作品著作权犯罪，切实维护权利人合法权益；二是围绕电子数据的客观性、合法性和关联性进行全面审查，依法适用认罪认罚从宽制度，提升办案质效；三是准确把握"未经著作权人许可"的证明方法。

（二）理解和适用中的重点问题

第一，充分发挥审前主导作用，实现精准指控。检察机关应当将工作重心前移，在侦查阶段，注重引导公安机关及时讯问以获取犯罪嫌疑人供述，根据其供述现场操作还原犯罪嫌疑人通过信息网络传播侵权作品的完整犯罪过程并通过录音录像予以固定；及时进行司法鉴定，查实侵权作品的来源。

第二，综合运用多种手段提高办案质量和效率。一是充分运用电子数据构建指控体系，着重围绕电子数据的客观性、合法性和关联性进行全面审查，区分不同类别的电子数据，采取有针对性的审查方法，特别要注意审查电子数据与案件事实之间的多元关联，准确认定案件事实。二是依托鉴定人出庭，助力指控犯罪。指控网络侵犯著作权犯罪往往涉及远程服务器下载、云转码技术、与涉案盗版影视资源网站关联性证明等专业技术问题，检察机关应当在需要时申请鉴定人出庭，向法庭阐明犯罪行为涉及的技术问题，增强指控力度。三是针对不同被告人的地位与作用，依法适用认罪认罚从宽制度，推动查明犯罪手段、共犯分工、人员关系、违法所得分配等案件事实，提高办案效率。

第三，准确把握"未经著作权人许可"的犯罪构成要件。侵犯著作权犯罪中，权利人和权属状态是认定构成犯罪的重要前提，在作品、录音制品上以通常方式署名的自然人、法人或者非法人组织，应当推定为著作权人或者录音制作者。在办案中，司法机关应对涉案作品、录音制品是否构成我国著作权法规定的作品、录音制品进行审查判断，特别要注意判断涉案作品是否具有独创性，能否认定为著作权法意义上的作品。在判断是否属于"通常的署名方式"时，应当重点审查是否属于著作权法意义上的署名方式。需要注意的是，落款

"监制"以及给作品打水印等都不是著作权法意义上的署名方式。"权利人和权利推定"是法律推定,是一种证明方法,适用于一般情况,如果有相反证据能够证明自己是作品的真正著作权人或者署名人并非著作权人的,都可以推翻之前的推定。实践中对于被告人提出的辩解,司法机关应当就辩解理由是否成立收集证据并进行审查判断。

相关司法解释确立的"未经著作权人许可"这一犯罪构成要件事实的推定规则,仅限在涉案作品、录音制品种类众多且权利人分散的案件中,且在符合"有证据证明涉案复制品系非法出版、复制发行"的条件下,出版者、复制发行者不能提供获得著作权人、录音制作者许可的相关证据材料的,才可推定。为证明涉案网站系非法提供网络视听服务的网站,可以收集信息网络传播视听节目许可证持证机构名单等证据,补强对涉案复制品系非法出版、复制发行的证明。当涉案侵权作品数量众多时,可进行抽样取证,但应注意审查所抽取的样本是否具有代表性、抽样范围与其他在案证据是否相符、抽样是否具备随机性等。需要说明的是,权利人放弃权利、涉案作品的著作权或者录音制品的有关权利不受我国著作权法保护、权利保护期限已经届满的事实仍需司法机关根据犯罪嫌疑人、被告人的辩解和案件实际情况收集证据予以查明,而不能进行推定。

五、姚常龙等五人假冒注册商标案

(一)基本案情、要旨和指导意义

2015年至2019年4月,万能国际公司法定代表人姚常龙安排公司采购员古进购进打印机、标签纸、光纤模块等材料,伪造"CISCO""HP""HUA-WEI"光纤模块等商品,并安排公司销售组长魏子皓、张超、庄乾星向境外销售。姚常龙、古进共生产、销售假冒上述注册商标的光纤模块10万余件,销售金额共计人民币3162万余元;办案人员现场扣押假冒光纤模块、交换机等11975件,价值383万余元;姚常龙、古进的违法所得数额分别为400万元、24万余元。魏子皓、张超、庄乾星销售金额分别为745万余元、429万余元、352万余元;违法所得数额分别为20万元、18.5万元和14万元。

办案要旨:凡在我国合法注册且在有效期内的商标,商标所有权人享有的商标专用权依法受我国法律保护。未经商标所有权人许可,无论假冒商品是否销往境外,情节严重构成犯罪的,依法应予追诉。判断侵犯注册商标犯罪案件是否构成共同犯罪,应重点审查假冒商品生产者和销售者之间的意思联络情况、对假冒违法性的认知程度、对销售价格与正品价格差价的认知情况等因素。

指导意义：一是假冒在我国取得注册商标的商品销往境外，情节严重构成犯罪的，依法应予追诉；二是假冒注册商标犯罪中的上下游被告人是否构成共同犯罪，应结合多种因素综合判断。

（二）理解和适用中的重点问题

1. 注意审查涉案商标是否在我国合法注册，是否受我国刑法保护

我国仅对注册商标予以刑事保护，对于侵犯未注册商标权利人权利的，不构成犯罪。对于没有在我国注册的商标，即使其在国外获得注册，在我国也不享有注册商标专用权。需要强调的是，囿于商标的地域性，侵犯商标权犯罪一般不属于刑法第八条保护管辖和第九条普遍管辖的范围。

2. 准确区分假冒注册商标罪与涉外定牌加工行为

涉外定牌加工，是指国内加工方接受境外委托人委托为其加工产品，并按照境外委托人要求贴附商标，产品全部出口到境外销售的行为。其要素在于：国内加工方接受境外委托方委托加工产品；国内加工方按照境外委托方要求在加工的产品上贴附商标，境外委托方对该商标在境外是否拥有商标权在所不问；贴牌产品全部出口到境外，是否出口到境外委托方所在地或者其商标注册地在所不问。由于境外委托人要求国内加工方贴附的商标可能出现与国内注册商标权人在相同商品上注册商标相同的情形，就产生了是否构成商标侵权甚至犯罪的争议。笔者认为，涉外定牌加工不构成侵权，更不能评价为犯罪。但该案不属于涉外定牌加工，不能因为假冒商品均出口国外或购买假冒商品的人系境外人员就认定为涉外定牌加工。该案犯罪嫌疑人在我国境内假冒我国商标法保护的注册商标的产品并销售，制造和销售行为均发生在境内，应当认定为犯罪行为地发生在我国境内，应予追诉，销售目的地不影响认定该罪。我国商标法虽然没有明确规定注册商标权人享有出口权，但随着跨境电子商务的蓬勃发展，多国之间签订贸易协定，普遍规定了更加宽泛的义务。如果不对这类行为进行打击，仅因产品出口至国外就认定为无罪，将会实质性损害我国合法注册商标权人的权益，也会损害我国的国际形象。

3. 准确认定事前无通谋的共同犯罪

侵犯注册商标犯罪案件往往涉案人数较多，呈现团伙作案、分工有序实施犯罪的特点。实践中，检察机关应结合假冒商品生产者和销售者之间的意思联络情况，销售者对商品生产、商标标识制作等违法性认知程度，对销售价格与正品价格差价的认知情况，销售中对客户有无刻意隐瞒、回避商品系假冒，以及销售者的从业经历等因素，综合判断是否构成共同犯罪。对于部分被告人在假冒注册商标行为持续过程中产生主观明知，形成分工负责的共同意思联络，并继续维持或者实施帮助销售行为的，应认定构成共同犯罪。

六、金义盈侵犯商业秘密案

（一）基本案情、要旨和指导意义

被告人金义盈，案发前系温州菲涅尔光学仪器有限公司（以下简称菲涅尔公司）法定代表人、总经理。温州明发光学科技有限公司（以下简称明发公司）自1997年开始研发超薄型平面放大镜生产技术，研发出菲涅尔放大镜（系一种超薄放大镜产品的通用名称）批量生产的制作方法——耐高温抗磨专用胶板、不锈钢板、电铸镍模板三合一塑成制作方法和镍模制作方法。明发公司根据其特殊设计，将胶板、模板、液压机分别交给温州市光大橡塑制品公司、宁波市江东精杰模具加工厂、瑞安市永鑫液压机厂生产。

被告人金义盈于2005年应聘到明发公司工作，先后担任公司业务员、销售部经理、副总经理，对菲涅尔超薄放大镜制作方法有一定了解，并掌握设备供销渠道、客户名单等信息。金义盈与明发公司签订有保密协议，其承担保密义务的信息包括：（1）技术信息，包括产品设计、产品图纸、生产模具、生产制造工艺、制造技术、技术数据、专利技术、科研成果等；（2）经营信息，包括商品产、供、销渠道，客户名单，买卖意向，成交或商谈的价格，商品性能、质量、数量、交货日期等。并约定劳动合同期限内、终止劳动合同后两年内及上述保密内容未被公众知悉期内，不得向第三方公开上述保密内容。

2011年初，金义盈从明发公司离职，当年3月24日以应某甲、应某乙的名义成立菲涅尔公司，该公司2011年度浙江省地方税（费）纳税综合申报表载明金义盈为财务负责人。菲涅尔公司成立后随即向上述三家供应商购买与明发公司相同的胶板、模具和液压机等材料、设备，使用与明发公司相同的工艺生产同一种放大镜投放市场销售，造成明发公司经济损失人民币122万余元。

办案要旨：办理侵犯商业秘密犯罪案件，被告人作无罪辩解的，既要注意审查商业秘密的成立及侵犯商业秘密的证据，又要依法排除被告人合法取得商业秘密的可能性，形成指控犯罪的证据链。对鉴定意见进行审查时，必要时可聘请或指派有专门知识的人辅助办案。

指导意义：一是依法惩治侵犯商业秘密犯罪，首先要准确认定商业秘密；二是对于被告人不认罪的，要善于运用证据规则，排除被告人合法取得商业秘密的可能性，形成指控犯罪的完整证据链；三是注重对鉴定意见的审查，必要时可引入有专门知识的人参与案件办理。

（二）理解和适用中的重点问题

1. 准确把握侵犯商业秘密案件刑事诉讼和民事诉讼证明责任的区别

根据刑事诉讼法和最高人民检察院《人民检察院刑事诉讼规则》的规定，

检察机关承担证明犯罪嫌疑人、被告人侵犯商业秘密罪成立的证明责任,犯罪嫌疑人、被告人不承担证明权利人所主张的商业秘密不属于商业秘密的证明责任,也不承担证明其未实施侵犯商业秘密行为的证明责任。司法实践中,检察人员应厘清刑事诉讼和民事诉讼不同的证明责任分配,注意避免与反不正当竞争法第三十二条侵犯商业秘密民事诉讼的证明责任分配规定相混淆。

2. 高度重视审查商业秘密是否成立

检察机关应当围绕商业秘密的"三性"展开深入细致的审查。第一,关于非公知性,应注意审查涉案商业秘密是否不为其所属领域的相关人员普遍知悉和容易获得,注意排除下列信息:(1)该信息在所属领域属于一般常识或者行业惯例的;(2)该信息仅涉及产品的尺寸、结构、材料、部件的简单组合等内容,所属领域的相关人员通过观察上市产品即可直接获得的;(3)该信息已经在公开出版物或者其他媒体上公开披露的;(4)该信息已通过公开的报告会、展览等方式公开的;(5)所属领域的相关人员从其他公开渠道可以获得该信息的。需要注意的是,将为公众所知悉的信息进行整理、改进、加工后形成的新信息,符合商业秘密性质的,也应当认定该新信息不为公众所知悉。因此,在审查时,不能因为商业秘密的组成部分是公知信息就一律认为不构成商业秘密,仍需要进行整体的、实质的判断,审查涉案信息在被犯罪侵害时是否仍具备非公知性。第二,关于价值性,要从现实的和潜在的市场价值两方面判断,注意审查证明商业秘密形成过程中权利人投入研发成本、支付商业秘密许可费、转让费的证据;审查反映权利人掌握该商业秘密获取的收益、利润、市场占有率等会计账簿、财务分析报告及其他体现商业秘密市场价值的证据;审查反映该商业秘密是否具有避免后来人走弯路、节约研发成本等潜在价值的证据。第三,关于保密性,注意审查权利人是否采取了相应的保密措施,该保密措施是否达到在正常情况下足以防止商业秘密泄露的程度,并注意审查该保密措施与商业秘密的商业价值、重要程度是否相适应,是否得到实际执行。

3. 细致审查并综合运用证据,构建指控体系,做好庭审预案

由于商业秘密的秘密性和犯罪手段的隐蔽性,认定被告人是否实施了侵犯商业秘密的行为往往面临证明困境。在被告人不作有罪供述时,为查明犯罪事实,检察机关应注意引导公安机关从被告人使用的信息与权利人的商业秘密是否实质上相同、是否具有知悉和掌握权利人商业秘密的条件、有无取得和使用商业秘密的合法来源等角度,全面客观收集证据。特别要着重审查被告人是否存在合法取得商业秘密的情形,应注意围绕辩方提出的商业秘密系经许可、承继、自行研发、受让、反向工程等合法方式获得的辩解,引导公安机关收集被

告人会计账目、支出凭证等能够证明其有研发费用、资金投入等研发成本支出的证据；收集被告人所在单位研发人员名单、研发资质能力、实施研发行为、研发过程的证据；收集有关商业秘密的转让合同、许可合同、支付转让费、许可费的证据；收集被告人是否通过公开渠道取得产品并实施反向工程对产品进行拆卸、测绘、分析的证据，以及被告人因传承、承继商业秘密的书证等证据。侵犯商业秘密犯罪案件往往庭审交锋较为激烈，检察机关应做好出庭预案，为取得良好的庭审效果做好准备。

最高人民检察院
关于印发最高人民检察院
第二十七批指导性案例的通知

(2021年3月2日公布　高检发办字〔2021〕18号)

各级人民检察院：

　　经2021年2月26日最高人民检察院第十三届检察委员会第六十三次会议决定，现将胡某某抢劫案等五件案例（检例第103—107号）作为第二十七批指导性案例（对涉罪未成年人附条件不起诉主题）发布，供参照适用。

最高人民检察院

2021年3月2日

胡某某抢劫案

(检例第 103 号)

【关键词】

抢劫　在校学生　附条件不起诉　调整考验期

【要　旨】

办理附条件不起诉案件，应当准确把握其与不起诉的界限。对于涉罪未成年在校学生附条件不起诉，应当坚持最有利于未成年人健康成长原则，找准办案、帮教与保障学业的平衡点，灵活掌握办案节奏和考察帮教方式。要阶段性评估帮教成效，根据被附条件不起诉人角色转变和个性需求，动态调整考验期限和帮教内容。

【基本案情】

被附条件不起诉人胡某某，男，作案时 17 周岁，高中学生。

2015 年 7 月 20 日晚，胡某某到某副食品商店，谎称购买饮料，趁店主方某某不备，用网购的电击器杵方某某腰部索要钱款，致方某某轻微伤。后方某某将电击器夺下，胡某某逃跑，未劫得财物。归案后，胡某某的家长赔偿了被害人全部损失，获得谅解。

【检察机关履职过程】

（一）补充社会调查，依法作出不批准逮捕决定。案件提请批准逮捕后，针对公安机关移送的社会调查报告不能充分反映胡某某犯罪原因的问题，检察机关及时补充开展社会调查，查明：胡某某高一时父亲离世，为减轻经济负担，母亲和姐姐忙于工作，与胡某某沟通日渐减少。丧父打击、家庭氛围变化、缺乏关爱等多重因素导致胡某某逐渐沾染吸烟、饮酒等劣习，高二时因成绩严重下滑转学重读高一。案发前，胡某某与母亲就是否直升高三参加高考问题发生激烈冲突，母亲希望其重读高二以提高成绩，胡某某则希望直升高三报考个人感兴趣的表演类院校。在学习、家庭的双重压力下，胡某某产生了制造事端迫使母亲妥协的想法，继而实施抢劫。案发后，胡某某母亲表示愿意改进教育方式，加强监护。检察机关针对胡某某的心理问题，委托心理咨询师对其开展心理测评和心理疏导。在上述工作基础上，检察机关综合评估认为：胡某某此次犯罪主要是由于家庭变故、亲子矛盾、青春期叛逆，加之法治意识淡薄，冲动犯罪，认罪悔罪态度好，具备帮教条件，同时鉴于其赔偿了被害人损失，取得了被害人谅解，遂依法作出不批准逮捕决定。

（二）综合评估，依法适用附条件不起诉。案件审查起诉过程中，有观点认为，胡某某罪行较轻，具有未成年、犯罪未遂、坦白等情节，认罪悔罪，取得被害人谅解，其犯罪原因主要是身心不成熟，亲子矛盾处理不当，因此可直接作出不起诉决定。检察机关认真审查并听取各方面意见后认为，抢劫罪法定刑为三年有期徒刑以上刑罚，根据各种量刑情节，调节基准刑后测算胡某某可能判处有期徒刑十个月至一年，不符合犯罪情节轻微不需要判处刑罚或可以免除刑罚，直接作出不起诉决定的条件。同时，胡某某面临的学习压力短期内无法缓解，参考社会调查、心理疏导的情况，判断其亲子关系调适、不良行为矫正尚需一个过程，为保障其学业、教育管束和预防再犯，从最有利于未成年人健康成长出发，对胡某某附条件不起诉更有利于其回归社会。2016年3月11日，检察机关对胡某某作出附条件不起诉决定，考验期一年。

（三）立足帮教目标，对照负面行为清单设置所附条件，协调各方开展精准帮教。检察机关立足胡某某系在校学生的实际，围绕亲子共同需求，确立"学业提升进步，亲子关系改善"的帮教目标，并且根据社会调查列出阻碍目标实现的负面行为清单设置所附条件，如：遵守校纪校规；不得进入娱乐场所；不得吸烟、饮酒；接受心理辅导；接受监护人监管；定期参加社区公益劳动；阅读法治书籍并提交学习心得等。在此基础上，检察机关联合学校、社区、家庭三方成立考察帮教小组，围绕所附条件，制定方案，分解任务，精准帮教。学校选派老师督促备考，关注心理动态，社区为其量身定制公益劳动项目，家庭成员接受"正面管教"家庭教育指导，改善亲子关系。检察机关立足保障学业，灵活掌握帮教的频率与方式，最大程度减少对其学习、生活的影响。组建帮教小组微信群，定期反馈与实时监督相结合，督促各方落实帮教责任，对帮教进度和成效进行跟踪考察，同时要求控制知情范围，保护胡某某隐私。针对胡某某的犯罪源于亲子矛盾这一"症结"，检察机关协同公安民警、被害人、法律援助律师、法定代理人从法、理、情三个层面真情劝诫，胡某某表示要痛改前非。

（四）阶段性评估，动态调整考验期限和帮教措施。考验期内，胡某某表现良好，参加高考并考上某影视职业学院，还积极参与公益活动。鉴于胡某某表现良好、考上大学后角色转变等情况，检察机关组织家长、学校、心理咨询师、社区召开"圆桌会议"听取各方意见。经综合评估，各方一致认为原定考验期限和帮教措施已不适应当前教育矫治需求，有必要作出调整。2016年9

月，检察机关决定将胡某某的考验期缩短为八个月，并对最后两个月的帮教内容进行针对性调整：开学前安排其参加企业实习，引导职业规划，开学后指导阅读法律读物，继续筑牢守法堤坝。11月10日考验期届满，检察机关依法对其作出不起诉决定，并进行相关记录封存。目前，胡某某已经大学毕业，在某公司从事设计工作，心态乐观积极，家庭氛围融洽。

【指导意义】

（一）办理附条件不起诉案件，应当注意把握附条件不起诉与不起诉之间的界限。根据刑事诉讼法第一百七十七条第二款，检察机关对于犯罪情节轻微，依照刑法规定不需要判处刑罚或者可以免除刑罚的犯罪嫌疑人，可以决定不起诉。而附条件不起诉的适用条件是可能判处一年有期徒刑以下刑罚，符合起诉条件，但有悔罪表现的未成年犯罪嫌疑人，且只限定于涉嫌刑法分则第四章、第五章、第六章规定的犯罪。对于犯罪情节轻微符合不起诉条件的未成年犯罪嫌疑人，应依法适用不起诉，不能以附条件不起诉代替不起诉。对于未成年犯罪嫌疑人涉嫌刑法分则第四章、第五章、第六章规定的犯罪，根据犯罪情节和悔罪表现，尚未达到不需要判处刑罚或者可以免除刑罚程度，综合考虑可能判处一年有期徒刑以下刑罚，适用附条件不起诉能更好地达到矫正效果，促使其再社会化的，应依法适用附条件不起诉。

（二）对涉罪未成年在校学生适用附条件不起诉，应当最大限度减少对其学习、生活的影响。坚持最有利于未成年人健康成长原则，立足涉罪在校学生教育矫治和回归社会，应尽可能保障其正常学习和生活。在法律规定的办案期限内，检察机关可灵活掌握办案节奏和方式，利用假期和远程方式办案帮教，在心理疏导、隐私保护等方面提供充分保障，达到教育、管束和保护的有机统一。

（三）对于已确定的考验期限和考察帮教措施，经评估后认为不能适应教育矫治需求的，可以适时动态调整。对于在考验期中经历考试、升学、求职等角色转变的被附条件不起诉人，应当及时对考察帮教情况、效果进行评估，根据考察帮教的新情况和新变化，有针对性地调整考验期限和帮教措施，巩固提升帮教成效，促其早日顺利回归社会。考验期限和帮教措施在调整前，应当充分听取各方意见。

【相关规定】

《中华人民共和国刑法》第二百六十三条

《中华人民共和国刑事诉讼法》第一百七十七条、第二百七十七条、第二百七十九条、第二百八十二条、第二百八十三条、第二百八十四条

《人民检察院刑事诉讼规则》第四百六十一条、第四百六十三条、第四百

七十六条、第四百八十条

《人民检察院办理未成年人刑事案件的规定》第二十九条、第四十条、第四十一条、第四十二条、第四十三条

《未成年人刑事检察工作指引（试行）》第一百九十四条

庄某等人敲诈勒索案

(检例第 104 号)

【关键词】

敲诈勒索　未成年人共同犯罪　附条件不起诉　个性化附带条件精准帮教

【要　旨】

检察机关对共同犯罪的未成年人适用附条件不起诉时，应当遵循精准帮教的要求对每名涉罪未成年人设置个性化附带条件。监督考察时，要根据涉罪未成年人回归社会的不同需求，督促制定所附条件执行的具体计划，分阶段评估帮教效果，发现问题及时调整帮教方案，提升精准帮教实效。

【基本案情】

被附条件不起诉人庄某，男，作案时17周岁，初中文化，在其父的印刷厂帮工。

被附条件不起诉人顾某，女，作案时16周岁，职业高中在读。

被附条件不起诉人常某，男，作案时17周岁，职业高中在读。

被附条件不起诉人章某，女，作案时16周岁，职业高中在读。

被附条件不起诉人汪某，女，作案时17周岁，职业高中在读。

2019年6月8日，庄某因被害人焦某给其女友顾某发暧昧短信，遂与常某、章某、汪某及女友顾某共同商量向焦某索要钱财。顾某、章某、汪某先用微信把被害人约至某酒店，以顾某醉酒为由让被害人开房。进入房间后，章某和汪某借故离开，庄某和常某随即闯入，用言语威胁的手段逼迫焦某写下一万元的欠条，后实际获得五千元，用于共同观看球赛等消费。案发后，庄某等五人的家长在侦查阶段赔偿了被害人全部损失，均获得谅解。

【检察机关履职过程】

（一）开展补充社会调查和心理测评，找出每名未成年人需要矫正的"矫治点"，设置个性化附带条件。该案公安机关未提请批准逮捕，直接移送起诉。检察机关经审查认为，庄某等五人已涉嫌敲诈勒索罪，可能判处一年以下有期徒刑，均有悔罪表现，符合附条件不起诉条件，但前期所作社会调查不足以全面反映犯罪原因和需要矫正的关键点,故委托司法社工补充社会调查,并在征得各未成年犯罪嫌疑人及法定代理人同意后进行心理测评。经分析,五人具有法治观念淡薄、交友不当、家长失管失教等共性犯罪原因,同时各有特点:庄某因被父亲强行留在家庭小厂帮工而存在不满和抵触情绪;顾某因被过分宠溺而缺乏责任感,且沉迷网络游戏;汪某身陷网瘾;常某与单亲母亲长期关系紧张;章某因经常被父亲打骂心理创伤严重。据此,检察官和司法社工研究确定了五名未成年人具有共性特点的"矫治点",包括认知偏差、行为偏差、不良"朋友"等,和每名未成年人个性化的"矫治点",如庄某的不良情绪、章某的心理创伤等,据此对五人均设置共性化的附带条件:参加线上、线下法治教育以及行为认知矫正活动,记录学习感受;在司法社工指导下筛选出不良"朋友"并制定远离行动方案;参加每周一次的团体心理辅导。同时,设置个性化附带条件:庄某学习管理情绪的方法,定期参加专题心理辅导;顾某、汪某主动承担家务,定期参加公益劳动,逐渐递减网络游戏时间;常某在司法社工指导下逐步修复亲子关系;章某接受心理咨询师的创伤处理。检察机关综合考虑五名未成年人共同犯罪的事实、情节及需要矫正的问题,对五名未成年人均设置了六个月考验期,并在听取每名未成年人及法定代理人对附条件不起诉的意见时,就所附条件、考验期限等进行充分沟通、解释,要求法定代理人依法配合监督考察工作。在听取公安机关、被害人意见后,检察机关于2019年10月9日对五人作出附条件不起诉决定。

(二)制定具体的帮教计划并及时评估帮教效果,调整帮教方法。在监督考察期间,检察官与司法社工共同制定了督促执行所附条件的具体帮教计划:帮教初期(第1—3周)注重训诫教育工作,且司法社工与被附条件不起诉人及法定代理人密切接触,增强信任度;帮教中期(第4—9周)通过法治教育、亲子关系修复、行为偏差矫正、团体心理辅导等多措并举,提升被附条件不起诉人法律意识,促使不良行为转变;帮教后期(第10—26周)注重促使被附条件不起诉人逐步树立正确的人生观、价值观,自觉遵纪守法。每个阶段结束前通过心理测评、自评、他评等方式评估帮教效果,发现问题及时进行研判,调整帮教方法。比如,帮教初期发现庄某和章某对负责帮教的社工有一定的抵触情绪和回避、对抗行为,通过与司法社工机构共同评估双方信任度和匹配度后,及时更换社工。再如,针对章某在三次心理创伤处理后仍呈现易怒情绪,建议社工及时增加情绪管理能力培养的内容。又如,针对汪某远离不良"朋友"后亟须正面榜样力量引领的情况,联合团委确定大学生志愿者一对一结对引导。

(三)根据未成年人个体需求,协调借助相关社会资源提供帮助,促进回归社会。针对案发后学校打算劝退其中四人的情况，检察机关与教育局、学校沟通协调，确保四人不中断学业。根据五名被附条件不起诉人对就学就业的需求，检察机关积极协调教育部门为顾某、章某分别提供声乐、平面设计辅导，联系爱心企业为常某提供模型设计的实习机会，联系人力资源部门为庄某、汪某提供免费的职业培训，让矫治干预与正向培养双管齐下。经过六个月考察帮教，五名被附条件不起诉人逐步摒弃不良行为，法治观念、守法意识增强，良好生活学习习惯开始养成。2020年4月9日，检察机关综合五人考察期表现，均作出不起诉决定。目前，庄某已成为某西点店烘焙师，常某在模具企业学习模型设计，顾某、章某、汪某都实现了在大专院校理想专业学习的愿望。五个家庭也有较大改变，亲子关系融洽。

【指导意义】

（一）附条件不起诉设定的附带条件，应根据社会调查情况合理设置，具有个性化，体现针对性。检察机关办理附条件不起诉案件，应当坚持因案而异，根据社会调查情况，针对涉罪未成年人的具体犯罪原因和回归社会的具体需求等设置附带条件。对共同犯罪未成年人既要针对其共同存在的问题，又要考虑每名涉罪未成年人的实际情况，设定符合个体特点的附带条件并制定合理的帮教计划，做到"对症下药"，确保附条件不起诉制度教育矫治功能的实现。

（二）加强沟通，争取未成年犯罪嫌疑人及其法定代理人、学校的理解、配合和支持。检察机关应当就附带条件、考验期限等与未成年犯罪嫌疑人充分沟通，使其自觉遵守并切实执行。未成年犯罪嫌疑人的法定代理人和其所在学校是参与精准帮教的重要力量，检察机关应当通过释法说理、开展家庭教育指导等工作，与各方达成共识，形成帮教合力。

（三）加强对附带条件执行效果的动态监督，实现精准帮教。检察机关对于附条件不起诉所附带条件的执行要加强全程监督、指导，掌握落实情况，动态评估帮教效果，发现问题及时调整帮教方式和措施。为保证精准帮教目标的实现，可以联合其他社会机构、组织、爱心企业等共同开展帮教工作，帮助涉罪未成年人顺利回归社会。

【相关规定】

《中华人民共和国刑法》第二百七十四条

《中华人民共和国刑事诉讼法》第一百七十七条、第二百八十二条、第二百八十三条、第二百八十四条、第二百八十六条

《人民检察院刑事诉讼规则》第四百六十一条、第四百七十六条、第四百八十条

《人民检察院办理未成年人刑事案件的规定》第四十二条、第四十三条

《未成年人刑事检察工作指引（试行）》第三十一条、第一百八十一条、第一百九十四条、第一百九十五条、第一百九十六条

李某诈骗、传授犯罪方法、牛某等人诈骗案

（检例第105号）

【关键词】

涉嫌数罪　听证　认罪认罚从宽　附条件不起诉　家庭教育指导　社会支持

【要　旨】

对于一人犯数罪符合起诉条件，但根据其认罪认罚等情况，可能判处一年有期徒刑以下刑罚的，检察机关可以依法适用附条件不起诉。对于涉罪未成年人存在家庭教育缺位或者不当问题的，应当突出加强家庭教育指导，因案因人进行精准帮教。通过个案办理和法律监督，积极推进社会支持体系建设。

【基本案情】

被附条件不起诉人李某，男，作案时16周岁，高中学生。

被附条件不起诉人牛某，男，作案时17周岁，高中学生。

被附条件不起诉人黄某，男，作案时17周岁，高中学生。

被附条件不起诉人关某，男，作案时16周岁，高中学生。

被附条件不起诉人包某，男，作案时17周岁，高中学生。

2018年11月至2019年3月，李某利用某电商超市7天无理由退货规则，多次在某电商超市网购香皂、洗发水、方便面等日用商品，收到商品后上传虚假退货快递单号，骗取某电商超市退回购物款累计8445.53元。后李某将此犯罪方法先后传授给牛某、黄某、关某、包某，并收取1200元"传授费用"。得知这一方法的牛某、黄某、关某、包某以此方法各自骗取某电商超市15598.86元、8925.19元、6617.71元、6206.73元。

涉案五人虽不是共同犯罪，但犯罪对象和犯罪手段相同，案件之间存在关联，为便于查明案件事实和保障诉讼顺利进行，公安机关采纳检察机关建议，对五人依法并案处理。

【检察机关履职过程】

（一）适用认罪认罚从宽制度，发挥惩教结合优势。审查逮捕期间，检察

机关依法分别告知五名未成年犯罪嫌疑人及其法定代理人认罪认罚从宽制度的法律规定,促其认罪认罚。五名犯罪嫌疑人均表达了认罪认罚的意愿,并主动退赃,取得了被害方某电商超市的谅解。检察机关认为五人虽利用网络实施诈骗,但并非针对不特定多数人,系普通诈骗犯罪,且主观恶性不大,犯罪情节较轻,无逮捕必要,加上五人均面临高考,因而依法作出不批准逮捕决定。审查起诉阶段,检察机关通知派驻检察院的值班律师向五人及其法定代理人提供法律帮助,并根据五人犯罪情节,认罪悔罪态度,认为符合附条件不起诉条件,提出适用附条件不起诉的意见,将帮教方案和附带条件作为具结书的内容一并签署。

(二)召开不公开听证会,依法决定附条件不起诉。司法实践中,对犯数罪可否适用附条件不起诉,因缺乏明确的法律规定而很少适用。本案中,李某虽涉嫌诈骗和传授犯罪方法两罪,但综合全案事实、社会调查情况以及犯罪后表现,依据有关量刑指导意见,李某的综合刑期应在一年以下有期徒刑,对其适用附条件不起诉制度,有利于顺利进行特殊预防、教育改造。为此,检察机关专门针对李某涉嫌数罪是否可以适用附条件不起诉召开不公开听证会,邀请了未成年犯管教干部、少年审判法官、律师、心理咨询师、公益组织负责人等担任听证员。经听证评议,听证员一致认为应对李某作附条件不起诉,以最大限度促进其改恶向善、回归正途。通过听证,李某认识到自己行为的严重性,李某父母认识到家庭教育中存在的问题,参加听证的各方面代表达成了协同帮教意向。2019年12月23日,检察机关对李某等五人依法作出附条件不起诉决定,考验期为六个月。

(三)开展家庭教育指导,因人施策精准帮教。针对家庭责任缺位导致五人对法律缺乏认知与敬畏的共性问题,检察官会同司法社工开展了家庭教育指导,要求五人及其法定代理人在监督考察期间定期与心理咨询师沟通、与检察官和司法社工面谈,并分享法律故事、参加预防违法犯罪宣讲活动。同时,针对五人各自特点分别设置了个性化附带条件:鉴于李某父母疏于管教,亲子关系紧张,特别安排追寻家族故事、追忆成长历程以增强家庭认同感和责任感,修复家庭关系;鉴于包某性格内向无主见、极易被误导,安排其参加"您好陌生人"志愿服务队,以走上街头送爱心的方式锻炼与陌生人的沟通能力,同时对其进行"朋辈群体干扰场景模拟"小组训练,通过场景模拟,帮助其向不合理要求勇敢说"不";鉴于黄某因达不到父母所盼而缺乏自信,鼓励其发挥特长,担任禁毒教育、网络安全等普法活动主持人,使其在学习法律知识的同时,增强个人荣誉感和家庭认同感;鉴于牛某因单亲家庭而自卑,带领其参加照料空巢老人、探访留守儿童等志愿活动,通过培养同理心增强自我认同，实现"爱人以自爱";鉴于关某沉迷网络游戏挥霍消费，督促其担任家庭记账员，激发其责任意识克制网瘾，养成良好习惯。

（四）联合各类帮教资源，构建社会支持体系。案件办理过程中，引入司法社工全流程参与精准帮教。检察机关充分发挥"3+1"（检察院、未管所、社会组织和涉罪未成年人）帮教工作平台优势，并结合法治进校园"百千万工程"，联合团委、妇联、教育局共同组建"手拉手法治宣讲团"，要求五人及法定代理人定期参加法治教育讲座。检察机关还与辖区内广播电台、敬老院、图书馆、爱心企业签订观护帮教协议，组织五人及法定代理人接受和参与优秀传统文化教育或实践。2020年6月22日，检察机关根据五人在附条件不起诉考察期间的表现，均作出不起诉决定。五人在随后的高考中全部考上大学。

【指导意义】

（一）办理未成年人犯罪案件，对于涉嫌数罪但认罪认罚，可能判处一年有期徒刑以下刑罚的，也可以适用附条件不起诉。检察机关应当根据涉罪未成年人的犯罪行为性质、情节、后果，并结合犯罪原因、犯罪前后的表现等，综合评估可能判处的刑罚。"一年有期徒刑以下刑罚"是指将犯罪嫌疑人交付审判，法院对其可能判处的刑罚。目前刑法规定的量刑幅度均是以成年人犯罪为基准设计，检察机关对涉罪未成年人刑罚的预估要充分考虑"教育、感化、挽救"的需要及其量刑方面的特殊性。对于既可以附条件不起诉也可以起诉的，应当优先适用附条件不起诉。存在数罪情形时，要全面综合考量犯罪事实、性质和情节以及认罪认罚等情况，认为并罚后其刑期仍可能为一年有期徒刑以下刑罚的，可以依法适用附条件不起诉，以充分发挥附条件不起诉制度的特殊功能，促使涉罪未成年人及早摆脱致罪因素，顺利回归社会。

（二）加强家庭教育指导，提升考察帮教效果。未成年人犯罪原因往往关联家庭，预防涉罪未成年人再犯，同样需要家长配合。检察机关在办理附条件不起诉案件中，不仅要做好对涉罪未成年人自身的考察帮教，还要通过家庭教育指导，争取家长的信任理解，引导家长转变家庭教育方式，自愿配合监督考察，及时解决问题少年背后的家庭问题，让涉罪未成年人知法悔过的同时，在重温亲情中获取自新力量，真正实现矫治教育预期目的。

（三）依托个案办理整合帮教资源，推动未成年人检察工作社会支持体系建设。检察机关办理未成年人犯罪案件，要在社会调查、人格甄别、认罪教育、不公开听证、监督考察、跟踪帮教等各个环节，及时引入司法社工、心理咨询师等各种专门力量，积极与教育、民政、团委、妇联、关工委等各方联合，依托党委、政府牵头搭建的多元化协作平台，做到专业化办案与社会化支持相结合,最大限度地实现对涉罪未成年人的教育、感化和挽救。

【相关规定】

《中华人民共和国刑法》第二百六十六条、第二百九十五条

《中华人民共和国刑事诉讼法》第一百七十三条、第二百七十七条、第二百八十二条

《人民检察院刑事诉讼规则》第十八条、第四百五十七条、第四百六十三条、第四百八十条

《未成年人刑事检察工作指引（试行）》第一百七十七条、第一百八十八条

《关于适用认罪认罚从宽制度的指导意见》第十九条、第二十三条、第二十六条、第二十七条、第二十八条、第二十九条、第三十条、第三十一条

牛某非法拘禁案

（检例第 106 号）

【关键词】

非法拘禁　共同犯罪　补充社会调查　附条件不起诉　异地考察帮教

【要　旨】

检察机关对于公安机关移送的社会调查报告应当认真审查，报告内容不能全面反映未成年人成长经历、犯罪原因、监护教育等情况的，可以商公安机关补充调查，也可以自行或者委托其他有关组织、机构补充调查。对实施犯罪行为时系未成年人但诉讼过程中已满十八周岁的犯罪嫌疑人，符合条件的，可以适用附条件不起诉。对于外地户籍未成年犯罪嫌疑人，办案检察机关可以委托未成年人户籍所在地检察机关开展异地协作考察帮教，两地检察机关要各司其职，密切配合，确保帮教取得实效。

【基本案情】

被附条件不起诉人牛某，女，作案时17周岁，初中文化，无业。

2015年初，牛某初中三年级辍学后打工，其间经人介绍加入某传销组织，后随该组织到某市进行传销活动。2016年4月21日，被害人瞿某（男，成年人）被其女友卢某（另案处理）骗至该传销组织。4月24日上午，瞿某在听课过程中发现自己进入的是传销组织，便要求卢某与其一同离开。乔某（传销组织负责人，到案前因意外事故死亡）得知情况后，安排牛某与卢某、孙某（另案处理）等人进行阻拦。次日上午，瞿某再次开门欲离开时，在乔某指使下，牛某积极参与对被害人瞿某实施堵门、言语威胁等行为，程某（另案处理）等人在客厅内以打牌名义进行看管。15时许，瞿某在其被拘禁的四楼房间窗户前探身欲呼救时不慎坠至一楼，经法医鉴定，瞿某为重伤二级。

因该案系八名成年人与一名未成年人共同犯罪，公安机关进行分案办理。八名成年人除乔某已死亡外，均被提起公诉，人民法院以非法拘禁罪分别判处被告人有期徒刑一年至三年不等。

【检察机关履职过程】

（一）依法对牛某作出不批准逮捕决定。公安机关对未成年犯罪嫌疑人牛某提请批准逮捕后，检察机关依法讯问牛某，听取其法定代理人、辩护人及被害人的意见。经审查，检察机关认为牛某因被骗加入传销组织后，积极参与实施了非法拘禁致被害人重伤的共同犯罪行为，已构成非法拘禁罪，但在犯罪中起次要作用，且归案后供述稳定，认罪悔罪态度好，愿意尽力赔偿被害人经济损失，采取取保候审足以防止社会危险性的发生，依法对牛某作出不批准逮捕决定，并联合司法社工、家庭教育专家、心理咨询师及其法定代理人组成帮教小组，建立微信群，开展法治教育、心理疏导、就业指导等，预防其再犯。同时，商公安机关对牛某的成长经历、家庭情况、犯罪原因等进行社会调查。

（二）开展补充社会调查。案件移送起诉后，检察机关审查认为，随案移送的社会调查报告不够全面细致。为进一步查明牛某犯罪原因、犯罪后表现等情况，检察机关遂列出详细的社会调查提纲，并通过牛某户籍所在地检察机关委托当地公安机关对牛某的成长经历、犯罪原因、平时表现、社会交往、家庭监护条件、取保候审期间的表现等进行补充社会调查。调查人员通过走访牛某父母、邻居、村委会干部及打工期间的同事了解到，牛某家庭成员共五人，家庭关系融洽，母亲常年在外打工，父亲在家务农，牛某平时表现良好，服从父母管教，村委会愿意协助家庭对其开展帮教。取保候审期间，牛某在一家烧烤店打工，同事评价良好。综合上述情况，检察机关认为牛某能够被社会接纳，具备社会化帮教条件。

（三）促成与被害人和解。本案成年被告人赔偿后，被害人瞿某要求牛某赔偿五万元医药费。牛某及家人虽有赔偿意愿，但因家庭经济困难，无法一次性支付赔偿款。检察机关向被害人详细说明牛某和家人的诚意及困难，并提出先支付部分现金，剩余分期还款的赔偿方案，引导双方减少分歧。经做工作，牛某与被害人接受了检察机关的建议，牛某当面向被害人赔礼道歉，并支付现金两万元，剩余三万元承诺按月还款，两年内付清，被害人为牛某出具了谅解书。

（四）召开听证会，依法作出附条件不起诉决定。鉴于本案涉及传销，造成被害人重伤，社会关注度较高，且牛某在诉讼过程中已满十八周岁，对是否适宜作附条件不起诉存在不同认识，检察机关举行不公开听证会，牛某及其法定代理人、辩护人和侦查人员、帮教人员等参加。听证人员结合具体案情、法律规定和现场提问情况发表意见，一致赞同对牛某附条件不起诉。2018年5月16日，检察机关依法对牛某作出附条件不起诉决定。综合考虑其一贯表现和犯罪性质、情节、后果、认罪悔罪表现及尚未完全履行赔偿义务等因素，参考同案人员判决情况以及其被起诉后可能判处的刑期，确定考验期为一年。

（五）开展异地协作考察帮教。鉴于牛某及其家人请求回户籍地接受帮教，办案检察机关决定委托牛某户籍地检察机关开展异地考察帮教，并指派承办检察官专程前往牛某户籍地检察机关进行工作衔接。牛某户籍地检察机关牵头成立了由检察官、司法社工、法定代理人等组成的帮教小组，根据所附条件共同制定帮助牛某提升法律意识和辨别是非能力、树立正确消费观、提高就业技能等方面的个性化帮教方案，要求牛某按照方案内容接受当地检察机关的帮教，定期向帮教检察官汇报思想、生活状况，根据协议按时、足额将赔偿款汇到被害人账户。办案检察机关定期与当地检察机关帮教小组联系，及时掌握对牛某的考察帮教情况。牛某认真接受帮教，并提前还清赔偿款。考验期满，检察机关综合牛某表现，依法作出不起诉决定。经回访，目前牛某工作稳定，各方面表现良好，生活已经走上正轨。

【指导意义】

（一）办理附条件不起诉案件，应当进行社会调查，社会调查报告内容不完整的，应当补充开展社会调查。社会调查报告是检察机关认定未成年犯罪嫌疑人主观恶性大小、是否适合作附条件不起诉以及附什么样的条件、如何制定具体的帮教方案等的重要参考。社会调查报告的内容主要包括涉罪未成年人个人基本情况、家庭情况、成长经历、社会生活状况、犯罪原因、犯罪前后表现、是否具备有效监护条件、社会帮教条件等，应具有个性化和针对性。公安机关、人民检察院、人民法院办理未成年人刑事案件，根据法律规定和案件情况可以进行社会调查。公安机关侦查未成年人犯罪案件，检察机关可以商请公安机关进行社会调查。认为公安机关随案移送的社会调查报告内容不完整、不全面的，可以商请公安机关补充进行社会调查，也可以自行补充开展社会调查。

（二）对于犯罪时系未成年人但诉讼过程中已满十八周岁的犯罪嫌疑人，可以适用附条件不起诉。刑事诉讼法第二百八十二条规定，对于涉嫌刑法分则第四章、第五章、第六章规定的犯罪，可能判处一年有期徒刑以下刑罚，符合起诉条件，但有悔罪表现的未成年人刑事案件，可以作出附条件不起诉决定。未成年人刑事案件是指犯罪嫌疑人实施犯罪时系未成年人的案件。对于实施犯罪行为时未满十八周岁，但诉讼中已经成年的犯罪嫌疑人，符合适用附条件不起诉案件条件的，人民检察院可以作出附条件不起诉决定。

（三）对外地户籍未成年人，可以开展异地协作考察帮教，确保帮教效果。被附条件不起诉人户籍地或经常居住地与办案检察机关属于不同地区，被附条件不起诉人希望返回户籍地或经常居住地生活工作的，办案检察机关可以委托其户籍地或经常居住地检察机关协助进行考察帮教，户籍地或经常居住地检察机关应当予以支持。两地检察机关应当根据被附条件不起诉人的具体情况，共同制定有针对性的帮教方案并积极沟通协作。当地检察机关履行具体考察帮教职责，重点关注未成年人行踪轨迹、人际交往、思想动态等情况，定期走访被附条件不起诉人的法定代理人以及所在社区、单位，并将考察帮教情况及时反馈办案检察机关。办案检察机关应当根据考察帮教需要提供协助。考验期届满前，当地检察机关应当出具被附条件不起诉人考察帮教情况总结报告，作为办案检察机关对被附条件不起诉人是否最终作出不起诉决定的重要依据。

【相关规定】

《中华人民共和国刑法》第二百三十八条

《中华人民共和国刑事诉讼法》第二百七十九条、第二百八十二条、第二百八十三条、第二百八十四条

《人民检察院刑事诉讼规则》第四百六十一条、第四百六十三条、第四百九十六条

《人民检察院办理未成年人刑事案件的规定》第三十条、第三十一条、第四十条、第四十四条

《未成年人刑事检察工作指引（试行）》第二十一条、第三十条、第六十九条、第一百八十一条、第一百九十四条、第一百九十六条

唐某等人聚众斗殴案

(检例第107号)

【关键词】

聚众斗殴　违反监督管理规定　撤销附条件不起诉　提起公诉

【要　旨】

对于被附条件不起诉人在考验期内多次违反监督管理规定,逃避或脱离矫治和教育,经强化帮教措施后仍无悔改表现,附条件不起诉的挽救功能无法实现,符合"违反考察机关监督管理规定,情节严重"的,应当依法撤销附条件不起诉决定,提起公诉。

【基本案情】

被附条件不起诉人唐某,男,作案时17周岁,辍学无业。

2017年3月15日,唐某与潘某(男,作案时14周岁)因琐事在电话中发生口角,相约至某广场斗殴。唐某纠集十余名未成年人,潘某纠集八名未成年人前往约架地点。上午8时许,双方所乘车辆行至某城市主干道红绿灯路口时,唐某等人下车对正在等红绿灯的潘某一方所乘两辆出租车进行拦截,对拦住的一辆车上的四人进行殴打,未造成人员伤亡。

【检察机关履职过程】

(一)依法适用附条件不起诉。2017年6月20日,公安机关以唐某涉嫌聚众斗殴罪将该案移送检察机关审查起诉。检察机关审查后认为:1.唐某涉嫌聚众斗殴罪,可能判处一年有期徒刑以下刑罚。唐某虽系聚众斗殴的纠集者,在上班高峰期的交通要道斗殴,但未造成严重后果,且案发时其不满十八周岁,参照最高人民法院量刑指导意见以及当地同类案件已生效判决,评估唐某可能判处有期徒刑八个月至十个月。2.唐某归案后如实供述犯罪事实,通过亲情会见、心理疏导以及看守所提供的表现良好书面证明材料,综合评估其具有悔罪表现。3.亲子关系紧张、社会交往不当是唐某涉嫌犯罪的重要原因。唐某的母亲常年外出务工,其与父母缺乏沟通交流;唐某与社会闲散人员交往过密,经常出入夜店,夜不归宿;遇事冲动、爱逞能、好面子,对斗殴行为性质及后果存在认知偏差。4.具备帮教矫治条件。心理咨询师对唐某进行心理疏导时，其明确表示认识到自己行为的危害性，不再跟以前的朋友来往，并提出想要学厨艺的强烈意愿。对其法定代理人开展家庭教育指导后，其母亲愿意返回家中履行监护职责，唐某明确表示将接受父母的管教和督促。检察机关综合唐某的犯罪情节、悔罪表现、犯罪成因及帮教条件并征求公安机关、法定代理人意见后，认定唐某符合附条件不起诉条件，于2017年7月21日依法对其作出附条件不起诉决定，考验期六个月。

（二）设置可评价考察条件，有针对性地调整强化帮教措施。检察机关成立由检察官、唐某的法定代理人和某酒店负责人组成的帮教小组，开展考察帮教工作。针对唐某的实际情况，为其提供烹饪技能培训，促其参加义务劳动和志愿者活动，要求法定代理人加强监管并禁止其出入特定场所。同时，委托专业心理咨询师对其多次开展心理疏导，对其父母开展家庭教育指导，改善亲子关系。在考验前期，唐某能够遵守各项监督管理规定，表现良好，但后期其开始无故迟到、旷工，还出入酒吧、夜店等娱乐场所。为此，检察机关及时调整强化帮教措施：第一，通过不定时电话访谈、委托公安机关不定期调取其出入网吧、住宿记录等形式监督唐某是否存在违反禁止性规定的行为，一旦发现立即训诫，并通过心理咨询师进行矫治。第二，针对唐某法定代理人监督不力的行为，重申违反考验期规定的严重后果，及时开展家庭教育指导和司法训诫。第三，安排唐某到黄河水上救援队接受先进事迹教育感化，引导其树立正确的价值观，选择具有正能量的人交往。

（三）认定违反监督管理规定情节严重，依法撤销附条件不起诉决定。因唐某自控能力较差，无法彻底阻断与社会不良人员的交往，法定代理人监管意识和监管能力不足，在经过检察机关多次训诫及心理疏导后，唐某仍擅自离开工作的酒店，并明确表示拒绝接受帮教。检察机关全面评估唐某考验期表现，认为其在考验期内，多次夜不归宿，经常在凌晨出入酒吧、夜店、KTV等娱乐场所；与他人结伴为涉嫌寻衅滋事犯罪的人员助威；多次醉酒，上班迟到、旷工；未向检察机关和酒店负责人报告，擅自离开帮教单位，经劝说仍拒绝上班。同时，唐某的法定代理人也未如实报告唐某日常表现，在检察机关调查核实时，帮助唐某欺瞒。因此，检察机关认定唐某违反考察机关附条件不起诉的监督管理规定，情节严重。2018年1月15日，检察机关依法撤销唐某的附条件不起诉决定。

（四）依法提起公诉，建议不适用缓刑。2018年1月17日，检察机关以唐某涉嫌聚众斗殴罪对其提起公诉。法庭审理阶段，公诉人指出应当以聚众斗殴罪追究其刑事责任，且根据附条件不起诉考验期间调查核实的情况，认为唐某虽认罪但没有悔罪表现，且频繁出入娱乐场所，长期与社会闲散人员交往，再犯可能性较高，不适用缓刑。2018年3月16日，法院作出一审判决，以被告人唐某犯聚众斗殴罪判处有期徒刑八个月。一审宣判后，被告人唐某未上诉。

【指导意义】

（一）针对被附条件不起诉人的实际表现，及时调整监督矫治措施，加大帮教力度。检察机关对干预矫治的情形和再犯风险应当进行动态评估，发现被附条件不起诉人在考验期内违反帮教协议的相关规定时，要及时分析原因，对仍有帮教可能性的，应当调整措施，通过延长帮教期限、心理疏导、司法训诫、家庭教育指导等多种措施加大帮教力度，及时矫正被附条件不起诉未成年人的行为认知偏差。

（二）准确把握"违反考察机关监督管理规定"行为频次、具体情节、有无继续考察帮教必要等因素，依法认定"情节严重"。检察机关经调查核实、动态评估后发现被附条件不起诉人多次故意违反禁止性监督管理规定，或者进入特定场所后违反治安管理规定，或者违反指示性监督管理规定，经检察机关采取训诫提醒、心理疏导等多种措施后仍无悔改表现，脱离、拒绝帮教矫治，导致通过附条件不起诉促进涉罪未成年人悔过自新、回归社会的功能无法实现时，应当认定为刑事诉讼法第二百八十四条第一款第（二）项规定的"情节严重"，依法撤销附条件不起诉决定，提起公诉。

【相关规定】

《中华人民共和国刑法》第二百九十二条

《中华人民共和国刑事诉讼法》第一百七十六条、第二百八十二条、第二百八十三条、第二百八十四条

《人民检察院刑事诉讼规则》第四百六十三条、第四百七十九条

《未成年人刑事检察工作指引（试行）》第一百九十四条、第一百九十五条、第一百九十六条、第二百零四条

最高人民检察院第二十七批指导性案例解读

李 峰 张寒玉 盛常红 白 洁

2021年2月26日，经最高人民检察院第十三届检察委员会第六十三次会议决定，最高人民检察院围绕涉罪未成年人附条件不起诉主题发布了第二十七批指导性案例，包括胡某某抢劫案等5件案例（检例第103号至第107号）。为促进指导性案例的理解与适用，现就案例中涉及的主要问题和指导意义进行解读。

一、制发背景和意义

附条件不起诉是2012年修改的刑事诉讼法增设"未成年人刑事案件诉讼程序"专章确立的一项特别诉讼制度，是最具未成年人检察特色的办案程序，对于及时依法分流案件，最大限度教育、挽救涉罪未成年人，丰富检察机关的不起诉裁量权等具有重要意义。各地检察机关依法积极适用，取得良好效果。同时，在司法实践中仍然存在不少难点和问题，主要有：一是对附条件不起诉适用条件即刑事诉讼法规定的"可能判处一年有期徒刑以下刑罚"把握不准，机械套用一般量刑规则，造成未成年人涉罪案件起诉后法院判决一年有期徒刑以下刑罚的比率较高；二是与相关诉讼程序混淆，存在对应当适用附条件不起诉的案件直接提起公诉，或者对应当适用附条件不起诉的案件直接作出不起诉决定的情况，甚至为提高附条件不起诉适用率，将可以直接不起诉的案件，按附条件不起诉处理，损害未成年犯罪嫌疑人的合法权益；三是适用附条件不起诉的程序不规范，社会调查流于形式，所附条件缺乏个性化和针对性，社会化支持不足，导致考察帮教难以全程、深入和精准。此外，还有个别检察人员认识上存在偏差，没有认真落实对涉罪未成年人"教育、感化、挽救"的方针和"教育为主、惩罚为辅"的原则，认为监督考察会增加工作量，产生畏难情绪，导致本该适用附条件不起诉的案件没有适用。

为有效解决这些问题，2017年最高人民检察院制发了《未成年人刑事检察工作指引（试行）》，对附条件不起诉的适用条件、附带条件以及附带条件的监督等专门进行了规定。2018年，最高人民检察院与共青团中央签署《关

---

* 原文载《人民检察》2021年第11期。
** 作者单位：最高人民检察院第九检察厅。

于构建未成年人检察工作社会支持体系合作框架协议》,大力推动未成年人检察社会支持体系建设,依托司法社工等专业力量,开展社会调查、心理干预、行为矫正、社会观护等工作,为提升附条件不起诉工作质量和效果提供支撑。此外,有不少地方检察机关积极探索附条件不起诉工作的制度机制和方式方法,创新总结出很多有益经验。为充分发挥附条件不起诉的制度价值,指导各地检察机关依法积极规范适用附条件不起诉制度,进一步提升教育感化挽救涉罪未成年人的效果,引导附条件不起诉工作良性运行,最高人民检察院筛选出了该批法律适用准确、办案效果良好、具有较强指导意义的涉罪未成年人附条件不起诉案例发布,供各地参照适用。

二、指导性案例的选取

从整体上看,附条件不起诉案件要把握3个基本要素:一是符合附条件不起诉的适用条件,这是适用附条件不起诉的前提;二是遵守附条件不起诉的适用程序和救济程序,这是保证准确适用附条件不起诉的关键;三是有针对性地"附条件"并在考察期间监督所附条件的执行,这是附条件不起诉的核心工作。只有满足上述3个要素的案件,才是合格的附条件不起诉案件。而指导性案例则是在合格案件中选取的具有一定代表性和指导性的案件。因此,合格案件是成为指导性案例的前提和基础,代表性和指导性是指导性案例的灵魂。

具体来讲,该批指导性案例的选取重点围绕"附条件不起诉与起诉条件把握""附条件不起诉与相对不起诉条件区分""如何做好社会调查""找准'精准帮教点'设置个性化附带条件""探索异地协作帮教形式""考验期的设置与调整""准确认定撤销附条件不起诉的标准"等内容。同时,从涉嫌罪名看,该批指导性案例包括抢劫罪、敲诈勒索罪、诈骗罪、传授犯罪方法罪、非法拘禁罪、聚众斗殴罪共6个罪名,基本涵盖未成年人常见多发罪名。从类型看,1件系考验期间因表现良好被缩短考验期,1件系异地协作开展帮教,1件系对数罪适用附条件不起诉,1件系对犯罪时未成年、诉讼过程中成年的犯罪嫌疑人适用附条件不起诉,1件系考验期间因违反相关规定被撤销附条件不起诉,重新提起公诉。此外,多件案例涉及社会调查、精准帮教、社会支持体系建设、家庭教育指导等工作,5件案例从不同角度展示了检察机关附条件不起诉工作的程序要求、专业特点和积极效果,具有较强的代表性和指导性。

三、个案分析

(一)胡某某抢劫案

该案的代表性有两点:一是抢劫犯罪在未成年人犯罪中常见、多发;二是在校未成年学生犯罪具有一些共性特点,办案也有其独特规律,要考虑尽可能不使涉罪未成年学生中断学业等。

该案的指导性主要体现在以下几个方面：

一是如何把握附条件不起诉与不起诉的界限。从刑事诉讼法第二百八十二条的规定看，附条件不起诉的适用条件包括：罪名条件，即涉嫌刑法分则第四章、第五章、第六章规定的犯罪；刑罚条件，即"可能判处一年有期徒刑以下刑罚"；可诉条件，即"符合起诉条件"；悔罪条件，即"有悔罪表现"。其中，第一要件、第三要件比较明确，第四要件在《未成年人刑事检察工作指引（试行）》中也有列举，主要包括犯罪嫌疑人认罪认罚，向被害人赔礼道歉、积极退赃、尽力减少或者赔偿损失，取得被害人谅解，具有自首或立功表现，犯罪中止等。在司法实践中，主要是对刑罚条件的理解有困惑，尤其是其与刑事诉讼法第一百七十七条第二款规定的不起诉法定条件"犯罪情节轻微，依照刑法规定不需要判处刑罚或者可以免除刑罚的"如何区别存在较大争议。对于犯罪情节轻微符合不起诉条件的未成年犯罪嫌疑人，应依法适用不起诉，不能以附条件不起诉代替不起诉。对于未成年犯罪嫌疑人涉嫌刑法分则第四章、第五章、第六章规定的犯罪，根据犯罪情节和悔罪表现，尚未达到不需要判处刑罚或者可以免除刑罚程度，综合考虑可能判处一年有期徒刑以下刑罚，适用附条件不起诉能更好地达到矫正效果，促使其再社会化的，应依法适用附条件不起诉。该案在办案过程中亦存在分歧。有观点认为，胡某某罪行较轻，系未成年人，具有犯罪未遂、坦白等情节，认罪悔罪，取得被害人谅解，其犯罪原因主要是身心不成熟，学习压力大导致亲子矛盾处理不当，主观恶性较小，因此可以直接作出不起诉决定。但是，考虑到抢劫罪法定刑为三年有期徒刑以上刑罚，根据各种量刑情节，调节基准刑后测算可能判处有期徒刑十个月至一年，不符合直接作出不起诉决定的条件；同时，胡某某面临的学习压力短期内无法缓解，亲子关系调适需要一个过程，对其附条件不起诉更有利于保障学业、教育管束和预防再犯，能更好地达到矫正效果，因此作出附条件不起诉决定。

二是对在校学生附条件不起诉如何把握办案、帮教与保障学业的关系。未成年人正处于受教育的黄金时期，对涉嫌犯罪的在校学生要尽可能保障其不中断学业，是"教育、感化、挽救"方针的应有之义。在办理附条件不起诉案件中，应坚持最有利于未成年人健康成长原则，立足涉罪在校学生教育矫治和回归社会，尽可能保障其正常学习和生活。在法律规定的办案期限内，检察机关可灵活掌握办案节奏和方式，利用假期和远程方式办案帮教，在心理疏导、隐私保护等方面提供充分保障，实现教育、管束和保护的有机统一。

三是在附条件不起诉考察期间，根据被附条件不起诉人角色转变和个性需求,可动态调整考验期限和帮教内容。根据刑事诉讼法第二百八十三条规定,附条件不起诉设有六个月到一年的考验期,考验期的长短与未成年人所犯罪行的性质、情节和主观恶性大小相适应。但考验期间并非一成不变的,检察机关可以根据被附条件不起诉人教育矫治需求,动态调整考验期限和帮教内容。如该案检察机关针对胡某某成为大学生的角色转变实际,及时对前期考察帮教情况和原定考验期限、帮教措施等进行评估,决定缩短考验期,并对余期帮教内容进行了针对性调整。同样,根据教育矫治需要,检察机关也可以决定延长考察期限。

(二) 庄某等人敲诈勒索案

该案的代表性是对于未成年人共同犯罪如何适用附条件不起诉。未成年人结伴需求、互相感染以及容易冲动、从众等特点,决定了未成年人犯罪以共同犯罪居多。参与共同犯罪的未成年人往往在经历、兴趣、价值偏好、社会需求、心理需求等方面具有高度相似性,因此,办理未成年人共同犯罪案件有独特的规律可循。

该案的指导性主要体现在以下几个方面:

一是根据社会调查情况,对未成年人犯罪原因进行认真分析,并根据"矫治点"针对性地设置附条件不起诉的附带条件。在筛选案例过程中发现,不少案件对未成年人犯罪原因作简单化、表面化分析,如家长溺爱、放纵或者家庭监护、教育不到位,本人冲动、法治观念淡薄、沉迷网络游戏等,没有切入本质。该案根据社会调查情况深入分析,查找出认知偏差、行为偏差、不良关系、不良情绪、心理创伤五大类犯罪原因,触及了未成年人违法犯罪的原因本质,并针对性设置附带条件,值得借鉴和进一步研究。

二是对共同犯罪的未成年人附条件不起诉,既要查找带有共性特点的犯罪原因,更要查明每名未成年人需要矫正的"矫治点",从而设置个性化附带条件。该案中五名未成年犯罪嫌疑人具有共性特点的"矫治点"包括认知偏差、行为偏差、不良"朋友"等,因此在附条件不起诉时均设置了认知调整、不良行为矫正、远离筛选出的不良"朋友"等方面的附带条件。同时,检察机关根据每名未成年人个性化的"矫治点",如庄某的不良情绪、章某的心理创伤、常某的不良亲子关系等,分别设置学习管理情绪、接受心理创伤处理、修复亲子关系等附带条件。"对症下药"有利于确保附条件不起诉制度教育矫治功能的实现。

三是在征求涉罪未成年人及其法定代理人对附条件不起诉的意见时,就所附条件、考验期限等进行充分沟通、解释。所附条件只有贴合未成年人需要,获得本人及其法定代理人理解、认同,才能使未成年人自愿遵守、切实执行,才能使其法定代理人有效配合，从而真正实现帮教矫治。

四是督促制定执行所附条件的具体计划、步骤，并对执行效果及时评估。法律规定在附条件不起诉考验期内由检察机关负责监督考察，检察机关对所附带条件的执行督促、对执行效果进行评估等，有利于提升帮教效果，实现"教育、感化、挽救"未成年人，预防重新犯罪。该案中，检察官与司法社工共同制定了帮教初期（第1周至第3周）、帮教中期（第4周至第9周）和帮教后期（第10周至第26周）的具体帮教计划。在督促执行过程中，通过每个阶段结束前的心理测评、自评、他评等方式综合评估帮教效果，发现问题及时进行研判、调整，保证附条件不起诉工作取得实效。

（三）李某诈骗、传授犯罪方法、牛某等人诈骗案

该案的代表性是未成年人利用网络实施犯罪。未成年人容易沉迷网络，并受到各类有害信息的诱导，在遭遇贫困、暴力、厌学、忽视等各类问题时容易诱发实施网络犯罪。除电信网络诈骗，以虚假交友、购买游戏装备为名等传统诈骗手法外，近年来出现了利用网络平台监管漏洞虚假充值、骗取运费险及退货款等新型犯罪手段和作案方式。

该案的指导性主要体现在以下几个方面：

一是对涉嫌数罪的未成年人也可依法适用附条件不起诉。对于李某涉嫌诈骗和传授犯罪方法两罪是否可以附条件不起诉，在办案中存在争议。有观点认为，李某涉嫌数罪，主观恶性大，在法律没有明确规定可以适用附条件不起诉的情况下，为慎重起见，不宜适用。经认真分析研判，李某涉嫌的两罪分别属于刑法分则第五章、第六章规定的犯罪，未超出附条件不起诉的法定范围，依据有关量刑指导意见，综合刑期应判处一年有期徒刑以下刑罚，其又认罪认罚，符合适用附条件不起诉的法定条件。检察机关经不公开听证后，依法对李某作出附条件不起诉决定。

二是在附条件不起诉考察期间开展家庭教育指导工作。未成年人犯罪原因往往关联家庭，预防涉罪未成年人再犯，需要家长配合。该案针对五名涉罪未成年人均存在家庭监护责任缺位的共性问题，检察官会同司法社工开展家庭教育指导，解决问题少年背后的家庭问题，让涉罪未成年人在亲情中获取自新力量，提升矫治教育的效果。

三是注重争取、整合相关社会力量的支持参与。做好附条件不起诉工作，不仅要依托于专业司法队伍的构建，也有赖于未成年人检察工作社会支持体系建设。检察机关在该案办理过程中，针对未成年人心智不成熟、对网络空间缺乏辨别力等特点，及时引入司法社工、心理咨询师等专业力量，在社会调查、人格甄别、认罪教育、不公开听证、监督考察、跟踪帮教等各个环节提供支持

和协助,为网络犯罪未成年人提供网络安全教育、心理疏导、法律咨询等社会化服务,引导未成年人正确使用互联网。在办案中推进社会支持体系建设,在推进社会支持体系建设中促进办案,以密切协作实现优势互补,以资源整合实现多赢共赢,有效推进未成年人保护社会治理。

(四)牛某非法拘禁案

该案的代表性主要是如何开展异地协作考察帮教工作。对于犯罪主体系外地户籍未成年人的案件,开展异地协作社会调查、考察帮教,可以切实解决司法实践中的难题,有效提升附条件不起诉在这一群体中的适用率。

该案的指导性主要体现在以下几个方面:

一是开展异地社会调查。刑事诉讼法第二百七十九条规定了社会调查的内容包括未成年犯罪嫌疑人的成长经历、犯罪原因、监护教育等情况。实践中,受制于客观条件,外地户籍未成年人的社会调查报告往往不完整,缺乏其在户籍地的成长历程和家庭环境等信息;即便有所涉及,大多也只是通过与其父母对话了解,缺乏参考价值。因不能完整地了解涉罪未成年人纵向的成长历程以及横向的生活环境,故难以找准致罪因素,"对症下药"进行帮教更无从谈起。该案中,检察机关通过涉罪未成年人户籍地检察机关委托当地公安机关对其成长经历、社会交往、家庭监护条件、取保候审期间表现等进行补充社会调查,获得完整社会调查报告的做法,值得借鉴。

二是开展异地附条件不起诉考察帮教工作。《未成年人刑事检察工作指引(试行)》第十条规定,对于异地检察机关提出协助进行社会调查、附条件不起诉监督考察等请求的,协作地检察机关应当及时予以配合。同时,该指引对委托地检察机关如何委托进行了规定,如需要提供哪些材料等,但对协作地如何选择、具体如何配合等未作明确规定。该案中,委托地检察机关应被附条件不起诉人及其家人回户籍地接受帮教的请求,与协作地检察机关进行工作衔接;协作地检察机关牵头成立由检察官、司法社工、法定代理人等组成的帮教小组,负责日常考察帮教工作;建立联系机制,使委托地检察机关能够及时掌握考察帮教情况。上述做法和操作流程值得各地借鉴。

三是促成被害人谅解。该案在成年被告人赔偿后,被害人要求涉罪未成年人牛某赔偿5万元医药费。牛某及其家人虽有赔偿意愿,但因经济困难无法一次性支付,双方和解工作一度陷入僵局。此时,检察机关主动向被害人详细说明牛某及其家人的诚意及困难,建议双方采取先支付部分现金、余款分期赔偿的方案,最终促成双方和解,并将"根据协议按时、足额将赔偿款汇到被害人账户"作为附条件不起诉的一项附带条件。虽然根据刑事诉讼法规定,被害人对检察机关作出的附条件不起诉决定不服,其意见及申诉在法定层面不具有阻断附条件不起诉决定的效力,但如果在被害人强烈反对的情况下,检察机关仍作出附条件不起诉决定,不仅可能激化矛盾、引发新的不稳定因素,而且不利于涉罪未成年人顺利回归社会。因此,检察机关应当尽可能鼓励、说服涉罪未成年人及其法定代理人通过认罪认罚、赔偿损失、赔礼道歉等方式获得被害人谅解,在做好释法说理工作的同时,尽量依法满足被害人合理需求,包括物质、精神损失获得补偿,相关困难得到解决等。需要强调的是,未成年人刑事案件当事人和解不能仅关注赔偿是否到位,更应注重促进涉罪未成年人从认知到情感的社会化,真正起到实质性的唤醒良知的作用。

(五) 唐某等人聚众斗殴案

该案的代表性主要是撤销附条件不起诉决定。附条件不起诉的目的是经过一段时间的考察帮教后最终不起诉,实现程序分流、教育挽救失足未成年人,但司法实践中仍存在考验期间因违反相关规定或者重新犯罪被提起公诉的情况。根据刑事诉讼法的规定,撤销附条件不起诉决定的情况有 3 种:一是实施新的犯罪;二是发现决定附条件不起诉以前还有其他犯罪需要追诉;三是违反治安管理规定或者考察机关有关附条件不起诉的监督管理规定,情节严重的。

该案的指导性主要是对违反考察机关有关附条件不起诉的监督管理规定"情节严重"的把握。对此,该案指出,被附条件不起诉人在考验期内多次故意违反禁止性监督管理规定,或者进入禁止进入的特定场所后违反治安管理规定,或者违反指示性监督管理规定,经检察机关采取训诫提醒等多种措施后仍无悔改表现的,应认定为违反考察机关监督管理规定"情节严重"。具体而言,可以从以下几个方面把握:

一是要考虑被附条件不起诉人在主观上是否故意违反考察机关监督管理规定,如果不是出于故意,则不宜认定,过于苛刻不利于调动其自我改造的积极性。

二是要考虑违反考察机关禁止性监督管理规定的频次,一次两次不宜认定为"情节严重",但超过三次,一般可以认定,一味容忍不利于教育挽救。所谓禁止性监督管理规定,是指《人民检察院刑事诉讼规则》第四百七十六条第三项规定的"不得进入特定场所,与特定的人员会见或者通信,从事特定的活动",如该案附带条件中的禁止夜不归宿,禁止出入酒吧、夜店、KTV 等娱乐场所。

三是违反禁止性监督管理规定的同时又违反治安管理规定,如进入禁止进入的特定场所后违反治安管理规定,此种情况也可以认定为"情节严重"。

四是违反指示性监督管理规定,经检察机关采取训诫提醒等多种措施后仍无悔改表现的,可以认定为违反考察机关监督管理规定"情节严重"。所谓

"指示性监督管理规定"是指《人民检察院刑事诉讼规则》第四百七十六条第一项、第二项和第四项至第六项分别规定的"完成戒瘾治疗、心理辅导或者其他适当的处遇措施""向社区或者公益团体提供公益劳动""向被害人赔偿损失、赔礼道歉""接受相关教育"等。

司法实践中,鉴于办理未成年人刑事案件重点强调"人"而非"行为",注重个别化处理和承办人的亲历性,因此,对"违反考察机关监督管理规定情节严重"的判断应当避免机械化,需要承办人结合涉案未成年人的具体情况综合把握、裁量。

四、规范适用附条件不起诉制度

附条件不起诉制度经过八年多的运行,取得了明显成效。同时,检察机关也应清醒地看到,与党和人民对未成年人司法保护的更高要求相比,与附条件不起诉制度承载的功能和作用相比,司法实践在适用附条件不起诉制度方面还存在一些问题和不足。

下一步,检察机关应以发布该批指导性案例为抓手,进一步加强附条件不起诉工作。一是提高附条件不起诉案件质量。准确把握适用附条件不起诉的条件,严格规范适用程序,推动解决调查报告形式化、同质化等问题,进一步提升所附条件的针对性。二是合理提高附条件不起诉适用率。对符合附条件不起诉条件的案件,依法积极适用,尤其是对作相对不起诉处理或者法院判处1年有期徒刑以下刑罚未成年人犯罪案件较多的地方,加强跟踪指导,加大适用力度,维护未成年人合法权益。三是加强对附条件不起诉制度的调研分析,为进一步完善附条件不起诉制度提供检察经验和智慧。

最高人民检察院
关于印发最高人民检察院
第二十八批指导性案例的通知

(2021年4月27日公布　高检发办字〔2021〕29号)

各级人民检察院：

经 2021 年 4 月 1 日最高人民检察院第十三届检察委员会第六十四次会议决定，现将江苏某银行申请执行监督案等三件指导性案例（检例第 108—110 号）作为第二十八批指导性案例（检察机关民事执行监督主题）发布，供参照适用。

最高人民检察院

2021 年 4 月 27 日

江苏某银行申请执行监督案

(检例第 108 号)

【关键词】

执行案件案外人　保证责任　执行行为异议　程序指引错误　执行监督

【要　旨】

质权人为实现约定债权申请执行法院解除对质物的冻结措施,向法院承诺对申请解除冻结错误造成的损失承担责任,该承诺不是对出质人债务的保证,人民法院不应裁定执行其财产。对人民法院错误裁定执行其财产的行为不服提出的异议是对执行行为的异议,对该异议裁定不服的救济途径为复议程序而非执行异议之诉。

【基本案情】

2014 年 7 月 9 日,某银行与某公司签订《最高额银行承兑汇票承兑合同》,约定承兑最高限额不超过 1000 万元。同日,毛某芹与某银行签订《质押合同》,约定毛某芹以其名下某银行开具的 2 张存单共计 1000 万元对前述承兑合同项下借款提供质押担保,约定若主债权到期(包括提前到期)债务人未予清偿的,某银行有权实现质权;质押期限为 2014 年 7 月 9 日至 2015 年 1 月 9 日。当日,毛某芹向某银行交付上述质押存单 2 张并签订《权利质押清单》。某银行依约向某公司开具 2 张共计 1000 万元的承兑汇票并承兑付款,但某公司未能在票据到期日将应付票据款交存某银行。

2014 年 11 月 10 日,江苏省扬中市人民法院在审理某小额贷款公司诉借款人杨某娥、连带保证人毛某芹民间借贷纠纷案中,根据某小额贷款公司的诉讼保全申请,冻结了毛某芹已质押给某银行的 500 万元的存单。

2015 年 1 月 7 日,某银行以涉案存单到期为由向扬中市人民法院提出解除冻结的书面申请,未获批准。同年 4 月 28 日,某银行根据法院要求,出具《承诺》一份,载明:"现我单位申请解除对该质押存单的冻结,若申请解除冻结的行为存在错误导致损失的,我单位提供反担保,对上述存单的申请解除冻结行为承担责任。"次日,法院解除冻结。

2015 年 6 月 8 日,扬中市人民法院对某小额贷款公司诉杨某娥、毛某芹等人的民间借贷纠纷案作出判决，判令杨某娥偿还某小额贷款公司借款200万元本息，毛某芹等人共同承担连带还款责任。同年12月29日，某小额贷款公司申请强制执行。扬中市人民法院作出（2015）扬执字第1614号裁定，以某银行出具的《承诺》系自愿为毛某芹提供保证，故依据《最高人民法院关于人民法院执行工作若干问题的规定（试行）》（以下简称《执行工作若干规定》）第85条规定，裁定某银行在保证责任范围内对某小额贷款公司承担清偿责任。

某银行不服，向扬中市人民法院提出执行异议，认为其因行使质权需要，申请对涉案存单解除冻结并无过错，法院要求其承担保证责任无事实依据。扬中市人民法院于2016年3月7日作出（2016）苏1182执异5号裁定，认为某银行自愿为毛某芹提供保证，法院裁定执行其财产符合法律规定，遂裁定驳回异议，并告之如不服可在15日内向法院提起诉讼。

某银行遂根据法院指引，提起执行异议之诉，请求：确认某银行对涉案存单享有质权，其出具的《承诺》不构成保证；撤销扬中市人民法院追加其为被执行人的裁定及驳回异议裁定。2016年7月28日，扬中市人民法院认为该案应当依照审判监督程序处理，裁定驳回起诉。某银行不服提起上诉。镇江市中级人民法院认为某银行可通过普通确权诉讼另行主张质权，驳回上诉。

2016年底，某银行按照镇江市中级人民法院的指引，以毛某芹为被告、某小额贷款公司为第三人，向扬中市人民法院提起质押合同诉讼。2017年11月14日，该院作出（2016）苏1182民初4094号判决，确认某银行对涉案存单享有质权，其提供的《承诺》不构成对毛某芹债务的担保。某小额贷款公司不服提起上诉。2018年5月24日，镇江市中级人民法院二审判决驳回上诉，维持原判。

【检察机关履职情况】

线索来源　2017年3月初，某银行向扬中市人民检察院申请执行监督，主张其对毛某芹涉案存单享有质权，《承诺》不构成担保，扬中市人民法院据此追加其为被执行人违法。

调查核实　扬中市人民检察院受理某银行的监督申请后，查明以下事实：一是对涉案合同进行了审查，确认某银行对涉案存单享有质权。因某公司未能在票据到期日将应付票据款1000万元交存某银行，某银行有权根据《质押合同》约定对毛某芹质押的1000万元存单行使优先受偿权。二是本案执行期间，执行法院同时执行的另案，即毛某芹与王某龙民间借贷纠纷案的审判及执行情况。该案一审中，法院依王某龙申请冻结了毛某芹在某银行的12张存单共计6400万元，某银行同样以其对12张存单享有质权为由申请法院解除冻结，并向法院出具书面承诺，内容与本案《承诺》基本一致。法院解除对上述存单的冻结后，王某龙不服，先后提出执行异议和执行异议之诉，法院一审、二审、再审均认为某银行对该12张存单享有质权，依法享有优先受偿权，对王某龙提出的诉求未予支持。

监督意见 2017年3月14日，扬中市人民检察院向扬中市人民法院发出检察建议书，指出某银行出具的《承诺》不构成担保法意义上的保证，法院裁定由其承担还款责任，缺乏事实依据和法律依据。法院对某银行提出的异议予以驳回且引导其提起执行异议之诉，在执行异议之诉被驳回后又告之其依照审判监督程序处理，导致某银行饱受诉累，建议法院依法纠正错误执行行为。

2017年7月28日，扬中市人民法院回函以某银行提起质权确认之诉为由，未采纳检察建议。扬中市人民检察院对该案持续跟进监督，发现在质押合同纠纷案件审理期间，法院根据某小额贷款公司的申请已强行划扣某银行260万元。在质押合同纠纷一案判决确认某银行对涉案存单享有质权，《承诺》不构成对毛某芹债务的担保后，法院亦未将划转的260万元执行回转。扬中市人民检察院遂于2018年8月1日，再次向扬中市人民法院发出检察建议，指出：某银行与毛某芹、某小额贷款公司质押合同纠纷一案已全部审理完毕，原复函中提出的"某银行正在提起质权确认之诉"的情形已不复存在，建议法院依法纠错并进行执行回转。

监督结果 2019年1月25日，扬中市人民法院向扬中市人民检察院复函称，该院作出的（2015）扬执字第1614号裁定确有错误，应予纠正，对检察建议予以采纳。该院已于2018年9月6日裁定执行回转，某小额贷款公司已将260万元执行款返还某银行。

【指导意义】

（一）质权人为申请解除对质物的冻结，向法院承诺对申请解除冻结错误造成的损失承担责任，不是对出质人债务的保证，法院裁定执行其财产错误。《执行工作若干规定》第85条规定，人民法院在审理案件期间，保证人为被执行人提供保证，人民法院据此解除保全措施的，案件审结后如果被执行人无财产可供执行或其财产不足清偿债务时，人民法院有权裁定执行保证人在保证责任范围内的财产。执行程序中将案外人认定为保证人，意味着直接使得生效法律文书列明的被执行人以外的人承担实体责任，对当事人权利义务将产生无法律依据的不当影响，因此关于保证责任的认定应严格遵循有关法律规定，根据当事人真实意思表示慎重审查认定。本案中，某银行作为案外人，只有在向法院明确其愿意为被执行人毛某芹的债务提供保证时，法院才可裁定执行某银行在保证责任范围内的财产。某银行出具的《承诺》虽然有"反担保"一词，但反担保是指债务人为保证人提供的担保，某银行与毛某芹并非债务人与保证人的关系，某银行也未作出为毛某芹的债务提供担保的意思表示，因此不构成反担保。《承诺》是某银行应法院要求出具，内容是愿对其申请解除冻结错误可能导致的损失承担责任，并非为毛某芹对某小额贷款公司的担保债务提供保证，因此不属于《执行工作若干规定》第85条规定的"保证人为被执行人提供保证"的情形，人民法院据此裁定执行某银行的财产错误。

（二）执行程序中应正确区分对执行行为的异议与对执行标的的异议，准确适用不同的法律救济途径。《中华人民共和国民事诉讼法》第二百二十五条及第二百二十七条对执行行为异议和执行标的异议规定了不同的救济途径，当事人、利害关系人对执行行为异议裁定不服的，可向上级人民法院申请复议，对执行标的异议裁定不服的，可提起执行异议之诉。本案中，某银行是对法院认定《承诺》系对毛某芹担保的债务提供保证，并据此裁定执行其财产的行为不服，属于对执行行为提出的异议，而非对执行标的提出的异议，对该异议裁定不服的救济途径为复议程序，人民法院引导其提起执行异议之诉，程序指引有误。在某银行提起执行异议之诉后，人民法院认为该案应当依照审判监督程序处理，驳回起诉亦属适用法律错误。根据《最高人民法院关于适用〈中华人民共和国民事诉讼法〉的解释》第三百一十二条规定，人民法院应当对某银行就涉案存单是否享有足以排除强制执行的民事权益进行审理，并对其提出的确权诉讼请求一并作出裁判，而不应指引其另行提起普通确权诉讼主张质权。

（三）对已经设立质权的标的物，人民法院可以采取财产保全措施，但不影响质权人的优先受偿权。根据《最高人民法院关于适用〈中华人民共和国民事诉讼法〉的解释》第一百五十七条的规定，人民法院对抵押物、质押物、留置物可以采取财产保全措施，但不影响抵押权人、质权人、留置权人的优先受偿权。某银行作为涉案存单的质权人，有权请求法院解除冻结，法院在某银行提供有关证据证明其对涉案存单享有质权的情况下，应解除对涉案存单的冻结。此时申请诉讼保全的权利人若有异议，可以向法院提出，若在执行异议程序中仍不能解决双方争议，则可提起执行异议之诉。本案法院在解除对涉案存单冻结后，诉讼保全申请人某小额贷款公司并未提出异议的情况下，裁定执行该存单财产并指引某银行提起执行异议之诉及质权确权之诉，事实上混淆了本案争议焦点，适用法律及程序指引均存在错误。

人民检察院在依法履行民事执行法律监督职责时，经调查核实，发现人民法院执行活动存在上述违反法律规定情形的，应当依法提出检察建议。对于人民法院已错误划扣的财产应当建议法院进行执行回转。

【相关规定】

《最高人民法院关于人民法院执行工作若干问题的规定（试行）》第85条

《中华人民共和国民事诉讼法》第二百二十五条、第二百二十七条、第二百三十五条

《最高人民法院关于适用〈中华人民共和国民事诉讼法〉的解释》第三百一十二条

《中华人民共和国担保法》第四条

湖北某房地产公司申请执行监督案

（检例第 109 号）

【关键词】

鉴定材料　评估结果明显失实　评估异议　执行人员违法　执行监督

【要　旨】

对于民事执行监督中当事人有证据证明执行标的物评估结果失实问题，人民检察院应当依法受理并围绕影响评估结果的关键性因素进行调查核实；经过调查核实查明违法情形属实的，人民检察院应当依法监督纠正；对于发现的执行人员和相关人员违纪、违法犯罪线索应当及时移送有关单位或部门处理。

【基本案情】

2004 年 9 月，某银行与某娱乐公司、某房地产公司因借款合同纠纷，向武汉仲裁委员会申请仲裁。武汉仲裁委员会裁决某娱乐公司向某银行偿还贷款本息共计 3590.45 万元，某银行对担保人某房地产公司抵押的财产优先受偿。裁决生效后，某银行于 2004 年 11 月向湖北省武汉市中级人民法院申请强制执行，后因某银行以当时拍卖变现抵押物会对该行造成较大损失为由，向武汉市中级人民法院申请暂缓拍卖，该院于 2005 年 10 月裁定终结本次执行程序，并向申请执行人发放债权凭证。2013 年 1 月，某银行申请恢复执行，武汉市中级人民法院于 2013 年 2 月作出（2004）武执字第 428 号执行裁定，对某房地产公司唯一资产——位于武汉市硚口区某地块 1.3 万余平方米的土地进行为期两年的查封，并于 2015 年 1 月作出（2004）武执字第 00428-1 号执行裁定，对上述土地续查封一年。上述两份执行裁定均未向某房地产公司和某银行送达。2014 年 7 月，武汉市中级人民法院委托评估机构对上述土地使用权价值进行评估，评估价为 5778.57 万元。某房地产公司对上述评估结果不服，提出执行异议，武汉市中级人民法院未对评估过程中是否存在程序违法进行审查，亦未交评估机构对异议内容进行复核。

2015 年 2 月 25 日，涉案土地公开拍卖，某置业公司经两轮竞价，以 5798.57 万元的价格竞买成交。2016 年 6 月，武汉市土地交易中心为竞买人办理变更使用权人登记时，为确定税费对涉案土地再次委托评估，确定总地价为

21300.7万元。后武汉市土地交易中心与某置业公司签订《国有建设用地使用权成交确认书》。

【检察机关履职情况】

线索来源 2018年3月，某房地产公司认为本案执行行为违反法律规定，向湖北省武汉市人民检察院申请监督，主要理由是执行程序中涉案土地的容积率明显有误，土地价值严重低估。武汉市人民检察院依法受理。

调查核实 武汉市人民检察院通过调查核实查明以下事实：一是武汉市国土资源和规划局保存的原始地籍资料显示，涉案土地出让时容积率为4.16。二是武汉市中级人民法院执行人员曾于委托评估前调取该地籍资料并入卷，但委托评估时未向评估机构提供。三是本案土地价格评估时，评估人员未查实涉案土地容积率，自行依据周边情况设定容积率为2.0。四是某房地产公司及本案其他债权人曾于2014年9月和2015年2月提出执行异议，法院未予处理。五是竞买后，某置业公司变更权属登记时，武汉市国土资源和规划局硚口分局经核算确定涉案土地的容积率为4.61，并依此办理权属变更登记公示；为确定土地交易税费，武汉市土地交易中心委托三家评估机构分别进行价值评估，其中估价为21300.7万元的结果居中，该交易中心按21300.7万元的总地价确定交易税费。六是某置业公司后已在涉案土地上开发"盛世公馆"项目并销售，建设用地规划许可证载明用地面积13214.19平方米，建设规模60969.75平方米，据此计算容积率为4.61。

监督意见 武汉市人民检察院认为武汉市中级人民法院在本案执行程序中存在下列违法情形：第一，在已调取地籍资料的情况下，未将地籍资料移交给评估公司，未对委托评估资料的完整性负责，致使涉案土地评估价格5778.57万元明显低于实际市场价格；第二，未依法对某房地产公司提出的执行异议进行审查并作出处理；第三，未依法送达法律文书。2018年4月13日，武汉市人民检察院向武汉市中级人民法院发出检察建议书，建议依法纠正错误执行行为；采取有效措施，统筹解决执行纠错及某房地产公司破产问题，维护某房地产公司及其债权人的合法权益；对执行人员的失职行为按照《人民法院工作人员处分条例》的规定予以处理。另，本案在启动监督程序后，对发现的职务犯罪线索已移送有关部门。

监督结果 武汉市中级人民法院收到检察建议书后，于2018年6月6日立案审查；2018年11月8日，该院复函武汉市人民检察院，确认执行人员委托鉴定时未依法移交调取的鉴定资料，未能保证鉴定资料的充分性、完整性，导致评估价格明显低于市场价格、评估结果失实，损害被执行人合法权益，且存在其他程序违法问题；2018年12月29日，该院作出（2018）鄂01执监9

号执行裁定，撤销该院对案涉地块土地使用权的网络司法拍卖；2019年1月14日，武汉市中级人民法院再次复函武汉市人民检察院，确认竞买人之间存在恶意串通的行为，严重扰乱司法拍卖秩序。

就本案造成的财产损害，某房地产公司以某置业公司为被告，提起财产损害赔偿之诉，武汉市中级人民法院已作出二审判决，判令某置业公司赔偿某房地产公司财产损失11760.09万元及相应利息；就该判决的履行，双方已达成具体的履行协议。

另，对本案移送的犯罪线索，有关部门已分别对某置业公司法定代表人翟某、某评估公司法定代表人贾某、估价师黄某等4人立案。经湖北省武汉市洪山区人民检察院依法提起公诉，洪山区人民法院经审理认定翟某以威胁手段，强迫他人退出拍卖，导致翟某所控制的公司拍得土地使用权的价格远低于实际价值，以翟某犯强迫交易罪，判处有期徒刑二年，缓刑二年，并处罚金二万元，判决现已生效。贾某、黄某被武汉市中级人民法院二审以提供虚假证明文件罪分别判处有期徒刑一年零三个月、一年零六个月，并处罚金。

【指导意义】

（一）对于可能存在的执行标的物评估结果失实的问题，人民检察院应着重围绕影响评估结果的关键性因素进行调查核实。执行标的物评估结果失实，特别是评估结果明显低于市场价格损害财产权利人利益，是执行监督中当事人反映比较集中的一类问题，尤以土地、房产和重大设备价值评估为多发领域。评估结果失实是检察机关依法履职的线索来源，人民检察院应据此重点审查是否存在违法情形导致评估结果失实，查明违法情形属实的，应当依法监督。土地作为执行标的物时，其市场价格与土地容积率、地段、周边配套等因素密切相关，人民检察院调查核实违法情形时应当重点围绕决定土地价格的密切相关因素进行。以土地容积率为例，可以查实地块出让时确定的容积率、执行人员对容积率的查明掌握情况、评估鉴定机构确定容积率的方法、权属变更登记公示时的容积率和确定土地交易税费时的容积率，遇有容积率的确定存在前后明显差异的情形，应重点查实确定容积率的方法、途径和变化因素等。

（二）查实执行活动存在违法情形的，应当予以监督纠正，对于相关人员可能存在的违纪违法和犯罪线索，应当按规定移送有关部门处理。人民检察院开展执行监督工作，对确有错误的执行案件，应当建议人民法院依法纠正；发现执行人员违纪违法的，应建议人民法院予以处理；发现涉嫌犯罪的，应当将案件线索依法移送有关单位或部门。办理涉及评估鉴定的执行监督案件时，应当注意查明人民法院委托评估鉴定是否向评估鉴定机构提供了真实、完整、充分的评估鉴定材料，是否将已掌握的相关情况全部告知评估鉴定机构，从中发现委托评估鉴定过程中是否存在违法行为。

【相关规定】

《中华人民共和国拍卖法》第三十七条

《司法鉴定程序通则》第十三条

黑龙江何某申请执行监督案

(检例第 110 号)

【关键词】

夫妻共同债务认定　执行依据　违法追加被执行人　程序违法　跟进监督

【要　旨】

执行程序应当按照生效判决等确定的执行依据进行，变更、追加被执行人应当遵循法定原则和程序，不得在法律和司法解释规定之外或者未经依法改判的情况下变更、追加被执行人。对于执行程序中违法变更、追加被执行人的，人民检察院应当依法监督。

【基本案情】

张某与何某系夫妻关系。2009 年至 2010 年，张某因销售燃煤急需资金，向魏某借款共计 35 万元，到期未偿还。魏某以张某为被告向黑龙江省铁力市人民法院提起诉讼。2012 年 2 月 27 日，铁力市人民法院作出（2011）铁民初字第 833 号民事判决，判令"被告张某于本判决发生法律效力后十五日内偿还原告魏某本金 35 万元"。张某不服一审判决，上诉至伊春市中级人民法院，二审驳回上诉、维持原判。2012 年 8 月 6 日，魏某向铁力市人民法院申请执行。2014 年 1 月 22 日，张某与何某协议离婚。

2015 年 7 月 30 日，铁力市人民法院作出（2012）铁执字 167-2 号执行裁定，以借款系夫妻共同债务为由，裁定追加何某为被执行人，并冻结何某工资。

何某向铁力市人民法院提出书面异议。2015 年 12 月 28 日，铁力市人民法院作出（2015）铁执异字第 16 号执行裁定，认为婚姻关系存续期间，夫妻一方以个人名义所负债务，除债权人与债务人明确约定为个人债务或夫妻约定婚姻关系存续期间财产归各自所有外，都应视为夫妻共同债务，裁定驳回何某的异议。何某不服该裁定，向黑龙江伊春市中级人民法院申请复议。2016 年 4 月 11 日，伊春市中级人民法院作出（2016）黑 07 执复 2 号执行裁定，驳回何某的复议申请。

【检察机关履职情况】

线索来源 2017年5月31日，何某向黑龙江省铁力市人民检察院申请执行监督，认为铁力市人民法院在执行程序中追加被执行人违法。铁力市人民检察院依法受理。

监督意见 2017年6月28日，铁力市人民检察院向铁力市人民法院发出检察建议书，认为铁力市人民法院裁定追加何某为被执行人缺乏法律依据，建议纠正。7月26日，铁力市人民法院复函，认为追加何某为被执行人适用法律准确，程序合法，且上级法院已作出执行异议复议裁定，故不予采纳检察建议。铁力市人民检察院提请伊春市人民检察院跟进监督。11月8日，伊春市人民检察院向伊春市中级人民法院发出检察建议书，认为生效判决并未确认案涉款项为夫妻共同债务，执行环节不应直接改变执行依据，在未经法院改判的情况下不应直接将判决确认的个人债务推定为夫妻共同债务；追加何某为被执行人，既影响判决的既判力，又剥夺何某诉讼权利，使得何某未经审判程序即需承担义务，建议纠正。

监督结果 2018年3月22日，伊春市中级人民法院作出（2018）黑07民监1号回复函，认为铁力市人民法院不应追加何某为被执行人，经该院审判委员会讨论决定，采纳伊春市人民检察院的检察建议。4月16日，伊春市中级人民法院作出（2018）黑07执监3号执行裁定，撤销铁力市人民法院（2012）铁执字167-2号执行裁定。后铁力市人民法院解除对何某工资账户的冻结。

【指导意义】

（一）违法追加被执行人，人民检察院应当依法监督。审判和执行程序分工不同，当事人实体权利义务应由审判程序予以确定，执行程序通常不应直接确定当事人实体权利义务，只能依照执行依据予以执行。变更、追加被执行人应当遵循法定原则，对于法律或司法解释规定情形之外的，不能变更、追加，否则实质上剥夺了当事人的诉讼权利，属于程序违法。"未经审判程序，不得要求未举债的夫妻一方承担民事责任"的具体规定虽然是2017年2月最高人民法院在《关于依法妥善审理涉及夫妻债务案件有关问题的通知》中才明确表述的，但是，人民法院在执行程序中追加被执行人的基本原则、程序一直是确定的，这一规定只是对确定夫妻共同债务既有规则的重申。人民检察院发现执行程序中人民法院违法追加被执行人的，应当依法进行监督。

（二）办理可能涉及夫妻共同债务的案件，既要注重保护债权人的合法权利，又要注重保护未共同举债的夫妻另一方的合法权利。涉夫妻共同债务案件事关交易安全、社会诚信和家庭稳定，办理此类案件过程中，既要注意到可能存在夫妻双方恶意串通损害债权人利益的情形，也要注意到可能存在夫妻一方与债权人恶意串通损害配偶利益的情形，特别是要防止简单化地将夫妻关系存续期间发生的债务都认定为夫妻共同债务。如严格按照《民法典》第一千零六十四条的规定认定是否属于夫妻共同债务，同时要严守法定程序，保障当事人诉讼权利。如有证据证明可能存在夫妻双方恶意串通损害债权人利益的，应经由审判程序认定夫妻共同债务，而非在执行程序中直接追加夫妻另一方为被执行人。

（三）人民检察院认为人民法院对检察建议处理结果错误，可以提请上级院跟进监督。检察建议是人民检察院履行法律监督职能的重要方式。发现人民法院对人民检察院提出的检察建议未在规定的期限内作出处理并书面回复，以及对检察建议的处理结果错误的，应当按照有关规定进行监督，或者提请上级院监督。

【相关规定】

《人民检察院民事诉讼监督规则（试行)》第一百一十七条

最高人民检察院第二十八批指导性案例解读[*]

阚林兰楠 刘小艳[**]

2021年4月1日,经最高人民检察院第十三届检察委员会第六十四次会议决定,最高人民检察院围绕民事执行监督主题发布了第二十八批指导性案例,包括江苏某银行申请执行监督案、湖北某房地产公司申请执行监督案、黑龙江何某申请执行监督案共三件指导性案例。为促进指导性案例的理解与适用,现就案例中涉及的主要问题和指导要点进行解读。

一、发布第二十八批指导性案例的背景和意义

(一)发布背景

2012年修订的民事诉讼法第二百三十五条明确规定,检察机关有权对民事执行活动实行法律监督。2016年,为促进法院依法执行、规范检察机关民事执行法律监督活动,最高人民法院、最高人民检察院联合发布了《关于民事执行活动法律监督若干问题的规定》,对民事执行监督原则、监督范围、监督方式等问题予以明确。2020年7月,最高人民法院、最高人民检察院联合发布了《关于建立全国执行与法律监督工作平台进一步完善协作配合工作机制的意见》,就"全国执行与法律监督工作平台"建设、加强协作配合、完善工作机制、实现信息共享等内容作出相关规定。近年来,全国检察机关民事检察部门认真履行民事执行监督职能,全面加强对法院民事执行活动的监督,力求在破解"执行难""执行乱"中与法院形成合力,做到监督与支持并重,依法办理了一批典型案件,积累了一些经验做法。2020年,全国检察机关办结民事执行监督案件48620件,提出检察建议37427件,法院同期采纳36754件。但民事执行检察工作也存在配套规定不足、监督质效不高、各地工作不平衡、人员力量与监督职能不匹配等问题。

此次制发检察机关民事执行监督指导性案例的主要目的在于:一是充分发挥指导性案例的示范引领作用,为全国检察机关民事检察部门依法办理执行监督案件提供办案指引,保障法律统一正确实施。民事执行监督工作起步较晚,案件大量分布在基层,基层检察机关民事检察工作的人员配备和队伍专业化建

---

[*] 原文载《人民检察》2021年第14期。
[**] 作者单位:最高人民检察院第六检察厅。

设都存在较大提升空间。民事诉讼法虽然规定检察机关有权监督民事执行活动，但缺少对监督方式、监督程序、监督效力等问题的具体规定。2016年最高人民法院、最高人民检察院的会签文件虽然进一步明确了监督实践中的基本问题，然而，相较于日益丰富的司法实践需求，民事执行监督仍面临规范缺失和滞后的制度困境。通过制发指导性案例，旨在促进对法律适用、监督理念和司法政策的进一步厘清，也将积累的成功经验予以推广，起到积极的示范作用。二是进一步提高检察机关自身对民事执行监督工作的重视，在监督深度和广度上下功夫，同时增强社会认知度。总体来说，民事执行监督虽然在案件数量上已经达到一定规模，但监督质效不高，有影响力的典型案件较少。本次制发指导性案例，共有106件案例入围备选，通过层层筛选、多方征求意见，最高人民检察院最终选择了3件违法情形突出、监督效果良好的案例，作为指导性案例予以发布。通过梳理总结相关检察院在促进法院依法执行、推动解决"执行难""执行乱"问题上作出的努力，督促各级检察机关进一步加强对民事执行监督工作的重视。对符合依职权监督条件的案件，依法启动监督程序，提升监督广度；对倾向性、趋势性问题及时分析研判，积极提出类案监督意见或工作建议，夯实监督深度。

（二）主要意义

一是有利于各地准确理解和把握变更、追加被执行人应当遵循法定原则和程序。审判和执行程序分工不同，当事人实体权利义务应由审判程序予以确定，执行程序通常不应直接确定当事人实体权利义务，只能依照执行依据予以执行。变更、追加被执行人应当遵循法定原则，对于法律或司法解释规定情形之外的，不能变更、追加，否则就剥夺了当事人的诉讼权利，属于程序违法。

二是有利于指导各地准确理解和把握涉及执行工作的相关司法解释的规定。例如，根据2008年最高人民法院《关于人民法院执行工作若干问题的规定（试行）》（2020年已修正）第85条，法院在审理案件期间，保证人为被执行人提供保证，法院据此未对被执行人的财产采取保全措施或解除保全措施的，案件审结后如果被执行人无财产可供执行或其财产不足清偿债务时，即使生效法律文书中未确定保证人承担连带责任，法院有权裁定执行保证人在保证责任范围内的财产。江苏某银行申请执行监督案中涉及的质权人为申请解除质物的冻结，向法院承诺对申请解除冻结错误造成的损失承担责任，不是对出质人债务的保证，不能理解为该司法解释规定的"保证人为被执行人提供保证"的情形，法院裁定执行其财产属于违法。值得注意的是，执行程序中将案外人认定为保证人，意味着令生效法律文书列明的被执行人以外的人承担实体责任，对当事人权利义务将产生重大影响，因此，保证责任应当依照法律规定、根据当事人的真实意思表示审查确定。

三是有利于指导各地正确理解把握对执行行为的异议与对执行标的的异议应适用不同的法律救济途径。民事诉讼法第二百二十五条及第二百二十七条对执行行为异议和执行标的异议规定了不同的救济途径，当事人、利害关系人对执行行为异议裁定不服的，可向上级法院申请复议，对执行标的异议裁定不服的，可提起执行异议之诉。

四是有利于指导各地把握线索来源与监督履职的关系。实践中，检察机关需要面对大量纷繁复杂的线索来源，线索来源不等同于违法行为，检察机关需要通过调查核实查明违法情形是否属实，并据此决定是否提出监督意见。

五是有利于指导各地切实关注检察建议的采纳和回复情况，依法做好跟进监督。检察建议是检察机关履行法律监督职能的重要方式。不能发出检察建议就简单了结，还要积极持续关注检察建议的采纳情况，以及违法行为是否得到纠正、当事人程序及实体权利保护的后续情况。法院对检察机关提出的检察建议未在规定的期限内作出处理并书面回复，以及对检察建议的处理结果错误的，检察机关应当按照有关规定进行督促或跟进监督。

二、第二十八批指导性案例的基本案情、要旨和指导意义

（一）江苏某银行申请执行监督案

基本案情：2014年7月9日，某银行与某公司签订《最高额银行承兑汇票承兑合同》，约定承兑最高限额不超过1000万元。同日，毛某芹与某银行签订《质押合同》，约定毛某芹以其名下某银行开具的2张存单共计1000万元对前述承兑合同项下借款提供质押担保，约定若主债权到期（包括提前到期）债务人未予清偿的，某银行有权实现质权；质押期限为2014年7月9日至2015年1月9日。当日，毛某芹向某银行交付上述质押存单2张并签订《权利质押清单》。某银行依约向某公司开具2张共计1000万元的承兑汇票并承兑付款，但某公司未能在票据到期日将应付票据款交存某银行。

2014年11月10日，江苏省扬中市法院在审理某小额贷款公司诉借款人杨某娥、连带保证人毛某芹民间借贷纠纷案中，根据某小额贷款公司的诉讼保全申请，冻结了毛某芹已质押给某银行的500万元的存单。

2015年1月7日，某银行以涉案存单到期为由向扬中市法院提出解除冻结的书面申请，未获批准。同年4月28日，某银行根据法院要求，出具《承诺》一份，载明："现我单位申请解除对该质押存单的冻结，若申请解除冻结的行为存在错误导致损失，我单位提供反担保，对上述存单的申请解除冻结行为承担责任。"次日，法院解除冻结。

2015年6月8日,扬中市法院对某小额贷款公司诉杨某娥、毛某芹等人的民间借贷纠纷案作出判决,判令杨某娥偿还某小额贷款公司借款200万元本息,毛某芹等人共同承担连带还款责任。同年12月29日,某小额贷款公司申请强制执行。扬中市法院作出(2015)扬执字第1614号裁定,以某银行出具的《承诺》系自愿为毛某芹提供保证,故依据2008年《关于人民法院执行工作若干问题的规定(试行)》第85条,裁定某银行在保证责任范围内对某小额贷款公司承担清偿责任。

某银行不服,向扬中市法院提出执行异议,认为其因行使质权需要,申请对涉案存单解除冻结并无过错,法院要求其承担保证责任无事实依据。扬中市法院于2016年3月7日作出(2016)苏1182执异5号裁定,认为某银行自愿为毛某芹提供保证,法院裁定执行其财产符合法律规定,遂裁定驳回异议,并告之如不服可在15日内向法院提起诉讼。

某银行遂根据法院指引,提起执行异议之诉,请求:确认某银行对涉案存单享有质权,其出具的《承诺》不构成保证;撤销扬中市法院追加其为被执行人的裁定及驳回异议裁定。2016年7月28日,扬中市法院认为该案应当依照审判监督程序处理,裁定驳回起诉。某银行不服提起上诉。镇江市中级法院认为某银行可通过普通确权诉讼另行主张质权,驳回上诉。

2016年底,某银行按照镇江市中级法院的指引,以毛某芹为被告、某小额贷款公司为第三人,向扬中市法院提起质押合同诉讼。2017年11月14日,该院作出(2016)苏1182民初4094号判决,确认某银行对涉案存单享有质权,其提供的《承诺》不构成对毛某芹债务的担保。某小额贷款公司不服提起上诉。2018年5月24日,镇江市中级法院二审判决驳回上诉,维持原判。

主要阐明:质权人为实现约定债权申请执行法院解除对质物的冻结措施,向法院承诺对申请解除冻结错误造成的损失承担责任,该承诺不是对出质人债务的保证,法院不应裁定执行其财产。对法院错误裁定执行其财产的行为不服提出的异议是对执行行为的异议,对该异议裁定不服的救济途径为复议程序而非执行异议之诉。

监督过程:1.线索来源。2017年3月初,某银行向扬中市检察院申请执行监督,主张其对毛某芹涉案存单享有质权,《承诺》不构成担保,扬中市法院据此追加其为被执行人违法。

2.调查核实。扬中市检察院受理某银行的监督申请后,查明以下事实:一是对涉案合同进行了审查,确认某银行对涉案存单享有质权。因某公司未能在票据到期日将应付票据款1000万元交存某银行,某银行有权根据《质押合同》约定对毛某芹质押的1000万元存单行使优先受偿权。二是该案执行期间,执行法院同时执行的另案,即毛某芹与王某龙民间借贷纠纷案的审判及执行情况。此案一审中,法院依王某龙申请冻结了毛某芹在某银行的12张存单共计6400万元,某银行同样以其对12张存单享有质权为由申请法院解除冻结,并向法院出具书面承诺,内容与该案《承诺》基本一致。法院解除对上述存单的冻结后,王某龙不服,先后提出执行异议和执行异议之诉,法院一审、二审、再审均认为某银行对该12张存单享有质权,依法享有优先受偿权,对王某龙提出的诉求未予支持。

3. 监督意见。2017年3月14日,扬中市检察院向扬中市法院发出检察建议书,指出某银行出具的《承诺》不构成担保法(已失效)意义上的保证,法院裁定由其承担还款责任,缺乏事实依据和法律依据。法院对某银行提出的异议予以驳回且引导其提起执行异议之诉,在执行异议之诉被驳回后又告知其依照审判监督程序处理,导致某银行饱受诉累,建议法院依法纠正错误执行行为。2017年7月28日,扬中市法院回函以某银行提起质权确认之诉为由,未采纳检察建议。扬中市检察院对该案持续跟进监督,发现在质押合同纠纷案件审理期间,法院根据某小额贷款公司的申请已强行划扣某银行260万元。在质押合同纠纷一案判决确认某银行对涉案存单享有质权,《承诺》不构成对毛某芹债务的担保后,法院亦未将划扣的260万元执行回转。扬中市检察院遂于2018年8月1日,再次向扬中市法院发出检察建议,指出:某银行与毛某芹、某小额贷款公司质押合同纠纷一案已全部审理完毕,原复函中提出的"某银行正在提起质权确认之诉"的情形已不复存在,建议法院依法纠错并进行执行回转。

4. 监督结果。2019年1月25日,扬中市法院向扬中市检察院复函称,该院作出的(2015)扬执字第1614号裁定确有错误,应予纠正,对检察建议予以采纳。该院已于2018年9月6日裁定执行回转,某小额贷款公司已将260万元执行款返还某银行。

指导意义:一是质权人为申请解除对质物的冻结,向法院承诺对申请解除冻结错误造成的损失承担责任,不是对出质人债务的保证,法院裁定执行其财产错误。该案中,某银行作为案外人,只有在向法院明确其愿意为被执行人毛某芹的债务提供保证时,法院才可裁定执行某银行在保证责任范围内的财产。某银行出具的《承诺》虽然有"反担保"一词,但反担保是指债务人为保证人提供的担保,某银行与毛某芹并非债务人与保证人的关系,某银行也未作出为毛某芹的债务提供担保的意思表示,因此不构成反担保。《承诺》是某银行应法院要求出具,内容是愿对其申请解除冻结错误可能导致的损失承担责任,并非为毛某芹对某小额贷款公司的担保债务提供保证,因此不属于2008年

《关于人民法院执行工作若干问题的规定（试行）》第85条规定的"保证人为被执行人提供保证"的情形，法院据此裁定执行某银行的财产错误。

二是执行程序中应正确区分对执行行为的异议与对执行标的的异议，准确适用不同的法律救济途径。该案中，某银行是对法院认定《承诺》系对毛某芹担保的债务提供保证，并据此裁定执行其财产的行为不服，属于对执行行为提出的异议，对该异议裁定不服的救济途径为复议程序，法院引导其提起执行异议之诉，程序指引有误。在某银行提起执行异议之诉后，法院认为该案应当依照审判监督程序处理，驳回起诉亦属适用法律错误。根据最高人民法院《关于适用〈中华人民共和国民事诉讼法〉的解释》第三百一十二条的规定，法院应当对某银行就涉案存单是否享有足以排除强制执行的民事权益进行审理，并对其提出的确权诉讼请求一并作出裁判，而不应指引其另行提起普通确权诉讼主张质权。

三是对已经设立质权的标的物，法院可以采取财产保全措施，但不影响质权人的优先受偿权。根据《关于适用〈中华人民共和国民事诉讼法〉的解释》第一百五十七条的规定，法院对抵押物、质押物、留置物可以采取财产保全措施，但不影响抵押权人、质权人、留置权人的优先受偿权。某银行作为涉案存单的质权人，有权请求法院解除冻结，法院在某银行提供有关证据证明其对涉案存单享有质权的情况下，应解除对涉案存单的冻结。此时申请诉讼保全的权利人若有异议，可以向法院提出，若在执行异议程序中仍不能解决双方争议，则可提起执行异议之诉。该案法院在解除对涉案存单冻结后，诉讼保全申请人某小额贷款公司并未提出异议的情况下，裁定执行该存单财产并指引某银行提起执行异议之诉及质权确权之诉，事实上混淆了该案争议焦点，适用法律及程序指引均存在错误。

检察机关在依法履行民事执行法律监督职责时，经调查核实，发现法院执行活动存在上述违反法律规定情形的，应当依法提出检察建议。对于法院已错误划扣的财产应当建议法院进行执行回转。

（二）湖北某房地产公司申请执行监督案

基本案情：2004年9月，某银行与某娱乐公司、某房地产公司因借款合同纠纷，向武汉仲裁委员会申请仲裁。武汉仲裁委员会裁决某娱乐公司向某银行偿还贷款本息共计3590.45万元，某银行对担保人某房地产公司抵押的财产优先受偿。裁决生效后，某银行于2004年11月向湖北省武汉市中级法院申请强制执行，后因某银行以当时拍卖变现抵押物会对该行造成较大损失为由，向武汉市中级法院申请暂缓拍卖，该院于2005年10月裁定终结本次执行程序，并向申请执行人发放债权凭证。2013年1月，某银行申请恢复执行，武汉市中级法院于2013年2月作出（2004）武执字第428号执行裁定，对某房地产公司唯一资产即位于武汉市硚口区某地块1.3万余平方米的土地进行为期两年的查封，并于2015年1月作出（2004）武执字第00428-1号执行裁定，对上述土地续查封1年。上述两份执行裁定均未向某房地产公司和某银行送达。2014年7月，武汉市中级法院委托评估机构对上述土地使用权价值进行评估，评估价为5778.57万元。某房地产公司对上述评估结果不服，提出执行异议，武汉市中级法院未对评估过程中是否存在程序违法进行审查，亦未交评估机构对异议内容进行复核。

2015年2月25日，涉案土地公开拍卖，某置业公司经两轮竞价，以5798.57万元的价格竞买成交。2016年6月，武汉市土地交易中心为竞买人办理变更使用权人登记时，为确定税费对涉案土地再次委托评估，确定总地价为21300.7万元。后武汉市土地交易中心与某置业公司签订《国有建设用地使用权成交确认书》。

主要阐明：对于民事执行监督中当事人有证据证明执行标的物评估结果存在失实问题，检察机关应当依法受理并围绕影响评估结果的关键性因素进行调查核实；经过调查核实查明违法情形属实的，应当依法监督纠正；对于发现的执行人员和相关人员违纪、违法犯罪线索应当及时移送有关单位或部门处理。

监督过程：1. 线索来源。2018年3月，某房地产公司认为该案执行行为违反法律规定，向武汉市检察院申请监督，主要理由是执行程序中涉案土地的容积率明显有误，土地价值严重低估。武汉市检察院依法受理。

2. 调查核实。武汉市检察院通过调查核实查明以下事实：一是武汉市国土资源和规划局保存的原始地籍资料显示，涉案土地出让时容积率为4.16。二是武汉市中级法院执行人员曾于委托评估前调取该地籍资料并入卷，但委托评估时未向评估机构提供。三是该案土地价格评估时，评估人员未查实涉案土地容积率，自行依据周边情况设定容积率为2.0。四是某房地产公司及该案其他债权人曾于2014年9月和2015年2月提出执行异议，法院未予处理。五是竞买后，某置业公司变更权属登记时，武汉市国土资源和规划局硚口分局经核算确定涉案土地的容积率为4.61，并依此办理权属变更登记公示；为确定土地交易税费，武汉市土地交易中心委托三家评估机构分别进行价值评估，其中估价为21300.7万元的结果居中，该交易中心按21300.7万元的总地价确定交易税费。六是某置业公司后已在涉案土地上开发"盛世公馆"项目并销售，建设用地规划许可证载明用地面积13214.19平方米，建设规模60969.75平方米，据此计算容积率为4.61。

3. 监督意见。武汉市检察院认为武汉市中级法院在该案执行程序中存在下列违法情形：第一，在已调取地籍资料的情况下，未将地籍资料移交给评估公司，未对委托评估资料的完整性负责，致使涉案土地评估价格5778.57万元，明显低于实际市场价格；第二，未依法对某房地产公司提出的执行异议进行审查并作出处理；第三，未依法送达法律文书。2018年4月13日，武汉市检察院向武汉市中级法院发出检察建议书，建议依法纠正错误执行行为；采取有效措施，统筹解决执行纠错及某房地产公司破产问题，维护某房地产公司及其债权人的合法权益；对执行人员的失职行为按照2009年最高人民法院《人民法院工作人员处分条例》的规定予以处理。另，该案在启动监督程序后，对发现的职务犯罪线索已移送有关部门。

4. 监督结果。武汉市中级法院收到检察建议书后，于2018年6月6日立案审查，2018年11月8日复函武汉市检察院，确认执行人员委托鉴定时未依法移交调取的鉴定资料，未能保证鉴定资料的充分性、完整性，导致评估价格明显低于市场价格、评估结果失实，损害被执行人合法权益，且存在其他程序违法问题；2018年12月29日，该院作出（2018）鄂01执监9号执行裁定，撤销该院对案涉地块土地使用权的网络司法拍卖；2019年1月14日，武汉市中级法院再次复函武汉市检察院，确认竞买人之间存在恶意串通的行为，严重扰乱司法拍卖秩序。

就该案造成的财产损害，某房地产公司以某置业公司为被告，提起财产损害赔偿之诉，武汉市中级法院已作出二审判决，判令某置业公司赔偿某房地产公司财产损失11760.09万元及相应利息；就该判决的履行，双方已达成具体的履行协议。另，对该案移送的犯罪线索，有关部门已分别对某置业公司法定代表人翟某、某评估公司法定代表人贾某、估价师黄某等人立案。经武汉市洪山区检察院依法提起公诉，洪山区法院经审理认定翟某以威胁手段，强迫他人退出拍卖，导致翟某所控制的公司拍得土地使用权的价格远低于实际价值，以翟某犯强迫交易罪，判处有期徒刑二年，缓刑二年，并处罚金二万元，判决现已生效。贾某、黄某被武汉市中级法院二审以提供虚假证明文件罪分别判处有期徒刑一年三个月、一年六个月，并处罚金。

指导意义：一是对于可能存在执行标的物评估结果失实的问题，检察机关应着重围绕影响评估结果的关键性因素进行调查核实。执行标的物评估结果失实，特别是评估结果明显低于市场价格损害财产权利人利益，是执行监督中当事人反映比较集中的一类问题，尤以土地、房产和重大设备价值评估为多发领域。评估结果失实是检察机关依法履职的线索来源，检察机关应据此重点审查是否存在违法情形导致评估结果失实，查明违法情形属实的，应当依法监督。土地作为执行标的物时，其市场价格与土地容积率、地段、周边配套等因素密切相关，检察机关调查核实违法情形时应当重点围绕决定土地价格的密切相关因素进行。以土地容积率为例，可以查实地块出让时确定的容积率、执行人员对容积率的查明掌握情况、评估鉴定机构确定容积率的方法、权属变更登记公示时的容积率和确定土地交易税费时的容积率，遇有容积率的确定存在前后明显差异的情形，应重点查实确定容积率的方法、途径和变化因素等。

二是查实执行活动存在违法情形的，应当予以监督纠正，对于相关人员可能存在的违纪违法和犯罪线索，应当按规定移送有关部门处理。检察机关开展执行监督工作，对确有错误的执行案件，应当建议法院依法纠正；发现执行人员违纪违法的，应建议法院予以处理；发现涉嫌犯罪的，应当将案件线索依法移送有关单位或部门。办理涉及评估鉴定的执行监督案件时，应当注意查明法院委托评估鉴定是否向评估鉴定机构提供了真实、完整、充分的评估鉴定材料，是否将已掌握的相关情况全部告知评估鉴定机构，从中发现委托评估鉴定过程中是否存在违法行为。

（三）黑龙江何某申请执行监督案

基本案情：张某与何某系夫妻关系。2009 年至 2010 年，张某因销售燃煤急需资金，向魏某借款共计 35 万元，到期未偿还。魏某以张某为被告向黑龙江省铁力市法院提起诉讼。2012 年 2 月 27 日，铁力市法院作出（2011）铁民初字第 833 号民事判决，判令"被告张某于本判决发生法律效力后十五日内偿还原告魏某本金 35 万元"。张某不服一审判决，上诉至伊春市中级法院，二审驳回上诉、维持原判。2012 年 8 月 6 日，魏某向铁力市法院申请执行。2014 年 1 月 22 日，张某与何某协议离婚。

2015 年 7 月 30 日，铁力市法院作出（2012）铁执字 167-2 号执行裁定，以借款系夫妻共同债务为由，裁定追加何某为被执行人，并冻结何某工资。

何某向铁力市法院提出书面异议。2015 年 12 月 28 日，铁力市法院作出（2015）铁执异字第 16 号执行裁定，认为婚姻关系存续期间，夫妻一方以个人名义所负债务，除债权人与债务人明确约定为个人债务或夫妻约定婚姻关系存续期间财产归各自所有外，都应视为夫妻共同债务，裁定驳回何某的异议。何某不服该裁定，向伊春市中级法院申请复议。2016 年 4 月 11 日，伊春市中级法院作出（2016）黑 07 执复 2 号执行裁定，驳回何某的复议申请。

主要阐明：执行程序应当按照生效判决等确定的执行依据进行，变更、追加被执行人应当遵循法定原则和程序，不得在法律和司法解释规定之外或未经依法改判的情况下变更、追加被执行人。违法变更、追加被执行人的，检察机关应当依法监督。

监督过程：1. 线索来源。2017 年 5 月 31 日，何某向铁力市检察院申请执行监督,认为铁力市法院在执行程序中追加被执行人违法。铁力市检察院依法受理。

2. 监督意见。2017年6月28日,铁力市检察院向铁力市法院发出检察建议书,认为铁力市法院裁定追加何某为被执行人缺乏法律依据,建议纠正。7月26日,铁力市法院复函,认为追加何某为被执行人适用法律准确,程序合法,且上级法院已作出执行异议复议裁定,故不予采纳检察建议。铁力市检察院提请伊春市检察院跟进监督。11月8日,伊春市检察院向伊春市中级法院发出检察建议书,认为生效判决并未确认案涉款项为夫妻共同债务,执行环节不应直接改变执行依据,在未经法院改判的情况下不应直接将判决确认的个人债务推定为夫妻共同债务;追加何某为被执行人,既影响判决的既判力,又剥夺何某诉讼权利,使得何某未经审判程序即需承担义务,建议纠正。

3. 监督结果。2018年3月22日,伊春市中级法院作出(2018)黑07民监1号回复函,认为铁力市法院不应追加何某为被执行人,经该院审判委员会讨论决定,采纳伊春市检察院的检察建议。4月16日,伊春市中级法院作出(2018)黑07执监3号执行裁定,撤销铁力市法院(2012)铁执字167-2号执行裁定。后铁力市法院解除对何某工资账户的冻结。

指导意义:一是违法追加被执行人,检察机关应当依法监督。审判和执行程序分工不同,当事人实体权利义务应由审判程序予以确定,执行程序通常不应直接确定当事人实体权利义务,只能依照执行依据予以执行。变更、追加被执行人应当遵循法定原则,对于法律或司法解释规定情形之外的,不能变更、追加,否则实质上剥夺了当事人的诉讼权利,属于程序违法。"未经审判程序,不得要求未举债的夫妻一方承担民事责任"的具体规定虽然是2017年2月最高人民法院在《关于依法妥善审理涉及夫妻债务案件有关问题的通知》中才明确表述的,但法院在执行程序中追加被执行人的基本原则、程序一直是确定的,这一规定只是对确定夫妻共同债务既有规则的重申。检察机关发现执行程序中法院违法追加被执行人的,应当依法进行监督。

二是办理可能涉及夫妻共同债务的案件,既要注重保护债权人的合法权利,又要注重保护未共同举债的夫妻另一方的合法权利。涉夫妻共同债务案件事关交易安全、社会诚信和家庭稳定,办理此类案件过程中,既要注意到可能存在夫妻双方恶意串通损害债权人利益的情形,也要注意可能存在夫妻一方与债权人恶意串通损害配偶利益的情形,特别是要防止简单化地将夫妻关系存续期间发生的债务都认定为夫妻共同债务。严格按照民法典第一千零六十四条的规定认定是否属于夫妻共同债务,同时要严守法定程序,保障当事人诉讼权利。如有证据证明可能存在夫妻双方恶意串通损害债权人利益的,应经审判程序认定夫妻共同债务,而非在执行程序中直接追加夫妻另一方为被执行人。

三是检察机关认为法院对检察建议处理结果错误,可以提请上级检察机关跟进监督。发现法院对检察机关提出的检察建议未在规定的期限内作出处理并书面回复,以及对检察建议的处理结果错误的,应当按照有关规定进行监督,或提请上级检察机关监督。

最高人民检察院
关于印发最高人民检察院
第二十九批指导性案例的通知

(2021年8月19日公布　高检发办字〔2021〕59号)

各省、自治区、直辖市人民检察院,解放军军事检察院,新疆生产建设兵团人民检察院:

经2021年5月27日最高人民检察院第十三届检察委员会第六十七次会议决定,现将海南省海口市人民检察院诉海南A公司等三被告非法向海洋倾倒建筑垃圾民事公益诉讼案等五件案例(检例第111—115号)作为第二十九批指导性案例(公益诉讼检察工作主题)发布,供参照适用。

最高人民检察院

2021年8月19日

海南省海口市人民检察院诉海南 A 公司等三被告非法向海洋倾倒建筑垃圾民事公益诉讼案

(检例第 111 号)

【关键词】

民事公益诉讼　海洋倾废　联合调查　检察建议　二审出庭

【要　旨】

对于海洋生态环境损害，行政机关的履职行为不能有效维护公益，又未提起生态环境损害赔偿诉讼的，检察机关可以依法提起民事公益诉讼。公益诉讼案件二审开庭，上一级人民检察院应当派员出庭，与下级检察机关共同参加法庭调查、法庭辩论、发表意见等，积极履行出庭职责。

【基本案情】

2018 年，海口 B 公司中标美丽沙项目两地块土石方施工工程后，将土石方外运工程分包给海南 A 公司。陈某（A 公司实际控制人）以 A 公司的名义申请临时码头，虚假承诺将开挖的土石方用船运到湛江市某荒地进行处置，实际上却组织人员将工程固废倾倒于海口市美丽沙海域。

【发现线索和调查核实】

海口市秀英区人民检察院在"12345"平台发现，群众多次举报有运泥船在美丽沙海域附近倾倒废物，随后通过多次蹲点和无人机巡查，拍摄到船舶向海洋倾倒建筑垃圾的行为。

海口市人民检察院（以下简称海口市院）检察官在前期工作基础上，2018 年 12 月 14 日与海洋行政执法人员共同出海，联合开展特定海域调查行动，在海上截获一艘已倾倒完建筑垃圾正返回临时码头的开底船。12 月 17 日，针对行政机关对相关海域多次违法倾倒建筑垃圾行为存在未依法履职问题，海口市院作出行政公益诉讼立案决定。2019 年 1 月 2 日，海口市院向海口市海洋与渔业局送达检察建议，要求查处非法倾废行为，并追究违法行为人生态环境损害赔偿责任。2019 年 5 月 16 日，海口市海洋与渔业局对 A 公司及公司实际控制人陈某各处 10 万元罚款。

检察机关调查发现，A公司无海洋倾废许可，倾倒的海域亦非政府指定的海洋倾废区域。申请美丽沙临时码头时A公司声称将开挖出的建筑垃圾运往湛江市某经济合作社，但经实地调查，建筑垃圾均未被运往湛江进行处置，相关合同系伪造。陈某系A公司实际控制人及船舶所有人，经手办理涉案合同签订、申请码头、联系调度倾废船舶等事宜，并获取大部分违法所得。B公司虽在招标时书面承诺外运土方绝不倾倒入海，却通过组织车辆同步运输等方式积极配合A公司海上倾废活动，B公司对海洋生态环境侵害构成共同侵权，依法应当承担连带责任。

检察机关还发现，行政处罚认定的非法倾废量为1.57万立方米，与当事人接受调查时自报的数量一致，但该数量明显与事实不符。根据工程结算凭证等证据，检察机关查明A公司海洋倾废量至少为6.9万立方米。

经委托生态环境部华南环境科学研究所（以下简称华南所）鉴定，倾倒入海的建筑垃圾中含有镉、汞、镍、铅、砷、铜等有毒有害物质，这些有毒有害物质会进入海洋生物链，破坏海洋生态环境和资源，生态环境损害量化共计860.064万元。

在本案调查过程中，对可能涉嫌污染环境罪的线索，海口市院公益诉讼检察部门于2019年1月21日将其移送刑事检察部门审查。根据调查情况及鉴定意见，依据刑法第338条及有关司法解释的相关规定，海口市院刑事检察部门与公安机关刑侦部门经研究，认为现有证据不能认定该倾废行为已构成污染环境罪。

检察机关书面建议海口市自然资源和规划局（承接原海洋与渔业局相关职能）依法启动海洋生态环境损害赔偿程序，该局于2019年8月11日回函称，因正处于机构改革中，缺乏法律专业人才和诉讼经验，请求检察机关提起民事公益诉讼。

【诉讼过程】

2019年8月23日，海口市院发布诉前公告，公告期满，没有其他适格主体提起民事公益诉讼。

2019年11月，海口市院以A公司、陈某、B公司为共同被告向海口海事法院提起民事公益诉讼，请求判令：1.被告A公司赔偿生态环境损害费860.064万元，被告陈某和B公司承担连带赔偿责任。2.三被告在全国发行的媒体上公开赔礼道歉。3.三被告承担本案鉴定费47.5万元及公告费。检察机关申请了财产保全，法院查封了陈某名下的房产、船舶，冻结了陈某、B公司的银行账户。

（一）一审情况

2020年3月26日，海口海事法院开庭审理此案。三被告辩称，鉴定评估在资质、取样、程序、依据等方面均存在问题，损害赔偿金量化为860.064万元与事实不符；实际海洋倾废数量没有6.9万立方米。A公司还辩称，美丽沙项目用地原系填海造地，倾倒的土方原本就来源于海洋，系清洁疏浚物，不是建筑垃圾，且鉴定和监测显示有毒有害物质均未超标，倾倒的土方对海洋无损害。陈某辩称其与A公司不存在财产混同，不应承担连带责任；涉案土方均倾倒于政府规定的海域；已被处以20万元行政罚款，不应再承担巨额赔偿。B公司辩称，合同已明确要求A公司要合法合规处置建筑垃圾，作为发包人其不再负有任何义务；起诉认为其通过组织车辆同步运输等方式积极配合海洋倾废没有事实根据。

检察机关根据调查收集的档案、书证、询问笔录、视听资料、鉴定意见等56份证据，进行了有针对性的举证、质证和辩论。根据无人机拍摄的现场视频等证据，涉案建筑垃圾倾倒入海的地点即美丽沙海域；根据现场开挖情况、车辆运输、工程款支付等结算证据，可以证明倾倒入海的建筑垃圾量至少为6.9万立方米；检察机关依法委托的华南所是生态环境部编制的《环境损害评估推荐机构名录（第一批）》推荐的环境损害鉴定评估机构，具备水环境、土壤环境、固体废弃物处置、环境风险评估、污染损害评估等多方面专业评估资质，其出具的环境损害鉴定评估报告程序规范，量化生态环境损害赔偿金为860.064万元的结论具有专业性和科学性；倾倒入海的建筑垃圾虽未达到危险废物标准，但含有毒有害物质，已对海洋生态环境造成损害；民事赔偿与行政处罚系不同法律性质的责任形式，不能相互替代，陈某应承担的环境损害民事赔偿责任不应因受到行政处罚而免除；B公司作为建筑垃圾的直接生产单位，陈某作为A公司的实际控制人和倾废船舶的所有人，与A公司三方分工协作，相互配合，共同完成非法倾废行为，实际上是以合同分包为名，行非法倾废之实，构成共同侵权，依法应当承担连带赔偿责任。

2020年3月26日，海口海事法院当庭宣判，支持检察机关的全部诉讼请求。

（二）二审情况

三被告对一审判决不服，向海南省高级人民法院提出上诉。主要理由是：定案的关键证据即鉴定意见在资质、程序、检材取样、计算方式、依据的法律法规等方面存在重大错误；倾倒的淤泥、土方并非建筑垃圾；倾倒物未造成海洋生态环境损害；倾倒入海的建筑垃圾仅1.5万立方米等。

2020年8月13日，二审开庭审理。海南省人民检察院指派2名检察官，与海口市院检察官共同参加庭审活动。海口市院出庭检察官围绕诉讼请求及争议焦点进行了举证，以视频、数据、鉴定意见和评估报告等，证明三被告共同实施了污染海洋环境侵权行为,依法应当承担赔偿损失等民事责任。海南省人民检察院出庭检察官参加了整个庭审活动,并阐明:所倾倒对象的性质并非疏浚物,而属于建筑垃圾;案涉倾废数量认定依据准确,符合法律、司法解释的规定;鉴定意见认定倾倒垃圾对海洋生态环境造成的损害数额清楚、取样程序规范。华南所参与鉴定的专家出庭接受质询,对30多个问题进行了专业解答。2020年11月23日,海南省高级人民法院作出二审判决,驳回上诉,维持原判。

【指导意义】

(一)检察机关应加强海洋生态环境检察公益诉讼与生态环境损害赔偿制度的衔接,切实维护公共利益。对于海洋生态环境保护,行政机关担负着第一顺位职责,生态损害赔偿制度具有优先适用性,公益诉讼检察则具有补充性和兜底性。海洋监管部门虽然对违法行为人进行了行政处罚,但未能完全实现维护公益的目的,经书面建议和督促后又不提起生态环境损害赔偿诉讼的,检察机关可以不再继续通过行政公益诉讼督促行政机关履职而直接对违法行为人依法提起民事公益诉讼,切实发挥保护海洋生态环境、维护社会公共利益的职能作用。

(二)综合运用各类调查手段,查明公益损害的事实,确定公益损害赔偿数额。检察机关可利用无人机等科技手段充分履行调查职能,全面查明海洋污染情况。鉴于海洋调查取证的特殊性,在前期必要工作基础上,还可以与行政机关联合调查,完成特定现场取证。针对海洋生态损害后果,检察机关应委托有资质的专业鉴定机构出具鉴定评估意见,可通过召开专家论证会等形式进行审查论证,同时协调做好鉴定人出庭作证、应对提问和质询等工作,使鉴定意见经得起庭审考验。

(三)注意发挥上级检察机关派员二审出庭作用,形成维护公共利益的合力。根据最高人民法院、最高人民检察院《关于检察公益诉讼案件适用法律若干问题的解释》,人民法院审理第二审案件,由提起公益诉讼的人民检察院派员出庭,上一级人民检察院也可以派员参加。人民检察院办理公益诉讼案件的任务是充分发挥法律监督职能作用,维护宪法法律权威,维护社会公平正义,维护国家利益和社会公共利益。对于公益诉讼二审案件,原起诉检察院和上级检察院都应立足于法律监督职能和公益诉讼任务,全力以赴,认真履行法定职责,共同做好出庭工作。上级检察院应当指派检察官在全面阅卷审查和熟悉案情的基础上做好各种预案,与下级检察院的检察官共同出席二审庭审全过程。两级院出庭检察官应当加强协调配合,上级检察院出庭人员可以在庭审的各个阶段发表意见,与下级检察院出庭人员形成合力,从而取得良好的庭审效果。

【相关规定】

《中华人民共和国民事诉讼法》第五十五条第二款

《中华人民共和国海洋环境保护法》第四条、第八十九条

《中华人民共和国侵权责任法》第八条、第十五条、第六十五条

《最高人民法院、最高人民检察院关于检察公益诉讼案件适用法律若干问题的规定》第十一条、第十三条

《最高人民法院关于审理海洋自然资源与生态环境损害赔偿纠纷案件若干问题的规定》第七条

《最高人民法院关于审理环境民事公益诉讼案件适用法律若干问题的解释》第十八条、第二十二条

《中华人民共和国海洋倾废管理条例》第六条

江苏省睢宁县人民检察院督促处置
危险废物行政公益诉讼案

（检例第112号）

【关键词】

行政公益诉讼　刑事附带民事公益诉讼　危险废物污染　代处置

【要　旨】

对犯罪行为造成的持续污染，检察机关可综合运用刑事检察和公益诉讼检察职能，对损害国家利益和社会公共利益的情形进行全方位监督。公安机关调查取证完成后，犯罪嫌疑人无力处置污染物，行政机关又不履行代处置义务的，检察机关应当督促其依法履职。

【基本案情】

2017年10月，冯某某等将从浙江舟山市嘉达清舱有限公司（以下简称嘉达公司）非法收购的船舶清舱油泥，运输至江苏省睢宁县岚山镇境内，非法倾倒过程中被公安机关现场查获，清理出油泥及污染物共计135吨。徐州市睢宁生态环境局（原睢宁县环境保护局）将油泥转移至一停车场内，其中71吨用塑料桶贮存、64吨临时放置货车上。经江苏省环境科学研究院鉴定，涉案油泥属于《国家危险废物名录》（2016年版）中的"废矿物油与含矿物油废物"，其中所含甲苯、四氯乙烯、四氯化碳等成分均超过《危险废物鉴别标准 浸出毒性鉴别》（GB 5085.3－2007）相应标准值，系具有毒性和易燃性的危险废物。

根据当地集中管辖规定，睢宁县公安局2018年5月将刑事案件移送徐州铁路运输检察院审查起诉。徐州铁路运输检察院于7月23日就刑事部分向徐州铁路运输法院提起公诉，并于9月18日提起刑事附带民事公益诉讼。2019年8月8日，徐州铁路运输法院作出刑事附带民事公益诉讼判决书，支持检察机关全部诉讼请求，判令冯某某等人赔偿尚未倾倒的64吨油泥需要支出的应急处置费545166元、135吨油泥混合物处置费用931665.8元。同时，冯某某等五人分别被判处有期徒刑六年至一年八个月不等刑罚，嘉达公司被判处罚金五十万元。各被告均未提出上诉，并主动支付相关处置费用。

2019年4月17日，在刑事附带民事公益诉讼案件审理期间，鉴于本案刑事诉讼证据已经固定，涉案油泥在未按规定进行专业技术封存的情况下存放长达18个月，持续造成环境污染，睢宁县人民检察院（以下简称睢宁县院）会同法院、公安、生态环境局等部门召开油泥处置协调会并形成会议纪要，鉴于污染者处于刑事羁押状态，检察机关已经通过刑事附带民事公益诉讼要求判令其承担环境修复费用，为避免污染持续发生，依据《固体废物污染环境防治法》《行政强制法》相关规定，应由环境主管部门组织对污染物代为处置。但会后，生态环境局仍未依法履职。

【调查核实和督促履职】

针对生态环境局怠于履职情形，睢宁县院于2019年5月22日以行政公益诉讼案件立案，并多次到油泥存放现场调查取证，向公安机关核实相关情况，通过拍照、录像、询问证人等方式固定现场证据。经现场勘查，贮存油泥的塑料桶未采取专业技术封存，现场未设置危险废物识别标识，亦未采取防扬散、流失、渗漏或者其他防止污染环境的措施，油泥持续挥发并部分渗漏，对周边空气、土壤造成二次污染。

2019年5月27日，睢宁县院向生态环境局发出诉前检察建议，督促该局依法履行环境监管职责。2019年7月2日，该局书面回复称，其没有处置固体废物的职责，且油泥作为刑事案件证据，不能在办案过程中处置。

对此，睢宁县院再次向公安机关核实涉案污染物最新情况，并到油泥堆放现场跟进调查，证实油泥处置不影响刑事案件办理；检察建议发出后，生态环境局始终未履行代处置职责。因值梅雨季节，油泥渗漏、流淌情形加重，生态环境仍持续受到侵害。

【诉讼过程】

2019年7月16日，睢宁县院以徐州市睢宁生态环境局为被告，向徐州铁路运输法院提起行政公益诉讼。2019年8月14日，徐州铁路运输法院公开开庭审理本案。

（一）法庭调查

出庭检察人员宣读起诉书，请求：1.确认被告对涉案危险废物贮存状况不履行监管职责的行为违法；2.判令被告依法履行监管职责，尽快将涉案危险废物移交有处置资质的单位依法处置。

睢宁县生态环境局辩称：油泥作为刑事案件的重要物证，暂不能处置。该局已联系有资质单位落实处置工作，并当庭出示了向公安机关移送涉嫌犯罪线索的卷宗等证据。

在法庭举证、质证阶段，睢宁县院围绕生态环境局在危废处置上的法定职责、权限、法律依据,以及由于该局不依法履行职责致使公共利益受到侵害等情况向法庭出示了相关证据。

(二)法庭辩论

出庭检察人员发表辩论意见认为:一是根据《环境保护法》《固体废物污染环境防治法》等法律规定,被告人因刑事犯罪被羁押而无法处置危险废物,生态环境局应当依法履行代处置职责。二是生态环境局不依法履职,致使部分油泥渗漏、流淌,造成周边空气、土壤严重污染,侵害了社会公共利益。

生态环境局辩称:一是该局已对油泥进行鉴定,并移交公安机关立案侦查;二是该局履行了油泥贮存的监管职责,符合危险废物转移、贮存的规范化标准;三是油泥系刑事案件的重要物证,该局多次征求公安机关意见,公安机关认为案件未结,油泥不能处置。

针对答辩意见,睢宁县院认为,生态环境局虽然在案发之初将犯罪线索移交,但在明知油泥系危险废物的情况下,未及时将油泥委托有危险品保管资质的公司贮存,且未采取有效的防扬散、流失、渗漏等措施,而是任其长期露天放置。公安机关出具的《情况说明》证实生态环境局并未与其联系处置油泥事宜,且在油泥处置协调会明确生态环境局的处置职责后,亦未及时履职。

(三)审理结果

2019年11月15日,徐州铁路运输法院作出行政公益诉讼判决,支持了检察机关的起诉意见。生态环境局未上诉,判决生效。

庭审后,生态环境局在网上发布采购公示、中标公告,确定了危废处置公司。在生态环境局的监督下,该公司对涉案油泥及部分受污染的土壤进行了无害化处置,对涉案现场进行了规范化处置。检察机关对上述过程进行了全程监督。

【指导意义】

(一)检察机关可以在办理环境污染犯罪案件中,综合运用刑事诉讼、民事公益诉讼职能,同时追究环境污染者的刑事责任和环境损害赔偿责任。依据最高人民法院、最高人民检察院《关于检察公益诉讼案件适用法律若干问题的解释》规定,人民检察院对破坏生态环境和资源保护等损害社会公共利益的犯罪行为提起刑事公诉时,可以向人民法院一并提起附带民事公益诉讼,由人民法院同一审判组织审理。检察机关可以依据相关规定,诉请判令违法行为人承担生态环境损害赔偿责任,包括污染物处置费用、生态环境修复费用等。检察机关要注重加强刑事检察与公益诉讼检察职能的衔接和协同,形成惩治不法行为、修复生态环境的合力。

(二)违法行为人对造成的环境污染拒绝履行或者没有能力履行环境修复

义务，导致环境污染持续发生，损害国家利益或者社会公共利益的，检察机关可以通过行政公益诉讼督促污染物所在地的环境主管部门履行代处置职责。《环境保护法》规定，县级以上地方人民政府环境保护主管部门对本行政区域环境保护工作实施统一监督管理。违法行为人跨区域倾倒危险废物，危险废物倾倒地的环境主管部门对本行政区域内的环境污染具有监督管理职责。违法行为人拒绝履行或者没有能力履行环境修复义务的，检察机关可以依据《固体废物污染环境防治法》《行政强制法》相关规定，督促危险废物倾倒地的环境主管部门代为处置。

（三）针对行政执法与刑事司法衔接中涉案物品不及时处置可能导致公益受损的情况，检察机关可以通过公益诉讼程序督促行政机关及时进行处置。依据环境保护部、公安部、最高人民检察院《环境保护行政执法与刑事司法衔接工作办法》的规定，对具有危险性或者环境危害性的涉案物品，环境执法机关和刑事司法机关应当加强衔接、及时处置。针对实践中行政执法与刑事司法衔接中涉案物品危害环境的情形，刑事证据固定后，即应开展对受损环境的修复工作，行政机关以处置对象系涉案证物或者刑事案件未结为由拒绝组织对具有环境危害性的涉案物品代为处置，导致国家利益或者社会公共利益受损的，检察机关应当开展公益诉讼监督，及时维护公共利益，充分发挥检察公益诉讼的独特价值。

【相关规定】

《中华人民共和国行政诉讼法》第二十五条第四款

《中华人民共和国环境保护法》第十条

《中华人民共和国固体废物污染环境防治法（2016）》第十条第二款、第十七条第一款、第五十二条、第五十五条、第六十八条

《中华人民共和国固体废物污染环境防治法（2020）》第九条第二款、第二十条第一款、第七十七条、第八十一条第三款、第一百一十三条

《中华人民共和国行政强制法》第五十条

《最高人民法院、最高人民检察院关于检察公益诉讼案件适用法律若干问题的解释》第二十一条

《危险废物经营许可证管理办法》第四条、第五条、第十七条

《环境保护行政执法与刑事司法衔接工作办法》第十条第二款

河南省人民检察院郑州铁路运输分院督促整治违建塘坝危害高铁运营安全行政公益诉讼案

（检例第113号）

【关键词】

行政公益诉讼　高铁运营安全　侵害危险　跨区划管辖

【要　旨】

对于高铁运营安全存在的重大安全隐患，行政机关未依法履职的，检察机关可以开展行政公益诉讼。对于跨行政区划的公益诉讼案件，可以指定铁路运输检察机关管辖。涉及多级、多地人民政府及其职能部门职责的，对具有统筹协调职责的上级人民政府发出检察建议。

【基本案情】

2016年2月以来，三门峡市陕州区菜园乡、湖滨区交口乡部分村民在郑州到西安高速铁路（以下简称郑西高铁）南交口大桥桥梁南北两侧距桥墩不足100米处，分别修路筑坝、填土造田，造成桥梁南侧（上游）塘坝内蓄水约1万立方米，存在汛期溃坝冲击桥梁的风险；北侧（下游）形成堰塞湖，浸泡高铁桥墩，造成高铁运营重大安全隐患。经河南省防汛抗旱指挥部协调，三门峡市相关部门采取了开挖排洪渠、人工抽水等临时性解决措施，但仍未根本解决高铁桥梁防洪安全隐患问题。

【调查核实和督促履职】

2017年3月至12月，最高人民检察院组织开展推动解决铁路线下安全隐患专项活动。河南省人民检察院郑州市铁路运输分院（以下简称郑州铁检分院）发现该重大公共安全隐患线索，向河南省人民检察院汇报相关情况。2018年1月8日，河南省人民检察院指定郑州铁检分院管辖该案。

郑州铁检分院经现场勘验，调取行政机关监管职责及执法情况的证据材料，询问铁路安全监管部门、铁路企业、沿线村民等相关人员，查明违建塘坝、堰塞湖浸泡高铁桥墩，造成高铁运营重大安全隐患的事实。根据《中华人民共和国铁路安全法》《铁路安全管理条例》等规定，研判当地政府及其有关部门负有的监管职责和实际履职情况。郑州铁检分院认为：三门峡市陕州区、湖滨区人民政府和市区两级水利、国土、安全生产等相关职能部门未依法全面履行安全生产监督管理、防洪和保障铁路安全职责，造成高铁运营重大安全隐患，国家和社会公共利益受到严重威胁。三门峡市人民政府具有保障铁路安全职责，由其对下属两个区人民政府和相关职能部门进行统筹调度，更有利于高效解决问题。

2018年3月7日，郑州铁检分院依法向三门峡市人民政府发出行政公益诉讼诉前检察建议：一是督促行政主管部门、国土资源主管部门和安全生产监督管理部门全面履行法定职责，对上下游填土筑坝、修建影响高铁桥梁安全设施的行为依法进行处罚。二是制定符合铁路安全标准的根本性整治方案，消除高铁运营安全隐患。

检察建议发出后，三门峡市人民政府对下属两个区级政府、多个职能部门进行统筹调度，由三门峡市委政法委、市水利局等部门组成专项整治工作组，市财政拨付资金240余万元用于南交口大桥上下游堰塞湖除险工程。市政府对该工程"统一设计方案、统一组织施工、统一督导检查、统一资金使用"，委托专业公司进行勘测设计，并邀请专家对设计方案进行评审，铁路安全监督管理部门审核后全面组织施工。2018年汛期前，堰塞湖除险工程如期完成。

2018年6月14日，受三门峡市人民政府邀请，河南省人民检察院、郑州铁检分院及郑西铁路客运专线有限公司、中国铁路郑州局集团有限公司、武汉铁路监督管理局等相关部门到现场查看、验收，一致认为南交口大桥上下游堰塞湖除险工程施工质量良好，能够满足排洪泄洪条件，危及郑西高铁运营安全的重大风险得到排除。

【指导意义】

（一）高铁运营安全是安全生产领域的重要组成部分，事关国家利益和社会公共利益，检察机关可以通过公益诉讼督促消除安全隐患。检察机关积极、稳妥探索办理安全生产领域案件，有助于监督解决安全生产活动中行政监管缺失、不到位及执法不严等问题，减少安全生产事故隐患。铁路沿线存在的安全隐患，严重威胁出行群众的生命和财产安全。根据铁路安全法律法规，铁路沿线地方各级人民政府和县级以上人民政府有关部门应当按照各自职责，防范和制止危害铁路安全的行为，协调和处置保障铁路安全的有关事项，做好保障铁路安全有关工作。针对违法围垦造田、拦河筑坝等危害铁路运营安全问题等特殊领域，检察机关应依法履行公益诉讼监督职能，坚持预防为主的原则，在铁路安全受到侵害或者存在侵害危险时即督促行政机关消除隐患、依法履职，及时制止侵害、消除危险，避免造成无法挽回的严重后果。

（二）对于跨行政区划的公益诉讼案件，应综合考虑案件性质、领域、公益损害程度、需协调部门等因素确定管辖检察机关。对于跨多个行政区域涉铁案件，需要协调铁路部门、相关地方政府及其职能部门共同解决的，可以指定铁路运输检察分院管辖，发挥专门检察院跨行政区划的管理体制优势和办理涉铁案件的专业优势，同时更有效凝聚铁路、地方和相关行政部门的工作合力。

（三）对跨行政区划、行政部门职能交叉的案件，涉及不同层级人民政府和多个职能部门的，人民检察院应向其共同的上级行政机关发出检察建议。两个以上县级人民政府和市县两级水利、国土、安全生产等多个职能部门均具有与案涉事项相关的安全生产监督管理、防洪和保障铁路安全的法定职责，可以由人民检察院对能够发挥统筹作用的市级人民政府发送检察建议，督促市级人民政府对下级政府及相关职能部门进行协调调度，以提高监督效果，节约司法成本。

（四）检察机关履行公益诉讼职责，应当持续跟进监督，推动问题整改落实到位。行政机关虽然采取了部分行政监管措施，但国家利益和社会公共利益受损问题没有根本解决的，检察机关应当督促其依法全面履职。针对重大疑难复杂案件，可以采取委托专业机构、组织评审会或邀请相关部门参与等方式对诉前检察建议落实成效进行评估，提高评判结果公信力。

【相关规定】

《中华人民共和国行政诉讼法》第二十五条第四款

《中华人民共和国安全生产法》第五十九条

《中华人民共和国铁路法》第七条

《中华人民共和国防洪法》第七条、第八条、第三十四条

《铁路安全管理条例》第四条、第三十七条、第九十一条

江西省上饶市人民检察院诉张某某等三人故意损毁三清山巨蟒峰民事公益诉讼案

(检例第 114 号)

【关键词】

民事公益诉讼　自然遗迹　风景名胜　生态服务价值损失　专家意见

【要　旨】

破坏自然遗迹和风景名胜的行为，属于"破坏生态环境和资源保护"的公益诉讼案件范围，检察机关依法可以提起民事公益诉讼。对独特景观的生态服务价值损失，可以采用"条件价值法"进行评估，确定损害赔偿数额。

【基本案情】

江西省上饶市境内的三清山景区属于世界自然遗产地、世界地质公园、国家重点风景名胜区、国家5A级景区。巨蟒峰位于其核心景区，是经长期自然风化和重力崩解作用形成的巨型花岗岩石柱，是具有世界级地质地貌意义的地质遗迹，2017年被认证为"世界最高的天然蟒峰"，是不可再生的珍稀自然资源性资产、可持续利用的自然遗产，具有重大科学价值、美学价值和经济价值。

2017年4月15日，张某某、毛某某、张某前往三清山风景名胜区攀爬巨蟒峰，并采用电钻钻孔、打岩钉、布绳索的方式先后攀爬至巨蟒峰顶部。经现场勘查，张某某等在巨蟒峰自下而上打入岩钉26枚。公安机关委托专家组论证认为，钉入巨蟒峰的26枚岩钉属于钢铁物质，会直接诱发和加重巨蟒峰物理、化学、生物风化过程，巨蟒峰的最细处（直径约7米）已至少被打入4个岩钉，形成了新裂隙，会加快花岗岩柱体的侵蚀进程，甚至造成其崩解。张某某等三人的打岩钉攀爬行为对巨蟒峰造成了永久性的损害，破坏了自然遗产的自然性、原始性完整性。

【发现线索和调查核实】

2017年10月张某某等三人因涉嫌故意损毁名胜古迹罪被公安机关移送起诉（2019年12月26日，上饶市中级人民法院作出刑事判决，认定张某某、毛某某、张某犯故意损毁名胜古迹罪，分别判处张某某、毛某某有期徒刑一年、六个月,处罚金人民币十万元、五万元,张某免于刑事处罚)。上饶市信州区人民检察院在审查起诉过程中发现该三人故意损毁三清山巨蟒峰的行为可能损害社会公共利益,于2018年3月29日将线索移送上饶市人民检察院。

上饶市人民检察院认为,自然遗迹、风景名胜是环境的组成部分,三清山巨蟒峰的世界级地质地貌意义承载着特殊的遗迹价值和广泛的公共利益。张某某等三人的损害行为侵害了生态环境和不特定社会公众的环境权益,本案属于生态环境民事公益诉讼的案件范围。三人在明知法律禁止破坏景物设施的情况下,故意实施破坏性攀爬行为,造成不可修复的严重损毁和极大的负面影响,存在加速山体崩塌的重大风险。三人具备事前共同谋划、事中相互配合等行为,符合共同侵权的构成要件,依法应当承担连带责任。

2018年5月,上饶市人民检察院委托江西财经大学三名专家成立专家组对三清山巨蟒峰的受损价值进行评估,并形成《评估报告》。专家组采用国际通用的条件价值法对三清山巨蟒峰受损后果进行价值评估〔按:条件价值法是原环境保护部下发的《环境损害鉴定评估推荐方法》(第Ⅱ版)确定的方法之一,是在假想市场情况下,直接调查和询问人们对某一环境效益改善或资源保护的措施的支付意愿,或者对环境或资源质量损失的接受赔偿意愿,以人们的支付意愿或受偿意愿来估计环境效益改善或环境质量损失的经济价值。该评估方法的科学性在世界范围内得到认可〕,分析得出该事件对巨蟒峰生态服务价值造成损失的最低阈值为0.119—2.37亿元。

【诉讼过程】

(一)诉前公告

2018年4月18日,上饶市人民检察院发出公告,告知法律规定的机关和有关组织可以提起民事公益诉讼。公告期满后,没有法定的机关和组织提起诉讼。

(二)一审程序

上饶市人民检察院于2018年8月29日向上饶市中级人民法院提起民事公益诉讼,诉请判令三被告依法对巨蟒峰非使用价值造成的损失0.119亿元和专家评估费15万元承担连带赔偿责任,并在全国性新闻媒体上公开赔礼道歉。

庭审过程中,三被告辩称:1. 上饶市人民检察院不符合法定的起诉条件。2. 三被告的行为不符合侵权责任的构成要件,且本案发生前存在他人在巨蟒峰上打岩钉的情况,三清山管委会在巨蟒峰上建设的监控系统也有损害作用,三被告造成的损害属于多因一果的损害,应由各方分担责任。3. 江西财经大学专家组所采用的评估方法不科学、数据不可靠,评估报告不能采信。公益诉讼起诉人答辩如下:第一,根据环境保护法第二条的规定,自然遗迹、风景名胜是环境的组成部分，本案属于环境民事公益诉讼的案件范围。本案系检察机关在履行职责中发现，且已经履行诉前公告程序，上饶市人民检察院对本案提起民事公益诉讼符合法定程序和条件。第二，三被告在明知法律禁止在景物上刻划、涂污以及以其他方式破坏景物设施的情况下，故意实施破坏性攀爬行为，且事前共同谋划，事中相互配合，符合共同侵权的构成要件，依法应当承担连带侵权责任。专家组出具的《评估报告》系针对三被告在巨蟒峰打入26个岩钉造成的损害进行的评估，不涉及他人造成的损害；三清山风景名胜区管理委员会案发后出于维护公共利益考量，依法经许可和设计后在巨蟒峰周围安装监测设施（共计6个摄像头），该监测设施均不在巨蟒峰独柱体岩石上，避免了对巨蟒峰独柱体岩石的损害，其行为与三被告的行为不具有同一性。第三，此次评估所采用的条件价值法是经国家行政主管部门认可、国际通用的价值评估法，科学有据，评估过程严谨规范。评估专家依法出庭接受了质证，该专家意见可以作为认定损害赔偿数额的依据。

2019年12月27日，上饶市中级人民法院作出一审判决，在参照江西财经大学专家组的评估报告，并兼顾三被告的经济条件和赔偿能力等基础上，判令三被告连带赔偿环境资源损失600万元，连带承担专家评估费15万元，并在全国性媒体上刊登公告向社会公众赔礼道歉。

（三）二审程序

张某某、张某对一审判决不服，提出上诉。江西省高级人民法院于2020年5月8日公开开庭进行了审理，江西省人民检察院与上饶市人民检察院共同派员出席法庭，就案件事实、证据、程序和一审判决情况发表了意见。江西省高级人民法院于2020年5月18日作出二审判决，驳回上诉，维持原判。

【指导意义】

（一）对景观生态服务价值的破坏行为，检察机关依法可以提起公益诉讼。自然遗迹和风景名胜是环境的组成部分，属于不可再生资源，具有代表性的自然遗迹和风景名胜的生态服务价值表现在社会公众对其享有的游憩权益和对独特景观的观赏权益。任何对其进行破坏的行为都是损害人类共同享有的环境资源、损害社会公共利益，检察机关应当及时依法开展公益诉讼检察。

（二）对独特景观的生态服务价值损失，可以采用条件价值法进行评估。因独特的环境资源、自然景观缺乏真实的交易市场，其环境资源和生态服务的价值难以用常规的市场方法评估，损害赔偿数额无法通过司法鉴定予以确定。在此情况下，检察机关可以委托专家，采用原环境保护部《环境损害鉴定评估推荐方法》（第Ⅱ版）和《生态环境损害鉴定评估技术指南总纲》中推荐使用的条件价值法进行评估，该方法被认为特别适用于独特景观、文物古迹等生态服务价值评估。评估后的结果可以专家意见书的方式进行举证,作为法院审理案件的参考依据。

(三)检察机关要综合运用刑事、公益诉讼司法手段打击破坏自然遗迹和风景名胜的行为,提高此类破坏行为的违法犯罪成本。损害赔偿数额可根据专家意见和案件综合因素合理确定。对于严重破坏或损害自然遗迹、风景名胜的行为,行为人应当依法承担刑事责任。其造成的公共利益损害,在无法恢复原状的情况下,可根据《侵权责任法》诉请侵权人赔偿损失。由行为人承担高额环境资源损失赔偿的民事侵权责任,充分体现了公益诉讼保护公共利益的独特制度价值,既有助于修复受损的公共利益,又能警示潜在的违法者,唤醒广大公众保护环境、珍惜自然资源的意识。环境损害赔偿数额的确定,可依据《最高人民法院关于审理环境民事公益诉讼案件适用法律若干问题的解释》相关规定,结合破坏行为的范围和程度、环境资源的稀缺性、恢复难易程度、涉案人的赔偿能力等综合考量。

【相关规定】

《中华人民共和国民事诉讼法》第五十五条第二款

《中华人民共和国环境保护法》第二条、第二十九条、六十四条

《中华人民共和国侵权责任法》第六条、第八条、第十五条

《最高人民法院关于审理环境民事公益诉讼案件适用法律若干问题的解释》第十五条、第十八条、第二十二条、第二十三条

《最高人民法院、最高人民检察院关于检察公益诉讼案件适用法律若干问题的解释》第八条、第九条、第十一条

《风景名胜区条例》第二十四条第一款、第三款、第二十六条第三项

贵州省榕江县人民检察院督促保护传统村落行政公益诉讼案

（检例第 115 号）

【关键词】

行政公益诉讼　传统村落保护　推动完善地方立法　促进乡村振兴

【要　旨】

纳入《中国传统村落名录》的传统村落属于环境保护法所规定的"环境"范围。地方政府及其相关职能部门对传统村落保护未依法履行监管、保护职责的，检察机关应发挥行政公益诉讼职能督促其依法履职。对具有一定普遍性的问题，可以结合办案促进相关政策转化和地方立法完善。

【基本案情】

贵州省黔东南州有 409 个村入选《中国传统村落名录》，包括榕江县栽麻镇宰荡侗寨、归柳侗寨。2018 年 3 月，黔东南州检察机关部署开展传统村落保护专项行动，榕江县人民检察院在专项行动中发现，栽麻镇宰荡、归柳两个侗寨的村民私自占用农田、河道、溪流新建住房，违规翻修旧房，严重破坏了中国传统村落的整体风貌，损害了国家利益和社会公共利益。

【调查核实和督促履职】

2018 年 4 月，榕江县人民检察院对本案决定立案并进行调查核实。通过现场勘验，询问村民及政府工作人员，查阅相关文件资料等，查明：栽麻镇宰荡、归柳两个侗寨部分村民未批先建砖混、砖木结构房屋的情况比较严重，导致大量修建的水泥砖房取代了民族传统木质瓦房，此外，加装墙壁瓷砖、铝合金门窗等新型建筑材料、加盖彩色铁皮瓦等现象，严重破坏了中国传统村落的整体格局和原始风貌，影响了侗寨这一民族文化遗产的保护和传承。贵州省颁布的《贵州省传统村落保护和发展条例》《黔东南苗族侗族自治州民族文化村寨保护条例》明确规定，乡镇人民政府负责本行政区域内传统村落保护和发展的具体工作。栽麻镇人民政府作为栽麻镇宰荡、归柳侗寨保护和发展工作的法定主体，未依法落实传统村落保护发展规划和控制性保护措施，未开展传统村落保护宣传、管理工作，对村民擅自新建、改建、扩建建（构）筑物等行为未及时予以制止和引导，导致传统村落格局和整体风貌遭到严重破坏。

2018年5月7日，榕江县人民检察院向榕江县栽麻镇人民政府发出行政公益诉讼诉前检察建议，建议对宰荡侗寨和归柳侗寨两个传统村落依法履行保护监管职责。榕江县栽麻镇人民政府未对违章建筑进行监管，也未在规定的期限内对检察建议作出书面回复。榕江县人民检察院两次向该镇政府催办，仍未予回复。此后榕江县检察院办案人员先后4次回访宰荡侗寨和归柳侗寨，原有破坏传统村落的违法建筑不但没有整改，数量不减反增，国家利益和社会公共利益持续处于受侵害状态。

【诉讼过程】

（一）提起诉讼

2018年12月28日，经贵州省人民检察院批准，榕江县人民检察院根据行政诉讼集中管辖的规定，向黎平县人民法院提起行政公益诉讼，请求确认榕江县栽麻镇人民政府对中国传统村落宰荡侗寨和归柳侗寨不依法履行监管职责的行为违法；判令榕江县栽麻镇人民政府对破坏中国传统村落宰荡侗寨、归柳侗寨整体风貌的违法行为依法履行监管职责。

（二）法庭审理

2019年2月27日，黎平县人民法院公开审理了本案。榕江县人民检察院出示了现场调查图片、走访当地村民以及政府工作人员的调查笔录，提供了《中国传统村落名录》等相关书证，证实宰荡侗寨和归柳侗寨已被列为"中国传统村落"，因违章建筑致使整体风貌受到严重破坏的客观事实。榕江县人民检察院认为，依据《贵州省传统村落保护和发展条例》等规定，栽麻镇人民政府对本行政区域内传统村落的保护和发展负有法定监管职责，检察机关发出诉前建议后，其仍未采取积极有效的监管、保护措施，传统村落整体风貌始终处于遭受破坏的状态中。

经庭审质证，栽麻镇人民政府对于未依法履职的事实予以认可，但提出传统村落的保护需要自然资源、住建部门等多部门协调配合，村民保护传统村落的意识淡薄，保护传统村落与村民改善生活条件的需求存在现实冲突和矛盾。

榕江县人民检察院指出，栽麻镇人民政府是本行政区内传统村落保护工作的责任者，对破坏传统村落的违法行为负有不可推卸的监管职责。栽麻镇人民政府应依法履职，协调各职能部门形成保护合力，加大力度发展生态旅游等相关产业，让村民共享传统村落保护与发展带来的红利和成果。

（三）审理结果

经依法审理，法院当庭作出判决，支持检察机关全部诉讼请求，栽麻镇人民政府当庭表示不上诉。

（四）案件办理效果

判决生效后，榕江县人民检察院督促栽麻镇人民政府加大监管力度，对宰荡侗寨和归柳侗寨采取相应的保护措施，逐步拆除破坏中国传统村落风貌的违章建筑。2019年5月，榕江县人民检察院在跟进监督时发现，违章建筑已经全部拆除。

诉讼过程中，榕江县人民政府下发了《榕江县传统村落保护管理办法（试行）》，对本地传统村落保护的具体措施、发展规划、法律责任进行了详细规定。此后，榕江县人民检察院积极与县自然资源、住建、规划等部门沟通，推动相关部门与同济大学签订技术服务合同，形成《榕江县侗族传统村落居民修缮与新建民居设计导则》，既延续传统民居风貌，又满足村民改善房屋质量和居住条件的现实需求。同时，协同两村村委会将传统村落保护纳入村规民约，增强村民保护传统村落的自觉性。

2019年9月，黔东南州人民检察院就传统村落保护向州人大做专题报告，并提出地方立法完善建议。2020年4月29日，《黔东南苗族侗族自治州民族文化村寨保护条例》（2008年9月1日施行）修订审议通过，确立了传统村落分级、分类保护原则，进一步明确了各相关部门职责，并增加规定了"检察机关针对行政机关违法行使职权或行政不作为，破坏传统村落、损害国家利益或社会公共利益的，可以依法提起行政公益诉讼"相关条款。黔东南州检察机关还推动协调传统村落保护资金1.43亿元，该州雷山县等地检察机关与相关行政部门形成了"传统村落保护与发展合作框架协议书"，改善传统村落的基础设施和公共服务设施配套项目，在保护中挖掘旅游资源，形成有特色的传统村落旅游金牌路线，让村民实现家门口创业、就业、增收，实现脱贫致富。当地对传统村落的保护与建设，既坚持了人与自然和谐共生，又因地制宜、发展特色经济，良好契合了我国乡村振兴战略发展。

【指导意义】

（一）加强传统村落保护，是检察机关行政公益诉讼的法定职能范围。传统村落属于《中华人民共和国环境保护法》第二条中列明的"环境"范畴，是影响人类生存和发展的人文遗迹。传统村落具有丰富的历史、文化、科学、艺术、社会、经济价值和独特的民族地域特色，是国家利益和社会公共利益的重要组成部分。政府和相关职能部门对传统村落保护未依法履行监管职责的，检察机关应当发挥行政公益诉讼职能，督促其依法履行职责，传承和保护传统村落所承载的人文环境、本地历史和民族文化，助力和服务脱贫攻坚、乡村振兴等国家重大战略。

（二）检察机关可以结合公益诉讼办案推进完善传统村落保护的配套制度

机制。在传统村落、民族地域特色环境或其他人文遗迹保护领域,行政部门疏于或怠于履职存在多方面原因,或因法律、政策不完善,或因协调难、矛盾多、阻力大而难于充分履职,检察机关要及时督促相关行政部门依法履职。同时,还应坚持以人为本的原则,正视人民群众追求美好生活的合理要求。保护传统文化和改善人民生活从根本上讲具有一致性,保护好传统文化及其价值内涵本身就是保护村落百姓的财富与利益。检察机关在发挥监督职能的过程中,要平衡好传统文化保护和社会经济发展,以人民为中心,积极协调、配合、支持相关部门保护、改善群众生活环境的政策落实,为推动政策转化和地方立法完善贡献检察力量,真正实现"双赢、多赢、共赢"。

【相关规定】

《中华人民共和国行政诉讼法》第二十五条第四款

《中华人民共和国环境保护法》第二条

《中华人民共和国城乡规划法》第六十五条

《最高人民法院、最高人民检察院关于检察公益诉讼案件适用法律若干问题的解释》第二十一条

最高人民检察院第二十九批指导性案例解读[*]

胡卫列 方剑明 丁 舒^{**}

最高人民检察院近期发布了第二十九批指导性案例,补充公益诉讼立法不足,细化检察实践操作指引。为深化指导性案例的理解和适用,现就该批案例涉及的主要问题和指导要点等进行解读。

一、发布第二十九批指导性案例的背景和意义

党的十九届四中全会、中共中央《法治社会建设实施纲要(2020—2025年)》和《关于加强新时代检察机关法律监督工作的意见》等一系列中央重要会议和文件都对加强公益诉讼检察工作、拓展公益诉讼案件范围、完善公益诉讼法律制度提出了明确要求。公益诉讼检察工作全面实施四年多来,取得了快速发展。从试点到全面实施,中国的检察公益诉讼制度走出了一条独特的实践引领的发展道路。通过指导性案例的方式,将地方实践中相对比较成熟的有益探索总结提炼成具有普遍意义的指导性规则,能够指导、规范和引领办案实践,发挥以案释法、推动立法的作用。第二十九批指导性案例较为全面地呈现了公益诉讼检察的案件类型、程序机制、办案成效,具象化地展示了检察公益诉讼实践中形成的"双赢多赢共赢""跟进监督"等一系列办案理念和一体化办案等工作机制做法。在针对公益诉讼实践中的热点、难点和争议、分歧环节,明确和细化指导性的办案规则和程序指引的同时进行法治宣传,有助于提高公众保护国家和社会公共利益的法治意识。

二、第二十九批指导性案例的基本案情、检察机关履职与诉讼情况、指导意义

(一)海南省海口市检察院诉海南 A 公司等三被告非法向海洋倾倒建筑垃圾民事公益诉讼案

基本案情:2018 年,海口 B 公司中标美丽沙项目两地块土石方施工工程后,将土石方外运工程分包给海南 A 公司。陈某(A 公司实际控制人)以 A 公司的名义申请临时码头,虚假承诺将开挖的土石方用船运到湛江市某荒地进行处置,实际上却组织人员将工程固体废物倾倒于海口市美丽沙海域。

---

[*] 原文载《人民检察》2021 年第 19 期。
^{**} 作者单位:最高人民检察院第八检察厅。

检察机关履职与诉讼情况：海口市检察院经举报平台发现该线索后，与海洋行政执法人员共同出海，联合开展特定海域调查行动，并在海上截获一艘已倾倒完建筑垃圾正返回临时码头的开底船。2019年1月，海口市检察院向海口市海洋与渔业局送达检察建议，要求查处非法倾废行为，并追究违法行为人生态环境损害赔偿责任。2019年5月，海口市海洋与渔业局对A公司及公司实际控制人陈某各处10万元罚款。

经检察机关调查发现，A公司无海洋倾废许可，倾倒的海域亦非政府指定的海洋倾废区域，B公司虽在招标时书面承诺外运土方绝不倾倒入海，却通过组织车辆同步运输等方式积极配合A公司海上倾废活动，B公司对海洋生态环境侵害构成共同侵权，依法应当承担连带责任。A公司海洋倾废量并非行政处罚认定的1.57万立方米，根据工程结算凭证等证据，海洋倾废量至少为6.9万立方米。经专业机构鉴定，倾倒入海的建筑垃圾中含有毒有害物质，这些有毒有害物质会进入海洋生物链，破坏海洋生态环境和资源。由于已有证据不能认定该倾废行为构成污染环境罪，检察机关书面建议海口市自然资源和规划局（承接原海洋与渔业局相关职能）依法启动海洋生态环境损害赔偿程序。该局回函称，因正处于机构改革中，缺乏法律专业人才和诉讼经验，请求检察机关提起民事公益诉讼。

经诉前公告程序，2019年11月，海口市检察院以A公司、陈某、B公司为共同被告向海口海事法院提起民事公益诉讼。庭审中，检察机关出具了调查收集的档案、书证、询问笔录、视听资料、鉴定意见等56份证据，法院支持了检察机关的全部诉讼请求，判定被告A公司、陈某、B公司连带赔偿生态环境损害费、鉴定费等共计900余万元，并在全国发行的媒体上公开赔礼道歉。三被告对一审判决不服，向海南省高级法院提出上诉。2020年8月，二审开庭审理，海南省检察院指派2名检察官与海口市检察院检察官共同参加庭审活动，围绕诉讼请求及争议焦点进行了举证。同年11月，海南省高级法院作出二审判决，驳回上诉，维持原判。

指导意义：对于海洋生态环境保护，行政机关担负着第一顺位职责，生态损害赔偿制度具有优先适用性，公益诉讼检察则具有补充性和兜底性。一些案件中，海洋监管部门虽然对违法行为人进行了行政处罚，但未能完全实现维护公益的目的，经书面建议和督促后又不提起生态环境损害赔偿诉讼的，检察机关可以不再继续通过行政公益诉讼督促行政机关履职而直接对违法行为人依法提起民事公益诉讼，切实发挥保护海洋生态环境、维护社会公共利益的职能作用。

(二) 江苏省睢宁县检察院督促处置危险废物行政公益诉讼案

基本案情：2017 年 10 月，冯某某等将从浙江省舟山市某公司非法收购的船舶清舱油泥运输至江苏省睢宁县境内，非法倾倒过程中被公安机关查获，清理出油泥及污染物共计 135 吨。徐州市睢宁生态环境局（原睢宁县环境保护局）将油泥转移至一停车场内，其中 71 吨用塑料桶贮存、64 吨临时放置货车上。经鉴定，涉案油泥系具有毒性和易燃性的危险废物。

检察机关履职与诉讼情况：睢宁县公安局于 2018 年 5 月将刑事案件移送徐州铁路运输检察院审查起诉。徐州铁路运输检察院于 2018 年 7 月就刑事部分向徐州铁路运输法院提起公诉，并于同年 9 月提起刑事附带民事公益诉讼。在刑事附带民事公益诉讼案件审理期间，鉴于该案刑事诉讼证据已经固定，油泥处置不影响刑事案件办理，涉案油泥在未按规定进行专业技术封存的情况下存放长达 18 个月，油泥持续挥发并部分渗漏，对周边环境造成二次污染，2019 年 5 月，睢宁县检察院向睢宁生态环境局发出诉前检察建议，督促该局依法履行环境监管职责。该局书面回复称，其没有处置固体废物的职责，且油泥作为刑事案件证据，不能在办案过程中处置。检察建议发出后，生态环境局始终未履行代处置职责。因值梅雨季节，油泥渗漏、流淌情形加重，生态环境持续受到侵害。

2019 年 7 月，睢宁县检察院以徐州市睢宁生态环境局为被告，向徐州铁路运输法院提起行政公益诉讼。庭审中，睢宁县检察院认为，生态环境局虽然在案发之初将犯罪线索移交，但在明知油泥系危险废物的情况下，未及时将油泥委托有危险品保管资质的公司贮存，且未采取有效的防扬散、流失、渗漏等措施，而是任其长期露天放置。公安机关出具的《情况说明》证实生态环境局并未与其联系处置油泥事宜，且在油泥处置协调会明确生态环境局的处置职责后亦未及时履职。最终，法院判令被告依法履行监管职责，尽快将涉案危险废物移交有处置资质的单位依法处置。

指导意义：对犯罪行为造成的持续污染，检察机关可综合运用刑事检察和公益诉讼检察职能，对损害国家利益和社会公共利益的情形进行全方位监督。公安机关调查取证完成后，犯罪嫌疑人无力处置污染物，行政机关又不履行代处置职责的，检察机关应当督促其履职。实践中，行政机关普遍认为在违法行为涉嫌犯罪时，应坚持刑事程序优先，在刑事诉讼程序终结后行政机关方能作出行政处理。但在生态环境公益诉讼案件中，对受损环境的修复常常刻不容缓，相关办案部门应形成共识与合力，在不影响刑事案件办理的情况下，将修复环境、维护公共利益放在首位，及时避免生态环境损害后果的进一步扩大。

（三）河南省检察院郑州铁路运输分院督促整治违建塘坝危害高铁运营安全行政公益诉讼案

基本案情： 2016年2月以来，河南省三门峡市陕州区菜园乡、湖滨区交口乡部分村民在郑州到西安高速铁路（以下简称郑西高铁）南交口大桥桥梁南北两侧距桥墩不足100米处，分别修路筑坝、填土造田，造成桥梁南侧（上游）塘坝内蓄水约1万立方米，存在汛期溃坝冲击桥梁的风险；北侧（下游）形成堰塞湖，浸泡高铁桥墩，造成高铁运营重大安全隐患。经河南省防汛抗旱指挥部协调，三门峡市相关部门采取了开挖排洪渠、人工抽水等临时性解决措施，但仍未根本解决高铁桥梁防洪安全隐患问题。

检察机关履职情况： 该案由河南省检察院指定郑州铁路运输分院管辖（以下简称郑州铁检分院）。郑州铁检分院经现场勘验，调取行政机关监管职责及执法情况的证据材料，询问铁路安全监管部门、铁路企业、沿线村民等相关人员，查明违建塘坝、堰塞湖浸泡高铁桥墩，造成高铁运营重大安全隐患的事实。郑州铁检分院认为，三门峡市陕州区、湖滨区政府和市区两级水利、国土、安全生产等相关职能部门未依法全面履行安全生产监督管理、防洪和保障铁路安全职责，造成高铁运营重大安全隐患。三门峡市政府具有保障铁路安全职责，由其对下属两个区政府和相关职能部门进行统筹调度，更有利于高效解决问题。2018年3月，郑州铁检分院依法向三门峡市政府发出行政公益诉讼诉前检察建议：一是督促行政主管部门、国土资源主管部门和安全生产监督管理部门全面履行法定职责，对上下游填土筑坝、修建影响高铁桥梁安全设施的行为依法进行处罚。二是制定符合铁路安全标准的根本性整治方案，消除高铁运营安全隐患。检察建议发出后，三门峡市政府对下属两个区级政府、多个职能部门进行统筹调度，成立专项整治工作组并拨付专项资金用于南交口大桥上下游堰塞湖除险工程，危及郑西高铁运营安全的重大风险得到排除。

指导意义： 对于安全生产领域案件的办理，要坚持预防为主的原则。安全生产事故往往会造成复杂的公益损害后果，安全生产领域公益诉讼的制度价值在于防患于未然，及时制止侵害、消除隐患，避免造成无法挽回的严重后果，这是检察机关作为公共利益代表不可忽视的责任。此外，该案属于跨行政区划的公益诉讼案件，在综合考虑案件性质、领域、公益损害程度、需协调部门等因素后确定了管辖检察机关，发挥了专门检察院跨行政区划的管理体制优势和办理涉铁案件的专业优势。

（四）江西省上饶市检察院诉张某某等三人故意损毁三清山巨蟒峰民事公益诉讼案

基本案情： 2017年4月，张某某等三人在江西省上饶市境内三清山风景名胜区攀爬巨蟒峰，采用电钻钻孔、打岩钉、布绳索的方式先后攀爬至巨蟒峰顶部。巨蟒峰是具有世界级地质地貌意义的地质遗迹。经勘查，钉入的26枚岩钉对巨蟒峰造成了永久性损害，破坏了自然遗产的自然性、原始性、完整性。

检察机关履职与诉讼情况：2017年10月，张某某等三人因涉嫌故意损毁名胜古迹罪被公安机关移送起诉（上饶市中级法院于2019年12月作出刑事判决）。上饶市信州区检察院在审查起诉过程中发现该三人故意损毁三清山巨蟒峰的行为可能损害社会公共利益，于2018年3月29日将线索移送上饶市检察院。上饶市检察院认为，自然遗迹、风景名胜是环境的组成部分，三清山巨蟒峰的世界级地质地貌意义承载着特殊的遗迹价值和广泛的公共利益。张某某等三人的损害行为侵害了生态环境和不特定社会公众的环境权益，该案属于生态环境民事公益诉讼的案件范围。2018年5月，上饶市检察院委托江西财经大学成立专家组对三清山巨蟒峰的受损价值进行评估，并形成《评估报告》。

经诉前公告程序，2018年8月，上饶市检察院向上饶市中级法院提起民事公益诉讼，诉请判令三被告依法对巨蟒峰非使用价值造成的损失1190万元和专家评估费15万元承担连带赔偿责任，并在全国性新闻媒体上公开赔礼道歉。经两审裁判，最终判令三被告连带赔偿环境资源损失600万元，连带承担专家评估费15万元，并在全国性媒体上刊登公告向社会公众赔礼道歉。

指导意义：自然遗迹和风景名胜是环境的组成部分，属于不可再生资源，任何对其进行破坏的行为都是损害人类共同享有的环境资源，损害社会公共利益，检察机关应当及时依法开展公益诉讼检察。对于独特的环境资源、自然景观，因缺乏真实的交易市场，难于确定损害赔偿数额的情况，检察机关可以委托专家进行评估。同时，具体的赔偿数额要结合多方面因素综合考虑确定。

（五）**贵州省榕江县检察院督促保护传统村落行政公益诉讼案**

基本案情：贵州省黔东南州有409个村入选《中国传统村落名录》，包括榕江县栽麻镇宰荡侗寨、归柳侗寨。2018年3月，黔东南州检察机关部署开展传统村落保护专项行动，榕江县检察院在专项行动中发现，栽麻镇宰荡、归柳两个侗寨的村民私自占用农田、河道、溪流新建住房，违规翻修旧房，严重破坏了中国传统村落的整体风貌，损害了国家利益和社会公共利益。

检察机关履职与诉讼情况：2018年4月，榕江县检察院对该案决定立案并进行调查核实。通过现场勘验、询问村民及政府工作人员、查阅相关文件资料等，查明：栽麻镇宰荡、归柳两个侗寨部分村民未批先建砖混、砖木结构房屋的情况比较严重，导致大量修建的水泥砖房取代了民族传统木质瓦房，严重破坏了中国传统村落的整体格局和原始风貌，影响了侗寨这一民族文化遗产的保护和传承。根据贵州省颁布的《贵州省传统村落保护和发展条例》等规定，乡镇政府负责本行政区域内传统村落保护和发展的具体工作。栽麻镇政府未依法落实传统村落保护发展规划和控制性保护措施，未开展传统村落保护宣传、管理工作，对村民擅自新建、改建、扩建建（构）筑物等行为未及时予以制止和引导，导致传统村落格局和整体风貌遭到严重破坏。

2018年5月，榕江县检察院向榕江县栽麻镇政府发出行政公益诉讼诉前检察建议，建议对宰荡侗寨和归柳侗寨两个传统村落依法履行保护监管职责。榕江县栽麻镇政府未对违章建筑进行监管，也未在规定的期限内对检察建议作出书面回复。榕江县检察院两次向该镇政府催办，仍未予回复。榕江县检察院办案人员先后4次回访宰荡和归柳侗寨，破坏传统村落的违法建筑不但没有整改，数量不减反增。2018年12月，经贵州省检察院批准，根据行政诉讼集中管辖的规定，榕江县检察院依法向黎平县法院提起行政公益诉讼，请求确认榕江县栽麻镇政府对中国传统村落宰荡侗寨和归柳侗寨不依法履行监管职责的行为违法，并要求其依法履行监管职责。经依法审理，法院支持了检察机关的全部诉讼请求。

指导意义：传统村落属于环境保护法第二条中列明的"环境"范畴，加强传统村落保护，是检察机关行政公益诉讼的法定职能范围。案件办理过程中，检察机关注重以人民为中心，平衡好传统文化保护和社会经济发展，助力和服务脱贫攻坚、乡村振兴等国家重大战略。

三、理解和适用中的重点、难点问题

（一）海南省海口市检察院诉海南A公司等三被告非法向海洋倾倒建筑垃圾民事公益诉讼案

检察机关在办理公益诉讼案件时，应树立系统思维，统筹考虑办案方向，综合运用监督手段，达到理想监督效果。该案在线索初核阶段有三个办案方向，即环境污染刑事案件、环境行政公益诉讼案件、环境民事公益诉讼案件。首先，从环境污染刑事案件角度考虑，根据刑法第三百三十八条，最高人民法院、最高人民检察院《关于办理环境污染刑事案件适用法律若干问题的解释》和最高人民法院、最高人民检察院、公安部、司法部、生态环境部《关于办理环境污染刑事案件有关问题座谈会纪要》中对"严重污染环境""危险废物""有毒物质"等的认定，该案相关涉案人员涉嫌污染环境罪的前提为倾倒的建筑垃圾系放射性废物、含传染病病原体废物、有毒物质或者其他有害物质。经委托相关部门评估鉴定，在建筑垃圾毒性检测16项指标中，该案所涉建筑淤泥检测出铜、砷、锌、无机氟化物四项，含量均未超出危害成分浓度限

值。因此，不能认定涉案倾倒的建筑垃圾属于危险废物或有毒物质、有害物质，涉案海域也不是自然保护区或风景名胜区等，无法认定相关涉案人员构成污染环境罪。其次，从环境行政公益诉讼案件角度看，行政机关对海洋生态环境保护担负第一顺位职责，应及时制止违法行为。但该案中，行政机关仅对A公司和陈某作出罚款共计20万元的行政处罚决定，且在有明显证据证明A公司所提供的倾废数量不真实的情形下，仍然坚持按照其自认的1.57万立方米数量予以认定，不愿认可检察机关提出的A公司非法倾废达6.9万立方米的事实，同时以正处于机构改革中、缺乏人才和诉讼经验为由，不愿提起民事公益诉讼。在对违法事实存在分歧的情况下，继续督促其提起民事公益诉讼已经没有实际意义，既不能及时遏制违法行为，也不能有效挽回损失。最后，从环境民事公益诉讼案件角度看，检察机关直接对违法行为人依法提起民事公益诉讼，不仅能够发挥检察民事公益诉讼的补充和兜底功能，而且能够通过体系化监督方式，进一步促行政机关依法行政、严格执法。该案中，B公司作为建筑垃圾的直接生产单位，与A公司分工协作，相互配合，实际上是以合同分包为名，行非法倾废之实，构成共同侵权，提起民事公益诉讼依法追究B公司民事侵权责任，对行政执法进行有益补位，实现违法必究的办案效果。

在调查核实过程中，鉴于海洋调查取证的特殊性，检察机关可积极与行政机关沟通协作，借助海洋执法部门优势，与其展开联合调查，完成海上特定现场取证工作。该案的另一个特殊点在于对公益损害赔偿数额的确定。检察机关就倾废船舶、靠泊平台、工程项目等多角度、多线索一体推进展开调查核实，查明B公司将案涉工程建筑垃圾外运输出分包给A公司，陈某实际控制A公司，以A公司名义骗取海域使用权违法搭建靠泊平台，并组织船舶直接实施海上倾废，涉案人员、公司密切配合共同完成整个侵权行为的基本事实。此外，检察机关通过调取B公司与业主方工程结算证据，逐一查明B公司工程项目建筑垃圾的去向，锁定案涉海上倾废总量，案件核心事实得到突破。

（二）江苏省睢宁县检察院督促处置危险废物行政公益诉讼案

该案办理过程存在两个难点问题，这两个问题恰恰是地方检察机关办案实践中经常遇到、争议较多、亟须明确的分歧点所在。

一是对行政机关"所在地"的理解问题。根据固体废物污染环境防治法（2016年修改）第五十五条规定，产生危险废物的单位，必须按照国家有关规定处置危险废物，不得擅自倾倒、堆放；不处置的，由所在地县级以上地方政府环境保护行政主管部门责令限期改正；逾期不处置或者处置不符合国家有关规定的，由所在地县级以上地方政府环境保护行政主管部门指定单位按照国家有关规定代为处置，处置费用由产生危险废物的单位承担。县环保部门在抗辩中认为,这里的"所在地"是指产生危险废物单位或个人所在地,该案应由浙江省舟山市生态环境保护部门指定单位代为处置。其理解有误。首先,对于此法条不能机械地理解为只有产废单位所在地的环保部门才有资格管理和处置。现实中,跨区域运输物品十分普遍,途中产生事故或污染的情形多发,如果均由运输源头地的环保部门处置,将极大降低行政效率并造成管理混乱,这对各地环保部门来讲将是巨大的负担。其次,实践中大量异地倾废事件根本无法找到倾废人和产废责任人,由污染结果发生地的生态环保部门进行管理和处置具有法律依据。

二是关于县环保部门对涉案危险废物是否存在"代处置"监管职责的问题。该案涉案油泥属于危险废物,对生态环境和人民群众生命健康、安全具有极大威胁,必须得到妥善处置,但冯某某等人因涉嫌刑事犯罪,已被公安机关采取强制措施,客观上不具备对危险废物处置的可能,按照固体废物污染环境防治法和行政强制法的规定,县环保部门应代为处置。且"代处置"只是一种处理污染危废物的方式和途径,行政机关不应以刑事案件未结为由不履行"代处置"职责。该案中,危废油泥已经泄漏,对生态环境造成了现实侵害,社会利益处于持续受侵害状态,县环保部门对此情况具有管辖和监督的责任。同时,法院已判令冯某某承担危废相关处置费用,环保部门代处置后可以向侵权责任人追偿,并不会加重其负担。

(三)河南省检察院郑州铁路运输分院督促整治违建塘坝危害高铁运营安全行政公益诉讼案

该案办理过程中有两个难点问题:一是司法管辖存在争议。根据行政诉讼法和最高人民法院、最高人民检察院《关于检察公益诉讼案件适用法律若干问题的解释》的规定,公益诉讼案件由被诉行政机关所在地司法机关管辖,该铁路公共安全公益诉讼案件原则上应当由三门峡市检察机关办理。而铁路运输检察机关作为专门检察机关,对于涉铁行政公益诉讼案件具有管辖依据和优势。该案中,郑州铁检分院相较而言更熟悉铁路业务和铁路单位,同时又与地方检察机关业务联系紧密,由其跨区划管辖铁路安全领域公益诉讼案件,有利于协调地方政府、铁路监管部门等合力作为,及时消除安全隐患。郑州铁检分院初步查明涉案高铁运营安全隐患基本情况和有关行政机关部门履职不到位的问题后,主动向河南省检察院请示报告,获得指定管辖,解决了管辖权争议问题。

二是监督对象难以确定。该案涉及多个负有监督管理职责的行政机关不履行职责。根据铁路法、国务院《铁路安全管理条例》等规定,三门峡市湖滨区政府、陕州区政府,三门峡市政府及两级政府水利、国土、安全生产等职能部门具有本行政区域内安全生产监督管理、防洪和保障铁路安全的法定职责，相关行政机关未依法履行职责时，可以启动数个行政公益诉讼程序。但该案多个行政机关之间存在重叠或行政隶属关系，上层行政机关亦负有对下层行政机关的层级监督职责。郑州铁检分院最终决定向三门峡市政府发出行政公益诉讼诉前检察建议，督促其全面履职，对下属两个区、多个职能部门进行统筹调度，高质量、"一揽子"解决相关安全隐患。

（四）江西省上饶市检察院诉张某某等三人故意损毁三清山巨蟒峰民事公益诉讼案

该案办理过程有两个难点问题：一是对损毁自然遗迹和风景名胜侵权责任的认定。该案中，三被告抗辩称其行为是对自然遗迹和风景名胜的合理利用，是人类利用自然、挑战自我的积极行动，不属于侵权。从过错认定看，该案中三被告事前查阅了《三清山风景名胜区管理条例》，且从三人的微信聊天记录看，三被告在明知使用岩钉等破坏性方式攀爬巨蟒峰为法律所禁止的情况下，仍然实施该行为，主观上具有明显的侵权故意。从侵害后果看，三被告打入的26枚岩钉直观上已经破坏了巨蟒峰的自然性、原始性和完整性，其损害程度已属严重。同时，根据地质遗迹学有关专家论证，三被告打入的26枚岩钉会直接加重岩石风化，加快花岗岩柱体的侵蚀进程，甚至造成崩解，这种可能性的增加是一种"已然"的结果，是客观存在的损害后果。

二是对独特景观生态服务价值损失的确定。办案过程中，检察机关根据民事诉讼法第七十九条、最高人民法院《关于审理环境民事公益诉讼案件适用法律若干问题的解释》第十五条的规定，聘请专家以条件价值法对巨蟒峰受损价值进行了评估，并出庭提出意见。原环境保护部《环境损害鉴定评估推荐方法》（第Ⅱ版）和《生态环境损害鉴定评估技术指南总纲》确定的条件价值法特别适用于选择价值占有较大比重的独特景观、文物古迹等生态系统服务价值的评估。该案中，根据地质遗迹专家的意见，三被告钉入的岩钉不能通过工程修复等方式修复，否则会进一步加剧对巨蟒峰的损害，其损害是永久性的。因此，以条件价值法评估巨蟒峰受损价值完全符合生态环境损害鉴定评估方法的适用条件和选择原则。考虑到可能性偏差的影响，在三清山巨蟒峰受损价值评估过程中，评估专家采用以支付意愿而非受偿意愿为评估标准、对三清山巨蟒峰及受损事件作出详尽介绍以使得受访者详尽了解事件状况、开展敏感性分析等方式对受损价值做了保守估计，分析得出该事件对巨蟒峰非使用价值造成损失的最低阈值为1190万元。

（五）贵州省榕江县检察院督促保护传统村落行政公益诉讼案

该案有两个重点问题需要关注：一是办案中的风险预防。传统村落保护多涉及农村违建问题，事关人民群众切身利益，且该类行为在部分传统村落中具有一定的普遍性，起诉后是否获法院支持，行政机关是否履行监管职责，是否会引起涉检信访问题等都需提前做好预案。榕江县检察院主动向当地党委政府汇报工作争取支持，同时向栽麻镇政府主要领导阐述了公益诉讼制度设计的初衷，争取其理解。检察机关主动与法院进行沟通，通过诉前会议归纳争议焦点，补充印证材料，全面做好各项庭审前期准备工作。此外，榕江县检察院还注重主动做好普法和宣传工作，加强释法说理，争取群众支持，制定风险防控预案，保障了办案效果。

二是办案后推动政策转化和地方立法完善。传统村落违建问题的根源在于如何处理好保护与发展的关系，如何激发人民群众保护传统村落的内生动力。秉承保护与发展的理念，榕江县检察院促成多所高校在涉案侗寨设置写生基地，游客慕名来此旅游，当地群众从中获益，激发了他们保护传统村落的内生动力，真正实现了双赢多赢共赢的办案效果。该案的成功办理，也为政策转化和地方立法完善提供了实证。榕江县检察院积极推动制定《榕江县侗族传统村落居民修缮与新建民居设计导则》，指导两村村委会将传统村落保护纳入村规民约，增强村民保护传统村落的自觉性。案件办理过程中，榕江县政府下发了《榕江县传统村落保护管理办法（试行）》，推动该县传统村落保护工作规范化。黔东南州检察院就专项行动向州人大作专题报告，并提出地方立法完善建议。2020年4月29日，《黔东南苗族侗族自治州民族文化村寨保护条例》修订审议通过，确立了传统村落分级、分类保护原则，进一步明确了各相关部门职责，并增加规定，"检察机关针对行政机关违法行使职权或行政不作为，破坏传统村落、损害国家利益或社会公共利益的，可以依法提起行政公益诉讼"。检察机关探索了一条从实践办案到推动立法完善的公益保护路径。

最高人民检察院
关于印发最高人民检察院
第三十批指导性案例的通知

(2021年8月17日公布　高检发办字〔2021〕51号)

各省、自治区、直辖市人民检察院，解放军军事检察院，新疆生产建设兵团人民检察院：

经2021年6月30日最高人民检察院第十三届检察委员会第六十九次会议决定，现将某材料公司诉重庆市某区安监局、市安监局行政处罚及行政复议检察监督案等六件案例（检例第116—121号）作为第三十批指导性案例（行政争议实质性化解主题）发布，供参照适用。

最高人民检察院
2021年8月17日

某材料公司诉重庆市某区安监局、市安监局行政处罚及行政复议检察监督案

(检例第116号)

【关键词】

行政争议实质性化解　行政处罚　释法说理

【要　旨】

人民检察院办理行政诉讼监督案件，应当在履行法律监督职责中开展行政争议实质性化解工作，促进案结事了。人民检察院化解行政争议应当注重释法说理，有效回应当事人诉求，解心结、释法结。

【基本案情】

2017年5月，重庆某防火材料有限公司（以下简称材料公司）与重庆某建设有限公司（以下简称建设公司）签订产品购销合同，约定材料公司向建设公司承建的某项目提供防火卷帘门，并负责安装调试。2017年8月18日，材料公司职工程某到现场对车库防火卷帘门进行安装调试时，承担其他施工任务的某装饰设计工程公司（以下简称设计公司）职工苟某因施工放线需要，按动卷帘门起升启动按钮，导致程某卷入卷帘门窒息死亡。

2017年9月26日，重庆市某区城乡建设委员会依据《重庆市建筑管理条例》第四十七条、第六十六条之规定，对建设公司作出责令停止施工和罚款3万元的行政处罚。2018年1月26日，重庆市某区安全生产监督管理局（以下简称区安监局）认为材料公司没有按照公司《安全生产管理制度》的要求对工人开展安全教育；在调试防火卷帘门时未在开关处设置警示标志，违反了《中华人民共和国安全生产法》第二十五条第一款和第三十二条的规定，依据该法第一百零九条第（一）项的规定作出行政处罚决定，对材料公司罚款28万元；依据该法第九十二条第（一）项的规定分别对材料公司法定代表人冯某罚款1万余元、对建设公司项目经理罚款2万余元；依据《重庆市安全生产条例》第五十八条的规定对监理公司经理罚款1万余元。材料公司不服行政处罚决定，向市安监局申请行政复议。2018年5月10日，市安监局作出行政复议决定，维持区安监局行政处罚决定。

2018年5月25日，材料公司向人民法院提起行政诉讼，请求撤销区安监局作出的行政处罚决定和市安监局作出的行政复议决定。人民法院一审认为，材料公司派员到现场配合购货方完成产品消防自检属于生产经营活动，负有安全生产管理的义务，材料公司的违法行为系造成安全生产事故的直接原因，对此次事故的发生负有责任，区安监局作出的行政处罚决定事实清楚、证据充分，程序合法，适用法律法规正确，市安监局作出的复议决定程序合法，并无不当，遂于2018年11月19日判决驳回材料公司的诉讼请求。

材料公司不服一审判决，向重庆市第一中级人民法院提起上诉，该院二审判决驳回上诉，维持原判。材料公司向重庆市高级人民法院申请再审，该院于2019年9月2日裁定驳回材料公司的再审申请。

【检察机关履职情况】

案件来源。材料公司以案涉行政处罚决定违法以及原审法院判决不当为由，于2019年10月23日向重庆市人民检察院第一分院申请监督，检察机关依法受理，并由副检察长作为承办检察官办理。

调查核实。为查明原审判决和被诉行政处罚决定是否合法，检察机关在阅卷审查的基础上进行了以下调查核实工作：一是对区安监局所作行政处罚进行调卷审查；二是听取材料公司法定代表人冯某申请监督意见和理由，询问了解案涉安全生产事故发生详细过程及材料公司职工程某工伤死亡赔偿情况。检察机关查明，根据产品购销合同约定，防火卷帘门调试作业属于材料公司生产经营活动，材料公司对其生产经营活动应承担相应的安全生产管理责任；事故发生的直接原因系程某违章操作、未设置警示标志，间接原因系材料公司安全教育培训不到位、建设公司项目经理履职不到位、监理单位现场协调不到位，某区城乡建设委员会依法对建设公司作出了处理，法院判决认定材料公司违法行为系事故发生直接原因，应承担责任，并无不当。在社会保险机构支付工伤死亡赔偿金的基础上，材料公司补助死亡职工家属24万元。

释法说理。面对承办检察官，冯某坚持认为行政处罚不公，案涉事故的生产经营组织者系建设公司，事故发生系第三方（设计公司）违规操作直接导致，与材料公司没有直接因果关系，材料公司也是受害者，所受处罚过重。鉴于此案涉及民营企业和多方责任，经过行政复议、一审、二审、再审多次处理，材料公司始终不服，申请监督后，对检察机关的审查意见仍然不服，重庆市人民检察院向最高人民检察院请示。最高人民检察院领导高度重视，经审阅案卷后赴重庆与承办检察官共同接待材料公司法定代表人冯某及委托代理人邹某。在当面听取申请人的意见和诉求后，最高人民检察院领导分析了行政处罚和人民法院判决的合法性、合理性，指出安装调试防火卷帘门是材料公司履行合同义务的生产经营活动，材料公司负有安全生产管理责任；该事故属于综合责任事故，相关行政机关在裁量范围内依法对材料公司、建设公司、监理方都作了处罚，事故各方承担了相应的责任，程序上基本公正，法院判决并无不当。最高人民检察院领导还站在民营企业长远发展和维护申请人合法权益的角度，说法理、谈情理、讲道理，对材料公司积极认同社会责任给予死亡员工家属抚恤金的做法予以充分肯定；同时表示，解决好企业的烦心事和揪心事，是党中央的明确要求，检察机关对于涉及民企的案件格外重视，依法予以平等保护，希望材料公司辩证看待安全事故，从中汲取教训，将更多精力投入生产经营，让企业走得更稳、更远。针对材料公司反映的行政执法不规范、案件处理不平衡等问题，最高人民检察院领导表示检察机关可在深入调查核实后，提出相应的检察建议。

争议化解。经最高人民检察院领导释法说理，材料公司法定代表人冯某对检察机关所作的工作和提出的意见表示认可。2019年12月5日，冯某向检察机关提交撤回监督申请书，检察机关依法作出终结审查决定，本案行政争议成功化解。

诉源治理。重庆市人民检察院第一分院经调查核实，建议区应急管理局（因机构改革原安监局职能并入应急管理局）全面调查是否遗漏相关责任主体，针对区安监局超期提交事故调查报告等执法不规范问题，建议规范行政执法办案程序，提高行政执法办案效率，在个案处理中加强释法说理，减少行政争议，增强行政执法公信力。区应急管理局收到检察建议后，组织原事故调查组进行补充调查，将设计公司生产安全管理不合规问题移交行业主管部门区住房城乡建设委依法处理；为促进今后规范执法，建立案件审核委员会制度，加强对事故调查及作出行政处罚的审核把关，确保行政执法规范严谨。

【指导意义】

（一）人民检察院办理行政诉讼监督案件，应当坚持把实质性化解行政争议作为重要职责，努力实现案结事了政和。人民检察院办理行政诉讼监督案件，应当践行以人民为中心的监督理念，全面贯彻行政诉讼法确定的立法目的，在监督人民法院公正司法、促进行政机关依法行政的同时，着眼于实质性化解行政争议，加强调查核实，针对行政争议产生的基础事实和申请人在诉讼中的实质诉求，综合运用抗诉、检察建议、公开听证、司法救助等方式，促使行政争议得到合法合理的解决，维护公民、法人和其他组织的合法权益。

（二）人民检察院化解行政争议，应当加强释法说理，有效回应当事人诉求。围绕案件事实和证据，阐明事理、释明法理、讲明情理，为当事人解心结、释法结，既体现法的力度，又体现法理情交融的温度，让当事人感受到法律监督的公正性、透明度。

【相关规定】

《中华人民共和国行政诉讼法》第十一条

《中华人民共和国安全生产法》第二十五条第一款、第三十二条、第九十二条、第一百零九条

《人民检察院行政诉讼监督规则（试行）》第三十四条、第三十六条

《人民检察院民事诉讼监督规则（试行）》第七十五条第一款

《人民检察院检察建议工作规定》第十一条

陈某诉江苏省某市某区人民政府强制拆迁及行政赔偿检察监督案

(检例第 117 号)

【关键词】

行政争议实质性化解　行政赔偿　赔偿义务机关　促成和解

【要　旨】

人民检察院办理未经人民法院实体审理的行政赔偿监督案件，依据行政委托关系确定行政机关为赔偿责任主体的，可以促使双方当事人在法定补偿和赔偿标准幅度内达成和解。对于疑难复杂行政争议，应当充分发挥检察一体化优势，凝聚化解行政争议合力。

【基本案情】

2013年，陈某位于某村民小组的房屋被损毁，陈某向江苏省某市某区公安局报警要求处理，公安局认为该案属于政府征地拆迁，不属于公安机关受案范围，未予立案。2015年8月18日，陈某向某市中级人民法院提起行政诉讼，请求确认区人民政府拆除其房屋及厂房（与房屋一体）的行政行为违法，并判决赔偿其损失。某市中级人民法院经审理认为，陈某的起诉缺乏事实根据，不能证明案涉房屋系区政府拆除，故裁定驳回起诉。陈某不服，提起上诉。江苏省高级人民法院裁定驳回上诉，维持原裁定。陈某提出再审申请，被最高人民法院裁定驳回。

【检察机关履职情况】

案件来源。陈某不服人民法院生效裁定，向检察机关申请监督。江苏省人民检察院依法受理，经审查，提请最高人民检察院抗诉。

调查核实。最高人民检察院围绕陈某的房屋是否在被拆迁范围内、区人民政府是否是拆除案涉房屋的责任主体、案涉被拆除房屋是否为合法建筑等问题进行调查核实，调取案涉拆迁地块用地红线图、拆迁补偿档案等书证，询问区自然资源和规划局工作人员、参与拆迁的某建筑拆除公司负责人、拆迁小组成员以及陈某等。检察机关查明，案涉拆迁地块系用于区人民政府2012年为民办实事重点工程菜市场建设项目，征收拆迁由区人民政府主导、推动和组织实施，区人民政府为此专门成立城市建设指挥部，全面负责拆迁补偿相关事宜。区城市资产经营有限公司代表区人民政府作为拆迁人，委托某房屋拆迁公司具体实施。房屋拆迁公司与菜市场拆迁户签订协议并组织实施拆迁。陈某被拆除房屋在拆迁范围内，总面积330.82㎡，其中合法应补偿面积176.52㎡。陈某诉请所称厂房系违法建筑，不能按规定给予补偿安置，主张停工停产损失因其未能提供工厂经营的证据材料，不能得到支持。陈某对补偿的期望值与区人民政府的补偿方案差距悬殊，双方始终未能就拆迁补偿事宜达成一致意见，房屋拆迁公司指派实施专项拆除的某建筑拆除公司对陈某的房屋进行了强制拆除。

监督意见。检察机关审查认为，案涉强制拆除行为系因行政征收拆迁引起，区人民政府作为最初委托主体和征收行为主体，其委托的公司在未与陈某达成拆迁补偿协议的情况下违反法定程序实施强制拆除，区人民政府应当对受委托公司的行为后果承担责任。原审人民法院以被告主体不适格裁定驳回起诉不当。最高人民检察院在办案中了解到陈某的实质诉求是得到赔偿，陈某房屋被强制拆除后，区人民政府曾多次与陈某协商，表示作为征收主体愿意承担补偿责任。江苏省人民检察院办案过程中也曾促双方和解。最高人民检察院经研究后认为，本案系以主体不适格驳回起诉案件，即使通过抗诉解决了主体适格问题，实现陈某合法诉求，仍需经历行政确认和赔偿诉讼，促成双方和解更有利于及时实现陈某的实质诉求。鉴于双方均有和解意愿，最高人民检察院决定推动区人民政府与陈某达成和解，实质性化解行政争议。

争议化解。最高人民检察院成立由分管院领导担任主办检察官的办案组，与江苏省三级检察机关联动，共同开展化解工作。2019年12月18日，办案组赴江苏陈某居住地面对面沟通，通过释法说理促其放弃超出法律和政策规定的不合理诉求；与区人民政府工作人员座谈，听取意见并强调人民政府应当秉持诚实信用原则，对受委托主体的违法行为依法承担责任。省、市、区三级检察机关加强与区政府对接，检察机关多次接待陈某，协调区司法局为陈某推荐法律援助律师；推动行政机关召开有陈某、法律援助律师、人大代表、政协委员、街道办、司法局参加的听证会。在四级检察院合力推动和各方积极参与下，双方按照拆迁安置补偿标准和相关利率达成补偿赔偿协议。

2020年7月31日，陈某向检察机关提交撤回监督申请，最高人民检察院依法作出终结审查决定。持续7年的行政争议最终化解。

【指导意义】

（一）人民检察院办理未经人民法院实体审理的行政赔偿监督案件，可以促使应当担责的行政机关在法定补偿标准幅度内承担赔偿责任，与对方当事人达成和解。受行政机关委托从事征收拆迁等行政事务的公司从事受委托的行为违法，给公民、法人或者其他组织造成损失的，由委托的行政机关承担赔偿责任。检察机关办理行政强制拆除引起的行政赔偿诉讼监督案件，在查清案件事实、厘清各方责任的基础上，兼顾监督公权和保障私权双重目标，既要促使行政机关对其委托事务实施过程中发生的违法后果承担责任，又要将双方达成的赔偿协议限定在法定范围和幅度内，确保公平合法地解决行政赔偿争议。

（二）检察机关在化解行政争议过程中应当充分发挥检察一体化优势，凝聚合力，促进疑难复杂行政争议的化解。检察机关对于久拖未结的疑难复杂行政争议，可以根据案件实际情况多级联动，上级检察机关通过交办、督办、参与调处等方式，发挥协调指导作用，争议所在地检察机关充分调查、走访，发挥熟悉当地情况、就近开展工作的优势，齐心协力做好行政争议实质性化解工作。

【相关规定】

《中华人民共和国行政诉讼法》第十一条、第四十九条、第九十一条

《中华人民共和国国家赔偿法》第七条、第三十六条

《人民检察院行政诉讼监督规则（试行）》第十三条、第二十条

魏某等 19 人诉山西省某市发展和改革局不履行法定职责检察监督案

（检例第 118 号）

【关键词】

行政争议实质性化解　履行法定职责　抗诉　公开听证　解决同类问题

【要　旨】

检察机关提出抗诉的行政案件，为保障申请人及时实现合法诉求，维护未提起行政诉讼的同等情况的其他主体合法权益，可以继续跟进推动行政争议化解，通过公开听证等方式，促成解决同类问题。对行政机关以法律、法规和规范性文件规定不明确为由履职不到位导致的行政争议，应当协调有关部门予以明确，推动行政争议解决，促进系统治理。

【基本案情】

2013 年，山西省某市人民政府决定对该市某小区实施整体拆迁改造，于同年 10 月与魏某等被征收人签订《某小区房屋征收与安置补偿协议书》。2014 年 3 月，该市某街道办事处某居委会与山西某房地产开发有限公司（以下简称房地产公司）签订《小区片区改造项目合作开发协议书》，由房地产公司对案涉小区进行开发改造。2015 年 3 月，案涉小区拆迁改造被确定为棚户区改造项目。在回迁安置过程中，房地产公司委托某物业管理有限公司（以下简称物业公司）向回迁安置户收取了供水、供气、供热等设施建设费。2017 年 6 月 30 日，魏某等 19 人投诉至某市发展和改革局，要求对物业公司乱收费行为进行查处，7 月 10 日，该局予以受理并立案，在查处案件过程中，该局认为《山西省棚户区改造工作实施方案》第十四条的规定不明确，遂于 8 月 11 日向某市人民政府作出请示。市人民政府市长办公会提出协调处理指导意见，未就该局提出的问题给出明确答复。11 月 20 日该局将相关情况告知申请人，后未作出相应的行政处理决定。

2017 年 9 月 5 日，魏某等 19 人向人民法院提起行政诉讼，要求确认发展和改革局行政不作为违法，并判令其依法履行法定职责。人民法院经审理认为，对辖区内的价格活动进行监督检查，对价格违法行为实施行政处罚属于发展和改革局的法定职责。魏某等19人就物业公司收费问题投诉后,发展和改革局及时立案,并进行了一系列检查、调查和协调工作,又因法规依据适用问题向上请示,虽然尚未作出行政行为,但案件仍在办理之中,被告不构成行政不作为。依照《中华人民共和国行政诉讼法》第六十九条之规定,判决驳回魏某等人的诉讼请求。魏某等19人不服,提出上诉。2018年3月27日某市中级人民法院审理认为,发展和改革局在立案查处过程中,因法律依据不明确,政策界限不清晰,且在全市范围内有较大影响,特向上级行政机关请示,具有一定的必要性,虽未在法定期限内作出行政行为,但其理由具有一定正当性,因此不构成不履行行政职能。依照《中华人民共和国行政诉讼法》第八十九条第一款第(一)项的规定,判决驳回上诉,维持原判。魏某等19人提出再审申请,被山西省高级人民法院驳回。

【检察机关履职情况】

案件来源。魏某等19人不服人民法院的生效判决,向某市人民检察院申请监督。某市人民检察院依法受理,经审查,提请山西省人民检察院抗诉。

调查核实。为查明物业公司向魏某等人收取相关费用的行为是否合法,发展和改革局是否已经依法履职,山西省人民检察院进行了以下调查核实工作:一是向山西省人民政府发函,商请制定机关对《山西省棚户区改造工作实施方案》第十四条"……棚户区改造新建安置小区有线电视和供水、供电、供气、供热、排水、通讯、道路等市政公用设施,由各相关单位出资配套建设,不得收取入网、管网增容等经营性收费,有线电视初装费减半收取"进行解释。二是与山西省住房和建设厅进行座谈,了解棚户区改造的相关政策。三是对案涉小区所在街道办事处、居委会、市场监督管理局(2019年机构改革,发展和改革局相关职能划入市场监督管理局)、住房和城乡建设局,市供热、供水、供气等公司有关负责人员以及当事人进行询问。

检察机关查明,根据山西省政府有关文件规定和山西省住房和建设厅对山西省人民检察院的函复意见,棚户区改造项目建设供水、供气、供热等市政公用设施产生的费用,由市政公用设施的相应主管部门或责任单位承担。案涉小区在棚户区改造过程中,市场监督管理局和市供水、供气、供热公司等相关单位向房地产公司收取回迁安置小区供水、供气、供热等基础设施建设和安装费用,因此房地产公司委托物业公司向魏某等回迁安置户收取自来水入网费、供热二次管网材料费和安装费。

监督意见。山西省人民检察院经审查认为,发展和改革局虽然对魏某等19人的投诉事项进行了立案、调查,针对法律适用和政策界限问题向市政府请示,市政府提出了协调处理指导意见,但发展和改革局未作出相应的处理决定，根据《价格违法行为举报处理规定》，发展和改革局存在行政不作为的情形。因此，原审判决认为发展和改革局不构成不履行行政职能，属认定事实不清，适用法律错误。2020年6月8日，依法向山西省高级人民法院提出抗诉。

争议化解。抗诉后双方当事人均向检察机关表达和解意愿，鉴于申请人魏某等19人虽然提起的是履行职责之诉，但实质诉求是退还已缴纳的供水、供气、供暖初装费，即使在抗诉再审后赢得诉讼，实现实质诉求仍需向对方当事人主张权利乃至提起给付之诉，同时，案涉小区还有未提出诉讼的189户安置户存在同类问题，山西省人民检察院在与法院沟通后，决定跟进推动行政争议实质性化解。2020年6月17日，山西省人民检察院邀请某市政府主要领导、市场监督管理局、住建局和供水、供气、供热公司负责人等进行沟通对接，初步形成"承建方（房地产公司）收费无依据"的一致意见；6月23日，山西省人民检察院召开魏某等19人申请检察监督案公开听证会，邀请全国政协委员、某市人大代表，相关行政机关负责人和房地产公司法定代表人参加听证会。听证会围绕市场监督局是否履职到位、案涉小区回迁户可否享受棚户区改造政策、《山西省棚户区改造工作实施方案》第十四条如何理解适用、房地产公司是否应退款等四方面焦点问题，听取各方意见，促成房地产公司与魏某等19人对争议处理意见达成一致，签订和解协议。行政主管部门在充分了解法律政策及安置户权益受损后，认同对案涉小区同等情况的其他189户安置户的权利参照协议确定的方案予以保障。某市财政支付房地产公司150万元，房地产公司自行承担94万余元，由房地产公司将违规收取的费用统一退还至魏某等19人及其他189户回迁安置户。本案行政争议实质性化解，检察机关依法撤回抗诉。

【指导意义】

（一）检察机关办理行政诉讼监督案件，为及时实现申请人合法诉求和维护具有同等情况但未提起行政诉讼的其他主体的合法权益，提出抗诉后可以继续跟进推动行政争议化解，通过公开听证等方式，促成解决同类问题。人民检察院办理行政诉讼监督案件，应当从有效解决争议，维护当事人合法权益，减少诉累出发，对于与案件相关的同类问题，除抗诉之外，注重采取跟进督促、沟通协调、公开听证等方式，推动行政争议实质性化解。

（二）人民检察院对于行政机关以法律、法规和规范性文件规定不明确为由履职不到位导致的行政争议，应积极协调有关部门作出解释。准确适用法律法规是依法公正解决争议的基本前提，也是精准监督、促进行政争议实质性化解的必然要求。人民检察院办理行政诉讼监督案件，对于行政机关以法律法规和规范性文件规定不明确、政策界限不清晰为由执行相关规定不到位的情况，可以商请政策制定机关进行解释，明确规则，解决分歧，促进争议解决的同时推进系统治理。

【相关规定】

《中华人民共和国行政诉讼法》第七十二条、第八十九条

《价格违法行为举报处理规定》（2014.5.1 国家发展和改革委员会）第十条、第十一条

《山西省行政执法条例》（2001.10.1 山西省人大常委会）第二十五条

《人民检察院行政诉讼监督规则（试行）》第三十六条

《人民检察院民事诉讼监督规则（试行）》第一百一十四条

山东省某包装公司及魏某安全生产违法
行政非诉执行检察监督案

(检例第119号)

【关键词】

行政争议实质性化解　非诉执行监督　公开听证　检察建议

【要　旨】

人民检察院办理当事人申请监督并提出合法正当诉求的行政非诉执行监督案件，可以立足法律监督职能开展行政争议实质性化解工作。人民检察院通过监督人民法院非诉执行活动，审查行政行为是否合法，发现人民法院执行活动违反法律规定，行政机关违法行使职权或者不行使职权的，应当提出检察建议。

【基本案情】

山东省某包装有限公司（以下简称包装公司）是一家连续多年被评为纳税信用A级、残疾人职工占41.2%、获评为残疾人就业创业扶贫示范基地等荣誉称号的福利性民营企业。2018年7月，包装公司发生一般安全事故，经调解，累计向安全事故受害人赔偿100万元。2018年10月22日，山东省某县安全生产监督管理局（以下简称县安监局）认为该公司未全面落实安全生产主体责任导致发生安全事故，违反《中华人民共和国安全生产法》第一百零九条规定，对该公司作出罚款35万元的行政处罚决定；认为公司负责人魏某未履行安全生产管理职责，违反《中华人民共和国安全生产法》第九十二条规定，对魏某作出罚款4.68万元的行政处罚决定。后经该公司及魏某申请，2018年11月8日县安监局出具《延期（分期）缴纳罚款批准书》，同意该公司及魏某延期至2019年3月30日前缴纳罚款。

2019年3月，公司及魏某因经济困难再次提出延期缴纳罚款请求。经公司驻地乡政府协调，2019年4月22日县应急管理局（机构改革后安全生产监管职能并入县应急管理局，以下简称县应急局）同意该公司及魏某延期至2019年7月31日前缴纳罚款，但未出具书面意见。2019年4月30日，在经营资金紧张情况下，包装公司缴纳10万元罚款。

2019年7月12日，县应急局认为包装公司未及时全额缴纳罚款，违反《中华人民共和国行政处罚法》第五十一条规定，对包装公司及魏某分别作出35万元、4.68万元加处罚款决定。

经催告，2019年8月5日，县应急局向县人民法院申请强制执行原处罚款剩余的25万元及魏某的4.68万元个人原处罚款，县人民法院分别作出准予强制执行裁定。2019年10月，魏某缴纳个人4.68万元原处罚款。2020年3月6日、10日，县应急局分别向县人民法院申请强制执行对包装公司及魏某的加处罚款决定，某县人民法院分别作出准予强制执行裁定。期间，包装公司及魏某对原行政处罚、加处罚款决定不服，向行政机关提出异议，并多次向市、县相关部门反映情况。

【检察机关履职情况】

案件来源。2020年4月9日，魏某认为处罚对象错误，不服人民法院准予强制执行县安监局处罚决定的行政裁定，包装公司及魏某不服人民法院准予强制执行县应急局加处罚款决定的行政裁定，向县人民检察院申请监督。

调查核实。受理案件后，县人民检察院重点开展了以下调查核实工作：一是调阅案卷材料，审查行政处罚及法院受理审查情况；二是向县应急局时任主要负责人、相关执法人员了解公司及魏某行政处罚、加处罚款执法和申请法院强制执行情况；三是到包装公司实地查看，了解公司生产经营状况；四是到公司驻地乡政府了解其协调延期缴纳的情况。检察机关经调查核实并向县人民法院审判人员了解情况，查明：包装公司发生安全事故时，原总经理于某已因股权纠纷、挪用资金等原因离开公司，由魏某实际负责；乡政府出具证明，企业法定代表人陈某证实，县应急局亦认可2019年4月22日经乡政府协调同意包装公司及魏某延期至2019年7月31日前缴纳、未出具书面意见的事实；包装公司在事故发生后已进行整改。

公开听证。县人民检察院多次与包装公司、县应急局沟通，争议双方对加处罚款是否适当、加处罚款决定是否应当撤销等存在重大分歧。为进一步查清案件事实，统一对法律适用的认识，推动行政争议实质性化解，县人民检察院邀请法律专家、人大代表等为听证员，组织对该案进行公开听证。听证员一致认为，对魏某的原行政处罚符合法律规定，处罚适当；对包装公司及魏某作出加处罚款明显不当，应予纠正。

监督意见。县人民检察院经审查：1. 对魏某的原行政处罚符合法律规定，处罚适当；县人民法院裁定准予强制执行加处罚款，认定事实与客观事实不符。向县人民法院发出检察建议，建议依法纠正对包装公司及魏某准予强制执行加处罚款的行政裁定。2. 县应急局实际已同意包装公司和魏某延期缴纳罚款,其在延期缴纳罚款期间对包装公司及魏某作出加处罚款决定明显不当。向县应急局发出检察建议,建议重新审查对公司及魏某作出的加处罚款决定,规范执法行为,同时建议县应急局依法加强对企业的安全生产监管,推动企业规范发展。3. 建议包装公司进一步加强内部管理,规范企业经营,重视安全生产,提高风险防范能力。

争议化解。收到检察建议后,县人民法院撤销了对包装公司及魏某的准予强制执行加处罚款行政裁定书;县应急局撤销了对包装公司及魏某的加处罚款决定,表示今后进一步规范执法行为。

【指导意义】

(一)行政相对人未就行政决定申请复议、提起诉讼,在行政非诉执行阶段向检察机关申请监督提出合法正当诉求的,检察机关可以立足法律监督职能依法开展行政争议实质性化解工作。行政机关申请人民法院强制执行行政决定,人民法院裁定准予强制执行,行政相对人认为行政决定及行政裁定违法,侵犯其正当权益,向人民检察院申请监督的,人民检察院应当受理。人民检察院办理行政非诉执行监督案件,可以通过调查核实、公开听证和提出检察建议等方式,查清案件事实,明晰权责,凝聚共识,推动行政机关与行政相对人之间的争议得到实质性处理,实现案结事了政和。

(二)人民检察院办理行政非诉执行监督案件,通过监督人民法院行政非诉执行活动,审查行政机关行政行为是否合法,强制执行是否侵犯相对人合法权益。中央全面依法治国委员会《关于加强综合治理从源头切实解决执行难问题的意见》提出,检察机关要加强对行政执行包括非诉执行活动的法律监督,推动依法执行、规范执行。人民检察院监督人民法院非诉执行活动,应当审查准予执行行政裁定认定事实是否清楚、适用法律是否正确,发现人民法院执行活动违反法律规定,行政机关违法行使职权或者不行使职权的,应当提出检察建议,促进人民法院公正司法、行政机关依法行政。

【相关规定】

《中华人民共和国行政诉讼法》第十一条

《中华人民共和国行政强制法》第四十二条

《中华人民共和国行政处罚法》(2017年)第五十一条、第五十二条

《中华人民共和国安全生产法》第九十二条、第一百零九条

《人民检察院行政诉讼监督规则(试行)》第二十九条、第三十四条

《人民检察院检察建议工作规定》第九条

王某凤等 45 人诉北京市某区某镇政府强制拆除和行政赔偿检察监督系列案

(检例第 120 号)

【关键词】

行政争议实质性化解　民事纠纷与行政争议交织　一并化解

【要　旨】

人民检察院办理行政诉讼监督案件，应当把实质性化解行政争议作为"监督权力"和"保障权利"的结合点和着力点。对与行政争议直接相关的民事纠纷应一并审查，促进各方达成和解，通过解决民事纠纷促进行政争议的一并化解，及时有效保护各方当事人的合法权益。

【基本案情】

2001 年，北京市某区某镇人民政府（以下简称镇政府）根据北京市政府办公厅《关于确定本市郊区中心镇的通知》，在案涉地块以加快小城镇步伐发展文艺事业为由报建文化艺术园，该文化艺术园项目最终由山西省某集团公司组建的北京某文化交流有限公司（以下简称文化公司）进行建设。镇政府与文化公司签订《协议书》，约定镇政府向文化公司提供土地 160 亩，由后者出资在文化艺术园区建大学一所及相关配套的运动场所、娱乐、休闲设施和教职工公寓，协议有效期为 70 年。协议签订后，文化公司在案涉地块建设教学楼等设施 10 栋和家属楼 5 栋，于 2004 年起将 5 栋家属楼共计 238 套房屋陆续出售给某集团公司职工，并完成了物业交割。

2008 年 3 月，因文化公司一直未办理相关审批手续且经营不善导致教学楼闲置，镇政府将案涉地块转让给北京市某培训学校（以下简称培训学校）用于大学城建设，同时，要求培训学校对地上建筑物妥善回购。2009 年 1 月，培训学校与文化公司就 10 栋教学楼达成转让协议，同时签订《家属楼转让委托协议》，培训学校出资，委托文化公司以购房价格的 1.6 倍回购已出售家属楼。2017 年 6 月，因案涉建筑未办理乡村建设规划许可证，违反了《中华人民共和国城乡规划法》第四十一条、《北京市城乡规划条例》第四十一条、第四十二条，镇政府在调查后，向培训学校下达限期拆除通知、限期拆除决定书，并于 2018 年 2 月将案涉房屋强制拆除。

王某凤等 45 名购房者认为其是案涉被拆除房屋的实际居住人，镇政府所作的限期拆除通知、限期拆除决定缺乏事实和法律依据，程序严重违法，侵害了 45 名购房者的合法权益，于 2018 年 10 月先后提起 144 件行政诉讼，请求人民法院判决确认镇政府作出的限期拆除通知、限期拆除决定违法，并依法给予行政赔偿。北京市某区人民法院经审理认为，45 名申请人并非限期拆除通知、限期拆除决定的行政相对人，在案证据亦不足以证明其与该限期拆除通知、强制拆除行为具有法律上的利害关系，故以 45 名申请人不具有原告主体资格为由裁定驳回起诉，并据此驳回申请人后续的行政赔偿诉讼请求。45 名申请人的上诉和再审申请被上级人民法院以相同理由裁定驳回。

【检察机关履职情况】

案件来源。2020 年 1 月至 6 月，王某凤等 45 人对人民法院驳回起诉裁定不服，就该系列案件中的 127 件（限期拆除通知类 38 件、强制拆除类 44 件、行政赔偿类 45 件）陆续向北京市人民检察院第一分院申请监督。检察机关依法予以受理。

调查核实。为查清事实，厘清法律关系，检察机关审查了审判卷宗，并对王某凤等申请人、北京市某区政府、某镇政府和案涉企业相关人员进行询问，调取案涉房屋建设的有关文件，核实申请人提交的《文化公司教工住宅楼内部销售合同》、文化公司所制《住房所有权证》，文化公司作为物业管理方与申请人签订的《小区管理协议书》以及《购房付款收据》等书证。检察机关查明，案涉房屋系由文化公司出资建设，并在 2006 年与申请人签订《教工住宅楼内部销售合同》，申请人缴纳了房款，文化公司交付了房屋，并向申请人颁发了文化公司自制的《住房所有权证》。销售合同约定，"如由于房屋造成的一切问题均由甲方（注：文化公司）负责，如因产权造成乙方（注：购房者）无法居住的问题时乙方提出退房，甲方按房屋购买原价加银行同期贷款利息来归还乙方"。培训学校与文化公司《家属楼转让委托协议》签订后，案涉家属楼部分住户与文化公司解除购房合同并领取补偿款。2018 年 2 月，案涉房屋被强制拆除时，本案 45 名申请人在内的部分购房者未能与文化公司达成回购协议。

监督意见。检察机关经审查后认为，王某凤等 45 名申请人虽然未取得产权证明，但其作为房屋的实际购买者和使用人，直接受到被诉行政行为实际影响，属于行政行为的利害关系人，应当享有对案涉房屋相关处理决定的知情权和申辩权。镇政府在拆除案涉房屋的过程中仅将培训学校作为行政行为相对人，剥夺了申请人应享有的陈述、申辩等法定权利。原审法院认为申请人并非限期拆除通知的相对人,不具有法律上利害关系,以其不具有原告主体资格裁定驳回申请人对限期拆除通知、强制拆除行为提起的诉讼,并据此驳回申请人的行政赔偿诉讼请求,系认定事实不清,适用法律错误。

检察机关经分析研究,认为案涉房屋被认定为"违建"属实,但申请人支付了房屋价款享有居住和使用利益。房屋被强制拆除的根源在于房屋建设者即文化公司未办理相关审批手续,案件的关键问题是房屋购买者民事权益的保护与赔偿问题。鉴于文化公司与购房者就因产权造成无法居住的责任承担在购房合同中已有约定,且双方有民事和解意愿,为保护当事人合法权益,避免行政、民事案件分别机械处理导致循环诉讼,检察机关决定通过推动45名申请人与文化公司达成民事和解,促进本案行政争议的实质性化解。

争议化解。本案中,从案涉房屋建设立项到被认定为违建拆除,18年间市域治理政策不断调整,政策变迁等历史原因也是引发诉讼的因素之一。检察机关与镇政府沟通联系,促其出面协调文化公司、培训学校,同时依托镇政府促成案涉各方历经9轮磋商,最终达成以2010年补偿数额为基础,以屋内物品、装修损失赔偿金额为补充的和解方案,落实和解资金2044.5万元。2020年6月,45名申请人先后与文化公司签订和解协议,并撤回监督申请,检察机关作出终结审查决定,127件行政诉讼系列案件得以一并化解。

促进社会治理。检察机关通过审查该系列案件,发现镇政府在本案处理过程中存在执法不规范、缺乏工作合力、方式方法单一等问题,既不利于地区经济发展和政府良好形象的塑造,也容易形成矛盾风险,影响社会和谐稳定。检察机关向镇政府发出检察建议,建议其提升行政管理能力,健全执法全过程记录制度,进一步创新群众工作思路方法,努力提升执法服务水平。收到检察机关检察建议后,镇政府高度重视,立即召开会议研究并部署落实整改,2020年12月27日向北京市人民检察院第一分院反馈了整改情况。

【指导意义】

(一)人民检察院办理行政诉讼监督系列案件,应当把行政争议实质性化解作为"监督权力"与"保障权利"的结合点,促进各方达成和解。涉众型行政诉讼监督案件,申请人人数众多,处理不当可能影响社会大局稳定。检察机关办理行政检察系列案件,应当在查清案件事实、明晰法律关系、厘清是非责任基础上,秉持服务大局、司法为民理念,恪守客观公正立场,依托基层政府搭建各方磋商平台,畅通群众表达渠道,回应当事人诉求,促进各方在合法合理范围内实现和解。

(二)人民检察院办理与民事纠纷相互交织的行政诉讼监督案件,应当加强分析研判,通过推动民事纠纷的解决促进行政争议一并化解。2014年修改的行政诉讼法增设了在行政诉讼中一并审理民事争议的制度，在涉及行政许可、登记、征收、征用和行政机关对民事争议所作的裁决的行政诉讼中，当事人申请一并解决相关民事争议的，人民法院可以一并审理，有利于减轻当事人讼累，提高司法效率。检察机关办理涉民事纠纷的行政检察案件，通过查明行政争议背后的民事法律关系，分析申请人的真实诉求，综合研判民事纠纷解决对行政争议解决的作用，促使双方当事人达成民事和解，进而推动民事纠纷行政争议一并化解。

【相关规定】

《中华人民共和国行政诉讼法》第九十一条、第九十三条

《中华人民共和国人民检察院组织法》第二十一条

《人民检察院行政诉讼监督规则（试行）》第十三条、第二十条

《人民检察院检察建议工作规定》第十一条

姚某诉福建省某县民政局撤销婚姻登记检察监督案

(检例第 121 号)

【关键词】

行政争议实质性化解　超过起诉期限　调查核实　公开听证　撤销冒名婚姻登记　刑事立案监督

【要　旨】

人民检察院对于人民法院以超过起诉期限为由不予立案或者驳回起诉,当事人通过诉讼途径未能实现正当诉求的行政案件,应当发挥法律监督职能,通过促进行政机关依法履职,维护当事人合法权益。人民检察院办理行政诉讼监督案件,应当综合运用调查核实、公开听证、专家论证、检察建议、司法救助等多种方式,促进行政争议实质性化解。人民检察院办理婚姻登记行政诉讼监督案件,对确属冒名婚姻登记的应当建议民政部门依法撤销,发现有关个人涉嫌犯罪的,应当依法监督有关部门立案侦查。

【基本案情】

2013 年 12 月 11 日,一女子使用广西"莫某某"的姓名和身份证明与姚某登记结婚,并收取礼金 7 万余元。登记次日,该女子失踪。姚某向福建省某县民政局申请撤销婚姻登记,民政局认为根据法律规定只有受胁迫登记的才予以撤销,但姚某与"莫某某"的婚姻登记不存在胁迫情形,故未予受理。2019 年 5 月 24 日,姚某向广西壮族自治区某县人民法院提起离婚诉讼,人民法院经审理查明,莫某某于 2010 年 7 月 26 日已与戚某登记结婚,该莫某某非 2013 年与姚某登记结婚的"莫某某",在人民法院释明后,姚某撤回起诉。2019 年 8 月 21 日,姚某再次向广西壮族自治区某县人民法院提起诉讼,要求宣告其与"莫某某"的婚姻无效。莫某某本人出庭应诉,经人民法院审理查明,结婚证照片上的女子并非该莫某某,莫某某并未与姚某办理结婚登记,故姚某的诉讼请求没有事实依据,人民法院遂裁定驳回姚某的起诉。

2020 年 1 月 3 日,姚某向人民法院提起行政诉讼,请求撤销某县民政局于 2013 年 12 月颁发的结婚证。法院审查后认为,该结婚证系 2013 年 12 月 11

日登记颁发,姚某于 2020 年 1 月 3 日就此提起诉讼,已逾 5 年起诉期限,不符合立案条件,依法裁定不予立案。姚某不服,随后向某市中级人民法院提起上诉、向福建省高级人民法院申请再审,均未获得支持。

【检察机关履职情况】

案件来源。2020 年 7 月,姚某向福建省某市人民检察院申请监督,检察机关初步审查后认为,姚某的起诉确已超过起诉期限,人民法院裁定不予立案并无不当,但姚某要求撤销婚姻登记诉求合法合理,提起民事诉讼、行政诉讼均未获人民法院裁判支持,行政机关又表示无权主动撤销,姚某的正当诉求无法通过其他途径实现,检察机关决定对此案开展行政争议实质性化解。

调查核实。为查明案涉婚姻是否应当被撤销,检察机关重点围绕案涉婚姻是否存在冒名登记开展调查核实。一是向某县民政局调取《婚姻登记档案》及婚姻登记信息等材料,查明与姚某登记合影照片中的"莫某某"与身份证上的莫某某长相出入较大。且"莫某某"名下共有 5 次婚姻登记信息同时存续,依次在广西、浙江、山西、福建、安徽五省份。二是多次询问姚某及相关证人了解案情和诉讼过程,初步查明"莫某某"收取姚某 7 万元彩礼,冒用他人身份登记结婚并于次日出走等事实。三是福建省三级检察机关组成办案组赴山西跨省开展调查,走访多个相关单位和当事人,查明"莫某某"在山西省某县婚姻登记档案材料中的签名及照片与在福建省某县民政局办理婚姻登记的"莫某某"高度相似;山西某县同"莫某某"办理结婚登记的张某陈述其亦受骗并曾向公安机关报案。检察机关同时查明,姚某撤销婚姻登记的诉求持续 7 年未能得到解决,致使姚某不能与未婚妻登记结婚,两个子女难以落户就学。

公开听证与专家论证。为进一步厘清案件事实、统一认识分歧,检察机关决定进行公开听证。2020 年 9 月 16 日,检察机关邀请人大代表、政协委员、法学专家、政府法律顾问等参与公开听证。听证会重点围绕县民政局是否应当撤销姚某的婚姻登记展开,姚某和行政机关发表了意见,听证员对案涉有关问题进行询问并发表评议意见,多数意见认为县民政局应主动撤销婚姻登记。针对"冒名登记婚姻"应否撤销的法律适用问题,检察机关又邀请法学专家召开论证会。与会专家认为,1994 年《婚姻登记管理条例》规定,婚姻登记机关发现申请婚姻登记的当事人弄虚作假、骗取婚姻登记的,应当撤销婚姻登记,并宣布婚姻无效。虽然此后颁布的《中华人民共和国婚姻法》(2001 年)和《中华人民共和国民法典》均未再将"冒名结婚""假结婚"等明确规定为当事人可请求撤销婚姻的情形,但在检察机关充分调查核实认定骗婚事实的基础上,民政部门主动纠正错误的颁证行为符合立法精神。

监督意见。检察机关认为，根据《中华人民共和国婚姻法》第八条、《婚姻登记条例》第七条的规定，进行结婚登记的，男女双方必须亲自到婚姻登记机关进行结婚登记，婚姻登记机关应当对申请结婚登记当事人出具的证件、证明材料进行审查并询问相关情况，对于当事人符合结婚条件的，予以登记，发给结婚证。县民政局在"莫某某"系冒名的情况下为其与姚某办理结婚登记，缺乏婚姻登记的合法要件。基于已查明的事实，婚姻登记行为存在错误且对姚某造成重大影响，县民政局应予以纠正。2020年9月1日，检察机关向县民政局发出检察建议，建议其重新审查姚某的婚姻登记程序，并及时作出相关处理决定。针对"莫某某"冒用他人身份证明结婚、骗取财物涉嫌犯罪的行为，福建省某县人民检察院启动立案监督程序，通知县公安局依法立案侦查。目前"莫某某"已被抓获，该案正在侦办中。

争议化解。2020年10月10日，某县民政局注销了姚某与"莫某某"的婚姻登记，姚某的诉求得以实现，持续7年的行政争议得到实质性化解。同年10月14日，某县民政局为姚某和其未婚妻岳某某办理了婚姻登记。鉴于因撤销婚姻登记一案，姚某长期奔波申诉，生活陷入困境，某县人民检察院决定给予姚某司法救助4万元，并帮助姚某解决子女就学等实际困难。

【指导意义】

（一）对于因超过起诉期限被人民法院裁定不予立案或者驳回起诉，当事人通过诉讼途径难以维护合法权益的案件，检察机关应当发挥法律监督职能，促进行政争议实质性化解。人民法院以超过法定起诉期限裁定不予立案或者驳回起诉并无不当的行政案件，并不意味着被诉行政行为当然合法。对这类案件，检察机关不能简单作出不支持监督申请决定，而应当从促进依法行政、推动行政争议实质性化解的角度，进一步审查行政行为的合法性，通过检察建议的方式，督促行政机关依法履行职责，保护公民合法权利，解决好群众身边的操心事、烦心事、揪心事。

（二）人民检察院办理行政诉讼监督案件，应当加大调查核实、公开听证、专家论证、司法救助力度，促进行政争议实质性化解。不少行政争议持续时间长、当事人双方矛盾深。化解行政争议应当以精准化为导向，加强精细化审查，通过调查核实、公开听证等方式查明案件事实，辨明是非，为化解争议奠定基础。针对法律适用的争议，可以邀请专家参与分析论证，统一法律适用分歧。对于行政行为存在违法或瑕疵的，应当有针对性地提出检察建议，促使行政争议从根本上解决。对于当事人因多年诉讼确有生活困难，符合司法救助条件的，检察机关应积极协调司法救助，纾解当事人的生活窘困，体现司法温暖，促进社会和谐。

（三）人民检察院办理婚姻登记行政诉讼监督案件，对确属冒名婚姻登记的应当建议民政部门依法撤销，发现有关个人涉嫌犯罪的，应当依法监督公安机关立案侦查。《中华人民共和国婚姻法》及《中华人民共和国民法典》未规定冒名登记结婚、假结婚可撤销情形，但结婚自愿是婚姻法的最基本原则，提供虚假身份信息的一方当事人不具备缔结婚姻的真实意思表示，缺乏基本的结婚合意要件。人民检察院办理婚姻登记行政诉讼监督案件，经调查核实有证据证明婚姻登记一方当事人确属"骗婚"的，应当建议婚姻登记机关依法撤销婚姻登记。发现涉嫌犯罪的，应当监督公安机关依法立案查处。

【相关规定】

《中华人民共和国行政诉讼法》第一条、第十一条

《中华人民共和国人民检察院组织法》第二十一条

《中华人民共和国刑事诉讼法》第一百一十三条

《中华人民共和国婚姻法》第八条

《婚姻登记条例》第七条

《人民检察院行政诉讼监督规则（试行）》第十三条、第三十四条、第三十六条

《人民检察院检察建议工作规定》第十一条

检察机关推动行政争议实质性化解的一组样本
——最高人民检察院第三十批指导性案例解读[*]

张相军 张步洪 刘 浩[**]

经最高人民检察院第十三届检察委员会第六十九次会议审议通过，2021年9月27日最高检发布了第三十批指导性案例。该批指导性案例以行政争议实质性化解为主题，是最高检发布的第二批行政检察指导性案例，也是2019年以来检察机关推动行政争议实质性化解的优秀样本，对于指导、规范地方检察机关依法开展行政争议实质性化解工作具有重要意义。

一、指导性案例的发布背景

党的十九大描绘了2035年基本建成法治国家、法治政府、法治社会的宏伟蓝图。中共中央印发《法治中国建设规划（2020—2025年）》《法治社会建设实施纲要（2020—2025年）》，中共中央、国务院印发《法治政府建设实施纲要（2021—2025年）》，明确了"十四五"时期法治国家、法治政府、法治社会建设的路线图和施工图。检察机关作为国家法律监督机关，要以高度的政治自觉、法治自觉、检察自觉，通过各项工作提质增效，更好地在法治中国建设中发挥职能作用。

根据法律规定，检察机关在行政诉讼中的基本功能定位是法律监督。法院审理行政案件遵循合法性审查原则。基于合法性审查原则要求，行政裁判的重点是回答被诉行政行为的合法性，有时会忽视或无视当事人的真实诉求，减损行政诉讼解决争议的功能，导致一些行政案件"案结事不了""官了民不了"。为强化行政诉讼制度解决争议的功能，2014年行政诉讼法修改，在第一条中增加规定"解决行政争议"。这也是1989年行政诉讼法遗漏的行政诉讼应有的最基本的制度功能。检察机关受理的不服行政裁判的申请监督案件，绝大多数经过了一审、二审、再审审查。当事人申请检察机关监督，实质上也是希望通过检察机关履行职责实现其正当诉求。基于此，检察机关不仅在行政诉讼中承担监督职能，而且事实上处于行政争议司法解决机制的最末端。检察机关在履行法律监督职责中推动行政争议实质性化解，有利于强化行政诉讼制度解决

---

[*] 原文载《人民检察》2021年第20期。
[**] 作者单位：最高人民检察院第七检察厅。

争议的基本功能,有利于更大限度地在司法框架内维护公民、组织合法权益。

新一届最高人民检察院党组高度重视行政检察工作。2018年内设机构改革中,最高人民检察院单设行政检察厅,将行政检察与刑事检察、民事检察、公益诉讼检察并称为"四大检察"。行政检察与行政复议、行政审判几乎同时起步,但在2019年9月之前,检察机关在行政诉讼中主要履行法律监督职能,并未将推动行政争议实质性化解作为一个办案目标。一些行政案件反复纠缠于法院是否应当受理、立案,经过一审、二审、再审,有的还要发回重审,"案结事不了""程序空转"问题突出,当事人的合法正当诉求得不到重视和满足。为着力破解"程序空转"的难题,促进行政争议实质性解决,全国检察机关自2019年11月至2020年12月开展了为期一年二个月的"加强行政检察监督促进行政争议实质性化解"专项活动。专项活动期间,全国各级检察机关共化解各类行政争议6300余件。① 专项活动结束后,各级检察机关按照最高检要求在履行行政诉讼监督职责中常态化开展行政争议实质性化解工作,认真回应人民群众诉求的同时,进一步积累了办案经验。

检察机关推动行政争议实质性化解,是指检察机关办理行政检察监督案件,全面贯彻行政诉讼法立法目的,在监督法院公正司法、促进行政机关依法行政的同时,加强调查核实,针对行政争议产生的基础事实和申请人在诉讼中的实质诉求,综合运用抗诉、检察建议、公开听证、司法救助、释法说理等多种途径,促进行政争议得到依法、公平、有效解决。检察机关办理行政诉讼监督案件,应坚持把推动实质性化解行政争议作为法定职责,努力实现案结事了政和。《中共中央关于加强新时代检察机关法律监督工作的意见》对加强包括行政检察在内的检察机关法律监督工作提出了新的更高要求,强调检察机关在履行法律监督职责中开展行政争议实质性化解工作,促进案结事了。各级检察机关在履行行政检察职责中应当以更高标准、更加规范、更佳效果、更加科学的方式推动行政争议实质性化解。

尽管各级检察机关在办案实践中积累了一些较为稳定的做法,但检察机关推动行政争议实质性化解工作至今仍无成规可循。实现实质性化解行政争议工作规范运行,必然要经历一个从实践探索、总结提炼到效果验证、理论研究、规范完善的过程。指导性案例是检察机关办案形成的具有良好政治效果、社会效果和法律效果的司法产品,是总结检察工作经验、诠释法律精神的重要载体。发布指导性案例,既是为地方检察机关推动实质性化解行政争议提供范

---

① 参见徐日丹、刘亭亭:《全国检察机关实质性化解行政争议6300余件》,载正义网http://news.jcrb.com/jszx/202102/t20210224_2254182.html。

本,也是为社会各界特别是法学研究者提供较为典型成熟的司法办案素材。

二、指导性案例中的主要经验和规则

该批指导性案例是最高人民检察院发布的首批实质性化解行政争议指导性案例,从多个角度回答了检察机关推动行政争议实质性化解的大致范围、基本方法。透过这些案例可以看出,通过调查核实查清事实,通过公开听证等辨明是非,进行充分释法说理,是促成行政争议实质性化解的重要前提。

(一)某材料公司诉重庆市某区安监局、市安监局行政处罚及行政复议检察监督案(检例第116号)

一是有效运用释法说理促使当事人理性看待行政裁判。正义既要看得见,也要讲得通。行政争议实质性化解,就是要让当事人从内心接受案件的处理结果。按照"谁执法谁普法"普法责任制的要求,司法办案人员围绕案件事实和证据,阐明事理、释明法理、讲明情理,向当事人阐明司法决定中蕴含的制度逻辑,是促使当事人理性看待司法结论,提升司法办案质效的一种基本方法。检察机关办理行政诉讼监督案件,对于行政裁判合法、行政行为无明显不当或对申请人的权利义务未产生实际影响的案件,可以本着客观公正立场,根据案件实际情况,做好释法说理,促使当事人息诉服判,动员其撤回监督申请。该案中,材料公司法定代表人冯某坚持认为区安监局处罚不公平,但该事故发生属于多方行为共同作用的结果,各方已经承担了相应的责任,法院判决并无明显不公,最高人民检察院领导亲自接待了冯某,认真听取申请人的意见和诉求,对事故所涉三家公司分别应承担的责任、被诉行政处罚决定的合理性、行政判决程序和实体的合法性进行了详细分析,从维护申请人利益的角度进行释法说理,解开了申请人的心结,申请人撤回监督申请。

二是为检察机关能动参与社会治理、有效推动诉源治理提供了一个样本。该案中,重庆市检察院第一分院对区应急管理局执法程序不规范、不严谨的问题,向其提出改进工作检察建议,促使其规范行政执法行为,从源头上减少行政争议发生。办理个案既是检察机关履行监督职责的方式,也是检察机关参与社会治理的切入点。检察机关在推动化解行政争议过程中,针对行政执法不规范问题,要深入研究分析行政行为违法和不规范的原因,充分利用检察建议促进行政机关健全机制、完善制度,以追求"办理一案,治理一片"的办案效果,从源头上预防和减少行政争议。

三是为担任检察机关领导职务的检察官履行办案职责提供了示范引领。行政争议经过行政复议、行政诉讼进入检察监督环节,往往是法律关系错综复杂、争议持续多年的"硬骨头"。各级检察机关领导干部带头办案,有利于发挥领导干部协调对接外部资源的优势，形成争议化解合力，促进行政争议实质性化解，发挥领导办案的"头雁效应"。该案中，最高人民检察院院领导带头办案，与地方检察院检察官共同接待申请人，说法理、谈情理、讲道理，回应当事人的疑问与诉求，为全国检察机关院领导树标杆、做表率。行政争议实质性化解不仅关系到当事人诉求实现，而且事关检察权与审判权、行政权之间的关系。满足申请人诉求往往需要行政机关履行职责，检察机关院领导在关键节点参与办案活动，有利于依法、公平、妥善回应当事人诉求，保障当事人正当权利。

（二）陈某诉江苏省某市某区政府强制拆迁及行政赔偿检察监督案（检例第117号）

一是推动行政机关对其委托的公司实施的强拆行为承担赔偿与补偿责任。过去实践中，受行政机关委托从事征收拆迁等行政事务的公司实施强拆行为，通常由受委托的公司承担民事赔偿责任；构成犯罪的，由直接责任人承担刑事责任。这与行政委托的原理存在一定的差异。2017年行政诉讼法第二十六条第五款规定："行政机关委托的组织所作的行政行为，委托的行政机关是被告。"行政委托不发生行政职权转移，受委托组织根据行政机关要求完成委托事项，帮助行政机关实现行政目标，工作成果由委托的行政机关承受，行政法上的法律后果由委托的行政机关承担。该案中，案涉强制拆除行为在形式上系由某区城市资产经营公司委托，实质上是区政府依托区城市资产经营公司作为平台推动行政目标实现。在申请人坚持主张由政府承担赔偿责任的情况下，由区政府对其委托公司的行为承担责任符合行政委托的基本法理。

二是促成监督申请人接受了被申请人经过测算提出的赔偿方案。在前期诉讼阶段，监督申请人没有提供相应证据证明自己的主张，因此诉讼请求被驳回。申请监督以后又要价过高，远高于同一区域的拆迁安置补偿标准。而我国国家赔偿法并没有规定惩罚性赔偿，申请人应当获得的赔偿应和按照正常拆迁获得的补偿大体相当。办案过程中，最高人民检察院院领导带领办案组成员到监督申请人家中，到被申请机关听取双方意见，承办检察官向监督申请人反复说明有关法律。当地为监督申请人指派了一名法律援助律师，为其提供免费的法律咨询。监督申请人全面了解相关法律政策界限之后，主动到当地检察机关表示愿意接受行政机关提出的赔偿方案。

三是四级检察机关上下联动合力推动行政争议实质性化解。实质性化解行政争议，重点应放在诉讼监督案件。诉讼监督案件的管辖权主要在市级以上检察机关。最高人民检察院具有抗诉权的案件大多来源于省级检察院提请抗诉。市县两级检察院具有方便联系当事人、就地就近办案的优势。检察机关推动实质性化解行政争议，应当充分发挥检察一体的体制优势，在坚持"分级负责""谁办案，谁负责"的基础上，对于疑难复杂案件可以根据办案需要，实行多级联动。上级检察机关发挥组织指挥（指导）作用，下级检察机关发挥熟悉情况、方便群众的优势，齐心协力做好行政争议化解工作。该案中，最高人民检察院确定化解思路和方案，发挥指挥部作用；江苏省检察院发挥沟通协调和指导督导作用，某市检察院争取得到当地党委政府支持；某区检察院发挥属地优势，协调行政机关，引导监督申请人降低诉求，在四级检察机关的共同推动下促成争议化解。

（三）魏某等19人诉山西省某市发展和改革局不履行法定职责检察监督案（检例第118号）

一是对确有错误的生效行政裁判提出抗诉，对生效行政裁判与被诉行政机关不作为均作出准确的法律评价，体现了"一手托两家"的双重监督要求。检察机关依法履行诉讼监督职能，既监督法院公正审判，又监督被诉行政机关依法行政。该案监督申请人魏某所在小区拆迁改造被确定为棚户区改造项目。回迁安置过程中，某房地产公司委托某物业公司向回迁安置户收取供水、供气、供热等设施建设费。魏某等19人向某市市场监督管理局投诉，要求查处某物业公司乱收费行为。该局立案后未作任何决定。魏某等人提起履行职责之诉，未获法院支持。检察机关依申请受理后审查认为，某市市场监督管理局虽然对魏某等人的投诉进行立案、调查，并就法律适用和政策界限向上级机关请示，但未实际作出决定；根据2014年国家发展和改革委员会《价格违法行为举报处理规定》（已失效），其应在法定期限内作出行政处罚、不予行政处罚或移送有关机关等决定；原审认为市场监督管理局不构成不履行法定职责，属于认定事实不清，适用法律错误。

二是有效运用公开听证，在被诉行政机关、相关单位参加下一并解决监督申请人、同等情况的其他公民的正当诉求。行政争议案件关系公民、组织权利诉求，关系行政目标实现，具有较强的公共性和政策性。该案中，提起诉讼、申请监督的虽然是19户居民，但其所在小区还有189户居民被收取费用。单纯通过抗诉无法解决未提起诉讼居民的权利保障问题，检察机关通过举行公开听证，引导各方围绕争议焦点，查明事实，辨明是非，释法说理，促使争议各方达成和解协议，一揽子解决了19名监督申请人及其他189户居民的退费问题。

（四）山东省某包装公司及魏某安全生产违法行政非诉执行检察监督案（检例第119号）

一是检察机关通过调查核实，查清案件基本事实，为推动实质性化解行政争议奠定了基础。查清案件事实是依法公正解决行政争议的基本前提，也是检察监督准确性、权威性的基本保障。检察机关审查行政案件，对于存在争议的关键事实应当进行调查核实。人民检察院组织法第二十一条规定："人民检察院行使本法第二十条规定的法律监督职权，可以进行调查核实，并依法提出抗诉、纠正意见、检察建议。有关单位应当予以配合，并及时将采纳纠正意见、检察建议的情况书面回复人民检察院。"该案中，检察机关基于监督申请人提交的基础材料和主张、诉求，在调阅案卷材料的基础上，向法院了解审理情况，向执法机关和某公司有关人员了解前期行政处罚决定履行情况，得到审判机关、行政机关支持配合。检察机关通过调查核实，认定在行政处罚决定执行催告环节，行政机关工作人员根据某公司及魏某申请同意可以缓缴罚款。据此，检察机关认为行政机关忽视这一承诺，在延期缴纳罚款期间对某公司及魏某加处罚款，缺乏事实根据和法律依据，法院裁定准予强制执行加处罚款认定的事实与客观事实不符。在办理该案中，调查核实对于消除分歧、依法解决争议发挥了关键作用。

二是明确行政机关承诺行政相对人延迟履行行政处罚决定确定的义务，对行政机关和被处罚人均具有约束力。基于诚信政府建设要求，行政机关应当依法行政、按约办事，信守自身作出的符合法律规定的承诺。行政机关依法作出的行政处罚决定具有公定力，任何机关不得擅自变更或撤销。但被处罚人履行行政处罚决定确定的义务确有困难的，可以依法申请缓缴罚款。该案监督申请人申请缓缴罚款得到行政机关口头承诺。该承诺既不违反法律规定，也不损害国家和社会公共利益，在法律上应当视为有效承诺。同时，案涉处罚企业为福利性企业，且符合行政处罚法第六十六条规定的延期或分期缴纳罚款的情形。检察机关调查发现，在某包装公司驻地乡政府协调下，县应急管理局同意延期缴纳罚款，但在延期届满前又作出加处罚款决定。县应急管理局对于曾作出口头承诺这一关键事实完全认可。因此，某包装公司及魏某不符合拒不履行行政处罚决定确定的义务的情形。检察机关依法向法院和行政机关提出检察建议，法院撤销了准予执行加处罚款的裁定；行政机关撤销了加处罚款的决定。

（五）王某凤等45人诉北京市某区某镇政府强制拆除和行政赔偿检察监督系列案（检例第120号）

一是将行政争议相关的各方民事主体引入行政诉讼监督程序，一并化解行政争议与民事纠纷。2014年行政诉讼法修改时，在第六十一条第一款增加规定："在涉及行政许可、登记、征收、征用和行政机关对民事争议所作的裁决的行政诉讼中，当事人申请一并解决相关民事争议的，人民法院可以一并审理。"实践证明，行政诉讼中一并解决民事纠纷，有利于减轻当事人讼累及提高司法效率。该案是一起行政争议与民事纠纷相互交叉的行政裁判结果监督案件，王某凤等 45 名购房者认为镇政府所作的限期拆除通知、限期拆除决定缺乏事实和法律依据，程序严重违法，侵害了他们的合法权益，请求法院判决确认镇政府作出的限期拆除通知、限期拆除决定违法，并依法给予行政赔偿。检察机关审查发现，监督申请人购买房屋所涉地块属建设用地，但未办理相关手续，确属"违建"，但监督申请人向建房单位某文化交流有限公司支付了房屋价款，监督申请人基于该公司与镇政府签订的协议开发建设，对该公司、镇政府的行为享有一定的信赖利益。监督申请人主张其属于强拆行为相对人具有合理性。原审认定监督申请人提起诉讼主体不适格，可以被质疑但要经过复杂的论证。监督申请人即使通过抗诉再审赢得确认违法之诉，要赢得行政赔偿之诉仍然要面对一系列论证推理上的难题。同时，检察机关了解到，该公司与监督申请人在购房合同中已经约定了因产权造成无法居住的责任承担条款，双方均有和解意愿，镇政府也有妥善解决"拆违"遗留问题的愿望，培训学校作为案涉地块受让人具有以可控支出解决纠纷、推动大学城项目落地的意愿。基于以上情况，检察机关搭建平台，引入各方共同参与，最大限度消除分歧、凝聚共识，以各方均可接受的方式解决了争议。

二是立足法律监督职能，借助行政机关联系各方的优势，确保各方有效参与、充分沟通，公平合理化解争议。该案系因被诉行政机关先后与某文化交流有限公司、培训学校签订协议，强拆监督申请人向某文化交流有限公司购买的房屋引起，关系错综复杂。就解决监督申请人、某文化交流有限公司、培训学校之间的民事纠纷而言，被诉行政机关既熟悉情况，又不牵扯自身利益。同时，被诉行政机关既是行政诉讼和行政诉讼监督案件当事人，又是承担公共职能的国家机关。检察机关办案过程中，向被诉行政机关释法说理，促使其认识到自己先前的行为是形成纠纷的直接原因，自己有责任参与化解纠纷。被诉行政机关从对检察监督消极抵触转向主动配合，帮助检察机关与某文化交流有限公司取得了联系，协助检察机关开展工作，在各方共同努力下民事纠纷得以解决。就行政争议而言，检察机关在办案中发现被诉行政机关在强制拆除过程中存在未依法制作物品清单等问题，通过制发检察建议敦促被诉行政机关今后诚信履职，规范执法，赢得被诉行政机关积极回应。

（六）姚某诉福建省某县民政局撤销婚姻登记检察监督案（检例第 121 号）

一是督促被诉行政机关依法履行职责，撤销了缺少合法生效要件的婚姻登记。诚实信用是民法的基本原则。结婚应当男女双方完全自愿，并亲自到婚姻登记机关申请结婚登记。结婚登记是依结婚双方申请的行政行为。申请行为合法有效,是婚姻登记合法有效的前提。申请结婚登记应当是男女双方的真实意思表示。予以结婚登记,等于从法律上确认夫妻关系。男女任何一方使用虚假身份信息申请婚姻登记,均不构成双方合意,不符合婚姻自愿原则要求。按照法律规定和既往做法,婚姻登记机关主要进行形式审查,对于当事人提供的信息不进行调查核实。按照依法行政原则要求,在婚姻登记错误的情况下,行政机关有义务自行纠错或基于当事人的申请、告知纠正错误。该案中,姚某与使用虚假身份的女子结婚登记,发现受骗后只能单方面申请撤销婚姻登记,行政机关以原婚姻法未规定冒名登记结婚为可撤销情形为由屡次拒绝。早在1994年,民政部《婚姻登记管理条例》(已失效)就规定,婚姻登记机关发现申请婚姻登记的当事人弄虚作假、骗取婚姻登记的,应当撤销婚姻登记,并宣布婚姻无效。2001年婚姻法和民法典规定,受胁迫结婚的、未如实告知患有重大疾病结婚的,应当撤销婚姻登记,但对冒名结婚、假结婚的法律后果未作规定。姚某申请行政机关纠错未果,提起撤销之诉也未获法院支持。检察机关根据姚某监督申请,进行审查、调查后,没有机械司法,而是从法治行政的基本原理、原则出发,建议行政机关自纠其错,依法履职。

二是避开监督申请人起诉是否超过法定期限的纠缠,推动行政机关依法实现监督申请人的实质诉求。实践中,一些不法分子冒用他人名义与受害人结婚登记索取钱财后便无故失踪,由此引发的争议不断,社会关注度高。此类冒名登记结婚案件因不存在真实婚姻关系,难以通过民事诉讼途径获得救济,当事人提起行政诉讼时往往已超过起诉期限,受害人维权屡屡陷入困境。法院以超过起诉期限裁定不予立案或驳回起诉,并不意味着被诉行政行为当然合法。法院以超过起诉期限为由作出不予立案或驳回起诉的裁定,对当事人提起的行政争议未作实体审理,对被诉行政行为是否合法未进行审查评判,并不排斥当事人通过其他法定渠道寻求救济,也不影响行政机关自纠其错。该案中,检察机关建议被诉行政机关撤销姚某的不真实婚姻登记,促使婚姻登记机关纠错的同时,维护了姚某的合法权益。

三、以指导性案例发布为契机,全面深化行政检察监督

第一,加强对指导性案例的分析研究。该批指导性案例是最高检从近两年来全国检察机关探索在行政诉讼监督中化解行政争议的众多案件中,经过严格筛选、提炼出来的,是具有典型性、示范性、引领性的宝贵样本。检察机关在履行监督职责中推动化解行政争议起步于2019年,无成规可循,检察机关为推动行政争议解决实质化,结合案件情况采取了一些创新举措。该批指导性案例有值得各级检察机关在办案中效仿的经验,也有值得深入研究的理论问题。各级检察机关行政检察部门要以"解剖麻雀"的工匠精神,结合本地办案实

际，对该批指导性案例进行对照分析研究，提炼可操作的司法规则、总结有价值的办案经验，充分发挥指导性案例作为"活教材"的示范引领作用；同时聚焦关键问题，力争形成一批有价值的研究成果。

第二，注重指导性案例的参照适用。案例的生命在于应用，价值在于指导。各级检察机关在办案中要注重运用指导性案例，以指导性案例的灵活性、具体性弥补司法解释的滞后性不足。指导性案例和司法解释发布主体相同，发布目的一样，都是国家最高司法机关为了统一办案标准和执法尺度，阐释法律并填补法律空白的产物。各级检察机关要认真学习、参照适用，在办案中坚持进行类案检索，确保指导性案例能够发挥其指导司法办案、统一司法标准的作用。

第三，推荐优秀案例作为指导性案例备选案例。随着办案组织逐步加强，行政检察办案能力逐步提升，无论从更好地依法履行职责的角度考虑，还是从促进法治统一的法律监督功能出发，各级检察机关都有义务把每个案件办好。上级检察机关要主动靠前指导办案，作出监督决定以后，跟踪了解进展，推动检察机关所提公正准确的意见得到后续环节采纳，在此基础上对已办结案件进行分析研究、挖掘提炼，积极向最高检报送备选指导性案例。

最高人民检察院
关于印发最高人民检察院
第三十一批指导性案例的通知

(2021 年 11 月 29 日公布　高检发办字〔2021〕119 号)

各省、自治区、直辖市人民检察院，解放军军事检察院，新疆生产建设兵团人民检察院：

　　经 2021 年 11 月 1 日最高人民检察院第十三届检察委员会第七十六次会议决定，现将李某滨与李某峰财产损害赔偿纠纷支持起诉案等五件案例（检例第 122—126 号）作为第三十一批指导性案例（民事支持起诉主题）发布，供参照适用。

最高人民检察院

2021 年 11 月 29 日

李某滨与李某峰财产损害赔偿纠纷支持起诉案

（检例第122号）

【关键词】

残疾人权益保障　支持起诉　监护人侵权　协助收集证据

【要　旨】

因监护人侵害智力残疾的被监护人财产权，智力残疾人诉请赔偿损失存在障碍而请求支持起诉的，检察机关可以围绕法定起诉条件协助其收集证据，为其起诉维权提供帮助。在支持起诉程序中，检察机关应当依法履行支持起诉职能，保障当事人平等行使诉权。

【基本案情】

李某滨系三级智力残疾人，日常生活由弟弟李某峰照料。2017年1月24日，李某峰以李某滨监护人身份与案外人季某签订房屋买卖协议，将登记在李某滨名下并实际为其所有的一套房屋以130万元价款出售给季某。签约后，售房款130万元转入李某峰银行账户内，房屋所有权变更登记至季某名下。2017年8月23日，李某峰又将该售房款转入其个人名下另一银行账户内。2018年12月17日，李某峰因肝脏疾病住院治疗。2018年12月24日，李某峰与妻子杨某敏协议离婚，约定夫妻双方共同共有的天津市河西区的房产、所有存款及其他夫妻共同财产全部归杨某敏所有。2019年1月至6月，李某峰陆续将上述130万元售房款转出，用于支付其肝脏移植手术费用。2019年7月，李某峰病逝。2019年10月，李某峰之女李某将李某峰银行账户内204519.33元返还给李某滨、李某峰姐姐李某光，剩余售房款未返还。

2020年1月13日，天津市河西区人民法院（以下简称河西区法院）作出一审民事判决，认定李某滨为限制民事行为能力人，指定李某光为李某滨的监护人。后李某光向李某峰前妻杨某敏、女儿李某追索未返还的售房款未果。2020年1月21日，李某滨向河西区法院提起民事诉讼，请求判令杨某敏、李某赔偿损失。因售房由原监护人李某峰实施，李某滨不了解售房价款、售房款去向等具体情节，无法提出具体的诉讼请求，河西区法院未予受理。

【检察机关履职过程】

受理情况。2020年1月21日，李某滨以其系智力残疾人，无法收集法院受理案件所需证据为由,向天津市河西区人民检察院(以下简称河西区检察院)申请支持起诉,该院审查后予以受理。

审查过程。河西区检察院经向河西区法院了解情况后确认,法院认定李某滨为限制民事行为能力人、李某光为监护人的民事判决已生效。经向天津市规划和自然资源局了解,2017年1月24日,李某峰以李某滨监护人名义与案外人季某签订房屋买卖协议,将李某滨名下房屋以130万元价格出售给季某并办理过户手续。河西区检察院与河西区司法局联系,帮助李某滨聘请法律援助律师,提供无偿法律服务。

支持起诉意见。2020年1月22日,李某滨监护人李某光作为法定代理人再次向河西区法院提起财产损害赔偿诉讼,河西区检察院同日发出支持起诉意见书。检察机关认为,李某滨系三级智力残疾人,属于特殊群体,系支持起诉对象。李某滨名下房产被监护人李某峰售出后,售房款被李某峰私自挪用,李某滨的财产权益受到严重侵害,有权通过民事诉讼程序获得救济,是民事诉讼适格主体。本案有明确被告,具体的诉讼请求和事实、理由,属于人民法院受理民事诉讼的范围和受诉人民法院管辖,符合法定起诉受理条件。

裁判结果。2020年1月22日,河西区法院受理李某滨的起诉。2020年10月21日,河西区法院作出一审民事判决。法院认定,李某峰将李某滨名下房产出售并将售房款130万元私自挪用,其行为构成侵权,造成被监护人李某滨财产损失1095480.67元,应当承担侵权赔偿责任。杨某敏与李某峰原为夫妻关系,于2018年12月24日协议离婚,约定将夫妻共同财产中的天津市河西区的房产和其他夫妻共同财产全部归杨某敏所有,住院治疗费使用出售李某滨房产所得房款支付,属于恶意串通侵害他人财产。杨某敏是侵权行为的受益人,应在受益的财产范围内承担民事责任。据此,该院作出一审判决,判令杨某敏以天津市河西区房产市场价值1/2份额为限承担赔偿李某滨1095480.67元的责任。判决生效后,李某滨已于2020年12月17日收到判决确定给付的全部款项。

【指导意义】

(一)依法履行支持起诉职能,保障残疾人等特殊群体平等行使诉权。《中华人民共和国民事诉讼法》第十五条规定:"机关、社会团体、企业事业单位对损害国家、集体或者个人民事权益的行为,可以支持受损害的单位或者个人向人民法院起诉。"支持起诉的要义是支持受损害的单位或个人起诉,特别是支持特殊群体能够通过行使诉权获得救济,保障双方当事人诉权实质平等。适用条件上,检察机关支持起诉原则上以有关行政机关、社会团体等部门履职后仍未实现最低维权目标为前提条件。在支持起诉程序中,检察机关应当秉持客观公正立场，遵循自愿原则、处分原则、诉权平等原则等民事诉讼基本原则，避免造成诉权失衡；可以综合运用提供法律咨询、协助收集证据、提出支持起诉意见、协调提供法律援助等方式为残疾人等特殊群体起诉维权提供帮助。支持起诉并非代替当事人行使诉权，检察机关不能独立启动诉讼程序。除有涉及国家利益、社会公共利益等重大影响的案件外，检察机关一般不出席法庭；出庭时可以宣读支持起诉意见书，但不参与举证、质证等其他庭审活动；当事人撤回起诉的，支持起诉程序自行终结，检察机关无需撤回支持起诉意见。

（二）被监护人的财产权受到监护人侵害，人民法院以诉讼请求不具体为由未予受理的，检察机关可以依申请支持其起诉。监护人应当履行法定职责，保护被监护人的人身权和财产权不受侵害。监护人擅自出售被监护人名下房产用于个人医疗、购房等个人支出，侵害被监护人财产权益的，被监护人有权请求监护人赔偿损失。客观上，智力残疾人等被监护人诉讼能力偏弱，在其权利受到侵害时，难以凭个人之力通过民事诉讼程序获得救济。检察机关对于履职过程中发现的残疾人合法权益受到侵害的线索，应当先行督促残疾人联合会、残疾人居住地的居民委员会、村民委员会等社会团体、自治组织为残疾人维权提供法律帮助。残疾人径行向人民法院起诉的，应当告知其有权申请法律援助。认知能力低下的残疾人因财产权受到侵害提起损害赔偿诉讼，人民法院未告知其有权申请法律援助，以其诉讼请求不具体为由未予受理的，在尊重其真实意愿的前提下，检察机关可以依申请支持起诉，帮助其获得法律救济。

（三）综合运用协助收集证据、协调提供法律援助等方式，为智力残疾人起诉维权提供帮助。依照民事诉讼法相关规定，原告起诉必须符合法定条件。智力残疾人作为限制行为能力人虽然可以实施与其智力、精神状况相适应的民事法律行为，但难以独立、充分围绕法定起诉条件收集证据，提出诉讼请求。在支持起诉程序中，检察机关可以通过提供法律咨询，加强释法说理，引导智力残疾人自行收集证据；智力残疾人无法自行收集的，检察机关可以依法协助其收集确定当事人具体诉讼请求、证明原被告与案件争议事实存在关联并符合起诉条件的相应证据。检察机关可以与司法行政部门协调，为智力残疾人提供法律援助，由法律援助人员作为智力残疾人的委托代理人参加诉讼。

【相关规定】

《中华人民共和国民事诉讼法》第十五条、第一百一十九条

《中华人民共和国残疾人保障法》第九条、第六十条

胡某祥、万某妹与胡某平赡养纠纷支持起诉案

（检例第 123 号）

【关键词】

老年人权益保障　支持起诉　不履行赡养义务　多元化解机制

【要　旨】

老年人依法起诉要求成年子女履行赡养义务，但是缺乏起诉维权能力的，检察机关可以依老年人提出的申请，支持其起诉维权。支持起诉的检察机关可以运用多元化解纠纷机制，修复受损家庭关系。案件办结后，可以开展案件回访，巩固办案效果。

【基本案情】

胡某祥、万某妹系夫妻。胡某祥现年 84 岁，基本丧失劳动能力。万某妹现年 75 岁，2019 年 7 月因出血性脑梗死、高血压、糖尿病等先后住院两次，丧失自理能力。胡某祥、万某妹夫妇育有五名子女且均已成家，其中长女胡某玉患有精神疾病无赡养能力，次子胡某平有赡养能力但拒绝赡养父母，其余三子女不同程度地承担赡养义务。胡某祥、万某妹夫妻每月收入不足 1400 元，无力支付医疗费、护理费，生活陷入困境。

【检察机关履职过程】

受理情况。2019 年 12 月 17 日，胡某祥、万某妹夫妇因次子胡某平不履行赡养义务，生活陷入困境，就起诉维权事宜向江西省南昌市青山湖区罗家镇司法所申请法律援助，并向江西省南昌市青山湖区人民检察院（以下简称青山湖区检察院）申请支持起诉，该院审查后予以受理。

审查过程。青山湖区检察院经询问当事人、实地走访等了解到，胡某祥、万某妹夫妇生活基本不能自理，次子胡某平以其父母不抚养孙辈、财产分配不均等为由拒不分担老人医疗费、护理费，经村民委员会调解未果。考虑到本案系家事纠纷，应联合司法所、村民委员会等引导调处缓解家庭矛盾，青山湖区检察院开展一系列有针对性的矛盾化解工作。一是主动约谈胡某平夫妇，向其宣讲老年人权益保障法等相关法律，阐明拒绝赡养老人的法律后果；二是主动邀请胡某平亲戚邻居参与矛盾化解，帮助胡某平夫妇认识到拒绝赡养老人带来的亲情损害，与社会主义核心价值观相悖。经多次调解，胡某平夫妇对父母的

态度发生较大变化，愿意花钱请人护理，但其同意承担的费用与客观需要尚有一定差距，无法达成和解协议。

支持起诉意见。2019 年 12 月 23 日，胡某祥、万某妹向江西省南昌市青山湖区人民法院（以下简称青山湖区法院）提起诉讼，青山湖区检察院同日发出支持起诉意见书。检察机关认为，敬老爱老自古以来就是中华民族的传统美德。成年子女应当履行对父母经济供养、生活照料和精神慰藉的赡养义务，使患病的父母及时得到治疗和护理。胡某平作为胡某祥、万某妹之子，拒不履行赡养义务，有违法律规定。

裁判结果。青山湖区法院受理本案后，青山湖区检察院主动就前期矛盾纠纷化解情况与法院沟通，配合开展调解工作。在法院、检察院、派出所、司法所等共同努力下，当事人达成调解协议。2019 年 12 月 26 日，青山湖区法院作出民事调解书：一、胡某祥、万某妹的生活费由其自理，子女胡会某、胡和某、胡某包及胡某平每月按顺序轮流负责护理父母胡某祥、万某妹，胡某平支付相应的护理费；二、胡某祥、万某妹的医疗费用由子女胡某平、胡某包各负担一半。

本案办结后，青山湖区检察院与青山湖区法院会签《关于加强民事支持起诉工作的协作意见》、与江西省南昌市青山湖区司法局会签《关于建立支持起诉和法律援助工作联系机制的规定》。青山湖区检察院联合当地村委会，开展"送法进乡村"活动，结合本案及其他相关案例开展普法宣传，教育引导村民知法守法，促进村风改善和乡村治理。2020 年 12 月 30 日，青山湖区检察院联合法院、妇联、民政局、司法所以及村委会等相关单位，再次回访了胡某祥、万某妹夫妇。胡某祥反映，其子胡某平不仅及时给付医药费、护理费，还经常上门探望。胡某祥对检察机关等单位帮助修复受损家庭关系，实现家庭和睦，表示衷心感谢。

【指导意义】

（一）运用多元化解纠纷机制，修复受损家庭关系。支持老年人追索赡养费案件，属于家事纠纷，要把化解矛盾、消除对立、修复受损家庭关系作为价值追求，坚持和发展新时代"枫桥经验"，将多元化解纠纷机制贯穿于支持起诉工作始终。要与司法行政机关、村委会、居委会基层群众性自治组织及人民调解组织等紧密合作，找准纠纷症结所在，做实做深矛盾化解工作，促使当事人达成和解协议。当事人未能达成和解协议诉至人民法院的，积极配合人民法院开展诉讼调解工作。通过人民调解、诉讼调解，最大限度地修复受损的家庭关系，树立优良家风，弘扬家庭美德。

（二）老年人缺乏起诉维权能力的，检察机关可以支持老年人起诉。百善孝为先。让老年人老有所养、老有所依是践行社会主义核心价值观的必然要求，是弘扬家庭美德的主要途径。成年子女不履行赡养义务的，缺乏劳动能力或者生活困难的父母有权要求成年子女给付赡养费。维护保障老年人合法权益是全社会的共同责任，县级以上人民政府负责老龄工作的机构，负责组织、协调、指导、督促有关部门做好老年人权益保障工作。基层群众性自治组织和依法设立的老年人组织亦负有维护老年人合法权益、为老年人服务的职责。检察机关履职中发现老年人合法权益受到侵害的，应当先行联系政府有关部门、基层群众性组织等为老年人维权提供帮助。老年人因年龄、身体、文化等原因不能独立提起诉讼追索赡养费而陷入生活困境的，其维权获得帮助后尚未解困的，检察机关可以支持老年人起诉，帮助老年人行使诉权，维护老年人的合法权益。

（三）积极开展案件回访，巩固办案效果。赡养包括经济帮助与亲情慰藉，缺一不可。新矛盾、新问题的出现可能造成修复的家庭关系再次破裂。办理此类案件，不能一诉了之，而要持续关注并巩固办案效果。灵活采取电话回访、实地回访、联合回访等形式，跟踪了解生效裁判执行情况和家庭关系现状，及时化解新矛盾、解决新问题。

【相关规定】

《中华人民共和国民事诉讼法》第十五条

《中华人民共和国民法总则》第二十六条第二款

《中华人民共和国老年人权益保障法》第十四条、第十五条第一款、第十九条第二款

孙某宽等 78 人与某农业公司追索劳动报酬纠纷支持起诉案

(检例第 124 号)

【关键词】

进城务工人员权益保障　　支持起诉　　追索劳动报酬　　服务保障企业发展

【要　旨】

劳动报酬是进城务工人员维持生计的基本保障，用人单位未按照国家规定和劳动合同约定及时足额支付劳动报酬的，检察机关应当因案制宜，通过督促人力资源社会保障等单位履职尽责、支持起诉、移送拒不支付劳动报酬罪线索等方式保障进城务工人员获得劳动报酬。

【基本案情】

某农业公司负责温州市某现代农业园项目运营，招聘孙某宽等 78 名进城务工人员从事日常生产经营，但双方未签订劳动合同。2016 年 3 月，某农业公司资金周转困难，至 2017 年 11 月共拖欠 78 名进城务工人员工资 128.324 万元。2018 年 1 月初，78 名进城务工人员仍未能领到拖欠的工资，多次到有关部门上访。

【检察机关履职过程】

受理情况。2018 年 1 月，浙江省温州市龙湾区人民检察院（以下简称龙湾区检察院）在参与人力资源社会保障部门开展的进城务工人员讨薪专项监督活动中，发现某农业公司存在拖欠众多进城务工人员工资的线索。该院及时与人力资源社会保障、财政等部门共同努力，协调动用应急周转金 50 万元，为 78 名进城务工人员垫付部分工资。2018 年 4 月 11 日，孙某宽等 78 名进城务工人员向龙湾区检察院申请支持起诉，请求检察机关为其起诉讨薪提供法律帮助。该院审查后予以受理。

审查过程。龙湾区检察院查明：经某农业公司与 78 名进城务工人员共同确认，2016 年 3 月至 2017 年 11 月间，欠薪金额总计 128.324 万元。在前期开展矛盾化解工作的基础上，龙湾区检察院继续与 78 名进城务工人员、某农业公司沟通交流，引导双方当事人达成和解协议，但因某农业公司资金周转暂时困难未果。

支持起诉意见。2018年4月20日,孙某宽等78人向浙江省温州市龙湾区人民法院(以下简称龙湾区法院)提起诉讼,龙湾区检察院同日发出支持起诉意见书。检察机关认为,某农业公司长期拖欠众多进城务工人员劳动报酬总计128.324万元,进城务工人员作为支持起诉申请人请求某农业公司支付劳动报酬,事实清楚,证据充分,孙某宽等78人提起的诉讼应予受理。

裁判结果。2018年4月20日,龙湾区法院受理孙某宽等78人的起诉。庭审前,检察机关认为,某农业公司系有发展潜力的企业,资金暂时周转困难,且有关单位已动用应急周转金垫付部分拖欠的劳动报酬,建议法院主持双方调解。在龙湾区法院、检察院共同努力下,当事人达成调解协议。2018年4月27日,龙湾区法院出具调解书,确认某农业公司于2018年5月27日前支付所欠孙某宽等78人的工资(扣除已领取的垫付金额)。某农业公司现已履行调解书确定的给付义务,经营状况良好。有关单位与某农业公司就50万元垫付款的后续处理已达成协议。

【指导意义】

(一)因案制宜,妥善解决欠薪问题。进城务工人员享有按时足额获得劳动报酬的权利。人力资源社会保障部门负有组织实施劳动保障监察、协调劳动者维权工作,依法查处涉劳动保障重大案件的职责。检察机关履职中发现拖欠劳动报酬线索的,应当甄别是否属于恶意欠薪。对于恶意欠薪,可能涉嫌拒不支付劳动报酬罪的,应当将犯罪线索移送公安机关立案审查。对于欠薪行为未构成犯罪的,可以协调人力资源社会保障部门履职尽责。对人力资源社会保障等职能部门履职后仍未能获得劳动报酬的,检察机关应当在尊重进城务工人员意愿的前提下,依法支持其起诉维权。

(二)依法履职,切实保护劳动者的合法权益。劳动报酬是进城务工人员维持生计的基本保障。根治进城务工人员欠薪问题,关乎进城务工人员切身利益,关乎社会和谐稳定。进城务工人员多在建筑、餐饮、快递等行业就业,因相关市场不规范、未签订劳动合同、法律知识欠缺等原因,部分进城务工人员起诉讨薪往往会遇到诸如确定用工主体难、明确诉讼请求难等问题。对经政府主管部门协调后仍未能获得劳动报酬的进城务工人员,检察机关应当及时通过提供法律咨询、协助收集证据等方式支持进城务工人员追索劳动报酬,维护其合法权益,促进社会和谐稳定。

(三)加强配合,保障进城务工人员获得劳动报酬的同时,服务保障企业发展。对于企业因经营管理、政策调整、市场变化等因素暂时无力支付进城务工人员工资的情形,可以运用多元化解纠纷机制,做好矛盾化解工作,引导进城务工人员与企业共渡难关。同时,加强与人力资源社会保障、财政、街道等单位协作配合,在为进城务工人员提供基本生活保障的前提下,为企业恢复正常经营提供缓冲期,服务保障企业发展。

【相关规定】

《中华人民共和国民事诉讼法》第十五条

《中华人民共和国劳动法》第三条

《中华人民共和国劳动合同法》第三十条

安某民等 80 人与某环境公司确认劳动关系纠纷支持起诉案

(检例第 125 号)

【关键词】

劳动者权益保障　支持起诉　确认劳动关系　社会保险

【要　旨】

劳动者要求用人单位补办社保登记、补缴社会保险费未果的，检察机关可以协助收集证据、提出支持起诉意见，支持劳动者起诉确认劳动关系，为其办理社保登记、补缴社会保险费提供帮助。

【基本案情】

安某民等 80 人自 2003 年起先后在南京市某环卫所（系事业单位，以下简称某环卫所）从事环卫工作。双方未订立劳动合同，也未办理社保登记、缴纳社会保险费。2012 年 11 月，某环卫所改制转企为某环境公司。安某民等 80 人继续在某环境公司工作，但仍未订立劳动合同。2018 年，安某民等 80 人多次向某环境公司提出补办社保登记手续、补缴入职以来社会保险费等诉求未果。2020 年 3 月 16 日，安某民等 80 人向劳动争议仲裁机构申请确认与某环境公司之间存在劳动关系。劳动争议仲裁机构以劳动者未提交与某环境公司存在劳动关系的初步证据为由未予受理。2020 年 3 月 31 日，安某民等 80 人诉至江苏省南京市玄武区人民法院（以下简称玄武区法院），请求确认与某环境公司存在劳动关系。

【检察机关履职过程】

受理情况。2020 年 4 月 20 日，安某民等 80 人因无法收集某环境公司改制的证据等原因，向江苏省南京市玄武区人民检察院（以下简称玄武区检察院）申请支持起诉，请求检察机关为其维权提供法律帮助，该院审查后予以受理。

审查过程。玄武区检察院从南京市玄武区城管局调取了某环卫所改制的相关文件，证明用人单位的沿革及 80 人事实劳动关系的承继，该证据与确认劳动关系及劳动者的工作年限密切相关。从相关街道办事处和某环境公司调取了某环卫所改制前后的工资发放签名表，证明安某民等 80 人与某环境公司存在劳动关系。经询问当事人、走访了解，玄武区检察院查明：安某民等 80 人在某环卫所从事环卫工作均已超过 10 年。某环卫所改制转企后，安某民等 80 人向某环境公司提出补办社保登记、补缴社会保险费未果而形成群体性诉求。经梳理相关证据材料、逐人逐项核对，某环境公司需补缴安某民等 80 人社会保险费共计 400 余万元。

支持起诉意见。2020 年 4 月 27 日，玄武区检察院分别向玄武区法院发出支持起诉意见书。检察机关认为，劳动者的合法权益受法律保护。安某民等 80 名劳动者与某环卫所存在事实劳动关系。某环卫所改制后，某环境公司承继其权利义务并延续与安某民等 80 人的劳动关系。安某民等 80 人提出的诉讼请求具有事实和法律依据。

裁判结果。玄武区法院一审审理中，玄武区检察院派员到庭宣读支持起诉意见书。2020 年 9 月，玄武区法院作出一审民事判决。法院认定，用人单位自用工之日起即与劳动者建立劳动关系。安某民等人在某环卫所从事环卫工作，即与该所建立劳动关系。后某环卫所改制转企，相应的权利义务应由某环境公司承继。遂确认安某民等人与某环境公司存在劳动关系。一审判决生效后，社保部门为安某民等人补办了社保登记手续。玄武区检察院积极协调有关行政部门和用人单位确定社会保险费筹集方案并促成资金落实到位。后社保部门分别为 75 名环卫工人办理了补缴社会保险费手续。

【指导意义】

（一）劳动者提出补办社保登记、补缴社会保险费未果的，检察机关可以支持其起诉确认劳动关系，为其补办社保登记、补缴社会保险费提供帮助。国家建立基本养老保险、基本医疗保险等社会保险制度，保障劳动者在年老、患病、工伤、失业等情况下依法从国家和社会获得物质帮助的权利。用人单位应当依法为劳动者办理社会保险。实践中，部分用人单位未办社保登记、未足额缴纳社会保险费，侵害了劳动者合法权益，使得劳动者难以实现老有所养、老有所医。检察机关履职中发现用人单位未依规为职工办理社会保险登记、未足额缴纳社会保险费的，应当先行协调政府责任部门履职尽责。经相关责任部门处理后仍未实现最低维权目标的，依照现行法律规定，劳动者诉请用人单位补办社保登记、补缴社会保险费存在客观障碍的，检察机关可依劳动者申请支持起诉确认劳动关系。人民法院确认劳动关系的生效裁判，可以作为办理社保登记、补缴社会保险费的依据。

（二）协助劳动者收集证据，为其起诉维权提供帮助。依照民事诉讼法相关规定，人民法院立案后发现不符合起诉条件的，裁定驳回原告的起诉。据此，因无法独立、充分地围绕法定起诉条件收集证据，劳动者在诉讼中可能丧失司法救济的机会。检察机关在诉讼中可依申请围绕法定起诉条件协助劳动者补充相关证据。一是协助收集被告身份的完整信息，比如用人单位变更材料、改制文件等。二是协助收集与具体诉讼请求和事实相关的起诉必备证据。比如，完整的工资支付凭证或者记录、工作证、招工招聘登记表、考勤表等。检察机关支持起诉的目的是保障劳动者实现诉权平等，而非代替劳动者行使诉权，检察机关不能独立启动诉讼程序。对于具有重大社会意义或者法律意义的案件，经商人民法院，检察机关可以出庭宣读支持起诉意见书。

【相关规定】

《中华人民共和国民事诉讼法》第十五条

《中华人民共和国劳动合同法》第七条、第三十四条

《中华人民共和国劳动法》第七十条、第七十三条

《中华人民共和国劳动争议调解仲裁法》第二条、第五条

张某云与张某森离婚纠纷支持起诉案

（检例第 126 号）

【关键词】

妇女权益保障　支持起诉　反家庭暴力　尊重家暴受害人真实意愿

【要　旨】

反家庭暴力是国家、社会和每个家庭的共同责任，检察机关应当加强与公安机关、人民法院、工会、共产主义青年团、妇女联合会、残疾人联合会、居民委员会、村民委员会等单位、组织的协作配合，形成维护家庭暴力受害人合法权益的合力。在充分尊重家庭暴力受害人真实意愿的前提下，对惧于家庭暴力不敢起诉，未获得妇女联合会等单位帮助的，检察机关可依申请支持家庭暴力受害人起诉维权。

【基本案情】

2006 年 3 月 9 日，张某云与张某森登记结婚。2019 年 6 月，因张某森实施家庭暴力，张某云起诉离婚。河北省武邑县人民法院（以下简称武邑县法院）审理后认定，夫妻双方结婚十余年，因家庭琐事发生纠纷，夫妻关系不睦，但夫妻感情尚未破裂；虽然张某云提交因遭受家庭暴力受伤的照片，但未能提供充分证据证实达到婚姻法规定的"家庭暴力"并导致夫妻感情确已破裂的程度，考虑到双方婚后育有两个子女，且尚未成年，父母离婚往往会对孩子成长产生不利影响，为顾及双方子女利益，家庭关系稳定，社会和谐，判决不准张某云与张某森离婚。一审判决生效后，张某森与张某云继续分居。张某森仍时常殴打、恐吓张某云，导致张某云无法正常生活，夫妻关系并未改善，反而更加恶化。

【检察机关履职过程】

受理情况。2020 年 4 月 12 日，张某云以遭受家庭暴力请求离婚为由向河北省武邑县司法局申请法律援助。在该局指引下，张某云向河北省武邑县人民检察院（以下简称武邑县检察院）申请支持起诉，该院审查后予以受理。

审查过程。武邑县检察院通过询问张某云，查阅张某云母亲王某同报案材料、派出所出警记录、张某云伤情照片、微信聊天记录等调查核实工作，查明：张某森对张某云多次实施殴打，造成张某云面部、颈部多处淤青、眼球充血；张某森还对张某云实施经常性恐吓等精神强制，致使张某云在第一次离婚诉讼时不敢出庭。武邑县检察院对张某云进行心理疏导，引导其走出心理阴影；向其宣讲反家庭暴力法等相关法律规定，鼓励其敢于向家庭暴力说不，勇于维护自身合法权益。

支持起诉意见。2020年4月16日，张某云再次向武邑县法院提起离婚诉讼，武邑县检察院同日发出支持起诉意见书。检察机关认为，张某云长期遭受家庭暴力，系家暴受害妇女，其合法权益依法应得到保护，根据《中华人民共和国民事诉讼法》第十五条之规定，可以支持其向人民法院起诉离婚。

裁判结果。2020年4月16日，武邑县法院受理张某云的起诉。2020年5月28日，武邑县法院作出一审民事判决，认定张某云遭受家庭暴力的事实，认为夫妻感情确已破裂，准予张某云与张某森离婚。一审判决后，张某森提出上诉。2020年7月15日，河北省衡水市中级人民法院作出民事调解书，双方当事人同意离婚，并就子女抚养、夫妻共同财产分割等达成协议。

【指导意义】

（一）加强协作配合，形成保护家庭暴力受害人的合力。国家禁止任何形式的家庭暴力。"法不入家门"已成为历史，反对家庭暴力不仅是家事，更是国家和全社会的共同责任。《反家庭暴力法》第四条规定，县级以上人民政府有关部门、司法机关、人民团体、社会组织、居民委员会、村民委员会、企事业单位，应当依照本法和有关法律规定，做好反家庭暴力工作。第六条至第十条、第十四条等诸多条款规定司法机关、行政机关、社会团体、群众性自治组织等在反家暴工作中的责任与义务。检察机关履职中发现家暴线索的，应当先行协调相关责任单位履职尽责。检察机关除做好家庭暴力受害人的法律宣讲、心理疏导外，可以与民政部门联系，将家庭暴力受害人安置到救助管理机构或者福利机构提供的临时庇护场所，提供临时生活帮助；可以引导家庭暴力受害人向公安机关报案、向人民法院申请人身保护令，保护其人身安全；对于涉嫌虐待犯罪的，可以引导家庭暴力受害人向人民法院提起刑事自诉追究加害人的刑事及附带民事赔偿责任。

（二）尊重家庭暴力受害人真实意愿，依申请支持其起诉维权。家庭暴力受害人享有婚姻自主权、人身损害赔偿请求权。家庭暴力受害人因害怕本人、父母、子女遭受报复等而不敢起诉维权，在获得妇女联合会等部门帮助下仍未能实现维权目标的，在充分尊重家庭暴力受害人真实意愿的前提下，检察机关可依其申请支持起诉，维护其合法权益。

【相关规定】

《中华人民共和国民事诉讼法》第十五条

《中华人民共和国婚姻法》第三条、四十三条、四十五条、四十六条

《中华人民共和国反家庭暴力法》第二条、第三条

《中华人民共和国妇女权益保障法》第四十六条

最高人民检察院
关于印发最高人民检察院
第三十二批指导性案例的通知

(2021年12月9日公布　高检发办字〔2021〕122号)

各省、自治区、直辖市人民检察院,解放军军事检察院,新疆生产建设兵团人民检察院:

经2021年12月7日最高人民检察院第十三届检察委员会第八十一次会议决定,现将白静贪污违法所得没收案等四件案例(检例第127—130号)作为第三十二批指导性案例(职务犯罪适用违法所得没收程序主题)发布,供参照适用。

最高人民检察院

2021年12月9日

白静贪污违法所得没收案

(检例第 127 号)

【关键词】

违法所得没收　证明标准　鉴定人出庭　举证重点

【要　旨】

检察机关提出没收违法所得申请，应有证据证明申请没收的财产直接或者间接来源于犯罪所得，或者能够排除财产合法来源的可能性。人民检察院出席申请没收违法所得案件庭审，应当重点对于申请没收的财产属于违法所得进行举证。对于专业性较强的案件，可以申请鉴定人出庭。

【基本案情】

犯罪嫌疑人白静，男，A 国有银行金融市场部投资中心本币投资处原处长。

利害关系人邢某某，白静亲属。

诉讼代理人牛某，邢某某儿子。

2008 年至 2010 年间，白静伙同樊某某（曾任某国有控股的 B 证券公司投资银行事业部固定收益证券总部总经理助理、固定收益证券总部销售交易部总经理等职务，另案处理）等人先后成立了甲公司及乙公司，并在 C 银行股份有限公司为上述两公司开设了资金一般账户和进行银行间债券交易的丙类账户。白静、樊某某利用各自在 A 银行、B 证券公司负责债券买卖业务的职务便利，在 A 银行购入或卖出债券，或者利用 B 证券公司的资质、信用委托其他银行代为购入、经营银行债券过程中，增加交易环节，将白静实际控制的甲公司和乙公司引入交易流程，使上述两公司与 A 银行、B 证券公司进行关联交易，套取 A 银行、B 证券公司的应得利益。通过上述方式对 73 支债券交易进行操纵，甲公司和乙公司在未投入任何资金的情况下，套取国有资金共计人民币 2.06 亿余元。其中，400 余万元由樊某某占有使用，其他大部分资金由白静占有使用，白静使用 1.45 亿余元以全额付款方式购买 9 套房产，登记在自己妻子及其他亲属名下。该 9 套房产被办案机关依法查封。

【诉讼过程】

2013 年 9 月 9 日，内蒙古自治区公安厅以涉嫌职务侵占罪对白静立案侦查，查明白静已于 2013 年 7 月 31 日逃匿境外。2013 年 12 月 7 日，内蒙古自治区人民检察院对白静批准逮捕，同年 12 月 17 日国际刑警组织对白静发布红色通报。2019 年 2 月 2 日，内蒙古自治区公安厅将白静涉嫌贪污罪线索移送内蒙古自治区监察委员会，同年 2 月 28 日，内蒙古自治区监察委员会对白静立案调查。同年 5 月 20 日，内蒙古自治区监察委员会向内蒙古自治区人民检察院移送没收违法所得意见书。同年 5 月 24 日，内蒙古自治区人民检察院将案件交由呼和浩特市人民检察院办理。同年 6 月 6 日，呼和浩特市人民检察院向呼和浩特市中级人民法院提出没收违法所得申请。利害关系人及其诉讼代理人在法院公告期间申请参加诉讼，对检察机关没收违法所得申请没有提出异议。2020 年 11 月 13 日，呼和浩特市中级人民法院作出违法所得没收裁定，依法没收白静使用贪污违法所得购买的 9 套房产。

【检察履职情况】

（一）提前介入完善主体身份证据，依法妥善处理共同犯罪案件。内蒙古自治区检察机关提前介入白静案时，审查发现证明白静构成贪污罪主体身份的证据不足，而共同犯罪人樊某某已经被呼和浩特市赛罕区人民检察院以职务侵占罪提起公诉。检察机关依法将白静案和樊某某案一并审查，建议内蒙古自治区监察委员会针对二人主体身份进一步补充调取证据。监察机关根据检察机关列出的补充完善证据清单，补充调取了 A 银行党委会议纪要、B 证券公司党政联席会议纪要、任命文件等证据，证明白静与樊某某均系国家工作人员，二人利用职务上的便利侵吞国有资产的共同犯罪行为应当定性为贪污罪。检察机关在与监察机关、公安机关、人民法院就案件新证据和适用程序等问题充分沟通后，依法适用违法所得没收程序申请没收白静贪污犯罪所得，依法对樊某某案变更起诉指控罪名。

（二）严格审查监察机关没收违法所得意见，准确界定申请没收的财产范围。监察机关调查期间依法查封、扣押、冻结了白静亲属名下 11 套房产及部分资金，没收违法所得意见书认定上述财产均来源于白静贪污犯罪所得，建议检察机关依法申请没收。检察机关审查认为，监察机关查封的 9 套房产系以全额付款方式购买，均登记在白静亲属名下，但登记购买人均未出资且对该 9 套房产不知情；9 套房产的购买资金均来源于白静实际控制的甲公司和乙公司银行账户；白静伙同樊某某利用职务便利套取 A 银行和 B 证券公司资金后转入甲公司和乙公司银行账户。根据现有证据，可以认定该 9 套房产来源于白静贪污犯罪所得。

其余 2 套房产，现有证据证明其中 1 套系白静妻兄向白静借钱购买，且事后已将购房款项归还，检察机关认为无法认定该套房产属于白静贪污犯罪所得，不应列入申请没收的财产范围；另1套房产由樊某某购买并登记在樊名下，现有证据能够证明购房资金来源于二人贪污犯罪所得，但在樊某某案中处理更为妥当。监察机关冻结、扣押的资金，检察机关审查认为来源不清，且白静夫妇案发前一直在金融单位工作，收入较高，同时使用家庭收入进行了股票等金融类投资，现有证据尚达不到认定高度可能属于白静贪污违法所得的证明标准，不宜列入申请没收范围。监察机关认可上述意见。

（三）申请鉴定人出庭作证，增强庭审举证效果。本案证据繁杂、专业性强，白静贪污犯罪手段隐秘、过程复杂，在看似正常的银行间债券买卖过程中将其所控制公司引入交易流程，通过增加交易环节、控制交易价格，以低买高卖的方式套取A银行、B证券公司应得利益。犯罪行为涉及银行间债券买卖的交易流程、交易策略、交易要素等专业知识，不为普通大众所熟知。2020年10月14日，呼和浩特市中级人民法院公开开庭审理白静贪污违法所得没收案时，检察机关申请鉴定人出庭，就会计鉴定意见内容进行解释说明，对白静操纵债券交易过程和违法资金流向等进行全面分析，有力证明了白静贪污犯罪事实及贪污所得流向，增强了庭审举证效果。

（四）突出庭审举证重点，着重证明申请没收的财产属于违法所得。庭审中，检察机关针对白静有贪污犯罪事实出示相关证据。通过出示任职文件、会议纪要等证据，证明白静符合贪污罪主体要件；运用多媒体分类示证方式，分步骤展示白静对债券交易的操纵过程，证明其利用职务便利实施了贪污犯罪。对申请没收的9套房产属于白静贪污违法所得进行重点举证。出示购房合同、房产登记信息等书证及登记购买人证言，证明申请没收的9套房产系以全额付款方式购买，但登记购买人对房产不知情且未出资；出示委托付款书、付款凭证等书证，证明申请没收的9套房产的购买资金全部来源于白静控制的甲公司和乙公司银行账户；出示银行开户资料、银行流水等书证，相关证人证言，另案被告人樊某某供述及鉴定意见，并申请鉴定人出庭对鉴定意见进行说明，证明甲公司和乙公司银行账户的资金高度可能属于白静套取的A银行和B证券公司的国有资金，且部分用于购买房产等消费；出示查封、扣押通知书、接收协助执行法律文书登记表等书证，证明申请没收的9套房产已全部被监察机关依法查封。利害关系人及其诉讼代理人对检察机关出示的证据未提出异议。人民法院采信上述证据，依法裁定没收白静使用贪污违法所得购买的9套房产。

【指导意义】

（一）准确把握认定违法所得的证明标准，依法提出没收申请。检察机关提出没收违法所得申请，应当有证据证明有犯罪事实。除因犯罪嫌疑人、被告人逃匿无法收集的证据外，其他能够证明犯罪事实的证据都应当收集在案。在案证据应能够证明申请没收的财产具有高度可能系直接或者间接来源于违法所得或者系犯罪嫌疑人、被告人非法持有的违禁品、供犯罪所用的本人财物。对于在案证据无法证明部分财产系犯罪嫌疑人、被告人违法所得及其他涉案财产的，则不应列入申请没收的财产范围。

（二）证明申请没收的财产属于违法所得，是检察机关庭审举证的重点。人民法院开庭审理申请没收违法所得案件，人民检察院应当派员出席法庭承担举证责任。针对犯罪嫌疑人、被告人实施了法律规定的重大犯罪出示相关证据后，应当着重针对申请没收的财产属于违法所得进行举证。对于涉及金融证券类等重大复杂、专业性强的案件，检察机关可以申请人民法院通知鉴定人出庭作证，以增强证明效果。

【相关规定】

《中华人民共和国监察法》第四十八条

《中华人民共和国刑法》第三百八十二条第一款

《中华人民共和国刑事诉讼法》第二百九十八条、第二百九十九条、第三百条

《人民检察院刑事诉讼规则》第十二章第四节

《最高人民法院、最高人民检察院关于适用犯罪嫌疑人、被告人逃匿、死亡案件违法所得没收程序若干问题的规定》第一条至第三条，第五条至第十条，第十三条至第十七条

彭旭峰受贿，贾斯语受贿、洗钱违法所得没收案

（检例第128号）

【关键词】

违法所得没收　主犯　洗钱罪　境外财产　国际刑事司法协助

【要　旨】

对于跨境转移贪污贿赂所得的洗钱犯罪案件，检察机关应当依法适用特别程序追缴贪污贿赂违法所得。对于犯罪嫌疑人、被告人转移至境外的财产，如果有证据证明具有高度可能属于违法所得及其他涉案财产的，可以依法申请予以没收。对于共同犯罪的主犯逃匿境外，其他共同犯罪人已经在境内依照普通刑事诉讼程序处理的案件，应当充分考虑主犯应对全案事实负责以及国际刑事司法协助等因素，依法审慎适用特别程序追缴违法所得。

【基本案情】

犯罪嫌疑人彭旭峰，男，某市基础建设投资集团有限公司原党委书记，曾任某市住房和城乡建设委员会副主任、轨道交通集团有限公司党委书记、董事长。

犯罪嫌疑人贾斯语，女，自由职业，彭旭峰妻子。

利害关系人贾某，贾斯语亲属。

利害关系人蔡某，贾斯语亲属。

利害关系人邱某某，北京某国际投资咨询有限公司实际经营者。

另案被告人彭某一，彭旭峰弟弟，已被判刑。

（一）涉嫌受贿犯罪事实

2010年至2017年，彭旭峰利用担任某市住房和城乡建设委员会副主任、轨道交通集团有限公司党委书记、董事长等职务上的便利，为有关单位或个人在承揽工程、承租土地及设备采购等事项上谋取利益，单独或者伙同贾斯语及彭某一等人非法收受上述单位或个人给予的财物共计折合人民币2.3亿余元和美元12万元。其中，彭旭峰伙同贾斯语非法收受他人给予的财物共计折合人民币31万余元、美元2万元。

2015年至2017年，彭旭峰安排彭某一使用两人共同受贿所得人民币2085万余元，在长沙市购买7套房产。案发后，彭某一出售该7套房产，并向办案机关退缴房款人民币2574万余元。

2015年9月至2016年11月，彭旭峰安排彭某一将两人共同受贿所得人民币4500万元借给邱某某；2016年11月，彭旭峰和彭某一收受他人所送对邱某某人民币3000万元的债权，并收取了315万元利息。上述7500万元债权，邱某某以北京某国际投资咨询有限公司在某商业有限公司的40%股权设定抵押担保。案发后，办案机关冻结了上述股份，并将上述315万元利息予以扣押。

2010年至2015年，彭旭峰、贾斯语将收受有关单位或个人所送黄金制品，分别存放于彭旭峰家中和贾某、蔡某家中。办案机关提取并扣押上述黄金制品。

（二）涉嫌洗钱犯罪事实

2012年至2017年，贾斯语将彭旭峰受贿犯罪所得人民币4299万余元通过地下钱庄或者借用他人账户转移至境外。

2014年至2017年，彭旭峰、贾斯语先后安排彭某一等人将彭旭峰受贿款兑换成外币后，转至贾斯语在其他国家开设的银行账户，先后用于在4个国家购买房产、国债及办理移民事宜等。应中华人民共和国刑事司法协助请求，相关国家对涉案房产、国债、资金等依法予以监管和控制。

【诉讼过程】

2017年4月1日，湖南省岳阳市人民检察院以涉嫌受贿罪对彭旭峰立案侦查，查明彭旭峰已于同年3月24日逃匿境外。同年4月25日，湖南省人民检察院对彭旭峰决定逮捕，同年5月10日，国际刑警组织对彭旭峰发布红色通报。

2017年4月21日，岳阳市人民检察院以涉嫌受贿罪、洗钱罪对贾斯语立案侦查，查明贾斯语已于同年3月10日逃匿境外。同年4月25日，湖南省人民检察院对贾斯语决定逮捕，同年5月10日，国际刑警组织对贾斯语发布红色通报。

2018年9月5日，岳阳市人民检察院将本案移交岳阳市监察委员会办理。岳阳市监察委员会对彭旭峰、贾斯语涉嫌职务犯罪案件立案调查，并向岳阳市人民检察院移送没收违法所得意见书。2019年6月22日，岳阳市人民检察院向岳阳市中级人民法院提出没收违法所得申请。利害关系人贾某、蔡某、邱某某在法院公告期间申请参加诉讼。其中贾某、蔡某对在案扣押的38万元提出异议，认为在案证据不能证明该38万元属于违法所得，同时提出彭旭峰、贾斯语未成年儿子在国内由其夫妇抚养，请求法庭从没收财产中为其预留生活、教育费用；邱某某对检察机关没收违法所得申请无异议，建议司法机关在执行时将冻结的某商业有限公司40%股份变卖后，扣除7500万元违法所得，剩余部分返还给其公司。2020年1月3日，岳阳市中级人民法院作出违法所得没收裁定，依法没收彭旭峰实施受贿犯罪、贾斯语实施受贿、洗钱犯罪境内违法所得共计人民币1亿余元、黄金制品以及境外违法所得共计5处房产、250万欧元国债及孳息、50余万美元及孳息。同时对贾某、蔡某提出异议的38万元解除扣押，予以返还；对邱某某所提意见予以支持，在执行程序中依法处置。

【检察履职情况】

（一）提前介入完善证据体系。本案涉嫌受贿、洗钱犯罪数额特别巨大，涉案境外财产分布在4个国家，涉及大量通过刑事司法协助获取的境外证据。检察机关发挥提前介入作用，对监察机关提供的案卷材料进行全面审查，详尽梳理案件涉及的上下游犯罪、关联犯罪关系以及电子证据、境外证据、再生证据等，以受贿罪为主线，列明监察机关应予补充调查的问题，并对每一项补证内容进行分解细化，分析论证补证目的和方向。经过监察机关补充调查，进一步完善了有关受贿犯罪所得去向和涉嫌洗钱犯罪的证据。

（二）证明境外财产属于违法所得。在案证据显示彭旭峰、贾斯语将受贿所得转移至4个国家，用于购买房产、国债等。其中对在某国购买的房产，欠缺该国资金流向和购买过程的证据。检察机关认为，在案证据证明，贾斯语通过其外国银行账户向境外某公司转账59.2万美元，委托该境外公司购买上述某国房产，该公司将其中49.4万美元汇往某国，购房合同价款为43.5万美元。同一时期内彭旭峰多次安排他人，将共计人民币390余万元（折合60余万美元）受贿所得汇至贾斯语外国银行账户，汇款数额大于购房款。因此，可以认定彭旭峰、贾斯语在该国的房产高度可能来源于彭旭峰受贿所得，应当认定该房产为违法所得予以申请没收。检察机关对彭旭峰、贾斯语在上述4个国家的境外财产均提出没收申请，利害关系人及其诉讼代理人均未提出异议，法院裁定均予以支持。

（三）依法审慎适用特别程序追缴违法所得。本案彭旭峰涉嫌受贿犯罪事实，大部分系伙同彭某一共同实施，彭某一并未逃匿，其受贿案在国内依照普通刑事诉讼程序办理，二人共同受贿犯罪涉及的部分境内财产已在彭某一案中予以查封、扣押或冻结。检察机关审查认为，本案系利用彭旭峰的职权实施，彭旭峰系本案主犯，对受贿行为起到了决定作用，宜将彭某一案中与彭旭峰有关联的境内财产，如兄弟二人在长沙市购买的房产、共同借款给他人的资金等，均纳入违法所得没收程序申请没收。利害关系人及其诉讼代理人和彭某一对此均未提出异议。人民法院作出的违法所得没收裁定生效后,通过国际刑事司法协助申请境外执行,目前已得到部分国家承认。

【指导意义】

(一)依法加大对跨境转移贪污贿赂所得的洗钱犯罪打击力度。犯罪嫌疑人、被告人逃匿境外的贪污贿赂犯罪案件,一般均已先期将巨额资产转移至境外,我国刑法第一百九十一条明确规定此类跨境转移资产行为属于洗钱犯罪。《最高人民法院、最高人民检察院关于适用犯罪嫌疑人、被告人逃匿、死亡案件违法所得没收程序若干问题的规定》明确规定对于洗钱犯罪案件,可以适用特别程序追缴违法所得及其他涉案财产。检察机关在办理贪污贿赂犯罪案件中,应当加大对涉嫌洗钱犯罪线索的审查力度,对于符合法定条件的,应积极适用违法所得没收程序追缴违法所得。

(二)准确认定需要没收违法所得的境外财产。《最高人民法院、最高人民检察院关于适用犯罪嫌疑人、被告人逃匿、死亡案件违法所得没收程序若干问题的规定》明确规定对于适用违法所得没收程序案件,适用"具有高度可能"的证明标准。经审查,有证据证明犯罪嫌疑人、被告人将违法所得转移至境外,在境外购置财产的支出小于所转移的违法所得,且犯罪嫌疑人、被告人没有足以支付其在境外购置财产的其他收入来源的,可以认定其在境外购置的财产具有高度可能属于需要申请没收的违法所得。

(三)对于主犯逃匿境外的共同犯罪案件,依法审慎适用特别程序追缴违法所得。共同犯罪中,主犯对全部案件事实负责,犯罪后部分犯罪嫌疑人、被告人逃匿境外,部分犯罪嫌疑人、被告人在境内被司法机关依法查办的,如果境内境外均有涉案财产,且逃匿的犯罪嫌疑人、被告人是共同犯罪的主犯,依法适用特别程序追缴共同犯罪违法所得,有利于全面把握涉案事实,取得较好办案效果。

【相关规定】

《中华人民共和国监察法》第四十八条

《中华人民共和国刑法》第一百九十一条第一款、第三百八十五条第一款

《中华人民共和国刑事诉讼法》第二百九十八条、第二百九十九条、第三百条

《人民检察院刑事诉讼规则》第十二章第四节

《最高人民法院、最高人民检察院关于适用犯罪嫌疑人、被告人逃匿、死亡案件违法所得没收程序若干问题的规定》第一条至第三条,第五条至第十条,第十三条至第十七条

黄艳兰贪污违法所得没收案

(检例第 129 号)

【关键词】

违法所得没收　利害关系人异议　善意第三方

【要　旨】

检察机关在适用违法所得没收程序中,应当承担证明有犯罪事实以及申请没收的财产属于违法所得及其他涉案财产的举证责任。利害关系人及其诉讼代理人参加诉讼并主张权利,但不能提供合法证据或者其主张明显与事实不符的,应当依法予以辩驳。善意第三方对申请没收财产享有合法权利的,应当依法予以保护。

【基本案情】

犯罪嫌疑人黄艳兰,女,原某市物资总公司(简称物资总公司)总经理、法定代表人。

利害关系人施某某,黄艳兰朋友。

利害关系人邓某某,黄艳兰亲属。

利害关系人 A 银行股份有限公司上海分行(简称 A 银行上海分行)。

利害关系人 B 银行股份有限公司上海市南支行(简称 B 银行市南支行)。

利害关系人 C 银行股份有限公司上海市虹桥开发区支行(简称 C 银行虹桥支行)。

1993 年 5 月至 1998 年 8 月,物资总公司用自有资金、银行贷款及融资借款经营期货等业务,由黄艳兰等人具体操作执行。其间,黄艳兰利用职务上的便利,先后控制和使用包括 D 商贸有限公司(简称 D 公司)等多个银行账户和证券账户进行期货交易,累计盈利人民币 1.8 亿余元,其中 1.1 亿余元未纳入物资总公司管理,由黄艳兰实际控制。

1997 年 7 月至 1999 年 4 月,黄艳兰直接或指使他人先后从 D 公司等六个账户转出人民币 3000.35 万元,以全额付款方式在上海购买 2 套房产,又向 A 银行上海分行、B 银行市南支行、C 银行虹桥支行按揭贷款在上海购买 50 套房产,分别登记在李某某(黄艳兰亲属)、施某某等人名下。在公司改制过程中,黄艳兰隐匿并占有上述房产。

2000年12月，涉案20套房产因涉及民事纠纷被法院查封。为逃避债务，黄艳兰指使其亲属李某某将另外32套房产的合同权益虚假转让给施某某和高某某（施某某朋友），后又安排邓某某与施某某、高某某签订委托合同，继续由邓某某全权管理该房产。之后，黄艳兰指使邓某某出售15套，用部分售房款和剩余的17套房产（登记在施某某、高某某名下）出租所得款项又购买6套房产，其中4套登记在施某某名下，2套登记在蒋某（邓某某亲属）名下，另将部分售房款和出租款存入以施某某等人名义开设的银行账户。经查，上述23套房产均以按揭贷款方式购买。2002年12月至2003年5月，广西壮族自治区桂林市人民检察院依法查封了涉案23套房产，依法冻结施某某等人银行账户内存款人民币90余万元、美元2.7万余元。

【诉讼过程】

2002年8月14日，桂林市人民检察院以涉嫌贪污罪对黄艳兰立案侦查，查明黄艳兰已于2001年12月8日逃匿境外。2002年8月16日，桂林市人民检察院决定对黄艳兰刑事拘留，同年12月30日决定逮捕。2005年5月23日，国际刑警组织对黄艳兰发布红色通报。2016年12月23日，桂林市人民检察院向桂林市中级人民法院提出没收违法所得申请。利害关系人施某某、邓某某、A银行上海分行、B银行市南支行、C银行虹桥支行申请参加诉讼，对涉案财产主张权利。2018年11月15日，桂林市中级人民法院作出裁定，依法没收黄艳兰实施贪污犯罪所得23套房产、银行账户内存款人民币90余万元、美元2.7万余元及利息，依法向A银行上海分行、B银行市南支行、C银行虹桥支行支付贷款欠款本金、利息及实现债权的费用。利害关系人施某某、邓某某不服提出上诉。2019年6月29日，广西壮族自治区高级人民法院驳回上诉，维持一审裁定。

【检察履职情况】

（一）详细梳理贪污资金流向，依法认定涉案财产属于贪污违法所得。检察机关经审查在案资金流向相关证据，结合对黄艳兰实施贪污犯罪行为的分析，证实黄艳兰贪污公款后购买52套房产，其中2套以全额付款方式购买，50套以抵押贷款方式购买。司法机关已在相关民事诉讼中依法强制执行20套，黄艳兰指使邓某某出售15套，后用售房款和出租剩余17套房产所得款项又购买6套房产，另将部分售房款和出租房屋所得款项存入施某某等人名下银行账户。因此，在案23套房产以及存入施某某等人名下银行账户中的款项，均系黄艳兰贪污犯罪所得，依法应予以没收。

（二）针对性开展举证、质证、答辩，依法驳斥利害关系人不当异议。在开庭审理过程中，利害关系人邓某某及其诉讼代理人提出，以李某某名义开设的 E 期货账户曾转出 3077 万元至黄艳兰控制的 D 公司账户，购房资金来源于李某某从事期货交易的收益，并向法庭提交了开户资料等证据。出庭检察员对此从证据的合法性、真实性和关联性等方面，发表质证意见，提出邓某某及其诉讼代理人提交的开户资料等证据均为复印件，均未加盖出具单位公章，并有明显涂改痕迹，不具备证据的真实性。同时，根据证监会对涉案部分期货合约交易中有关单位和个人违规行为的处罚决定、期货公司出具的说明等书证、司法会计鉴定意见、检验鉴定意见以及相关证人证言，足以证实 E 期货账户系由黄艳兰指挥物资总公司工作人员开设和操作，账户内的保证金和资金高度可能属于物资总公司的公款。邓某某及其诉讼代理人所提意见与本案证据证明的事实不符，建议法庭不予采纳。另一利害关系人施某某及其诉讼代理人提出，施某某、高某某名下房产系施某某合法财产。对此，出庭检察员答辩指出，上述房产是相关民事纠纷过程中，黄艳兰为逃避债务，与李某某、黄某一（黄艳兰亲属）串通，将涉案房产登记到二人名下。且在变更登记后，施某某即将涉案房产委托给邓某某全权管理，涉案房产仍由邓某某实际控制，售房款、出租款等也均由邓某某控制和使用。施某某无法提交购房资金来源的证据，以证明其实际支付了购房款。因此，施某某及其诉讼代理人所提意见，与本案证据证明的事实不符，不应支持。法院对检察机关上述意见均予采纳。

（三）依法认定其他利害关系人身份，切实保护善意第三方合法权益。涉案 23 套房产均系黄艳兰利用贪污所得资金支付首付款后，向 A 银行上海分行、B 银行市南支行、C 银行虹桥支行以按揭贷款方式购买，三家银行对按揭贷款房产依法进行抵押，约定了担保债权的范围。诉讼期间，三家银行及其诉讼代理人提出，涉案房产的借款合同均合法有效，并享有抵押权，依法应当优先受偿。检察机关经审查认为，三家银行既未与黄艳兰串通，亦不明知黄艳兰购房首付款系贪污赃款，依法应当认定为善意第三方，其合法权益应当予以保护。根据《最高人民法院、最高人民检察院关于适用犯罪嫌疑人、被告人逃匿、死亡案件违法所得没收程序若干问题的规定》第七条第一款、第二款规定，检察机关依法认定上述三家银行系本案的"其他利害关系人"，对三家银行主张的优先受偿权，依法予以支持。

【指导意义】

（一）利害关系人对申请没收财产提出异议或主张权利的，检察人员出庭时应当作为质证重点。根据《最高人民法院、最高人民检察院关于适用犯罪嫌疑人、被告人逃匿、死亡案件违法所得没收程序若干问题的规定》第十五条的规定，利害关系人在诉讼中对检察机关申请没收的财产属于违法所得及其他涉案财产等相关事实及证据有异议的，可以提出意见；对申请没收财产主张权利的，应当出示相关证据。对于其提供的证据不合法，或其异议明显与客观事实不符的，出庭检察人员应当围绕财产状态、财产来源、与违法犯罪的关系等内容，有针对性地予以驳斥，建议人民法院依法不予支持。

（二）善意第三方对申请没收财产享有合法权益的，应当依法保护。对申请没收财产因抵押而享有优先受偿权的债权人，或者享有其他合法权利的利害关系人，如果在案证据能够证明其在抵押权设定时对该财产系违法所得不知情，或者有理由相信该财产为合法财产，依法应当认定为善意第三方，对其享有的担保物权或其他合法权利，依法应当予以保护。

【相关规定】

《中华人民共和国刑法》第三百八十二条第一款

《中华人民共和国合同法》第一百零七条、第二百零五条

《中华人民共和国担保法》第三十三条、第四十六条

《中华人民共和国刑事诉讼法》第二百九十八条、第二百九十九条、第三百条

《人民检察院刑事诉讼规则》第十二章第四节

《最高人民法院、最高人民检察院关于适用犯罪嫌疑人、被告人逃匿、死亡案件违法所得没收程序若干问题的规定》第一条至第三条，第五条至第十条，第十三条至第十七条

任润厚受贿、巨额财产来源不明违法所得没收案

(检例第130号)

【关键词】

违法所得没收　巨额财产来源不明　财产混同　孳息

【要　旨】

涉嫌巨额财产来源不明犯罪的人在立案前死亡，依照刑法规定应当追缴其违法所得及其他涉案财产的，可以依法适用违法所得没收程序。对涉案的巨额财产，可以由其近亲属或其他利害关系人说明来源。没有近亲属或其他利害关系人主张权利或者说明来源，或者近亲属或其他利害关系人主张权利所提供的证据达不到相应证明标准，或说明的来源经查证不属实的，依法认定为违法所得予以申请没收。违法所得与合法财产混同并产生孳息的，可以按照违法所得占比计算孳息予以申请没收。

【基本案情】

犯罪嫌疑人任润厚，男，某省人民政府原副省长，曾任A矿业（集团）有限责任公司（简称A集团）董事长、总经理，B环保能源开发股份有限公司（简称B环能公司）董事长。

利害关系人任某一，任润厚亲属。

利害关系人任某二，任润厚亲属。

利害关系人袁某，任润厚亲属。

（一）涉嫌受贿犯罪事实

2001年至2013年，犯罪嫌疑人任润厚利用担任A集团董事长、总经理，B环能公司董事长，某省人民政府副省长等职务上的便利，为相关请托人在职务晋升、调整等事项上提供帮助，向下属单位有关人员索要人民币共计70万元用于贿选；要求具有行政管理关系的被管理单位为其支付旅游、疗养费用，共计人民币123万余元；收受他人所送人民币共计30万元，被办案机关依法扣押、冻结。

（二）涉嫌巨额财产来源不明犯罪事实

2000年9月至2014年8月，犯罪嫌疑人任润厚及其亲属名下的财产和支出共计人民币3100余万元，港币43万余元，美元104万余元，欧元21万余元，加元1万元，英镑100镑；珠宝、玉石、黄金制品、字画、手表等物品155件。

任润厚的合法收入以及其亲属能够说明来源的财产为人民币1835万余元，港币800元，美元1489元，欧元875元，英镑132镑；物品20件。任润厚亲属对扣押、冻结在案的人民币1265万余元，港币42万余元，美元104万余元，欧元21万余元，加元1万元及物品135件不能说明来源。

【诉讼过程】

2014年9月20日，任润厚因严重违纪被免职，同年9月30日因病死亡。经最高人民检察院指定管辖，江苏省人民检察院于2016年7月11日启动违法所得没收程序。同年10月19日，江苏省人民检察院将案件交由扬州市人民检察院办理。同年12月2日，扬州市人民检察院向扬州市中级人民法院提出没收违法所得申请。利害关系人任某一、任某二、袁某申请参加诉讼。2017年6月21日，扬州市中级人民法院公开开庭审理。同年7月25日，扬州市中级人民法院作出违法所得没收裁定，依法没收任润厚受贿犯罪所得人民币30万元及孳息；巨额财产来源不明犯罪所得人民币1265万余元、港币42万余元、美元104万余元、欧元21万余元、加元1万元及孳息，以及珠宝、玉石、黄金制品、字画、手表等物品135件。

【检察履职情况】

（一）准确把握立法精神，依法对立案前死亡的涉嫌贪污贿赂犯罪行为人适用违法所得没收程序。任润厚在纪检监察机关对其涉嫌严重违纪违法问题线索调查期间因病死亡。检察机关认为，与普通刑事诉讼程序旨在解决涉嫌犯罪人的定罪与量刑问题不同，违法所得没收作为特别程序主要解决涉嫌犯罪人的违法所得及其他涉案财产的追缴问题，不涉及对其刑事责任的追究。因此，涉嫌贪污贿赂犯罪行为人在立案前死亡的，虽然依法不再追究其刑事责任，但也应当通过违法所得没收程序追缴其违法所得。本案中，任润厚涉嫌受贿、巨额财产来源不明等重大犯罪，虽然未被刑事立案即死亡，但其犯罪所得及其他涉案财产依法仍应予以追缴，应当通过违法所得没收程序进行处理。

（二）认真核查财产来源证据，依法认定巨额财产来源不明的涉嫌犯罪事实及违法所得数额。办案中，检察机关对任润厚本人及其转移至亲属名下的财产情况、任润厚家庭支出及合法收入情况，进行了重点审查，通过对涉案270余个银行账户存款、现金、155件物品的查封、扣押、冻结，对160余名证人复核取证等工作，查明了任润厚家庭财产的支出和收入情况。根据核查情况，将任润厚家庭的购房费用、购车费用、女儿留学费用、结婚赠与及债权共 929 万元纳入重大支出范围，计入财产总额。鉴于任润厚已经死亡，且死亡前未对本人及转移至亲属名下的财产和支出来源作出说明，检察机关依法向任润厚的亲属调查询问，由任润厚亲属说明财产和支出来源，并根据其说明情况向相关单位、人员核实，调取相关证据。对于相关证据证实及任润厚亲属能够说明合法来源的工资奖金、房租收入、卖房所得、投资盈利等共计 1806 万余元，以及手表、玉石、黄金制品等物品，依法在涉案财产总额中予以扣减。将犯罪嫌疑人及其亲属名下财产和家庭重大支出数额，减去家庭合法收入及其近亲属等利害关系人能说明合法来源的收入，作为任润厚涉嫌巨额财产来源不明罪的违法所得，据此提出没收违法所得申请。利害关系人任某一和袁某对检察机关没收申请没有提出异议。任某二对于检察机关将任润厚夫妇赠与的 50 万元购车款作为重大支出计入财产总额，提出异议，并提供购车发票证明其购买汽车裸车价格为 30 万元，提出余款 20 万元不能作为重大支出，应从没收金额中扣减。检察机关根据在案证据认为不应扣减，并在出庭时指出：该 50 万元系由任润厚夫妇赠与任某二，支出去向明确，且任润厚家庭财产与任某二家庭财产并无混同；购车费用除裸车价格外，还包括车辆购置税、保险费等其他费用；任某二没有提供证据，证明购车款结余部分返还给任润厚夫妇。因此，其主张在没收金额中扣减 20 万元的依据不足，不应支持。该意见被法院裁定采纳。

（三）依法审查合法财产与违法所得混同的财产，按违法所得所占比例认定和申请没收违法所得孳息。经审查认定，依法应当申请没收的巨额财产来源不明犯罪所得为人民币 1265 万余元、部分外币以及其他物品。冻结在案的任润厚及其亲属名下财产为人民币 1800 余万存款、部分外币以及其他物品。其中本金 1800 余万元存款产生了 169 万余元孳息。关于如何确定应当没收的孳息，检察机关认为，可以按该笔存款总额中违法所得所占比例（约 1265/1800 = 70.2%），计算出违法所得相应的孳息，依法予以申请没收，剩余部分为合法财产及孳息，返还给其近亲属。法院经审理予以采纳。

【指导意义】

（一）涉嫌贪污贿赂等重大犯罪的人立案前死亡的，依法可以适用违法所得没收程序。违法所得没收程序的目的在于解决违法所得及其他涉案财产的追缴问题，不是追究被申请人的刑事责任。涉嫌实施贪污贿赂等重大犯罪行为的人，依照刑法规定应当追缴其犯罪所得及其他涉案财产的，无论立案之前死亡或立案后作为犯罪嫌疑人、被告人在诉讼中死亡，都可以适用违法所得没收程序。

（二）巨额财产来源不明犯罪案件中，本人因死亡不能对财产来源作出说明的，应当结合其近亲属说明的来源，或者其他利害关系人主张权利以及提供的证据情况，依法认定是否属于违法所得。已死亡人员的近亲属或其他利害关系人主张权利或说明来源的，应要求其提供相关证据或线索，并进行调查核实。没有近亲属或其他利害关系人主张权利或说明来源，或者近亲属或其他利害关系人虽然主张权利但提供的证据没有达到相应证明标准，或者说明的来源经查证不属实的，应当依法认定为违法所得，予以申请没收。

（三）违法所得与合法财产混同并产生孳息的，可以按照比例计算违法所得孳息。在依法查封、扣押、冻结的犯罪嫌疑人财产中，对违法所得与合法财产混同后产生的孳息，可以按照全案中合法财产与违法所得的比例，计算违法所得的孳息数额，依法申请没收。对合法财产及其产生的孳息，及时予以返还。

【相关规定】

《中华人民共和国刑法》第三百八十二条第一款、第三百八十五条第一款、第三百九十五条第一款

《中华人民共和国刑事诉讼法》第二百八十条第一款、第二百八十二条第一款

《人民检察院刑事诉讼规则》第十二章第四节

《最高人民法院、最高人民检察院关于适用犯罪嫌疑人、被告人逃匿、死亡案件违法所得没收程序若干问题的规定》第一条至第三条，第五条至第十条，第十三条至第十七条